J.F. Debatin | A. Ekkernkamp | B. Schulte
(Hrsg.)

Krankenhausmanagement

Medizinisch Wissenschaftliche Verlagsgesellschaft

J.F. Debatin | A. Ekkernkamp
B. Schulte (Hrsg.)

Krankenhaus-
management

Strategien, Konzepte, Methoden

mit Beiträgen von

M. Baehr | M. Bahmann | M. Bauer | M. Beurer | M. Bohn | U. Buchmann
B. Buchstor | S. Burkart | U. Buschmann | C. Clauser | L. Dürselen | S. Eligehausen
M. Fiebig | S. Freytag | F. Gerster | P. Gocke | A. J. W. Goldschmidt | R. Goldschmidt | G. Gotal
M. Goyen | I. Gürkan | R. Heyder | G. Hornbach | S. Hübner | W. H. Inhester
H. Jaeger | A. Jakolow-Standke | T. Keßeler | M. Kirchner | A. Kirstein | M. Klages
J. Knoblich | O. Kohl | R. Kösters | J. Kramer | U. Krantz | G. Kraus
C. Kumpf | T. Küttner | C. Lohfert | P. Lohfert | H. Lohmann | M. Ludes
B. Lüngen | A. Lüthy | F. Malik | T. Mansky | R. Mehner | P. Mildenberger
B. Motzkus | U. Nimptsch | P. Oberreuter | U. Ograbeck | J. Peukert | W. Pföhler
M. Philippi | U. H. Pieper | K.-P. Pühler | S. Quante | J. Reschke | H. Richter
N. Roeder | J. Romanski | O. Rong | I. Schliephorst | J. Schmeck | K. T. Schröder
G. Schüpfer | N. Siebold | G. Sonntag | P. Stratmeyer | R. Strehl | H. Strehlau
A. Tecklenburg | M. Terrahe | R. Trill | C. Utler | M. Waldmann | R. Wichels
M. Zluhan | K. Züchner | G. Zwilling

 Medizinisch Wissenschaftliche Verlagsgesellschaft

Die Herausgeber

Prof. Dr. Jörg F. Debatin
Ärztlicher Direktor, Vorsitzender des Vorstandes
Universitätsklinikum Hamburg-Eppendorf (UKE)
Martinistraße 52
20246 Hamburg

Prof. Dr. Axel Ekkernkamp
Ärztlicher Direktor und Geschäftsführer
Unfallkrankenhaus Berlin
Warener Str. 7
12683 Berlin

Dipl.-Kffr. Barbara Schulte
Vorstand Wirtschaftsführung und Administration
Universitätsmedizin Göttingen
Georg-August-Universität
Robert-Koch-Str. 42
37075 Göttingen

MWV Medizinisch Wissenschaftliche Verlagsgesellschaft mbH & Co. KG
Zimmerstraße 11
10969 Berlin
www.mwv-berlin.de

ISBN 978-3-941468-22-1 (Hardcover)
ISBN 978-3-941468-26-9 (Broschur)

Bibliografische Information der Deutschen Nationalbibliothek
Die Deutsche Nationalbibliothek verzeichnet diese Publikation in der Deutschen Nationalbibliografie;
detaillierte bibliografische Informationen sind im Internet über http://dnb.d-nb.de abrufbar.

Produkt-/Projektmanagement: Frauke Budig, Berlin
Lektorat: Monika Laut-Zimmermann, Berlin
Layout & Satz: eScriptum GmbH & Co. KG – Publishing Services, Berlin
Druck: druckhaus köthen GmbH, Köthen

Foto Cover: Stefan Müller-Naumann | Planung: Nickl & Partner Architekten AG

Zuschriften und Kritik an:
MWV Medizinisch Wissenschaftliche Verlagsgesellschaft mbH & Co. KG, Zimmerstr. 11, 10969 Berlin, lektorat@mwv-berlin.de

Vorwort

Das Krankenhausmanagement hat sich jenseits verstaubter Verwaltungs-strukturen an der Schnittstelle zwischen betriebswirtschaftlicher Expertise und medizinischem Können als junge Disziplin fest etabliert. Eine Kernauf-gabe ist die Moderation und Gestaltung dieser Schnittstelle mit dem Aufbau einer Vertrauenskultur und gegenseitigem Verständnis bei den Leistungsträ-gern beider Seiten. Dazu möchte dieses Standardwerk einen Beitrag leisten und für alle Entscheider im Krankenhaus, die verantwortungsvoll und erfolg-reich gestalten und führen wollen, eine Brücke bauen.

Herausgeber und Autoren dieses Buches sind allesamt Grenzgänger zwi-schen den Welten der Betriebswirtschaft und der Medizin. Sie rekrutieren sich aus großen und kleinen Kliniken, aus privaten und kommunalen Trägerstruk-turen, aus Industrie- und Beratungsunternehmen sowie aus der Wissenschaft. Alle Autoren haben an der Schnittstelle zwischen Wirtschaft und Medizin er-folgreich mitgestaltet. So handelt es sich um Ärzte oder Pflegende mit betriebs-wirtschaftlicher Ausrichtung oder um Ökonomen und andere Professionen aus der Wirtschaft mit vertiefter Kenntnis medizinischer Inhalte. Allen ge-mein sind unternehmerisches Denken und Handeln sowie konkrete Erfah-rungen aus dem Praxisalltag des Klinikmanagements.

Herausgeber und Autoren bauen auf die grundlegende Feststellung, dass Qualität und Wirtschaftlichkeit in der Medizin keine Gegensätze, sondern zwei Seiten der gleichen Medaille sind.

Leitgedanke des Buches mit seinen 67 Beiträgen ist eine alltagstaugliche Anleitung mit realer Darstellung von Herausforderungen und Lösungen sowie nachahmenswerten Praxisbeispielen. Die Fülle der Autoren mit ihren unter-schiedlichen Hintergründen sorgt dafür, dass auch verschiedenartige Lösungs-wege aufgezeigt werden. Anhand konkreter, praktischer Anleitungen unter-nimmt dieses Werk den Versuch, das Feld *Krankenhausmanagement* zu entmys-tifizieren und für alle im Krankenhaus beschäftigten Mitarbeiter verständlich zu beschreiben.

Unseren Lesern wünschen wir bei der Lektüre reichhaltigen Erkenntnis-gewinn und eine erfolgreiche medizinische und wirtschaftliche Entwicklung ihrer Krankenhäuser.

Die Herausgeber im April 2010

Danksagung

Zunächst danken wir unseren Autoren, die neben ihren zahlreichen Verpflichtungen auch noch die Zeit gefunden haben, ihre Erfahrungen im Krankenhausmanagement für eine breitere Leserschaft zu Papier zu bringen. Die Qualität der Beiträge bestärkt uns in der Feststellung, tatsächlich die besten Experten für die 14 Themengebiete gewonnen zu haben.

Ebenso möchten wir unserem Verleger Dr. Thomas Hopfe und seinem Team – allen voran Frau Frauke Budig – danken, die es durch ihr persönliches Engagement und sehr konkrete Unterstützung möglich gemacht haben, dass das Werk von der Erstkonzeption bis zur Veröffentlichung in weniger als einem Jahr entstanden ist. Dafür sagen wir Danke!

Die Herausgeber im April 2010

Autorenverzeichnis

Dr. Michael Baehr
Chefapotheker
Apotheke - Universitätsklinikum Hamburg-
Eppendorf
Martinistraße 52
20246 Hamburg

Mario Bahmann
Kaufmännischer Direktor
Klinikum Oststadt-Heidehaus
Podbielskistraße 380
30659 Hannover

Prof. Dr. Dr. Martin Bauer, MPH
Stellvertr. Direktor Anaesthesiologie
Leiter Anaesthesie – Leiter OP-Management
Universitätsmedizin Göttingen
Robert-Koch-Str. 40
37075 Göttingen

Michael Beurer
Leiter Zentrales Projektbüro
Universitätsmedizin Göttingen
Robert-Koch-Str. 40
37075 Göttingen

Dr. Matthias Bohn
Chefapotheker
Apotheke der UMG
Robert-Koch-Str. 40
37075 Göttingen

Uta Buchmann
Leiterin Marketing/Öffentlichkeitsarbeit
Schlosspark-Klinik und Park-Klinik Weißensee
Heubnerweg 2
14059 Berlin

Beate Buchstor
Pflegedirektorin
Universitätsklinikum Freiburg
Hugstetter Straße 49
79106 Freiburg

Stefan Burkart
Inhaber Bodensee Institut
Fritz Reichle Ring 66
78315 Radolfzell

Dr. med. Ute Buschmann
Luzerner Kantonsspital
Abteilung Qualitäts- und Riskmanagement
CH-6000 Luzern 16

Cornelius Clauser, MBA
Porsche Consulting GmbH
Porschestraße 1
74321 Bietigheim-Bissingen

Dr. Lucas Dürselen
DxD Consulting
Schnötring 11
79804 Dogern

Siegmar Eligehausen
Journalist, Kommunikationsberater in der
Gesundheitswirtschaft
Eligehausen Kommunikation
Agentur für Kommunikations- und Medienberatung
Brook 2
20457 Hamburg

Madlen Fiebig
Referentin des Sprechers der Geschäftsführung
HSK Rhein-Main GmbH
Ludwig-Erhard-Str. 100
65199 Wiesbaden

Dr. Sebastian Freytag
Stabsabteilung Zentralcontrolling
Universitätsmedizin Göttingen
Robert-Koch-Str. 42
37075 Göttingen

Florian Gerster
Deininger Unternehmensberatung GmbH
Hamburger Allee 4
60486 Frankfurt am Main

Dr. med. Peter Gocke
Leiter Geschäftsbereich Informationstechnologie
(CIO)
Universitätsklinikum Hamburg-Eppendorf (UKE)
Martinistraße 52
20246 Hamburg

Autorenverzeichnis

Univ.-Prof. Dr. Andreas J. W. Goldschmidt
Gf. Leiter Internationales Health Care Management
Institut (IHCI)
Universität Trier
Behringstraße
54286 Trier

Dr. Raimar Goldschmidt
Universitätsklinikum Heidelberg
Im Neuenheimer Feld 672
69120 Heidelberg

Gunter Gotal
Kaufmännischer Direktor
Universitätsklinikum der Ernst-Moritz-Arndt-
Universität Greifswald
Fleischmannstraße 8
17475 Greifswald

Priv.-Doz. Dr. Mathias Goyen
Geschäftsführer
UKE Consult und Management GmbH
Martinistraße 52
20251 Hamburg

Diplom-Volkswirtin Irmtraut Gürkan
Kaufmännische Direktorin
Universitätsklinikum Heidelberg
Im Neuenheimer Feld 672
69120 Heidelberg

Ralf Heyder
Verband der Universitätsklinika Deutschlands e. V.
(VUD)
Alt-Moabit 96
10559 Berlin

Diplom-Volkswirt Georg Hornbach
Leiter Stabsabteilung Controlling
Universitätsklinikum Köln AöR
Kerpener Str. 62
50937 Köln

Sabine Hübner
surpriservice®
Schumannstraße 4
40237 Düsseldorf

Wolfgang H. Inhester
Geschäftsführer
crossroad solutions
corporate communications consulting
Schlossgartenstr. 12
71254 Ditzingen

Dr. Hartwig Jaeger
Geschäftsführer
ABG Gesundheitsimmobilien GmbH
Am Kaiserkai 1
20457 Hamburg

Angelika Jakolow-Standke
Stellvertretende Pflegedirektorin
Unfallkrankenhaus Berlin
Warener Straße 7
12683 Berlin

Thomas Keßeler
Leiter Marketing
Schubert Unternehmensgruppe
Schubert Holding AG & Co. KG
Hansaallee 305
40549 Düsseldorf

Michael Kirchner
Geschäftsführer
Sodexo Deutschland
Aroser Allee 84
13407 Berlin

Dr. Alexander Kirstein
Kaufmännischer Direktor
Universitätsklinikum Hamburg-Eppendorf
Martinistraße 52
20246 Hamburg

Michaela Klages
Leiterin Geschäftsbereich 1 Personalwesen
Universitätsklinikum Bonn AöR
Sigmund-Freud-Straße 25
53127 Bonn

Jens Knoblich
Direktor Service Solutions
Sodexo Deutschland
Aroser Allee 84
13407 Berlin

Oliver Kohl
Leiter Forschung & Entwicklung/
Hygienemanagement
Schubert Unternehmensgruppe
Clinica Wirtschafts- und
Catering Systeme GmbH & Co. KG
Hansaallee 305
40549 Düsseldorf

Autorenverzeichnis

Dr. Rudolf Kösters
Präsident der Deutschen Krankenhausgesellschaft
Deutsche Krankenhausgesellschaft
Wegelystraße 3
10623 Berlin

Dr. Johannes Kramer
Geschäftsführer der Städtischen Kliniken Bielefeld
Teutoburger Straße 50
33604 Bielefeld

Dipl.-Kaufmann Ulrich Krantz
Assistent der Geschäftsführung
Klinikum Bremerhaven-Reinkenheide gGmbH
Postbrookstraße 103
27574 Bremerhaven

Grischa Kraus
Geschäftsführer
InMEDiG GmbH
Tenderweg 4
45141 Essen

Dr. Christoph Kumpf
Geschäftsführer
Comparatio Health GmbH
Expo-Plaza 3
30539 Hannover

Dr. Tina Küttner
Referentin Vorstand
Sana Kliniken AG
Oskar-Messter-Straße 24
85737 Ismaning

Dr.-Ing. Dipl.-Kfm. Christoph Lohfert
Vorsitzender des Aufsichtsrates
Lohfert & Lohfert AG
Am Kaiserkai 19
20457 Hamburg

Dr.-Ing. Dr. med. Peter Lohfert
Lohfert & Lohfert AS
Hjorthøj 12
DK-2800 Kongens Lyngby

Prof. Heinz Lohmann
LOHMANN konzept GmbH
Stormsweg 3
22085 Hamburg

Dr. Michael Ludes
LUDES
Architekten Ingenieure
Elper Weg 88
45657 Recklinghausen

Dr. Bent Lüngen
Geschäftsführer
B-LUE Management Consulting GmbH
Am Sandtorkai 41
20457 Hamburg

Prof. Dr. Anja Lüthy
Dipl. Psych., Dipl. Kauffrau/FH
TCO Training Coaching Outlet Berlin
Joachim-Friedrich-Straße 24
10711 Berlin
E-Mail: luethy@tco-berlin.de

Prof. Dr. Fredmund Malik
Malik Management
Geltenwilenstrasse 18
CH-9001 St. Gallen

Prof. Dr. Thomas Mansky
TU Berlin
Fachgebiet Strukturentwicklung und
Qualitätsmanagement im Gesundheitswesen
Straße des 17. Juni 135
10623 Berlin

Dipl.-Kffr. Rebekka Mehner
Marketingmanagerin
Geschäftsbereich Unternehmenskommunikation
Universitätsklinikum Hamburg-Eppendorf (UKE)
Martinistraße 52
20246 Hamburg

Prof. Dr. Peter Mildenberger
Universitätsklinikum Mainz, Klinik für Radiologie
Langenbeckstraße 1
55131 Mainz

Prof. Dr. h. c. Bernhard Motzkus
Sambesistraße 5
13351 Berlin

Ulrike Nimptsch
TU Berlin
Fachgebiet Strukturentwicklung und
Qualitätsmanagement im Gesundheitswesen
Straße des 17. Juni 135
10623 Berlin

Autorenverzeichnis

Peter Oberreuter
Distincture Ltd.
Postfach 1333
61283 Bad Homburg v. d. H.
info@distincture.com

Dipl. Oeconom Ullrich Ograbeck
Leiter der Stabsstelle Interne Revision (IR) und
Beauftragter für Korruptionsangelegenheiten
Georg-August-Universität Göttingen
Stiftung öffentlichen Rechts
Nikolausberger Weg 17
37073 Göttingen

Dr. med. Dipl.-Wirtsch.-Ing. Jens Peukert
Vorsitzender des Vorstandes
Lohfert & Lohfert AG
Rothenbaumchaussee 76
20148 Hamburg

Wolfgang Pföhler
Vorstandsvorsitzender
RHÖN-KLINIKUM AG
Schlossplatz 1
97616 Bad Neustadt a. d. Saale

Dr. Michael Philippi
Vorsitzender des Vorstands
Sana Kliniken AG
Oskar-Messter-Straße 24
85737 Ismaning

Ulrich Henning Pieper
Geschäftsführer
Rhenus eonova GmbH
Pascalstr. 10 d
10587 Berlin

Dr. Karl-Peter Pühler
Rechtsanwalt
Peter & Pühler
Sürtherstr. 4
50996 Köln

Susanne Quante
Leitung Strategische Unternehmensentwicklung
Universitätsklinikum Hamburg-Eppendorf
Martinistraße 52
20246 Hamburg

Jörg Reschke
Geschäftsführer Finanzen (CFO)
HELIOS Kliniken GmbH
Friedrichstraße 136
10117 Berlin

Holger Richter
Kaufm. Geschäftsführer
Klinikum Bremerhaven-Reinkenheide gGmbH
Postbrookstr. 103
27574 Bremerhaven

Prof. Dr. med. Norbert Roeder
Ärztlicher Direktor/Vorstandsvorsitzender
des Universitätsklinikums Münster
Domagkstr. 5
48149 Münster

Dr. Jörg Romanski
Logistikmanagement, Abfall- und
Gefahrgutbeauftragter
Rhenus eonova GmbH
Pascalstr. 10d
10587 Berlin

Oliver Rong
Partner
Roland Berger Strategy Consultants GmbH
Pharma & Healthcare
Alt-Moabit 101b
10559 Berlin

Ingo Schliephorst
Deutsche Krankenhausgesellschaft
Wegelystraße 3
10623 Berlin

Priv.-Doz. Dr. med. Joachim Schmeck
Leiter Zentrales OP-Management
Universitätsmedizin der Johannes Gutenberg-
Universität Mainz
Langenbeckstr. 1
55131 Mainz

Dr. Dr. h.c. Klaus Theo Schröder
Staatssekretär a. D.
Meisenburgstr. 54
45133 Essen

Dr. med. Guido Schüpfer, PhD, MBA HSG
Co-Chefarzt Anästhesie
Leiter Stab Medizin/Unternehmensentwicklung
Luzerner Kantonsspital
CH-6000 Luzern 16

Norbert Siebold
Sachgebietsleiter
Medizintechnischer Service, MTS
Universitätsmedizin Göttingen
Georg-August-Universität
Robert-Koch-Str. 40
37075 Göttingen

Gabriele Sonntag
Kaufmännische Direktorin
Universitätsklinikum Tübingen
Anstalt des öffentlichen Rechts
Sitz Tübingen
Geissweg 3
72076 Tübingen

Prof. Dr. Peter Stratmeyer
Hochschule für Angewandte Wissenschaften
Hamburg
KoPM® -Zentrum Kooperatives
Prozessmanagement im Gesundheitswesen
Forschung und Transfer
Saarlandstraße 30
22303 Hamburg

Rüdiger Strehl
Generalsekretär
Verband der Universitätsklinika Deutschlands e. V.
(VUD)
Alt-Moabit 96
10559 Berlin

Holger Strehlau
Sprecher der Geschäftsführung
HSK Rhein-Main GmbH
Ludwig-Erhard-Str. 100
65199 Wiesbaden

Dr. Andreas Tecklenburg
Vorstand für das Ressort Krankenversorgung
Medizinische Hochschule Hannover
Carl-Neuberg-Straße 1
30625 Hannover

Dr. Mathis Terrahe
Direktor für Medizin und Strukturplanung
Universitätsklinikum Hamburg-Eppendorf
Martinistraße 52
20246 Hamburg

Prof. Dr. Roland Trill
Fachhochschule Flensburg
Krankenhausmanagement & eHealth
Kanzleistraße 91–93
24943 Flensburg

Dr. Christian Utler, MBA
Universitätsklinikum Hamburg-Eppendorf
Martinistraße 52
20246 Hamburg

Matthias Waldmann
Leitung Zentrales Controlling (ZCO)
Universitätsklinikum Hamburg-Eppendorf (UKE)
Martinistraße 52
20246 Hamburg

Dr. Reinhard Wichels
Principal
McKinsey & Company, Inc.
Am Sandtorkai 77
20457 Hamburg

Mark Zluhan
Geschäftsführer
B-LUE Management Consulting GmbH
Am Sandtorkai 41
20457 Hamburg

Dr. rer. nat., Dipl. Phys. Klaus Züchner
Wissenschaftlicher Leiter a. D.
Medizintechnischer Service, MTS
Universitätsmedizin Göttingen
Georg-August-Universität
Robert-Koch-Str. 40
37075 Göttingen

Diplom-Kaufmann Günter Zwilling
Kaufmännischer Direktor
Universitätsklinikum Köln AöR
Kerpener Str. 62
50937 Köln

Inhalt

A

Das Krankenhaus und seine Eigentümer

1 Rechtsformen und Krankenhausträger

Rudolf Kösters und Ingo Schliephorst

Deutsche Krankenhausgesellschaft, Berlin

1.1 Begriff des Krankenhausträgers

Der Betrieb eines Krankenhauses erfordert nach den Vorgaben der § 2 Nr. 1 KHG und § 107 Abs. 1 SGB V die Erfüllung einer Reihe von Voraussetzungen, die mit erheblichen finanziellen Aufwendungen verbunden sind. Derjenige, der diese Finanzierungslast trägt und haftet, ist der Krankenhausträger [Quaas u. Zuck 2008, § 24, Rn. 61].

Krankenhausträger können natürliche und juristische Personen sein. Drei Gruppen von Trägern werden traditionell unterschieden:

- öffentliche Träger,
- private Träger und
- freigemeinnützige Träger.[1]

Als öffentliche Krankenhausträger kommen Körperschaften, Anstalten oder Stiftungen des öffentlichen Rechts in Betracht. Dies können der Bund, ein Bundesland oder eine kommunale Gebietskörperschaft wie eine Stadt, ein Landkreis, ein Bezirk oder ein Zweckverband sein. Freigemeinnüt-

zige Krankenhausträger sind überwiegend religiös/karitativ/diakonische Vereinigungen, deren Handeln an den Ideen der Freiwilligkeit und der Gemeinnützigkeit orientiert ist. Wegen der besonderen verfassungsrechtlichen Stellung kirchlicher Vereinigungen aus Art. 4 Abs. 1 und 2 GG sowie Art. 140 GG i. V. m. Artt. 137 ff. WRV haben kirchliche Krankenhausträger einen Sonderstatus. Ihnen wird in Fragen der Organisation und Verwaltung der Patientenversorgung ein umfassender Selbstbestimmungsfreiraum zugestanden, in den staatliche Eingriffe nur dann erfolgen dürfen, wenn diese zwingend geboten und aus dringenden Gründen des Allgemeinwohls erforderlich sind [BVerfGE 53, 366; 66, 1, 22]. Weitere freigemeinnützige Krankenhausträger sind beispielsweise das Deutsche Rote Kreuz, die Arbeiterwohlfahrt und freie Vereinigungen, die dem Paritätischen Wohlfahrtsverband angehören.

Private Krankenhausträger orientieren ihr Handeln an erwerbswirtschaftlichen Grundsätzen, in erster Linie verfolgen sie den Zweck der Gewinnerzielung. Träger dieser Gruppe sind natürliche oder juristische Personen des Privatrechts, also Einzelpersonen oder Gesellschaften.

Von den 2.083 Krankenhäusern in Deutschland (Stand: 2008) sind 1.781 Allgemeine Krankenhäuser. Von den Allgemeinen Krankenhäu-

---

1 Daneben sind auch andere Einteilungen denkbar. In den USA findet sich beispielsweise die Kategorisierung in public und private Hospitals, wobei Letztere nochmals in profit und non-profit Hospitals unterschieden werden.

sern stehen 32,06 % in öffentlicher, 37,79 % in frei-
gemeinnütziger sowie 30,15 % in privater Trägerschaft (s. Abb. 1).

Vorgehalten werden insgesamt 503.360 Betten, davon in Allgemeinen Krankenhäusern
464.288. Davon entfallen 48,56 % auf Krankenhäuser in öffentlicher, 36,15 % auf Krankenhäuser
in freigemeinnütziger sowie 15,28 % auf Krankenhäuser in privater Trägerschaft (s. Abb. 2).

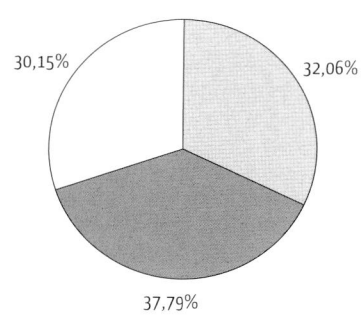

☐ öffentlich   ■ freigemeinnützig   ☐ privat

Abb. 1   Trägerstruktur der Krankenhäuser [Statistisches
Bundesamt]

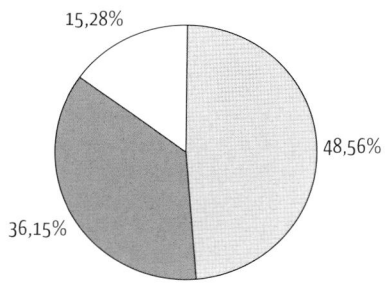

☐ öffentlich   ■ freigemeinnützig   ☐ privat

Abb. 2   Bettenstruktur nach Krankenhausträgern
[Statistisches Bundesamt]

1.2 Begriff der Rechtsform

Von der Einordnung des Krankenhausträgers in
eine der drei Trägergruppen ist die konkrete Ausgestaltung des Betriebs Krankenhaus zu unterscheiden. Das augenfälligste Unterscheidungsmerkmal ist die Rechtsform, in der das Krankenhaus betrieben wird. Als Rechtsform bezeichnet

man die strukturellen Vorgaben des Gesetzgebers
zur Regelung der internen und externen Rechtsbeziehungen [Quaas u. Zuck 2008, § 24, Rn. 63].
Unterschieden werden kann grundsätzlich zwischen Rechtsformen des privaten und des öffentlichen Rechts, je nachdem, welchem Rechtsgebiet
die der gewählten Rechtsform zu Grunde liegenden Bestimmungen zu entnehmen sind [Knorr u.
Wernick 1991, S. 15].

1.3 Rechtsformen im Einzelnen

Im Folgenden sollen die für den Krankenhausbereich relevanten Rechtsformen kurz mit ihren
wesentlichen Strukturmerkmalen vorgestellt
werden.

1.3.1 Rechtsformen des privaten Rechts

Im Rahmen des Privatrechts ist eine Teilhabe
am Rechtsverkehr als Einzelperson oder als Zusammenschluss mehrerer Personen – als Gesellschaft – möglich. Eine solche Gesellschaft kann
ohne oder mit eigener Rechtsfähigkeit ausgestattet werden. Im ersten Fall handelt es sich um eine
Personengesellschaft, bei der die Persönlichkeit
und die aktive Mitarbeit der Gesellschafter in der
Gesellschaft im Vordergrund stehen. Im zweiten
Fall spricht man von einer juristischen Person.

Einzelperson

Eine Einzelperson ist rechtsfähig (§ 1 BGB) und
kann am Rechtsverkehr teilnehmen. Ist sie nicht
mehr minderjährig, sind die von ihr vorgenommenen Rechtsgeschäfte vollständig wirksam.
Sie kann sich auch durch Einräumung einer beschränkten oder unbeschränkten Vertretungsmacht i. S. d. §§ 164 ff. BGB von Dritten vertreten
lassen. Eine Einzelperson besitzt einerseits weitgehende Handlungsfreiheit, haftet aber andererseits mit ihrem gesamten Vermögen für von ihr
begründete Verbindlichkeiten.

Betreibt die Einzelperson ein Handelsgewerbe,
ist sie gemäß § 1 Abs. 1 HGB Kaufmann. Für sie
gelten dann vom allgemeinen Zivilrecht abweichende Voraussetzungen für Handelsgeschäfte,
vor allem besondere Gepflogenheiten im Handels-
verkehr oder Sorgfaltspflichten (§§ 343 ff. HGB).
Auch kann der Kaufmann besondere Formen

der Vertretung nutzen, wie die Prokura oder die Handlungsvollmacht (§§ 48 ff. HGB).

Der Betrieb eines Krankenhauses durch eine Einzelperson ist sehr selten und beschränkt sich in der Regel auf – kleine – Privatkliniken, die von einem Arzt betrieben werden.

Personengesellschaft

Personengesellschaften sind ein Zusammenschluss mehrerer Personen zur Verfolgung eines gemeinsamen Zwecks. In der Regel wird auch ein gemeinsames Vermögen gebildet, das Gesellschaftsvermögen, das allen Gesellschaftern gemeinschaftlich zusteht [Palandt et al. 2009, Einf. v. § 21, Rn. 2].

Zwar ist das Betreiben eines Krankenhauses in den Rechtsformen einer Personengesellschaft denkbar, diese Rechtsformen werden in der Praxis jedoch insbesondere aus haftungsrechtlichen Gründen kaum mehr gewählt. Nur der Vollständigkeit halber werden zu diesen Rechtsformen hier einige Ausführungen gemacht. Das Vorliegen einer Personengesellschaft hat meist historische Gründe, z. B. dass eine Privatklinik aus einer Praxisgemeinschaft entstanden ist.

Gesellschaft bürgerlichen Rechts (GbR)

Die Gesellschaft bürgerlichen Rechts (GbR) nach §§ 705 ff. BGB ist der Grundtyp der Personengesellschaft. Zwar ist sie eine Gesamthandsgemeinschaft ohne eigene Rechtspersönlichkeit, ihr wird jedoch mittlerweile eine Teilrechtsfähigkeit zugestanden, d. h., sie kann im Rahmen ihrer Teilnahme am Rechtsverkehr Trägerin von Rechten und Pflichten im Verhältnis zu Dritten sein. Die Vorgaben des BGB zur Ausgestaltung der GbR sind in weitem Umfang disponibel.

Die GbR entsteht durch grundsätzlich formfreien Abschluss eines Gesellschaftsvertrages, in dem sich die Gesellschafter – natürliche und juristische Personen sind als Gesellschafter möglich – verpflichten, den gemeinsamen Gesellschaftszweck dadurch zu fördern, dass sie die im Gesellschaftsvertrag definierten Beiträge leisten (§ 705 BGB). Gesellschaftszweck kann jeder erlaubte dauernde oder vorübergehende Zweck sein, auch die Förderung der Interessen nur eines Gesellschafters oder von Dritten [Palandt et al. 2009, § 705, Rn. 20]. Ausgeschlossen ist jedoch der Betrieb eines Handelsgewerbes, da eine solche GbR nach dem HGB eine offene Handels-

gesellschaft (oHG) ist. Die Gesellschafter haben nach § 706 Abs. 1 BGB gleiche Beiträge zur Erreichung des Gesellschaftszweckes zu leisten. Die Beiträge sowie das durch die Geschäftsführung der Gesellschaft erworbene Vermögen werden Gesellschaftsvermögen und stehen allen Gesellschaftern gemeinschaftlich zu (§ 718 Abs. 1 BGB). Jedem Gesellschafter steht nach § 722 Abs. 1 BGB ohne Rücksicht auf die Art und die Größe seines Beitrages ein gleicher Anteil am Gewinn und Verlust der Gesellschaft zu.

Die Geschäftsführung der Gesellschaft steht grundsätzlich allen Gesellschaftern gemeinschaftlich zu, für jedes Geschäft ist jedoch die Zustimmung aller Gesellschafter erforderlich (§ 709 Abs. 1 BGB), sie kann auch auf einen oder mehrere Gesellschafter übertragen werden (§ 710 Satz 1 BGB). Die Vertretungsmacht gegenüber Dritten knüpft gemäß § 714 BGB an die Geschäftsführungsbefugnis an [Palandt et al. 2009, § 714, Rn. 3].

Die Gesellschafter haften für Verbindlichkeiten der GbR gesamtschuldnerisch mit ihrem gesamten Privatvermögen. Ein Gläubiger kann für eine von der GbR geschuldete Leistung jeden Gesellschafter persönlich und unbeschränkt auf Erbringung der gesamten Leistung in Anspruch nehmen, ohne dass vorher eine Inanspruchnahme der GbR erforderlich ist [Palandt et al. 2009, § 714, Rn. 12]. Wird ein Gesellschafter in dieser Form in Anspruch genommen, steht ihm ein Ausgleichsanspruch gegen die anderen Gesellschafter aus § 426 BGB zu.

Die GbR macht als Grundtyp der Personengesellschaft die besondere Bindung der Gesellschaft an die Person der Gesellschafter dadurch deutlich, dass nach § 727 Abs. 1 BGB beim Tod eines Gesellschafters die Gesellschaft aufzulösen ist. Allerdings kann der Gesellschaftsvertrag auch die Fortsetzung der Gesellschaft mit dem oder den Erben vorsehen.

Offene Handelsgesellschaft (oHG)

Die oHG ist vom Grundsatz her eine GbR, deren Gesellschaftszweck auf den Betrieb eines Handelsgewerbes gerichtet ist. Dies ist § 105 Abs. 3 HGB zu entnehmen, wonach die Vorschriften über die GbR (§§ 705 ff. BGB) auf die oHG Anwendung finden, sofern das HGB keine Sonderregelungen beinhaltet. Die oHG ist also auch eine Gesamthandsgemeinschaft, bei der die Haftung der einzelnen Gesellschafter gegenüber Gläubigern der Gesellschaft nicht beschränkt ist (§ 105 Abs. 1 HGB). Die

Teilrechtsfähigkeit der oHG ergibt sich im Gegensatz zur GbR aus dem Gesetz (§ 124 HGB).

Zur Geschäftsführung berechtigt, aber auch verpflichtet, sind grundsätzlich alle Gesellschafter (§ 114 Abs. 1 HGB), wobei einzelnen Gesellschaftern die Geschäftsführung übertragen werden kann (§ 114 Abs. 2 HGB). Nicht erforderlich ist die Zustimmung aller Gesellschafter für den Abschluss eines Geschäftes (§ 115 Abs. 1 HGB). Erfasst von dieser Befugnis werden alle Rechtsgeschäfte, die der Betrieb dieses Handelsgewerbes mit sich bringt (§ 116 Abs. 1 HGB). Gegenüber Dritten kann jeder Gesellschafter die oHG vertreten, sofern nicht die Vertretungsmacht auf einzelne Gesellschafter begrenzt ist (§ 125 Abs. 1 HGB). § 128 Satz 1 HGB beinhaltet die unbeschränkte, gesamtschuldnerische Haftung der Gesellschafter gegenüber Gläubigern der oHG, vergleichbar der Haftung der Gesellschafter einer GbR.

Auch die oHG ist nach § 131 Abs. 3 Nr. 1 HGB bei Tod eines Gesellschafters ohne gesellschaftsvertragliche Fortsetzungsklausel grundsätzlich aufzulösen.

Kommanditgesellschaft (KG)

Die KG, geregelt in den §§ 161 ff. HGB, ist eine oHG, bei der es zwei Gruppen von Gesellschaftern gibt. Dies sind nach der Regelung des § 161 Abs. 1 HGB diejenigen, die – wie bei der oHG – unbeschränkt haften (persönlich haftende Gesellschafter oder Komplementäre) und diejenigen, die nur auf den Betrag ihrer Vermögenseinlage beschränkt haften (Kommanditisten). Sofern die §§ 161 ff. HGB keine Sonderregelungen beinhalten, finden die Regelungen für die oHG Anwendung.

Die unterschiedliche Haftung korrespondiert mit den unterschiedlichen Befugnissen der Gesellschafter. So sind die Kommanditisten von der Führung der Geschäfte nach § 164 Satz 1 HGB ausgeschlossen und können einer Handlung des Komplementärs nur dann widersprechen, wenn diese über den gewöhnlichen Betrieb des Handelsgewerbes hinausgeht. Auch ist der Kommanditist zur Vertretung der KG nicht berechtigt (§ 170 HGB), kann jedoch als Vertreter der KG nach den Vorschriften der §§ 164 ff. BGB bevollmächtigt werden.

Ebenfalls eine KG ist eine GmbH & Co KG. Komplementär ist dabei eine GmbH, Kommanditisten können beliebige Dritte sein. So kann eine Beschränkung der Haftung der KG auf das Gesellschaftsvermögen der GmbH erreicht werden.

Juristische Personen des Privatrechts

Als juristische Person bezeichnet man einen Zusammenschluss von Personen oder Vermögen zu einer rechtsfähigen Gesamtheit. Im Unterschied zu den Personengesellschaften ist der Bestand der juristischen Person unabhängig von der einzelnen Person des Gesellschafters. Der juristischen Person stehen alle Rechte und Befugnisse zu, die auch natürliche Personen haben, ausgenommen diejenigen, die nur natürlichen Personen zustehen können (z. B. Eheschließung).

Eine juristische Person bedarf natürlicher Personen, um Handlungen vorzunehmen. Diese werden als Organe bezeichnet. In den für juristische Personen einschlägigen Gesetzen werden die Befugnisse der Organe beschrieben; der Gesellschaftsvertrag kann jedoch Abweichungen vorsehen.

Verein

Grundtypus der juristischen Person ist der Verein, ein Zusammenschluss von Personen zur Verfolgung eines gemeinsamen Zweckes. Dabei kann es sich um einen ideellen (nicht wirtschaftlicher Verein, § 21 BGB) oder einen wirtschaftlichen Zweck (wirtschaftlicher Verein, § 22 BGB) handeln. Charakteristisch für einen wirtschaftlichen Verein ist das Vorliegen eines wirtschaftlichen Geschäftsbetriebes. Von Bedeutung kann in diesem Zusammenhang aber das Nebenzweckprivileg sein. Danach ist ein Verein dann als nicht wirtschaftlicher Verein anzusehen, wenn zwar ein wirtschaftlicher Geschäftsbetrieb vorliegt, dieser aber lediglich Nebenzweck ist, um die ideellen Ziele des Vereins zu erreichen [Palandt et al. 2009, § 21, Rn. 5]. Der nicht wirtschaftliche Verein erlangt seine Rechtsfähigkeit durch Eintragung in das Vereinsregister, dem wirtschaftlichen Verein wird die Rechtsfähigkeit durch einen Hoheitsakt des Bundeslandes verliehen, in dem er seinen Sitz hat. Die Organisationsregelungen der §§ 23 ff. BGB sind auf den nicht wirtschaftlichen Verein zugeschnitten.

Die Gründung des Vereins erfolgt durch Beschluss der Vereinssatzung. Für die Gründung sind mindestens zwei Personen, für die Eintragung in das Vereinsregister nach § 56 BGB mindestens sieben Personen erforderlich. Die Mitgliedschaft wird durch Beteiligung an der Gründung oder durch Vereinbarung mit dem Verein erworben und regelt die Gesamtheit der Rechtsbeziehungen zwischen Mitglied und Verein. Zu unterscheiden sind organschaftliche Rechte wie das Stimm- sowie das aktive und passive Wahlrecht und Wertrechte wie das Recht auf Benutzung der Vereinseinrichtungen. Ein Anteil am Vereinsvermögen wird durch die Mitgliedschaft jedoch nicht vermittelt [Palandt et al. 2009, § 38, Rn. 1 f.]. Die Mitgliedschaft ist weder übertragbar noch vererblich (§ 38 Satz 1 BGB) und endet durch Austritt (§ 39 Abs. 1 BGB), Tod oder Ausschluss durch den Verein.

Oberstes Organ ist die Mitgliederversammlung, die alle Angelegenheiten des Vereins regelt, soweit diese nicht vom Vorstand wahrgenommen werden (§ 32 Abs. 1 Satz 1 BGB). Die Mitgliederversammlung bestellt durch Beschluss den Vorstand (§ 27 Abs. 1 BGB). Dieser vertritt den Verein gegenüber Dritten und hat die Stellung eines gesetzlichen Vertreters (§ 26 Abs. 2 Satz 1 BGB). Der Umfang seiner Vertretungsmacht ist, sofern die Satzung nichts Abweichendes vorsieht, unbeschränkt (§ 26 Abs. 2 Satz 2 BGB). Der Vorstand übernimmt grundsätzlich auch die Geschäftsführung des Vereins. Der Umfang der Geschäftsführungsbefugnis entspricht in der Regel der Vertretungsbefugnis, allerdings kann die Satzung Abweichendes vorsehen [Palandt et al. 2009, § 27, Rn. 4]. Vorstand kann auch ein Nichtmitglied des Vereins werden.

Die Haftung des Vereins erstreckt sich auf das Vereinsvermögen, die Mitglieder haften für Schulden des Vereins nicht. In Einzelfällen wird diskutiert, im Wege der Durchgriffshaftung auf das Vermögen der Mitglieder zuzugreifen. Dies kommt jedoch praktisch nur dann in Betracht, wenn der Verein zur Erreichung seines Zweckes erkennbar unterkapitalisiert errichtet wurde.

Die Rechtsform des Vereins ist in der Krankenhausrealität eher selten. Da der Betrieb eines Krankenhauses in der Regel einen wirtschaftlichen Geschäftsbetrieb erfordert und daher meist auf die anderen Rechtsformen der juristischen Personen des Privatrechts ausgewichen wird, spielt der eingetragene Verein faktisch nur in wenigen Fällen, vor allem im gemeinnützigen Bereich, eine Rolle, da für diese Krankenhäuser das Nebenzweckprivileg greifen kann [Knorr u. Wernick 1991, S. 26].

Stiftung des privaten Rechts

Eine Stiftung des privaten Rechts i. S. d. §§ 80 ff. BGB ist eine mit eigener Rechtsfähigkeit ausgestattete Einrichtung, die einen vom Stifter bestimmten Zweck mit Hilfe eines dazu gewidmeten Vermögens dauerhaft fördern soll [Palandt et al. 2009, § 80, Rn. 5]. Der Stiftungszweck kann gemein- oder privatnützig sein [Palandt et al. 2009, § 81, Rn. 7]. Eine Änderung des Stiftungszwecks oder eine Aufhebung der Stiftung von Amts wegen ist nach § 87 Abs. 1 BGB nur möglich, wenn die Erfüllung des Stiftungszweckes unmöglich geworden oder das Gemeinwohl gefährdet ist.

Die Stiftung entsteht nach § 80 Abs. 1 BGB durch das Stiftungsgeschäft (§ 81 BGB) sowie die Anerkennung durch die zuständige Behörde des Bundeslandes, in dem die Stiftung ihren Sitz haben soll. Das Stiftungsgeschäft muss neben der Erklärung des Stifters, dass ein Vermögen zur Erfüllung eines von ihm bestimmten Zweckes gewidmet wird, nach § 81 Abs. 1 Satz 3 BGB auch eine Satzung enthalten, die unter anderem die Bildung des Stiftungsvorstandes regelt. Ein Stiftungsgeschäft kann unter Lebenden sowie von Todes wegen erfolgen. Genügt es den gesetzlichen Anforderungen, ist die dauernde und nachhaltige Erfüllung des Stiftungszweckes gesichert und gefährdet der Stiftungszweck nicht das Allgemeinwohl, erlangt die Stiftung Rechtsfähigkeit (§ 80 Abs. 2 BGB).

Organ der Stiftung ist der Vorstand, der die Stiftung gegenüber Dritten vertritt. Die Aufgaben und Befugnisse des Vorstandes entsprechen denen des Vereinsvorstandes, da § 86 Satz 1 BGB die entsprechende Geltung der diesbezüglichen Vorschriften des Vereinsrechts vorsieht. Einer Mitgliederversammlung bedarf es nicht, da eine Stiftung als verselbstständigtes Sondervermögen keine Mitglieder hat.

Die Rechtsform der Stiftung (privat- und öffentlichrechtlich) tritt im Krankenhausbereich im Vergleich zur Vereinsträgerschaft schon häufiger in Erscheinung. So wurden im Jahre 2001 ca. 6 % der deutschen Krankenhäuser in der Rechtsform der Stiftung betrieben [Krankenhaus-Barometer des DKI, Herbstumfrage 2001, S. 20].

Gesellschaft mit beschränkter Haftung (GmbH)

Die Beliebtheit der Rechtsform der GmbH ist hauptsächlich in der beschränkten Haftung der Gesellschafter für Gesellschaftsverbindlichkeiten zu sehen. Für diese haftet grundsätzlich nur das Gesellschaftsvermögen (§ 13 Abs. 2 GmbHG). Dies ist einer der auffälligsten Unterschiede zur Personengesellschaft, in der eine unbeschränkte Haftung der Gesellschafter für Gesellschaftsschulden besteht.

Eine GmbH kann nach § 1 GmbHG zu jedem zulässigen Zweck durch eine oder mehrere natürliche oder juristische Personen sowie Personengesellschaften errichtet werden [Baumbach/Hueck et al. 2006, § 1, Rn. 24, 30, 32]. Verfolgt werden können neben wirtschaftlichen auch ideelle Zwecke [Baumbach/Hueck et al. 2006, § 1, Rn. 10, 112]. Erfüllt eine solche GmbH die gemeinnützigkeitsrechtlichen Vorschriften der §§ 51 ff. AO, wird sie als gemeinnützige GmbH bezeichnet.

Die GmbH entsteht durch Abschluss des Gesellschaftsvertrages durch notarielle Beurkundung (§ 2 Abs. 1 GmbHG) und Eintragung in das Handelsregister. Mit Eintragung erlangt sie Rechtsfähigkeit und erwirbt die Kaufmannseigenschaft (§ 13 Abs. 3 GmbHG). Das Stammkapital der GmbH muss mindestens 25.000 € betragen (§ 5 Abs. 1 GmbHG), eine Eintragung der Gesellschaft darf erst dann erfolgen, wenn zum Zeitpunkt der Eintragung von den Gesellschaftern Bar- oder Sacheinlagen in Höhe von mindestens 12.500 € erbracht worden sind (§ 7 Abs. 2 Satz 2 GmbHG).

Organe der GmbH sind der Geschäftsführer (§ 6 GmbHG), die Gesellschafterversammlung (§ 48 GmbHG) sowie der Aufsichtsrat (§ 52 Abs. 1 GmbHG), falls er gebildet worden ist.

Der Geschäftsführer, der nach § 6 Abs. 3 Satz 1 GmbHG nicht Gesellschafter sein muss, vertritt die Gesellschaft gegenüber Dritten (§ 35 Abs. 1 Satz 1 GmbHG). Sind mehrere Geschäftsführer vorhanden, vertreten sie die Gesellschaft gemeinschaftlich, wenn der Gesellschaftsvertrag nichts anderes vorsieht (§ 35 Abs. 2 Satz 1 GmbHG). Der Umfang der Vertretungsbefugnis des Geschäftsführers kann durch den Gesellschaftsvertrag oder durch Beschlüsse der Gesellschafter beschränkt werden (§ 37 Abs. 1 GmbHG). Nach § 37 Abs. 2 Satz 1 GmbHG gilt diese Beschränkung jedoch nicht gegenüber Dritten. Darüber hinaus kann die GmbH, da sie Kaufmannseigenschaft besitzt, auch die Regelungen des HGB zur Vertretung – Prokura und Handlungsvollmacht – nutzen.

Der Gesellschaftsvertrag bestimmt grundsätzlich die Rechte der Gesellschafter (§ 45 Abs. 1 GmbHG), die Regelungen der §§ 46 bis 51 GmbHG finden nur ergänzend Anwendung (§ 45 Abs. 2 GmbHG). Gesellschafter wird man durch Übernahme eines Geschäftsanteils bei Gründung der GmbH oder durch späteren Erwerb, da der Geschäftsanteil grundsätzlich frei übertragbar ist (§ 15 Abs. 1 GmbHG). Der Gesellschaftsvertrag kann diese freie Übertragbarkeit jedoch ein-

schränken (§ 15 Abs. 5 GmbHG). Unter dem Geschäftsanteil wird die Gesamtheit der Rechte und Pflichten eines Gesellschafters aus dem Gesellschaftsverhältnis verstanden, der sich durch den Betrag der vom Gesellschafter übernommenen Stammeinlage bestimmt [Baumbach/Hueck et al. 2006, § 14, Rn. 2]. Das Verhältnis der von den Gesellschaftern gehaltenen Geschäftsanteile bestimmt nicht nur die Verteilung des Ergebnisses nach § 29 Abs. 3 Satz 1 GmbHG, sondern ist auch maßgebend für die Beschlussfassung im Rahmen der Gesellschafterversammlung (§§ 47 Abs. 1, 2 und 48 Abs. 1 GmbHG), wenn der Gesellschaftsvertrag keine Abweichungen vorsieht. § 46 GmbHG enthält einen Katalog von Zuständigkeiten der Gesellschafter, der vom Gesellschaftsvertrag jedoch modifiziert werden kann und den Gesellschaftern weitere Zuständigkeiten – im Zweifel zu Lasten des Geschäftsführers – überträgt oder den Kompetenzbereich der Gesellschafter – im Zweifel zu Gunsten des Geschäftsführers – beschränkt [Baumbach/Hueck et al. 2006, § 46, Rn. 5 f.]. In den meisten Fällen ist der Geschäftsführer befugt, sämtliche Handlungen, die zur gewöhnlichen Geschäftstätigkeit der GmbH gehören, vorzunehmen, während die Gesellschafter für die über diesen Umfang hinausgehenden Geschäfte sowie für die organisatorischen Grundsatzentscheidungen zuständig sind.

Der Aufsichtsrat wird grundsätzlich nur dann gebildet, wenn der Gesellschaftsvertrag (§ 52 Abs. 1 GmbHG), das InvestmG oder besondere mitbestimmungsrechtliche Gesetze dies vorsehen [Baumbach/Hueck et al. 2006, § 52, Rn. 2]. Hauptaufgabe des Aufsichtsrates ist die Kontrolle des Geschäftsführers [Baumbach/Hueck et al. 2006, a. a. O., Rn. 28]. Ansonsten kann der Gesellschaftsvertrag die Ausgestaltung und die Kompetenzen des Aufsichtsrates definieren. Finden sich keine weitergehenden Regelungen im Gesellschaftsvertrag, so gelten über § 52 Abs. 1 GmbHG die entsprechenden aktienrechtlichen Regelungen.

Die Rechtsform der GmbH ist die mit Abstand beliebteste Rechtsform. 2001 waren ca. 42,06 % der Krankenhäuser als GmbH organisiert [Krankenhaus-Barometer des DKI, Herbstumfrage 2001, S. 20]. Diese Zahl dürfte seitdem nochmals deutlich gewachsen sein, und zwar nicht nur im Bereich der privaten und freigemeinnützigen Trägerschaft. In der überwiegenden Anzahl der Fälle einer Ausgründung eines Krankenhauses wird die Rechtsform der GmbH gewählt, unabhängig davon, ob eine Kommune, eine Stiftung, ein Verein oder auch eine öffentlich-rechtliche Körperschaft – beispielsweise eine Pfarrgemeinde –, Träger bzw. Trägerin eines Krankenhauses ist. Gerade im kommunalen Bereich gewinnt die GmbH immer stärker an Bedeutung als die Rechtsform der Wahl bei der Neuorganisation des Krankenhauswesens. Kommunale und freigemeinnützige Gesellschafter gestalten die GmbH in aller Regel als steuerrechtlich begünstigte gemeinnützige GmbH, die jedoch strengen Gewinnverwendungsvorschriften und Regelungen zur Zweckbindung der Mittel unterliegt. Die Beliebtheit der GmbH beruht auf ihrer großen Variabilität. Die Satzung der GmbH gibt den Gesellschaftern die Möglichkeit, die Struktur der Gesellschaft sehr gut auf die Bedürfnisse ihres Unternehmens auszugestalten.

Der Wechsel der Rechtsform hin zur GmbH ist jedoch – gerade bei Ausgründungen – nicht der alleinige Garant für das erfolgreiche Agieren des Krankenhauses in der Zukunft. Erforderlich ist ebenso ein Umdenken bei dem oder den Träger(n) (Gesellschafter[n]), so dass ein neuer unternehmerischer Geist in das Krankenhaus einziehen kann. Wichtig ist, dass unternehmerische Aspekte das Handeln der Geschäftsführung bestimmen und dieser der erforderliche Handlungsspielraum zur Durchsetzung vorgegebener Ziele nicht nur eingeräumt, sondern auch zur Nutzung überlassen wird. Die Träger können sich dann darauf beschränken, die ihnen in der GmbH zugedachten Aufgaben wahrzunehmen, vor allem die ex-post-Kontrolle der Handlungen der Geschäftsführung, die die Geschäftsführung begleitende Beschlussfassung bei wichtigen, weitreichenden Fragestellungen sowie die allgemeine Beratung der Geschäftsführung. Werden tradierte, langwierige Entscheidungsstrukturen und vielfältige Mitspracherechte im Vorfeld unternehmerischer Entscheidungen in die GmbH übernommen, wird der Wechsel der Rechtsform hin zur GmbH dem Krankenhaus keine neuen, positiven Impulse geben.

Aktiengesellschaft (AG)

Die AG ist eine rechtsfähige Gesellschaft, deren Haftung gegenüber Dritten auf das Gesellschaftsvermögen beschränkt ist (§ 1 Abs. 1 AktG). Nach § 3 Abs. 1 AktG ist die AG stets Kaufmann, auch wenn sie kein Handelsgewerbe betreibt. Auch eine AG kann als gemeinnützig bei Erfüllen der Voraussetzungen der §§ 51 ff. AO anerkannt werden.

Die Gründung erfolgt durch Feststellung der notariell beurkundeten Satzung der Gesellschaft (§ 23 Abs. 1 AktG). In der Satzung muss auch die Höhe des Grundkapitals sowie die Zahl der Mitglieder des Vorstandes angegeben werden (§ 23 Abs. 3 AktG). Der Nennbetrag des Grundkapitals der AG, das nach § 7 AktG mindestens 50.000 € betragen muss, wird in Aktien aufgeteilt. Diese sind grundsätzlich frei übertragbar und verbriefen die Mitgliedschaftsrechte des Gesellschafters (Aktionärs). Die Rechtsfähigkeit erlangt die AG nach Bestellung des Aufsichtsrates und des Vorstandes nach § 30 AktG und der Durchführung der Gründungsprüfung nach den §§ 32 ff. AktG mit der Eintragung in das Handelsregister nach § 36 Abs. 1 AktG.

Organe der AG sind die Hauptversammlung (§§ 118 ff. AktG), der Vorstand (§§ 76 ff. AktG) sowie der Aufsichtsrat (§§ 95 ff. AktG). Die Aktionäre üben ihre Rechte grundsätzlich in der Hauptversammlung aus (§ 118 Abs. 1 Satz 1 AktG). Die Hauptversammlung ist das Gremium, in dem die entscheidenden Beschlüsse getroffen werden. Dies veranschaulicht der in § 119 Abs. 1 AktG niedergelegte Katalog der Kompetenzen der Hauptversammlung. Jede Aktie gewährt nach § 12 Abs. 1 Satz 1 AktG ein Stimmrecht. Die Angelegenheiten der laufenden Geschäftstätigkeit der AG werden vom Vorstand wahrgenommen. Dieser leitet nach § 76 Abs. 1 AktG die Gesellschaft in eigener Verantwortung, vertritt sie Dritten gegenüber (§ 78 Abs. 1 Satz 1 AktG) und übernimmt die Geschäftsführung (§ 77 Abs. 1 Satz 1 AktG). Besteht der Vorstand aus mehreren Personen, so erfolgen Geschäftsführung und Vertretung gemeinschaftlich, sofern die Satzung nichts Abweichendes bestimmt. Dem Vorstand kommt, insbesondere über die Regelung des § 76 Abs. 1 AktG, eine große Unabhängigkeit zu. Als Korrelat dazu sieht das AktG die Bildung eines Aufsichtsrates vor. Dessen Hauptaufgabe ist nach § 111 Abs. 1 AktG die Überwachung der Geschäftsführung des Vorstandes. Maßnahmen der Geschäftsführung können ihm jedoch nicht übertragen werden (§ 111 Abs. 4 Satz 1 AktG).

Seit 1994 existiert auch die so genannte kleine AG. Dies ist eine AG, die durch eine Person gegründet werden kann. Dieser ist alleiniger Aktionär und Vorstand. Zwar sind auch hier mindestens drei Aufsichtsräte von Nöten, bis zu einer Größe von 500 Mitarbeitern ist der Aufsichtsrat jedoch mitbestimmungsfrei. Die Aktien der kleinen AG sind zwar auch verkehrsfähig, werden jedoch nicht an der Börse gehandelt. Auch gelten für bestimmte Verfahrensabläufe Vereinfachungsregeln.

Die AG ist grundsätzlich – ebenso wie die nachfolgend dargestellte KGaA – eher auf große Betriebe zugeschnitten und im Krankenhausbereich eher selten anzutreffen. Die Rechtsform der kleinen AG kann jedoch eine Alternative zur GmbH sein, vor allem vor dem Hintergrund der leichteren Möglichkeit der Kapitalbeschaffung.

Kommanditgesellschaft auf Aktien (KGaA)
Bei einer KGaA (§§ 278ff. AktG) haftet mindestens ein Gesellschafter den Gesellschaftsgläubigern unbeschränkt (persönlich haftender Gesellschafter), während die übrigen Gesellschafter an dem in Aktien zerlegten Grundkapital der Gesellschaft beteiligt sind und für Verbindlichkeiten der Gesellschaft nicht persönlich haften (Kommanditaktionäre). Für die persönlich haftenden Gesellschafter gelten die Regelungen des HGB zur KG, im Übrigen finden die Vorschriften des AktG sinngemäße Anwendung. Eine Krankenhausträgerschaft in dieser Rechtsform ist jedoch nicht bekannt.

1.3.2 Rechtsformen des öffentlichen Rechts

Im Rahmen des öffentlichen Rechts ist eine Tätigkeit als Einzelperson nur als Beliehener denkbar, dem die Ausübung hoheitlicher Aufgaben übertragen wird. Dabei handelt es sich aber nicht um eine Rechtsform im eigentlichen Sinne [Knorr u. Wernick 1991, S. 61f.] Übrig bleiben daher Zusammenschlüsse ohne oder mit eigener Rechtsfähigkeit.

Rechtsformen des öffentlichen Rechts mit eigener Rechtsfähigkeit

Wesentlicher Unterschied zu den juristischen Personen des Privatrechts ist das Verfahren ihrer Gründung. Während erstere auf einem privatrechtlichen Gründungsakt beruhen, erfolgt die Gründung juristischer Personen des öffentlichen Rechts durch einen hoheitlichen Akt, oftmals durch ein Gesetz [Knorr u. Wernick 1991, S. 49].

Körperschaft des öffentlichen Rechts
Dies sind mitgliedschaftlich verfasste und unabhängig vom Wechsel seiner Mitglieder bestehende Verwaltungsträger, die mit Hoheitsgewalt ausgestattet sind [Knorr u. Wernick 1991, S. 50]. Dies gilt auch für Religionsgemeinschaften, wenn sie als Körperschaft des öffentlichen Rechts organisiert sind und zusätzlich noch das Privileg genießen, Steuern erheben zu dürfen. Typische Körperschaften des öffentlichen Rechts sind die Gebietskörperschaften, also Gemeinden oder Gemeindeverbände. Auch heute noch gibt es eine Reihe von Krankenhäusern, die von Kommunen oder Landkreisen in unmittelbarer Trägerschaft als Körperschaft des öffentlichen Rechts betrieben werden. Denkbar ist sie insbesondere für den Fall, dass ein Krankenhaus als unselbstständiger Teilbereich einer Körperschaft betrieben werden soll [Knorr u. Wernick 1991, a. a.O]. Allerdings besteht im öffentlichen Bereich der Trend, Wirtschaftsbetrieben oder Betrieben der Daseinsvorsorge eine größere Selbstständigkeit zuzugestehen, so dass entweder die Rechtsform der Anstalt des öffentlichen Rechts gewählt oder das Krankenhaus gleich in eine GmbH überführt wird.

Problematisch ist bei dieser Rechtsform, dass das Erfordernis, das Unternehmen Krankenhaus nach unternehmerischen Aspekten zu führen, nicht immer durchzusetzen ist. Vielfältige Mitspracherechte auf Seiten des Trägers erschweren oftmals die effektive Geschäftsführung. Die erforderliche Trennung zwischen dem operativen Geschäft und der Kontrolltätigkeit ist nur sehr schwer zu bewerkstelligen, selbst wenn diese Trennung erreicht worden ist, besteht noch keine Gewähr dafür, dass die Kontrollpositionen mit Fachleuten aus dem Krankenhausbereich besetzt werden, die die Entscheidungen der Geschäftsführung bzw. Betriebsleitung des Krankenhauses mit dem erforderlichen Fachwissen beurteilen können. Auch dies ist ein Grund für die sinkende Beliebtheit dieser Rechtsform.

Anstalt des öffentlichen Rechts
Anstalten des öffentlichen Rechts sind Verwaltungsträger, die einen bestimmten Zweck des Anstaltsträgers dauerhaft verfolgen sollen. Eine Anstalt des öffentlichen Rechts kann auch ein Zusammenschluss sächlicher oder personeller Mittel des Anstaltsträgers sein, der einem besonderen öffentlichen Zweck dauernd zu dienen bestimmt ist [Knorr u. Wernick 1991, S. 51]. Im Unterschied zur Körperschaft des öffentlichen Rechts weist sie keine Mitglieder auf und übt auch keine Hoheitsgewalt aus.

Der Anstaltsträger, ein öffentlich-rechtlicher Verwaltungsträger, kann die Anstalt durch Gesetz oder auf Grund eines Gesetzes errichten oder auflösen. Auch kann er im Rahmen der Anstaltssatzung den Zweck der Anstalt vorgeben, die Organe zur Leitung der Anstalt bestimmen sowie Kontroll- und Weisungsbefugnisse festschreiben. Oftmals nimmt auch Personal des Anstaltsträgers im Wege der Organleihe Aufgaben der Anstalt wahr [Knorr u. Wernick 1991, S. 52].

Anstalten des öffentlichen Rechts spielen durchaus eine Rolle in der Versorgungswirklichkeit. So sind beispielsweise die Universitätskliniken in Nordrhein-Westfalen und anderen Bundesländern erst vor einigen Jahren als Anstalten des öffentlichen Rechts ausgestaltet worden, um ihnen eine größere Selbstständigkeit vom öffentlich-rechtlichen Träger zuzugestehen.

Stiftung des öffentlichen Rechts
Von der Stiftung des Privatrechts unterscheidet sich die Stiftung des öffentlichen Rechts durch die Art ihrer Entstehung: Sie wird vom Staat durch Gesetz oder durch Verwaltungsakt errichtet. Die Einordnung als Stiftung des öffentlichen Rechts kann sich auch aus dem Gesamtzusammenhang der getroffenen Regelungen ergeben, insbesondere aus ihrer Eingliederung in das staatliche oder kirchliche Verwaltungssystem [Palandt et al. 2009, Vorb. v. § 80, Rn. 9].

Eine Stiftung des öffentlichen Rechts ist also auch ein verselbstständigtes Sondervermögen mit eigener Rechtsfähigkeit, das einen bestimmten Zweck dauerhaft fördern soll. Für ihre Entstehung ist ebenfalls ein Stiftungsakt des Stifters, der eine natürliche oder juristische Person des Privatrechts oder des öffentlichen Rechts sein kann und ein in den einzelnen Landesstiftungsgesetzen näher definierter staatlicher Hoheitsakt der Genehmigung erforderlich. Entsteht die Stiftung durch Gesetz, fallen Stiftungsakt und die Verleihung der Rechtsfähigkeit zusammen. Durch die Erlangung der Rechtsfähigkeit wird die Stiftung unabhängig von der Einflussnahme durch ihren Stifter [Knorr u. Wernick 1991, S. 53f.]. Die Ausgestaltung der Stiftung des öffentlichen Rechts entspricht in der Regel der Stiftung des Privatrechts, auch hier übernimmt der Vorstand die Aufgaben und Befugnisse vergleichbar zum Vereinsvorstand.

Sind Vermögensmassen Gemeinden oder Gemeindeverbänden zugeordnet und dienen kommunalen Zwecken, spricht man von kommunalen Stiftungen. Die Regelungen der Landesstiftungsgesetze haben diesbezüglich unterschiedliche Inhalte, die eine verallgemeinernde Definition nur schwer zulassen.

Die Rechtsform der Stiftung (privat- und öffentlichrechtlich) tritt im Krankenhausbereich nur relativ selten in Erscheinung. So wurden im Jahre 2001 nur ca. 6 % der Krankenhäuser in der Rechtsform der Stiftung betrieben [Krankenhaus-Barometer des DKI, Herbstumfrage 2001, S. 20]. Zu berücksichtigen ist dabei, dass vielfach der Träger des Krankenhauses weiterhin in Form einer privat- oder öffentlichrechtlichen Stiftung organisiert bleibt, der Betrieb Krankenhaus jedoch als Betriebsgesellschaft in eine GmbH überführt wird.

Rechtsformen des öffentlichen Rechts ohne eigene Rechtsfähigkeit

Dies sind meist Wirtschaftsbetriebe, die keine oder nur eine eingeschränkte Rechtsfähigkeit haben und daher nicht als eigenständige Verwaltungsträger, sondern als aus haushalterischen oder organisatorischen Gründen verselbstständigte Verwaltungsstellen anzusehen sind [Knorr u. Wernick 1991, S. 57].

Regiebetrieb
Ein Regiebetrieb ist ein Betrieb, der rechtlich, organisatorisch, personell und haushalterisch in kommunale Gebietskörperschaften eingegliedert ist. Da er auf Grund fehlender eigener Rechtsfähigkeit lediglich als besondere Abteilung des Verwaltungsträgers anzusehen ist, hat ein Regiebetrieb keine eigenen Organe, sondern wird von den Organen des Verwaltungsträgers vertreten. Die Haftung für Verbindlichkeiten, die aus der bestimmungsgemäßen Tätigkeit des Regiebetriebes entstehen, übernimmt der Verwaltungsträger. Die Willensbildung für den Regiebetrieb erfolgt in den Gremien des Verwaltungsträgers. Der Anteil der Regiebetriebe an der Krankenhausstruktur betrug 2001 nur noch ca. 6,32 % [Krankenhaus-Barometer des DKI, Herbstumfrage 2001, S. 20] und ist seitdem weiter deutlich rückläufig.

Eigenbetrieb
Der Eigenbetrieb ist gegenüber seinem Träger organisatorisch und wirtschaftlich weitgehend verselbstständigt, besitzt aber ebenfalls keine eigene Rechtsfähigkeit. Regelungen zum Eigenbetrieb,

insbesondere hinsichtlich der Ausgestaltung seiner Rechtsverhältnisse sowie seiner Organisation, finden sich vielgestaltig in den Gemeindeordnungen der Bundesländer. Auf Grundlage dieser Gemeindeordnungen werden Eigenbetriebsverordnungen und Betriebssatzungen der jeweiligen Gemeinden erlassen, die die Organisation sowie die Aufgabenverteilung im Eigenbetrieb näher definieren.

Die Betriebsleitung nimmt die Aufgaben der laufenden Geschäftätigkeit des Eigenbetriebes wahr und vertritt diesen gegenüber Dritten. Daneben besteht oftmals ein Betriebsausschuss, der für bestimmte, in der Betriebssatzung festgelegte Aufgaben zuständig ist. Dies können die Vorbereitung von Gemeinderatsbeschlüssen oder die Vornahme von Aufgaben, die nicht der laufenden Geschäftätigkeit zuzuordnen sind, sein. Die grundsätzlichen Angelegenheiten schließlich sind vom Gemeinderat zu treffen. Da der Eigenbetrieb nur organisatorisch und wirtschaftlich, aber nicht rechtlich vom Verwaltungsträger verselbstständigt ist, haftet der Verwaltungsträger für Verbindlichkeiten, die durch die bestimmungsgemäße Tätigkeit des Eigenbetriebes entstehen.

Der Anteil der Eigenbetriebe ist – vor allem durch den hohen Anteil von Krankenhäusern in kommunaler Trägerschaft – noch recht hoch. So waren 2001 immerhin 20,18 % der Krankenhäuser als Eigenbetrieb organisiert. Allerdings bilden die in dieser Rechtsform organisierten Krankenhäuser die größte Gruppe derjenigen Häuser, die einen Wechsel der Rechtsform – meist in die GmbH – anstreben, laut DKI-Herbstumfrage 2001 immerhin 35 % der Eigenbetriebe [Krankenhaus-Barometer des DKI, Herbstumfrage 2001, S. 20 f.]. Es darf davon ausgegangen werden, dass ein nicht geringer Teil dieser Änderungsabsichten bis heute umgesetzt worden ist.

1.4 Gruppenbildung

Keine Rechtsform im eigentlichen Sinne, aber in der Praxis immer häufiger anzutreffen ist die Gruppenbildung im Krankenhausbereich. Seit Anfang der 90er-Jahre ist diese Tendenz verstärkt zu beobachten. Charakteristisch für eine solche Gruppe ist, dass es durch gesellschaftsrechtlichen Zusammenschluss zu einer einheitlichen Willensbildung kommt. Das geschieht in der Regel durch mehrheitliche Übernahme der Gesellschaftsan-

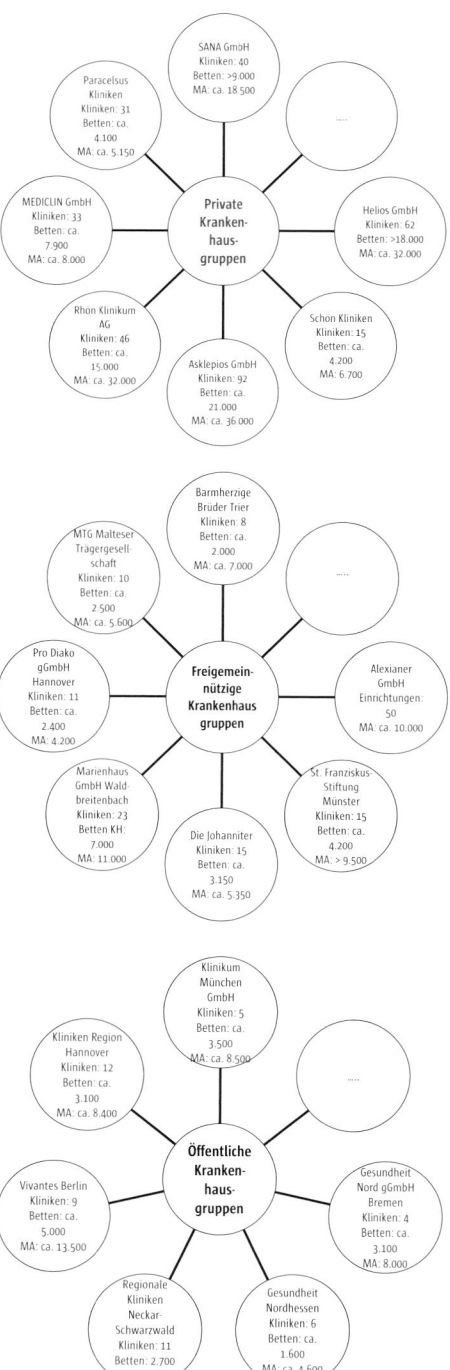

Abb. 3   Beispiele für die Krankenhausgruppenbildung in Deutschland

teile einer Krankenhaus-GmbH durch eine Muttergesellschaft, die den sogenannten Organkreis bildet und von der die Willensbildung ausgeht. Ist die Muttergesellschaft selbst eine Kapitalgesellschaft (GmbH oder AG), spricht man von Konzernbildung. Aber auch Stiftungen können die Aufgabe einer Muttergesellschaft übernehmen.

Ziel der Gruppenbildung ist, Synergieeffekte in allen Leistungsbereichen eines Krankenhausbetriebes (es werden Primär-, Sekundär- und Tertiärleistungen unterschieden) zu realisieren, um dem immer stärker werdenden wirtschaftlichen Druck Stand halten zu können. Diese Gruppenbildung ist sowohl bei den kommunalen als auch bei den freigemeinnützigen sowie bei den privaten Krankenhausträgern festzustellen. Auch aufgrund restriktiver rechtlicher Vorgaben setzte dieser Prozess im kommunalen Bereich erst relativ spät ein. Ein Handeln über Gebietskörperschaftsgrenzen hinaus wurde in vielen Kommunalverfassungen lange Zeit untersagt oder doch erheblich erschwert. Seit es auch hier zu Zusammenschlüssen kommt, hat sich der jahrelang zu beobachtende Trend, kommunale Kliniken an private Krankenhausträgergruppen zu veräußern, abgeschwächt. Die grafischen Darstellungen (s. Abb. 3) sollen – ohne Anspruch auf Vollständigkeit – einen Eindruck vom relativ weit fortgeschrittenen Prozess der Krankenhausgruppenbildung in Deutschland vermitteln.

Fazit

Die obige Darstellung umfasst nicht alle möglichen Rechtsformen, die der Gesetzgeber dem Teilnehmer am

Rechtsverkehr zur Verfügung stellt, sondern nur diejenigen, die sich für den Betrieb eines Krankenhauses in der Praxis etabliert haben. Selbst dieser Katalog ist sehr umfangreich und muss es auch sein, um den Krankenhausträgern in ihrer Verschiedenartigkeit auch verschiedene Rechtsformen zur Verfügung zu stellen, um den Betrieb Krankenhaus an ihre individuellen Bedürfnisse anpassen zu können. „Die" ideale Rechtsform für den Betrieb eines Krankenhauses gibt es nicht. Dazu sind seitens der Krankenhausträger zu viele Parameter in der Entscheidungsfindung zu berücksichtigen. So ist nicht nur die Frage der möglichen Haftung von Bedeutung, sondern z.B. auch, welchen Grad an Eigenständigkeit man dem Krankenhaus zugestehen möchte und wie die Entscheidungsfindung im Krankenhaus ablaufen soll.

Literatur

Baumbach A, Hueck A (2006) GmbH-Gesetz. 18. Auflage. C. H. Beck, München
Deutsche Krankenhausgesellschaft (2009) Zahlen – Daten – Fakten 2009, Berlin
Deutsches Krankenhausinstitut (2001) Krankenhausbarometer. Herbstumfrage 2001. Düsseldorf
Knorr KE, Wernick J (1991) Rechtsformen der Krankenhäuser. Düsseldorf
Palandt O, Bassenge P, Brudermüller G, Diederichsen U, Edenhofer W, Heinrichs H (2009) Bürgerliches Gesetzbuch, 68. Auflage. C. H. Beck, München
Quaas M, Zuck R (2008) Medizinrecht: Öffentliches Medizinrecht – Haftpflichtrecht – Arztstrafrecht. 2. Auflage. Beck Juristischer Verlag, München
Statistisches Bundesamt, Fachserie 12, Reihe 6.1.1, Grunddaten der Krankenhäuser. www.dkgev.de/media/file/7051.Vergleich-Grunddaten_2007-2008.pdf

2 Kommunale Krankenhäuser

Johannes Kramer

Städtische Kliniken Bielefeld

2.1 Wandel in der Trägerlandschaft

Die deutsche Krankenhauslandschaft unterliegt – bezogen auf die Trägervielfalt – derzeit einem erheblichen Wandlungsprozess. Waren es bis zur industriellen Revolution in der 2. Hälfte des 19. Jahrhunderts vor allem caritative, konfessionell getragene Hospitäler, die eine stationäre Krankenhausversorgung boten, sind danach zunehmend die Kommunen mit eigenen Einrichtungen aufgetreten, um die vor allem für die Arbeiterschaft aufgetretene Versorgungslücke zu schließen und die Patientenversorgung sicherzustellen. Nach dem 2. Weltkrieg erwuchs hieraus der verfassungsmäßig und in den Landeskrankenhausgesetzen verankerte Sicherstellungsauftrag von Ländern als Planungs- und den Kommunen als Ausführungsbehörden, eine bedarfsgerechte und wohnortnahe Versorgung der Bevölkerung mit (stationären) Krankenhausleistungen vorzuhalten. Ist eine bedarfsgerechte Versorgung allerdings durch Dritte gewährleistet, muss eine Kommune kein eigenes Krankenhaus vorhalten.

Seit Aufgabe des Selbstkostendeckungsprinzips 1993 und der Möglichkeit, im Krankenhaus Gewinne zu machen, ist nun ein deutlicher Trend zugunsten privater, gewerblich ausgerichteter Träger zu verzeichnen. Dieser Trend wird wesentlich durch zwei Faktoren befördert: Zum einen ist es die starke finanzielle Förderung in den neuen Bundesländern, die erst durch den West-Ost-Solidarausgleich möglich wurde, die private Träger als Chance genutzt und damit Kapital aufgebaut haben. Dies erklärt den nach wie vor überproportionalen Anteil privater Träger in diesen Bundesländern. Mit Ausnahme von Asklepios sind alle privaten Klinikketten in Ostdeutschland groß geworden. Zum anderen hat sich nach Einführung des neuen (DRG-)Fallpauschalensystems der Wettbewerb zwischen den Krankenhäusern deutlich verschärft. In diesem Wettbewerb – so die vorherrschende Meinung – wird den privaten Trägern eine erheblich größere Kompetenz und Effizienz im Vergleich zu anderen, vor allem kommunalen Trägern zugeschrieben. Folgt man einigen Prognosen von Beratungsunternehmen wie z. B. Arthur Andersen und Ernst & Young, müsste man annehmen, dass der Krankenhausmarkt der Zukunft privaten Trägern gehören wird.

Was kennzeichnet nun die kommunalen Krankenhäuser und sind diese Kennzeichen maßgeblich für die oben beschriebene Entwicklung? Sind kommunale Krankenhäuser noch zukunftsfähig? Sind sie wirklich weniger effizient oder ist das nur ein verbreitetes Vorurteil? Was müssten kommunale Träger tun, damit ihre Einrichtungen im Wettbewerb bestehen können?

Eine viel grundsätzlichere gesundheits- und ordnungspolitische Fragestellung schließt sich an:

Hätte es Auswirkungen auf die Versorgung der Bevölkerung, wenn die Krankenhausleistungen zukünftig überwiegend nicht mehr kommunal oder freigemeinnützig, sondern privat organisiert wären?

2.2 Tradierte Strukturmerkmale kommunaler Krankenhäuser

In der langen Tradition kommunaler Krankenhäuser waren diese – und sind es vielfach noch – eingebunden als Einrichtungen öffentlichen Rechts in das System kommunaler Verwaltungen. Sie wurden als Regie- oder Eigenbetriebe geführt wie die sonstigen Ämter einer Gemeindeverwaltung, als Amt 54. Sie unterlagen denselben Steuerungsprozessen und -regeln wie die anderen Ämter; d. h.

- Sie wurden geführt von „Verwaltungsleuten", die nicht zwingend eine kaufmännische Ausbildung oder Managementerfahrung haben mussten; bezahlt nach der 3. oder gar 4. Stufe der Einkommensstruktur der Verwaltung.
- Die Entscheidungsgremien (Krankenhaus-, Personal-, Finanz-, Hauptausschuss sowie Rat) waren entsprechend der Ratsmehrheiten politisch besetzt, tagten i. d. R. öffentlich und beanspruchten Mitsprache selbst im operativen Geschäft. Die Entscheidungswege waren dementsprechend lang, wenig flexibel, mit unzureichender Kenntnis, politisch geprägt und nicht zwingend an den Interessen des Krankenhauses ausgerichtet.
- Die Personalvertretung hatte primär die Gleichbehandlung in der Gesamtverwaltung vor Augen und nicht die Besonderheiten eines Krankenhauses als Wirtschaftsunternehmen.
- Aufgelaufene Defizite wurden über den städtischen Haushalt ausgeglichen und somit der Verantwortungsdruck der Leitung abgemildert.

Diese Strukturen wurden in ihrem Selbstverständnis, mit dem Sicherstellungsauftrag eine Pflichtaufgabe zu erfüllen, lange Zeit getragen.

Spätestens aber mit dem Überangebot an Krankenhausbetten seit Einführung des DRG-Systems, der zunehmenden Finanznot der Städte sowie zukünftig noch verstärkt durch das EU-Wettbewerbs- und Beihilferecht [Bruckenberger 2006] gerät dieses Selbstverständnis ins Wanken.

Krankenhäuser, die noch in dieser Tradition von Verwaltung geführt werden, werden im Wettbewerb nicht überleben. Vor diesem Hintergrund ist es nicht verwunderlich, dass der Anteil öffentlicher Krankenhäuser an den Allgemeinkrankenhäusern (ohne Sonderkrankenhäuser) von 47,3 % (1990) auf 32,8 % (2007) gesunken ist, während der Anteil der privaten Träger im selben Zeitraum von 14,5 % auf 29,4 % stieg. Der Anteil der Freigemeinnützigen blieb praktisch unverändert. Da von den öffentlichen Krankenhäusern nur die Universitätsklinik Marburg/Gießen an Rhön verkauft wurde, ist der Rückgang mit obiger Ausnahme bei den kommunalen Krankenhäusern zu verzeichnen. Diese sind in 2007 noch mit 554 Allgemeinkrankenhäusern vertreten. Zum Vergleich: Universitätskliniken 33, Freigemeinnützige 678, Private 526. Auf die Betten- und Fallzahl bezogen verschiebt sich der jeweilige Trägeranteil allerdings nicht unwesentlich. So hatten die öffentlichen Träger in 2007 einen Anteil an Betten von 49,1 % bzw. von 50,5 % an den Fallzahlen, die Freigemeinnützigen von 35,8 % bzw. 35,1 % und die Privaten von 15,1 % bzw. von 14,4 % [DKG 2009]. Entgegen der öffentlichen Wahrnehmung wird der geringste Teil stationärer Krankenhausleistungen also von privaten Trägern erbracht, während rd. die Hälfte nach wie vor von öffentlichen Einrichtungen geleistet wird. Zum anderen wird daran deutlich, dass private Krankenhäuser – von wenigen Ausnahmen abgesehen – nur unter den kleinen, z. T. spezialisierten Häusern repräsentiert sind, die öffentlichen Einrichtungen dagegen die großen Häuser der Schwerpunkt- und Maximalversorgung vorhalten. Das wird auch noch einmal deutlich, wenn man die Krankenhäuser mit über 500 Betten heranzieht: Hier sind 65 % in öffentlicher Trägerschaft und nur 9 % privat. Nach wie vor ist das stationäre Leistungsgeschehen also öffentlich geprägt.

2.3 Herausforderungen angenommen

Auf die neuen Herausforderungen haben zahlreiche Kommunen reagiert und ihre Krankenhäuser aus dem öffentlichen Recht der Regie- und Eigenbetriebe in privates Recht einer GmbH überführt. (In einigen Diskussionsbeiträgen wird dieses bereits als „Privatisierung" missverstanden. Wie in der Zuordnung des Statistischen Bundesamtes wird auch eine GmbH als öffentliches-kommunales Krankenhaus geführt, solange der Gesellschafter mehrheitlich oder vollständig die Kommune ist.) Inzwischen werden rd. 50 % der öffentlichen Einrichtungen in privatrechtlicher Form betrieben. Kommunale Krankenhäuser in der Rechtsform der GmbH sind deutlich wettbewerbsfähiger geworden, weil die oben beschriebenen, die kommunalen Krankenhäuser schwächenden Strukturen bei konsequenter Anwendung vermieden werden können. Viele dieser Häuser müssen heute den Vergleich mit Privaten in Fragen der Effizienz und Innovation nicht scheuen. Dieses ist um so bemerkenswerter, da sie nach wie vor unter erschwerteren Rahmenbedingungen zu arbeiten haben als etwa die konfessionellen oder privaten Häuser. Inzwischen mehren sich die Stimmen, die feststellen: „Dass sich private Einrichtungen organisational besser auf den Wettbewerb vorbereiten, kann nicht bestätigt werden." [Brachmann 2007] Beispielhaft wird diese neue Wettbewerbsfähigkeit kommunaler Krankenhäuser anhand der Einkaufsgemeinschaft Kommunaler Krankenhäuser (EKK) und des Arbeitskreises Kommunaler Großkrankenhäuser (AKG) dargestellt.

Die 1998 gegründete EKK ist eine eingetragene Genossenschaft, der inzwischen über 60 Krankenhäuser mit rd. 50.000 Betten (= 10,7 % aller Allgemeinkrankenhäuser und 21,7 % der öffentlichen Häuser) angehören. Sie repräsentiert damit mehr Betten als z. B. die Rhön-Kliniken mit rd. 40.000 Betten. Ihr Ziel ist es, den Einkauf ihrer Mitgliedshäuser möglichst über gemeinsame Ausschreibungen oder über Rahmenverträge so zu bündeln, dass durch die Nachfragemacht deutliche Preisvorteile erreicht werden. Sie ist in allen Produktbereichen inclusive Investitionen aktiv, wodurch sie sich von einigen anderen Einkaufsverbünden unterscheidet. Weitere Unterstützung bietet sie ihren Mitgliedern durch E-Commerce, zentrale Materialwirtschaft, diverse Benchmarkprojekte, Wissensmanagement sowie Personalentwicklung. Darüber hinaus hat sie für ihre Mitglieder eine eigene Versorgungskasse eingerichtet, plant den Aufbau einer Akademie für Fort- und Weiterbildung, einer Personalvermittlungsplattform sowie das Angebot professioneller Beratungsleistungen, um ihre Mitglieder von externen, teuren Beratern unabhängig zu machen.

Damit geht die EKK in ihrem Angebot weit über eine reine Einkaufsgemeinschaft hinaus und entwickelt sich zunehmend zu einer umfassenden Dienstleistungsgesellschaft. Letztlich ist es ihr strategisches Ziel, für die kommunalen Krankenhäuser mit vergleichbaren Bausteinen eine Antwort auf die Herausforderung der privaten Klinikketten zu bieten.

Die AKG hat sich in der jetzigen Ausprägung 1997 konstituiert, repräsentiert 18, z. T. sich mit der EKK überschneidende Krankenhäuser mit rd. 32.000 Betten (= 6,4 % des gesamtdeutschen Krankenhausmarktes). Alle Mitglieder sind Maximalversorger und decken somit das gesamte medizinische Spektrum ab. Ihr Ziel ist es, über den Vergleich betriebswirtschaftlicher Kennziffern hinausgehend in allen die Krankenhausorganisation bestimmenden Bereiche Best Practise-Hinweise anzubieten. Diese werden inzwischen in 8 Bereichen angeboten. Die Festlegung und Erfassung von Qualitätsindikatoren dient der Entwicklung einer gemeinsamen Qualitätspolitik. Ein bemerkenswertes Ergebnis aus den betriebswirtschaftlichen Benchmarks ist die Feststellung, dass die AKG-Häuser in der Frage der Effizienz, gemessen am Umsatz pro Vollkraft, eine mit den privaten Klinikketten vergleichbare Produktivität erzielen; mit Spitzenwerten in 2008 von bis zu 97.000,– € pro Vollkraft. Diese sind damit sogar deutlich effizienter als z. B. Helios mit 90.000,– € pro Vollkraft.

Im Ergebnis ist festzuhalten, dass viele kommunale Krankenhäuser in der wirtschaftlichen Ausrichtung zwar später als die Privaten gestartet sind, inzwischen aber im Professionalisierungsprozess erhebliche Fortschritte gemacht haben bzw. gleichgezogen sind. Die These, dass kommunale Häuser weniger effizient seien, erweist sich somit als Vorurteil.

2.4 Erschwerende Rahmenbedingungen für kommunale Krankenhäuser

Wenn es nicht an der Effizienz und nicht an der organisationalen Innovationskraft liegt, dass kommunale Häuser gleichwohl noch im Wettbewerb benachteiligt sind, dann muss es andere Rahmenbedingungen geben, die besonders diese Gruppe von Krankenhäusern beeinträchtigen. Solche strukturellen Nachteile sind an folgenden Punkten festzumachen:

- Häuser der Maximalversorgung bieten das gesamte stationäre Leistungsspektrum an, auch unwirtschaftliche Leistungen. In einem der größten dieser Häuser führen so 1 % der Extremkostenfälle, die wegen ihrer Seltenheit nicht über Fallpauschalen abgebildet, damit nicht oder nicht ausreichend finanziert sind, zu einer Unterdeckung von rd. 10 Mio. €. Nicht jedem dieser Häuser gelingt es, diese Unterdeckung an anderer Stelle auszugleichen. Kommunale Häuser haben generell wegen komplexerer Fälle höhere Kosten als Private [Braun 2006].

■ In westdeutschen Bundesländern und bei Krankenhäusern mit über 400 Betten wird eine überproportionale Insolvenzwahrscheinlichkeit festgestellt [ADMED/HCB/RWI 2007]. Da in dieser Gruppe vor allem kommunale Maximalversorger vertreten sind, wird diese vorschnell auf die kommunale Trägerschaft zurückgeführt. Es ist aber weniger ein Problem der kommunalen Trägerschaft. Maximalversorger haben vielmehr einen höheren Investitionsbedarf, der in westdeutschen Ländern nicht annähernd gedeckt wird, während es in Ostdeutschland durch den Solidarpakt praktisch keinen Investitionsstau gibt.

■ Die kommunalen Krankenhäuser haben höhere Personalkosten zu verkraften; nicht, weil mehr Personal beschäftigt wird, sondern einerseits wegen komplexerer Fälle (s. o.), andererseits weil die Gewerkschaften über die öffentliche Hand höhere Tarife durchgesetzt haben. Erst in letzter Zeit sind Bestrebungen erkennbar, ähnlich hohe Tarife auch bei Privaten und Freigemeinnützigen durchzusetzen. Besonders krass sind die Unterschiede in der betrieblichen Altersversorgung. Bei Privaten fallen Aufwendungen dafür kaum ins Gewicht, bemessen am Umsatz beträgt der Anteil gerade einmal 1,5 %. Dies trifft für kommunale Häuser dagegen nicht zu; bei ihnen machen die Aufwendungen für die betriebliche Altersversorgung 4,4 % vom Umsatz aus [ADMED/HCB/RWI 2007]. Noch stärker betroffen sind solche Häuser, die über ihre Träger zur Mitgliedschaft in der Versorgungskasse des Bundes und der Länder (VBL) gezwungen sind. Hier erhöhen sich die Kosten nochmals um fast 10 % der Lohn- und Gehaltssumme.

■ Die kommunalen Krankenhäuser sind i. d. R. diejenigen, die die Notfallversorgung gewährleisten und die für die Regionen u. a. die Infrastruktur für den Katastrophenschutz sowie für Ansteckungskrankheiten vorhalten;

alles Leistungen, die nicht kostendeckend sind.

■ Gleiches gilt für das Engagement in der Ausbildung und der Fachweiterbildung von Ärzten, Pflegekräften und medizin-technisches Personal [Offener Brief der Betriebsräte 2008].

Diese Leistungen kommunaler Häuser, vor allem der Maximalversorger, werden in der Öffentlichkeit nicht wahrgenommen. Analog zu dem morbiditätsorientierten Risikostrukturausgleich bei Krankenkassen müsste es bei diesen Maximalversorgern einen versorgungsorientierten Strukturzuschlag geben. Aber diese Leistungen gelten als selbstverständlich, sind es aber keinesfalls, wenn man sich den Krankenhausmarkt einmal rein gewerblich und gewinnorientiert vorstellen würde. Dazu aber gibt es keine ordnungspolitische Diskussion in Deutschland.

2.5 Das Gut Gesundheit – Anstöße zu einer gesundheits- und ordnungspolitischen Debatte

Die Frage heißt, ob Gesundheit – hier stationäre Krankenhausleistungen – ein öffentliches Gut ist oder wie jede andere Ware auch einem gewinnorientierten Marktwettbewerb unterworfen werden kann. Und wenn ja, welche Auswirkungen das auf die Versorgung mit diesen Leistungen hätte. Zu konstatieren ist in jedem Fall ein Philosophiewechsel, wenn z. B. internationale Finanzinvestoren in diesen Markt drängen wie bei Rhön, die ihre Entscheidungen nicht an der Versorgung von Patienten, sondern an der Höhe der Rendite orientieren. In einem Bericht an den Club of Rome ist den „Grenzen der Privatisierung" in einer international vergleichenden Studie nachgegangen worden [Weizsäcker 2006].

Das Ergebnis lässt sich knapp zusammenfassen: Überall dort, wo Gesundheitsleistungen privatisiert worden sind, hat es entweder zu einem Ausschluss bestimmter Bevölkerungsgruppen von Leistungen und/oder zu einem Ausschluss nicht profitabler Leistungen geführt.

Warum sollte das auf dem deutschen Krankenhausmarkt anders sein? Staatlich vorgegeben ist der Zugang aller Bevölkerungsgruppen, da die Krankenkassen zur Bezahlung der Leistungen zwischengeschaltet sind. Bleibt der Ausschluss nicht profitabler Leistungen, der Leistungsselektion oder „Rosinenpickerei". Die Versorgungsforschung hat das Thema bisher nicht oder nur unzureichend aufgegriffen. Dem Verfasser ist nur eine Studie bekannt, die eine Differenzierung der Leistungen nach Trägergruppen ermöglicht [Braun u. Müller 2006]. Diese Studie aber bestätigt unzweideutig die These, dass eine Leistungsselektion stattfindet und dass in allen gemessenen Kriterien (Patientenzufriedenheit, Versorgungs-, Prozess- und Ergebnisqualität) nach Einführung des Fallpauschalensystems bei Privaten eine deutliche Verschlechterung stattgefunden hat. Und nach der Privatisierung der Uniklinik Marburg/Gießen reißen die Klagen niedergelassener Ärzte, die sich unter dem Namen „Notruf 113" zusammengeschlossen haben, über „Drehtürmedizin", „Gewinnmaximierung" und „Zunahme von Fehlern" nicht ab [Ärztezeitung 2009]. Ebenso angemahnt wird dieses Problem der Leistungsselektion aus einer internen Sicht von Beschäftigten der privaten Krankenhauskonzerne. Sie bringt die gesamte ordnungspolitische Problematik auf den Punkt mit dem Satz: „Würden alle Krankenhäuser so arbeiten, gäbe es keine *flächendeckende* Versorgung für *alle* Krankheitsbilder" [Offener Brief der Betriebsräte 2008].

Literatur

Augurzky B, Engel D, Krolop S, Schmidt C M, Schmitz H, Schwierz C, Terkatz S (ADMED/HCB/RWI Analyse 2007) Krankenhaus Rating Report 2007 – Die Spreu trennt sich vom Weizen. RWI: Materialien, Heft 32

Brachmann M (2007) Zusammenfassung der Forschungsergebnisse zur Studie: Trägerschaft, Governance und Innovationskraft im deutschen Krankenhaussektor. S 2. Witten/Herdecke. Zu beziehen über den Lehrstuhl für Unternehmensführung.

Braun B, Müller R (2006) Versorgungsqualität im Krankenhaus aus der Perspektive der Patienten. GEK-Edition. Schriftenreihe zur Gesundheitsanalyse. Bd. 45. Schwäbisch-Gmünd

Bruckenberger E, Klane S, Schwintkowski H-P (2006) Krankenhausmärkte zwischen Regulierung und Wettbewerb. 170 f. Berlin, Heidelberg

(coo) (2009) Niedergelassene werfen privater Uniklinik „Drehtürmedizin" vor. Ärztezeitung (17.6.2009)

Deutsche Krankenhausgesellschaft (2009) Zahlen, Daten, Fakten. Düsseldorf; sowie eigene Berechnungen

Offener Brief der Vorsitzenden und Mitglieder von Konzernbetriebsräten privater Krankenhauskonzerne an Bundesgesundheitsministerin Ulla Schmidt vom 2.10.2008, S 2/Hervorhebung durch den Verfasser

Weizsäcker E U von (2006) Grenzen der Privatisierung. Stuttgart

3 Universitäre Krankenhausträger

Ralf Heyder und Rüdiger Strehl

Verband der Universitätsklinika Deutschlands, Berlin

Seit Ende der 90er-Jahre gab es in allen Bundesländern mehr oder weniger umfassende Reformen der Beziehung zwischen dem Land als Träger und der Hochschulmedizin. Ursächlich dafür war die Erkenntnis, dass der Träger zunehmend damit überfordert war, die Hochschulmedizin angesichts immer komplexerer Krankenhausregulierung wirtschaftlich und wettbewerbsfähig zu führen. Diese Reformen waren allerdings nicht konsequent. Der Träger hat sich in vielen Formen Möglichkeiten der Einflussnahme vorbehalten.

Die Hochschulmedizin arbeitet in einem Spannungsfeld aus Wissenschafts-, Sozial- und Finanzpolitik, das oft unzureichend koordiniert ist. Dieses Spannungsfeld wirkt im Verhältnis der Universitätskliniken zu den weiteren Institutionen der Hochschulmedizin (Medizinischen Fakultäten und Gesamtuniversität) einerseits und zur Landesregierung andererseits. Die Beziehungen zu diesen Parteien sind definiert durch die Aufteilung von Kompetenzen, Zuständigkeiten und Verantwortlichkeiten. In Deutschland existieren hierfür zahlreiche Modelle mit teils sehr unterschiedlichen Konsequenzen für die Selbstständigkeit und Handlungsfähigkeit von Universitätsklinika.

Die aus der Trägerstruktur herrührenden Besonderheiten bei der Führung von Universitätsklinika sind ausschließlich durch dieses Beziehungsgeflecht zu erklären. Deshalb werden im Folgenden wesentliche Aspekte zu Rechtsformen, Aufsichtsfunktionen, Steuerungsinstrumenten und Zuständigkeitsverteilungen dargestellt.

3.1 Universitäre Träger in Deutschland im historischen Kontext

Seit Abschluss des Mittelalters umfasst die Hochschulmedizin in Deutschland [Thieme 2004, S. 786] traditionell die Medizinische Fakultät und als assoziierte Krankenversorgungseinrichtung ein oder mehrere Universitätsklinika. Dieser Verbund von Lehre, Forschung und Krankenversorgung war über Jahrhunderte rechtlich unselbstständiger Organisationsteil der Universitäten, die ihrerseits vom Staat, nach dem 2. Weltkrieg von den Bundesländern, errichtet und betrieben werden. Kluge Analysten stellten schon frühzeitig fest, dass die großen Institute medizinischer oder naturwissenschaftlicher Art „... staatskapitalistische Unternehmen (sind). Sie können nicht verwaltet werden ohne Betriebsmittel größten Umfangs" [Weber 1968].

Gleichwohl wurde faktisch und hochschulrechtlich kaum ein Unterschied zwischen der Hochschulmedizin und anderen Fachbereichen gemacht. Im Gegenteil sieht die erste Darstellung des deutschen Hochschulrechts [Thieme 1956] die Medizinische Fakultät als eine Fakultät unter anderen und das Universitätsklinikum als rechtlich unselbstständige Anstalt der Hochschule, wie die Zentralbibliothek oder das Rechenzentrum. Erst

Ende der 90er-Jahre des letzten Jahrhunderts ziehen viele Bundesländer die Konsequenz und überführen entweder die Universitätsklinika in selbstständige Rechtsformen oder wählen für die gesamte Hochschulmedizin (Medizinische Fakultäten und Universitätsklinika) neue organisationsrechtliche Konstruktionen, die innerhalb der Universitäten einen expliziten Sonderstatus begründen.

Diese Entwicklung hat sich über einen längeren Zeitraum angedeutet. Die meisten Universitätsklinika wurden praktisch als rechtlich unselbstständige Eigenbetriebe der Universitäten mit eigenem Finanzkreislauf, Wirtschaftsplan und Jahresabschluss betrieben. Oftmals waren sie jedoch insbesondere hinsichtlich des Personalrechts, der Personalwirtschaft, des Finanzwesens, der Einkaufs- und Baureglarien noch in erheblichem Ausmaß den Vorschriften des Haushaltsrechts und der Öffentlichen Verwaltung unterworfen. Mit diesen Restriktionen waren die Universitätsklinika nicht hinreichend handlungs- und entscheidungsfähig, um die Herausforderungen der beginnenden Ablösung des alten Pflegesatzsystems durch Fallpauschalen zu meistern. Seit Mitte der 90er-Jahre kam es deshalb zu einer Welle von Trägerrechtsreformen in der Hochschulmedizin, die letztlich keinen Standort unberührt lies.

3.2 Aufgaben und Zuständigkeiten aus der Perspektive staatlicher Träger

Traditionell unterscheidet das Wissenschaftsrecht zwischen staatlichen und akademischen Angelegenheiten der Hochschulen. Hieraus ergibt sich ein ewiges Spannungsverhältnis zwischen staatlicher Regelung und Aufsicht einerseits und korporativer Selbstständigkeit der Hochschulen andererseits [Thieme 2004, S. 145]. Dies betrifft auch die Hochschulmedizin.

Zu den staatlichen Angelegenheiten gehören traditionell insbesondere der überwiegende Teil des Personalwesens, die Finanz- und Haushaltsangelegenheiten, das Bauwesen und oftmals auch das Zulassungswesen und die Kapazitätsermittlung für zulassungsbeschränkte Studiengänge (wie auch Human- und Zahnmedizin) aber auch die Krankenversorgung. Hier hat der Träger sich unabhängig von der Rechtsform sowohl gegenüber den Universitäten als auch gegenüber der Hochschulmedizin erhebliche Gestaltungsvorbehalte reserviert.

Diese Gestaltungsvarianten bei den staatlichen Angelegenheiten umfassen erstens Aufgaben, die der Träger selbst wahrnimmt und nicht an die Universitäten überträgt. Diese Angelegenheiten liegen meist nur in Ausnahmefällen bei den Landeswissenschaftsministerien. Im Regelfall ‚regieren‘ hier die Finanzministerien mit ihren Tarifreferaten und Bauabteilungen. Die Wissenschaftsministerien haben nur sehr eingeschränkte Einflussmöglichkeiten.

Zweitens wurden bestimmte staatliche Angelegenheiten zwar den Universitäten zur operationalen Ausführung überlassen. Der Träger bestimmte aber mit Hunderten von Erlassen pro Jahr im Detail, wie diese Aufgaben durch die Universitäten wahrzunehmen sind.

Zu den akademischen Angelegenheiten zählen alle Organisationsfragen der Lehre und Forschung, die Heranbildung des wissenschaftlichen Nachwuchses, das nichtstaatliche Prüfungswesen, die Promotionen und Habilitationen.

Im Standardverhältnis zwischen Bundesland als Träger und der Körperschaft Universität wurden die staatlichen Angelegenheiten bis vor wenigen Jahren nahezu ausnahmslos der Rechts- und Fachaufsicht unterworfen. Die akademischen Angelegenheiten unterlagen dagegen lediglich der Rechtsaufsicht.

Allerdings gibt es alte Kernaufgaben und **neuere Aufgabenentwicklungen**, die dieses Klassifikationsschema aufbrechen. Die Entscheidungen über Berufungen von Hochschullehrern und viele andere Fragen des Dienstrechts für Wissenschaftler (z. B. Lehrdeputate) berühren sowohl staatliche wie akademische Angelegenheiten. Im Zweifel hat sich der Träger hier in der Vergangenheit die Letztentscheidungen vorbehalten.

Zu den neueren Aufgabenentwicklungen zählen die Struktur- und Entwicklungsplanungen, leistungsorientierte Mittelverteilungen, Evaluationen, Akkreditierungen – alles Importe der modernen strategischen Unternehmensführung. Hier sind die Beziehungen zwischen Träger und Hochschule mit den aufsichtsrechtlichen Kategorien kaum noch beschreibbar, weil oftmals vertragsähnliche Beziehungen zwischen beiden Seiten entwickelt werden. Hinzu kommt, dass es sich hierbei um Aufgaben handelt, die erst sehr jung sind und weder auf eine stabile Verwaltungspraxis noch gefestigte Routinen zurückblicken können. Es handelt sich um „Arbeitsfelder mit unklaren Technologien. Man kann in diesen Funktionsbereichen weder Fehler nachweisen, noch die Ressourcenzuteilung so steuern, wie das für das Erreichen von Erfolgen und das Vermeiden von Misserfolgen notwendig ist" [Kühl 2007, S. 388].

3.3 Das Dreieck Staat, Universität und Universitätsklinika: Historie und aktuelle Entwicklungen

3.3.1 Verhältnis von Staat und Universität

Das heutige Verhältnis von Staat und Universitätsklinika erklärt sich aus der historischen Entwicklung des Verhältnisses von Staat und Universität. Letzteres ist dadurch gekennzeichnet, dass die medizinführenden Universitäten in Deutschland als Körperschaft d. ö. R. verfasst sind. Einzige Ausnahme ist die privat getragene Universität Witten-Herdecke in der Rechtsform der gGmbH. Dieses Modell wird im Folgenden nicht weiter betrachtet.

Bei staatlichen Universitäten ist das jeweilige Bundesland Träger der Körperschaft. Bei Stiftungsuniversitäten tritt eine Stiftung d. ö. R. als Träger der Universität an die Stelle des Landes, das jedoch Träger der Stiftung ist [Thieme 2004, S. 131]. Ein Sonderfall ist die 2008 in eine Stiftung umgewandelte Universität Frankfurt/Main. Hier bilden Stiftung und Universität eine Einheit, so dass es sich hier nicht um ein Trägerschaftsmodell handelt. Im Einheitsmodell trägt sich die Stiftungshochschule vielmehr selbst.

In beiden Modellen hat das Land gegenüber der Universität bzw. Stiftung eine umfassende **Finanzierungsverpflichtung**. Dies betrifft sowohl die Betriebs- als auch die Investitionskosten. Jedoch ist festzustellen, dass viele Bundesländer infolge der Ertragsschwäche der öffentlichen Haushalte ihren Verpflichtungen seit Jahren immer weniger nachkommen.

Neben der Finanzierung übernimmt das Land die **Gewährträgerhaftung**: Es steht als „Ausfallbürge" für finanzielle Verpflichtungen der Universität ein. Dies betrifft auch wirtschaftliche Geschäftsbetriebe der Universität, zu denen bis zu den Reformen der 90er-Jahre auch die Krankenversorgung zählte. Nach deren rechtlicher Verselbstständigung übernahm das Land die Gewährträgerhaftung auch für die neu geschaffenen Rechtssubjekte.

Aufgrund dieser finanziellen Verpflichtungen hält es der Träger für geboten, die Universitäten an haushaltsrechtliche Vorgaben ihres Bundeslandes zu binden. Insbesondere bestehen Limitationen bei Kredit- und Vermögensgeschäften. Der Landesrechnungshof hat umfassende Prüfrechte. Das Parlament hat aufgrund seiner Budgethoheit umfassende Kontrollrechte. Dazu bedient es sich der Ministerialverwaltung.

Bei staatlichen Universitäten überträgt das Land der Universität als Konsequenz aus der grundgesetzlich garantierten Freiheit von Forschung und Lehre die Selbstverwaltungsangelegenheiten. Daneben überträgt das Land der Universität staatliche Angelegenheiten. Zu diesen staatlichen Angelegenheiten gehörte in der Vergangenheit auch die gesamte Krankenversorgung, da bis in die späten 90er-Jahre die Klinika rechtlich unselbstständiger Teil der Universität waren. In diesem Bereich fungierte die Universität als weisungsgebundene Einrichtung der Landesverwaltung. Das Land hatte nicht nur die Rechts-, sondern auch die Fachaufsicht. Damit konnte das Land in Gestalt des zuständigen Ministeriums jederzeit fachlich-inhaltlich im Detail Einfluss auf Entscheidungen des Klinikums nehmen.

Für die vom jeweiligen Träger an die Universität übertragenen Selbstverwaltungsaufgaben impliziert die Rechtsform der Körperschaft eine **"Bottom-up"-Steuerung durch die Mitglieder der Universität**, insbesondere durch die Professoren [Wolff, Bachof u. Stober 2004, S. 334]. Dies manifestiert sich etwa darin, dass grundsätzliche Entscheidungen durch die Betroffenen (z. B. Lehrstuhlinhaber) selbst getroffen werden, entweder im Senat der Universität oder im Fakultätsrat. Leitungsfunktionen wie die des Dekans der Fakultät oder des Rektors der Universität werden mittels Wahl durch die Mitglieder der Universität besetzt.

Im Unterschied zur staatlichen Universität übernimmt bei Stiftungsuniversitäten die Stiftung die Rechtsaufsicht über die Selbstverwaltung der Universität. Die staatlichen Aufgaben nimmt die Stiftung als eigene Aufgaben wahr. Das Land hat gegenüber der Stiftung nur noch die Rechtsaufsicht. Damit hat die Stiftungsuniversität im Vergleich zur staatlichen Universität eine deutlich weitreichendere Autonomie, wenngleich nicht die Universität selbst mehr Rechte erhält, sondern nur die sie tragende Stiftung.

Die Verlagerung der Aufsichtsrechte von der Ministerial- auf die Stiftungsverwaltung wird in der Literatur kritisiert [Thieme 2004, S. 132 f.].

Stiftungen fehlt im Unterschied zu Ministerien die Anbindung an das Parlament. Hinterfragt wird daher, ob das Parlament seine Rechte noch ausreichend wahrnehmen kann.

3.3.2 Verhältnis von Klinikum und Universität

Hochschulmedizin ist definiert durch den Aufgabenverbund aus Forschung, Lehre und Krankenversorgung. Diese Teilaufgaben lassen sich arbeitsorganisatorisch insbesondere in den Kliniken nicht trennen. Es handelt sich weitgehend um **Kuppelproduktion**. Daraus folgt, dass Universitätsklinika institutionell und hinsichtlich ihrer Entscheidungsorganisation (Governance) eng mit der Fakultät verzahnt sein müssen. Dies ist zugleich konstituierendes Element und Alleinstellungsmerkmal der Universitätsklinika. Bis in die späten 90er-Jahre wurde die Verzahnung dadurch sichergestellt, dass das Klinikum eine rechtlich unselbstständige Einrichtung der Universität war.

In den 90er-Jahren musste aufgrund des zunehmenden wirtschaftlichen Drucks in der Krankenversorgung die Hochschulmedizin neu aufgestellt werden. Die staatlichen Universitäten waren mit ihren komplexen Entscheidungsstrukturen und ihrem Kompetenzprofil (akademische Verwaltung) nicht mehr in der Lage, ihre Kliniken wirtschaftlich und wettbewerbsfähig zu betreiben. Zudem wurde der weitgehende fachliche Durchgriff der Landesregierungen auf das operative Geschäft in der Krankenversorgung dadurch obsolet, dass das Finanzierungsrecht für die stationäre und ambulante Krankenversorgung immer komplexer wurde. Nur noch einschlägig professionalisierte Manager beherrschten dies. In den Ministerien gab es diese Fachleute nicht oder sie verließen die staatliche Verwaltung, weil in der Ministerialhierarchie entscheidungskompetente Vorgesetzte fehlten, die für schnelle und richtige Entscheidungen hätten sorgen können. Im Übrigen bot der freie Markt für diese Experten lukrativere Vergütungen.

Die **Herausforderung** bestand somit darin, für die Hochschulmedizin neue Rechts- und Organisationsformen zu entwickeln, die dreierlei gewährleisten sollten:

1. Eine weiterhin enge Verzahnung von Forschung und Lehre sowie Krankenversorgung, und somit von Fakultät und Klinikum.
2. Neue Leitungs- und Entscheidungsstrukturen für das Klinikum, mit dem Ziel einer Professionalisierung der Leitungsebene und einer Straffung von Entscheidungsprozessen.
3. Attraktive Leitungspositionen zur Gewinnung von kundigen und fähigen Managern.

3.4 Basistypen der Hochschulmedizinreform in Deutschland unter besonderer Berücksichtigung der Trägerkonstruktion

Die Länder haben auf diese Herausforderung unterschiedliche Antworten gegeben. Entsprechend gibt es heute in Deutschland eine Vielzahl von Organisationsmodellen für die Hochschulmedizin. Sie unterscheiden sich vor allem hinsichtlich

- Rechtsform
- Kompetenzverteilung zwischen Land, zentralen Universitätsgremien, Fakultät und Klinikum
- Leitungsorganisation
- Organisation der Aufsicht (Aufsichtsrat etc.)

Dennoch lassen sich diese im Detail teils sehr unterschiedlichen Modelle jeweils einem von zwei Basistypen zuordnen: dem Kooperations- oder dem Integrationsmodell (s. Tab. 1).

3.4.1 Kooperationsmodell

Die meisten Länder haben sich für das Kooperationsmodell entschieden. Im Kooperationsmodell ist der Aufgabenverbund aus Forschung, Lehre und Krankenversorgung in zwei getrennten juristischen Personen institutionalisiert. Es gibt die weiterhin in die Universität eingegliederte Medizinische Fakultät mit primärer Zuständigkeit für Forschung und Lehre, geleitet durch den Dekan. Daneben besteht das Universitätsklinikum, das nun aus der Universität ausgegliedert und rechtlich verselbstständigt ist. Geleitet wird es durch den Klinikumsvorstand.

Für die Wahl dieses Modells gab es zwei wesentliche Gründe. Erstens sahen die reformwilligen Wissenschaftsministerien nicht ohne Grund wissenschaftsrechtliche Schwierigkeiten. Im Kooperationsmodell war die **Trennung von Forschung und Lehre einerseits und Krankenversorgung andererseits** formalrechtlich fiktiv modelliert. Forschung und Lehre verblieben in den etablierten akademischen Entscheidungsstrukturen, die nach herkömmlichem Verständ-

Tab. 1   Rechtsformen von Integrations- und Kooperationsmodellen

	Kooperationsmodell	Integrationsmodell
Rechtsfähige Anstalt	Aachen, Bonn, Dresden, Düsseldorf, Erlangen, Essen, Frankfurt/Main, Freiburg, Greifswald, Halle, Heidelberg, Homburg/Saar, Kiel-Lübeck, Köln, Leipzig, Magdeburg, München LMU, München TU, Münster, Regensburg, Rostock, Tübingen, Ulm, Würzburg	
Nicht rechtsfähige Anstalt		Hannover (für staatliche Angelegenheiten)
Teil-/Gliedkörperschaft		Berlin, Hamburg, Jena, Mainz
Körperschaft		Hannover (für Selbstverwaltungsangelegenheiten)
Stiftung		Göttingen
GmbH	Gießen-Marburg, Mannheim	
Sonderfälle	Bochum	

nis als wissenschaftsadäquat und -konform eingestuft wurden. Damit haben rechtssystematisch weder die neuen Klinikumsvorstände und damit auch nicht die Aufsichtsräte Belange von Forschung und Lehre tangiert. Zweitens ließen sich maßgebliche Reformer in den Länderministerien von der Hypothese leiten, dass mit dem Kooperationsmodell und den dadurch getrennten Finanzströmen der vermutete zweckwidrige Einsatz Missbrauch von Finanzmittel für Forschung und Lehre in der Krankenversorgung verhindert werden kann.

Diese formale Trennung hat zur Folge, dass es zwei parallele Leitungs- und Aufsichtsstrukturen gibt, deren Zuständigkeiten sich aufgrund der Kuppelproduktion allerdings zwangsläufig überlappen müssen. Somit wird im Kooperationsmodell der Versuch unternommen, auf der Entscheidungs- und institutionellen Ebene formal etwas zu trennen, das sich praktisch und arbeitsorganisatorisch bestenfalls teilweise voneinander trennen lässt. Insbesondere in den sehr wichtigen und finanziell bedeutsamen Kliniken lässt sich praktisch die Trennung nur bedingt organisieren und kontrollieren. Dieses Grundproblem teilen alle Kooperationsmodelle. Die Länder haben teils sehr unterschiedliche Ansätze entwickelt, um dieser Schwäche des Modells zu begegnen.

Exkurs: Umsatzsteuerrisiko im Kooperationsmodell

Aufgrund der Kuppelproduktion kommt es in vielen Bereichen zu einem Leistungsaustausch zwischen Fakultät bzw. Universität einerseits und Klinikum andererseits. Dieser kann etwa in der Gestellung von Personal, der Nutzung von Räumlichkeiten oder der Lieferung von Energie aus einem einrichtungseigenen Kleinkraftwerk bestehen. Wenn bspw. ein bei der Fakultät angestellter Arzt im Universitätsklinikum Patienten behandelt, dann entsteht ein Leistungsaustausch.

Die Leistungen von Universitätsklinikum und Fakultät in der Krankenversorgung und in der Auftragsforschung sind unternehmerische Tätigkeiten. Im Umsatzsteuerrecht gilt folgender Grundsatz: Wenn bei unternehmerischen Tätigkeiten ein Leistungsaustausch zwischen zwei rechtlich selbstständigen Einrichtungen stattfindet, dann sind die ausgetauschten Leistungen umsatzsteuerbar.

Der Leistungsaustausch zwischen Universitätsklinikum und Fakultät ist derzeit durch Sonderregelungen von der Umsatzsteuer freigestellt. Ohne diese Freistellung müssten Fakultät und Universitätsklinikum jährlich mehrere Millionen Euro Umsatzsteuer abführen. Da es sich bei den Freistellungsregelungen um rechtlich sehr fragile Konstruktionen handelt und bei einem Wegfall möglicherweise sogar rückwirkend Steuern zu zahlen wären, bilden bereits heute viele Standorte Rücklagen, um sich abzusichern. Hier liegt eine gravierende Schwäche aller Kooperationsmodelle.

In den meisten deutschen Kooperationsmodellen ist das Klinikum als Anstalt d. ö. R. (AÖR) verfasst. Es gibt allerdings wenige Ausnahmen, in denen das Universitätsklinikum entweder nur formell (Mannheim, Bochum) oder sowohl formell als auch materiell (Gießen-Marburg) privatisiert ist.

Anstalt d. ö. R.

Anstalten sind organisationsrechtlich zwischen Köperschaften und Stiftungen angesiedelt. Im Unterschied zur Körperschaft ist die Anstalt nicht mitgliedschaftlich verfasst. Vielmehr übt der Träger dauerhaft, zumeist nicht unmaßgeblichen Einfluss aus [Wolff, Bachof u. Stober 2004, S. 354].

In welcher Form und mit welchen Instrumenten der Träger seinen Einfluss geltend macht, ist gesetzlich zu regeln. Hier besteht ein großer Gestaltungsspielraum. Grundsätzlich geht es um die Abwägung zwischen den Instrumenten der Rechtsaufsicht, der Fachaufsicht und der Mitwirkung in Aufsichtsgremien der Anstalt (Organbeteiligung). Mit der Errichtung selbstständiger Anstalten ging einher, dass sich die Länder in Teilbereichen aus der Fachaufsicht und damit aus der direkten Einflussnahme auf operative Einzelentscheidungen des Klinikums zurückzogen. Stattdessen wurden in Anlehnung an private Rechtsformen Aufsichtsräte institutionalisiert, in denen das jeweilige Land eine maßgebliche Rolle spielt. Die Kompetenzen dieser Aufsichtsräte im Verhältnis zum Vorstand orientieren sich mehr oder weniger stark an privatgesellschaftsrechtlichen Regelungen, z. B. dem Aktiengesetz.

Am Beispiel Nordrhein-Westfalen (NRW) wird im Folgenden eine Variante des Kooperationsmodells in ihren Grundzügen dargestellt. Kooperationsmodelle in anderen Bundesländern unterscheiden sich davon teils deutlich. Das NRW-Modell lässt sich anhand folgender Eckpunkte charakterisieren:

1. **Leitungsebene Klinikum**: Der Vorstand besteht aus Dekan, Ärztlichem, Kaufmännischem und Pflegedirektor. Der Dekan wird vom Fakultätsrat gewählt, während die anderen Vorstandsmitglieder vom Aufsichtsrat bestimmt werden.
2. **Leitungsebene Fakultät**: Der Dekan leitet die Fakultät. Ärztlicher und Kaufmännischer Direktor sind beratende Mitglieder des Dekanats. Ist der Ärztliche Direktor gleichzeitig Universitätsmitglied, dann hat er Stimmrecht.
3. **Aufsichtsrat**: Er besteht aus elf stimmberechtigten Mitgliedern. Land und Universität haben jeweils zwei Sitze. Dazu kommen je zwei Externe aus der Wirtschaft und aus der medizinischen Wissenschaft. Weiterhin sind drei Berufsgruppen mit je einem Mitglied vertreten. Die Gleichstellungsbeauftragte ist mit beratender Stimme Mitglied.
4. **Verhältnis von Fakultät und Klinikum**: Soweit Angelegenheiten des jeweils anderen Bereichs betroffen sind, müssen Fakultät und Klinikum ihre Entscheidungen im Einvernehmen treffen.
5. **Verhältnis der Hochschulmedizin (Fakultät und Klinikum) zur Gesamtuniversität**: Universität und Universitätsklinikum schließen eine Kooperationsvereinbarung. Professoren werden vom Präsidenten der Universität auf Vorschlag der Fakultät berufen. Präsidium und Hochschulrat können Einfluss auf Entscheidungen der Fakultät zur Verteilung der Mittel für Forschung und Lehre nehmen.
6. **Rolle des Landes**: Das Land ist Gewährträger und hat die Rechtsaufsicht, aber keine Fachaufsicht. Der Landesrechnungshof hat ein Prüfungsrecht. Im Aufsichtsrat hat das Land zwei Sitze (Finanz- und Wissenschaftsministerium) und Veto-Rechte insbesondere bei Finanzgeschäften.
7. **Finanzierung**: Den Betriebskostenzuschuss für Forschung und Lehre erhält die Fakultät. Investitionsmittel gehen direkt vom Land an das Klinikum.

Formelle Privatisierung

Es gibt mit Bochum und Mannheim zwei Kooperationsmodelle, in denen die den Universitäten verbundenen Kliniken in öffentlicher Trägerschaft formell privatisiert sind. Von den Anstaltsmodellen unterscheiden sie sich u. a. hinsichtlich ihrer Träger.

Die Ruhr-Universität Bochum kooperiert im Unterschied zu fast allen anderen Universitäten nicht mit einem einzelnen, homogenen Universitätsklinikum. Stattdessen bedient sie sich eines Verbunds mehrerer, rechtlich eigenständiger Kliniken mit unterschiedlicher Trägerschaft. Das größte Kooperationsklinikum ist das Berufsgenossenschaftliches Universitätsklinikum Bergmannsheil GmbH. Es wird nicht vom Land, sondern von mehreren Berufsgenossenschaften getragen, die wiederum Körperschaften d. ö. R. unter der Aufsicht des Bundesversicherungsamtes sind. Somit handelt es sich hierbei um eine Sonderform eines öffentlichen Trägers. Daneben finden sich in dem Verbund aber auch kirchliche Träger.

Die Universität Heidelberg hat neben der Medizinfakultät in Heidelberg eine zweite Medizinfakultät in Mannheim. Diese kooperiert mit dem dortigen Städtischen Krankenhaus, das als GmbH verfasst ist, jedoch vom Land den Titel „Universitätsklinikum" verliehen bekommen hat. Träger ist in diesem Fall also die Kommune, nicht das Land.

Materielle Privatisierung

Seit 2006 gibt es in Deutschland das erste materiell privatisierte Universitätsklinikum. Es ist aus den ehemals eigenständigen Universitätsklinika Gießen und Marburg hervorgegangen, die zunächst noch unter der Trägerschaft des Landes fusioniert und dann an die börsennotierte Rhön-Klinikum AG verkauft wurden. Das Universitätsklinikum Gießen-Marburg ist als GmbH eine Konzerntochter.

Im Rahmen der materiellen Privatisierung des Klinikums hat die Rhön-Klinikum AG als neuer Träger auf die Verpflichtung des Landes zur Finanzierung der Investitionen in der Krankenversorgung explizit verzichtet. Auch entfällt die Gewährträgerhaftung für den Klinikbetrieb.

Unabhängig davon sind die beiden Medizinfakultäten in Gießen und Marburg bei den jeweiligen Universitäten und damit in der Trägerschaft des Landes verblieben. Privatisiert wurde somit im Sinne eines Kooperationsmodells nur die Krankenversorgung. Entsprechend bleibt das Land weiterhin in der Pflicht, Investitionen und Betriebskosten für Forschung und Lehre zu finanzieren.

3.4.2 Integrationsmodell

Das Integrationsmodell ist dadurch gekennzeichnet, dass der Aufgabenverbund aus Forschung, Lehre und Krankenversorgung in einer gemeinsamen Einrichtung institutionalisiert ist, die i. d. R. eine eigenständige juristische Person ist. Damit ist die formale Trennung von Fakultät und Klinikum aufgehoben. Es gibt eine gemeinsame Leitungsstruktur mit einem gemeinsamen Vor-

stand, dem mindestens der Dekan, der Ärztliche und der Kaufmännische Direktor angehören, sowie gegebenenfalls noch ein Pflegedirektor. Dieser Vorstand hat die Gesamtverantwortung für alle drei Bereiche des Aufgabenverbunds aus Forschung, Lehre und Krankenversorgung. Hier liegt der wesentliche Unterschied zum Kooperationsmodell, in dem der Dekan der Fakultät verpflichtet ist, Ärztlicher und Kaufmännischer Direktor dagegen dem Klinikum.

Die Herausforderung im Integrationsmodell besteht darin, die verfassungsrechtlich garantierte Freiheit von Forschung und Lehre und damit die akademische Selbstverwaltung auch ohne die formale Selbstständigkeit der Fakultät zu wahren. Um diesem Anspruch gerecht zu werden, gibt es trotz einheitlicher Leitung auch im Integrationsmodell zwei zugeordnete Gremien mit eigenen Entscheidungsbefugnissen, nämlich Aufsichtsrat der Hochschulmedizin mit überwiegend externen Mitgliedern und den Fakultätsrat mit internen Universitätsmitgliedern im Zuständigkeitsbereich akademischer Belange. Auch hat der Fakultätsrat maßgeblichen Einfluss auf die Bestellung des Dekans.

Im Integrationsmodell kommt es somit darauf an, den unterschiedlichen Kulturen und Rationalitäten von akademisch geprägter Hochschule und betrieblich organisierter Klinik gerecht zu werden. Dies wurde in den verschiedenen Integrationsmodellen unterschiedlich gelöst, so dass sie sich in der konkreten Ausgestaltung stark unterscheiden.

Teil- bzw. Gliedkörperschaft d. ö. R.

Derzeit gibt es mit Berlin, Hamburg, Jena und Mainz vier Universitäten, innerhalb derer die Hochschulmedizin (Fakultät plus Klinikum) als Teil- bzw. Gliedkörperschaft d. ö. R. rechtlich verselbstständigt wurde. Dieses Modell wird von wesentlichen Teilen der Fachöffentlichkeit als beispielgebend für Reformen auch in anderen Bundesländern angesehen. Deshalb wird im Folgenden am Beispiel der Universitätsmedizin Mainz ein Integrationsmodell in Eckpunkten dargestellt:

1. **Leitungsebene der Universitätsmedizin:** Der Vorstand besteht aus Wissenschaftlichem, Medizinischem, Kaufmännischem und Pflegevorstand. Mit Ausnahme des Wissenschaftsvorstands werden die Vorstandsmitglieder allein vom Aufsichtsrat bestimmt. Der Vorstand ent-

scheidet im Sinne einer gemeinsamen Verantwortung für den gesamten Aufgabenverbund
einstimmig, es gilt jedoch das Ressortprinzip.

2. **Aufsichtsrat:** Er besteht aus zwölf stimmberechtigten Mitgliedern. Vier Sitze hat die Landesregierung, weitere zwei die Universität (Präsident und Kanzler). Dazu kommen je zwei
Sachverständige aus der Wirtschaft und der
medizinischen Wissenschaft sowie zwei Per-
sonalvertreter.

3. **Verhältnis von Fakultät und Aufsichtsrat:** Der Fakultätsrat hat Mitentscheidungsrechte in Angelegenheiten von Forschung und Lehre mit
grundsätzlicher Bedeutung. Auf Vorschlag
des Aufsichtsrats wählt er den Wissenschaftlichen Vorstand (Dekan).

4. **Verhältnis der Hochschulmedizin (Fakultät und Klinikum) zur Gesamtuniversität:** Universität und Universitätsmedizin vereinbaren Grundsätze der
Zusammenarbeit. Die Universität definiert
die allgemeinen Grundsätze und Kriterien für
die Verteilung von Stellen und Mitteln in den
Bereichen Forschung und Lehre.

5. **Rolle des Landes:** Das Land ist Gewährträger und
hat die Rechtsaufsicht, aber keine Fachaufsicht. Der Landesrechnungshof hat ein Prüfungsrecht. Im Aufsichtsrat hat die Landesregierung vier Sitze, davon gehören zwei dem
Wissenschaftsministerium. Ab 10 Mio. Euro
muss der Landtag bei Vermögens- und Finanzgeschäften zustimmen. Bei Berufungen
kann das Wissenschaftsministerium in begründeten Fällen vom Vorschlag der Universitätsmedizin abweichen.

6. **Finanzierung:** Den Betriebskostenzuschuss für
Forschung und Lehre erhält die Universitätsmedizin von der Universität. Investitionsmittel gehen direkt vom Land an die Universitätsmedizin.

Medizinische Hochschule Hannover (MHH)

Während in Berlin, Hamburg, Jena und Mainz die
Medizin weiterhin Teil des Fächerverbunds in der
Gesamtuniversität ist, wurde die Medizin in Hannover in einer eigenständigen Universität organisiert. Dort ist der Fakultätsrat zugleich Senat
und die dreiköpfige Klinikleitung zugleich Präsidium der Universität. Der Hochschulrat fungiert
zugleich als Aufsichtsrat. In staatlichen Angelegenheiten, insbesondere also auch der Krankenversorgung, ist die MHH unselbstständige

Anstalt, in Selbstverwaltungsangelegenheiten
Körperschaft d. ö. R. Entsprechend unterliegt die
MHH wie im hergebrachten Modell der staatli-
chen Universität üblich einer sehr weitgehenden
Fachaufsicht.

Stiftung d. ö. R.

Die Universitätsmedizin Göttingen ist als Teil der
Stiftungsuniversität Göttingen die bisher einzige
in Form einer Stiftung organisierte Hochschulmedizin in Deutschland. In Frankfurt/Main ist
die Universität zwar Stiftung d. ö. R., das Universitätsklinikum aber AÖR (Kooperationsmodell).

Aufgrund der oben diskutierten Besonderheiten von Stiftungsuniversitäten hat das Land keine Fachaufsicht. Die Medizin genießt innerhalb
der Universität ein hohes Maß an Autonomie. Der
Vorstand tritt in Angelegenheiten der Medizin an
die Stelle des Präsidiums, der Fakultätsrat an die
Stelle des Senats, wobei das Gesetz jedoch vielfältige Ausnahmen von diesem Grundprinzip kennt.
Die Medizin und die übrige Universität haben jeweils ein eigenes Aufsichtsgremium, sogenannte Stiftungsausschüsse, deren externe Mitglieder
als Stiftungsrat fungieren, wenn Belange der Gesamtuniversität berührt sind.

Privatisierung

Es gibt bisher kein Beispiel für eine formelle oder
materielle Privatisierung im Integrationsmodell.
Privatisierung im Integrationsmodell würde bedeuten, dass neben der Krankenversorgung auch
Forschung und Lehre privatisiert würden. Entsprechend müsste die Fakultät in eine private
Rechtsform überführt oder gar an einen privaten
Träger übergeben werden. Die Option einer formellen Privatisierung in Form einer GmbH wurde bei der Umwandlung der Mainzer Hochschulmedizin 2008 im Gesetz verankert, bisher jedoch
nicht genutzt.

3.5 Vorbehaltene Zuständigkeiten der Träger
nach der Hochschulmedizinreform

Mit den Hochschulmedizinreformen gingen
nicht sämtliche staatliche Angelegenheiten auf
die verselbstständigten Anstalten oder Teilkörperschaften über. Im Kooperationsmodell blieben

grundsätzlich die Zuständigkeiten des Landes für die staatlichen Angelegenheiten der Medizinischen Fakultät erhalten. Den Anstalten wurden in den sie betreffenden staatlichen Angelegenheiten bestimmte Zuständigkeiten komplett überlassen (Bsp. Organisation und Finanzierung der Krankenversorgung). Andere Zuständigkeiten wurden je nach landespolitischer Gemengelage sehr unsystematisch entweder dem Träger oder dem rechtlich verselbstständigten Klinikum zugewiesen.

3.5.1 Personalwesen

Trotz der rechtlichen Verselbstständigung haben sich die Länder mit wenigen Ausnahmen (zuerst Hamburg und Berlin) die Tariffähigkeit vorbehalten und oftmals der Hochschulmedizin den Anschlusszwang an die Tarifvereinbarungen der Tarifgemeinschaft deutscher Länder oktroyiert. Auch die Dienstherrn- und Arbeitgebereigenschaft ist nicht automatisch mit den rechtlichen Verselbstständigungen an die AÖR oder die Teilkörperschaften übergegangen. Wohl sind die AÖR und Teilkörperschaften oftmals Arbeitgeber des nichtwissenschaftlichen Personals. Für das wissenschaftliche Personal fungiert in vielen Bundesländern unverändert das Land oder die Universität als Dienstherr oder Arbeitgeber. Qualitativ ist damit die Hochschulmedizin für Teile ihrer Mitarbeiter den Strukturen eines leistungsunabhängigen, weitgehend unmodernen öffentlichen Dienstrechts unterworfen.

3.5.2 Finanz- und Haushaltswesen

Die Hochschulmedizin arbeitet im Wesentlichen auf der Basis von Wirtschaftsplänen und Rechnungslegungen nach den handelsrechtlichen Vorschriften. Insoweit besteht eine nahezu völlige Bewirtschaftungsfreiheit. Gleichwohl werden von Bundesland zu Bundesland verschieden einige Bestimmungen des Landeshaushaltsrechts für anwendbar erklärt. Von besonderer Bedeutung sind insoweit Prüfrechte für die Landesrechnungshöfe, die für die medizinischen Fakultäten und Universitätsklinika uneingeschränkt greifen. Diese Rechte erstrecken sich auch auf Mehrheitsbeteiligungen an anderen Unternehmen und Tochtergesellschaften. Für Minderheitsbeteiligungen arbeiten die Rechnungshöfe

auf Prüfgarantien hin. Kooperationen werden dadurch erschwert, weil nicht jeder Partner gewillt und bereit ist, Dritten, zumal mit öffentlichen Berichtspflichten, internen Zugang zu ihren Geschäftsmodellen einzuräumen.

3.5.3 Vergaberecht

Ungeachtet der rechtlichen Verselbstständigung unterwerfen einige Landeshaushaltsgesetze insbesondere auch die Universitätsklinika Vergaberegelungen und Schwellenwerten, die noch deutlich niedriger ausfallen als nach EU-Recht. Im Übrigen firmieren sämtliche von den Bundesländern getragene Universitätsklinika und die Medizinischen Fakultäten via Universitäten ohnehin als „Öffentliche Auftraggeber" im Sinne von § 98 GWB und unterliegen damit den Normen des europäischen und nationalen Vergaberechts. Lediglich das einzige privatisierte Universitätsklinikum Gießen-Marburg ist davon ausgenommen, weil es auf die Mitfinanzierung selbst von Investitionen durch die öffentliche Hand explizit verzichtet hat. Über diese Trägerbeziehung zu den Bundesländern sind deshalb die hochschulmedizinischen Einrichtungen bei Beschaffungen und Vergaben erheblich formgebunden und im Wettbewerb gegenüber Einrichtungen ohne diese Trägerverpflichtungen benachteiligt.

3.5.4 Bauwesen

Noch immer sind viele Universitätsklinika den landesrechtlichen Vorschriften zur Baufinanzierung, -planung und -durchführung unterworfen. Dies bedeutet, dass die Baufinanzierung sehr langwierigen Veranschlagungsmechanismen im Landeshaushalt Rechnung tragen muss. Planung und Vergabe werden nach den kompletten, extrem zeitaufwendigen Prozeduren abgewickelt. Die Baudurchführung kann weder unter Zeit- noch unter Kostengesichtspunkten bei Überschreitungen mit Konventionalstrafen oder vergleichbaren Sanktionen bewehrt werden, die unter den Bedingungen der freien Wirtschaft als absolut gängig und üblich praktiziert werden.

3.5.5 Berufungsangelegenheiten

Berufene Professoren tragen als Klinikleiter maßgeblich Ergebnisverantwortung für den Bereich der Krankenversorgung. Entsprechend waren Berufungsangelegenheiten schon immer nicht eindeutig als nur als staatliche oder akademische Angelegenheit zu klassifizieren. Einerseits gehört die wissenschaftsdominierte Beurteilung der Eignung von Bewerbern in den Kernbereich der akademischen Selbstverwaltung. Andererseits hat sich der staatliche Träger die Letztentscheidung im Rahmen der Vorschlagsliste zumeist vorbehalten. Es gibt eine endlose Kette von gesetzlichen und sonstigen Regelungsversuchen, Differenzen zwischen Träger und Universitäten zu handhaben. Nur in wenigen Fällen (z. B. Hamburg, NRW) hat der Träger die Berufungsentscheidung vollständig an die Universität oder Fakultät abgegeben. Ansonsten mischt der Träger, in welcher Form auch immer, ausschlaggebend mit. Ohne seine Zustimmung erfolgt keine Berufung. Damit haben die Hochschulmedizinreformen ein wesentliches Entscheidungsfeld, nämlich die Besetzung wesentlicher Führungspositionen, nur am Rand berührt und nicht maßgeblich optimiert. Die Universitätsklinika sind im Wettbewerb gravierend benachteiligt, wenn sich Berufungsverfahren über Monate und Jahre erstrecken.

3.6 Mittel der Kommunikation und Intervention für die Träger

Die Bundesländer als Träger agieren grundsätzlich auf vier Ebenen, um ihren Einfluss auf die Universitätsmedizin auszuüben. Dabei gibt es keine wesentlichen Unterschiede zwischen den Betriebsmodellen AÖR, Teilkörperschaft und Medizinische Hochschule. Erstens werden die herkömmlichen Aufsichtsinstrumente in unterschiedlicher Ausprägung eingesetzt, zweitens agiert der Träger in den Organen der rechtlich verselbstständigten Medizin, drittens werden zunehmend Zielvereinbarungen mit oder ohne Leistungsorientierter Mittelverteilung vereinbart und viertens spielen „Geschäfte auf Gegenseitigkeit" eine nicht zu unterschätzende praktische Bedeutung.

3.6.1 Aufsichtsmittel

Im Regelfall hat sich das Ministerium uneingeschränkte Informations- und Zugangsrechte, auch durch Beauftragte, sowohl für das Universitätsklinikum wie erst recht für die Medizinische Fakultät vorbehalten. Weiterhin gilt eine uneingeschränkte Rechtsaufsicht sowie damit verbunden Genehmigungsvorbehalte für Satzungen, Ordnungen etc. und Beanstandungsrechte bei festgestellter Rechtswidrigkeit. In unterschiedlicher Ausprägung hat sich der Träger durch die landesgesetzlichen Bestimmungen hinsichtlich der staatlichen Angelegenheiten oftmals auch Fachaufsichtsrechte vorbehalten. Dies gilt insbesondere für staatliche Angelegenheiten im Hinblick auf die medizinischen Fakultäten, aber in Ausnahmebereichen auch für die Universitätsklinika. Praktisch werden diese Rechte weniger bei den Haupt- und Daueraufgaben (etwa Wirtschaftsführung) wahrgenommen. Vielmehr werden zumeist Einzelvorgänge mit Aspekten von Zwischenfällen, Skandalen oder besonderer öffentlichen Aufmerksamkeit mit diesen Aufsichtsmitteln aufgegriffen. Der Träger kann diese Aufklärung unter jedem ihn bewegenden Gesichtspunkt mit Hilfe der Aufsichtsmittel betreiben. Oftmals ist er durch Presseanfragen oder parlamentarische Nachfragen gefordert.

3.6.2 Organbeteiligungen

Die Rechtsformänderungen im Rahmen der Hochschulmedizinreformen haben das Grundschema der Unternehmensverfassungen nach dem Aktienrecht zu Teilen übernommen. Aufsichtsräte und Vorstände mit der konsequenten Trennung der Zuständigkeiten nach dem Aktienrecht bilden das Regelmodell der Leitungs- und Aufsichtsorganisation in der Spitze.

In den Aufsichtsräten sind außer in Gießen-Marburg die Bundesländer als Träger stets vertreten. Oft steht ihnen durch Gesetz der Vorsitz zu, selten Vetorechte. Der Stimmenanteil ist sehr unterschiedlich ausgeprägt. Es gibt Modelle mit Trägermehrheiten, teilweise durch doppelte Stimmrechte der Ländervertreter. Es gibt aber auch Konstruktionen, in denen das Land keine geborene Stimmenmehrheit innehat.

In jedem Fall ist die Wahrnehmung von Organsitzen im Aufsichtsrat für das Land mitunter mit Rollenkonflikten verbunden. Als Mitglied des Aufsichtsrats müssen im Sinne einer Good Governance die Belange der Einrichtung im Vordergrund stehen. Dies muss nicht in jedem Entscheidungsfall immer identisch mit den Trägerinteressen ausfallen.

Auf Nachahmungen der für Aktiengesellschaften normierten Gesellschafterversammlung etwa in Form von Gewährträgerversammlungen wurde bisher verzichtet. Allerdings gibt es aktuell Bestrebungen, diese dritte Ebene im Interesse einer stärkeren Wahrnehmung von Trägerinteressen auch beim AÖR-Modell zu aktivieren. Dabei zielen aktuelle Diskussionen in Baden-Württemberg nicht nur darauf ab, Vertreter der Landesministerien sondern auch Landtagsabgeordnete als Trägervertreter vorzusehen. Unklar bleibt bei diesen Überlegungen, wie dem Ausgangsproblem der Hochschulmedizinreform entsprochen werden kann, das von dem Defizit einer branchenspezifischen Kompetenz in den Ministerien ausging.

3.6.3 Zielvereinbarungen und leistungsorientierte Mittelverteilungen

Nahezu alle neueren Landeshochschulgesetze sehen als neues Instrument in der Beziehung von Träger und Einrichtung Ziel- und Leistungsvereinbarungen vor. Folgende Liste aus dem erst kürzlich neu gefassten § 6 des Hochschulgesetzes NRW illustriert dies:

- „Zur Steuerung des Hochschulwesens entwickelt das Land strategische Ziele ...
- Auf der Grundlage dieser strategischen Ziele werden die hochschulübergreifenden Aufgabenverteilungen und Schwerpunktsetzungen und die hochschulindividuelle Profilbildung abgestimmt.
- Das Ministerium schließt mit jeder Hochschule Vereinbarungen für mehrere Jahre über strategische Entwicklungsziele sowie konkrete Leistungsziele.
- Diese Vereinbarungen beinhalten auch Festlegungen über die Finanzierung ...; insbesondere kann ein Teil nach Maßgabe der Zielerreichung zur Verfügung gestellt werden."

Die Träger agieren mit diesem Instrument einerseits mit Vorgaben, andererseits werden Vereinbarungen bilateral „vertragsartig" ausgehandelt. Damit ist das alte Schema von staatlichen und akademischen Angelegenheiten verlassen. Führungspersonen und Organe von Träger und Einrichtung verhandeln pro forma auf Augenhöhe, faktisch aber in einer Kette von Verhandlungen zu verschiedenen Materien. Die Ergebnisse können letztlich nur noch als politische Paketlösungen auf der Grundlage von Einflussmöglichkeiten verstanden werden.

3.6.4 „Geschäfte auf Gegenseitigkeit"

Die Rechtsformänderungen mit bedeutsamen Autonomisierungen, also Aufgaben- und Zuständigkeitsübertragungen vom Träger an die Universitäten, Fakultäten und Universitätsklinika, ändert nichts an verbleibenden und neuartigen „Geschäftsbeziehungen auf Gegenseitigkeit". Beispiele lassen sich hierfür in großer Zahl anführen. Bauzuweisungen des klammen Trägers werden erkauft mit gesetzeswidrigen Eigenfinanzierungsanteilen aus Quellen, die eigentlich nicht für Investitionen vorgesehen sind. Berufungsverfahren werden zu Paketen verknüpft, damit mal der Träger mal die Einrichtung bei Dissens zum Zuge kommt. Insbesondere in den Zielvereinbarungen werden ohne Sachzusammenhang politische Ziele oktroyiert: Frauenquoten als Verfolgung genderpolitischer Ziele, persönliche Beteiligung von Hochschullehrern in Prüfungen als förderungswürdige Komponente im Rahmen einer leistungsorientierten Mittelvergabe, Kapazitätserweiterungen in der Lehre ohne additive Zuweisung ausreichender Ressourcen. Schließlich gibt es unverändert die unmissverständlichen Telefonanrufe aus den Trägerministerien, der Minister, der Rechnungshof oder der Landtagsabgeordnete XY seien stark an einer bestimmten Entscheidung interessiert. Trägereinfluss gedeiht also auch nach den Reformen weiter.

Zusammenfassung und Ausblick

Die Rechtsformänderungen haben für die Universitätsmedizin weitgehende, aber nicht vollständige unmittelbare und direkte Autonomie gegenüber ihren Trägern erbracht. Einzige Ausnahme ist die materielle Privatisierung in Gießen-Marburg, bei der das Land die Trägerschaft und damit seinen Einfluss vollständig aufgegeben hat. In allen anderen Fällen kann das tatsächliche Aufteilungsverhältnis nur im Einzelfall pro Bundesland oder sogar nur pro Standort ermittelt und beschrieben werden.

Retardierende Faktoren sind insbesondere die Finanzministerien, die Zuständigkeiten und damit eigene Ressourcen beharrlich verteidigen. Sie stehen modernen Dezentralisierungen als letzte Bastion standhaft entgegen.

Die Universitätsmedizin agiert agiler und treibt neue Strukturen als Reaktion auf den verschärften Wettbewerb unter verschlechterten finanziellen Rahmenbedingungen der Gesundheits-, Wissenschafts- und Finanzpolitik voran. Inzwischen werden nicht mehr nur nichtmedizinische Dienstleistungen outgesourct. Auch Kernleistungen in der Krankenversorgung und der Lehre werden mit externen Partnern erledigt. Für die ärztliche Weiterbildung und die Forschung werden ebenfalls zunehmend entsprechende Initiativen gestartet. Diese Ausgründungen kann der Träger direkt kaum verbieten oder mitgestalten. Im Rahmen der Aufsichtsorgane sind zumeist Zustimmungsvorbehalte vorgesehen, die aber in den Gremien nur vom Träger beeinflusst werden können, wenn er mehrheitsfähig ist. Sind diese Ausgründungen erst einmal beschlossen, hat der Träger jeden Einfluss verloren. Er kann allenfalls indirekt einwirken, wenn er dieses Thema im Aufsichtsgremium aufruft.

Diese Gefahr des Kontrollverlusts infolge von Ausgründungen haben neben den Trägern auch die Rechnungshöfe erkannt. Sie hatten bisher nur Prüfungsrechte bei Mehrheitsbeteiligungen der Universitätsklinika. Baden-Württemberg, einst Vorreiter der Hochschulmedizinreform, beschäftigt sich derzeit mit einem Gesetzentwurf, der dem Rechnungshof auch bei Beteiligungen ab 25 % Prüfrechte einräumen soll. Der Prozess der Neugestaltung in den Beziehungen von Trägern und Universitätsmedizin kennt also auch Rückschritte, wenngleich bundesweit die Beispiele Rheinland-Pfalz und Nordrhein-Westfalen zeigen, dass der Fortschritt kaum aufzuhalten sein dürfte.

Literatur

Flämig C, Kimminich O, Krüger H, Meusel E.-J, Rupp H H, Scheven D, Schuster H J, Graf Stenbock-Fermor F (Hrsg.) (1996) Handbuch des Wissenschaftsrechts Band 1, Springer, Heidelberg

Huster S, Kaltenborn M (Hrsg.) (2010) Praxishandbuch zum Recht des Krankenhauswesens, Verlag C. H. Beck, München

Kühl S (2007) Von Autonomie, Reform und Demobürokratien, in: Forschung & Lehre H. 7

Thieme W (1956) Deutsches Hochschulrecht, Carl Heymanns Verlag, Berlin

Thieme W (2004) Deutsches Hochschulrecht, Carl Heymanns Verlag, Berlin

Weber M (1968) Gesammelte Aufsätze zur Wissenschaftslehre, Mohr Siebeck Verlag, Tübingen

Wolff H J, Bachof O, Stober R (2004) Verwaltungsrecht Band 3, Verlag C. H. Beck, München

4 Private Krankenhausträger

Jörg Reschke

HELIOS Kliniken GmbH, Berlin

4.1 Begriff Privatisierung von Krankenhäusern

Prinzipiell ist die formale von der materiellen Privatisierung zu unterscheiden.

Unter einer formalen Privatisierung wird im Allgemeinen die Umwandlung der Rechtsform eines in öffentlicher Trägerschaft befindlichen Krankenhauses aus der Form eines Eigenbetriebes oder eines Regiebetriebes in eine privatrechtliche Gesellschaftsform verstanden. Dies ist meist eine gemeinnützige Gesellschaft mit beschränkter Haftung (gGmbH) oder der Gesellschaft mit beschränkter Haftung (GmbH), selten auch eine Aktiengesellschaft (AG).

Bekannte Beispiele für die Umwandlung in eine AG sind die Amper-Kliniken AG in Dachau sowie die Gesundheit Nordhessen Holding AG in Kassel, wobei die Amper-Kliniken AG mittlerweile durch die Veräußerung von 74,9 % der Aktien an die Rhön-Klinikum AG ebenfalls materiell privatisiert wurde.

Eigenbetriebe sind Wirtschaftsunternehmen von Gemeinden oder Gemeindeverbänden. Sie haben keine eigene Rechtspersönlichkeit, jedoch eine gewisse Selbständigkeit. Diese wird dadurch erreicht, dass Eigenbetriebe als Sondervermögen der Gemeinden aus der Verwaltung ausgegliedert werden.

Im Gegensatz zu Eigenbetrieben sind Regiebetriebe Betriebe der öffentlichen Hand. Sie werden organisatorisch als Abteilungen der öffentlichen Verwaltung geführt. Sie werden i. d. R. von Beamten geleitet und voll im Haushalt kameralistisch erfasst.

Die formale Privatisierung ist mitunter oftmals die Vorstufe zur materiellen Privatisierung. Dies zeigt exemplarisch die Fusion der Universitätskliniken Giessen und Marburg zum Universitätsklinikum Giessen und Marburg sowie die anschließende Umwandlung aus einer Anstalt des öffentlichen Rechts in eine GmbH. Kurz danach veräußerte das Land Hessen 95 % der Anteile an der Universitätsklinikum Giessen und Marburg GmbH an die Rhön-Klinikum AG und nahm damit eine materielle Privatisierung vor.

Bei der formalen Privatisierung im Sinne der Rechtsformänderung bleibt der bisherige Krankenhausträger unverändert der Inhaber des Krankenhauses. Die Veränderung der Rechtsform kann allerdings erheblichen Einfluss auf die Rechtsposition der Mitarbeiter sowie die Befugnisse und Möglichkeiten der Einflussnahme der Wahlgremien des Trägers haben. Außerdem beinhaltet die private Rechtsform auch das Risiko der Insolvenz ein Risiko, das bei öffentlichen Rechtsformen wie Eigen- oder Regiebetrieb nicht gegeben ist, da bei diesen eventuell entstehende Defizite aus dem Haushalt des öffentlichen Trägers abzudecken sind. Darüber hinaus wird allgemein davon ausgegangen, dass eine solche Rechtsformänderung dazu führt, dass die operative Leitung des Krankenhauses nach der Rechtsformänderung von politischen Beeinflussungen weitgehend frei gehalten werden kann. Der Träger muss sich dann formal auf die Berufung und Abberufung des bzw. der Geschäftsführer sowie die sonstigen gesetzlich oder in der Satzung der Gesellschaft festgelegten Befugnisse der Gesellschafterversammlung (GmbH bzw. gGmbH) bzw. Hauptversammlung (AG) und des Aufsichtsgremiums (normalerweise der Aufsichtsrat) beschränken. Außerdem gilt die Managementstruktur einer gGmbH, einer GmbH oder einer AG mit mindestens einem Geschäftsführer oder Vorstand an der Spitze mit Alleinvertretungsrecht nach außen als sinnvoll und entscheidungsfördernd. Darüber soll häufig auch der Einfluss von berufspolitisch motivierten Aspekten wie etwa im Modell der Dreierspitze (Ärztlicher Direktor, Pflegedienstleiter, Verwaltungsleiter) auf die Entscheidungen der Unternehmensleitung abgemildert werden. Weiterhin gilt in einer GmbH, gGmbH oder AG das Betriebsverfassungsgesetz und nicht das Personalvertretungsrecht. Die Umwandlung eines städtischen Eigenbetriebs in eine GmbH oder eine gGmbH stellt einen so genannten Betriebsübergang dar. Für einen solchen Betriebsübergang gibt es zum Schutz der Beschäftigten gesetzliche Mindestnormen, die erfüllt werden müssen (§ 613a BGB, EU-Richtlinie 77/187/EWG v. 14.2.1977). Weitere, über diese Mindestnormen hinaus gehende Regelungen können in einem Personalüberleitungstarifvertrag vereinbart werden.

Die materielle Privatisierung dagegen ist die Veräußerung der Mehrheit oder der gesamten Anteile eines Krankenhauses von einem öffentlichen an einen privaten Klinikträger. Dabei kann es sich durchaus um eine Klinik handeln, die vorher bereits formal privatisiert, also in eine gGmbH, eine GmbH oder eine AG umgewandelt worden war. Der Verkauf der Mehrheitsanteile der oben bereits erwähnten Amper Kliniken AG an die Rhön-Klinikum AG im Winter 2004 ist hierfür ein typisches Beispiel.

Üblicherweise sind private Klinikträger am Erwerb der gesamten Anteile interessiert, mindestens jedoch am Erwerb der Anteilsmehrheit. Der Erwerb eines Minderheitsanteils ist ausgesprochen selten und wird zumindest offen von keinem privaten Klinikträger angestrebt. Hintergrund ist, dass eine Minderheitsposition in der Klinikgesellschaft normalerweise nicht genügend Einfluss auf das Management und die Entscheidungs- sowie Aufsichtsgremien ermöglicht. Doch auch hierfür gibt es Ausnahmen: So hat die Asklepios Kliniken GmbH zum 1. Januar 2005 zunächst 49 % der Anteile des LBK Hamburg erworben. Mit diesem Erwerb eines Minderheitsanteils verbunden war jedoch die Bedingung, dass die Asklepios Kliniken GmbH ebenfalls mit Wirkung vom 1. Januar 2005 die unternehmerische Verantwortung für den LBK übernehmen kann. Außerdem wurde vertraglich vereinbart, dass die Asklepios Kliniken GmbH zu einem späteren Zeitpunkt weitere 25 % der Anteile von der Hansestadt Hamburg übernimmt. Dies hat die Asklepios Kliniken GmbH am 1. Januar 2007 laut vertraglicher Vereinbarung getan und besitzt damit 74,9 % der Anteile. Der LBK Hamburg wurde in diesem Zusammenhang in Asklepios Kliniken Hamburg GmbH umbenannt.

Ein weiteres Beispiel für die Übernahme eines Minderheitsanteils im Rahmen der Privatisierung eines öffentlichen Krankenhausunternehmens ist der Erwerb von 49 % der Anteile der Klinikum Duisburg gGmbH durch die Sana Kliniken GmbH & Co. KGaA (heute: Sana Kliniken AG) im April 2007.

4.2 Private Krankenhausträger im Überblick

Nach der Art des Trägers und der Rechtsform lassen sich die Krankenhäuser folgendermaßen differenzieren:

- Öffentliche Krankenhäuser können in öffentlich-rechtlicher oder in privatrechtlicher Form geführt werden.
  - Die in öffentlich-rechtlicher Form betriebenen Krankenhäuser sind entweder rechtlich selbstständig (z. B. Zweckverband, Anstalt, Stiftung) oder rechtlich unselbstständig (z. B. Regie- oder Eigenbetrieb).
  - In privatrechtlicher Form (z. B. als GmbH) betriebene Krankenhäuser befinden sich in öffentlicher Trägerschaft, wenn Gebietskörperschaften (Bund, Länder, Bezirke, Kreise, Gemeinden) oder Zusammenschlüsse solcher Körperschaften (z. B. Arbeitsgemeinschaften oder Zweckverbände) oder Sozialversicherungsträger (z. B. Landesversicherungsanstalten oder Berufsgenossenschaften) unmittelbar oder mittelbar mehr als

- 50 v. H. des Nennkapitals oder des Stimmrechts halten.
- Freigemeinnützige Krankenhäuser werden von Trägern der kirchlichen und freien Wohlfahrtspflege, Kirchengemeinden, Stiftungen oder Vereinen unterhalten.
- Private Krankenhäuser bedürfen als gewerbliche Unternehmen einer Konzession nach § 30 Gewerbeordnung.

In Deutschland ist die Zahl privater Krankenhäuser von 1996 bis 2007 um knapp 42 % gestiegen. Fast jede dritte der insgesamt ca. 2.000 Kliniken wird von privaten Klinikketten betrieben [Ärzte Zeitung 2009].

Mit privaten Betreibern wie der Asklepios Kliniken GmbH, der Rhön Klinikum AG oder der HELIOS Kliniken GmbH werden auf dem deutschen Gesundheitsmarkt Begriffe wie Gewinnorientierung, Effizienz, Qualität und Organisation assoziiert [Franke 2008]. Schon lange sind Krankenhäuser keine einfachen Leistungserbringer mehr, sondern Unternehmen bzw. Konzerne, die es gilt, erfolgsorientiert und marktbewusst zu führen. Wichtig dabei sind klare Strukturen und kurze Entscheidungswege, damit rasche Reaktionen auf die Veränderungen am Markt erfolgen können.

Folgende privaten Klinikbetreiber stehen hierbei an der Spitze des deutschen Gesundheitsmarkts (s. Tab. 2, sortiert nach Umsatz).

Bewertet nach Umsatz oder der Anzahl der Kliniken steht die Asklepios Kliniken GmbH an der Spitze, dicht gefolgt von der Rhön Kliniken AG und der HELIOS Kliniken GmbH.

Allen ist dasselbe Ziel gemein: gewinnorientiertes Wirtschaften, ohne dabei das Wohl der Patienten zu vernachlässigen. Qualität und Wachstum sind die wesentlichen Faktoren, die es gilt zu erfüllen, um auf dem heutigen Gesundheitsmarkt eine stabile Position oder gar die Marktführung zu erlangen.

Die Trägervielfalt im Krankenhaus-Sektor ist in Deutschland gesetzlich verankert und politisch gewollt. Es besteht also grundsätzlich keine Vorgabe, in welcher Rechtsform oder Trägerschaft Krankenhäuser zu führen sind. Gleichzeitig ist der Staat nach dem Grundgesetz dafür verantwortlich, dass die medizinische Versorgung der Bevölkerung sichergestellt ist. Wie dieser Gestaltungsspielraum vom Staat ausgefüllt werden kann und soll, ist eine der zentralen Fragen der gegenwärtigen gesellschaftlichen Diskussion.

4.3 Gründe für eine Privatisierung von Krankenhäusern

Die Ursachen für die zunehmende Privatisierung von Krankenhäusern sind vielschichtig. Ein wesentlicher und häufiger Grund ist ein in vielen Häusern anzutreffender Investitionsstau. Die

Tab. 2 Führende private Klinikbetreiber, Stand: 2008 [Roeder u. Hensen 2008]

Private Kliniken	Umsatz (in Mrd. €)	Umsatz-steigerung (in %)	EBIT (in Mio €)	EBIT-Marge (in %)	Anzahl Mitarbeiter	Anzahl Betten	Anzahl Kliniken	Slogan
Asklepios Kliniken GmbH	2,30	9,5	k. A.	k. A.	36.000	21.000	111	„Gemeinsam für Gesundheit."
Rhön Kliniken AG	2,13	5,0	172,1	8,1	33.700	14.800	48	„Spitzenmedizin für Jedermann."
HELIOS Kliniken GmbH	2,12	15,0	173,2	8,2	32.000	18.000	62	„Jeder Moment ist Medizin."
Sana Kliniken AG	1,06	12,5	60,0	5,6	16.500	8.200	37	„Erfolgreich mit guter Medizin."
Mediclin AG	0,46	16,5	15,8	3,5	7.900	8.100	45	„Da sein, wo Sie uns brauchen."
Paracelsus-Kliniken Deutschland GmbH & Co KGaA	0,31	4,0	k. A.	k. A.	5.100	4.300	41	„Wir leisten höchste medizinische und pflegerische Qualität."

Bundesländer sind nach dem Krankenhausfinanzierungsgesetz (KHG) dazu verpflichtet, den Krankenhäusern die betriebswirtschaftlich erforderlichen Investitionsmittel in vollem Umfang zur Verfügung zu stellen. Da das Fördervolumen von der Haushaltslage bestimmt wird, sind die einzelnen Bundesländer ihrer Investitions-Verpflichtung seit Mitte der 90er-Jahre nicht oder nur teilweise nachgekommen. Der Investitionsstau in deutschen Krankenhäusern wird von der Deutschen Krankenhausgesellschaft (DKG) bundesweit auf ca. 50 Mrd. Euro geschätzt. Durch die fehlenden Investitionsmittel ist es vielen Krankenhäusern, vor allem solchen in kommunaler Trägerschaft, nicht möglich, dringend notwendige Rationalisierungsinvestitionen zur Senkung der Betriebskosten zu tätigen.

Auch die allgemeinen wirtschaftlichen Rahmenbedingungen für Krankenhäuser begünstigen die zunehmende Krankenhausprivatisierung. Die stark steigenden Kosten für die Gesundheitsversorgung in Deutschland führen zu regelmäßig wiederkehrenden Reformen des Gesundheitssystems. Vor allem kleine und mittelgroße Krankenhausträger haben mit den verschärften Rahmenbedingungen zu kämpfen und geraten schnell in eine finanziell schwierige Lage.

In Deutschland hat sich die Privatisierung des Krankenhaussektors von Osten nach Westen ausgebreitet, was mit der Wiedervereinigung und dem damaligen Sanierungsbedarf der ostdeutschen Kliniken zusammenhängt. Da die öffentlichen Kassen die notwendigen Investitionen für eine erforderliche Verbesserung der Krankenhausstruktur kaum hätten aufbringen können, haben private Unternehmer Milliardenbeträge in Klinikneu- und Umbauten investiert, so dass die Infrastruktur der Krankenhäuser in manchen Regionen Ostdeutschlands heute teilweise besser ist, als in den alten Bundesländern.

Ein häufiges Privatisierungsmotiv ist der defizitäre Betrieb von Kliniken in öffentlicher Trägerschaft. Mit einer Veräußerung des Klinikbetriebes sollen für die Zukunft Belastungen der öffentlichen Haushalte aus Defiziten solcher Kliniken vermieden werden. Außerdem wird von den privaten Klinikketten erwartet, dass sie den anstehenden Investitionserfordernissen moderner Krankenhäuser besser und schneller gerecht werden können, auch ohne auf öffentliche Investitionsmittel der Bundesländer angewiesen zu sein. Ein Grund dafür ist, dass private Krankenhausträger einen besseren Zugang zum Kapitalmarkt haben, was ihnen eine zügige Durchführung von Investitionsmaßnahmen erlaubt.

4.4 Ablauf einer Krankenhausprivatisierung

Der Ablauf von Privatisierungs-Transaktionen ist heute weitgehend standardisiert, soweit es sich um solche handelt, die von Transaktionsberatern begleitet werden oder bei denen der Erwerber einer der größeren privaten Klinikkonzerne ist. Solche Transaktionsberater sind einerseits auf die Vermittlung und den Verkauf von Krankenhäusern spezialisierte Berater, aber auch große Beratungsunternehmen mit Spezialabteilungen für den Healthcare-Bereich, sowie spezialisierte Anwälte. Hinzu treten spezialisierte Abteilungen von großen national und international tätigen Wirtschaftsprüfungsgesellschaften sowie von Banken, um das Transaktionsvolumen zuverlässig abwickeln zu können.

1. Schritt: Zuerst muss eine Grundsatz-Entscheidung des bisherigen Trägers zur Privatisierung des Krankenhauses und eine Identifizierung möglicher Privatisierungsobjekte (Grundstücke, Gebäude, Betrieb, etc.) getroffen werden.

2. Schritt: Mit der Beauftragung eines Transaktionsberaters sowie Erarbeitung der Privatisierungsziele werden die Voraussetzungen für eine Interessenerkundung gegeben. Hilfreich ist bereits in dieser Projektstufe der Kontakt zu anderen Klinikträgern, die bereits Erfahrungen mit einem Privatisierungsprojekt haben.

3. Schritt: Interessenbekundungen potenzieller Interessenten werden eingeholt. Diese werden über den Ablauf des Verfahrens in einem Verfahrensbrief informiert und versichern – teilweise mit Konventionalstrafen belegt – Vertraulichkeit.

4. Schritt: Die potenziellen Interessenten erhalten ein Informationsmemorandum mit den wesentlichen wirtschaftlichen Eckdaten des zu privatisierende Krankenhauses. Die möglichen Bieter verschaffen sich dann ein Bild über das Krankenhaus an sich und über das Konkurrenzumfeld.

5. Schritt: Die Transaktionsberater informieren den bisherigen Träger über das mögliche Bieterfeld.

6. Schritt: Die Interessenten legen unverbindliche (indikative) Angebote unter Berücksichtigung der bis dato vorliegenden Informationen vor. Dabei wird regelmäßig auf weitere Konkretisierungen nach eingehender Durchsicht der kompletten verfügbaren Klinikinformationen verwiesen.

7. Schritt: Nach der Bewertung der indikativen Angebote wird der Bieterkreis eingegrenzt.

8. Schritt: Diese haben dann in einem Datenraum die Möglichkeit in einer Due-Diligence-Prüfung, sämtliche für das Verfahren notwendige und verfügbare Informationen zu bewerten.

9. Schritt: Die Bieter geben nunmehr verbindliche Angebote vorbehaltlich der konkreten Kaufvertragsverhandlungen ab.

10. Schritt: Mit diesen verbindlichen Angeboten als Grundlage werden die letzten Bewerber (etwa 3–5) für die eigentlichen Vertragsverhandlungen ausgewählt. Die Verhandlungen enden dann mit konkreten Kaufvertragsentwürfen, die teilweise bereits notariell beurkundet sind.

11. Schritt: Das Entscheidungsgremium des bisherigen Trägers lässt sich von den Bietern deren Angebote und Ideen über die zukünftige Entwicklung des Krakenhauses vorstellen.

12. Schritt: Die Entscheidung und der formaler Beschluss im Entscheidungsgremium des verkaufenden Trägers werden getroffen.

13. Schritt: Sofern der Bieter den Kauf annimmt, wird der Kaufvertrag abschließend geschlossen und notariell beurkundet.

Dass bei diesem Prozess ein Scheitern des Verkaufs oder der Akquisition eines Krankenhauses auf allen Stufen bis zum letzten Schritt hin möglich ist, zeigte Anfang des Jahres 2005 das Scheitern des Verkaufs der kreiseigenen Frankenwaldklinik in Kronach an die ProCuraMed GmbH mit Sitz in Nürnberg: Obwohl der Kreistag dem Verkauf der Klinik zugestimmt und man sich auch über den Kaufpreis geeinigt hatte, wurde der notarielle Kaufvertrag zu den dabei zugrunde gelegten Konditionen nicht unterschrieben, weil es Auseinandersetzungen um Nebenbedingungen – hier um die Übernahme der Verluste des abgelaufenen Geschäftsjahres 2004 – gegeben hatte.

Solche Nebenbedingungen wie etwa
- die Übernahme von aufgelaufenen Verlusten durch den Verkäufer oder den Käufer,
- die Teilung der Verluste zwischen Käufer und Verkäufer,
- die Korrektur des Kaufpreises in einem gewissen Rahmen nach Vorliegen endgültiger Jahresergebnisse
- oder auch die Zusage der akquirierenden Klinikkette, Investitionen in bestimmter Höhe aus eigenen Mitteln in den übernommenen Standort zu tätigen,

sind bei der Privatisierung eines Krankenhauses durchaus üblich.

4.5 Vorteile einer Krankenhausprivatisierung

Der Gesundheitsmarkt und die damit verbundenen fehlenden staatlichen Investitionsförderungen erschweren es immer mehr Krankenhäusern, durch Rationalisierungsmaßnahmen ihre Betriebskosten zu senken und somit am stark wettbewerbsorientierten Markt bestehen zu bleiben. Hier haben private Klinikketten einen Vorteil gegenüber öffentlichen oder freigemeinnützigen Krankenhäusern. Je nach Rechtsform stehen ihnen neben der staatlichen Förderung Kapitalquellen wie die Börse (bei aktiennotierten Unternehmen), Bankdarlehen oder Gelder privater Investoren zur Verfügung, so dass sich durch schnelleres und autonomes Agieren am Markt einen Wettbewerbsvorteil ergibt.

Dies verdeutlicht die Ergebnisse aus einer Studie des RWI Essen und des Instituts für Gesundheitsökonomik (IfG) München (s. Abb. 4).

Klar erkennbar ist, dass die privaten Krankenhäuser eine höhere Investitionsquote aufweisen, wohingegen öffentliche Träger im Jahr 2006 die wenigsten Investitionen getätigt haben.

Die Sach- und Personalkosten fallen bei den privaten Trägern deutlich geringer aus als bei öffentlichen und freigemeinnützigen Trägerschaften (s. Abb. 5 u. 6). Gründe hierfür sind beispielsweise eine unwirtschaftliche Führung oder ausbleibende Rationalisierungsmaßnahmen aufgrund fehlender Investitionsförderungen bei den öffentlichen und freigemeinnützigen Krankenhäusern

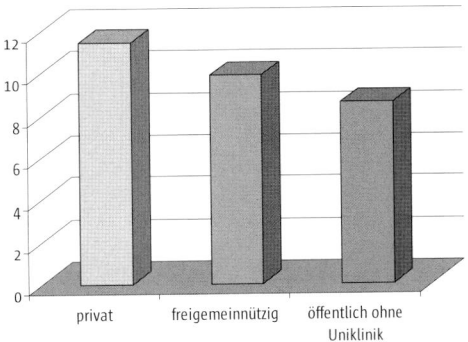

Abb. 4   Investitionen (Anlagevermögen zum Ende des Geschäftsjahres + Abschreibung – Anlagevermögen zum Beginn des Geschäftsjahres) der Krankenhäuser nach Trägerschaften in 2006 in % des Umsatzes [Augurzky et al. 2009]

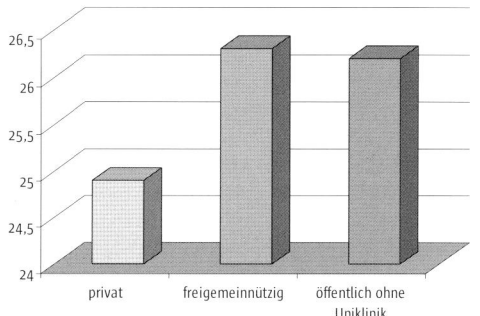

Abb. 5   Sachkosten in Krankenhäusern nach
Trägerschaften in 2006 in % des Umsatzes [nach
Augurzky et al. 2009]

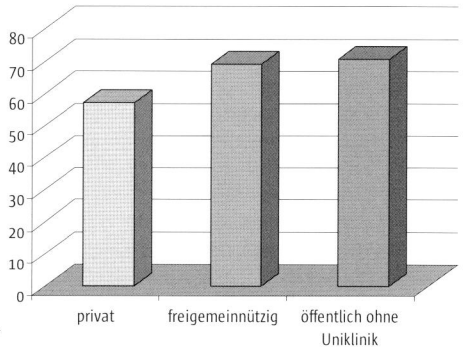

Abb. 6   Personalkosten in Krankenhäusern nach
Trägerschaften in 2006 in % des Umsatzes [nach
Augurzky et al. 2009]

Ein weiterer Vorteil der privaten Klinikketten gegenüber den öffentlichen und freigemeinnützigen Trägerschaften ist eine erhöhte Ertragslage, die wiederum aus den schnelleren und zahlreicheren Möglichkeiten der Kapitalbeschaffung resultiert [Augurzky et al. 2009].

Durch wirtschaftliches Denken und Handeln ist es den privaten Kliniken gelungen, sich den gewandelten Anforderungen des Gesundheitsmarktes zu stellen und ihn wettbewerbs- und gewinnorientiert zu durchdringen, ohne dabei den Patientennutzen oder die qualitativen Anforderungen zu vernachlässigen. Dennoch darf nicht pauschalisiert werden, dass nur private Klinikketten erfolgreich am Gesundheitsmarkt bestehen. Eine Studie von Accenture bewertet den Gemeinnutzen und den Wirkungsgrad, mit dem die Krankenhäuser auf die medizinischen Anforderungen der Bevölkerung eingehen.

Literatur

Ärzte Zeitung (2009) Klinikmarkt: Private haben kräftig zugelegt. 24.02.2009. Ärzte Zeitung, Neu Isenburg

Augurzky B, Beivers A, Neubauer G, Schwierz C (2009) Bedeutung der Krankenhäuser in privaten Trägerschaften. Rheinisch-Westfälisches Institut für Wirtschaftsforschung, Essen, Heft 52

Franke U (2008) Asset Securitization im Gesundheitswesen: Erfahrungen in den USA und anderen Ländern als Basis einer Abwägung von Einsatzmöglichkeiten in Deutschland. DUV-Verlag

Gutmann J, Kollig M (2005) Personalkosten: Wie sie die Ausgaben in den Griff bekommen. Haufe Verlag DE

Roeder N, Hensen P (2008) Gesundheitsökonomie, Gesundheitssystem und öffentliche Gesundheitspflege: Ein praxisorientiertes Kurzlehrbuch. Deutscher Ärzteverlag, Köln

B

Das Krankenhaus und seine Strategie

1 Strategische Ausrichtung im Krankenhaus

Andreas Tecklenburg

Medizinische Hochschule Hannover

Das Wort „Strategie" gehört zu den beliebtesten Wörtern in der Managementliteratur. Sein Ursprung liegt in der griechischen Sprache und bedeutet Heeresführung. Der Stratege war in der Athener Gesellschaft derjenige, der das Heer gegen die Feinde Athens führen sollte. Die besonderen Fähigkeiten, die der Heeresführer haben musste, waren umsichtiges, zielgerichtetes und vor allen Dingen auf den langfristigen Erfolg ausgerichtetes Denken. Nun muss man als Krankenhausmanager heute keine Feinde besiegen, aber auf jeden Fall langfristig und zielgerichtet denken.

Nach einer Strategie zu handeln bedeutet, nachhaltiges Managen mit langfristigen Zielen. Daher entwickelt man auch nicht jedes Jahr eine neue Strategie, sondern passt eine einmal eingeschlagene Strategie den gegebenen Rahmenbedingungen an. Eine Strategie muss sorgfältig vorbereitet und dann an die Mitarbeiter vermittelt werden. Auch für die Außendarstellung ist eine Strategie zwingend notwendig und entfacht mit der Zeit einen wesentlichen Beitrag zur Markenbildung.

1.1 Praktisches Vorgehen

Die Erarbeitung einer Strategie ist kein Hexenwerk. Es bedarf dreier wichtiger Eigenschaften des Managements:

- Kreativität zur Erarbeitung der Ziele und einer Vision, wohin sich das Krankenhaus in der Zukunft entwickeln soll.
- Nachhaltiges Agieren, damit die Mitarbeiterinnen und Mitarbeiter kontinuierlich im Rahmen der Strategie geführt werden.
- Den Fokus auf das Wesentliche haben, denn die Detailarbeit gehört auf die Mitarbeiterebene.

Umgesetzt werden Strategien durch Entscheidungen oder anders ausgedrückt: Managen bedeutet entscheiden. Grob kann man Entscheidungen im (Krankenhaus-)Management in drei Typen einteilen:

- operative Entscheidungen
- dispositive Entscheidungen
- strategische Entscheidungen

Operative Entscheidungen sind diejenigen Entscheidungen, die für das so genannte Tagesgeschäft zwingend notwendig sind. Operative Entscheidungen bedürfen in aller Regel keiner großen Vorbereitung. Ihre Wirkung entfalten sie sofort. Das Risiko einer Fehlentscheidung ist eher gering, da man die Entscheidung auch schnell revidieren kann. Operative Entscheidungen werden jeden Tag von Managern zigfach getroffen.

Dispositive Entscheidungen haben einen längeren Zeithorizont. Während operative Entscheidungen nur wenige Tage wirken, haben dispositive Entscheidungen Auswirkungen auf Wochen und Monate, teilweise sogar auf Jahre. Die Einstellung eines Mitarbeiters ist zum Beispiel eine dispositive Entscheidung. Die Entscheidung für ein bestimmtes Medizingerät ist eine dispositive Entscheidung mit entsprechender Langzeitwirkung. Das Risiko einer Fehlentscheidung ist im dispositiven Bereich natürlich sehr viel größer, da eine Revision schwieriger und meistens dann auch mit deutlichen Kosten verbunden ist. Dispositive Entscheidungen brauchen mehr Vorbereitung und mehr Daten als Grundlage.

Strategische Entscheidungen sind langfristige Entscheidungen. Ihr Zeithorizont umfasst mindestens Monate, eher Jahre, gegebenenfalls sogar Jahrzehnte. Strategische Entscheidungen sind „Rahmenentscheidungen". Das heißt, sie geben einen Rahmen vor, in dem dann operative und dispositive Entscheidungen folgen und eingebettet werden. Ein baulicher Masterplan ist Gegenstand strategischer Entscheidungen. Das Aufbauen einer neuen Abteilung ist eine strategische Entscheidung. Die Fusion mit einem anderen Krankenhaus ist eine strategische Entscheidung. Strategische Entscheidungen brauchen gründliche Vorbereitung und umfassende Datengrundlagen.

Wie jedes andere Unternehmen auch, braucht ein Krankenhaus eine Strategie zur Sicherung einer langfristigen Position im Wettbewerb. Strategien kann man sehr gut selbst erarbeiten. Die Entwicklung einer Strategie gehört zu den originären Aufgaben einer Führungskraft als Geschäftsführer oder Vorstand und bedarf nicht unbedingt einer externen Beratung. Allerdings kann es sein, dass die Rahmenbedingungen es notwendig machen, externen Sachverstand hinzuzuziehen. Hier zur Erinnerung die drei wesentlichen Eigenschaften für ein strategisches Management:

- Kreativität
- Nachhaltigkeit
- Fokus auf das Wesentliche

1.1.1 Von der Mission zur Vision

Eine gute Strategie baut grundsätzlich auf dem Vorhandenen auf. Im angloamerikanischen Bereich hat sich eingebürgert, zunächst die „Mission" zu erarbeiten. Was nichts anderes bedeutet, als dass man seine Wurzeln beschreibt und sich bewusst wird über den Kernauftrag, den das eigene Krankenhaus hat. Ein Krankenhaus mit einem kirchlichen Hintergrund hat andere Wurzeln, zum Teil auch andere Kernaufgaben als ein rein kommunales Haus oder eine Universitätsklinik.

Punkt 1 der Strategieerarbeitung ist die Beantwortung der Frage:
Wer sind wir und warum gibt es uns? – Die Mission

Der zweite Schritt ist die Erarbeitung einer Vision. Vision steht hier für ein optimales Bild in der Zukunft, wohin sich das Krankenhaus entwickeln soll. Einige Krankenhäuser haben bereits eine Vision, hier geht es nur um die richtige Strategie zur Erreichung der Vision. Andere Häuser haben entweder strukturelle oder finanzielle oder andere Probleme, die sie mit einer neuen Strategie in den Griff bekommen wollen. Das heißt, es besteht keine klare Vorstellung für die Zukunft, vor der Formulierung einer Vision muss diese erst noch erarbeitet werden. In beiden Fällen sind vor der Strategiebeschreibung „Hausaufgaben" zu machen: Zunächst wird die eigene Situation und dann das Umfeld beschrieben, wie im Folgenden dargestellt wird.

Punkt 2 der Strategieerarbeitung ist die Beantwortung der Frage:
Wo wollen wir in der Zukunft hin? – Die Vision

Tab. 1   Risikoanalyse mit Beispielen

Stärken (Neubau, moderne Diagnostik, sehr gute Mitarbeiter)	Schwächen (zugiger Wartebereich, wenig Service, schlechte Anbindung an den OP)
Chancen (Zusammenarbeit mit KV Ambulanz, Ausweitung ambulanter Leistungen)	Risiko (schlechtes Betriebsergebnis, Kompetenzstreit zwischen Chirurgie und Innerer Medizin)

B

Hier werden zum einen die Ist-Situation im eigenen Haus und zum anderen die Umfeldanalyse dargestellt. Da eine gute Strategie nur auf im Hause vorhandene Kapazitäten oder Fähigkeiten aufbauen kann, muss dieses Potenzial der Entwicklung, der Vorstellungen, der Zielsetzungen für die Zukunft als erstes analysiert und bewertet werden. Danach folgt eine Umfeldanalyse:

■ Gibt es direkte Konkurrenten?
■ Wie sieht die Gesundheitsversorgung im Umfeld aus?
■ Wie wird die demografische Entwicklung im direkten Umfeld sein?

Antworten auf diese Frage führen dazu, dass die Strategie nicht auf Anekdoten einzelner Führungskräfte beruht, sondern eine fundierte Datenbasis hat.

1.1.2 Analyse der eigenen Situation, die IST-Analyse

Eine Ist-Analyse der eigenen Situation ist ebenfalls keine allzu schwierige Aufgabe. Am einfachsten analysiert man die eigene Klinik systematisch und macht für jeden Bereich eine Chancen-Risiken- und Stärken-Schwächen-Analyse. Also für jeden Bereich vier Felder, die am besten gemeinsam im Team oder in Arbeitsgruppen erarbeitet werden. Die folgende Checkliste (s. Tab. 1) hilft dabei, für jeden Bereich der Klinik nach einem einheitlichen Muster vorzugehen (hier als Beispiel die Notaufnahme).

Bei der Stärken-Schwächen und Chancen-Risiko Analyse kommt es darauf an, kurz und prägnant das Wichtigste herauszustellen. Dabei sollte man im Hinterkopf haben, an welchen Stellen man zugunsten von Veränderungspotenzial ansetzen will.

Checkliste für die Ist-Situation von medizinischen Abteilungen
■ diagnostische Leistungen
■ therapeutische Leistungen
■ Auslastungen
■ Qualifikation des Personals (je nach Berufsgruppe)
■ Spezialisierungen
■ bauliche Ausstattung
■ technische Ausstattung
■ Ablauforganisation und Prozesse
■ Besonders gute Leistungen vorhanden?

■ Besonders mangelhafte Leistungen vorhanden?
■ Anteil Routineleistungen versus Spezialleistungen
■ finanzielle Situation (Erlöse und Kosten)

Checkliste für die Ist-Situation von nicht-medizinischen Abteilungen
■ Leistungsangebot
■ interne Prozesse
■ Qualifikation des Personals
■ bauliche Situation
■ technische Ausstattung
■ sehr gute Leistungen
■ sehr schwache Leistungen
■ bekannte Defizite
■ Service

Diese beiden Checklisten sollen nur einen Anhalt geben und können selbstverständlich erweitert oder gekürzt werden. Wesentlich ist, dass dieses keine semiwissenschaftliche Auswertung werden soll. Also keine Arbeit in ein kompliziertes Punktesystem stecken, sondern mehr einen Gesamtkonsens darüber bekommen, was sind die „Goodies" der Klinik und wo hapert es oder wo ist ein Defizit zu sehen! Nach dem Pareto-Prinzip kann man 80 % einer Stärken-Schwächen-/Chancen-Risiken-Analyse in einer Gruppe in wenigen Stunden erarbeiten. Die verbleibenden 20 % sind dann allerdings „Knochenarbeit" und oft nicht frei von Streitgesprächen. Hat man sich einmal die Mühe gemacht, diese Analysen durchzuführen, erhält man einen guten Überblick über die aktuelle Position der Klinik, verbunden mit den notwendigen Handlungsoptionen.

1.1.3 Umfeldanalyse

Nachdem man sich ein Bild über die eigene Situation gemacht hat, ist es unumgänglich, auch in das Umfeld zu schauen. Zum Umfeld gehören grundsätzlich alle Leistungserbringer im Gesundheitswesen der Region, das heißt, neben den Klassikern wie anderen Akutkrankenhäusern auch Rehabilitationseinrichtungen, Praxiskliniken, Praxisnetzwerke, MVZs anderer Träger sowie auch ambulante Pflegedienste und stationäre Pflegeeinrichtungen sowie die niedergelassenen Ärzte. Ganz wichtig sind natürlich diejenigen Anbieter von Leistungen, die eine Konkurrenz darstellen. Nicht zu unterschätzen sind dabei diejenigen Anbieter, die von der Entfernung zwar weiter weg sind, jedoch aufgrund des Leistungsangebotes und/oder des Rufes Patienten abziehen. Soweit das möglich ist, kann man für Konkurrenten die gleichen Chancen-Risiken-/Schwächen-Stärken-Analyse durchführen, wie für das eigene Haus. Man macht sich somit klar, wo die Stärken der Konkurrenten liegen, beziehungsweise wo auch Chancen bei der weiteren eigenen Entwicklung liegen. Die Einweiser-Analyse ist dabei sehr hilfreich. Hilfreich ist z. B. eine Analyse aller Patienten des letzten Jahres, sortiert nach den Postleitzahlen. Statistisches Material über die Verteilung von häufigen Erkrankungen in der Region kann wertvolle Hinweise bieten. Anhand eines einfachen Beispiels soll dargestellt werden, wie man zu einer Stärken-Schwächen-Einschätzung des Umfeldes kommt beziehungsweise Rückschlüsse daraus auf die eigene Situation herleiten kann.

Beispiel Gallenblasenentzündung

Aus den statistischen Bundesdaten kann abgeleitet werden, wie viele dieser Erkrankungen pro Jahr in den Kliniken (ICD K80: ca. 210.000 Fälle pro Jahr in Deutschland) und insbesondere in dem entsprechenden Bundesland (z. B. Niedersachen ca. 20.000 Fälle pro Jahr) behandelt werden. Daraus lässt sich eine bestimmte Erkrankungshäufigkeit pro 10.000 Bewohner pro Jahr schließen (in diesem Fall ca. 25 Erkrankungen pro 10.000 Einwohner). Somit kann für jeden Postleitzahlenbezirk abgeschätzt werden, wie hoch die statistische Häufigkeit der Gallenblasenentzündung im Umfeld ist. Ein Vergleich mit den eigenen Zahlen und der Einweiserstatistik zeigt, ob eine Klinik in einer Region als Versorger akzeptiert wird oder aber die Patienten abwandern. Man vergleicht die erwarteten Fälle versus die tatsächlich behandelten Fälle.

Bei der Umfeldanalyse sind Daten zur Demografie und zur weiteren Entwicklung der Region von großer Aussagekraft. Die einzelnen Regionen in der Bundesrepublik Deutschland entwickeln sich sehr unterschiedlich. Leider ist die Mehrzahl der Regionen von einer Überalterung betroffen. Nur wenige Regionen haben eine höhere Geburtenziffer als Menschen versterben. Dies hat Auswirkungen auf die Zusammensetzung der Bevölkerung und natürlich Einfluss auf die strategische Ausrichtung des Krankenhauses. Die einzelnen Fachgebiete werden sich entsprechend der De-

mografie verändern, da die Nachfrage sich mit unterschiedlichen Bevölkerungszusammensetzungen ebenfalls verändert.

Fachgebiete mit Fallzahlsteigerung (stationär)

- *Kardiologie*
- *Onkologie*
- *Angiologie*
- *Orthopädie*
- *Neurologie*
- *etc.*

Fachgebiete mit eher sinkenden Fallzahlen (stationär)

- *Geburtshilfe*
- *Kinderheilkunde*
- *etc.*

1.2 Die Vision

Nach der Analyse der Ist-Situation und der Umfeldanalyse sind alle notwenigen Vorarbeiten geleistet. Jetzt ist es an der Zeit, eine Vision – ein Bild – oder eine Idee zu beschreiben, wohin sich das Krankenhaus entwickeln soll. Dazu müssen folgende Fragen beantwortet werden:

Vision mit folgenden Fragen erarbeiten

- *Welche Leistungen sollen in fünf oder zehn Jahren angeboten werden?*
- *Wie ist die Positionierung im lokalen Gesundheitsmarkt?*
- *Welche Bereiche sollen ausgebaut werden?*
- *Welche anderen Bereiche sollten eher zurückgefahren werden?*
- *Haben wir die richtigen Mitarbeiter? (Anzahl und Qualifikation)*
- *Machen Fusionen oder Kooperationen Sinn?*
- *Soll man expandieren oder zukaufen?*
- *Soll man verkaufen?*

Eine Vision muss kurz und prägnant sein. Das ist wichtig sowohl für die interne als auch für die externe Kommunikation. Je kürzer und markanter diese Vision formuliert werden kann, umso einfacher ist sie zu kommunizieren und umso einfacher wird sie auch verstanden. Die Strategie ist das Instrument, damit aus der Vision auch Realität wird. Die Vision, manche nennen es auch Leitbild, hat einen ganz wichtigen Marketingeffekt und immer wieder die Aufgabe, die strategische Ausrichtung zu fokussieren.

Die Vision für ein durchschnittlich großes Krankenhaus könnte zum Beispiel folgendermaßen aussehen

Unsere Klinik ist ein fester Bestandteil der regionalen Gesundheitsversorgung. Für alle Bevölkerungsschichten und Altersgruppen haben wir adäquate Versorgungsleistungen entwickelt. Neben den rein stationären Leistungen sind eigene ambulante Angebote in unserem MVZ direkt in der Fußgängerzone sowie vielfältige Kooperationen mit niedergelassenen Ärzten fest etabliert. Über den eigenen mobilen Pflegedienst stellen wir eine lückenlose Betreuung auch nach dem stationären Aufenthalt sicher. Jede unserer Abteilungen hat mindestens zwei Schwerpunkte entwickelt, die auch überregional von Patienten in Anspruch genommen werden. Unser Unternehmen hat Führungs- und Arbeitszeitmodelle entwickelt, die uns zu einem exzellenten Arbeitsplatz machen, der von Mitarbeiterinnen und Mitarbeitern aller Berufsgruppen gerne in Anspruch genommen wird. Wir sind ein gefragter Arbeitgeber und durch unsere exzellenten Weiterbildungsmöglichkeiten kommen junge Ärztinnen und Ärzte gerne zu uns. Der Neubau des Funktionstraktes mit einer zentralen Notaufnahme hat die Verweildauer auf unter 5 Tagen sinken lassen. Die medizintechnische Ausstattung ist hochmodern. Durch eine kontinuierliche Prozessoptimierung sind die Wartezeiten für die Patienten in den Funktionseinheiten auf unter 20 min. gesunken. Die Bevölkerung hat verinnerlicht: Im Krankheitsfall ist unser Krankenhaus die erste Wahl.

Das ist keine spektakuläre Vision aber für viele Krankenhäuser in Deutschland sind darin einige Punkte genannt, die heute bei Weitem nicht realisiert sind. Das Fächerspektrum ist nicht auf die demografische Entwicklung abgestimmt. Veraltete Führungsmodelle verhindern die Akquisition von Nachwuchs und vertreiben qualifizierte Mitarbeiter aus dem Haus. Mangelnde Alleinstellungsmerkmale machen das Haus anfällig für neue Angebote von Konkurrenten mit entsprechendem Patientenschwund. Fehlende und schlecht koordinierte Zusammenarbeit zwischen den Abteilungen und/oder Berufsgruppen rauben das Vertrauen der Patienten mit der Folge, dass diese abwandern.

1.3 Strategieentwicklung

Die Strategie setzt die Vision in die Realität um. Die Strategie umfasst umsetzbare Vorhaben in einem schon recht konkreten Umfang. Berücksichtigt werden müssen dabei immer die baulichen und technischen Voraussetzungen und ganz wichtig: das vorhandene Personal und seine Qualifikation. Es ist kontraproduktiv, eine Strategie zu entwickeln, die losgelöst von der Ist-Situation ist. Man kann zwar Gebäude und technische Ausstattung mehr oder weniger leicht austauschen, nicht aber die Menschen, die darin arbeiten. Diese müssen mit der Strategie wachsen und sie unterstützen. Es gehört also zur Strategieentwicklung auch dazu, die Befürworter und Widersacher herauszuarbeiten.

- Wer unterstützt eine Veränderung im Sinne der Strategie und wer verhindert sie?
- Was sind die Gründe für eine Verhinderung (Geht es ums Geld? Geht es um Macht? Geht es um Ansehen in der Bevölkerung? Oder geht es um die Anzahl der Räumlichkeiten oder OP-Zeiten?).

Manchmal sind es ganz banale Dinge, die Menschen eher zu Verhinderern einer Veränderungsstrategie werden lassen, als konkrete fassbare und rationale Dinge. Aber auch diese Dinge müssen berücksichtigt werden, denn nur **mit** den Menschen kann eine Strategie erfolgreich umgesetzt werden. Manchmal muss man auch auf die so genannte „biologische" Lösung warten. Dann werden eben Teile der Strategie erst zu einem späteren Zeitpunkt, in zwei oder drei Jahren, umgesetzt. Überhaupt bedeutet Strategieentwicklung für die Führungskräfte auch die Entwicklung der Fähigkeit, Geduld zu haben. Man kann eine Strategie nicht innerhalb von wenigen Monaten umsetzen. Vielmehr ist die konsequente Umsetzung der Strategie eine kontinuierliche, konzentrierte und fokussierte Führungsaufgabe mit einer immer wiederkehrenden Überprüfung der Richtigkeit der Strategie auf der einen und einer dynamischen Prioritätensetzung auf der anderen Seite. Dynamisch bedeutet hier nicht in kurzen Zeitabständen die Prioritäten zu verändern, sondern die optimalen Zeitfenster zur Strategieumsetzung abzuwarten. Nicht jedes Projekt kann man zu einem x-beliebigen Zeitpunkt umsetzen. Manchmal muss man es in der Schublade liegen lassen, bis der richtige Zeitpunkt kommt und dann geht fast alles wie von alleine; hätte man nicht abgewartet und zum falschen Zeitpunkt gestartet, wäre man vielleicht nie an das Ziel gekommen oder nur mit erheblichem Mehraufwand. Eine Strategie umsetzen bedeutet also, die Fähigkeit zur vornehmsten Managementaufgabe: Das große Ganze sehen und es nie aus dem Auge verlieren.

Erfolgreiche Strategen nutzen immer wieder gerne die Delphinstrategie. Was ist das?

Delphine als große Meeressäugetiere wandern zu bestimmten Jahreszeiten durch die Weltmeere zu ergiebigen Futterplätzen oder aber zur Paarung und Geburt des Nachwuchses. Dabei haben sie gelernt, dass die Menschen mit ihren großen Schiffen ebenfalls durch die Weltmeere ziehen und dass diese großen Schiffe einen Sog erzeugen. Im Kielwasser solcher großen Schiffe können Delphine mit nur einem Drittel ihres Energieaufwandes ihr Ziel auf der anderen Seite des Ozeans erreichen. Das Einzige, was sie manchmal tun müssen, ist auf ein geeignetes Schiff warten.

> Die eigentliche Strategie ist die Summe aller Maßnahmen, die zur Erreichung der Vision notwendig sind. Die Strategie ist der „Rote Faden", an dem man sich immer wieder orientiert. Die Strategie beeinflusst jede dispositive und damit langfristige Entscheidung. Warten Sie auf den richtigen Zeitpunkt.

> *Wenn man seine Vision und die dazu notwendige Strategie klar vor Augen hat, dann muss man drei „Stapel" von Gedanken im Kopf haben*
> - *Ideen zur Umsetzung der Strategie und zur Erreichung der eigenen Vision,*
> - *angedachte und vorgeplante Projekte,*
> - *Projekte in der Umsetzung.*

Dabei gilt folgende Formel:

> *Man muss mehr Ideen haben als geplante Projekte, und man muss mehr Projekte in der „Pipeline" haben als Projekte in der Umsetzung.*

Was immer wieder vergessen wird, ist die systematische Kommunikation der Strategie in das eigene Unternehmen hinein. Alle (!) Mitarbeiterinnen und Mitarbeiter müssen die Strategie verstehen und sie auch unterstützen (können). Strategiekommunikation ist ein kontinuierlicher Prozess. Also auf keinen Fall nur ein Schreiben, was vielleicht auch noch mit den Worten „aus gegebenem Anlass wei-

sen wir Sie auf den beiliegenden Anhang mit der neuen Strategie hin. Um Beachtung wird gebeten ..." beginnt. Das kann nichts werden. Eine Strategie muss empathisch den Mitarbeiterinnen und Mitarbeitern nahegebracht werden. Dazu gehören sowohl schriftliche Unterlagen als auch Vorträge und andere Präsentationen. Bei jeder Gelegenheit sollte die Führungsspitze bei Entscheidungen den Zusammenhang mit der Strategie herausstellen. So wird die Strategie zum Leben erweckt!

1.4 Rahmenbedingungen beeinflussen die Strategie

Durch die Veränderungen im Gesundheitswesen sind neue Optionen in der Zusammenarbeit der verschiedenen Sektoren hinzugekommen. Der Gesetzgeber hat hierzu durch die Einführung der MVZs, des § 116 b SGB V oder durch das Vertragsarztänderungsgesetz (VÄndG) ganz neue Möglichkeiten der Zusammenarbeit mit dem niedergelassenen Sektor ermöglicht. Selbstverständlich müssen diese Optionen in eine Strategie eingepasst werden. Dabei gilt für jede Strategie, dass nicht alles, was machbar auch sinnvoll ist. Es kann ausgesprochen kontraproduktiv sein, gegen die niedergelassenen Ärzte ein MVZ in besonders umkämpften Bereichen, wie innere Medizin oder Onkologie etc., aufzumachen. Die Folgen wären, dass man zwar tatsächlich Umsätze in diesem MVZ generiert, jedoch die Einweiser so verärgert, dass die wesentlichen größeren Umsatzeinbußen im stationären Bereich unterm Strich zu einem negativen Ergebnis führen. Die Strategie wäre hier, die Option eines MVZ im Kopf beziehungsweise als Projekt in der Schublade zu haben, aber gegebenenfalls entweder gar nicht zu ziehen oder aber den richtigen Moment abzuwarten.

Auf alle Leistungserbringer im Gesundheitswesen wird das Problem der selektiven Kontrahierung zukommen. Das bedeutet, dass die Kostenträger eine Selektion durchführen können, mit wem sie in Zukunft zusammenarbeiten wollen. Mit anderen Worten heißt das, die Kostenträger können auf Einkaufstour gehen und sich von den verschiedenen Leistungserbringern die „Filetstücke" herauspicken. Das werden die Kostenträger auch gerne tun, allerdings nicht nur unter dem Kostengesichtspunkt, sondern in vielen Bereichen unter Qualitätsmerkmalen. Der Markt (hier die Kostenträger) wird also neue Forderungen stellen. Die Antwort als Krankenhaus muss sein, diesen Markt bedienen zu können. Dafür sind folgende Voraussetzungen notwendig: Damit man die Nachfrage eines Marktes bedienen kann, muss man überhaupt etwas haben – nämlich ein Produkt. Der Gedanke des Produktes in der Medizin ist noch fremd. Ein Produkt im Krankenhaus ist die Summe aller Leistungen aus Diagnostik und Therapie, die für einen Patienten erbracht werden. Das ist im Grunde nichts Neues. Neu ist, dass das Produkt beschrieben und mit einer Qualität versehen werden muss, damit man es verkaufen kann. Die Einkäufer wollen natürlich genau wissen, was sie einkaufen. Aus diesem Grunde müssen die Krankenhäuser nicht einfach nur Leistungen nach DRG etc. anbieten, sondern zur Unterscheidung von anderen Krankenhäusern Pakete schnüren aus Diagnostik, Therapie sowie erweiterten Dienstleistungen (zum Beispiel Abholservice von zu Hause, besondere Dokumentation, Qualitätssicherung, Transfermanagement, poststationäre Versorgung etc.). Nun muss man dafür sorgen, dass der Markt das Produkt auch kennt. Man muss Marketing betreiben. Die Kostenträger, die Patienten und die Öffentlichkeit allgemein müssen Kenntnis erlangen, dass ein bestimmtes Krankenhaus bestimmte Produkte anbietet und zwar mit einer bestimmten (hoffentlich sehr guten) Qualität. Der Markt muss mit den Informationen über das Produkt penetriert werden. Es muss ein Teil der Strategie sein, wie das Marketing aussehen soll. Und ganz neu – noch vollkommen unbekannt für Krankenhäuser – ist das Thema Vertrieb. Mit einzelnen Kostenträgern muss in Verhandlungen eingetreten werden. Es müssen die Produkte bepreist und dann auch entsprechend verkauft werden. Anders als bei den bisherigen Budgetverhandlungen gibt es dafür kaum Regeln. Es gibt kein Streiten über die Auslegung von irgendwelchen Paragraphen, sondern als Krankenhaus ist man Anbieter mit einem bestimmten Produkt, das man zu einem bestimmten Preis vertreiben will oder vertreiben muss.

Die neuen Schlagworte sind
- Produktentwicklung
- Marketing
- Vertrieb

Diese drei Punkte müssen in die Strategie aufgenommen werden, denn aller Voraussicht nach wird der politische Rahmen für solche Selektivverträge mit den dann oben genannten Folgen jedes Krankenhaus betreffen.

1.5 Strategie „no goes"

Es gibt auch Dinge in der Strategieentwicklung für ein Krankenhaus, die man nicht machen sollte oder auch nicht machen darf. Neudeutsch „no goes". Am Anfang des Kapitels wurde schon genannt, dass eine Strategie nicht monatlich oder jährlich verändert wird. Die Strategie ist eine langfristige Orientierung für die operativen und dispositiven Entscheidungen und Projekte. Jegliche Organisationen und insbesondere Expertenorganisationen wie Krankenhäuser wären vollkommen überfordert, wenn jährlich eine komplett neue Strategie ausgegeben werden würde.

1. „No go":
Strategie jährlich wechseln.

Das DRG-System ist ein Vergütungssystem. Es versucht, ökonomischen Aufwand so gut wie möglich abzubilden und darauf eine Vergütung abzustimmen. In den Anfangsjahren der DRGs waren die Sprünge in den einzelnen DRGs manchmal recht groß. Auf Veranstaltungen konnte man dann Redner hören, die im Detail die einzelnen DRGs auseinandergenommen und daraus Handlungsempfehlungen für die Krankenhäuser entwickelt haben. Das ist keine erfolgversprechende Strategie. Gute Medizin auf der Grundlage der oben gemachten validierten Daten macht mehr Sinn. Das DRG-System wird eine Strategie der guten Medizin immer belohnen, wenn sie ressourcenschonend umgesetzt wird. Dabei wird es vorkommen, dass es temporär ökonomische Unterdeckungen in einzelnen DRG-Bereichen gibt. Wenn die Gesamtstrategie aber richtig ist und sich an einer qualitativ hochwertigen Medizin ausrichtet, dann wird das DRG-System dieses langfristig auch honorieren.

2. „No go":
Strategie nach dem jährlichen DRG-Katalog ausrichten.

Krankenhäuser sind Experteneinrichtungen mit oftmals starken Führungspersönlichkeiten; besonders im ärztlichen Bereich. Wenn diese starken Führungskräfte dann auch an der Strategieentwicklung beteiligt sind, so werden sehr schnell Strategien für ein gesamtes Krankenhaus an den Fähigkeiten und Leistungen einer einzelnen Person ausgerichtet. Das kann für Teilberei- che richtig sein, birgt aber auch hohe Risiken. Jeder Mensch kann das Unternehmen wechseln, krank werden oder aus anderen Gründen ausfal- len. Da eine Strategie sich nicht von heute auf morgen ändern lässt, muss jederzeit dafür ge- sorgt werden, dass einzelne Personen austausch- bar sind. Zumindest muss eine adäquate Vertre- tungsregelung jederzeit sichergestellt sein.

3. „No go":
Strategie von einer Person abhängig machen.

Fazit

Die Entwicklung einer Strategie ist kein Hexenwerk. Sie beginnt damit, die eigene Situation zu analysieren sowie die des Umfeldes und insbesondere der Konkurrenten. Hilfreich ist dabei die alt bekannte Schwächen-Stärken- und Chancen-Risiken-Analyse. Aufbauend auf der eige- nen Ist-Position und der Ist-Position der Konkurrenten wird eine Vision erarbeitet. Diese Vision muss auf den Ist-Analysen, aber auch auf den Wurzeln des Unterneh- mens, mit anderen Worten der Mission, basieren. Die Vision ist eine Zusammenfassung aller Ziele, welche so- wohl für das innere als auch für das äußere Marketing genutzt werden. Die darauffolgende Strategieentwick- lung muss die baulichen, technischen und personellen

Gegebenheiten berücksichtigen und realisierbare Ent- wicklungspotenziale darstellen. Eine Strategie ist ein langfristiger Plan. Daraus leiten sich unzählige kleine und große Projekte ab und auch Entscheidungen im dis- positiven und operativen Bereich. Eine Strategie muss sowohl nach innen allen Mitarbeiterinnen und Mitarbei- tern als auch nach außen der Öffentlichkeit kommuni- ziert werden. Schwerpunkt moderner Strategien wird der Umgang mit sektorübergreifenden Leistungsange- boten sein. Die Veränderungen im Gesundheitswesen erfordern Lösungen, die über die rein stationären Leis- tungen hinausgehen. Krankenhäuser werden durch die selektive Kontrahierungsmöglichkeit der Kostenträger gezwungen sein, sich den Themen Produktentwicklung, Marketing und Vertrieb zu nähern. Die Produktentwick- lung ist die zwingende Voraussetzung, um überhaupt mit den Nachfragern (Kostenträger) in Verhandlungen einzutreten. Vorhandene Produkte müssen durch Mar- keting im Markt bekannt gemacht und durch den Ver- trieb bestmöglich „verkauft" werden. Gerade die letzten genannten Veränderungen im Gesundheitswesen ma- chen es zwingend notwendig, dass jedes Krankenhaus in Deutschland eine Strategie für sich, sein Umfeld, seine Mitarbeiter und entsprechend seiner Leistungsfähigkeit entwickelt. Strategien haben eine Langzeitbedeutung!

Strategisch denken heißt, in großen Zusam- menhängen und über das Tagesgeschäft hin- aus denken.

2 Produktdefinition im Krankenhaus

Mathis Terrahe

Universitätsklinikum Hamburg-Eppendorf

2.1 Einführung

Das Gesundheitswesen in Deutschland befindet sich in einem grundlegenden Veränderungsprozess. In Analogie zu den meisten anderen Wirtschaftsbereichen heißt es nun auch für Krankenhäuser: „sich dem Wettbewerb stellen oder untergehen".

Besonders ausgeprägt ist der Wettbewerb in Metropolregionen wie Hamburg, Berlin, München oder Rhein-Ruhr-Region, die von diesem Paradigmenwechsel mehr betroffen sind als eher ländliche Gebiete. Um sich in diesem durch Wettbewerb charakterisierten Markt erfolgreich hervorzuheben, bedarf es innovativer, kostengünstiger und qualitativ hochwertiger Behandlungskonzepte, die von vielen deutschen Krankenhäusern erst entwickelt werden müssen. Damit sich der Wettbewerb um die Patienten für das Krankenhaus lohnt, besteht seit 2005 für das einzelne Krankenhaus keine pauschale Budgetbegrenzung mehr. Das bisher bestehende Denken in „gedeckelten Budgets" wird durch ein „Topfdenken" ersetzt.

Damit hat ein Verdrängungswettbewerb eingesetzt und Krankenhäuser müssen ihr dauerhaftes Überleben durch ein dynamisches Produktportfolio sichern und ihre Ressourcen in Tätigkeitsfelder lenken, für die die Marktaussichten günstig sind und in denen das Unternehmen Wettbewerbsvorteile realisieren kann. Gesundheit bleibt aus heutiger Sicht der einzige Markt mit garantierten qualitativen und quantitativen Wachstumsperspektiven. Auf dieses Nachfragewachstum mit einem innovativen Produktportfolio zu antworten, ist das Rezept für eine erfolgreiche Klinikführung. Neben gesetzlichen Spielräumen für innovative Versorgungskonzepte stehen die Produktplaner aber auch wiederholt vor gesetzlichen Hürden, die sie überspringen müssen.

2.2 Externe Rahmenbedingungen bei der Produktplanung

Nach der Devise „*Nicht jeder kann alles machen, denn dann macht er es erstens nicht gut genug und zum anderen zu teuer*" drängen gesetzliche Regelungen die Krankenhäuser in Richtung Spezialisierung und Konzentration.

Hier soll ohne Anspruch auf Vollständigkeit auf die wesentlichen gesetzlichen Regelungen eingegangen werden, die bei der strategischen Planung des stationären Versorgungsangebotes berücksichtigt werden müssen.

2.2.1 Produktportfolio im Preiswettbewerb

Noch bis 1995 waren die Bettenauslastung und die angefallenen Pflegetage die einzigen notwendigen Kennzahlen zur erfolgreichen Steuerung eines Krankenhauses. Der Begriff „Portfoliobereinigung" hätte bei den meisten deutschen Krankenhäusern früher nur ratlose Blicke und Unverständnis ausgelöst.

Das GKV-Gesundheitsreformgesetz des Jahres 2000 beschleunigte den Wettbewerb, der mit der Bundespflegesatzverordnung 1995 zart eingeläutet worden war und förderte eine stärker am tatsächlichen Bedarf orientierte Entwicklung der Leistungsstrukturen. Mit der Einführung der Diagnosis Related Groups (DRG-System, 2004) wurden Art, Menge und Komplexität/Schweregrad der Leistungen und ökonomische Leistungsunterschiede der Krankenhäuser transparent. In 2010 wird die krankenhausspezifische Vergütung an ein einheitliches landesweites Vergütungsniveau angeglichen sein. In fünf gleichen Schritten sollen sich dann die Landesbasiswerte an die Grenzen eines bundeseinheitlichen Basisfallwertkorridors (+ 2,5 % und – 1,25 %) annähern [Rau 2009]. Wenn auch das pauschale Entgeltsystem, wie ebenfalls gesetzlich verankert, für die Psychiatrie/Psychosomatik im Jahr 2013 erstmalig wirkt, wird das traditionelle Kostendeckungsprinzip bundesweit von einem einheitlichen Vergütungssystem – gleicher Preis für gleiche Leistung – abgelöst sein. Bei der erwarteten Einführung der Selektivverträge wird er wahrscheinlich als „Höchstpreis" deklariert. Sog. krankenhausindividuelle Innovationsentgelte sollen in diesem System Raum für neue Untersuchungs- und Behandlungsmethoden schaffen.

„Ein Krankenhaus sollte wie eine Automobilfabrik funktionieren". Auch wenn dieser Vergleich noch viele erschreckt, muss im DRG-System heute jedes Krankenhaus auch das Gesetz der Fixkostendegression bei steigenden Produktionsmengen anwenden, wenn es wirtschaftlich erfolgreich sein will. Krankenhäuser müssen ihre „Produktions"-Prozesse standardisieren, Leistungen nach ihrem Erlös-Kosten Verhältnis bewerten und darüber ein deckungsbeitragoptimiertes Produktportfolio entwickeln. In der Konsequenz können Krankenhäuser keinen Komplettkatalog an medizinischer Versorgung mehr anbieten und werden versuchen sich mit ausgewählten Leistungssegmenten als „Volumenhersteller" im Markt zu positionieren.

Das Gesetz der Fixkostendegression zwingt die Krankenhäuser im DRG-System zur Spezialisierung.

Bei der Planung der strategischen Ausrichtung sind im Rahmen einer Umfeldanalyse zahlreiche Rahmenbedingungen zu berücksichtigen, um Einschränkungen rechtzeitig zu erkennen, aber auch um mögliche Spielräume ausnutzen zu können.

2.2.2 Ambulante Operationen nach § 115 b SGB V

„Günstige Leistungserbringung durch ambulante Leistungserbringung". Mit diesem Ziel erhielt 2004 der Vertrag „Ambulantes Operieren und stationsersetzende Eingriffe im Krankenhaus" (AOP-Vertrag) Gültigkeit. In einem umfassenden Katalog, der zum 1. Januar 2011 überarbeitet werden soll, sind ambulant durchführbare Operationen und stationsersetzende Eingriffe festgelegt. Um die nötige Erlös- und Planungssicherheit zu haben, müssen Krankenhäuser Leistungen mit einer hohen Affinität zur ambulanten Leistungserbringung bei der Planung herausfiltern (s. auch Abb. 5), um das Gefährdungspotenzial stationärer Erlöse zu quantifizieren. In der Konsequenz wächst der Schweregrad der Krankenhauspatienten insgesamt und es findet in allen Krankenhäusern innerhalb der Versorgungskette eine Verschiebung des Leistungsspektrums zu höherer Komplexität hin statt.

Viele Krankenhäuser ergreifen zunehmend die Chance dieses Geschäftsfeldes. Die GKV – Ausgaben für ambulante Operationen im Krankenhaus haben sich laut den Veröffentlichungen des Bundesministeriums für Gesundheit auf ca. 600 Mio. Euro in 2008 erhöht, der prozentuale Anteil auf ca. 27 %.

2.2.3 Vorgaben des Gemeinsamen Bundesausschusses (G-BA) zu Mindestmengen und Strukturqualität nach § 137 SGB V

Die Mindestmengenregelung soll u. a. dazu führen, dass sich so genannte *Center of Excellence* für verschiedene Behandlungen ergeben. Krankenhäuser, die die Mindestmengen nicht erfüllen, dürfen diese Leistungen, abgesehen von wenigen Ausnahmetatbeständen, nicht mehr durchführen.

Die vom Gemeinsamen Bundesausschuss (G-BA) beschlossenen Richtlinien haben den Charakter untergesetzlicher Normen und sind für alle Akteure der Gesetzlichen Krankenversicherung (GKV) bindend.

Die Hypothese „Übung macht den Meister", letztlich die Begründung für die Einführung der Mindestmengenregelung, kam insbesondere mit der Aufnahme der Knie-TEP (2006) heftig in die Kritik (s. Tab. 2). Die erste Evaluationsstudie [Blum et al. 2008] des G-BA ergab, dass zumindest in den ersten Jahren seit Einführung der Mindestmengen (2004) keine drastischen Veränderungen zu beobachten waren: Weder bei Versorgungsstrukturen und Patientenströmen noch – soweit messbar – bei der Ergebnisqualität. Sie belegte aber auch, dass von 2005 bis 2007 knapp 14 % der Krankenhäuser aus der Knie-TEP Versorgung ausgeschieden sind. Ein Teil der befragten Krankenhäuser befürchtete, neben einem Imageverlust, die hierdurch wegfallenden Erlöse nicht kompensieren zu können.

Neben den durch den G-BA unter der Mindestmengenregelung hier aufgeführten Mindestfallzahlen, existieren weitere Vorgaben, die Mindestmengen enthalten, z. B. Zertifikate der Fachgesellschaften. Ein weiteres Beispiel ist das qualitätsgesicherte und strukturierte Disease Management-Programm (DMP) Brustkrebs. Beim DMP-Brustkrebs muss der Vertragspartner, hier die stationäre Einrichtung als Brustzentrum mindestens 150 Erstoperationen bei Neuerkrankungen vorweisen können, ggf. in Kooperation.

Zudem legt der G-BA Mindestanforderungen an die Strukturqualität von Krankenhäusern fest, die erfüllt sein müssen, damit bestimmte Leistungen weiterhin durch ein Krankenhaus erbracht werden dürfen. Ziel der Strukturqualitätskonzepte ist es, an zentralen Stellen qualitativ hochwertige strukturelle Voraussetzungen für die Versorgung zu schaffen, mit zum Teil erheblichen Konsequenzen.

Beschlussstand zur Strukturqualität (Februar 2010)

Versorgung von Früh- und Neugeborenen: Der G-BA löst hiermit eine Steuerung der Patientenströme in der *Versorgung von Früh- und Neugeborenen* aus. Die Vereinbarung definiert vier Stufen für die neonatologische Versorgung mit Merkmalen der Struktur-, Prozess- und Ergebnisqualität und entsprechende Aufnahmekriterien für Schwangere. Auch wenn theoretisch nur für ca. 10 % der Geburten die Zuweisung über Aufnahme- bzw. Verlegungskriterien reglementiert wird, wird die Vergabe einer Versorgungsstufe als „Türschild" ein entscheidender Attrahierungsfaktor für die Geburtskliniken sein. Insbesondere in Metropolen werden aufgeklärte Schwangere von sich aus eine „Risikoselektion" vornehmen und die Intensivversorgung in direkter Nähe wissen wollen. Durch den hohen Investitionsbedarf als Markteintrittsbarriere für eine neonatologische Intensivversorgung (Level 1 und 2) wird es Verlierer im Patientenwettbewerb unter den Geburtskliniken geben. Seit 2010 gilt eine Mindestmenge von 14 Fällen pro Jahr als Voraussetzung für die Versorgung von Frühgeborenen.

Vereinbarung zur Kinderonkologie: Viele Einrichtungen erfüllen die Kriterien zur Behandlung *Kinder und Jugendlichen mit hämatologisch-onkologischen Erkrankungen* nicht. In Niedersachsen beispielsweise gab es 2008 nur noch fünf anerkannte Zentren in fünf Städten.

Versorgung bei der Indikation Bauchaortenaneurysma: 2008 ist die Vereinbarung für die stationäre Versorgung von *Bauchaortenaneurysmen* noch ohne Mindestmengenvorgaben in Kraft getreten. Erfüllt ein Krankenhaus die Anforderungen nicht, darf es die Versorgung elektiver, chirurgisch behandlungsbedürftiger Bauchaortenaneurysmen nicht mehr übernehmen. Es gilt die Verpflichtung diese Fälle in ein geeignetes Krankenhaus zu verlegen.

Herzchirurgische Versorgung von Kinder und Jugendlichen (Genehmigung des Bundesministeriums für Gesundheit ausstehend)

Tab. 2   Mindestmengen nach Beschluss des Gemeinsamen Bundesausschusses (G-BA)

Leistungsbereich	Jährliche Mindestmenge
Stammzelltransplantation	25
Nierentransplantation	25
Lebertransplantation	20
Komplexe Eingriffe am Organsystem Pankreas	10
Komplexe Eingriffe am Organsystem Ösophagus	10
Kniegelenk Totalendoprothesen (Knie-TEP)	50
Koronarchirurgische Eingriffe	Noch offen

2.2.4 Landeskrankenhausplanung

Der Versorgungsauftrag eines Plankrankenhauses wird durch die Krankenhausplanung der Länder und die hieraus erlassenen Feststellungsbescheide bestimmt (weiteres § 107 Abs. 1 SGB V, § 108 SGB V, § 109 Abs. 1 SGB V und § 6 KHG).

Bei der Planung neuer Leistungsangebote oder Leistungsausweitungen im stationären und teilstationären Bereich, gilt es nach dem Motto „Der frühe Vogel fängt den Wurm" frühzeitig zu prüfen, inwieweit die Umsetzung über den aktuellen Feststellungsbescheid und/oder die Gesetzgebung zur Krankenhausfinanzierung abgedeckt ist oder Anpassungen frühzeitig bei der Landesplanungsbehörde beantragt werden müssen.

Mit der DRG-Einführung und mit der Diskussion um die Monistik bei Krankenhausinvestitionen erhalten Qualitätsanforderungen zunehmendes Gewicht bei der Krankenhausplanung. Die Gesundheitsministerkonferenz beschloss 2007: „Ein Preiswettbewerb in vertretbarem Rahmen setzt langfristig gesicherte Qualitätskriterien voraus, die zu entwickeln sind." Schon heute enthalten die Krankenhauspläne einzelner Länder Fachprogramme und Strukturvorgaben, mit dem Ziel der Sicherung der Versorgungsqualität durch Konzentration der Leistungen in ausgewiesen Zentren. Eine gute Übersicht findet sich in der „Bestandsaufnahme zur Krankenhausplanung und Investitionsfinanzierung in den Bundesländern 2009" der Deutschen Krankenhausgesellschaft. Vorrangig handelt es sich noch um Anforderungen/Vorgaben aus der Krankenhausplanung zu

- Tumorzentren bzw. Onkologische Zentren,
- um spezielle Anforderungen an die Kardiologie und Gefäßmedizin in der Maximalversorgung und
- Vorgaben für Kompetenzzentren für Schlaganfallversorgung bzw. überregionale Stroke units.

Die Vorgaben zur Strukturqualität sind oft umfassend und enthalten neben baulichen und gerätetechnischen Vorraussetzungen, Vorgaben zu ständigen Verfügbarkeit von mehren Fachdisziplinen, zur Anzahl und zur Zusatzqualifikation der jeweilig geforderten Facharztdisziplin inkl. einer 24 Stunden Präsenz und zu den Pflegeteams. Eine stabile strategische Planung des Leistungsangebotes und die Planung baulicher Neuvorhaben verlangt daher, neben der Entwicklungen der Beschlussfassung des G-BA, die manchmal weiterreichenden Vorgaben zur Strukturqualität in der Krankenhausplanung des eigenen Land, aber auch als Vorwarnung Vorgaben anderer Bundesländer im Rahmen einer Umfeldanalyse und einer Potenzialanalyse zu verfolgen. Dies insbesondere vor dem Hintergrund, dass die Einhaltung dieser Vorgaben oft mit erheblichem finanziellem Mehraufwand verbunden ist. Zur Ermittlung einer wirtschaftlichen Kapazitätsauslastung in diesen speziellen Fällen muss analysiert werden, welche Gesamtbedarfe ergeben sich angesichts demografischer Entwicklung und Morbiditätsentwicklung im Einzugsgebiet (Marktanalyse), welche Mindestmengenvorgaben sind zu erwarten und welche Mitbewerber haben die Kompetenz (Konkurrentenanalyse) bei der Aufteilung des Gesamtbedarfes mitzubieten.

> Vorgaben zu Mindestmengen und zur Strukturqualität durch den G-BA und durch die Krankenhausplanung müssen bei der Produktplanung berücksichtigt werden.

2.3 Chancen für sektorübergreifende Versorgungsangebote im Krankenhaus

Für die Versorgung der Patienten, die heute zunehmend ganzheitliche Behandlungskonzepte einfordern, bieten sich dem Krankenhaus heute viele Möglichkeiten stationäre und ambulante Angebote zu kombinieren, als Krankenhaus direkt (SGB V § 118, § 95 Abs.1S.1, § 115 b, § 116 b Abs. 2 und § 117) ggf. sogar unter Nutzung des § 120 (1a) oder über ein eigenes MVZ, ggf. unter zusätzlicher Nutzung des § 73c (s. a. Abb. 1).

Vorausgesetzt, dass die Infrastruktur, die Prozesse und das Personal der Klinik auch auf den ambulanten Markt ausgerichtet sind, um nicht als „Rolls-Royce-Limousine unwirtschaftlich Personen-Nahverkehr zu betreiben". Ein Maximalversorger sollte sich nicht auf dem Markt der Grundversorgung begeben.

Ein Krankenhaus ist zur ambulanten Behandlung der in § 116 b Abs. 3 und 4 SGB V (in Verbindung mit ergänzenden Beschlüssen des Gemeinsamen Bundesausschusses) genannten „hochspezialisierten Leistungen, seltenen Erkrankungen und Erkrankungen mit besonderen Krankheitsverläufen" berechtigt, wenn es im Rahmen der Krankenhausplanung hierzu als geeignet bestimmt und zugelassen ist.

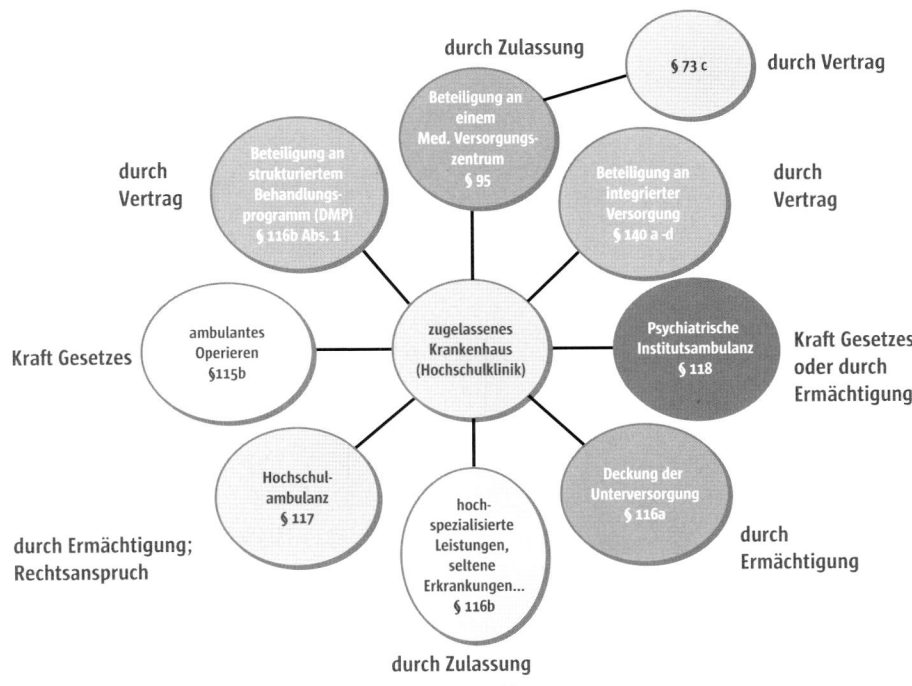

Abb. 1   Ambulante Versorgung durch das Krankenhaus – Auswahl

Damit unterstützt der Gesetzgeber gezielt, dass Krankenhäuser ausgewählte Erkrankungen stationär und ambulant versorgen können, um diese speziellen Leistungen auf wenige Zentren zu konzentrieren.

Die Ausführungsbestimmungen des G-BA können jedoch einige Krankenhäuser trotz hoher Qualifikation nicht erfüllen. Zudem bildet der anzuwendende Vergütungskatalog (EBM) gerade in diesem hochspezialisierten Bereich Leistungen oft unvollständig ab und erschwert die regelhafte Abrechnung.

2.3.1 Medizinisches Versorgungszentrum (§ 95 Abs. 1 S. 2 SGB V)

Zugelassene medizinische Versorgungszentren (MVZ) als fachübergreifend tätige ärztlich geleitete Einrichtungen nehmen ebenso an der vertragsärztlichen Versorgung teil wie zugelassene (Vertrags-)Ärzte, § 95 Abs. 1 S. 1 und 2 SGB V.

Über 1.000 Medizinische Versorgungszentren (MVZ) wurden seit dem Inkrafttreten des Gesundheitsmodernisierungsgesetzes (GMG) am 1.1.2004

bundesweit gegründet, ca. 40 % in Trägerschaft eines Krankenhauses. Mit dem Vertragsarztrechtsänderungsgesetz aus 2007 bietet sich den Krankenhäusern mit seinen angestellten Ärzten noch mehr Spielraum. Kliniken gründen medizinische Versorgungszentren mit unterschiedlichen Zielsetzungen. Die Erfahrung und die Diskussion über „Zuweiser-MVZs" zeigen, dass der gewünschte Erfolg oft von der Einbindung und der Kooperation mit den niedergelassenen Ärzten der Umgebung abhängt. Oft zwingt jedoch die zunehmende „Ambulantisierung" die Krankenhäuser, teure und technische Leistungen in das MVZ zu verlagern, um sie weiter anbieten zu können. Dies oft unter dem Druck, die Vorgaben zur Strukturqualität mit Anforderungen an Interdisziplinarität und technische Ausstattung, z. B. für Onkologische Zentren erfüllen zu können. Nach dem Gesetz der Fixkostendegression bei steigenden Produktionsmengen muss der sinkende stationäre Markt durch ambulante Nachfrage aufgefüllt werden. Daher sind Strahlentherapie, Nuklearmedizin, Pathologie und Labor häufige Fachdisziplinen in den MVZ unter Trägerschaft von Krankenhäusern.

2.3.2 Besondere ambulante ärztliche Versorgung nach § 73 c SGB V

Gegenstand der neuen Vertragsform sind Versorgungsaufträge, die sowohl die versichertenbezogene gesamte ambulante ärztliche Versorgung als auch einzelne Bereiche der ambulanten ärztlichen Versorgung umfassen können.

Krankenhäuser können durch ihre Medizinischen Versorgungszentren oder über eigene Managementgesellschaften Partner der besonderen Versorgungsverträge werden. MVZ müssen sich auf die Ausschreibungen der gesetzlichen Krankenkassen bewerben. Da jedoch Verträge nach § 73 c SGB V zur einer Bereinigung der Kollektivvergütung führen, müssen Krankenhäuser bei Nutzung dieses Werkzeugs analog zur den heftigen Debatten über MVZ und § 116 b SGB V, mit heftigen Widerstand der örtlichen KV und der Niedergelassenen/Zuweisern rechnen.

2.3.3 § 120 (1 a) SGB V Vergütung ambulanter Krankenhausleistungen

Bei fachärztlichen Leistungen der Kinder- und Jugendlichen-Spezialambulanzen (z. B. kinderorthopädischen und pädaudiologische) können zwischen Kassen und Krankenhäusern fall- oder einrichtungsbezogene Pauschalen vereinbart werden. Die Pauschalen werden ergänzend zur Vergütung auf der Basis des Einheitlichen Bewertungsstabes gezahlt und direkt mit den Kassen abgerechnet. Diese Regelung macht für Krankenhäuser die oft aufwendige ambulante Versorgung von Kindern wirtschaftlich tragfähig.

2.3.4 Integrierte Versorgung nach § 140 a–d SGBV

Das Wesen der Integrierten Versorgung ist eine sektorenübergreifende Behandlung des Patienten, die über den in aller Regel kurzzeitigen Krankenhausaufenthalt hinausgeht und den ambulanten und rehabilitativen Bereich umfasst. Die Anschubfinanzierung für Integrationsverträge durch das Gesetz zur Modernisierung der gesetzlichen Krankenversicherung (GMG) galt für viele Fachleute als Zeichen des Einstieges in Einkaufsmodelle (Stichwort: Selektivverträge versus Kollektivvertragswesen) für die Krankenkassen. Ziel der GKV ist es schon lange, dass der Gesetzgeber den innovativen Kliniken und Kassen über wettbewerbliche Regelungen mit selektiven Verträgen neue Wege für eine moderne, gute und günstige Versorgung öffnet. Noch sind Selektivverträge gesetzlich nicht verankert [Rau 2009], doch die Krankenhäuser sollten sich jetzt durch Nutzung des Werkzeuges Integrationsverträge vorbereiten.

Heute sind *Integrationsverträge für Krankenhäuser* eine attraktive Chance weitere Marktanteile, u. a. durch Zuweiserbindung über die eingeschlossenen Vertragsärzte, zu gewinnen. Die Frage des wirtschaftlichen Vorteils von IV-Verträgen kann sich auch nach Aufhebung des Budgetdeckels kurzfristig ändern, wie im Jahr 2009, als nachträglich gesetzlich bestimmt wurde, dass für Mehrleistungen Preisabschläge zu vereinbaren sind. Unverhofft wird dann der IV-Vertrag durch die extrabudgetäre Vergütung eine attraktive Vergütungsalternative. Mit der Einführung des Gesundheitsfonds (GKV-Wettbewerbstärkungsgesetz 2007) mit einheitlichem Beitragssatz wird der Wettbewerb der Kassen um Versicherte über das Angebot neuer und innovativer Leistungspakete ausgetragen und über den morbiditätsorientierte Risikostrukturausgleich den Anreiz für IV-Modelle für die „teueren" und chronisch Erkrankten steigern. Der Kunde ist also grundsätzlich bereit IV-Verträge zu vereinbaren.

IV-Verträge setzen aber voraus, dass das Portfolio für die Vertragskunden (Kassen und Patienten) attraktive Produkte bietet. Erst Wettbewerbsvorteile wie hoher Marktanteil verbunden mit Kostenvorteilen und/oder mit überdurchschnittlicher Qualität wecken das Kundeninteresse. Denn, dies gilt für die Kassen und für das Krankenhaus: Erst die Einbeziehung vieler Versicherten in den Vertrag lohnt es, gezielt Ressourcen in diese Tätigkeitsfelder zu lenken. Nach dem Motto „Tue Gutes und rede darüber" haben Integrationsverträge, zusammen mit den Kassen beworben, einen sehr guten Marketingeffekt.

Oft sind Integrationsverträge angesichts der sehr reglementierten, strikt getrennten sektoralen Vergütung die einzige Chance innovative Produkte auf dem Markt bringen zu können. Ein Beispiel für innovative Produkte im Rahmen der Integrierten Versorgung ist das „Hamburger Psychose-Modell".

Das „Hamburger Psychose-Modell" bezeichnet ein bis jetzt in Deutschland einzigartiges Versorgungsmodell für Menschen mit Psychose. Die Behandlung erfolgt vorwiegend ambulant; die stationäre Behandlung wird auf ein vertretbares Minimum reduziert. Die Behandlung erfolgt möglichst früh unter Einsatz des Assertive Community Treatment (ACT) Teams im gewohnten Umfeld des Patienten. ACT ist eine in Deutschland bis jetzt nur am Universitätsklinikum Hamburg Eppendorf etablierte Behandlungsoption, die in vielen angloamerikanischen Ländern schon zum Standard gehört. Dabei handelt es sich um ein Team von Psychoseexperten, die Behandlung im eigenen Umfeld des Betroffenen anbieten. Das Team ist multidisziplinär besetzt, da es alle biopsychosozialen Interventionen vor Ort anbieten muss. Zu den Aufgaben gehören u. a. intensive poststationäre Betreuung, Krisenintervention 7 Tage die Woche, frühe Rückfallbehandlung und langfristige Bezugstherapie. Die integrierte Versorgung umfasst die Gesamtbehandlung des Patienten über mehrere Jahre, d. h. über die Behandlung durch das ACT-Team hinaus auch die stationäre und teilstationäre Versorgung, sowie die ambulante Behandlung in der Psychiatrischen Institutsambulanz und beim niedergelassenen Psychiater. Die begleitende Evaluation wird durch wissenschaftliche Mitarbeiter durchgeführt. Neben der Gesundheitsökonomie werden der symptomatische Verlauf, das Funktionsniveau, die Lebensqualität, die Zufriedenheit des Patienten und seiner Angehörigen mit der neuen Behandlungsform, sowie die Compliance und die Gesamtbehandlungsbereitschaft untersucht.

Integrationsverträge sind angesichts der sehr reglementierten, strikt getrennten sektoralen Vergütung ein hervorragendes Werkzeug für innovative Produkte.

2.4 Produktportfolio – transparent im Markt

Krankenhäuser müssen heute durch die zunehmend geforderte Transparenz über Leistungen und Qualität im Wettbewerb ein leuchtendes Profil mit erkennbaren Leistungsschwerpunkten im stationären und ambulanten Bereich ausweisen.

Den interessierten und kundigen Patient informiert heute das Internet über das *Ranking von Krankenhäusern* und hilft bei der Suche nach dem geeigneten Krankenhaus. Experten sprechen heute von 40 % der Patienten, die im Internet Arztbesuch Diagnose und Therapie hinterfragen. Das DRG-System und die Qualitätsberichte der Krankenhäuser schaffen eine hohe Transparenz über das Leistungsgeschehen der Krankenhäuser und lassen qualifizierte Vergleiche zu. Zahlrei-

che *Internetportale,* z. B. die „Weißen Liste" und z. B. *Mindestmengen-Transparenzlisten* der Kassen vermitteln den Patienten umfassende Informationen. Die *Qualitätsberichte* sollen laut des G-BA „der Information von Patientinnen und Patienten sowie den einweisenden Ärztinnen und Ärzten dienen". Die Neuregelungen des G-BA aus 2009 sollen dazu beitragen, dass die Qualitätsberichte zu einer noch aussagefähigeren Informationsquelle werden, beispielsweise durch Auswahllisten zu ambulanten Behandlungsmöglichkeiten der Krankenhäuser. Detaillierte Kapitel sollen die Umsetzung von G-BA-Beschlüssen – etwa zu Mindestmengen und Strukturqualitätskonzepten – besser als bisher abbilden. Fortschrittliche Krankenhäuser gehen heute in die Offensive und lassen sich vergleichen, wie z. B. im Hamburger Krankenhausspiegel.

Zur Verbesserung der Qualität und zu Transparenz der Qualität sollen zusätzlich *Gütesiegel und Zertifikate* verhelfen, wie z. B. das Brustzentrum (Deutsche Krebsgesellschaft), das Brustzentrum (European Society of Breast Cancer Specialists), das Baby- und stillfreundliche Krankenhaus (Weltgesundheitsorganisation und Kinderhilfswerk Unicef) und Stroke Unit (Deutsche Schlaganfall-Gesellschaft und Stiftung Schlaganfallhilfe).

Alleinstellungsmerkmale finden und ausbauen! Wo nichts ist, kann trotz zunehmender Transparenz nichts gefunden werden!

2.5 Instrumente für die Entwicklung einer strategischen Neuausrichtung

Während sich einige Fachkliniken schon lange auf häufige Erkrankungen fokussiert haben, deren Behandlung sie dann standardisiert durchführen (z. B. die Endoklinik in Hamburg), müssen Krankenhäuser mit breitem Versorgungsauftrag oft erst noch einen Paradigmenwechsel vollziehen, von „*Wir können und machen alles*" zu „*Was wir machen, machen wir besser als die Anderen*". Der entscheidende Erfolgsfaktor bei der Entwicklung und Umsetzung eines strategisch ausgewogenen Produktportfolios ist dabei die Einbindung der Leistungserbringer. Die Analyse des eigenen Leistungsportfolios, die Durchführung einer Stärken/Schwächen-Analyse oder einer Konkurrentenanalyse, die Abschätzung der Markttrends (technische Entwicklung, die demografische Entwicklung und die Entwicklung der Kundennachfrage) kann in notwendiger Qualität nur mit den jeweiligen Fachspezialisten erfolgen.

Im ersten Schritt muss das Klinikum seine *Stärken und Alleinstellungsmerkmale* identifizieren, um ein Profil zu entwickeln. Alleinstellungsmerkmale beispielhaft aufgeführt:

- Erkrankungen, bei deren Behandlung eine fächerübergreifende Zusammenarbeit (Interdisziplinarität) entscheidend ist, z. B. in der Onkologie
- Erkrankungen, bei denen zudem eine Intensivmedizin/High-care Medizin einen hohen Stellenwert hat, z. B. in der Herz- und Gefäßmedizin
- Seltene Erkrankungen, die eine spezielle Diagnostik und spezielle Therapien erfordern, z. B. in Tropenmedizin
- Erkrankungen mit hohem wissenschaftlichen Potenzial, in denen neue Erkenntnisse kurzfristig Einfluss auf Diagnostik und Therapie haben, z. B. Multiple Sklerose

Nach Festlegung der Zielrichtung für das Klinikum müssen die einzelnen Fachabteilungen in einem zweiten Schritt ihre Profile auf die neue, gemeinsame Stossrichtung ausrichten. Dieser Prozess muss durch die Krankenhausleitung durch die regelmäßige Lieferung aufgearbeiteter und umfassender Benchmarkdaten, mit denen sich die Fachabteilungen identifizieren (z. B. korrekte Daten, akzeptierter Vergleichsmarkt!) können, begleitet werden und mit Wiedererkennungseffekten „routinemäßig" im Laufen gehalten werden. Um den Diskussionsprozess zu fördern, sollte die Krankenhausleitung mit maximaler Transparenz über die Ergebnisse aller Fachabteilungen aus den *Benchmarkdaten* im Klinikum berichten. Die Benchmarkdaten sollten umfassend aufgearbeitet sein, um den Interpretationsspielraum bei der Beurteilung von Stärken und Schwächen einzugrenzen. Die mit den einzelnen Fachabteilungen entwickelten strategischen Initiativen sollten verbindlich (z. B. in Form eines strategischen Steckbriefes, s. Abb. 2) festgelegt werden und die Umsetzung über die Vereinbarung von Meilensteinen und mit messbaren Kennzahlen sichergestellt werden.

Bei der Planung des Produktportfolios ist neben der Frage der Rentabilität/Wirtschaftlichkeit, die Frage nach der *Marktposition* zu beantworten. Dies wiederum verlangt die Definition des „richtigen" *Zielmarktes*. Angesichts der heute notwendigen Spezialisierung innerhalb der Fachgebiete ist allein die Ermittlung des regionalen Marktanteils für die einzelnen Fachgebiete unzureichend. Inso-

1. An Wettbewerbern orientieren, Stärken und Schwächen analysieren, Markttrends (technische und demographische Entwicklung, Kundennachfrage,...) erkennen.

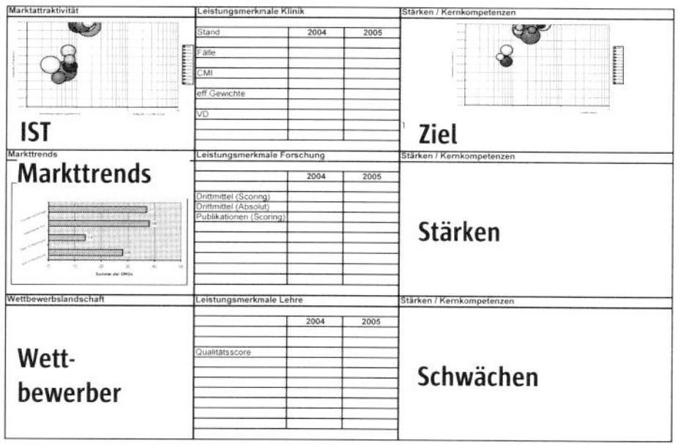

2. Ziele formulieren und quantifizieren und über Kennzahlen controllen (Strategischer Steckbrief)

Strategische Initiative	Zielsetzung	Meilensteine	Scorecards: Parameter	2005	2006	2007
Verstärkte Gewinnung und Bindung von Einweisern	Steigerung der stationären Einweisungen	Anschreiben von 500 Einweisern, Durchführung von 120 Interviews, Auswertung der Ergebnisse durch das QM	Fallzahl/ CMI-Steigerun			
Ausbau des Schwerpunktes	Steigerung der stationären Einweisungen	Ausschreibung Stelle	Fallzahl/ CMI-Steigerun	270 Fälle	300 Fälle	>300 Fälle
Einrichtung eines neuen Schwerpunkes	Schaffung eines neuen Leitungsangebotes bei älter werdender Bevölkerung	Einstellung eines Spezialisten	Fallzahl/ CMI-Steigerun			
Stärkung der grossen Abdominal- und Onko-Chirurgie	"Center of Excellence"		Fallzahl/ CMI-Steigerun	650 Fälle MDC N	700 Fälle MDC N	> 700 Fälle MDC N

Abb. 2 Weg und Umsetzung der strategischen Neuausrichtung

fern sollte eine Vielzahl von Analysen zur Anwendung kommen.

Beispielanalysen

In Abbildung 3 ergeben sich für (Fach-)Abteilung 1 zwei höchst unterschiedliche Positionierungen im Vergleichsmarkt, hier im regionalen Markt. Die Abteilung 1 mit hoher Rentabilität weist in ihrem Fachgebiet im regionalen Markt zwar einen geringen Marktanteil, aber die höchste Komplexität auf und zeichnet sich somit als der Versorger für hochkomplexe Behandlungen für sein Fachgebiet im regionalen Vergleichsmarkt aus.

Bei der Frage der Positionierung als Spezialversorger ist der regionale Markt aber nur eine Vergleichsgröße. Bei dem Ziel überregionaler Produktführer für spezielle, komplexe Therapien zu werden, muss die Benchmark-Gruppe überregionale Spezialversorger mit gleichem Zielmarkt (z. B. Gruppe der Orthopädischen Fachkliniken) oder Versorgungsauftrag (z. B. Gruppe der Maximalversorger, Gruppe der Universitätskliniken) umfassen.

In Abbildung 4 zeigt sich, dass die Abteilung 1 im gezielt veränderten Vergleichsmarkt hinsichtlich der Komplexität über das gesamte Leistungsspektrum des Fachgebietes nur noch eine Mittelfeldposition einnimmt. Eine weitere Vertiefung vom Fachgebiet auf ein Teilsegment zeigt jedoch für das eigentliche Zielprodukt eine gute Ausgangsposition für die (Fach-)Abteilung 1.

Angesichts der Spezialisierung sind heute, wie in Abbildung 4 dargelegt, Analysen auf Fachabteilungsebene oder über Hauptdiagnosekategorien des DRG-Kataloges (MDC) zu grob, Analysen auf DRG-Ebene wiederum zu eng. Die Alternative sind Teilsegmente, z. B. Leistungs- oder Profilgruppen, die entsprechende DRG's zusammenfassen. In Benchmark-Gruppen muss eine gemeinsame Definition erfolgen.

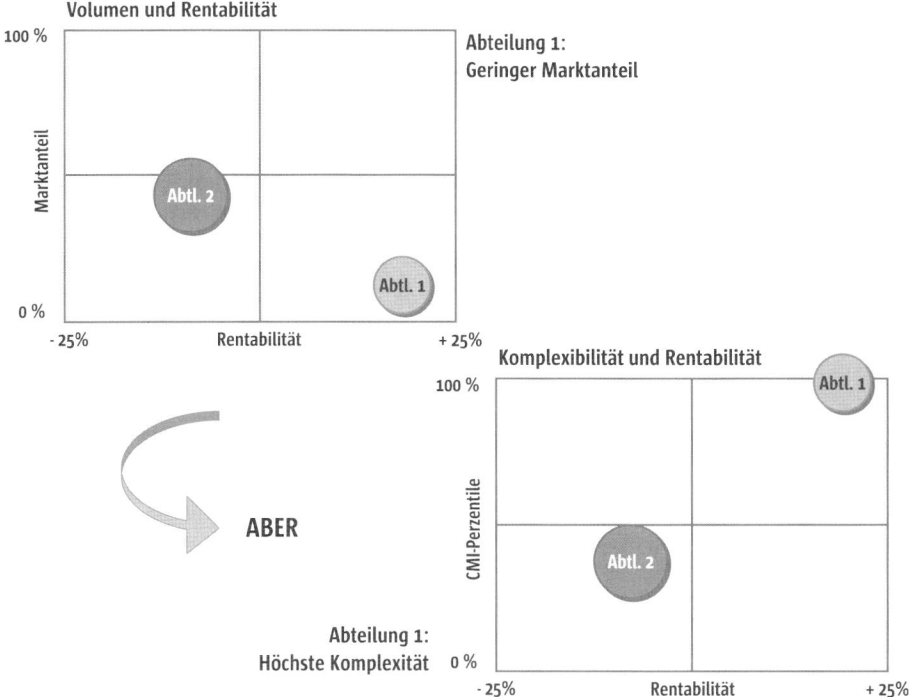

Abb. 3   Beispiel einer regionalen Marktanalyse mit Frage Marktanteil und Spezialisierung, Die Kreisgröße gibt jeweils die Summe der Relativgewichte der Fachrichtung der eigenen Klinik wieder. Auf der x-Achse in beiden Diagrammen dargestellt die Rentabilität der Abteilungen. Auf der y-Achse jedoch unterschiedliche Größen. Y-Achse = % Marktanteil um die Quantität der Leistungen (Volumen) der Abteilungen zu vergleichen. Vergleich der Komplexität der Leistungsspektren: auf der y-Achse ein Vergleich der durchschnittlichen Fallschwere (CMI = Casemix-Index) durch die CMI-Perzentile in % (= Rang der Fachabteilung des eigenen Klinikums/maximaler Rang innerhalb der Benchmarkgruppe). 100 % = höchste Komplexität in der Vergleichsgruppe.

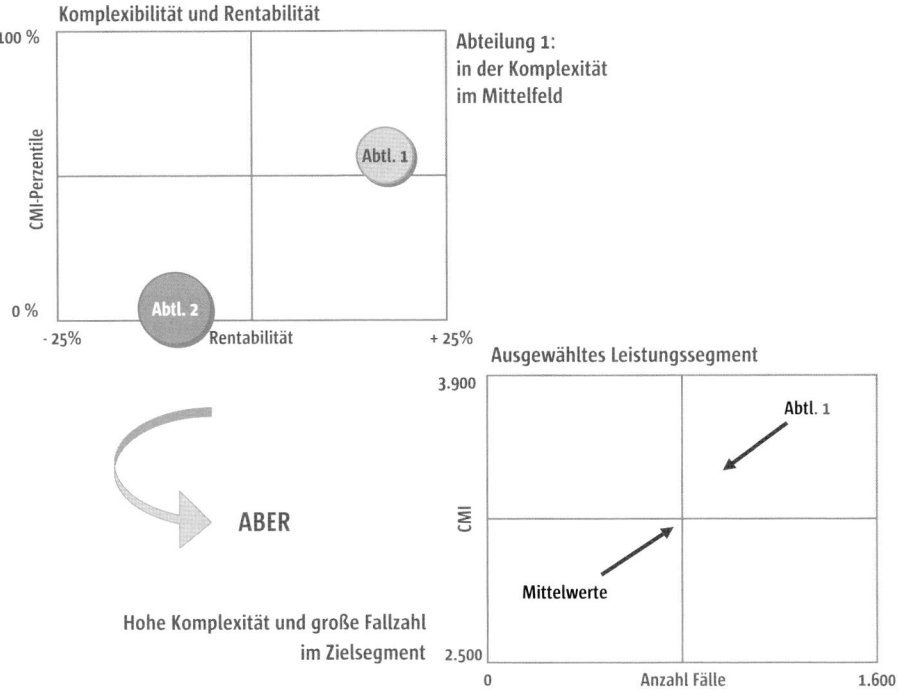

Abb. 4   Beispiel einer weiteren Differenzierung der Marktanalyse. Für das ausgewählte Leistungssegment (ausgewählte Gruppe DRGs, die das Produkt umfassen) kennzeichnet sich die Abteilung 1 durch eine überdurchschnittliche Fallzahl (x-Achse: Anzahl der Fälle) und hohe Komplexität (y-Achse: CMI) aus.

„Die Herausforderung bei der Gruppenbildung besteht darin, bezüglich der eingesetzten Ressourcen und Kompetenzen möglichst abgrenzbare Gruppen zu bilden" [Sobhani u. Kersting 2009]. Um die Vergleichbarkeit zu verbessern und um gleichzeitig die Akzeptanz der Mediziner zu erhöhen, hat z.B. die DRG-Gruppe Münster sogenannte klinische Leistungsgruppen gebildet [Roeder et al. 2006].

Für (Fach-)Abteilung 2 stellte sich die Situation anders dar. Sie besitzt einen regionalen Marktanteil von fast 50%, ist aber unrentabel (s. Abb. 3) und zeigt in beiden Vergleichsmärkten eine geringe Komplexität im Fachgebiet aus (s. Abb. 3 und 4).

In einer weiteren Detailanalyse wird (s. Abb. 5) wird daher mit Hilfe von Kriterien das Leistungsspektrum nach dem theoretischen Potenzial der Notwendigkeit der stationären Behandlung gefiltert. Das hier gewählte Kriterium ja/nein AOP-Katalog lässt diesen hier gewählten Filter nur sinnvoll für operative Abteilungen als Navigationshilfe nutzen. Dargestellt in Abbildung 5 sind die TOP 12 DRG's der Abteilung 2, die hier 69% des gesamten Leistungsgeschehens der untersuchten Fachabteilung abbilden. Das Leistungsspektrum ist breit und durch zahlreiche niedrig

komplexe Leistungen gekennzeichnet. Neben der Gefahr, dass zahlreiche Leistungsangebote dieser, schon heute unwirtschaftlichen Abteilung 2 nicht mehr im stationären Angebot gehalten werden können, zeigen sich für Abteilung 2 zusätzlich Hinweise auf eine geringe Produktivität.

Um sichere Schlussfolgerungen aus Benchmarkprojekten ziehen zu können, müssen Kennzahlen sinnvoll kombiniert werden.

In Abbildung 6 dargestellt: Die untersuchte Fachabteilung eines Maximalversorgungskrankenhauses (jeweilig heller Balken) zeigt in der Vergleichsgruppe einen relativ niedrigen CMI (linke y-Achse), weit unter dem Mittelwert (jeweilig gestreifter Balken) der Gruppe. In gleichem Diagramm wird als weitere Prüfgröße für die Komplexität des Leistungsspektrums, der jeweilige prozentuale Anteil (rechte y-Achse, jeweilige Datenpunkte der Kurve), der innerhalb des erbrachten Leistungsspektrums der Gruppe der Maximalversorgungs-DRG's zuzuordnen ist, dargestellt. Die Aus-

B

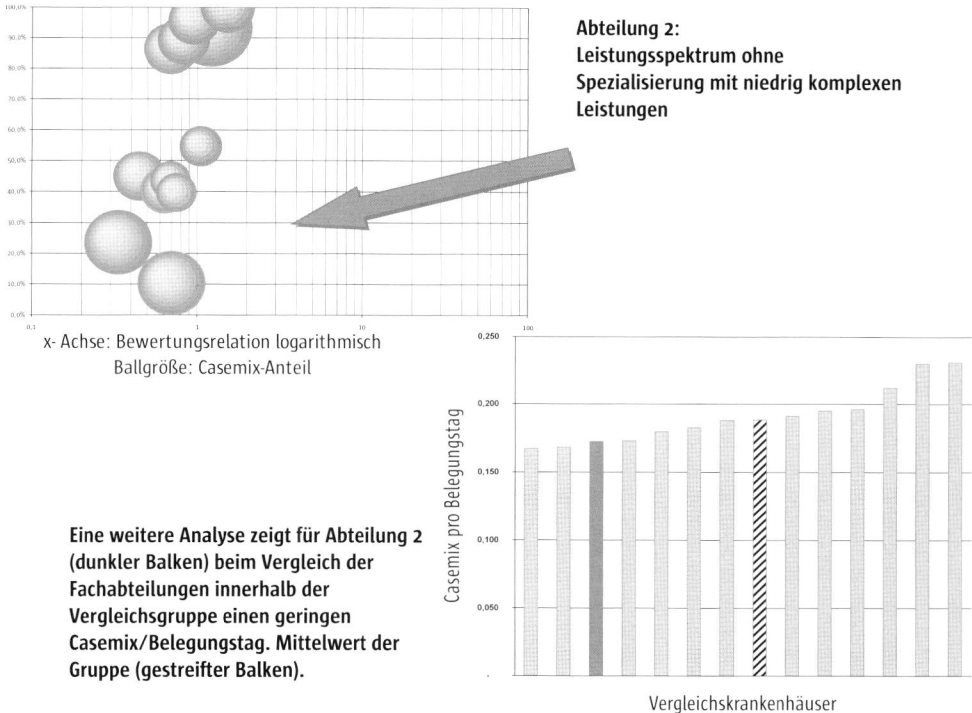

x- Achse: Bewertungsrelation logarithmisch
Ballgröße: Casemix-Anteil

Abteilung 2:
Leistungsspektrum ohne
Spezialisierung mit niedrig komplexen
Leistungen

Eine weitere Analyse zeigt für Abteilung 2
(dunkler Balken) beim Vergleich der
Fachabteilungen innerhalb der
Vergleichsgruppe einen geringen
Casemix/Belegungstag. Mittelwert der
Gruppe (gestreifter Balken).

Vergleichskrankenhäuser

Abb. 5   In einer weiteren Detailanalyse werden für einzelne DRG- Leistungen (Kugeln) in der x-Achse (logarithmisch) die
jeweilige Bewertungsrelation nach aktuellem DRG-Katalog dargestellt. Die Kugelgröße gibt den Casemix-Anteil wieder,
d. h. welches Gewicht hat diese DRG im Leistungsspektrum der untersuchten Fachabteilung. Mit Hilfe von Kriterien,
z. B. Leistung im AOP-Katalog nicht berücksichtigt, Verweildauer > 3 Tage, PCCL > 2 wird das theoretische Potenzial
für die Notwendigkeit einer stationären Behandlung (y-Achse) je tatsächlich erbrachter DRG-Leistung ermittelt.
100 % = theoretisch zu 100 % stationäre Behandlung erforderlich. Produktivitätskennzahl Casemix pro Belegungstag
(y-Achse), Abteilung 2 (dunkler Balken), Mittelwert (gestreifter Balken) der vergleichbaren Fachabteilungen (x-Achse).

wahl der DRG's, welche der Maximalversorgung zugeordnet werden, muss im jeweiligen Benchmarkprojekt erfolgen. In diesem Beispiel zeigt sich für die ausgesuchte Fachabteilung, dass trotz geringem CMI der prozentuale Anteil an Maximalversorgungs-DRG's überdurchschnittlich ist. Zudem in Abbildung 6 im Diagramm dargestellt, die erbrachte Beatmungszeit je Casemix-Punkt für die Fachabteilung (linke y-Achse, Balken) und die erbrachten Intensivpunkte je Casemix-Punkt (rechte y-Achse, jeweilige Datenpunkte der Kurve). Die untersuchte Fachabteilung (heller Balken) weist medizinisch und ökonomisch erstrebenswert, unterdurchschnittliche Beatmungszeiten und einen unterdurchschnittlichen Intensivaufwand auf, trotz des erbrachten überdurchschnittlichen hohen Anteils an Maximalversorgung. Dieses positive Ergebnis relativiert die „schlechte" Positionierung der untersuchten Fachabteilung im CMI-Vergleich.

Zudem weist die Fachabteilung (heller Balken) eine weit überdurchschnittliche Produktivität (y-Achse: Casemix pro Belegungstag) aus. Die mittlere Verweildauer (y-Achse) der Fachabteilung (heller Balken) liegt weit unter dem Durchschnitt (gestreifter Balken).

Erst durch die Kombination von Kennzahlen kann der Widerspruch geringer CMI, aber hoher Anteil an Maximalversorgungs-DRG's aufgelöst werden: Die untersuchte Fachabteilung zeichnet sich durch eine überdurchschnittliche Produktivität aus. Die sehr kurze Liegedauer führt zu überdurchschnittlichen Kurzliegerabschlägen (Erlösabzüge nach DRG-Katalog in Abhängigkeit der Liegedauer), die über überdurchschnittliche Casemix-Verluste zu einer überdurchschnittlichen Absenkung des CMI führt. Sie wird ihrem Versorgungsauftrag hochkomplexe Maximalversorgung durchzuführen, trotz niedrigem CMI mehr als gerecht.

Neben den Fragen der Rentabilität, der Leistungsfähigkeit einer Abteilung, der aktuellen Positionierung im Markt und der Freude über die „Cashcows

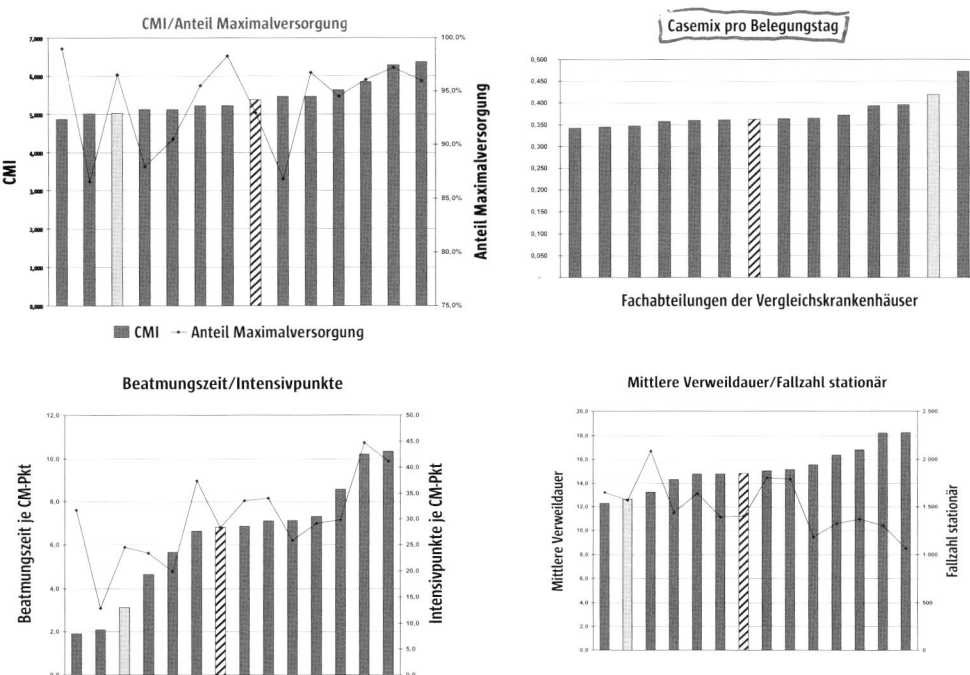

Abb. 6   Kombination von Kennzahlen im Benchmarkprojekt. Erst ein Mix aus Kennzahlen erlaubt eine sichere Beurteilung der Leistungsfähigkeit einer Fachabteilung in der Benchmarkanalyse; siehe auch Text.

im Portfolio", ist jedoch die größte Herausforderung gleichzeitig ein Produktportfolio mit Zukunft zu entwickeln. Denn auch die „Cashcow" unterliegt einem Produktlebenszyklus, der wegen mangelnder Nachfrage mit dem Marktaustritt endet. „Cashcow" ist ein Begriff der sogenannten Boston Consulting Group Matrix, einer klassischen Form der Portfolioanalyse und beschreibt ein Produkt mit hohem relativen Marktanteil, aber geringen Marktwachstum. Eine weitere klassische Analyse [Hagen 2007], die sog. McKinsey-Matrix, die über die Ermittlung der Marktattraktivität eines Produktes und seinen relativen Wettbewerbsvorteil, über Strategien, wie Abschöpfungs- oder Expansionsstrategie, entscheiden lässt. Um Entscheidungen über die Investitionen in die Zukunft treffen zu können, bedarf es also neben der „Momentaufnahmen" Analysen für Produktentscheidungen zur richtigen langfristigen Ausrichtung. Angesichts des Produktlebenszyklus eine kontinuierliche Herausforderung, der sich die Klinikleitung gemeinsam mit den Klinikern stellen muss. Neben den Antworten aus der Potenzialanalyse, z. B. reichen OP- und Intensivkapazitäten, müs-

sen technische Entwicklungen, demografische Entwicklungen und Morbiditätsentwicklungen und die Konkurrenzsituation bei der Produktwahl der Zukunft Berücksichtigung finden. Ein Produktportfolio „unterfüttert mit einem reichhaltigen Fundus an Projektideen, die den Kreislauf von Produktgenerationen speisen" wird „unverzichtbar für das Krankenhaus in einem sich ständig wandelnden Umfeld" [Sobhani u. Kersting 2009]. Derartige Ideen können oft besser in Kooperation mit anderen Anbietern im Gesundheitswesen entstehen und umgesetzt werden.

2.6 Ergänzung des Produktportfolios durch Kooperationen

Zur Planung der langfristigen Ausrichtung des Produktportfolio gehört es angesichts des oft endlichen Wachstums eines einzelnen Hauses auch die strategische Option der Kooperation mit anderen Gesundheitsdienstleistern zu prüfen, wobei sich die Kooperationspartner auf ihre jeweiligen Kernkompetenzen konzentrieren sollten. Über diesen Weg lassen sich möglicherweise Effizienzsteigerungen realisieren und/oder umfassende qualitäts- und kostenoptimierte Versorgungskonzepte anbieten. Dies gilt auch für Maximalversorger, die sich spezialisieren müssen und dadurch auf der anderen Seite Versorgungskompetenz verlieren. Zudem können spezialisierte Leistungsangebote wegen Vorgaben zur Strukturqualität, Vorgaben der DMP (z. B. Brustkrebs) oder der Zertifikate/Gütesiegel der Fachgesellschaften (z. B. Darmzentren) von der einzelnen Klinik oft nicht ohne Verbundpartner angeboten werden. Daher sicherlich ein zukunftsfähiges Konzept: „Eine Zentrumsstruktur, die eine ganze Gruppe von medizinischen Leistungserbringern mit unterschiedlichen Kernkompetenzen unter einer gemeinsamen Dachmarke beinhaltet" [Roeder et al. 2009]. Ein Beispiel hierfür ist das Universitäre Cancer Center Hamburg, Spitzenzentrum der deutschen Krebshilfe.

Die Etablierung derartiger Netzwerke verlangt jedoch, dass Marktanalysen deutlich breiter (im Sinne der Leistungsbereiche und Leistungserbringer) unter Einbezug der Kooperationspartner und zugleich differenzierter durchgeführt werden müssen, um auch sektorenübergreifend die Konzepte abzubilden [Deckenbach u. Zich 2009].

Fazit

Ökonomischer Druck, gesetzliche Vorgaben des Bundes und der Länder zur Qualitätsverbesserung und Kundenbedürfnisse lassen den Krankenhäusern kaum Alternativen zur strategischen Neuausrichtung vom Generalisten zum Spezialisten. Gleichzeitig bietet sich aber über die Öffnung des ambulanten Marktes und den gesetzlichen Spielräumen für neue Versorgungskonzepte den Krankenhäusern die Chance, sich als Rundum-Versorger in ausgewählte Leistungsbereichen, dadurch verbunden mit Effizienz- und Qualitätssteigerungen im Wettbewerb hervorzuheben.

Aber: „The specialist knows more and more about less and less, until he knows everything about nothing."

Jetzt schon hört man die Rufe nach dem „alten Arzt", dem Generalisten z. B. in den interdisziplinären Notaufnahmen und bei Konsilanfragen. Wer sichtet den Bedarf für einen Spezialisten? Wer steuert zum richtigen Spezialisten? Wer sichert möglichst breit die Versorgung in Krankenhäusern in ländlichen Regionen ab? Wer bildet Ärzte für diese Aufgabe umfassend aus – insbesondere vor dem Hintergrund des nicht mehr abwendbaren Ärztemangels?

Hier stehen die Krankenhäuser also schon vor der nächsten großen Herausforderung, dem Wettbewerb um die richtigen Ärzte. Auch hier sollten die Gremien der Selbstverwaltung und die Politik zeitnah mehr Spielraum für moderne, einrichtungs- und sektorenübergreifende Ausbildungskonzepte mit finanziellen Anreizen schaffen.

Literatur

Blum K, de Cruppé W, Ohmann C, Geraedts M (2008) Mindestmengen im Krankenhaus, Arzt und Krankenhaus, 04/2008, 99–103

Deckenbach B, Zich K (2009) Kontinuierliche Marktanalyse zur Bestandssicherung des Netzes. In: Hellmann H, Eble S (Hrsg.) Gesundheitsnetzwerke managen. Medizinisch Wissenschaftliche Gesellschaft, Berlin, S. 329–345

Deutschen Krankenhausgesellschaft (2009) Bestandsaufnahme zur Krankenhausplanung und Investitionsfinanzierung in den Bundesländern 2009, Anlage zum Deutsche Krankenhausgesellschaft-Rundschreiben Nr. 229/2009 vom 07.07.2009, Berlin

Hagen R (2007) Portfolioanalyse im Krankenhaus am Beispiel des Universitären Herzzentrums Hamburg, Diplomarbeit Wirtschaftswissenschaften, Hamburg

Rau F (2009) Regelungen des Krankenhausfinanzierungsreformgesetz. Das Krankenhaus 3, 198–208

Roeder N, Günnewig M, Franz D (2009) Wettbewerb und Kooperation – (k)ein Widerspruch? Das Krankenhaus 10, 918–928

Roeder N, Siebers L, Frie M, Bunzemeier H (2006) DRG-Akzeptanz verbessern. Kliniker erreichen mit klinischen Leistungsgruppen. Das Krankenhaus 5, 390–401

Sobhani B, Kersting T (2009) Wer Rosinen picken will, muss Wein anbauen. Das Krankenhaus 1, 1–5

3 Exkurs: **Patientenversorgung der Zukunft**

Michael Philippi und Tina Küttner

Sana Kliniken AG, Ismaning

„Die Zukunft gehört dem, der sich vernetzt."

Hintergrund

Deutschland verzeichnet einen eindeutigen Trend einer verlängerten Lebenserwartung. Dies lässt die Inanspruchnahme des Gesundheitswesens durch den sich vergrößernden Anteil älterer multimorbider Menschen, aber auch chronisch Kranker stetig steigen. Verstärkt wird dieser Trend durch den medizinisch-technischen Fortschritt, der der Nachfrage nach Gesundheitsleistungen weitere Potenziale eröffnet. Bedingt durch diese Entwicklung auf der einen und sinkende Einnahmen der Krankenkassen auf der anderen Seite, gerät das deutsche Gesundheitswesen zunehmend unter Kostendruck. Weil dem System nicht mehr zusätzliche Ressourcen in erforderlichem Umfang zugeführt werden können, müssen Wege gefunden werden, die vorhandenen Mittel optimaler zu nutzen. Dies ist ein wesentliches Argument dafür, auch in Deutschland nach Lösungen zu suchen, die Barrieren zwischen der stationären und ambulanten Versorgung zu überwinden.

Sektorenübergreifende Vernetzung ist aber auch unabdingbar, um die Attraktivität der Gesundheitsbranche als Arbeitgeber zu erhöhen oder überhaupt mit dem vorhandenen Personal auskommen zu können. Aktuelle Untersuchungen prognostizieren, dass vor allem der Dienstleistungsbereich in den kommenden Jahren mit einem dramatisch zunehmenden Fachkräftemangel konfrontiert wird [vgl. Vereinigung der Bayerischen Wirtschaft e. V. 2009]. Dieser wird nicht ausschließlich durch höhere Vergütungen geheilt werden können, wie die Erfahrungen der Industrie mit den entsprechenden Engpässen zeigen. Vernetzte Formen der Gesundheitsversorgung sind also auch eine Antwort auf den sich abzeichnenden Fachkräftemangel, gerade in ländlichen Regionen.

Rahmenbedingungen der Vernetzung

Wenn man grundsätzlich Patientenversorgung als ganzheitliche Aufgabe des stationären und ambulanten Sektors betrachtet, fehlt jegliche Begründung für das – im übrigen in dieser Stringenz nur in Deutschland gelebte – Nebeneinander der Versorgungssektoren – mit eigenen Bedarfsplanungen, eigenen Gebührenordnungen, eigenen Budgets und Zahlungsströmen sowie fundamental voneinander abweichenden ordnungspolitischen Regelungsmechanismen.

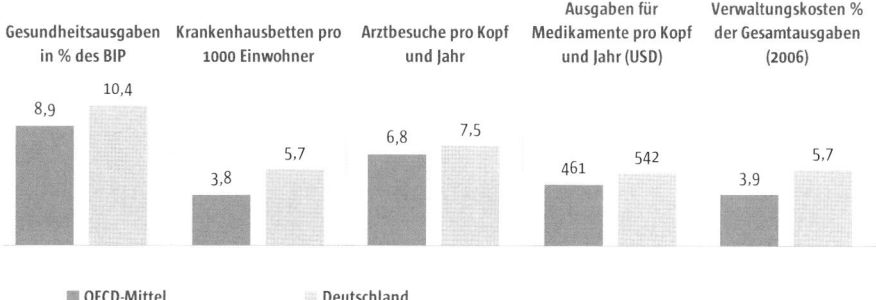

Abb. 7   Gegenüberstellung von Kosten und Nutzen im OECD-Vergleich. Gesundheitssystem Deutschland – Daten von 2007 [Quelle: www.oecd.org/berlin]

Das Verfolgen der sektoralen Einzelinteressen führt dazu, dass Leistungen von einem Sektor in den anderen „verschoben" werden, ohne dass dies in jedem Fall qualitativ-inhaltlich zu rechtfertigen wäre und obwohl in der Gesamtsystembetrachtung unter Umständen höhere Kosten entstehen. Nicht umsonst gilt das deutsche Gesundheitswesen auch im OECD-Vergleich als überdurchschnittlich kostenintensiv (s. Abb. 7), obgleich die Beteiligten permanent darauf hinweisen, dass die zur Verfügung stehenden Mittel nicht ausreichen.

Neben den ökonomischen Nachteilen sind qualitative Nachteile festzustellen, wie z. B. die fehlende Gesamtverantwortung der Beteiligten. Mehrfachuntersuchungen, Diskontinuitäten im Behandlungsablauf und regionale Unter-, Über- oder Fehlversorgung sind die unvermeidbare Folge.

Bedeutung und Entwicklung sektorenübergreifender Kooperationsformen

Vor diesem Hintergrund sollten sektorenübergreifende Kooperationsformen zunehmend an Bedeutung gewinnen. Aufgrund der hohen Spezialisierung im Gesundheitswesen sind arbeitsteilige Strukturen richtig. Umso wichtiger wird es sein, Leistungsnetzwerke zu schaffen, die alle beteiligten Akteure einbinden und die durch geeignete Bedarfsplanungs- und Budgetierungsgrundsätze flankiert sind. Mit Einführung der Integrierten Versorgung im Jahr 2000 wurden erste gesetzliche Grundlagen für eine sektorenübergreifende Versorgung geschaffen. Allerdings blieben in der Umsetzung dieser gesetzlichen Grundlage die damit verbundenen Chancen des Aufbaus und des Erprobens wirklich innovativer Versorgungs- und Vergütungsansätze weitestgehend ungenutzt. Stattdessen wurde häufig lediglich von der Möglichkeit der außerbudgetären Generierung zusätzlicher Einnahmen aus der damaligen Anschubfinanzierung Gebrauch gemacht.

Mit Inkrafttreten des GKV-Wettbewerbsstärkungsgesetzes (GKV-WSG) zum 01.04.2007 erfuhr die Regelung zur Integrierten Versorgung eine entscheidende Erweiterung. In § 140a Absatz 1 SGB V wurde neu geregelt: „Die Verträge zur integrierten Versorgung sollen eine bevölkerungsbezogene Flächendeckung der Versorgung ermöglichen." Damit war formal der Grundstein für populationsbezogene Versorgungsmodelle gelegt und erstmalig die Möglichkeit eröffnet, umfassende regionale Versorgungskonzepte umzusetzen.

Gebrauch gemacht wurde von dieser Option bislang nicht. Für populationsbezogene Versorgungsmodelle, jedenfalls sofern diese einem komplexeren Anspruch genügen sollten, gibt es bislang keine Beispiele. Allenfalls die Initiativen, die unter den Begriffen „Gesundes Kinzigtal", „Gesundes Leinetal", „Gesunder Odenwald" bekannt sind, entsprechen diesem Grundgedanken. Ärzte, Kliniken und andere Leistungserbringer übernehmen dabei zusammen die „integrierte Vollversorgung" von Versicherten einer Krankenkasse, um durch ein gezieltes Gesundheits- und Krankheitsmanagement und durch eine stärkere Betonung von präventiven Leistungen Einsparungen zu generieren. Der Fokus dieser Modelle liegt auf der langfristig effizienteren Versorgung von Patienten zur Erlangung eines optimierten Gesundheitszustands. Die Beteiligten sollten vom Gesundheitserfolg partizipieren und nicht von ausufernden Diagnose- und Therapiemaßnahmen.

Aber es gibt Ansätze, die zwar (noch) nicht das Potenzial des § 140 SGB V in vollem Umfang ausschöpfen, gleichwohl aber regionale Vernetzung erproben – und dies mit beachtlichem praktischem Erfolg. Über ausgewählte Varianten eines privaten Krankenhausträgers soll berichtet werden.

Sana Kliniken AG – Ansätze einer regionalen Vernetzung im Konzern

Die Sana Kliniken AG ist die viertgrößte private Krankenhausgruppe in Deutschland. Im Jahr 2009 wurden jährlich rund 1.150.000 Patienten von 19.148 Mitarbeitern an 38 Standorten bundesweit versorgt. Neben einem breiten medizinischem Spektrum und einer flächendeckenden Akutversorgung setzt Sana medizinische Schwerpunkte in der Herzmedizin, Orthopädie und Neurologie. Rund 1.188 Pflegeplätze in Seniorenheimen und -zentren runden das Versorgungsangebot ab.

Die Unternehmensgruppe engagiert sich schon seit vielen Jahren für sektorübergreifende Ansätze. Mit Kassenärztlicher Bundesvereinigung und den Kassenärztlichen Vereinigungen wurden schon im Jahr 2007 Vereinbarungen getroffen, um an den Schnittstellen zwischen stationärer und ambulanter Versorgung bessere Prozessabläufe realisieren zu können. Darüber hinaus gehende lokale oder regionale Projekte sollen anhand von drei ausgewählten Beispielen an den Standorten Freiberg, Rügen und Ostholstein beschrieben werden.

Vereinigte Gesundheitseinrichtungen Freiberg GmbH: Beispiel für integrierte Versorgungsleistungen

Ein Musterbeispiel für erfolgreiche regionale Vernetzung innerhalb des Sana Konzerns ist die **Vereinigte Gesundheitseinrichtung Freiberg GmbH (VGF)**. Sie ist als zentraler Anbieter integrierter Versorgungsleistungen im Raum Mittelsachsen etabliert und vereint mit Gründung zum 01.01.2009 folgende Gesundheitseinrichtungen unter einem Dach:

- das Kreiskrankenhaus Freiberg GmbH,
- die Kreiskrankenhaus Service GmbH,
- das Medizinische Versorgungszentrum GmbH und
- eine Ambulante Gesundheits-Service GmbH.

Das Kreiskrankenhaus Freiberg befindet sich seit 1996 im Management der Sana Kliniken AG. Es blickt auf eine fast 150-jährige Geschichte zurück und zählt heute zu einer der modernsten Kliniken

in Sachsen. Als Haus der Schwerpunktversorgung verfügt das Kreiskrankenhaus über 385 Betten. Rund 560 Mitarbeiter sind für die Versorgung von ca. 16.300 stationären und ca. 17.300 ambulanten Patienten verantwortlich. Seit 2004 hält der Sana Konzern 26 % der Gesellschaftsanteile. Im selben Jahr gründete das Kreiskrankenhaus Freiberg die Kreiskrankenhaus Freiberg Service GmbH. Sie umfasst die Bereiche

- Catering
- Zentrale Dienste (Reinigung, Bettenaufbereitung, Transportdienste) und
- Facility Management (Technik, Energie).

2007 kam das Medizinische Versorgungszentrum Freiberg GmbH mit den Fachrichtungen Chirurgie und HNO hinzu. 2009 wurde dieses Angebot um eine Physiotherapiepraxis und ein Naturheilzentrum erweitert. Schließlich wurde mit Gründung der Ambulanten Gesundheits-Service GmbH Mittelsachsen nicht nur ein Pflegezentrum (Kurzzeitpflegedienst, ambulanter Pflegedienst) unter dem Dach der VGF mit den bestehenden Strukturen vernetzt, sondern das Leistungsangebot mit der Inbetriebnahme einer Hotelstation zusätzlich erweitert.

Komplettiert wird das Leistungsspektrum der VGF durch enge Kooperationen mit benachbarten Kliniken der Maximalversorgung. Hierfür stehen ein effizientes Rettungs- und Verlegungssystem, auch mit Hubschrauberlandeplatz zur Verfügung. Eine Kooperationsvereinbarung mit einer Rehabilitationsklinik gewährleistet zudem die optimale Betreuung von Patienten auch nach ihrem Klinikaufenthalt.

Darüber hinaus übernehmen Ärzte und andere Mitarbeiter Verantwortung weit über ihre eigentlichen Aufgabenbereiche hinaus. Beispielsweise halten Chefärzte regelmäßig Vorlesungen für Laien zu medizinischen Themen. Zudem informiert die VGF monatlich mit einer kostenlosen Zeitschrift „Mittelsächsischer Gesundheitsbote" über vielfältige Themen aus dem Gesundheitswesen, die in einer Auflage von 170.000 Exemplaren erscheint und zur Gesundheitsaufklärung der Bevölkerung beiträgt.

Vernetzung als Erfolgsrezept: Das Sana-Krankenhaus als Partner der Gesundheitsinsel Rügen

Das Sana-Krankenhaus Rügen verfügt als Haus der Grund- und Regelversorgung über 240 Betten, in denen sich rund 425 Mitarbeiter um die stationäre und ambulante Versorgung von insgesamt

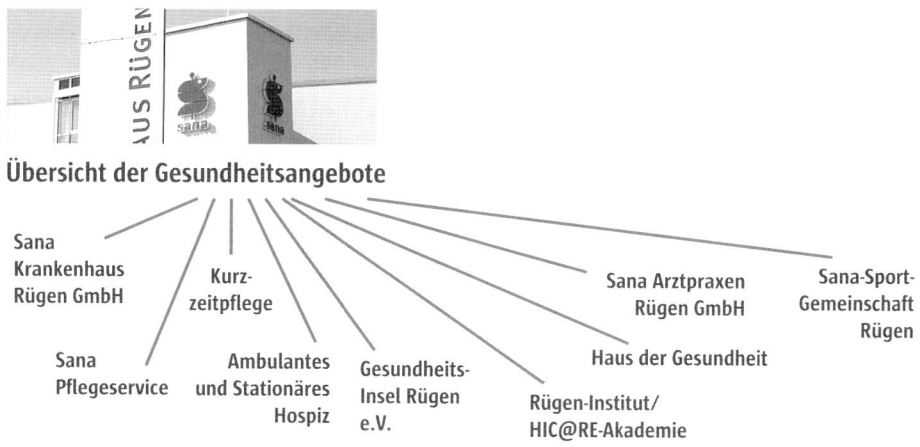

Abb. 8   Gesundheitsangebote der Sana Krankenhaus Rügen GmbH

26.375 Patienten kümmern. Das Haus gehört zu einer der ersten (teil-)privatisierten Kliniken der neuen Bundesländer. Bereits 1991 wurden 80 % der Geschäftsanteile von der Sana Kliniken AG übernommen, die seit dem Jahr 2000 Alleingesellschafterin ist. Seitdem hat sich das Sana-Krankenhaus Rügen von „der Inselklinik" zu einem ganzheitlichen Gesundheitszentrum für Menschen jeden Alters entwickelt, das eine nahezu geschlossene Versorgungskette anbietet oder organisiert (s. Abb. 8).

Bereits 1995 erweiterte das Sana-Krankenhaus Rügen die akutstationäre Versorgung durch die Gründung des *Sana-Pflegeservice*. Dieser schloss sich 2001 mit einer ebenfalls auf der Insel ansässigen privaten Alten- und Krankenpflege zusammen. 1999 wurde dieses Angebot durch eine *Kurzzeitpflegestation* mit aktuell 13 Plätzen ergänzt. Komplettiert wurde das bereits sehr umfängliche pflegerische Angebot schließlich im Jahr 2002 durch ein *Hospiz*, in dem zehn Mitarbeiter bis zu sechs Bewohner versorgen.

Darüber hinaus wurde mit Gründung des Vereins *„Gesundheitsinsel Rügen e.V."* im Jahr 2004 ein Grundstein für ein weiteres Segment im Leistungsspektrum der „Sana-Inselklinik Rügen" gelegt. Der Verein mit Verantwortlichen aus Wirtschaft, Gesundheit und Politik entwickelt innovative Angebote für Besucher der Insel rund um das Thema Gesundheit. Dazu gehören beispielsweise Angebote wie Gesundheitsreisen für Diabetiker, maßgeschneiderte Programme für Kinder mit Gewichtsproblemen und Erholungsangebote für „gestresste Manager". Das Netzwerk umfasst

zurzeit 71 Partner und macht Rügen zu einer der besten Adressen im deutschen Gesundheitstourismus.

Vor diesem Hintergrund engagiert sich das Sana-Krankenhaus Rügen im HIC@RE-Projekt (Health, Innovative Care & Regional Economy) des Bundesministeriums für Bildung und Forschung. Unter dem Motto „Vernetzte Gesundheit an der Ostseeküste" soll sich Rügen zu einer Modellregion für den Gesundheits-Tourismus entwickeln. Geplant wird ein *Rügen-Institut* bzw. eine *HIC@RE-Akademie*, um beispielsweise Fort- und Weiterbildungen für Ärzte, Pfleger und interessierte Laien rund um das Thema „Gesundheit" anzubieten oder aber zukünftige Chefärzte aus ganz Deutschland auf Führungsaufgaben vorzubereiten.

Auch die Idee zum *„Haus der Gesundheit"*, welches im Jahr 2009 eingeweiht wurde, geht auf die Initiative der Mitglieder des Vereins *„Gesundheitsinsel Rügen e.V."* zurück. Sie entwickelten zusammen mit Sporttherapeuten, Trainern, Gesundheitsberatern, Heilpraktikern und Sozialpädagogen ein umfassendes Gesundheitskonzept mit einer Vielzahl von Angeboten, die Menschen jeden Alters für ein aktives und gesundes Leben begeistern sollen.

Schließlich konnte mit Gründung der *Sana Arztpraxen Rügen GmbH* (SAR) im Jahr 2008 eine noch engere Verzahnung von ambulanter und stationärer Versorgung erreicht werden. Der SAR gehören ein Facharzt für Chirurgie und Unfallchirurgie, zwei Fachärzte für Innere Medizin als Hausärzte sowie eine Fachärztin für physikalische und rehabilitative Medizin an.

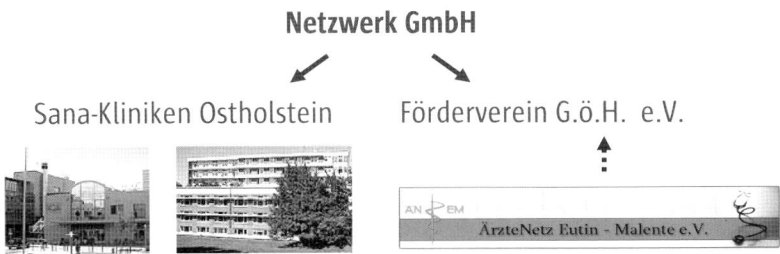

Abb. 9   Medizinisches Versorgungsnetz Ostholstein

Komplettiert wird das umfangreiche Engagement der Sana-Klinik auf der Insel Rügen durch die die Gründung der *Sana-Sport-Gemeinschaft Rügen* im Jahr 2006. Der Verein zählt heute 247 aktive Sportler.

Medizinisches Versorgungsnetz Ostholstein – Versorgung aus einer Hand
Die Sana Kliniken Ostholstein sind an den Standorten Eutin, Oldenburg und Fehmarn vertreten.

In insgesamt 411 Betten versorgen 696 Mitarbeiter jährlich rund 19.515 stationäre und 39.622 ambulante Patienten.

Vor dem Hintergrund sinkender Arztzahlen und einer immer älter werdenden Bevölkerung in der Region, entwickelten die Sana Kliniken Ostholstein in enger Zusammenarbeit mit dem Ärztenetz Eutin/Malente (ÄNEM) ein gemeinsames Geschäftsmodell, das Pilotcharakter besitzt.

Das *ÄNEM* ist ein Zusammenschluss von 50 Arztpraxen mit 67 Mitgliedern. Anfang 2010 gründete es den Förderverein Gesundheitsnetz Östliches Holstein e. V. (G.Ö.H. e. V.), dem seither 15 Haus- und Fachärzte angehören. Der Förderverein G.Ö.H. e. V. und die Sana-Kliniken Ostholstein bilden eine gemeinsame Netzwerk GmbH (s. Abb. 9).

Die Netzwerk GmbH versteht sich als „nucleus" eines flächendeckenden regionalen Kooperationsnetzes, das zusammen mit Anbietern aus allen Gesundheitsbereichen die regionale medizinische Versorgung der Zukunft sichert und die Überbrückung von Behandlungsschnittstellen im Fokus hat.

Ausblick

Entwicklungen wie Fachkräftemangel, demografischer Wandel und zunehmender Kostendruck zwingen zu einem effizienteren Einsatz der vorhandenen Mittel und der Etablierung innovativer Versorgungsmodelle in deren Mittelpunkt die Vernetzung der an der Behandlung beteiligten Akteure steht. Durch integrierte Versorgungsangebote können Einsparungen bei gleichzeitiger Verbesserung der medizinischen Qualität generiert werden. Sie sind insbesondere dann sinnvoll, wenn es um regionale Vollversorgungsansätze geht. Denn sie vermögen die Anreize im Sinne des Gesamtsystems „richtig" zu setzen und so die zweifelsfrei vorhandenen „freien" Ressourcen im Gesundheitswesen optimal zu nutzen. Allerdings braucht es dazu entsprechender Reformen und gesetzlicher Grundlagen, beispielsweise im Hinblick auf eine notwendige gemeinsame Budget- und Bedarfsplanung. Aber auch kartell- und wettbewerbsrechtliche Fragestellungen sind tangiert. Diese Veränderungen werden bislang jedoch nur sehr zögerlich angegangen. Umso mehr sind Kreativität und Eigeninitiative der an der Versorgung Beteiligten gefragt. Bei optimaler Gestaltung und Konzeption können Kooperationen in Gesundheitsnetzwerken ein entscheidender Erfolgsfaktor sein.

Literatur

Organisation for Economic Co-operation and Development (OECD), www.oecd.org/dataoecd/32/62/44223068.xls

Vereinigung der Bayerischen Wirtschaft e. V. (2009) Arbeitslandschaft 2030 – Auswirkungen der Wirtschafts- und Finanzkrise, Studie der Prognos AG, Basel, Ausgabe 01/2009

4 Strategisches Krankenhausmanagement – in der Praxis

Bent Lüngen und Mark Zluhan

B-LUE Management Consulting, Hamburg

Der Beitrag skizziert die Besonderheiten des deutschen Krankenhausmarktes und leitet daraus die Notwendigkeit ab, bekannte betriebswirtschaftliche Methoden zur Strategieentwicklung anzupassen. Nach einer Begriffsdefinition zur Strategie werden die relevanten Rahmenbedingungen und die Treiber kurz dargestellt. Im Anschluss werden Strategieansätze und relevante Strategiefelder im Krankenhaus betrachtet und geeignete Strategietools aufgezeigt. Es folgt eine exemplarische Vorgehensweise zum Strategieprozess. Zum Schluss werden drei Praxisbeispiele zu den Strategiefeldern „Medizinisches Portfolio", „Prozessorientierung" und „Markenbildung" dargestellt.

4.1 Strategie – eine begriffliche Abgrenzung

In der Praxis und in der Literatur existiert eine Fülle von Begriffserklärungen, doch lassen sich mit Hilfe folgender Definition die wesentlichen Eigenschaften erläutern:

Strategy is an integrated set of choices about: (1) where a company will play, (2) how it will play, (3) what it wants to accomplish [Montgomery 2009].

Was möchte ein Krankenhaus auf welchen Märkten in welcher Art und Weise erreichen? Welche Instrumente setzt es dazu ein? Die regionale Marktsituation des Krankenhauses kann sich aufgrund der heterogenen Zuweiser und Einzugsgebiete je Fachabteilung bzw. Zentrum bereits sehr unterschiedlich darstellen. Wie sich ein Krankenhaus grundsätzlich im Wettbewerb positioniert und auftritt, begründet sich zum Teil aus der Trägerschaft. Was es in der Zukunft erreichen will, hängt von vielfältigen Faktoren ab und geht sicherlich über die häufig zitierte „qualitativ hochwertige Versorgung der regionalen Bevölkerung" hinaus. Das heißt, die Strategie ist nicht die **Vision**, die **Mission** oder das **Leitbild**, sondern es ist das „Folgeprodukt" mit Fokus auf **konkrete Maßnahmen** zur Erreichung der gesetzten strategischen Ziele.

4.2 Strategie in einem hochregulierten Markt

Der deutsche Krankenhausmarkt ist bekanntlich ein **regulierter „Markt"**, welchem zahlreiche Charakteristika eines freien Marktes fehlen. Die klassischen strategischen Ansätze aus der Betriebswirtschaftslehre (z. B. „Kostenführerschaft", „Produktdifferenzierung" etc.) funktionieren lediglich bedingt. Die wesentlichen Unterschiede zu freien Märkten sind ein zentral administriertes Preissystem über Fallpauschalen, die eingeschränkte Konsumentensouveränität der Nachfrageseite, die die medizinische Qualität der Dienstleistung im wesentlichen über Ersatzindikatoren (z. B. Freundlichkeit, Zimmerausstattung etc.) einschätzt und den mehr oder minder diskretionären Eingriffen des Staates, der gewissermaßen einen Ausgleich zwischen den Interessen der Leistungserbringer, der Lieferanten von Arzneimitteln und Medizintechnik und der Patienten respektive der Bevölkerung herzustellen sucht.

Die Gesundheitspolitik und -wirtschaft befindet sich aufgrund der konkurrierenden Ziele in einem **komplexen Spannungsfeld:** Ethische und soziale Verantwortung gegenüber Patienten, Ermöglichung des medizinisch Machbaren und Notwendigen für alle Bevölkerungsteile unabhängig von sozialer Schicht und Einkommen, Schaffung eines attraktiven Arbeitsumfeldes für innovative Leistungserbringer bei gleichzeitigem Gebot der Wirtschaftlichkeit.

Vergleicht man die deutsche Krankenhausversorgung mit anderen Ländern wird deutlich, dass die medizinische Ausstattung exzellent und der Zugang zu stationären Dienstleistungen hervorragend ist. Qualifizierte Vergleiche über die medizinische Ergebnisqualität von Krankenhaussystemen sind derzeit jedoch kaum verfügbar, allerdings liegt die Vermutung nahe, dass das deutsche System keineswegs in punkto Qualität und Effizienz besonders schlecht abschneidet. Insofern ist das deutsche Krankenhaussystem besser als dies die öffentliche Diskussion häufig widerspiegelt.

Betrachtet man die **Umfeldbedingungen** des strategischen Klinikmanagements im Rückblick, war die jüngere Vergangenheit seit Einführung des **DRG-Systems** geprägt von

- zunehmendem Verdrängungswettbewerb,
- einer starken Reduktion der Verweildauern,
- der ambulanten Substitution von stationären Leistungen,
- einer Fortführung der Budgetierung und
- dem daraus resultierenden massiven Rationalisierungsdruck.

Dies führte zu einer (noch unvollendeten) Marktbereinigung, einem Bettenabbau und der weiteren Privatisierung von Krankenhäusern. Gleichzeitig bestand die Notwendigkeit, trotz einer erodierenden dualen Krankenhausfinanzierung in die medizinische Infrastruktur zu investieren, da die Nachfrageseite (Patienten, Krankenkassen, Einweiser) „state-of-the-art" Medizin und eine moderne, attraktive Umgebung erwartet und sich vor allem in Ballungsgebieten Überkapazitäten befanden.

Eine Auswahl an strategischen Trends in Krankenhäusern seit der Einführung des Fallpauschalensystems in 2004 lassen sich wie folgt skizzieren:

1. Sowohl die Spezialisierung als auch die Interdisziplinarität (z. B. organbezogene Zentren, verfahrensbezogene Zentren) der Medizin hat zugenommen und die Organisationsstrukturen wurden entsprechend angepasst.
2. Der Sekundär- (z. B. Labor, Radiologie, Physiotherapie etc.) und Tertiärbereich (Logistik, Reinigung, Catering etc.) wurde durch Zentralisierungen, Outsourcing, JointVentures und Ausgliederungen mit Servicegesellschaften stark optimiert.
3. Die vertikale Vernetzung über die gesamte Wertschöpfungskette wurde über strategische Kooperationen, räumliche Ansiedlungen, Zukäufe und Neugründungen vorangetrieben.
4. Die horizontale Vernetzung von Krankenhäusern zu Klinikverbünden (Fusionen, Holding-Modelle etc.) schuf Unternehmenseinheiten mit größerer Schlagkraft und Synergien durch shared services.
5. Produktivitätssteigerungen fanden zum Teil über Leistungsverdichtung und Personalabbau statt.

Die skizzierten Entwicklungen sind keineswegs abgeschlossen und werden sich weiter fortsetzen, doch werden neue Trends hinzukommen und die Schwerpunkte sich u. U. verschieben. Dazu gehören u. a.:

1. Ambulante und stationäre Strukturen konsolidieren und integrierte Gesundheitsdienstleister und Gesundheitsnetze etablieren sich bundesweit.
2. Die Krankenkassen positionieren sich zunehmend als „Player" und erhöhen die Einflussnahme auf Patienten und Versicherte (z. B. „Versorgungsmanagement").
3. Der aufgeklärte und informierte Patient fordert eine Serviceorientierung und Dienstleistungsmentalität seitens der Leistungserbringer und der Krankenkassen (Patientensicherheit wird zum Wettbewerbsvorteil).
4. Die bisherigen Steuerungsinstrumente der Patienten, in aller Regel über den einweisenden Arzt, werden auf mehrere Ebenen mit konkurrierenden Zielen diffundiert.

5. Lediglich prozessorientierte und wachstumsstarke Kliniken, die eine ausgewogene Balance zwischen Mitarbeiter- und Patientenorientierung bewerkstelligen, sind langfristig erfolgreich und überlebensfähig.

6. Standort, Unternehmenskultur und Personalentwicklung werden zu einem entscheidenden Wettbewerbsvorteil, da qualifizierte Ärzte und Pflegekräfte den engpasslimitierenden strategischen Faktor darstellen.

7. Fähigkeit zur gezielten Vermarktung der medizinischen Dienstleitung (Ergebnis- und Servicequalität) gewinnt an Bedeutung (Markenbildung).

Die Gesundheitspolitik wird sich zukünftig stärker differenzieren, da die zentrale Vergütungssystematik (bundeseinheitliche Basisfallrate und einheitliche Bewertungsrelationen) in bestimmten Flächenregionen zu unerwünschten Ergebnissen (Unterversorgung) führt. Politisch und methodisch schwierige Fragen wie die zukünftigen Spielregeln eines fairen Wettbewerbs (z. B. Mengenbegrenzungen), die Einführung von Qualitätsmindeststandards bzw. die Ausgestaltung der Investitionsfinanzierung sind zu lösen.

Betrachtet man die systemischen Treiber der medizinischen Versorgung (demografische Entwicklung, medizinisch-technischer Fortschritt, Multimorbidität, Chronifizierung, qualitatives Anspruchsdenken einer „reichen" Bevölkerung etc.) wird deutlich, dass der Krankenhausmarkt trotz noch bestehender Überkapazitäten perspektivisch als Wachstumsmarkt zu verstehen ist.

4.3 Wachstumsmarkt Akutversorgung bis 2050

Während die Häufigkeit der Krankenhausbehandlung zwischen 1995 und 2002 von 15,8 auf 17,4 Mio. gestiegen ist [Statistische Ämter des Bundes und der Länder 2008], hat sich in den folgenden Jahren bis 2005 ein Rückgang auf 17,0 Mio. Fälle eingestellt. Hauptursache ist die **ambulante Substitution** von stationären Leistungen. Die Anzahl der Krankenhausfälle ist ähnlich wie der Pflegebedarf, eng mit dem Alter verknüpft. Fast jeder zweite Krankenhauspatient ist derzeit über 60 Jahre alt. Bezogen auf die Diagnosegruppen ist der Anteil der älteren Patienten vor allem im Segment der Herz-/Kreislauferkrankungen und bei Neubildungen (Krebs) besonders hoch. Diese stellen insgesamt die beiden häufigsten auftretenden Diagnosearten im Krankenhaus dar.

Die veröffentlichten Zukunftsprognosen des Statistischen Bundesamtes zur Krankenhausbehandlung beschränken sich auf den Zeithorizont bis 2030. In ihrem sogenannten Status-quo-Szenario unterstellt es konstante alters- und geschlechtsspezifische Diagnosefallquoten. D. h. weder die Argumente der Kompressionsthese (steigende Lebenserwartung korreliert mit einer gesünderen Lebensweise) noch die der Medikalisierungsthese [Fetzer 2005] (Krankheitsintensität nimmt mit steigender Lebenserwartung zu) finden darin Berücksichtigung. In diesem Statusquo-Szenario ergibt sich ein Fallwachstum von ca. 12 % bis 2030. Das sind ca. 19,0 Mio. stationäre Fälle. Bis ins Jahr 2050 werden diese Häufigkeiten allerdings wesentlich dramatischer ansteigen, da die geburtenstarken Jahrgänge Anfang der 60er Jahre (baby boomer) in höhere Altercluster migrieren. Obwohl die Bevölkerung insgesamt sinkt, wird die Behandlungshäufigkeit in Krankenhäusern mit hoher Wahrscheinlichkeit **kontinuierlich bis ins Jahr 2050** steigen.

Das Wachstum ist in Bezug auf die Diagnosegruppen unterschiedlich verteilt und wird von den altersabhängigen Erkrankungen dominiert. Herz-/Kreislauferkrankungen werden bis ins Jahr 2030 um ca. 34 % steigen, während Schwangerschaft und Geburten um ca. 22 % sinken werden. Neubildungen nehmen um ca. 20 % zu und Krankheiten des Verdauungssystems, der Atemwege, des Skelett- und Muskelsystems sowie Verletzungen und Vergiftungen wachsen um ca. 10 % bis 14 % im Jahr 2030 [Statistische Ämter des Bundes und der Länder 2008].

Beispielsweise hat das Land Baden-Württemberg die Entwicklung der Behandlungsfälle bis ins Jahr 2030 dezidiert auf die einzelnen Fachdisziplinen der Krankenhäuser bezogen und berechnet (s. Abb. 10). Bis ins Jahr 2030 steigen die Fälle in der Herzchirurgie um ca. 47 %, in der Inneren Medizin um 43 %, in der Urologie um 39 %, in der Orthopädie um 21 % um einige Beispiele zu nennen. Als Einschränkung hierzu ist festzustellen, dass diese rein statistischen Prognosen die Veränderungen der Behandlungsschemata in der Medizin nicht berücksichtigen. Sowohl die zum Teil massive ambulante Substitution in verschiedenen Disziplinen, wie z. B. in der Augenheilkunde, der Gynäkologie, der Dermatologie, der Orthopädie, der Onkologie, der Kardiologie etc. als auch Verschiebungen zwischen den Disziplinen, wie

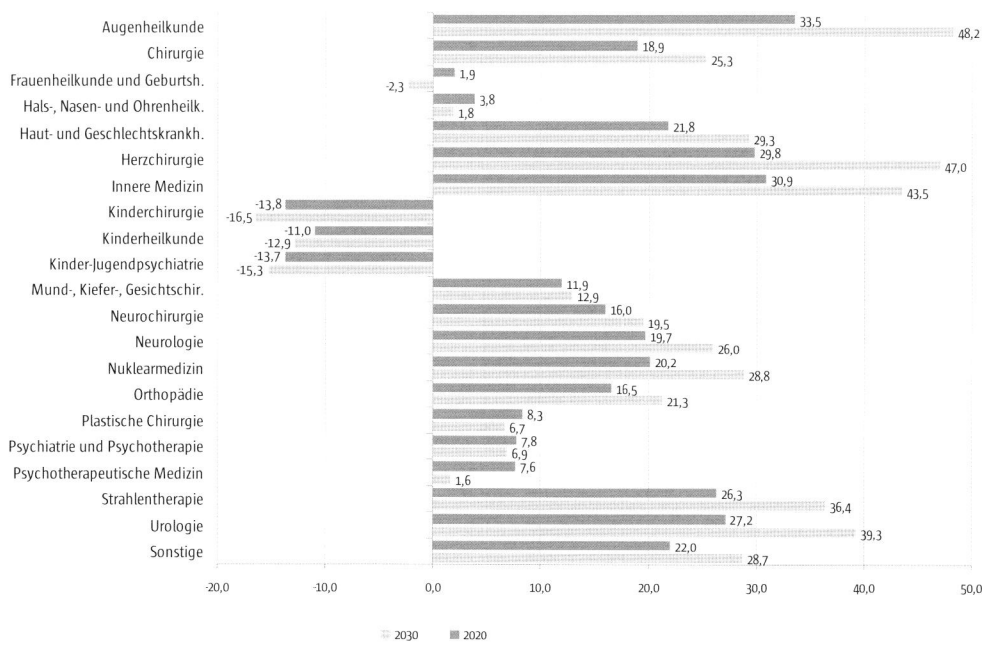

Abb. 10   Demografisch bedingte stationäre Behandlungsfälle werden stark zunehmen. Beispiel: Prognose für Baden Württemberg bis 2020 und 2030 je Fachabteilung (Veränderung gegenüber 2002 in %). [Quelle: Statistisches Landesamt Baden-Württemberg 2004]

beispielsweise konkurrierende Verfahren in der Kardiologie und der Herzchirurgie, werden durch rein statistische Verfahren über die Verschiebung der Alterscluster nicht ausreichend abgebildet.

Erfolgreiche Krankenhäuser richten sich von ihrer Grundphilosophie auf langfristiges und nachhaltiges Wachstum aus. Steigende Fallzahlen, eine höhere Spezialisierung und die Chancen eines wachsenden Marktes stehen trotz Budgetierung im Vordergrund der strategischen Überlegungen. Nachhaltiges Wachstum bedeutet auch, dass bei der Entwicklung einer Strategie das Spannungsfeld zwischen Wachstums- und Qualitätsorientierung ausreichend zu berücksichtigen ist und beispielsweise das medizinische Leistungsvermögen einer Fachabteilung und angebotsinduzierte Nachfrageelemente nicht auszublenden sind.

Exkurs zur Investorenattraktivität

Private Investoren haben sich in den letzten Jahren im zweistelligen Milliardenbereich im Pflegesegment engagiert. Dies lag vor allem an den vergütungstechnischen Rahmenbedingungen und der verständlichen „Wachstumsstory" des durch die Demografie getriebenen steigenden Pflegebedarfs. Die Demografie beeinflusst die Krankenhaushäufigkeiten und die ambulanten Fallzahlen jedoch ähnlich positiv, doch sind die Möglichkeiten des Einstiegs von privaten Investoren lediglich über z. B. wenige (börsennotierte) private Klinikbetreiber möglich. Die Rahmenbedingungen für real estate Investoren sind derzeit noch schwierig. Durch einen verlässlichen ordnungspolitischen Rahmen und vergütungstechnische Veränderungen des Systems (z. B. monistische Finanzierungselemente) könnte sich im Akutmarkt ebenfalls ein ähnlich attraktives Investitionsumfeld entwickeln.

4.4 Unterschiedliche Strategie-Ansätze

Begibt man sich auf die einzelwirtschaftliche Perspektive eines Krankenhauses und seiner Strategieentwicklung, wird schnell deutlich, dass erhebliche Unterschiede in den Ausgangsparametern bei den Krankenhäusern bestehen. Grundsätzliche Rahmenbedingungen definieren sich aus der jeweiligen Trägerschaft (öffentlich, freigemeinnützig, privat), den Werten und Leitbildern, der bestehenden Verpflichtung zur Gemeinnützigkeit bzw. den Renditezielen, der Einflussnahme seitens der kommunalen Politik, dem Grad der regionalen Über- bzw. Unterversorgung, der Wettbewerbsdynamik im Umfeld oder dem zusätzlichen Auftrag für Forschung und Lehre.

Grundsätzlich lassen sich zwei Strategieansätze unterscheiden und zwar der strukturdeterminierte und der markt-prägende Ansatz. Der struktur-determinierte Ansatz ist im Krankenhaus (und nicht nur dort) dominierend und am weitesten verbreitet. Zunächst wird das Umfeld des Marktes analysiert und anschließend die Stärken und Schwächen der Wettbewerber mit den internen Ausprägungen des Klinikums abgeglichen. Daraus wird eine eigene strategische Positionierung abgeleitet und überlegt auf welchen Feldern komparative Vorteile gegenüber den Mitbewerbern zu erzielen und mit welchem „Set von Maßnahmen" diese umzusetzen sind. Diese deterministische Perspektive geht davon aus, dass die Strukturen das Unternehmen prägen und externe Umfeldfaktoren primär die Unternehmensstrategie beeinflussen.

Im Gegensatz dazu steht der marktprägende Ansatz [Chan u. Mauborgne 2009], der davon ausgeht, dass die Umwelt nicht notwendigerweise die Strategie eines Unternehmens bestimmt, sondern es durchaus möglich ist, dass die Strategie eines Akteurs sich über diese Grenzen hinweg setzt und selbst den Markt gestaltet. Dieser sogenannte „blue ocean strategy"-Ansatz ist in der Krankenhauspraxis aufgrund der starken Regulierung seltener vertreten, doch sind durchaus Tendenzen (z. B. die erstmalige Veröffentlichung von Ergebnisqualitätsparametern, Zulassung von neuen Hauptabteilungen, universitäre Privatkliniken, Zusatzversicherungsangebote) seitens einzelner Player erkennbar, die versuchen den Markt und das Umfeld durch ihre Strategie selbst zu bestimmen und zu verändern.

Diese beiden Ansätze spielen bei der Beantwortung der Kernfrage jeder Strategieentwicklung in einem wettbewerblichen Umfeld eine wesentliche Rolle: „How do we compete? Was sind unsere Vorstellungen über das wie wir konkurrieren wollen"? In der Krankenhauspraxis wird diesbezüglich häufig das Leitbild als Orientierung herangezogen, doch fehlen aufgrund der öffentlichen Publikation naturgemäß konkrete Antworten und Einstellungen zum Wettbewerb.

> *Die Krankenhausstrategie ist ein politisch heikles Thema, da sie sowohl nach außen in Bezug auf den Wettbewerb sensible Aussagen trifft als auch interne Verschiebungen und Schwerpunktsetzungen festlegt, die ggf. bestehende Machtverhältnisse erheblich tangiert und verändert. Aufgrund der Vielzahl der Beteiligten muss damit gerechnet werden, dass Teile einer Strategie auch nach außen dringen können. Dieses Spannungsfeld ist bei der Formulierung entsprechend zu berücksichtigen.*

4.4.1 Drei übergeordnete Strategieziele

Unabhängig davon, ob man den einen oder anderen Strategie-Ansatz präferiert, hängt der Erfolg der Strategie i. d. R. davon ab, ob es gelingt [Chan u. Mauborgne 2009]:

1. ein überzeugendes „Wert-/Nutzenversprechen" für die Patienten zu entwickeln,
2. das wirtschaftliche Ziel mit dem „Wertversprechen" an die Patienten in Einklang zu bringen und
3. ein „Versprechen" bzw. attraktive Bedingungen für die Mitarbeiter zu etablieren, die bei der Umsetzung der Strategie letztlich entscheidend sind.

Sicherlich standen in den letzten Jahren in der betrieblichen Praxis vieler Krankenhäuser Effizienzziele im Vordergrund, doch ist davon auszugehen, dass sich die Aufmerksamkeit und die Prioritäten zukünftig in Richtung Mitarbeiter, Einweiser und Patienten (sowie deren Angehörigen) verändern werden.

4.4.2 Relevante Strategiefelder und einsetzbare Tools

In der Praxis ist es wichtig sich nicht ausschließlich an einem Strategietool zu orientieren, sondern relevante Elemente aus den verschiedenen Ansätzen zu selektieren und gezielt anzuwenden. An dieser Stelle können nicht alle Tools (z. B. SWOT, PEST, 5-Forces, BSC etc.) sowie deren Vor- und Nachteile im Detail skizziert werden.

Eine gute Herleitung und eine prägnante Darstellung von Ergebnissen ermöglicht die SWOT-

Analyse (strength, weaknesses, opportunities, threads), die sowohl interne Stärken und Schwächen eines Klinikums und externe Risiken und Chancen in einem hart umkämpften Marktumfeld herausarbeitet. Die PEST-Analyse entwickelt die Strategie ausgehend von den politischen, ökonomischen (economic), sozio-kulturellen und technologischen Umfeldparametern. Ein Strategietool, das besonders mit dem von Außen nach Innen verfolgten struktur-determinierten Ansatz einhergeht, ist die von Porter entwickelte Competitive Forces Analyse (5 Forces), die vor dem Hintergrund von 5 grundlegenden Wettbewerbskräften eine Geschäftsstrategie entwickelt. Dazu gehören:

1. Markteintritt von Konkurrenten,
2. Bedrohung durch Substitute,
3. Verhandlungsstärke der Kunden,
4. Verhandlungsstärke der Lieferanten und
5. Rivalität unter den vorhandenen Spielern.

Als sechste Komponente wird oftmals die Regierung als Wettbewerbskraft integriert. Im Krankenhausbereich spielen Markteintritt (stark reglementiert) und Verhandlungsstärke der Lieferanten (Vielzahl von Anbietern) keine große Rolle. Hingegen ist die Verhandlungsmacht der Kunden in Form der Gemeinschaft der Kostenträger nahezu monopolartig – wenn auch zunehmend zusätzliche Selektivverträge zwischen Leistungserbringern und Kostenträgern eingeführt werden. Angesichts der teilweise vorhandenen Überkapazitäten sind der Verdrängungswettbewerb und die Akquisition von Patienten und Einweisern besonders ausgeprägt. Darüber hinaus ist der rechtliche Rahmen vehementen Eingriffen der Gesundheitspolitik unterworfen, so dass Betreiber und Investoren regelmäßig von willkürlichen „Einschnitten" oder „Wohltaten" betroffen sind. Die Vorteile des Porter'schen Ansatzes liegen in der starken Wettbewerbs- und Marktorientierung. Entscheidungen und Maßnahmen zur strategischen Ausrichtung sowie zur Reorganisation begründen sich vor allem aus dem Umfeld.

Ein weiterhin in der Klinikpraxis eingesetztes Tool ist der Balanced Scorecard-Ansatz (BSC) [Häusler u. Einwag 2001] von Kaplan und Norton [1996], der ebenfalls als methodische Grundlage für die Entwicklung und Umsetzung einer Krankenhausstrategie dienen kann. Die Aktivitäten und Maßnahmen werden den vier Dimensionen Finanzen, Kunden, interne Prozesse und Lernen/Innovation zugeordnet. In der Krankenhauspraxis ist vor allem die Daten- und die Maßnahmenfokussierung des BSC-Ansatzes relevant: **If you can't measure it, you can't manage it.** Dies sollte sowohl für die Ziele als auch die strategischen Maßnahmen zur Umsetzung gelten, wobei die Kausalität und die Wirkungsweisen der Einzelmaßnahmen häufig schwierig voneinander abzugrenzen sind.

> *Man sollte sich nicht von der Vielzahl der Strategietools und Methoden verwirren lassen. Im Wesentlichen ist den meisten die Betrachtung der jeweiligen Wettbewerbsstrukturen und der relevanten internen Aspekten gemein, d. h. es empfiehlt sich nicht, sich sklavisch an Methoden zu halten, sondern diese ggf. zu kombinieren und auf die Probleme und wichtigen Aspekte flexibel anzuwenden.*

Welche Strategiefelder sind im Krankenhaus relevant? Sicherlich existiert dazu keine abschließende oder umfassende Auflistung, da die Unterschiede in den Strukturen, Trägerschaften und den Handlungsfeldern sehr unterschiedlich sein kann. Gleichzeitig ist festzuhalten, dass die meisten Strategiefelder nicht trennscharf voneinander abzugrenzen sind, sondern sich überlappen und sich gegenseitig (Interdependenz der Strategiefelder) bedingen. Eine Auswahl an Strategiefeldern ist in Abbildung 11 dargestellt und den Strategiedimensionen der BSC-Logik zugeordnet. Essentiell ist schließlich die konkrete Maßnahmenorientierung, die exemplarisch mit einem Fallbeispiel aus dem Herzbereich illustriert wird. Dabei wird die hohe Interdependenz der Felder und Dimensionen deutlich, da im gezeigten Beispiel Wachstumsfelder im Rahmen der Portfolioüberlegung definiert werden, die sowohl Personal- als auch Infrastrukturinvestitionen nach sich ziehen, aber auch Auswirkungen auf die Einweiserstrukturen, die Forschung und die internen Prozesse haben könnte.

> *Es empfiehlt sich, wichtige Elemente aus dem BSC-Ansatz (mehrdimensional, balanced, Datenorientierung, Maßnahmenfokussierung etc.) bzw. dem 5-Forces-Modell (Substitution, Grad des Verdrängungswettbewerbs) zu übernehmen ohne den Anspruch auf einen allumfassenden Ansatz (80:20-Regel) im Sinne einer perfekten Anwendung (mit aufwändigem IT-Tool) auf das Klinikum zu verfolgen. Riesige „Scorecard-Tapeten" und allzu abstrakte*

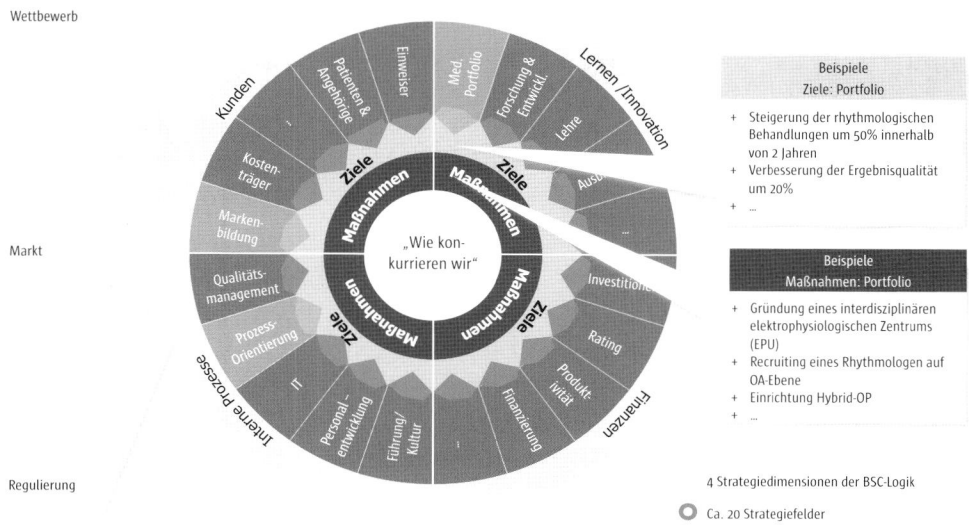

Abb. 11 Krankenhausspezifische Strategiefelder weisen eine hohe Interdependenz auf. Auswahl an Strategiefeldern

Methoden sind Chefärzten nur bedingt zugänglich und verfehlen oftmals ihre Wirkung.

4.4.3 Der Strategieprozess in Krankenhäusern

Das Ergebnis einer Strategieentwicklung mit operationalisierten Zielen zu den Strategiefeldern, Maßnahmen je Zentrum und Fachabteilung sowie Meilensteinen der Umsetzung ist von zentraler Bedeutung, doch sollte das Klinikmanagement die Vorgehensweise bei der Erarbeitung besonders im Blick haben. D. h. einsam erstellte Konzepte oder externe Strategiegutachten, die als Deus ex machina der erstaunten Führungsmannschaft verkündet werden, sind untaugliche Ansätze, die häufig eine geringe Akzeptanz erfahren und wenig Vertrauen schaffen. Es empfiehlt sich eine fundierte analytische und datengetriebene Vorbereitung unter Einbeziehung der relevanten Strategiefelder.

Die strategische Ausgangssituation ist mit den Chefärzten, den Institutsleitern und der Pflegedirektion im Rahmen von Workshops zu verifizieren. In dieser Phase ist darauf zu achten, dass ein externes Benchmarking die Stärken und Schwächen zu den Strategiefeldern z. B. Portfolio, Prozesse, Qualität, Produktivität etc. objektivierbar machen und nicht ausschließlich die Einschätzungen der internen Experten domi-

nieren. Im weiteren Anschluss ist daraus – ggf. auch außerhalb des Klinikalltags und -geländes – die Sollkonzeption mit Zielen und Maßnahmen zu einzelnen Strategiefeldern zu entwickeln. In dieser Vorgehensweise findet in strukturierter Form ein ständiger Abgleich zwischen Klinikmanagement, dem medizinisch und pflegerischen Führungspersonal sowie ggf. externen Experten statt, die best practise Beispiele einbringen oder auch optimistische Einschätzungen kritisch reflektieren.

Medizinisches Führungspersonal und Chefärzte verfügen häufig über wenig Erfahrung mit der Entwicklung von Strategiekonzepten und Business Plänen. Einige Klinikmanager verlangen von ihren Fachabteilungen Break-Even-Analysen und Marktprognosen zu neuen Verfahren und Behandlungsformen. Doch sind die Ergebnisse der Analysen in der Praxis häufig sehr heterogen. Es empfiehlt sich diesbezüglich ein enges methodisches Coaching der Chefärzte, klare Zielvorgaben und ein strukturiertes Format, um verwertbare Ergebnisse zu erhalten. Der Strategieprozess ist demzufolge zentral zu planen und zu steuern, der dezentrale Input strukturiert einzufordern, die Führungskräfte am Diskurs aktiv zu beteiligen und das Ergebnis zunächst offen. Von besonderer Relevanz sind die Entwicklung und die gemeinsame Verabschiedung einer **„Road-Map"** mit **Umsetzungsplanung.** Über das „wohin man will" besteht in der Praxis häufig deutlich mehr Konsens, als über das „wie kommen wir dahin".

Eine weitere Erfahrung ist die Notwendigkeit zur Komplexitätsreduktion. Die Strategieentwicklung ist keine wissenschaftliche Arbeit, sondern eine Zukunftsplanung von strategischen Zielen und Maßnahmen, die zu unternehmerischen Entscheidungen unter Unsicherheit führen. Diese können bzw. müssen regelmäßig revidiert und angepasst werden. d. h. es findet ein ständiger Reviewprozess statt, der in die tägliche Arbeit des Klinikmanagements einfließt. Die diesbezügliche Kommunikation an die Belegschaft funktioniert häufig kaum, so dass viele Mitarbeiter und Führungskräfte den Überblick und den roten Faden verlieren. d. h. es empfiehlt sich eine systematische Kommunikation (monatlich, quartalsbezogen) zu strategischen Entscheidungen und den inhaltlichen Anschluss an das ursprüngliche Strategiekonzept. Nicht zu vergessen in dieser Kommunikation sind die Erfolgsgeschichten, die durchaus herausgehoben werden dürfen. Die Strategiekonzeption sollte einem systematischen Review unter Einbeziehung der Führungskräfte am besten jährlich unterzogen werden.

Ein Beispiel für eine **Vorgehensweise im Strategieprozess** ist in der Abbildung 12 dargestellt.

Wie bereits skizziert, ist zur strategischen Optimierung eines Krankenhauses eine Vielzahl von Strategiefeldern relevant, auf die im Detail an dieser Stelle nicht eingegangen werden kann. Im Folgenden beschränken sich die weiteren Ausführungen auf **drei strategische Themenfelder**, die bei einer **Gesamtstrategie** im Krankenhaus eine wichtige Rolle spielen:

1. Medizinische Portfolio-Strategie,
2. Prozessoptimierung im medizinischen Primärbereich und
3. der (weite) Weg zur Markenmedizin.

4.5 Drei Strategiefelder als Praxisbeispiele

4.5.1 Medizinische Portfolio-Strategie

Die intensive Beschäftigung mit den zukünftigen Markt- und Nachfrageperspektiven eines Klinikums in den relevanten Kern- und Peripheriemärkten ist für strategische Entscheidungen eine notwendige Basisinformation. Häufig sind in den Kliniken subjektive Einschätzungen zum Markt anzutreffen. Für gezielte Portfolio-Strategien (selbstverständlich unter Berücksichtigung des Versorgungsvertrages), Schwerpunktsetzungen innerhalb einzelner Fachabteilungen, Kooperationsansätze, systematisches Einweisermanagement bzw. rationale und objektivierba-

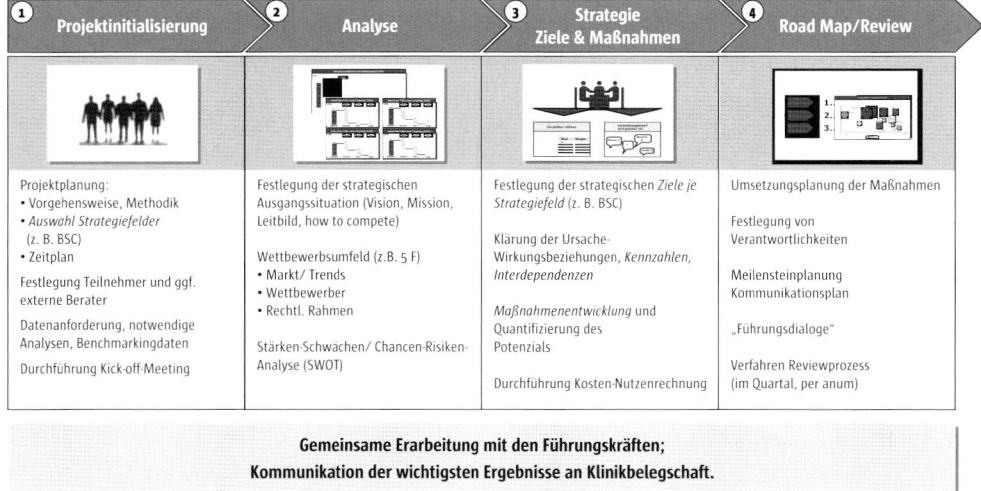

Abb. 12   Der Strategieprozess ist zentral zu steuern, datenorientiert vorzubereiten, gemeinsam zu erarbeiten und gezielt zu kommunizieren. Überblick grobe Vorgehensweise zum Projektmanagement – Beispiel. Quelle: B-LUE

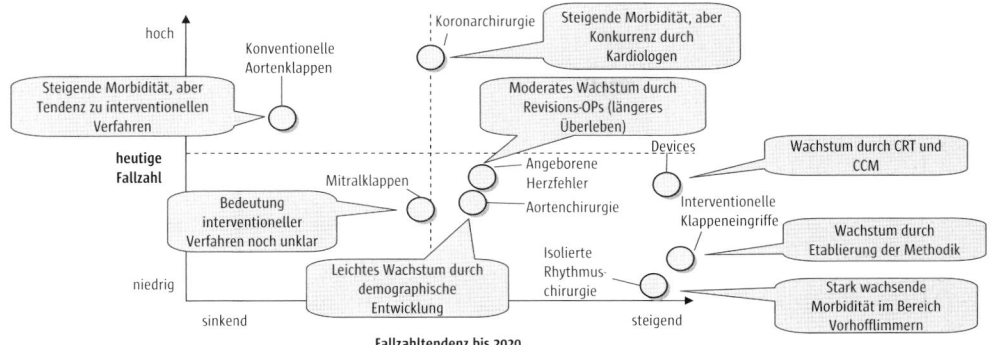

Abb. 13   Einschätzung der Marktnachfrage am Beispiel der Herzchirurgie in den nächsten 10 Jahren. Einschätzung zur Entwicklung von herzchirurgischen Verfahren: Die demografische Entwicklung führt tendenziell zu steigenden stationären Behandlungszahlen. Durch die Konkurrenz zu den Kardiologen und die med. Entwicklung werden die häufigen Eingriffe (Koronarchirurgie, „konventionelle" Klappen) tendenziell stagnieren. Quelle: Projekterfahrungen B-LUE, Stat. Bundesamt

re Investitionsentscheidungen sind quantitative Marktanalysen von Vorteil. Die Datenbasis ist heutzutage verfügbar bzw. kann entsprechend hergeleitet werden. Beim klassischen Ansatz werden die Perspektiven für das medizinische Portfolio unter Berücksichtigung der strategischen Positionierung der Mitbewerber, der demografischen Veränderungen in den verschiedenen regionalen Einzugsgebieten, den medizinischen Veränderungsparametern sowie den eigenen Stärken und Schwächen je medizinischer Fachabteilung analysiert.

Folgende inhaltlichen Arbeitsschritte sollten im Rahmen einer **Portfolio-Analyse** beispielsweise durchgeführt werden:

- **Strategisches Stärken- und Schwächenprofil:** Medizinische Leistungsschwerpunkte, Innovative Verfahren, „unique selling proposition", Einweiser- und Einzugsgebiete-Analyse, regionale Marktabdeckungsgrade je Landkreis
- **Regionale Wettbewerber-Analyse:** Vergleich der Klinik bezüglich der strategischen Erfolgsfaktoren mit den wichtigsten regionalen Mitbewerbern, medizinische Leistungsschwerpunkte, Fallzahlen, Prozess- und Patientenorientierung, Integrierte Versorgungsformen, Kooperationen, Patientenströme aufgrund von Verkehrsinfrastrukturen oder politisch sowie historisch begründete Einflussfaktoren
- **Zukünftige Fallzahlenveränderung in den regionalen Kernmärkten:** Die demografische Entwicklung in den Regionen verändert die stationäre Fall-

prävalenz in den Indikationsbereichen. Die indikationsspezifischen Verschiebungen werden durch Nachfrageanalysen auf Postleitzahlen- und Landkreisebene hergeleitet
- **Berücksichtigung der technologischen Veränderungen:** Entwicklungsperspektiven bei innovativen Verfahren (z. B. Herzchirurgie: minimalinvasive Bypassversorgung, Herzinsuffizienztherapie, interventionelle Klappen etc.), verstärkte interdisziplinäre Zusammenarbeit mit Kardiologen (z. B. Hybrid-OP etc.)

Im Rahmen der Markt-Analyse werden die zukünftigen Wachstumspotenziale (Diagnosen, Prozeduren, Regionen) und rückläufige Bereiche identifiziert. Da Krankenhäuser im Rahmen eines Verdrängungswettbewerbs miteinander konkurrieren, sind Maßnahmen und Aktivitäten (z. B. in Form von Kooperationsstrategien, systematische Einweiserbindungs- und -gewinnungsprogramme etc.) zu entwickeln, die geeignet sind, Marktanteile zu erhöhen. Erfolgreiche Kliniken sind daran zu erkennen, dass sie nicht nur im Rahmen des allgemeinen Markttrends wachsen, sondern diesen Trend um ein vielfaches übertreffen. Selbstverständlich kann eine Klinik trotz eines sinkenden Markttrends erfolgreich wachsen.

Ein exemplarisches Ergebnis aus einer **Portfolio-Analyse** mit **Schwerpunkt Herzchirurgie** zeigt Abbildung 13.

4.5.2 Prozessorientierung und Wachstum – zwei Seiten einer Medaille

Die erfolgreiche Umsetzung einer Wachstumsstrategie funktioniert in der Praxis nur dann, wenn das „delivery" innerhalb der Krankenhausorganisation funktioniert und durch einen gesteuerten Ablauf eine hohe Zufriedenheit bei Patienten, Angehörigen und Einweisern erzielt wird. Die Prozessoptimierung im Primärbereich entlang des Patienten- und Behandlungspfades ist demnach eine der elementaren strategischen Herausforderungen für jedes Krankenhaus. Dieser Pfad von der Interaktion mit dem Einweiser, der Einbestellterminierung, der prästationären Untersuchung, der stationären Aufnahme, der Diagnostik und Anamnese, der OP-Planung und OP-Organisation, ggf. dem Intensivaufenthalt, der Verlegung auf Intermediate Care bzw. Normalstation bis hin zur Entlassung bzw. Verlegung in eine periphere Klinik ggf. zur Anschlussheilbehandlung ist der zentrale Prozess im Krankenhaus, an dem eine Vielzahl von Berufsgruppen beteiligt sind und miteinander agieren, unterschiedlichste Räume und Geräte genutzt sowie die größten Ressourcen entweder sinnvoll eingesetzt bzw. ggf. verschwendet werden. Der Primärprozess ist gekennzeichnet durch eine hohe Komplexität und wurde in deutschen Kliniken organisatorisch oftmals vernachlässigt.

Um den Primärprozess umfassend zu optimieren sind eine Vielzahl von Maßnahmen und Instrumenten zu entwickeln, die von einfachen Tools wie Checklisten und Behandlungspfaden bis hin zu integrierten IT-Multi-Ressourcenplanungstools, zentralen Managementfunktionen (Behandlungsmanagement, OP-Manager etc.) sowie der Synchronisation von berufsgruppenspezifischen Arbeitszeiten reichen können. Grundsätzlich werden im Rahmen einer Prozessanalyse gezielt die Ursachen für Verschwendung, Warte- und Suchzeiten, instabile OP-Pläne etc. untersucht. In der Praxis sind häufig Unter- oder auch Überkapazitäten (Betten, Personal, Geräte etc.) bzw. „fehlende Planung" eine wesentliche Ursache für **Warteschlangeneffekte** und **ineffiziente Prozesse**. Diese sind prioritär zu beheben. Häufig sind darüber hinaus die weichen Faktoren wie Personalführung, Personalentwicklung und Unternehmenskultur prozessbeeinflussende Hebel, die indirekt die prozessuale Zusammenarbeit und Kommunikation der verschiedenen Berufsgruppen fördert.

Signifikant höhere Produktivitätsniveaus lassen sich jedoch lediglich dann erzielen, wenn es gelingt Wachstum zu generieren und Fallzahlen zu steigern. Im Unterschied zur industriellen Fertigung können durch die Eliminierung von Verschwendung die Kosten im Krankenhaus lediglich begrenzt optimiert werden, da Mindestbesetzungen und 24-stündige (Notfall-)Versorgung die Flexibilität jeglichen Kostenmanagements limitieren. Insofern ist es elementar die Prozessoptimierung integriert mit einer Wachstumsstrategie zu verbinden.

> *„Schlechte Prozesse" führen nicht nur zur Verschwendung von kostbaren Ressourcen, sondern wirken sich negativ auf Mitarbeiter-, Patienten- und Einweiserzufriedenheit aus. Man sollte sich nicht auf einzelne Instrumente wie Patientenmanager oder Behandlungspfade und Schlagwörter wie Lean Management oder Lean Production verlassen, sondern einen spezifischen Baukasten zur Prozessorientierung entwickeln, der die Ursachen der organisatorischen Probleme an der Wurzel packt und die Abläufe und die Organisation im Krankenhaus ständig weiterentwickelt (Change Management).*

4.5.3 Der (weite) Weg zur Markenmedizin?

In einem verdrängungsorientierten Krankenhausumfeld kommt es zunehmend darauf an, die eigene Leistungsfähigkeit nach außen darzustellen und das Dienstleistungspaket professionell zu vermarkten. Da Mediziner primär von Helfen und Heilen geprägt sind, ist die „vertriebliche Orientierung" behutsam ins Krankenhaus einzuführen. Eine Grundvoraussetzung für jeden Markenbildungsprozess ist die medizinische Qualität. Man könnte zugespitzt formulieren, dass bei fehlender Qualität aufwändige Marketinginstrumente keine Wirkung zeigen. In diesem Zusammenhang liegt ein Grundproblem bei Krankenhäusern, da die Qualität in der Ausführung einer hohen Schwankungsbreite unterliegt bzw. einzelne Fachabteilungen eines Klinikums heterogen im Markt positioniert sind. Insofern ist detailliert abzuwägen auf welchen Ebenen mit welchen Markenbildern und Kundenwertversprechen gearbeitet wird. Die verschiedenen Ebenen und Markenbilder müssen eng miteinander verzahnt und aufeinander abgestimmt werden. Folgende Ebenen sind dabei zu berücksichtigen:

- Trägermarke,
- Krankenhausmarke,
- Zentrumsmarke,
- Klinik-/Abteilungsmarke und
- Diagnose- und Prozedurenmarke.

In der Praxis sind bereits häufig Wort- und Bildmarken auf allen Ebenen anzutreffen, doch häufig fehlt es am konkreten „Aufladen der Marke" mit Werten und Assoziationen, die beim Patienten und Kunden – im besten Fall auch beim Einweiser – ankommen. Da das Krankenhaus zunächst negative Assoziationen auslösen kann, besteht die Notwendigkeit mit positiven Bildern Vertrauen zum Kunden aufzubauen und damit einen Markenkern zu etablieren. Die Auswertung eines Klinikbewertungsportals (s. Abb. 14) zeigt, welche Präferenzen und Assoziationen Patienten mit Kliniken verbinden. Daraus können im Markenbildungsprozess positive Images für die einzelnen Markenebenen abgeleitet werden.

Der Markenbildungsprozess setzt einen Bewusstseinswandel bei den medizinischen und pflegerischen Leistungsträgern voraus. Erst wenn dies erreicht ist, können Marketingfachleute und -abteilungen ihre volle Wirkung entfalten. Solange die Markenbildung intern nicht „gelebt" wird, schafft sie ggf. Widersprüche und reduziert die Glaubwürdigkeit.

Fazit

Wie in jedem Unternehmen beeinflussen sich die Erfolgsfaktoren im Krankenhaus gegenseitig. Die medizinische Qualität der Fachabteilungen schafft die Möglichkeit neue Verfahren anzubieten und Wachstumsfelder zu entwickeln, die durch einen Markenbildungsprozess dargestellt und vermarktet werden. Steigende Fallzahlen sind mit Hilfe von optimalen Prozessen zu kanalisieren und ermöglichen signifikante Produktivitätsfortschritte. Dies kann lediglich dann funktionieren, wenn der **„Faktor Mensch"** nicht negiert wird und es gelingt die Mitarbeiter einzubinden. Dies bedeutet, dass die erfolgreiche Umsetzung einer Gesamtstrategie mit Teilstrategien zu Wachstum, Prozessorientierung, Markenbildung etc. stark davon abhängt, ob es gelingt durch gezielte **Führung,** eine positive Unternehmenskultur und wirksame Mitarbeiterbindungsprogramme die ärztlichen und pflegerischen Leistungsträger zu halten, neue zu rekrutieren und weiter zu entwickeln. Die steigende Nachfrage ist durch die Demografie gegeben. Eine besondere Herausforderung liegt in der Zukunft darin, Arbeits- und Ausbildungsbedingungen zu schaffen, die für die junge Generation ausreichend attraktiv sind. Gelingt dies nicht, wird man sich perspektivisch mit der **„dualen Rationierung"** beschäftigen: „Die Krankenkassen dürfen die Leistung nicht bezahlen und es findet sich weder Arzt noch Pflegekraft der diese ausführt." Dieses Szenario zu vermeiden, ist eine originäre Zukunftsaufgabe der relevanten Player, an der auf allen Ebenen vom Krankenhausmanagement bis hin zur Gesundheitspolitik zu arbeiten ist.

Abb. 14   Fokus auf positiv besetzte Inhalte und eine Verzahnung der Markenebenen zu empfehlen. Beispiele für das Aufladen mit positiven Werten. Quelle: www.klinikbewertungen.de; B-LUE-Analyse

Literatur

Chan K, Mauborgne R (2009) How strategy shapes structure. In: Harvard Business Review, Sept 2009

Fetzer S (2005) Determinanten der zukünftigen Finanzierbarkeit der GKV – doppelter Alterungsprozess, Medikalisierungs- vs. Kompressionstheorie und medizinisch-technischer Fortschritt, 2005

Häusler E (2001) Die Steuerung von Krankenhäusern über Balanced Scorecard. f&w 1/2001

Heberer M (1998) Erfolgsfaktoren der Krankenhausführung. Der Chirurg, 1998

Kaplan R, Norton D (1996) Translating strategy into action. The balanced scorecard. Harvard Business School Press, 1996

Montgomery C A (2009) Living Strategy, Harvard Business School, February 2009

Porter, M E (1985) Competitive Strategy, Creating and sustaining superior performance, The Free Press, 1985

Statistische Ämter des Bundes und der Länder (2008) Demographischer Wandel in Deutschland, Heft 2/2008

Statistisches Landesamt Baden-Württemberg (2004) Trends und Fakten, Einfluss der demographischen Entwicklung auf die Pflege- und die Krankenhausversorgung

5 Auswahl eines Beraters

Gunter Gotal

Universitätsklinikum der Ernst-Moritz-Arndt-Universität Greifswald

Wenn der Wind des Wandels weht, bauen die einen Schutz-
mauern und die anderen Windmühlen.
(chinesisches Sprichwort)

Der Berater ist ein zeitlicher und/oder thematischer Begleiter. Er stellt seine Expertise dem Kunden zur Verfügung. Er braucht eine klar definierte Beauftragung. Der Kunde kann die gewonnene Erfahrung vervielfältigen. Der Berater übernimmt nicht die Unternehmensführung, gelegentlich ist man da anderer Meinung. Viele Berater(verträge) sind kein Indiz für ein erfolgreiches Krankenhaus. Bessere Ergebnisse werden durch Spezialisten erzielt. Die Umsetzung vorgeschlagener Maßnahmen wird durch die existierenden Hierarchien erschwert.

Die Beratung gehört als Dienstleistung zum Tertiär-Sektor in der volkswirtschaftlichen Drei-Sektoren-Hypothese. Diesem Sektor wird für das 20. und 21. Jahrhundert die bedeutende Rolle als wirtschaftlicher Faktor zugesprochen [Fourastié 1954].

5.1 Einleitung

Fortwährend sich verändernde Rahmenbedingungen im deutschen Gesundheitswesen erzeugen einen hohen Anpassungsdruck, der die Krankenhäuser zwingt, die Entwicklungen kritisch zu würdigen und geeignete Maßnahmen zur Verbesserung der Wettbewerbsfähigkeit zu ergreifen.

Zur Unterstützung bietet sich zwischenzeitlich ein ganzes Regiment von Consultants an, das Krankenhaus in dieser Aufgabenstellung zu begleiten, wobei sie bestrebt sind uns ihr Verständnis der Maßnahmen aufzuoktroyieren. Die großen Unternehmensberatungen haben ein Segment mit Spezialisten für diesen Bereich etabliert.

Die Entscheidung für die Unterstützung durch ein Beratungsunternehmen wird in der Regel dann getroffen, wenn ein Mangel an eigenen Ressourcen (Qualifikation/Personal/Zeit) besteht. Gelegentlich wird der Bedarf auch von Externen, wie z. B. dem Krankenhausträger, seinen Aufsichtsorganen und den Wirtschaftsprüfern formuliert.

Das Beratungsgeschäft ist eine produktunabhängige Dienstleistung. Dabei entsteht nicht unbedingt ein materielles Produkt (abgesehen von der CD mit der anscheinend unumgänglichen PowerPoint Präsentation), sondern die Beratung dient den aktuellen Bedürfnissen des Ratsuchenden. Im Nachfolgenden wird unabhängig vom Beratungsgegenstand eine Schritt für Schritt Darstellung der Beauftragung eines Consultants beschrieben.

5.2 Notwendigkeit

Gelegentlich wird der Eindruck erweckt, je mehr Berater (natürlich von namhaften internationalen Agenturen) sich in einem Unternehmen tummeln, desto innovativer und erfolgreicher ist es. Im Krankenhausbereich stehen Mittel für diesen Bereich in der Regel nur begrenzt zur Verfügung. Kosten die im Bereich von mehreren 100.000 EUR liegen sind schnell erreicht, Ergebnisse liegen dann aber möglicherweise noch nicht vor.

Keinen Berater braucht, wer

- *nur eine Bestätigung für seine eigene Vorgehensweise sucht,*
- *von einer Umsetzung der empfohlenen Maßnahmen absehen wird,*
- *mit unterschiedlichen Anbietern identische Aufgabenfelder abarbeitet,*
- *Methodenwissen aus der Literatur teuer aufarbeiten lässt.*

Berater sollten eingesetzt werden, wenn

- *mit den eigenen Ressourcen ein gestecktes Ziel nicht in der Zeit oder Qualität erreicht werden kann,*
- *klare Vorstellungen über das Ziel oder das erwartete Ergebnis bestehen und dies auch schriftlich niedergelegt wird,*
- *Mittel für die Kosten der Beratung bereitstehen, der Zeitrahmen ausreichend ist und die eigene Mitwirkung gewährleistet ist,*
- *Berater mit ausreichender Erfahrung und Referenzen im jeweiligen Themengebiet zur Verfügung stehen.*

5.3 Das Geschäftsmodell (als Prozess)

Nachfrage und Angebot

Besteht Klarheit über das zu erreichende Ziel, ist es sinnvoll mit mehreren Anbietern Sondierungsgespräche zu führen. Handelt es sich um einen Themenkreis, den bereits eine andere Einrichtung aufgegriffen hat, hilft eine entsprechende Nachfrage den Kreis der Beteiligten zu reduzieren.

Doch Vorsicht, Beratung beruht immer auf einer Beziehungsebene, nicht jeder kann mit jedem! Das Gespräch hilft den Umfang der Beauftragung einzugrenzen und eine Vertrauensbasis

unter den Partnern zu schaffen. Der Berater muss seine Expertise für das Projekt nachhaltig belegen können.

Zu klären ist auch, in wie weit Räumlichkeiten und Personal des Auftraggebers in diesen Prozess einbezogen werden. Der zeitliche Rahmen ist zu bestimmen und gegebenenfalls auch eine vom Auftraggeber erwartete Umsetzung. Im Falle umfangreicher Projekte sind Teilziele und -termine zu benennen.

Die im öffentlichen Bereich erforderliche Ausschreibung hilft Projektbeschreibung, Projektziel(e) und Kosten darzustellen. Im internationalen Bereich tätige Agenturen haben sehr vergleichbare Konditionen, Spezialisten mit kleineren Büros oft sehr gutes Personal zu moderaten Preisen. Gerade in der Beratung heißt teurer nicht auch besser!

Vertrag

Die Vertragsgestaltung muss sich an der Ausschreibung orientieren. Neben Ziel, Zeit und Preis müssen aber auch Qualitätsaspekte integriert werden. Welche Erwartung hat der Auftraggeber an den oder die Berater, mit welcher Berufserfahrung und welchem Status sollen sie in das Projekt eingebunden werden.

Wie sieht das Konfliktmanagement aus? Bedarf es eines Lenkungskreises? Wer wird wann in die Ergebnisdiskussion eingebunden? Ist eine Evaluation der Zielerreichung vorgesehen und wenn ja mit welchen Mitteln? Gibt es bei größeren Projekten Teilziele (Milestones) und wer ist für diese verantwortlich?

Gute Berater werden von selbst Instrumente anbieten, mit denen diese Fragen abgebildet und beantwortet werden können. Das Thema Kundenzufriedenheit muss für jeden Consultant von höchster Bedeutung sein.

Leistungserbringung

Dieser auch als operative Phase bezeichnete Prozess unterliegt der Wahrnehmung aller Beteiligten. Wir als Mitarbeiter (oder besser wir alle als Menschen) stehen Veränderungen grundsätzlich skeptisch gegenüber (siehe einleitendes Zitat). Wir sehen darin eine latente Gefahr und beurteilen Entwicklungen immer erst nach ihrem Risiko für uns und unseren Arbeitsplatz. Hier wird sich sehr schnell die Kompetenz der vor Ort tätigen Mitarbeiter herausstellen sowie deren Akzeptanz bei den Mitarbeitern.

Ein leidiges Unwesen großer Agenturen besteht immer wieder darin, die Ist- oder Bestandsaufnahme von jungen, noch nicht erfahrenen Mitarbeitern vor Ort durch Interviews erheben zu lassen. Kennen Sie die Kommentare ihrer Führungsebene über die x-malte Frage zu diesem Komplex.

Selbstverständlich muss ein junger BWLer ein System erst einmal verstehen lernen und er ist ja auch in der Kalkulation des Angebotes als Junior-Consultant ausgewiesen. Es ist aber hilfreicher und das Verfahren verkürzend erfahrene Interviewer einzusetzen, die nicht über jeden Prozessschritt erst einmal aufgeklärt werden müssen.

Die Reorganisation z. B. eines OP's sollte von im OP-Management erfolgreichen Experten durchgeführt werden. Oft greifen hier die Agenturen auf Externe zurück, die sich eine anerkannte Reputation erworben haben. Warum dann nicht gleich selbst beauftragen?

Präsentation und/oder Empfehlung

Dieser Punkt entspricht der Lieferung der geschuldeten Leistung. Es erfolgt eine Zusammenfassung der Bestandsaufnahme und der Soll-Konzeption. Für die Prozessoptimierung werden neue oder verbesserte Standards vorgestellt.

Das Potenzial der Empfehlungen liegt natürlich über den Kosten der verauslagten Beratungshonorare. Wenn möglich sollte jetzt ein Vertrag mit einer verbindlichen Umsetzung der Ergebnisse unterzeichnet werden.

Hierfür muss sich der Berater auf die Unterstützung der Unternehmensleitung verlassen können. Nur wenn diese, der vorgeschlagenen und bestätigten Maßnahme zustimmt, ist eine Durchsetzung im betroffenen Unternehmen möglich. Eine Beratung ohne Umsetzung ist für den Auftraggeber ein Desaster.

Honorierung

Ein guter Consultant ist sein Geld wert! Er bringt die Erfahrung aus Studium und Praxis zusammen und kann dem Kunden eine Markt- und Methodenübersicht verschaffen, die sonst nur in Konzernstrukturen generiert werden kann.

Nicht klar abgegrenzte Projekte bergen aber die Gefahr in sich, in eine Geldvernichtungsmaschinerie umfunktioniert zu werden. Wenn kein klares Ziel definiert ist, werden sich im Projekt immer wieder neue Fragestellungen ergeben. Wenn zwischen Defizitdarstellung und Umsetzung keine Abstimmungsverfahren vorgeschrieben sind, gibt es keinen klar umrissenen Auftragsumfang mehr. Die Honorare werden im schlimmsten Falle nach Aufwand fällig, für den Berater vielleicht gut, für den Auftraggeber aber nicht.

Ein Beratungsauftrag ist eine inhaltlich/zeitlich befristete Unterstützung durch Externe. Diese sollten nicht die heimlichen Unternehmenslenker werden oder die Verantwortlichen davon freistellen, Verantwortung für ihr Unternehmen zu übernehmen. Ein Projekt muss zu Ende gebracht werden, eine Beurteilung durch Interne und Externe überstehen können und für beide, Auftraggeber und -nehmer, zu einer Referenz werden.

5.4 Hierarchie

Die Umsetzung der vom Berater empfohlenen Maßnahmen scheitert oft an der existierenden Hierarchie. In den meisten Einrichtungen ist diese nach wie vor funktional und damit vertikal also top-down ausgerichtet. Veränderungen betreffen jedoch nicht nur den eigenen Verantwortungsbereich. Die Weiterentwicklung von Unternehmen kann nur im Ganzen erfolgen. Dies macht eine Bereitschaft zur Mitwirkung auch in Bereichen erforderlich, für die originär keine Verantwortung besteht. Der damit verbundene Zeitaufwand ist erheblich, die verbesserte Wettbewerbsfähigkeit rechtfertigt dies jedoch.

5.5 Change Management

Alle Aufgaben des Beraters lassen sich unter diesem Begriff subsumieren.
- Welche Strukturen würden sie für uns empfehlen?
- Wie sollte dieser Prozess gestaltet werden?
- Mit welcher Strategie sollten wir vorgehen?

Dabei ist uns klar, dass die Beantwortung jeder dieser Fragen weitreichende Veränderungen mit sich bringen wird. Was ist dazu erforderlich?

3-Phasen- Modell nach Kurt Lewin

Unfreezing

Lewin verstand alle gewollten Veränderungsprozesse als gruppendynamischen Prozess (Lewin 1953). Er war der Überzeugung, dass in dieser Umgebung Veränderungen gemeinsam besser ertragen oder erduldet werden.

Gemeint ist hier die gelebte Erstarrung(oder das Beharren im aktuellen Zustand) zu überwinden. Eine Veränderung wird gewünscht, es kann so nicht weiter gehen. In dieser Phase sollte es gelingen, die Veränderungswilligen zusammenzuführen.

Dies wird nie mit allen Beteiligten möglich sein, eine tragende Mehrheit oder Meinungsbildner müssen gefunden werden. Individuell muss eine hohe Flexibilität bestehen, um den Veränderungsprozess zu initiieren. Die Mitarbeiter müssen mit ihren Bedenken wahrgenommen werden und ausreichend Gelegenheit erhalten, ihre Sicht darzustellen oder entstandene Risiken aufzeigen zu können.

Moving

Das ist die Phase, in der neue Strukturen, Prozesse, Strategien bereits eingeführt werden. In der Regel durch eine Vielzahl von Einzelprojekten, die zuvor mit den Veränderungswilligen bestimmt und beschrieben wurden. Die Einrichtung eines Projektbüros und die Erfassung bereits bestehender Projekte ist hier sehr hilfreich. Projekte sollten messbar sein und der Erfolg darstellbar.

Für diese Phase muss ausreichend Zeit eingeplant werden. Nicht wirksame Veränderungen sind zu hinterfragen und abzuändern bzw.

in Frage zu stellen. Eine offene Diskussion mit allen Beteiligten ist sicherzustellen.

Refreezing

Gemeint ist das wieder Festmachen. Erfolgreiche Veränderungen werden unter diesem Gesichtspunkt zu einem festen Bestanteil der neuen Unternehmensprozesse oder -strukturen. Damit ist die von den Mitarbeitern gewünschte Verlässlichkeit wieder eingekehrt und den Befürchtungen einer permanenten Ungewissheit wird entgegengewirkt. Das neue Handeln soll etwas Vertrautes werden. Es ist eine neue Phase der Stabilität erreicht worden.

Fazit

Berater haben Ihren Platz in unserer Dienstleistungsgesellschaft. Sie sind willkommene Partner. Ihr Platz ist an der Seite des Unternehmens und der Leitung, sie sind aber nicht **das** Unternehmen! Sie haben eine bestimmte Aufgabe zu erfüllen, die der Unternehmer mit seinen Mitarbeitern zurzeit nicht selbst oder nicht fristgerecht erbringen kann. Ihre Referenzen sollten das in sie gesetzte Vertrauen rechtfertigen. Sie sind in der Lage, die betroffenen Mitarbeiter im Sinne des Models nach Lewin in diesen Prozess einzubeziehen und ihnen das gewünschte Gefühl der Sicherheit zu vermitteln. Sie verlassen das Unternehmen nach Projektabschluss.

Literatur

Fourastié J (1954) Die große Hoffnung des 20. Jahrhunderts. Köln

Lewin K (1953) Die Lösung sozialer Konflikte. Christian-Verlag, Bad Nauheim

6 Exkurs: Beratung – Von der Intervention zum kontinuierlichen Aufbau von Fähigkeiten

Reinhard Wichels[*]

McKinsey & Company, Hamburg

In den vergangenen Jahren konnte man eine dramatische Professionalisierung innerhalb der deutschen Krankenhauslandschaft beobachten. Es wurde optimiert, konsolidiert, privatisiert – und dies mit handfesten Ergebnissen: Die Verweildauer wurde zwischen 2000 und 2008 um 17 % gesenkt, dabei rund 10 % der „offiziellen" Betten abgebaut und die Casemix-Produktivität um einen zweistelligen Prozentsatz erhöht [vgl. Statistisches Bundesamt 2009]. Einzelne Berufsgruppen haben durch Dienstplanoptimierung und Anpassung der Besetzungskennzahlen eine Produktivitätssteigerung um bis zu 30 % erzielt. Sicherlich haben einzelne Häuser weiterhin Nachholbedarf, aber über die breite Masse hinweg hat Deutschland hinsichtlich der Produktivitätskennzahlen europäisches Spitzenniveau erreicht.

Und nun? Personal- und Sachkosten werden auch weiterhin steigen – bei nur marginaler Budgetentwicklung. Die verführerisch einfache Antwort ist Wachstum unter weiterer Steigerung der Produktivität. Nur – woher soll diese kommen, wenn Benchmarks erreicht, Dienstpläne optimiert, und schließlich in einer Schicht noch drei Pflegekräfte für über 30 Patienten verantwortlich sind? Mit welchen Mechanismen soll eine Organisation diese doppelte Herausforderung bewältigen?

Voraussetzungen für eine leistungsfähige Krankenhausorganisation

Während bisher Struktur- und Prozessoptimierungen als wesentliche Hebel im Vordergrund standen, werden in den nächsten Jahren – neben der Fähigkeit zum organischen Wachstum – die Themen *Personal und Organisation* darüber entscheiden, ob sich Krankenhäuser überdurchschnittlich entwickeln. Nur diejenigen Einrichtungen, welche die Bedeutung einer gesunden Organisation für Produktivität und Qualität eines Versorgers verstanden haben, können langfristig geeignete Mitarbeiter rekrutieren, zu geeigneten Führungskräften ausbilden und damit ein schlagkräftiges Unternehmen bilden. Voraussetzung für diese Entwicklung zu einer *gesunden* und damit auch langfristig leistungsfähigen Krankenhausorganisation sind drei Dimensionen:

■ **Führung und Steuerung.** Traditionell wurde im klinischen Umfeld die Führungsfähigkeit von Mitarbeitern am ehesten an der fachlichen Qualifikation festgemacht. In den vergangenen Jahren hat sich diese Perspektive deutlich verlagert: Wachsende ökonomische Zwänge verlangen ein hohes Maß an Prozesssteuerung und damit erhebliche organisatorische Fähigkeiten. Diese Aufgaben obliegen in den meis-

* Der Autor dankt Dr. Tim Guderjahn und Dr. Anne Schnieber für ihre wertvolle inhaltliche Unterstützung.

ten Krankenhäusern jungen Assistenzärzten oder Pflegekräften – und deren Ausbildungen berücksichtigen wirtschaftliches Handeln, das Führen von Patienten und Angehörigen oder auch der eigenen Mitarbeiter nur unzureichend. Diese Fähigkeiten sind – neben einer exzellenten klinischen Weiterbildung – unbedingt zu fördern, um Vorteile bei Qualität und Produktivität zu ernten.

■ **Motivation.** Arbeitsverdichtung und anhaltende Diskussionen um Zukunftsperspektiven und Angemessenheit der Vergütung haben zu deutlich wahrnehmbarer Unzufriedenheit beim klinischen Personal, allen voran Ärzten und Pflegekräften, geführt. So geben in einer aktuellen Studie [Buxel 2009] unter Assistenzärzten nur etwa 50 % der Befragten an, mit ihrem Arbeitgeber zufrieden zu sein. Der hohe Anteil unzufriedener Mitarbeiter führt zu einem Motivationstief und hat unmittelbar negative Auswirkungen auf der Kosten-, aber auch auf der Erlösseite, denn Patienten und Angehörige sowie zuweisende Ärzte bekommen diese Einstellung unweigerlich zu spüren. Finanzielle Anreize können die Zufriedenheit und Motivation der Mitarbeiter nur begrenzt verbessern und haben sich als alleiniges Instrument in der Praxis nicht bewährt. Tatsächlich sind es fünf Dimensionen, die im Zusammenspiel eine überdurchschnitt-

lich große Menge an motivierten Mitarbeitern hervorbringen:
1. Klare Verantwortungsbereiche,
2. angemessener Handlungsspielraum,
3. Chancen auf persönliche Weiterentwicklung,
4. ein transparentes Beurteilungsschema sowie
5. ein einheitliches Wertesystem des Unternehmens.

■ **Zusammenarbeit innerhalb der Organisation.** Eine Selbstverständlichkeit, die sich jedoch in der Realität komplex gestaltet: Gräben zwischen Abteilungen, Funktionsbereichen, klinischen und administrativen Bereichen sowie Berufsgruppen sind im Krankenhaus häufig nur schwierig zu überwinden. Derzeit wird versucht, die Kooperation zwischen Abteilungen mit *strukturellen Lösungsansätzen* (z. B. der Bildung von interdisziplinären Kompetenzzentren) zu adressieren, während man in der Zusammenarbeit zwischen klinischen und administrativen Bereichen eine *Parallelisierung der Anreizsysteme* (z. B. Zielvereinbarungsgespräche, Etablierung einer erlösbasierten Personalbedarfsplanung, etc.) vorantreibt.

McKinsey fasst die Leistungsfähigkeit in diesen drei Dimensionen unter dem Begriff der *Organisa-*

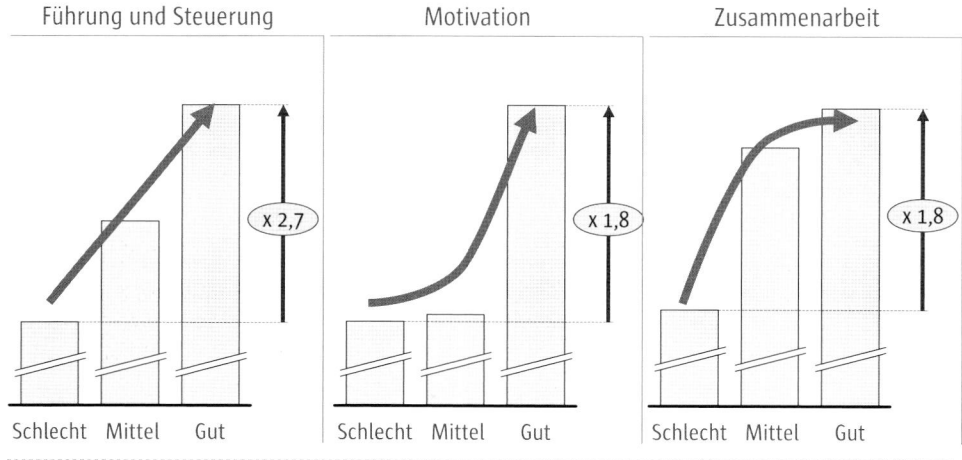

Abb. 15   Gesunde Organisationen sind auch finanziell erfolgreicher. Wahrscheinlichkeit überdurchschnittlicher EBITDA-Margen bei guter, mittlerer und schlechter Organisationsgesundheit (McKinsey-Benchmark auf Basis von Organizational Health-Indizes [OHI])

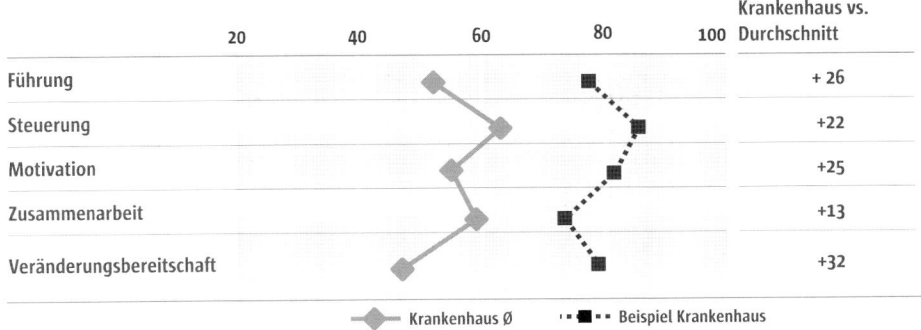

Abb. 16   Organisationsgesundheit lässt sich messen – McKinsey Hospital Health Index®: Hoher Grad an
Veränderungsbereitschaft als Grundlage für eine allgemein überdurchschnittliche Leistung (gestrichelte Linie)

tionsgesundheit zusammen. Dabei zeigt sich, dass
Unternehmen mit hoher Organisationsgesundheit eine 2,2-mal höhere Wahrscheinlichkeit für
eine überdurchschnittliche EBITDA-Marge haben als Unternehmen mit schlechteren Werten[1]
(s. Abb. 15).

Organisationsgesundheit kann gemessen werden

Es überrascht nicht, dass Einrichtungen mit
einem hohen Grad an Organisationsgesundheit auch Projekte stringenter und erfolgreicher umsetzen. McKinsey untersucht daher im
Rahmen seiner Projekte den Zustand eines Hauses hinsichtlich Faktoren wie Führung, Motivation und Zusammenarbeit und hat dazu ein
Instrumentarium entwickelt, welches die Organisationsgesundheit eines Krankenhauses präzise messen kann. Der Hospital Health Index®
(HHI) ist ein multidimensionales Befragungs-
werkzeug, welches unter beliebig großen Teil-
nehmergruppen die wichtigsten Dimensionen
der Organisationsgesundheit im Krankenhaus
erfasst (s. Abb. 16). Diese lassen sich beispielsweise nach Abteilungen, Funktionsbereichen
und auch Berufsgruppen anonymisiert auswer-
ten und anschließend mit Häusern ähnlicher
Größe und Struktur oder auch im zeitlichen Verlauf vergleichen.

Gesunde Organisation ist lernbar

Bisher steckt die systematische Weiterentwicklung organisatorischer Führungskompetenzen im
Gesundheitswesen noch in den Kinderschuhen.
Dafür kommt eine Reihe von Ursachen in Frage:
Die derzeit vielerorts noch fehlende Akzeptanz der
Produktivitätsvorteile von „weichen" Faktoren,
für Führungskräfte ungeeignete Trainingsforma-
te oder auch die Herausforderung, die Mitarbeiter auf Basis von *individuellen Kompetenzprofilen* zu
schulen (s. Abb. 17). Allerdings ist gerade das individuelle Kompetenzprofil entscheidend für die
Fähigkeiten eines Mitarbeiters, in einer Organisation eine definierte Führungsaufgabe wahrzunehmen und in dieser als Rollenvorbild zu agieren.

Aufbau von Fähigkeiten als Grundlage für Projekterfolge

Es ist auffällig, dass leistungsfähige Organisationen deutlich weniger Optimierungsprojek-
te aufsetzen als der Durchschnitt – dabei ist der
Verbesserungsbedarf keineswegs geringer. Hintergrund sind höhere Selbstheilungskräfte: Mitarbeiter beseitigen eigenständig Mängel und verbessern Abläufe. Dies führt schließlich auch zu
einem höheren Implementierungsgrad und -er-
folg der Projekte.

McKinsey setzt im Rahmen seiner Projekte gezielt auf solche Mitarbeiter – und bildet deren Fähigkeiten umfassend weiter. Die *McKinsey Hospital Akademie* bietet rund 40 Schulungsmodule an,
in denen die projektbezogenen Inhalte mittels
praxisorientierter Formate geschult und durch
interaktive Fallübungen verstetigt werden. Für

---

1   Interessant dabei ist, dass die Wahrscheinlichkeit einer
überdurchschnittlichen EBITDA-Marge in den Dimensionen
Führung und Steuerung sowie Zusammenarbeit eher linear
korreliert, während beim Motivationslevel schon ein deutlich überdurchschnittlicher Wert vorliegen muss.

Abb. 17   McKinsey-Kompetenzmodell für Führungskräfte im Krankenhaus mit sechs Dimensionen und beispielhaften Schulungselementen (McKinsey Hospital Akademie)

jeden Teilnehmerkreis werden dabei passgenaue Trainingspläne entwickelt, um der spezifischen Projektsituation des Klienten gerecht zu werden. Es entsteht damit ein Beratungsmodell, das deutlich mehr als bisher die Fähigkeiten und damit Selbstheilungskräfte der Organisation in den Vordergrund rückt.

Darüber hinaus bietet die Akademie den Mitarbeitern die Möglichkeit, ihre persönlichen Führungsfähigkeiten weiterzuentwickeln. Denn nur wenn sich Chefarzt und Stationsleitung, Abteilungsleiter und Finanzcontroller gleichermaßen

ihrer Vorbildfunktion bewusst sind, gelingt die Transformation zu einer langfristig gesunden und wirtschaftlich leistungsfähigen Einheit.

Literatur

Buxel H (2009) Assistenzarztmangel bekämpfen – Personalsicherung und -bindung mit richtiger Arbeitsplatzgestaltung. Arzt und Krankenhaus, Heft 11, S. 338–342

Statistisches Bundesamt (2009) Qualitätsbericht „Grunddaten der Krankenhäuser 2008". Fachserie 12, Reihe 6.1.1. Wiesbaden, www.destatis.de

7 Das Krankenhaus in neuen Versorgungs- konstellationen – Kooperationen und Netzwerke

Susanne Quante

Universitätsklinikum Hamburg-Eppendorf

7.1 Einleitung

Im deutschen Gesundheitswesen hat sich eine Marktdynamik entwickelt, die neue Versorgungskonstellationen sowohl ermöglicht, als auch erfordert. Diese Entwicklung schlägt sich auch in der Terminologie nieder. So ist es heute fast selbstverständlich, von der Gesundheitswirtschaft statt vom Gesundheitswesen zu sprechen und das Krankenhaus als Unternehmen zu begreifen. Dies war in Verbindung mit dem Gesundheitswesen lange Zeit nicht vorstellbar, da vor allem bei den Leistungserbringern ein anderes Selbstverständnis herrschte.

Die neue Marktdynamik beinhaltet auch Wettbewerb, die Internationalisierung von medizinischen Leistungen, Leistungstransparenz sowie insbesondere die Einführung eines preis- und wettbewerbsorientierten Vergütungssystems (DRG). Wo es Wettbewerb gibt, entstehen neue Versorgungskonstellationen und Verbünde – so auch in der Gesundheitswirtschaft. Der Gesetzgeber hat hierfür rechtliche Möglichkeiten und Anreize, z.B. durch. §§ 140 a ff. SGB V, § 116 b SGBV und § 95 SGB V geschaffen und erwartet von den Akteuren der Gesundheitswirtschaft ein Umdenken hin zu – gerade auch sektorübergreifenden – neuen Versorgungskonstellationen. Den Kranken-häusern werden hierdurch erweiterte Teilnahmechancen am ambulanten Markt eröffnet und den niedergelassen Ärzten neue Gestaltungsspielräume (z.B. Tätigkeit im MVZ als angestellter Arzt oder auch Möglichkeiten für einen ausgelagerten Praxissitz) für ihre Tätigkeit geboten. Die Umsetzung erfordert die Vernetzung und Kooperation zwischen den Sektoren aber auch zwischen den Leistungsanbietern insgesamt. Der Leistungserbringer muss sich folglich der Herausforderung des Wettbewerbs aber auch den neuen Versorgungskonstellationen stellen. Die Zeit der Einzelkämpfer im Gesundheitswesen ist vorbei. Wer zukunftsfähig sein will, braucht Partner. Die folgenden Ausführungen geben Aufschluss darüber, wie man diese neue Dynamik nutzen kann/sollte und welche Möglichkeiten die neuen Versorgungskonstellationen bieten und warum es mitunter gerade Krankenhäusern und Ärzten so schwer fällt, sich dieser Herausforderung zu stellen.

7.2 Die Herausforderung

Die Gesundheitswirtschaft ist ein Wachstumsmarkt: Gesundheitswirtschaft meint die Gesamtheit aller Leistungserbringer, die in Verbindung mit Gesundheit oder Gesundwerden tätig sind.

Dies sind Krankenhäuser, niedergelassene Ärzte, Rehakliniken genauso wie Pharmaindustrie oder Apotheken. Bedingt durch den demografischen Wandel und die immer leistungsfähiger werdende Medizin steigt die Nachfrage nach Gesundheitsleistungen. Zugleich hat die Gesundheitswirtschaft mit steigenden Kosten bei sinkenden Einnahmen zu kämpfen. Um Kostensenkung sowie Leistungs- und Qualitätssteigerung zu erreichen, setzt die Politik zunehmend auf die Flexibilität, die Beweglichkeit und den Wettbewerb der Akteure der Gesundheitswirtschaft untereinander.

Zudem kommt der Qualität im Gesundheitswesen eine wachsende Bedeutung zu. Qualität ist transparenter geworden, sie hat sich zum entscheidenden Wettbewerbsfaktor entwickelt. Die Patienten sind souveräner und anspruchsvoller geworden. Der Zugang zu Vergleichsdaten ist für sie über das Internet einfach; sie können sich umfassend über die Angebote der Häuser, deren Schwerpunkte und Qualitätsdaten informieren. Der zuweisende Arzt, der ebenfalls im Wettbewerb um Patienten agiert, hat ein Interesse daran, dass sein Patient zufrieden aus dem empfohlenen Krankenhaus zurückkehrt und die Kommunikation mit dem Krankenhaus reibungslos verläuft. Viele Krankenhäuser haben sich dem gestellt und veröffentlichen Qualitätsdaten adressatengerecht in unterschiedlichen Medien. Um im Wettbewerb um die „Kunden" Patient und Zuweiser erfolgreich sein zu können, müssen transparente qualitätsorientierte medizinische Angebote vorhanden sein. Wesentliche Voraussetzung für die Schaffung dieser Angebote ist eine konsequente Profilbildung im eigenen Unternehmen. Das eigene Leistungsportfolio muss untersucht, zwischen Leistungserbringern und Management diskutiert und weiterentwickelt werden. Grundlage dieser Profilbildung sollte eine intensive Portfolioanalyse sein, die Stärken und Schwächen des eigenen Unternehmens erkennen lässt und strategische Entscheidungen z. B. für Investitionen, Einsparungen oder auch Neuausrichtungen ermöglicht.

Im Wettbewerb und in der Profilbildung liegen die entscheidenden Anknüpfungspunkte für neue Versorgungskonstellationen des Krankenhauses mit anderen Leistungsanbietern der Gesundheitswirtschaft. Kooperationen und Netzwerkarbeit können entscheidend das Wachstum in ausgewählten Bereichen unterstützen, Stärken ausbauen oder Schwächen kompensieren. Kein Krankenhaus, auch keine Universitätsklinik deckt den kompletten Versorgungsumfang als einzelnes Haus ab [Röder et al. 2009, S. 918]. Auch Universi-

tätskliniken müssen sich spezialisieren und mit anderen Häusern in Kooperationsbeziehungen treten. Es ist eine zentrale Herausforderung an das moderne Krankenhausmanagement, neue Versorgungsformen und neue Versorgungsstrukturen im eigenen Unternehmen zu etablieren und transparent nach außen und nach innen zu kommunizieren. Ziel einer Kooperation bzw. eines Netzwerkes im Gesundheitswesen sollte es sein, die Chance für das eigene Unternehmen zu nutzen, zwischen den Partnern abgestimmte qualitätsorientierte Therapieabläufe, die sich am Patienten orientieren, zu entwickeln und diese gemeinsam umzusetzen. Von diesem Vorgehen profitieren die beteiligten Kooperationspartner gleichermaßen, da beide für sich die gemeinsame Entwicklung beanspruchen und dies entsprechend kommunizieren können.

> Kooperationen sind eine weitreichende strategische Unternehmensentscheidung und sollten im Krankenhaus auf Management- und Klinikseite „Chefsache" sein!

7.3 Kooperation als Unternehmensverbindung

7.3.1 Was bedeutet Kooperation?

Die Begriffe Kooperation und Netzwerk, Kauf und Fusion lassen sich unter der Überschrift *Unternehmensverbindungen* zusammenfassen.

Anders als bei Fusion und Kauf, bei denen die Einzelunternehmen ihre rechtliche Selbständigkeit durch eine gemeinsame neue Rechtsform oder durch Eingliederung des einen Unternehmens in das andere verlieren, erhalten die Unternehmen bei Kooperation bzw. im Netzwerk ihre rechtliche Selbständigkeit. Damit sind kooperative Zusammenschlüsse weniger formalen und gesellschaftsrechtlichen Anforderungen ausgesetzt, als die Unternehmensverschmelzungen durch Fusion oder Kauf, und folglich flexibler und schneller zu gestalten. Fusion und Kauf sind überwiegend die Instrumente der privaten Krankenhausketten, die sich ihre Wettbewerbsvorteile durch gezielte Akquisitionen sichern.

„Kooperation", „strategische Allianz" oder „Netzwerk" sind nicht nur im Gesundheitswesen häufig genutzte Begriffe. Kooperation bedeutet das freiwillige Zusammenwirken oder auch die Mitwirkung mehrerer Personen, Einrichtungen oder Unternehmen. Im Rahmen einer Kooperation sollen Handlungen von Menschen oder Unternehmen so zusammengebracht werden, dass die Wirkung der Handlungen allen Beteiligten Nutzen bringt; es sind in der Kooperation keine Handlungen erwünscht, die sich zum Nachteil der anderen Seite auswirken. Kooperationspartner erwarten ein entsprechendes Verhalten (quid pro quo) zum gegenseitigen Nutzen (Win-win-Situation).

In Kooperationen arbeitet man freiwillig zum gegenseitigen Nutzen mit einer abgestimmten Strategie zusammen.

Da Kooperationen an die Freiwilligkeit anknüpfen, muss das Ziel der Kooperation, insbesondere der gegenseitige Nutzen, besonders transparent herausgearbeitet und in die kooperierenden Unternehmen vermittelt werden. Nur dann können sie langfristig Bestand haben, Krisen überstehen und Wettbewerbern standhalten. Bei Unzufriedenheit eines Partners können sie relativ einfach im Rahmen der vereinbarten Kündigungsfristen wieder gelöst werden, oder auch durch Inaktivität der Beteiligten einfach „einschlafen".

7.3.2 Voraussetzungen für Kooperationen von Krankenhäusern

Wichtigste Voraussetzung für die Kooperation, ist die **Bereitschaft der zukünftigen Partner zu kooperieren**. Darunter ist die unabhängig von einem konkreten Kooperationsprojekt gegebene Motivation der Partner zu verstehen, eine Zusammenarbeit als Handlungsalternative zu erwägen und ggf. zu realisieren. Die Kooperationsbereitschaft setzt eine langfristige strategische Denkweise sowie eine grundsätzliche Veränderungs- und Innovationsbereitschaft bei den beteiligten Akteuren voraus [Klemann 2009, S. 275]. Dies gilt für die Mediziner und Pflegekräfte ebenso wie für die Geschäftsführungen oder Vorstände der Häuser. Kooperation bringt Veränderungen mit sich und diese müssen gewollt sein. Die Bereitschaft zu kooperieren erfordert außerdem die Reflektionsbereitschaft des eigenen Handelns. Die Ärzte in unserem Gesundheitswesen wurden Jahrzehnte durch eine Einzelkämpfermentalität [Arentz 2009, S. 145] geprägt. Dies trifft auf den niedergelassenen Arzt in einer Einzelpraxis ebenso zu, wie auf den Chefarzt eines Krankenhauses oder den Klinikdirektor eines Universitätsklinikums. Wer kooperieren will, muss

sich den Partnern öffnen, Vereinbarungen treffen und sich an diese halten, Vertrauen bilden, kritikfähig sein und kritisieren lernen. Ist der Wille zur Kooperation da und eine Veränderungsbereitschaft entstanden, kann durch diesen Prozess das eigene Unternehmen auf vielen Ebenen positiv beeinflusst werden. Kooperationen bieten damit eine nicht zu unterschätzende Chance, einen „Kulturwandel" im eigenen Unternehmen zu unterstützen.

Eine weitere wesentliche Voraussetzung ist die Fähigkeit der Partner zur Kooperation (Kooperationskompetenz). Hierunter sind Fähigkeiten des eigenen Unternehmens zu verstehen, die eine enge Interaktion mit Partnern erleichtern sowie die Gefahr opportunistischen Verhaltens oder auch Know-how-Abflusses reduzieren [Klemann 2009, S. 283]. Es ist daher wichtig, dass aus der Kooperationsbereitschaft des Unternehmens die Kooperationsfähigkeit erwächst und dieser Prozess vom Management unterstützt wird. Es sollte im Unternehmen eine klare Zuständigkeit für das Thema „Unternehmensverbindungen und Kooperationen" geben. Von dort werden Kooperationskompetenz und Kooperationserfahrung in das Unternehmen eingebracht. Es kann bei der Entwicklung möglicher Kooperationsmodelle unterstützt, die Verhandlungen geführt oder auch Hilfestellung bei der Partnerwahl gegeben werden.

Ein weiterer entscheidender Erfolgsfaktor ist die richtige Partnerwahl. Neben den Inhalten der Kooperation, die sich ergänzen und zusammenpassen müssen, müssen auch die Partner harmonieren. Es kann vorteilhaft sein, wenn die an der Kooperation mitwirkenden Ärzte einander bereits kennen und auf gegenseitige positive Erfahrungen miteinander zurückgreifen können. Dies erhöht die Akzeptanz, wird allerdings nicht alle Diskrepanzen überbrücken können. Dies gilt besonders für kulturelle Diskrepanzen, z. B. aufgrund unterschiedlicher wettbewerblich agierender Trägerschaften, oder wenn die Unternehmenskulturen nicht zu einander passen, weil die Werte, Normen und Denkhalten des einen Unternehmens nicht mit denen des anderen harmonieren. Ebenso kann eine Kooperation nicht das Problem lösen, dass u. U. bestimmte Personen nicht miteinander arbeiten wollen.

Kooperationen sollten immer unter Einbeziehung der, durch die Kooperation zu bestimmten Handlungen Verpflichteten und dem Management gemeinsam verhandelt werden.

Die Entscheidung für einen bestimmten Kooperationspartner kann gleichzeitig die Entscheidung gegen einen anderen Partner bedeuten. Daher ist dem Gesichtspunkt „Partnerwahl" besondere Aufmerksamkeit zu schenken.

7.3.3 Kooperationsziele

Im Wesentlichen lassen sich drei grundlegende Motivationen der Leistungsanbieter für Kooperationen oder auch Kooperationsziele nennen:
1. Steigerung der Wirtschaftlichkeit durch:
   - Kostensenkung
   - Erlössteigerung
   - gemeinsame Nutzung von Infrastruktur
   - verbesserte Auslastung
2. Verbesserung der Wettbewerbsposition durch:
   - gemeinsames Begegnen des Wettbewerbsdrucks
   - Ausbau der Leistungsfähigkeit
   - Bündelung fachlicher Kompetenz
   - Wettbewerber zum Partner machen
   - gezielten Ressourceneinsatz beim Partner
3. Verbesserung der Qualität der medizinischen Versorgung durch:
   - koordinierte Patientenversorgung
   - verbesserte Kommunikation zwischen den Partnern (z. B. durch Telemedizin)
   - gemeinsame Fort- und Weiterbildungsprogramme

Alle drei Ziele können als gleichwertig betrachtet werden und sind untrennbar mit einander verbunden. Qualität und Wirtschaftlichkeit sind auch im Gesundheitswesen kein Widerspruch. Bei der Verbesserung der eigenen Wirtschaftlichkeit geht es um Kostensenkung und die Verbesserung der eigenen Erlössituation. Dies kann z. B. durch Einkaufskooperationen gelingen, in denen durch Mengeneffekt und eine größere Nachfragemacht bessere Konditionen im Einkauf erzielt werden können. Eine weitere Möglichkeit zur Steigerung der eigenen Wirtschaftlichkeit kann in der gemeinsamen Nutzung von Ressourcen liegen, wenn Kapazitäten im eigenen Haus oder beim Partner nicht ausreichend genutzt sind. Die Erreichung dieses Kooperationsziels kann in der Kooperation mit niedergelassenen Ärzten gut realisiert werden.

Die Verbesserung der eigenen Wettbewerbsposition ist ein weiteres Ziel, das sich durch Kooperation und Netzwerkbildung erreichen lässt.

Entsprechend der eigenen Profilbildung kann man gezielt auf Partner zugehen, deren Leistungsportfolio das eigene ergänzt. Es kann gelingen potenzielle Wettbewerber zu Partnern zu machen, indem gemeinsame Wettbewerbstrategien abgestimmt werden. Gemeinsam können die Leistungsportfolios der Partner reflektiert werden und durch einen gezielten Ressourceneinsatz bei beiden Partnern Synergien entstehen. Hier bietet auch die Telemedizin hohes Entwicklungspotenzial. Die „Verbesserung der Qualität" lässt sich gerade bei der diagnosebezogenen Zusammenarbeit erreichen. Im Rahmen sektorübergreifender Zusammenarbeit können durch Kooperationen insbesondere bei der Behandlung chronischer Erkrankungen qualitative Verbesserungen bei gleichzeitiger Verbesserung der Wirtschaftlichkeit erzielt werden. Durch Abstimmung von Therapien zwischen den Partnern lassen sich Innovationen in die Behandlung einführen, Doppeluntersuchungen vermeiden und interdisziplinäre Behandlungsansätze umsetzen. Diese Kooperationen eignen sich sehr gut, um sie mit den Krankenkassen als integrierte Versorgungsmodelle zu verhandeln.

Kooperationen und Netzwerke bieten außerdem Chancen für die ärztliche Aus- und Weiterbildung. Durch die zunehmende Spezialisierung in den Universitätskliniken können manche Ausbildungsinhalte nicht mehr in den engen Zeitrahmen der Ausbildungspläne umgesetzt werden. Durch die gezielte Vereinbarung von Personalrotationen mit den Netzwerkpartnern kann dies ausgeglichen und gemeinsame Aus und Weiterbildungscurricular umgesetzt werden. Auch gemeinsame Personalgewinnungsstrategien können im Rahmen von Kooperationen umgesetzt werden.

7.3.4 Kooperationsformen

Man unterscheidet horizontale, vertikale und diagonale Kooperation.

Die horizontale Kooperation (stationär-stationär oder ambulant-ambulant) beschreibt die Partnerschaft zwischen Leistungserbringern desselben Versorgungssektors, beispielsweise Kooperationen zwischen Krankenhäusern untereinander oder auch zwischen niedergelassenen Ärzten. Für Krankenhäuser unterschiedlicher Versorgungsstufen kann diese Kooperationsform äußerst erfolgreich sein. Dies ist immer dann der Fall, wenn es im Rahmen der vereinbarten Kooperation gelingt, am Patienten orientierte übergreifende gemeinsame Behandlungspfade zu entwickeln.

Beispiel

Durch die teleradiologische Verbindung zwischen einem Haus der Grund- und Regelversorgung und einem Haus der Maximalversorgung kann spezielle Diagnostik in einem Haus teleradiologisch zur Verfügung gestellt werden. Gemeinsam entscheiden die Experten der unterschiedlichen Fachrichtungen jetzt, wo mit welcher Maßnahme der Patient am besten weiterzuversorgen sein ist. Der Mehrwert des Hauses der Grund- und Regelversorgung liegt darin, dass es seinen Patienten den Zugang zu spezieller Expertise ermöglicht und diese Kooperation auch im eigenen Marketing gut verkaufen kann. Der Mehrwert des Maximalversorgers liegt einerseits in den außerbudgetären Erlösen durch die Befundung der Bilder und andererseits in der möglichen Übernahme des Patienten zu einer speziellen Operation oder Intervention. Diese Kooperationen führen zu einer verbesserten Qualität und Wirtschaftlichkeit in der medizinischen Versorgung und wirken sich positiv auf die Wettbewerbssituation der Partner aus.

Vertikale Kooperationen (ambulant-stationär) können mit vorgelagerten (z. B. niedergelassenen Ärzten) und nachgelagerten Leistungsanbietern (z. B. Rehabilitationseinrichtungen) eingegangen werden. Sektorübergreifende abgestimmte Behandlungskonzepte werden schon lange durch den Gesetzgeber gefordert und gefördert, namentlich durch die Regelungen zur integrierten Versorgung. Eine verbesserte Schnittstellenarbeit an den Sektorengrenzen bringt eine Optimierung der Behandlungsprozesse und wirkt sich positiv auf Behandlungsqualität und die Wirtschaftlichkeit aus. Eine für Krankenhäuser wichtige Kooperation ist die mit den Zuweisern. Die Anreize der Fallpauschalen zur Steigerung der Fallzahlen und Optimierung der Verweildauer machen es notwendig, Strategien zu entwickeln, die einerseits die Zuweisung von stationären Patienten und andererseits die ambulante (Nach-)Behandlung sichern. Die gesetzlichen Rahmenbedingungen für diese Zusammenarbeit sind im SGB V klar geregelt und haben in der integrierten Versorgung weitere Gestaltungsmöglichkeiten gefunden.

Wie bei allen Kooperationen ist es auch bei der Kooperation mit Zuweisern wichtig, dass der Mehrwert der Kooperation auf beiden Seiten liegt. Dieser muss in den entsprechenden Verträgen klar definiert sein. Dass dieser Mehrwert nicht in der Zahlung von illegalen Zuweiserpauschalen oder Fangprämien, wie sie zuletzt in Deutschland intensiv diskutiert worden sind, liegen kann, liegt auf der Hand. Die Motive dieser Form der Zusammenarbeit stehen den eigentlichen Kooperationszielen entgegen.

Ziele des Zuweisermarketings

- Sicherung und Steigerung der Zuweisungsintensität
- Zuweisung entsprechend der Profilbildung
- Abstimmung von Abläufen, Diagnostik und Therapie
- Steigerung der Versorgungsqualität
- Kostensenkung

Integrierte Versorgungsmodelle, die an der sektorübergreifenden Zusammenarbeit anknüpfen, bieten ideale Möglichkeiten für die Gestaltung der Zusammenarbeit mit Zuweisern im Sinne einer qualitätsorientierten Versorgung.

Diagonale Kooperationen werden mit branchenfremden Partnern z. B. der Industrie eingegangen. Von ihnen spricht man dann, wenn Krankenhäuser ihre Wertschöpfungsaktivitäten mit z. B. der Industrie verknüpfen. Auch diagonale Kooperationen werden zunehmend an Bedeutung gewinnen, stehen hier aber nicht im Fokus der Betrachtung.

7.4 Aufbau von Kooperationen

Aufbau und Gestaltung von Kooperationen erfordern eine strukturierte Vorgehensweise.

Es kann sinnvoll sein, eine Kooperation wie ein Projekt zu bearbeiten und dementsprechend umzusetzen. Die einzelnen Phasen des Projektzyklus (s. Abb. 18) zu durchlaufen, hilft dabei, wichtige Schritte nicht zu übersehen [Wallhäuser 2009, S. 46].

Das entscheidende an einer Kooperation ist, dass sie bei den Partnern gelebt und das gegenseitige Verhalten entsprechend der Kooperation erfolgt. Nur so können die von der Kooperation erwarteten Erfolge eintreten. Der Projektzyklus gibt eine klare Struktur vor, die die schwierige Umsetzungsphase begleitet und hilft Risiken rechtzeitig zu erkennen.

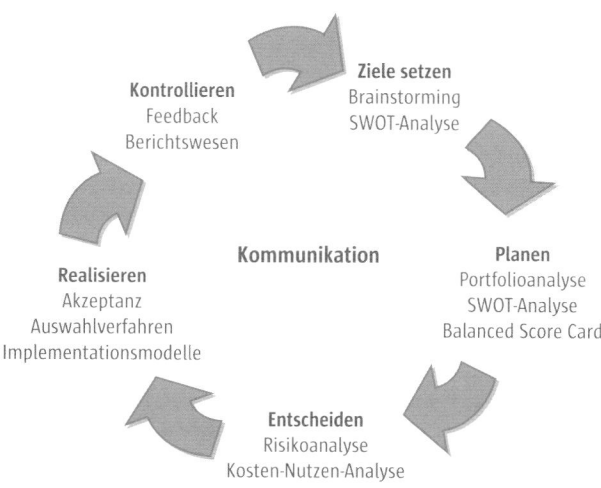

Abb. 18   Phasen des Projektzyklus

Kooperationen sind aufwendig zu verhandeln, sie müssen regelmäßig auf Zielerreichung hin evaluiert und ggf. angepasst werden.

7.5 Rechtliche Gestaltungsmöglichkeiten und Rahmenbedingungen für Kooperationen

Wenn eine Kooperation zwischen den Beteiligten besprochen und vereinbart worden ist und sich die Partner einig sind, wie und mit welcher Zielrichtung sie zusammenarbeiten wollen, folgt die Herausforderung, dies in eine vertragliche Form zu bringen. Die folgenden Ausführungen sind als Checkliste zu verstehen und ersetzen keine Rechtsprüfung der einzelnen Kooperation.

Der Unternehmensjurist oder Rechtsberater sollte möglichst frühzeitig in die Kooperationsverhandlungen eingebunden werden, damit der Geist der Kooperation von Beginn an verstanden werden kann, rechtliche „no goes" von Anfang als mögliche Variante ausgeschlossen und andere Varianten gefunden werden können.

Aufbau und Regelungsgegenstände in Kooperationsverträgen

Jeder Kooperationsvertrag sollte eine Präambel haben. Diese entfaltet zwar keine unmittelbare Rechtswirkung zwischen den Partnern, hier ist aber der Raum im Vertrag, an dem beide Seiten ihre Absichten und Ziele formulieren können oder auch der Raum die jeweiligen Unternehmungen darzustellen, z. B. „Die Vertragsparteien beabsichtigen auf dem Gebiet der ... zusammenzuarbeiten" oder auch „Ziel des Vertrages ist ..."

Folgende Regelungsgegenstände kann oder sollte ein Kooperationsvertrag abhängig vom Kooperationsgegenstand beinhalten:

- Vertragsgegenstand (kurze Beschreibung worum geht es)
- Pflichten der Partner (je nach Kooperationsgegenstand sind hier unterschiedliche Regelungen erforderlich)
- Personalkooperation
- Nutzung von Geräten
- Strahlenschutz und Gerätesicherheit
- Räumlichkeiten, Miete, geschuldete Ausstattung
- Wettbewerbsklausel (möglicher Zusammenhang zur Präambel)
- Leistungskoordination/Verantwortliche für die Kooperation
- Nutzung des Namens des Partners, gemeinsames abgestimmtes Marketing
- Datenschutz (Abstimmung mit datenschutzverantwortlichen in jedem Fall erforderlich ggf. mit den Landesdatenschutzbeauftragten)
- Dokumentation/Qualitätssicherung
- Abrechnung (Zahlungsfristen, Kontoverbindungen usw.)

- Sorgfaltspflichten (Hygiene, Unfallverhütung, gesundheitsrechtliche Vorgaben und deren Einhaltung)
- ggf. Regelung zur Überprüfung der Einhaltung des Vertrages durch Dritte
- Ausschluss oder Möglichkeit der Einbeziehung Subunternehmerhaftung grundsätzlich Versicherungsbescheinigungen als Anlage und Abstimmung mit dem Versicherer
- Entwicklungsklausel: Sollen weitere Partner einsteigen können oder soll die Kooperation erweitert werden?
- Evaluationsklausel: In bestimmten Intervallen sollte die qualitative und wirtschaftliche Zielerreichung gemeinsam evaluiert werden.
- Nachverhandlungsklausel
- Vertragsdauer und Kündigungsrechte, Gerichtsstand, salvatorische Klausel, Schlussbestimmungen, Vertragsabwicklung
- Unterschriften: Es unterschreibt nur, wer im Unternehmen vertretungsberechtigt ist.

Fazit

Qualität ist der entscheidende Wettbewerbsfaktor. Qualitativ hochwertige Medizin erfordert Interdisziplinarität, Spezialisierung und sektorübergreifende abgestimmte Behandlungskonzepte. Diese Qualität lässt sich nur mit intersektoralen und sektorübergreifenden Konzepten herstellen, die gemeinsam kooperativ entwickelt werden. Dieser Herausforderung muss man sich als Krankenhaus stellen und kann sie auch als Chance für einen Kulturwandel im eigenen Unternehmen nutzen. Wer kooperationsbereit und fähig ist, wird leistungsfähige Partner finden, mit denen sich eine Netzwerkstrategie umsetzen lässt. Telemedizinische Konzepte werden hierbei zukünftig eine wesentliche Rolle spielen.

Literatur

Arentz H-J (2009) Strategische Kooperationen im Gesundheitswesen brauchen Kulturwandel. In: Goldschmidt J W, Hilbert J (Hrsg.) (2009) Gesundheitswirtschaft in Deutschland, Band 1. Wegscheid, WIKOM, S. 138–145

Klemann A (2009) Erfolgsfaktoren von Kooperationen zwischen Krankenhäusern und Rehabilitationseinrichtungen. In: Amelung V E, Sydow J, Windeler A (Hrsg.) (2009) Vernetzung im Gesundheitswesen: Wettbewerb und Kooperation. Kohlhammer, Stuttgart, S. 275–295

Röder N, Günnewig M, Franz D (2009) Wettbewerb und Kooperation – (k)ein Widerspruch(!)? Zeitschrift das Krankenhaus 12, S. 918–927

Wallhäuser M (2009) Kooperationsformen für das Krankenhaus – Möglichkeiten und Grenzen. In: Hellmann W, Eble S (Hrsg.) (2009) Gesundheitsnetzwerke managen. Kooperationen erfolgreich steuern. MWV, Berlin, S. 33–49

8 Exkurs: **Internationale Ausrichtung – neue Geschäftsführung im Ausland**

Mathias Goyen

UKE Consult und Management GmbH, Hamburg

Einleitung – Patiententourismus

Der Gesundheitssektor ist mit 252 Milliarden Euro Umsatz p. a. und einer Beschäftigtenzahl von 4.368 Millionen Arbeitnehmern einer der größten Wirtschaftssektoren in Deutschland [Statistische Bundesamt 2009]. Er stellt 11,1 % des Bruttoinlandsproduktes. Die Entwicklung der Krankenhausbranche war in den vergangenen 10 Jahren rasant.. Die Gründe dafür sind u. a. die Einführung von DRG-orientierten Fallpauschalen, die zunehmende Privatisierung und die Ausbreitung großer Krankenhausketten. Die Folge ist unter anderem ein Rückgang der Zahl der Krankenhäuser in Deutschland; von 2354 Krankenhäusern im Jahr 1993 auf 2166 im Jahr 2004 [Statistisches Bundesamt 2010], wobei für die Zukunft eine Zahl deutlich unter 1800 Häusern prognostiziert wird. Das führt dazu, dass derzeit in vielen Krankenhäusern neue Ansätze, wie bspw. die sektorenübergreifende Zusammenarbeit in Netzwerken integrierter Versorgung (IGV) umgesetzt werden, um Attraktivität und Produktivität zu steigern. Trotz aller Probleme steht das deutsche Gesundheitssystem im internationalen Vergleich sehr gut da. Eine hohe Krankenhausdichte, weltweit anerkannte Qualität und ein breites Spektrum an medizinischen Spitzenleistungen machen die Attraktivität des Standorts aus. In keinem anderen Land der Welt gibt es derzeit ein vergleichbares nationales Verfahren zur Qualitätsdarstellung, das alle Krankenhäuser einschließt und auf medizinische und pflegerische Ziele ausgerichtet ist.

Vor diesem Hintergrund ist die Behandlung ausländischer Patienten für deutsche Gesundheitseinrichtungen eine Möglichkeit, zusätzliche Einnahmen zu realisieren und so die wirtschaftliche Situation zu verbessern. Dabei hat die Behandlung ausländischer Patienten zwei grundlegende wirtschaftliche Vorteile: Zum einen werden mit ausländischen Patienten meist höhere Erlöse erzielt. Außerdem werden die an ausländischen Patienten erbrachten Leistungen außerhalb des Krankenhaus-Budgets berechnet. Seit 1998 dürfen deutsche Krankenhäuser Mehrerlöse aus der Behandlung ausländischer Patienten einbehalten. Eine Vielzahl großer Kliniken ist dabei, ihre Medizintourismus-Aktivitäten zu verstärken und weiter zu professionalisieren. Ausschlaggebend für die Entscheidung zu einer Behandlung im Ausland ist häufig das Misstrauen gegenüber dem eigenen Gesundheitssystem.

Mangels Vertrauen gehen Patienten auch für weniger komplizierte Behandlungen ins

Ausland, so dass von der Rehabilitation nach Schlaganfällen über Orthopädie bis hin zur Krebsbehandlung ein breites Leistungsspektrum nachgefragt wird. Entsprechend variiert die Aufenthaltsdauer zwischen Tagen und mehreren Monaten. Beistand leisten oftmals Familienangehörige während der gesamten Zeit. Die meisten ausländischen Patienten kommen als Selbstzahler. In Einzelfällen übernehmen Hilfsorganisationen, Botschaften oder Krankenversicherungen die Kosten. Nachgefragt werden Organ- und Stammzelltransplantationen, die Behandlung von Herzkrankheiten sowie die Therapie verschiedenster Krebserkrankungen. Das Universitätsklinikum Hamburg-Eppendorf erzielte im Jahr 2009 rund sechs Millionen Euro Umsatz mit der Behandlung ausländischer Patienten. Das entspricht etwa einem Prozent des Gesamtumsatzes des Klinikums.

Die Patienten kommen in erster Linie aus Schwellenländern wie Russland, China, Indien oder aus dem arabischen Raum. Viele Industrienationen sehen sich mit einer alternden Gesellschaftsstruktur konfrontiert, sodass insgesamt mit einer steigenden privaten Nachfrage gerechnet werden muss. Bereits heute ist der Markt für Gesundheitsdienstleistungen globalisiert – sowohl aus Sicht der Anbieter wie auch der Nachfrager. Krankenhäuser wie z. B. das Bumrungrad International Hospital in Bangkok/Thailand oder das John Hopkins Hospital in Baltimore/USA haben diesen Markt frühzeitig adressiert und verfügen dementsprechend über einen Wettbewerbsvorteil.

Das Geschäft mit Auslandspatienten ist aktuell zwar noch sehr attraktiv, wird langfristig jedoch eher schwieriger, da die Herkunftsländer daran interessiert sind, ihre eigenen Gesundheitssysteme aufzubauen. Daher setzen Krankenhäuser zusätzlich auf den Transfer von Wissen und Erfahrung ins Ausland. Dabei sind ausländische Patienten allerdings geschätzte Botschafter, da oftmals der Kontakt in den Markt über einen dieser Patienten entsteht (s. Abb. 19).

Internationalisierung

Für ein Krankenhaus ist ein internationales Engagement nicht ohne Risiko. Sehr wohl gibt es gute Gründe, international tätig zu sein (s. Tab. 3). Das Krankenhaus kann wachsen, indem es auf den ausländischen Markt vorstößt, wenn der inländische Markt zum gleichen Zeitpunkt gesättigt ist. Hier sprechen wirtschaftliche Gründe für sich. Darüber hinaus wird die Wettbewerbstätigkeit gesteigert, da sich das Krankenhaus dem internationalen Wettbewerb aussetzt. Vor einer möglichen Internationalisierung ist u. a. eine Definition der Ziele sowie die Identifizierung von Zielgruppen vorzunehmen (s. Tab. 4). Des Weiteren müssen Krankenhäuser die notwendigen Ressourcen für ihre Internationalisierungsstrategien schaffen (s. Tab. 5). Das internationale Geschäft kann nicht „nebenbei" betrieben werden. Es ist ein Team von qualifizierten Mitarbeitern notwendig, um das Geschäftsfeld zu entwickeln und damit mittel- und langfristig erfolgreich zu sein.

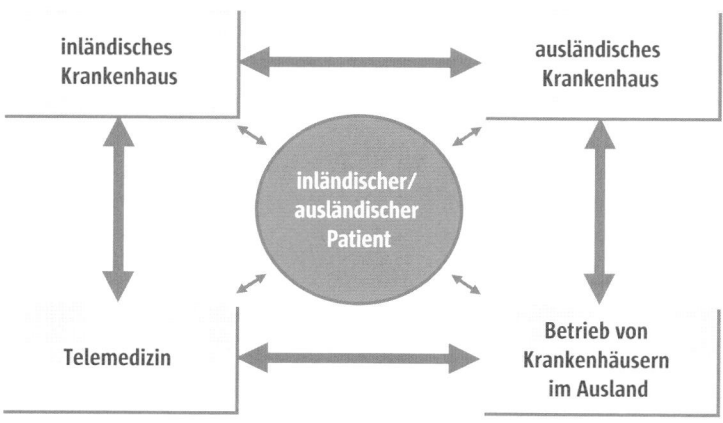

Abb. 19   Beziehungsgeflecht „internationaler Patient"

Tab. 3   Chancen der Internationalisierung für Krankenhäuser

Chancen der Internationalisierung

Möglichkeit, Innovationen in der Gesundheitswirtschaft schneller zu verbreiten und damit zu refinanzieren

Wachsende globale Nachfrage nach Gesundheitsleistungen inkl. Krankenhausmanagement

Einnahmen aus der Internationalisierung tragen dazu bei, Deckungsbeiträge für die unterfinanzierten Budgets zu erwirtschaften

Tab. 4   Voraussetzungen für die Internationalisierung

Voraussetzungen für die Internationalisierung

Definition der Ziele: „Patientenimport", Know-how-Export, Ausbildung, Kooperation mit ausländischen Krankenhäusern, Krankenkassen, Institutionen

Identifizierung der Zielgruppen im Ausland wie z. B. Zuweiser, Kostenträger, Regierungen, Selbsteinweiser, Medien

Identifizierung der Angebote für ausländische Märkte wie z. B. individuelle Diagnostik, Erfahrung in Spezialgebieten, Kapazitäten für Behandlungen mit Wartelisten im Ausland, Versorgungskonzepte, Organisationskonzepte, vertragliche Gestaltung, administrative Verfahren (z. B. DRG), „best practice" für Versorgungsqualität

Tab. 5   Umsetzungsstrategien zur Internationalisierung

Umsetzungsstrategien

Krankenhäuser müssen die Ressourcen für Internationalisierungsstrategien schaffen

Vor dem Hintergrund des Potenzials der internationalen Nachfrage ist dies am besten im Verbund möglich

Kooperation mit Medizintechnik- und Pharmaindustrie ermöglicht Systemlösungen, internationale Marktzugänge und bündelt Ressourcen

Internationalisierungsansätze am Beispiel von UKE Consult und Management

Das Universitätsklinikum Hamburg-Eppendorf (UKE) hat begonnen, durch Gründung des Tochterunternehmens (UKE Consult und Management GmbH, UCM) Hochschulmedizin „made in Germany" weltweit zu vermarkten.

Geschäftsfelder der UCM

Analyse: Untersuchung der Wirtschaftlichkeit geplanter oder bereits bestehender Objekte
Investitionen im medizinischen Sektor erfordern detaillierte Kenntnisse des Gesundheitssystems eines Landes, der Wettbewerbssituation sowie der allgemeinen wirtschaftlichen, politischen, rechtlichen, gesellschaftlichen und kulturellen Rahmenbedingungen.

Durchführung von Machbarkeitsstudien für neue Gesundheitsprojekte sowie Durchführung von Objektanalysen nach dem „Due Diligence"-Prinzip: Eine solche, mit der im Verkehr erforderlichen Sorgfalt durchgeführte Prüfung bietet möglichen Investoren eine tragfähige Grundlage für ihre Entscheidung.

Planung: Erstellung und Optimierung von Betriebs-konzepten für neue Projekte und Krankenhäuser, die sich reorganisieren wollen
Für den Neubau einer Gesundheitseinrichtung ist ein sachkundig ausgearbeitetes Betriebskonzept von entscheidender Bedeutung. Es liefert die Basis, um das Raumprogramm und die Infrastruktur ideal an die Arbeitsprozesse anzupassen.

Mit einem optimierten Betriebskonzept können aber auch bereits bestehende Objekte ihre Produktivität ausbauen, Ressourcen besser nutzen, Kosten senken, die Qualität ihrer Leistungen steigern, die Zufriedenheit ihrer Patienten und Mitarbeiter erhöhen und so ihre Wirtschaftlichkeit und Wettbewerbsfähigkeit verbessern.

Baumanagement: Betreuung und Überwachung von Arbeiten bei Neu-, Aus- und Umbauten
Projektsteuerung und -überwachung beim Neubau von Gesundheitseinrichtungen als auch beim Bauen im Bestand – von der ersten Planungsskizze über die Ausschreibungsvorbereitung bis zur Schlüsselübergabe und Abrechnung. So können Investoren sichergehen, dass die vereinbarten Termin-, Kosten- und Qualitätsvorgaben eingehalten werden.

Koordination von Anforderungen von Investoren, künftigen Nutzer, Behörden, Architekten, Bauunternehmer und Lieferanten.

Durch regelmäßige Baustellenkontrollen wird die Ausführung der Arbeiten überprüft. Sorgfältiges Abnehmen der Leistungen sowie Überwachung der Beseitigung eventuell aufgetretener Mängel.

Auch das Kostencontrolling und die gesamte kaufmännische Abwicklung werden von unseren Fachleuten übernommen.

Fortbildung: Weiterbildung ausländischer Mitarbeiter in Deutschland oder im Zielland
Ohne ausreichende Anzahl qualifizierter Fachkräfte ist medizinische Versorgung auf deutschem Hochschulniveau nicht möglich. Dies gilt gleichermaßen für Ärzte und Therapeuten, für Mitarbeiter in Pflege, Laboren und Untersuchungsbereichen wie für Verwaltungs- und technisches Personal.

Betriebsleitung: Stellen des medizinischen und/oder kaufmännischen Führungspersonals
Um eine Gesundheitseinrichtung wirtschaftlich zu betreiben, bedarf es einer medizinischen und kaufmännischen Leitung, die nicht nur fachlich versiert ist und über Führungsqualitäten verfügt, sondern auch umfassend über die rechtlichen, politischen, wirtschaftlichen, sozialen und kulturellen Bedingungen vor Ort informiert ist.

Übernahme des Managements sowohl für neue Projekte als auch für Häuser, die sich reorganisieren wollen.

Planung der strategischen Ausrichtung einer Einrichtung, Etablierung von Strukturen zur Verwirklichung der Zielvorgaben sowie Überwachung der Umsetzung der dafür notwendigen Maßnahmen. Dazu gehören auch die Beschaffung und effiziente Nutzung personeller, finanzieller, materieller und ideeller Ressourcen.

Im Bereich des Managements besitzt die UCM durch den Gesellschafter UKE ein Team von Experten, welches sowohl hinsichtlich eines Start-up-and-Implementation-Managements als auch bzgl. eines Turn-Around-Managements langjährige Erfahrungen aufweisen kann. Diese Leistungen bietet das Unternehmen sowohl im medizinischen als auch kaufmännischen Bereich an. Daran anschließend besitzt die UCM in der Gründung von Tochtergesellschaften tertiärer Dienstleistungen im Krankenhaus fachspezifische Kenntnisse und langjährige Erfahrungen.

Bei fast allen diesen Projekten kann die UCM überwiegend auf die Experten des UKE zurückgreifen. Die UCM bezahlt deren Einsatz über Leistungsverrechnung an das UKE, das seinen Mitarbeitern Sonderurlaub gewährt. Die Mitarbeiter des UKE haben so die Möglichkeit, das gewohnte Arbeitsumfeld für eine Zeitlang zu verlassen und völlig neue Arbeitskulturen kennen zu lernen.

Fazit

Die Behandlung ausländischer Patienten stellt für deutsche Gesundheitseinrichtungen einen ersten Schritt in Richtung Internationalisierung dar. Mögliche weitere Aktivitäten stellen Partnerschaften mit Krankenhäusern im Ausland im Bereich von Forschung und Lehre sowie der Aufbau und Betrieb von Gesundheitseinrichtungen im Ausland dar. Die Internationalisierung von Krankenhäusern ist z. Zt. noch wenig entwickelt, erste Ansätze sind aber vorhanden. Deutsche Krankenhäuser und Krankenhausketten expandieren weniger auf internationalen Märkten, sondern verstärkt im nationalen Rahmen. Die Gründe dafür liegen am ehesten an den unterschiedlichen Sozialsystemen mit ihren verschiedenen Standards. Dennoch bietet eine Internationalisierung für deutsche Krankenhäuser enorme Wachstumsmöglichkeiten.

Literatur

Statistisches Bundesamt (2010) Krankenhäuser in Deutschland – Einrichtungen, Betten und Patientenbewegung. URL: http://www.destatis.de/jetspeed/portal/cms/Sites/destatis/Internet/DE/Content/Statistiken/Gesundheit/Krankenhaeuser/Tabellen/Content100/KrankenhaeuserJahre.psml (letzter Zugriff 10.03.2010)

Statistisches Bundesamt (2009) Gesundheitsberichterstattung des Bundes. Stand 17.04.2009

C

Das Krankenhaus und seine Mitarbeiter

1 Personalmanagement

Michaela Klages

Universitätsklinikum Bonn

Einleitung

Krankenhäuser zeichnen sich durch eine besonders hohe Personalintensität aus. Begründet liegt dieser hohe Anteil in der Kernkompetenz der Krankenhäuser: dem Dienst an den Patienten. Dies bedeutet für ein Krankenhaus, dass das Personal einerseits mit über 60 % Anteil an den Gesamtkosten der größte Kosten-, andererseits aber auch der wichtigste Erfolgsfaktor ist. Dem Umgang mit der „Ressource Personal" ist daher sowohl aus betriebswirtschaftlicher als auch aus arbeitsrechtlicher Sicht besondere Bedeutung zu schenken, denn die aus der Einführung des Gesundheitsmodernisierungsgesetzes resultierenden Budgetabsenkungen erfordern einen immer restriktiveren und immer effizienteren Einsatz der Beschäftigten. In den folgenden Abschnitten sollen erste Einblicke in die Personalarbeit und die arbeitsrechtlichen Rahmenbedingungen gegeben werden.

1.1 Berufsgruppen im Krankenhaus

Krankenhäuser sind geprägt von einer Vielzahl unterschiedlicher Berufsgruppen. Im Folgenden wird nur auf die wesentlichen Dienstarten eingegangen, wobei zwischen Primär- (Ärztlicher und Pflegedienst), Sekundär- (Funktionsdienste und sonstige Heilberufe) und Tertiärdienstarten (Verwaltung) unterschieden werden kann.

1.1.1 Ärztlicher Dienst

Chefärzte

Chefärzte sind ärztliche Leitungen einzelner Krankenhausabteilungen. Innerhalb dieser Abteilungen tragen sie die ärztliche Gesamtverantwortung für die Patientenversorgung und sind Vorgesetzte des ärztlichen und des nichtärztlichen Personals. Die Chefärzte sind dem/der ärztlichen Direktor/in direkt unterstellt, eine fachliche Weisungsgebundenheit ist hiermit jedoch nicht verbunden.

Die Hauptpflichten aus dem Arbeitsvertrag, dem sog. „Chefarztvertrag", bestehen vor allem in der Pflicht zur Behandlung aller Patienten, die dem Chefarzt als Leiter einer Fachabteilung zugewiesen werden, und in der Organisation der Abteilung (z. B. Organisation von Rufbereitschafts- und Bereitschaftsdienst, Erstellung von OP-Plänen, Gewährleistung eines geordneten Dienstbetriebes, wirtschaftliches Handeln etc.). Die Vertretung des Chefarztes ist üblicherweise bei vorübergehender Abwesenheit aufgrund von Krankheit, Urlaub oder beruflicher Fortbildung erforderlich. Zu allen anderen Zeiten ist es originäres Interesse des Krankenhausträgers, dass der Chefarzt persönlich in der Krankenversorgung und Abteilungsorganisation verantwortlich tätig wird. Zur Wahrnehmung seiner Aufgaben zieht der Chefarzt nachgeordnetes ärztliches Personal heran. Die wahlärztliche Behandlung (= persönliche Behandlung durch den Chefarzt) muss allerdings besonders betrachtet werden.

Ob ein Chefarzt an Bereitschafts- und Rufbereitschaftsdiensten teilzunehmen hat, hängt von der im jeweiligen Krankenhaus üblichen Aufgabenverteilung ab. Traditionell werden diese durch nachgeordnetes ärztliches Personal wahrgenommen, der Krankenhausträger kann jedoch jederzeit eine Neuregelung der Aufgabenverteilung, die die Teilhabe des Chefarztes an den Bereitschafts- und Rufbereitschaftsdiensten vorsieht, mittels üblicher arbeitsrechtlicher Instrumente vornehmen, sofern dies auf der Grundlage des bestehenden Arbeitsvertrages zulässig ist.

Neben seiner festen (evtl. tariflichen) Grundvergütung bezieht der Chefarzt Einnahmen aus dem sog. Privatliquidationsrecht (z. B. wahlärztliche Behandlung von Privatpatienten, ambulante Behandlung von gesetzlich versicherten Patienten auf der Grundlage einer persönlichen Ermächtigung, Gutachtertätigkeit u. s. w.). Zunehmend vereinbaren die Krankenhausträger mit ihren Chefärzten stattdessen allerdings eine Beteiligungsvergütung: Das Liquidationsrecht wird unmittelbar beim Krankenhausträger angesiedelt, im Chefarztvertrag wird eine prozentuale Partizipation an den Liquidationserlösen vereinbart. Ein zunehmend an Bedeutung gewinnender Gehaltsbestandteil ist ferner die Bonusvergütung aus einer Zielvereinbarung. Mittels Zielvereinbarungen kann der Krankenhausträger Anreize geben, definierte Leistungsbereiche primär weiterzuentwickeln. Mögliche Inhalte einer Zielvereinbarung können Budgetvorgaben, Abteilungsdeckungsbeitrag, Case-Mix-Punkte, Verweildauer der Patienten oder die Einführung neuer Untersuchungs- und Behandlungsmethoden (NUB) sein.

Da der Chefarzt eine Sonderstellung im arbeitsrechtlichen Gefüge eines Krankenhauses einnimmt, ist neben einer sorgfältigen Einarbeitung in dessen Rechte und Pflichten der Gestaltung des Chefarztvertrages besondere Aufmerksamkeit zu schenken. Die Deutsche Krankenhausgesellschaft hat hierfür Vertragsmuster zur Verfügung gestellt.

Oberärzte

Oberärzte sind dem Chefarzt hierarchisch unmittelbar nachgeordnet und leisten einen wesentlichen Beitrag zur Qualität und Kontinuität der fachärztlichen Versorgung im Krankenhaus. Sie nehmen bestimmte Versorgungsaufgaben (z. B. medizinische Verantwortung für einen definierten Teil- oder Funktionsbereich, Ausübung einer Spezialfunktion o. ä.) in eigener Verantwortung wahr und sind verantwortlich für die Beratung und Beaufsichtigung der in ihrem Verantwortungsbereich tätigen Assistenzärzte. Gibt es im jeweiligen Krankenhaus eine klar definierte Trennung von Oberarzt- und Assistenzarzttätigkeiten, so besteht die arbeitsvertragliche Pflicht des Oberarztes nur darin, die Tätigkeiten eines Oberarztes auszuüben. Für eine Veränderung des Tätigkeitsfeldes, z. B. die Teilnahme am Bereitschaftsdienst, gelten die Ausführungen im Abschnitt „Chefärzte" analog.

Ein Oberarzt hat keinen Anspruch darauf, eine Nebentätigkeitsgenehmigung zur ambulanten ärztlichen Patientenversorgung mit eigenem Liquidationsrecht erteilt zu bekommen, er darf jedoch insbesondere gegenüber anderen Oberärzten in vergleichbarer Lage ohne sachlichen Differenzierungsgrund nicht ungleich behandelt werden. Eine Beteiligung des Oberarztes an den privaten Liquidationserlösen des Chefarztes ergibt sich aus § 29 der Musterberufsordnung für deutsche Ärztinnen und Ärzte der Bundesärztekammer. Hiernach ist es die Verpflichtung eines Chefarztes, Ärztinnen und Ärzten eine angemessene Vergütung zu gewähren, wenn er diese zur Behandlung von Patientinnen und Patienten heranzieht, denen gegenüber nur er einen Liquidationsanspruch hat. Regelungen über Art und Höhe der Mitarbeiterbeteiligung können zwischen Chefarzt und Krankenhausträger im Chefarztvertrag getroffen werden. Diese Regelungen wirken dann auch unmittelbar zu Gunsten der Oberärzte.

Assistenzärzte

Assistenzarzt ist der approbierte Arzt, der ohne besondere Entscheidungskompetenz und ohne eigenen Verantwortungsbereich unter Aufsicht, Weisung und Verantwortung des Chefarztes bzw. Oberarztes ärztliche Tätigkeiten auf Station oder in der Ambulanz eines Krankenhauses verrichtet. In der Regel befinden sich Assistenzärzte in der Facharzt- oder Schwerpunktweiterbildung bzw. in einer Zusatzausbildung. In den ersten zwei Jahren der Aus- oder Weiterbildung wird eine permanente Überwachung durch einen erfahrenen Arzt verlangt.

Assistenzärzte können vom Krankenhausträger arbeitsvertraglich auch verpflichtet werden, für den Chefarzt im Rahmen dessen zugelassener Nebentätigkeit ärztlich tätig zu werden. Der Assistenzarzt kann die Übernahme dieser Verpflichtung nicht verweigern, hat jedoch für die Ableistung derartiger Tätigkeiten einen Vergütungsanspruch gegenüber dem Chefarzt.

Belegärzte

Die Definition des Belegarztes findet sich in § 18 des Gesetzes über die Entgelte für voll- und teilstationäre Krankenhausleistungen (KHEntgG). Hiernach ist ein Belegarzt ein „nicht am Krankenhaus angestellter Vertragsarzt, der berechtigt ist, seine Patienten (Belegpatienten) im Krankenhaus unter Inanspruchnahme der hierfür bereitgestellten Dienste, Einrichtungen und Mittel stationär oder teilstationär zu behandeln, ohne hierfür vom Krankenhaus eine Vergütung zu erhalten." Leistungen des Belegarztes sind seine persönlichen Leistungen, der ärztliche Bereitschaftsdienst für Belegpatienten, die vom Belegarzt veranlassten Leistungen nachgeordneter Ärzte des Krankenhauses, die bei der Behandlung seiner Belegpatienten in demselben Fachgebiet wie der Belegarzt tätig werden sowie die vom Belegarzt veranlassten Leistungen von Ärzten und ärztlich geleiteten Einrichtungen außerhalb des Krankenhauses.

Die Vergütung der Leistungen eines Belegarztes erfolgt gemäß besonderer Vereinbarungen mit dem Patienten oder dessen gesetzlichem Kostenträger: Die Leistungen aus stationärer ärztlicher Versorgung werden dem Belegarzt zugeordnet, die übrige Versorgung dem Krankenhaus, welches diese über Pflegesätze und besondere Fallpauschalen mit dem jeweiligen Kostenträger abrechnet.

wie rechnen wir ab?

1.1.2 Pflegedienst

Gesundheits- und Krankenpfleger/innen, Gesundheits- und Kinderkrankenpflegerinnen

Die Gesundheits- und Krankenpflege umfasst lt. Definition des internationalen Pflegeverbandes (ICN) die eigenverantwortliche Versorgung und Betreuung, allein oder in Kooperation mit anderen Berufsangehörigen, von Menschen aller Altersgruppen, von Familien oder Lebensgemeinschaften, sowie von Gruppen und sozialen Gemeinschaften, ob krank oder gesund, in allen Lebenssituationen. Pflege schließt die Förderung der Gesundheit, Verhütung von Krankheiten und die Versorgung und Betreuung kranker, behinderter und sterbender Menschen ein.

Gemäß dem Gesetz über die Berufe in der Krankenpflege (Krankenpflegegesetz – KrPflG) darf diese Berufsbezeichnung nur mit Erlaubnis geführt werden. Voraussetzung hierfür ist eine mit einer staatlichen Prüfung abgeschlossene Ausbildung, die Ausbildungsdauer beträgt in Vollzeit drei Jahre. Die Ausbildung umfasst einen theoretischen und einen praktischen Unterricht sowie eine praktische Ausbildung. Der Unterricht wird in staatlich anerkannten Schulen an Krankenhäusern oder in staatlich anerkannten Schulen, die mit Krankenhäusern verbunden sind, vermittelt.

Gesundheits- und Krankenpflegehelfer/innen

Der Gesundheits- und Krankenpflegehelfer ist ein einjähriger Ausbildungsberuf im deutschen Gesundheitswesen. Pflegehelfer sind Mitglieder des Pflegeteams und assistieren den Gesundheits- oder Kinderkrankenpflegern bei deren Aufgaben. Pflegehelfer übernehmen Pflegetätigkeiten in Eigenverantwortung oder in Absprache mit den Gesundheits- und Krankenpflegern, in ihr Aufgabengebiet fallen insb. grundpflegerische Aufgaben wie die Lagerung, Hilfe bei der Nahrungsaufnahme, dem Toilettengang, Begleitung, Körperpflege, Richten der Betten sowie Schreibarbeiten, Dokumentation, Beschäftigungsangebote, hauswirtschaftliche Hilfe und Hygiene.

In einigen Bundesländern wird mittlerweile anstelle des Gesundheits- und Krankenpflegehelfers der Gesundheits- und Pflegeassistent als Ausbildungsberuf angeboten. Die duale Ausbildung dauert zwei Jahre.

Stationsleiter

Die Stationsleitung haben diejenigen Gesundheits- und Krankenpfleger inne, die das Pflegeteam einer Station leiten. Sie sind dafür verantwortlich, dass der Pflegedienst auf einer Station zu jeder Tages- und Nachtzeit ordnungsgemäß durchgeführt werden kann. Zu ihren Aufgaben gehören die Mitwirkung an der Personalführung oder die Organisation der Arbeitsabläufe.

Pflegedienstleiter

Die Pflegedienstleitung hat die disziplinarische und fachliche Aufsicht über das Pflegepersonal, die jeweiligen Hilfsberufe sowie die Zivildienstleistenden, Praktikanten im Freiwilligen Sozialen Jahr und andere Mitarbeiter im Pflegedienst für einen definierten Funktionsbereich oder das gesamte Krankenhaus. In großen Krankenhäusern ist der Pflegedienstleitung in der Regel ein „Pflegedirektor" überstellt, der Mitglied der Krankenhausbetriebsleitung ist.

1.1.3 Funktionsdienste sowie sonstige Gesundheits- und medizinische Heilberufe

Krankenhausapotheke

In der Krankenhausapotheke wird die ordnungsgemäße Versorgung des Krankenhauses mit allen erforderlichen Arzneimitteln sichergestellt. Der Leiter der Krankenhausapotheke muss zur Wahrnehmung seiner Aufgaben die Voraussetzungen des § 2 des Gesetzes über das Apothekenwesen ebenso erfüllen, wie der Betreiber einer öffentlichen Apotheke. Ihm obliegen zahlreiche aus den apotheken- und arzneimittelrechtlichen Vorschriften resultierende Rechte und Pflichten. Neben dem Krankenhausapotheker ist für den Betrieb der Krankenhausapotheke entsprechendes pharmazeutisch ausgebildetes Personal erforderlich, zu deren Unterstützung kann auch nichtpharmazeutischausgebildetes Personal herangezogen werden.

Hebamme/Entbindungspfleger

Das Führen der Berufsbezeichnung „Hebamme" oder „Entbindungspfleger" bedarf der Erlaubnis nach Bundes-Hebammengesetz (HebG). Die Aufgaben von Hebammen oder Entbindungspflegern umfassen die Betreuung, Beratung und Pflege der Schwangeren, Gebärenden und Wöchnerin und die Beistandsleistung bei der Geburt. Sie leiten die Geburt ab Wehenbeginn völlig selbstständig ohne Arzt. Gemäß § 4 Abs. 1 HebG sind Ärzte verpflichtet dafür Sorge zu tragen, dass bei jeder Geburt eine Hebamme oder ein Entbindungspfleger zugezogen wird. Der Arzt darf eine Geburt nur im Notfall ohne Hebamme durchführen, andererseits ist die Hebamme verpflichtet, bei Komplikationen einen Arzt hinzuzuziehen.

Die Ausbildung zur Hebamme bzw. zum Entbindungspfleger dauert drei Jahre und besteht aus theoretischem und praktischem Unterricht sowie einer praktischen Ausbildung. Sie schließt mit einer staatlichen Prüfung ab. Unterricht und praktische Ausbildung werden in staatlich anerkannten Hebammenschulen an Krankenhäusern vermittelt.

Hebammen und Entbindungspfleger üben ihren Beruf üblicherweise freiberuflich aus. Bei Beleghebammen wird, ähnlich wie bei Belegärzten, zwischen Krankenhausträger und Hebamme ein Vertrag geschlossen, welcher die Geburtshilfe und die Wöchnerinnenbetreuung zum Gegenstand hat. Die Beleghebamme rechnet ihre erbrachten Leistungen unmittelbar mit dem zuständigen Kostenträger ab.

1.1.4 Medizinische Hilfsberufe und Heilergänzungsberufe

Beschäftigte in „Medizinischen Hilfsberufen" wirken bei der Patientenbehandlung heilend oder lindernd mit. Ihre Leistungen sind nur auf ärztliche Anordnung oder Verschreibung hin erlaubt. Zu ihnen zählen insbesondere Medizinische Fachangestellte, Medizinisch-technische Assistenten, Diätassistenten, Ergo-/Physio-/Sprachheil-/Musiktherapeuten, Logopäden etc. Beschäftigte in „Heilergänzungsberufen" wirken nicht bei der ärztlichen Leistungserbringung mit. Zu ihnen zählen beispielsweise Augenoptiker oder Hörgeräteakustiker.

Aufgrund der Vielzahl unterschiedlicher Hilfs- und Heilergänzungsberufe und den verschiedenen Rechtsgrundlagen soll auf diese Berufsgruppen nicht näher eingegangen werden.

1.1.5 Technischer Dienst

Ein Krankenhaus gehört aufgrund der hoch entwickelten Medizingeräte zu den technikintensivsten Einrichtungen überhaupt. Seinen besonderen Anforderungen kann nur mit spezialisiertem Sachverstand entsprochen werden. Der Technische Dienst eines Krankenhauses sorgt für ein reibungsloses Funktionieren der technischen Gebäudeinfrastruktur (Lüftungs- und Klimaanlagen, Sterilgutversorgung, Wasserver- und -entsorgungsanlagen, Notstrom-, Druckluft- und Gasanlagen u. s. w.). Beschäftigt sind in dieser Dienstart in der Regel Elektro-, Gas- oder Wasserinstallateure.

Der Medizintechniker ist für den gesamten gerätetechnischen Bereich verantwortlich und sorgt für die Einsatzbereitschaft sämtlicher medizinischen Anlagen und Geräte, vom Blutdruckmessgerät bis hin zum Herzkathetermessplatz.

1.1.6 Verwaltungsdienst

Zum Verwaltungsdienst eines Krankenhauses zählen üblicherweise die Bereiche Finanzwesen, Personalwesen, Patientenmanagement, Gebäudemanagement und Gebäudetechnik, hauswirtschaftlicher Dienst, Versorgungsdienst und allgemeiner Verwaltungsdienst. Aufgabe des Verwaltungsdienstes ist es, den Betrieb „Krankenhaus" mit sämtlichen infrastrukturellen Erfordernissen zu sichern und auf diese Weise dem Ärztlichen Dienst und der Krankenpflege reibungslose Arbeitsabläufe zu ermöglichen. Die Verwaltung unterliegt in ihrem Handeln Gesetzgebung und geltender Rechtsprechung und ist gefordert, unter betriebswirtschaftlichen Gesichtspunkten im Auftrag des Krankenhausträgers zu handeln.

1.2 Die Personalabteilung im Krankenhaus

Hinsichtlich der aufgezeigten Berufsgruppen im Krankenhaus hat die Gesellschaft konkrete moralisch-ethische Vorstellungen entwickelt. Diese Vorstellungen sind nicht zuletzt auch Ergebnis idealisierender Fernsehsendungen, in der sich die aufopfernde Krankenschwester und der gütige, hochqualifizierte Arzt in Form einer „Rund-um-die-Uhr- und Rundum-Sorglos-Betreuung" zu jeder Tages- und Nachtzeit jeglichen Problemen der Patienten, seien sie gesundheitlicher oder auch rein privater Natur, annehmen. Einerseits führt diese Sichtweise zwar zu hohem gesellschaftlichem Status, der wiederum einen Anreiz zur Ausübung eines Berufes im Krankenhaus gibt, andererseits werden die Beschäftigten aber in ein Rollenverhalten gezwängt, das auf sie hoch belastend wirken kann.

Somit sind an die Personalarbeit in Krankenhäusern aus den veränderten wirtschaftlichen Rahmenbedingungen und den gerade in den Achtzigerjahren des 20. Jahrhunderts gewachsenen gesellschaftlichen Wertvorstellungen heraus veränderte Anforderungen entstanden. War früher die reine „Personalverwaltung" Kernaufgabe der Personalabteilungen, so wird jetzt auch erwartet, dass dieser Bereich sich, um die kostbare Ressource Personal optimal zu betreuen, mit Themen wie Arbeitspsychologie, Arbeitswissenschaft oder Betriebssoziologie zumindest grob beschäftigt. Die reine Dienstleistung in Form von Entgeltabrechnung, Stellenplanbewirtschaftung, Vertragsbearbeitung und Korrespondenz wird diesem Anspruch nicht mehr gerecht, eine Erweiterung des Aufgabenfeldes zumindest in den Bereichen Personalbedarfsermittlung, Personal- und Organisationsentwicklung bzw. Organisationsberatung sowie Betriebliches Gesundheitsmanagement und Sozialwesen wird einerseits von den Beschäftigten erwartet und unterstützt andererseits das Unternehmensziel des effizienten Ressourceneinsatzes.

1.2.1 Die Organisation der Personalabteilung

Um den veränderten Ansprüchen gerecht zu werden, ist es ratsam, die Organisationsform der Personalabteilungen zu überprüfen. In der rein verwaltenden Personalabteilung war häufig eine „buchstabenbezogene" Sachbearbeitung anzutreffen. Die Beschäftigten waren für einen bestimmten Personenkreis zuständig, der sich am Anfangsbuchstaben der Nachnamen orientierte (Beispiel: Oberarzt Dr. Schmidt aus der Allgemeinchirurgie zählte ebenso zum Personenkreis R-T wie Sachbearbeiterin Schneider aus der Finanzabteilung). Diese Aufteilung hatte zur Folge, dass oftmals lediglich eine Einzelfallbearbeitung stattfand und ganze Bereiche betreffende Probleme oder Sachverhalte wie beispielsweise Personalentwicklungsbedarf oder Vertretungskonstrukte nicht erkannt wurden. In der jüngeren Zeit wird daher zunehmend ein sog. „Referentenmodell" etabliert. Der Personalreferent verantwortet einen eigenen Zuständigkeitsbereich (beispielsweise eine konkrete Dienstart oder alle Dienstarten in einer oder mehreren klinischen Abteilungen) und betreut alle diesem Zuständigkeitsbereich zugehörenden Beschäftigten vom Eintritt in das Unternehmen bis zum Austritt in allen Belangen des Personalmanagements.

In kleineren Krankenhäusern ist es durchaus möglich, dass ein Personalreferent neben der Personalbetreuung auch die Verantwortung für Spezialgebiete wie Personalmarketing oder Personalentwicklung übernimmt. In größeren Kliniken sollte diese Aufgabe von zentralen Bereichen koordiniert werden, nicht zuletzt auch um Fachwissen zu bündeln und Synergieeffekte zu nutzen.

Im Nachfolgenden sind zwei Beispiele für die Organisation von Referentenmodellen in der Personalabteilung dargestellt. Referentenmodell 1 zeigt die mögliche Organisation der Personalabteilung eines kleineren Krankenhauses (s. Abb. 1). Hier nehmen die Personalreferenten neben ihren Aufgaben in der Personalbetreuung bestimmter Dienstarten noch Spezialaufgaben wahr, sie sind der Abteilungsleitung Personal direkt unterstellt. Referentenmodell 2 bildet eine Möglichkeit der Organisation der Personalabteilung für ein Großkrankenhaus ab (s. Abb. 2). Neben dem Bereich Personalmanagement, in welchem die Personalreferenten ganze Bereiche dienstartenübergreifend betreuen, existieren die zusätzlichen Bereiche Personalentwicklung und Personalmarketing als eigenständige, hochspezialisierte Bereiche. Das Personalcontrolling kann der Abteilungsleitung Personal als eine Art „Stabsfunktion" zugeordnet werden.

1.2.2 Größe der Personalabteilung

Wie in jeder Branche korrelieren auch im Gesundheitssektor die Größe der Personalabteilung und die Qualität der Personalarbeit mit der Größe des Unternehmens. Kleinere Häuser verfügen in der Regel auch über eine personell niedriger ausgestattete Personalabteilung, und von den dort Beschäftigten werden eher generalistische Fähigkeiten im Sinne einer 360°-Betreuung verlangt.

Um sich der Vielzahl an Aufgaben dennoch bestmöglich stellen zu können, kann häufig nur administrierende Personalarbeit stattfinden: Die Schwerpunkte werden vorwiegend auf Personalverwaltung und Entgeltabrechnung und weniger auf Strategieentwicklung und Beratung der Geschäftsleitung und Führungskräfte gelegt. In größeren Häusern, in denen allein die Gesamtzahl der Beschäftigten eine größere Personalabteilung verlangt, ist eine Aufgabenspezialisierung möglich wie sie Abbildung 2 darstellt. Diese Aufgabenspezialisierung und damit einhergehend die Möglichkeit, in ihren Teilbereichen neue Strategien und Konzepte entwickeln zu können, ermöglichen der Personalabteilung eine beratende und begleitende Funktion bezogen auf die Gesamtstrategie und Gesamtsteuerung des Hauses.

Um den erforderlichen Bedarf an Mitarbeitern zumindest im Bereich der klassischen Personaladministration ermitteln zu können, ist insb. die Personalstruktur des jeweiligen Hauses zu betrachten. Für einen Personalreferenten hängt die Gesamtzahl der von ihm zu betreuenden Beschäftigten stark von deren Betreuungsintensität ab. Der für den Bereich Verwaltung zuständige Personalreferent kann aufgrund der oftmals langjährig andauernden Beschäftigungsverhältnisse und den strikt den Tarifautomatiken folgenden Einkommensentwicklungen in der Regel einen größeren Zuständigkeitsbereich betreuen als ein Personalreferent, der für eine Klinik mit einer großen Zahl an zur eigenen Weiterbildung be-

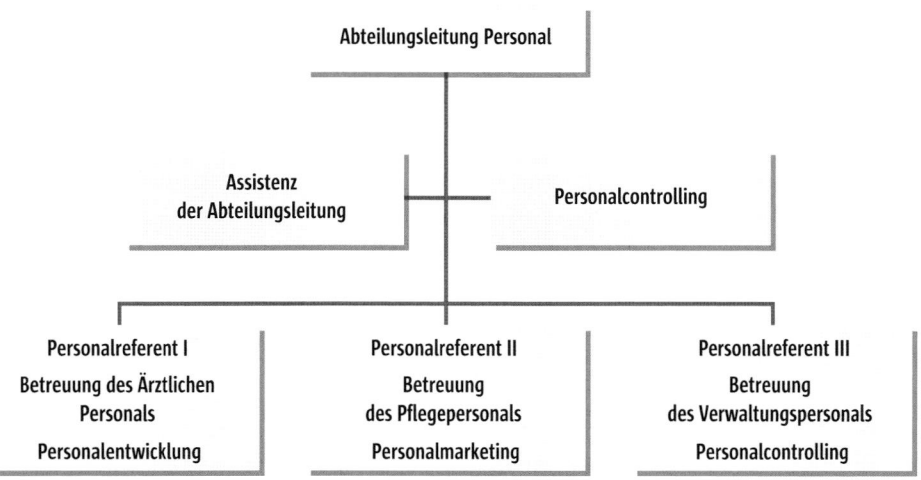

Abb. 1   Referentenmodell I

Abb. 2   Referentenmodell II

fristet beschäftigten Assistenzärzten zuständig ist. In der Regel ist ein zu betreuender Personenkreis zwischen 450 und 650 Beschäftigten möglich. Neben der Betreuungsintensität spielen hier aber auch der Automatisierungs- und Standardisierungsgrad der Arbeitsabläufe in der Personalabteilung und die Qualifikation der Personalreferenten eine nicht zu unterschätzende Rolle.

Der Personalbedarf für über die reine Personaladministration hinausgehende Aufgaben wie z. B. Personalentwicklung und Personalmarketing ist letztlich eine Frage der grundsätzlichen Haltung des Krankenhausträgers zu diesen Themen. Plant ein Haus, gezielt in Personalentwicklung zu investieren, so wächst als Konsequenz der Umsetzung einer unternehmerischen Entscheidung häufig auch die Zahl der Beschäftigten in diesem Bereich. Allerdings bewirkt allein schon eine zunehmende Unternehmensgröße auch zusätzliche Aufgaben an die Personalabteilung, auch fördert bereits das Angebot an Personalentwicklungsmaßnahmen eine steigende Nachfrage hiernach, so dass mit wachsender Bedeutung dieses Bereichs auch die Anzahl der dort Beschäftigten zunimmt. Umgekehrt kann aber ebenso festgestellt werden, dass in diesen Bereichen am ehesten Personal reduziert wird, sobald die wirtschaftliche Situation des Krankenhauses dies verlangt.

1.3 Kernprozesse des Personalmanagements

Vom Personalmanagement wird seitens des Krankenhausträgers erwartet, dass es personalwirtschaftliche Kernprozesse effizient umsetzt, um damit alle Führungskräfte des Hauses beim Erreichen der strategischen Ziele zu unterstützen. Auch die Beschäftigten erwarten kompetente Betreuung und reibungslose Abläufe in allen Angelegenheiten ihres Beschäftigungsverhältnisses. Ihre Zufriedenheit mit der Personalabteilung, die häufig stellvertretend für den Arbeitgeber gesehen wird, ist auch ein Maßstab für die Gesamtzufriedenheit am Arbeitsplatz und damit einhergehend für die Arbeitsleistung und das Arbeitsergebnis. Die Mitarbeiterinnen und Mitarbeiter einer Personalabteilung müssen sich daher bewusst machen, dass die Qualität ihrer Arbeit und ihr Serviceangebot mitentscheidend sind für den Gesamterfolg des jeweiligen Hauses.

1.3.1 Personalbedarfsermittlung

Unter der Personalbedarfsermittlung werden allgemein alle Maßnahmen verstanden, die der Ermittlung des derzeitigen und zukünftigen Bedarfs an Beschäftigten in quantitativer und qualitativer Hinsicht dienen.

Der Personalbedarf kann qualitativer oder quantitativer Art sein. Unter qualitativer Personalplanung wird die Analyse und Planung vorhandener und zukünftig notwendiger Qualifikationen der Beschäftigten verstanden. Die quantitative Personalplanung umfasst die Erarbeitung notwendiger Personalmengen (z. B. erforderliche Anzahl an Führungskräften, erforderliche Anzahl an Pflegekräften, erforderliche Anzahl an Personalsachbearbeitern).

Bei der **Personalbedarfsermittlung** sind Bruttopersonalbedarf, Plan-Personalbestand und Nettopersonalbedarf zu unterscheiden. Unter Bruttopersonalbedarf wird die Anzahl der benötigten Beschäftigten verstanden, die für das Funktionieren des täglichen Klinikbetriebes erforderlich sind. Der Bruttopersonalbedarf setzt sich zusammen aus dem Einsatzbedarf, welcher sich auf den zur Erfüllung aller Aufgaben erforderlichen Personalbedarf bezieht, und dem Reservebedarf. Im Reservebedarf werden Personalausfälle aufgrund von Urlaub, Krankheit, Fortbildung und sonstigen Fehlzeiten berücksichtigt. Der Plan-Personalbestand beschreibt die gegenwärtig vorhandenen Beschäftigten und berücksichtigt darüber hinaus Personalzu- und Personalabgänge im jeweiligen Planungszeitraum. Der Nettopersonalbedarf ergibt sich aus der Differenz zwischen Bruttopersonalbedarf und Plan-Personalbestand. Er beinhaltet Ersatzbedarf aufgrund von Personalabgängen und Neubedarf für neu entstandene Stellen. An ihm ist auch ersichtlich, ob eine personelle Über- oder Unterdeckung vorliegt und das Haus mittels Maßnahmen der Personalgewinnung oder Personalfreisetzung gegensteuern muss.

Im Krankenhaus erfolgte die Personalbedarfsermittlung lange Zeit auf Basis von Anhaltszahlen der Deutschen Krankenhausgesellschaft. Eine Anhaltszahl war z. B. die Relation von Patienten- oder Bettenzahl zu Mitarbeitern einer bestimmten Berufsgruppe: Ein Verhältnis von 1:11 bedeutete, dass ein Arzt 11 Patienten untersuchen und behandeln konnte. In der Pflege wurde in den Jahren 1993 bis 1995 eine Pflegepersonalrechnung (PPR) durchgeführt. Als Grundlage hierfür wurden die Patienten in je drei Pflegestufen in der Allgemeinen und in der Speziellen Pflege eingestuft, woraus sich sechs Patientengruppen ergaben, die die Breite des unterschiedlichen Pflegeaufwandes wiedergaben. Ferner wurden Tätigkeitsprofile für alle pflegerischen Leistungen erarbeitet. Nach Vorlage der Ergebnisse gingen Experten damals davon aus, dass sich durch konsequente Anwendung der PPR bundesweit ein Personalmehrbedarf im fünfstelligen Bereich ergeben hätte. Als sich abzeichnete, dass die daraus resultierenden Mehrkosten nicht zu tragen sind, wurde die Pflege-Personalrechnung ausgesetzt. Manche Krankenhäuser verwenden die PPR jedoch noch als internes Steuerungsinstrument weiter, und seit 2006 fließen die PPR-Zahlen in die DRG mit ein. Auf diese Weise können Krankenhäuser, die viele pflegebedürftige Menschen versorgen, entsprechend höhere Umsätze erzielen.

In der heutigen Zeit werden im Wesentlichen eine leistungsorientierte oder eine erlösorientierte Personalbedarfsermittlung vorgenommen. Grundlage für die leistungsorientierte Personalbedarfsermittlung ist eine sorgfältige Leistungserfassung im zu untersuchenden Bereich, in der auch die Arbeitszeiten detailliert geprüft werden müssen.

Tab. 1   Kalkulation Arbeitszeit: Leistung

Ausgangssituation	Bei einer täglichen Arbeitszeit von 7,5 Stunden und durchschnittlich 220 Arbeitstagen pro Kalenderjahr können pro Vollzeitkraft 99.000 Minuten Arbeitszeit im Jahr erbracht werden
Bedarfsermittlung	1) Ermittlung der durchschnittlichen Personalbindung pro Leistung auf Basis einer krankenhausindividuellen Analyse
	2) Anzahl der Leistungen pro Jahr x durchschnittliche Personalbindung pro Leistung = zeitliche Bindung in Minuten
Beispiel	1) durchschnittliche Dauer Bronchoskopie = 15 Minuten
	2) durchschnittliche Anzahl an Bronchoskopien = 500/Jahr
	3) Ergebnis: Im Durchschnitt werden 7.500 Minuten/Jahr für eine Bronchoskopie aufgewendet
	4) Diese Berechnung ist für jede weitere Aufgabe vorzunehmen, um den erforderlichen Personalbedarf zu kalkulieren.

In Tabelle 1 wird ein Beispiel für eine leistungsorientierte Personalbedarfsermittlung erläutert.

Die erlösorientierte Personalbedarfsermittlung nimmt die DRG für den zu untersuchenden Bereich als Berechnungsgrundlage. Sie hält sich schlicht an die betriebswirtschaftliche Tatsache, dass nicht mehr Geld ausgegeben als eingenommen werden kann. In die Kalkulation für die DRG fließen die Personalkosten für die Bereiche Ärztlicher Dienst, Pflegedienst, Medizinisch-Technischer Dienst und Funktionsdienst ein, so dass anhand der Gesamtzahl der abgerechneten DRG und den hieraus resultierenden Erlösen ermittelt werden kann, wie viel Personal durch erbrachte Leistungen tatsächlich finanziert ist. Ob allerdings die Anzahl an aus DRG finanziertem Personal mit dem krankenhausindividuell ermittelten Personalbedarf übereinstimmt, ist fraglich. Abschließend sei darauf hingewiesen, dass es für bestimmte Bereiche gesetzliche Vorgaben zur Personalausstattung gibt. Durch die Verordnung über Maßstäbe und Grundsätze für den Personalbedarf in der stationären Psychiatrie beispielsweise wird die erforderliche Anzahl an vorzuhaltendem Personal klar vorgegeben.

1.3.2 Personalmarketing

Ziel des Personalmarketings ist es, das eigene Haus als Arbeitgeber im Wettbewerb um die besten Fach- und Führungskräfte attraktiv zu machen. Im Unterschied zum externen Personalmarketing, welches die optimale Positionierung auf dem Arbeitsmarkt zum Ziel hat, fokussiert sich das interne Personalmarketing auf die Zufriedenheit und Leistungsbereitschaft der Beschäftigten sowie auf ihre Identifikation mit dem Haus. Zusätzlicher Effekt aus der Anwendung der Instrumente des Personalmarketings ist eine positivere Präsentation und Profilierung in der Öffentlichkeit. Wesentliche Teilbereiche des Personalmarketings sind das Imagemarketing, mit welchem das Unternehmen seine Personal- und Sozial-

kompetenz präsentiert und das Anreizmarketing, welches die Vorzüge der vakanten Positionen und die Rahmenbedingungen der Beschäftigungsverhältnisse bewirbt. Zu den externen Instrumenten zählen z. B. die Teilnahme an Messen, ein gut gestalteter Internetauftritt, Schüler- und Studenteninformationstage, Praktika und Betreuung von Diplomarbeiten. Interne Personalmarketinginstrumente können sein:

- Einführungsveranstaltungen und Einarbeitungskonzepte,
- Karriere- und Weiterbildungspläne,
- Programme für ältere Beschäftigte,
- Mitarbeiterbefragungen,
- Kinderbetreuungsprogramme oder
- Outplacement-Maßnahmen.

Die Vielzahl der hier nur beispielhaft aufgeführten Instrumente zeigt, dass einzelne Bestandteile des Personalmarketings in der Regel bereits in der praktischen Arbeit zur Anwendung kommen. Für bestmögliche Ergebnisse ist allerdings ein planvoller Einsatz der unterschiedlichen Instrumente zielführender.

1.3.3 Personalgewinnung

Unter „Personalgewinnung" werden alle Maßnahmen verstanden, die der Rekrutierung von Mitarbeitern sowohl in quantitativer als auch in qualitativer Hinsicht dienen. Der Personalgewinnungsprozess kann in drei Phasen geteilt werden (s. Abb. 3). Die erste Phase, die Kontaktphase, umfasst die Information, dass eine vakante Position zu besetzen ist. Ihr Ziel ist es, einen möglichst großen Kreis potenziell geeigneter Bewerberinnen und Bewerber zu generieren. Die zweite Phase, die Vorauswahl, umfasst die Auswahl derjenigen Bewerberinnen und Bewerber, die zu einem Einstellungstest oder Interview eingeladen werden sollen. In der dritten Phase findet die konkrete Entscheidungsfindung statt, sie wird durch Tests und persönliche Interviews unterstützt. Am

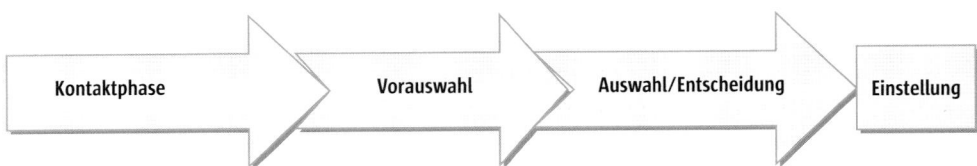

Abb. 3   3 Phasen des Personalgewinnungsprozesses

Ende von Phase 3 steht die Entscheidung, welchem Bewerber ein Einstellungsangebot unterbreitet werden soll.

Phase 1 der Personalgewinnung kann intern oder extern sowie aktiv oder passiv erfolgen. Passive Maßnahmen zur Personalgewinnung entsprechen, unabhängig davon, ob sie intern oder extern erfolgen, der gängigen Vorstellung einer allgemeinen Veröffentlichung einer vakanten Position (Stellenanzeigen, Internet-Stellenmarkt). Aktive Personalgewinnungsmaßnahmen verlangen ein progressives Handeln des Betriebes. Potenzielle Bewerberinnen und Bewerber werden direkt angesprochen („Campus Recruiting", Personalberater, „Job-Messe", „soziale Netzwerke").

Entscheidet sich der Betrieb für ein internes Vorgehen, so wird eine geeignete Person aus der Gesamtzahl aller im Krankenhaus beschäftigten Mitarbeiterinnen und Mitarbeiter ausgewählt. Vakante Stellen werden in der Regel über eine „interne Jobbörse" oder einen „internen Stellenmarkt" ausgeschrieben, die Ausschreibung kann allgemein erfolgen oder sich gezielt an einen bestimmten Personenkreis richten. Nicht selten sind an internen Veränderungsmöglichkeiten interessierte Beschäftigte der Personalabteilung oder den Führungskräften bereits bekannt, da sie entweder zu einem feststehenden Zeitpunkt eine bestimmte Qualifikation erreichen, aufgrund von Rationalisierungsmaßnahmen oder organisationalen Veränderungen umgesetzt werden müssen oder bereits offen den Wunsch nach Veränderung geäußert haben. Auch Karriere- oder Jahresmit-

arbeitergespräche können das Ziel der internen Personalgewinnung verfolgen. Die externe Vorgehensweise erfolgt zumeist zur Neueinstellung von Beschäftigten. Mit ihr kann hohe Fluktuation ausgeglichen oder intern nicht vorhandenes Know-how aufgebaut werden, nicht selten wird sie aber auch genutzt, um neue Impulse in den Betrieb zu holen. Klassische Instrumente der externen Vorgehensweise zur Personalgewinnung sind Zeitungsinserate, Einschaltung von Personalberatern, Internet-Jobbörsen oder der Vermittlungsservice der Agentur für Arbeit.

In Tabelle 2 werden die Vor- und Nachteile der internen und externen Personalgewinnung zusammengefasst.

Phase 2 der Personalgewinnung, die sog. Vorauswahl, umfasst wie oben bereits beschrieben die Sichtung sämtlicher vorliegender Bewerberprofile im Hinblick auf die Erfüllung der im Anforderungsprofil der zu besetzenden Position genannten Qualifikationen und persönlichen Eigenschaften. Nicht selten finden zur Vorauswahl standardisierte Auswahlverfahren wie z. B. Einstellungstests statt. Mit ihnen kann die geforderte Objektivität bei der Festlegung des in die engere Auswahl kommenden Bewerberkreises noch besser nachgewiesen werden. Am Ende der Vorauswahl sollte ein Bewerberspiegel vorliegen, welcher sämtliche eingegangenen Bewerbungen beinhaltet und hinsichtlich ihrer Eignung transparent bewertet.

In Phase 3 der Personalgewinnung findet die engere, die eigentliche Auswahl statt. Das häu-

Tab. 2   Vor- und Nachteile interner und externer Personalgewinnung

	Vorteile	Nachteile
Interne Personalgewinnung	▪ Möglichkeit des beruflichen Aufstiegs für den Arbeitnehmer ▪ i. d. R. kurzfristiger Wechsel möglich ▪ Kurze Einarbeitungszeit, da Betriebsabläufe bekannt sind ▪ Kosteneinsparung gegenüber Neueinstellungen ▪ Geringeres Risiko der Fehlbesetzung	▪ Neubedarf entsteht an anderer Stelle ▪ „Betriebsblindheit" des Arbeitnehmers ▪ Evtl. Autoritätsprobleme ▪ Begrenzte Auswahlmöglichkeiten ▪ Gefahr der negativen Beeinflussung des Betriebsklimas durch abgelehnte Mitarbeiter ▪ Entscheidung ist schwierig zu revidieren
Externe Personalgewinnung	▪ Größere Auswahl ▪ Anerkennung der Autorität ▪ Mitarbeiter bringt neue Kenntnisse und Ideen mit ▪ Ggf. Zuschüsse von der Agentur für Arbeit	▪ Nicht unerhebliches Fehlbesetzungsrisiko ▪ Längere Einarbeitungszeit ▪ i. d. R. kostenintensive Bewerberauswahl

figste Auswahlverfahren ist auch heute noch immer das klassische Bewerbungsgespräch (Interview). Bei der Größe des Teilnehmerkreises am Interview empfiehlt sich die Regelung „so klein wie möglich, aber so groß wie nötig". Soweit es sinnvoll erscheint, kann der Mitarbeitervertretung die Gelegenheit zur Teilnahme gegeben werden, da die Einstellung von Beschäftigten sowohl nach Betriebsverfassungs- als auch Personalvertretungsgesetz ein mitbestimmungspflichtiger Tatbestand ist. Bei der Besetzung hierarchisch höher angesiedelter Positionen werden seit einigen Jahren mit dem engeren Bewerberkreis häufig sogenannte Assessment Center (AC) durchgeführt. Assessment Center sind eine Kombination mehrerer Auswahltests (z. B. Gruppendiskussion, Rollenspiele, Fallstudien, Präsentationsaufgaben unter Beobachtung) und verfolgen insb. das Ziel, interpersonelle Fähigkeiten, Empathie oder Sozialkompetenz der Bewerberinnen und Bewerber zu prüfen. Häufige Kritik an diesem Instrument ist, dass die Bausteine antrainierbar und durchschaubar sind und nicht die Realität im Arbeitsalltag darstellen („Labor-Situation"). Verhalten in Stresssituationen oder der Umgang mit anderen Menschen können jedoch trotz aller Kritik am Assessment Center gut beurteilt werden.

Ist die Entscheidung für die Besetzung der vakanten Position gefallen, sollte ein sog. „Eingliederungsprogramm" angeboten werden. Hauptziel der in diesem Programm enthaltenen Maßnahmen ist die reibungslose fachliche und persönliche Eingliederung des neuen Mitarbeiters in das Unternehmen.

1.3.4 Personalentwicklung

Mit der zunehmenden Verknappung der für ein Krankenhaus zwingend erforderlichen Ressource Personal gewinnen auch im Gesundheitswesen die Instrumente der Personalentwicklung zunehmend an Bedeutung. Hierunter werden neben der klassischen Aus-, Fort- und Weiterbildung sämtliche Maßnahmen zur Mitarbeiterförderung verstanden. Allgemeines Ziel der Personalentwicklung ist es einerseits, Diskrepanzen zwischen vorhandener Qualifikation und erforderlicher Qualifikation ohne externe Personalgewinnung zu überwinden und andererseits mittels geeigneter Instrumente Potenziale bei den Beschäftigten herauszuarbeiten und im Rahmen inner- und außerbetrieblicher Möglichkeiten gezielt zu fördern. Es können drei verschiedene Zielrichtungen unterschieden werden:

- Vorbereitung auf eine (neue) berufliche Tätigkeit (z. B. Ausbildung, Traineeprogramm)
- Weiterentwicklung des für den Arbeitsplatz erforderlichen Wissens und Könnens während und außerhalb der Arbeitszeit (z. B. Fachseminare, Erweiterung des Aufgabengebiets, Job Rotation)
- Persönlichkeits- und Teamentwicklung (z. B. Führungskräftetraining, Einzel- und Gruppencoaching).

Darüber hinaus kann es auch Aufgabe der Personalentwicklung sein, allgemeine Instrumente zur Förderung und Verbesserung von Führungsverhalten und Zusammenarbeit zur Verfügung zu stellen. Beispiele können hier standardisierte Mitarbeiterjahresgespräche, allgemeine Beurteilungsbögen, Leitfäden für Führungskräfte oder Durchführung und Auswertung von Mitarbeiterbefragungen sein.

Auch der Prozess der Personalentwicklung kann grundsätzlich in mehrere Phasen unterschieden werden (s. Abb. 4).

Die Ermittlung des Personalentwicklungsbedarfs kann auf unterschiedlichste Weise erfolgen. Strategische Entscheidungen des Managements führen häufig zu neuen Aufgabenstellungen (z. B. Delegation arztnaher oder pflegenaher Tätigkeiten zur effizienteren Ressourcennutzung), auch veränderte gesetzliche Rahmenbedingungen können diese zur Folge

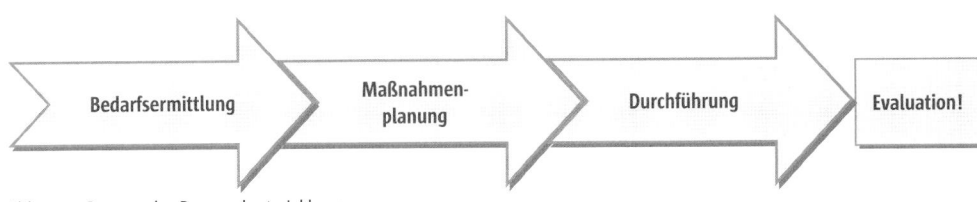

Abb. 4   Prozess der Personalentwicklung

haben (z. B. Kodierfachkräfte aufgrund Einführung der DRG). Durch eine sorgfältige Nachfolgeplanung werden ebenfalls Entwicklungsbedarfe frühzeitig sichtbar. Durch eine Mitarbeiterbefragung erhält der Betrieb gezielt Kenntnis über die Bedarfe aus Mitarbeitersicht. Im Mitarbeiterjahresgespräch können der Bedarf Einzelner und der Bedarf ganzer Teams festgestellt werden.

Der gründlichen Planung der Personalentwicklungsmaßnahmen und deren Durchführung kommen besondere Bedeutung zu. Den größten Erfolg werden die Maßnahmen verzeichnen, die nach dem Grundsatz „Betroffene zu Beteiligten machen" durchgeführt werden, indem die Beschäftigten von Beginn an eingebunden werden: Eine individuelle Fortbildung wird eher erfolgreich abgeschlossen werden, wenn Zeitpunkt, Dauer und erforderliche Vorbereitung mit dem Beschäftigten abgestimmt worden sind, und auf die Durchführung von Mitarbeiterjahresgesprächen können Führungs-

kräfte in Kurzworkshops vorbereitet werden (was wiederum deren Bereitschaft zur Durchführung des Gesprächs erhöht!).

Ein umfangreiches Angebot an Personalentwicklungsmaßnahmen liefert einen wertvollen Beitrag zur Personalbindung und zur Förderung der Mitarbeiterzufriedenheit. Über- oder Unterforderung und damit einhergehende Überlastungssymptome können vermieden werden, da regelmäßig die Übereinstimmung von Anforderungs- und Qualifikationsprofil („Stelle und Mensch") überprüft wird. Durch ein über reine Fort- und Weiterbildungsveranstaltungen hinausgehendes Angebot wie z. B. Maßnahmen der Gesunderhaltung oder Stressprophylaxe (Rückenschule, Autogenes Training) oder gemeinsame Sportaktivitäten (Lauftreff) fühlt der Mitarbeiter sich als Mensch wahrgenommen und gewertschätzt, was eine höhere Bindung an den Betrieb bewirkt. In Tabelle 3 sind die Vor- und Nachteile von Personalentwicklung sowohl aus der Sicht der Beschäftigten als auch des Betriebes dargestellt.

Tab. 3   Vor- und Nachteile der Personalentwicklung

	Vorteile	Nachteile
Betrieb	■ Sicherung des qualitativen und quantitativen Personalbestands ■ (Weiter-)Entwicklung von Nachwuchskräften und „Experten" ■ Unabhängigkeit von externen Arbeitsmärkten ■ Verbesserung der Mitarbeiterqualifikation (Führungs- und Sozialverhalten, Kommunikationsfähigkeit) ■ Anpassung an Erfordernisse von neuen Arbeits- und Behandlungsmethoden sowie Rahmenbedingungen ■ Erhöhung der Arbeitszufriedenheit und Steigerung der Unternehmensidentifikation	■ Erhöhung der Wechselbereitschaft der Beschäftigten aufgrund gestiegener Chancen am Arbeitsmarkt ■ Demotivation von nicht oder nicht ausreichend berücksichtigten Beschäftigten ■ Demotivation, wenn nach erfolgreicher Maßnahme kein adäquater Arbeitsplatz angeboten werden kann ■ Wirtschaftliche Vorteile schwer messbar
Beschäftigte	■ Aktivierung des persönlichen Qualifikationspotenzials ■ Mehr Selbstverwirklichung am Arbeitsplatz ■ Schaffung von Voraussetzungen für die weitere Karriere ■ Minderung der Risiken des Arbeitsplatz- und Einkommensverlusts ■ Erhöhung individueller Mobilität (regional, fachlich, hierarchisch) ■ Erhaltung und Verbesserung der Qualifikation	■ höhere Erwartungshaltung durch den Betrieb (neben der täglichen Arbeitsleistung) ■ mehr Konkurrenz unter Kollegen ■ evtl. ist längere Bindung an den Betrieb zuzusichern ■ Leistungsvermögen und Leistungsbereitschaft können eher sichtbar werden

1.3.5 Personalfreisetzung

Unter dem Begriff der Personalfreisetzung (Personalabbau) werden alle Maßnahmen verstanden, welche die Verminderung des Personalbestands im Falle einer Personalüberdeckung zum Ziel haben. Die Ursachen einer Personalüberdeckung sind vielfältig. Beispielhaft genannt seien Reorganisations- und Rationalisierungsmaßnahmen, Fusionen, Bedürfnis-/Bedarfsänderungen oder auch personenbezogene Faktoren (z. B. Krankheit, mangelnde Eignung). Je nach Ursache kann zwischen quantitativer Überdeckung (Anzahl der Mitarbeiter), qualitativer Überdeckung (Überdeckung auf bestimmten Qualifikationsebenen), zeitlicher (in einem bestimmten Zeitraum) oder örtlicher Überdeckung (Überdeckung in bestimmten Betriebsteilen oder Bereichen) unterschieden werden.

In der Regel wird versucht, einer Personalüberdeckung so sozialverträglich wie möglich zu begegnen. Häufig wird daher als erste Maßnahme ein sogenannter „Einstellungsstopp" verhängt. Hierdurch wird versucht, das Ausscheiden von Beschäftigten aufgrund von Erreichen der Regelaltersgrenze oder Arbeitsplatzwechsel zum Personalabbau zu nutzen, indem deren vakant gewordene Positionen nicht neu besetzt werden. Ob ein genereller Einstellungsstopp verhängt wird oder sich dieser nur auf bestimmte Berufsgruppen oder einen befristeten Zeitraum bezieht, hängt von der individuellen Situation im Betrieb ab.

Aktivste Form der Personalfreisetzung ist die arbeitgeberseitige Kündigung von Beschäftigten. Sie wird in der Regel jedoch erst dann angewendet, wenn andere Möglichkeiten bereits ausgeschöpft sind. Zuvor sollten neben der bereits oben beschriebenen natürlichen Fluktuation aufgrund des Renteneintritts oder des Ausscheidens des Beschäftigten auch die Beendigung befristeter Arbeitsverträge oder die Auflösung von Arbeitsverträgen ggf. mit Zahlung einer Abfindung in Erwägung gezogen werden. In der Industrie finden sich in der heutigen Zeit häufig auch sog. „Sabbatical-Modelle": Der Arbeitgeber stellt beispielsweise für einen Zeitraum von zwei Jahren den Beschäftigten unter Fortzahlung von 20 % des Entgelts und voller Zahlung der Sozialversicherungsbeiträge von der Arbeit frei. Auf diese Weise bleibt der Arbeitsvertrag für den Beschäftigten erhalten, der Betrieb profitiert aber dennoch von den reduzierten Personalkosten.

Abschließend sei darauf hingewiesen, dass in jedem Fall die Ursachen einer festgestellten Personalüberdeckung sorgfältig zu analysieren sind, um in der Zukunft schneller und gezielter gegensteuern bzw. reagieren zu können.

1.3.6 Personalcontrolling

Ein funktionierendes Personalcontrolling ermöglicht es dem Krankenhaus, die knappe Ressource Personal optimal zu planen, zu steuern und ihren Einsatz im Hinblick auf Wirtschaftlichkeit und Effizienz zu kontrollieren. Im Vordergrund der Betrachtung steht dabei nicht der einzelne Beschäftigte, sondern stets die Mitarbeiterschaft in ihrer Gesamtheit. Das Personalcontrolling dient zum einen der Information über bestehende Personal- und Kostenstrukturen, zum anderen kann es mittels Prognoserechnungen und Zukunftsszenarien die Krankenhausleitung bei Entscheidungsfindungs- und Zielfestlegungsprozessen unterstützen. Im Gegensatz zum Finanzcontrolling gibt es im Personalcontrolling neben quantitativen Daten wie z. B. Personalkosten oder Mitarbeiterzahlen auch qualitative Daten. Hierunter fallen Informationen zur Mitarbeiterzufriedenheit, Kenntnisse und Fertigkeiten oder auch Ausbildungsabschlüsse und Sprachkenntnisse. Unabdingbare Voraussetzung für ein funktionierendes Personalcontrolling ist eine solide Personalstammdatenbasis – für jeden einzelnen Beschäftigten im Hause. Der sorgfältigen Datenpflege durch die Beschäftigten im Personalbereich kommt somit besondere Bedeutung zu.

Neben Personalstatistiken (z. B. Vollzeitäquivalentestatistik) werden im Personalcontrolling verschiedene Kennzahlen erarbeitet. Bei diesen Kennzahlen handelt es sich um gebündelte Informationen, aus welchen vergleichbare Messgrößen erarbeitet wurden. Praktikabel werden diese jedoch erst, wenn sie Vergleichswerten gegenübergestellt werden können, so z. B. der Vorjahreskennzahl oder den Kennzahlen vergleichbarer Häuser. Häufig beschäftigt sich das Personalcontrolling mit den in Tabelle 4 kurz skizzierten Kennzahlen.

1.4 Grundlagen des Arbeitsrechts

Mit dem Abschluss eines Arbeitsvertrages wird eine Rechtsbeziehung begründet, aus welcher Rechte und Pflichten sowohl für Beschäftigte als auch für Arbeitgeber entstehen. Diese Rechte und Pflichten werfen für die Personalabteilungen na-

Tab. 4   Häufig verwendete Personalkennzahlen

Kennzahl	Berechnungsmuster	Aussage
Durchschnittlicher Personalaufwand	$\dfrac{Personalaufwand}{\Sigma\ Vollzeitäquivalente}$	Mit dieser Kennzahl werden die durchschnittlichen Personalkosten je Vollzeitäquivalent (Vollzeitkraft) errechnet. Für eine höhere Genauigkeit empfiehlt sich die Berechnung des durchschnittlichen Personalaufwands je Dienstart.
Überstunden pro Vollzeitäquivalent	$\dfrac{(Istarbeitszeit - Sollarbeitszeit)}{\Sigma\ Vollzeitäquivalente}$	Mit dieser Kennzahl werden die Überstunden je Vollzeitäquivalent aufgezeigt. Sie kann Anhaltspunkt für eine Personalunterdeckung sein.
Altersstruktur	$\dfrac{Alter\ Mitarbeiter}{Anzahl\ Mitarbeiter} \times 100$	Diese Kennzahl zeigt den altersmäßigen Aufbau der Belegschaft in %. Das Alter der Mitarbeiter ist bezogen auf z. B. die Anzahl aller 50jährigen im Betrachtungszeitraum.
Durchschnittlicher Beschäftigungsgrad	$\dfrac{\Sigma\ Vollzeitäquivalente}{Anzahl\ Mitarbeiter} \times 100$	Diese Kennzahl gibt einen Hinweis auf Teilzeitarbeits-Freundlichkeit des Arbeitgebers. Hohe Prozentzahlen zeigen eine geringe Durchlässigkeit für Teilzeitwünsche an, niedrige Prozentzahlen weisen auf viele Teilzeitkräfte hin, stehen aber auch für zusätzlichen administrativen Aufwand
Inseratkosten pro Einstellung	$\dfrac{\Sigma\ Inseratkosten\ /\ Jahr}{\Sigma\ Einstellungen\ /\ Jahr}$	Diese Kennzahl ermittelt die durchschnittlichen Kosten für Inserate pro Einstellung. Sie ist Voraussetzung für weitere Untersuchungen der Kosten pro Einstellung bzw. des Rekrutierungskanals und ist beeinflussbar z. B. durch Verträge mit Zeitungen oder Benutzung anderer Plattformen (z. B. Internet-Jobbörsen).
Anzahl Bewerber pro Inserat	$\dfrac{\Sigma\ Bewerber\ /\ Inserat}{\Sigma\ Inserate}$	Diese Kennzahl zeigt den Erfolg von Inseraten. Sie macht Aussagen über die Qualität eines Rekrutierungskanals, gibt jedoch keinen Hinweis auf die Qualität der Inserate und der Bewerber.
Externe Zugangsquote	$\dfrac{\Sigma\ externe\ Einstellungen}{\Sigma\ Einstellungen\ /\ Jahr} \times 100$	Diese Kennzahl ermittelt die Höhe der Neueinstellungen. Ein hoher Prozentsatz lässt auf eine niedrige interne Durchlässigkeitsquote schließen, ggf. sind Nachwuchsplanung und Personalentwicklung zu überdenken.
Interne Zugangsquote	$\dfrac{\Sigma\ interne\ Einstellungen}{\Sigma\ Einstellungen\ /\ Jahr} \times 100$	Diese Kennzahl erläutert die Höhe der Einstellungen aus internen Quellen. Ein hoher Prozentsatz lässt auf gezielte Nachfolgeplanung schließen.
Fluktuationsrate	$\dfrac{Gesamtabgänge/Jahr}{\Sigma\ Vollzeitäquivalente} \times 100$	Diese Kennzahl zeigt die Anzahl der Abgänge im Verhältnis zur durchschnittlichen Gesamtzahl der Mitarbeiter. Eine hohe Fluktuationsrate verursacht hohe zusätzliche Kosten und hohen Mehraufwand für das Unternehmen. Auslaufende befristete Arbeitsverträge sind hierin nicht enthalten!
Krankheitsquote	$\dfrac{\Sigma\ Kranke\ Mitarbeiter/Zeiteinheit}{\Sigma\ Mitarbeiter} \times 100$	Bei dieser Kennzahl werden alle krankgemeldeten Personen der Gesamtzahl der Beschäftigten gegenübergestellt. Bei einer hohen Quote sind die Gründe hierfür zu analysieren.

hezu täglich neue Frage- und Problemstellungen auf, die es zu lösen gilt. Nicht nur in Krankenhäusern ist dies oft eine Herausforderung für die Beschäftigten in den Personalabteilungen, da das deutsche Arbeitsrecht von ständigem Wandel geprägt ist, sei es durch veränderte wirtschaftliche oder gesetzliche Rahmenbedingungen oder durch Änderungen in der höchstrichterlichen Rechtsprechung. Nachfolgend können daher nur die wichtigsten Themengebiete kurz skizziert werden.

1.4.1 Individual- und Kollektivarbeitsrecht

Das Individualarbeitsrecht regelt die den einzelnen Arbeitnehmer betreffenden Sachverhalte. Es unterscheidet die Bestimmungen, die das Verhältnis von Arbeitgeber zu Arbeitnehmer regeln, also das Arbeitsvertrags- und das Arbeitsverhältnisrecht. Das Recht des Arbeitsvertrages und des Arbeitsverhältnisses ergibt sich insb. aus dem Bürgerlichen Gesetzbuch (BGB) und ist darüber hinaus aber auch in zahlreichen Nebengesetzen (z. B. Nachweisgesetz, Entgeltfortzahlungsgesetz, Kündigungsschutzgesetz) geregelt. Daneben umfasst das Individualarbeitsrecht die Vorschriften, die der Staat im öffentlichen Interesse zum Schutz des Arbeitnehmers erlassen hat und die als Arbeitsschutz- oder Arbeitnehmerschutzrecht bezeichnet werden (z. B. das Arbeitszeitgesetz und die Arbeitsstättenverordnung). Zur Sicherung des Arbeitsschutzes werden Sicherheitsbeauftragte, Betriebsärzte oder Sicherheitsingenieure beauftragt. Berufsgenossenschaften und bestimmte staatliche Einrichtungen nehmen insoweit eine Kontroll- und Überwachungsfunktion wahr.

Das Kollektivarbeitsrecht umfasst das Recht der Bildung arbeitsrechtlicher Koalitionen (Gewerkschaften, Arbeitgeberverbände), das Tarifvertragsrecht, das Arbeitskampfrecht sowie das Mitbestimmungsrecht. Der ausgehandelte Tarifvertrag ist von herausgehobener Bedeutung für die tägliche Personalarbeit, da er die Rechte und Pflichten für Arbeitgeber und Arbeitnehmer definiert und Rechtsnormen beinhaltet, die den Inhalt, den Abschluss und die Beendigung des Arbeitsvertrages sowie sonstige betriebliche Fragen für alle unter den jeweiligen Geltungsbereich fallenden Beschäftigten regelt. Der Vorteil eines Tarifvertrages ist gleichzeitig auch sein Nachteil: Rechte und Pflichten aus dem Arbeitsvertrag sind für alle Beschäftigten gleich, Abänderungen können nur kollektiv im Rahmen von Tarifverhandlungen oder einzelvertraglich durch außertarifliche Arbeitsverträge vorgenommen werden. Aufgrund der Vielzahl vorhandener (Haus-)Tarifverträge soll auf Einzelne hier nicht eingegangen werden, beispielhaft seien aber der Tarifvertrag für den Öffentlichen Dienst (TVÖD) und der Tarifvertrag für den Öffentlichen Dienst der Länder (TV-L) genannt. Im kirchlichen Bereich gelten die Arbeitsvertragsrichtlinien (AVR) und der BAT-KF.

1.4.2 Befristung von Arbeitsverträgen

Die Möglichkeiten zur Befristung von Arbeitsverträgen im Krankenhaus sind im Teilzeit- und Befristungsgesetz (TzBfG), im Gesetz über befristete Arbeitsverträge mit Ärzten in der Weiterbildung (ÄArbVertrG) und im Wissenschaftszeitvertragsgesetz (WissZeitVG) geregelt. Die auf diesen Grundlagen abgeschlossenen Arbeitsverträge enden, ohne dass es einer Kündigung bedarf.

Das Teilzeit- und Befristungsgesetz ermöglicht die kalendermäßige oder die zweckbezogene Befristung von Arbeitsverträgen insb. für nichtärztliches Personal. Die Befristungsabrede unterliegt dem Schriftformerfordernis und muss zwingend vor Aufnahme der Tätigkeit durch den Arbeitnehmer erfolgen, da andernfalls ein unbefristeter Arbeitsvertrag zustande gekommen ist.

Die kalendermäßige Befristung bedarf nach § 14 Abs. 1 eines sachlichen Grundes. Beispiele hierfür sind:

- der betriebliche Bedarf an der Arbeitsleistung besteht nur vorübergehend,
- die Befristung erfolgt im Anschluss an eine Ausbildung oder ein Studium, um den Übergang des Arbeitnehmers in eine Anschlussbeschäftigung zu erleichtern,
- der Arbeitnehmer wird zur Vertretung eines anderen Arbeitnehmers beschäftigt.

Der Grund für die Befristung braucht dabei nicht im Arbeitsvertrag genannt zu werden.

Auch die zweckbezogene Befristung bedarf zu ihrer Wirksamkeit eines sachlichen Grundes. Sie erfolgt, wenn zum Zeitpunkt des Vertragsabschlusses noch nicht absehbar ist, wann der Zweck der Beschäftigung entfällt (z. B. Krankheitsvertretung). Den Zeitpunkt der Zweckerreichung hat der Arbeitgeber unverzüglich schriftlich mitzuteilen. Das Arbeitsverhältnis endet mit der

Zweckerreichung, frühestens aber zwei Wochen nach Zugang der schriftlichen Mitteilung. Anders als bei der kalendermäßigen Befristung muss bei der Zweckbefristung der Befristungsgrund zwingend im Arbeitsvertrag angegeben werden.

Eine Befristung ohne vorhandenen Sachgrund ist nach § 14 Abs. 2 TzBfG nur möglich, wenn die Befristung für einen Zeitraum von max. 2 Jahren vorgenommen wird und der Arbeitnehmer noch nie in einem befristeten oder unbefristeten Beschäftigungsverhältnis zum Arbeitgeber gestanden hat.

Das Gesetz über befristete Arbeitsverträge mit Ärzten in der Weiterbildung ermöglicht es dem Krankenhaus, mit einem Arzt einen befristeten Arbeitsvertrag für einen Zeitraum von maximal acht Jahren abzuschließen. Gemäß § 1 ÄArbVertrG liegt ein Befristungsgrund vor, *wenn die Beschäftigung des Arztes seiner zeitlich und inhaltlich strukturierten Weiterbildung zum Facharzt oder dem Erwerb einer Anerkennung für einen Schwerpunkt oder dem Erwerb einer Zusatzbezeichnung, eines Fachkundenachweises oder einer Bescheinigung über eine fakultative Weiterbildung dient.* Auch nach ÄArbVertrG muss die Befristung vor Arbeitsantritt von beiden Vertragspartnern unterzeichnet sein, der hier vorliegende Befristungsgrund bedeutet aber nicht, dass der Arzt ausschließlich zu seiner Weiterbildung beschäftigt werden muss, ihm können in diesem Rahmen auch andere Tätigkeiten übertragen werden.

An Universitätskliniken können Arbeitsverträge mit Ärzten in der Weiterbildung befristet nach Wissenschaftszeitvertragsgesetz (WissZeitVG) geschlossen werden. Die maximale Befristungsdauer zum Zwecke der eigenen (wissenschaftlichen) Weiterbildung umfasst sechs Jahre für noch nicht promovierte Beschäftigte und weitere neun Jahre nach Abschluss der Promotion. Sie kann verlängert werden, sofern in diese Zeit Betreuungszeiten von unter 18jährigen Kindern fallen.

1.4.3 Bundesurlaubsgesetz (BUrlG)

Im Bundesurlaubsgesetz werden die Mindestansprüche auf Erholungsurlaub sowie dessen Rahmenbedingungen geregelt. Jeder Arbeitnehmer hat Anspruch auf mindestens 24 Werktage (= Kalendertage außer Sonn- und Feiertage) Urlaub pro Kalenderjahr (Urlaubsjahr = Kalenderjahr), dieser kann tarifvertraglich noch erhöht werden. Seinen vollen Urlaubsanspruch erwirbt ein Beschäftigter erstmals nach sechs Monaten der Betriebszugehörigkeit. Bei der Berechnung des Urlaubsanspruchs werden Bruch-

teile eines Urlaubstages, die mindestens einen halben Tag betragen, auf einen vollen Tag aufgerundet. Anspruch auf Erholungsurlaub besteht in dem Umfang nicht mehr, in dem im Kalenderjahr bereits Erholungsurlaub durch einen früheren Arbeitgeber gewährt wurde (Vermeidung von Doppelansprüchen).

Grundsätzlich ist der gesamte gesetzliche Erholungsurlaub am Stück zu gewähren, der Beschäftigte kann zumindest aber einen Anspruch auf 12 zusammenhängende Werktage geltend machen. Bei der Urlaubsplanung sind die Wünsche des Beschäftigten zu berücksichtigen, Ausnahmen hiervon können bei dringenden dienstlichen Erfordernissen oder kollidierenden Wünschen anderer Beschäftigter, die unter sozialen Gesichtspunkten vorrangig sind (Ferienzeiten bei schulpflichtigen Kindern), gemacht werden. Wünscht der Arbeitnehmer, im Anschluss an einen Krankenhausaufenthalt oder eine Rehabilitationsmaßnahme seinen Jahresurlaub zu nehmen, so ist ihm dieser zu gewähren. Dem Arbeitnehmer ist es nicht gestattet, eine dem Urlaubszweck widersprechende Erwerbstätigkeit während des Urlaubs auszuüben.

Kann der Erholungsurlaub bis zum 31.12. eines Kalenderjahres nicht genommen werden, so ist eine Übertragung nur bis spätestens 31.03. des Folgejahres möglich. Als Gründe für eine Urlaubsübertragung gelten dienstliche Belange oder in der Person des Beschäftigten liegende Gründe. An dieser Stelle ist der aktuellen Rechtsprechung des Europäischen Gerichtshofs besondere Aufmerksamkeit zu schenken: Nach dem Urteil vom 20.01.2009 steht Artikel 7 Abs. 1 der Arbeitszeitrichtlinie – ABl. EG Nr. L 299 v. 18. November 2003 – einem Verfall entgegen, wenn der Anspruch auf bezahlten Jahresurlaub wegen Arbeitsunfähigkeit ganz oder teilweise nicht verwirklicht werden kann. Der Anspruch eines Beschäftigten auf aus Krankheitsgründen nicht genommene Urlaubstage bleibt somit über den 31.03. des Folgejahres hinaus bestehen. Dies gilt nach der Rechtsprechung des Bundesarbeitsgerichts (Urteil vom 24.03.2009) allerdings nur für den gesetzlichen Mindesturlaub und nicht für den darüber hinausgehenden vertraglichen oder tariflichen Urlaubsanspruch, es sei denn, dies ist mit dem Beschäftigten entsprechend vereinbart worden.

Sollte aufgrund der bevorstehenden Beendigung des Beschäftigungsverhältnisses der Urlaub nicht gewährt werden können, so ist dieser der vollen Höhe nach abzugelten. Das Entgelt hierfür bemisst sich nach dem durchschnittlichen Arbeitsverdienst der vorangegangenen 13 Wochen, Überstundenentgelt wird nicht angerechnet.

1.4.4 Das Entgeltfortzahlungsgesetz (EntgFZG)

Das Entgeltfortzahlungsgesetz regelt die Fortzahlung des Arbeitsentgelts im Falle der Arbeitsunfähigkeit. Hiernach wird Arbeitnehmern und Auszubildenden für die Dauer von maximal sechs Wochen das Arbeitsentgelt weitergezahlt. Voraussetzung für die Entgeltfortzahlung ist, dass das Beschäftigungsverhältnis seit mindestens vier Wochen besteht, die Arbeitsunfähigkeit nicht selbst verschuldet und der Arbeitnehmer zur Erbringung der Arbeitsleistung gesundheitlich nicht in der Lage ist.

Im Falle der Erkrankung hat der Arbeitnehmer sowohl eine Anzeige- als auch eine Nachweispflicht. Die Anzeigepflicht beinhaltet unverzügliche, möglichst zeitnahe Information des Arbeitgebers über das Bestehen und die voraussichtliche Dauer der Erkrankung. Im Falle einer länger als drei Kalendertage andauernden Erkrankung muss der Beschäftigte dem Arbeitgeber eine ärztliche Arbeitsunfähigkeitsbescheinigung zukommen lassen, aus der sich das bestätigte Bestehen der Arbeitsunfähigkeit und deren voraussichtliche Dauer ergeben (Nachweispflicht). Im Einzelfall ist der Arbeitgeber berechtigt, eine Arbeitsunfähigkeitsbescheinigung bereits am ersten Tag der Erkrankung zu verlangen.

1.4.5 Gesetz zum Schutz der erwerbstätigen Mutter (MuSchG) und Gesetz zum Elterngeld und zur Elternzeit (BEEG)

Ziel des Mutterschutzgesetzes ist es, allen Frauen für die Zeit vor und nach der Entbindung besonderen arbeitsrechtlichen Schutz zu gewährleisten, insb. im Hinblick auf Gesundheitsschutz, Entgeltschutz und Arbeitsplatzschutz. Die werdende Mutter ist nach MuSchG angehalten, den Arbeitgeber zeitnah über eine festgestellte Schwangerschaft und den voraussichtlichen Entbindungstermin zu informieren. Mit dem Zeitpunkt dieser Information werden mögliche Beschäftigungsbeschränkungen oder gar Beschäftigungsverbote (z. B. für gesundheitsgefährdende Arbeiten, Akkord- oder Fließbandarbeiten, Nachtarbeit, Sonn- und Feiertagsarbeit) wirksam. In Krankenhäusern besteht die Möglichkeit der Beschäftigung an Sonn- und Feiertagen weiter, wenn mindestens einmal pro Woche im Anschluss an die Nachtruhe eine 24stündige Ruhezeit gewährt wird. Sechs Wochen vor der Entbindung dürfen werdende Mütter nur auf ihren ausdrücklichen Wunsch hin beschäftigt werden. Acht Wochen (bei Mehrlingsgeburten zwölf Wochen) nach der Entbindung dürfen Mütter nicht beschäftigt werden. Für die Dauer eines Beschäftigungsverbotes besteht die Pflicht zur Entgeltfortzahlung durch den Arbeitgeber, während der Schutzfristen hat die (werdende) Mutter Anspruch auf Zahlung des Mutterschaftsgeldes durch ihre Krankenkasse, welches durch den Arbeitgeber bis zur Höhe des letzten Gehalts aufzustocken ist.

Nach dem Gesetz zum Elterngeld und zur Elternzeit haben Eltern einen Rechtsanspruch auf unbezahlte Freistellung von der Arbeit nach der Geburt eines Kindes. Die Elternzeit dauert maximal 3 Jahre für jedes Kind, Mütter und Väter sind gleichermaßen anspruchsberechtigt und können die Elternzeit gleichzeitig oder nacheinander nehmen. Der Antrag auf Elternzeit ist spätestens sieben Wochen vor Beginn der Elternzeit beim Arbeitgeber zu stellen. Während der Elternzeit ist eine Teilzeitbeschäftigung zwischen 15 und 30 Stunden pro Woche möglich. Hat der Arbeitnehmer oder die Arbeitnehmerin den ihm oder ihr zustehenden Urlaub vor dem Beginn der Elternzeit nicht oder nicht vollständig erhalten, so muss der Arbeitgeber den Resturlaub nach der Elternzeit im laufenden oder im nächsten Urlaubsjahr gewähren.

Sowohl während des Mutterschutzes als auch während der Elternzeit besteht Sonderkündigungsschutz für den betroffenen Elternteil. Die Kündigung ist nur mit vorheriger Zustimmung durch die – je nach Bundesland unterschiedliche – staatliche Stelle zulässig.

1.4.6 Gesetz über die Pflegezeit (PflegeZG)

Mit dem Pflegezeitgesetz soll sämtlichen Beschäftigten die Möglichkeit eröffnet werden, pflegebedürftige nahe Angehörige in häuslicher Umgebung zu pflegen. Als nahe Angehörige zählen Großeltern, Eltern, Schwiegereltern, Ehegatten, Lebenspartner, eheähnliche Gemeinschaften, Geschwister, Kinder, Adoptiv- oder Pflegekinder, auch die des Ehegatten oder Lebenspartners in eingetragener Lebensgemeinschaft, Schwiegerkinder und Enkelkinder. Das Pflegezeitgesetz umfasst zwei Säulen:

1. Bei unerwartetem Eintritt einer besonderen Pflegesituation haben Beschäftigte das Recht, kurze Zeit (max. 10 Tage) der Arbeit fernzubleiben, um die sofortige Pflege eines nahen Angehörigen sicher zu stellen.

2. Bei einer längeren Pflege besteht ein Anspruch bis zur maximalen Dauer von sechs Monaten auf vollständige oder teilweise Freistellung von der Arbeit.

Der Beschäftigte hat im Falle des Eintritts der Pflegebedürftigkeit eines Angehörigen zwar einen sofortigen Anspruch auf Freistellung, muss den Arbeitgeber jedoch unverzüglich informieren. Zu verlangen ist üblicherweise eine telefonische Nachricht spätestens am ersten Fehltag. Bei längerfristiger Pflegezeit (> 10 Tage) muss eine zwingende Ankündigungsfrist von 10 Arbeitstagen eingehalten werden (Schriftformerfordernis). Während der Inanspruchnahme der Pflegezeit besteht kein Anspruch auf Fortzahlung der Vergütung. Für pflegende Angehörige besteht Sonderkündigungsschutz i. S. eines Kündigungsverbots unter Erlaubnisvorbehalt, welcher bereits mit der Ankündigung der Pflegebedürftigkeit beginnt.

1.4.7 Das Allgemeine Gleichbehandlungsgesetz (AGG)

Mit dem allgemeinen Gleichbehandlungsgesetz wird das Ziel verfolgt, Benachteiligungen aus Gründen der Rasse, der ethnischen Herkunft, des Geschlechts, der Religion oder Weltanschauung, einer Behinderung, des Alters oder der sexuellen Identität zu verhindern oder zu beseitigen. Nach dem AGG beziehen sich Ungleichbehandlungen im Betrieb insbesondere auf die Bedingungen für den Zugang zu Arbeitsplätzen einschl. der Auswahl- und Einstellungskriterien, die Beschäftigungs- und Arbeitsbedingungen einschl. der Vergütung sowie den Zugang zu allen Formen der Berufsberatung und Berufsausbildung. Grundsätzlich kann zwischen unmittelbarer und mittelbarer Benachteiligung unterschieden werden. Mittelbare Benachteiligung kann bereits dann vorliegen, wenn „neutrale" Vorschriften, Kriterien oder Verfahren bestimmte Personen benachteiligen können. Auch Belästigungen können eine Benachteiligung im Sinne des AGG darstellen, wenn die betroffene Person dies als entwürdigend, verletzend, einschüchternd etc. empfindet.

Grundsätzlich sind alle Bestimmungen, die gegen das AGG verstoßen, unwirksam. Ausnahmen hiervon sind nur möglich, wenn die auszuübende Tätigkeit eindeutig bestimmte Voraussetzungen verlangt bzw. es sich um sog. Tendenzbetriebe (z. B. Krankenhäuser in kirchlicher Träger-

schaft) handelt. Hinsichtlich des Alters können Ausnahmen von den Regelungen des AGG gemacht werden, wenn z. B. Jugendlichen oder Älteren der Weg in das Arbeitsleben erleichtert werden soll oder ein bestimmtes Alter zwingend für eine Tätigkeit erforderlich ist.

Seitens des Arbeitgebers ist besondere Sorgfalt bei Bewerbungs- und Einstellungsverfahren erforderlich. So sollte in Stellenausschreibungen auf die Anforderung eines Lichtbilds verzichtet werden, auch sind die Formulierungen in der Ausschreibung ebenso kritisch zu überprüfen wie Ablehnungsschreiben und Aussagen zum Stand des Bewerbungsverfahrens.

Um den Anforderungen aus dem AGG Rechnung zu tragen, obliegen dem Arbeitgeber verschiedene Pflichten. Insbesondere hat er sämtliche Führungskräfte und Mitarbeiter über die in diesem Gesetz enthaltenen Bestimmungen zu unterrichten und das Gesetz im Betrieb an geeigneter Stelle zu veröffentlichen. Ferner ist er verpflichtet, bei Verstößen durch Beschäftigte geeignete arbeitsrechtliche Maßnahmen zu ergreifen. Der Arbeitgeber ist ferner verpflichtet, seine Beschäftigten vor möglichen Benachteiligungen durch Dritte zu schützen. Zur Umsetzung des AGG empfiehlt es sich, eine geeignete Instanz („Beschwerdestelle") einzurichten, welche Beschwerden entgegennimmt, an die betroffenen Stellen weiterleitet und dafür sorgt, dass die Beschwerden geprüft, bearbeitet und evtl. Missstände beseitigt werden.

1.4.8 Arbeitsrechtliche Maßnahmen

Dem Arbeitnehmer entstehen aus dem Abschluss eines Arbeitsverhältnisses Haupt- und Nebenpflichten. Zu den Hauptpflichten gehört insb. die Erbringung der Arbeitsleistung, zu den Nebenpflichten zählen z. B. Sorgfaltspflichten, Verschwiegenheitspflichten oder die Wahrung der betrieblichen Ordnung. Verstöße gegen die arbeitsvertraglichen Pflichten können arbeitsrechtliche Maßnahmen nach sich ziehen. Ob der Arbeitgeber sich zu einer mündlichen oder schriftlichen Ermahnung, einer Abmahnung oder gar einer (ggf. außerordentlichen) Kündigung entschließt, hängt von der Tragweite des pflichtwidrigen Verhaltens des Arbeitnehmers ab.

Eine mündliche Ermahnung erfolgt, indem der Arbeitgeber in einem Personalgespräch die Umstände benennt, in denen er eine Verletzung der arbeitsvertraglichen Pflichten sieht und den Arbeitnehmer zu einer Verhaltensänderung auffordert. Alternativ kann der Arbeitgeber die Ermahnung schriftlich aussprechen. Um den Ausspruch der Ermahnung im Streitfall beweisen zu können, empfiehlt es sich, die Ermahnung schriftlich auszusprechen oder wenigstens zu dokumentieren.

Bei wiederholtem oder schwererem Verstoß gegen arbeitsrechtliche Pflichten besteht die Möglichkeit der Abmahnung. In ihr stellt der Arbeitgeber schriftlich die Umstände der Vertragsverletzung dar und fordert analog zur Ermahnung zu einer Änderung des Arbeitsverhaltens auf. Ergänzend wird in der Abmahnung darauf hingewiesen, dass bei Fortsetzung oder Wiederholung des Fehlverhaltens mit weiteren arbeitsrechtlichen Maßnahmen bis hin zur Kündigung des Beschäftigungsverhältnisses zu rechnen ist. Mit der Abmahnung wird der Arbeitnehmer nachdrücklich zur Verhaltensänderung aufgefordert. Zeitlich unterliegt die Erteilung einer Abmahnung keiner Frist, auf ein unnötiges Hinauszögern sollte allerdings verzichtet werden. Ihre Wirkung hingegen ist zeitlich begrenzt, als Faustregel wird von der Rechtsprechung oft ein Zeitraum von ein bis zwei Jahren genannt. Kommt es innerhalb dieses Zeitraums zu keiner weiteren Pflichtverletzung, so wird die Abmahnung auf Verlangen des Arbeitnehmers aus der Personalakte entfernt und ist für die Zukunft nicht mehr von Bedeutung. Kommt es jedoch zu weiteren, inhaltlich vergleichbaren Pflichtverstößen, kann der Arbeitgeber ggf. nach einer weiteren Abmahnung die Kündigung aussprechen. Eine „Faustregel", wonach vor einer Kündigung immer drei Abmahnungen ausgesprochen werden müssen, gibt es nicht. Vielmehr richtet sich die Anzahl der erforderlichen Abmahnungen nach der Schwere der Vertragsverstöße des Arbeitnehmers und des zwischenzeitlichen Zeitablaufs. Auf eine Abmahnung kann nur verzichtet werden, wenn die Pflichtverletzung des Arbeitnehmers derart schwerwiegend ist, dass eine Abmahnung nicht erwarten lässt, dass der Arbeitnehmer sein Verhalten noch ändert. Wenn der Arbeitnehmer der Auffassung ist, dass die Abmahnung ungerechtfertigt ist, kann er eine Gegendarstellung abgeben. Diese ist zwingend mit in die Personalakte aufzunehmen. Der Betriebs-/Personalrat muss im Rahmen der Anhörung/Mitwirkung vor dem Ausspruch einer evtl. Kündigung

zwingend über die Existenz der Gegendarstellung unterrichtet werden. Neben der Abgabe einer Gegendarstellung kann der Arbeitnehmer alternativ auch auf die Entfernung der Abmahnung klagen. Dieses Recht wird auch durch einen längeren Zeitablauf nicht verwirkt und kann sogar noch in einem evtl. Kündigungsschutzprozess geltend gemacht werden.

1.5 Kündigung von Arbeitsverhältnissen und Kündigungsschutzgesetz (KSchG)

Ein auf unbestimmte Zeit geschlossenes Arbeitsverhältnis kann arbeitgeberseitig nur durch Ausspruch einer Kündigung beendet werden. An die Kündigung werden besondere rechtliche Voraussetzungen geknüpft. Aus diesem Grund wird dieser Thematik nachfolgend besondere Aufmerksamkeit geschenkt.

1.5.1 Die ordentliche Kündigung

Die Wirksamkeit der ordentlichen Kündigung ist an die Einhaltung besonderer Voraussetzungen gebunden. Sie muss gem. § 623 BGB schriftlich erfolgen. „Schriftlich" bedeutet dabei, dass dem Empfänger die Kündigung mit der Originalunterschrift des zur Kündigung berechtigten Vertreters des Krankenhauses zugehen muss. Eine Kündigung etwa per Fax oder per Mail mit angehängtem PDF-Dokument erfüllt diese Voraussetzung nicht und ist von vorneherein unwirksam. Das Kündigungsschreiben muss so abgefasst sein, dass der Empfänger die Beendigung des Arbeitsverhältnisses zu einem bestimmten Zeitpunkt als Erklärungsinhalt erkennen kann. Das Vorliegen eines Grundes ist nach § 1 KSchG zwar eine Voraussetzung für die Wirksamkeit der ordentlichen Kündigung. Trotzdem braucht im Kündigungsschreiben ein Grund nicht angegeben werden.

Ein Arbeitsverhältnis kann ausnahmsweise nicht durch ordentliche Kündigung beendet werden, wenn dies gesetzlich oder vertraglich ausgeschlossen ist. Gesetzliche Kündigungsverbote bestehen beispielsweise für Mitglieder betrieblicher Mitbestimmungsorgane (§ 15 KSchG, Betriebs-/Personalratsmitglieder, Jugend- und Auszubildendenvertretung) und deren Vertreter. Diese Kündigungsverbote sollen verhindern, dass diese Beschäftigten vom Arbeitgeber wegen ihrer Amtsführung entlassen werden.

Ferner besteht besonderer Kündigungsschutz für Frauen während der Schwangerschaft und bis zum Ablauf von vier Monaten nach der Entbindung sowie während der Elternzeit (vgl. Kap. 1.4.5, MuSchG und BEEG). Auch während der Pflegezeit sind die Beschäftigten eines Betriebes vor Kündigungen besonders geschützt (vgl. Kap. 1.4.6 PflegeZG).

Die ordentliche Kündigung des Berufsausbildungsverhältnisses durch den Arbeitgeber ist nach Ablauf der Probezeit ausgeschlossen (§ 22 BBiG). Wehrpflichtigen und Zivildienstleistenden darf von der Zustellung des Einberufungsbescheids bis zur Beendigung des Grundwehrdienstes bzw. Zivildienstes sowie während einer Wehrübung nicht ordentlich gekündigt werden (§ 2 Abs. 1 Arbeitsplatzschutzgesetz).

Die ordentliche Kündigung eines Schwerbehinderten oder eines durch Bescheid der Agentur für Arbeit mit einem Schwerbehinderten Gleichgestellten ist nur nach vorheriger Zustimmung des Integrationsamtes zulässig (§ 85 SGB IX), sonst ist die Kündigung unwirksam. Der besondere Kündigungsschutz der Schwerbehinderten oder Gleichgestellten steht diesen auch dann zu, wenn der Arbeitgeber von der Schwerbehinderteneigenschaft nichts weiß und der Schwerbehinderte oder Gleichgestellte dem Arbeitgeber gegenüber spätestens innerhalb eines Monats nach Zugang der Kündigung mitteilt, dass er als Schwerbehinderter oder Gleichgestellter anerkannt ist oder vier Wochen vor Zugang der Kündigung zumindest einen derartigen Antrag gestellt hat.

1.5.2 Kündigungsfristen bei der ordentlichen Kündigung

Die Fristen für eine ordentliche Kündigung sind in § 622 BGB für Arbeiter und Angestellte geregelt: Das Arbeitsverhältnis eines Arbeiters oder eines Angestellten kann mit einer Frist von vier Wochen zum 15. oder zum Ende des Kalendermonats gekündigt werden. Hat das Arbeitsverhältnis länger bestanden, so verlängert sich die Frist für eine Kündigung durch den Arbeitgeber je nach Beschäftigungsdauer des Arbeitnehmers stufenweise bis zu sieben Monaten zum Ende eines Kalendermonats. Während einer vereinbarten Probezeit, längstens aber für die Dauer von sechs Monaten, beträgt die gesetzliche Kündigungsfrist zwei Wochen. Die Probezeit muss allerdings ausdrück-

lich vereinbart werden, damit die kürzere Kündigungsfrist zur Anwendung kommt.

Für Berufsausbildungsverhältnisse schreibt § 20 BBiG zwingend eine Probezeit zwischen einem und vier Monaten vor, während der beide Seiten das Ausbildungsverhältnis jederzeit ohne Einhaltung einer Kündigungsfrist ordentlich kündigen können. Nach Ablauf der Probezeit kann das Berufsausbildungsverhältnis ordentlich nur noch vom Auszubildenden mit einer Frist von vier Wochen gekündigt werden (§ 22 Abs. 2 Ziff. 2 BBiG).

Einem Schwerbehinderten oder Gleichgestellten kann gem. § 86 SGB IX nur mit einer Mindestfrist von vier Wochen gekündigt werden. Neben der Grundkündigungsfrist des § 622 Abs. 1 BGB von ebenfalls vier Wochen bleibt § 86 SGB IX bedeutsam, wenn eine Kündigungsfrist von weniger als vier Wochen nach § 622 Abs. 4 und 5 BGB vereinbart wurde.

Die gesetzlichen Bestimmungen des § 622 Abs. 1–3 BGB sind vertraglich in gewissem Umfang abänderbar. Durch Tarifvertrag können von § 622 Abs. 1–3 BGB abweichende Regelungen getroffen werden. Solche Tarifbestimmungen gelten auch für nicht tarifgebundene Arbeitnehmer, wenn ihre Anwendung arbeitsvertraglich vereinbart ist (§ 622 Abs. 4 Satz 2 BGB). Durch Einzelarbeitsvertrag können die Kündigungsfristen des § 622 Abs. 1–3 BGB verlängert werden, wobei die Kündigungsfrist für den Arbeitnehmer nie länger sein darf als für den Arbeitgeber. Auch die Vereinbarung von speziellen Kündigungsterminen (z. B. nur zum Quartalsende) ist möglich.

1.5.3 Kündigungsschutzgesetz

Das Kündigungsschutzgesetz erstreckt sich auf die ordentliche Kündigung eines Arbeitnehmers durch den Arbeitgeber. Es gilt nur, wenn in der Regel mehr als zehn Arbeitnehmer beschäftigt werden. Teilzeitbeschäftigte sind je nach Dauer ihrer regelmäßigen wöchentlichen Arbeitszeit anteilig, mindestens aber mit einem Faktor von 0,5, mitzuberücksichtigen. Das Kündigungsschutzgesetz greift erst nach einem 6-monatigem Bestehen des Arbeitsverhältnisses (§ 1 Abs. 1 KSchG). Während dieser Wartezeit kann der Arbeitgeber kündigen, ohne dass die Kündigung einer sozialen Rechtfertigung bedarf. Der Arbeitgeber ist aber trotzdem an die anderen Kündigungsbeschränkungen gebunden, insbesondere an die

Einhaltung der Kündigungsfrist und das Mitbestimmungsrecht des Betriebs-/Personalrats.

Will der Arbeitnehmer gegen die ordentliche Kündigung Kündigungsschutzklage erheben, so muss die Klage innerhalb von drei Wochen nach Zugang der Kündigung erfolgen beim Arbeitsgericht eingehen (§§ 4, 7 KSchG). Lässt der gekündigte Arbeitnehmer die 3-Wochen-Frist verstreichen, so gilt die Kündigung von Anfang an als wirksam, wenn sie nicht aus einem anderen Grund außerhalb des Kündigungsschutzgesetzes unwirksam ist (z. B. wegen unterbliebener Beteiligung des Integrationsamts). Nur in diesem Fall ist der Arbeitnehmer nicht an die Einhaltung der Klagefrist gebunden.

Das Kündigungsschutzgesetz bezweckt einen gewissen Bestandsschutz für das Arbeitsverhältnis. Es nennt keine Voraussetzungen für die Wirksamkeit einer Kündigung, sondern legt in § 1 Abs. 1 fest, dass die Kündigung unwirksam ist, wenn sie sozial ungerechtfertigt ist. Sozial gerechtfertigt ist die Kündigung nur dann, wenn Gründe vorliegen, die die Kündigung einem objektiven, verständig urteilenden Arbeitgeber nach Abwägung der beiderseitigen Interessen als angemessen erscheinen lässt. Zu unterscheiden sind die personenbedingte, die verhaltensbedingte und die betriebsbedingte Kündigung.

Bei einer personenbedingten Kündigung liegen Gründe vor, die in der Person des Arbeitnehmers liegen. Hierzu zählen beispielsweise die mangelnde körperliche oder geistige Eignung (etwa mangelnde Vorbildung), Ungeschicklichkeit oder krankheits- oder altersbedingter Leistungsabfall. Die personenbedingte Kündigung erfordert eine besonders sorgfältige Abwägung der im Einzelfall berührten Interessen. Zum in der Praxis häufigsten Fall der krankheitsbedingten Kündigung gehören Kündigungen wegen Langzeiterkrankung, wegen wiederholter Kurzerkrankung und wegen krankheitsbedingter Minderung der Leistungsfähigkeit.

Bei einer verhaltensbedingten Kündigung kommen insbesondere alle erheblichen schuldhaften Verletzungen von arbeitsvertraglichen Pflichten durch den Arbeitnehmer in Betracht, wenn sie nicht schon einen wichtigen Grund für eine außerordentliche Kündigung darstellen, wie z. B. wiederholtes unentschuldigtes Fehlen, Verletzung der Betriebsordnung oder dauerhaft auftretende Unpünktlichkeit. Da die verhaltensbedingte Kündigung nur die letzte Konsequenz eines Fehlverhaltens sein darf, ist im Regelfall eine vorherige Abmahnung wegen gleichartigen Fehlverhaltens notwendig, um dem Arbeitnehmer die Möglichkeit zu geben, sein Verhalten zu ändern (vgl. Kap. 1.4.8).

Eine Kündigung aus betriebsbedingten Gründen setzt voraus, dass dringende betriebliche Erfordernisse einer Weiterbeschäftigung des Arbeitnehmers im Betrieb entgegenstehen (§ 1 Abs. 2 Satz 1 KSchG). Betriebliche Erfordernisse setzen eine unternehmerische Entscheidung voraus, mit der auf externe (z. B. Auslastungsmangel) oder interne (z. B. Rationalisierungs- oder Stilllegungsabsicht) Umstände reagiert wird. Ob eine unternehmerische Entscheidung und ihre Umsetzung zweckmäßig sind, ob es also wirtschaftlich vernünftig und rentabel ist, was der Unternehmer in welchem Umfang mit welchen Arbeitsmitteln produziert, ob er rationalisiert usw. gehört zu seiner geschützten Entscheidungsfreiheit. Auch wenn der bisherige Arbeitsplatz des Arbeitnehmers weggefallen ist, ist die Kündigung aber nur dann durch dringende betriebliche Erfordernisse bedingt, wenn der Arbeitgeber den Arbeitnehmer nicht an einem anderen Arbeitsplatz zumutbar beschäftigen kann. Eine betriebsbedingte Kündigung ist trotz Vorliegens dringender betrieblicher Gründe dann sozialwidrig, wenn der Arbeitgeber bei der Auswahl des Arbeitnehmers, den er entlassen will, soziale Gesichtspunkte nicht ausreichend berücksichtigt hat. Dazu gehören die Betriebszugehörigkeit, das Lebensalter und die Unterhaltspflichten sowie eine bestehende Schwerbehinderung.

1.5.4 Außerordentliche Kündigung

Die außerordentliche Kündigung des Arbeitsvertrags wird auch als Kündigung aus wichtigem Grund bezeichnet und erfolgt in der Regel fristlos. Sie kann jedoch bei ordentlich unkündbaren Mitarbeitern mit einer so genannten Auslauffrist, die der Frist einer ordentlichen Kündigung entspricht, verbunden sein. Ein ausreichender Grund für eine außerordentliche Kündigung liegt vor, wenn dem Arbeitgeber unter Berücksichtigung aller Umstände des Einzelfalls und unter Abwägung der beiderseitigen Interessen die Fortsetzung des Vertragsverhältnisses unzumutbar ist. Unzumutbar ist die Fortsetzung des Arbeitsverhältnisses im Einzelfall nur, wenn ein Erfolg versprechendes milderes Mittel (z. B. Abmahnung, ordentliche Kündigung) nicht in Betracht kommt. Dabei sind auch die bisherige Dauer des Arbeitsverhältnisses, der Grad des Verschuldens des Arbeitnehmers und die Folgen des Verhaltens des Arbeitnehmers zu berücksichtigen. Entscheidend ist die Prognose: Es geht nicht nur darum, was bereits geschehen ist, sondern darum, ob die Zusammenarbeit in der Zukunft unzumutbar ist. Als wichtiger Grund anerkannt sind beispielsweise

- schwere Beleidigung,
- unbegründete Arbeitsverweigerung,
- Diebstahl,
- Arbeitszeitbetrug und
- sexuelle Belästigung.

Die außerordentliche Kündigung muss unter gleichen formalen Anforderungen wie an eine ordentliche Kündigung innerhalb von 2 Wochen nach Kenntnis des zum Ausspruch von Kündigungen berechtigten Vertreters des Arbeitgebers vom Kündigungsgrund erfolgen (Zwei-Wochen-Frist, § 626 Abs. 2 Satz 1 BGB). Muss eine weitere staatliche Stelle der Kündigung zustimmen (z. B. Integrationsamt bei Schwerbehinderten oder Gleichgestellten) reicht es aus, wenn der Antrag auf Zustimmung zur Kündigung innerhalb der 2-Wochenfrist bei der entsprechenden Stelle eingeht und die Kündigung dann unverzüglich nach erteilter Zustimmung ausgesprochen wird. Vor Ausspruch einer außerordentlichen Kündigung ist der Betriebs-/Personalrat zu hören. Will der Arbeitgeber das Ausbildungsverhältnis mit einem Auszubildenden nach Ablauf der Probezeit kündigen, kann dies ebenfalls nur außerordentlich aus den vorgenannten Gründen erfolgen. Dabei müssen in dem Kündigungsschreiben die Gründe für die Kündigung genannt werden (§ 22 Abs. 3 BBiG).

1.6 Ausgründung von Betriebsteilen („Outsourcing")

Die Fremdvergabe von Krankenhausleistungen oder die Ausgründung von Betriebsteilen hat in den vergangenen Jahren stetig zugenommen. In der Regel wird mit diesem „Outsourcing" das Ziel größerer Wirtschaftlichkeit und Kostensenkung verfolgt, häufig sind Bereiche wie der Reinigungsdienst, Essens- oder Wäscheversorgung sowie das Gebäudemanagement von einer solchen Entscheidung betroffen. Stets zu prüfen ist bei einer Ausgründung, ob ein Betriebsübergang nach § 613a BGB vorliegt. Mit dem § 613a BGB hat der Gesetzgeber versucht, die Beschäftigten und ihre Arbeitsverhältnisse zu schützen, denn

nach § 613a Abs. 1 BGB tritt der neue Arbeitgeber in sämtliche Rechte und Pflichten aus dem zum Zeitpunkt des Betriebsübergangs bestehenden Arbeitsvertrag ein. Die Vorschrift ist anzuwenden auf alle Beschäftigten im Betrieb mit Ausnahme von Vorständen bzw. Geschäftsführern, freien Mitarbeitern, Werkvertragsnehmern oder Mitarbeitern im Ruhestand.

Voraussetzung für einen Betriebsübergang im Sinne des § 613a BGB ist es, dass ein Betriebsteil durch Rechtsgeschäft auf einen neuen Inhaber übergeht. Als Betriebsteil versteht das Bundesarbeitsgericht jede selbständig abtrennbare organisatorische Einheit, in der innerhalb des betrieblichen Gesamtzwecks ein Teilzweck verfolgt wird. Für den Betriebsübergang kommt es dabei entscheidend darauf an, dass die Einheit ihre Identität auch nach dem Übergang behält. Ob dies der Fall ist, wird von der Rechtsprechung anhand verschiedener Kriterien geprüft. Hierzu zählen z. B. der Übergang oder Nichtübergang der materiellen Aktiva wie Gebäuden und beweglichen Gütern, der Wert der immateriellen Aktiva zum Zeitpunkt des Übergangs, die Übernahme oder Nichtübernahme der Hauptbelegschaft oder zumindest der wesentlichen Know-how Träger durch den neuen Inhaber, der Übergang oder Nichtübergang der Kundschaft, der Grad der Ähnlichkeit zwischen der vor und nach dem Übergang verrichteten Tätigkeit und die Dauer einer eventuellen Unterbrechung dieser Tätigkeit. Dabei werden diese Umstände im Rahmen einer Gesamtbetrachtung und nicht nur isoliert bewertet. Im durch hohe Personalintensität gekennzeichneten Krankenhausbereich ist kommt der Übernahme von Personal eine besonders hohe Bedeutung zu: Ein Betriebsteilübergang wird in aller Regel anzunehmen sein, wenn der Übernehmer den Hauptteil der Belegschaft oder zumindest nahezu alle wesentlichen Know-how Träger des in Rede stehenden Betriebsteils übernimmt.

1.6.1 Unterrichtungsanspruch und Widerspruchsrecht der Beschäftigten

Nach § 613a Abs. 5 BGB haben die von einer Ausgründung betroffenen Beschäftigten einen umfassenden Unterrichtungsanspruch über die geplanten Maßnahmen, um ggf. hiergegen rechtzeitig widersprechen zu können. Die Unterrichtung hat in Textform zu erfolgen, der Arbeitgeber trägt die Verantwortung für den Zugang des Schriftstücks bei den Beschäftigten. Es empfiehlt sich daher, sich den Empfang der Unterrichtung schriftlich von jedem Arbeitnehmer bestätigen bzw. quittieren zu lassen. Die Unterrichtung muss nach § 613a Abs. 5 BGB vor dem Betriebsübergang erfolgen. Unterbleibt die Unterrichtung jedoch vor dem Betriebsübergang, so erlischt diese Verpflichtung nicht mit dem Betriebsübergang, sondern bleibt bestehen. Die Beschäftigten können dem Betriebsübergang dann auch noch im Rahmen der erst zu einem späteren Zeitpunkt nachgeholten Unterrichtung widersprechen. Die Frist zum Widerspruch beträgt einen Monat und beginnt erst mit dem Zugang der vollständigen Information. Im Rahmen der Unterrichtung müssen die Beschäftigten insbesondere über den Zeitpunkt oder den geplanten Zeitpunkt des Übergangs, den Grund für den Übergang, die rechtlichen, wirtschaftlichen und sozialen Folgen des Übergangs für die Beschäftigten und die im Hinblick auf sie in Aussicht genommenen Maßnahmen informiert werden. Eine unterbliebene oder unvollständige bzw. fehlerhafte Unterrichtung führt dazu, dass die Frist für die Ausübung des Widerspruchsrechts nicht beginnt und der Beschäftigte dem Übergang seines Arbeitsverhältnisses auch zu späterer Zeit noch widersprechen kann. Außerdem kann die fehlerhafte oder unvollständige Unterrichtung Schadensersatzansprüche der betroffenen Beschäftigten nach sich ziehen.

Wollen die Beschäftigten dem Betriebsübergang widersprechen, so hat auch der Widerspruch schriftlich zu erfolgen. Durch den Widerspruch verhindern sie den Übergang ihres Beschäftigungsverhältnisses auf den neuen Inhaber. Wichtig zu wissen ist, dass eine Widerspruchserklärung auch dann wirksam ist, wenn die Unterrichtung durch den Arbeitgeber unterblieben, unvollständig oder fehlerhaft ist. Der Widerspruch gegen den Betriebsübergang hat zur Folge, dass das Arbeitsverhältnis mit dem bisherigen Arbeitgeber bestehen bleibt, es somit nicht auf den Erwerber übergeht. Der bisherige Arbeitgeber muss dann prüfen, ob er den Beschäftigten an einer anderen Stelle in seinem Betrieb weiterbeschäftigen kann. Ist dies nicht der Fall, so besteht für ihn die Möglichkeit der betriebsbedingten Kündigung. Haben die Beschäftigten dem Betriebsübergang einmal widersprochen, kann dieser Widerspruch nicht mehr durch einseitige Erklärung rückgängig gemacht werden. Vielmehr muss in diesem Fall ein separater Vertrag zwischen dem Beschäftigten und dem neuen Arbeitgeber geschlossen werden, aufgrund dessen dann erst ein Arbeitsverhältnis zwischen dem Beschäftigten und dem neuen Inhaber zustande kommt.

1.6.2 Rechtsfolgen aus dem Betriebsübergang

Mit dem Betriebsübergang gehen die Arbeitsverhältnisse der Beschäftigten mit all ihren Rechten und Pflichten auf den Erwerber des Betriebsteils über. Die beim alten Arbeitgeber zurückgelegte Betriebszugehörigkeit bleibt auch gegenüber dem neuen Arbeitgeber bestehen, was insb. für Fragen des Kündigungsschutzes, Urlaubsanspruchs oder der betrieblichen Altersversorgung von besonderer Bedeutung ist. Auch der Ablauf von Ausschlussfristen bleibt vom Betriebsübergang unberührt. Allerdings bleibt auch ein vom bisherigen Arbeitgeber vor dem Betriebsübergang gekündigtes Arbeitsverhältnis gekündigt, es endet mit Ablauf der bei Ausspruch der Kündigung errechneten Kündigungsfrist.

Im Rahmen des Betriebsübergangs werden auch die beim alten Arbeitgeber bestehenden kollektivrechtlichen Regelungen wie z. B. Betriebs-/Dienstvereinbarungen oder tarifvertragliche Regelungen durch den neuen Inhaber übernommen. Dies gilt nur dann nicht, wenn beim neuen Arbeitgeber vergleichbare Regelungen bestehen, die dann die bisherigen Betriebs-/Dienstvereinbarungen bzw. Tarifverträge ersetzen. § 613a sieht in Abs. 1 Satz 2 vor, dass die alten kollektiven Regelungen, die nicht durch gleichartige Regelungen des neuen Arbeitgebers sofort abgelöst werden, als Bestandteil des bisherigen Arbeitsvertrages fortgelten und grundsätzlich nicht vor Ablauf eines Jahres zum Nachteil der Beschäftigten geändert werden dürfen.

In welcher Form Tarifverträge oder auch die im Arbeitsvertrag in Bezug genommenen Tarifverträge weiter gelten, muss im Einzelfall sorgfältig geprüft werden. Grundsätzlich muss zwischen einer dynamischen und einer statischen Fortgeltung unterschieden werden: Bei der statischen Fortgeltung werden die tarifvertraglichen Bestimmungen für den Arbeitnehmer quasi „eingefroren", bei der dynamischen Fortgeltung ist er dagegen auch von allen Veränderungen aus Tarifverhandlungen wie z. B. Lohn- und Gehaltssteigerungen betroffen. Gelten tarifvertragliche Bestimmungen individualrechtlich, d. h. als Bestandteil des einzelnen Arbeitsvertrags fort, so unterliegen diese einer einjährigen Veränderungssperre. Danach kann eine Änderung nur einvernehmlich durch Abschluss eines Änderungsvertrags oder durch Ausspruch einer Änderungskündigung erfolgen, an welche allerdings die gleichen Voraussetzungen wie an eine ordentliche Kündigung gebunden sind (vgl. Kap. 1.5.3, Kündigungsschutzgesetz).

1.6.3 Beteiligung der Arbeitnehmervertretung

Im Falle der Veräußerung von Betriebsteilen besteht grundsätzlich die Pflicht, die Arbeitnehmervertretung rechtzeitig und umfassend zu informieren. Der Übergang eines Betriebsteils wird in aller Regel eine Betriebsänderung im Sinne des § 111 BetrVG darstellen, über die mit dem Betriebsrat zu beraten ist. In diesem Fall muss der Abschluss eines Interessenausgleichs zumindest versucht werden. Sofern mit dem Übergang auf einen neuen Inhaber weitere organisatorische Maßnahmen verbunden sind, die zu Nachteilen für die Beschäftigten führen, kann auch die Pflicht bestehen, einen Sozialplan zur Milderung dieser Nachteile zu schließen. Unabhängig von diesen sich aus dem Betriebsverfassungsrecht ergebenden Mitbestimmungsrechten bleiben daneben die Mitbestimmungsrechte des Betriebs-/Personalrats oder der Mitarbeitervertretung auch bei individuellen Einzelmaßnahmen, wie beispielsweise Kündigungen oder Versetzungen, bestehen.

1.7 Arbeitszeitrecht

Das Arbeitszeitgesetz (ArbZG) gibt die Rahmenbedingungen für sämtliche innerbetrieblichen Regelungen zur Arbeitszeit vor. Arbeitszeit im Sinne dieses Gesetzes ist die Zeit vom Beginn bis zum Ende der Arbeit abzüglich der Ruhepausen; Arbeitszeiten bei mehreren Arbeitgebern sind zusammenzurechnen (§ 2 ArbZG). Ziel des Arbeitszeitgesetzes ist es, *die Sicherheit und den Gesundheitsschutz der Arbeitnehmer bei der Arbeitszeitgestaltung zu gewährleisten und die Rahmenbedingungen für flexible Arbeitszeiten zu verbessern sowie den Sonntag und die staatlich anerkannten Feiertage als Tage der Arbeitsruhe und der seelischen Erhebung der Arbeitnehmer zu schützen (§ 1 ArbZG)*, Hierzu regelt es insb. die Höchstdauer der täglichen Arbeit, die zeitliche Lage der Arbeitzeiten, die Einhaltung von Arbeitspausen und Ruhezeiten sowie die Beschränkung der Arbeit an Sonn- und Feiertagen.

Gerade für Krankenhäuser ist die Einhaltung des Arbeitszeitgesetzes eine besondere Herausforderung, da die Patientenversorgung an sieben Tagen in der Woche 24 Stunden am Tag lang gewährleistet sein muss. Neben den sogenannten „Regeldiensten" existiert hierzu die Möglichkeit der Einführung von Bereitschafts- und Rufbereitschaftsdiensten, um weniger stark von der Patientenversorgung in Anspruch genommene Arbeitszeiten (z. B. in der Nacht oder am Wochenende) wirtschaftlich erbringen zu können. In Tabelle 5 sind die unterschiedlichen Dienstformen kurz erläutert.

Tab. 5 Definition Dienstformen im Krankenhaus

Dienstart	Erläuterung
Regeldienst	Die Bezeichnung „Regeldienst" wird in Krankenhäusern verwendet für die regelmäßige tägliche Arbeitszeit bzw. die „normale" Vollarbeit. Der Regeldienst beginnt üblicherweise zwischen 6 Uhr und 7 Uhr morgens und endet je nach Arbeitszeitmodell im Einschichtbetrieb am Nachmittag und im Zweischichtbetrieb am Abend. Im Dreischichtbetrieb fällt auch die Nachtschicht unter den Regeldienst.
Bereitschaftsdienst	Im Bereitschaftsdienst hat sich der Arbeitnehmer an einer vom Arbeitgeber bestimmten Stelle innerhalb oder außerhalb des Betriebs aufzuhalten, um im Bedarfsfall seine Arbeit aufzunehmen. Der Arbeitnehmer muss sich nicht im Zustand wacher Achtsamkeit befinden, dennoch werden inaktive Zeiten während des Bereitschaftsdienstes als Arbeitszeit gewertet.
Rufbereitschaft	In der Rufbereitschaft hält sich der Arbeitnehmer an einem selbst bestimmten Ort auf, welcher jedoch dem Arbeitgeber mitzuteilen ist. Er muss jederzeit für den Arbeitgeber auf Abruf erreichbar sein, um im Bedarfsfall die Arbeit aufzunehmen. Die Rufbereitschaft wird nicht als Arbeitszeit, sondern als Ruhezeit gewertet, mit Ausnahme natürlich der Einsätze in der Rufbereitschaft (nähere Regelungen finden sich hierzu in den jeweils geltenden Tarifverträgen).

1.7.1 Dauer der täglichen Arbeitszeit

Nach § 3 ArbZG darf die werktägliche Arbeitszeit acht Stunden nicht überschreiten. Sie kann auf bis zu 10 Stunden verlängert werden, wenn innerhalb eines Ausgleichszeitraums von sechs Kalendermonaten oder 24 Wochen die durchschnittliche werktägliche Arbeitszeit von acht Stunden nicht überschritten wird. Die wöchentliche Arbeitszeit darf durchschnittlich maximal 48 Stunden betragen.

§ 7 ArbZG bietet die gerade für Krankenhäuser wichtige Regelung, dass in einem Tarifvertrag oder aufgrund eines Tarifvertrags in einer Betriebs-/Dienstvereinbarung die werktägliche Arbeitszeit über 10 Stunden hinaus verlängert werden kann, wenn in die Arbeitszeit regelmäßig und in erheblichem Umfang Arbeitsbereitschaft oder Bereitschaftsdienst fällt. Ferner kann ein abweichender Ausgleichszeitraum vereinbart werden. Insgesamt kann die tägliche Arbeitszeit inklusive Bereitschaftsdienst auf maximal 24 Stunden erweitert werden, hieran muss sich zwingend eine mindestens elfstündige Pause anschließen. Möchte der Arbeitgeber hiervon Gebrauch machen, so hat er durch besondere Regelungen sicherzustellen, dass die Gesundheit der Beschäftigten nicht gefährdet wird.

Eine besondere Regelung stellt in diesem Zusammenhang die „Opt-Out-Regelung" aus Artikel 22 der Richtlinie 2003/88/EG der Europäischen Union dar. Sie erlaubt es, von der wöchentlichen Höchstarbeitszeit von 48 Stunden abzuweichen, wenn die allgemeinen Grundsätze der Sicherheit und des Gesundheitsschutzes sowie der Freiwilligkeit der Beschäftigten gewahrt werden. Hierzu hat der Arbeitgeber im Rahmen einer Betriebs-/Dienstvereinbarung alternative Arbeitszeitmodelle zu prüfen, Belastungsanalysen durchzuführen und hieraus resultierende Maßnahmen zur Gewährleistung des Gesundheitsschutzes abzuleiten. Ferner müssen die Beschäftigten in die Verlängerung der Arbeitszeit schriftlich einwilligen und können diese Einwilligung mit einer Frist von sechs Monaten schriftlich widerrufen.

Die Tarifvertragsparteien haben im Rahmen der Tarifverhandlungen in unterschiedlichem Umfang von den sich ihnen bietenden Möglichkeiten zur Abweichung vom ArbZG Gebrauch gemacht. Diese Abweichungen betreffen insb. Regelungen zur regelmäßigen wöchentlichen Arbeitszeit, zu den Bereitschaftsdienststufen, zur Rufbereitschaft, zum Ausgleichszeitraum, zur Einführung eines wöchentlichen Arbeitszeit-

korridors bzw. zur täglichen Rahmenzeit und zur Einrichtung von Arbeitszeitkonten. Es wird daher dringend empfohlen, das geltende Tarifwerk sorgfältig auf diese Punkte hin zu überprüfen.

1.7.2 Ruhezeiten und Pausen

Unter „Ruhezeit" wird der Zeitraum zwischen dem Ende der Arbeit und ihrem Wiederbeginn verstanden. Das ArbZG sieht in § 5 nach der täglichen Arbeitszeit eine ununterbrochene Ruhezeit von mindestens elf Stunden vor. Wie bereits erwähnt, zählen inaktive Zeiten des Bereitschaftsdienstes nicht zur Ruhezeit, Zeiten der Rufbereitschaft hingegen schon, wenn die Beschäftigten nicht zur Arbeitszeit herangezogen wurden. Jede unterbrochene Ruhezeit bedeutet, dass nach Ende der Unterbrechung erneut volle elf Stunden Ruhezeit zu gewähren ist.

Die Ruhezeit kann gemäß § 5 ArbZG in Krankenhäusern um bis zu eine Stunde verkürzt werden, wenn jede Verkürzung der Ruhezeit innerhalb eines Kalendermonats oder innerhalb von vier Wochen durch Verlängerung einer anderen Ruhezeit auf mindestens zwölf Stunden ausgeglichen wird. Auch für die Inanspruchnahme in der Rufbereitschaft gilt eine besondere Regelung: Hat die Inanspruchnahme während der Ruhezeit höchstens 5,5 Stunden betragen, so wird das Erfordernis der elfstündigen Ruhezeit nicht erneut aktiviert. Vielmehr kann die so entstandene Kürzung der Ruhezeit stattdessen zu anderen Zeiten ausgeglichen werden. Weitere Veränderungen der Ruhezeitregelung können aufgrund tarifvertraglicher Regelungen bzw. Regelungen in einer Betriebs-/Dienstvereinbarung vorgenommen werden.

Die Pausenregelung nach § 4 ArbZG sieht vor, dass den Beschäftigten bei einer Arbeitszeit von mehr als sechs Stunden Ruhepausen von mindestens 30 Minuten und bei einer Arbeitszeit von mehr als neun Stunden von mindestens 45 Minuten insgesamt zu gewähren sind. Diese Ruhepausen können in Zeitabschnitte von jeweils mindestens 15 Minuten aufgeteilt werden. Länger als sechs Stunden hintereinander dürfen Arbeitnehmer nicht ohne Ruhepause beschäftigt werden. Im Unterschied zur Ruhezeit, die sich an die Arbeitszeit anschließt, findet die Pause während der Arbeitszeit statt, wird aber gleichwohl nicht auf die Arbeitszeit anrechnet. Die Pause muss den Beschäftigten im Voraus bekannt sein, es muss also in der täglichen Arbeitszeit ein Zeitrahmen existieren, innerhalb dem die Ruhepause angetreten werden kann.

1.7.3 Nacht- und Schichtarbeit

Gemäß § 2 Abs. 3 ArbZG gilt die Zeit von 23.00 Uhr – 06.00 Uhr als Nachtzeit. Nachtarbeit ist jede Arbeit, die mehr als zwei Stunden der Nachtzeit umfasst. Tarifverträge können für die Beschäftigten günstigere Regelungen vorsehen. Die werktägliche Arbeitszeit der Nachtarbeitnehmer darf acht Stunden nicht überschreiten bzw. nur dann auf bis zu zehn Stunden verlängert werden, wenn innerhalb von einem Kalendermonat oder innerhalb von vier Wochen im Durchschnitt acht Stunden werktäglich nicht überschritten werden. Dieser verkürzte Ausgleichszeitraum gilt für die gesamte Arbeitszeit des Nachtarbeitnehmers, also auch für Arbeitszeiten, die nicht während der Nacht erbracht werden. Zum Schutz der Gesundheit von Nachtarbeitnehmern sieht § 6 Abs. 3 ArbZG vor, dass Nachtarbeitnehmer berechtigt sind, sich vor Beginn der Beschäftigung und danach in regelmäßigen Zeitabständen von nicht weniger als drei Jahren arbeitsmedizinisch untersuchen zu lassen. Die Kosten der Untersuchungen hat der Arbeitgeber zu tragen. Unter bestimmten Voraussetzungen können Nachtarbeitnehmer einen Anspruch auf Umsetzung auf einen Tagesarbeitsplatz geltend machen. Hierzu zählen eine arbeitsmedizinisch festgestellte Gesundheitsgefährdung durch Nachtarbeit, Betreuungspflicht für ein Kind unter 12 Jahren und Versorgungspflicht für einen schwerpflegebedürftigen Angehörigen.

Der Begriff der „Schichtarbeit" ist im Arbeitszeitgesetz nicht definiert. Das Bundesarbeitsgericht hat jedoch in seinem Urteil vom 18.07.1990 (4 AZR 295/89) Schichtarbeit wie folgt definiert:

Schichtarbeit ist gegeben, wenn eine bestimmte Arbeitsaufgabe über einen erheblichen, längeren Zeitraum als die wirkliche Arbeitszeit eines Arbeitnehmers hinaus anfällt und daher von mehreren Arbeitnehmern oder Arbeitnehmergruppen in einer geregelten zeitlichen Reihenfolge erbracht wird. Der Schichtarbeit steht nicht entgegen, wenn die einzelnen Schichten mit zweistündiger Versetzung beginnen.

Auch bzgl. der Schichtarbeit ist der für das jeweilige Haus geltende Tarifvertrag auf die explizit geltenden Regelungen hin sorgfältig zu überprüfen.

1.7.4 Regelungen an Sonn- und Feiertagen

Das Arbeitszeitgesetz schließt in § 9 die Arbeit an Sonn- und gesetzlichen Feiertagen grundsätzlich

aus. Allein die Besonderheiten der Patientenversorgung in den Krankenhäusern erfordert eine gewisse Flexibilisierung dieser Regelung. § 10 Abs. 1 Nr. 3 ArbZG erlaubt daher für Krankenhäuser die Sonn- und Feiertagsarbeit. In § 11 ArbZG sind Ausgleichsbestimmungen für Sonn- und Feiertagsarbeit geregelt. Hiernach müssen mindestens 15 Sonntage im Jahr für die Beschäftigten vollständig arbeitsfrei bleiben. Ferner ist für geleistete Sonntagsarbeit innerhalb von zwei Wochen ein Ersatzruhetag zu gewähren.

§ 11 ArbZG regelt auch den Ausgleich für Arbeit an auf einen Werktag fallenden Feiertagen:

Werden Arbeitnehmer an einem auf einen Werktag fallenden Feiertag beschäftigt, müssen sie einen Ersatzruhetag haben, der innerhalb eines den Beschäftigungstag einschließenden Zeitraums von acht Wochen zu gewähren ist.

Diese Ausgleichstage für Sonn- oder Feiertagsbeschäftigung sind – soweit technische oder arbeitsorganisatorische Gründe dem nicht entgegenstehen – unmittelbar an einen elfstündigen Ausgleichszeitraum zu koppeln, um den Beschäftigten eine ausreichende Erholungszeit zu ermöglichen. Bei dem Ersatzruhetag muss es sich nicht um einen zusätzlichen freien Tag handeln. Als Ersatzruhetag kann vielmehr auch ein Werktag gelten, der ohnehin – planmäßig – arbeitsfrei ist.

Auch bezüglich der Regelungen von Arbeit an Sonn- und Feiertagen enthalten die geltenden Tarifverträge unterschiedliche abweichende Regelungen. Auch hier empfiehlt sich somit eine sorgfältige Prüfung.

1.7.5 Entwicklung neuer Arbeitszeitmodelle

Um die Bestimmungen des Arbeitszeitgesetzes zu erfüllen, empfiehlt sich eine regelmäßige Überprüfung der geltenden internen Arbeitszeitregelungen und ggf. die Entwicklung von Alternativen. Hierzu ist zunächst die Ist-Situation einer Abteilung/eines Bereichs hinsichtlich zur Verfügung stehender Kapazitäten (personeller, räumlicher, technischer Art etc.), medizinischer Untersuchungs- und Behandlungserfordernisse sowie Prozessabläufe und ggf. bekanntes Optimierungspotenzial sorgfältig zu prüfen. Nach Analyse der Ist-Situation empfiehlt sich die Durchführung der durch das Arbeitszeitgesetz vorgeschriebenen Belastungsanalyse. Nach Vorliegen der hieraus resultierenden Ergebnisse (Arbeitsmenge, zur Verfügung stehende Arbeitszeit ...) können dann alternative Arbeitszeitmodelle entwickelt werden. Die Best Practice-Lösung für ein Arbeitszeitmodell kann nur hausintern gefunden werden, Vergleiche mit anderen Krankenhäusern sind aufgrund der individuellen Besonderheiten und der häufig auch unterschiedlichen Zielsetzungen nur schwer möglich. Es ist in jedem Fall wichtig, dass ein Arbeitszeitmodell transparent ist, ausreichend Pufferzeiten für ungeplante Aufgaben eingerichtet werden, die Leistungsfähigkeit der Mitarbeiter im Verlauf der Arbeitszeit und ihre individuellen Ansprüche weitestmöglich berücksichtigt werden und die bestmögliche Patientenversorgung garantiert wird. Mittlerweile existieren zahlreiche Unternehmen, die sich auf die Beratung von Krankenhäusern bei der Erarbeitung neuer Arbeitszeitmodelle spezialisiert haben. Es kann durchaus empfehlenswert sein, bei dieser Thematik externe Hilfe in Anspruch zu nehmen.

1.8 Mitbestimmung im Krankenhaus

Ein wesentlicher Bestandteil der täglichen Personalarbeit ist die Einbindung der Mitbestimmungsorgane wie Personal- oder Betriebsrat, Gleichstellungsbeauftragte oder Vertrauensperson der schwerbehinderten Menschen in personalrechtliche Fragestellungen. Aufgabe dieser Organe ist es grundsätzlich, die Interessen der Arbeitnehmer gegenüber dem Arbeitgeber zu vertreten und an betrieblichen Entscheidungen mitzuwirken. Nach Betriebsverfassungsgesetz kann in Betrieben ab fünf Beschäftigten ein Betriebsrat gewählt werden, die Anzahl der (ggf. freigestellten) Betriebsratsmitglieder richtet sich nach der Gesamtzahl aller Beschäftigten im Betrieb. Die Rechtsgrundlage der Mitbestimmung richtet sich nach der Rechtsform des jeweiligen Krankenhauses. Für Häuser in privater Trägerschaft ist das Betriebsverfassungsgesetz (BetrVG) anzuwenden, für Krankenhäuser in öffentlich-rechtlicher Trägerschaft gilt das jeweilige Landespersonalvertretungsgesetz. Die meisten Landespersonalvertretungsgesetze sind eng an das Bundespersonalvertretungsgesetz (BPersVG) angelehnt, aus diesem Grund orientiert sich die nachfolgende Übersicht in personalvertretungsrechtlicher Hinsicht am Bundespersonalvertretungsgesetz. Allerdings unterscheiden sich die einzelnen Landespersonalvertretungsgesetze in einzelnen Punkten deutlich von einander und vom Bundespersonalvertretungsgesetz, so dass im Einzelfall jeweils anhand des einschlägigen Gesetzes zu überprüfen ist, welche Mitbestimmungsregelung konkret gilt. Kirch-

liche Krankenhäuser in evangelischer Trägerschaft wenden das Mitarbeitervertretungsgesetz (MVG EKD), Krankenhäuser in katholischer Trägerschaft die Mitarbeitervertretungsordnung (MAVO) an.

Mitbestimmungs-, Mitwirkungs- und Informationsrechte sind in den einzelnen Mitbestimmungsgesetzen klar definiert und hinlänglich ausgeurteilt. Im Rahmen des stets geltenden Grundsatzes der vertrauensvollen Zusammenarbeit empfiehlt es sich dennoch, die Mitarbeitervertretung auch in nicht ausdrücklich erwähnte Entscheidungen frühzeitig einzubinden, dies erspart in der Regel Auseinandersetzungen zu einem späteren Zeitpunkt.

Tabelle 6 benennt häufige arbeitsrechtliche Fragestellungen (welche in den vorangegangenen Abschnitten teilweise detailliert erläutert wurden) und zeigt auf, wie damit nach Betriebsverfassungs- oder Bundespersonalvertretungsgesetz umzugehen ist.

Literatur

Besgen N (2010) Arbeitszeit. In: Besgen N (2010) Krankenhaus-Arbeitsrecht, 235–259. Verlag C. H. Beck, München

Besgen N (2010) Outsourcing und Betriebsübergang. In: Besgen N (2010) Krankenhaus-Arbeitsrecht, 388–396. Verlag C. H. Beck, München

von Eiff W u. Stachel K (2006) Organisation und Aufgaben der Personalabteilung. In: von Eiff W u. Stachel K (2006) Professionelles Personalmanagement, 88–96. Thieme, Stuttgart

von Eiff W u. Stachel, K. (2006) Kernprozesse des Personalmanagements. In: von Eiff W u. Stachel K (2006) Professionelles Personalmanagement, 134–236. Thieme, Stuttgart

von Eiff, Stachel, K. (2006) Arbeitszeitmanagement. In: von Eiff W u. Stachel K (2006) Professionelles Personalmanagement: 390–397. Thieme, Stuttgart

Haubruck M u. Schär W (2002) Management und Führung. In: Haubruck M u. Schär W (2002) Betriebswirtschaft und Management im Krankenhaus, 244–257. Verlag Huber, Bern

Klingler U (2005) 101 Personalkennzahlen, Cometis Publishing, Wiesbaden

Rathje E (2003) Führung und Vorstellungen der Mitarbeiter im Krankenhaus. In: Rathje E (2003) Personalführung im Krankenhaus, 11–15. Kohlhammer Verlag, Stuttgart

Stock-Homburg R (2008) Mitarbeiterflusssysteme des Personalmanagements, 69–217. Gabler Verlag, Wiesbaden

Weth S et al. (2007) Der ärztliche Dienst. Arbeitsrecht im Krankenhaus: 389–473. Schmidt (Otto), Köln

Weth S et al. (2007) Pflegedienst. Arbeitsrecht im Krankenhaus: 475–478. Schmidt (Otto), Köln

Weth S et al. (2007) Verwaltungspersonal. Arbeitsrecht im Krankenhaus: 479–481. Schmidt (Otto), Köln

Weth S et al. (2007) Funktionsdienste und staatlich anerkannte Gesundheitsberufe sowie medizinische Heilberufe. Arbeitsrecht im Krankenhaus: 483–513. Schmidt (Otto), Köln

Tab. 6   Mitbestimmungsrechte bei arbeitsrechtlichen Fragestellungen

	Betriebsverfassungsgesetz	Bundespersonalvertretungsgesetz
Abmahnung	Keine Anhörung des Betriebsrats bei Abmahnungen	Keine Anhörung des Personalrats bei Abmahnungen
Abordnung bzw. Zuweisung	Kein Beteiligungs- und Mitbestimmungsrecht des Betriebsrats, das BetrVG lediglich den Begriff der Versetzung kennt	Mitbestimmung des Personalrats bei Abordnung/ Zuweisung, § 75 Abs. 1 Nr. 2 und 4 BPersVG
Ausschreibung	Betriebsrat kann innerbetriebliche Ausschreibung von Arbeitsplätzen (allgemein oder für bestimmte Arten von Tätigkeiten), die besetzt werden sollen, verlangen, § 93 BetrVG	Mitbestimmung des Personalrats bei Verzicht auf Ausschreibung § 75 Abs. 3 Nr. 14 BPersVG
Berufsbildung	Mitbestimmung bei Maßnahmen der betrieblichen Berufsbildung, § 98 Abs. 1 und Abs. 3 BetrVG	Mitbestimmung des Personalrats über Grundsätze über die Durchführung der Berufsausbildung der Arbeitnehmer, § 75 Abs. 3 Nr. 6 BPersVG, Mitbestimmung des Personalrats bei Auswahl der Teilnehmer an Fortbildungsveranstaltungen, § 75 Abs. 3 Nr. 7 BPersVG
Berufsbildungseinrichtung	Arbeitgeber hat mit dem Betriebsrat über die Errichtung und Ausstattung betrieblicher Einrichtungen zur Berufsbildung, die Einführung betrieblicher Berufsbildungsmaßnahmen und die Teilnahme an außerbetrieblichen Berufsbildungsmaßnahmen zu beraten, § 97 Abs. 1 BetrVG	Siehe oben (Berufsbildung)
Berufsbildungsförderung	Arbeitgeber und Betriebsrat haben im Rahmen der betrieblichen Personalplanung und in Zusammenarbeit mit den für die Berufsbildung und den für die Förderung der Berufsbildung zuständigen Stellen die Berufsbildung der Arbeitnehmer zu fördern. Der Arbeitgeber hat auf Verlangen des Betriebsrats den Berufsbildungsbedarf zu ermitteln und mit ihm Fragen der Berufsbildung der Arbeitnehmer des Betriebs zu beraten. Hierzu kann der Betriebsrat Vorschläge machen, § 96 Abs. 1 BetrVG	Siehe oben (Berufsbildung)
Beurteilungsrichtlinien	Allgemeine Beurteilungsgrundsätze bedürfen der Zustimmung des Betriebsrats, § 94 Abs. 2 i. V. m. Abs. 1 BetrVG	Mitbestimmung des Personalrats über Beurteilungsrichtlinien, § 75 Abs. 3 Nr. 9 BPersVG
Eingruppierung	Erfordernis der Zustimmung des Betriebsrats bei jeder Eingruppierung, § 99 Abs. 1 BetrVG	Mitbestimmung des Personalrats bei Eingruppierung, § 75 Abs. 1 Nr. 2 BPersVG
Einstellung	Erfordernis der Zustimmung des Betriebsrats bei jeder Einstellung, § 99 Abs. 1	Mitbestimmung des Personalrats bei Einstellung, § 75 Abs. 1 Nr. 1 BPersVG

	Betriebsverfassungsgesetz	Bundespersonalvertretungsgesetz
Förderung der beruflichen Chancengleichheit	Mitbestimmung des Betriebsrats bei Fragen der Ordnung des Betriebs und des Verhaltens der Arbeitnehmer im Betrieb, § 87 Abs. 1 Nr. 1 BetrVG in Verbindung mit § 75 Abs. 1 BetrVG (Grundsätze für die „Gleichbehandlung" der Betriebsangehörigen)	Mitbestimmung des Personalrats über Maßnahmen, die der Durchsetzung der tatsächlichen Gleichberechtigung von Frauen und Männern, insbesondere bei der Einstellung, Beschäftigung, Aus-, Fort- und Weiterbildung und dem beruflichen Aufstieg dienen, § 76 Abs. 2 Nr. 10 BPersVG
Kündigung	Anhörung des Betriebsrates vor jeder außerordentlichen und ordentlichen Kündigung, § 102 Abs. 1 BetrVG.	Anhörung des Personalrats vor fristlosen und außerordentlichen Kündigungen, § 79 Abs. 3 BPersVG; Mitwirkung bei ordentlicher Kündigung, § 79 Abs. 1 BPersVG
Nebentätigkeit	/	Mitbestimmung des Personalrats bei Versagen oder Widerruf einer Nebentätigkeit, § 75 Abs. 1 Nr. 7 BPersVG
Personalfragebogen	Mitbestimmung des Betriebsrates bei Personalfragebögen, § 94 Abs. 1 Satz 1 BetrVG	Mitbestimmung des Personalrats über Inhalt von Personalfragebögen, § 75 Abs. 3 Nr. 8 BPersVG
Personalplanung	Rechtzeitige und umfassende Unterrichtung des Betriebsrates über die Personalplanung, § 92 Abs. 1 BetrVG	Anhörung des Personalrats bei behördlichen oder betrieblichen Grundsätzen der Personalplanung ableitbar aus § 78 Abs. 3 BPersVG
Richtlinien über die personelle Auswahl	Zustimmung des Betriebsrates bei Richtlinien über die personelle Auswahl, § 95 Abs. 1 Satz 1 BetrVG; erzwingbare Mitbestimmung zur Aufstellung von Auswahlrichtlinien bei mehr als 500 Beschäftigten im Betrieb	Mitbestimmung bei dem Erlass von Auswahlrichtlinien gem. § 76 Abs. 2 Satz 1 Nr. 8 BPersVG
Überstunden	Mitbestimmung des Betriebsrats bei vorübergehender Verkürzung oder Verlängerung der betriebsüblichen Arbeitszeit, § 87 Abs. 1 Nr. 3 BetrVG	Mitbestimmung ggf. ableitbar aus § 75 Abs. 3 Pkt 1, Mitbestimmung über Beginn und Ende der täglichen Arbeitszeit
Urlaub und Urlaubsplan	Mitbestimmung des Betriebsrats bei der Festsetzung der zeitlichen Lage des Urlaubs für einzelne Arbeitnehmer, wenn zwischen dem Arbeitgeber und den beteiligten Arbeitnehmern kein Einverständnis erzielt wird, § 87 Abs. 1 Nr. 5 BetrVG	Mitbestimmung des Personalrats bei der Festsetzung der zeitlichen Lage des Erholungsurlaubs für einzelne Beschäftigte, wenn zwischen dem Leiter der Dienststelle und dem beteiligten Beschäftigten kein Einverständnis erzielt wird, § 75 Abs. 3 Nr. 3 BPersVG
Versetzung	Erfordernis der Zustimmung des Betriebsrats bei jeder Versetzung, § 99 Abs. 1 BetrVG	Mitbestimmung des Personalrats bei Versetzung zu einer anderen Dienststelle, § 75 Abs. 1 Nr. 3 BPersVG
Vorschlagswesen	Mitbestimmung des Betriebsrats bei Grundsätzen über das betriebliche Vorschlagswesen, § 87 Abs. 1 Nr. 12 BetrVG	Mitbestimmung des Personalrats bei Grundsätzen über die Prämierung von anerkannten Vorschlägen im Rahmen des betrieblichen Vorschlagswesens § 75 Abs. 3 Nr. 12 BPersVG

2 Mitarbeiterorientierte Personalpolitik: Wie Krankenhäuser attraktive Arbeitgeber werden können

Anja Lüthy

TCO Training Coaching Outlet, Berlin

Über eine herausragende Mitarbeiterorientierung können Krankenhäuser auf lange Sicht nach außen kommunizieren, dass sie attraktive Arbeitgeber sind. Dabei spielt die Berücksichtigung von Wünschen, die insbesondere Ärzte an den „Arbeitsplatz Krankenhaus" formulieren, eine große Rolle. Studien konnten eindeutig herausfinden, was junge Mediziner heute von ihrem Arbeitsplatz im Krankenhaus erwarten. In Anlehnung an diese Studienergebnisse werden verschiedene Maßnahmen vorgestellt, die Krankenhäuser sofort umsetzen können, um attraktive Arbeitgeber zu werden. Zu den längst überfälligen Maßnahmen gehören die professionelle Führung, eine kontinuierliche Motivation und Wertschätzung der Mitarbeiter ebenso wie die Strukturierung der Weiterbildung, die Optimierung von Prozessen, das respektvolle Verhalten untereinander sowie ein ethischer Verhaltenskodex zum Umgang mit den internen und externen Kunden. Nur mit den genannten Maßnamen können die Krankenhäuser den Herausforderungen des Arbeitsmarktes begegnen und dem Ärztemangel sowie dem Pflegenotstand entgegen wirken.

2.1 Warum muss ein Krankenhaus ein attraktiver Arbeitgeber sein?

Wegen des demographischen Wandels (Zunahme der älteren und drastische Abnahme der jünge-

ren Generationen) und des daraus resultierenden Ärztemangels stellt sich nicht mehr die Frage, *ob* Krankenhäuser eine mitarbeiterorientierte Personalpolitik umsetzen, um attraktive Arbeitgeber zu sein, sondern, *wie* sie dies am besten tun und *was* sie dabei berücksichtigen sollten. Marketingaktivitäten von Krankenhäusern haben heute nicht mehr nur das Ziel, Patienten und externe Kunden „anzusprechen", sondern zielen auch darauf ab, potenzielle Mitarbeiter, die mit dem Arbeitsvertrag zu „internen Kunden" werden, „zu bewerben". Es geht um die kontinuierliche „Mitarbeiterbindung" an das eigene Haus, es geht darum, arbeitssuchende Ärzte und Pflegekräfte bei der Wahl des Krankenhauses als Arbeitsplatz positiv zu beeinflussen und nach Arbeitsantritt nicht zu enttäuschen.

Krankenhäuser haben somit heute mehr denn je die Pflicht, kontinuierlich zu kommunizieren, dass sie sowohl ihren Mitarbeitern als auch ihren Patienten ein angenehmes (Arbeits-)Umfeld, mit bestem medizinischen Angebot auf höchstem Niveau gepaart mit gutem Service, freundlichem Personal und grundlegenden spürbaren Kundenfreundlichkeit bieten. Letztlich wollen nämlich sowohl die internen als auch die externen Kunden in einem angenehmen Ambiente arbeiten bzw. von kompetenten Menschen freundlich und zuvorkommend „geführt und motiviert" bzw. „bedient" werden.

Bisher ist es Krankenhäusern eher weniger gelungen, sich als attraktive Arbeitgeber zu positionieren.

2.2 Wie sieht die Situation der Ärzte an Krankenhäusern aus?

In Deutschland herrscht ein bedrohlicher Ärztemangel, der bereits seit mehren Jahren bekannt ist. Schon im Oktober 2008 wurden im Krankenhaus-Baromter 2008, das das Deutsche Krankenhaus Institut jedes Jahr vorlegt [Blum et. al 2008] Zahlen zu nicht besetzten Stellen im Ärztlichen Dienst genannt. Diese Zahlen belegen deutlich, wie dramatisch die Situation des ärztlichen Personals bereits im Jahr 2008 war. In Krankenhäusern waren damals im Schnitt 4 % der Arztstellen vakant und hochgerechnet auf alle Krankenhäuser waren damals schon rund 4.000 Arztstellen unbesetzt. Ca zwei Drittel der Krankenhäuser konnten damals bereits offene Stellen im Ärztlichen Dienst nicht besetzen. Dies hat sich bis heute eher verschlimmert als verbessert, insbesondere in den ländlichen Regionen Deutschlands. Die Anzahl offener Arztstellen hatte sich von 2006 gegenüber 2008 etwa verdreifacht und wächst stetig. Die Zahlen für 2010 liegen noch nicht vor.

Der Ärztemangel – insbesondere der Mangel an qualifizierten Assistenzärzten – im Krankenhaus entwickelt sich allmählich zu einem gravierenden Problem der stationären Versorgung. Folgeprobleme bilden insbesondere Beeinträchtigungen der Patientenversorgung, der Ausbau von Wartelisten sowie die ärztliche Arbeitszeitorganisation. Nun findet langsam ein Umdenken statt und immer mehr Krankenhäuser haben begriffen, dass die Situation der deutschen Ärzte tatsächlich so darstellt, dass „Assistenzarzt im Krankenhaus sein" nicht besonders attraktiv ist. Immer mehr Assistenzärzte „wollen weg" vom Patientenbett. Folgende Gründe werden genannt:

- Assistenzärzte arbeiten viel länger als es in ihren Verträgen vorgesehen ist,
- sie arbeiten meist ohne Bezahlung der Überstunden,
- 60 bis 80 Wochenstunden sind immer noch keine Seltenheit,
- viele junge Ärzte gehen jedes Jahr ins Ausland, um dort als Arzt im Krankenhaus tätig zu sein,
- und viele Ärzte wollen schlichtweg nicht mehr unter den derzeitigen Bedingungen kurativ arbeiten.

In Deutschland sind deshalb heute schätzungsweise 5000 Arztstellen vakant. Ausländische Kliniken werben intensiv deutsche Ärzte an. Über 12.000 deutsche Mediziner arbeiten bereits im Ausland, die Tendenz ist steigend. Am beliebtesten sind die USA, Großbritannien und die Schweiz, aber auch die skandinavischen Länder. Im Zuge dieses Problems, Nachwuchsärzte zu finden, wird es zukünftig immer wichtiger werden, als Krankenhaus ein attraktiver Arbeitgeber zu werden und dies an potenzielle neue Mitarbeiter umfassend zu kommunizieren.

Was tun Krankenhäuser bisher, um offene Arztstellen zu besetzen? Folgende Möglichkeiten lassen sich derzeit beobachten:

- Krankenhäuser heuern für viel Geld sogenannte „Headhunter" oder Personalberatungsunternehmen an, die ganz gezielt im Auftrag des Krankenhauses auf die Suche nach jungen Ärzten gehen. Der Erfolg ist mäßig, denn der Markt ist eben „leer gefegt". Das in Headhunter investierte Geld kann können Krankenhäuser sicherlich sinnvoller investieren, wenn die Personalsuche erfolglos bleibt.
- Auch Krankenhäuser, die ansprechende Stellenanzeigen im Deutschen Ärzteblatt im Rahmen der Suche beispielsweise eines Assistenzarztes für Innere Medizin schalten (z. B. im süddeutschen Raum) bekommen nur von maximal drei Kandidaten Bewerbungsunterlagen zugeschickt, wobei oftmals zwei der Bewerber zunächst einen Deutschkurs besuchen müssten.
- Der Autorin sind Krankenhäuser bekannt, die sogenannte „Kopfgeldprämien" bezahlen: Wenn ein Mitarbeiter des Krankenhauses einen neuen Arzt für das Krankenhaus rekrutiert, erhält er ein Honorar zwischen 1.000 € und 8.000 € (für einen erfahrenen und guten Oberarzt). Die neuen Ärzte müssen sich allerdings bei der Einstellung dazu verpflichten, einige Jahre in dem Krankenhaus zu bleiben.
- Mit der „Initiative neue Ärzte" reagiert die SRH Kliniken GmbH im Juni 2008 auf den Ärztemangel und das zunehmende Problem qualifizierte Assistenz- und Fachärzte an deutsche Kliniken zu holen: Ärzte, Klinikleitung und Personaler erarbeiteten gemeinsam ein Weiterbildungsprogramm für Assistenzärzte, das Managementqualifikationen genauso beinhaltet wie die professionelle Betreuung durch Mentoren. Die SRH Kliniken gehen davon aus, dass dieses Programm junge Ärzte anspornt, sich gezielt bei den SRH Kliniken zu bewerben.

- Weiterhin gibt es Krankenhäuser, die Medizinstudenten bereits während ihres Studiums ein Stipendium von 500 € bis 1000 € monatlich gewähren, das an die Bedingung geknüpft ist, nach dem Medizinstudium in einer der Kliniken des Hauses als Assistenzarzt zu beginnen.

Alle diese genannten Maßnahmen führen bisher zu wenig Erfolg, denn diese Krankenhäuser bieten den jungen Ärzten nicht die Arbeitsbedingungen, die sie sich wünschen. Bevor konkrete Maßnahmen aufgeführt werden, die tatsächlich langfristig Krankenhäusern dazu verhelfen, attraktive Arbeitgeber für Ärzte zu werden, wird zunächst der Frage nachgegangen, was – welche Arbeitsbedingungen – sich junge Ärzte überhaupt wünschen, damit sie als Assistenzarzt im Krankenhaus arbeiten. Aus diesen Wünschen lässt sich dann leicht ableiten, wie ein Krankenhaus sich gegen den Ärztemangel rüsten kann und welche Maßnahmen es deshalb ergreifen muss.

2.3 Ergebnisse aus empirischen Studien: Was wünschen sich junge Ärzte von ihrem Arbeitsplatz im Krankenhaus?

Eine Online-Umfrage der Bundesvertretung der Medizinstudierenden in Deutschland e. V. (BVMD), an der im Jahr 2005 über 3.600 Medizinstudierende aus ganz Deutschland teilgenommen haben, ging der folgender übergeordneten Frage nach: Wie wünschen sich Medizinstudierende ihre Arbeitsbedingungen im Krankenhaus? Die Ergebnisse dieser Studie sind sehr interessant [Wilk 2006]:

- Medizinstudierende sind gerne bereit, als Arzt im Krankenhaus viel Zeit und Energie in den Arztberuf zu investieren, wenn sie dafür vernünftige Arbeitsbedingungen vorfinden.
- Weit über die Hälfte der angehenden Ärztinnen und Ärzte würden sogar bis zu 50 Stunden pro Woche im Krankenhaus arbeiten, unbezahlte Überstunden aber wollen 40 % der Jungmediziner auf keinen Fall leisten.

Die Medizinstudierenden würden gerne in Deutschland ärztlich tätig werden, sehen sich aber durch die schlechten Arbeitsbedingungen von Assistenzärzten in deutschen Krankenhäusern oft gezwungen, Jobs in medizinnahen Berufsfeldern oder im Ausland anzunehmen,

kommentiert Maike Wilk, Bundeskoordinatorin der AG Gesundheitspolitik der BVMD, die Ergebnisse der Umfrage [vgl. Wilk 2006].

Abschreckend wirken sich auf den Medizinernachwuchs die folgenden Punkte aus:

- die Aussicht auf zeitlich befristete Arbeitsverhältnisse,
- die schlechte Bezahlung,
- die ungeregelten Arbeitszeiten,
- die mangelnde Vereinbarkeit von Familie und Beruf,
- die Gefährdung der Patienten durch übermüdete Ärzte und
- die hohe Belastung durch Verwaltungstätigkeiten.

Die Wünsche, die die Medizinstudenten an den Arbeitsplatz Krankenhaus haben, lauten wie folgt:

- Rund 90 % der Befragten wünschen sich eine Entlastung bei Verwaltungsaufgaben als wichtiges Kriterium bei der Arbeitsplatzsuche.
- Etwa 86 % der Studierenden wünschen sich Kinder, zugleich halten 79 % der Befragten es für schwierig oder sehr schwierig, den Kinderwunsch mit dem Arztberuf zu vereinbaren.
- Mehr als 90 % wünschen sich bei ihrem zukünftigen Arbeitgeber gute Fort- und Weiterbildungsmöglichkeiten.
- Besonders wichtig sind den Studierenden das Betriebsklima des Krankenhauses (für 87,7 % sehr wichtig und für 11,3 % wichtig)
- Ein partnerschaftlicher Umgang mit den Vorgesetzten hat ebenfalls einen hohen Stellenwert (für 55,6 % ist er sehr wichtig und immerhin für 34,3 % wichtig).
- Weit über der Hälfte der Befragten ist auch der Ruf des Krankenhauses wichtig.

Zu ähnlichen Ergebnissen wie die BVMD e. V.-Umfrage kommt eine Studie [Buxel 2009], an der 729 Assistenzärzte teilnahmen. Die Ergebnisse belegen folgende Fakten:

- Nur rund die Hälfte gab an, dass sie alles in allem mit ihrem Arbeitsplatz zufrieden sind.
- Die größte Unzufriedenheit verursacht der Stress im Berufsalltag (57,2 % der Befragten), gefolgt von zu wenig Freizeit 54,6 % der Befragten), zu geringer Bezahlung bzw. dem fehlenden Freizeitausgleich von Überstunden (49,6 %) sowie dem zu geringen Umfang des Weiter- und Fortbildungsangebotes (46,8 %).
- Die größte Zufriedenheit zeigte sich bei der Sicherheit des Arbeitsplatzes und des Betriebskli-

mas. Das Betriebsklima hatte für die Befragten auch die wichtigste Bedeutung (96,8 %), gefolgt von der Vereinbarkeit mit dem Privatleben und der Bezahlung von Überstunden.

Buxel [2009] berichtet außerdem, dass nur 55 % der Befragten den Arztberuf insgesamt für attraktiv halten, was auch auf die immer niedriger werdenden Verdienstmöglichkeiten zurückgeführt wird. Insbesondere die Arbeitsplatzsicherheit und die Zunahme der Anzahl der Stellenangebote beurteilen die Ärzte sehr positiv.

Spätestens seit Frederick Herzbergs Zweifaktorentheorie der Motivation [vgl. Herzberg 1987] ist allerdings bekannt, dass es weder das Gehalt, noch die Arbeitsplatzsicherheit sind, die Arbeitnehmer tatsächlich an ihren Arbeitsplätzen motivieren und auf Dauer zufrieden machen. Diese - von Herzberg sogenannten „Hygienefaktoren"- werden nur dann überhaupt von den Mitarbeitern positiv wahrgenommen, wenn sie gefährdet sind oder gar wegfallen, d. h. der Arbeitsplatz bedroht ist das Gehalt (z. B. das Weihnachtsgeld) gekürzt oder gestrichen wird. Nach Frederick Herzberg sind es vielmehr die sogenannten „Motivatoren", die zu „echter" Arbeitszufriedenheit führen. Dazu gehören Fort- und Weiterbildungsmöglichkeiten, abwechslungsreiche bzw. interessante Arbeitsinhalte, Verantwortungsgefühl, Entscheidungsspielraum und die Wertschätzung und Anerkennung von Vorgesetzten.

2.4 Was können Krankenhäuser konkret tun, um attraktive Arbeitgeber zu sein?

Auf den ersten Blick scheint es so zu sein, dass Krankenhäuser wenig tun können, um den Arbeitsplatz für ihre Ärzte attraktiver zu gestalten. Ohne Zweifel ist das Arbeiten im Krankenhaus sehr anstrengend: Schicht- und Bereitschaftsdienste, das Heben von schweren Patienten, die psychische Belastung beim Umgang mit schwer kranken oder sterbenden Menschen und viele andere schwierige Bedingungen verlangen vom Personal sehr viel Kraft und Energie. Die Arbeitsverdichtung wird immer höher, nicht zuletzt deshalb, weil für immer mehr Patienten immer weniger Personal zur Verfügung steht. Auf die rund 5000 fehlenden Ärzte in bundesdeutschen Krankenhäusern wurde weiter oben bereits hingewiesen. Bei solch angespannter Personalsituation bleiben oftmals der Umgangston

und die adäquate Behandlung des Patienten „auf der Strecke", weil Ärzte und Pflegekräfte unter massivem Druck stehen, überlastet sind oder auf diesem Wege ihrer Unzufriedenheit Ausdruck verleihen.

Doch anstatt die verbleibenden Mitarbeiter zu Leistungsbereitschaft zu motivieren, ihnen angenehme Arbeitsbedingungen zu schaffen, „gute Führungskräfte" zur Seite zu stellen und sie zu befähigen, in ihren jeweiligen Arbeitsgebieten trotz schwieriger Bedingungen patientenorientiert zu arbeiten, herrscht leider in recht vielen Krankenhäusern immer noch ein ziemlich autoritärer Führungsstil.

Aufgrund der weiter oben erwähnten Ergebnisse der BVMD e. V.-Umfrage und der Studie von Buxel [2009] kann man aber davon ausgehen, dass Krankenhäuser heute sehr wohl in der Lage sind, trotz der anstrengenden Arbeit jungen Medizinern ein attraktiver Arbeitgeber zu sein.

Die Ergebnisse der Befragungen zeigen ganz deutlich, dass es Krankenhäusern gelingen kann, junge Ärzte zu sich zu „locken" bzw. als Arbeitskräfte an sich zu binden, wenn sie auf den folgenden vier Gebieten konkrete Maßnahmen ergreifen:

1. Professionalisierung der Führung und kontinuierliche Motivation der Mitarbeiter
2. Strukturierung der Weiterbildungs- und Fortbildungsmöglichkeiten sowie systematische individuelle Karriereplanung
3. Optimierung von Prozessen und Vermeidung von Bürokratisierung
4. Formulierung eines ethischen Verhaltenskodex zum Umgang mit den internen und externen Kunden

Im Folgenden werden die konkreten Maßnahmen, die auf jedem dieser vier Gebiete umgesetzt werden müssen, damit Krankenhäuser vom Ärztemangel verschont bleiben, vorgestellt.

2.5 Professionalisierung der Führung, kontinuierliche Motivation sowie Wertschätzung der Mitarbeiter

Gut Führen bedeutet, Mitarbeiter zielgerichtet dazu zu bewegen und zu befähigen, Aufgaben erfolgreich zu übernehmen bzw. auszuführen. Mitarbeiter so zu führen, dass sie leistungsmotiviert arbeiten, ist nicht einfach. Das professionelle Führen von Mitarbeitern wird bisher nicht ausreichend genug an Universitäten z. B. im Rahmen des Medizinstudiums gelehrt. Neben den fachlichen Qualifikationen und fachspezifischen Fähigkeiten müssen Führungskräfte auch eine hohe Sozialkompetenz haben und kommunikations-, konflikt-, team- und entscheidungsfähig sein [vgl. Lüthy & Schmiemann 2004]. Zufrieden sind Mitarbeiter dann, wenn Führungskräfte tatsächlich führen und

- Ziele mit ihnen vereinbaren und erreichen,
- transparent informieren und adäquat fördern,
- die Zusammenarbeit konstruktiv gestalten,
- Vertrauen und Ausgeglichenheit „leben"
- Werte und Missionen vermitteln und
- „mit gutem Beispiel voran gehen" und damit als Vorbild dienen.

Dies gelingt Führungskräften – *unabhängig* von ihren jeweiligen fachspezifischen Kenntnissen – am besten, wenn sie folgende **Managementinstrumente** verwenden:

- **standardisierte Einarbeitung neuer Mitarbeiter** u. a. anhand von Checklisten und einem persönlichen „Paten", der in den ersten sechs Monaten als Ansprechpartner zur Verfügung steht
- kontinuierliche Aufrechterhaltung eines **verbindlichen Betriebliches Vorschlagswesen** mit Prämien
- regelmäßige Durchführung von **Mitarbeiterjahresgespräche mit Zielvereinbarungen**
- regelmäßige faire und **transparente Beurteilung** der Mitarbeiter mit Feedbackbögen zur Dokumentation durch den Vorgesetzten
- **regelmäßige Beurteilung der Vorgesetzten** durch die Mitarbeiter (anonyme Führungskräftefeedbacks mit einer Selbsteinschätzung des Vorgesetzten und der Fremdeinschätzung der direkt unterstellten Mitarbeiter)
- regelmäßige **persönliche Gespräche mit dem Vorgesetzten**
- **Klausurtagungen** zu „Brennpunkten" und aktuellen Themen, auch Berufsgruppen übergreifend
- **Management by walking around** der Vorgesetzten, um vor Ort bei den Mitarbeitern abzufragen, ob Hilfestellung „von oben" hilfreich wäre
- jährliche anonyme schriftliche **Mitarbeiterbefragungen zur Zufriedenheit**, die auch Möglichkeiten für Anregungen und Wünsche bieten
- kontinuierliche Motivation der Mitarbeiter z. B. über **sinnvolle Delegation und Partizipation** an Entscheidungen
- zur Verfügung stellen eines **externen Coachs**, wenn Situationen zu meistern sind, die eine

individuelle Begleitung, Beratung, und Förderung von einzelnen Führungskräften oder ganzen Teams erfordern

- **adäquate Gesprächsführung bei Konflikten**
- professionelles **Trennungsmanagement** bei Kündigungen, z. B. durch die Hinzuziehung von Outplacement-Beratungsunternehmen (wie z. B. das Unternehmen Karent in Frankfurt, vgl. www.karent.de)
- Umsetzung von Erkenntnissen zum professionellen **Zeitmanagement** und zu effektiven Selbstorganisation, damit Führungskräfte sich überhaupt genügend Zeit für ihre Mitarbeiter nehmen können.
- hohe Transparenz beim **Informationsmanagement**, z. B. bei der Personalbedarfsplanung

Der Einsatz dieser Managementinstrumente führt übrigens auch dazu, dass Führungskräfte von den Mitarbeitern als kommunikativ, kooperativ, konfliktlösungsfähig, teamfähig und kritikfähig wahrgenommen werden [vgl. Lüthy u. Schmiemann 2004]. Checklisten und Leitfäden für diese Managementinstrumente sind bei Lüthy u. Buchmann [2009] abgedruckt.

2.6 Strukturierung der Weiterbildungs- und Fortbildungsmöglichkeiten sowie systematische individuelle Karriereplanung

Die Ergebnisse der oben zitierten Studien hatten übereinstimmend belegt, dass die befragten Jungmediziner mit ihren Fort- und Weiterbildungsangeboten nicht zufrieden sind.

Obwohl die fachärztliche Weiterbildung für die Assistenzärzte einen sehr hohen Stellenwert hat und sie ausdrücklich zur Arbeitsplatzzufriedenheit beiträgt, wird sie in vielen bundesdeutschen Krankenhäusern noch viel zu stark vernachlässigt. Junge Assistenten werden Stationen ausgesetzt und es werden ihnen Aufgaben anvertraut, denen sie sich teilweise wenig gewachsen fühlen. Es fehlt ihnen – gerade zu Beginn ihrer Assistentenzeit – noch zu viel Wissen und Erfahrung. Eine fundierte, solide und fachlich ausgezeichnete Weiterbildung ist ein Qualitätsmerkmal eines attraktiven Arbeitsplatzes eines Assistenzarztes.

Hier sind nun die weiterbildungsermächtigten Chef- und Fachärzte gefragt, den Assistenten eine – dem jeweiligen medizinischen Fachge-

biet angepasste – umfangreiche und gut strukturierte Weiterbildung zu ermöglichen. Folgende
Maßnahmen bieten sich in diesem Zusammenhang an:

- Die **Personalentwicklung** muss als strategisch sehr wichtige Aufgabe durch die Chefärzte anerkannt werden. Die Chefärzte haben letztlich eine sogenannte „Bringschuld",
wenn es um die Facharztweiterbildung geht,
denn Assistenten wollen schließlich ihren
Facharzt erwerben.
- Die **Aus- und Weiterbildung** der Ärzte sollte ein zentraler Bestandteil des Qualitätsmanagement sein, das eine gute Plattform dafür
bildet, da es in den meisten Krankenhäusern
bereits vorhanden ist.
- Es sollte ein regelmäßiges Angebot von gezielten internen Fortbildungen zu bestimmten
medizinischen Sachverhalten geben, die auch
von allen Assistenten besucht werden können.
- Es macht sicherlich Sinn, für die **Facharztweiterbildung** jedes einzelnen Faches einen
Zeitplan zu erarbeiten, in welchen Zeitspan-
nen Assistenzärzte welche medizinischen
Kenntnisse systematisch erwerben können.
Die Dauer der Weiterbildung zum Facharzt
ist überschaubar und die Kataloge der jeweiligen Fachärzte sind gut bekannt. Es ist lediglich eine Frage der Organisation, den Assistenten problemlos zu ermöglichen, in der
vorgeschriebenen Mindestzeit ihren Facharzt
zu erwerben.
- Es sollten gezielte **Mentorenprogramme** eingerichtet werden, bei denen beispielsweise
Fach – oder Oberärzte, die bereits Experten für
bestimmte medizinische Verfahren sind, einzelnen Assistenten als Mentor zugeteilt werden und damit die Aufgabe haben, die Assistenten systematisch in medizinische Spezialgebiete einzuführen (z. B. in die Sonografie)
- Assistenten sollten bei der Suche nach inhaltlich relevanten **Fortbildungsmöglichkeiten**
unterstützt werden und dazu ermuntert werden, sich kontinuierlich fortzubilden. Sie sollten sowohl finanzielle als auch organisatorische Unterstützung bei der Organisation von
extern stattfindenden Fortbildungen erhalten
(auch Sekretariate der Chefärzte können Assistenzärzte zu Fortbildungen anmelden, deren
Reise buchen etc.)
- Krankenhäuser sollten ihre Chefärzte dazu
auffordern, eine strukturierte individuelle
Karriereplanung gerade für junge Ärzte ein-

zuführen, um ihnen langfristig Perspektiven
am eigenen Krankenhaus aufzuzeigen. Diese
wirken sich motivationsfördernd aus. Insbesondere die Vereinbarkeit und Beruf und Familie, die sich viele der jungen Ärzte wünschen,
kann im Rahmen einer Karriereplanung gut
besprochen und geplant werden.

2.7 Optimierung von Prozessen und Vermeidung von Bürokratisierung

Arbeitsplätze im Krankenhaus sind dann für junge Ärzte attraktiv, wenn das Alltagsgeschäft nicht
durch übermäßige Bürokratie, umständliche Abläufe und schlecht organisierte Prozesse „behindert" wird. Viele Ärzte gaben im Rahmen der Befragungen an, dass ihre zahlreichen Überstunden
unter anderem auf zu viel Verwaltungsarbeiten,
unklare Zuständigkeiten und wenig standardisierte Prozesse zurückzuführen sind. Dies führt zu
großer Unzufriedenheit und macht den Arbeitsplatz Krankenhaus besonders unattraktiv.

Die im folgende aufgeführten Ideen sollen den
medizinischen Fachabteilungen in Krankenhäusern Anregungen dazu geben, Prozesse zu optimieren und die Bürokratisierung so weit als möglich von den Ärzten fern zu halten.

- Das Ziel sollten **geregelte Arbeitszeiten** sein,
da die Nachwuchsärzte nicht mehr bereit sind,
wie ihre vorhergehende Generation, Überstün-
den zu leisten, ohne dafür extra vergütet zu
werden. Hier ist an das Verständnis der „alten"
Chefärzte zu appellieren, die am besten gemeinsam mit ihrem jeweiligen Ärzteteam erarbeiten, wie die anfallende ärztliche Arbeit an
einem Achtstundentag zu bewältigen ist. Die
jungen Ärzte haben oftmals selbst sehr gute
Ideen, wie Arbeitsabläufe rationalisiert, standardisiert und beschleunigt werden können.
- Ärzte sollten – soweit als möglich – **von bürokratischen Aufgaben befreit werden.** Arzt-
helferinnen können eine Menge der Arbeit
abnehmen, die heute noch Ärzte tun. Kodier-
assistenten sind ebenfalls wertvolle Arbeitskräfte, die helfen die Ärzte zu entlasten.
- Die **gemeinsame Erarbeitung von Standards,**
an die sich jeder ärztliche Mitarbeiter halten
muss, hilft ebenfalls, Prozesse zu optimieren
und Reibungsverluste zu vermeiden.
- Da auch Visiten sogenannte „Zeitfresser" sein
können, scheint es hilfreich, auch **für Visiten
feste Zeiten, verbindliche Regeln und Stan-**

dards zu erarbeiten. Diese helfen auch neuen ärztlichen Kollegen, relativ schnell eigenständig Visiten durchzuführen, mit denen der Neue selbst, aber auch die Kollegen und der Chef zufrieden sind.

Ein Mehr an Attraktivität stellen sicherlich auch **Standards für die Erstellung von Arztbriefen** dar, da die Arztbriefschreibung in vielen Abteilungen immer noch ein Problem darstellt. Einerseits wissen die jungen Ärzte oft nicht, wie sie das KIS, das interne Krankenhausinformationssystem bedienen, andererseits sind die Schreibbüros in vielen Häusern noch nicht optimal organisiert.

Alles in allem, macht es Sinn, dass sich die Fachabteilungen die Zeit nehmen, um sich mit den oben aufgeführten Punkten zu befassen, um Lösungen für die angesprochenen Probleme gemeinsam mit dem Ärzteteam zu finden.

Krankenhäuser, die sich bemühen, ihren Ärzten ein Arbeitsumfeld zu bieten, in dem es keine Behinderungen, keine Reibungsverluste und gut funktionierende Prozesse gibt, sprechen sich über die sogenannte Mundpropaganda schnell herum und werden zu beliebten Arbeitgebern.

2.8 Formulierung eines ethischen Verhaltenskodex zum Umgang mit den internen und externen Kunden

Das gute Image eines Krankenhauses, das zum attraktiven Arbeitgeber werden will, wird auch durch die herrschende Unternehmenskultur geprägt. Diese Kultur wird bisher über ein sogenanntes **Leitbild** schriftlich fixiert und nach innen sowie nach außen kommuniziert. Mit einem Leitbild legen Krankenhäuser fest, wie sie sich ihre Mission und ihre Vision vorstellen und welche grundlegenden Werte und Normen den Umgang mit den Mitarbeitern, den Patienten und den weiteren Kundengruppen bestimmen.

Fast alle bundesdeutschen Krankenhäuser können mittlerweile auf ein eigenes Leitbild verweisen, zumal es im Rahmen des Qualitätsmanagements – z. B. für eine KTQ Zertifizierung – explizit vorgeschrieben ist. Das Handeln nach einem Leitbild soll zu einem integeren und loyalen Miteinander führen. Dies wiederum spüren die internen und externen Kunden, die sich in einem integeren und loyalen Umfeld wohl fühlen. Die spürbar angenehme Unternehmenskul-

tur entsprechend eines Leitbildes kann ein Krankenhaus in der Region sogar bekannt machen und dazu führen – wegen des hervorragenden Betriebsklimas – ein attraktiver Arbeitgeber in der Region zu sein.

Die Leitbilder in bundesdeutschen Kliniken ähneln sich sehr stark und die Inhalte sind oftmals recht allgemein gehalten. Deshalb stellt sich die Frage, inwieweit die in den Leitbildern formulierten Ziele tatsächlich im Klinikalltag konsequent und „spürbar" umgesetzt werden. Die Aussagen, die immer wieder in zahlreichen Leitbildern hinsichtlich der Patientenorientierung gemacht werden, lauten beispielsweise:

„Der Patient steht bei uns im Mittelpunkt" oder „Wir stimmen unser Handeln in kollegialer und fachlicher Achtung aufeinander ab."

Sicherlich macht es Sinn, die Unternehmenskultur in Form eines umfassenden Kodex für ethisches Unternehmenshandeln festzuschreiben, in dem Regeln und Vereinbarungen für den Umgang miteinander erarbeitet und deren Umsetzung ausdrücklich gefordert wird und deren Missachtung Konsequenzen hat. Nur für alle Mitarbeiter verbindlich vorgeschriebene Richtlinien führen dazu, dass sich das Verhalten tatsächlich positiv verändert. In Deutschland beginnen immer mehr Unternehmen damit, einen Verhaltenskodex standardmäßig zu formulieren und ihr Handeln danach auszurichten. Ethical Conduct Guidelines gehen inhaltlich weit über die Inhalte eines Leitbildes hinaus. Ziel ist es, hohe ethische und rechtliche Standards zu formulieren, die für alle Mitarbeiter des Unternehmens verbindlich gelten und deren Verstoß Konsequenzen hat. Für den internen Umgang kann ein Kodex für ethisches Unternehmenshandeln folgende Punkte enthalten:

- Regeln zur professionellen Unternehmensführung
- Regeln zur integren und professionellen Führung der Mitarbeiter
- Regeln zur Einhaltung von Verhaltenspflichten im Unternehmen (z. B. zugewandtes und hilfsbereites Verhalten nach innen und nach außen)
- Regeln zur Ordnung am Arbeitsplatz
- Regeln zum Meldeverfahren bei Verstößen, z. B. Einrichtung einer sogenannten „Whistleblower-Hotline", an die sich Mitarbeiter

wenden können, wenn ihnen rechtswidriges Verhalten von Kollegen oder Vorgesetzten auffällt

- Regeln zur Annahme von Geschenken und Zuwendungen, um Interessenkonflikte zu vermeiden
- Regeln bei Belästigung und unangemessenem Verhalten am Arbeitsplatz, z. B. sexuelle Belästigung oder Mobbing
- Regeln zum Schutz der Persönlichkeitsrechte der Arbeitnehmer nach dem Grundgesetz
- Regeln zur Einhaltung des deutschen und europäischen Datenschutzrechts
- Regeln für ein faires Miteinander aller Mitarbeiter untereinander
- Regeln für ein faires Miteinander zwischen Führungskräften und Mitarbeitern
- Regeln zur Gleichbehandlung aller Mitarbeiter hinsichtlich Geschlechts-, Religions- oder Nationszugehörigkeit
- Regeln zur Verbreitung und Weitergabe von Informationen zu Gesundheit und Sicherheit am Arbeitsplatz
- Regeln zur Förderung der Anwendung fortschrittlichster Technologien, zur Erzielung von Spitzenergebnissen u. a. beim Gesundheitsschutz der Arbeitnehmer

Folgende Verpflichtungen sollte ein Krankenhaus eingehen, um nach innen und nach außen zu demonstrieren, dass ihm Unternehmenskultur tatsächlich ein ernsthaftes Anliegen ist.

- Verpflichtung des Krankenhauses, alle Angestellten zu geltenden Gesetzen, Vorschriften, Verhaltensregeln, Branchennormen etc. regelmäßig auf dem Laufenden zu halten. In diesem Zusammenhang Verpflichtung, die Verantwortung für die Organisation entsprechender Schulungen zu übernehmen.
- Verpflichtung des Krankenhauses, dass Verstöße gegen Gesetze, Vorschriften, Verhaltensregeln, Branchennormen sofort der Geschäftsleitung gemeldet werden sollen, damit diese adäquat reagieren kann.
- Verpflichtung des Krankenhauses, dass jede Beschwerde eines Kunden in geeigneter Weise – entsprechend eines Standards – bearbeitet wird und der Kunde eine persönliche Rückmeldung bekommt.

Ethische Richtlinien müssen allen Mitarbeitern und allen externen Kunden öffentlich zugänglich ge-

macht und auch im Internet veröffentlicht werden. Auf diese Weise kann das Krankenhaus sich als attraktiven Arbeitgeber präsentieren und seinen potenziellen Mitarbeitern kommunizieren, welch hohen Stellenwert es einer angenehmen Unternehmenskultur beimisst.

Auch für die nachstehenden Sachverhalte bietet es sich an, verbindlich geltende Vereinbarungen und Regeln für das Krankenhaus zu formulieren:

- der Umgang bzw. die Begleitung von sterbenden Patienten und ihren Angehörigen sowie die Arbeit in der Palliativmedizin
- Fragen zur Menschenwürde und der Umgang mit Patientenverfügungen
- Regeln zu Fixierungsmaßnahmen bei Patienten
- Regeln zur Schweigepflicht, z. B. gegenüber Angehörigen
- Regeln zu Verfahren, wie mit Rechtsbrüchen von Mitarbeitern umgegangen werden muss
- Regeln zu Verfahren, wie mit Fehlern von Mitarbeitern konstruktiv umgegangen werden kann

Regeln für den Umgang miteinander sowie den Umgang mit Patienten und externen Kunden sollten gemeinsam von einer repräsentativen Anzahl von Mitarbeitern aller Berufsgruppen und aller hierarchischer Ebenen erarbeitet werden. Ihre Einhaltung trägt sicherlich zu einem angenehmen Miteinander der Mitarbeiter untereinander und zu einem professionellen Auftreten als attraktiver Arbeitgeber.

2.9 Wie können Krankenhäuser nach außen demonstrieren, dass sie attraktive Arbeitgeber sind?

Alle bundesdeutschen Krankenhäuser können – sofern sie sich mit den oben aufgeführten Maßnahmen gut gerüstet haben – an einem jährlich stattfindenden Wettbewerb teilnehmen, in dem es darum geht herauszufinden, ob sie zu den attraktivsten Arbeitgebern im deutschen Gesundheitswesen gehören. Bei dem Wettbewerb „Deutschlands beste Arbeitgeber" handelt es sich um den aus den USA kommenden „Great place to work-Wettbewerb" (vgl. www.greatplacetowork. de). Über groß angelegte anonyme Befragungen von Mitarbeitern wird die Zufriedenheit am Arbeitsplatz anonym von einem zentralen Institut gemessen. Ein „Great Place to Work®" wird als ein Arbeitsplatz beschrieben, an dem man als Mitarbeiter denen vertraut, für die man arbeitet, stolz auf das ist, was man tut, und Freude daran hat, mit den anderen zusammenzuarbeiten.

Inhaltliche und wissenschaftliche Grundlage dieses Wettbewerbs bilden Erkenntnisse aus der Motivationspsychologie, wie sie weiter oben bereits unter Bezugnahme auf Herzberg [1987] kurz beschrieben worden sind. Es sind nicht die exorbitanten Gehälter oder ausgetüftelte Aktienoptionsprogramme, die Mitarbeiter an ihren Arbeitsplätzen zufrieden machen, sondern Faktoren wie Familienfreundlichkeit, wenig bürokratische Arbeiten, ein vertrauensvolles Verhältnis zum Vorgesetzten und gute Weiterbildungsmöglichkeiten, die sich (auch potenzielle) Mitarbeiter wünschen. Im Sinne des „Great place to work"-Ansatzes sind es insbesondere die folgenden fünf Faktoren

- Glaubwürdigkeit,
- Respekt,
- Fairness,
- Stolz auf das Unternehmen und
- Teamorientierung,

die ein Unternehmen, und sicherlich auch ein Krankenhaus, zu einem attraktiven Arbeitgeber machen.

Seit September 2007 gibt es diesen Great Place to work Wettbewerb nicht nur Unternehmen jedweder Branche sondern eigens für Einrichtungen des Gesundheitswesens. Eine Teilnahme scheint schon aufgrund der geschilderten Probleme, überhaupt neue ärztliche Mitarbeiter zu finden, sehr empfehlenswert.

Im Januar 2010 wurde als bester Arbeitgeber im Gesundheitswesen folgende Einrichtung im Rahmen der Größenklasse von 501 bis 2000 Mitarbeiter prämiert:

- Domino-world, ein Berlin-Brandenburger Altenpflegeunternehmen, das bereits 2008 den Ludwig Erhard Preis für sein hervorragendes Qualitätsmanagement erhalten hatte.

Es ist erstaunlich, dass sich für den Wettbewerb 2009 von insgesamt 5.400 angeschriebenen Einrichtungen des Gesundheitswesens nur 54 angemeldet haben.

Die Wolfart Klinik bei München, die sowohl 2007 als auch 2008 unter den 10 besten Arbeitgebern im deutschen Gesundheitswesen platziert worden ist (vgl. www.wolfartklinik.de) berichtete, dass das Gütesiegel, zu Deutschlands besten und damit attraktivsten Arbeitgebern im Gesundheitswesen zu gehören, eindeutig potenzielle ärztliche Mitarbeiter angelockt hat (Breidenich 2009). Die Wolfartklinik wies ausdrücklich ebenfalls auf den engen Zusammenhang von betriebswirtschaftlichem Erfolg des Krankenhauses und seiner ausgeprägten mitarbeiterorientierten Unternehmenskultur hin.

Literatur

Blum K, Offermanns M, Perner P (2008) Krankenhaus-Barometer 2008, Deutsches Krankenhausinstitut e. V., Düsseldorf. http://www.dkgev.de/media/file/5111.Bericht_KH_Barometer_2008.pdf
Breidenich H (2009) Wie man als Krankenhaus ein „Bester Arbeitgeber im Gesundheitswesen" wird. Vortag Hauptstadtkongresses Medizin und Gesundheit, Berlin
Buxel H (2009) Der ärztliche Nachwuchs ist unzufrieden. Deutsches Ärzteblatt, 106 (37): A 1790–3
Herzberg FI (1987) One more time: How do you motivate employees? Harvard Business Review, Sep/Oct87, 65, 5, 109–120
Lüthy A, Buchmann U (2009) Marketing als Strategie im Krankenhaus. Patienten- und Kundenorientierung erfolgreich umsetzen. Kohlhammer Verlag, Stuttgart
Lüthy A, Schmiemann J (2004) Mitarbeiterorientierung im Krankenhaus: Soft Skills erfolgreich umsetzen. Kohlhammer Verlag, Stuttgart
Wilk M (2006) Wie wünscht Ihr Euch Eure Arbeitsbedingungen im Krankenhaus? Eine Umfrage der AG Gesundheitspolitik der Bundesvertretung der Medizinstudierenden in Deutschland e. V. http://bvmd.de/fileadmin/SCOHP/Pressekonferenz_2006-01-11/bvmd_umfragepraesentation_langfassung.pdf

3 Exkurs: **Personalmarketing im Krankenhaus**

Florian Gerster

Deininger Unternehmensberatung, Frankfurt am Main

Anbietermarkt für Fachkräfte, auch in der Klinik

Trotz der Finanz- und Wirtschaftskrise 2008 ff. gilt: Schwache Jahrgänge und der globale Wettbewerb sorgen für einen zunehmenden Mangel an Fachkräften. Dies gilt für die deutsche Volkswirtschaft und zunehmend für die Gesundheitswirtschaft mit einem Anteil von mehr als zehn Prozent an der nationalen Wertschöpfung.

Die zentrale Figur im Gesundheitswesen ist immer noch der Arzt, im wachsenden Maß die Ärztin. Die Öffentlichkeit wurde überrascht, als nach Jahrzehnten der sogenannten Ärzteschwemme vor einigen Jahren der Begriff Ärztemangel in der Diskussion auftauchte. Ärztemangel, obwohl die Zahl der Ärzte und Ärztinnen nicht abgenommen hat und es an den Universitäten keinen freien Studienplatz für Medizin gibt?

Wie ein Bonmot wirkt die Feststellung, es gebe immer mehr Mediziner und immer weniger Ärzte. Will heißen: Medizinstudium, Approbation und Facharztausbildung dienen in wachsendem Maß nicht dem Berufsziel Arzt oder Ärztin, sondern den Berufszielen Berater, Forscher oder Medizincontroller. Die Zahl der Stellenangebote im Deutschen Ärzteblatt spricht eine beredte Sprache.

Warum ist das Berufsziel Arzt für einen Mediziner nicht mehr selbstverständlich?

Die vom Marburger Bund lautstark kritisierten Arbeitsbedingungen im Krankenhaus sind heute eher besser als zu Zeiten der „Ärzteschwemme", auch wenn das Fallpauschalensystem zur Leistungsverdichtung beigetragen hat.

4.000 unbesetzte Stellen an Kliniken – etwa 4 % aller Arztstellen – machen deutlich, dass der Status Ober-/Chefarzt oder niedergelassener (Fach-) Arzt nicht mehr motivierend genug ist. In Fächern wie Chirurgie, Innere Medizin oder Anästhesie hat der Ärztemangel gravierende Folgen für die Belastung der zu kleinen Teams, was wiederum von der Laufbahn des Krankenhausarztes abschreckt.

Das Selbstverständnis der Klinikärzte wandelt sich weiter. Sie haben in den letzten Jahrzehnten hinnehmen müssen, dass ihnen die Deutungshoheit über die Organisation ihrer Betriebe von (Gesundheits-)Ökonomen abgenommen wurde. Wo es primär um betriebswirtschaftliche Optimierung ging, war dies unausweichlich.

Heute, wo die Optimierung der Prozesse den „weißen Bereich" voll erfasst, sind sie nicht mehr bereit, sich Kaufleuten im Management unterzuordnen, die auf „medizinische Pfade" gehen. Der Ärztemangel im Krankenhaus ist auch ein Ausdruck der Marginalisierung dieses früher dominierenden Berufsstandes. So wenig ein Produktionsunternehmen ohne den Sachverstand von Ingenieuren auskommt, so wenig kann eine Klinikorganisation ohne ärztlichen Sachverstand in der Leitung auskommen.

Voraussetzung ist die Kombination medizinischen und betriebswirtschaftlichen Wissens und Handelns: Ein Facharzt mit einem einschlägigen MBA in Gesundheitsökonomie ist heute ein gesuchter Kandidat für Positionen der medizinischen Leitung. Allerdings: Auch diese Fachkraft geht der unmittelbaren Patientenversorgung verloren ...

Es gibt nicht nur den Ärztemangel im stationären Gesundheitswesen, sondern auch den Mangel an qualifizierten Pflegekräften. Schon manche Abteilung eines Klinikums musste aus diesen Gründen geschlossen werden. Die Fluktuation bei Pflegekräften – die zu geringe Verweildauer im Beruf – ist kein Naturgesetz und nicht allein dem hohen Frauenanteil geschuldet.

Wie beim Phänomen „viele Mediziner, weniger Ärzte" ist für den Mangel an Fachkräften in der Pflege in vielen Fällen geringe Arbeitszufriedenheit wesentliche Ursache. Die Ausbildung in Deutschland ist im internationalen Vergleich eher rückständig; es fehlen Aufstiegsmöglichkeiten; die Akademisierung von Leitungskräften ist ärztlicherseits nicht wirklich gewollt.

Zum unschönen Begriff der „Paraprofession" der Pflegenden: eine Berufstätigkeit, die von Ärzten abgeleitet, von ihnen kontrolliert wird – näher an der ursprünglichen karitativen Orientierung als an der eines selbstbewussten, eigenständigen „Mittelbaus" der gesundheitlichen Fachberufe. Die Abschichtung ärztlicher Aufgaben im Interesse einer zeitgemäßen und rationalen Arbeitsteilung kann nur ein Beitrag zum „Job enrichment" von Pflegekräften sein; die Neuorganisation einer eigenständigen Säule mit höherem Anteil an Leitungsaufgaben muss im Mittelpunkt von berufspolitischen Reformen stehen.

Ist Personalentwicklung ausschließlich ein Thema für die erste, bestenfalls zweite Ebene von Klinikorganisationen? Nein: Eine Arbeitsorganisation ohne fähige, motivierte und loyale Mitarbeiter ist wenig wert. Auch für die „B-Player" muss es Angebote für die Weiterentwicklung geben: Mittlere, lohnende Karrierepfade. Stellen wir uns für einen Augenblick einen weltberühmten Autobauer vor – ohne den Stolz des Facharbeiters oder Meisters, der „beim Daimler schafft" ...

Das komplexe System einer arbeitsteiligen Organisation bringt es mit sich, dass niemand nur führt und keiner nur geführt wird: In einer Klinik gibt es nicht nur Häuptlinge und Indianer. Wer Personalverantwortung trägt, und dies verinnerlicht, ist schon sehr weit in der Akzeptanz des Anbietermarkts!

Personalmarketing ist Managementaufgabe

In der mittelständischen Wirtschaft sind Personalleiter in der Regel Verwaltungsfachleute ohne Ausbildung für und Beteiligung an unternehmensstrategischen Fragen. In mitbestimmten Großunternehmen sind die Arbeitsdirektoren häufig für Tarifmitarbeiter, für die „Work Force" zuständig, nicht aber für leitende Angestellte und das Management. Die Personalentwicklung für die Führungskräfte behält sich oft der CEO vor – sogar wenn der Arbeitsdirektor Vorstandsmitglied ist.

Die sozialromantische Vorstellung von der prinzipiellen Gleichwertigkeit der Faktoren Arbeit und Kapital kommt in der Unternehmenswirklichkeit der Vergangenheit und leider auch in der Gegenwart selten zum Tragen. Der viel zitierte „War for Talent", das Werben um die besten Leute, wird in der hierarchischen Welt des Top-Managements noch nicht im notwendigen Maß gelebt. Wie könnte es sonst sein, dass der wichtigste Mann nach dem Unternehmenschef im Regelfall der Finanzchef ist – nur in Ausnahmefällen der „Chief Personnel Officer".

Umfragen und Artikel in Wirtschaftsmagazinen künden vom „überforderten Personaler", dessen Arbeit wenig Auswirkung auf die Unternehmensstrategie habe. Das wird sich erst ändern, wenn starke Unternehmenschefs das Gewinnen und Halten von guten Mitarbeitern zur Führungsaufgabe machen, die über Karrierechancen des mittleren Managements entscheidet. „Menschen kommen zu Unternehmen, aber verlassen Vorgesetzte" [Sprenger 2008]: Unfähige Führungskräfte im Mittelbau vernichten Werte, statt welche zu schaffen.

Das Gewinnen und das Halten von Mitarbeitern sind mitnichten zwei Seiten derselben Medaille: Das Halten und Entwickeln guter Leute, die Ermöglichung von Arbeitszufriedenheit und adäquatem Personaleinsatz sind für den nachhaltigen Unternehmenserfolg von ungleich größerer Bedeutung als die Glitzerfassade eines attraktiven Stellenangebots, die der alltäglichen „Chemie" nicht standhält.

Der *Klinikarbeitsmarkt* wird zunehmend zur Frauendomäne, auch in der Ärzteschaft. Dies hat Konsequenzen für notwendige Anreizstrukturen: Arbeitsgestaltung, familienentlastende Einrichtungen, Weiterbildungsmodelle. Frauen führen auch anders als der Chefarzt alter Prägung. Teamarbeit auf allen Ebenen wird dem heutigen Selbstverständnis gerechter als die Turbokarriere von Ober- und Chefärzten, die in zwanzig Chefjahren die Kompensation für zwanzig Jahre Entbehrung und Unterdrückung suchen.

Die Arbeitsorganisation der Klinik der Zukunft kennt neue Berufe und Zwischen-Hierarchien. Nicht nur wegen des Ärztemangels ist die Entlastung der Stationsärzte von nichtärztlichen Tätigkeiten geboren. Medizinische Fachangestellte können Ärztinnen und Ärzte in der Vor- und Nachbereitung unterstützen.

Finanziell können für eine (nicht besetzte) Arztstelle zwei bis drei Arzthelferinnen/Arztsekretärinnen eingesetzt werden. Die Entlastung der Krankenhausärzte ist nicht primär Sache der Pflegekräfte, deren Aufgabe die Arbeit am Patienten ist. Mit zeitgemäßer, differenzierter Arbeitsteilung lässt sich die ärztliche Produktivität in der Klinik nachhaltig erhöhen.

Der ambulant tätige Arzt im *Medizinischen Versorgungszentrum* wiederum wird gegenüber dem niedergelassenen (Fach-)Arzt von den umfangreichen quasi-unternehmerischen Aufgaben des Führens einer eigenen Praxis entlastet. Nicht jeder gute ambulant tätige Doktor ist auch ein guter Arztunternehmer!

Im MVZ lassen sich Teamarbeit und differenzierte Arbeitszeitregelungen wesentlich besser implementieren als in der Einzelpraxis. Hier wie dort geht es darum, dass sich die Ärztin und der Arzt ihrer eigentlichen Aufgabe widmen können, statt zu organisieren, dokumentieren, finanzieren. Im strategischen Management dagegen muss dem ärztlichen Sachverstand gegenüber der Ökonomie wieder mehr Geltung verschafft werden. Nur scheinbar ein Widerspruch!

Personalmarketing: Stärkung der Arbeitgebermarke

Wie sieht die Arbeitswelt des 21. Jahrhunderts in der Klinik aus? Der Patient steht im Mittelpunkt, nicht der Chefarzt und seine Abteilung. Prozessqualität wird ganzheitlich im Ergebnis der Behandlung gemessen; medizinische Pfade orientieren sich am Patienten; sie beginnen vor der stationären Aufnahme und enden nicht mit der Entlassung. Die persönliche Zufriedenheit des Patienten fließt als weiches Kriterium in die Bewertung ein.

Im Klinikalltag des 21. Jahrhunderts sind die Ärzte durch nichtärztliche Assistenzkräfte entlastet; Pflegekräfte werden durch Service- und Dokumentationsassistenten unterstützt und können im dualen System zum Bachelor of Nursing weitergebildet werden. Auch außerhalb des Kerngeschäfts gibt es neue Berufsbilder für die komplette Abwicklung der Patientenaufnahme und das Management der Bettenbelegung.

Personalmarketing ist ein System zur Beeinflussung des internen und externen Arbeitsmarktes: Zur Entwicklung der eigenen und zur Gewinnung neuer Fach- und Führungskräfte. Personalmarketing („PM") ist Bestandteil der strategischen Unternehmenssteuerung und geht weit über traditionelle Personalverwaltung sowie Personalgewinnung hinaus. PM ist ein Prozess – „der Weg ist das Ziel"; die Performance der Belegschaft und des Managements können niemals als optimaler Standard konstant gehalten werden. Es gilt der eherne Grundsatz der Marktwirtschaft: Wer stehen bleibt, fällt zurück.

Personalmarketing richtet sich an den externen Arbeitsmarkt ohne den Druck aktueller Vakanzen, also an die Fach- und Führungskräfte, die eine Klinik in fünf oder zehn Jahren gewinnen will. Diese müssen als junge Leute, vor oder während Ihrer Ausbildung, ein bestimmtes Haus als potenziellen Arbeitgeber wahrnehmen. Deshalb sind Begegnungen mit Schülern, Auszubildenden und Studierenden wichtig: Gegenseitiges Kennenlernen als Grundvoraussetzung für die Bildung eines Netzwerkes.

Die Wandlung zum Anbietermarkt zwingt Kliniken und Klinikgruppen zur Markenbildung. Zur Markenbildung gehört Öffentlichkeitsarbeit mit harten und weichen Fakten. Erfolgreiches und dokumentiertes Qualitätsmanagement ist die Voraussetzung für Sympathiewerbung mit „Human Stories" über gesellschaftliches Engagement eines Krankenhauses. Dabei können Kliniken auf das größtmögliche Interesse der Bevölkerung an ihrer Arbeit vertrauen.

Die Arbeitgebermarke eines Krankenhauses hat den großen Vorzug, dass die Sinnhaftigkeit der Tätigkeit nicht in Frage steht. Und dies unabhängig von der Trägerstruktur: öffentlich, frei gemeinnützig oder privat. In konfessionell profilierten Milieus mag es immer noch einen besonderen Grund geben, in ein katholisches oder evangelisches Haus zu gehen – auch wenn die religiöse Prägung nur noch rudimentär erkennbar ist. Die vereinzelten Vorbehalte gegen private Träger – „Profitorientierung" – verlieren sich meist bei der Betrachtung des einzelnen Standorts. Deshalb verzichten manche privaten Klinik-Konzerne auf eine konsequente Markenstrategie.

Für Fach- und Führungskräfte sind besondere Merkmale der Arbeitgebermarke wichtig:

- Betriebsklima,
- Aus- und Weiterbildung,
- Arbeitsorganisation und
- Entgeltniveau.

Die Sicherheit des Arbeitsplatzes kann im deutschen Gesundheitswesen als gegeben vorausgesetzt werden. Häuser der Spitzenmedizin sind als Flaggschiffe auch bei Fach- und Führungskräften beliebt: Ihr Prestige überträgt sich auf das Personal.

Rekrutierung: Um gute Leute werben

Die Ansprache neuer Mitarbeiter beginnt lange vor ihrem Eintritt in die Klinik und endet nicht mit der Unterschrift unter dem Arbeitsvertrag. Je zielgerichteter die Präsentation des Arbeitgebers bei potentiellen Beschäftigten während deren Berufswahl und Ausbildung ist, desto einfacher wird die eigentliche Rekrutierung. Je früher die Einstellung von „Young Professionals" während deren Ausbildung – etwa über Praktika – vorbereitet wird, desto einfacher wird deren Einarbeitung und Bindung an das Unternehmen.

(Potenzielle) Kandidaten müssen gepflegt werden: Deshalb empfehlen sich Patenschaften und Kontakte zu einschlägigen Ausbildungseinrichtungen und deren Absolventen-Netzwerken. Als Rekrutierungsinstrument tritt neben die Stellenanzeige die Internetsuche und die indirekte Bewerberansprache über bereits bei der Klinik Beschäftigte. Die Pflege von potenziellen Kandidaten setzt langfristiges Denken voraus: ein Student, eine Studentin kann für eine Vakanz interessant sein, die erst in zwei oder drei Jahren entsteht.

Die Phase der Einarbeitung (und der Probezeit) entscheidet oft über die Nachhaltigkeit der Stellenbesetzung. Eine realistische Tätigkeitsvorausschau, Traineeprogramme, ein Patensystem und frühzeitige Feedback-Gespräche verhindern das

frühe innerliche oder tatsächliche Ausscheiden des „Neuen", der „Neuen" aus der Organisation.

Beim Auswahlprozess tritt neben die Prüfung der fachlichen Qualität von Bewerbern – als Grundvoraussetzung der Einstellung – gleichberechtigt die Prüfung von „Soft Skills". Die Eignung für eine Position im stationären Gesundheitswesen ist eine Kombination von Wissens- und Verhaltensmerkmalen. Nur im Ausnahmefall – bei Spezialisten ohne Patientenkontakt – können diese weichen Faktoren vernachlässigt werden.

Der Rekrutierungsaufwand einer Klinik korreliert in der Regel positiv mit dem Unternehmenserfolg, wenn die Bemühungen nicht mit der Einstellung enden – und somit hohe Fluktuation neuen Aufwand verursacht. Auch in Zeiten des Mangels an Pflegekräften und Krankenhausärzten gelingt es „Magnet-Krankenhäusern", gute Leute an sich zu binden. Der Rekrutierungsaufwand für das Klinikmanagement schließt den wichtigen Faktor der strategischen Unternehmensentwicklung ein: Gute Manager – auch in der zweiten Ebene – sind „Change Agents" und nicht Administratoren!

Aus guten Gründen hat sich bei der Rekrutierung des Klinikmanagements die Direktsuche als Methode durchgesetzt. Der Personalberater im Executive Search sucht nach „High Performers", die nicht bereits auf dem Markt sind – und sich durch eine Bewerbung auch nicht exponieren wollen. Direktsuche macht Sinn bei echten Management-Funktionen und bei Spezialisten mit einem sechsstelligen Jahres-Zieleinkommen oder knapp darunter.

In Deutschland gibt es unter den sogenannten Headhuntern eine Handvoll „Trüffelschweine" mit ihren Teams, die begehrte Profile wie „Facharzt + MBA" aufspüren und das Management der „Hospital Community" kennen. Die Alternative „Betriebswirt oder Mediziner" weicht mit der Optimierung des „weißen Bereichs" zunehmend integrierter Problemlösungskompetenz.

Das Anforderungsprofil für Führungskräfte in der Klinik weist zwingend Merkmale wie Teamfähigkeit und soziale Kompetenz auf: Kein Raum für einsam fliegende Adler ob mit oder ohne Professorentitel! Auch die Fähigkeit zu vernetztem interdisziplinärem Denken und Handeln ist für Führungskräfte in der Klinik unabdingbar: Medizinische Pfade beginnen in der häuslichen Grundversorgung und enden in der stationären Maximalversorgung. Das Leistungsprofil eines Hauses ist ein medizinisches Thema mit eminenten betriebswirtschaftlichen Konsequenzen.

Das Magnet-Krankenhaus

Marketing für Dienstleistungsunternehmen unterscheidet sich grundlegend von Marketing für produzierende Unternehmen. Streng genommen ist das letzte Produktmarketing; für die Menschen im Produktionsprozess interessiert sich der Kunde wenig bis gar nicht. Dienstleistung dagegen entsteht erst durch die Interaktion von Mitarbeitern und Kunden.

Auch eine Klinik hat „Hardware": Gebäude, Infrastruktur, Medizintechnik. Der Patient vermag die „Hotelqualitäten" eines stationären Aufenthalts zu bewerten; die angemessene Ausstattung mit Medizintechnik setzt er voraus. Auch die Performance des medizinischen und pflegerischen Personals kann er nicht wirklich beurteilen; in vielen Fällen wird er von der „Menschlichkeit" des Umgangs auf die Qualität der Behandlung schließen. Am eindeutigsten sind die Kriterien für die Bewertung von erfolglosen medizinischen Eingriffen, während die Nachhaltigkeit eines unauffälligen Behandlungsergebnisses sich erst später erweist.

Die Zufriedenheit des Kunden eines Dienstleisters ist untrennbar mit der Mitarbeiterzufriedenheit verkoppelt: Servicequalität ist ein ganzheitliches Kriterium, dem innerlich unbeteiligte Spezialisten nicht gerecht werden können. So verstanden, beginnt Personalmarketing mit der guten Behandlung der eigenen Mitarbeiter, deren Zufriedenheit auf die Patienten und damit auf die Attraktivität der Klinik ausstrahlen soll. Zwischen internem und externem Marketing kann nicht wirklich unterschieden werden: Das „Markenversprechen" muss von den Mitarbeitern transportiert werden.

Die weichen Faktoren der Arbeitgebermarke sind wesentlicher Bestandteil der Unternehmenskultur. W. von Eiff und K. Stachel nennen sie „das sichtbar gelebte Wertesystem einer Organisation" [2007]. Für Unternehmenskultur gilt, dass sie nur langsam aufgebaut werden kann – im Wesentlichen durch vorbildliches Verhalten der Führungskräfte –, aber durch Fehlverhalten und gravierende Schadensfälle in kurzer Zeit zerstört werden kann. Unternehmenskultur etabliert implizite Spielregeln, die tatsächliches Verhalten in einer Organisation wirksamer steuern als das komplexe Regelwerk eines Leitbild-Prozesses.

Unternehmenskultur sorgt auch für die Anziehung geeigneter neuer Mitarbeiter und ist für Wettbewerber kaum kopierbar. Sie muss sich im Konfliktfall bewähren, deshalb sind der Umgang mit Initiative und Widerspruch und die Fehlerkultur in einer Klinik ausschlaggebend. Harte und weiche Faktoren müssen in der täglichen Wirklichkeit zusammenpassen: Hehre Grundsätze guter Menschenführung und die Ausbeutung nachgeordneter Mitarbeiterinnen und Mitarbeiter im Rahmen ihrer Ausbildung vertragen sich nicht.

Wie wird eine gut geführte Klinik zum „Magnet-Krankenhaus"? Sie muss zum selbstverständlichen Mittelpunkt eines regionalen Gesundheits-Netzwerks werden. Die Profilierung einer Klinik in ihrem urbanen Umfeld ist ein gutes Stück Sozialmedizin. Von dem Publikumszuspruch bei Vorträgen eines Schwerpunktkrankenhauses über Themen der „Volksgesundheit" können Politiker auch in Wahlkampfzeiten nur träumen ...

Hervorragendes Beispiel einer national und international strahlenden Krankenhaus-Marke ist die Charité in Berlin. Auch Meldungen über Finanzierungsprobleme und Investitionslücken seit Jahr und Tag konnten dem Ruf exzellenter Spitzenmedizin wenig anhaben. Dies gilt, obwohl Krankenhausleistungen in der Maximalversorgung – etwa in der Onkologie – häufiger mit dem Tod als mit dem Leben assoziiert werden müssen.

Schließlich und letztlich: In welchem Bedeutungsumfeld ist die Bewertung einer Klinik als medizinischer Dienstleister, vorübergehender Lebensmittelpunkt und dauerhafter Arbeitgeber zu verorten? Der Begriff „Sozialqualität" [Stachel u. von Eiff 2007] hat ganzheitlichen Charakter und ist zur Beschreibung geeignet. Der Patient sollte als aufgeklärter Konsument harte und weiche Faktoren hinterfragen und bewerten können; etwa Qualitätsberichte. Immer aber wird er sich auf einen restlichen Anteil „Grundvertrauen" gegenüber Ärzten und Pflegekräften einlassen müssen, wenn er durch das Portal eines Krankenhauses tritt.

Literatur

Sprenger RK (2008) Wer schlecht führt, fliegt. Manager Heft 8/2008, Hamburg. URL: http://www.manager-magazin.de/magazin/artikel/0,2828,567992,00.html

Stachel K, von Eiff W (2007) Patientenorientierte Krankenhausführung: Beiträge des Personalmanagements zur Markenbildung und Kundenorientierung von Krankenhäusern. Thieme Verlag, Stuttgart

4 Exkurs: Vom Rentner-on-the-Job zum Senior Professional – auf älter werdende Belegschaften im Krankenhaus gezielt reagieren

Michael Beurer

Universitätsmedizin Göttingen

Die demografische Entwicklung der Bevölkerung ist einer der wesentlichen Faktoren einer langfristigen Krankenhausplanung. Mit steigender Lebenserwartung verändern sich auch die Inanspruchnahme von Krankenhausleistungen und damit die Ansprüche an das Leistungsgeschehen in den Kliniken. Einhergehend mit dem steigenden Durchschnittsalter der Bevölkerung steigt auch das Alter der Beschäftigten im Gesundheitswesen. Es gilt also eine zunehmend anspruchsvollere Arbeit mit einer älter werdenden Belegschaft zu meistern.

Dass dies möglich ist, dass gerade hierin auch eine Chance steckt, wird auf den kommenden Seiten beschrieben. Mit älteren Mitarbeitern verbinden viele das, was Peter Drucker, einer der großen Management-Philosophen, als Rentner-on-the-Job bezeichnete: den Rückzug eines Mitarbeiters im höheren Erwerbsalter aus der beruflichen Verantwortung. Dies ist und war für das Unternehmen, aber auch für den jeweiligen Mitarbeiter, kein hinnehmbarer Zustand. In Zukunft wird es einer der wesentlichen Faktoren sein, die über den Unternehmenserfolg entscheiden, ob es gelingt, die spezielle Kompetenz älteren Mitarbeiter zu entwickeln um ihre Arbeitskraft und ihr Know-how bestmöglich in das Unternehmen einzubringen. Mit anderen Worten muss es das Ziel sein, ältere Mitarbeiter im Unternehmen als Senior Professionals zu etablieren. Dies wird zukünftig einen bedeutenden Anteil an der Erreichung der Unternehmensziele erlangen.

Wir alle werden älter – auch unsere Mitarbeiter

Bevölkerungsentwicklung und Erwerbstätigkeit älterer Mitarbeiter

Wie in den meisten Industrienationen entwickelt sich auch in Deutschland die Bevölkerungszahl primär aufgrund einer niedrigen Geburtenrate (1,37 im Jahr 2007) weiter rückläufig. Zugleich steigt die durchschnittliche Lebenserwartung weiter an, was im Ergebnis einen Bevölkerungsrückgang mit gleichzeitig zunehmendem Durchschnittsalter bedeutet.

Auch in den Unternehmen steigt das durchschnittliche Alter der Mitarbeiter an. Zugleich sind die Mitarbeiter zunehmend bereit, länger zu arbeiten. 2007 wurde erstmals in Deutschland eine Erwerbstätigenquote von mehr als 50 % in der Altersgruppe der 55–64-Jährigen erreicht. Neben demografischen Effekten sind hierfür ein besseres Bildungsniveau der Altersgruppe und sich verändernde Rahmenbedingungen mit geringeren Frühverrentungsmöglichkeiten ausschlaggebend. Ab 2012 wird zudem das Renteneintrittsalter schrittweise auf das 67. Lebensjahr angehoben. Der Anteil älterer Mitarbeiter wird schon alleine aus diesem Grund ansteigen.

Die Begrifflichkeit „älterer Mitarbeiter" ist dabei flexibel anzusetzen. Häufig wird hierfür das

50. Lebensjahr als relativ willkürliche Grenze genannt. Die Faktoren, ab wann mit einem altersspezifischen Wandel gerechnet werden muss, sind aber individuell und zudem in Abhängigkeit von der jeweiligen Tätigkeit zu sehen. Eine eindeutige Altersgrenze, ab wann jemand zu den „älteren Mitarbeitern" zählt, gibt es nicht.

Drohender Fachkräftemangel

Vor dem Hintergrund sinkender Nachwuchszahlen besteht die Gefahr, die Positionen ausscheidender Mitarbeiter nicht adäquat nachbesetzen zu können. In vielen Berufen des Gesundheitswesens besteht ein Unterangebot an qualifizierten Arbeitskräften. Für diese Berufe steigt der Abwerbedruck durch andere Krankenhäuser spürbar und führt zu einer höheren Fluktuation. Unattraktive Arbeitsbedingungen fördern zudem den Wechsel in qualifizierte Berufe außerhalb der Krankenhäuser oder ins Ausland.

Wer im Wettbewerb um die „High Potentials" mithalten will, muss daher attraktive Arbeitsbedingungen schaffen. Dazu gehört auch eine Perspektive auf ein interessantes Arbeitsumfeld für ältere Mitarbeiter. Sie senkt die Bereitschaft den Arbeitgeber zu wechseln, da sie eine langfristige Aussicht bietet. Es ist gerade die Akzeptanz und das Ansehen, welche ältere Mitarbeiter erhalten, das auch Jüngeren die Sicherheit bietet, zu einem späteren Zeitpunkt noch ein ansprechendes Arbeitsumfeld vorzufinden.

Know-how und Erfahrung

Ältere Mitarbeiter können in der Regel auf einen größeren Erfahrungsschatz zurückgreifen als jüngere. Unter anderem, aufgrund der mit dem Alter nachlassenden Bereitschaft zum Arbeitgeberwechsel, sind es zudem gerade die älteren Arbeitnehmer, die auf eine lange Zugehörigkeit zum Klinikum zurückblicken können. Ältere Mitarbeiter zeichnen sich daher durch eine vergleichsweise große Fach- und klinikspezifische Erfahrung sowie implizites und explizites Wissen über die Prozesse aus. Dies beinhaltet auch den formellen und informellen Zugang zu Funktionen und Personen, mithin die Einbindung in ein Netzwerk. Mit der Berentung fließt nicht nur dieses Wissen aus der Klinik ab, sondern auch die mit der ausscheidenden Person verbundene Fähigkeit, dieses Wissen in Anwendung zu bringen, geht verloren.

Altern im Betrieb – was ändert sich, was bleibt

Es gibt kein Besser oder Schlechter, aber ein Anders.

Unbestritten tritt mit steigendem Lebensalter eine Veränderung in den Kompetenzen ein. Gerade die Mitarbeiter in den klinischen Bereichen sind aufgrund körperlicher und seelischer Belastung, häufig gekoppelt mit überlangen Arbeitszeiten und Schichtdienst von physisch-psychischem Verschleiß bedroht. Dies kann sich auch in höheren Ausfallzeiten niederschlagen. Zwar nimmt mit dem Alter die Anzahl der Erkrankungen nicht zu, wohl aber deren Schwere und damit auch die Krankheitsdauer. Die hieraus resultierende Zunahme der Arbeitsunfähigkeitstage ist primär auf Erkrankungen des Herz-Kreislaufsystems und des Muskel-Skelett-Apparats zurückzuführen. Auch psychische Erkrankungen nehmen einen stärkeren Anteil ein.

Ebenfalls mit zunehmendem Alter nachlassend ist die physische Leistungsfähigkeit. Viele wichtige Sinnesorgane, wie das Hörvermögen oder die Sehschärfe, lassen bereits ab dem 20. Lebensjahr nach und zeigen einschränkende Verluste ab dem 40. Der Rückgang der Leistungsfähigkeit ist abseits von Erkrankungen aufgrund nachlassender körperlicher Kraft aber nur dort zwangsläufig, wo an diese besondere Anforderungen gestellt werden. Nach 50 Jahren sinkt die Muskelkraft auf 70 % ihrer Maximalkapazität, was in den meisten Fällen zur Erfüllung der beruflichen Anforderungen ausreichend ist.

Neben der Abnahme der physischen Leistungsfähigkeit tritt mit zunehmendem Alter eine Abnahme der „flüssigen Intelligenz", bestimmter Intelligenz- und Kreativitätsleistungen ein. Sie beschreibt denkmechanische Leistungen wie Geschwindigkeit im Denken, Fassungsvermögen des Kurzzeitgedächtnisses oder der Genauigkeit der Informationsverarbeitung. Dadurch nehmen bestimmte Fähigkeiten, wie beispielsweise die Fähigkeit zur Orientierung in neuen Situationen, ab.

Diese Defizittheorie, welche die Abnahme von Fähigkeiten mit steigendem Alter in den Mittelpunkt stellte, gilt zwischenzeitlich als überholt. Neuere psychogerontologische Forschungen zeigen, dass eine pauschalierte Defizithypothese der tatsächlichen Veränderung von Fähigkeiten nicht gerecht wird. Zum einen ist die Entwick-

4 Exkurs: Vom Rentner-on-the-Job zum Senior Professional –
auf älter werdende Belegschaften im Krankenhaus gezielt reagieren

C

Tab. 7   Wandelnde Fähigkeiten älterer Menschen

Fähigkeiten, die im Alter eher abnehmen	Fähigkeiten, die im Alter eher zunehmen	Fähigkeiten, die mit dem Altern stabil bleiben
funktionale Fähigkeiten	Allgemeinwissen	Aufmerksamkeit
körperliche Leistungsfähigkeit (Hören, Sehen, Muskelkraft)	Lebens- und Berufserfahrung	Konzentration
	betriebsspezifisches Wissen	Merkfähigkeit
Kurzzeitgedächtnis	Urteilsvermögen	Langzeitgedächtnis
Geschwindigkeit	Zuverlässigkeit	Kreativität
Genauigkeit der Informationsverarbeitung	Fähigkeit, neues Wissen einzuschätzen und zu integrieren	Systemdenken
Fähigkeit zur Orientierung in neuen Situationen	Konfliktfähigkeit	Leistungs- und Zielorientierung
geistige Beweglichkeit	Durchhaltevermögen	Entscheidungsfähigkeit
	Pflichtbewusstsein	
	Verantwortungs- und Qualitätsbewusstsein	
	Sprache	
	berufliche Qualifikation	
	emotionale Intelligenz	
	soziale Intelligenz	

lung von altersbedingten Veränderungen im Leistungsvermögen individuell sehr unterschiedlich. Zum anderen bildet sich parallel zur Abnahme der fluiden Fähigkeiten eine sogenannte kristalline Intelligenz heraus, die Allgemein- und Erfahrungswissen, Wortschatz und Sprachverständnis stärkt. Die geistige Leistungsfähigkeit entwickelt sich in emotionaler und sozialer Intelligenz weiter.

Der beschriebene Wandel drückt sich in dem kompetenzorientierten Ansatz aus, der den mit dem Alter abnehmenden sensorischen und kognitiven Leistungen andere entgegenstellt, die zumindest in ähnlichem Umfang erhalten bleiben oder innerhalb des Erwerbsalters ansteigen. Fähigkeiten, die im Alter eher abnehmen, können – zumindest zu einem gewissen Teil – durch technische oder organisatorische Maßnahmen kompensiert werden. Das Kompetenzmodell stellt die Ressourcen in den Vordergrund und betrachtet die altersbedingten Veränderungen nicht zwangsläufig als eine Leistungsminderung, sondern vielmehr als einen Leistungswandel hin zu Fähigkeiten im altersspezifischen Potenzial (s. Tab. 7).

Chancen und Risiken einschätzen – Anregungen zum Handeln im demografischen Wandel

Altersstrukturanalyse

Die demografische Entwicklung ist nach dem bisher Beschriebenen sowohl in ihrer gesamtgesellschaftlichen Entwicklung als auch in ihrer Auswirkung für die Unternehmen gut bekannt. Die eintretenden Effekte aus dieser Entwicklung sind vergleichsweise gut langfristig vorherzusehen. Allerdings benötigen auch die Reaktionen auf diese Entwicklung einen langen Vorlauf. Der erste Schritt zum Umgang mit der demografischen Entwicklung muss daher die Analyse der vorliegenden Struktur sein, auf der weitere Maßnahmen aufbauen.

Aufbau ausgewogener Altersstrukturen

Krankenhäuser sind Unternehmen, die in langfristigen Strukturen denken. Entsprechend sind auch die Personalstrukturen überwiegend langfristig aufgebaut. Auf neue Umweltbedingungen kann nur in begrenztem Maße durch die Akquisition neuer Mitarbeiter und noch geringer durch einen Wechsel der Beschäftigten reagiert werden. Dies muss sich auch im demografischen Aufbau der Beschäftigten widerspiegeln. Eine Konzentration auf eine bestimmte Altersgruppe beschränkt das flexible Agieren in der Zukunft. Das Ziel ist daher eine ausgewogene Altersstruktur, die sich durch eine weitestgehend homogene Altersverteilung der Belegschaft auszeichnet und dadurch zukunftsstabil aufgebaut ist. Es gilt, primär darauf zu achten, diese weiterhin beizubehalten.

Die Gestaltung der Altersstruktur setzt eine auf Langfristigkeit angelegte Personalpolitik voraus. Eine strategische Personalplanung mit einem Planungshorizont von fünf Jahren wird nur wenige Möglichkeiten finden, das Unternehmen insgesamt zu einer altersausgewogenen Personalstruktur zu führen. Um trotz der generellen demografischen Entwicklung eine für das Unternehmen vorteilhafte Personalstruktur zu etablieren, ist eine vorausschauende Personalstrukturplanung mit langfristig wirkenden Maßnahmen der Personal- und Organisationsentwicklung notwendig.

Trotz langfristiger Überlegungen kann es für ein Unternehmen gute Gründe oder Zwänge geben, die dazu führen, dass Personal abgebaut werden muss. Gerade in Krisensituationen oder bei fundamentalen Veränderungsprozessen geschieht dies auch im Einklang mit den voran geäußerten Prinzipien. In Krisensituationen stehen kurzfristige Überlegungen im Vordergrund, da der Erhalt des Klinikums zunächst im Vordergrund steht. Ebenso sinkt der Wert, der sich aus langjähriger Erfahrung – insbesondere unternehmensspezifische Erfahrung – ergeben hat, wenn fundamentale Veränderungen anstehen. Für Unternehmen ist die Externalisierung älterer Arbeitnehmer dann eine Möglichkeit, Personal sozialverträglich abzubauen bzw. die Altersstruktur entsprechend zu verjüngen. Auch individuelle Gründe können ein vorzeitiges Ausscheiden älterer Mitarbeiter aus dem Unternehmen sinnvoll werden lassen.

Die Möglichkeiten, hierfür eine Unterstützung der öffentlichen Hand über Altersteilzeit und Vorruhestandsregeln zu erhalten, sind in den letzten Jahren jedoch kontinuierlich geringer geworden. Die Zunahme älterer Beschäftigter schränkt die finanzielle Machbarkeit derartiger Regelungen ein und zwingt dazu, andere Wege zu gehen.

Förderung der physisch-psychische Einsatzfähigkeit
In dem Maße in dem Mitarbeiter bis zur Erwerbsgrenze in der Klinik weiterarbeiten, muss die Festigung der Arbeitsfähigkeit eine besondere Bedeutung erlangen. Bereits angesprochen wurde die Zunahme physisch-psychischer Einschränkungen, die insbesondere in körperlich anspannenden Berufen mit Schichtdienst, wie er im pflegerischen und ärzt-

lichen Beruf anzutreffen ist, auftreten. Diesen Folgen kann mit Maßnahmen der betrieblichen Gesundheitsförderung entgegengewirkt werden.

Gerade die gesundheitsbezogene Leistungsfähigkeit kann bei frühzeitiger Intervention gesteigert werden. Wesentlich für den nachhaltigen Erfolg einer Gesundheitsförderung ist die Stärkung der individuellen Gesundheitskompetenz. Dazu müssen Mitarbeiter in gesundheitsbewusstem Verhalten unterstützt werden. Der Disuse-These zufolge sind 80–90 % der Leistungsverluste älterer Mitarbeiter die Folge von Übungsverlusten bzw. eines arbeitsbedingten Vor-Alterns.

Die Maßnahmen der betrieblichen Gesundheitsförderung lassen sich grob in zwei Ansätze unterscheiden, die sich gegenseitig ergänzen:

Der verhältnisorientierte Ansatz setzt auf eine Arbeits- und Organisationsgestaltung, die zum einen die physischen und psychischen Belastungen der Mitarbeiter reduziert, sowie beim Aufbau individueller und sozialer Ressourcen unterstützt. Hierzu gehören u. a. Maßnahmen der altersspezifischen Arbeits- und Pausenzeitenregelung, altersgerechte Arbeitsaufgaben ebenso wie die Einrichtung ergonomischer Arbeitsplätze und technischer Hilfsmittel. Auch organisatorische Unterstützungen, wie Personalentwicklung und altersgerechte Arbeitsplatzgestaltung, wie sie später noch erörtert werden, fallen hierunter.

Der verhaltenspräventive Ansatz stellt hingegen die Veränderung der individuellen Einstellung und das persönliche Gesundheits- und Bewältigungsverhalten in den Vordergrund. Häufige Maßnahmen hierzu sind Kurse zum Stressmanagement, Seminare zur präventiven Gesunderhaltung wie Rückenkurse oder Ernährungsseminare, sowie alle Maßnahmen, die zur Förderung körperlicher Aktivitäten, insbesondere Sport, beitragen.

Um langfristigen Erfolg zu haben, müssen diese Ansätze schon im mittleren Alter greifen. Sie sind zwar auch im späteren Alter sinnvoll einzusetzen, können dann aber nur noch einen Teil ihres Potenzials entfalten, da gesundheitliche Risikofaktoren bereits zu einem altersbedingten Verschleiß beigetragen haben. Gleichwohl lassen Maßnahmen der Gesundheitsfürsorge neben den langfristigen Zielen auch kurzfristige positive Effekte auf den Krankenstand erhoffen.

Personalentwicklung
Personalentwicklung spielt im traditionellen beruflichen Modell für die hier besprochene Altersgruppe meist eine untergeordnete Rolle. Die

4   Exkurs: Vom Rentner-on-the-Job zum Senior Professional –
    auf älter werdende Belegschaften im Krankenhaus gezielt reagieren

C

wesentlichen Entwicklungen laufen bis zu dem Zeitraum um das 40. Lebensjahr ab. Inhaltliche Veränderungen, insbesondere Beförderungen und Wechsel in andere Organisationen sind danach die Ausnahme. Dabei zeigen gerade die sich im Kompetenzmodell ausdrückenden Erkenntnisse dann einen Wandel in den individuellen Fähigkeiten. Sie erfordern eine Personalentwicklung, die sich speziell auch an ältere Mitarbeiter wendet.

Eine adäquate Weiterentwicklung von älteren Mitarbeitern bedeutet u. a. die Einbindung in Innovationen. Nicht unüblich ist die Praxis, Innovationen in die Hand von jüngeren Mitarbeitern zu geben, da ihnen ein leichteres Erlernen und die bessere Beherrschung neuer Techniken und Prozesse zugetraut werden. Ältere Mitarbeiter werden so lange an ihrem Arbeitsplatz, bzw. in den jeweiligen etablierten Techniken und Prozessen belassen, wie sie diese gut ausfüllen bzw. die Technik oder der Prozess fortbesteht. Als Folge dieser Arbeitsteilung büßen die älteren Mitarbeiter ihre Fähigkeit zur Weiterentwicklung und zur Adaption von Innovationen ein. Zugleich sind sie schnell überfordert, sobald sie hierzu aufgrund externer Faktoren wie Reorganisationen gezwungen werden. Wird hingegen allen Mitarbeitern eine Mischung von Tätigkeiten ermöglicht, werden notwendige Fähigkeiten bereits im Arbeitsalltag trainiert. Gerade für ältere Mitarbeiter ist zudem ein Wandel im Mischungsverhältnis unterschiedlicher Tätigkeiten einfacher zu bewerkstelligen als der komplette Wandel in eine neue Tätigkeit. Ein Modell der Job-Rotation, d. h. des definierten Tauschs von Arbeitsaufgaben innerhalb einer bestimmten Gruppe, sorgt dabei dafür, dass der Mitarbeiter unterschiedliche Aufgabenfelder mit ähnlichem Anforderungsniveau bearbeitet (Job-Enlargement).

Je nach den zur Verfügung stehenden Möglichkeiten des Unternehmens und der individuellen Befähigung des Mitarbeiters können diese Maßnahmen auch durch Arbeitsfelder mit einem höheren Anforderungsniveau ergänzt werden (Job-Enrichment) und so zu einer höheren Motivation beitragen.

Um Anforderungen, Anreize und Belastungen im Erwerbsleben so aufeinanderfolgen zu lassen, dass sie einem frühzeitigen gesundheitlichen Verschleiß entgegenwirken und zugleich die Motivation und Leistungsfähigkeit der Mitarbeiter über die Erwerbslebensspanne hinweg fördern, sind die entsprechenden Schritte der Erwerbsbiographie schon in früheren Lebensabschnitten zu gestal-

ten. Nicht für alle Mitarbeiter ist dabei ein klassischer Karriereweg, verbunden mit einem Aufstieg in der Hierarchie gewünscht oder möglich. Der gezielte Wechsel zwischen verschiedenen Tätigkeitsfeldern muss für den größten Teil der Arbeitnehmer ohne beruflichen Aufstieg und in der Regel auch ohne eine höhere Entlohnung erfolgen. Solche horizontalen Laufbahnen, beispielsweise in Projektzusammenhängen oder durch die Übernahme einer neuen Fachverantwortung, müssen eine gewisse Absehbarkeit haben, um in die Lebensplanung der Mitarbeiter einzufließen.

Lebenslanges Lernen ist dabei die zwingende Voraussetzung, um auf unterschiedlichem Anforderungsniveau Aufgaben erfolgreich bewältigen zu können. Die Unterstützung des lebenslangen Lernens durch Bildungsmaßnahmen droht bei älteren Mitarbeitern an fehlenden altersgerechten Lernformen zu scheitern. Sinnvoll sind insbesondere Lernarrangements, die den Erfahrungsschatz berücksichtigen und dem individualisierten Lernstil älterer Mitarbeiter entgegenkommen. Für altersspezifische Lernformen sind andere Rahmenbedingungen und methodisch-didaktischen Grundsätze anzuwenden als bei Jüngeren. Höhere Bedeutung erlangt die Selbststeuerung des Lernens. Sie ermöglicht ein persönlich definiertes Lerntempo und die Möglichkeit zur Wiederholung und damit die Aufnahme von Lernstoff auch bei Lernentwöhnten.

Zur Verhinderung der Dequalifikation kann die Sanktionierung von Bildungsaskese und Belohnung von lebenslangem Lernen eine Maßnahme darstellen. Entgegen verbreiteter Annahmen zeigen ältere Mitarbeiter jedoch keine geringere Bereitschaft, an Weiterbildungsmaßnahmen teilzunehmen, als andere Altersgruppen. Wichtig in diesem Zusammenhang ist die kontinuierliche Entwicklung, gerade da eine Lernentwöhnung stärkere Auswirkungen hat als der altersabhängige Rückgang der Lehrfähigkeit, der zudem bei entsprechender Konzeption des Lernarrangements kompensiert werden kann. Die Schwierigkeiten älterer Mitarbeiter an Lernprozessen teilzuhaben, liegt daher zu großen Teilen in einer über die Jahre gewachsenen Befürchtung, den Anforderungen nicht mehr gewachsen zu sein. Gerade berufsbegleitendes Lernen bietet eine Chance, dem Teufelkreis aus Versagensangst und mangelnder Übung im Lernen frühzeitig entgegenzuwirken und der schleichenden Dequalifikation und der Lernentwöhnung bestimmter Beschäftigtengruppen entgegenzuwirken.

Demografiesensible Unternehmenskultur

Eine der hauptsächlichen Problematiken bei der Gestaltung der Potenziale einer altersgemischten Personalstruktur ist eine weitverbreitete pauschal negative Sichtweise auf die Leistungsfähigkeit älterer Mitarbeiter. Ältere Mitarbeiter werden dabei als problematisch für das Unternehmen gesehen. Bei einer derartigen Unternehmenskultur tritt ein Effekt einer Self-fulfilling prophecy ein. Die generelle Unterstellung einer schlechten Leistungsfähigkeit im Alter führt auch zu dieser. Unabhängig von Gründen und möglichen Ausmaßen der Leistungseinschränkung muss auf die hohe Varianz in der kognitiven und körperlichen Leistungsfähigkeit bei Personen gleichen Alters hingewiesen werden. Einhergehend mit einem zunehmenden Lebensalter sind nicht nur Einschränkungen verbunden, sondern auch die Zunahme von Fähigkeiten in anderen als den hier beschriebenen Gebieten. Dies wiederum führt dazu, dass Kompetenzen, die beispielsweise in Führungsfunktionen relevant sind, in größerem Maße im höheren Alter ausgebildet sind.

Gerade aus der Heterogenität einer Belegschaft können sich Chancen ergeben, beispielsweise durch eine höhere Problemlösefähigkeit und Kreativität. Um die Unterschiedlichkeit im Sinne des Unternehmens zu nutzen und in konstruktive Bahnen zu lenken, ist das Unternehmen nicht an der jeweiligen dominanten Mitarbeitergruppe auszurichten, sondern die Gesamtheit der Belegschaft in ihrer Vielschichtigkeit in die Entwicklung mit einzubeziehen.

Als Ziel ist eine demografiesensible Unternehmenskultur mit der Wertschätzung der Altersvielfalt zu definieren. Die Einbindung älterer Mitarbeiter bedeutet für ein Unternehmen die Nutzbarmachung von lebenslanger Erfahrung, gewachsenem Know-how und etablierter Netzwerke. Das Wissen der Älteren ist weiterhin von hohem Nutzen für das Unternehmen und steht häufig nicht konkurrierend zu dem Wissen jüngerer Mitarbeiter, sondern ergänzt dieses komplementär.

Der Weg zu den Senior Professionals

Die demografische Entwicklung wird das Gesundheitswesen in Zukunft stärker auch von der Seite der Beschäftigten fordern. Die Wege zu einem Team mit Mitarbeitern unterschiedlicher Alterszusammensetzung, in dem die Älteren als Senior Professionals eine tragende Rolle spielen, setzt eine Vielzahl von Maßnahmen voraus, die dies unterstützen. Die Maßnahmen sind dabei nicht isoliert zu betrachten, sondern als Teile einer ganzheitlich angelegten Strategie. Eine altersgerechte Führung, die eine aufgeschlossene Einstellung gegenüber dem Alter einnimmt, die in Kooperation mit dem Mitarbeiter die individuellen Möglichkeiten und Kompetenzen herausarbeitet und in den Arbeitskontext einbaut, nimmt dabei eine tragende Rolle ein. Sie hat besonderen Einfluss auf die Arbeitszufriedenheit und Leistung älterer Mitarbeiter und bietet so die Basis, auf der sich die altersgerechte Arbeitsgestaltung entwickeln kann.

Krankenhäuser, die sich der Herausforderung der demografischen Entwicklung stellen und eine demografiesensible Unternehmenskultur etablieren, schaffen für sich einen Vorteil im Wettbewerb und bei der Akquisition von raren Fachkräften. Nicht mehr das jugendzentrierte Unternehmen wird zukünftig im Vorteil sein, sondern jenes, das seine Mitarbeiter zu Senior Professionals entwickelt.

Literatur

Badura B, Schellschmidt H u. Vetter C (Hrsg.): Fehlzeiten-Report 2002. Demographischer Wandel: Herausforderung für die betriebliche Personal- und Gesundheitspolitik. Springer, Berlin/Heidelberg

Köchling A (2006) Projekt Zukunft. Leitfaden zur Selbstanalyse altersstruktureller Probleme in Unternehmen (3. Auflage). GfAH Selbstverlag, Dortmund

Länge Th W u. Menke B (Hrsg.) (2007) Generation 40plus. Demografischer Wandel und Anforderungen an die Arbeitswelt. Bertelsmann, Bielefeld

Roßnagel Ch S (2008) Mythos „alter" Mitarbeiter. Lernkompetenz jenseits der 40?!. Weinheim. Beltz Verlag, Basel

Roth C, Wegge J u. Schmidt K-H (2007) Konsequenzen des demographischen Wandels für das Management von Humanressourcen. Zeitschrift für Personalpsychologie, 6 (3), 99–116

Staudinger U (2006) Konsequenzen des demographischen Wandels für betriebliche Handlungsfelder: eine interdisziplinäre Perspektive, zfbf – Schmalenbachs Zeitschrift für betriebswirtschaftliche Forschung, 8 (58), 690–698.

5 Exkurs: **Herausforderung Führung im Krankenhaus**

Fredmund Malik

Malik Management, St. Gallen

Nur jene Krankenhäuser werden langfristig überleben, die der zunehmenden Komplexität und Dynamik des Krankenhausmarktes gewachsen sind. Entscheidend für die Zukunftsfähigkeit eines Krankenhauses ist die Professionalität der Führung, ist richtiges und gutes Management. Der folgende Exkurs fokussiert auf drei erfolgskritische Punkte:

1. Die Komplexität des wirtschaftlichen, sozialen und politischen Umfeldes sowie der Abläufe im Inneren erfordern eine ausgeprägte Selbstorganisationsfähigkeit des Krankenhauses. Kern der Selbstorganisationsfähigkeit ist ein einheitliches professionelles Managementverständnis der Führungskräfte.
2. Führung bzw. Management ist ein Beruf, den jede Führungskraft im Krankenhaus zusätzlich zu ihrem angestammten Beruf als Arzt, als diplomierte Pflegefachkraft, als Physiotherapeut, Psychologe oder Betriebswirt in der Verwaltung erlernen muss. Wie jeder Beruf, so definiert sich auch der Beruf der Führungskraft über Aufgaben, Werkzeuge, Grundsätze sowie Verantwortung.
3. Erworbenes Management-Wissen und -Verständnis von Führungskräften kann nur wirksam werden, wenn die Rahmenbedingungen in einem Krankenhaus dies zulassen. Das bedeutet: Führungsqualität muss in einem Krankenhaus systemisch verankert sein. Dazu ist ein einheitliches Führungssystem auf Ebene der Gesamtorganisation, der einzelnen Kliniken sowie auch

auf Ebene der Mitarbeiterführung erforderlich. Um dies in Krankenhäusern zu verwirklichen, bedarf es eines Veränderungsprozesses mit Maßnahmen auf Ebene der Unternehmenspolitik, der Organisations-Strukturen sowie auf Personalebene.

Komplexität bewältigen durch ein einheitliches Führungsverständnis

Die Herausforderungen an *Führungskräfte in Krankenhäusern* werden immer größer. Wirtschaft und Gesellschaft gehen durch eine der größten Transformationen, die es geschichtlich je gab. Ich nenne sie „Die Große Transformation 21", womit ich eine radikale, tiefgreifende, alle Segmente umfassende Umstrukturierung der Gesellschaft verstehe, die noch im 20. Jahrhundert begann und sich im 21. Jahrhundert vollziehen wird. Das Marktumfeld für Spitäler wird immer härter, Wettbewerb und Kostendruck nehmen weiter zu. Krankenkassen werden den Druck auf Krankenhäuser erhöhen. Notwendige Investitionen der öffentlichen Hand werden aufgeschoben, Krankenhäuser müssen zunehmend aus Eigenmitteln investieren.

Nur jene Krankenhäuser werden langfristig funktionsfähig bleiben und überleben, die Effizienzverbesserungen durchsetzen und produktiver werden. Dabei müssen sie gleichzeitig die Qualität der Leistungserbringung erhöhen und darüber hinaus attraktiver für gute Mitarbeiter werden. Auf den Punkt gebracht: Krankenhäuser werden, mit weniger finanziellen Mitteln ausgestattet, deutlich mehr leisten müssen.

Professionalität der strategischen und operativen Planungen auf Unternehmens- und Fachabteilungsebene, die Entwicklung, Umsetzung und Evaluierung des Produkt- und Qualitätsmanagements und die Planung und Koordination der Personalentwicklungsmaßnahmen einschließlich der Definition von Weiterbildungszielen sind der einzige Weg, ein Krankenhaus langfristig in einem zunehmend härteren Umfeld funktionsfähig zu machen. Erfolgskritisch ist dabei, dass die Führungskräfte eine gemeinsame Vorstellung vom Management dieser Einheiten entwickeln. Ein gemeinsames Führungsverständnis verbindet die Berufs- und Fachgruppen sowie die Angehörigen unterschiedlicher Hierarchieebenen zu einer Einheit, die auf den Nutzen der Patienten ausgerichtet ist und die sich in einem zunehmend härteren Marktumfeld nachhaltig zu behaupten vermag.

Sachaufgaben versus Managementaufgaben

Um die Komplexität der Sach- und Führungsaufgaben im modernen Krankenhaus schlagkräftig, schnell, flexibel und nachhaltig erfolgreich bewältigen zu können, müssen alle Führungskräfte im Krankenhaus auf eine einheitliche Auffassung von Führung bzw. Management zurückgreifen. Management bleibt immer gleich, die Sachaufgaben hingegen, auf die Management angewandt wird, sind so vielseitig wie die Organisation Krankenhaus selbst. Management ist die Konstante, die Sachgebiete sind die Variablen.

Das Standardmodell wirksamer Führung

Das Standardmodell wirksamer Führung schafft die Voraussetzung für ein gemeinsames Führungsverständnis und ist damit das Zentrum der Selbstorganisationsfähigkeit des Krankenhauses.

Die Meinungen von Ärzten, Pflegekräften oder Betriebswirten darüber, wie Führungsverantwortung wirksam wahrgenommen werden muss, gehen üblicherweise weit auseinander. Ein weit verbreiteter Irrtum besteht darin, dass Führungskräfte ihre Führungsverantwortung be-

reits vollinhaltlich erfüllen, wenn sie fachbezogene Anweisungen geben und dafür sorgen, dass ihre Mitarbeiter auf der Sachebene die erforderlichen Grundregeln einhalten (z. B. Hygienestandards), die jeweiligen Aufgaben richtig erfüllen (z. B. Untersuchungen) und die Werkzeuge (z. B. Spritzen) richtig verwenden.

Das Standardmodell wirksamer Führung bereitet der Unsicherheit, was denn nun Führungsarbeit im eigentlichen Sinne umfasst, ein Ende.

Die Schlüsselfragen in der Architektur des Führungsrades als das Standardmodell wirksamer Führung lauteten (s. Abb. 5)

- *Was brauchen alle Führungskräfte?*
- *Was brauchen sie immer?*
- *Was brauchen sie überall?*

Das Führungsrad sorgt für eine gemeinsame Vorstellung vom Beruf der Führungskraft. Jeder Beruf ist im Wesentlichen durch vier Elemente gekennzeichnet. Diese vier Elemente:

- Grundsätze,
- Aufgaben,
- Werkzeuge und
- Verantwortung

bilden die Grundstruktur des Führungsrades.

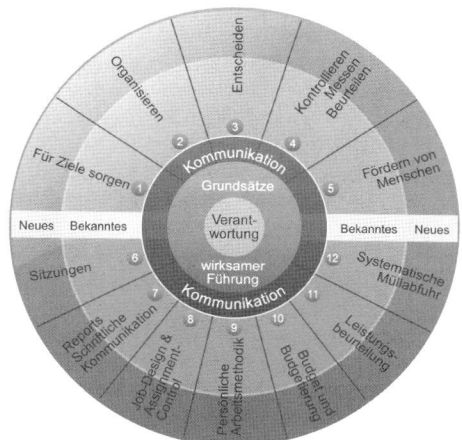

Abb. 5   Führungsrad

Aufgaben wirksamer Führung

Ein Beruf definiert sich zuallererst über spezifische Aufgaben. Um die Aufgaben der Führungskraft im Krankenhaus zu erlernen, braucht es keineswegs höhere Begabungen oder Talente. Das Erlernen der Aufgaben erfordert den Erwerb von Kenntnissen.

Wenn eine Begabung vorhanden ist, wird freilich vieles erleichtert. Aber auch Menschen mit einem Talent für Chirurgie müssen die Aufgaben des Chirurgen erlernen. Das bedeutet nicht, dass jeder Mensch Chirurg werden kann, und auch nicht, dass jede Person Führungskraft werden kann. Aber eine erkleckliche Anzahl von Menschen kann es schaffen, brauchbare Chirurgen zu werden, viel mehr, als man vor 100 Jahren für möglich gehalten hätte. Ich definiere fünf Aufgaben einer Führungskraft, nämlich:

1. für Ziele sorgen,
2. organisieren,
3. entscheiden,
4. kontrollieren sowie
5. Menschen entwickeln und fördern.

Werkzeuge wirksamer Führung

Das zweite Element eines jeden Berufs sind die Werkzeuge, die bei der Erfüllung der Aufgaben eingesetzt werden. Die Beherrschung von Werkzeugen erfordert vor allem eines, nämlich unermüdliches, fortgesetztes Training.

Es gilt prinzipiell dasselbe wie bei den Aufgaben: Selbst jene Leute, die Talent haben, müssen trainieren, mit dem Werkzeug umzugehen. Kein Chirurg kommt mit der angeborenen Fähigkeit zur Welt, eine Knochensäge oder ein Laserskalpell zu bedienen. Ebenso wenig kennt ein Arzt ohne entsprechende Ausbildung beispielsweise die kritischen Erfolgsfaktoren der Stellengestaltung und Einsatzsteuerung.

Die sieben Werkzeuge wirksamer und professioneller Führung

1) Sitzungen
2) Schriftliche Kommunikation/Reports
3) Job Design und Assignment Control (Stellengestaltung und Einsatzsteuerung)
4) Persönliche Arbeitsmethodik
5) Budget und Budgetierung
6) Leistungsbeurteilung
7) Systematische Müllabfuhr

Grundsätze wirksamer Führung

Das dritte Element von Berufen sind Grundsätze – Prinzipien, die man bei der Erfüllung von Aufgaben und bei der Anwendung von Werkzeugen einhält. Sie regeln die Qualität der Aufgabenerfüllung und des Einsatzes von Werkzeugen.

Aus der jahrelangen Beobachtung von erfolgreichen Führungskräften aller Branchen habe ich folgende sechs Grundsätze für wirksames Management formuliert:

Grundsätze für wirksames Management

- Resultatorientierung
- Beitrag zum Ganzen
- Konzentration auf Wesentliches
- Stärkenorientierung
- Vertrauen
- Konstruktives Denken

Verantwortung

Das vierte Element jeden Berufs ist schließlich die mit seiner Ausübung verbundene Verantwortung, die umso größer ist oder sein muss, je wichtiger ein Beruf ist und je höher die mit seiner Ausübung verbundenen Risiken sind. Für Verantwortung ist etwas erforderlich, wofür ich das Wort Ethik verwende. Was ich meine, ist aber nicht die Ethik der großen, abendländischen Philosophie. Ich meine etwas bescheideneres, schlichteres, – eine Alltagsethik gewissermaßen. Sie besteht darin, für das, was man tut – und gelegentlich auch für das, was man zu tun versäumt hat – einzustehen.

Führungsqualität im Krankenhaus verankern: Drei Maßnahmen für einen erfolgreichen Change

Gerade im Krankenhaus wurde auf der fachlichen Ebene in einem hohen Maß die Qualität der Prozesse optimiert. Genau die gleiche Sorgfalt muss man auf die Qualität der Managementprozesse anwenden. Denn hier geht es um das langfristige Überleben der Organisation.

Ist ein Krankenhaus strukturell (u. a. Größe, Einzugsgebiet) prinzipiell lebensfähig, wird die tatsächliche Überlebensfähigkeit von der Qualität des Managements auf allen Ebenen der Organisation bestimmt.

Dies bedeutet nicht, dass die ärztlichen und pflegerischen Fachaufgaben weniger wichtig als die Führungsaufgaben sind. Im Gegenteil. Sowohl medizinische und pflegerische Spitzenleistungen wie auch der wirtschaftliche Erfolg eines Krankenhauses werden nur durch ein funktionierendes professionelles Führungssystem sowie ein einheitliches Managementverständnis möglich. Professionelles Management ist nicht ein Nice-to-have, sondern ein Musthave und ist nicht nur Sache der Krankenhausleitung sondern aller Führungsebenen.

Zur beispielhaften Verdeutlichung und zur Selbstüberprüfung

Wie systematisch werden in Ihrem Krankenhaus und in Ihrer Klinik/Fachabteilung folgende Fragen, berufsgruppen- und hierarchieübergreifend gemeinsam beantwortet und die Erkenntnisse systematisch umgesetzt:

- *Wofür stehen wir mit unserem Krankenhaus/ unserer Klinik und wie können wir uns auf dem für uns relevanten Markt bestmöglich aufstellen?*
- *Was müssen wir gemeinsam tun, um unsere Leistungen produktiver UND besser zu erfüllen?*
- *Was müssen wir gemeinsam tun, um die Innovationsleistung in den einzelnen Kliniken zu verbessern?*
- *Was können wir als Klinik tun, um für Patienten und gute Mitarbeiter attraktiver zu sein?*
- *Werden solche Fragen gestellt und Antworten generiert, müssen umgehend weitere Fragen gestellt werden:*
- *Welche erforderlichen Resultate lassen sich daraus ableiten?*
- *Welchen Beitrag kann die Pflege dafür leisten, welchen Beitrag die Medizin, welchen Beitrag die Verwaltung?*
- *Was dürfen wir nicht mehr tun, wenn wir dieses Ziel erreichen wollen?*
- *Was benötigen unsere Mitarbeiter, um dieses Ziel zu erreichen?*
- *Welche Mitarbeiter verfügen über Stärken, die wir für diese Zielerreichung unbedingt benötigen?*

Um in Krankenhäusern diesen Change hin zu einem zeitgemäßen, gemeinsamen Managementverständnis zu verwirklichen, sind drei Maßnahmen nötig:

1. Das Thema der Führungsqualität muss unternehmenspolitisch verankert werden. Das Top-Management muss ein klares und einheitliches Führungssystem, vergleichbar mit dem Betriebssystem eines Computers, installieren. Zur Bedienung dieses Betriebssystems müssen darüber hinaus Führungsexperten, d. h. professionelle Führungskräfte, auf Ebene der einzelnen Kliniken und Stationen aufgebaut werden. Diese Führungskräfte müssen – unabhängig von ihrem fachlichen Hintergrund – über eine gemeinsame Vorstellung und Sprache über die zur Führung des Hauses und der Mitarbeiter erforderlichen Grundsätze, Aufgaben und Werkzeuge verfügen.

2. Krankenhäuser müssen so strukturiert werden, dass sie die eingangs skizzierte Komplexität und Dynamik der Umwelt abbilden können. Dazu braucht es auch eine für Veränderungen offene Kultur.

3. Ärzte und Pflegefachkräfte, die Leistungsaufgaben übernehmen, müssen sich bewusst werden, dass sie jetzt auch Führungskräfte sind und neben ihrer fachlichen Expertise auch professionelle Standards für diese neue Funktion kennen und anwenden. Medizin- und Pflege-Fachkräfte müssen sich bewusst werden, ob sie diese Führungsverantwortung tatsächlich übernehmen wollen. Wenn sie Führungsaufgaben übernehmen, muss ihnen klar sein, dass damit auch eine Befähigung zum richtigen Management erforderlich ist und dass sie ihren Ursprungsberuf in einem geringeren Umfang ausüben können als bisher.

Mit steigender Hierarchieebene wird der Anteil an Führungsaufgaben (Beruf der Führungskraft) steigen und der Anteil an Sachaufgaben (Beruf des Arztes, der Pflegefachkraft) sinken. Wer dazu nicht bereit ist, kann in Zukunft keine Führungsfunktion in einem Krankenhaus übernehmen. Denn ein Krankenhaus, das die Bedeutung professionellen Managements nicht rechtzeitig erkennt und diesbezüglich Erfolgspotenziale aufbaut, riskiert seine Zukunftsfähigkeit und damit letztlich die Gesundheit aller.

D

Das Krankenhaus und seine Kunden

1 Einweisermanagement und -marketing

Peter Oberreuter

Distincture Ltd., Bad Homburg v. d. H.

Vision, Analytik, Kommunikation, Projektmanagement und Compliance sind die Determinanten des Klinikmanagers für ein nachhaltig erfolgreiches Zuweisermarketing. Intelligente Lösungen anderer Branchen sind dabei auf das Gesundheitswesen adaptierbar.

1.1 Der Markt im Wandel

Seit 2000 hat der Gesetzgeber den Leistungserbringern einen zunehmenden Freiraum für die Etablierung und Umsetzung wettbewerblicher Elemente unter Qualitätsgesichtspunkten gegeben. Insbesondere die Umstellung in der Somatik auf das G-DRG-System, mit welchem die Entgelte in direkter Relation zur diskreten Leistungserbringung gebracht wurden sowie die Öffnung des ambulanten Sektors mittels § 115, § 116 b SGB V und der Möglichkeit, Medizinische Versorgungszentren zu betreiben, bewirkte einen nachhaltigen Wettbewerbsschub bei den Leistungserbringern. Die damit z. T. veränderten Finanzierungsstrukturen lassen die bisher verdeckten Konflikte zwischen Krankenhäusern und Niedergelassenen offenkundiger werden und belasten das Verhältnis zwischen den beiden Parteien sehr viel nachhaltiger als in der Vergangenheit. Die gegenseitigen Absichten, Leistungen im Budgetbereich des anderen zu erbringen und/oder in den Budgetbereich des anderen zu transferieren sind nachvollziehbar.

Es entstanden damit die erforderlichen Vorraussetzungen, Kernelemente erfolgreicher Marktmechanismen anderer Branchen intelligent auf die speziellen Bedürfnisse des Gesundheitswesens zu adaptieren sowie diese strategisch und operativ umzusetzen.

Für die Führungskräfte, die sich diesem Transformationsprozess zur wettbewerblichen Leistungserbringung stellen müssen, bedeutet dies, Methodiken und Praktiken anderer Industrien in Bezug auf Marktpotenziale, Zielgruppen, strategische Allianzen und Compliance anzunehmen. Hierbei ist die Komplexität, die sich aus der Fragmentierung der Leistungserbringer, dem Patientenschutz, dem ärztlichen Berufsrecht, dem Gesetz gegen unlauteren Wettbewerb (UWG) sowie den tradierten Partikularinteressen der Betriebspartner ergibt, nicht zu unterschätzen.

Determinierende Gesetze und Urteile im Zuweisermarketing

- 2000 GKV-Gesundheitsreformgesetz
- 2004 GKV-Modernisierungsgesetz (GMG)
- 2007 GKV-Wettbewerbsstärkungsgesetz (GKV-WSG)
- 2007 Vertragsarztrechtsänderungsgesetz (VÄndG)

- 2008 Musterberufsordnung (MBO) der Bundesärztekammer, insb. § 31 MBO, unerlaubte Zuweisungen von
  Patienten gegen Entgelt
- 2003 OLG Koblenz
- 2003 OLG Schleswig
- 2008 LG Duisburg
- § 134 BGB (BGH NJW 1986, S. 2360)
- UWG-Gesetz gegen den unlauteren Wettbewerb

1.2 Die Notwendigkeit zur Evolution von Rollenverständnissen

Ein Markt ändert sich normalerweise schneller als das Bewusstsein, sich anpassen zu müssen bei den etablierten und saturierten Marktplayern. Hierin besteht bzgl. des Zuweisermanagements das eigentliche Gefahrenpotenzial für das Krankenhaus.

Traditionell haben Krankenhausmanager die Beziehungspflege zu Zuweisern ihren Chefärzten allein überlassen. Persönliche Beziehungen, Fort- und Weiterbildungsangebote sowie Facharztausbildung und Engagement im Notfall-Rettungsdienst waren die vorrangigen individualisierten Marketinginstrumente. Damit verbunden war aus heutiger Managementsicht eine Zufallskomponente, basierend auf der Aktivität oder Passivität der jeweiligen Chefärzte. Heute sind Krankenhausmanager angehalten, ihre leitenden Ärzte zu motivieren und zu unterstützen, diesem Individualprinzip ein strategisches Moment zu geben und damit die Zuweiserbindung um eine Institutionalisierung zu erweitern. Die Rolle der Zuweiser ändert sich hierbei vom Absatzmittler zum Systempartner. Bei der Definition und der Umsetzung stehen die Krankenhausmanager in erster Verantwortung. Sie müssen sich als Ideengeneratoren und Katalysatoren für die leitenden Ärzte verstehen, nicht jedoch als deren Oberkontrolleure. Erfolgreiches Zuweisermarketing ist gemeinschaftliche Aufgabe von Kaufmann und Arzt.

Die Rahmenbedingungen, auf die einzugehen ist, verstärken sich ständig:

- Etablierung von fachübergreifenden Ärztenetzen,
- Gründung von MVZs – auch als Ketten –,
- intrasektoraler Wettbewerb (§§ 115, 116b SGB V),
- institutsübergreifende Zertifizierungen,
- Interesse der niedergelassenen Fachärzte, sich eine klinische Kompetenz zu erhalten,

- die zunehmende Feminisierung des Arztberufes und die damit zu assoziierenden Erwartungshaltungen,
- die Forderung der Kostenträger nach sektorübergreifenden Versorgungsmodellen.

1.3 Marktpotenzialanalyse im Zuweisermarketing

Die Grundlage jeder Datenanalyse ist die zugrunde liegende Datenqualität. In diesem Bereich existieren in den meisten Krankenhäusern enorme Verbesserungspotenziale. Ein DataWarehouse-Konzept bietet sich als Tool der Wahl an. Zunächst muss die Stammdatenqualität bzgl. der Zuweiserinformationen optimiert werden. Hier existieren immer organisatorische Schwachstellen und Datenredundanzen. Die Einführung der individuellen Arztnummer unterstützt zukünftig die notwendige Datenmigration optimal. Den Mitarbeiter in der Patientenaufnahme ist die Bedeutung einer hohen Stamm- und Bewegungsdatenqualität zu vermitteln. Die Möglichkeit einer kollektiven Ziel- und Bonusvereinbarung bietet sich geradezu an, um den Blick der Mitarbeiter für diese Datenerfassung zu schärfen.

Die Auswertung der Zuweiser sollte im ersten Schritt auf Abteilungsebene und im zweiten Schritt auf DRG-Ebene oder besser auf OPS-Ebene durchgeführt werden. Letzteres ermöglicht die Bewertung stationärer und ambulanter Zuweisungen, was in der Zukunftsperspektive weiter an Bedeutung gewinnen wird. Die essentiellen Fragestellungen sind:

- „Welche Ärzte weisen welche Fälle in welcher Menge ein?"
- „Welche Ärzte weisen welche Fälle nicht ein?"

Eine weitere Ableitung ist dann, zeitliche Verläufe (Zuweisungsgradienten) zu realisieren sowie fachabteilungs- bzw. zentrenübergreifend nach Crossreferral Effekten zu fahnden. Ergänzende Informationen, die bei der Definition von Maßnahmen berücksichtigt werden, kommen aus der Spiegelung der eigenen Leistungsdaten mit bundesweiten Vergleichswerten. Da diese Daten nicht immer denselben Zeitraum betreffen, ist bei der Methode unbedingt derselbe Grouper für Inlier und Überlieger zu benutzen. Dann lassen sich Trends ableiten, ob man im Vergleich zum generellen Markt am Wachstum äquivalent partizipiert oder nicht (s. Tab. 1). Zusätzlich können die Daten der Mitbewerber aus deren Qualitätsberichten mitbewertet

Tab. 1   Beispiel für eine Marktanteilsanalyse mit zeitlicher Gradientenableitung

Leistungsspektrum	InEK Entw. 2005–2006	InEK Entw. 2006–2007	InEK Entw. 2005–2007	Muster KH 2006–2007	Muster KH 2007–2008	Muster KH 2006–2008
Wirbelsäule				–1,11 %	–1,70 %	–2,79 %
Exzision Bandscheibe	14,84 %	11,74 %	28,32 %	0,53 %	–4,61 %	–4,10 %
Osteosynthesen WS	28,76 %	25,55 %	61,66 %	–1,14 %	2,30 %	1,14 %
Spondylodesen	24,23 %	14,36 %	42,06 %	–1,67 %	0,00 %	–1,67 %
WK-Ersatz/Rekonstruktion	–1,06 %	3,88 %	2,77 %	–37,60 %	48,72 %	–7,20 %

werden, auch wenn eine Ableitung dieser Daten keinen 100%igen Rückschluss ermöglicht.

Softwarepakete für Geocoding ermöglichen die visuelle Darstellung der Informationen im Kontext der geografischen Zuordnung und sind sehr gut geeignet, leitenden Ärzten den komplexen Sachverhalt zu vermitteln und sie zur gemeinsamen Bewertung und Identifikation von Maßnahmen einzuladen (s. a. Abb. 1).

Nicht zu unterschätzen ist auch der Aussagegehalt einer *Zuweiser-Alters-Analyse*. Diese Analyse ist eigentlich dem Risikomanagement zuzuordnen. Die Altersstruktur gibt Aufschluss darüber, wie lange voraussichtlich ein Zuweiser noch aktiv sein wird, bzw. wann mit einem Praxisübergang zu rechnen ist. Die Aussagen geben dann weitere strategische Aufsatzpunkte die Zuweiseraktivitäten strategisch zu planen.

1.4   Zielgruppenanalyse im Zuweisermarketing

Ich brauche in meinem Krankenhaus keine Zielgruppenanalyse, denn die Landeskrankenhausplanung gibt mir den Versorgungsauftrag vor. Meine Zielgruppe sind alle Zuweiser, die Indikationsstellungen gemäß dem Versorgungsvertrag haben! Zuweisermanagement ist die Aufgabe meiner Chefärzte.

Eine derartige Verallgemeinerung sagt aus, dass weder eine Ahnung vorhanden ist, welche Probleme, Wünsche oder Bedürfnisse die Zuweiser haben, noch die Erkenntnis von welcher Zukunftsrelevanz diese Wissenslücke für das Krankenhaus ist. Oft entsteht das Bewusstsein über das Problem erst, wenn sich Zuweiser anderen Leistungsanbietern nachhaltig zuwenden. Nicht „Wie konnte das geschehen?" ist die Frage, sondern „Warum ist es geschehen?" und die Fragen „Was ist jetzt zu tun?", „Droht ein Dominoeffekt?", „Welche Ergebnisrelevanz ist zu erwarten?" schließen sich direkt an.

Erfolg darf nicht dem Zufall überlassen werden. Die Krankenhausstrategie muss langfristig und zielgerichtet gestaltet werden.

Die Forschungsgruppe Metrik publizierte 2004, dass für 56 % der Patienten die Empfehlung ihres Arztes bei der Wahl des Krankenhauses entscheidend ist. Der Grund dafür ist, dass der Zuweiser für seine Patienten und für deren Weiterbehandlung den maximalen Nutzen sucht. Bei den Zuweisern muss unterschieden werden zwischen den Elektivzuweisern und den Notfallzuweisern. Jede Einweisergruppe ist groß genug, um eigene strategische Vorgehensweisen im Zuweisermarketing zu rechtfertigen. Der wesentliche Ansatz in der Zielgruppenanalyse ist, pro Zuweisersegment zu hinterfragen, welchen konkreten Nutzen die Zuweiser erwarten. Ist der Nutzen erkannt, ist nachvollziehbar, warum der Zuweiser seine Patienten zuweist bzw. warum nicht. Völlig unerheblich ist dagegen, ob das Krankenhaus darüber hinaus zusätzlichen Nutzen für den Patienten erkennt. Erst wenn die Zuweiser davon über-

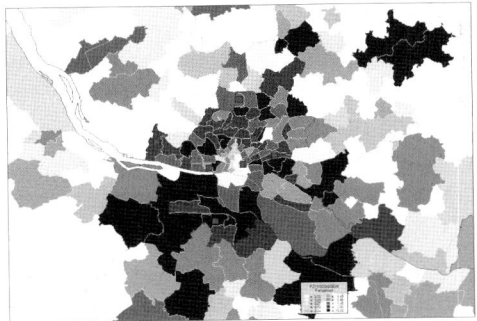

Abb. 1   Beispiel für eine regionale Zuweiseranalyse nach Anzahl der Zuweisungen

zeugt sind, auch sie den Nutzen erkennen und für sich akzeptieren, hat das Krankenhaus einen zusätzlichen Wettbewerbsvorteil generiert, z. B. Teleportale, Qualitätskontrollen, Medikationskonferenzen, Termintreue, Prozesssteuerung etc. Um die Erwartungen und die Erfahrungen der Zuweiser in Bezug auf das eigene Krankenhaus kennen zulernen, ist eine professionelle *Einweiserbefragung* für das jeweilige Zuweisersegment mit Branchenbenchmark die Methode der Wahl.

Eine Zuweiserbefragung macht nur Sinn, wenn es klare Absicht ist, die Ergebnisse in für die befragten Zuweiser positiv erkennbare Maßnahmen umzusetzen – falls nicht, so ist auf die Umfrage zu verzichten, um etwaige Frustration nicht zu multiplizieren.

Relevante Fragestellungen einer Zielgruppenanalyse im Zuweisermarketing

- Wie ist die Zielgruppe genau zu benennen? (MVZ/Facharzt/Hausarzt/Feuerwehr ...)
- Welches Problem, Bedürfnis, Wunsch hat die Zielgruppe?
- Wie groß ist der Konkurrenzdruck innerhalb der Zielgruppe?
- Wird das Krankenhaus selbst in der Zielgruppe als Konkurrenz gesehen und wenn ja warum?
- Welche Lösungen/Vorteile können der Zielgruppe angeboten werden (Kundennutzen)?
- Ist der Dienstleistungsmix des Krankenhauses von dem der Konkurrenz differenzierbar und ist dies vermittelbar (Alleinstellungsmerkmale)?
- Welche Konfliktpotenziale herrschen in der Zielgruppe und wie können diese genutzt bzw. neutralisiert werden?
- Welche Erfahrungen mit mir gibt es in meiner Zielgruppe und wie kann ich die nutzen bzw. neutralisieren?
- Welche konkreten Vorteile hat der Zuweiser, bei einer möglichen Zusammenarbeit? Kann eine Win-win-Situation etabliert werden, die naheliegende Antworten auf die Probleme des Zuweisers gibt?

Die Frage, ob das Krankenhaus mit seinen Lösungsansätzen Antworten auf die Probleme des Zuweisers gibt, kann nur dieser entscheiden. Wenn der Zuweiser die Lösung annimmt und nutzt, ist sie angemessen, nutzt er sie nicht, so ist die vermeintliche Lösung des Krankenhauses doch keine Lösung.

Nach Abschluss der Zielgruppenanalyse existiert ein klares Bild über die Zuweiser und deren Bedürfnisse. Eindeutige Maßnahmen sind defi-

niert und projektiert, um die Zuweiserbindung und -gewinnung zu optimieren. Es steht fest, wer angesprochen wird, mit welchen Ressourcen und mit welcher Zielsetzung dies geschieht. Die Analyse ist alle 12 bis 18 Monate in Frage zu stellen (Review) und neu durchzuführen, um etwaige Marktänderungen frühzeitig zu erkennen und auf diese zu reagieren.

1.5 Strategische Allianzen mit Zuweisern

Eine Kooperation erscheint sinnvoll, bei neuen Kunden- oder Marktanforderungen, erkannten Kompetenzdefiziten, neuen Geschäftsideen sowie neuen Marktzugängen.

Ein Kernproblem vieler Krankenhäuser ist, dass bislang kein Fokus gelegt wurde auf die flexible Bedienung individueller Bedürfnisse des Kunden (Patienten), insbesondere über den eigentlichen Primärprozess hinaus. Kooperationen auf vertikaler Ebene mit anderen Servicepartnern können in diesen Problembereichen value added für den Patienten schaffen, die Kundenorientierung verbessern und damit Zuweiser überzeugen (s. Tab. 2).

Eine Kooperation kann nur erfolgreich sein, wenn sie sich symmetrisch entwickelt, d. h. unter den Kooperationspartnern Transparenz über die gemeinsam verfolgten Ziele sowie Verbindlichkeit und Augenhöhe im persönlichen Beziehungsmanagement herrscht. Kontinuität und Lösungsorientierung bei nicht vorhersehbaren Konflikten sowie abgestimmte Kommunikation sind wesentliche Erfolgskriterien. Die Investition

Tab. 2 Beispiele für vertikale Kooperationen mit direktem und indirektem Zuweiserbezug

Kontinuität in der Arzt-Patienten-Beziehung
Überleitungsmanagement
telemedizinische Anbindung
Ausfallmanagement
Versorgungskontinuität
klinischer Know-how-Transfer
Medikationsmonitoring
Fort- und Weiterbildung
Callcenter-Services
Versorgungsforschung
Convinience-Services

in Vertrauen unter den Kooperationspartnern, sowohl den ärztlichen als auch den kaufmännischen Beteiligten, eröffnet den Weg zu einer qualitätsorientierten und nicht einzig opportunistisch-monetären Kooperation.

Was ist zu tun?
- *Methodische Identifikation von Kooperationsbedarfen (Strategieaudit, SWOT-Analyse, Marktanalyse)*
- *Definition der Kooperationsziele mit Chancen-, Risiko- und Value added-Bewertung*
- *Analyse der eigenen Kooperationsfähigkeit, fachlich, sozial, organisatorisch, Individualwiderstände*
- *Konsequente Partnersuche und -ansprache*
- *Gemeinsame Entwicklung und Implementierung des Kooperationsmodells*
- *Etablierung rechtssicherer Eskalationsmechanismen bei Konflikten*

Die Ausrichtung der Krankenhäuser auf einen im Wesentlichen lokalen, maximal regionalen Markt, kombiniert mit der starken Fragmentierung der Leistungserbringer in demselbigen, kann zu versteckten Konflikten unter den Kooperationspartnern, insbesondere im selben Leistungsspektrum, führen, welche sich in sekundärer Folge nachteilig für das Krankenhaus entwickeln können. Um im Beziehungsnetzwerk Chancen und Risiken frühzeitig erkennen und managen zu können bieten sich Relationenbrowser an, wie sie z. B. im Versicherungs- und Bankengewerbe eingesetzt werden. Mit Hilfe dieser Tools können Partner, deren Rollen sowie Geschäftsbeziehungen und Potenziale visualisiert werden.

1.6 Imageaufbau durch Compliance im Zuweisermarketing

Der Stellenwert von Compliance, also die revisionssichere Einhaltung der Sorgfaltspflichten, nimmt beständig zu. Nicht nur Wirtschaftsprüfer, sondern auch Finanzinstitute, Krankenkassen und Patientenorganisationen werden in Zukunft mehr Compliancedokumentationen von den Leistungserbringern erwarten. Den Anforderungen pro-aktiv zu entsprechen ist essentiell, um das Vertrauen der Patienten in die für sie optimale Versorgung nicht zu gefährden. Gerade im Zusammenhang mit der Fangprämiendiskussion ist die Einholung einer Rechtsauskunft zu jedem Kooperationsvertrag erforderlich, um Rechtssicherheit für alle Beteiligten zu generieren. Die selbstdeklarierten Clearingstellen besitzen zum Teil keine eigenen Compliance-Richtlinien und können keine Rechtssicherheit geben. Beim Compliance-Management können die Krankenhäuser von den Banken und Versicherungen lernen. Diese setzen so genannte *Compliance Suiten* ein, ein Baukastenprinzip, mit dem sich verschiedene Compliance Funktionalitäten miteinander kombinieren und visualisieren lassen. Mögliche Aspekte einer Compliance Suite im Krankenhaus sind:
- Betrug abwehren, Geschäftsbeziehungen und Transaktionen überwachen (UWG, Bestechung, Abrechnung, Codierung),
- Mitarbeitergeschäfte überwachen (Industrieverträge),
- Marktmissbrauch verhindern (Vorteilsnahme),
- Prävention von Geldwäsche (ausländische Privatpatienten) und
- Compliancejournal.

2 Exkurs:
Kundenbindungsprogramme für Patienten

Holger Strehlau und Madlen Fiebig

HSK Rhein-Main, Wiesbaden

2.1 Patienten- und Kundenbindungsmodelle im Allgemeinen

2.1.1 Inhalte, Motivation, Wirkungsweise und Hindernisse von Kundenbindungsprogrammen im Gesundheitswesen

Das Wesen von Kundenbindungsprogrammen besteht darin, dass die Inanspruchnahme oder Vertragstreue des Vertragspartners durch Gutschriften, Rabatte oder sonstige Vergünstigungen bonifiziert wird. Eine Staffelung der Bonifizierung ist hierbei nicht ungewöhnlich.

Grundsätzlich sollen Kundenbindungsprogramme dadurch die Loyalität zum Vertragspartner erhöhen. Insbesondere im Lebensmitteleinzelhandel, im Bankengewerbe und auch in der Mineralölwirtschaft sind unterschiedliche Programme bekannt geworden. In den letzten Jahre werden Kundenbindungsprogramme auch gebündelt, durch Gemeinschaften von unterschiedlichen Dienstleistern und Produktherstellern angeboten, so dass beim Kauf von unterschiedlichsten Waren, Bonusbeträge gutgeschrieben werden. Das sicherlich bekannteste Kundenbindungsprogramm in Deutschland stellt das „miles&more" Kundenbindungsprogramm der Lufthansa dar. Die „Inflation" von Kundenbindungsprogrammen und die Vielzahl von Kundenkarten führen dazu, dass Experten nahezu von einer Marktsättigung sprechen.

2.1.2 Arten von Kundenbindungsprogrammen

Kundenbindungsprogramme im Gesundheitswesen sind bislang wenig bekannt und im Wesentlichen durch die Krankenkassen in den letzten Jahren verstärkt auf den Markt gekommen.

Krankenkassenindizierte Patientenbindungsprogramme

Insbesondere die Öffnung der Betriebskrankenkassen und die vereinfachte Kündigung bestehender Verträge hat den Wettbewerb um Versicherte erhöht.

Die Krankenkassen haben ein Interesse, dass die Kunden nicht wegen höherer Beitragssätze den Versicherungsvertrag kündigen und sichern den Kunden daher Zusatzleistungen zu, die nicht berechnet werden. Nicht zuletzt sind Integrierte Versorgungsverträge und einzelne DMP-Verträge ebenfalls Verträge, die den Charakter von Kundenbindungsprogrammen erfüllen, da die Kunden wirtschaftliche Vorteile erhalten, sofern diese daran teilnehmen.

Leistungsanbieterindizierte Patientenbindungsprogramme

Bislang gibt es noch keine Kundenbindungsprogramme auf der Seite der Leistungsanbieter. Dem Charakter von Kundenbindungsprogrammen würde es entsprechen, wenn der Versicherte/Patient/Kunde vermehrt einen oder eine Gruppe von Leistungsanbietern aufsucht, obwohl er mehrere Angebote mit gleicher oder unter Umständen höherer Qualität vorfindet. Er entscheidet sich dann auf Grund anderer Rationalitäten für den Partner, der das attraktivste Kundenbindungsprogramm vorhält.

Drittinteressenindizierte Patientenbindungsprogramme

Es ist auch denkbar, dass zukünftig industrielle Partner Kunden bonifizieren, die wiederum Ihre Produkte oder Dienstleistungen bei primär versorgenden Einrichtungen platziert haben. Dieser Aspekt ist dann besonders interessant, wenn die Leistungen des Partners nur mit Hilfe des Kundenbindungsprogrammes über die gesetzliche Krankenkasse hinaus finanziert werden.

2.2 Kundenbindungsprogramme im Krankenhaus

2.2.1 Darstellung von Kundenbindungsprogrammen in Krankenhäusern

Die Entscheidung eines Bürgers für einen Leistungsanbieter sollte auf Grund eines Leistungsvesprechens seitens des Leistungsanbieters erfolgen. Dieses Leistungsversprechen sollte durch vielfache Beweise (Qualitätsberichte, etc.) bereits belegt sein. Vielfältige Untersuchungen belegen jedoch, dass sich die Bürger durch andere Aspekte und Argumente für einen bestimmten Leistungsanbieter entscheiden.

Kundenbindungsprogramme dienen auch im Krankenhaus dazu, die Bürgerinnen und Bürger bei der Entscheidung der Krankenhauswahl von den Vorteilen des Krankenhauses zu überzeugen. Sofern diese Leistungen aber auch von Wettbe-werbskrankenhäusern in der gleichen Form erbracht werden, müssen für den Kunden weiterer Vorteile sichtbar werde, wenn er sich für das richtige Krankenhaus entscheiden soll.

Insgesamt sind Kundenbindungsprogramme nur notwendig und wirksam, sofern ein Markt mit Überkapazitäten (Käufermarkt) entsteht. Wie bereits ausgeführt, gibt es sehr wenige Programme, die den Charakter von Kundenbindungsprogrammen in Krankenhäusern erfüllen.

Eine Variante von Kundenbindungsprogrammen stellen möglicherweise die Fördervereine von Krankenhäusern dar. Hier wird der häufig erfolgreiche Versuch unternommen, einerseits Spenden einzuwerben und durch die Mitgliedschaft in dem Förderverein auch die Loyalität zu dem Krankenhaus insgesamt zu erhöhen.

2.2.2 Zielgruppen für Kundenbindungsprogramme

Als Zielgruppe sind letztlich alle Bürgerinnen und Bürger zu sehen, die als potenzielle Patienten anzusehen sind. Es gilt sicherlich für die unterschiedlichen Versicherten- und damit Kundengruppen unterschiedliche Formen der Ansprache und unterschiedliche Inhalte der Kundenbindungsprogramme zu entwickeln.

2.2.3 Inhalte von Kundenbindungsprogrammen

Die Inhalte von Kundenbindungsprogrammen müssen in solche unterteilt werden, die Vorteile in Bezug auf die konkret erbrachte Leistung beinhalten und solche, die weitere Vorteile erschließen, wenn die Leistung überhaupt in Anspruch genommen wurde und solche, die in keinen Zusammenhang mit der Leistungsinanspruchnahme stehen.

2.2.4 Vorteile und Nachteile für die Vertragspartner

Sofern Kundenbindungsprogramme wirken, können damit die Strategien der Krankenkassen unterstützt oder unterlaufen werden, Versicherte in bestimmte Krankenhäuser zu führen oder aber bestimmte Krankenhäuser von der Leistungserbringung auszugrenzen. Die gezielte Steuerung von Patienten kann seitens der Krankenkassen durch qualitative oder auch ökonomische Aspekte motiviert sein.

Insofern empfiehlt es sich bei der Einführung von Kundenbindungsprogrammen mit den bevorzugten Vertragpartnern die Kundenbindungsprogramme gemeinsam zu entwickeln.

Vorteile und Nachteile für das Krankenhaus

Die Vorteile sollten bei der Einführung von Kundenbindungsprogrammen für das Krankenhaus überwiegen, da im Falle der erfolgreichen Umsetzung, das gewünschte Ziele, mehr Patienten zu behandeln, erreicht werden.

Die Nachteile bestehen möglicherweise darin, dass mit der Einführung Kosten verbunden sind und dem Gesetz des Marktes folgend möglicherweise schnell Nachahmerprodukte auf dem Markt kommen. In diesem Fall wird sich zeigen, wie wettbewerbsstark das eigene Programm ist

Vorteile und Nachteile für den Kunden

Die Vorteile für den Kunden bestehen darin, dass er ohne das Kundenbindungsprogramm, die mit dem Programm verbundenen ökonomischen oder sonstigen Vorteile nicht erhalten würde.

Der Nachteil kann darin bestehen, dass er sich für ein Krankenhaus wegen der Vorteile des Kundenbindungsprogrammes entscheidet, jedoch die primären Entscheidungskriterien für die Wahl des Krankenhauses nicht adäquat berücksichtigt.

Vorteile und Nachteile für weitere Vertragpartner (Mehrwertpartner)

Die Vorteile für weitere Vertragspartner bestehen darin, dass die eigenen Umsatz- oder Vertriebsstrategien positiv verstärkt werden.

2.3 Kundenbindungsprogramme der HSK Rhein-Main GmbH

Die Gesundheitswirtschaft und insbesondere der stationäre Kliniksektor sehen sich seit Jahren einem immer stärker werdenden Wettbewerbsdruck bei gleichzeitigen Rationierungstendenzen gegenüber.

Nachdem in den vergangenen Jahren bei vielen Krankenhäusern einschneidende Verbesserungen durch Re-Strukturierungsprozesse und Kostensenkungen innerhalb der Einrichtungen erreicht wurden, rückt das Thema „Kundenorientierung" als Wettbewerbsfaktor in einen immer größeren Fokus.

Noch in den 60er- und 70er-Jahren war, wenn überhaupt im Kliniksektor, das Marketing von Massenmarketing der Verkäufermärkte geprägt. Seit den 80er und 90er Jahren entwickelte sich zunehmend die Gruppe der Nachfrager in den Käufermärkten heraus, welche sich durch unterschiedliche Anforderungen auszeichnen und mit Hilfe von modernen Marketinginstrumenten beworben werden.

Gegenwärtig stehen Krankenhäuser unter anderem im Bereich des Marketings vor neuen Herausforderungen. Der medizin-technische Wandel vollzieht sich in immer kürzeren Zeitabschnitten, bei gleichzeitiger Debatte einer immer teurer werdenden Krankenhausversorgung und eines kaum durch die GKV zu finanzierenden Leistungsanspruchs der Patienten.

Dennoch ist der Markt der Neukundengewinnung für Krankenhäuser ein hart umkämpfter Markt.

Für einen langfristigen Erfolg am heutigen Krankenhausmarkt reichen einmalige Aktivitäten nicht mehr aus. Die Stabilisierung und der Ausbau des Kundenstamms ist ein wesentlicher Faktor für den wirtschaftlichen Erfolg sowie das Wachstumspotenzial eines Krankenhauses.

Der Kundenstamm der Dr. Horst-Schmidt-Kliniken zeichnet sich durch Heterogenität und differenzierte Konsumpräferenzen aus. Um dieser Vielfalt an Bedürfnissen gerecht zu werden sind effiziente Kundenbindungsprogramme in der Klinik ein klassisches absatzpolitisches Instrumentarium.

Auch die HSK hat in den letzten Jahren erkannt, dass Kundenbindung eine wichtige Zielgröße im Marketing der Klinik darstellt.

2.3.1 Inhalte und Module des Kundenbindungsprogramms

Im Zuge dieser Entwicklung versucht die HSK mehr und mehr ihr Angebot stärker am Kunden auszurichten, um diesem einen Mehrwert zu ermöglichen gegenüber anderen Kunden aus anderen Kliniken.

Die Bindung der Kunden und Stabilisierung des bestehenden Kundenstamms gewinnt in der HSK seit jüngster Zeit kontinuierlich an Priorität.

Doch alle Aktivitäten der Kundenbindung sind nur so gut, so gut sie zur Gesamtstrategie eines Unternehmens passen. Einzelaktivitäten sind hier bei nicht förderlich. Im Gegenteil, sie verpuffen noch in der Sekunde ihrer Umsetzung und verschwenden wertvolles Budget.

Viele auf einander abgestimmte Aktivitäten und strategische Entscheidungen sind notwendig für erfolgreiche Kundenbindungsprogramme. Für eine erfolgreiche und nachhaltige Kundenbindung sollten die Instrumente im Einsatz eines Marketing-Mixes zum Tragen kommen.

Die übergeordnete strategische Zielausrichtung sollte hierbei der Lotse alle Aktivitäten darstellen. D. h. welches Kundenbindungsinstrument zum Einsatz kommt ist immer auch abhängig von der Gesamtunternehmensstrategie.

Im nachfolgenden sollen drei Aktivitäten der HSK zur Kundenbindung vorgestellt werden. Alle drei Kundenbindungsprogramme sind aufeinander abgestimmt und ergänzen sich in ihrer Wirkung. Gleichermaßen fügen sie sich wie Rädchen in die gesamte Unternehmensstrategie der HSK ein.

Verlängerung der Wertschöpfungskette

Die Verlängerung der Wertschöpfung über das Kerngeschäft „Krankenhaus" stellt für die HSK zukünftige Wachstumsfelder dar. Eine Ausweitung des Leistungsspektrums in den ambulanten Bereich ermöglicht für das Krankenhaus Patientenströme bewusster zu steuern. Krankenhäuser sind auf Grund Ihrer Infrastruktur, Ihres natürlichen Netzwerkes und Ihrer hohen Akzeptanz in der Versorgungskette prädestiniert, diese managed care Funktion wahrzunehmen. Bislang haben Krankenhäuser diese Funktion nicht wahrgenommen, da zum einen die gesetzlichen Rahmenbedingungen dieses nicht erlaubt oder notwendig gemacht haben und aber auch weil Krankenhäuser zu wenig Ihre Chancen in dieser Funktion gesehen haben.

Durch die diversen gesetzlich veränderten Rahmenbedingungen haben Krankenhäuser bereits vielfältige Gestaltungsmöglichkeiten die Versorgung der Patienten weit über die stationäre Versorgung hinaus zu begleiten.

Notwendige Glieder der Versorgungskette stellen die haus- und fachärztliche ambulante Versorgung sowie die ambulante und stationäre Pflege

dar. Darüber hinaus bedarf es bei der Zurverfügungstellung von Medikamenten und Heil- und Hilfsmitteln der Zusammenarbeit mit Apotheken, der Sanitätshäuser und des Home Care Bereiches.

Dieses verlangt von allen Beteiligten auch Kooperationen und Formen der Zusammenarbeit zu finden, die von einer zivilrechtlichen Vertragsgestaltung bis zu einem gesellschaftsrechtlichen Zusammenschluss von Unternehmen reichen können.

Abbildung 2 verdeutlicht die Zieldimension der HSK in Hinblick auf eine strategische Zusammenarbeit mit den unterschiedlichsten Leistungserbringern innerhalb der Wertschöpfungskette eines Patienten.

Die HSK Rhein-Main GmbH hat in diesem Sinne nicht nur die Aufgabe der reinen Leistungserbringung, sondern wird zunehmend stärker in den Bereichen Management und Finanzierung von Gesundheitsleistungen eingreifen.

Bislang haben Krankenhäuser die natürlichen und gesetzlich geregelten Grenzen zwischen den Leistungsanbietern und Leistungsnachfragern akzeptiert. Mit der Aufweichung der Grenzen zwischen den einzelnen Partnern im Gesundheitswesen, gelten diese Grenzen nicht mehr. So bieten einzelne Krankenkassen direkt oder indirekt gesundheitsnahe Dienstleistungen an. Als ein Beispiel ist zu nennen, dass sich Unternehmen der Pharmaindustrie als Leistungsanbieter gemäß SGB V verstehen. Insofern ist es nur folgerichtig, dass Krankenhäuser sich auch um die Finanzierung der Leistungen sorgen sollten. Andere Branchen z. B. die Automobilindustrie, die elektronische Unterhaltungsindustrie etc. haben damit in den letzten Jahren ihre Ertragskraft stärken können. Die reine Erbringung von ambulanten und oder stationären Leistungen wird langfristig nicht alleine die erwarteten Ertragsrenditen sicher stellen. Die Finanzierung von Gesundheitsleistungen sowie weiterer Leistungen, deren Preisgestaltung nicht den engen Grenzen der Preisregulierung unterliegen, müssen mit in die Wertschöpfungskette einbezogen werden. Da Krankenhäuser nicht befugt sind, Krankenversicherungsleistungen zu erbringen, bedarf es dazu Kooperationen und anderer Formen der Zusammenarbeit mit geeigneten Partnern der Versicherungswirtschaft.

Die HSK sowie andere diverse Krankenhausträger beschäftigen sich zur Zeit mit der Frage, in wie weit es gelingt durch spezielle Zusatzversicherungen, die für bestimmte Krankenhäuser und weitere ausgewählte Partner gelten auch die

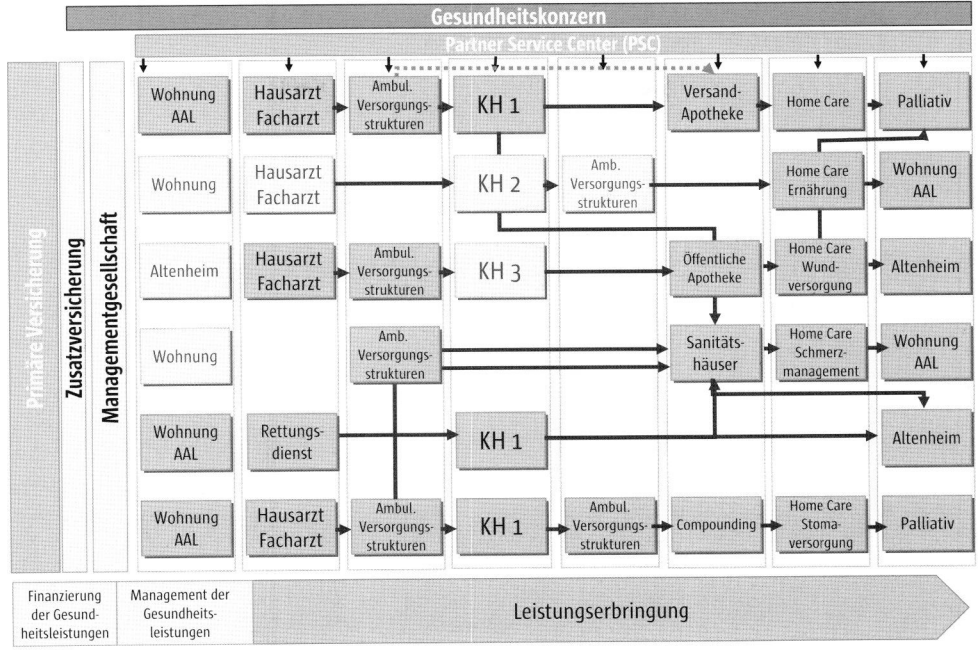

Abb. 2   Wertschöpfungskette im Gesundheitsbereich

Finanzierung der stationären Leistungen über die gesetzliche Versicherung hinaus zu gestalten.

Mit dieser Fragestellung beschäftig sich die HSK seit über zwei Jahren. Das Ergebnis dieser Überlegungen ist ein Produkt, welches kurzfristig als Patientenbindungsprogramm agieren kann und langfristig der erste Schritt in die Welt des Managed Care-Gedankens darstellt.

mcplus – Patientenbindungs- und Managed Care-Programm

Die HSK hat das Angebot mcplus in den letzten zwei Jahren entwickelt. Auf der Basis umfangreicher Marktrecherchen ist ein Dienstleistungspaket entstanden, das bisher in dieser Form auf dem deutschen Markt einzigartig ist.

Mcplus besteht aus zwei Säulen, eines Gesundheitsmanagements und einer Versicherungsleistung. Die Versicherungsleistung wird über eine deutsche Versicherung abgebildet. Die Gesundheitsmanagementleistungen wird von der HSK, Dr. Horst Schmidt Kliniken GmbH unter zu Hilfenahme der Leistungen eines Gesundheitsaktenanbieters und eines Callcenters angeboten.

mcplus stellt zum einen ein Gesundheitspräventionsprogramm dar, zum anderen enthält es Elemente eines Disease Management-Programms.

Durch die Verbindung eines freiwilligen Gesundheits-Checks mit der digitalen Gesundheitsakte sowie zusätzlichen Komfortleistungen während des stationären Aufenthaltes werden die Endnutzer in einem immer stärker limitierenden Markt von Gesundheitsleistungen privilegiert. In Verbindung mit bestimmten Mehrwertpartnern entsteht somit ein Produkt, das durch die Finanzierung durch unterschiedliche Partner für den Endverbraucher finanzierbar wird.

Die Etablierung des Produktes in unterschiedlichen Regionen der Bundesrepublik wird zurzeit durchgeführt.

Abbildung 3 zeigt das Leistungsportfolie von mcplus. mcplus classic enthält beispielhaft die Leistungen eines

- freiwilligen jährlichen Gesundheitschecks
- einer freiwilligen elektronischen Gesundheitsakte
- ein Kompetenzcenter an 24 Stunden, an 365 Tagen im Jahr und
- den Status eines Privatpatienten (Chefarztbehandlung und 1-Bettzimmer) in eines der

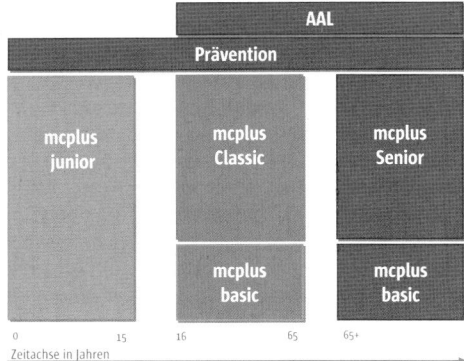

Abb. 3   Leistungsportfolio von mcplus

mcplus Krankenhäuser sowie zusätzliche Komfortleistungen bei stationärem Aufenthalt.

Das übergeordnete Ziel von mcplus ist, wie auch schon im vorher beschriebenen Kundenbindungsprogramm, die Patienten durch die zerklüfteten Sektoren der Gesundheitslandschaft zu steuern und ihre Versorgung zu managen. Vor diesem Hintergrund wird deutlich, dass mcplus ein Element zur Zielerreichung der gesamten strategischen Ausrichtung der HSK darstellt und gleichzeitig ein wirksames Kundenbindungsprogramm ist.

Im Schaubild des Leistungsportfolios von mcplus (s. Abb. 3) ist das Modul AAL ein weiteres Angebot, gerade für ältere Menschen in unserer Bevölkerung. AAL steht für „Ambient Assisted Living" und bedeutet den älteren Menschen ein langes und unabhängiges Leben in den eigenen vier Wänden zu ermöglichen.

Auch in diesem Bereich sieht die HSK ein großes Potenzial Kundenbindung zu betreiben. Die Wohnung gewinnt als dritter Gesundheitsstandort an immer größerer Bedeutung.

Ambient Assisted Living (AAL)

Die Bundesregierung unterstützt derzeit Versorgungsmodelle in denen es gelingt, insbesondere die ältere Bevölkerung möglichst lange in Ihrem häuslichen Umfeld zu behalten.

Gerade der immer größer werdende Bereich der chronisch erkrankten Menschen erfordert von den Akteuren des Gesundheitssektors eine engere Verzahnung zwischen ambulanten und stationären Versorgungsformen.

Chronische Krankheitsverläufe sind in der Regel geprägt von temporären physiologischen und soziologischen Phänomenen. Daher wird es zukünftig immer wichtiger den gesamten Krankheitsverlauf eines Patienten zu betrachten und zu managen. Hierbei kommt dem Krankenhaus eine zentrale Rolle im Management dieser neuen Versorgungsformen zu. Ein, in diesem Projekt avisierter Ansatz, ist der Einsatz von telemedizinischen Geräten vor- und nach dem stationärem Krankenhausaufenthalt.

Der bisher ausgebliebene Erfolg in der Anwendung der technisch relativ ausgereiften AAL-Lösungen beruht auf drei wesentlichen Ursachen:

- eine geringe Kenntnis über AAL-Lösungen in der breiten Öffentlichkeit
- ein zu geringer Anreiz zur Nutzung der spezifischen AAL-Lösungen sowohl bei den Akteuren im Gesundheitssektor als auch bei den Endnutzern
- das Fehlen eines zugrunde gelegten, wirtschaftlich tragfähigen Geschäftsmodells für die beteiligten Partner und Nutzer

In der Realisierung aller drei aufgeführten Punkte kommt dem Krankenhaus eine nicht unbedeutende Rolle zu. Im Rahmen von Präventivangeboten wie auch bei stationären Behandlungen ist häufig das Krankenhaus die Institution, in der die Erstdiagnose gestellt und die nachstehenden Versorgungsschritte geplant und organisiert werden. Hier kann der betroffene ältere Mensch möglichst frühzeitig für diese Thematik sensibilisiert werden.

Im Rahmen von Präventivangeboten wie auch bei stationären Behandlungen ist häufig das Krankenhaus die Institution in der die Erstdiagnose gestellt und die nachstehenden Versorgungsschritte geplant und organisiert werden. Hier kann der betroffene ältere Mensch frühzeitig für diese Thematik sensibilisiert werden.

An einem konkreten Beispiel aus der HSK soll nachfolgend aufgezeigt werden wie es gelingen kann mit Hilfe eines Zusatzpaketes zur Prävention und weiteren medizinischen und gesundheitsfördernder Leistungen große Bevölkerungsgruppen anzusprechen und im Bedarfsfall auf spezifische AAL-Lösungen benutzerorientiert hinzuweisen und zeitnah in den indizierten Wohnungen zu etablieren. Das Geschäftsmodell, in dem das Krankenhaus eine stärkere Bedeutung in der AAL-Etablierung erfährt, stellt hier eine neuartige

Form der gesundheitlichen Vorsorge und des Gesundheitsmanagements dar. Das Modell ermöglicht neben dem Krankenhaus weiteren Partnern (z. B. der Wohnungswirtschaft) einen Mehrwert für ihre Kunden bzw. Mieter anzubieten. Das Geschäftsmodell stellt auf die Beteiligung aller Partner in der Wertschöpfungskette ab. Dem Modell gelingt es durch ein zukunftsweisendes Angebot an individuell abgestimmter Gesundheitsversorgung die Grenzen zwischen der ambulanten und stationären Versorgung zu überwinden.

Mieter werden durch ihr Wohnungsunternehmen auf das Präventivangebot hingewiesen. Hierdurch besteht die Möglichkeit für die Mieter möglichst frühzeitig durch einen angebotenen Gesundheitsscheck in der Klinik ihrer Nähe, ihre gesundheitlichen Risiken zu erkennen und ein entsprechendes Compliance-Programm einzurichten, um die Mobilität und eigenständige Lebensführung zu verlängern.

Die älteren Menschen mit einer entsprechenden medizinischen Indikation werden mit der AAL-Technologie ausgestattet und sind hierüber zeitgleich mit einem medizinischen Kompetenz-Center sowie zu medizinischen und pflegerischen Dienstleistern verbunden. Sie werden damit in ein Konzept aus Telemonitoring und medizinischen sowie pflegerischen Dienstleistungen eingebunden. Die beiden Komponenten komplimentieren ein AAL-Gesamtsystem in dem das Krankenhaus mit angeschlossenem Kompetenz-Center eine Schlüsselposition im Aufbau von Managed Care-Programmen und in der Steuerung der Versorgungspfade einnimmt.

Zum Aufbau von erforderlichen Versorgungsstrukturen, die über den reinen stationären Aufenthalt in einem Krankenhaus hinaus gehen, benötigen Krankenhäuser auch entsprechende Kompetenz, um die Märkte um sie herum zu verstehen und mit ihnen Kooperationen anzubahnen. Krankenhäuser sollten daher Einheiten innerhalb ihrer Organisation schaffen die dazu beitragen die Wertschöpfungskette in die prä- und poststationären Bereiche auszubauen.

2.4 Mehrwertpartner des Kundenbindungsprogramms

Ausgehend von den vorgestellten Kundenbindungsprogrammen mcplus und AAL lassen sich eine Vielzahl von möglichen Mehrwertpartnern identifizieren. Diese Mehrwertpartner dienen unter anderem zur Finanzierung der erbrachen Kundenbindungsleistung. Zum anderen erzeugen die Mehrwertpartner für ihr eigenes Unternehmen einen Kundenzuwachs durch Alleinstellungsmerkmale.

Je nach Kundenbindungsprogramm und der Wahl der Vertriebsstruktur gibt es eine Vielzahl an Partnern, welche einen Mehrwert erfahren bei eingehen einer Partnerschaft mit dem Krankenhaus.

Exemplarisch sind einige mögliche Mehrwertpartner aufgeführt:
- Wohnungswirtschaft
- Arbeitgeber
- Andere Krankenhaus
- Krankenkassen
- Dienstleister (z. B. Sanitätshaus, Drogeriemarkt, Versandapotheke etc.)

Abbildung 4 zeigt beispielhaft die identifizierten möglichen Mehrwertpartner in der Vertriebsstruktur des Kundenbindungsprogramms im Rahmen des Engagements im Bereich Ambient Assisted Living.

Unabhängig von Ausgestaltungsspielräumen solcher oder ähnlicher Bindungsprogramme ist das übergeordnete Ziel eine höherwertige Kundenbeziehung. Die Bindung muss beim Kunden als ein positives Erlebnis wahrgenommen und abgespeichert werden sowie einen Mehrwert für den Kunden generieren. Mehrwerte können dabei ganz unterschiedlicher Ausprägung und Reichweite sein, z. B. durch Rabatte, einer privilegierten Behandlung, Zuzahlungserstattungen oder Bonuspunkten etc.

2.5 Kritische Reflexion von Kundenbindungsprogrammen

Trotz dieser Erkenntnis zeigt sich in der aktuellen stationären Praxis immer wieder eine Diskrepanz zwischen dem theoretischen Wissen um Kundenbindung und der real praktizierten Kundenorientierung. Die gelebte Wirklichkeit zeichnet sich häufig dadurch aus, dass einzelne Instrumente wie zum Beispiel ein Callcenter oder der Aufbau einer Einweiser- und Kundendatenbank implementiert werden, diese jedoch lediglich eine isolierte Anwendung erfahren, da ein Gesamtkonzept zur Umsetzung und Durchsetzung von Kundenbindung fehlt. Vor diesem Hintergrund stellt sich häufig eine Steigerung der Kundenbindung im Krankenhaus gar nicht erst ein.

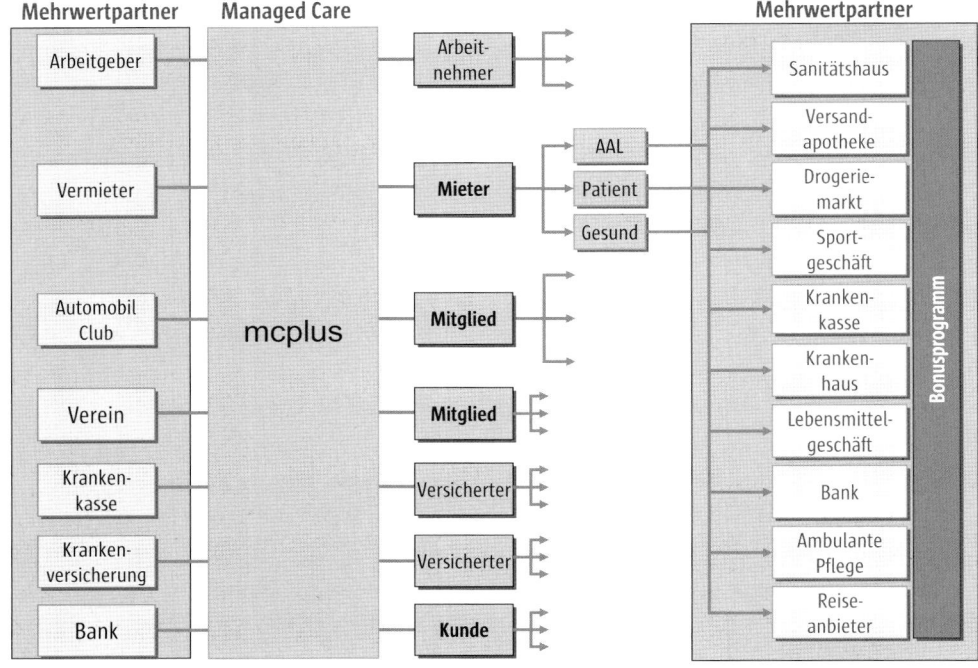

Abb. 4   Mehrwertpartner im Bereich AAL

Eine Verflechtung der strategischen Aktivitäten und ergänzender operativer Umsetzung wird nur unzureichend oder gar nicht geschafft. Gerade in Zeiten des immer stärker werden Qualitätsanspruches der Patienten an die Krankenhäuser, suggerieren diese ihren Kunden gerne die Kundenorientierung als Wettbewerbsvorteil. Doch hier besteht die Gefahr, dass sich die Häuser zwischen kommuniziertem Anspruch und Realität einen Wettbewerbsnachteil verschaffen.

Abschließend lässt sich festhalten, dass Kundenbindung ein wirksames Mittel der Wahl sein kann, um langfristig am Markt bestehen zu können und einen stabilen Kundenstamm aufzubauen. Doch ein blinder Aktionismus mit einzelnen Anstrengungen führt nicht zum gewünschten Erfolg. Nur die Verbindung zwischen der strategischen Unternehmensausrichtung und der operativen Handlungsebene ist der Schlüssel zum Erfolg.

2.6 Weitere Verbreitung des Kundenbindungsprogramms in Deutschland

2.6.1 Stufenweiser Ausbau zu einem nationalen Kundenbindungsprogramm

Das Kundenbindungsprogramm der HSK ist derart konzipiert, dass langfristig ca. 80 Krankenhäuser zu einem Ring von Premium-Partnern zusammen geschlossen werden sollen. Der Vorteil für die Kunden liegt dabei darin, dass der Kunde im Einzelfall vielfältige Entscheidungsmöglichkeiten hat und das gesamte Spektrum der Hochleistungsmedizin durch die Vielzahl der Krankenhäuser in Anspruch nehmen kann. Bei einem Umzug oder bei innerdeutschen Reisen stehen ihm in allen großen Städten Partner-Krankenhäuser zur Verfügung.

Darüber hinaus besteht damit die Möglichkeit der Krankenhäuser nationale Vertriebsstrategien aufzubauen und die Stärke dieses Verbundes auch auf anderen Märkten umzusetzen.

2.7 Weitere Ausbaustufen des Kundenbindungsprogramms

2.7.1 Integrierte Versorgungsverträge

Der Gesetzgeber erlaubt heute den Vertragspartner nur in der Ausgestaltung des § 140 ff., „integrierte Versorgungsverträge" abzuschließen. Es ist jedoch absehbar, dass es künftig vielfältige Möglichkeiten geben wird, durch den Zusammenschluss unterschiedlichster Partner der Versorgungskette gänzlich anzubieten. Hierzu ist es notwendig, ein Netz von Partnern zu strukturieren.

Gleichfalls ist zu beobachten, dass die Krankenkassen durch die zunehmende Konzentration der Krankenkassen in der Regel nationale „Versorgungsaufträge" erfüllen müssen. Hierzu ist es notwendig, auf der Seite der Leistungsanbieter ebenfalls nationale tätige Verbünde zu etablieren. Es empfiehlt sich daher, mit dem geplanten Verbund der Premium-Krankenhäuser auch dieses Marktsegment zu erschließen.

2.7.2 Health Maintenance Organization (HMO)

Der Erfolg des Kundenbindungsprogrammes wird ganz wesentlich davon abhängen, in wie weit es gelingt, die Arbeitgeber als Mehrwertpartner und damit als (Teil-)Zahler der Kosten des Kundenbindungsprogrammes zu gewinnen. Die Gespräche mit den Arbeitgebern zeigen, dass großes Interesse besteht. Angesichts des bereits sichtbaren Fachkräftemangels sind Arbeitgeber interessiert, einen Mehrwert für ihre Mitarbeiter zu entwickeln, der insbesondere nicht tarifgebunden ist und auch geeignet sein kann, den Gesundheitszustand des Mitarbeiters und damit die Produktivität zu verbessern. In diesem Zusammenhang werden bereits weitere Leistungen durch die Vertragspartner angefragt.

Es ist daher durchaus denkbar, dass analog den HMO-Modellen der USA hier Teile der Versorgung der Mitarbeiter von Unternehmen übernommen werden.

2.7.3 Vollversicherung

Visionär wäre der Gedanke, dass bei einer genügend großen Anzahl von versicherten Menschen, auch das Risiko der Vollversicherung übernommen würde.

Fazit

Die zunehmende volkswirtschaftliche Bedeutung der Versorgung der chronisch kranken Bürger, macht es erforderlich, dass Entgeltformen entwickelt werden, die Anreize beinhalten, die die Versorgung möglichst kostengünstig gestalten. Dieses bedeutet für die Krankenkassen, dass einerseits die Gesamtkosten kalkuliert werden müssen, diese pauschaliert werden müssen und einen oder wenige Leistungsanbieter gefunden werden müssen, die bereit und in der Lage sind, entweder bestimmte Krankheitsarten und oder bestimmte Regionen zu versorgen und sämtliche Versorgungsleistungen zu planen, zu managen und deren Kosten zu übernehmen. Einige wenige Modellvorhaben sind bereits existent. Hierzu zählt auch das Versorgungsmodell des Kinzigtals.

Sofern es gelingt, möglichst umfassend die einzelnen Leistungsanbieter, die zur Versorgung von Patienten notwendig sind, insbesondere die chronisch kranken Patienten zu einer verbindlichen Form der Zusammenarbeit zu binden, kann das Krankenhaus als Nukleus einer dieser Versorgungskette diese auch managen. Einerseits übernehmen die Krankenkassen immer stärker diese Rolle, da sich keine Lösung findet, um die Versorgung zu optimieren, andererseits sind die absoluten Zahlen für einzelne Erkrankungen zu gering, um solche Wirtschaftlichkeitseffekte zu erzielen. Die Krankenhäuser haben die Möglichkeit kassenübergreifende Versorgungsstrukturen aufzubauen und im Einzelnen auf die spezifischen Vertragsinhalte, die mit den einzelnen Krankenkassen zu vereinbaren sind, anzupassen.

Kundenbindungsprogramme sind in Deutschland bereits umfassend etabliert. Die ersten Erfolge des Kundenbindungsprogrammes der HSK zeigen, dass auch in der Gesundheitswirtschaft derartige Ansätze erfolgreich sein können. Hier wird noch viel Entwicklungsarbeit zu leisten sein und es werden die unterschiedlichsten Formen der Kundenbindungsprogramme miteinander konkurrieren.

Es darf jedoch nicht vergessen werden, dass die Wahl im Krankheitsfall für einen Leistungsanbieter im Gesundheitswesen, sich immer an der Qualität und an dem individuellen Nutzen, nämlich der bestmöglichen Versorgung für den Patienten ausrichten muss.

3 Bedürfnisse von (potenziellen) Patienten

Hartwig Jaeger

ABG Gesundheitsimmobilien, Hamburg

Fast jeder kennt die „*Dove Girls*", die anstelle von professionellen Models für hautstraffende Körperlotion werben. Fast jeder kennt den Slogan von BMW, der mit „*Freude am Fahren*" einen Vorgeschmack auf das Fahrerlebnis geben will. Fast jeder kennt die Sixt-Werbung, in der Wortspiele und das Aufgreifen aktueller politischer Diskussionen den Eindruck einer innovativen und wettbewerbsstarken Autovermietung prägen.

Im täglichen Leben treffen wir ständig eine Auswahl und entscheiden, was wir tun oder lassen. Zuvor müssen wir etwas beurteilen – ob wir es bereits kennen oder nicht. Hierbei werden wir von unseren Sinneseindrücken und Assoziationen, Vermutungen, Hoffnungen und Erwartungen beeinflusst.

Diese Erkenntnis ist die Grundlage der Markenführung. Angebote signalisieren ein Versprechen, damit wir die *richtige* Auswahl treffen. Solche Signale müssen sorgfältig gewählt sein, um zu wirken. Sie sprechen alle unsere Sinne an: Sehen, Hören, Riechen, Tasten und Schmecken. Die Markenführung nutzt Bilder, geschriebene und gesprochene Worte, Geräusche, Musik, Gerüche und Düfte, fühlbare Materialien – Signale, die bewusst oder unbewusst unsere Auswahl und Entscheidungen beeinflus-

sen. Starke Marken können eine Vielzahl von Signalen senden.

Ob Sicherheit oder Sportlichkeit eines Autos, Image eines Parfums oder Wirksamkeit eines Deorollers – blitzartig erkennen wir anhand der empfangenen Informationen unsere Präferenz und entscheiden. Oder wir erkennen keine Signale, weil es keine gibt oder weil sie uns gleichgültig sind. Auch ein nicht beeinflussendes Signal ist ein Signal. Das Axiom der Kommunikation „Man kann nicht nicht kommunizieren" gilt auch in der Markenführung [vgl. Metakommunikatives Axiom von Watzlawick et al. 1974].

„Medizin ist doch kein Produkt – der Patient ist kein Kunde". Das ist richtig, aber auch im Gesundheitswesen sind die Grundlagen der Markenführung gültig – wir können von den Erkenntnissen der Markenforschung lernen. Denn der Patient, seine Angehörigen und auch die einweisenden Ärzte treffen die Entscheidung, welches Krankenhaus eine Behandlung übernehmen soll. Diese Entscheidungen basieren auf der erwarteten Erfüllung von Bedürfnissen – bewussten oder unbewussten, häufig assoziativ verknüpften Bedürfnissen.

3.1 Ausgangssituation – Bedürfnisse der (potenziellen) Patienten

Die Konsolidierung des Krankenhausmarktes und die gleichzeitige Notwendigkeit für die einzelnen Krankenhäuser, einen optimalen Case Mix zu erreichen, haben trotz des demografischen Wandels mit steigenden Fallzahlen stationärer Krankenhausbehandlung [Statistisches Bundesamt 2010] den Wettbewerb intensiviert.

Bei Notfällen beeinflusst die Erstversorgung durch Rettungsdienste maßgeblich die Auswahl des behandelnden Krankenhauses und neben der räumlichen Nähe eines Krankenhauses spielt die medizinische Ausstattung (z. B. Stroke Unit, Neurochirurgie, Perinatalzentrum) eine entscheidende Rolle. Bei elektiven Behandlungen wird der Wettbewerb um Patienten durch zwei Zielgruppen geprägt – die Patienten selbst bzw. ihre Angehörigen und die zuweisenden Ärzte.

Während das Zuweisermanagement in einem anderen Kapitel behandelt wird, soll es in diesem Beitrag um die Patienten gehen. Die zukünftigen Patienten werden sich verstärkt an der Auswahl eines Krankenhauses beteiligen. Sie werden bewusst nach Informationen über die Qualität eines Krankenhauses suchen und ihr Anspruch an Transparenz und Serviceleistungen eines Krankenhauses wird zunehmen.

Das Krankenhaus der Zukunft muss sich daher in sehr viel stärkerem Maße an den Wünschen und Erfordernissen der Patienten und Besucher orientieren. Dabei kommt es darauf an, die Bedürfnisse der (zukünftigen) Patienten genau zu verstehen, um die Entscheidungsfindung bei der Auswahl eines Krankenhauses positiv zu beeinflussen.

Hierfür eignen sich zwei Arten von Befragungen, die einen unterschiedlichen Betrachtungsfokus haben. Die Befragung nach einem Krankenhausaufenthalt („ex post"), die mittlerweile von vielen Krankenhäusern und Befragungsinstituten [Ruprecht 1999; 2001; 2003] routinemäßig durchgeführt wird, dient dazu, aus den beschriebenen Erfahrungen der Patienten zu lernen und zu reagieren. Will man jedoch die tiefer liegenden Bedürfnisse der Patienten unabhängig von den Erfahrungen eines aktuellen Krankenhausaufenthaltes verstehen, müssen potenzielle Patienten – d. h. Menschen, die unvorhergesehen vor der Notwendigkeit eines Krankenhausaufenthaltes stehen könnten oder von ihren Verwandten oder Bekannten gebeten werden, bei der Entscheidung

für einen Klinikaufenthalt beratend zur Seite zu stehen – „ex ante" befragt werden.

Hier setzt die Untersuchung an, die die Klinikgruppe *Vivantes* in Berlin im Jahr 2006 zusammen mit *Sinus Sociovision* aus Heidelberg durchgeführt hat. Wichtig bei dieser Art von Befragung ist, dass die Assoziationen der befragten (potenziellen) Patienten unabhängig von dem „Wahrheitsgehalt" bewertet werden müssen. „Perzeption ist Realität" – besonders, wenn es sich um eine fremde Umgebung handelt und sich der Mensch in einer Stresssituation befindet.

3.2 Methodik der Untersuchung

Durch die Mitarbeiter des wissenschaftlichen Forschungsinstituts *Sinus Sociovision* wurden bundesweit 64 Personen im Alter zwischen 30 und 60 Jahren befragt. Um ein breites Spektrum hinsichtlich Wertorientierung, Lebensstil und Lebenslage garantieren zu können, erfolgte die Auswahl der Probanden auch unter Berücksichtigung von acht relevanten Sinus-Milieus [Haas 2007]. Die Interviews fanden im privaten Wohnumfeld der Probanden statt, um eine sehr persönliche Gesprächssituation und damit eine adäquate Voraussetzung für emotionale und tiefer gehende Gespräche zu schaffen. Besonderer Wert wurde auf die Möglichkeit gelegt, den Gesprächspartnern ausführlichen Raum zur Äußerung ihrer persönlichen Sichtweisen und Bewertungen, Einstellungen und Wünsche im Hinblick auf das Thema Krankenhaus zu geben. Die Interviews dauerten im Schnitt 3-4 Stunden und beinhalteten eine tiefenpsychologische Exploration unter besonderer Berücksichtigung einer systemischen Fragestellung.

In der Praxis der empirischen Sozialforschung spielen qualitative, d. h. offene oder teiloffene Interviews, so wie sie in der vorliegenden Studie angewandt wurden, in vielfältigen Varianten eine wichtige Rolle. Insbesondere dann, wenn die Fragestellung sehr komplex ist und aufgrund ihrer Emotionalität eine sehr weitgehende Beschäftigung mit den inneren Haltungen, Werten und Überzeugungen der Gesprächspartner erfordert. Darüber hinaus sind qualitative Forschungsmethoden vor allem dann angezeigt, wenn ein Untersuchungsgegenstand erstmalig in den Fokus gerückt wird.

Im Gegensatz zu standardisierten Befragungsverfahren, die den Befragten die Antwortmöglichkeiten vorgeben, steht es ihnen beim offenen, qualitativen Interview frei, ihre Ansichten und Erfahrungen mit eigenen Worten zu schildern. Qualitative Interviews stellen ein diskursives Verfahren dar, mit dem die psychische Wirklichkeit des Befragten schritt- und schichtweise freigelegt wird, bis sie in ihrer Gänze und Einzigartigkeit verstehbar wird. Tiefenpsychologisch meint hierbei weniger die Anlehnung an psychoanalytische Theorien und Methoden als eine im eigentlichen Wortsinne über die psychische Oberfläche des Befragten hinausgehende Fokussierung. Es handelt sich hierbei also eigentlich um ein Tiefeninterview. Das systemische Interview orientiert sich nicht an einem Leitfaden, sondern ist offen mit dem Ziel, die authentische lebensweltliche Architektur des Befragten zu rekonstruieren (inklusive der Begriffe, Bezeichnungen, Argumentationsfiguren sowie des Verweisungshorizonts). Durchgeführt wurden solche tiefenpsychologischen Explorationen mit systemischen Fragetechniken von Psychologen, Ethnologen und Sozialwissenschaftlern mit entsprechender methodischer Ausbildung und Erfahrung in qualitativen Interviewtechniken [vgl. Ploeger 2007].

Im Anschluss an die Befragungen wurden die Ergebnisse anhand von Praxisbeispielen durch Ortsbegehungen (Gemba – jap. für „Ort des Geschehens"; vgl. Gemba-Studien; Imai 1997) nachvollzogen und beispielhaft visualisiert.

3.3 Leitmotiv Angst

Das Leitmotiv der Assoziationen mit einem Krankenhaus ist Angst.

Das ist nicht überraschend – zumindest nicht, wenn man das Ergebnis der Untersuchung kennt. Aber das Ausmaß der Angst als *die alles dominierende Assoziation* war deutlicher als erwartet. Die Reihenfolge der Bedeutung der Assoziationen wurde treffend beschrieben mit

„Erst wurde die Angst deutlich, dann die Angst, dann noch mal die Angst – und dann die Angst".

In den Gesprächen wurde erkennbar, dass am Anfang der Diskussion die Wiedergabe des Erlernten und der Wunschvorstellung steht. Zitate wie „In einem Krankenhaus ist ...", „Ich stelle mir vor ..." oder „Ich weiß, dass in einem Krankenhaus immer ..." dienen der Selbstver-

sicherung und Selbstüberzeugung, dass der potenzielle Patient die Abläufe in einem Krankenhaus richtig und sachlich einschätzen und beurteilen kann. Nach einiger Zeit und gezielten Nachfragen des Interviewers kippt dieses Bild. Der Befragte realisiert, dass er das eben Gesagte eigentlich doch gar nicht beurteilen kann, sich in Allgemeinheiten, Gelerntes und Wunschvorstellungen flüchtet. Ihm wird bewusst, dass er über einen ihm doch weitgehend fremden Bereich spricht und beginnt, sich unwohl damit zu fühlen. Die Angst gewinnt Oberhand.

Zwei wesentliche Ängste lassen sich – vereinfacht beschrieben – differenzieren. Die Angst, dass „es Jemanden gibt, der mir helfen kann – aber ich weiß nicht, wie ich ihn finden kann – und ob das der Arzt vor mir auch kann" zeigt, wie sehr der potenzielle Patient realisiert, dass kein Arzt in allen Bereichen kompetent sein kann. Der zweite große Bereich der Angst beschreibt die Sorge vor dem Verlust der Selbstbestimmtheit, der Unabhängigkeit und dem Ausgeliefertsein im Falle einer Krankheit und insbesondere bei einer notwendigen stationären Behandlung in einem Krankenhaus. „Über mich wird entschieden – ich werde nicht einmal gefragt", „Ich muss darum betteln, dass sich jemand um mich kümmert." Und „Ich werde nur als Fall und nicht mehr als Mensch gesehen – und das ist denen noch nicht einmal peinlich" sind typische Beschreibungen dieser Angst.

Daneben finden sich auch konkrete Ängste – wie die Angst vor Infektionen in einem Krankenhaus: „...der schlimmste Ort, um gesund zu werden", die Angst vor vertauschten Blutkonserven und Behandlungsfehlern durch überarbeitetes Personal.

3.4 Beispiele für Wahrnehmung der Patienten

Spannend ist es, mehr über die Wahrnehmung der Patienten zu verstehen – nachdem sie realisiert haben, dass sie zu einer wirklichen Bewertung der Qualität eines Krankenhauses eigentlich nicht in der Lage sind. Wie bei der Kommunikation des Mehrwertversprechens bei Konsumgütern wie Kosmetik, Autos und Nahrungsmitteln kann sich der potenzielle Patient nur an dem Wahrnehmbaren orientieren. Ein Käufer muss bei der Auswahl eines Produktes, dessen Qualität er nicht bewerten kann, auf das Erscheinungsbild, den Geruch oder die Haptik des Produktes als Entscheidungsgrundlage zurückgreifen. Oder er verlässt sich auf seinen Eindruck von der Kompetenz des Verkäufers – da zum Beispiel bei der Auswahl eines Fernsehers die Erläuterungen zu den Produkteigenschaften (d. h. Plasma, LCD, LED) gar nicht verstehen oder gar kontrollieren kann. Was bedeutet das im Krankenhaus?

3.4.1 Kommunikationssignale

Der potenzielle Patient zieht auch im Hinblick auf das Krankenhaus vorhandene Kommunikationssignale (oder abwesende) [vgl. Watzlawick 1974] als Grundlage seiner Bewertung heran. Auf dem Weg in das Krankenhaus sind es mehr als 20 „Erlebnispunkte", die bewusst und unbewusst wahrgenommen und bewertet werden – und die Grundlage der Assoziationen gegenüber diesem speziellen Krankenhaus bilden. Wie bei starken Marken sind es sowohl optische, akustische und auch olfaktorische Signale, die wahrgenommen werden.

Signale können hierbei sein:
- **Bildelemente** – z. B. ein Logo, spezifische Bildwelten – ermöglichen die Wiedererkennbarkeit und verbinden sie mit Erfahrungen. Sie müssen leicht erkennbar, unverwechselbar und somit wiedererkennbar sein, z. B. wie das Logo der Deutschen Bank oder der Mercedes-Stern.
- **Bildwelten** – sie müssen den übergreifenden Lebenswelten der Zielgruppen entsprechen, um glaubwürdig zu sein – wie in der Dove-Werbekampagne mit realistischen Frauendarstellungen und wie viele Beispiele aus der Kampagne" Print wirkt" der Publikumszeitschriften im Verband Deutscher Zeitschriftenverleger (www.print-wirkt.de).
- **Tonelemente** – d. h. eine Melodie wie beispielsweise bei der „Intel inside"-Werbung bis hin zu der als mittlerweile wohl eher anstrengend empfundenen Tonfolge" da-da-da-di-da" der Telekom oder ein bereits etablierter Song wie der Rolling Stones-Hit „Paint it Black" in der T-home Kampagne. Fast jeder kennt die Szene mit dem romantischen Pizzaessen auf der Brücke und der Arie („La Donna è Mobile" aus „Rigoletto" von Guiseppe Verdi, 1851) als Werbespot für Dr. Oetker oder die Musik für die Tiefkühltorten von Coppenrath und Wiese („Tanz der Stunden" aus der Oper „La Gioconda" [Ballet im 3. Akt] von Amilcare Ponchielli,

1876). Ein anschauliches Beispiel für ein hoch emotionales Geräusch ist auch der Herzschlag in der Audi-Werbung („Audi Heartbeat"; MetaDesign, Berlin).
- **Gerüche** – sie haben einen hohen Wiedererkennungswert. Hier sind positive Beispiele wie die Düfte von Nivea oder Dove zu nennen, aber auch die von vielen Patienten und Angehörigen als stark negativ beschriebenen Gerüche in einem Krankenhaus.

3.4.2 Erlebnispunkte – Praxisbeispiele

Vier typische Beispiele für die Erlebnispunkte seien hier etwas ausführlicher dargestellt. Sie bilden auch die Grundlage bei den im nächsten Abschnitt vorgeschlagenen Maßnahmen zur praktischen Umsetzung.

Bildwelten

Bildwelten sind essentiell. Die Kampagne von Dove hat eindrücklich gezeigt, welche Kraft Bildwelten entwickeln können (s. o.). Umso erstaunlicher, wie ähnlich sich die Bildwelten der Krankenhäuser sind – und wie sie vielfach Angst fördern. Die Analyse von zahlreichen Broschüren, Internet-Seiten, Patienten-Flyern und Geschäftsberichten hat ergeben, dass es eine Fokussierung auf vier Bildwelten gibt (s. Abb. 5):
- Fotos vom Krankenhaus – überwiegend aus der Froschperspektive oder als Luftbild.
- Blick in die Werkstatt – in den OP, d. h. vermummte Menschen arbeiten an einem hilflosen Patienten. Oder Blick in die Endoskopie mit Patient, der der Schlauch der Magenspiegelung im Mund hat und dessen Kopf von der Pflegekraft gehalten wird. Oder Blick in die Radiologie, in der die Sprunggelenksfraktur des Patienten gerade mit einem C-Bogen durchleuchtet wird.
- Blick in das Patientenzimmer – hier scheint es unsicher zu sein, ob das Foto vom Bett mit Patient positiv (Assoziation „Patient leidet") oder das Foto vom Bett ohne Patient (Assoziation „Patient ist schon in der Pathologie") günstiger ist.
- Babyfüße – das Sinnbild für die Pädiatrie, Geburtshilfe, werdendes Leben – und das einzige Beispiel für eine emotionale, positive Bildwelt.

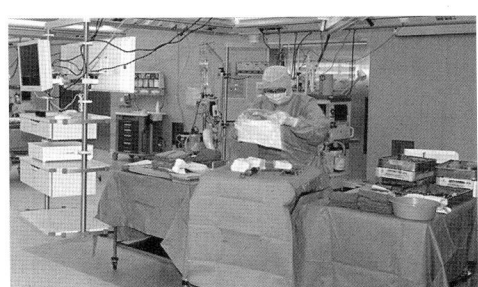

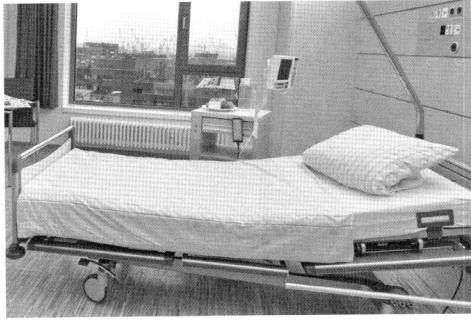

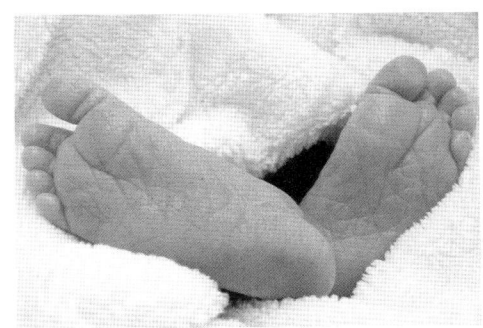

Abb. 5   Typische Bildwelten im Krankenhaus

Mülleimer

Auf dem Weg zum Krankenhauseingang werden von den potenziellen Patienten stets die Mülleimer wahrgenommen. Hierbei scheint es fast wie eine Suche nach den ersten Zeichen für den Zustand des Krankenhauses zu sein – die Wiedererkennung der Wahrnehmung ist auch bei den Befragten deutlich, die den Beobachtungspunkt nicht aktiv genannt haben. Ein überfüllter Mülleimer mit abblätternder Lackierung – vielleicht

Abb. 6   Eingangssituation im Krankenhaus

sogar ausgebrannt – wird auch unbewusst von den Patienten und Angehörigen wahrgenommen (s. Abb. 6). Er gibt aus Sicht der Patienten Hinweise auf unterlassene Investitionen, mangelnde Hygiene und allgemeine Nachlässigkeit. Neben dem optischen Eindruck spielen besonders die Geruchsmerkmale eine große Rolle – insbesondere, wenn der Mülleimer von einem überquellenden Aschenbecher gekrönt wird.

Eingangshalle

Das Betreten der Eingangshalle stellt ein Schlüsselerlebnis für potenzielle Patienten dar. „Jetzt bin ich drin", „Ab hier bin ich denen ausgeliefert" sind die entsprechenden Gefühle. Geruch, Beleuchtung, Möblierung – der Gesamteindruck prägt die Assoziation mit dem Krankenhaus. Freundlich, warm, willkommen heißend, Sorgfalt und Menschlichkeit symbolisierend – oder aber das genaue Gegenteil. Ergänzt um wichtige Informationen zum Zurechtfinden und den ersten menschlichen Kontakt mit freundlicher Begrüßung und dem Hilfeangebot oder schlecht gelaunte Wachleute in Uniform, die ihren Kopf kaum hinter der verbeulten Thermoskanne und der Boulevardzeitung hervorheben und signalisieren, dass sie ungestört bleiben wollen.

Interessant ist auch eine weitere Betrachtung der Gestaltung von Eingangshallen. Neuere Krankenhausarchitektur bevorzugt große Atrien, die sich mehrgeschossig und Licht durchflutet präsentieren. Offen und weitläufig, transparent und großzügig sollen die Eingangshallen sein, um repräsentativ zu wirken. Hierbei wird außer Acht gelassen, dass sich bei Menschen, die sich in Stresssituationen befinden und Ängste erleiden, auch mit Symptomen der Agoraphobie (d. h. Angst vor großen Plätzen und Menschenansammlungen, vgl. Freud 1970) vergesellschaftet sind. Kein Wunder also, wenn die befragten potenziellen Patienten große Eingangshallen eher als Angst machend und bedrängend empfinden, sich selbst verloren, hilflos und ausgeliefert vorkommen. Auch die von den Architekten positiv beschriebene Assoziation mit einem Flughafenterminal verdient eine nähere Betrachtung. Mehr als ein Drittel aller Menschen hat Flugangst bzw. ein ungutes Gefühl beim Fliegen – und dass trotz meistens positiver Grundstimmung wegen einer Urlaubsreise [Allensbach 2003]. Die Referenz einer Flughafenhalle für eine Eingangshalle eines Krankenhauses erscheint unter diesem Aspekt eher ungünstig.

Wegweiser

Wegweiser und Hinweisschilder sind im Krankenhaus notwendig. Die Befragung der potenziellen Patienten hat ergeben, dass hier wesentliche Signale für Kompetenz und Sorgfalt gesetzt

werden – oder aber auch nicht. Veraltete Beschilderung, provisorische Klebezettel mit Hinweisen, der Einsatz von leuchtfarbenen Textmarkern und kreative Gestaltung mit Comicfiguren bewirken nicht, dass die Patientenbedürfnisse nach Geborgenheit und fachlicher Kompetenz erfüllt werden (s. Abb. 7). Zahlreiche Verbotsschilder – meistens in einer Redundanz angebracht und von unzähligen Ausrufezeichen umgeben – zeigen bei aller Notwendigkeit von Regeln nur wenig Höflichkeit und Respekt vor den Bedürfnissen der Patienten. Der Patient wird im Gegenteil deutlich darauf hingewiesen, dass er nicht Gast, sondern Unselbständiger, Entmündigter und Abhängiger der Einrichtung Krankenhaus ist. Hotels zeigen, dass Regelungshinweise auch weniger aufdringliche Wirkung zeigen können.

Dass Details wichtig sind, zeigt die Wahrnehmung von Richtungspfeilen. Durch unbedachte Gestaltung kann die Wahrnehmung als „scharfkantige Splitter" entstehen, die „schon beim Anschauen weh tun". Einfache Änderungen in der Gestaltung können diese „Verletzungsgefahr" leicht reduzieren (s. Abb. 8).

Kunst

Kunst im Krankenhaus ist wichtig. Sie soll Geborgenheit schaffen und geistige Anregung geben – insgesamt also heilungsfördernd wirken. Dass düstere Bildwelten, scharfkantige Skulpturen und im Auge des Betrachters „wirre" Farbkombinationen diesen Anspruch nicht immer erfüllen, zeigen die ausgewählten Beispiele (s. Abb. 9). Hier geht es nicht um die Bewertung der Qualifikation des Künstlers oder der auswäh-

Abb. 7   Hinweisschilder im Krankenhaus – nicht immer ein Signal für Kompetenz und Menschlichkeit.

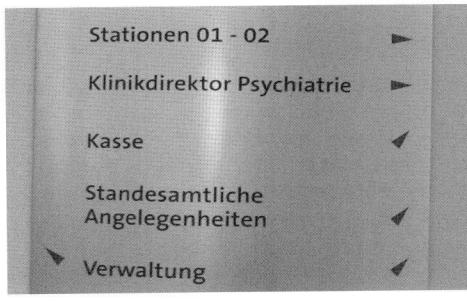

Abb. 8   Richtungspfeile – vorher und nachher

lenden Jurymitglieder. Wenn aber die Auswahl der Kunstobjekte dazu führt, dass Patienten – insbesondere in der Psychiatrie – verwirrt und verängstigt in der Umgebung aufgefunden werden und von den Pflegekräften beruhigt werden müssen, so liegt es nahe, dass sich diese Kunstobjekte nicht für ein Krankenhaus, sondern für ein Publikum eignen, das gesundheitlich unbedrängt ist.

Insgesamt ist es wichtig zu akzeptieren, dass im Hinblick auf die Bedürfnissen des Patienten zwei Punkte wesentlich sind: Entscheidend ist die Perzeption des Adressaten und nicht die Intention des Senders einer Information bzw. eines Signals. Die Assoziationen der potenziellen Patienten und auch die Lebenswelten entsprechen vielfach nicht denen, die an der Konzeption eines Krankenhauses beteiligt sind. Die

Beschreibung der Sinus Milieus können helfen, die Bedürfnisse der unterschiedlichen Bevölkerungsanteile zu verstehen. Die Betrachtung der Wohnwelt der Zielgruppe ist in allen Segmenten eine gute Visualisierung für das Verständnis der Lebenswelten.

Wie die Lebenswelt für einen Großteil der Bevölkerung aussieht, zeigt beispielhaft das Ergebnis der Untersuchungen der Werbeagentur „Jung von Matt". Sie haben Zielgruppen bezüglich ihrer Wohnsituation analysiert und im Ergebnis zu „Deutschlands häufigstem Wohnzimmer" [Jung von Matt 2008] geführt (s. Abb. 10).

Die Kreativen von Jung von Matt nutzen das nachgebaute Wohnzimmer, um über Produkte und Dienstleistungen nachzudenken und sich dabei in die Lebenswelten der Zielgruppen hineinzuversetzen. Die Erarbeitung von „Deutschlands hei-

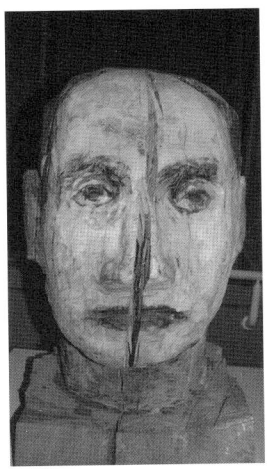

Abb. 9   Kunst im Krankenhaus – zwei Beispiele für Angstpotenzial

Abb. 10   Jung von Matt: Deutschlands häufigstes Wohnzimmer (mit freundl. Genehmigung von Jung von Matt)

lungsförderndstem Krankenzimmer" wäre eine für Krankenhausbetreiber spannende Anregung.

3.5 Maßnahmen zur Verringerung von Angst – Beispiele und Umsetzung

Was können bzw. was müssen Krankenhausbetreiber tun, um den Bedürfnissen der (potenziellen) Patienten zu entsprechen? Wichtig hierfür ist die Akzeptanz, dass Patienten und Angehörige andere Bedürfnisse haben als Mitarbeiter am Patienten und im Management. „Der Wurm muss dem Fisch schmecken und nicht dem Angler". Die Lebenswelten der Patienten kennen zu lernen und ihren Hintergrund zu verstehen ist die Grundlage einer veränderten Herangehensweise.

Spezifische Beispiele sind sicherlich am leichtesten verständlich, wenn sie sich an einigen der oben genannten Erlebnispunkten orientieren:

- Bildwelten
- Mülleimer
- Eingangshalle

Bildwelten

Bildwelten sollten Angst machende Motive vermeiden. Statt Fotos einer Bronchoskopie (Pa-

tient oder Befund) könnten Symbole für Luft und „freies Durchatmen" verwendet werden. Denkbar ist auch die Darstellung eines Patienten, der nach einer gelungenen Behandlung mit seiner Familie das Krankenhaus verlässt. Wichtig ist es, positive Assoziationen zu wecken. Zu vermeiden sind Bildwelten aus Agenturen, die erkennbar unglaubwürdig sind (z. B. internationale Ärzte in unüblicher Funktionskleidung, die sie als artifiziell entlarven, „Schauspieler"-Personal). Sinnvoll kann es dagegen sein, mit einem professionellen Fotografen eine Serie von immer wieder verwendeten Kernfotos bzw. Motivserien zu erstellen. Die erreichte Effizienz durch die vielfache Verwendung ergänzt die angestrebte Wiedererkennbarkeit in ihrer positiven Wirkung.

Mülleimer

Die Mülleimer auf dem Weg zum und im Krankenhausgebäude scheinen *die* Visitenkarte zu sein. Sie müssen gepflegt und geleert sein – sie besitzen offensichtlich eine höhere Signalwirkung als die Grünanlagen. Raucher werden sich vermutlich nie im Krankenhaus vermeiden lassen. Anstatt sie „vor die Tür" zu drängen, sollten attraktive Raucherbereiche geschaffen werden.

Wenn sie nicht direkt im Eingangsbereich liegen und dennoch den Rauchern eine leichte Erreichbarkeit und eine gute Beobachtungsposition für abwechselnde Szenerien bieten, stellen sie sogar eine Differenzierung gegenüber dem Wettbewerb dar.

Eingangshalle

Die Gestaltung der Eingangshalle eines Krankenhauses kann sich an der einer Lobby von Hotels orientieren. Eine Drehtür verhindert Zugluft und eine weitere normale Tür (mit elektrischer Öffnung) ermöglicht auch gehbehinderten und Gepäck tragenden Patienten und Angehörigen einen leichten Zutritt. Schon im Eingangsbereich findet sich ein Tresen oder – besser – ein Stehpult, an dem der Patient begrüßt und geleitet wird. Der Personaleinsatz für die Begleitung zum Ziel – insbesondere bei Aufnahmen auf der Station – ist hoch, sollte aber in Bezug zur Patientenzufriedenheit und der Prozessgestaltung gesehen werden. Eine „just-in-time" Patientenbegleitung zu Aufnahme, Diagnostik und Station kann Prozesse stabilisieren und takten und so eine echte Optimierung erst möglich machen. Zudem kann der Aufwand für eine (meist nicht funktionierende) Wegeleitung reduziert werden.

Zudem sollte eine Eingangshalle kein enger Schlauch sein, der Angst macht. Orientiert man sich allerdings an Einkaufszentren und wird der Bereich mit Dienstleistungsangeboten ergänzt (z. B. Friseur, Blumen, Geldautomaten, Cafe oder Automatencafe), können die Flächen effizient genutzt (und finanziert) werden und Distanz abbauen.

3.6 Ausblick – das Krankenhaus der Zukunft

In den nächsten Jahren werden Milliarden Euro in die Erstellung neuer Krankenhausstrukturen und Einrichtungen des Gesundheitswesens investiert werden (müssen). Die Krankenhausbetreiber in Deutschland können es sich nicht leisten, weiterhin in vielfach ineffizienten und teilweise patientenunfreundlichen Strukturen Medizin zu praktizieren.

Viele Krankenhäuser – auch neu gebaute – erlauben keine optimalen Abläufe mit Orientierung an den Bedürfnissen der Patienten. Viel zu oft beruhen suboptimale Ergebnisse auf der schwierigen Abstimmung zwischen den Wünschen und Forderungen der ärztlichen und pflegerischen Nutzer einerseits und den Projektentwicklern und Architekten andererseits. Sie müssen diese Forderungen mit den baulichen Anforderungen, den Budgetvorgaben, den Förderrichtlinien abgleichen – und das in einem meist sehr engen Zeitplan und häufig mit ständigen Änderungen. Quantitative Analysen, die zu faktenbasierten Entscheidungen führen können, werden häufig durch anekdotische Evidenzen ersetzt – oft mit dem Zusatz „Ich hatte mal einen Fall und der war so …". Fragestellungen wie „Für wie viele Patienten ist das relevant?", „Wie verläuft der Regelfall, wie lange dauert er im Schnitt und wie oft und warum kommt es zu Abweichungen?" bleiben häufig unbeantwortet, weil den Beteiligten die analytische Vorgehensweise aus der Prozessperspektive fremd ist. Neuartige Ansätze wie „Design for six sigma", d. h. die Ausrichtung der baulichen Strukturen an prozessidealen Aspekten, müssen dringend den Weg in die Klinik von morgen finden. Nur im Zusammenspiel von medizinischer Expertise, analytischer Tiefe, baulicher Realisierungserfahrung und exzellentem Projektmanagement lassen sich Klinikstrukturen entwickeln, die die Finanzierung und damit auch die Zukunftsfähigkeit einer hochwertigen Medizin ermöglichen.

Angst reduzierende Gestaltung und transparente Abläufe, in denen der Patient im Regelfall den Therapieplan kennt und aktiv an der Umsetzung mitwirken kann, tragen zur Genesung bei und senken aufgrund geringerer Verweildauer der Patienten die Kosten. Einige Beispiele für diesen Bereich der Patientenbedürfnisse wurden beschrieben.

Ein weiterer Aspekt: Künftige Krankenhausstrukturen müssen flexibel sein. Neben dem zunehmenden Bedürfnis nach Ambulantisierung der Behandlung sind es die Auswirkungen des medizinischen Fortschritts – wie beispielsweise der komplexen Bluthochdrucktherapie – die die alternde Bevölkerung zunehmend zu einer gesunderen Bevölkerung werden lässt. Wer kann schon heute absehen, ob die Krebstherapie in 20 Jahren in gleicher Art stattfinden wird oder ob neue Therapieformen längere stationäre Aufenthalte reduzieren kann? Die Entwicklung von ambulanten Behandlungsstrukturen im Krankenhaus mit der Schaffung von rechtlichen Grundlagen war vor einigen Jahren nicht absehbar. Die Funktionsräume von heute sind vielleicht die Stationszimmer von morgen. Ambulanzen sind vielleicht zukünftig rund um die Uhr nutzbar, wenn sie flexibel eingerichtet werden können. Diese Flexibilität kann nur erreicht werden, wenn allgemeingültige Standards für Raumtypen entwickelt werden, die sich gleich einer pluripotenten Stammzelle in verschiedene Endformen ausdifferenzieren können.

Der Neu- bzw. Umbau allein ist nicht immer die Lösung. Effiziente Abläufe müssen schon in der Konzeption entwickelt und vor der Fertigstellung eingeübt werden, um dann in den fertig gestellten baulichen Strukturen zu verbesserten Ergebnissen führen zu können.

Fazit

Zukunftsmusik? Vielleicht. Sicher ist nur, dass in der Wahrnehmung von Patientenbedürfnissen, den genauen Definitionen der Anforderungen von Ärzten, Pflege- und Funktionsdienst sowie den Sekundärbereichen der Schlüssel zu einer effizienten und menschlichen Struktur der zukünftigen Krankenhäuser liegt.

Die Orientierung an den Bedürfnissen der Patienten kann als Initiator für einen weitreichenden Veränderungsprozess in der Klinik genutzt werden.

Literatur

Allensbacher Archiv (2003) IfD-Umfragen 5097 und 7043 (1662 Befragte ab 16 Jahren). In: Allensbacher Berichte Nr. 16

Freud S (1970) Hemmung, Symptom und Angst. In: Freud S (1970) Studienausgabe Bd. 6 Hysterie und Angst, Frankfurt a. M., S. 253, S. 284.

Haas A (2007) Medienmenüs. Der Zusammenhang zwischen Mediennutzung, SINUS-Milieus und Soziodemographie. Fischer, München

Jung von Matt (2008) Deutschlands häufigstes Wohnzimmer. http://jvm-wozi.de

Ploeger W (2007) Tiefenpsychologische Exploration unter besonderer Berücksichtigung einer systemischen Fragestellung – ein wichtiges Instrument der qualitativen Marktforschung. In: Bovelet J, Jaeger H (Hrsg.) (2007) Krankenhaus ohne Angst, Medizinisch Wissenschaftliche Verlagsgesellschaft, Berlin

Ruprecht T M (1999) Der Patient – das unbekannte Wesen?! Oder: Was wollen Patient(inn)en wirklich? QualiMed 1999, 1:23–27

Ruprecht T M (2001) Patientenerfahrungen als Qualitätsindikator – das Picker-Modell. In: Satzinger W. Trojan A, Keliermann-Mühlho HP (Hrsg.) (2001) Patientenbefragung in Krankenhäusern. Asgard-Verlag, Sankt Augustin. S. 181–194

Ruprecht TM (2003) Patientenbefragungen. In: Trill R, Tecklenburg A (2010) Das erfolgreiche Krankenhaus. Best Practice, Prozessmanagement, Controlling. Luchterhand, Neuwied

Statistisches Bundesamt (2010) Krankenhausfälle in Deutschland nach Altersgruppen im Jahr 2020 (Modellrechnung). http://de.statista.com/statistik/daten/studie/37361/umfrage/krankenhausfaelle-in-deutschland:-modellrechnung-fuer-2020/

Watzlawick P, Bavelas J B, Jackson D D (1974) Menschliche Kommunikation: Formen, Störungen, Paradoxien. H. Huber, Bern

4 Patientenorientierung in der Pflege

Beate Buchstor

Universitätsklinikum Freiburg

4.1 Das Krankenhaus im Wandel

Die Notwendigkeit, Prozesse, Strukturen und tradiertes Verhalten auf den Prüfstand zu stellen, macht auch vor dem Gesundheitssektor nicht Halt. Gerade in den letzten Jahren hat es in diesem Bereich zahlreiche, zum Teil einschneidende Veränderungen gegeben, die sowohl das Management als auch die Mitarbeiter vor große Herausforderungen gestellt haben und auch weiterhin stellen. So hat sich das ursprüngliche Anforderungsprofil an die unterschiedlichen Berufsgruppen im Krankenhaus, z. B. an die Ärzte und Pflegenden, sehr verändert. Einen relativ neuen und wichtigen Schwerpunkt bildet dabei die Thematik „Kundenorientierung und Service". War es zu Beginn der 90er Jahre noch schwer denkbar, „Kundenorientierung" mit den Berufsgruppen im Krankenhaus zu thematisieren, so haben sich heute das Bewusstsein und die Einstellung der Mitarbeiter spürbar verändert. Seit Jahren wird zunehmend das Aufgabenfeld der Pflegefachkräfte komplexer und anspruchsvoller. Analog zur Verkürzung der Verweildauer der Patienten haben sich die Pflegeleistungen intensiviert und verändert. Um den zukünftigen Bedarf an Pflegeleistungen adäquat und sicher decken zu können, ist die Konzentration auf die Kernaufgaben un-

abdingbar. Es ist notwendig, den Gesamtprozess von der Aufnahme bis zu Entlassung des Patienten interdisziplinär und interprofessionell zu betrachten, neu zu gestalten und Verantwortlichkeiten neu zu definieren. Das Aufgabenprofil der diversen Berufsgruppen, vor allem das der Pflege, muss sich entsprechend ausrichten.

4.2 Kundenorientierung im Krankenhaus

Kundenorientierung ist heute einer der wichtigsten Erfolgsfaktoren. Der Kunde, im Krankenhaus der Patient, muss mit seinen Erwartungen und Bedürfnissen mehr und mehr in den Mittelpunkt aller unternehmerischen Überlegungen, Entscheidungen und Aktivitäten rücken. Patientenzufriedenheit und Patientenorientierung müssen in die Zukunft gerichtet vorrangige Ziele für das Krankenhausmanagement darstellen. Sie sind wesentliche unternehmerische Steuerungsgrößen [vgl. Strauss 1999]. Patientenorientierung muss von allen am Versorgungsprozess beteiligten Berufsgruppen als zentrale Handlungsmaxime verstanden werden. Wesentliche Elemente sind dabei die Transparenz des Versorgungsangebotes und des Versorgungsprozesses sowie die Partizipation der Patienten/Kunden an deren

Gestaltung. Der Pflegeberuf hat sich zwar in den letzten Jahren stark verändert, vor allem bezogen auf die inhaltliche Definition und auf die Arbeitsorganisation. Die erforderliche Patienten- bzw. Kundenorientierung konnte mit den bisherigen Rahmenbedingungen jedoch nicht zufriedenstellend erreicht werden.

Patient

Der Pschyrembel beschreibt den Begriff „Patient" folgendermaßen: „Patient (lat. Patiens = leidend): allg. Bezeichnung für einen Kranken; i. e. S. ein an seiner Erkrankung bzw. an Krankheitssymptomen Leidender, der ärztlich behandelt wird; auch für einen Gesunden, der Einrichtungen des Gesundheitswesens zur Diagnostik oder Therapie in Anspruch nimmt" [Pschyrembel 2004]. In neuerer Literatur umfasst der Begriff „Patient" zwei Ebenen. Der Patient im herkömmlichen Sinne, dessen Krankheit und Unselbständigkeit im Vordergrund stehen und der vor allem Zuwendung benötigt, und der Patient, der sich als souveräner Kunde verhält. Er sucht sich sein Krankenhaus nach seinen Vorstellungen aus, d. h. er will überzeugt und geworben werden [Ament-Rambow 1998].

Kunde

Insgesamt existieren auch zum Begriff „Kunde" eine Fülle von Definitionen und Umschreibungen. Im Sinne der DIN ISO ist der Kunde der Empfänger eines vom Lieferanten bereitgestellten Produktes, welcher im Rahmen einer Vertragssituation als Auftraggeber bezeichnet werden kann. Der Kunde kann Käufer, Gast, Anwender, Endverbraucher oder auch Auftraggeber sein. Er hat immer Anspruch auf eine einwandfreie Leistung. Der Begriff „Kunde" in der Marktwirtschaft ist dadurch definiert, dass ein Kunde das Produkt oder die Dienstleistung auswählen kann und dafür bezahlt. Wenn er mit den Produkten oder Dienstleistungen eines Unternehmens nicht zufrieden ist, kann er diese zurückgeben oder zu einem anderen Unternehmen wechseln. Auch für das Krankenhaus ist der Begriff „Kunde" vielschichtig. Die Unterscheidung von internen und externen Kunden ist ebenfalls vorzufinden. Patienten und Angehörige sind externe Kunden des Krankenhauses. Die Patienten bezahlen für ihre Leistungen über ihre Versicherungsbeiträge und über den täglichen Eigenanteil. Neben den Patienten und Angehörigen gehören auch die einweisenden Ärzte, die Kostenträger und die Nachsorgeeinrichtungen zu den externen Kunden. Im Gegensatz zu anderen Wirtschaftsbereichen besteht im Gesundheitswesen häufig ein Abhängigkeitsverhältnis, bei dem der Kunde „Patient" (z. B. Notfall) nicht selbst den Leistungserbringer wählen kann. Ein Kunde wird nicht eingewiesen, er sucht sich ein Unternehmen aus, geht einkaufen, kann das Produkt bei Mängeln innerhalb einer gesetzlichen Frist zurückgeben oder behält das Geld zurück.

Außerdem ist er in der Regel über das Produkt ausreichend informiert. Auf den Patienten bezogen würde das bedeuten, dass er über medizinisch kompetentes Wissen bezüglich seiner Erkrankung verfügen muss. Daraus resultiert, dass der Begriff „Kunde" also nur in solchen Fällen auf den Patient angewandt werden kann, in denen die freie Entscheidung des Patienten zur Behandlung führt, d. h. von einer rationalen Entscheidungssouveränität des Patienten ausgegangen werden kann.

Dienstleistungen

Unter Dienstleistung versteht man ein ökonomisches (immaterielles) Gut, bei dem im Unterschied zur Ware nicht die materielle Produktion oder der materielle Wert eines Endproduktes im Vordergrund steht, sondern eine von einer Person zu einem Zeitpunkt oder in einem Zeitrahmen erbrachte Leistung zur Befriedigung eines Bedürfnisses. Eine Dienstleistung ist in der Regel nicht lagerbar, selten übertragbar und benötigt einen Kunden. Die Dienstleistungserbringung (Erzeugung) und der Verbrauch fallen in der Regel zeitlich zusammen, d. h. der Kunde ist bei der Bestellung der Dienstleistung anwesend. Bei Dienstleistungen unterscheidet man zwischen standardisierten und individuellen Dienstleistungen. Individuelle Dienstleistungen werden für ein konkretes Individuum erstellt, hingegen sind standardisierte Dienstleistungen für jeden Kunden gleich. Die Güte der Dienstleistungen bezeichnet man als Servicequalität oder als Dienstleistungsqualität.

Service – Servicequalität – Dienstqualität

Das Wort „Service" stammt aus dem Lateinischen „servire" = dienen, bedienen durch eine Fachkraft. Der Begriff Servicequalität bezeichnet den Grad der Zielerreichung einer angestrebten Dienstleistung. Hierbei wird zwischen objektiver und subjektiver Dienstleistungsqualität unterschieden. Die objektive Servicequalität ist die konkret messbare Übereinstimmung des Serviceergebnisses mit dem definierten Nutzen für den Kunden. Die subjektive Servicequalität ist die vom Kunden empfundene Übereinstimmung der Dienstleistung mit dem gewünschten Nutzen. Die Servicequalität kann sich auf das Servicepotential, den Serviceprozess oder das Serviceergebnis beziehen, d. h. es kann unter Servicequalität z. B. die Qualifikation der Mitarbeiter, aber auch die Zufriedenheit mit den Räumlichkeiten oder der Qualität der Speisen etc. verstanden werden. Somit ist die Servicequalität immer eine subjektive Betrachtung, die von der Erwartungshaltung des jeweiligen Kunden abhängig ist.

4.2.1 Kundenorientierung und Kundenzufriedenheit als strategische Erfolgsfaktoren

Kundenorientierung und Schlagworte wie „bei uns steht der Kunde im Mittelpunkt" werden zwar seit Jahren in vielen Unternehmen propagiert und in Zielen und Leitsätzen fixiert, spiegeln sich aber in der Unternehmensausrichtung in Form von kundenorientiertem Handeln oft nicht wider. Damit Kundenorientierung nicht weiter als Schlagwort, sondern als Richtschnur für alle strategischen Entscheidungen in Unternehmen gesehen wird, ist das gesamte Denken und Handeln im Unternehmen auf die aktuellen potentiellen Bedürfnisse, Wünsche und Probleme sowohl der vorhandenen als auch der potentiellen Kunden auszurichten. Kundenorientierung kann nur gelingen, wenn es vom Topmanagement verinnerlicht, von allen Mitarbeitern verstanden und in der Struktur des Unternehmens verankert ist. Kundenorientierung muss von jedem einzelnen Unternehmen als bereichsübergreifende Verpflichtung und Handlungsmaxime verstanden werden, unabhängig von der hierarchischen Ebene, dem Alter, der Betriebszugehörigkeit und der Funktion.

> **Jeder Mitarbeiter muss verstehen lernen, dass seine Arbeitsplatzgarantie unmittelbar im Zusammenhang mit der Zufriedenheit der Kunden steht.**

Nach den amerikanischen Managementstrategen Haines und McCoy [1995] müssen bei der Ausrichtung eines Unternehmens am Kunden **10 Gebote beachtet** werden, die sich fast ausschließlich auf das Krankenhaus übertragen lassen:

1. Engen Kontakt zum Kunden pflegen, d. h. sich in regelmäßigen Abständen treffen, Gespräche mit dem Kunden führen.
2. Bedürfnisse, Erwartungen und Wünsche der Kunden müssen bekannt sein. Ziel sollte sein, diese noch zu übertreffen.
3. Regelmäßige Überprüfung der Kundenzufriedenheit, z. B. durch Kundenbefragungen.
4. Konzentration auf Leistungen, die die Wertschätzung für den Kunden erhöhen, z. B. Qualität und Service, Sicherheit, Vertrauen und vieles mehr.
5. Einbinden der Kunden in Unternehmensentscheidungen, z. B. durch Kundenbefragungen.
6. Abläufe und Geschäftsprozesse müssen an die Bedürfnisse der Kunden angepasst werden.
7. Ausrichtung des Unternehmens auf die entsprechenden Märkte.
8. Entwicklung einer Kundenbindung – Kundenrückgewinnstrategie.
9. Ausschließlich kundenfreundliche Mitarbeiter einstellen und fördern.
10. Jeder Mitarbeiter sollte sich mindestens einmal im Jahr mit dem Kunden persönlich treffen.

Ziel der Kundenorientierung ist die *Zufriedenheit der Kunden*. Zufriedene Kunden neigen dazu, das Produkt oder die Dienstleistung wieder zu wählen, zu kaufen oder es weiterzuempfehlen. Kundenzufriedenheit ist somit der wichtigste Pfeiler eines langfristigen Geschäftserfolges. Je besser die Bedürfnisse ergründet und während der Dienstleistung umgesetzt werden, desto größer ist die Wahrscheinlichkeit, dass die Dienstleistung auch den Kunden zufrieden stellt.

4.2.2 Besonderheiten bei der Leistungserstellung im Krankenhaus

Krankenhäuser haben sich zu modernen Wirtschaftsbetrieben entwickelt. Rationalität und Komplexität der Betriebsabläufe, verbunden mit zunehmender Dominanz der Medizintechnik, prägen das Bild des Krankenhauses. Gegenwärtig ist den Krankenhäusern überwiegend eine geteilte Leitungsstruktur in Form eines berufsständisch organisierten Krankenhausdirektoriums, bestehend aus Leitendem Ärztlichen Direktor, Pflegedirektor und Verwaltungsdirektor, vorzufinden. D. h. es wird häufig dreispurig organisiert. Um den heutigen komplexen Anforderungen und Herausforderungen gerecht zu werden, ist es notwendig, die Betriebsabläufe zu verzahnen, d. h. den stationären Aufenthalt als einen gemeinsamen Prozess aller Berufsgruppen zu planen und umzusetzen. Abgesehen von den unterschiedlichen Betriebstypen (öffentliche Krankenhäuser, gemeinnützige Krankenhäuser, private Krankenhäuser) und den Versorgungsaufträgen (Maximalversorgung, Zentralversorgung, Regelversorgung, Grundversorgung) erbringen Krankenhäuser sehr heterogene Leistungen. Hierzu zählen die ärztliche Behandlung (Diagnostik und Therapie), die pflegerische Versorgung, die Versorgung mit Arznei-, Heil- und Hilfsmitteln, die soziale Fürsorge sowie Hotelversorgung, einschließlich aller Wahl- und Serviceleistungen im Rahmen des Versorgungs- und Behandlungsprozesses. In anderen Wirtschaftsbranchen ist der Kunde mittelbar der Käufer eines Produktes oder einer Dienstleistung. Der Patient kommt zwar indirekt durch die Krankenhausbeiträge für die Finanzierung der in Anspruch genommenen Dienstleistungen auf, die direkte Finanzierung der Leistung wird aber über eine Versicherung erbracht. Der Patient muss sich somit seine Kundenstellung mit der Versicherung teilen. Als ein weiteres Unterscheidungsmerkmal kommt hinzu, dass gegenwärtig der Patient zum Eintritt in das Krankenhaus in der Regel eine Überweisung vom Haus- oder Facharzt benötigt. Diese Tatsache kann die Wahlfreiheit des Patienten sowie den unternehmerischen Spielraum des Krankenhauses erheblich einschränken. Anstatt des Begriffes „Kundenorientierung" wird im Krankenhaus durch die Fokussierung auf den Patienten der Begriff „Patientenorientierung" verwendet. Patientenorientierung heißt also, die Patientensicht einzunehmen und aus dieser Perspektive heraus die Abläufe im Krankenhaus und die Versorgungs- und Behandlungsprozesse auf den Patienten auszurichten. Untersuchungen haben gezeigt, dass sich die Kriterien, nach denen die Patienten normalerweise ihre Zufriedenheit im Krankenhaus beurteilen, auf wenige Elemente beschränken [vgl. Satzinger et al. 2001].

- Zufriedenheit mit der medizinischen Betreuung
- Zufriedenheit mit der nichtmedizinischen Betreuung
- Zufriedenheit mit der Infrastruktur
- Gesamtzufriedenheit

Die Patientenzufriedenheit ist ein maßgeblicher Indikator für Qualität und Niveau der Patientenorientierung und Patientenbindung.

Das Projekt „Einführung von Serviceassistenten" am Universitätsklinikum Freiburg

Betrachtet man die Arbeitsprozesse im Krankenhaus kritisch, dann stellt man fest, dass sie häufig nicht am Patienten orientiert sind. Das Aufgabengebiet vom Pflegenden wird zunehmend komplexer und anspruchsvoller. Neben ihren eigentlichen Kernaufgaben übernehmen die Pflegefachkräfte zusätzliche Aufgaben aus der Medizin, aus dem medizinisch-technischen und dem medizinisch-therapeutischen Bereich, der Hotellerie, der Hauswirtschaft, der Administration und einiges mehr. Dieser Umstand ist in der Regel sowohl pflegerisch wie auch ökonomisch ineffizient und für Pflegefachkräfte unbefriedigend.

Vor diesem Hintergrund wurde ein neues Pflegesystem in Form von **Prozessverantwortlichen/Bezugspersonen** für jeden Patienten während des gesamten stationären Aufenthaltes eingeführt. Dieses System ermöglicht eine Differenzierung der pflegerischen Aufgaben in primäre, sekundäre und tertiäre Aufgaben.

- **Bei den primären Aufgaben** handelt es sich um originäre pflegerische Aufgaben, d. h. diese sind nicht delegierbar, sondern sind von einer Pflegefachkraft auszuführen.
- **Die sekundären Aufgaben** sind einerseits originäre Pflegeaufgaben, können aber auch teilweise von Krankenpflegehelfern bzw. Pflegehelfern durchgeführt bzw. von ihnen assistiert werden.
- **Bei den tertiären Aufgaben** handelt es sich überwiegend um pflegefremde Aufgaben wie z. B. hauswirtschaftliche Tätigkeiten, Servicetätigkeiten und administrative Tätigkeiten, die keine pflegerische Ausbildung erfordern und somit von anderen Berufsgruppen ausgeführt werden können und dürfen.

Diese Entwicklung geht einher mit dem zunehmenden Anspruch an Professionalität. Zugleich eröffnet sie einen Weg, die **tertiären Aufgaben** (Servicetätigkeiten, hauswirtschaftliche Tätigkeiten und administrative Tätigkeiten) **an speziell ausgebildete Mitarbeiter** zu übertragen.

Das Universitätsklinikum Freiburg ist ein Krankenhaus der Maximalversorgung mit 1.700 Betten. Jährlich werden über 55.000 stationäre und ca. 400.000 ambulante Patienten versorgt. Das Klinikum beschäftigt über 8.000 Mitarbeiter (darunter 1.100 Ärzte und Ärztinnen und etwa 2.400 Pflegekräfte) und wird von einem vierköpfigen Vorstand, dem leitenden ärztlichen Direktor, dem kaufmännischen Direktor, dem Dekan der medizinischen Fakultät und der Pflegedirektorin, geleitet.

Zielsetzung: Zu Beginn dieses Projektes „Einführung von Serviceassistenten und -assistentinnen" wurden folgende Ziele formuliert:

- Steigerung der Kundenzufriedenheit durch Optimierung der Dienstleistungsprozesse, sowohl der Pflege als auch der Serviceleistungen.
- Steigerung der Patientenzufriedenheit durch Ausbau und Übernahme von Serviceleistungen durch qualifizierte Fachkräfte (Hotelfachkräfte).
- Entlastung der Pflege durch Übernahme der tertiären Aufgaben durch Serviceassistentinnen.
- Qualitative und quantitative Verbesserung der Pflegeprozesse durch Konzentration auf den Kernauftrag bzw. die Kernprozesse der Pflege.
- Ressourceneinsparung durch einen gezielten Einsatz der Kompetenzen der Pflegenden.
- Steigerung der Mitarbeiterzufriedenheit: der richtige Mitarbeiter am richtigen Ort zur richtigen Zeit und in

der richtigen Anzahl und mit der dafür erforderlichen Qualifikation.

- Steigerung der Effizienz und Effektivität durch koordinierte Abläufe.
- Optimaler Qualifikationsmix.
- Information, Transparenz, Sicherheit und Zufriedenheit der Patienten und Patientinnen.
- Verbesserung der Qualität der Patientenversorgung.

Projektverlauf: Im Herbst 2006 begann die inhaltliche und organisatorische Vorplanung des Projektes. Hierbei wurde ein möglicher Tätigkeitskatalog und ein Anforderungsprofil entwickelt, organisatorische Rahmenbedingungen wie Dienstzeiten, Eingruppierung, Dienstkleidung, mögliche Projektstationen und anderes mehr vereinbart. Diese Entwürfe wurden mit den Projektstationen detailliert besprochen und an deren Bedürfnisse angepasst. Daraufhin erfolgte eine Stellenausschreibung. Die Bewerbersituation zeigte eine sehr positive Resonanz, die Stationsleitungen der Projektstationen wurden in die Personalauswahl mit einbezogen. Im April 2007 wurde mit 3 Servicekräften in der Chirurgischen Klinik und 2 Servicekräften in der Augenklinik begonnen. Die Stationsleiterinnen und -leiter standen den Hotelfachkräften als Hauptansprechpartner sowohl während des Tagesablaufes als auch in regelmäßig stattfindenden Reflektionsgesprächen für Fragen, Verbesserungsvorschläge und Kritik zur Verfügung. Zeitgleich wurde dieser Veränderungsprozess in regelmäßig stattfindenden Teamgesprächen reflektiert und diskutiert. Erforderliche Anpassungen wurden erarbeitet und zeitnah umgesetzt. Zusammenfassend kann festgehalten werden, dass das Projekt sowohl in der Planungsphase als auch während der Implementierungsphase nach anfänglichen Ängsten der Pflegenden durch eine systematische, jederzeit transparente Vorgehensweise, vor allem aber aufgrund der umfassenden Beteiligung der Betroffenen, einen sehr positiven Verlauf nahm. Dies zeigt sich unter anderem auch in einer Ausweitung der Anzahl von Servicekräften innerhalb eines Jahres von anfangs 5 auf 14.

Tätigkeitsbeschreibung und Qualifikation der Serviceassistentinnen: Die Aufgaben von Serviceassistentinnen im Krankenhaus haben viele Gemeinsamkeiten mit den Ausbildungsinhalten und den Aufgaben von qualifizierten Hotelfachkräften. Das Tätigkeitsfeld der Serviceassistenten und -assistentinnen umfasst folgende Schwerpunkte:

- Aufgaben in Bezug auf Patientenempfang
- Verlegung und Entlassung (Check-in, Check-out)
- Aufgaben in Bezug auf die Versorgung mit Speisen und Getränken (Food and Beverage)
- Aufgaben in der Rezeption/am Empfang
- Administrative Tätigkeiten
- Bewirtschaftung der Stationen mit Verbrauchsgütern und deren Lagerhaltung
- Sonstige Tätigkeiten

Um diese Dienstleistungen qualitativ auf hohem Niveau anzubieten, haben wir uns entschieden, für diese Funktion ausgebildete Hotelfachkräfte einzusetzen.

Ergebnisse: Mit der Einführung von Serviceassistentinnen auf den Krankenstationen kann das Pflegemanagement auf die veränderten Rahmenbedingungen im Gesundheitswesen, den veränderten Ansprüchen der Patienten, den steigenden Qualitätsansprüchen, dem zunehmenden Wettbewerb, den kurzen Verweildauern, den komplexen Pflege- und Behandlungssituationen bei knapper werdenden personellen und finanziellen Ressourcen, durch konsequente Ausrichtung der Prozesse auf den Patienten reagieren und damit vor allem die Anforderungen an Patientenorientierung und Effizienz erfüllen. Die bisher gesammelten Erfahrungen zeigen, dass die angestrebten Ziele erreicht werden und dieses Konzept als Erfolg bezeichnet werden kann.

Die Mitarbeiter erfahren durch die Einführung von Servicekräften große Entlastung. Die Rückmeldungen von Patienten sind positiv, auch die von anderen Berufsgruppen.

Mit der Übernahme der Serviceleistungen durch Hotelfachkräfte und hauswirtschaftliche Tätigkeiten durch Versorgungsassistentinnen kann sich die Pflege ganzheitlich auf ihren Kernauftrag konzentrieren.

Veränderungen gehen einerseits nicht immer mit Begeisterung, Zuversicht, Interesse, etc. einher, andererseits aber auch mit Ängsten, Befürchtungen und Widerständen. Diese Phänomene zeigten sich auch. Besonders in der Anfangsphase gab es bei den Mitarbeitern Befürchtungen und Ängste, nicht mehr gebraucht zu werden. Diese wurden vom Management sehr ernst genommen und zeitnah systematisch bearbeitet.

Die Implementierung und Ausweitung der Servicekonzepte können nur erfolgreich sein, wenn neben den harten Fakten (ökonomische Ausrichtung, systematische Planung und Steuerung, Kontrolle) auch die weichen Faktoren (Umgang mit Widerständen, Befürchtungen und Ängsten, Unternehmenskultur, Werte, etc.) Berücksichtigung finden. Dabei ist es von zentraler Bedeutung, alle betroffenen Pflege- und anderen Berufsgruppen zu Beteiligten zu machen, d. h. sie rechtzeitig zu identifizieren, von Anfang an in die Gestaltung mit einzubeziehen, zu informieren, Transparenz herzustellen und ein gemeinsames Problembewusstsein zu schaffen.

Literatur

Ament-Rambow Ch (1998) Der Patient ist König – oder der Weg zum kundenorientierten Krankenhaus. In: Krankenhausumschau KU, 3/1998 S. 154

Haines S G, McCoy K (1995) Sustaining high performance: the strategic transformation to a customer-focused learning organization. St. Lucie Press Corporation, Delray Beach

Pschyrembel W (2004) Klinisches Wörterbuch. 260, neu be-
arbeitete Auflage. Berlin/New York 2004

Satzinger W, Trojan A, Kellermann-Mühlhoff P (2001) Patientenbefragungen im Krankenhäusern – Konzepte, Methoden,
Erfahrungen; Band 15, St. Augustin 2001, S. 29 f.

Strauss B (1999) Kundenzufriedenheit. In: Marketing ZFP
Heft 1, 1. Quartal 1999, S. 5

E

Das Krankenhaus und seine Erlöse

1 Eine Systematik der Erträge des Krankenhauses

Sebastian Freytag

Universitätsmedizin Göttingen

1.1 Einführung

Erfolgreiches Management eines Unternehmens ist auf die nachhaltige Existenzsicherung durch kurz- und mittelfristige Sicherstellung der Liquidität und langfristigen Werterhalt bzw. -steigerung durch stetige Weiterentwicklung des Geschäftsmodells ausgerichtet. Während die Entwicklung innovativer Dienstleistungen und Produkte sowie die Erschließung neuer Märkte oder Marktsegmente zur Sicherung und Steigerung der Erträge das Ergebnis unternehmerischer Weitsicht und erfolgreicher Investitionen ist, führt operative Exzellenz, die Optimierung von Strukturen und Prozessen, zu einer wettbewerbsgerechten Gestaltung der Kosten. So ließen sich stark vereinfacht die wesentlichen Prinzipien des Managements von Unternehmen in einer freien Marktwirtschaft zusammenfassen. Inwieweit sich aus diesen theoretischen Überlegungen „Hands on" Regeln für die Praxis ableiten lassen, ist von den Randbedingungen abhängig, die unter anderem durch das gesellschaftspolitische Umfeld sowie den ordnungspolitischen Rahmen für den jeweiligen Markt definiert werden, in dem das Unternehmen tätig ist.

Und diese Randbedingungen sind für den Gesundheitsmarkt in Deutschland allgemein und den für Krankenhäuser relevanten Markt im Besonderen komplex und vielschichtig. Die Darstellung unternehmerischer Gestaltungsspielräume für ein ertragsorientiertes Krankenhausmanagement und Überlegungen zu einer Weiterentwicklung der Geschäftsmodelle setzt eine genaue Kenntnis dieser Randbedingungen voraus. Der Gesundheitsdienstleistungssektor und das Krankenhausumfeld befinden sich auf dem Weg von der weitgehend staatlich organisierten und regulierten Daseinsfürsorge mit solidarischer zu einem von Wettbewerb gekennzeichneten Markt mit individuell eigenverantwortlicher Finanzierung, auch wenn die Ausgestaltung des Zielsystems derzeit noch Gegenstand politischer Auseinandersetzung ist. In der augenblicklichen Phase des Überganges führt ein Nebeneinander verschiedener Systembestandteile aus beiden Welten – Regulation und Wettbewerb – zu immanenten Widersprüchen und damit der Notwendigkeit zur unkonventionellen Anwendung unterschiedlicher methodischer Prinzipien des Managements. Zudem ist zu erwarten, dass auch in der nächsten Zukunft die Umgestaltung und Reformierung ein ständiger Begleiter für Krankenhausmanager bleibt. Insoweit wird dieser Beitrag mit einer Darstellung des ordnungspolitischen Rahmens sowie einer Übersicht über die Entwicklung der relevanten Gesetzgebung beginnen.

Krankenhäuser haben sich in den letzten Jahrzehnten zu komplexen Dienstleistungsunternehmen entwickelt. Bei der Analyse der Ertragsquellen eines typischen Krankenhauses stellt man fest, dass die oberflächliche Betrachtung der angebotenen Leistungsgruppen, z. B. ambulante, teilstationäre und stationäre Leistungen, nur ein sehr unvollständiges Bild über die dahinterliegenden, heterogenen Geschäftsbeziehungen ergibt. Diese folgen ganz unterschiedlichen Regeln und bedingen deshalb in gleicher Weise den Einsatz differenzierter Steuerungs- und Managementmodelle. Es gibt eine Vielzahl an Möglichkeiten zur Strukturierung der Geschäftsfelder von Krankenhäusern und der sich daraus ergebenden Ertragsquellen. Ein zeitgemäßes Ordnungsprinzip sollte vor allem den Anspruch erfüllen, nicht nur als Struktur für das operative sondern vor allem auch das strategische Ertragsmanagement geeignet zu sein. Das Kerngeschäft, der eigentliche Unternehmenszweck, definiert sich für die große Mehrzahl der deutschen Krankenhäuser aus dem gesetzlichen Versorgungsauftrag zur Sicherstellung eines bestimmten stationären Leistungsangebotes. Dieser Auftrag manifestiert sich im *SGB V § 108 Zugelassene Krankenhäuser*. Zu beachten ist, dass damit nicht nur das Recht sondern auch die Pflicht, Leistungen für die Gesetzlichen Krankenversicherung bzw. deren Versicherten zu erbringen, einhergeht. Hochschulen können zudem einen Vertrag nach *SGB V § 117 Hochschulambulanzen* abschließen. Allerdings ist hier der Maßstab für den Versorgungsumfang die Notwendigkeiten, die sich aus dem Forschungs- und Lehrauftrag ergeben, und nicht die Sicherstellung von ambulanten Leistungen. Es gibt noch weitere durch verbindliche Versorgungsaufträge definierte Vertragsverhältnisse auf Basis der Sozialgesetzgebung etwa für die von Berufsgenossenschaften betriebenen Unfallkrankenhäuser.

Darüber hinaus steht Krankenhäusern eine Fülle sonstiger Geschäftsfelder offen, so dass eine zunehmende Diversifizierung der wirtschaftlichen Aktivitäten in den letzten Jahren zu beobachten ist. Zunächst kann man im Prinzip hierzu alle Verträge mit Selbstzahlern und Privatpatienten über Wahlleistungen rechnen, da diese durch das Krankenhaus in Verhandlung unmittelbar mit den Patienten und mittelbar mit deren Versicherungen oder subsidiär eintretenden staatlichen Organen frei zu steuern sind. Eine besondere Situation ergibt sich für Krankenhäuser, die ohne Zulassung nach SGB V als Privatkli-

niken ausschließlich diese Patienten behandeln. Auch die Erbringung ambulanter Leistungen im Rahmen von individuellen oder institutionellen Ermächtigungen ist eine Option, deren Wahrnehmung zunächst von der Zulassung durch die zuständige kassenärztliche Vereinigung mit der Feststellung eines Versorgungsbedarfs und dann von der unternehmerischen Entscheidung des Krankenhauses abhängt. Die Öffnung des Marktes der Heil- und Hilfsmittel- sowie der Apothekenversorgung für Krankenhäuser durch gesetzliche Reformen ist in kleinen ersten Schritten erfolgt und die sich ergebenden Möglichkeiten werden zunehmend genutzt.

Die starren Sektorengrenzen zwischen ambulanter, stationärer und den übrigen genannten Versorgungsbereichen sind mit einer modernen und zeitgemäßen medizinischen Leistungserbringung aufgrund der durch den rasanten Fortschritt bedingten zunehmenden Spezialisierung und Diversifizierung mit hoher intersektoraler Arbeitsteilung und komplexen Behandlungspfaden nicht vereinbar. Dies gilt gleichermaßen unter medizinischen wie auch ökonomischen Aspekten: Medizinische Qualität ist künftig vor allem am (Langzeit-)Ergebnis auszurichten und damit konsequenter Weise auch ökonomische Allokationsentscheidungen. Dies gilt sowohl für die Ausgestaltung des Wettbewerbs unter den Einrichtungen, als auch die Steuerung des Dienstleistungsmarktes. So ist es medizinisch und wirtschaftlich sinnvoller, Geld für die primäre Vermeidung oder die Verhinderung einer sekundären oder tertiären Verschlimmerung von Gesundheitsstörungen auszugeben, als das Geld in einen „medizinischen Reparaturbetrieb" zu investieren. Daraus leitet sich das politische Ziel ab, selektive Verträge mit der Option zur Entwicklung (ganz) neuer Geschäftsmodelle als Ergänzung oder Alternative zu den starren und uniformen Versorgungsaufträgen zuzulassen, die damit auch eine neue Qualität des Wettbewerbes im Gesundheitsmarkt bedingen werden. Diese Entwicklungen werden mit einer Fokussierung auf die Öffnung zur ambulanten Versorgung sowie auf die selektiven Verträge dargestellt.

Zuletzt kann das Krankenhaus natürlich sein gesamtes Leistungsspektrum primärer, sekundärer und tertiärer Versorgungsangebote Dritten innerhalb und außerhalb des Gesundheitsdienstleistungssektors anbieten. Dazu gehören Konsiliarleistungen für andere Krankenhäuser oder sonstige Einrichtungen aber auch die Wahrnehmung von Aufgaben im Bereich der Rettungsdienste z. B. für Kommunen, allgemeine und spezielle Laborleistungen sowie Leistungen der Wirtschaftsbetriebe, von der Speisenversorgung, Reinigungsdienstleistungen bis zu speziellen Managementleistungen. Auf diese optionalen Ertragsbereiche kann in diesem Beitrag nur am Rande eingegangen werden.

1.2 Der ordnungspolitische Rahmen: Gesetzliche Grundlagen für den Krankenhausmarkt

Der Gesundheitsmarkt im Allgemeinen und der stationäre Krankenhaussektor im Besonderen sind hochreguliert. Die systematische Darstellung der Erträge des Krankenhauses und die Diskussion von ertragsorientierten Strategien und abgeleiteten Geschäftsmodellen für Krankenhäuser beginnen deshalb mit einer Darstellung dieser Rahmenbedingungen, die auch die Grenzen unternehmerischer Gestaltungsspielräume aufzeigen. Es lohnt sich auch deshalb ein Rückblick auf die Entwicklung der Gesetzgebung und Verordnungspolitik der letzten Jahre, damit Trends erkannt und der Blick in die Zukunft geschärft wird.

1.2.1 Gesetzliche Grundlagen

Der ordnungspolitische und sozialrechtliche Rahmen für die stationäre Krankenversorgung ist im Wesentlichen im *Gesetz zur wirtschaftlichen Sicherung der Krankenhäuser und zur Regelung der Krankenhauspflegesätze* vom 29. Juni 1972 (*Krankenhausfinanzierungsgesetz [KHG]*), in den Sozialgesetzbüchern und hier besonders im Fünften Buch *Gesetzliche Krankenversicherung* vom 20. Dezember 1988 (*SGB V*) sowie in den in der Folgezeit verabschiedeten ergänzenden und modifizierenden gesetzlichen Regelungen bzw. Gesetzespaketen kodifiziert. Hinzu kommen Verordnungen auf Bundesebene sowie ergänzende Regelungen durch die die Rechtsaufsicht wahrnehmenden Bundesländer. Hierzu gehört auch die *Verordnung über die Rechnungs- und Buchführungspflichten von Krankenhäusern* (*Krankenhausbuchführungsverordnung [KHBV]*) vom 10. April 1978 die Krankenhäusern, unabhängig von deren Status als Kaufmann im Sinne des Handelsgesetzbuchs oder von deren Rechtsform, weitgehende Auflagen zu Rechnungs- und Buchführungspflichten macht, wobei Handels- und Steuerrecht sowie andere Vorschriften unbe-

rührt bleiben. Ursprünglich war die Verordnung notwendig, um die für die Umsetzung der dualen Finanzierung in der Praxis notwendige Aufgliederung von Kosten, die der Instandhaltung und Investition zuzurechnen sind, zu ermöglichen. Später erleichterte sie die Umsetzung einer standardisierten Kostenträgerrechnung im Rahmen der Kalkulation von Fallpauschalen.

Das KHG mit seinen grundlegenden Regelungen bildet auch heute noch die eigentliche Basis der Krankenhausfinanzierung oder, wenn man so will, des Geschäftsmodells für stationäre Versorgungseinrichtungen. Mit der Einführung einer dualen Finanzierung, also der Trennung von Investitions- und Instandhaltungsfinanzierung, für die die Länder verantwortlich sind, und Refinanzierung der laufenden Kosten über die Erlöse aus den Patientenbehandlungen, sollte die damals bestehende massive Unterfinanzierung mit dem konsekutiv aufgetretenen Investitionsstau begegnet und die Krankenhäuser in ihrer wirtschaftlichen Existenzfähigkeit nachhaltig gesichert werden. Es entbehrt nicht einer gewissen Ironie, dass mit der gleichen Begründung eines zunehmenden Investitionsstaus heute die duale Finanzierung zu Gunsten einer monistischen wieder abgeschafft werden soll. Konsequenter Weise wurde damals im Gesetz auch die Krankenhausplanung als Auftrag an die Länder gegeben. Eine Entsprechung findet sich im SGB V *§ 108 Zugelassene Krankenhäuser*, in dem nur in Länderplanung aufgenommene Krankenhäuser zur Erbringung von Leistungen zu Lasten der Gesetzlichen Krankenversicherung zugelassen sind. Das Prinzip der dualen Finanzierung macht eine Krankenhausplanung zur Allokation der Investitionsmittel erforderlich. Ohne sie wäre eine solche überflüssig, da dann die Mittel mit der Behandlung des Patienten dem Krankenhaus zufließen. Ob eine sich im marktwirtschaftlichen Wettbewerb ohne staatliche Eingriffe herauskristallisierende Krankenhausstruktur den Erwartungen an eine flächendeckend wohnortnahe Versorgung entspricht, ist zumindest unsicher. Vielmehr ist zu erwarten, dass in strukturschwachen Regionen nur eine Förderung über direkte Subventionszahlungen für dort angesiedelte Krankenhäuser oder über eine indirekte Unterstützung durch einen Aufschlag auf die Pauschalen und sonstigen Zahlungen diese sicherstellen kann.

Im KHG sind neben den Grundsätzen der Investitionsförderung, Detailregelungen sind Ländersache, Vorschriften über Krankenhauspflegesätze enthalten. Dabei galt zunächst das Selbstkostendeckungsprinzip für die Ermittlung der krankenhausindividuellen Vergütung. Dieses Prinzip wurde aufgrund starker Kostensteigerungen zunächst zu Gunsten einer prospektiven Budgetierung mit dem *Gesetz zur Sicherung und Strukturverbesserung der gesetzlichen Krankenversicherung (Gesundheitsstrukturgesetz[GSG])* vom 21. Dezember 1992 aufgegeben und durch die *Verordnung zur Regelung der Krankenhauspflegesätze (Bundespflegesatzverordnung [BPflV])* vom 26. September 1994 vom Prinzip medizinisch leistungsgerechter Pflegesätze (Leistungsbudgetierung) abgelöst.

Das *SGB V Gesetzliche Krankenversicherung* ist die wesentliche leistungsrechtliche Grundlage auch für Krankenhäuser, in dem die Leistungspflichten der Gesetzlichen Krankenversicherung differenziert nach den unterschiedlichen Leitungserbringern und in allen denkbaren bilateralen und komplexen Vertragskonstellationen geregelt sind. Im Übrigen gilt der Leistungskatalog in großen Teilen auch für die Privaten Krankenversicherungen, jedenfalls was die eigentlichen medizinischen Leistungen anbetrifft. Einen mittlerweile nicht unerheblichen Umfang nehmen Regelungen für spezielle Pflichten der Leistungserbringer etwa im Bereich des Qualitätsmanagements ein.

Im vergangenen Jahrzehnt wurde einer Fülle von Reformgesetzen erlassen. Dahinter verbergen sich in aller Regel Artikelgesetze mit Korrekturen, Streichungen und Ergänzungen einzelner Paragraphen, ganzer Kapitel oder Abschnitte bestehender Gesetzeswerke, etwa der Sozialgesetzbücher oder des KHGs. Zunächst wurden mit dem *Gesetz zur Reform der gesetzlichen Krankenversicherung ab dem Jahr 2000 (GKV Gesundheitsreformgesetz-2000)* vom 22. Dezember 1999 die grundsätzliche Festlegung auf eine neue Systematik der Leistungsabrechnung getroffen: Im dort modifizierten KHG § 17b wurde eine Weichenstellung in Richtung eines fallpauschalierenden Entgeltsystems vorgenommen. Aber auch der Leistungskatalog und die Beziehungen der Leistungserbringer und Kostenträger wurden durch umfangreiche Änderungen des SGB V modifiziert. Mit dem *§ 140a Integrierte Versorgung* wurde eine Leistungskategorie geschaffen, die im Wesentlichen als neues Prinzip selektive und sektorenübergreifende Verträge zwischen Leistungserbringern und Kostenträgern etablierte. Es definiert für das Krankenhaus und andere Leistungserbringer im Gesundheitsmarkt nicht weniger als eine eigene „Vergütungswelt" mit eigenen Gesetzmäßigkeiten außerhalb der

Vergütung nach Fallpauschalen, die im ebenfalls neuen *Krankenhausentgeltgesetzes [KHEntgG]* geregelt werden, bzw. der tagesgleichen Pflegesätze nach BPflV, die für die Abrechnung stationärer psychiatrischer und psychosomatischer Leistungen noch vorübergehende Gültigkeit haben. Eine ähnliche Intention verfolgte der Gesetzesgeber mit dem neu etablierten § 115b SGB V als rechtlicher Rahmen für das *Ambulante Operieren*. Damit in der Praxis der ambulanten der Vorrang vor der stationären Leistungserbringung eingeräumt wird und dies nicht an einer mangelnden Steuerung der Versicherten in den jeweiligen Sektor – ambulant oder stationär – scheitert, wurden die Sektorengrenzen an dieser Stelle einfach aufgehoben: Krankenhaus und vertragsärztlicher Sektor sind bei der Erbringung dieser Leistungen sowie bei deren Vergütung weitgehend gleichgestellt. Diese Öffnung wurde deshalb vom Gesetzgeber nicht zuletzt mit den Wirtschaftlichkeitsgeboten der Sozialgesetzgebung begründet.

Mit dem Gesetzespaket zur *Einführung des diagnoseorientierten Fallpauschalsystems für Krankenhäuser (Fallpauschalengesetz [FPG])* vom 23. April 2002, das neben Veränderungen des KHG, SGB V und BPflV das *Gesetz über die Entgelte für voll- und teilstationäre Krankenhausleistungen (Krankenhausentgeltgesetz [KHEntgG])* enthält, wurde die Umsetzung des mittlerweile gemäß Auftrages aus dem § 17b KHG konzipierten Deutschen Fallpauschalensystems (German DRG Systems) für den Großteil der stationären Leistungen (wesentliche Ausnahme ist die Behandlung in psychiatrischen Einrichtungen und Abteilungen) geregelt. Ergänzt wird das Gesetz durch die jährlich neu zu fassende *Vereinbarung zum Fallpauschalensystem für Krankenhäuser (Fallpauschalenvereinbarung [FPV])*, die im wesentlichen Abrechnungsbestimmungen und in den Anlagen jährlich aktualisierte Fallpauschalenkatalog mit Bewertungsrelationen für Haupt- und Belegabteilungen, Bewertungsrelationen für teilstationäre Versorgung, verschiedene Zusatzentgeltkataloge und Fallpauschalenkataloge für stationäre bzw. teilstationäre Leistungen, die nicht bewertet und damit krankenhausindividuelle zu verhandeln sind, enthält. Eine Kommentierung und Erläuterung der Vereinbarung findet sich in einer jährlich publizierten Klarstellung der Selbstverwaltungspartner zu den Abrechnungsbestimmungen. Es folgten zwei *Gesetze zur Änderung der Vorschriften zum diagnoseorientierten Fallpauschalsystem für Krankenhäuser (Fallpauschalenänderungsgesetze [FPÄndG])* am 17. Juli 2003 bzw. am

15. Dezember 2004, in denen z. B. die ursprünglichen Regelungen zur Konvergenz der krankenhausindividuellen auf landeseinheitliche Basisfallwerte modifiziert wurden.

Außerdem wurde das *Gesetz zur Modernisierung der gesetzlichen Krankenversicherung (GKV-Modernisierungsgesetz [GMG])* am 14. November 2003 in Kraft gesetzt, das umfangreiche Änderung aller Sozialgesetzbücher und anderer, für das Gesundheitssystem und das Krankenhaus relevanter Gesetzeswerke enthält. Die Etablierung Medizinischer Versorgungszentren (MVZ) als neue Kategorie zugelassener Leistungserbringer gemäß § 95 SGB V ermöglicht Krankenhäusern den unternehmerischen Einstieg in den ambulanten Markt. Mit dem *Vertragsarztänderungsgesetz [VÄndG]* am 27. Oktober 2006 vom deutschen Bundestag beschlossen und seit dem 1. Januar 2007 in Kraft wurde gleichzeitige Tätigkeit im Anstellungsverhältnis von Ärzten im Krankenhaus und MVZ ermöglicht. Durch den *§ 116 b Ambulante Behandlung im Krankenhaus SGB V* erfolgte eine weitere Öffnung des ambulanten Sektors für Krankenhäuser. Ursprünglich zur Etablierung einer zweiten „Facharztschiene" im Krankenhaus gedacht, wurde die Zulassung zur ambulanten Behandlung auf hochspezialisierte Leistungen stark eingeschränkt. Eine Ausnahme bildet die ambulante Versorgung in der Onkologie, für die keine vergleichbare Begrenzung im Gesetz steht. Für die Integrierten Versorgungsverträge wurde die Möglichkeit einer Anschubfinanzierung aus pauschalen Rechnungskürzungen für Krankenhäuser geschaffen, nach dem die Möglichkeit zur selektiven Kontrahierung zwischen den Vertragspartner nicht in der intendierten Weise genutzt worden war. Mit dem Gemeinsamen Bundesausschuss wurde ein neues Gremium etabliert, welches vor allem der Klärung strittiger Fragen von Leistungspflichten der Kostenträger gegenüber den Leistungserbringern unter Berücksichtigung des Wirtschaftlichkeitsgebotes und des Anspruches auf eine notwendige und zweckmäßige medizinische Versorgung des Versicherten dienen soll.

Der vorerst letzte gesetzgeberische Eingriff in das Gesundheitswesen erfolgte mit *dem Gesetz zum ordnungspolitischen Rahmen der Krankenhausfinanzierung ab dem Jahr 2009 (Krankenhausfinanzierungsreformgesetz [KHRG]* vom 17. Mai 2009. Auch hierbei handelt es sich um eine umfangreiche Sammlung von Änderungen, die wiederum aus Sicht des Krankenhauses alle relevanten Gesetzeswerke, das KHG, KHEntgG, BPflV und das SGB V betreffen. Unter dem Eindruck einer guten gesamtwirtschaftlichen Entwicklung sollte nach vielen Einschnitten und Maßnahmen zur Ausgabenbegrenzung Krankenhäuser und Vertragsärzte entlastet werden. Einige der Regelungen sollen an dieser Stelle genannt sein und einen Eindruck des bunten Straußes an Maßnahmen und Änderungen vermitteln, wie er für die Reformgesetzgebung des letzten Jahrzehnts nicht untypisch ist: Es wurde unter anderem eine einmalige Berücksichtigung der Tariferhöhung 2008/2009 bei der Ermittlung des Landesbasisfallwertes sowie eine Ablösung der bisherigen Veränderungsrate zur Anpassung der Krankenhausbudgets durch einen neuen Veränderungswert zur Anpassung der Basisfallwerte im Gesetz geregelt. Die Versorgungssituation im stationären Sektor soll durch ein Pflegepersonalstellenprogramm sowie eine Erhöhung der Finanzierung von Personalstellen in der Psychiatrie verbessert werden. Die Finanzierung der Ausbildungskosten wird klargestellt bzw. neu geregelt. Erneut wird eine Streckung des letzten Konvergenzschrittes vorgenommen. Die Ermittlung des Landesbasisfallwertes soll künftig neben der Fallzahl auch die durch die Fallschwere bedingten Veränderungen der variablen Kosten berücksichtigen. Für 2010 bis 2014 sollen alle Landesbasisfallwerte auf einen bundeseinheitlichen Basisfallwertkorridor konvergieren. Erstmalig soll eine bundeseinheitliche Investitionsbewertungsrelation mit Einführung einer leistungsorientierten Investitionspauschale ab 2012 (für psychiatrische und psychosomatische Einrichtungen ab 2014) entwickelt werden, wobei ein Wahlrecht der Länder zur Fortführung der Einzelförderung erhalten bleibt. Der vorgesehene Zeitplan sieht vor, dass die Grundstruktur für Investitionsbewertungsrelationen und das Verfahren zu ihrer Ermittlung bereits in 2009 festgelegt und Ende 2010 (bzw. 2012 für psychiatrische und psychosomatische Einrichtungen) Investitionsbewertungsrelationen kalkuliert werden. Damit wird eine monistische Finanzierung möglich und hängt von der Entscheidung der Länder zum Verlassen der bisherigen Vorgehensweise ab. Ein zwischen den Ländern uneinheitliches Vorgehen ist derzeit schwer vorstellbar. Weiterhin soll ein fallpauschlierendes Entgeltsystem für psychiatrische und psychosomatische Einrichtungen entwickelt und in 2013 umgesetzt werden. Kliniken können sich außer über Belegärzte künftig auch über Honorararztverträge dem ambulanten Sektor gegenüber öffnen, die allerdings mit Abschlägen auf die Vergütung belastet sind. Mit dieser Auflistung ist nur ein kleiner Teil der vielfältigen durch das Gesetz vorgenommenen Änderungen wiedergegeben. Eine Übersicht über die für das Krankenhausmanagement wesentlichen Gesetze und Verordnungen liefert Abbildung 1.

1.2.2 Auswirkungen des ordnungspolitischen Rahmens – Der regulierte Markt

Der durch die zuvor beschriebenen Gesetze und Verordnungen definierte ordnungspolitische Rahmen führt zu einem stark regulierten Markt. Auf einige für ein ertragsorientiertes Krankenhausmanagement besonders wichtige Aspekte soll hier kurz eingegangen werden. Analysiert wird ein System im Umbruch, ohne dass zum jetzigen Zeitpunkt erkennbar ist, in welche Richtung die Entwicklung in einem für eine strategische Planung wichtigen Zeitkorridor von 5–10 Jahren gehen wird. So wird man sich darauf beschränken müssen, alternative Szenarien und aus der Historie abgeleitete Trends für die Zukunft darzustellen.

Duale Finanzierung – Krankenhausplanung – Versorgungsauftrag

Ein konstituierendes Element des Krankenhausmarktes ist das im KHG beschriebene und nach wie vor gültige Prinzip der dualen Finanzierung. Untrennbar mit diesem Prinzip verbunden ist der gesetzliche Auftrag an die Länder, eine Krankenhausplanung zur flächendeckenden Sicherstellung der stationären Krankenversorgung gemäß den Anforderungen, die sich aus den Sozialgesetzbüchern ergeben, durchzuführen. Hierzu sind geeignete Versorgungsaufträge an Krankenhausträger zu vergeben und fachgebietsbezogen Bettenzahlen zu planen.

Versorgungsaufträge werden in der Vergangenheit in einem hierarchischen Stufensystem vergeben. Bundesweit werden dabei vier Stufen nämlich die Grundversorgung, Regelversorgung, Zentralversorgung und Maximalversorgung unterschieden (mit der Ausnahme des Saarlandes, indem die Stufe der Zentralversorgung entfällt). Ursprüngliche Kriterien für die Einstufung eines Krankenhauses zu einer Versorgungsstufe und die entsprechende Zulassung zur Leistungserbringung waren der vorgehaltene Fächerkanon, das Einzugsgebiet bzw. ob lokale, regionale oder überregionale Leistungsangebote vorgehalten werden, die Bettenkapazität (Mindestbetten, Anteil Intensivbetten an Gesamtbettenkapazität) und die Teilnahme an der Notfallversorgung. Ein konkretes Leistungsspektrum ergab sich hieraus nur mittelbar. Die Definition eines solchen wäre aufgrund fehlender Systematiken zum Zeitpunkt der Einführung des Systems auch nicht ohne Weiteres möglich gewesen. Heute gäbe es die methodischen Grundlagen und die notwendigen Werkzeuge, um einen leistungsorientierten Auftrag zu erteilen, da mit dem fallpauschalierten Entgeltsystem offizielle Klassifikationswerkzeuge für Er-

- **Krankenhausfinanzierungsgesetz [KHG]**
  (Regelung der dualen Finanzierung & der Krankenhausplanung)
  - **Krankenhausentgeltgesetz [KHEntgG]**
    (Regelungen zur fallpauschalierten Vergütung)
  - **Bundespflegesatzverordnung [BPflV]**
    (Regelungen zur Vergütung nach Pflegesätzen; Psychiatrie)
- **Krankenhausbuchführungsverordnung [KHBV]**
  (Kontenrahmen vor allem für nach §108 SGB V zugelassene Krankenhäuser)

- **Sozialgesetzbücher: SGB V Gesetzliche Krankenversicherung**
  (Regelung der Leistungspflichten der GKV sowie des vertragsrechtlichen Rahmens für die vielfältigen Beziehungen zwischen Kostenträgern und Leistungserbringern)

Abb. 1   Ordnungspolitischer Rahmen: Übersicht über die gesetzlichen Grundlagen

krankungen (International Classifictaion of diseases ICD 10 GM) und Prozeduren (Operationsschlüssel) eingeführt wurden.

Tatsächlich verliert die Krankenhausplanung an Bedeutung und die ursprünglich leistungsbezogen hierarchisch gedachte Struktur, wie sie sich auch aus der Nomenklatur ergibt, löst sich im Bereich der niedrigeren Versorgungsstufen auf. Hier kann der Spielraum, der sich aus der Möglichkeit ergibt, Patienten mit dem Hinweis auf den Versorgungsauftrag an andere Häuser höherer Versorgungsstufen zu verweisen, und auf der anderen Seite weitgehenden fehlenden Beschränkung des Leistungsspektrums durch übergreifende ordnungspolitische Vorgaben genutzt werden, um Leistungsportfolios zu gestalten, die sich z. B. auch an der wirtschaftlichen Attraktivität der Angebote orientieren. Entsprechend spezialisieren sich viele Krankenhäuser der unteren Versorgungsstufen in Teilgebieten und entfernen sich insoweit von ihrem ursprünglichen Versorgungsauftrag. Für Krankenhäuser der höheren Versorgungsstufen besteht diese Option der Gestaltung eigener Leistungsangebote nur eingeschränkt. Sie sind zunächst verpflichtet, alle Patienten aufzunehmen, insbesondere auch solche, die aus Häusern unteren Versorgungsstufen an sie verwiesen werden.

Für das strategische Krankenhausmanagement erscheint vor allem baldige Klarheit in dieser Frage von großer Bedeutung. Es braucht eine verlässliche ordnungspolitische Grundlage, um seine Investitionen und Instandhaltungen orientiert an seinen Leistungsportfolios zu gestalten. Dies wird in einer monistischen Finanzierungswelt in anderer Weise geschehen müssen, als in einer dualen, mit der, wie dargestellt, nicht nur die Vergabe dieser Mittel sondern auch die Gestaltung der Versorgungsplanung aus dem direkten Verantwortungsbereich des Krankenhauses genommen wird. Abbildung 2 stellt den Status der Krankenhausfinanzierung und der Regulationsinstrumente vereinfacht dar. Veränderungen auf der einen, etwa der Finanzierungsseite, müssen zu korrespondierenden Anpassungen auf der Regulationsseite führen.

Weitere Randbedingungen: Budgets – Qualitätsmanagement

Möglichkeiten und Grenzen zur Steuerung des Kerngeschäftes des Krankenhauses sind aber nicht nur durch die Krankenhausplanung und den Versorgungsauftrag festgelegt. Die Leistungsplanung ist zudem im Rahmen der lokalen

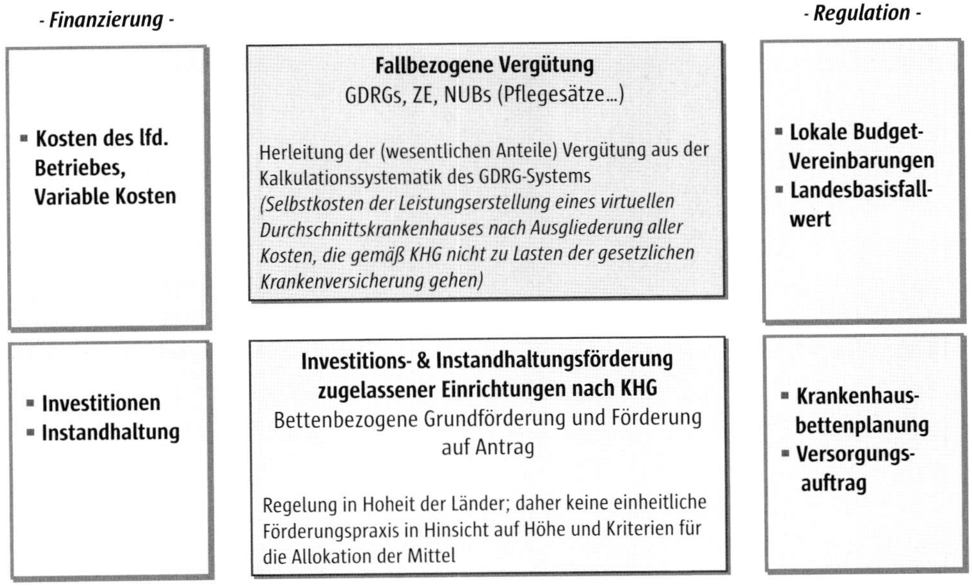

- *Finanzierung -*
- *Regulation -*

| Kosten des lfd. Betriebes, Variable Kosten | **Fallbezogene Vergütung** GDRGs, ZE, NUBs (Pflegesätze...)

Herleitung der (wesentlichen Anteile) Vergütung aus der Kalkulationssystematik des GDRG-Systems *(Selbstkosten der Leistungserstellung eines virtuellen Durchschnittskrankenhauses nach Ausgliederung aller Kosten, die gemäß KHG nicht zu Lasten der gesetzlichen Krankenversicherung gehen)* | Lokale Budget-Vereinbarungen Landesbasisfallwert |
| Investitionen Instandhaltung | **Investitions- & Instandhaltungsförderung zugelassener Einrichtungen nach KHG** Bettenbezogene Grundförderung und Förderung auf Antrag

Regelung in Hoheit der Länder; daher keine einheitliche Förderungspraxis in Hinsicht auf Höhe und Kriterien für die Allokation der Mittel | Krankenhausbettenplanung Versorgungsauftrag |

Abb. 2   Prinzip der Dualen Finanzierung

Budgetverhandlungen mit den Kostenträgern zu vereinbaren. Der Budgetverhandlung ist ein eigener Abschnitt gewidmet, auf den an dieser Stelle verwiesen wird. Sowohl die Leistungsmenge insgesamt als auch die Einzelleistungen, hauptsächlich definiert über den Fallpauschalen- und Zusatzentgeltkatalog, werden geplant und vertraglich vereinbart. Mehr- oder Minderleistungen im Fallpauschalenbereich unterliegen Ausgleichszahlungen, eine nachträgliche Verschiebung zwischen den Budgettöpfen Fallpauschalen und Zusatzentgelten ist nicht möglich. Zudem finden sich in § 6 *Vereinbarung sonstiger Entgelte* des KHEntgG einige Öffnungsklauseln, die vom Krankenhaus besonders für eine ergänzende Finanzierung von Spezialleistungen genutzt werden können. Im Absatz 2 a wird dort geregelt, dass für Ausnahmefälle, die strengen Kriterien sind im Einzelnen aufgeführt, gesonderte Zusatzentgelte vereinbart werden können. Diese sind im Erlösvolumen zu berücksichtigen. Es ist in diesem Zusammenhang festzustellen, dass die künftige Rolle lokaler Verhandlungen und die dafür geltenden Regeln nach Abschluss der Einführung des pauschalierten Entgeltsystems noch nicht klar sind. Sinnvoll sind diese aufwendigen Verhandlungen eigentlich nur, wenn sie an die Stelle einer von den Ländern immer weniger wahrgenommenen übergreifenden Krankenhausstruktur- und Versorgungsplanung treten, so dass auch künftig eine flächendeckend wohnortnahe stationäre Versorgung sichergestellt ist. Hier könnten die Kostenträger die Aufgabe übernehmen, eine versorgungsepidemiologisch ausgerichtete, langfristige und damit nachhaltige Steuerung über ihren Leistungseinkauf für die eigenen Versicherten zu realisieren. Die andere Alternative wäre einen weitgehend freien Wettbewerb mit seiner strukturinduzierenden Wirkung zuzulassen und lokale Budgetverhandlungen damit überflüssig zu machen. Hier ergeben sich die Risiken des Marktversagens bzw. der Marktineffizienz z. B. aufgrund von Informationsasymmetrien, Monopolisierungstendenzen und hohen Transaktionskosten. Letztendlich muss aus Sicht der Ökonomie bewertet werden, mit welchen ordnungspolitischen Instrumenten sich Über-, Unter- und Fehlversorgung minimieren lassen, und wie Effizienzgewinne durch Wettbewerb im Verhältnis zu seinen Kosten zu bewerten sind. Vor allem sind aber die ideologische Diskussion und die Auseinandersetzung über das Wertesystem zu führen, da ökonomi-

sche Ratio ohne gesellschaftlichen Konsens eine Fiktion bleibt.

Eine weitere wichtige Randbedingung für Leistungsgestaltung und erlösorientiertes Management stellt die zunehmende ordnungspolitische Ausgestaltung des Qualitätsmanagementsystems für das Gesundheitswesen im Allgemeinen und für Krankenhäuser im Speziellen dar. Es handelt sich dabei bisher um kein System „aus einem Guss". Vielmehr bildet eine große Zahl relevanter Einzelregelungen – Gesetze, Verordnungen, gesetzlich verbindliche Kataloge und ähnliches – aus ganz unterschiedlichen Bereichen einen zunehmend komplexen Rahmen für das Krankenhaus mit weitreichenden Konsequenzen im Leistungs- und Haftungsrecht. Es sollen hier nur drei Beispiele aufgeführt werden.

Im SGB V wird im § 137 *Richtlinien und Beschlüsse zur Qualitätssicherung* sowie den folgenden § 137 a–g die Weichenstellung in Richtung eines gründlich reformierten, im Ziel sektorenübergreifenden Qualitätssicherungssystems gestellt. Dabei finden sich im SGB V vielfältige Verweise auf diesen Paragraphen. Viele Leistungen können demnach vom Krankenhaus nur vereinbart werden, wenn ein Qualitätssicherungssystem hinterlegt ist. Derzeit bleibt mangels genauerer Definitionen und Vorgaben einiges an Ausgestaltung der lokalen vertraglichen Leistungsvereinbarungen überlassen. Umso mehr sind die inhaltlich-fachlichen als auch die methodisch-technischen Voraussetzungen hierfür im Krankenhaus zu schaffen. Die anspruchsvolle Aufgabe eines wissenschaftlich begründeten Qualitätsmanagements muss zudem im Rahmen der bestehenden Finanzierung auch ökonomisch abgebildet werden, was eine Freisetzung der dafür notwendigen Mittel durch Einsparungen an anderer Stelle notwendig macht. Im August 2009 wurden die Weichen für die externe Qualitätssicherung mit dem Vertrag über Entwicklung von Verfahren zur Messung und Darstellung der Versorgungsqualität von G-BA und dem *Institut für Angewandte Qualitätsförderung und Forschung im Gesundheitswesen [AQUA]* neu gestellt. Mit dem Vertrag wurde die Entwicklung einer sektorenübergreifenden Qualitätssicherung der medizinischen Versorgung von Patientinnen und Patienten in Deutschland beauftragt. Mit der Gestaltung neuer Module auf der Basis der bestehenden Qualitätssicherung der *Bundesgeschäftsstelle für Qualitätssicherung [BQS]* wird bereits begonnen.

Ein weiterer Baustein stellt die Ausgestaltung des offiziellen *Operationsschlüssels [OPS]* im Zusammenhang mit der Beschreibung von Komplexleistungen im Kapitel 8 dar. War ursprünglich im OPS nur die Leistung in kurzen Stichworten beschrieben, so sind jetzt bei den Komplexleistungen eine Reihe von Vorgaben zur Struktur- und Prozessqualität integriert. Als Voraussetzung für eine Dokumentation und nachfolgende Abrechnung dieser Leistungen sind diese Bedingungen zu erfüllen. Während für die Begründung von Leistungspflichten der gesetzlichen Krankenversicherung mittlerweile hohe Anforderungen gestellt werden, hier prüft der Gemeinsame Bundesausschuss bzw. in seinem Auftrag das *Institut für Qualität und Wirtschaftlichkeit im Gesundheitswesen [IQWiG]* die vorliegende Evidenz kritisch, gilt gleiches für die Festlegung dieser Struktur- und Qualitätskriterien nicht. Sie können im Ergebnis ein bedeutendes Hindernis für ein Krankenhaus darstellen, solche Leistungen anzubieten, ohne dass ihr Einfluss auf das Ergebnis der Krankenhausbehandlung belastbar nachgewiesen wäre. Neue Operationsschlüssel können nämlich dem *Deutschen Institut für medizinische Dokumentation und Information [DIMDI]* vorgeschlagen werden, wobei anschließend eine Arbeitsgruppe über die weitere Ausgestaltung des Kodes berät und entscheidet. Eine Dokumentation des Ergebnisses in einer den Gutachten des IQWiG vergleichbaren Form wird dabei nicht vorgelegt.

Als drittes Beispiel für einen Baustein des extern vorgegebenen Qualitätsmanagements können die Richtlinien der Bundesärztekammer genannt werden, die wiederum in verschiedenen Gesetzen im Sinne eines verbindlichen Ordnungsrahmens verankert sind. Dazu zählt z. B. die Richtlinie der Bundesärztekammer zur Qualitätskontrolle in ihrer aktuellen Fassung aus 2008, die in umfangreicher Weise das Qualitätsmanagement für klinische Labore vorschreibt.

Der Krankenhausmarkt ist (stark) reguliert

Trennung der Finanzierung von laufenden Kosten und Investitionen/Instandhaltung und die daraus resultierende Notwendigkeit einer Krankenhausplanung sowie der Definition von Versorgungsaufträgen wirken als Marktzugangsbeschränkung.

Die (strenge) Trennung von den übrigen Sektoren des Gesundheitswesens, lokal verhandelte Budgets und zunehmend verbindliche Qualitätsanforderungen limitieren die Gestaltungsspielräume für eine wirtschaftliche Entwicklung.

Die Gesetzgebung der letzten Jahre führt in der Tendenz zu einer Lockerung des ordnungspolitischen Rahmens mit der Folge einer Intensivierung des Wettbewerbes.

1.3 Kerngeschäft des Krankenhauses – Erträge aus der Stationären Patientenversorgung

Die Erbringung stationärer Leistungen, in der Regel zu einem überwiegenden Teil zu Lasten der gesetzlichen Krankenkassen, bildet das Kerngeschäft des Krankenhauses. Dafür hat es einen gesetzlichen Versorgungsauftrag, der an sich die unternehmerische Freiheit deutlich einschränkt, besonders wenn man die länderspezifischen offiziellen Planungskriterien durch Zuweisung einer Versorgungsstufe und Aufstellung abteilungsbezogener Planbetten ernst nimmt. Schon die Erbringung von Wahlleistungen im Rahmen von Vereinbarungen mit selbstzahlenden Patienten oder von ambulanten Leistungen etwa im Rahmen von Ermächtigungen ist dazu im Vergleich frei zu gestalten und kann auf der Basis wirtschaftlicher Überlegungen auch abgelehnt werden. Sie werden deshalb getrennt betrachtet.

Mit dem Gesundheitsreformgesetz 2000 wurde die Einführung eines fallpauschalierten Entgeltsystems für die große Mehrzahl der Krankenhausleistungen beschlossen und im Jahr 2003 und 2004 die bis dahin gültige Bundespflegesatzordnung durch das Krankenhausentgeltgesetzt weitgehend ersetzt. In den folgenden Jahren dominierte das Thema der operativen Umsetzung des neuen Abrechnungssystems mit seinen vielen Facetten das Krankenhausmanagement. Gleichzeitig begann eine Diskussion um die strategische Neuausrichtung von Krankenhäusern, die allerdings nur mittelbar mit der Einführung des neuen Systems zu tun hatte. Mit den Erfahrungen der vergangenen Jahre fällt eine Bewertung des Systems sowie möglicher Konsequenzen für die Ausrichtung von Krankenhäusern leichter. Dazu ist eine Auseinandersetzung mit seiner Funktionsweise und seinen Prinzipien wichtig: So wird die Charakterisierung als „Lernendes System" zu hinterfragen sein. Seine Weiterentwicklung erscheint vielmehr, wie im Folgenden aus dem Blickwinkel eines ertrags- und leistungsorientierten Managements darzustellen ist, ein aktiv zu gestaltender Prozess zu sein. Die dem System immanente Logik führt nämlich zu keiner gerichteten Entwicklung, die im Sinne einer qualitäts- und vor allem ergebnisorientierten medizinischen Versorgung als „selbstlernend" bezeichnet werden könnte. Dazu sind andere Systemkomponenten und steuernde Eingriffe notwendig.

Im Folgenden Abschnitt werden deshalb zunächst die Prinzipien von Klassifikationssystemen und ihre Nutzung für die Abrechnung stationärer Krankenhausleistungen dargestellt. Es folgt ein Abriss wichtiger spezifischer Ausgestaltungen des deutschen Fallpauschalensystems mit einer Analyse ihrer Auswirkungen auf wichtige Systemparameter. Dazu gehören auch Vergütungskomponenten, die zwar ergänzend zu den Fallpauschalen bezahlt werden, inhaltlich und in ihrer steuernden Wirkung aber tief in das System integriert sind. Es gibt in der stationären Krankenversorgung nur noch wenige Bereiche, die nicht im Geltungsbereich des Krankenhausentgeltgesetzes liegen. Auf diese kann nur kurz eingegangen werden.

1.3.1 Das fallpauschalierte Entgeltsystem – G-DRGs

In 2000 wurde die politische Entscheidung gefällt, ein neues Vergütungssystem zur Abrechnung stationärer und teilstationärer Fälle zu entwickeln und einzuführen. Das System sollte durchgängig, leistungsorientiert und fallpauschaliert sein. Mit Durchgängigkeit war gemeint, dass tatsächlich am Ende der Systemeinführung alle stationären und teilstationären Fälle erfasst werden. Leistungsgerechtigkeit sollte durch die angemessene Abbildung von „Komplexitäten und Komorbiditäten" sichergestellt werden. Durch die Fallpauschalierung sollte das System bei einem angemessenen Differenzierungsgrad noch übersichtlich und handhabbar sein. Aus heutiger Sicht erscheint die Eigenschaft der Praktikabilität schwer zu bewerten sein. Die Anzahl der GDRGs ist jedenfalls deutlich angestiegen: Im Jahr 2003 enthielt der Fallpauschalenkatalog 664 G-DRGs, in 2009 1.192 GDRGs. Die Grundstruktur des Systems blieb dabei weitgehend erhalten. Was allerdings deutlich zugenommen hat, ist die Komplexität der Gruppierungsalgorithmen. Die Zuordnung eines Falles zu einer GDRG muss deshalb in der Praxis nicht zuletzt aus diesem Grund durch eine Gruppierungssoftware erfolgen. Die Komplexität

des Systems und damit der Aufwand seiner Administration werden zudem von einer Reihe anderer Faktoren beeinflusst. Dazu gehören zum Beispiel

- die Datenübertragungsregeln,
- die Verfahren zur Fallzusammenführung bei Wiederaufnahmen bzw. die Abrechnung von Verlegungsfällen,
- die Auseinandersetzung mit den Kostenträgern über die Notwendigkeit oder Nicht-Notwendigkeit eines stationären Aufenthaltes,
- die Budgetplanung innerhalb des Systems, dabei die Berücksichtigung von Ausgleichsregelungen für Minder- und Mehrleistungen sowie
- eine Vielzahl von Detailregelungen zu Zu- und Abschlägen für Ausbildung und Notfälle.

In 2004 wurden als weitere Vergütungsbestandteile Zusatzentgelte und in 2005 eine Vergütung für Neue Untersuchungs- und Behandlungsmethoden eingeführt, die integraler Bestandteil des Fallpauschalensystems sind.

Im Folgenden werden die ordnungspolitischen Eigenschaften fallpauschalierter Entgeltsysteme als auch die Methode der Klassifikation zur Bildung von Abrechnungsgruppen allgemein und ihre spezifische Anwendung für das G-DRG-System dargestellt. Es folgt ein Abschnitt, in dem die möglichen Konsequenzen für die Praxis des Krankenhausmanagements erörtert werden.

Zum Prinzip der pauschalierender Entgeltsysteme

Die Leistungsvergütung für Krankenhäuser kann systematisch in ganz unterschiedlicher Weise organisiert werden. All diese Systeme weisen Vor- und Nachteile auf. Ihre Bewertung kann nur in Hinsicht auf die mit ihrem Einsatz verbundenen ordnungspolitischen Ziele erfolgen. Diese wiederum hängen von gesellschafts- und sozialpolitischen Grundüberzeugungen ab. Der Umgang mit fallpauschalierten Systemen setzt die Kenntnis dieser Zusammenhänge voraus, ohne dass diese in ihrer gesamten ökonomischen Tragweite dargestellt werden können. Grundsätzlich kann man drei Alternativen von Vergütungssystemen unterscheiden, wobei es fließende Übergänge gibt.

Zum einen kann ein System auf der Abrechnung von Einzelleistungen beruhen, die in einem Gebührenkatalog aufgelistet und detailliert für jeden individuellen Fall zusammengestellt und abgerechnet werden. Ein solches System ist an sich leistungsgerecht, weil es alle erbrachten Leistungen (auf der anderen Seite aber auch nur diese) finanziert. Für den Leistungsanbieter besteht ein Anreiz zur Leistungsexpansion, da diese ja inkrementell finanziert werden. Eine Ergebnisorientierung ist in einem solchen System nur schwer zu etablieren, weil der Zusammenhang zwischen Einzelleistung und Erfolg kaum herzustellen ist. Ein Qualitätsmanagement wird deshalb vor allem struktur- und prozessorientiert ausgerichtet sein müssen. Es wird zudem vor allem leistungsbegrenzend wirken müssen und damit eine maximale Leistungsdichte definieren. Das finanzielle Risiko während der Behandlung durch zusätzlich notwendig werdende Leistungen etwa bei Komplikationen trägt der Leistungsempfänger. Der administrative Aufwand ist relativ hoch, insbesondere, wenn man die Überprüfung und Verifizierung von Abrechnungen mit berücksichtigt. Die Funktion des Leistungserbringers und des Kostenträgers, in aller Regel eine Versicherung, bleiben getrennt.

Die zweite Alternative ist ein fallpauschaliertes System für einen Behandlungsabschnitt oder -phase. Auf der Basis einer klaren Falldefinition und einer Bewertungssystematik mit einer begrenzten Anzahl von Pauschalen wird nicht die individuelle Leistungsausgestaltung berücksichtigt. Hier besteht allenfalls ein Anreiz zur Leistungsinduktion in Hinsicht auf die Prozeduren, die für das Erreichen einer z. B. ökonomisch attraktiven Fallpauschale notwendig sind und somit den Vergütungsanspruch rechtfertigen. Ansonsten wird der Leistungserbringer möglichst sparsam mit dem Einsatz der Ressourcen umgehen, deren Nutzung zu keinen inkrementellen Erträgen führt. Ein solches System ist deshalb auch nur noch dann leistungsgerecht, wenn die Streuung von Quantität und Qualität der Leistungsbausteine innerhalb einer Fallgruppe zwischen allen Anbietern vergleichbar ist. Für einen individuellen Fall liegt es nämlich in der Natur pauschalierter Systeme, dass sie trotz sachgerechter Vorgehensweise des Leistungserbringers sowohl unter- als auch überbewertet sein können. Die Ergebnisorientierung kann zumindest in Hinsicht auf den fallpauschalierten Behandlungsabschnitt erreicht werden. Dies schließt Zeitabschnitte, die durch Regelungen zur Wiederaufnahme bei Komplikationen dem stationären Aufenthalt zugerechnet werden, ein. Sektorenübergreifende Ergebnisorientierung ist aber auch hier kaum zu fördern.

Das Qualitätssystem wird in der Tendenz eine Mindestleistungsdichte und -anforderungen definieren. Das finanzielle Risiko für eine Verzögerung der Behandlung z. B. wegen auftretender Komplikationen ist in der Regel verteilt auf Leistungserbringer und Kostenträger. So werden durch inkrementelle Erträge für Aufenthaltstage jenseits von Grenzverweildauern oder durch Berücksichtigung von Komplikationsdiagnosen oder Revisionseingriffen finanzielle Ausgleiche für den Leistungserbringer geschaffen. Unterhalb dieser „Schwellen" trägt der Leistungserbringer die Risiken.

Ein drittes System beinhaltet eine noch weitergehende Pauschalierung der Abrechnung, so dass der Leistungsanbieter z. B. die gesamte Versorgung mit Gesundheitsdienstleistungen im Rahmen einer pauschalierten Vergütung oder unter dem Deckel eines Gesamtbudgets sicherstellt. Hier besteht ein maximaler Anreiz, der Verpflichtung mit möglichst sparsamem Einsatz von Ressourcen nachzukommen. Eine starke Ergebnisorientierung ist als Logik im System verankert: Der Versicherte sollte möglichst gesund bleiben oder schnell werden. Das finanzielle Risiko liegt weitgehend beim Leistungserbringer, ebenso wie die Chance eines sehr guten Geschäftes bei erfolgreichem Gesundheitsmanagement. Die Funktion des Leistungserbringers und Versicherers können in einem solchen System miteinander verschmelzen. Mit dem § 140 des SGB V wurde die Tür zu solchen Leistungsangeboten in Deutschland jedenfalls prinzipiell geöffnet, auch wenn die Komplexität der übrigen Randbedingungen eine Umsetzung bisher verhindert haben.

Getrennt von diesen Grundtypen sind die Möglichkeiten weiterer steuernder ordnungspolitischer Eingriffe zu betrachten. Hierzu gehört vor allem die Leistungsbegrenzung durch Budgetierung. Einerseits kann man den individuellen Leistungserbringer budgetieren, was eine zusätzliche leistungsbegrenzende Wirkung zur Folge hat. Nebeneffekt kann aber auch eine Rationierung sein, weil zusätzliche Leistungen nach Erreichen des Budgetdeckels nicht mehr erbracht werden. Die Budgetierung auf kollektiver Ebene der Leistungserbringer durch eine mit der Leistungsmengenentwicklung floatende Bewertung der Einzelleistung vermeidet diesen Effekt. Allerdings ist in einem solchen System individuelle wirtschaftliche Verantwortung nur bedingt zu realisieren, da eine ertragsorientier-

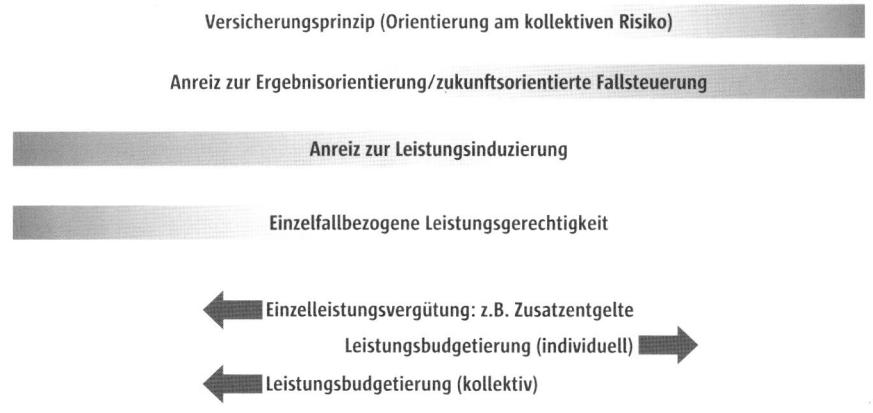

Abb. 3   Typen von Vergütungssystemen

te Planung mit großer Unsicherheit versehen ist. Bei Eintreten des Hamsterradeffektes, jeder Teilnehmer am Markt versucht durch Steigerungen seiner Leistungen den Preisverfall durch die Leistungssteigerungen der Konkurrenten zu begegnen, muss es zu einer qualitativen Entwertung der Einzelleistung kommen. Im vertragsärztlichen Sektor in Deutschland ist dies eine latente Gefahr. Budgetierung ist im Übrigen immer ein schwerwiegender Eingriff in Wettbewerb und Marktwirtschaft und kann zu paradoxen Effekten führen. Die Zusammenhänge sind vereinfacht in Abbildung 3 dargestellt, in der Schattierungen und Pfeile für tendenzielle Wirkungen einzelner Faktoren im System stehen.

Zum Prinzip von Klassifikationssystemen

Will man die Funktionsweise des G-DRG-Systems verstehen, lohnt sich die Beschäftigung mit den Prinzipien von Klassifikationssystemen sowohl aus einer formalen als auch inhaltlichen Sicht. Formal dienen sie dem Zweck, einem komplexen System z. B. von Störungen der Gesundheit, eine einfache Struktur, z. B. definierte Erkrankungsbezeichnungen, zu geben und es damit übersichtlich zu gestalten. Parameter für die formale Qualität

ist vor allem die Eindeutigkeit, Abgeschlossenheit und Vollständigkeit der Klassenbildung, so dass die Zugehörigkeit jedes beliebigen Individuums zu genau einer Klasse abgeleitet werden kann und sich die Mitglieder einer Klasse dabei möglichst ähnlich sind. Klassifikation ist kein Selbstzweck: So kann die Klassifikation von Störungen der Gesundheit dem Zweck dienen, eine medizinische Systematik auf der Basis einer begrenzten, überschau- und handhabbaren Anzahl von Klassifikationskriterien zu schaffen, die dann z. B. die strukturierte Erforschung dieser Störungen erlaubt. Mit der Vereinfachung geht aber auch ein Informationsverlust einher: Ein wichtiger Parameter für die inhaltliche, qualitative Bewertung eines Klassifikationssystems, ist vereinfacht gesagt, inwieweit dieser Informationsverlust dazu führt, dass sich die Mitglieder einer Klasse voneinander unterscheiden und die Klassen dadurch inhomogen werden. Diese Prinzipien werden am Beispiel des GDRG-Systems weiter unten noch näher erläutert.

Der Ursprung zur Nutzung von Klassenbildung in der modernen Medizin reicht bis etwa in das Jahr 1850 zurück. Damals begannen die Arbeiten an einem Klassifikationssystem, welches als International List of Causes of Death 1893 vom International Statistical Institute publiziert wurde. Auf dieser Grundlage war es erstmalig möglich, Todesursachen hinsichtlich ihrer Häufigkeit in den industrialisierten Ländern zu vergleichen, in denen die hierfür notwendigen Erhebungen vorgenommen werden konnten. Es ist bemerkenswert, dass diese erste Anwendung eines Klassifikationssystems im Zusammenhang mit einer Qualitätsbewertung von Gesundheitssystemen stand, denn man wollte von den Häufigkeiten der Todesursachen auf die Qualität der Lebensbedingungen und Gesundheitsversorgung schließen. Hieran kann man das Prinzip von Klassifikationssystemen anschaulich erläutern. Die Kausalkette, die zum Tod eines Individuums führt, ist zunächst einmalig. Sie ist durch die Veränderung einer praktisch unbegrenzten Anzahl von physiologischen Parametern, die zudem in beliebiger Genauigkeit erfasst werden können, charakterisiert. Es bestehen aber Ähnlichkeiten, so dass zwei Verläufe, die sich in bestimmten Eigenschaften gleichen und deshalb in eine Gruppe von Todesursachen klassifiziert sind, Rückschlüsse auf die Lebensbedingungen z. B. auf die hygienischen Umstände erlauben. Wichtiger Parameter für die Qualität des Klassifikationssystems ist die Häufigkeit, mit der die aus der Zugehörigkeit eines individuellen Ereignisses zu einer Todesursachenklasse abgeleitete Aussage hinsichtlich der Lebensbedingungen, also z. B. der Rückschluss auf einen geringen Hygienestandard, auch tatsächlich zutrifft: Je häufiger dies für eine definierte Klasse der Fall ist, um so homogener ist diese.

Später übernahm die WHO die Verantwortung für die Weiterentwicklung der Systematik zu einer Internationalen Klassifikation der Erkrankungen (ICD), die mittlerweile in der 10ten Version und zudem in vielen regionalen Modifikationen, z. B. der German Modification zur Verwendung für das G-DRG-System, vorliegt. Diese Klassifikation wurde für eine Vielzahl von Zwecken verwendet, wobei zunächst klinische Anwendungen im Vordergrund standen. 1977 wurde in den USA erstmalig ein Klassifikationssystem für Versicherungsfälle zum Zweck der Wirtschaftlichkeitsprüfung und Qualitätssicherung entwickelt, welches im Wesentlichen auf ICD klassifizierten Diagnosen und weiteren individuellen Merkmalen von Versicherten wie Alter und Geschlecht beruhte. Dem lag die Hypothese zu Grunde, dass mit Hilfe dieser wenigen, leicht von Medizinern objektiv zu erhebenden und damit gut verfügbaren Daten, Versicherte in Gruppen eingeteilt werden können, so dass die Mitglieder der jeweiligen Gruppen sich nicht nur medizinisch hinsichtlich Ihrer Erkrankungen sondern auch ökonomisch hinsichtlich der durch ihre Behandlung entstehenden Kosten ähneln. Wenn

eine solche Korrelation tatsächlich besteht, kann von der Zuordnung eines Falles zu einer Gruppe auf die Behandlungskosten mit einer gewissen Sicherheit bzw. Genauigkeit geschlossen werden. Die Klassen wurden als Diagnosis Related Groups bezeichnet und von einem DRG-System gesprochen. Auf der Basis des Ur-DRG-Systems entwickelten sich verschiedene Klone, von denen einige nach weiterer Pflege und Verfeinerung der Gruppendifferenzierung als ausreichend genau angesehen wurden, um Grundlage für ein fallpauschaliertes Vergütungssystem zu sein.

1.3.2 Funktionsweise und Besonderheiten des G-DRG Systems

Das G-DRG-System basiert zwar auf dem Urtyp der DRG-Systeme wurde aber mit großer Konsequenz zu einem umfassenden Vergütungssystem weiterentwickelt und ausgestaltet. Die für ein Klassifikationssystem notwendigen Komponenten, auf deren Systematik zur Gruppenbildung die Abrechnung von Leistungen erfolgen soll, gehen aus dem bisher gesagten hervor.

Am Anfang steht die Festlegung auf die Bezugseinheit der Klassifizierung: Gruppiert werden soll, vereinfacht gesagt, der Krankenhausfall, beginnend mit der Aufnahme und endend mit der Entlassung, um ihn auf dieser Basis pauschal abrechnen zu können. In der Realität ist die Definition sehr viel komplexer mit einer Vielzahl von Zusatzregelungen für Wiederaufnahme- und Verlegungsfälle, für die jährlich ein überarbeiteter Leitfaden in Ergänzung zur Fallpauschalenvereinbarung von den Kostenträgern herausgegeben wird. Aus ökonomischer Sicht wird der Fall zum Kostenträger und damit die Verbindung zwischen dem medizinischen Fall und seinen Kosten hergestellt; genau diesen Zweck hat ja das G-DRG-System.

Dann werden ein Set von Eigenschaften und ein darauf basierender Datensatz zu definieren sein, auf denen die Gruppeneinteilung des Falles beruht (Gruppierungs- oder Basisdatensatz nach § 21 KHEntgG). Hierzu gehören vor allem die Diagnosen, die Prozeduren und andere patientenbezogene Eigenschaften, wie Alter, Geschlecht, sowie behandlungsbezogene Parameter, wie etwa die Beatmungsdauer, Verweildauer oder der Aufnahmestatus bzw. Entlassstaus. Für eine einheitliche Dokumentation der Diagnosen und Prozeduren sind die Voraussetzungen zu schaffen. Dazu wurde der ICD 10 für diese Zweckbestimmung modifiziert und zur besseren praktischen Anwendung in verschiedenen amtlichen Ausgaben publiziert sowie ein eigener Operationsschlüssel entwickelt. Dieser ist mittlerweile nicht nur ein umfangreicher Prozeduren- und Verfahrensschlüssel sondern enthält außerdem einzelnen Leistungskomplexen zugeordnete Struktur- und Qualitätsmerkmale, die als Voraussetzung für deren Erbringung und damit Dokumentation erfüllt sein müssen. Damit beide Klassifikationen standardisiert zur Anwendung kommen und einheitlich interpretiert werden, wird ein Deutsches Kodierhandbuch gepflegt, welches allgemeine und spezielle Kodierregeln für die Dokumentation enthält. Mit diesen Anwendungsregeln soll die Reproduzierbarkeit der Dokumentation sichergestellt werden, so dass verschiedene Dokumentare beim gleichen Fall zum gleichen Dokumentationsergebnis kommen. Es ist bemerkenswert, dass sowohl ICD und OPS zu ganz überwiegenden Teilen selbsterklärend und definierend sind, so dass trotz der großen Zahl von Schlüsseln eine übersichtliche Zahl von Regeln ausreicht, um eine reliable und reproduzierbare Dokumentation sicherzustellen. Die Werkzeuge werden jährlich überarbeitet und angepasst, um Fehler zu beheben, dem medizinischen Wandel mit neuen Erkenntnissen über Erkrankungen und innovativen Methoden gerecht zu werden und die Dokumentationsmöglichkeiten zu erweitern.

Nachdem der Datensatz für die Gruppierung und Klassenbildung festgelegt ist, muss jetzt das Klassifizierungssystem selber konstruiert werden. Nur für diese Konstruktion werden weitere Daten benötigt, nämlich die Fallkosten: Schließlich sollen ja auf der Basis der durch den Datensatz beschriebenen und dem jedem Fall individuell zuzuordnenden Eigenschaften Fallgruppen gebildet werden, die die Grundlage einer pauschalierten Abrechnung bilden. Dazu wurde ein Kalkulationshandbuch erstellt, welches das Vorgehen für eine spezifische Kostenträgerrechnung beschreibt und mittlerweile in der dritten Version vorliegt. Das Kalkulationshandbuch kann auf dem durch die Krankenhausbuchführungsverordnung vorgegebenen Kontenrahmen aufsetzen. Es wird dort das Vorgehen für die Kalkulation festgelegt, so dass durch Ausgliederungs- und Verrechnungsschritte tatsächlich nur Kosten berücksichtigt werden, die gemäß dem SGB V zu Lasten der gesetzlichen Krankenversicherung bei der Vergütung stationärer Behandlungen gehen. Hierzu gehören z. B. nicht die Kosten für ambulante Behandlungen oder bestimmte Investitions- und Instandhal-

tungskosten. Mit einer Matrix aus Kostenstellen und -arten wird eine Struktur für die primäre Fallkostenkalkulation vorgegeben. Soweit erforderlich werden Verteilungsschlüssel verbindlich definiert, um die Kosten von sekundären oder anteilig auszugliedernden auf primäre Kostenstellen zu verrechnen. Im Ergebnis soll das Kalkulationshandbuch in ähnlicher Funktion wie die Deutschen Kodierregeln die Reproduzierbarkeit des Kalkulationsvorganges sicherstellen, so dass die ermittelten Fallkosten vergleichbar werden. Die Teilnahme an der Kostenkalkulation ist freiwillig. Es handelt sich insoweit bei den teilnehmenden Kalkulationskrankenhäusern um keine repräsentative Stichprobe im Sinne der Statistik.

Zuletzt bedarf es der Festlegung von Wegen zur Datenübermittlung sowie den damit verbundenen Transferformaten für verschiedene Zwecke. Dazu gehört die unterjährige Abrechnung nach § 301 SGB V aber auch die konsolidierte Leistungsstatistik nach § 21 KHEntgG. Beide Formate werden ebenfalls regelmäßig aktualisiert und weiterentwickelt. Die Routine bei der Übermittlung und die mittlerweile erreichte Robustheit des Verfahrens dürfen nicht über die Komplexität dieser Materie täuschen, der ein hohes Maß an Systemwissen und praktischer Erfahrung gegen überstehen.

1.3.3 Vom Basisdatensatz zur bewerteten Fallpauschale

Im Folgenden soll das Vorgehen bei der Konstruktion des Klassifikationssystems G-DRG kurz erläutert werden. Diese wird im Übrigen jedes Jahr überarbeitet. In Deutschland liegt diese Aufgabe in den Händen des *Institutes für Entgelte im Krankenhaus [InEK]*. Ein Verständnis der Mechanik zur Definition einzelner Fallpauschalen bzw. deren ökonomischer Bewertung ist für ein Krankenhausmanagement in vielfacher Hinsicht wichtig. Für die Konstruktion steht für jeden einzelnen Krankenhausfall der Kalkulationskrankenhäuser aus dem jeweils vorangegangenen Jahr der beschriebene Datensatz so wie die Kosten differenziert in der angesprochenen Kalkulationsmatrix zur Verfügung. Diese Daten werden vollständig gepoolt. Es wird also nicht zwischen einzelnen Gruppen von Krankenhäusern unterschieden. Es entsteht „ein" virtuelles Krankenhaus. Definiert durch bestimmte Ausprägungen der fallbezogenen medizinischen und administrativen Daten können jetzt Gruppen gebildet werden, z. B. alle Patienten eines bestimmten Geschlechtes und Alters mit einer bestimmten Hauptdiagnose und weiteren Nebendiagnosen sowie einer Gruppe von assoziierten Leistungen werden genau einer Gruppe zugeordnet. Dann wird geprüft, ob und wie stark sich die Mitglieder dieser Fallgruppe oder G-DRG in ihren Kosten ähneln; statistisch kann dies durch die Parameter der Verteilungsfunktion quantifiziert werden, wobei z. B. der Homogenitätskoeffizient oder der Mittelwert unter Angabe der Standardabweichungen genutzt werden kann. So kann man für die retrospektiven Daten exakt berechnen, mit welcher Genauigkeit man für einen einzelnen Fall oder für eine Gruppe von Fällen die Behandlungskosten vorhersagen kann. Man kann diese beliebig steigern, in dem man die Anzahl der Gruppen erhöht und die Gruppierungsregeln in Hinsicht des Zielparameters Kostenhomogenität optimiert. Zuletzt wäre jeder Fall in einer eigenen Gruppe. Erstens wäre damit der eigentliche Sinn eines vereinfachten Systems nicht mehr erreicht, aber viel wichtiger, damit ist noch keine Aussage möglich, wie hoch die prospektive Vorhersagekraft sein wird, also die Vorhersagekraft bei Anwendung auf einen Datensatz, der

nicht für die Konstruktion des Systems verwendet wurde. Genau dies entspricht aber der realen Anwendung.

Die Behandlungskosten eines bestimmten, einzelnen Falles können in der Logik des Systems zufallsbedingt, also bestimmt durch Faktoren, die bei der Gruppierung nicht berücksichtigt werden, im gesamten Spektrum der ermittelten Kostendaten angesiedelt sein und insoweit, weil sich die Refinanzierung durch die Fallpauschale an den Durchschnittskosten ausrichtet, (stark) über- oder unterfinanziert sein. Wenn ein Krankenhaus mehrere Fälle einer Gruppe behandelt und deren Fallkosten sich rein zufallsbedingt im Spektrum der insgesamt beobachteten Fallkosten bewegen, so wird sich für dieses Krankenhaus ein Durchschnittswert ergeben, der mit steigender Fall-Zahl immer enger um den Populationsmittelwert des virtuellen Gesamtkrankenhauses streut. Dieser Effekt verstärkt sich noch, wenn das Gleiche für das gesamt Fallspektrum eines Krankenhauses gilt, so dass auch Abweichungen bei allen erbrachten Fallpauschalen zufallsbedingt mal in die eine mal in die andere Richtung gehen und sich insoweit tendenziell ausgleichen (s. Abb. 4).

Dies gilt jedenfalls dann, wenn keine systematisch bedingten Abweichungen bestehen, sich

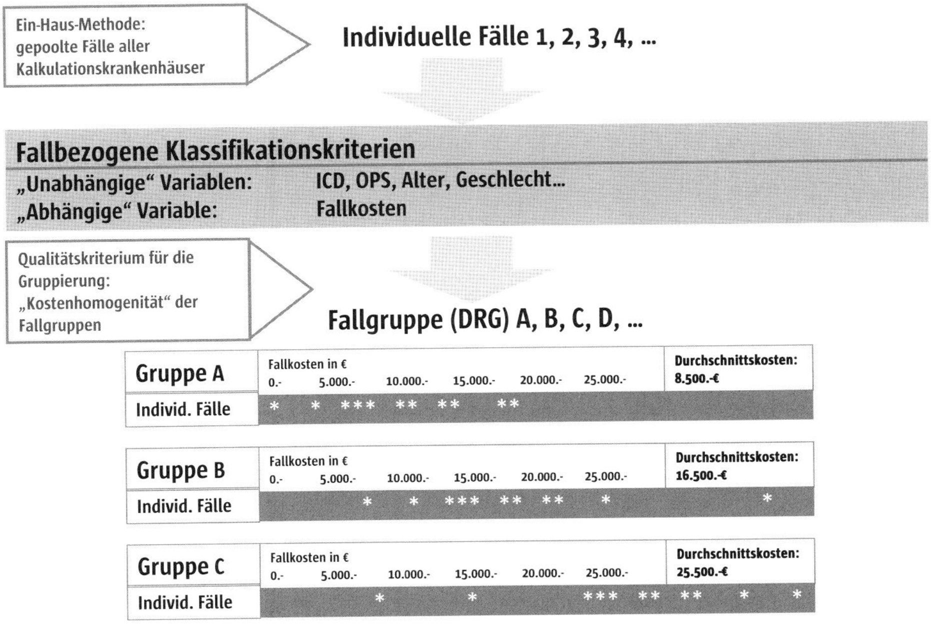

Abb. 4 Prinzip von Klassifikationssystemen (DRG-Systeme)

also die Faktoren, die die zufällige Streuung der Kosten im Gesamtkrankenhaus bedingen, in gleicher Weise für jedes einzelne Krankenhaus zum Tragen kommen können. Es gibt viele Ursachen einer systematischen Abweichung. Sie liegt z. B. dann vor, wenn das betrachtet Krankenhaus durchgehend kostengünstiger arbeitet, als das virtuelle Gesamtkrankenhaus: In diesem Fall ist die Begünstigung durch das System beabsichtigt. Es ist auch denkbar, dass sich bestimmte Fallkonstellationen – z. B. medizinisch komplexe bzw. teure Fälle innerhalb einer Fallpauschale – in einer Gruppe von Krankenhäusern z. B. den Universitätskliniken – häufen, also nicht wie bei der Kalkulation mit einem virtuellen Gesamtkrankenhaus zufallsbedingt über das gesamt kalkulierte Kostenspektrum der Fallgruppe streuen: In diesem Fall ist die Benachteiligung durch eine Unterfinanzierung nicht im Sinne des Systems. Auch die Kodierwerkzeuge selber können Ursache für systematische Abbildungsverzerrungen sein. So gilt z. B. trotz Kodierregeln auch für den ICD, der ja leider ein Klassifikationssystem darstellt, dass es sich bei einzelnen durch einen endständigen ICD-Schlüssel beschriebenen Erkrankungen tatsächlich um eine medizinisch mehr oder weniger inhomogene Gruppe von krankhaften Zuständen handeln kann. Bei den Prozeduren wird nur ein Ausschnitt der vom Krankenhaus erbrachten Leistungen durch den Operationsschlüssel abgebildet und hiervon wiederum nur ein Teil als Merkmal für die Gruppenbildung berücksichtigt.

Zudem beruht das System auf der Versorgungsrealität der Kalkulationskrankenhäuser: Ob die dort durchgeführten Behandlungen in ihrer Qualität und Ergebnissen vergleichbar sind, geht in die Bewertung nicht bzw. nur sehr mittelbar ein. All dies kann dazu führen, dass in einer Fallpauschale Subgruppen existieren, die sich in ihren durchschnittlichen Fallkosten unterscheiden und ungleichmäßig auf die Krankenhäuser verteilen: Behandelt ein Krankenhaus also hauptsächlich die teure Subgruppe, so ist es in der Logik des Systems unterfinanziert. Es müssen sich methodisch bedingt auch dann Verzerrungen durch fehlende oder unzureichende Abbildung von Fallkonstellationen und eine daraus folgende Unter- oder Überfinanzierung bestimmter Leistungen ergeben, wenn bestimmte Krankenhausgruppen, z. B. spezialisierte Kliniken wie Kinderkliniken, unter den Kalkulationskrankenhäusern gar nicht oder unterrepräsentiert sind.

Der Gesetzgeber hat entschieden, das GDRG-System weitgehend transparent zu gestalten. So werden mit den Definitionshandbüchern die Gruppierungsalgorithmen veröffentlicht, so dass man bei Vorliegen des Gruppierungsdatensatzes für einen spezifischen Behandlungsfall diesen anhand der Dokumentation eindeutig einer Fallpauschale zuordnen kann. In der Praxis nimmt diese Aufgabe eine zertifizierte Software, der Grouper wahr. Ebenso wird für alle GDRGs die Kalkulationsmatrix sowie weitere, die jeweilige Fallpauschale kennzeichnende Parameter wie z. B. die Altersverteilung innerhalb einer Fallpauschale, eine Rangliste der häufigsten Nebendiagnosen und durchgeführten Prozeduren und andere Informationen veröffentlicht. Diese Datenbank beruht also auf den retrospektiven Daten der Kalkulationskrankenhäuser und der daraus konstruierten Klassifikation. Zudem dokumentiert das InEK sein Vorgehen in einem jährlichen, umfangreichen Bericht. Nicht verfügbar sind die Rohdaten, auf denen Klassifikation und Kalkulation beruhen, sowie Daten zu ihrer aussagekräftigen Analyse etwa im Sinne einer deskriptiven Statistik.

1.3.4 Zusatzentgelte

Eine Möglichkeit, fallpauschalierte Systeme „leistungsgerechter" zu gestalten, ist die getrennte Finanzierung von Leistungskomplexen, teuren Arzneimitteln oder medizinischen Sachgütern wie Implantaten, wenn sie einerseits als besondere Kostentreiber identifiziert wurden, andererseits variabel oder mengenvariabel in Verbindung mit einer bestimmten Fallpauschale oder Fallpauschalen auftreten.

Dieses Prinzip der Zusatzentgelte als ergänzende Einzelleistungsvergütung wurde im § 17b Abs. 1 KHG in 2004 verankert. Die Zusatzentgelte werden jährlich auf der Basis eines Vorschlages des InEK zwischen den Verhandlungspartnern vereinbart und in Anlagen zur Fallpauschalenvereinbarung aufgelistet. In der Anlage 2 (Basisliste) bzw. 5 (Definitionen und differenzierte Beträge) werden bundesweit einheitlich bewertete im Dokumentationsformat ZE XXX.XX, in der Anlage 4 (Basisliste) bzw. 6 (Definitionen) noch nicht einheitlich bewertete, krankenhausindividuell zu verhandelnde Zusatzentgelte im Dokumentationsformat ZE JJJJ-XX) aufgeführt.

Zusatzentgelte werden im Rahmen eines strukturierten Vorschlagsverfahrens in die Vergütungsvereinbarungen aufgenommen. Krankenhäuser und andere Institutionen und Organisationen wie etwa Unternehmen in der Gesundheitsbranche können Anträge im Rahmen eines formalisierten Verfahrens beim Institut für das Entgeltsystem im Krankenhaus stellen. Dort werden dann Kalkulationen und Simulationen vorgenommen, die Effekte auf die Homogenität einzelner Pauschalen und damit die Qualität des Systems bestimmen. Die Vorschläge und Änderungsvorschläge werden außerdem mit Fachgesellschaften und ggf. anderen qualifizierten Organisationen abgestimmt, um auch die medizinische Angemessenheit der Berücksichtigung der vorgeschlagenen Zusatzentgelte zu prüfen. Das Prüfungsverfahren beginnt jährlich mit dem 31.3., so dass die Vorschläge für das folgende Jahr rechtzeitig in die Verhandlungen zur Fallpauschalenvereinbarung eingebracht werden können. Das Institut berichtet im Übrigen über das Verfahren, so dass die Entscheidungen nachvollzogen werden können. Zusatzentgelte können auch wieder gestrichen werden, wenn aufgrund einer veränderten Versorgungsrealität oder der Definition neuer Pauschalen, bei denen die Zusatzentgeltleistungen integraler Bestandteil sind, sie nicht mehr die erwünschte Wirkung entfalten. Hier gilt der Grundsatz des KHG, das Fallpauschalensystem möglichst übersichtlich und praktikabel zu gestalten.

Anders als der Begriff vermuten lässt, stellen Zusatzentgelte zunächst keine zusätzliche Finanzierungsquelle für die Krankenhäuser dar. Sie sind vielmehr Kostenausgliederungen aus der für die Bewertung der Fallpauschalen vorgenommenen Kostenträgerrechnung: Ein Vergütungsanspruch wird erst durch die Erbringung der Leistungen, die dem speziellen Zusatzentgelte zu Grunde liegen, ausgelöst. Der Prozess der Ausgliederung wird auf der Ebene der lokalen Budgetverhandlungen nachvollzogen und Zusatzentgelte als Bestandteil des individuellen Krankenhausbudgets vereinbart. Dabei gilt das Prinzip der „kommunizierenden Röhren" zwischen Zusatzentgeltvolumen und Restbudget. Allerdings erfordert die Verhandlung der Zusatzentgelte eine genaue Planung, da ein Mindererlösausgleich für bewertete Zusatzentgelte nicht erfolgt; Mehrerlöse werden in einem differenzierten System mit unterschiedlichen Bewertungen ausgeglichen. Mit dem Krankenhausfinanzierungsreformgesetz wurde zudem ein Gesamtsummenausgleich innerhalb des Gesamtbudgets eingeführt, dessen komplexen Details im KHEntgG nachzulesen sind.

Die mittlerweile große Zahl an Zusatzentgelten stellt vor allem eine Dokumentationsherausforderung dar. Zunächst muss bekannt sein, dass eine spezifische Leistung einen Zusatzentgeltanspruch auslöst. Dann ist der entsprechende OPS zur Kodierung des Zusatzentgeltes zu erfassen. Bei mengenbezogenen, kumulativen OPS ist zudem z. B. bei erneuter Gabe eines Medikamentes ein dann hinsichtlich der Mengenangabe nicht mehr zutreffender durch einen neuen OPS zu ersetzen. Es empfiehlt sich, geeignete Überprüfungsroutinen mit einem Abgleich von Daten des Einkaufs bzw. der Apotheke und dokumentierten Entgelten bzw. den daraus abzuleitenden Einsatzmengen zu implementieren. Idealerweise wird das Management der Zusatzentgelte durch die Informationstechnologie abgebildet. Die Erfassung kann durch arbeitsplatzspezifische und kontextsensitive Kodierungshilfen, die Verarbeitung von redundanten Kodes durch automatische Generierung eines kumulativen Kodes sowie die genannten Überprüfungsroutinen durch automatisierte Datenabgleiche unterstützt werden.

1.3.5 Neue Untersuchungs- und Behandlungsmethoden (NUB)

Die Kalkulation der Fallpauschalen des GDRG Systems beruht auf retrospektiven Daten und bildet die ökonomische Situation in den Kalkulationskrankenhäusern vor zwei Jahren ab. Neue, innovative Verfahren, nachdem sie die Stadien klinischer Studien durchlaufen und sich als effektiv erwiesen haben, würden somit erst mit einer zeitlichen Latenz und auch nur dann im Fallpauschalensystem abgebildet werden, wenn sie in Vorleistung der Krankenhäuser trotz fehlender oder Unterfinanzierung Anwendung gefunden hätten. Auf Grund dieses Umstandes wurde das GDRG-System als innovationsfeindlich kritisiert.

Als Reaktion auf diese Kritik wurde in Ergänzung zum pauschalierten Vergütungssystem nach GDRGs und mit dem Ziel, die angemessene Versorgung der Patienten im Sinne des SGB V sicherzustellen, im § 6 Vereinbarung sonstiger Entgelte (Absatz 2) des KHEntgG eine Vergütungsregelung für Neue Untersuchungs- und Behandlungsmethoden eingeführt und entsprechende Vereinbarungen erstmals für das Jahr 2005 abgeschlossen. Die Regelung beinhaltet, dass es sich bei dieser Finanzierung um eine zeitlich befristete Übergangslösung handeln soll, die jeweils für ein Jahr beantragt und mit den Kostenträgern lokal verhandelt werden muss (Anträge können bei Weiterbestehen der Voraussetzungen im Folgejahr erneut eingereicht werden). Zwar wird die Leistungsplanung für NUBs in die Budgetverhandlungen aufgenommen, allerdings unterliegen diese keinen Ausgleichszahlungen. Das InEK hat die Aufgabe, auf der Basis der in der Folgezeit zu sammelnden Kostendaten zu diesen Leistungen einen Weg für deren Integration in das GDRG-Systems zu finden. Dies kann z. B. über die Definition einer neuen Fallpauschale oder eines Zusatzentgeltes erfolgen. Als Voraussetzung für eine Integration der NUB-Pauschalen in das GDRG-System zur Refinanzierung dieser Leistungen muss zudem eine Kodierung über OP-Schlüssel und damit die Identifizierung der Leistung im System möglich sein.

Das Antragsverfahren selber administriert das InEK. Dabei können Anträge nur elektronisch unter Nutzung eines NUB-Erfassungstools an das InEK unter Verwendung der E-mail Adresse NUB@inek-drg.de übermittelt werden. Die Anträge für das Folgejahr müssen jeweils bis spätestens zum 31.10. eingegangen sein. Bei früherer Übersendung besteht die Möglichkeit für Rücksprachen und Nachbesserungen des Antrages. Übermittelte Dateien haben die Endung .nub und müssen vollständig ausgefüllt sowie unbedingt mit der für das jeweilige Verfahrensjahr gültigen Version des Erfassungstools erstellt worden sein. Unvollständige oder verspätet eingegangene Anträge werden als nicht gestellt betrachtet, Anträge die unplausibel und inhaltlich nicht nachvollziehbar sind, werden ebenfalls ignoriert oder erhalten des Status 4 (siehe unten).

Im nächsten Schritt erfolgt die Verifizierung der Antragsstellung. Entweder das InEK bestätigt den Eingang ggf. ergänzt um eine Fehlermeldung, die dann innerhalb der Anfragefrist korrigiert werden kann, oder der Antragssteller hat sich innerhalb von 15 Werktagen telefonisch oder via E-Mail den Eingang und formale Korrektheit bestätigen zu lassen. Erfolgt beides nicht, gilt der Antrag als nicht gestellt. Für ordnungsgemäße Anträge hat das InEK dann eine Prüfung bis zum 31.01. des Folgejahres vorzunehmen und einen Status zu vergeben. Mit dem Status 1 werden Anträge versehen, bei denen alle enthaltenen Methoden und Leistungen die Kriterien für eine

NUB-Vereinbarung erfüllen. Sie sind damit für die Vereinbarung eines krankenhausindividuellen Entgelts nach § 6 Abs. 2 KHEntgG uneingeschränkt zugelassen. Dies ist beim Status 2 nicht der Fall, eine Entgeltvereinbarung nicht möglich. Status 3 ist zu vergeben, wenn eine Prüfung nicht abgeschlossen werden kann (dieser Status wurde bisher nicht vergeben). Status 4 erhalten unplausible Anträge mit nicht nachvollziehbaren Informationen, so dass eine sachgerechte Prüfung nicht möglich war. Hier können nur in begründeten Einzelfällen krankenhausindividuelle Entgelte vereinbart werden, soweit noch keine abschließenden Budgetvereinbarungen vorliegen. Die Anträge werden vom InEK nicht weiterverfolgt und sind ggf. im Folgejahr in korrigierter Form erneut zu stellen, soweit die Antragsvoraussetzungen dann noch vorliegen. Das InEK publiziert des Status der Bearbeitung regelmäßig, wobei für jeden Antrag eine geeignete Kurzform genutzt wird. Eine Liste von Anträgen mit angefragten Methoden und Leistungen dokumentiert die differenzierte Statusvergabe mit Erläuterungen.

Ein Antrag bietet nur dann Aussicht auf Erfolg, wenn alle einschlägigen gesetzlichen Voraussetzungen erfüllt sind. Die erste Voraussetzung ist, dass die Methode oder Leistung bisher nicht durch Fallpauschalen oder Zusatzentgelte nach § 7 Satz 1, Nr. 1 und 2 „sachgerecht" vergütet und nicht gemäß § 137c des SGB V von der Finanzierung zu Lasten der Gesetzlichen Krankenversicherung ausgeschlossen ist. Eine Leistung ist im Sinne der Regelung dann nicht sachgerecht vergütet, wenn die Innovation tatsächlich mit Mehrkosten verbunden ist, die sich auch nicht mittelbar bei der bisherigen Finanzierung abbilden (z. B. über Einsparungen durch Verweildauerverkürzung oder ähnliche Effekte). Davon unabhängig ist ggf. später vor Ort zu klären, ob die innovative Leistung mit ihren Kosten als vollständig neu in Gänze oder als Substitut für auch in der Vergangenheit bereits vereinbarte Leistungen nur anteilig extrabudgetär einzustellen ist. Die Prüfung, ob bereits eine sachgerechte Finanzierung über GDRGs und/oder ZEs erfolgt, nimmt das InEK vor.

Falls eine solche Finanzierung nicht vorliegt hat der GBA zu beurteilen, ob eine Leistungspflicht der Gesetzlichen Kostenträger im Sinne des SGB V vorliegt und somit die Voraussetzungen für eine Aufnahme in den Leistungskatalog erfüllt sind. Hierzu heißt es im § 137c, dass eine Untersuchungs- oder Behandlungsmethode nur zu Lasten der gesetzlichen Krankenkassen im Krankenhaus angewandt

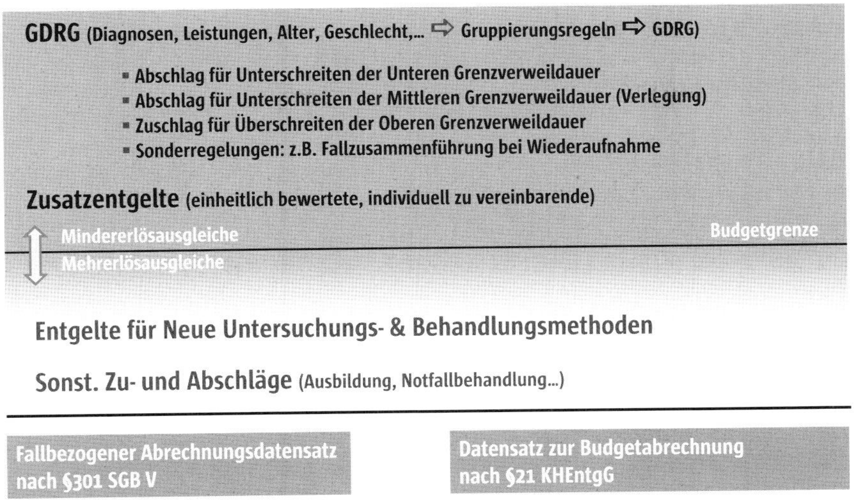

GDRG (Diagnosen, Leistungen, Alter, Geschlecht,... ⇨ Gruppierungsregeln ⇨ GDRG)

- Abschlag für Unterschreiten der Unteren Grenzverweildauer
- Abschlag für Unterschreiten der Mittleren Grenzverweildauer (Verlegung)
- Zuschlag für Überschreiten der Oberen Grenzverweildauer
- Sonderregelungen: z.B. Fallzusammenführung bei Wiederaufnahme

Zusatzentgelte (einheitlich bewertete, individuell zu vereinbarende)

Mindererlösausgleiche   Budgetgrenze
Mehrerlösausgleiche

Entgelte für Neue Untersuchungs- & Behandlungsmethoden

Sonst. Zu- und Abschläge (Ausbildung, Notfallbehandlung...)

Fallbezogener Abrechnungsdatensatz nach §301 SGB V

Datensatz zur Budgetabrechnung nach §21 KHEntgG

Abb. 5   Abrechnung im fallpauschalierten Entgeltsystem (GDRG) ohne Psychiatrie & Psychosomatik

werden kann, wenn sie für eine ausreichende, zweckmäßige und wirtschaftliche Versorgung der Versicherten unter Berücksichtigung des allgemein anerkannten Standes der medizinischen Erkenntnisse erforderlich ist. Es führt an dieser Stelle zu weit, detailliert auf die Methoden zur Entscheidungsfindung des Gemeinsamen Bundesausschusses einzugehen. Jedenfalls ist es notwendig, den Nutzen eines diagnostischen und/oder therapeutischen Verfahrens und die Überlegenheit gegenüber etablierten Methoden mit ausreichendem Evidenzgrad nachzuweisen. Der GBA muss zudem das Gebot der Wirtschaftlichkeit in seiner Bewertung berücksichtigen. Für die Prüfung sind dem GBA Fristen vorgegeben. Bei einer Anerkennung kann für das Folgejahr ein NUB auf lokaler Ebene im Rahmen der Budgetverhandlungen vereinbart werden. Bei Nicht-Einigung ist ein Schiedsstellen-Verfahren vorgesehen. Nach Zulassung einer Leistung als NUB erfolgt die jährliche Prüfung, ob die notwendigen, oben ausführlich dargestellten Voraussetzungen, noch gegeben sind.

In Abbildung 5 sind die wichtigsten Entgelte zusammengefasst. Die Leistungsbudgetierung macht es notwendig, dass nach den unterjährigen fallbezogenen Vergütungen eine Budgetendabrechnung am Jahresende erfolgt, in deren Rahmen Mehr- oder Minderleistungen ausgeglichen werden. In der praktischen Umsetzung ist sowohl die Budgetfindung als auch Abrechnung ein komplexer Vorgang.

1.3.6 Verweildauersteuerung im DRG-System

Die Verweildauer ist ohne Frage einer der am einfachsten zu erhebenden, äußerst robusten „Leistungsparameter" im Krankenhausmanagement. Er wurde deshalb weltweit schon früh systematisch erfasst und für den Zweck der Abrechnung und andere Steuerungszwecke verwendet. Er eignet sich deshalb auch für internationale Benchmarks. Dabei muss man allerdings die funktionellen Zusammenhänge von Verweildauern und anderen Parametern beachten, wenn man Fehlinterpretationen vermeiden will.

Das GDRG-System nutzt diesen Parameter direkt als gruppierungsrelevantes Kriterium: Das Erreichen einer GDRG kann eine definierte Höchst- oder Mindestverweildauer oder eine Verweildauer innerhalb eines Verweildauerkorridors voraussetzen. An dieser Stelle sei auch auf den Parameter Beatmungsstunden verwiesen, der eng mit der Aufenthaltsdauer auf der Intensivstation verbunden ist und ebenfalls als Gruppierungsmerkmal Verwendung findet. Außerdem wird die Verweildauer direkt genutzt, um einen Aufenthaltskorridor, dessen Unterschreitung zu Abschlägen bzw. dessen Überschreiten zu Zuschlägen führt, zu definieren. Eine Sonderregelung gilt dabei für Verlegungsfälle. Für die Berechnung der Zu- und Abschlagssätze wird eine komplexe Berechnungsformel auf Basis der von den Kalkulationskrankenhäusern gelieferten Daten verwendet. Ansonsten gilt, dass die Verweildauer keinen Einfluss auf die Höhe der Fallpauschale hat.

Regeln zur sinnvollen Nutzung des Parameters Verweildauer für die interne Steuerung unter den dargestellten Randbedingungen sind mit Vorsicht aufzustellen, auch wenn sie scheinbar auf der Hand liegen. Zunächst gilt, dass aus den verfügbaren Daten zum GDRG-System nicht abzuleiten ist, welche genaue Aufenthaltsdauer sich für einen individuellen Fall aus den Daten der Kalkulationshäuser quasi als Referenz ergibt. Das System liefert vielmehr die Information, wie hoch die durchschnittliche Verweildauer ist (wobei die Fälle mit Verweildauern unterhalb der unteren Grenzverweildauer bzw. oberhalb der oberen Grenzverweildauer nicht berücksichtigt werden, da diese vor der Berechnung ausgegliedert werden) und in welchem Korridor sich die Verweildauern der Fälle, die in eine spezifische GDRG gruppiert werden, in dem virtuellen Kalkulationskrankenhaus bewegen. Welche medizinischen, patientenassoziierten bzw. organisationsbedingten Parameter die Streuung der Verweildauern von Fällen innerhalb ein und derselben GDRG bedingen, steht ebenso wenig wie der genaue Verteilungstyp als Information zur Verfügung. So können differente Behandlungspfade, unterschiedliche Begleiterkrankungen, Alter bzw. andere Patienteneigenschaften und organisatorische Qualitäten soweit diese nicht als gruppierungsrelevante Parameter bei der Zuordnung der GDRG berücksichtigt werden, eine Rolle spielen. Vergleiche können also am ehesten auf der Basis der Fälle innerhalb der Grenzverweildauern und der durchschnittlichen Verweildauer (entspricht im System der mittleren Verweildauer) vorgenommen werden, wenn ausreichende Fallzahlen in einer GDRG im jeweiligen Krankenhaus behandelt werden.

Aus einer rein ökonomischen Sicht gilt auch das Folgende: Für die Bewertung der Zu- und Abschläge bei Unter- oder Überschreitung der Grenzverweildauern im Kontext eines individuellen Falles sind zunächst die jeweiligen Grenzkosten heranzuziehen, die den fallvariablen Kosten entsprechen. Außerdem sind ggf. die Opportunitätskosten zu berücksichtigen, wenn alternativ zur Behandlung des einen Patienten ein neuer Fall aufgenommen werden könnte: Diese entsprechen den entgangenen Gewinnen, die durch die Behandlung des alternativen Falles hätten erwirtschaftet werden können. Im Falle der Unterschreitung der unteren Grenzverweildauer sind die Abschläge den eingesparten Kosten, im Falle

der Überschreitung der oberen Grenzverweildauer die zusätzlichen Kosten den Zuschlägen gegenüberzustellen. Fixkosten sind nur bei einer längerfristigen Betrachtung von Bedeutung, wobei die durch die duale Finanzierung bedingte Trennung von Refinanzierung der laufenden Kosten und der Investitionen zu berücksichtigen ist. Im Korridor zwischen den Grenzverweildauern bedeuten zusätzliche Aufenthaltstage keinen zusätzlichen Ertrag aber in der Regel inkrementelle Kosten (variable Kosten und ggf. Opportunitätskosten), so dass hier die Verweildauern aus betriebswirtschaftlicher Sicht so kurz wie möglich zu halten sind. Da eine Verkürzung von Aufenthaltsdauern im Wesentlichen durch eine Leistungsverdichtung zu erreichen ist, gibt es nicht nur medizinische sondern auch ökonomische Grenzen für die Verkürzung: Letztere sind vor allem dadurch bedingt, dass tendenziell größere Kapazitäten für Untersuchung und Behandlung vorgehalten werden müssen, um Spitzenbelastungen ohne Zeitverlust bewältigen zu können. Eine Pufferung im System durch Verteilung von Anforderungen auf der Zeitachse geht mit einer Verlängerung der Aufenthalte einher. Gerade Ressourcen mit hoher Kapitalbindung wie z. B. der OP oder Intensivstationsbetten sollten eine hohe Auslastung aufweisen. Dies ist nur zu erreichen, wenn in den vorgeschalteten Bereichen immer ausreichend Fälle in einer Warteposition zur Verfügung stehen. Andernfalls könnte eine ausgefallene Operation nicht durch eine andere ersetzt werden und der Operationsraum wäre in dieser Zeit ungenutzt.

Die folgende Darstellung (s. Abb. 6) zeigt die typische Erlösfunktion einer spezifischen GDRG in Abhängigkeit von der Verweildauer. In der Realität handelt es sich dabei, wie auch bei den folgenden, nicht wie vereinfacht dargestellt um eine kontinuierliche sondern diskrete Funktion. Die Kostenfunktion (s. Abb. 7) ist fallindividuell. Insoweit kann der hier gezeigte Verlauf nur als Beispiel dienen. Typisch sind Kostensprünge zu Beginn der Behandlung aufgrund von Aufnahme sowie primärer Diagnostik und Therapie, bei Phasen erneuter, aufwändiger diagnostischer oder therapeutischer Maßnahmen im Verlauf sowie ein Anstieg bei Komplikationen. Entsprechend sehen typische Gewinn-/ Verlustfunktionen aus (s. Abb. 8): Innerhalb der unteren und oberen Grenzverweildauer sinken die Gewinne/Steigen die Verluste (da keine Grenzerträge aber -kosten entstehen). Typischerweise gilt dies auch oberhalb der Grenzverweildauer, weil die Grenzkosten höher als die Grenzerträge

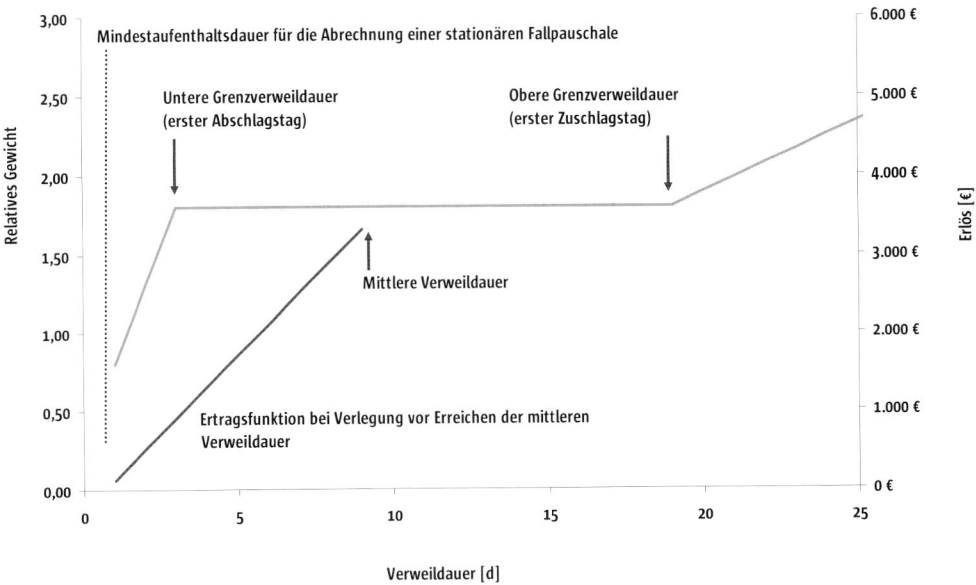

Abb. 6   Beispiel für typische Ertragsfunktion im DRG-System (ohne Berücksichtigung von Effekten der Budgetierung/ Mehr-Mindererlösausgleiche und Zusatzentgelten, NUBs)

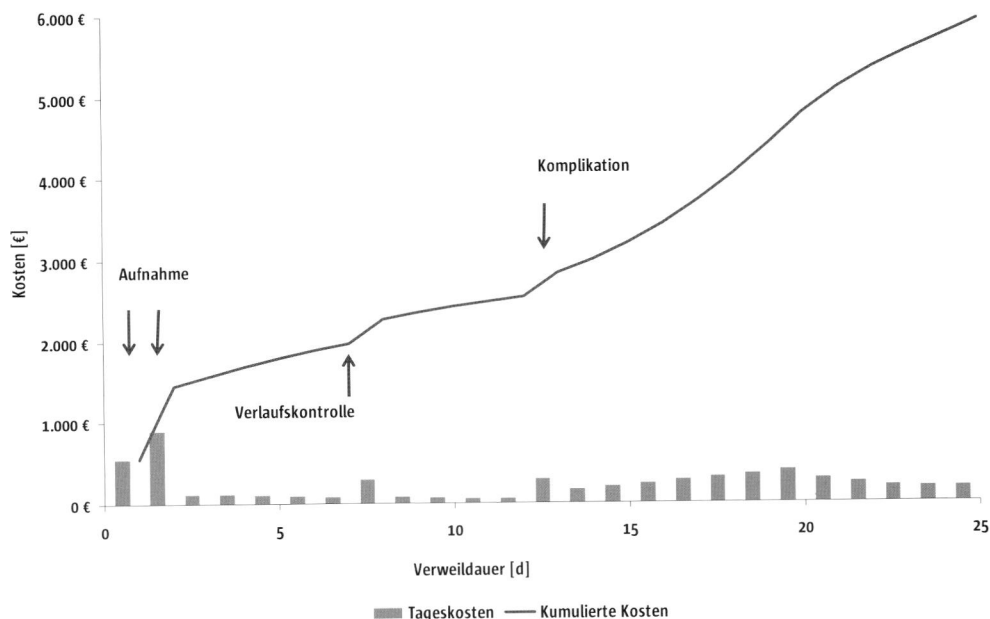

Abb. 7   Beispiel für typische Kostenfunktionen (ohne Opportunitätskosten)

sind. Bei diesen Betrachtungen bleiben Zusatz-entgelte unberücksichtigt.

Was bleibt als Regel für die Praxis? Die Verweil-dauer des individuellen Falles auf der Basis von G-DRG Referenzverweildauern zu steuern ist weder medizinisch noch ökonomisch sinnvoll, zumal sich zum Zeitpunkt der Behandlung die vermut-lich zu erlösende GDRG gar nicht mit Sicherheit bestimmen lässt. Ökonomisch sind vergangene Verweildauertage eines Patienten, für die keine zu-sätzlichen Erträge erlöst wurden, Sunk costs und deshalb für die weitere Behandlung des Patienten entscheidungsirrelevant. Die Verweildauer ist viel-mehr für alle Patienten so kurz wie medizinisch vertretbar und ökonomisch sinnvoll zu gestalten. Ökonomisch sinnvoll ist eine Verkürzung nur so-lange, wie die zusätzlichen Kosten ausgelöst durch eine Verdichtung der Leistungen geringer sind, als die Einsparungen durch die Verweildauerver-kürzung und die zusätzlichen Gewinne durch die Behandlung eines zusätzlichen Falles. Die Daten des GDRG-Systems können hier als Benchmark für Fallspektren herangezogen werden, wobei die (ein-geschränkte) Qualität der Daten zu berücksichti-gen ist. Das Unterschreiten der Unteren Grenzver-weildauer mit den dadurch bedingten Abschlägen spielt vor allem bei Fällen eine Rolle, bei denen potentiell die Möglichkeit der Substitution eines stationären Aufenthalts durch ambulante Leis-tungserbringung besteht. Hier prüfen die Kosten-träger über die medizinischen Dienste die Notwen-digkeit jedes einzelnen Behandlungstages, die ent-sprechend sorgfältig dokumentiert sein muss. Bei Investitionsplanungen ist die Minimierung der Verweildauer durch eine Optimierung des Verhält-nisses von Betten zu sonstigen Schlüsselressourcen wie Operationsräume und diagnostische Einrich-tungen anzustreben. Außerdem gilt in aller Regel, dass Komplikationen höhere Grenzkosten als -er-träge auslösen. Man wird für die Komplikations-vermeidung gewisse zusätzliche Kosten nicht nur aus medizinischen sondern auch ökonomischen Überlegungen in Kauf nehmen. Auch hier ergibt sich in der Theorie eine Optimierungsfunktion durch Gegenüberstellung von zusätzlichen Kosten zur Vermeidung von Komplikationen und dadurch ausgelöste Einsparungen; in der Praxis wird diese nur in seltenen Fällen mit vertretbarem Aufwand zu ermitteln sein.

Nach Einführung des GDRG-Systems kann man zwei interessante Entwicklungen im Kon-text der Bedeutung des Parameters Verweildauer festhalten. Zunächst haben die spezifischen Re-gelungen in der Praxis dazu beigetragen, dass an-ders als erhofft, die Zahl der strittigen Rechnun-gen zwischen Krankenhäusern und Kostenträger im Vergleich zu den Zeiten der Gültigkeit der Bun-despflegesatzverordnung kaum abgenommen ha-ben. Zumeist wird die stationäre Behandlungs-notwendigkeit in Frage gestellt. Zweitens ist noch nicht abschließend zu bewerten, inwieweit das G-DRG-System zu der beobachteten Verkürzung

Abb. 8   Beispiel für typische Gewinn-/Verlustfunktion (ohne Opportunitätskosten)

der Verweildauern beigetragen hat. In diesem Zusammenhang ist nämlich festzustellen, dass die Verweildauer schon vor Einführung des Systems deutlich rückläufig war und dieser Trend in den letzten Jahren eher abgeflacht ist. Als konkurrierende Ursache für die Entwicklung ist die relative und absolute Verminderung der Krankenhausbetten in Deutschland zu berücksichtigen.

1.3.7 Umgang mit dem GDRG-System aus Sicht eines ertragsorientierten Managements

Die schnelle und konsequente Einführung des fallpauschalierten Entgeltsystems einschließlich der kurzfristig vorgenommenen Anpassungen führte zu einem ebenso verdichteten Lernprozess in den Krankenhäusern. Manche anfänglichen Fehlentwicklungen erscheinen korrigiert, in anderen Feldern ist dringend erneuter Handlungsbedarf für Korrekturen am System gegeben. Einige wichtige Punkte sollen an dieser Stelle erörtert werden.

Mit der Einführung des DRG-Systems wurde griffig formuliert, der Arzt schreibe mit der Dokumentation die Rechnung. Der medizinische Dokumentationsvorgang verklärte sich damit zu einem vor allem administrativen, kreativen und quasi wertschöpfenden Prozess. Gleichzeitig wird kritisiert, der Aufwand der Dokumentation sei eine zusätzliche und kaum zumutbare Belastung besonders für den ärztlichen Dienst. Etwas nüchterner betrachtet, sollte eine vollständige und aussagekräftige Dokumentation jeder medizinischen Behandlung eine Selbstverständlichkeit sein, auf die nicht zuletzt der Patient ein Recht hat. Diese Dokumentation muss für eine weitere Verwertbarkeit z. B. für nachfolgende Behandlungen oder für eine Qualitätssicherung in einer standardisierten und strukturierten Form vorliegen, einem Anspruch, dem der klassische Arztbrief nicht entspricht. Die Verwendung der erfassten medizinischen Daten für die Abrechnung ist dabei ein zusätzlicher Nutzen. Genau dies war das Konzept bei der Entwicklung von DRG-Systemen! Der Einsatz von besonders geschulten Dokumentaren zur Wahrnehmung dieser Aufgabe bietet sich als kurzfristig zu realisierende Lösung an, soweit man entsprechendes Personal gewinnen kann. Allerdings wird man die Frage, ob dies langfristig die effizienteste Lösung ist, kritisch sehen können.

Aus dieser Sicht ergibt sich eine Reihe von Maßnahmen, die man zur Optimierung der medizinischen Dokumentation empfehlen kann. Zunächst sollte die Dokumentation als behandlungsbegleitender Prozess und nicht einmaliges Ereignis am Ende der Behandlung betrachtet und entsprechend organisiert werden.

Jede gestellte Diagnose, jede vorgenommene Prozedur wird vom „Prozesseigner" dokumentiert. Dazu sollte die technische Unterstützung optimiert werden. Es müssen am Arbeitsplatz Rechner zur Verfügung stehen, ein schnelles Login möglich sein, arbeitsplatzoptimierte Erfassungsmasken zur Verfügung stehen, Tools, die das Auffinden von Kodes erleichtern, verfügbar sein, Prüfroutinen für die Vollständigkeit der Dokumentation mit entsprechenden Mahnlisten implementiert sein usw.. Gleichzeitig muss die Maxime der Vermeidung redundanter Datenerfassung gelten. Hierzu sind z. B. die Schnittstellen zwischen Programmen so zu gestalten, dass die Daten ausgetauscht werden. Weiterhin ist darauf zu achten, dass die vorhandenen Daten optimal genutzt werden, um den Informationsfluss z. B. die Arztbriefschreibung oder Kurzmitteilungen an den Hausarzt zu unterstützen.

Eine besondere Herausforderung vor allem an das Datenmanagement stellt die Dokumentation von Zusatzentgelten, hierauf wurde bereits eingegangen, und NUBs dar. Dies gilt besonders dann, wenn sie über kumulative Mengenschlüssel abgebildet werden; dann müssen diese am Ende des stationären Aufenthaltes aufaddiert und der zutreffende OPS-Schlüssel zugeordnet werden. Idealer Weise lässt sich der Weg der eingesetzten Produkte vom Einkauf bis zur Verwendung verfolgen. Barcode-Leser oder RFIDs können die Erfassung unterstützen, spezielle Programme zur Generierung der endgültigen Schlüssel können die Dokumentation wesentlich erleichtern. Gleiches gilt auch für die zu erfassenden Intensivscores und Beatmungsstunden.

Für das operative Management ist die Beantwortung der Frage wichtig, inwieweit sich die medizinökonomische Steuerung am GDRG-System ausrichten kann. Durch die relativ große Transparenz ist es nicht nur möglich, den Weg in eine spezifische GDRG nachzuvollziehen, sondern es steht auch ein grober Überblick über die Ergebnisse der zusammengefassten Kostenträgerrechnung der Kalkulationskrankenhäuser zur Verfügung. Der Überblick ist deshalb nur grob, weil die Aggregations- und Ausgliederungsschritte nicht oder nur mit vielen Annahmen rückabgewickelt werden können. Voraussetzung dafür ist im Übrigen, dass das jeweilige Haus selber die Kostenträgerrechnung gemäß Kalkulationshandbuch im Idealfall vollständig ansonsten zumindest in wichtigen Teilen nachvollziehen kann. Darüber hinaus sollte bei gutem Systemverständnis auch die Grenzen der Möglichkeiten für eine medizinökonomische Steuerung auf Basis der zur Verfügung stehenden Daten gesehen werden. Wie ausführlich dargestellt, ergeben sich in den einzelnen GDRGs mehr oder weniger große Streuung der Kosten, was ja nichts anderes bedeutet, dass sich auch die zugrunde liegenden medizinischen Behandlungsprozesse unterscheiden. Eine Aussage, ob die Behandlungsrealität im eigenen Haus von der, die der Kalkulation im GDRG-System, also der „durchschnittlichen" Praxis der Kalkulationskrankenhäuser, zu Grunde liegt, abweicht, kann nur auf der Basis einer Auswertung eigener aggregierter Daten bei ausreichenden Fallzahlen in der zu untersuchenden Fallgruppe entschieden werden. Dies geschieht unter der Annahme, dass die der Kalkulation einer spezifischen G-DRG zu Grunde liegende Stichprobe an Fällen der eigenen entspricht. Dies wird nur in einer überschaubaren Anzahl der erbrachten GDRGs möglich sein. Alternativ kann man Gruppen von GDRGs (zum Beispiel nach MDCs und Partitionen aufgegliedert) untersuchen: Dann wird man eine robustere Aussage hinsichtlich der Abweichung von medizinischen Prozessparametern (z. B. Verweildauern) und den Kosten (z. B. Kosten für die Pflege auf Normalstation) erhalten, kann diese aber nicht mehr ohne weiteres auf spezifische Leistungen und Leistungseinheiten beziehen. In jedem Fall bleibt das Ergebnis so grob, dass es keine genauen Rückschlüsse auf Ursachen von Unterschieden bei den Kalkulationsergebnissen erlaubt. Dies ist z. B. zu bedenken, wenn man Personalschlüssel aus der InEK Kalkulation für einzelne Abteilungen oder gar Leistungsbereiche ableitet. Vor allem macht es eine differenzierte Portfolioanalyse für das eigene Krankenhaus nicht überflüssig. So können einzelne Leistungen sich nur mittelbar refinanzieren, nämlich über Attraktivitätssteigerung und positive Auswirkungen auf andere, hochrentable Leistungsbereiche. Außerdem sollte ein Krankenhaus natürlich die individuelle Prozessgestaltung als Instrument im Wettbewerb nutzen; eigene Abläufe führen zu einem eigenen Kalkulationsmuster und von der Referenzkalkulation abweichenden Daten.

Zusammenfassend können die zugänglichen Kalkulationsdaten des G-DRG-Systems durchaus als Benchmark genutzt werden. Gute Hinweise auf die eigene Effizienz können einige, gut abzugrenzende, mit hohen Fallzahlen versehene G-DRGs als Marker liefern. Ebenfalls liefert die Analyse der hochaggregierten Daten eine gute Grundlage für die eigene Positionsbestimmung mit Hinweisen auf systematische Abweichungen in definierten Bereichen der Kalkulationsmatrix. Für ein generelles „Design-to-price" Vorgehen, bei dem das eigene Vorgehen solange angepasst wird, bis die einzelnen Felder der Kalkulationsmatrix erreicht bzw. unterboten werden, erscheint fraglich. Als allenfalls nur sehr kurzfristig wirksam und ethisch unvertretbar abzulehnen ist jede Form der kreativen, gerichteten Behandlungsgestaltung, um vermeintlich attraktive GDRGs zu erreichen: Die Kalkulationsmatrix mit den hinterlegten medizinischen Leistungsinformationen kann nicht als Ersatz für eine medizinische Indikation herangezogen werden. Sie hat nicht den Status einer medizinischen Leitlinie. Nicht minder problematisch erscheint der Versuch zur medizinischen Steuerung individueller Fälle auf der Basis aktueller Gruppierungsdaten, etwa der Verweildauer oder Beatmungsstunden: So ist die Verweildauer Ergebnis eines individuell optimierten Behandlungsprozesses und kann unter und über den Referenzwerten liegen.

Zuletzt ist in diesem Zusammenhang noch ein kritischer Blick auf das System zu richten. Das G-DRG-System hat sicherlich die ökonomische Konsolidierung des Krankenhaussektors unterstützt. Ineffiziente Häuser wurden identifiziert und im Rahmen der Konvergenz zu teils drastischen Sanierungen gezwungen. Wie hoch die Zahl der Krankenhäuser ist, die im System aufgrund der angewendeten Methoden nicht korrekt abgebildet werden, ist nicht zu ermitteln. Es sind die Häuser, bei denen das eigene Fallspektrum durch das GDRG-System mit seiner Ein-Haus-Kalkulationsmethode nicht repräsentativ abgebildet wird. Für ein definiertes Wirtschaftsjahr ist die Wahrscheinlichkeit für ein Krankenhaus nur zufallsbedingt unterfinanziert zu sein, gar nicht so gering. Gleiches gilt natürlich auch für eine relative Überfinanzierung. Für eine genauere Quantifizierung beider Effekte wäre eine Analyse der Rohdaten der Kalkulation notwendig.

Für die Zukunft besteht ein gewisses Risiko der ökonomischen Abwärtsspirale, wenn die Anpassung der eigenen Kosten- und Leistungsstruktur an die InEK Kalkulationsmatrix zu immer niedrigeren Kalkulationen der Pauschalen führt. Dem kann nur begegnet werden, wenn über ein ergebnisorientiertes Qualitätsmanagement und Mindeststandards ein Sparen an medizinisch notwendigen Maßnahmen verhindert wird. Es ist auch möglich, dass Krankenhäuser Leistungsspektren nicht mehr an ihrem Versorgungsauftrag sondern kurzfristig an der ökonomischen Attraktivität von Pauschalen ausrichten. Die durch Rückkopplungsmechanismen innerhalb des Systems ausgelösten Folgen sind kaum abzusehen. So kann es durchaus zur Verknappung von Versorgungsangeboten kommen, die dann langfristig paradoxe Effekte auf die kalkulierten Kosten mit einem Ansteigen der Relativgewichte haben.

1.3.8 Leistungsbereiche außerhalb des fallpauschalierten Entgeltsystems

Akutstationäre Versorgung wird in Deutschland auf absehbare Zeit auch außerhalb des GDRG-Systems stattfinden. Dabei ist zu unterscheiden zwischen Leistungsbereichen der Gesetzlichen Krankenversicherung, die aus unterschiedlichen Gründen derzeit noch aus dem KHEntgG ausgenommen sind, und solchen außerhalb der Leistungspflichten der Gesetzlichen Krankenversicherung.

Eine Ausnahme vom Ansatz des durchgängig fallpauschalierten Systems wurde bereits angesprochen: Psychiatrische und psychosomatische Einrichtungen, die derzeit noch auf Basis der BPflV nach tagesgleichen Pflegesätzen abrechnen. Mit dem KHRG wurde das KHG um den § 17 d *Einführung eines pauschalierenden Entgeltsystems für psychiatrische und psychosomatische Einrichtungen* erweitert. Beschlossen wurde ein durchgängig leistungsorientiertes, dabei praktikables und pauschalierendes Vergütungssystem für diese Einrichtungen auf der Grundlage von tagesbezogenen, bundeseinheitlichen Entgelten für stationäre und teilstationäre Behandlungen. Die Einbeziehung von Institutsambulanzen nach § 118 SGB V soll geprüft werden. Das System sieht von Beginn an die Möglichkeit für Zusatzentgelte und nicht bewertete Pauschalen vor, die dann lokal zu verhandeln sind. Ebenfalls übernommen wurde die Möglichkeit Zu- und Abschläge sowie besondere Einrichtungen zu definieren und eine Berücksichtigung außerordentlicher Abweichungen mit Kostenunterdeckung bei speziellen Behandlungen durch eine zusätz-

liche Finanzierung zu berücksichtigen. Dabei ist das InEK beauftragt, Vorschläge zu entwickeln und bereits bis Ende 2009 die Grundstrukturen des Vergütungssystems sowie des Verfahrens zur Ermittlung der Bewertungsrelationen festzulegen. Bis zum 30.09.2012 sollen dann die Entgelte und Bewertungsrelationen erstmalig verhandelt sein, so dass das System 2013 eingeführt werden kann. Das BMG kann bei Nichteinigung im Verhandlungsverfahren Ersatzvornahmen veranlassen. Ebenso ist eine begleitende Evaluation gesetzlich festgelegt.

Eine zweite Ausnahme ist bereits im KHG § 17 im Kontext der GDRG-Systemeinführung vorgesehen gewesen. Hier heißt es, dass zeitlich befristet besondere Einrichtungen aus dem pauschalierenden Entgeltsystem ausgenommen werden können. Der Status der besonderen Einrichtung soll dann für ein Krankenhaus oder den Teil eines Krankenhauses vergeben werden, dessen Leistungen aus medizinischen Gründen, wegen einer Häufung schwerkranker Patienten oder aus Gründen der Versorgungsstruktur mit den Entgeltkatalogen (noch) nicht sachgerecht vergütet werden. In einer jährlich neu zu schließenden Vereinbarung zur Bestimmung von Besonderen Einrichtungen (VBE) zwischen den Vertragspartnern werden weitere Details hierzu festgelegt.

Akutstationäre Leistungen werden auch außerhalb des Gesetzlichen Krankenversicherungssystems erbracht. Zu nennen sind hier z. B. die Unfallkrankenhäuser, die ihre gesamten oder einen Teil ihrer Leistungen zu Lasten der Berufsgenossenschaften erbringen. Reine Privatkliniken sind in der Gestaltung ihres Leistungsangebotes frei, fallen aber nicht unter den Kontrahierungszwang mit den Gesetzlichen Krankenversicherungen.

> **Das Kerngeschäft des Krankenhauses ist die stationäre Patientenversorgung zu Lasten der gesetzlichen Krankenversicherung.**
>
> **Der ordnungspolitische Rahmen wird bestimmt durch die fallpauschalierte Abrechnung nach GDRGs und die krankenhausindividuelle Budgetierung.**
>
> **Zusatzentgelte erhöhen die fallindividuelle Leistungsgerechtigkeit der Vergütung.**
>
> **NUBs tragen zur zeitnahen Berücksichtigung von Innovationen im System bei.**
>
> **Das GDRG-System liefert transparent umfangreiches Datenmaterial auf der aggregierten Zah-**

lenbasis der Kalkulationskrankenhäuser. Diese Parameter eignen sich insoweit als Benchmark für die eigenen aggregierten Daten, aber kaum für die Steuerung individueller Fälle.

Der Verweildauersteuerung kommt in einem fallpauschalierten System eine besondere Bedeutung zu. Im Grundsatz ist sie unter ökonomischer Betrachtung möglichst zu verkürzen, um die Grenzkosten, denen keine Grenzerträge gegenüberstehen, zu minimieren. Die Reduktion der Verweildauer führt aber auch zur Verdichtung der Leistungen und unter Umständen zu einer suboptimalen Auslastung und Nutzung der Ressourcen.

Mehr Wettbewerb bedeutet für Krankenhäuser die Optimierung der eigenen Versorgungsangebote und -prozesse orientiert am medizinisch Notwendigen und qualitativ Gebotenen (SGB V). Das GDRG-System dient der Abrechnung (noch) innerhalb eines Budgetrahmens und sollte nicht als medizinisch-normatives Regelwerk missbraucht werden.

1.4 Weitere Geschäftsfelder des Krankenhauses

Einerseits hat die Einschränkung der wirtschaftlichen Entwicklungsmöglichkeiten als Folge der rigiden Budgetierung in den Kerndienstleistungsbereichen des Krankenhauses dazu geführt, dass diese nach neuen Geschäftsfeldern gesucht haben und suchen. Andererseits ist es für das Krankenhausmanagement naheliegend, dass spezifische Wissen und die besonderen Kompetenzen der Mitarbeiter im dynamischen Umfeld der Gesundheitsdienstleistungen im Sinne von Integration und Expansion der eigenen Leistungen zu nutzen. Zuletzt wird ein Krankenhaus auch durch seine Wettbewerber in neue Geschäftsfelder gezwungen, um eine Isolierung in einem zunehmend vernetzten Umfeld zu vermeiden.

Auch wenn Regulation und enger ordnungspolitischer Rahmen neben anderen Gründen dazu geführt haben, dass diese Entwicklung langsam voranschreitet, so wird sie kaum aufzuhalten und nicht umzukehren sein. Die folgende Darstellung kann dabei nur einen ersten Eindruck der derzeitigen Möglichkeiten sowie einen Ausblick auf künftige Entwicklungen geben.

1.4.1 Erträge aus ambulanten Leistungen

Ambulante Leistungen sind nicht Bestandteil des Versorgungsauftrages für Krankenhäuser,

sieht man einmal von den Hochschulambulanzverträgen der Universitätsklinika ab, deren Grundlage im Übrigen nicht die Sicherstellung der ambulanten Versorgung sondern von Forschung und Lehre ist. Vielmehr ist das deutsche Gesundheitssystem von einer rigiden Trennung des ambulanten und stationären Sektors gekennzeichnet. Tatsächlich handelt es sich um zwei vollständig unterschiedlich organisierte und strukturierte Leistungsbereiche, so dass allein die abweichende Art der ökonomischen Steuerung und Budgetierung jede Form der engen Verzahnung von stationärem mit ambulanten Sektor und flexiblen Leistungsverlagerungen vom einen in den anderen Bereich be- und nicht selten faktisch verhindert. Krankenhäuser können aus unterschiedlicher strategischer Motivation, auf die weiter unten noch näher eingegangen wird, ihre Geschäftstätigkeit auf den ambulanten Sektor ausdehnen wollen. Zunächst kann das Ziel eine Erweiterung der geschäftlichen Grundlage sein. Dabei ist die Relation zwischen Erträgen aus der stationären und potentiellen Erlösen aus der ambulanten Versorgung zu beachten: Betrachtet man primär ökonomische Parameter wie den Umsatz, wird der ambulante Bereich für die Mehrzahl der Krankenhäuser eine untergeordnete Rolle spielen.

Ein weiteres Ziel kann die nachhaltige Sicherung des Kerngeschäftes sein. Die lenkende Wirkung des niedergelassenen Arztes auf seinen Patienten ist nach wie vor der dominante Faktor bei der Steuerung elektiver, stationärer Krankenhausfälle. Informationsasymmetrien und andere Gründe bedingen, dass immer noch wenige Patienten selbständig und unabhängig über die Wahl eines Krankenhauses entscheiden sondern vielmehr dem Rat ihres behandelnden Arztes folgen. Auch die Rückführung eines Patienten aus der stationären in die ambulante Betreuung ist für Krankenhäuser nicht selten zu einem Problem geworden, dessen Lösung ohne ein eigenes Standbein im ambulanten Sektor außerhalb ihrer Reichweite liegt. Dabei geht es z. B. um die Sicherstellung der Nachversorgung von Patienten, die im Rahmen der Verkürzung von Aufenthaltsdauern an Bedeutung gewonnen hat. Ordnungspolitisch ist eine gewisse Öffnung des ambulanten Sektors im Rahmen der Reformgesetzgebung der vergangenen Jahre mit entsprechenden neuen Möglichkeiten für Krankenhäuser vorgenommen worden. Das Ergebnis soll auf den folgenden Seiten dargestellt werden.

Vor- und nachstationäre Behandlung nach § 115 a

Krankenhäuser können bei Verordnung von Krankenhausbehandlungen in medizinisch geeigneten Fällen auch ohne stationäre Aufnahme behandeln, um die Notwendigkeit einer vollstationären Behandlung zu klären oder eine solche vorzubereiten. Ebenso kann im Anschluss einer stationären Behandlung eine ambulante Betreuung zur Sicherung und Festigung des Behandlungserfolges vorgenommen werden. Genaue Fristen, innerhalb derer diese Maßnahmen vor und nach einer stationären Behandlung erfolgen dürfen, sowie die Häufigkeit der Behandlungen sind im Gesetz festgelegt. Außerdem wird das Verfahren zur Vereinbarung einer pauschalen, z. B. fachabteilungsbezogenen Vergütung für diese Leistungen zwischen den Kostenträgern, den Krankenhäusern bzw. deren Vertreter sowie den Kassenärztlichen Vereinigungen festgelegt. Krankenhäusern soll damit die Möglichkeit gegeben werden, die Verweildauer durch Verlagerung von Leistungen aus dem stationären in den ambulanten Sektor zu verkürzen. Es geht um solche Leistungen, die zwar zur eigentlichen Krankenhausleistung gehören und nach KHEntgG vergütet werden, aber auch ambulant erbracht werden können. In der Praxis erweist sich die Abgrenzung von vor- und nachstationärer Behandlung und ambulanter vertragsärztlicher Behandlung als problematisch. Durch die einschlägigen Regelungen soll eine Doppelvergütung von Leistung durch eine GDRG und eine ambulante Pauschale oder vertragsärztliche Abrechnung ausgeschlossen werden.

Auf der Basis dieser Regelung sowie weiterer im Rahmen des Reformprozesses der vergangenen Jahre in das SGB V aufgenommener Paragraphen sowie des Vertragsarztänderungsgesetzes kann die Erbringung vor- und nachstationärer Behandlungen auch durch niedergelassene Ärzte als Kooperationspartner allerdings nur in den Räumlichkeiten des Krankenhauses erbracht werden. Für die niedergelassenen Ärzte besteht hier die Möglichkeit für zusätzliche, im Prinzip nicht budgetierte Erträge.

Ambulantes Operieren nach § 115 b

Der Leistungsbereich für das ambulante Operieren in Krankenhäusern ist im § 115, der dreiseitige Verträge und Rahmenempfehlungen zwischen Krankenkassen, Krankenhäusern und Vertragsärzten regelt, und hier unter § 115 b berücksichtigt. Um einerseits *nicht notwendige vollstationäre* Krankenhausbehandlungen zu vermeiden, wie es im § 39 SGB V gefordert ist, und um andererseits eine patientengerechte und wirtschaftliche Versorgung sicherzustellen, können nach § 115 b zugelassene Krankenhäuser und ambulant operierende Vertragsärzte diese Leistungen gleichberechtigt erbringen. Dabei ist ausdrücklich eine Kooperation intendiert, die sich etwa durch die gemeinsame Nutzung von Operationskapazitäten im Krankenhaus realisieren kann. Der § 115 b ist insoweit tatsächlich eine sektorenübergreifende Regelung.

In einem zwischen den oben genannten Partnern zu schließenden Vertrag (nach § 115 b Abs. 1) *Ambulantes Operieren und stationsersetzende Eingriffe im Krankenhaus (AOP Vertrag)* werden die Details zur Durchführung dieser Leistungen im Krankenhaus mit dem Ziel geregelt, einheitliche Rahmenbedingungen mit dem niedergelassenen Bereich zu schaffen. Dies betrifft natürlich auch die Vergütung. So können Ordinations- und Konsultationsgebühren, erforderliche prä- und poststationäre Leistungen, sowie die mit der Operation medizinisch unmittelbar in Zusammenhang stehenden Leistungen, wie spezifische Laboruntersuchungen oder pathologische und histologische Aufarbeitung von gewonnenen Präparaten, abgerechnet werden. Auf Grund der Vielzahl an möglichen Konstellationen von Leistungserbringern, die im Rahmen einer sektorenübergreifenden Arbeitsteilung an einer ambulanten Operation beteiligt sein können, ist die Abklärung der Abrechenbarkeit einzelner Leistungskomponenten z. B. der Narkose im konkreten Fall zu klären. In der Vergangenheit war z. B. strittig, ob bei der Erbringung der chirurgischen Leistung durch einen Niedergelassenen Vertragsarzt die Narkose durch einen Facharzt der Krankenhaushauptabteilung Anästhesie, selbst wenn dieser grundsätzlich über eine Ermächtigung verfügt, abgerechnet werden darf.

Krankenhäuser sind dabei nur insoweit in ihren Gestaltungsmöglichkeiten eingeschränkt, als dass sie Leistungen ausschließlich in den Bereichen erbringen dürfen, in denen sie auch zur stationären Behandlung zugelassen sind bzw. dieselben Eingriffe unter stationären Bedingungen erbringen. Ist dies der Fall, so ist die Aufnahme der ambulanten Operationstätigkeit mit genauer Angabe der Leistung auf einem vorgegebenen Weg unter Verwendung von speziellen Mitteilungsformularen den Kostenträgern sowie der Kassenärztlichen Vereinigung und dem

Zulassungsausschuss anzuzeigen. Eine weitere Prüfung etwa auf Bedarfsgerechtigkeit ist damit nicht verbunden. Allerdings kann der Zulassungsausschuss Angebote zum *Ambulanten Operieren* bei der Beurteilung der Notwendigkeit persönlicher Ermächtigungen berücksichtigen und diese ggf. entziehen. Im Übrigen ist auch die Erbringung von Notfallbehandlungen grundsätzlich möglich. Maßgeblich ist dabei selbstverständlich nicht die Tageszeit der Leistungserbringung sondern ihre medizinische Dringlichkeit.

Zu beachten sind mögliche Abrechnungskonflikte durch auf eine ambulante Operation folgende stationäre Behandlungen. Steht diese z. B. im Falle einer Komplikation im Zusammenhang mit dem ambulanten Eingriff, kann dieser nicht mehr abgerechnet werden. Dies gilt aber nur, wenn der ambulante Eingriff im gleichen Krankenhaus von Ärzten des Krankenhauses im Rahmen der Zulassung zum ambulanten Operieren erbracht wurde und nicht etwa in einem anderen Krankenhaus oder von einem Vertragsarzt. In einem solchen Fall ist auf die korrekte Kodierung des Eingriffes zu achten, so dass er bei der Abrechnung des stationären Aufenthaltes berücksichtigt wird. Es ist auch zu beachten, dass diagnostische Eingriffe innerhalb von 5 Tagen vor einem stationären Aufenthalt, die zu dessen Vorbereitung dienen, als prästationäre Behandlung nicht als ambulante Operation und auch nicht über eine Berücksichtigung in der Kodierung des stationären Aufenthaltes abzurechnen sind. Vielmehr ist hier der § 115a *Vor- und nachstationäre Behandlung im Krankenhaus* als gesetzliche Grundlage für den Vergütungsanspruch zu beachten. Während die Zielsetzung und die daraus abgeleiteten prinzipiellen Regelungen des § 115b nach dessen Modifizierung im Rahmen der Reformgesetzgebung bemerkenswert eindeutig sind, ergeben sich in der Praxis eine Vielzahl von Konstellationen möglicher geplanter und ungeplanter Behandlungspfade, auf die die Regelungen nicht eindeutig angewendet werden können. Einige dieser Konstellationen beschäftigen Schiedsstellen und Gerichte.

Mit der Erbringung der Leistungen sind Auflagen zur Qualitätssicherung verbunden. Diese beinhalten Mindestanforderungen an die strukturellen Voraussetzungen und Sicherstellung von definierten Prozessabläufen, deren Einhaltung verbindlich an die oben genannten Vertragspartner und an die zuständige Landeskrankenhausgesellschaft abgegeben werden. Dabei sind neben organisatorischen, baulichen, technischen und hygienischen Auflagen auch Vorgaben zur personellen Ausstattung und fachlichen Befähigung der Mitarbeiter zu beachten. Auf ärztlicher Seite wird Facharztstandard vorausgesetzt, wobei der Eingriff unter Assistenz oder unmittelbarer Aufsicht, unmittelbar wird hier definiert als Möglichkeit zum unverzüglichen Eingreifen, eines Facharztes durchgeführt werden kann. Der Antragsteller muss darüber hinaus darlegen, dass er für die Sicherstellung der Qualität des gesamten Behandlungsprozesses Sorge getragen hat. Dies trifft sowohl für die von ihm direkt zu verantwortenden Prozessschritte zu, als auch für solche, die vor- oder nachgelagert arbeitsteilig z. B. durch niedergelassene Kollegen erbracht werden. So ist sicherzustellen, dass der Operateur für den Patienten in der perioperativen Phase zur Verfügung steht, dass der Patient angemessen auch z. B. über die Anästhesie aufgeklärt und der Informationsfluss zu nachbehandelnden Ärzten sichergestellt ist. Im Zweifelsfall sollte ein abgestimmter Verfahrensplan vorgelegt werden, um das Risiko aus dem Vorwurf des Organisationsverschuldens zu minimieren. So kann auch sichergestellt werden, dass keine Wiederholungs- und Doppeluntersuchungen stattfinden, die Rechnungskürzungen rechtfertigen, in der Regel zu Lasten des Krankenhauses. Auch hier kommt es darauf an, in der Dokumentation ggf. durch entsprechende Begründungen für die Indikation und medizinische Notwendigkeit z. B. einer Wiederholungsleistung entsprechenden Anfragen vorzubeugen.

Mögliche Leistungen sind in einem Katalog ambulant durchführbarer Operationen und stationsersetzender Leistungen, der regelmäßig aktualisiert wird und als Anlage 1 Bestandteil der AOP ist, aufgeführt. In diesem Katalog werden die einzelnen Leistungen auch danach bewertet, ob sie regelhaft (Kategorie I) oder nur optional (Kategorie II) ambulant zu erbringen sind. Diese Bewertung beruht auf in einer Anlage 2 zum AOP Vertrag aufgelisteten Kriterien, die wiederum auch auf den § 17c des KHG verweist, in dem die grundsätzlichen Voraussetzungen für die Abrechenbarkeit von Leistungen durch Krankenhäuser geregelt sind. Die Ausweisung eines Eingriffes als regelhaft ambulant durchzuführen ist jedoch nicht im individuellen Fall bindend: Vielmehr hat der behandelnde Arzt jeden Einzelfall zu prüfen, ob Art und Schwere des beabsichtigten Eingriffs unter Berücksichtigung des Gesundheitszustandes des

Patienten die ambulante Durchführung der Operation nach den Regeln der ärztlichen Kunst mit den zur Verfügung stehenden Mitteln erlaubt. Dabei ist auch die angemessene und erforderliche ärztliche und pflegerische Nachbetreuung im häuslichen Umfeld zu beachten. Die Entscheidung ist in jedem Fall zu dokumentieren. Diese Entscheidung ist also nicht nur von leistungsrechtlicher und vergütungstechnischer Bedeutung sondern auch unter haftungsrechtlichen Aspekten zu prüfen. Der Patient soll durch die ambulante Durchführung eines Eingriffes keinesfalls besonderen Risiken ausgesetzt werden, die durch eine stationäre Behandlung vermeidbar wären.

Die Katalogleistungen nach § 115b können also von jedem Krankenhaus ohne Mengenbegrenzungen erbracht werden. In der Regel soll der Patient auf Veranlassung eines niedergelassenen Vertragsarztes unter Verwendung eines Überweisungsscheines zur Durchführung einer ambulanten Operation vorgestellt werden. Die Behandlung kann aber auch bei Selbsteinweisung eingeleitet werden. Allerdings ist dann die Praxisgebühr zu erheben, da die Rechnung durch den Kostenträger um diesen Betrag gekürzt wird, der ansonsten dem Krankenhaus verloren geht. Die Leistungsabrechnung erfolgt nach dem EBM2000plus. Hierzu ist eine Kodierung auf Basis des ICD bzw. OPS vorzunehmen und die geeigneten Abrechnungsschlüssel zu ermitteln. Mit diesem Abrechnungswerk wurde sowohl der OPS als Kodierwerkzeug aus dem stationären Sektor übernommen, als auch der Gedanke einer stärkeren Pauschalierung der Leistungen für den ambulanten Sektor umgesetzt.

Ambulante Behandlung durch Krankenhausärzte bzw. bei Unterversorgung nach § 116/§ 116 a SGB V

Das SGB V ermöglicht den aufgrund einer abgeschlossenen Weiterbildung geeigneten Krankenhausärzten die Teilnahme an der ambulanten Versorgung, wenn eine ausreichende ärztliche Versorgung der Versicherten ohne die besonderen Untersuchungs- und Behandlungsmethoden oder Kenntnisse von hierfür geeigneten Krankenhausärzten nicht sichergestellt ist. Prüfung und ggf. Zustimmung erfolgt durch den Zulassungsausschuss nach § 96 SGB V. Die Ermächtigung wird zeitlich befristet ausgesprochen und nach Ablauf der Frist einer erneuten Prüfung unterzogen. Sie kann vielfältig eingeschränkt werden. So können etwa die Fallzahlen, die abrechenbaren Leistungen oder die zugelassenen Zuweiser eingegrenzt werden.

Bei einer durch den Landesausschuss der Ärzte und Krankenkassen festgestellten Unterversorgung kann auch ein dafür, bezogen auf das entsprechende Fachgebiet, geeignetes und zugelassenes Krankenhaus auf dessen Antrag zur Teilnahme an der vertragsärztlichen Versorgung durch den Zulassungsausschuss im Sinne einer Institutsermächtigung legitimiert werden, wenn die persönliche Ermächtigung nicht möglich ist.

Bei der Erteilung von Ermächtigungen sind Krankenhäuser einseitig abhängig von den Zulassungsausschüssen, die sich wiederum weitgehend nach dem Votum der Mitglieder ihres Kassenbezirkes bzw. der anzuhörenden, direkt von einer Ermächtigung betroffenen Vertragsärzte richten. Die Frage, ob für einen definierten Leistungsbereich die Versorgung sichergestellt ist, kann kaum objektiv beantwortet und gerichtsfest geprüft werden, so dass der Rechtsweg bei einer Nicht-Erteilung oder dem Entzug einer Ermächtigung unsicher erscheint. Dazu trägt auch die mangelnde Transparenz des ambulanten Versorgungssektors bei. Die zeitliche Befristung und sonstigen Einschränkungsmöglichkeiten lassen eine langfristig strategische Berücksichtigung von Ermächtigungen in der Leistungsplanung von Krankenhäusern nicht zu.

Hochspezialisierte Leistungen nach § 116 b

In den ersten Verlautbarungen und späteren Referentenentwürfen des GKV-Modernisierungsgesetzes war erstmalig eine wirkliche Öffnung des ambulanten, fachärztlichen Versorgungssektors für Krankenhäuser vorgesehen. Es war von einer Art zweiter „Facharztschiene" die Rede. Dabei waren die wesentlichen Probleme, die in der Vergangenheit regelmäßig zu einem Scheitern solcher Vorhaben oder zur Bedeutungslosigkeit in der realen Umsetzung geführt haben, mutig angegangen worden, ohne damit die Sachgerechtigkeit der Lösungen bewerten zu wollen. Am Ende fanden aber wieder erhebliche Einschränkungen im Rahmen der Einigungsverhandlungen der damaligen politischen Partner Eingang in das Gesetz: Die Öffnung erfolgte nur für hochspezialisierte Leistungen und seltene Erkrankungen und Erkrankungen mit besonderen

Krankheitsverläufen. Ein Katalog zur ambulanten Behandlung wurde in den Gesetzestext gleich mit aufgenommen. Schon in der ersten Fassung fällt auf, dass es sich keineswegs um eine homogene Gruppe von Behandlungen und Leistungen handelt. So wird die Diagnostik und Versorgung von Patienten mit onkologischen Erkrankungen, und damit das gesamte Tätigkeitsfeld eines niedergelassenen Onkologen, ebenso aufgeführt, wie etwa die Diagnostik und Versorgung von Patienten mit Marfan-Syndrom, einer seltenen Erkrankung, die nur einen sehr kleinen Leistungsausschnitt eines einzelnen niedergelassenen Arztes ausmachen dürfte. Dies schlägt sich auch im potentiellen quantitativen Leistungsumfang nieder, der im Falle der Onkologie eine andere Qualität hat, als für die Indikation Marfan-Syndrom, zumal diese Patienten ohnehin nicht selten schon jetzt in Spezialsprechstunden von Krankenhäusern und Universitätskliniken mit entsprechend ausgerichteten Fachabteilungen behandelt werden.

Dieser Katalog ist vom Gemeinsamen Bundesausschuss regelmäßig alle zwei Jahre zu überarbeiten und in eine entsprechende Richtlinie aufzunehmen. Voraussetzung für eine Aufnahme einer Leistung in den Katalog ist, dass der diagnostische und therapeutische Nutzen sowie die medizinische Notwendigkeit und die Wirtschaftlichkeit unter Berücksichtigung der Besonderheiten der Leistungserbringung im Krankenhaus im Vergleich zur Erbringung in der Vertragsarztpraxis gegeben sind. Dabei regelt der GBA auch für jede aufgenommene Behandlung in einer Richtlinie, welche Art der Zuweisung des Patienten (Selbsteinweisung, Hausarzt oder Facharztzuweisung) erforderlich ist. Darüber hinaus sind Vorgaben für personelle und sächliche Anforderungen sowie Konzepte für einrichtungsübergreifende Maßnahmen der Qualitätssicherung nach den einschlägigen Vorgaben des SGB V festzulegen. Auch diese Richtlinien schränken den möglichen Behandlungsauftrag ein. So werden konkret in Frage kommende Erkrankungen mit Ihrem ICD Schlüssel aufgelistet – im Falle der Onkologie eine lange, bei anderen Indikationen eine kurze Liste. Die Vorgaben zur Struktur- und Prozessqualität sind ebenfalls umfangreich und damit keineswegs leicht zu erfüllen. Hier hat der Richtlinienverfasser, die Aufforderung auf die speziellen Möglichkeiten des Krankenhauses zu achten, sehr eng ausgelegt: Nicht viele Krankenhäuser erfüllen die Auflagen im Einzelnen. In

jedem Falle ist die Umsetzung mit einem hohen Aufwand verbunden, der keineswegs mit dem im Gesetz aufgeführten Grundsatz vereinbar ist, die sächlichen und personellen Anforderungen an die ambulante Leistungserbringung des Krankenhauses sollen denen, die für die vertragsärztliche Versorgung gelten, entsprechen. Die Richtlinien, die in der jüngsten Version nahezu 100 Seiten umfassen, sind auf der Internetseite des GBA verfügbar.

Ein Krankenhaus muss eine Zulassung zur Behandlung nach § 116b indikationsspezifisch beim zuständigen Sozialministerium beantragen. Dieses hat im Rahmen der Krankenhausplanung und unter Berücksichtigung der Eignung sowie der vertragsärztlichen Versorgungssituation zu entscheiden. Der Verweis auf die Krankenhausplanung ist als Zulassungsbeschränkung zu verstehen. Eine verbindliche Einbindung der kassenärztlichen Vereinigung, auch im Sinne einer Bedarfsprüfung nach deren Maßstäben, ist nicht vorgesehen. Die Antragsstellung hat im Wesentlichen die Richtlinien zu berücksichtigen, die damit die Antragsstruktur vorgeben. Fristen für die Antragsprüfung und Bescheiderstellung sind im Gesetz nicht enthalten.

Auch die Abrechnung der Leistung ist im Prinzip einfach gelöst: Die Abrechnung von Leistungen zugelassener Krankenhäuser erfolgt direkt mit den Kostenträgern, also nicht über die Kassenärztliche Vereinigung. Dazu ist für die im Antrag aufgeführten Leistungen vergleichbare vertragsärztliche Leistungen gegenüberzustellen (Analogleistungen) und auf der Grundlage des einheitlichen Bewertungsmaßstabes abzurechnen. Ab dem 1.1.2009 erfolgt die Bewertung nach der in der Region gültigen Euro-Gebührenordnung nach § 87a Abs. 2 Satz 6 SGB V. In der Praxis wird die Verhandlung eines Leistungskataloges und geeigneter Leistungskomplexe mit den Kostenträgern allerdings nicht einfach sein.

Weitere Ambulanzen: Hochschulambulanzen nach § 117, Psychiatrische Institutsambulanzen nach § 118 und Sozialpädiatrische Zentren nach § 119

Die Hochschulambulanz ist ein Sonderfall der Ermächtigung. Hier besteht ein Anspruch auf Zulassung zur ambulanten, vertragsärztlichen Behandlung und zwar in dem Umfang, wie es für den Forschungs- und Lehrauftrag der Universitätskliniken erforderlich ist. Hierzu wird ein Ver-

trag auf Landesebene zwischen der Kassenärztlichen Vereinigung, den Kostenträgern und den
Hochschulen geschlossen. Dieser regelt Umfang
der Leistungserbringung sowie deren Vergütung.
In der Regel werden ein gedeckeltes Budget und
eine pauschalierte Vergütung pro Fall und Quartal
vereinbart. Eine ähnliche Regelung gilt für Psychologische Universitätsinstitute.

Jeweils eigene Regelungen gibt es für Psychiatrische Institutsambulanzen und Sozialpädiatrische Zentren. Für in Krankenhäusern angesiedelte Psychiatrische Institutsambulanzen besteht im
Grundsatz ein Zulassungsanspruch unter näher
definierten Randbedingungen, zu denen neben
der Erfüllung fachlich-medizinischer Voraussetzungen auch die Berücksichtigung qualitativ ver-
sorgungsepidemiologischer Aspekte gehört. Für
Sozialpädiatrische Zentren greifen die gleichen
Regelungen, die bei der Ermächtigung zur Anwendung kommen und auf die Sicherstellung der
Versorgung abheben.

Medizinische Versorgungszentren (MVZ)

Mit dem GKV-Modernisierungsgesetz hat der Gesetzgeber zum 1.1.2004 die Gruppe der Leistungserbringer für ambulante ärztliche Leistungen zu
Lasten der Gesetzlichen Krankenversicherung um
das Medizinische Versorgungszentrum (MVZ) erweitert. Definiert ist diese Einrichtung durch die
fachübergreifende Ausrichtung und ärztliche Leitung, wobei dort tätige Ärzte zwar wie andere niedergelassene Ärzte auch persönlich im Arztregis-
ter geführt werden, im MVZ aber auch als Angestellte beschäftigt werden können. Der Forderung
nach fachübergreifendem Status ist dann Genüge
getan, wenn zwei verschiedene Facharztgruppen
vertreten sind. Eine spezielle, medizinisch fachlich zu begründende Konstellation von Fachrichtungen wird nicht gefordert. Die leistungsrechtliche Ausgestaltung begünstigt im Übrigen keine
enge Zusammenarbeit der Ärzte, da eine gegenseitige Überweisung der Patienten innerhalb des
MVZ nicht vorgesehen ist. Der Begriff der „Ärztlichen Leitung" stellt nicht auf den Zulassungsstatus des Arztes ab, sondern dürfte dem gleich-
lautenden Begriff im Krankenhausrecht entsprechen. In der Praxis muss ein Geschäftsführer im
Falle einer GmbH oder ein Vorstand im Falle einer
AG approbierter Arzt sein.

Ein MVZ kann nur von zugelassenen Leistungserbringern im Sinne des SGB V gegründet
werden. Dazu zählen neben den niedergelassenen Ärzten und Zahnärzten also auch Psychotherapeuten, Apotheker, Krankenhäuser, Pflegedienste, Reha-Einrichtungen, Zahntechniker,
Hebammen und andere. Es dürfen in der Folge
auch nur diese als Gesellschafter fungieren, so
dass Personen oder juristische Personen außerhalb dieser Gruppe nur mittelbar beteiligt werden
können. Gründungszweck ist die Sicherstellung
der ambulanten Versorgung in den verschiedenen Leistungsbereichen. Im Falle der Rechtsform
einer GmbH haben die Gesellschafter durch Bürg-
schaften für die Sicherstellung von Honorarforde-
rungen oder Regressen gegen das MVZ zu sorgen,
was die Haftungsbeschränkung der GmbH faktisch wieder aufhebt und besonders für gemeinnützige Einrichtungen zu einem Hindernis bei
der Beteiligung an einem MVZ werden kann.

Ansonsten ist das MVZ in zentralen Fragen der
Zulassungsbedingungen Praxen gleichgestellt. Es
gelten die Regeln des Vertragsarztprinzips: Eine
Niederlassung hat unter einer postalischen An-
schrift zu erfolgen. Allerdings greifen die durch
das Vertragsarztänderungsgesetz vorgenommenen Lockerungen mit der Möglichkeit des Betriebes von Zweigpraxen und ausgelagerten Praxisräu-
men auch in unterschiedlichen KV-Zulassungsbe-
zirken. Beschränkend wirken hier nur berufs- und
zulassungsrechtliche Regelungen zur Präsenz-
pflicht. Auch das MVZ muss die Zulassungen für
die einzelnen Facharztrichtungen erwerben: Dazu
muss diese in zulassungsbeschränkten Bereichen
von einem Facharzt, soweit er nicht bereits zugelassen ist, erworben und dann dem MVZ übertragen werden. Der Zulassungsausschuss der Kassenärztlichen Vereinigung hat ein umfassendes In-
formationsrecht und muss einzelnen Vorgängen
zustimmen. Die Zustimmung ist allerdings nicht
in das Ermessen des Ausschusses gestellt, sondern
gesetzlich vorgegeben. Auch in MVZs bleibt haus-
ärztliche und fachärztliche Versorgung getrennt.
Es besteht genauso der Arzt- wie der Qualifika-
tionsvorbehalt, so dass Delegationsmöglichkeiten
von Tätigkeiten sowie die fachärztliche Abgrenzung zu beachten ist. So bleibt der wesentliche
Unterschied zur Praxis, dass im MVZ angestellte
Ärzte tätig sein können, was bei freien Praxen nur
in Ausnahmefällen zur Weiterbildung oder zeitlich befristeten Entlastung möglich war. Damit
kann der Eigentümer des MVZ einen wirtschaftlichen Erfolg erzielen, der nicht (nur) auf der Eigenleistung sondern auf der Leistung von angestellten
Mitarbeitern beruht.

Der Gesetzgeber hat mit dem Konstrukt des MVZ erstmalig einen substantiellen Eingriff in den ordnungspolitischen Rahmen für den ambulanten Sektor vorgenommen: Es erfolgte eine Einschränkung des Prinzips der Freiberuflichkeit und Selbständigkeit der ärztlichen Praxis. Dies bedeutet für Krankenhäuser eine reale Öffnung des ambulanten Sektors für eigene unternehmerische Aktivitäten. Dabei ist nicht nur die wirtschaftliche Integration durch die Gründung eines oder Beteiligung an einem MVZ sondern auch die organisatorische möglich, in dem angestellte Ärzte sowohl im Krankenhaus als auch in Teilzeit im MVZ tätig sind. Die neue Option ist in den ersten Jahren intensiv genutzt worden, wie man an der Vielzahl von MVZ Gründungen ablesen kann. Am Ende des 1. Halbjahres 2009 zählte die Kassenärztliche Bundesvereinigung 1.325 Zentren. Neben den von Vertragsärzten stellen die von Krankenhäusern gegründeten und getragenen MVZs mit 38,3 % Marktanteil den wichtigsten Typ dar. Während die Zahl der in MVZ tätigen Vertragsärzte nur noch gering ansteigt (derzeit ca. 1.303), nimmt die der angestellten Ärzte deutlich zu (4.980). Die Zahl der MVZs ist im Vergleich zu der zugelassener Praxen (in 2008 lag diese bei ca. 80.000) allerdings weiterhin relativ gering, Die Verteilung im Bundesgebiet ist inhomogen mit großen weißen Flecken neben Ballungen in Regionen Bayerns, Niedersachsens und in Berlin.

1.4.2 Wahlleistungen

Unter Wahlleistungen kann man alle Angebote subsumieren, die das Krankenhaus außerhalb der durch die gesetzlichen Krankenversicherungen abgedeckten Versorgungsleistungen seinen Patienten offeriert. Diese Leistungen stehen auch nicht im Zusammenhang mit der Krankenhausbedarfsplanung bzw. den dort definierten Aufträgen etwa der Verpflichtung zur Sicherstellung stationärer Versorgungsleistungen. Im engeren Sinne handelt es sich um Leistungen, die mit dem Patienten selber vertraglich vereinbart werden und für die er auch schuldrechtlich eintritt.

In der Regel wird der Patient, der Wahlleistungen in Anspruch nimmt, über eine private Versicherung oder Zusatzversicherung verfügen und Wert darauf legen, dass die angebotenen Leistungen im Rahmen seines Versicherungsvertrages erstattungsfähig sind. Für privatversicherte Patienten finden sich direkt und indirekt Regelungen im

Pflegesatzrecht, so dass es sich hier mitnichten um einen frei zu gestaltenden Leistungsbereich handelt. So entspricht der typische medizinische Leistungskatalog einer Privatversicherung jedenfalls, was die stationäre Behandlung anbetrifft, im Kern in großen Teilen denen der gesetzlichen Versicherungen. Die Abrechnung der eigentlichen Basisleistung erfolgt über GDRGs. Gesondert abzurechnen sind wahlärztliche Leistungen sowie Zuschläge z. B. für die spezielle Unterbringung. Die wahlärztliche Leistung ist durch die höchstpersönliche Erbringung durch einen benannten Arzt charakterisiert, dem der Patient ein besonders Vertrauen entgegenbringt, weil er ihm nach Stellung, Kenntnissen und Erfahrungen als besonders qualifiziert erscheint. Dieser kann bei Liquidationsberechtigung gemäß eigenem Dienstvertrag selber mit dem Patienten abrechnen und ein Nutzungsentgelt an das Krankenhaus abführen oder das Krankenhaus rechnet ab und beteiligt den Wahlarzt an den Einnahmen. Auf die weiteren vertrags- und schuldrechtlichen Aspekte beider Konstellationen sowie die Problematik von Vertretungsregelungen soll hier nicht eingegangen werden. Grundlage der Abrechnung sind die Ziffern der Gebührenordnung für Ärzte, sowie leistungsbezogen definierte Multiplikatoren für deren differenzierte Bewertung. Ein Abweichen von diesen Vorgaben ist zu begründen; der Patient muss in diesen Fällen die Leistungspflicht seiner Versicherung klären bzw. um eine entsprechende individuelle Kostenübernahme nachsuchen. Auch für die Wahlleistung einer speziellen Unterbringung z. B. im Einzelzimmer gibt es Tarifwerke. Die in Deutschland hierfür erhobenen Zuschläge sind auffällig niedrig. So dürften Krankenhäuser diese Leistung vor allem deshalb anbieten, um Patienten zu gewinnen, die lukrative wahlärztliche Leistungen in Anspruch nehmen. Außerdem ist zu berücksichtigen, dass aufgrund der dualen Finanzierung die Investitionskosten keine direkte Berücksichtigung in den Zuschlägen finden.

Patienten können Leistungen natürlich auch frei verhandeln und deren Kosten selber tragen. Solche Individuellen Gesundheitsleistungen können weitgehend frei gestaltet werden. Allerdings gibt es klare Vorgaben zur Aufklärungspflicht über deren Kosten, Nutzen und Risiken, die sich unter anderem aus den einschlägigen Regelungen zum Verbraucherschutz ableiten. Da der gesetzlichen Krankenversicherung (und den Privatversicherungen) eine umfassende Leistungspflicht zu Grunde liegt, damit die Versorgung mit allem medizinisch

Notwendigem sichergestellt ist, wird die Sinnhaftigkeit solcher Angebote außerhalb dieser Leistungspflicht zunächst kritisch zu hinterfragen sein. Die kontroverse Diskussion kann an dieser Stelle nicht wiedergegeben werden. In Deutschland ist aus diesem Grund die Bereitschaft der Patienten, neben den Kosten für die Versicherung „Out of the Pocket" Zahlungen zu leisten, nicht sehr hoch. Da auch die Versicherungen, gesetzliche wie private, solche Angebote unter dem Aspekt der Doppelfinanzierung kritisch verfolgen, hat sich hierfür bisher nur ein relativ bescheidener Markt im stationären Sektor etwa für kosmetische Eingriffe entwickelt. Eine unzulässige Doppelfinanzierung läge dann vor, wenn eine angeblich individuelle Gesundheitsleistung mit dem Patienten abgerechnet wird, die in einer ebenfalls abgerechneten Fallpauschale bereits enthalten war.

Nur am Rande erwähnt werden sollen Dienstleistungsangebote an den Patienten, die in keinem direkten Zusammenhang mit der medizinischen Versorgung des Patienten stehen. Hierzu gehören die Versorgung mit Medien (Telefon, Fernsehen, Videothek, Internet etc.), Reinigungsdienste für Privatkleidung oder Speisenversorgung für Angehörige, Einkaufsangebote und vieles mehr. Dabei erlaubt die spezifische Situation z. B. die mangelnde lokale Konkurrenz, Preisaufschläge auf einzelne Produkte zu realisieren; man kann die vom Patienten mit dem Krankenhaus assoziierte besondere Kompetenz nutzen, um qualitativ hochwertige Produkte aus dem Marktsegment Gesundheits- und Wellnessartikel anzubieten. Nicht zuletzt kann man die Attraktivität des Krankenhauses mit solchen Angeboten steigern und damit das Kerngeschäft stärken. Zu beachten ist aber auch, dass in aller Regel die wirtschaftliche Bedeutung solcher Geschäftstätigkeiten relativ gering sein wird. Auch sind Risiken zu beachten, die sich z. B. aus einer falschen Produktauswahl für den Ruf eines Krankenhauses ergeben können.

> Außerhalb des Kerngeschäftes gibt es eine Vielzahl von potentiell neuen Geschäftsfeldern für Krankenhäuser.
>
> Sie sind aufgrund ihrer Nähe zum Kerngeschäft (verfügt das Krankenhaus über notwendige Kompetenzen, um in diesen Geschäftsfeldern am Markt erfolgreich zu sein?) und des Verhältnisses von zu erzielenden Umsätzen bzw. Gewinnen (auch relativ zum Kerngeschäft) zu dem mit ihnen verbundenen wirtschaftlichen Risiko zu bewerten.
>
> Unter dem Aspekt der Nähe zum Kerngeschäft kommt dem Geschäftsfeld der Ambulanten Versorgung besondere Bedeutung zu. Hier hat es eine (erste) Erleichterung des Marktzuganges in den letzten Jahren gegeben.
>
> Erträge aus Wahlleistungen sind zwar in der Regel nicht bezogen auf den Gesamtumsatz wohl aber auf die zu erzielende Marge für Krankenhäuser von Bedeutung.
>
> Individualisierte Angebote zur Steigerung des Komforts können zudem die Attraktivität eines Krankenhauses allgemein steigern.

1.5 Selektive Verträge – Der Weg in die Zukunft?

In der gesetzlichen Krankenversicherung gilt das Sachleistungsprinzip. Dabei ist die Leistungspflicht der Kostenträger unter anderem im § 70 SGB V Qualität, Humanität und Wirtschaftlichkeit im Absatz 1 definiert:

Die Krankenkassen und Leistungserbringer haben eine bedarfsgerechte und gleichmäßige, dem allgemein anerkannten Stand der medizinischen Erkenntnisse entsprechende Versorgung der Versicherten zu gewährleisten. Die Versorgung der Versicherten muss ausreichend und zweckmäßig sein, darf das Maß des Notwendigen nicht überschreiten und muss in der fachlich gebotenen Qualität sowie wirtschaftlich erbracht werden.

Damit besteht eine einheitliche Vertragsgrundlage über Leistungen und Vergütung, die kaum Spielraum für eine Ausgestaltung im individuellen Vertragsverhältnis zwischen Krankenversicherung und Versicherten oder Leistungserbringer lässt, da einerseits die medizinische Qualität einen Mindeststandard mit „ausreichend, zweckmäßig, notwendig" beschreibt, andererseits mit dem Wirtschaftlichkeitsgebot eine darüber hinausgehende Leistung nicht finanziert werden darf. Dies wird im SGB V § 12 Wirtschaftlichkeitsgebot Absatz 1 noch klarer formuliert: Leistungen, die über den Standard hinausgehen dürfen „die Versicherten nicht beanspruchen, dürfen Leistungserbringer nicht bewirken und die Krankenkassen nicht bewilligen."

In der gesetzlichen Krankenversicherung gilt weiterhin das Prinzip des solidarisch finanzierten Systems, welches der Umsetzung des staatlichen Auftrages zur Gewährleistung einer umfassenden Daseinsfürsorge verpflichtet ist. Dazu gehört es, dass der Staat durch geeignete Maßnahmen für die Sicherstellung einer flächendeckenden Versorgung der Menschen sorgt. Für den stationären Sektor kommt er dieser Verpflichtung im Rahmen der Landeskrankenhausplanung nach, die allerdings in den vergangenen Jahren eher als Instrument der Marktzugangsbeschränkung mit dem Ziel der Beitragsstabilität genutzt wurde. Hieraus leitet sich auch der gesetzlich verfasste Kontrahierungszwang für Krankenhäuser und gesetzliche Krankenversicherungen ab, da sich eine planerisch dokumentierte, flächendeckende Versorgung durch Krankenhausbetten dann auch in entsprechenden Leistungsvereinbarungen realisieren muss und zwar für alle Versicherten und Kostenträger. Die immer noch große Zahl der Kostenträger ist historisch gesehen Ergebnis einer stark dezentralen Organisation der Verwaltungsaufgaben in einem regulierten Umfeld und nicht eines intensiven Leistungswettbewerbes in einem freien Markt.

Diese Grundsätze sind keine für sich genommen willkürlichen regulativen Akte des Gesetzgebers, sondern fügen sich zu einer konsistenten Gesamtordnung. Gleiches gilt im Übrigen auch für die Ausgestaltung der anderen Sektoren des Gesundheitssystems. Für den Ambulanten Sektor wurde bei gleicher grundsätzlicher Zielsetzung allerdings eine vollständig andere Lösung gefunden. Hier übernehmen die kassenärztlichen Vereinigungen den Auftrag der Planung und Sicherstellung der ambulanten Versorgung im Sinne einer Selbstverwaltung der selbständigen und freiberuflichen Vertragsärzte. Dafür erhalten sie ein Budget, welches sie eigenverantwortlich verteilen. Im Rahmen der zunehmenden Wirtschaftsglobalisierung, in dem die Kosten der sozialen Systeme durch die Belastung des Faktors Arbeit zum Wettbewerbsnachteil werden können, stehen diese insgesamt und besonders das Gesundheitssystem auf dem Prüfstand, auch wenn die gelegentlich behauptete Kostenexplosion dieses Systems sich volkswirtschaftlich bei über Jahre konstantem Anteil der Gesundheitsausgaben am Bruttoinlandsprodukt nicht belegen lässt. Die Politik sieht in einer stärkeren marktwirtschaftlichen Orientierung des Systems ihre Antwort auf diese Herausforderung. Die Lockerung des Kontrahierungszwanges durch Zulassung selektiver Vertragsbeziehungen, die zudem auch sektorenübergreifend abgeschlossen werden können, ist eine der Maßnahmen im Rahmen dieser Neuausrichtung, auf deren Wirksamkeit große Hoffnungen gesetzt wurden. Hierdurch soll sowohl ein Wettbewerb zwischen den Leistungsanbietern als auch den Kostenträgern induziert werden. Dieser soll die Qualität verbessern und die Kosten stabilisieren.

Bereits im Rahmen des 2. GKV Neuordnungsgesetzes vom 1.7.1997 war die gesetzliche Grundlage für neue Versorgungsmodelle im Sinne von sogenannten Modellvorhaben nach § 63ff. SGB V (die Inhalte finden sich jetzt nach den Überarbeitungen des SGB V im § 63 bzw. 64 und 65) und Strukturverträgen nach § 73a SGB V. Damit wurde erstmalig eine Grundlage für selektive Verträge im gesamten Geltungsbereich des SGB V einschließlich des vertragsärztlichen Sektors geschaffen. Im Gesundheitsreformgesetz in 2000 wurde mit dem *§ 140 SGB V Integrierte Versorgung* ein erheblicher Systemeingriff vorgenommen, da ein ordnungspolitischer Rahmen für eine zweite Leistungswelt geschaffen wurde, die durch potentiell sektorenübergreifende Leistungsangebote und -vergütung, durch Aufhebung von Budgetierung und Selektivität der Vertragsbeziehung ohne Kontrahierungszwang gekennzeichnet ist. In dieser neuen Welt sollte ein dann einen echten Wettbewerb um Preise und Leistungen geben. Erhebliche Probleme bei der Umsetzung führten zu zwei Novellierungen des Gesetzes in kurzer Zeit. Zunächst wurde die Budgetbereinigung vereinfacht, die notwendig ist, um Leistungen aus der „alten Welt" der sektoralen Trennung in die neue übergreifender Budgets zu transferieren bzw. zu verhindern, dass ein und dieselbe Leistung in beiden Welten finanziert wird. Außerdem wurde eine für das Gesamtsystem kostenneutrale finanzielle Förderung im Sinne einer Anschubfinanzierung aus einem pauschalierten Rechnungseinbehalt organisiert. Im Krankenhausfinanzierungsreformgesetz in 2009 erfolgte die nächste Modifizierung. Einerseits wurden die Integrierten Versorgungsverträge für weitere Leistungserbringer geöffnet, andererseits wurde die Anschubfinanzierung stark reduziert und die Aussetzung der Budgets in diesem Vertragsbereich eingeschränkt. Im folgenden Abschnitt werden die Optionen für selektive Verträge dargestellt.

1.5.1 Modellvorhaben nach § 63/64/65 SGB V

Ziel der Regelungen zu den Modellvorhaben war es, eine Verbesserung der Qualität und Wirtschaftlichkeit der Versorgung durch Weiterentwicklung der Verfahrens-, Organisations-, Finanzierungs- und Vergütungsformen der Leistungserbringung außerhalb der Zwänge der sonstigen Regelungen des SGB V zu ermöglichen. Vertragspartner können dabei gesetzlich zugelassene Leistungserbringer bzw. Gruppen von Leistungserbringern einschließlich Vertragsärzte oder Gruppen von Vertragsärzten bzw. die Krankenkassen und ihre Verbände sein. Gegenstand der Modellvorhaben sind die im SGB V beschriebenen Leistungen, für die eine Leistungspflicht der GKV besteht. Erweitert wurde dieser Katalog um Leistungen zur Verhütung und Früherkennung von Krankheiten. Ausdrücklich ausgeschlossen sind mit der Entwicklung und Einführung bzw. Prüfung neuer Arzneimittel oder Medizinprodukte verbundene Vorhaben. Für diese Verträge gilt der Grundsatz der Beitragsstabilität, so dass alle im Modellvorhaben entstehenden Mehrkosten durch nachgewiesene Einsparungen an anderer Stelle kompensiert werden müssen. Alternativ können auch die Versicherten an ihnen beteiligt werden. Der Einschluss von Versicherten an Modellvorhaben ist aufklärungs- und einwilligungspflichtig. Im Gesetz wird auch eine Öffnung der ansonsten berufsgruppenspezifischen Aufgaben geregelt, so dass z. B. ärztliche Tätigkeiten auf die Pflegeberufe delegiert werden können. Hierzu ist eine Prüfung durch den Gemeinsamen Bundesausschuss vorgeschrieben, der die Stellungnahme der betroffenen Berufsverbände einholen muss. Für ein Modellvorhaben muss eine Satzung aufgestellt werden; sie sind auf 8 Jahre bzw. in spezifizierten Fällen auch nur auf 5 Jahre zu befristen und dann zu evaluieren. Die Evaluation hat von einem unabhängigen Sachverständigen nach allgemein anerkannten wissenschaftlichen Standards zu erfolgen.

1.5.2 Strukturverträge nach § 73a SGB V

Vertragspartner sind ausschließlich die Kassenärztlichen Vereinigungen und die Landesverbände der Krankenkassen und Ersatzkassen. Insoweit spielen die Strukturverträge nur in den Bereichen für Krankenhäuser eine Rolle, wo eine Öffnung des ambulanten Sektors bereits erfolgt ist, also z. B. im Kontext des Ambulanten Operierens nach § 115b oder der Hochspezialisierten ambulanten Versorgung nach § 116b. Strukturverträge ermöglichen die Zusammenschlüsse von niedergelassenen Ärzten, um die Verantwortung für die Gewährleistung der Qualität und Wirtschaftlichkeit der vertragsärztlichen Leistungen für eine Region insgesamt oder für definierte Leistungsbereiche zu übernehmen. Dafür wird ein zu verhandelndes Budget zur Verfügung gestellt. Es können auch Ausgaben für Arznei-, Verband- und Heilmittel in die Verantwortung und Budgetierung einbezogen werden. Die Teilnahme an strukturvertraglich geregelter Versorgung ist für Versicherte und Vertragsärzte freiwillig, die Verträge sind zeitlich unbefristet und unterliegen keinen Evaluationsauflagen.

1.5.3 Integrierte Versorgung nach § 140a

Die aktuelle Fassung des § 140a hat nur noch wenig gemeinsam mit der ersten Version aus dem Jahr 2000. Im Absatz 1 ist das Ziel der Integrierten Versorgung neu beschrieben. Er soll die Möglichkeit zur „bevölkerungsbezogenen Flächendeckung der Versorgung" eröffnen. Als Vertragspartner kommen Vertragsärzte oder deren Gemeinschaften, Medizinische Versorgungszentren, Krankenhäuser, ambulante und stationäre Rehabilitationseinrichtungen, Pflegekassen, Praxiskliniken und Einrichtungen, die eine Integrierte Versorgung organisieren, in Frage. Soweit eine spezifische Versorgung in einem Integrationsvertrag geregelt wird, kann hier der Sicherstellungsauftrag gemäß § 75 Abs. 1 eingeschränkt werden. Dies stellt einen substantiellen Eingriff in die Rechte und Pflichten der kassenärztlichen Vereinigungen dar. Außerdem kann die Arzneimittelversorgung nach § 130a *Rabatte der pharmazeutischen Unternehmen* gemäß Abs. 8 geregelt werden. Gegenstand des Vertrages ist eine qualitätsgesicherte, wirksame, ausreichende, zweckmäßige und wirtschaftliche Versorgung, die also den üblichen Leistungspflichten der GKV entspricht. In strittigen Fällen soll der Gemeinsame Bundesausschuss den Vertrag begutachten. Im Absatz 4, § 140a ist eine weitgehende Öffnung hinsichtlich der Finanzierungssystematik enthalten, so dass z. B. nicht fallpauschaliert abgerechnet werden kann. Auch die Übernahme einer Budgetverantwortung analog den Strukturverträgen für die regionale Versorgung mit spezifizierten Leistungen insgesamt oder für definierbare Teilbereiche ist möglich. Die Regelung zur Beitragssatzstabilität gemäß § 71 Abs. 1 wird nur noch für vor dem 31.12.2008 abgeschlossene Verträge angesetzt. In Verträge können auch *Hochspezialisierte Leistungen* nach § 116b einbezogen werden. Die Erbringung der einzelnen Leistungen kann zwischen den Partnern jenseits des spezifischen Zulassungsstatus frei geregelt werden. Ansonsten zeigen die umfangreichen und komplexen Regelungen zur Anschubfinanzierung und Budgetbereinigung, wie schwierig die konsistente Einbindung in die sonstige Sozialgesetzgebung ist.

Typen von Integrationsverträgen

Seit Einführung des § 140 haben sich verschiedene Typen von Integrationsverträgen herausgebildet. Die Vertragspartner einiger Strukturverträge nutzten die Möglichkeiten, die die Integrationsversorgung z. B. durch Einbeziehung der ambulanten oder stationären Rehabilitation bietet und wandelten die Verträge. Im Rahmen dieser Verträge vernetzen sich z. B. spezialisierte Facharztpraxen mit Hausarztpraxen, die in diesen Versorgungskonzepten die Lotsenfunktion übernehmen. Zusätzliche Optionen zur Ausweitung der Wertschöpfung bietet die Übernahme einer Verantwortung für das Arzneimittelbudget der Versicherten im Vertrag. Die Ertragsmechanik dieser Vereinbarungen ist in der Regel einfach: Erheblichen Preisnachlässen bei der Einzelleistung steht eine Ausweitung des Budgets also der Fallzahlen gegenüber.

Der zweite Typ ist der der Komplexpauschale. Viele der Modelle, die zu Beginn der Integrierten Versorgung vereinbart wurden, greifen das Prinzip der Fallpauschalen und Sonderentgelte auf, die Eingang in die Bundespflegesatzverordnung gefunden hatten. Häufig wurde dabei vor allem die Rehabilitation enger mit der Akutversorgung verzahnt. Anfangs bestand zu dem die Hoffnung der Leistungsanbieter, dass eine Erweiterung der Wertschöpfung durch die Übernahme einer Gewährleistung für die langfristige Ergebnisqualität möglich sei. Durch die Ausrichtung der Versorgung nicht auf das kurzfristige, sektorenbezogene sondern auf das langfristige sektorenübergreifende Ergebnis der Behandlung sollten höhere Fallpauschalen durch künftige Einsparungen gerechtfertigt sein und zu einem Win-Win auch aus Sicht der Kostenträger führen. In der Praxis waren solche Verträge allerdings kaum zu verhandeln. Vielmehr entwickelten sich hauptsächlich reine Rabattmodelle, bei denen nach Ausgliederung bestimmter Leistungen aus dem Krankenhausbudget Mengenausweitungen ohne Leistungsdeckelung kräftig reduzierten Preisen für die Einzelleistungen gegenüberstanden. Da die Versicherten der Teilnahme an der Integrierten Versorgung zustimmen müssen bzw. um beteiligten Kostenträgern ein Instrument zur Steigerung der eigenen Attrak-

tivität gegenüber ihren Versicherten an die Hand zu geben, werden nicht selten attraktivitätssteigernde Zusatzleistungen exklusiv für die Teilnehmer der Programme angeboten. Dazu gehören z. B. Vorzugsleistungen bei der Unterbringung, die ansonsten als Wahlleistung angeboten werden. Kritisch zu sehen sind vertragliche Vereinbarungen, die Wartezeiten ausschließen oder die Verwendung spezieller Implantate und ähnliches vorsehen. Wie dargestellt legt das Sozialgesetzbuch nicht nur den Mindeststandard fest, sondern schließt auch jede Form der Finanzierung von darüber hinausgehenden Leistungen aus: Entweder eine Leistung ist im Rahmen des Mindeststandards notwendig, dann muss sie jedem Versicherten zugänglich gemacht werden, oder sie darf nicht Gegenstand von Leistungsverträgen zu Lasten der Gesetzlichen Krankenversicherung werden. Insoweit wäre z. B. der geldwerte Vorteil einer komfortsteigernden Zusatzleistung zur Reduktion der Behandlungskosten zu nutzen. Bei genauer Betrachtung sind auch Vertragsregelungen, die auf eine verbesserte Langzeitqualität abzielen, nicht ohne weiteres mit den Prinzipien der solidarischen Versicherung zu vereinbaren. Die Vertragspartner haben eigentlich die Verpflichtung, allgemein für ein gleiches Versorgungsniveau Sorge zu tragen.

Ein weiterer Typ von Integrierten Versorgungsverträgen ist der Managementvertrag. Hier übernimmt eine eigenständige Organisation das Management für die Versorgung einer bestimmten Erkrankung und/oder die Versorgung in einer Region und erhält dafür ein Budget. Die Managementgesellschaft kontrahiert dann mit verschiedenen Leistungsanbietern und erbringt selber koordinative und organisatorische Leistungen. Der Einbeziehung von Vertragspartnern in den Versorgungsvertrag sind nach der letzten Neuregelung des § 140 kaum noch Grenzen gesetzt. Damit können prinzipiell völlig neue Versorgungskonzepte z. B. unter Einschluss der primären Prävention realisiert werden. Die Wertschöpfung ergibt sich dann nicht mehr aus der Behandlung sondern Vermeidung von Erkrankungen. Einkaufsmodelle sorgen für weitere Effizienzsteigerungen.

Status der Integrierten Versorgung

Die Verträge zur Integrierten Versorgung sind meldepflichtig und werden jährlich über eine gemeinsame Registrierungsstelle publiziert. Mittlerweile erreicht die Vergütungssumme bundesweit bei einfacher Zählung der Volumina von Verträgen mit mehreren Kassen ca. 803 Mio. €. In insgesamt 6.183 Verträgen sind ca. 4,0 Mio. Versicherte eingeschrieben. Es lohnt sich ein Blick auf die Durchschnittswerte, um einen qualitativen Eindruck hinsichtlich der Vertragslandschaft zu bekommen. So ergibt sich für 2008 ein durchschnittlicher Umsatz von 130.000,- € pro Vertrag bei ca. 650 eingeschriebenen Versicherten und einem Umsatz von 201,- € pro Versicherten. Hinter diesen Zahlen verbirgt sich offensichtlich eine heterogene Vertragslandschaft. Man kann nur vermuten, dass trotz der großen Zahl an Verträgen sowohl der Gesamtumsatz als auch die Vergütung des einzelnen Leistungsfalls für den Leistungserbringer und den Kostenträger kaum eine relevante Größe darstellt.

Kritik der Integrierten Versorgung

Für Krankenhäuser ist die Integrierte Versorgung bis heute kaum von Bedeutung. Einige Häuser haben die Möglichkeit der Anschubfinanzierung genutzt, um öffentlichkeitswirksam Verträge zu schließen, die zumindest keine Verluste generieren, die ansonsten wegen der von den Kostenträgern geforderten Preisnachlässe auf die einzelnen Leistungen und hohe Verwaltungsaufwände drohen. Insgesamt erweisen sich die Hürden aufgrund von Systemwidersprüchen als kaum überwindbar. Die Integrierte Versorgung soll zu einem Preis- und Leistungswettbewerb in einem System mit streng normierten Leistungen und klaren Qualitätsvorgaben führen. Sektorenübergreifend neu konstruierte Leistungsangebote können aus Sicht der Kostenträger überhaupt nur dann kostenneutral sein, wenn die entsprechenden Budgets ausgegliedert werden und somit die Vermeidung einer Doppelfinanzierung sichergestellt ist. Während dies im Krankenhausbereich möglich ist, allerdings für diese mit einem nicht unerheblichen Risiko für die Zukunft einhergeht, da einmal vorgenommene Ausgliederungen kaum rückgängig zu machen sind, wurde für den ambulanten Sektor bis heute hierzu kein pragmatischer Weg gefunden. Die Finanzierung über die Anschubfinanzierung war nicht nachhaltig. Eine ökonomisches Fundament für eine Ausrichtung der Verträge an den Langzeitergebnissen, etwa über einen Pauschalenaufschlag heute mit dem Ziel einer überproportionalen Einsparung in der Zukunft, ist aus vielfältigen Gründen, die hauptsächlich bei den Kostenträgern zu suchen sind, selten gelungen. Für diese ist eine solche Investition nicht zuletzt aufgrund der durch die jüngere Gesetzgebung bedingte Lockerung der Bindung von Versicherten mit hohen Risiken verbunden.

Der administrative Aufwand zur Entwicklung von Verträgen sowie zu ihrer Betreuung im operativen Geschäft ist hoch und wird häufig unterschätzt. Um ihn zu refinanzieren sind erhebliche Umsätze innerhalb der Verträge notwendig, was sich in der Praxis nur selten realisieren lies. Typisch ist vielmehr, dass die Notwendigkeit klarer Ein- und Ausschlusskriterien zur Leistungsabgrenzung, die Selektivität bei den Vertragspartnern, die eingeschränkte Möglichkeit der Kostenträger ihre Versicherten zu steuern und die Freiwilligkeit der Teilnahme für Versicherte schnell zu sehr kleinen Fallzahlen führen. Diese wiederum verhindern eine seriöse Evaluation der Verträge mit dem Nachweis ihrer Vorteile. Es ist zu erwarten, dass auch künftig der Weg weiter gegangen wird, selektive Vertragsmöglichkeiten zu etablieren. Krankenhäuser sind gut beraten sich darauf intern intensiv vorzubereiten. Zum jetzigen Zeitpunkt sind die vorhandenen Möglichkeiten allerdings mit einiger Skepsis zu betrachten.

An dem ordnungspolitischen Rahmen für selektive Verträge im Gesundheitswesen ist in den vergangenen Jahren kontinuierlich gearbeitet worden.

Sie sollen neue Gestaltungsspielräume jenseits von Budgetierung und Sektorengrenzen schaffen und so eine neue Qualität des Wettbewerbs induzieren.

Für das Krankenhaus sind vor allem die Integrierten Versorgungsverträge nach § 140a von besonderer Bedeutung.

In der Praxis konnten sie sich, von wenigen Ausnahmen abgesehen, bisher kaum etablieren. Vielfältige praktisch-administrative Hindernisse aber auch konzeptionelle Schwächen haben verhindert, dass über solche Verträge nennenswerte Umsätze – sowohl gemessen an den Gesamtumsätzen des Krankenhauses als auch denen im Bereich der gesamten Gesetzlichen Krankenversicherung – abgewickelt werden.

Literatur

Bauer H, Bartkowski R (2009) G-DRG, Praxiskommentar zum Deutschen Fallpauschalen-System, 2006, ecomed Medizin, Landsberg

Behrendt I; König H-J; Krystek U (2009) Zukunftsorientierter Wandel im Krankenhausmanagement: Outsourcing, IT-Nutzenpotenziale, Kooperationsformen, Changemanagement. 2009, Springer Verlag, Berlin

Braun von Reinersdorff A (2007) Strategische Krankenhausführung; Vom Lean Management zum Balanced Hospital Management. 2007, Verlag Hans Huber, Bern

Hentze J, Huch B, Kehres E(Hrsg.) (2005) Krankenhauscontrolling. Konzepte, Methoden und Erfahrungen aus der Krankenhauspraxis. 3. Auflage 2005, Kohlhammer Verlag, Stuttgart

2 Operatives und strategisches Krankenhausmanagement: Von der Erfolgsorientierung zur Innovation des Geschäftsmodells

Sebastian Freytag
Universitätsmedizin Göttingen

Seit Beginn des neuen Jahrtausends steht die langfristige Neuausrichtung des deutschen Gesundheitssystems ganz oben auf der Liste der Reformvorhaben aller Bundesregierungen, die in dieser Zeit im Amt waren. Es geht dabei schon lange nicht mehr nur um die Stabilisierung des Beitragssatzes durch Kostendämpfung, die spätestens seit der deutschen Wiedervereinigung ein Dauerthema darstellt, sondern eine grundsätzliche Neujustierung und -ausrichtung des Gesundheitssystems. Der Kern dieser neuen gesellschaftlichen Debatte betrifft die Definition des staatlichen Auftrages bei der Organisation und Sicherstellung von Gesundheitsdienstleistungen. Das Gesundheitssystem hat sich bisher in besonderer Weise auf die staatliche Verpflichtung zu einer umfassenden Daseinsvorsorge für seine Bürger und zur Sicherstellung der Versorgung bei solidarischer Finanzierung gestützt. Die darauf gegründeten, umfangreichen regulierenden Eingriffe des Staates führen zu einer planwirtschaftlichen Prinzipien folgenden Steuerung, während wenige marktwirtschaftliche Elemente für einen begrenzten Wettbewerb in Teilsegmenten sorgen. Die Refinanzierung des Kerngeschäftes der Krankenhäuser, die Erbringung stationärer Gesundheitsdienstleistungen, ist durch die Krankenhausplanung und die darüber gesteuerten

Investitions- und Instandhaltungsmittel einerseits sowie die Leistungsplanung und -budgetierung andererseits gekennzeichnet. Dies führt zu einer Begrenzung der Erträge und des davon abhängigen wirtschaftlichen Erfolges, der nur bedingt durch die spezifische Nachfrage bestimmt ist: Geld folgt nicht automatisch der Leistung. Gleiches gilt für die Steuerung investiver Mittel, weil hierbei nicht selten sachfremde, politische Überlegungen eine gewichtige Rolle spielen. Misst man den Erfolg der Krankenhausplanung am grundgesetzlichen Anspruch gleicher Lebensverhältnisse in Deutschland, so muss man angesichts der sehr unterschiedlichen Versorgungsdichte mit Krankenhausbetten eine kritische Bilanz ziehen.

Auch die sektorale Gliederung des Gesundheitsdienstleistungsmarktes schränkt die Krankenhäuser in ihren Gestaltungsspielräumen bei der Erschließung neuer Geschäftsfelder mit einer Nähe zum Kerngeschäft – also etwa der Rehabilitation oder der ambulanten Behandlung – ein. Besonders der ambulante Sektor ist durch die vollständig andere Organisation von Refinanzierung und Steuerung, die vor allem über die kassenärztlichen Vereinigungen im Sinne der Selbstverwaltung sichergestellt wird, strukturell abgetrennt und faktisch abgeschottet. Anders als für den Krankenhaussektor besteht für den ambulanten Sektor kaum Transparenz hinsichtlich des Leistungsgeschehens. Auch der Apotheken sowie Heil- und Hilfsmittelmarkt ist keineswegs offen und zugänglich. Hier sind es vor allem gesetzliche Zugangsbeschränkungen und in der Vergangenheit in kurzen Abständen vorgenommene Reformen, die eine strategische Ausrichtung der Krankenhäuser in diesen Segmenten erschwerten.

Der Beschluss zur Einführung eines fallpauschalierten Entgeltsystems im Krankenhaus im Jahr 2000 bzw. der Beginn dessen Umsetzung ab dem Jahr 2003 wird deshalb als Zeitenwende für das Krankenhausmanagement wahrgenommen, weil dies als Weichenstellung zu einem stärker marktwirtschaftlich gesteuerten System gesehen wird. Zuvor war ein Mischsystem aus Basis- und abteilungsbezogenen -pflegetagessätzen sowie einigen Fallpauschalen und Sonderentgelten Basis für die laufende Abrechnung der Leistungen. Mit der Umstellung wurde ein hochdifferenziertes, durchgängig fallpauschaliertes System (German Diagnostic Related Group System [GDRG-System]) eingeführt. Dies wurde mittlerweile um spezifische Refinanzierungs- und Ausgleichsinstrumente wie z. B. Zu- und Abschläge für verschiedene Tatbestände, mengendifferenzierte Zusatzentgelte und Entgelte für Neue Untersuchungs- und Behandlungsmethoden ergänzt, was einen erheblichen Eingriff in den ordnungspolitischen Rahmen für Krankenhäuser mit entsprechenden Konsequenzen für das strategische zunächst vor allem das operative Management darstellt. Es lohnt sich jedoch genauer hinzuschauen, welche Bedeutung der Einführung des DRG-Systems vor dem Hintergrund der zuvor dargestellten Situation zukommt.

Es gab zudem eine ganze Reihe anderer Reformgesetze mit Auswirkungen auf den stationären Sektor, die in keinem direkten Zusammenhang mit dem GDRG-System stehen, aber in diesem Zusammenhang zu berücksichtigen sind. Nicht zuletzt wird man angesichts der Reformflut zu beachten haben, an welchen relevanten Eckpunkten des ordnungspolitischen Rahmens bisher keine Änderungen vorgenommen worden sind. Das Ziel der Gesundheitspolitik der vergangenen Jahre war plakativ formuliert „Mehr Markt und Wettbewerb", auch wenn die verschiedenen Regierungskonstellationen sich in der inhaltlichen Interpretation dieses Leitsatzes voneinander deutlich unterschieden.

In diesem Beitrag soll die derzeitige Situation nach Einführung des DRG-Systems und anderer gesetzgeberischer Maßnahmen mit Auswirkung auf Krankenhäuser dargestellt und eine mögliche, sich daraus ergebende Ausrichtung eines zukunfts-, ertrags- und erfolgsorientierten Krankenhausmanagements diskutiert werden. Dies beinhaltet Anregungen für das operative als auch das strategische Management. Dabei wird als Perspektive die Innovation des Geschäftsmodells von Krankenhäusern erörtert werden.

2.1 Impulse durch das GDRG-System: Transparenz und Leistungsorientierung

Der Begriff GDRG-System wird häufig als Synonym für eine substantielle Reform des Refinanzierungssystems für stationäre Gesundheitsdienstleistungen verwendet. In der Tat war die Einführung mit einigen grundlegenden Veränderungen verbunden, die besonders das operative Krankenhausmanagement vor sehr kurzfristig zu lösende Herausforderungen stellte. Kurz vor Abschluss (der ersten Phase) der Einführung des neuen Systems für die Abrechnung stationärer Leistungen kann eine Zwischenbilanz gezogen werden: Was hat sich tatsächlich verändert?

Als nächste Schritte in der Systementwicklung ist die Einführung eines pauschalierten Abrechnungssystems für die Psychiatrie sowie die Konvergenz der Landesbasisfallwerte auf einen bundeseinheitlichen Basisfallwertkorridor terminiert. Über eine bundesweite Abkehr von der dualen Finanzierung und damit Abschaffung der Krankenhausplanung jedenfalls in der derzeitigen Form ist noch nicht entschieden. Erst ein solcher Schritt würde tatsächlich eine neue Qualität des ordnungspolitischen Rahmens darstellen, weil damit der Erfolg eines Krankenhauses über die Steuerung der Investitionen zu nachhaltigen Veränderungen des Marktes auch im Sinne einer Bereinigung führen würde.

Man kann die Änderungen, die sich im Rahmen der Einführung des GDRG-Systems für Krankenhäuser ergeben haben, in drei Komplexen zusammenfassen. Erstens wurde eine neue Qualität der verbindlichen Dokumentation von Diagnosen und Leistungen sowie deren strukturierte Übermittlung an die Partner im Gesundheitssystem vorgegeben, die mit einer deutlich gesteigerten Transparenz des Versorgungsgeschehens an den einzelnen Krankenhäusern durch Umfang und

Validität der Daten einhergeht. Diese Transparenz dürfte im Übrigen nicht nur für Politik und Verhandlungspartner der Krankenhäuser, sondern vor allem auch für die Krankenhäuser selber zu neuen Erkenntnissen geführt haben, die vor der DRG- Einführung kaum über eine vergleichbare Datenbasis aufgrund freiwilliger Erhebungen verfügten. Die Qualität der Daten ergibt sich nämlich vor allem daraus, dass die fallbezogene Rechnung auf ihrer Basis gestellt wird: Leistungserbringer und Kostenträger überprüfen deshalb gleichermaßen die Qualität der Dokumentation.

Zweitens wurde ein komplexes Klassifikationssystem zur Gruppierung von Krankenhausfällen nach medizinischen Diagnosen und Leistungen und ökonomischem Aufwand entwickelt. Dieses System beruht auf einer ganzen Reihe von Komponenten und nutzt Methoden der deskriptiven, induktiven und explorativen Statistik. Dies resultiert zunächst, wenn man so will, in einem neuen technischen Abrechnungssystem und ist per se noch kein Schritt zu mehr Marktwirtschaft. Drittens ist die Grundlage der Berechnung der individuellen Krankenhausbudgets im DRG-System geändert und diese zunächst einmalig neu adjustiert worden: Ein bundesweiter Benchmark der relativen Kosten – nichts anderes ist im Ergebnis die durch das InEK durchgeführte Kostenkalkulation – mit landeseinheitlicher Bewertung der absoluten Kosten tritt an die Stelle der Basis- und Abteilungstagespflegesätze der Bundespflegesatzverordnung. Dieses System war wenig transparent, Budgets waren eher historisch- als leistungsorientiert verhandelt und, etwas vereinfacht dargestellt, formal lediglich nach Fachabteilungen differenziert. Nach einmaliger Bestimmung der neuen Zielbudgets erfolgte die Anpassung der realen, individuellen Budgets im Rahmen einer sogenannten Konvergenzphase von 2004 bis, nach zweimaliger Verlängerung, 2010.

Die Fortschreibung der so ermittelten neuen Budgets wird als Ergebnis einer lokalen Verhandlung mit den Kostenträgern vorgenommen, also im Grundsatz das bisherige Vorgehen weitergeführt: Auch die Vergütung der Fallpauschalen stellt eine Vorauszahlung auf dieses Budget dar. Die Ausgleichsregelungen bei Über- oder Unterschreitung der Budgets am Jahresende sind allerdings ebenfalls in Stufen geändert worden: Sowohl die Minder-(Zahlungen der Kostenträger an die Leistungsempfänger bei nicht-ausgeschöpften Budgets zur anteiligen Deckung der Fixkosten) als auch die Mehrerlösausgleiche (Rückzahlungen

der Leistungserbringer an die Kostenträger bei Budgetüberschreitungen) wurden reduziert. Diese Änderung hängt nur mittelbar mit dem GDRG-System zusammen und hätte auch in einem anderen Vergütungssystem vorgenommen werden können. Systemspezifisch wurden mittelfristige Regelungen für die Budgetanpassung eingeführt, so dass Mehr- oder Minderleistungen aus den Vorjahren zu einer regelhaften Anpassung der Budgets der Folgejahre unter Beachtung der Beitragsstabilität führen sollen. Es ist zu beachten, dass es somit bisher nur um die Verteilung von Mitteln zwischen den Krankenhäusern geht: Diese sind in der Summe budgetiert und damit grundsätzlich begrenzt, auch wenn die Berechnung ihrer jährlichen Anpassung an die allgemeine volkswirtschaftliche Entwicklung, die sich bisher nach der Grundlohnsumme richtete, gerade neu geregelt wurde.

Die Fallpauschalen im GDRG-System sind, was häufig verkürzt so dargestellt wird, keine Preise im eigentlichen Sinne der Ökonomie und Marktwirtschaft: Nicht die Marktmechanismen von Angebot und Nachfrage führen nämlich zu ihrer Bildung, sondern die Berechnung der durchschnittlichen Selbstkosten einer Stichprobe von Krankenhäusern bestimmt die Bewertung der einzelnen Fallpauschale. Dieses Selbstkostendeckungsprinzip gab es auch früher schon einmal im deutschen Gesundheitssystem. Allerdings beruhte die Finanzierung von Leistungen damals tatsächlich auf den Selbstkosten jedes einzelnen Krankenhauses und nicht einem Durchschnittswert innerhalb einer Stichprobe, was zu einer dynamischen Kostensteigerung führte. Im GDRG-System hingegen wird sich jedes Krankenhaus bei der Bewertung und Gestaltung der eigenen Kostenstruktur an der Refinanzierung durch das DRG-System orientieren und sich bemühen, unterhalb der Durchschnittskosten, die ja dem jeweiligen Fallpauschalenerlös entsprechen, zu liegen. Dabei liefert die vom InEK regelmäßig zur Verfügung gestellte Datenbank genaue Informationen zur Kalkulation jeder DRG. Dieser Matrix können dann die kalkulierten Kosten für einzelne Kostenarten und -stellen entnommen werden, also z. B. die Kosten des Pflegedienstes auf der Normalstation. Da aber aus den Kosten einer Stichprobe der gleichen Krankenhäuser jährlich die Fallpauschalen für das übernächste Jahr neu berechnet werden, ergibt sich eine kostendämpfende Wirkung, zum Teil sogar eine regelrechte Abwärtsspirale für die Refinanzierung einzelner

DRGs. Die folgende Darstellung (s. Abb. 9) zeigt schematisch, wie im GDRG-System die Versorgungsrealität in den Kalkulationskrankenhäusern als medizinisches Leistungsgeschehen durch Fallgruppen abgebildet wird, die wiederum durch Relativgewichte ökonomisch bewertet sind. Zu beachten ist, dass die gepoolten Daten der Häuser verwendet werden. Die veröffentlichten Daten der Kostenträgerrechnung und die Bewertung der Fallgruppen kann Einfluss auf die Kalkulationskrankenhäuser haben (Rückkopplung).

Eine klare Zielsetzung bei der Einführung des GDRG-Systems war die im Vergleich zu den Regelungen der Bundespflegesatzverordnung stärkere Leistungsorientierung der Vergütung, das Geld soll also der Leistung folgen. Lässt man die oben bereits angesprochenen Fragen der Leistungsbudgetierung außer Acht, so ist zunächst zu beantworten, wie als Voraussetzung für eine Leistungsorientierung diese vollständig erfasst und bewertet werden können. Während die Erfassung eher eine Frage des Aufwandes und der technischen Umsetzung ist, sind bei der Bewertung zwei durchaus unterschiedliche Perspektiven zu berücksichtigen: Aus Sicht des Leistungserbringers ist die tatsächlich erbrachte Leistung eines

individuellen Krankenhauses, wie sie sich aus der Summe der Kosten für alle diagnostischen und therapeutischen sowie administrativen Maßnahmen ergibt, bei dem Erlös aus einer Fallpauschale vollständig zu berücksichtigen. Zwar kann man dabei auch über die Angemessenheit der Kosten für einzelne Leistungsbestandteile unterschiedlicher Auffassung sein, vor allem wird aber die Notwendigkeit der einzelnen Maßnahmen zur Erreichung eines Behandlungsziels durchaus strittig sein. Dies führt zur Sicht des Leistungsempfängers, dem Patienten bzw. Kostenträger, der genau diese Frage nach Effektivität also Wirksamkeit neben der nach Effizienz also dem Ressourceneinsatz stellt. Zur Bewertung der Effektivität ist letztendlich ein ergebnisorientiertes Qualitätsmanagementsystem notwendig.

Das Vorgehen bei der Kalkulation der Fallpauschalen im GDRG-System führt zunächst nur zu einer Abbildung der Versorgungsrealität: Ihr liegt keine qualitative Bewertung des Leistungsgeschehens vor. Auch diese Tatsache lässt sich anhand der vom InEK publizierten Daten gut nachverfolgen. Zu jeder DRG sind ja neben den Diagnosen auch die damit verbundenen Prozeduren mit ihrem Operationsschlüssel tabellarisch

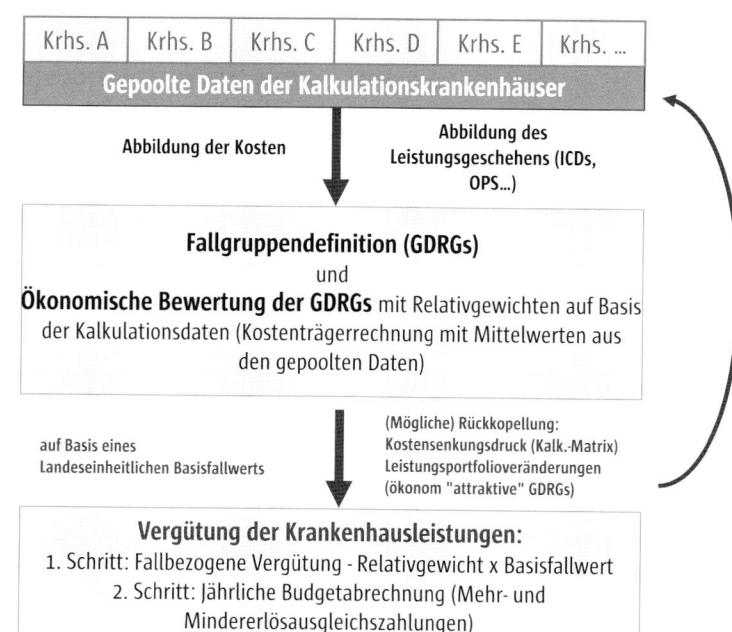

Abb. 9   Kalkulationsdaten – Fallgruppenbildung – Vergütung und Rückkopplungseffekte

geordnet nach der Häufigkeit ihrer Erbringung aufgelistet. Sieht man einmal davon ab, dass viele Prozeduren, die durchaus für die Qualität und die Kosten der Behandlung von Bedeutung sind, hier gar nicht abgebildet werden, so kann man schon bei den erfassten Prozeduren feststellen, dass es durchaus eine Heterogenität der Behandlungspfade bei den einzelnen GDRGs zu geben scheint: Nicht immer sind im Prozedurenmuster einzelner GDRGs die Leitlinien der Fachgesellschaften wiederzuerkennen. GDRGs sind nämlich nur hinsichtlich der Leistungen bzw. Prozeduren homogen, die bei der Gruppierung definitionsbildend sind. Daraus ergibt sich umgekehrt auch das Risiko, dass eine Orientierung des Behandlungsvorgehens an gruppierungsrelevanten Leistungen (und Diagnosen) statt an den Leitlinien der Fachgesellschaften induziert wird. Dies ist im Übrigen ein Nachteil der Transparenz des Systems: Würden die Gruppierungsalgorithmen nicht veröffentlicht, wäre dieses Risiko zumindest reduziert. In diesem Zusammenhang darf man auch den Terminus „Selbstlernendes System" nicht Missverstehen. Das System bildet Veränderungen der Versorgungsrealität ab, es ist nicht dafür ausgelegt, selber eine stetige Verbesserung der Versorgungsqualität im Wettbewerb der Krankenhäuser zu fördern. Dafür ist ein geeignetes Qualitätsmanagementsystem notwendig.

Mittelbar hat eine Qualitätsorientierung mit Vorgaben einer Reihe von Kriterien für die Struktur- und Prozessqualität, die zu einzelnen Prozeduren im Operationsschlüssel festgelegt sind, direkt Eingang in das GDRG-System gefunden. Außerdem führt die zunehmende Ausdifferenzierung des Operationsschlüssels potentiell zu einer detaillierteren und genaueren Abbildung des Leistungsgeschehens. Neue Kodes, wie etwa die Erbringung von speziellen therapeutischen Komplexleistungen, können dann definitionsbildend werden und insoweit zu einer größeren Leistungsorientierung führen. Die Ergebnisqualität ist hingegen im GDRG-System kaum verankert. Regelungen zur Vergütung von Überliegern, häufig Patienten mit Komplikationen, sowie zur Fallzusammenführung bei Wiederaufnahmen bedingen immerhin, dass ein möglichst komplikationsloser Behandlungsablauf (auch) aus ökonomischer Sicht das beste Ergebnis liefert. Spezifische Behandlungen hingegen, die im System relativ selten erbracht werden, grundsätzlich sehr aufwändig sind und komplex verlaufen kön-

nen, sind generell durch Fallpauschalen schlecht abzubilden. Daran ändert auch die Erweiterung des Kataloges von zusatzentgeltfähigen Leistungen und die Einführungen einer gesonderten Vergütung für Neue Untersuchungs- und Behandlungsmethoden nichts, auch wenn sie zu einer besseren Abbildung besonderer Kostentreiber geführt haben.

Das GDRG-System hat drei wichtige Veränderungen für Krankenhäuser mit sich gebracht:
- Die mit der Einführung des Systems verordnete Erfassung relevanter Daten hat zu einer höheren Transparenz des Leistungsgeschehens geführt.
- Es ist eine neue Methodik für das Abrechnungssystem implementiert worden. Diese ist leistungsorientierter als das vorhergehende System, auch wenn dieser Begriff aus Sicht des Leistungserbringers und -empfängers bzw. Kostenträgers eine durchaus unterschiedliche Bedeutung hat.
- Die Budgets der individuellen Krankenhäuser wurden neu kalkuliert und im Rahmen einer Konvergenzphase adjustiert.

Das GDRG-System induziert durch die Art der Kostenkalkulation eine Steigerung der Effizienz.
Für die Sicherung und Verbesserung der Effektivität ist ein Qualitätsmanagement notwendig. Ansonsten droht aufgrund der starken Ausrichtung an den Kosten eine „Abwärtsspirale" hinsichtlich der Behandlungsqualität.

Legitimation QM

2.2 Operatives Krankenhausmanagement: Leistungs- und Erfolgsorientierung

Im Rahmen der GDRG-Einführung war es zunächst notwendig
- die informationstechnologischen Voraussetzungen in den Krankenhäusern zu schaffen,
- die neuen Datenübertragungsformate nach § 301 SGB V zur laufenden und § 21 KHEngG zur bereinigten Abrechnung zu etablieren bzw. deren stetige Anpassung nachzuvollziehen, wie z. B. die Detailregelungen zur Behandlung von Jahresüberliegern zu berücksichtigen, und
- die Dokumentation der Diagnosen und Leistungen technisch durch die Anpassung der Krankenhausinformationssysteme und in-

haltlich durch geeignete organisatorische und Schulungsmaßnahmen sicherzustellen.

Die Einführung erfolgte in sehr kurzer Zeit und kann aus heutiger Sicht als insgesamt erfolgreich abgeschlossen angesehen werden, auch wenn durch kurzfristige gesetzgeberische Korrektureingriffe die anfänglichen Probleme und Systemfehler behoben werden mussten. Es ist kaum anzunehmen, dass dies durch längere Übergangsfristen zu vermeiden gewesen wäre.

Das Krankenhausmanagement wird jetzt den Blick vermehrt auf die interne Steuerung richten: Wenn das GDRG-System eine stärkere Leistungsorientierung bei der Gestaltung des Wettbewerbes unter Krankenhäusern fördern soll – „Geld folgt der Leistung", ist dies auch in der internen Führung nachzuvollziehen. Leistungs- bzw. Ertragsorientierung muss dabei durch Gegenüberstellung von Leistungen und verursachten Kosten zu einer Erfolgsorientierung entwickelt werden. Die Systematik der Kostenstellen Kostenarten ist seit Jahrzehnten durch die Krankenhausbuchführungsverordnung detailliert vorgegeben und bei der GDRG-Einführung im Rahmen der Entwicklung des Kalkulationsmodells geschärft worden. Eine Erfolgsrechnung bildet insoweit nicht nur die Abrechnung und die Ertragsmechanik einzelner Leistungsfelder sondern auch die Organisation mit ihrem Führungsmodell ab.

Interne Steuerung setzt weiterhin voraus, dass man die medizinischen Leistungen einerseits den organisatorischen Einheiten und andererseits den durch sie erzielten Erlösen zuordnen kann. Hier trifft man auf zwei Probleme: GDRGs sind kaum noch zur medizinisch orientierten Leistungsdefinition geeignet und im GDRG-System wird kein Bezug auf organisatorische Einheiten genommen. Vielmehr kennt dies nur den Krankenhausfall, der – und damit auch die entsprechende Pauschale – als Konvention der entlassenden Fachabteilung und damit eigentlich nur noch dem Krankenhaus zugeordnet wird. Als Konsequenz muss der Erlös für arbeitsteilig von mehreren Organisationseinheiten erbrachte Leistungen intern verteilt werden. Die (Leistungs-)Dokumentation im GDRG-System bildet die Prozesse der medizinischen „Produktion" oder Dienstleistungen ab und ist gleichzeitig Grundlage der Abrechnung. Die Erfolgseinheit wiederum verbindet die organisatorische Sicht mit der Prozessebene. Die Komponenten dieses Modells eines Erfolgsorientierten Krankenhausmanagements sollen im Folgenden dargestellt werden (s. Abb. 10).

2.2.1 Steuerbare Leistungsportfolios: Medizinische Leistungsgruppen

Ursprünglich sollten DRG-Systeme die medizinische und die ökonomische Welt miteinander verbinden. Im GDRG-System ist man von diesem Ziel zunehmend abgerückt. Die einzelne GDRG ist in der Betrachtung als medizinische Leistungsgruppe zunehmend heterogener geworden. Im Rahmen der Optimierung der ökonomischen Homogenität (Reduktion der Kostenstreuung innerhalb einer DRG) bei gleichzeitiger Begrenzung der Zahl an GDRGs, um die Komplexität des Systems nicht ausufern zu lassen, musste dies in Kauf genommen werden. So können sich hinter einer GDRG recht unterschiedliche Behandlungspfade für ein Spektrum von Erkrankungen mit alternativen Prozeduren verbergen. Dies bedeutet, dass sich z. B. auch bei klarer interner Abgrenzung der Aufgabenverteilung zwischen Abteilungen, GDRGs nicht mehr eindeutig einer Abteilung zuordnen lassen.

Die medizinische Leistungsgruppendefinition muss aber die Grundlage für eine interne Steuerung der Arbeitsteilung, einer medizinisch orientierten Leistungsentwicklung und entsprechenden Ausrichtung im externen Wettbewerb sein. Für größere Krankenhäuser stellt sich auch in diesem Zusammenhang die Frage, ob ein interner Wettbewerb um die Erbringung von Leistungen ermöglicht oder sogar gefördert werden soll oder nicht. In jedem Falle setzt eine aktive Steuerung in dieser Frage ein geeignetes Instrument voraus, welches das GDRG-System mit seinem GDRG-Katalog nicht bereitstellt. Gleiches gilt auch für Portfolioanalysen, die eine hinreichend ausdifferenzierte und unter medizinischen Aspekten konsistente Darstellung des Leistungsgeschehens erlauben sollten. Diese wiederum sind Bestandteil jeder strategischer Planung. Auch versorgungsepidemiologische Daten müssen sich versorgungssektorübergreifend auf medizinische Leistungsgruppen abbilden lassen. Hier erweisen sich nicht zuletzt die jährlichen Änderungen der GDRG Kataloge als großes Hindernis bei der Nutzung der Fallpauschalen für diesen Zweck.

Zuletzt sind medizinische Leistungsgruppen auch als Grundlage eines internen (und externen) Qualitätsmanagements erforderlich. Medizinische

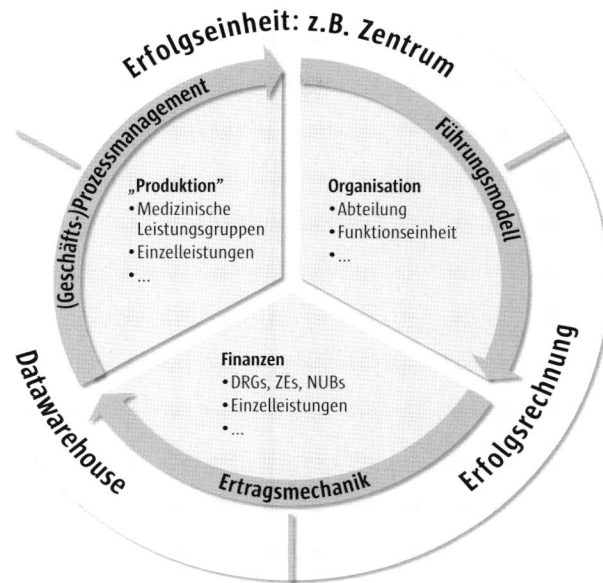

Abb. 10   Erfolgsorientiertes Krankenhausmanagement

Leistungsgruppen stehen jeweils für Muster ähnlicher Behandlungspfade, die sich wiederum aus einem Baukasten gut zu definierender einzelner Prozessschritte zusammensetzen lassen. Sowohl unter medizinischen, prozess- und ergebnisqualitätsorientierten als auch ökonomischen, ertrags- und erfolgsorientierten Aspekten muss eine Neugestaltung und Innovation von Behandlungspfaden und Wertschöpfungsketten auf einer solchen Systematik aufbauen. Gleiches gilt für die prozessorientierte medizinische und ökonomische Leistungssteuerung, wenn sie mit vertretbarem Aufwand und Nachhaltigkeit gestaltet werden soll. Für Zwecke des externen vor allem ökonomischen Benchmarks wird man weiterhin auf die GDRG-Systematik angewiesen sein. Deshalb muss die Abbildung medizinischer Leistungsgruppen auf GDRGs möglich sein. Die Externe Qualitätssicherung der BQS basiert im Übrigen genau aus diesen Gründen auf medizinischen Leistungsgruppen auf Basis bestimmter Prozeduren und nicht einzelnen GDRGs.

Grundsätzlich stehen zur Definition von medizinischen Leistungsgruppen die gleichen Gruppierungsmerkmale zur Verfügung, wie sie auch bei der DRG-Bildung verwendet werden: Diagnosen, Prozeduren, Alter, Geschlecht usw. Es gibt für diesen Zweck vorkonfigurierte Systematiken und

käufliche Programme zu deren Einbindung in die Informationssysteme, die aber in jedem Fall individuell an die Situation eines Krankenhauses angepasst werden müssen. Ein Beispiel für eine solche medizinische Leistungsgruppe könnte z. B. der alloplastische Hüftgelenksersatz sein, die durch die durchgeführten Operationen im Wesentlichen definiert ist (ggf. zusätzlich differenziert nach primärem Eingriff und Revision). Für ein Krankenhaus, welches eine orthopädische und eine unfallchirurgische Abteilung vorhält, wäre eine weitere Differenzierung nach Diagnosen sinnvoll (Hüftgelenksersatz bei traumatischem oder degenerativem Gelenkschaden). Fälle in ein und derselben medizinischen Leistungsgruppe können dabei in ganz verschiedenen DRGs abgebildet sein, wenn z. B. ein Intensivstationsaufenthalt zu einer Gruppierung in eine „Beatmungs-DRG" führt.

2.2.2 Erfolgsorientierung: Erfolgseinheiten und Erlössplitting

Das DRG-System orientiert sich bei der Definition seiner Fallpauschalen am Krankenhausfall beginnend mit der Aufnahme und endend mit der Entlassung. Ein Fachabteilungsbezug, wie er über die Abteilungspflegesätze in der BPflV hergestellt wurde, ergibt sich nicht. Für die interne Steuerung der Fachabteilungen im Sinne einer ertrags- und erfolgsorientierten Allokation der Ressourcen ist also einerseits eine eigene Systematik der Definition von Erfolgseinheiten, andererseits ein darauf aufbauendes Erlössplittings zur Aufteilung der Erträge notwendig. Das Erlössplitting dient der Aufteilung der Fallpauschale auf alle an der Leistungserbringung beteiligten Organisationseinheiten, wenn diese und damit auch der generierte Erlös nicht genau einer erbringenden Erfolgseinheit zuzuordnen ist. Das Erlössplitting wird grundsätzlich umso komplexer, je mehr selbständige Leistungseinheiten an der Erbringung einer spezifischen Fallpauschale beteiligt sind. Dabei kann es keinen Goldstandard zur Validierung des spezifischen Algorithmus hinsichtlich seiner Leistungsgerechtigkeit geben, da dieser systemimmanent krankenhausindividuell ausgestaltet sein wird. Will man die Zahl der Erfolgseinheiten reduzieren, kann man Fachabteilungen zu Zentren zusammenfassen. Bei einer erkrankungsorientierten Definition der Zentren, also z. B. dem Zusammenschluss von Herzchirurgie und Kardiologie in einem Herzzentrum, wird ein wichtiges, wenn auch nicht durchgängig berücksichtigtes Ordnungskriterium des GDRG-Systems – nämlich das der Major Diagnostic Categories oder Hauptkategorien – aufgenommen: Entsprechend wird typischer Weise ein Behandlungspfad vollständig in einem Zentrum abgebildet und die entsprechende GDRG lässt sich diesem eindeutig zuordnen. Die Notwendigkeit der Aufteilung von Erträgen unter verschiedenen Zentren wird auf wenige Fälle beschränkt bleiben. Das Raster für die Zuordnung von Erfolgen wird damit aber auch gröber. Man kann die Zahl der Erfolgseinheiten erweitern, in dem man Schwerpunktbereiche eigenständig abbildet. Die Erlösverteilung wird dann deutlich komplexer werden, weil die Arbeitsteilung zwischen den Erfolgseinheiten zunimmt. Das Raster für die Zuordnung von Erfolgen wird theoretisch feiner. In der Praxis wird man dabei aber an Grenzen stoßen, die durch die Notwendigkeit einer immer genaueren Leistungserfassung sowie deren internen Bewertung bedingt sind. Dabei sollte man auch bedenken, dass trotz der Ausdifferenzierung das DRG-System einen geringen prädiktiven Wert für die Vorhersage der Kosten einzelner Fälle hat. Die Bewertung der DRG reflektiert ja vielmehr den Durchschnittswert aus einem Spektrum von Fällen mit zum Teil beträchtlicher Streu-

ung der Einzelbewertungen. Konkret bedeutet dies: Es gibt pauschal den gleichen Erlös für eine Gruppe von Fällen, die sich in ihren Kosten zufällig aber auch systematisch unterscheiden. Für ein Krankenhaus mit seinen großen Fallzahlen werden sich Effekte der Über- und Unterfinanzierung von Einzelfällen ausgleichen. Dies gilt nicht für eine kleine Abteilung. Hier tritt nun das Problem auf, dass diese zufallsbedingt z. B. eine Serie gut bewerteter, eine andere Abteilung eine Serie schlecht bewerteter Fallbehandlungen durchführt. Bei Gegenüberstellung von Kosten und Leistungen zur Ermittlung des Erfolges kann dies zu einem falschen Bild und Fehlsteuerungen führen. Je größer die Erfolgseinheiten, umso robuster sind interne Erlösverteilungsmodelle.

Dies gilt allerdings nicht für Leistungsbereiche, die systembedingt unterfinanziert sind. Dies ist dann der Fall, wenn keine adäquate Abbildung über die Kalkulationshäuser gewährleistet ist, weil diese nicht repräsentativ sind, insgesamt zu geringe Fallzahlen eines bestimmten Leistungsbereiches berücksichtigt werden oder diese Stichprobe den notwendigen Behandlungsstandard, wie er sich z. B. aus Leitlinien der Fachgesellschaften ergibt, nicht reflektieren. Parameter zur differenzierten Beurteilung der prädiktiven Qualität des mathematischen Kalkulationsmodells des InEK werden nicht publiziert. Insoweit ist die Feststellung, einzelne Leistungsbereiche für das Gesamtsystem und ein spezifisches Leistungsprofil eines einzelnen Krankenhauses seien nicht ausreichend abgebildet, vorwiegend subjektiv qualitativer Natur und kaum zu quantifizieren. Auch in dieser Frage sind die Ergebnisse der anstehenden Evaluation des GDRG-Systems gemäß § 17 b Abs. 8 des KHG abzuwarten, die an das IGES Institut GmbH vergeben wurde.

Im Unterschied zu der Erlösverteilung abgerechneter GDRGs wird die Zuordnung der übrigen Krankenhauserträge zu Erfolgseinheiten unproblematisch sein. Bei den Zusatzentgelten, die in den administrativen Systemen ebenfalls der entlassenden Abteilung zugeordnet werden, ist dafür Sorge zu tragen, dass die Erlöse im Rahmen der internen Erfolgsrechnung der Einheit zugeordnet werden, der auch die ausgelösten Kosten zugerechnet werden. Dies kann bei kumuliert abzurechnenden Zusatzentgelten, z. B. bei Blutprodukten, mit größerem Aufwand verbunden sein. Unter Umständen ist es deshalb sinnvoll, sowohl Erträge als auch Kosten für diese Zusatzentgelte aus den Erfolgsrechnungen auszugliedern. Für die Erträge aus Neuen Untersuchungs- und Behandlungsmethoden, aus ambulanten Leistungen z. B. Ermächtigungen oder Leistungen für andere Krankenhäuser können in aller Regel die Leistungserbringer einfach identifiziert, Kostenstellen abgegrenzt und Erträge und Kosten entsprechend zugeordnet werden.

Drei Komponenten bilden die Grundlage eines erfolgsorientierten Krankenhausmanagements:
- Definition von medizinischen Leistungsgruppen und Portfolios; mit ihnen können die Angebote einen Krankenhauses im externen Wettbewerb und in der internen Steuerung abgebildet werden.
- Definition von Erfolgseinheiten.
- Aufbau einer Erfolgsrechnung; durch sie werden in Bezug auf die Erfolgseinheiten Leistungen und Kosten gegenübergestellt, so dass intern ergebnisorientiert gesteuert werden kann.

Durch ein Erlössplitting werden aus einer ökonomischen Leistungsperspektive die Erträge aus den DRGs auf die Erfolgseinheiten verteilt, soweit diese arbeitsteilig erbracht wurden.

2.3 Strategisches Krankenhausmanagement: Geschäftsmodellentwicklung

Das Verständnis von den Aufgaben und Funktionen eines zeitgemäßen Krankenhausmanagements hat sich in den vergangenen Jahren verändert. In gleichem Maße, wie die staatliche Bestandsgarantie für Krankenhäuser in einem zunehmend wettbewerbsorientierten Gesundheitssystem relativiert wurde, rückte die Existenzsicherung als zentrales übergeordnetes Ziel jeder Unternehmung und deren beiden tragenden Säulen in den Fokus: Nachhaltige Wertorientierung, also Werterhalt oder -mehrung und Liquiditätssicherung. Strukturkonservative, gegenwartsbezogene und nicht selten innovationshemmende Verwaltung von Krankenhäusern weicht einer prozess-, leistungs-, erfolgs- und damit zukunftsorientierten Führung. Damit gewinnen auch moderne Steuerungs-, Informations- und Planungssysteme an Bedeutung. Dies gilt sowohl für ihre inhaltliche Ausrichtung, die über die Effektivität solcher Systeme entscheidet, als auch für die technische Umsetzung, die die Effizienz bestimmt.

Die Organisation passt sich diesen Anforderungen an. Die die Unternehmensführung unmittelbar unterstützenden Einheiten, wie etwa das Controlling oder die Unternehmensentwicklung, bilden vernetzte und dabei flache und reagible Strukturen. Leistungs- und Kostensicht wird in diesen Einheiten als die zwei Seiten einer Medaille zusammengeführt. Die klinischen Abteilungen als Urtypen der primären Leistungseinheiten müssen einerseits zu robusten, steuerungsfähigen, medizinischen Zentren aggregiert, andererseits zu spezialisierten und diversifizierten Schwerpunkten oder Sektionen differenziert und strukturiert werden.

Gleichzeitig weicht eine auf vergangenheitsbezogenen, retrospektiven Daten beruhende Steuerung einem Denken in rollierenden Horizonten unter Nutzung z. B. neuer Methoden der Trendanalyse mit enger Verknüpfung von operativem und strategischem Management. Das Führungsmodell des Krankenhausmanagements wird der komplexen Struktur und verteilten Kompetenzen nur durch das Prinzip der Partizipation gerecht. Anreizsysteme müssen einen Ausgleich zwischen individueller Verantwortung für organisatorische Substrukturen und einer starken Orientierung an übergeordneten strategischen Zielen schaffen. Das im vorhergehenden Abschnitt dargestellte Modell eines erfolgsorientierten Krankenhausmanagements mit seinen Erfolgseinheiten soll die operative Steuerbarkeit des Unternehmens Krankenhaus herstellen; im Wettbewerb muss sich das Krankenhaus als strategische und dabei umsetzungsorientierte Einheit verstehen. Um beides miteinander zu verbinden wird man nicht alleine auf Werkzeuge der betriebswirtschaftlichen Steuerung zurückgreifen können, sondern eine Unternehmenskultur schaffen müssen, die gleichermaßen auf einer Ethik, auf Regeln der Corporate Governance, und einer Emotionalität im Sinne einer Corporate Identity aufbaut.

Dem Management und einer darauf abgestimmten unterstützenden Organisation bieten sich prinzipiell vier generische Optionen zur strategischen Entwicklung des Unternehmens Krankenhaus an. Die drei klassischen Wege, Kostensenkung, Wachstum und technische Innovation, können auf der Basis des etablierten Geschäftsmodells gegangen werden. Eine vierte Option stellt die Innovation des Geschäftsmodells dar. Der Begriff des Geschäftsmodells ist dabei im Umfeld des Krankenhausmanagements bisher wenig etabliert, weil die gestalterischen Spielräume in der Vergangenheit kaum gegeben waren: Es gab nur *ein* Geschäftsmodell. Unter Geschäftsmodell kann man dabei stark vereinfacht ein nachhaltiges und wirtschaftlich tragfähiges Konzept zur Ausgestaltung der Beziehung zwischen Leistungserbringer und Kunden in einem durch vielfältige, z. T. unterschiedliche Interessen geprägtem sozialem Umfeld verstehen. In der Realität handelt es sich um ein komplexes Konstrukt: Im Kern stehen

- die Geschäftsidee,
- die offerierten Dienstleistungen oder Produkte (Portfolien),
- die Positionierung in relevanten Wertschöpfungsketten und Märkten,
- die Beziehung zu den unterschiedlichen Kunden (die Patienten, die Kostenträger, die Zuweiser, andere Krankenhäuser und Gesundheitsdienstleister, Lieferanten u. a.),
- eine Ertragsmechanik sowie eine daraus abgeleitete Geschäftsplanung und
- die Einbettung in ein soziokulturelles Umfeld.

Wie die unvollständige Aufzählung ahnen lässt, ist die Entwicklung und Weiterentwicklung eines Geschäftsmodells ein anspruchsvoller und facettenreicher Prozess, der alle Unternehmensbereiche einschließt.

2.3.1 Die klassischen Wege des strategischen Managements

Im Folgenden werden die drei klassischen Wege des strategischen Managements behandelt. Dann folgt die Darstellung eines systematischen Ansatzes zur Innovation und Weiterentwicklung des Geschäftsmodells.

Kostensenkung

Die zentrale Strategie der vergangenen Jahre zur Existenzsicherung von Krankenhäusern war die Kostensenkung. In Zeiten, wo die Ertragsseite nur begrenzt zu steuern war, mussten die unvermeidbaren Ausgabensteigerungen etwa aufgrund der Tarif- oder Energiekostenentwicklung auch auf der Kostenseite kompensiert werden. Dabei konzentrierten sich die Bemühungen häufig zunächst auf die Sachkosten, obwohl der Hebel bei ca. 30–40 % Anteil an den Gesamtkos-

ten, von denen z. B. die Energiekosten nur bedingt zu beeinflussen sind, vergleichsweise kurz ist. Die Sachkosten können über eine Senkung der Bezugspreise und durch eine Reduktion des Verbrauchs erreicht werden. Die Bezugspreise hängen wesentlich von der abgenommenen Menge ab: Hier enden die internen Möglichkeiten für ein einzelnes Unternehmen bei der Reduktion des Produktportfolios mit Konzentration auf möglichst wenige Zulieferer. Eine nächste Dimension der Bezugspreisreduktion wird durch die Beteiligung an Einkaufsgemeinschaften eröffnet.

Mittlerweile wird auch die sehr viel sensiblere Personalkostenseite zur Kostensteuerung herangezogen. Für die Personalkosten kann die Steuerung über die Anzahl oder über die Durchschnittskosten der beschäftigten Mitarbeiter vorgenommen werden. Es sind dabei nicht nur die arbeitsrechtlichen Rahmenbedingungen zu beachten sondern auch organisatorische: Nach einer ersten Reduktion durch Arbeitsverdichtung ist eine weitere Optimierung der Kernprozesse und eine Adaptierung der Unterstützungsprozesse durch deren Reorganisation Voraussetzung für weiteren Personalabbau, soll nicht die Sicherheit der Abläufe gefährdet werden.

Es gibt viele Ansätze für eine aktive Steuerung von Behandlungsprozessen entlang definierter Pfade. Viele dabei eingesetzte Instrumente müssen ihre Tauglichkeit noch unter Beweis stellen. Nicht selten führt eine anfängliche Dynamik bei ihrer Einführung zu einer Überbewertung des Nutzens und einer Unterbewertung der Implementierungs- und Pflegekosten. In jedem Fall müssen auch die Führungs- und Managementprozesse angepasst werden: Dazu bedarf es eines gemeinsamen Verständnisses von Verantwortung und Zuständigkeit innerhalb und zwischen den beteiligten Berufsgruppen, dem ein zum Teil immer noch weit verbreitetes konservatives Rollenverständnis etwa von Pflege und ärztlichem Dienst entgegen steht. Es wird nicht mehr ausreichen, Details zu ändern. Vielmehr wird der gesamte Geschäftsprozess, die medizinische Leistungsseite und deren administrative und logistische Unterstützung, zu betrachten sein. Grundprinzipien der Effizienzsteigerung sind die Modularisierung in einzelne Teilprozesse und deren Standardisierung. Dies ist auch die Voraussetzung für eine technische Unterstützung von Prozessabläufen.

Die Absenkung der durchschnittlichen Personalkosten kann unternehmensintern nur durch eine Neuzuordnung von Aufgaben erfolgen. Eine zweite Alternative ist die Ausgründung von Tochtergesellschaften, um Mitarbeiter in ein günstigeres tarifliches Umfeld zu verlagern. Damit bleiben diese Bereiche im eigenen, wenn auch indirekten, Zugriff. Zuletzt kommt die vollständige Auslagerung von Unternehmensbereichen in Betracht, also den Einkauf von entsprechenden Dienstleistungen am Markt.

Wachstum

Der zweite klassische strategische Weg, um die eigene Position im Wettbewerb zu behaupten, ist der des profitablen Wachstums innerhalb des bestehenden Geschäftsmodells. Solange für den Bereich der stationären Gesundheitsdienstleistungen, die aus der gesetzlichen Krankenversicherung finanziert werden, der Gestaltungsspielraum durch die Krankenhausbettenplanung und lokale, nur sehr langsam zu entwickelnde Budgets eingeschränkt wird, lässt sich eine substantielle Expansion der Leistungen nur über Zukäufe von Budgets erreichen. Dann ist sicherzustellen, dass das Wachstum durch positive Skaleneffekte besonders in den Kernleistungsbereichen der primären Krankenversorgung tatsächlich die Profitabilität steigert. Für die Unterstützungsprozesse wird dies leichter zu erreichen sein als für die medizinischen Dienstleistungen. Für diese wird das Wachstum mit einer Innovation des Geschäftsmodells zu verbinden sein, um positive Effekte für das wirtschaftliche Ergebnis zu erreichen. Im Mittelpunkt stehen dabei neue Ansätze für standortübergreifende Versorgungskonzepte mit verteilter Schwerpunktbildung und Aufgabenverteilung. Weitere Überlegungen hierzu werden weiter unten dargestellt.

Technische Innovation

Der dritte Weg des klassischen strategischen Managements ist der der technischen Innovation. Mehr als in anderen Branchen handelt es sich dabei im Gesundheitsmarkt aus einer ökonomischen Sicht um ein zweischneidiges Schwert. Neue Methoden in der Medizin führen häufig (zunächst) zu inkrementellen Kosten. Auf Grund von Regulierung und Budgetierung können technische Innovationen aber nicht direkt und sofort über den Preis der angebotenen Leistung refinanziert

werden. Selbst eine Fallzahlsteigerung z. B. aufgrund einer gesteigerten Attraktivität führt aufgrund von Mehrerlösausgleichsregelungen nicht unmittelbar zu höheren Erträgen. Ohnehin sind wesentliche Teile dieser Kosten aufgrund der dualen Finanzierung eigentlich nicht in den Erlösen aus der laufenden Patientenversorgung abgebildet; die Lage der öffentlichen Haushalte bedingt aber einen spärlichen Fluss der investiven Mittel, so dass auf dieser Basis keine nachhaltige Investitions- und Innovationsstrategie fußen kann. Zudem gibt es im Sinne des Patientenschutzes Zulassungs- und Anwendungsbeschränkungen von technischen Innovationen, was das wirtschaftliche Risiko für Innovationsführer erhöht, ohne dass es hierfür geeignete finanzielle Ausgleiche gibt. Die richtige „Time to Market" Strategie zu finden, ist bei immer kürzeren Innovationszyklen eine große Herausforderung. Wettbewerbsvorteile materialisieren sich dabei aus den genannten Gründen nicht immer.

Die drei klassischen Optionen des strategischen Managements können gleichzeitig genutzt werden. Dies setzt aber eine nicht selten diffizile Synchronisation der Aktivitäten voraus: Besonders die technische Innovation ist, wie dargestellt, nicht immer gleichzeitig mit Kostensenkung oder Wachstum zu realisieren.

2.3.2 Die Innovation des Geschäftsmodells

Der vierte Weg des strategischen Managements führt zur Innovation des Geschäftsmodells. Dieser Ansatz ist ein umfassenderer und grundlegenderer als der, welcher den zuvor dargestellten Optionen zu Grunde liegt: Es wird die inhaltliche und ökonomische Basis des eigenen Geschäftsmodells analysiert und dabei kritisch überprüft bzw. zunächst in Frage gestellt. Dann werden Wege gesucht, die zu einer Neukonfiguration des Angebotes und einer damit verbundenen Änderung der Wertschöpfung führen. Der horizontalen Wertschöpfungskette für die Kernleistung entspricht in diesem Zusammenhang der Behandlungspfad des Patienten, der durch die Zeitachse im Sinne der Aneinanderreihung von einzelnen Behandlungsphasen (z. B. Durchführung der Diagnostik, dann einer Operation und danach der postoperativen Pflege und Rehabilitation) strukturiert wird. Diese können zu Behandlungsabschnitten (z. B. die Krankenhausbehandlung) und Behandlungsepisoden (z. B. die Behandlung einer spezifischen

Erkrankung vom Auftreten bis zur Ausheilung) zusammengefasst werden. Der so fragmentierte Leistungserstellungsprozess kann dann neu konfiguriert werden. Die Wertschöpfungstiefe wird durch die Konfiguration unterstützender Prozesse bestimmt, die integriert oder ausgelagert werden können. Bezogen auf die Kerndienstleistung wird die Angebotsqualität im Sinne der Konzentration auf eine einfache Primärleistung (No Frills) oder Erweiterung durch Zusatzleistungen (Added value) festgelegt.

Nach Phasen der kreativen Entwicklung neuer Konzepte mit strategischer Ausrichtung sind diese in einem iterativen Prozess hinsichtlich ihrer operativen Umsetzbarkeit zu prüfen. Dabei geht es vornehmlich um die Frage eines schlüssigen Erlösmodells, die Marktfähigkeit und Akzeptanz des Leistungsangebotes bei den Kunden sowie dessen Profitabilität. Im sektoral gegliederten Gesundheitswesen sind die Gestaltungsspielräume begrenzt, auch wenn diese langsam erweitert werden. Die Optionen für den ersten Schritt der kreativen Gestaltung soll im Folgenden im Sinne idealtypischer Alternativen etwas anschaulicher dargestellt werden.

Positionierung auf der horizontalen Wertschöpfungskette: Fokussierung oder Integration

Unter der strategischen Fokussierung wird die Reduktion der Wertschöpfungsbreite (Spektrum an Versorgungsangeboten) mit starker Konzentration auf spezielle Kernkompetenzen verstanden. Es handelt sich um eine Form der Spezialisierung, wobei diese in einer Beschränkung auf ein Methoden- oder Erkrankungsspektrum ebenso wie auf bestimmte Behandlungsphasen bestehen kann. Ihr geht eine Analyse der eigenen Stärken und Schwächen aus der Perspektive der Eigenwahrnehmung als auch Fremdwahrnehmung unter Berücksichtigung des Marktumfeldes voraus. Durch Fokussierung kann man Skaleneffekte, neben den Economies of scale (Mengeneinfluss auf die Ökonomie) vor allem Economies of scope (Einfluss von Kompetenz und Systemwissen auf die Ökonomie) erreichen, die zu mehr Ertragsstärke führen.

Der Gegenentwurf zur Fokussierung ist die Integration als Prinzip einer Innovation des Geschäftsmodells. Dabei werden vor- oder nachgeschaltete Behandlungsangebote in das eigene Wertschöpfungsspektrum integriert. Ökonomi-

scher Hebel sind erneut Skalierungseffekte bzw. Synergien. Außerdem entfallen Schnittstellen und der mit ihnen verbundene administrative und koordinative Aufwand. Abhängigkeiten von selbständig agierenden Dritten können vermieden werden. Die sektorale Gliederung des Gesundheitssystems ist für diese Strategie nicht förderlich. Erstmalig mit dem Ambulanten Operieren und der Integrierten Versorgung wurde ein gesetzlicher Rahmen für eine „Down-" und „Upstream"-Integration der Versorgungsangebote geschaffen. Bei beiden verhinderte bisher eine fehlende, systemkonsistente Ertragsmechanik die Verbreitung zu einem relevanten Marktsegment im Versorgungsalltag. Trotzdem bietet die Integration eine attraktive Zukunftsperspektive für das Unternehmen Krankenhaus. Nicht nur ökonomische sondern auch medizinische Gründe sprechen für eine Integration: Behandlungspfade verändern sich durch die flexible Reihung von ambulanten und stationären Behandlungsabschnitten sowie die Integration von rehabilitativen Phasen in akutstationäre Aufenthalte. Auch eine Ergebnisorientierung führt zu einer stärkeren Integration mit einer durchgängigen Behandlungsführung statt sektoraler Fragmentierung und entsprechender Bündelung der Verantwortung. Medizinische und ökonomische Vernunft greifen ineinander: Sekundäre und tertiäre Prävention zur Vermeidung von Komplikationen und Rezidiven werden so zum Instrument der Sicherung des Behandlungserfolges und der Vermeidung von Folgekosten, die aufgrund einer Fallpauschalierung auch der entscheidende Hebel in der Ertragsmechanik des Leistungserbringers und nicht nur des Kostenträgers ist. Synergien lassen sich auch im Bereich der administrativen Unterstützungsprozesse generieren, wenn nicht die ordnungspolitischen Rahmenbedingungen mit ausufernden bürokratischen Hindernissen das Gegenteil bewirken, wie es z. B. zum Teil bei der Integrierten Versorgung der Fall ist.

Positionierung auf der vertikalen Achse der Wertschöpfungstiefe: Kompression oder Expansion

Hier werden die Fragen nach der Integration oder Ausgliederung von Unterstützungsprozessen sowie die Ausgestaltung der Kerndienstleistung gestellt. Unter Kompression versteht man die Einschränkung auf das Wesentliche. Bei der Expansion wird die Kernleistung mit zusätzlichen Leistungen augmentiert (Added value). Ein Added value kann als Instrument genutzt werden, um sich bei ansonsten kaum unterscheidbaren Leistungsangeboten oder gar auf Grundlage gesetzlicher Regelungen einheitlicher Leistungen, wie es in Deutschland in der Tat der Fall ist, im Wettbewerb abzuheben.

Krankenhäuser haben lange ein breites Spektrum von Unterstützungsprozessen in ihrem Geschäftsmodell integriert. Selbstverständlich wurden (und werden in der Regel auch heute noch) die patientennahen Bereiche, Pflege, Physiotherapie, medizinisch technische Dienste u. a., in ihrer gesamten Leistungstiefe selber organisiert. Typischer Weise gilt dies auch für die gesamte Administration: Finanzen, Personal, Facility management einschließlich der Reinigungsdienste und Informationstechnologie (Hardware und Netze) sowie den Einkauf. Es war nichts Ungewöhnliches für ein Krankenhaus, seine eigene Backstube zu betreiben! In jüngerer Zeit gibt es gegenläufige Tendenzen zu einer Ausgliederung „patientenferner" Bereiche. Meistens sind diese Maßnahmen allerdings nicht primär im Rahmen einer strategischen Neuordnung des Geschäftsmodells sondern von kurzfristigen Einsparbemühungen ergriffen worden: Vermeidung von Umsatzsteuern ist aber noch keine Strategie! Die Analyse der eigenen Fähigkeit sowie der Angebote des Marktes führen zu fundierten „Make or Buy" Entscheidungen, einer klaren Definition des selbst betriebenen Geschäftes und der Gestaltung eines schlüssigen, innovativen Geschäftsmodells mit individueller Intelligenz statt konformer strategischer Banalität. Auch die perfekte Konfiguration von Unterstützungsprozessen können einen Beitrag zur operativen Exzellenz und damit zu einem Alleinstellungsmerkmal werden bzw. bei Fremdvergabe zu nachteiligen Abhängigkeiten führen, zumal der Krankenhausmarkt in vielen Bereichen ein Nischenmarkt mit wenigen hochspezialisierten Anbietern für Unterstützungsprozesse bleiben wird. Auch dürfen die Transaktionskosten nicht unterschätzt werden: Nicht selten werden Ausgliederungen deshalb unumkehrbar sein.

Hinsichtlich der Ausgestaltung der Kerndienstleistung sind dem Krankenhaus enge Grenzen gesteckt. Die eigentliche Dienstleistung „am kranken Patienten" hat sich an der medizinischen Notwendigkeit auszurichten. Eine Behandlungsmethode, die als wirksam und notwendig angesehen wird, steht prinzipiell jedem Patienten zu. Etwas anderes ist in Deutschland weder rechtlich noch kulturell akzeptiert. So beschränken sich die Überlegungen auf additive Zusatzleistungen im Komfort- und Servicebereich. Eine Bandbreite, wie in der Luftfahrtindustrie, wo ein Geschäftsmodell mit hohem Kompressionsgrad bekannt als „No Frills"-Konzept mit einem ausgeprägten „Added value" Konzept konkurriert, ist aber auch hier kaum vorstellbar. Bei ersterem wird der Kunde tatsächlich nur von A nach B geflogen und selbst die Gepäcklogistik als selbst zu organisierende oder zusätzlich zu finanzierende Leistung gestaltet, beim zweiten tritt die Beförderung in den Hinter- und der Premium Service – vom Luxusmenü bis zum Designerschlafanzug – in den Vordergrund. Eine konsequente Kompressionsstrategie ist in Deutschland im Krankenhaussektor kaum bekannt: Sie könnte so aussehen, dass der (elektive) Patient selber für Verpflegung und Versorgung sorgt, sich selber „administriert" und die Unterbringung frühzeitig auf „Hotelstandard" reduziert wird. Auch die Basismedikation könnte er selber finanzieren. Im Gegenzug wird eine Erstattung gezahlt. Abgesehen von Problemen, die sich aus dem Sachleistungsprinzip der GKV ergeben, hätte ein solches Modell wohl derzeit nur geringe Marktchancen. Eine expansive Strategie hingegen hat eine gewisse Verbreitung gefunden. So werden eine Reihe von zusätzlichen Dienstleistungen oder höhere Qualitätsstufen allgemein angebotener Dienstleistungen entwickelt. Es können spezielle Informationsdienstleistungen (Internetzugang, Zeitungen etc.), Ausstattung mit Wäsche und anderen Toilettenartikeln, Fahrdienste, „keine Wartezeiten"-Garantien (soweit Wartezeiten aus medizinischen Gründen ohnehin nicht vertretbar sind), besondere Qualität der Unterbringung usw. angeboten werden. Die Refinanzierung solcher Leistungen beruht hauptsächlich auf der individuellen Bereitschaft des Patienten, hierfür selber zu zahlen, sei es Out of the Pocket oder über eine private (Zusatz-)Versicherung. Das „Added value" Konzept beinhaltet natürlich auch eine Refinanzierung über die Aufwertung der „konformen" Basisleistung und allgemeine Attraktivitätssteigerung des Hauses durch Mengeneffekte und Wertschöpfungssteigerung. Die folgende Abbildung 11 illustriert den Zusammenhang zwischen Integration und Fokussierung einerseits und Expansion und Kompression andererseits auf die Marktposition im

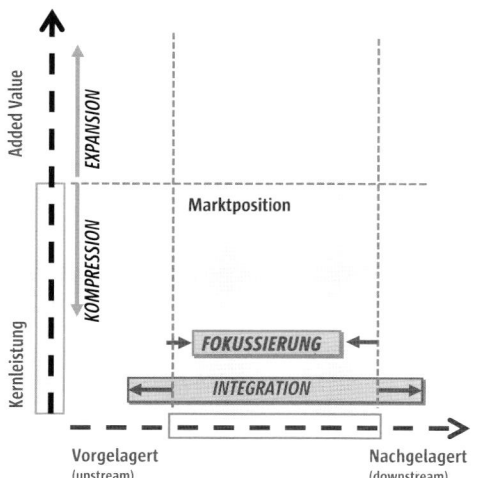

Abb. 11   Innovation des Geschäftsmodells: Optionen zur
           Veränderung der Marktposition

Sinne eines durch die Größe der grauen Fläche
repräsentierten Marktgewichtes.

Koordination und Neukonstruktion

Ein eigener Ansatz im Sinne einer wertschöp-
fungsorientierten Geschäftsmodellentwicklung
ist die Koordination. Dabei wird fall- oder er-
krankungsbezogen die Gestaltung des Behandlungsprozesses, die Organisation der Abläufe sowie die Überprüfung der Ergebnisse einschließlich aller begleitenden administrativen Prozesse
als eigene Leistung konfiguriert. Dies kann in
einer vollständig selbständigen Managementgesellschaft geschehen oder unter dem Dach eines
der am Behandlungsprozess beteiligten Partner
mit dem Ziel, durch ein interessenskonfliktfrei-
es Management eine Effektivitäts- aber auch Effizienzsteigerung zu erreichen. In diesem Sinne stellt die Koordination eine Sonderform der
Fokussierung dar: Die Managementgesellschaft
konzentriert sich auf die Akquise, das Krankenhaus auf die Behandlung.

Es gibt aber auch weitergehende Ansätze. So
kann eine Managementgesellschaft durchaus patientenzentrierter ausgerichtet sein. Sie unterstützt ihn dabei, informationsökonomische
Asymmetrien aufzuheben. Qualitätsmanagement kann dabei zum eigenen tragenden Konzept werden. Dies schließt die „retrospektive"

Qualitätssicherung aber auch eine „prospektive", etwa durch Einholen einer Second opinion
ein. Die Managementgesellschaft „orchestriert"
dann die Einzelleistungen nach Preis und Qualität gemäß den individuellen Präferenzen des Patienten. Sie kann dabei durchaus verschiedene
zusätzliche Funktionen, z. B. die einer Versicherung mit Absicherung von Leistungszusagen im
Sinne einer Gewährleistung, die einer Bank bei
pauschalierten Abrechnungen durch Übernahme
von Forderungen oder die eines Zwischenhänd-
lers für Heil- und Hilfsmittelleistungen, übernehmen.

Durch eine Längsschnittorientierung können z. B.
- Fehlutilisationen durch unterlassene abge-
  stufte Diagnostik- (Pretests) und Behandlungskonzepte,
- Behandlungsbrüche „Downstream" durch Änderung der Medikation oder sonstiger Vorgehensweisen
- das Unterlassen sinnvoller Maßnahmen der
  risikoadaptierten Sekundär- oder Tertiärprä-
  vention
- sowie Fehlsteuerungen durch eine Behand-
  lungsausrichtung an falschen Surrogaten vermieden werden.

Es besteht ganz allgemein die Möglichkeit einer
stärkeren Orientierung am Langzeitergebnis. Die
Ertragsmechanik wird durch die Kosten der Managementleistungen bzw. möglicher Einsparungen aufgrund einer wirksameren und effizienteren Behandlung sowie die Bereitschaft der Beteiligten, seien es die Patienten oder Leistungserbringer, für die Leistungen zusätzlich zu zahlen,
bestimmt.

Ein Sonderfall und zugleich die radikalste
Möglichkeit zur Innovation des Geschäftsmodells ist die komplette Neukonstruktion der Wertschöpfungskette. Voraussetzung für eine echte
Neukonstruktion sind in der Regel Änderungen
des Handlungsrahmens: Dies können technische
Innovationen oder Reformen der ordnungspolitischen Vorgaben sein. Letztendlich ist es eine
Ermessensfrage, wann nach dem kombinierten
Nutzen der vorgenannten Optionen zum strategischen Management von einem qualitativ neuen
Geschäftsmodell gesprochen werden kann. Darüber entscheidet zuletzt der Markt. Als Beispiel für
einen offensiv nach außen getragenen Anspruch
der Neukonstruktion kann der Wandel von der
Kranken- zur Gesundheitskasse eines Kostenträ-

gers dienen: Ebenso als Beispiel für die Notwendigkeit, dass dies auch im Markt Akzeptanz finden muss, um als erfolgreiche Strategie zu greifen. Auch die Möglichkeiten der Telemedizin – Patientenversorgung ohne physischen Kontakt, die Etablierung von Behandlungen auf Stammzell- und genetischer Ebene etc. bieten als technische Innovation die Möglichkeit zur Neukonstruktion des Geschäftsmodells. Die Gestaltungsmöglichkeiten für ein strategisches Management unter Beibehaltung oder unter Innovation des etablierten Geschäftsmodells zeigt noch einmal zusammenfassend Abbildung 12.

2.3.3 Vom innovativen Geschäftsmodell zum profitablen Unternehmen

Wenn verschiedene Alternativen der Innovation des eigenen Geschäftsmodells in einem kreativen Prozess erarbeitet sind, muss für jede ein Konzept zur Kapitalisierung erarbeitet werden. Dazu muss die Ertragsmechanik verstanden, ein Erlösmodell abgeleitet und ein Geschäftsplan erstellt werden. Wichtig ist die intensive Beschäftigung mit dem neuen Leistungsangebot bzw. dessen Überprüfung auf Marktfähigkeit. Dann ist der Leistungserstellungsprozess in allen seinen Teilprozessen und Aktivitäten inhaltlich (Behandlungspfad) und ökonomisch (Wertschöpfungskette) zu bewerten. Eine intelligente Nutzung von geeigneten Teilkostenrechnungen erleichtert die Bewertung unterschiedlicher Varianten. Zuletzt muss statischen Betrachtungen dynamische Analysen z. B. im Rahmen von Simulationsmodellen folgen: Investitionen sind durch zukunftsorientierte Prüfung von Gegenwartswerten (Net Present Value) und „Life-Cycle" orientierte Kalkulationen abzusichern, um die Nachhaltigkeit der Wertentwicklung sicherzustellen. Die Robustheit des Geschäftsmodells gegen unterschiedliche Störgrößen ist zu prüfen, Leistungsmengeneffekte auf Kosten und Erträge sind in Szenarien abzubilden und ein Führungs- und Steuerungsmodell zu ergänzen. Diese Aufzählung hat nicht den Anspruch auf Vollständigkeit sondern soll einen Überblick über eine risikominimierende Vorgehensweise bei der Umsetzung einer Innovation des Geschäftsmodells geben. Nicht immer wird man allerdings in der Praxis nach Lehrbuch vorgehen können: Dort wo Daten zu künf-

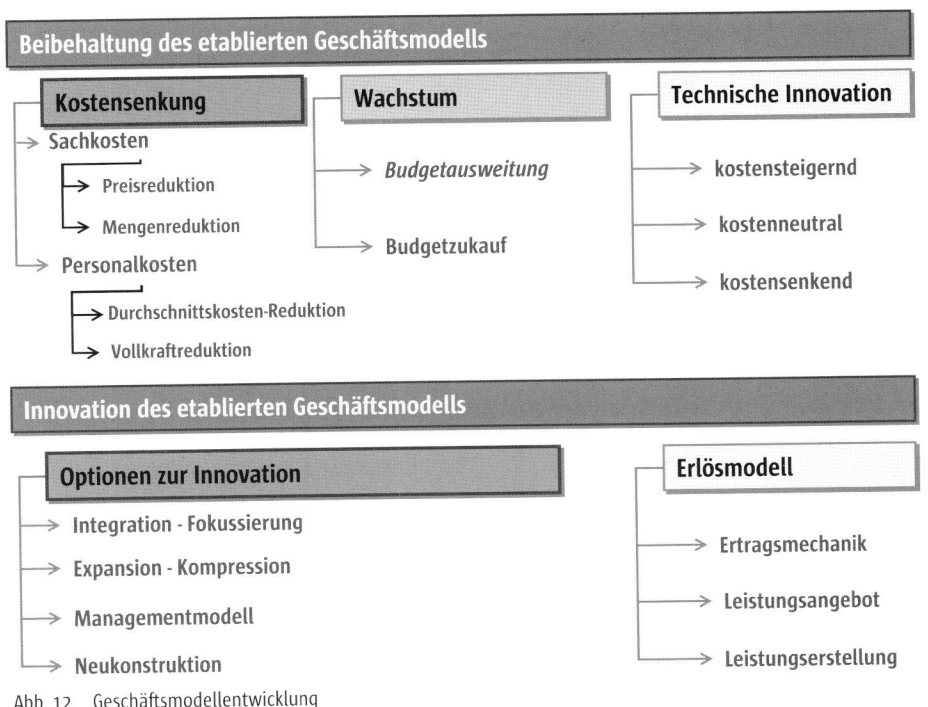

Abb. 12   Geschäftsmodellentwicklung

tigen Entwicklungen fehlen oder unsicher sind, wo Entscheidungen unter Zeitdruck zu fällen sind, wird unternehmerisches Gefühl und Risikobereitschaft eine wichtige Rolle spielen müssen.

2.3.4 Ansätze zur Innovation der Geschäftsmodelle von Krankenhäusern

Ende der 90 Jahre begannen fortschrittliche Krankenhäuser unter dem zunehmenden wirtschaftlichen Druck und einem beginnenden echten Wettbewerb über eine Innovation ihrer Geschäftsmodelle nachzudenken. Eine häufig anzutreffende Strategie war die der Integration, die zu dem Begriff des Gesundheitszentrums führte. Krankenhäuser gründeten, kauften oder betrieben Seniorenwohnheime, Pflegeeinrichtungen oder ambulante Rehabilitationsdienste, um einige Beispiele zu nennen. Um der Abschottung des ambulanten Sektors zu begegnen, wurde versucht, Praxen auf den Klinikgeländen anzusiedeln und mit diesen auf verschiedenen Ebenen zu kooperieren. Dabei handelt es sich hierbei eher um eine Expansion, da der niedergelassene Arzt seine Selbständigkeit behält und das Krankenhaus insoweit nur als Vermieter und Anbieter verschiedenster logistischer und sonstiger Dienstleistungen auftritt.

Eine neue Perspektive bieten jetzt die Möglichkeiten des ambulanten Operierens und das Betreiben eines MVZs für Krankenhäuser. Während die Investitionen, z. B. im Rahmen des Kaufes von Arztsitzen, überschaubar sind, sind die Risiken zu beachten. So ist das Verhältnis zu den übrigen, nicht am MVZ beteiligten Niedergelassenen Ärzten zu klären, mit denen solche Einrichtungen konkurrieren. Bei der Analyse der Ertragsmechanik ist zu berücksichtigen, dass die Geschäftsprozesse des Krankenhauses nicht einfach auf ein MVZ übertragen werden können, da die Dienstleistungen im ambulanten sich qualitativ deutlich von denen im stationären Sektor unterscheidet.

Es gibt aber auch nicht selten die gegenläufige Strategie der Fokussierung. Dabei lösen sich die Krankenhäuser in Schwerpunktbereichen von ihrem eigentlichen Versorgungsauftrag und bauen diese aus. So gibt es mittlerweile eine Vielzahl von Kliniken, die auf der Basis einer eingeschränkten Grund- und Regelversorgung vor allem in den versorgungsepidemiologisch relevanten Bereichen Schwerpunkt- oder gar Maximalversorgungsniveau bieten oder sich

auf Leistungen in Randbereichen spezialisiert haben. Möglich wurde dies, weil viele Bundesländer die klassische, bettenbezogene Krankenhausplanung aufgegeben haben und den Krankenhäusern der unteren Versorgungsstufen diese Spielräume geben. In gleicher Weise wurde diese Entwicklung von den Verhandlungspartnern auf Kostenträgerseite unterstützt, die entsprechende Leistungsverschiebungen in den lokalen Budgets verhandelten. Kombiniert wurde diese Strategie der Fokussierung im Leistungsspektrum mit einer Integrationsstrategie in diesem Ausschnitt, also der Anbindung Niedergelassener Ärzte, von Rehabilitationskliniken oder ambulanten Rehabilitationseinrichtungen usw.. Häuser der Schwerpunkt- und Maximalversorgung steht die Möglichkeit der Fokussierung nicht in gleicher Weise zur Verfügung. Sie können Teile ihres Spektrums nicht ohne weiteres abgeben, da ihr Versorgungsauftrag in jedem Fall eine Behandlung von Patienten in „der zweiten Linie", also bei schweren Vorerkrankungen oder eingetretenen Komplikationen sowie die vollständige Notfallversorgung umfasst. Die Konzentration auf das Maximalversorgungsspektrum in den jeweiligen Erkrankungsentitäten bedingt ein ganz neues Erlösmodell, welches sich von dem bei der Versorgung eines Fallmixes aus leichten und schweren Behandlungen unterscheidet. Auch steigt das unternehmerische Risiko erheblich, weil bei den schweren Fällen im Fallpauschalenmodell unzureichend abgebildete Kostenausreißer häufig sind: Man bewegt sich tendenziell im Bereich der nach rechts asymptotisch auslaufenden Verteilungskurve der Fallkosten jenseits des Durchschnittskostenwertes.

Eine weitere spezielle Form der Fokussierung ist die Aufgabenverteilung innerhalb von Klinikverbünden z. B. das Portalklinikkonzept. Es beruht auf den zuvor dargestellten Überlegungen, die aber dann in einer abgestimmten und koordinierten Weise umgesetzt werden. Neben der erkrankungsbezogenen greift hier vor allem auch eine funktionsbezogene Ausrichtung. So kann die Portalklinik die Funktion einer Steuerung übernehmen, die Patienten vordiagnostiziert, die spezifische Behandlung bahnt, die dann in der zentralen Einrichtung vorgenommen wird, und im Anschluss die Patienten zur wohnortnahen weiteren Pflege und Betreuung wieder übernimmt. Die zentrale Klinik kann sich dabei auf die hohe und gleichbleibende Auslastung ihres hervorragend qualifizierten Personals und ihrer teuer vorgehaltenen, kapitalbindenden Ressourcen wie Operationssäle und Intensivstationen konzentrieren.

Parallel wurde an vielen Ort ausgegliedert und unterstützende Dienstleistungen von Dritten bezogen, was man als Beispiel für eine Kompression anführen kann. Typische Beispiele für ausgegliederte Bereiche sind die Wäscherei, Reinigungsdienste, Wachdienste und andere Leistungen des Gebäude- und Liegenschaftsmanagements, aber auch die Instrumentenaufbereitung und Sterilisation, die Medikamentenversorgung über die Apotheke oder die Speisenversorgung. In jüngerer Zeit kamen auch das IT-Management, Laborleistungen, Physiotherapie, spezifische Pflegeleistungen u. a. hinzu. Wie bereits dargestellt, stand dahinter nicht immer eine strategische Ausrichtung sondern ein „operatives" Kostenmanagement. Dabei ist in der Tat zu hinterfragen, ob eine stärkere Kompression mit Konzentration auf die Kerndienstleistung ein zukunftsfähiges Geschäftsmodell darstellt.

Durch die duale Finanzierung ist eigentlich das Management der Investitionsgüter schon bisher nicht Teil des Geschäftsmodells eines Krankenhauses: „Eigentlich" deshalb, da durch die prekäre Situation der öffentlichen Haushalte diese ihren Verpflichtungen nur begrenzt nachkommen und insoweit die Krankenhäuser sich nicht auf das Stellen von Förderanträgen beschränken können, sondern nach Möglichkeiten der Eigenfinanzierung suchen müssen. Sollte die Monistik eingeführt werden, stellt sich die Frage, ob eine maximale Kompression dann eine Option ist: Das Krankenhaus wäre dann kein Kranken*haus* mehr, sondern ein hochqualifiziertes Team, dessen Kapital in den Köpfen, im Wissen und Können seiner Mitarbeiter steckt. Diese mieten sich in eine prozessoptimierte, technisch sehr gut ausgestattete und hoch professionell gemanagte Liegenschaft ein. Vorteile dieses Modells sind aus Sicht des Gesundheitsdienstleisters die Reduktion der Kapitalbindung, die kompromisslose Konzentration auf die eigene Kernkompetenz mit Abgabe der Bereiche, welche man nicht wirklich gut beherrscht, sowie die sich daraus ergebende Kosten- und Qualitätsvorteile. Zu bedenken ist, dass sich eine große Abhängigkeit von den jeweiligen Geschäftspartnern ergeben dürfte, denn nach der Bindung an einen Anbieter wird man nicht ohne Weiteres wegen der damit verbundenen hohen Transaktionskosten zu einem anderen wechseln können. Eigene, sich evolutionär entwickelnde Prozessmodelle und Vorstellungen zur Frage der Nutzung oder des Verzichtes auf bestimmte Innovationen ließen sich nur noch nach Abstimmung realisieren. Man wäre mit einem hohen Grad an Prozessstandardisierung konfrontiert, was sich im Wettbewerb auch als Nachteil herausstellen kann.

Die Beispiele zeigen, dass die Innovation des Geschäftsmodells für Krankenhäuser eine attraktive Option aber auch große Herausforderung für das strategische Management darstellt. Der ordnungspolitische Rahmen begünstigt durch die vielen Restriktionen und Randbedingungen kreative, innovative Strategien nicht gerade, weil er den Gestaltungsspielraum für Krankenhäuser erheblich einengt und in Folge der vielen Reformen kein gutes Klima für langfristig ausgerichtete Strategien schafft. Dies wiederum erschwert die Gewinnung von Investoren, die angesichts eines erheblichen Investitionsstaus und klammen öffentlichen Kassen notwendig wären. Das Geschäft der Geschäftsmodellentwicklung selber ist im komplexen Gesundheitsdienstleistungssektor aber auch ein besonders anspruchsvolles:

- Hochwertige Versorgungsleistungen zu erbringen und effizient zur organisieren,
- die methodisch schwierige Aufgabe eines Qualitätsmanagements mit Fehlerminimierung zu etablieren,
- das Verhältnis zum Patienten als Kunden in einem zunehmend wettbewerblich geprägten Markt zu gestalten und dabei Rücksicht auf gesellschaftlich konsentierte, soziale und kulturelle Grundsätze zu nehmen,
- die Beachtung des sich vor allem auch aus Opportunitätskostenüberlegungen ergebenden Gebotes der hohen Wirtschaftlichkeit bei der Leistungserbringung zu beachten,

sind nur einige Aspekte, die ein Management bei der ertragsorientierten Unternehmensausrichtung zu beachten hat.

Die klassischen Wege des strategischen Krankenhausmanagements (Wachstum, Kosteneinsparung und technische Innovation) stoßen an ihre Grenzen.

Die Innovation des Geschäftsmodells bietet grundsätzlich qualitativ neue Möglichkeiten, auch wenn der ordnungspolitische Rahmen die kreativen Freiheitsgrade einschränkt.

Die systematische Nutzung der Werkzeuge zur Innovation des Geschäftsmodells erleichtern die Entwicklung von neuen alternativen Konfigurationen; am Ende wird in einem stärker wettbewerb-

lich organisierten Markt die unternehmerischen Fähigkeiten, die Intuition und Risikobereitschaft eines ergebnisorientierten Managements bei Entscheidungen eine wichtige Rolle spielen.

Literatur

Bauer H, Bartkowski R (2009) G-DRG, Praxiskommentar zum Deutschen Fallpauschalen-System, 2006, ecomed Medizin, Landsberg

Behrendt I; König H-J, Krystek U (2009) Zukunftsorientierter Wandel im Krankenhausmanagement: Outsourcing, IT-Nutzenpotenziale, Kooperationsformen, Changemanagement. 2009, Springer Verlag, Berlin

Braun von Reinersdorff A (2007) Strategische Krankenhausführung; Vom Lean Management zum Balanced Hospital Management. 2007, Verlag Hans Huber, Bern

Hentze J, Huch B, Kehres E(Hrsg.) (2005) Krankenhauscontrolling. Konzepte, Methoden und Erfahrungen aus der Krankenhauspraxis. 3. Auflage 2005, Kohlhammer Verlag, Stuttgart

3 Budgetverhandlung

Georg Hornbach und Günter Zwilling

Universitätsklinikum Köln

Das Ergebnis der jährlichen Entgeltverhandlungen mit den Krankenkassen über das Gesamtbudget für die Vergütung der stationären und teilstationären Krankenhausleistungen hat maßgeblichen Einfluss auf den Unternehmenserfolg für das laufende Geschäftsjahr. Das einmal erzielte Ergebnis kann für den Vereinbarungszeitraum im Grunde nicht mehr korrigiert werden. Während die Kosten jederzeit im Jahr durch Preisverhandlungen und Substitution auf preiswertere Sachleistungen veränderbar sind, werden die Erlöse durch verhandelte Preise und Mengen weitestgehend festgelegt und der Spielraum für Mehrleistungen mit positivem Deckungsbeitrag wird erheblich eingeschränkt. Hintergrund ist die Rückzahlungspflicht (Ausgleiche) bei Mehrleistungen.

Die Ausnahmemöglichkeit zur unterjährigen Nachverhandlung des Erlösbudgets (§ 4 Abs. 5 KHEntgG) wird in der Praxis kaum Relevanz haben.

Daher ist der Entgeltverhandlung größte Aufmerksamkeit zu widmen. Eine sorgfältige Vorbereitung unter Berücksichtigung der Wirtschaftsplanung für das laufende Geschäftsjahr ist dabei genauso wichtig wie eine strukturierte und professionelle Durchführung der Entgeltverhandlung.

3.1 Vorbereitung der Entgeltverhandlung

3.1.1 Analyse der gesetzlichen Rahmenbedingungen

Die Analyse der gesetzlichen Rahmenbedingungen ist ein wesentlicher Bestandteil der Vorbereitungen für die Entgeltverhandlung, da hier die Optionen des individuellen Handlungsspielraumes des Krankenhauses determiniert werden. Neben dem klassischen Verständnis des begrenzten Budgets (z. B. Abschlag für Mehrleistungen, Mehrerlösausgleiche) setzt sich das Krankenhaus auch mit volkswirtschaftlich relevanten Anreizinstrumenten auseinander (z. B. finanzielle Förderung von Pflegestellen).

Die gesetzlichen Rahmenbedingungen werden i. d. R. am Ende der vorherigen Budgetperiode konkretisiert und in einer Vielzahl von überwiegend kommerziellen Informationsveranstaltungen sowie der Fachpresse vorgestellt und diskutiert.

Die wichtigste Determinante in den letzten Jahren war die Wirkung der **Konvergenzphase** in Verbindung mit der Kappungsgrenze. Diese Übergangsphase diente der Anpassung der hausindividuellen Basisfallwerte an den landesweiten Basisfallwert. Von 2005 bis 2009 sollte der Anspruch an ein „gerechtes Entgeltsystem" in Bezug auf die

Leistungsbewertung (Maximal-/Regelversorgung) erfüllt und den Krankenhäusern mit einem hohen ökonomischen Anpassungsdruck Zeit zur Umstrukturierung eingeräumt werden (s. Abb. 13). Neben der schrittweisen Anpassung des hauseigenen Basisfallwertes wurde die Finanzierung der zusätzlichen Leistungen an ein entsprechendes Stufenverfahren angepasst (s. Abb. 14). In diesem Prozess musste entschieden werden, ob eine Leistungserweiterung unter den Bedingungen einer temporär unvollständigen Finanzierung anzustreben war, mit dem Ziel, am Ende der Konvergenzphase auch deutliche Erlössteigerungen realisieren zu können. Alternativ konnten in den Jahren bis 2008 durch abweichende Ausgleiche häufig bessere Umsatzergebnisse erzielt werden.

Die Leistungsveränderung wird zunehmend ausfinanziert - im letzten Jahr jedoch mit einem Abschlag in „hausindividueller" Höhe.

Die Konvergenzphase wurde 2009 um ein Jahr verlängert.

Dabei wird der noch ausstehende krankenhausindividuelle Konvergenzschritt in 2 Schritte aufgeteilt und die zweite Hälfte des noch bestehenden Konvergenzsaldos auf das Jahr 2010 verschoben (s. Abb. 13)

Folgende Rahmenbedingungen sind für die Entgeltverhandlungen zusätzlich hervorzuheben:

Katalogeffekt

Welche Effekte sind durch die Änderungen in den Entgeltkatalogen (E1–E3) zu erwarten?

Unter dem positiven/negativen Katalogeffekt versteht man die veränderte Bewertung des hausindividuell vereinbarten Leistungsspektrums durch den aktuellen DRG-Katalog. Diese „Mehr- oder Minderleistungen" wurden in der Konvergenzphase neutral bewertet. Führte dieser Effekt dazu, dass ein Haus bei unverändertem Leistungsspektrum mehr Case Mix-Punkte als im Vorjahr erreichte, konnten daraus keine Budgetforderungen abgeleitet werden. Das heißt, dass die Einschätzung des Katalogeffektes unmittelbaren Einfluss auf das Budgetergebnis eines Hauses hatte.

Ab 2010 und dem Ende der Konvergenzphase ist dieser Effekt v. a. für die interne Steuerung

und der Abschätzung der Budgetwirkung von Bedeutung. D. h., Änderungen des Kataloges können zu anderen Wirtschaftlichkeitsergebnissen in den Klinikabteilungen führen. Im Verhältnis mit den Kostenträgern ist zu beachten, dass der Katalogeffekt zu einer Umsatzänderung (direkte Auswirkung von Case Mix x Basisfallwert) bei gleichen Leistungen führen kann. Das wird aus Sicht der Kostenträger eine entsprechend kritische Bewertung auslösen.

Abschläge bei der Vereinbarung von Mehrleistungen (§ 4 Abs. 2 a Satz 1 KHEntgG)

Diese „Rabattidee", exklusiv für das Jahr 2009, sah einen Abschlag für Mehrleistungen vor, dessen Höhe von den Vertragsparteien zu vereinbaren war. Die Höhe des Rabattes ist aus dem Gesetz nicht ableitbar. Entsprechend wurde in dieser Frage häufig vor den Schiedsstellen mit entsprechend unterschiedlichen Ergebnissen geklagt. Für das Haus bedeutete dies wiederum eine Risikoabschätzung hinsichtlich eines einmaligen „Verlustes" und eines aufwendigen Schiedsstellenverfahrens.

Auch hier stellt sich die Frage der kurz- oder mittelfristigen Umsatzermittlung, da statt eines eventuell hohen Mehrleistungsabschlages abweichende Erlösausgleiche zu einem besseren Budgetergebnis im Folgenden führen können.

Tarifausgleich (§ 10 Abs. 5)

Die Differenz zwischen Veränderungsrate und Tarifsteigerungen wird für 2008 und 2009 von den Vertragsparteien auf Bundesebene festgelegt. Die sich ergebende Rate heißt Erhöhungsrate (auch Tarifsteigerungsrate genannt) und wirkt als Basiserhöhung auch für die Folgejahre (s. Abb. 15).

Ein Drittel dieser festgelegten Erhöhungsrate wird auf der Landesebene bei bzw. nach der Verhandlung des Landesbasisfallwertes berücksichtigt (2,08 %).

Finanzielle Förderung zusätzlicher Pflegestellen (§ 4 Abs. 10 KHEntgG)

Für zusätzlich eingestelltes und ausgebildetes Pflegepersonal (oder entsprechend aufgestock-

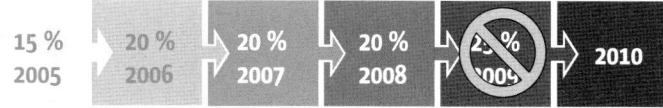

Abb. 13   Die Konvergenzphase in fünf Schritten – letzter Schritt dann jedoch von 2009 nach 2010

	2005	2006	2007	2008	2009
Leistungsveränderung nominal	21,2 %	34,7 %	49,4 %	64,0 %	100 %
Leistungsveränderung effektiv	35,0 %	50,0 %	65,5 %	89,0 %	100 %

Abb. 14   Budgetierung von Leistungsveränderungen in der Konvergenzphase

te Teilzeitstellen) gibt es in den Jahren 2009 bis 2011 (kumulativ) eine finanzielle Förderung in Höhe von jeweils bis zu 0,48 % des Gesamtbetrages.

Voraussetzung: Das Krankenhaus muss nachweisen, dass aufgrund einer schriftlichen Vereinbarung mit der Arbeitnehmervertretung zusätzliches Pflegepersonal im Vergleich zum Bestand der entsprechend umgerechneten Vollkräfte am 30. Juni 2008 neu eingestellt wurde und entsprechend der Vereinbarung beschäftigt wird.

Ausgleiche

Die gesetzlichen Ausgleiche wurden zuletzt für das Jahr 2009 angepasst. Die bisherige Trennung der Budgetbereiche E1+E2-Engelte sowie der E3.1–E3.3-Entgelte (§ 4 Abs. 9 KHEntgG, § 6,3 KHEntgG und § 12 Abs. 4 BPflV) wurde aufgelöst und vereinfacht, indem diese Erlösbestandteile nun gemeinsam als Gesamtbudget zu Mehr- oder Minderleistungen führen (§ 4 Abs. 3 KHEntgG). Damit können beispielsweise Mehrleistungen bei nicht bepreisten Fallpauschalen zu einem Ausgleich von Mindererlösen bei bepreisten DRGs oder Zusatzentgelten führen.

Für die Leistungsplanung der Entgeltverhandlung bedeutet dies eine erhöhte Flexibilität in der unterjährigen Leistungssteuerung. Die Absenkung des Mindererlösausgleiches von 40 % auf 20 % (in 2007) bedeutet, dass das finanzielle Risiko eines Leistungsrückganges steigt, da der von den Kostenträgern zu finanzierende Ausgleich nun

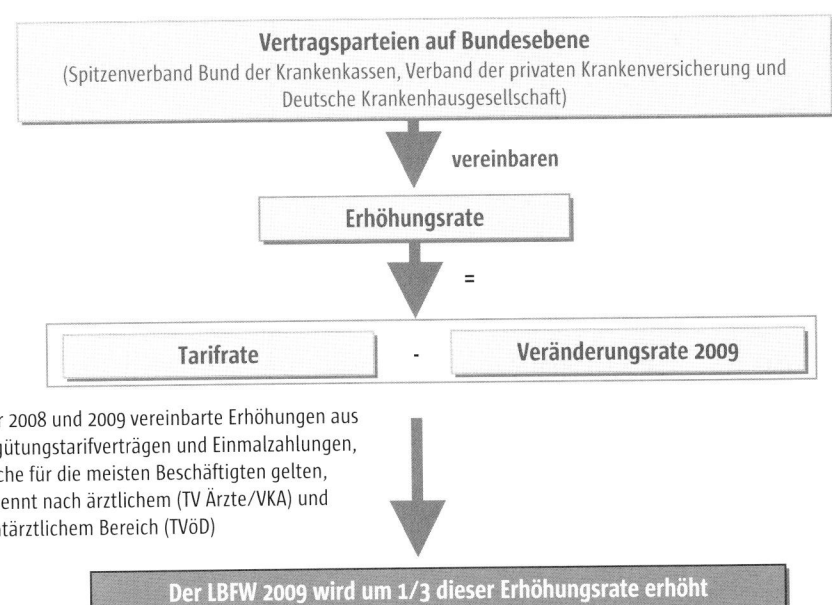

Abb. 15   Ermittlung der Tarifsteigerungsrate - Übersicht von Krankenhauszweckverband Köln, Bonn und Region 2009

auf 20 % abgeschmolzen ist. Für die Leistungsplanung spielt dieser Aspekt in den Entgeltverhandlungen dann keine Rolle, wenn sich die Mindererlösausgleiche auf den Anteil der zusätzlich vereinbarten Leistungen beziehen (diese Änderungen gelten nicht für den Bereich der Psychiatrien).

In einigen Fragen ist eine geschlossene und organisierte Vorgehensweise von Vorteil. Dies kann über Zweckverbände, Landeskrankenhausgesellschaften oder innerhalb eines Klinikverbundes erfolgen.

Einige Kliniken vertrauen jedoch auch auf hausindividuelle Lösungen, die jedoch häufig einem überregional gängigen Modell angelehnt sind.

3.1.2 Strategische Zielsetzung der Entgeltverhandlung

Die strategische Zielsetzung wird vor allem durch die hausindividuelle Planung bestimmt. Das strategische Verhalten wird letztlich auch durch externe Faktoren bestimmt. Hier werden Entscheidungen durch „gesetzliche Risiken" geleitet, indem beispielsweise eine zu erwartende Budgetdeckelung eine Strategie der Vorsorge auslösen kann. Kann das Krankenhaus noch nicht sicher abschätzen, dass es in den nächsten Jahren Mehrleistungen erbringt und rechnet mit einem „Vorschaltgesetz", wird es u. U. geneigt sein einen relevanten „Vorrat" zu sichern.

Strategische Überlegungen beziehen sich ferner auf folgende Punkte:

Umsatzorientierte Zielsetzung
Mit Einführung des DRG-Systems und der Öffnung der Leistungsmengenbegrenzung hat sich zunehmend eine umsatzorientierte Sicht der Verhandlungsstrategie herausgestellt.

Die frühe Sicherung eines Mengenvorteils als langfristige Strategie ist „historischen" Ursprungs. Je mehr Case Mix-Punkte möglichst effizient erzielt werden konnten, umso geringer war die Wirkung des Konvergenzsystems für Krankenhäuser, deren Basisfallwert über dem landesweiten Basisfallwert lag (Konvergenzverlierer) und umso höher war der Vorteil einer späteren Ausfinanzierung dieser Leistungen bei vollständiger Berücksichtigung des Landesbasisfallwertes. Entsprechendes gilt für Konvergenzgewinner (hausindividueller Basisfallwert liegt unter dem Landesbasisfallwert). Daneben wurde offen diskutiert, ob nach dem Regierungswechsel 2009 mit einer gesetzlichen Mengenbegrenzung zu rechnen war. Die umsatzorientierte Sicht unterstellt zum einen, dass Mehrleistungen immer im Grenzkostenbereich erbracht werden können und bleibt hinsichtlich der inhaltlichen Frage unbestimmt. Es spielt hier keine Rolle, welche Leistungen zusätzlich erbracht werden, da sich die Schwerpunkte des Leistungsportfolios jährlich ändern können und eine spätere Schwerpunktbildung nachgeholt werden kann.

Leistungsausweitung in bestehenden Leistungsfeldern
Die bestehenden und gewachsenen Leistungsbereiche sind immer dann zu stärken und zu sichern, wenn der Erfolg durch die Größe gegeben ist und ausgebaut werden kann. Darüber hinaus spielt dieser Sachverhalt zur Erweiterung der Markterschließung und damit zur Leistungssicherung eine wesentliche Rolle. In der Regel sind es die „starken Player" eines Krankenhauses, die sich für einen Ausbau der Marktbeherrschung besonders eignen und die relevanten Kriterien dazu erfüllen.

Leistungsausweitung in neue Leistungsfelder
Neben der Stärkung des bestehenden Leistungsportfolios und Nutzung wirtschaftlich erfolgreicher Bereiche mindert der Ausbau neuer Leistungsfelder die Abhängigkeit von wenigen Leistungsträgern und stärkt das Haus gegen konkurrierende „Nachbarn". In der Regel erfolgen diese Strukturveränderungen additiv zu den bestehenden klinischen Angeboten (Unfallchirurgie und Orthopädie, Ausbau Gynäkologie zu DMP-Zentrum, Geburtshilfe und Perinataleinheit etc.) und stärken damit die schon bestehenden Strukturen unmittelbar.

Stärken/Schwächen-Analyse
Die Trennschärfe zu den genannten strategischen Ansätzen ergibt sich aus dem Ansatz der Betrachtung. Leistungseinheiten erweisen sich unter Berücksichtigung einer dominanten Konkurrenz, geringer Auslastungsquoten und der personellen Besetzung ggf. als unwirtschaftlich und sind daher möglicherweise nicht mehr Bestandteil des geforderten Leistungsportfolios eines Krankenhauses. Dazu liegen neben der allgemeinen Wahrnehmung im Idealfall verlässliche Kalkulationen und eine geeignete Strategie zur Aufgabe solcher Leistungsbereiche vor. Ferner ist dies der Anlass zur Schaffung strategischer Allianzen mit anderen Häusern. Daneben spielen Qualitätsaspekte eine zunehmend

dominierende Rolle. Dieser Aspekt spiegelt sich in der Frage nach gesetzlichen und „sinnvollen" Mindestmengen. Solange v. a. komplexe Versorgungsbereiche (z. B. Transplantationen) nicht in relevanten Mengenkorridoren erbracht werden, ist zum einen die Leistungsnachfrage durch Zuweiser unsicher und die medizinische Qualität stärker hinterfragt.

3.1.3 Ziel- und Leistungsmengenplanung für die Entgeltverhandlung

Die Leistungsmengenplanung ist wesentlicher Bestandteil der operativen Vorbereitung einer Entgeltverhandlung. Leistungsveränderungen – vor allem bei einem angestrebten Budgetanstieg – sind zu verhandeln.

Die Budgetverhandlung setzt eine Klarstellung der zu vereinbarenden Leistungsmengen voraus, indem Leistungsveränderunen plausibel dargelegt werden können. Es ist darzulegen, in welchen Bereichen und aus welchen Gründen beispielsweise Mehrfälle erwartet werden und diese in das Budget einbezogen werden müssen. Dazu zählen Änderungen in der Krankenhausplanung mit Zuweisung zusätzlicher Betten oder eine Spezialisierung in der Bettenstruktur. Ferner kann sich das Krankenhaus für eine Spezialisierung innerhalb der bestehenden Bettenstruktur entscheiden, die zu einer Leistungsveränderung führen soll. Dies kann beispielsweise im Zuge der Einstellung eines neuen Chefarztes erfolgen. Zum anderen ist auch zu erläutern, warum das Krankenhaus seine vereinbarten Leistungen nicht erreicht hat und dies nicht zu einer Absenkung der Vereinbarungsmengen führen soll.

Die Zielplanung der Entgeltverhandlung setzt voraus, dass intern eine Verbindlichkeit der zu vereinbarenden Leistungsmengen mit den Fachabteilungen herzustellen ist und die Leistungsmengenentwicklung engmaschig beobachtet wird. Dazu sind u. U. zusätzliche Leistungsanreize und Zielvereinbarungen mit den klinisch Verantwortlichen zu verhandeln. Andererseits ist dafür Sorge zu tragen, dass die organisatorischen Voraussetzungen für eine Leistungsausweitung kurzfristig umgesetzt werden können, um die dann zu vereinbarenden Leistungen auch innerhalb der Budgetperiode zu erbringen. Hier sind kurzfristige Planungen den aktuellen Arbeitsmarktbedingungen unterworfen.

3.1.4 Analyse der Vorjahres- und unterjährigen Leistungsdaten

Ein Teilaspekt der Vorbereitung bezieht sich auf die Analyse der Vorjahresleistungszahlen und der unterjährigen Daten. Plant das Krankenhaus mehr Leistungen als im Vorjahr zu vereinbaren, ist eine Hochrechnung der unterjährigen Leistungen auf Basis der Leistungsentwicklung der Vorjahre unumgänglich. Eine lineare Hochrechnung ist aus der Erfahrung der letzten Jahre nicht treffend und führt in der Regel zu geringeren Ganzjahreszahlen. Abbildung 16 zeigt, dass v. a. die Leistungsentwicklung des 1. Quartals nicht für eine Hochrechnung geeignet ist. So fängt das Jahr verhalten an und es folgen in dem Fallbeispiel zwei schwächere Monate, die zeitversetzt im Frühjahr und Sommer zu erwarten sind. Ferner fehlt bei einer „Inlier-Betrachtung" (Aufnahme und Entlassung der Fälle innerhalb eines Jahres) im 1. Quartal der Anteil an Überlieger-Fällen. Der Leistungsverlauf des Jahres 2006 wiederum ist geprägt von der Tarifauseinandersetzung mit Streik von April bis Juni.

Aus Sicht der Kostenträger ist eine „Mehrleistungsdiskussion" mit steigenden Ausgaben verbunden, die primär zu vermeiden sind – v. a. dann, wenn Mindererlösausgleiche nicht ausgeschlossen werden können.

Eine gezielte Vorbereitung ist entsprechend geboten, wenn die Ist-Zahlen des abgeschlossenen Budgetzeitraumes von den Vereinbarungszahlen nach unten abweichen.

Die Analyse der Leistungsentwicklung schließt neben der Datenhochrechnung auch eine Analyse des ambulanten Potenzials ein. Aus Sicht der Kostenträger ist eine auffallend große Zahl von Tages-Fällen oder Kurzliegern Anlass zur Überle-

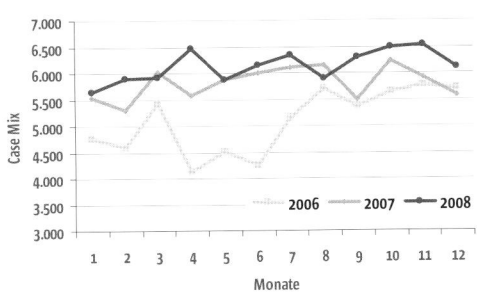

Abb. 16   Case Mix-Verlauf am Beispiel der UK Köln

gung, ob diese Fälle auch ambulant erbracht werden können. Gerade mit Etablierung des § 116b SGBV, die v. a. Krankenhäusern mit onkologischem Schwerpunkt die Möglichkeit zur Einzelabrechnung einräumt, wird von Kassenseite auf die Öffnung einer ambulanten und finanziell auskömmlichen Alternative verwiesen. Aus Sicht des Krankenhauses stellt sich die Frage der Verlagerung jedoch nicht aus diesem Mechanismus heraus. Die stationäre Leistungserbringung wird in der Regel aus gutem Grunde nicht in den ambulanten Bereich verlagert. Kurzlieger-Fälle (i. d. R. Verweildauer von 1–3 Tagen) konzentrieren sich meist auf wenige Fachbereiche, werden häufig durch laufende MDK-Prüfungen (Medizinischer Dienst der Krankenkassen) vorselektiert und als stationär vertretbare Restgröße akzeptiert. Diese Argumentationskette ist, soweit von dem Haus entsprechend nachvollziehbar, mittels Datenanalyse darzulegen. Darüber hinaus reagieren die Abrechnungsstellen der Krankenhäuser teilweise auch präventiv, indem sie stationäre in ambulante Fälle umbuchen, wenn entsprechende institutionelle Möglichkeiten gegeben sind (ambulante Operationen, Institutsermächtigung, ambulante Notfallabrechnung etc.).

Steigerungen von Leistungsmengen müssen ausreichend begründet werden und sind durch klare Absprachen mit den Fachabteilungen abzusichern

3.1.5 Kalkulation der nicht bepreisten Zusatzentgelte (ZE) und DRGs sowie der Neuen Untersuchungs- und Behandlungsmethoden (NUB)

Seit Einführung der DRGs 2003/2004 ist der Großteil der derzeit erbrachten und nicht bepreisten Zusatzentgelte und DRGs im eigenen Krankenhaus bereits kalkuliert (nicht bepreiste ZE und DRG nach § 6 Abs. 1 KHEntgG).

Damit beschränkt sich die Kalkulation auf die Überprüfung der bereits bestehenden Kalkulationen und die Erstellung von Kalkulationen neuer Entgelte im Bereich
- der NUBs nach § 6 Abs. 2 KHEntgG und
- der eher seltener vorkommenden nicht definierten und nicht bepreisten Leistungen nach § 6 Abs. 2a KHEntgG.

Bei der Überprüfung der bereits in den Vorjahren kalkulierten Entgelte hilft eine Klassifizierung nach Menge und Preis. Entgelte, die häufig erbracht werden oder auch schon im Einzelfall hohe Kosten verursachen bzw. hohe Erlöse erbringen, sollten häufiger überprüft und überarbeitet werden, da zum einen die Herstellerpreise veränderlich sind und die Produktwahl der klinisch Verantwortlichen variieren können.

Die DRGs sind klar definiert und ein Großteil der Zusatzentgelte und ein Teil der NUBs sind mit OPS (Operations- und Prozedurenschlüssel) versehen. Zu beachten ist jedoch, dass sich hinter den gleichen Operationsschlüssel (OPS) durchaus ähnliche Produkte von verschiedenen Herstellern mit enormen preislichen Unterschieden verbergen können.

Dazu sind Benchmarkergebnisse mit anderen Krankenhäusern hilfreich, um begründete Kostenunterschiede aufzuzeigen und gegenüber den Verhandlungspartnern verteidigen zu können.

Nach Veröffentlichung des neuen Fallpauschalenkataloges eines jeden Jahres werden vom InEK (Institut für das Entgeltsystem im Krankenhaus) alle Änderungen als Exposé („Hinweise zur Leistungsplanung/Budgetverhandlung", siehe www.g-drg.de) veröffentlicht. Daraus kann recht übersichtlich entnommen werden, bei welchen Leistungen sich die OPS-Systematik verändert und ggf. eine Neukalkulation der Entgelte erforderlich ist.

Für neue Entgelte, welche in der Vergangenheit erbracht wurden, jedoch bisher nicht im eigenen Haus kalkuliert waren, können die Kalkulationen auf den Ist-Kosten der bereits behandelten Patienten und auf Benchmarks mit anderen Krankenhäusern beruhen. Für neue Entgelte ist in jedem Fall die Zusammenarbeit mit der jeweiligen Fachabteilung wichtig. Ggf. lassen sich Kalkulationen auf bereits bestehenden Leitlinien aufbauen. Oftmals besteht bei der Einführung neuer Produkte auch bereits der Kontakt zu den jeweiligen Herstellerfirmen, zu den Fachabteilungen oder dem Einkauf des Krankenhauses.

Die Preisverhandlung von Zusatzentgelten und DRGs wird aufseiten der Kostenträger zunehmend intensiviert und mit Benchmarkdaten untermauert. Daher führt eine fehlende Vorbereitung unter Umständen direkt zu Budgetverlusten bei den nicht bepreisten Entgelten.

3.1.6 Kalkulation und Verhandlung von Zuschlägen

Folgende Zuschläge sind in der Höhe bereits durch Gesetz oder Vereinbarung auf Bundesebene festgesetzt und müssen in den Entgeltverhandlungen nicht mehr verhandelt werden:

- Zuschlag für externe Qualitätssicherung
- DRG-Systemzuschlag (§ 17 b Abs. 5)
- Zuschläge für den Gemeinsamen Bundesausschuss und das Institut für Qualität und Wirtschaftlichkeit im Gesundheitswesen (§ 91 Abs. 3 Satz 1 in Verbindung mit § 139 c SGB V)
- Zuschlag für Begleitpersonen
- Abschlagen wegen Nicht-Teilnahme an der Notfallversorgung § 4 Abs. 6 KHEntgG, § 7 Abs. 1 Satz 1 Nr. 4 KHEntgG)

Weitere Zuschläge sind in den Entgeltverhandlungen mit den Kostenträgern zu einigen. Um Zuschläge in der Pflegesatzvereinbarung geltend zu machen, sind den Kostenträgern entsprechende Kalkulationen vorzulegen. Die Anforderungen an diese Aufstellungen können je nach Bundesland und den Vereinbarung zwischen Krankenhausgesellschaft/Zweckverband unterschiedlich ausgeprägt sein.

Zuschlag für Zentren- und Schwerpunkte (z. B. Referenzleistungen Kinderonkologie oder Brustzentrum

Zur Durchsetzung eines Zuschlags für Zentren und Schwerpunkte ist immer die Darstellung der Mehrkosten wichtig, welche nicht durch bereits geleistete DRGs oder Pflegesätze gewährt werden. Dies können z. B.

- psychosoziale Betreuung der Patienten,
- Audits zur Qualitätssicherung eines Zentrums,
- Mitarbeiter- oder Patientenbefragungen,
- zusätzlich durchgeführte Untersuchungen oder
- im Rahmen des Zentrums durchgeführte Tumorkonferenzen

sein.

Zuschlag zur Umsetzung des Förderprogramms zur Verbesserung der Situation des Pflegepersonals

Im Rahmen des Zuschlags für zusätzliches Pflegepersonal ist die Vereinbarung mit der Arbeitnehmervertretung einzureichen, inkl. einer Aufstellung darüber, wie viel Personal geplant wird. Des Weiteren muss die Differenz des ausgebildeten Pflegepersonals zwischen dem 30.06.2008 und dem 31.12.2009 per Testat vom Wirtschaftsprüfer nachgewiesen werden. Die Finanzierung des zusätzlichen Pflegepersonals erfolgt über einen Zuschlag von bis zu 0,48 % des Gesamtbetrages (DRGs und ZEs) und kann bis zu einer maximalen Förderung von 90 % der Personalkosten erfolgen.

Ausbildungskostenzuschlag

Auch der hausindividuelle Ausbildungskostenzuschlag basiert auf den Ist-Kosten der Ausbildungsstätten und setzt sich aus den Mehrkosten für Ausbildungsvergütung und den weiteren Personal- und Sachkosten der Ausbildung zusammen. Zur Vereinfachung kann bei bereits bestehenden Ausbildungsbudgets auch mit Fortschreibungen der Budgets mit Personal- und Sachkostenveränderungen gearbeitet werden. Die Fortschreibung könnte beispielsweise auf Basis der Veränderungsrate umgesetzt werden. Gerade beim Nachweis des Ausbildungsbudgets sind regionale Unterschiede zu erwarten.

Zu-/Abschlag für Erlösausgleiche

Im Rahmen der Erlösausgleiche werden die Mehr- bzw. Mindererlöse im Vergleich zum vereinbarten Budget ausgeglichen. Nach § 4 Abs. 3 KHEntgG werden Mindererlöse grds. zu 20 % ausgeglichen. D. h. im Budget vereinbarte, aber nicht erreichte Leistungen werden im Folgejahr dennoch teilweise von den Kostenträgern vergütet.

Mehrerlöse aus Zusatzentgelten für Arzneimittel und Medikalprodukte sowie aus Fallpauschalen für polytraumatisierte oder schwer brandverletzte Patienten werden zu 25 % (75 % verbleibt dem Krankenhaus) ausgeglichen.

Alle sonstigen Mehrerlöse werden zu 65 % im Folgejahr an die Kostenträger vom Krankenhaus zurückbezahlt. Bei Leistungen mit hohem Sachkostenanteil oder bei kostspieligen Leistungen mit schwer kalkulierbarer Leistungsmenge kann mit den Kostenträgern über die Höhe der Ausgleichssätze abweichend von den o. g. Ausgleichssätzen verhandelt werden.

Sicherstellungszuschlag

Nach § 5 Abs. 2 KHEntgG vereinbaren die Vertragsparteien auf Ortsebene für die Vorhaltung von Leistungen, die auf Grund des geringen Versorgungsbedarfs mit den Fallpauschalen nicht kostendeckend finanzierbar und zur Sicherstellung der Versorgung der Bevölkerung bei einem Krankenhaus notwendig sind entsprechende Sicherstellungszuschläge (§ 17 b Abs. 1 Satz 6 bis 8 des KHG). Hierbei ist zu berücksichtigen, ob ein anderes Krankenhaus die Leistung bereits ohne Zuschlag erbringt. Damit wäre das Instrument entsprechend nicht gerechtfertigt.

Zu- oder Abschlag bei Eingliederung von besonderen Einrichtungen in das DRG-Vergütungssystem
Nach § 4 Abs. 7 KHEntgG werden bisher von der Anwendung des DRG-Vergütungssystems ausgenommene besondere Einrichtungen nach § 6 Abs. 1 im Vereinbarungszeitraum in das Erlösbudget einbezogen, indem die Differenz zwischen dem Anteil dieser Leistungen an der zuletzt hausindividuell, z. B. durch einen Tagessatz vereinbarten Erlössumme nach § 6 Abs. 3 und dem neuen im Rahmen des Erlösbudgets vereinbarten Vergütungsanteil in einem Zeitraum von drei Jahren schrittweise abgebaut wird. War der bisherige Vergütungsanteil höher, wird das neu zu vereinbarende Erlösbudget im ersten Jahr um zwei Drittel und im zweiten Jahr um ein Drittel der für das jeweilige Jahr ermittelten Differenz erhöht; war der bisher vereinbarte Vergütungsanteil niedriger, wird das Erlösbudget entsprechend vermindert.

Investitionskostenzuschlag
Nach § 10 KHG soll für Krankenhäuser, die in den Krankenhausplan eines Landes aufgenommen sind und Entgelte im DRG-System erhalten, eine Investitionsförderung durch leistungsorientierte Investitionspauschalen ab dem 1. Januar 2012, für psychiatrische und psychosomatische Einrichtungen nach § 17d Abs. 1 Satz 1, die in den Krankenhausplan eines Landes aufgenommen sind, ab dem 1. Januar 2014 ermöglicht werden. Dafür werden bis zum 31. Dezember 2009 Grundsätze und Kriterien für die Ermittlung eines Investitionsfallwertes auf Landesebene entwickelt. Die Deutsche Krankenhausgesellschaft, der Verband der privaten Krankenversicherungen und der GKV-Spitzenverband konnten sich am 05.02.2010 nach intensiven Auseinandersetzungen zu einer Vereinbarung der Investitionspauschalen einigen, so dass die Rechtsverordnung durch das BMG umgangen werden konnte. Das InEK wird mit der Entwicklung und Kalkulation beauftragt. Geplant ist die Darstellung von Investitionsbewertungsrelationen im DRG-Fallpauschalenkatalog.

3.1.7 Bereitstellung von Unterlagen

Zu Beginn der Entgeltverhandlung ist die Aufforderung einer Vertragspartei erforderlich. Zur Feststellung, welche Kostenträger an der Verhandlung teilnehmen dürfen, ist die Kostenträgerstatistik des Krankenhauses zu erstellen. Nur Sozialleistungsträger oder deren Verbände mit mehr als 5 % der Belegungstage eines Krankenhauses gelten nach § 18 Abs. 2 KHG als Parteien der Pflegesatzvereinbarung.

Zentrale Unterlage im Rahmen der Pflegesatzverhandlung ist für Krankenhäuser im DRG-Bereich die AEB (Aufstellung der Entgelte und Budgetermittlung).

Hierzu gehören die folgenden Formulare:
- **E1**: krankenhausübergreifende, definierte und kalkulierte DRGs
- **E2**: krankenhausübergreifende definierte und kalkulierte Zusatzentgelte
- **E3**: hausindividuelle, definierte Entgelte
- **E3.1**: fallbezogene Entgelte (DRGs)
- **E3.2**: Zusatzentgelte
- **E.3.3**: tagesbezogene Entgelte (besondere Einrichtungen, Tageskliniken, tagesbezogene DRGs)
- **B2**: Budgetermittlung

Für Krankenhäuser im Bereich der BPflV (Bundespflegesatzverordnung) ist die LKA (Leistungs- und Kalkulationsaufstellung) zu erstellen und den Kostenträgern einzureichen.

Die „L-Formulare" enthalten Informationen zu erbringenden Leistungen, die „K-Formulare" die entsprechenden Kosteninformationen.

Die Formulare enthalten immer die Vereinbarungsdaten des Vorjahres, die Ist-Leistungen des Vorjahres und zu Verhandlungsbeginn die Forderung für das laufende Verhandlungsjahr. Im Bereich der AEB werden die Daten des Vorjahres zusätzlich in der aktuellen Grouperversion dargestellt, um eine bessere Vergleichbarkeit zu erreichen.

Darüber hat das Krankenhaus nach § 11 Abs. KHEntgG auf Verlangen der anderen Vertragsparteien zusätzliche Unterlagen vorzulegen und Auskünfte zu erteilen, sofern dies zur Beurteilung der Leistungen des Krankenhauses im Rahmen seines Versorgungsauftrags im Einzelfall erforderlich ist.

Verpflichtend sind weiterhin, sofern relevant, folgende Unterlagen:
- eine vom Jahresabschlussprüfer bestätigte Aufstellung für das abgelaufene Jahr über die

Einnahmen aus dem Ausgleichsfonds und den in Rechnung gestellten Zuschlägen, über Erlösabweichungen zum vereinbarten Ausbildungsbudget und über die zweckgebundene Verwendung der Mittel (§ 17a Abs. 7 KHG)

- eine vom Jahresabschlussprüfer bestätigte Aufstellung über die Erlöse aus DRGs und bundeseinheitlich bewerteten Zusatzentgelten (§ 4 Abs. 3 S. 10 KHEntgG)
- eine schriftliche Vereinbarung mit der Arbeitnehmervertretung über zusätzliches Pflegepersonal im Vergleich zum Bestand der entsprechend umgerechneten Vollkräfte am 30.06.2008, sowie die entsprechende Veränderung zum 31.12.2009. (§ 4 Abs. 20 KHEntgG)
- Nachweise für die korrekte Überweisung der Erlöse aus dem DRG-Systemzuschlag, der Erlöse aus dem Systemzuschlag für den GBA und das IQWIG sowie der Zuschlagsanteile Bund und Land der externen Qualitätssicherung
- Kalkulationsgrundlagen für hausindividuelle Entgelte
- weitere Unterlagen nach länderspezifischen Absprachen

Weitere Unterlagen können z. B. sein:

- Aufstellung der vom InEK bewerteten NUBs inkl. Kalkulationen
- Qualitätsstatistik BQS
- Konformitätserklärungen (z. B. Bauchaortenaneurysma)
- Psych-PV-Daten
- Obergrenzenschema
- Ausgleichsberechnungen des Vorjahres und testierte Ausgleichsberechnungen zur Endgültigstellung
- Leistungsplanung
- Hochrechnung lfd. Leistungsdaten
- Tagesordnung

Es ist empfehlenswert, ein Kalkulationsschema zu erstellen, um verschiedene Ergebnisszenarien berechnen zu können – insbesondere um abschließende Verhandlungsergebnisse zu bewerten.

Im Budgetjahr 2009 war die Berechnung von Szenarien besonders wichtig. Die Auswirkungen des Mehrleistungsabschlages und der abweichenden Ausgleichssätze mussten gegenübergestellt werden. Für jedes Budgetjahr empfiehlt sich insbesondere für die Verhandlungsführer ein Übersichtsblatt, um alle wichtigen Verhandlungsgrößen abzubilden (s. Abb. 17).

3.2 Verhandlungsführung

Die Art und Weise der Verhandlungsführung und insbesondere das Verhandlungsklima können entscheidenden Einfluss auf das Verhandlungsergebnis haben. Es ist darauf zu achten, dass die Verhandlung stets sachlich – in der Sache durchaus hart – aber stets fair verlaufen sollte. Konfrontative Verhandlungen bringen im Regelfall keinen Vorteil. Man sollte sich stets vergegenwärtigen, dass auch die Vertreter der Krankenkasse ihre Rolle als Interessenvertreter wahrzunehmen haben. Ihre Aufgabe ist es als Folge der Gesundheitsgesetzgebung den Anstieg der Ausgaben im Gesundheitswesen zu begrenzen, während Vertreter der Krankenhäuser die Aufgabe haben, für die erbrachten Leistungen eine angemessene Vergütung zu erhalten.

3.2.1 Zusammensetzung der Verhandlungskommission

Interne Mitglieder der Verhandlungskommission
Der Bedeutung der Entgeltverhandlungen folgend, muss die Zusammensetzung der Verhandlungskommission seitens des Krankenhauses hochkarätig besetzt sein. Aus der Geschäftsleitung des Krankenhauses sollte sowohl der Kaufmännische wie auch Ärztliche Geschäftsführer an den Entgeltverhandlungen teilnehmen. Gehört der Geschäftsführung kein Arzt an, ist der Ärztliche Direktor/ltd. Chefarzt zu den Entgeltverhandlungen hinzuzuziehen. Die Erfahrungen der vergangenen Jahre haben gezeigt, dass der medizinische Sachverstand in den Verhandlungen unverzichtbar geworden ist. Immer häufiger werden Fragen der Sinnhaftigkeit von neuen Leistungsangeboten, Ausweitung von Leistungsangeboten und insbesondere die Begründungen von NUBs diskutiert und kritische Analysen des Medizinischen Dienstes in die Verhandlungen eingebracht.

Der Verhandlungskommission sollten die Mitarbeiter angehören, die die Verhandlungen im Detail vorbereiten und das gesamte Zahlenwerk des Leistungsgeschehens im Detail kennen. Dies sind im Regelfall Mitarbeiter des Controllings oder Finanzwesens und Mitarbeiter des Medizincontrollings. Dies kann aber je nach Klinik unterschiedlich sein. Vor dem Beginn der Verhandlung sind klare Absprachen über die Verhandlungsführung zu treffen. Ein Mitglied der Geschäftsleitung übernimmt die Gesprächs- und

Checkliste Leistungsüberblick

		Case Mix
IST Leistungen E1 Vorjahr	Grouper aktuelles Jahr	
VB Leistungen E1 Vorjahr	Grouper Vorjahr	
VB Leistungen E1 Vorjahr	Grouper aktuelles Jahr	
Forderung E1	Grouper aktuelles Jahr	
Hochrechnung aktuelle Leistungszahlen	Grouper aktuelles Jahr	

Bei der Hochrechnung ist in jedem Fall die Begründbarkeit der Hochrechnungsfaktoren relevant. Neben linearer Hochrechnung, können die eigenen tatsächlichen Hochrechnungsfaktoren der vergangenen Jahre oder auch Durchschnitte ähnlicher Häuser der vergangenen Jahre zugrunde gelegt werden.

	Summe EUR
IST Leistungen E2 Vorjahr	
VB Leistungen E2 Vorjahr	
Forderung E2	
Hochrechnung aktuelle Leistungszahlen	
Hausindividuelle Entgelte	
Verschiebung hausindividuelle Entgelte in E1 oder E2	
Verschiebung Entgelte von E1 und E2 in hausindividuelle Entgelte	

Abb. 17   Beispiel für eine Checkliste Leistungsüberblick

Verhandlungsführung, soweit es sich um die grundsätzlichen strategischen Fragen der Verhandlung und der Aushandlung der verschiedenen Kompromisse handelt. Ein Mitarbeiter der Fachabteilung hat dagegen die Gesprächsführung, wenn es um die Darstellung und Herleitung der Forderung für die Leistungsmengen und Preise geht.

Externe Mitglieder der Verhandlungskommission
Es wird empfohlen, für die Entgeltverhandlungen externe Unterstützung hinzuzuziehen. Die Krankenkassen verfügen i. d. R. über ein hervorragendes Know-how im Bereich der Entgeltverhandlungen. Sie beschäftigen speziell für die Entgeltverhandlungen ausgebildete Mitarbeiter, deren Hauptaufgabe darin besteht, Entgeltverhandlungen mit Krankenhäusern vorzubereiten und durchzuführen. Auf der Seite des Krankenhauses ist dies für alle Mitarbeiter, die an den Entgeltverhandlungen teilnehmen, eine von vielen Aufgaben. Im Regelfall verfügen nur Krankenhäuser, die in Konzernstrukturen organisiert sind, über eigene Mitarbeiter, deren Hauptaufgabe die Durchführung von Entgeltver-

handlungen ist. Für alle anderen Krankenhäuser ist es sinnvoll und ratsam, externes Fachwissen hinzuzuziehen. Dieses findet man auf jeden Fall bei den Landeskrankenhausgesellschaften oder, wie in NRW, beim Krankenhauszweckverband Köln, Bonn und Region. Diese Einrichtungen beschäftigen im Regelfall Mitarbeiter mit speziellen Kenntnissen des Krankenhausentgeltrechtes, die aufgrund der Teilnahme an vielen Entgeltverhandlungen über einen ausgezeichneten Erfahrungsschatz verfügen. Der Nutzen dieses Know-hows ist wesentlich höher, als die vermeintliche Sorge, aus Wettbewerbsgründen gegenüber anderen Krankenhäusern vermutetes eigenes Know-how nicht zugänglich zu machen. Eine weitere Möglichkeit ist die Einbindung von Rechtsanwaltskanzleien, die sich auf dem Gebiet des Krankenhausrechts und des Krankenhausentgeltrechts spezialisiert haben. Zwischenzeitlich gibt es einige renommierte Kanzleien in Deutschland, die hier hervorragende Unterstützung bieten können. Die rechtzeitige Einbindung einer Anwaltskanzlei empfiehlt sich vor allem, wenn abzusehen ist, dass ein Schiedsstellenverfahren unumgänglich wird.

E

*Eigenes Know-how ergänzt um externes Experten-
wissen stärkt die eigene Verhandlungsposition.*

3.2.2 Wahl des Verhandlungstermins

Entsprechend den Bestimmungen des KHEntgG
(§ 11 Abs. 3) sollen die Entgeltverhandlungen prospektiv geführt werden (analog § 17 Abs. 3 BPflV).

Die Verhandlungen sind darüber hinaus unverzüglich aufzunehmen, nachdem eine Vertragspartei dazu schriftlich aufgefordert hat. Im
Regelfall geht dieser offiziellen Aufforderung ein
sog. Vorgespräch voraus. Dieses Gespräch dient
beiden Vertragspartnern dazu, die gegenseitigen
Erwartungen und Vorstellungen für die bevorstehenden Entgeltverhandlungen auszutauschen.

In der Regel werden Budgetverhandlungen
nicht prospektiv geführt und eine individuelle
Termingestaltung ist durch die Vertragspartner
möglich.

Aus Sicht des Krankenhauses macht ein möglichst früher Verhandlungstermin immer dann
Sinn, wenn für den Vereinbarungszeitraum keine Leistungsmengensteigerungen bzw. auch Leis-
tungsrückgänge erwartet werden.

Damit könnte das Krankenhaus auf Basis der
IST-Mengen des Vorjahres ein hohes Budgetvolu-
men sichern und eine hohe Planungssicherheit
erreichen

Wenn für den Vereinbarungszeitraum deutliche Leistungssteigerungen verhandelt werden
sollen, empfiehlt sich ein späterer Verhandlungstermin, um durch unterjährige, gestiegene IST-Leistungen die zusätzlichen Forderungen
gegenüber den Kostenträgern zu untermauern.
Erfahrungsgemäß stellen die Krankenkassen
steigende Umsatzansprüche des Krankenhauses in Frage.

3.2.3 Start der Verhandlung

Verständigen sich die Vertragsparteien auf ein gemeinsames Vorgespräch, sollte das Krankenhaus
seine vorläufigen Leistungszahlen des abgelaufenen Kalenderjahres vorstellen, die beabsichtigten
Leistungsmengen für den Vereinbarungszeitraum
erläutern und auf Besonderheiten des klinischen
Leistungsgeschehens hinweisen, die für die anstehenden Verhandlungen von Bedeutung sein
können. Für das Krankenhaus ist dies zudem die

Gelegenheit, die strategischen Zielsetzungen der
Krankenkassenseite kennenzulernen und diese
für die weiteren Planungen entsprechend zu berücksichtigen.

Im Vorgespräch sollten dann auch meh-
rer Verhandlungstermine verabredet werden,
weil es während der laufenden Verhandlungen
schwierig wird, weitere Termine zeitnah zu koordinieren.

Vor Beginn des ersten Verhandlungstages ist
bereits eine Agenda zu erstellen, die die einzelnen
Verhandlungspunkte in strukturierter Reihenfolge auflistet.

Ein guter Einstieg für die Verhandlung ist ein
kurzer Bericht der Geschäftsleitung über das abgelaufene Geschäftsjahr, über das Leistungsgeschehen und ggf. über besondere Behandlungs-
erfolge. Negative Abweichungen der Leistungsmengen gegenüber der Vereinbarung sind pro aktiv zu erläutern, insbesondere wenn beabsichtigt
ist, diese Leistungsmengen für den neuen Vereinbarungszeitraum erneut zu verhandeln. Dem
Bericht über das vergangene Geschäftsjahr folgt
ein kurzer Ausblick auf den Vereinbarungszeitraum. Hier sind Themen anzusprechen wie z. B.
geplante bauliche und organisatorische Maßnahmen zur Verbesserung der Patientenversorgung,
Neuberufung von Chefarztpositionen, ggf. neue
Leistungsangebote, die im späteren Verlauf der
Verhandlung zu thematisieren sind u. ä. Es ist alles herauszustellen, was die Bedeutung des Krankenhauses für die Versorgung der Bevölkerung der
Region und damit für die Versicherten der Krankenkassen, hervorhebt.

Dann sollte die Agenda für die Verhandlung
mit den Krankenkassen abgestimmt werden und
die Verhandlungsschwerpunkte aus Sicht des
Krankenhauses herausgestellt werden.

3.2.4 Verhandlungsverlauf

Nachdem Einigkeit über die Agenda erzielt wurde, kann mit der Verhandlung begonnen werden. Dabei wird die Agenda Punkt für Punkt ab-
gearbeitet. Sie sollte so aufgebaut sein, dass die
leichteren Themen, über die vermutlich schnell
eine Einigung erzielt werden kann, am Beginn der
Verhandlung stehen und die wirklichen Knackpunkte am Ende. Es ist für das Verhandlungsklima sicher vorteilhaft, zu Beginn der Verhandlung
bereits Verhandlungsergebnisse zu erzielen und
sich nicht gleich in schwierigen Fragen festzu-

beißen. Am Ende eines jeden Punktes der Agenda wird kurz noch einmal das erzielte Ergebnis einvernehmlich festgelegt, damit nicht zu einem späteren Zeitpunkt der Verhandlung Irritationen über die erzielten Teilergebnisse entstehen können. Jedes Teilergebnis sollte unter dem Vorbehalt einer Einigung über das Gesamtbudget gestellt werden.

Die schwierigen Themen müssen mit ausreichender Zeit verhandelt werden. Keinesfalls sollte man sich unter Zeitdruck setzen und zu einem schnellen Verhandlungsabschluss drängen lassen. Die Verhandlungen sind zu unterbrechen, um die Auswirkungen von Kompromissangeboten der Krankenkassen, insbesondere unter finanziellen Aspekten und Auswirkungen auf das geplante Jahresergebnis, ausreichend zu beleuchten, aber auch um eigene Kompromissvorschläge auszuarbeiten.

Da im Regelfall eine Entgeltverhandlung nicht mit einem Termin zum Abschluss kommt, empfiehlt es sich, über jeden Verhandlungstermin ein Protokoll anzufertigen. Dies sollte sowohl die geeinigten Punkte dokumentieren als auch die offenen Punkte mit den jeweiligen von den Verhandlungspartnern vertretenen Auffassungen wiedergeben. Den Krankenkassen ist das Protokoll vor der nächsten Verhandlungsrunde zur Verfügung zu stellen, damit zu Beginn der nächsten Verhandlungsrunde Konsens über den Inhalt des Protokolls hergestellt werden kann. Abweichende Auffassungen über den Protokollinhalt werden wiederum im Protokoll der aktuellen Verhandlungsrunde festgehalten. Diese Art der Protokollführung empfiehlt sich auch im Hinblick auf ein mögliches Schiedsstellenverfahren.

Drohen die Verhandlungen festzufahren oder zu scheitern, sollte zunächst versucht werden, in einem Vier- oder Acht-Augengespräch mit den Verhandlungsführern der Krankenkassen außerhalb des Protokolls mögliche Kompromisslinien zu bereden. Kann danach die Entgeltverhandlung nicht zu einem geeinigten Abschluss gebracht werden, ist vor einem endgültigen Scheitern der Verhandlung ein neuer Termin zu vereinbaren. In diesem Verhandlungstermin ist dann ein letzter Versuch der Einigung zu unternehmen, bevor endgültig die Schiedsstelle angerufen wird. Dazu ist ein Nichteinigungsprotokoll anzufertigen, da in der Regel nicht alle Verhandlungspunkte strittig sind.

Da die Verhandlung über die einzelnen Preise und die dahinterliegenden Kalkulationen für nicht bepreiste DRGs, ZEs sowie für die NUBs sehr zeitintensiv sind, empfiehlt es sich, aus arbeitsökonomischen Gründen diese außerhalb der eigentlichen Verhandlungsrunde in einer kleinen Verhandlungskommission mit gesonderten Terminen abschließend zu verhandeln. Die Autoren haben damit in der Vergangenheit sehr gute Erfahrungen gemacht.

Exaktes Protokoll der einzelnen Verhandlungsrunden schafft Klarheit für die Verhandlungspartner und eine gute Grundlage für ein evtl. Nichteinigungsprotokoll zur Einleitung eines Schiedsstellenverfahrens.

3.2.5 Kritische Verhandlungspunkte

Einige Punkte werden in Entgeltverhandlungen immer wieder zu kritischen Diskussionen führen. Deshalb wird an dieser Stelle nochmals besonders darauf eingegangen.

Leistungsmengenentwicklung
Forderungen nach höheren Leistungsmengen werden, wenn sie sich nicht durch die Erhöhung der Planbetten im Krankenhausplan eines Landes ergeben, besonders kritisch hinterfragt und im Zweifelsfall von den Krankenkassen für den Vereinbarungszeitraum abgelehnt werden. Deshalb sind bereits im Vorfeld der Verhandlungen die Begründungen für die Leistungsmengensteigerung gut herauszuarbeiten (Chefarzt-Wechsel, Leistungssteigerung im 3. und 4. Quartal des Vorjahres, Schließung von Fachabteilungen an anderen Standorten im Umfeld). Ggfs. ist, wie bereits in Kapitel 3.2.2 beschrieben, die Entgeltverhandlung weit in das laufende Jahr zu verschieben bzw. hinauszuzögern, um Leistungsmengensteigerungen durch Ist-Leistungen im Vereinbarungszeitraum zu belegen. Um die eigene Überzeugung für die geforderte Leistungsmengensteigerung zu untermauern, bieten sich auch folgende Angebote an die Kostenträger an:

Abweichende Mehrerlösausgleiche, wenn es sich um DRG's mit hohen Sachkostenanteilen handelt; damit wären die höheren Leistungsmengen für den Vereinbarungszeitraum nicht im E1 enthalten, aber die Leistungssteigerung wäre für das Krankenhaus wirtschaftlich vertretbar und könnte dann im folgenden Jahr aufgrund der Ist-Leistungen in der Forderungs-E1 eingebracht werden. Allerdings besteht bei dieser Vorgehensweise ein latentes Risiko, dass unterjährige Änderungen des Krankenhausentgeltgesetzes dazu führen, dass diese Leistungen im darauf folgenden Jahr nicht umfänglich geltend gemacht werden können. So geschehen zum Jahreswechsel 2008/2009, als eine kurzfristige gesetzliche Änderung dazu führte, dass verhandelte Mehrleistungen im Jahre 2009 – auch wenn sie bereits in 2008 nachweisbar erbracht wurden – mit einem Rabatt zu versehen waren (§ 4 Abs. 2a Satz 1 KHEntgG). Alternativ könnte den Krankenkassen auch angeboten werden auf einen Mindererlösausgleich zu verzichten. Damit unterstreicht man die eigene Überzeugung an der Leistungsfähigkeit und nimmt den Krankenkassen das Risiko für evtl. zu hoch vereinbarte Leistungsmengen.

Ein weiterer Streitpunkt könnten niedrige Leistungsmengen einer DRG unter Qualitätsgesichtspunkten sein. Hier muss das Krankenhaus unter grundsätzlichen strategischen Gesichtspunkten entscheiden, ob es dauerhaft an diesen Leistungen festhalten will. Den Krankenkassen ist dann darzulegen, wie in den kommenden Jahren die Leistungsmengen ausgeweitet werden.

Neue Leistungsfelder

DRG's, die im abgelaufenen Vereinbarungszeitraum nicht erbracht und im E1 nicht enthalten waren, werden, wenn sie für den neuen Vereinbarungszeitraum im E1 enthalten sind, kritisch hinterfragt. Deshalb sind diese neuen Leistungen pro aktiv in der Verhandlung darzustellen. Man sollte es nicht den Krankenkassen überlassen, dass sie durch Analyse der E1 diese Abweichungen feststellen. Neue Leistungsfelder können beispielsweise begründet werden durch die Einstellung eines neuen Chef-Arztes mit einer entsprechenden Spezialisierung oder einem fehlenden Leistungsangebot in der Region.

Preiskalkulation für NUBs und nicht bewertete DRGs und ZEs

Auch noch so transparente Kalkulationen werden in den Entgeltverhandlungen oftmals kritisch hinterfragt und von den Kostenträgern mit eigenen „Benchmarkergebnissen" abgewertet.

Hier ist zu beachten, dass die Krankenkassen im Regelfall nicht bereit sind, die Quelle ihrer Daten zu benennen. Damit ist nicht nachvollziehbar, ob diese Vergleichswerte auf Grundlage von „Fehlkalkulationen" oder „politisch vereinbarten" Preisen zustande gekommen sind.

Hier ein Verhandlungsergebnis zu erzielen, ist individuell davon abhängig, welche wirtschaftliche Bedeutung das jeweilige NUB, ZE oder die DRG gemessen an der zu erbringenden Menge hat. Im Hinblick auf das gesamte Verhandlungsergebnis muss man entscheiden, inwieweit es wichtiger ist grundsätzlich erst einmal diese Leistung vereinbaren zu können, oder aber den geforderten Preis zu erhalten. Kritisch ist es allerdings immer, wenn die Krankenkassen, insbesondere bei den ZEs, die ja im Wesentlichen eine Erstattung der Sachkosten darstellen, Preise mit Hinweis auf den Wettbewerb anbieten, die unterhalb der eigenen Einkaufspreise liegen.

Dies könnte verknüpft sein mit dem Versuch, bestimmte Leistungen auf wenige Leistungserbringer zu konzentrieren, um durch nicht kostendeckende Preise andere Krankenhäuser davon abzuhalten, solche Leistungen zu erbringen.

Aber hierbei ist Vorsicht geboten. Diese Preisvereinbarung könnte ein Verstoß gegen das Gesetz gegen unlauteren Wettbewerb wie auch gegen das Gesetz gegen Wettbewerbsbeschränkungen darstellen. Gemäß § 3 UWG sind unlautere geschäftliche Handlungen unzulässig, wenn sie geeignet sind, die Interessen von Mitbewerbern, Verbrauchern oder sonstigen Marktteilnehmern spürbar zu beeinträchtigen. Gemäß § 1 des Gesetzes gegen Wettbewerbsbeschränkungen sind Vereinbarungen zwischen Unternehmen, „.... die eine Verhinderung, Einschränkung oder Verfälschung des Wettbewerbs bezwecken oder bewirken verboten".

3.3 Schiedsstellenverfahren

Kommt eine Vereinbarung nach § 11KHEntgG nicht zustande, kann gemäß § 13 KHEntgG die Schiedsstelle angerufen werden, die innerhalb von 6 Wochen über die nicht geeinigten Gegenstände entscheidet.

Die Gesetzesformulierung macht deutlich, dass im Regelfall nicht über das Gesamtbudget entschieden wird, sondern nur über einzelne Tatbestände. Bevor also die Schiedsstelle angerufen wird, muss man sich aus Sicht des Krankenhauses klar darüber sein, welche Bedeutung die einzelnen strittigen Gegenstände haben, die ein Schiedsstellenverfahren rechtfertigen.

Man muss sich also vorher kritisch die Frage stellen, ob alle Möglichkeiten einer einvernehmlichen Lösung, einschließlich einer Lösungsfindung in der Entgeltverhandlung für das folgende Jahr, ausgeschöpft worden sind.

- Können finanzielle Auswirkungen einer Nichteinigung in dem konkreten Verhandlungsgegenstand nicht an anderer Stelle kompensiert werden?
- Sind geforderte Leistungsmengensteigerungen anderweitig zu kompensieren oder durch ein Stufenkonzept im Folgejahr zu realisieren?
- Eine Schiedsstelle nur um des Prinzips Willen anzurufen, ist sicherlich nicht hilfreich.

Vor Einschaltung der Schiedsstelle sollte auch die Wahrscheinlichkeit eines möglichen Erfolgs des Schiedsstellenverfahrens durch eine juristische Beratung abgeklärt werden. Zu der Analyse der Erfolgsaussichten gehört einerseits die Beurteilung der Rechtslage für die eigene Position wie auch eine Analyse möglicher Schiedsstellenverfahren aus der Vergangenheit in vergleichbaren Fällen.

Wenn sich in den Entgeltverhandlungen bereits ein Schiedsstellenverfahren abzeichnet, ist zu den letzten Verhandlungsterminen die Anwaltskanzlei, die die Interessen des Krankenhauses im Schiedsstellenverfahren vertreten soll, hinzuzuziehen. Sie kann sich bereits rechtzeitig einen Überblick über die strittigen Punkte verschaffen und darauf einwirken, dass das „Nicht-Einigungsprotokoll" aus Sicht des Krankenhauses eindeutig formuliert wird.

Für die Schiedsstellenverhandlung ist zu prüfen, ob die eigenen Begründungen für die strittigen Forderungen, wie sie in den Entgeltverhandlungen vorgebracht wurden, noch ergänzt werden können und müssen. An dieser Stelle ist noch einmal zu erwähnen, dass eine gute Protokollierung der Entgeltverhandlungen von großer Wichtigkeit ist.

Zusammenfassung

Erfolgreiche Entgeltverhandlungen sind ein wichtiger Baustein zur Sicherung des Unternehmenserfolges. Die wichtigsten Punkte, die für eine erfolgreiche Verhandlung beachtet werden sollten, sind nachfolgend noch einmal kurz zusammengefasst:

- Analyse von Änderungen der gesetzlichen Rahmenbedingungen im Hinblick auf die Planung des Jahresergebnisses
- Festlegung der strategischen Zielsetzungen für die Entgeltverhandlungen
- Absicherung der zu verhandelnden Leistungsmengen durch klare Vereinbarungen mit den Fachabteilungen
- stichhaltige Begründungen für Leistungsmengensteigerungen und Erweiterungen des Leistungsportfolios ausarbeiten
- hochkarätige Besetzung der eigenen Verhandlungskommission verstärkt um externen Sachverstand
- gute Protokollführung über alle Verhandlungsschritte
- Erstellen eines Kalkulationsschemas um jederzeit die verschiedenen Verhandlungsszenarien berechnen zu können
- keine Verhandlung unter Zeitdruck – nur Beharrlichkeit führt zum Ziel

Literatur

Behrends B (2009) Praxis des Krankenhausbudgets nach dem Krankenhausfinanzierungsgesetz. Medizinisch Wissenschaftliche Verlagsgesellschaft, Berlin

Rau F (2009) Regelungen des Krankenhausfinanzierungsreformgesetztes. In: Das Krankenhaus 3.2009. Kohlhammer Verlag, Stuttgart

Tuschen KH, Trefz U (2010) Krankenhausentgeltgesetz. Kommentar. 2. vollständig überarbeitete und erweiterte Auflage. Kohlhammer Verlag, Stuttgart

F

Das Krankenhaus und seine Finanzierung und Investitionen

1 Krankenhausfinanzierung in Deutschland

Klaus Theo Schröder

Staatssekretär a. D., Essen

1.1 Vorbemerkungen

Historisch betrachtet lassen sich in Deutschland *drei Phasen der Krankenhausfinanzierung* unterscheiden:

1. die sog. freie Finanzierung der Krankenhäuser bis 1936,
2. die monistische Krankenhausfinanzierung von 1936 bis 1972,
3. die duale Finanzierung der Krankenhäuser seit 1972 bis heute.

Im Rahmen dieses Beitrags kann nur auf die zurzeit gültige Rechtsgrundlage und deren zugrundeliegenden Prinzipien und Zielsetzungen eingegangen werden, ohne dabei alle Feinheiten der Krankenhausfinanzierung, wie sie sich seit Mitte der 90er-Jahre darstellen, einbeziehen zu können. Mit anderen Worten, es wird nur auf die Investitionsfinanzierung durch die Länder und die Finanzierung der laufenden Kosten durch die gesetzlichen Krankenkassen eingegangen.

Das heißt nicht, dass die Finanzierung durch Selbstzahler bzw. die private Krankenversicherung gering geschätzt würde. Die Finanzierung von Krankenhäusern bzw. Krankenhausleistungen im Rahmen integrierter Versorgungsverträge oder über die Trägerschaft von Medizinischen Versorgungszentren sei hier ebenso nur erwähnt, da

auf die Tatbestände der Finanzierung der Bau- und Ausstattungsinvestitionen der Universitätsklinika durch die Länder oder die Investitionsaufwendungen durch die unterschiedlichen Träger selbst nicht im Einzelnen eingegangen werden kann.

Die (noch) bestehenden Unterschiede in der Finanzierung der laufenden Kosten in somatischen Abteilungen bzw. Häusern einerseits und der psychiatrischen sowie psychosomatischen Abteilungen oder Fachkrankenhäuser andererseits werden allerdings in der gebotenen Kürze behandelt.

1.2 Grundlagen

Das Gesundheitswesen realisiert rund 11 % des gesamten Bruttoinlandsprodukts und damit insgesamt ca. 250 Mrd. € pro Jahr. Davon entfallen auf die deutschen Krankenhäuser gut 65 Mrd. €. Allein die wenigen Daten vermitteln einen ersten überzeugenden Eindruck der Bedeutung des Krankenhaussektors in Deutschland. Diese Bedeutung gewinnt erst ihre vollständige Gestalt, wenn man sich die Aufgaben und Funktionen der Krankenhäuser in der Versorgung der Patientinnen und Patienten vor Augen führt: Ohne leistungsfähige Krankenhäuser wäre die stationäre Versorgung nicht gewährleistet und in der ambulanten Versorgung gäbe es zumindest bei *schwierigen Fällen* und seltenen Erkrankungen nicht hinnehmbare Versorgungslücken. Die Krankenhäuser sind das Rückgrat des alles in allem betrachtet hervorragenden Gesundheitssystems in unserem Land.

Deshalb leuchtet es unmittelbar ein, dass Krankenhäuser als bedeutender Bestandteil der gesundheitlichen Infrastruktur mit dem Krankenhausfinanzierungsgesetz (KHG) aus dem Jahre 1972 eine klare Rechtsgrundlage für die Finanzierung erhalten haben.

Im Absatz 1 des § 1 des KHG heißt es:
Zweck dieses Gesetzes ist die wirtschaftliche Sicherung der Krankenhäuser, um eine bedarfsgerechte Versorgung der Bevölkerung mit leistungsfähigen, eigenverantwortlich wirtschaftenden Krankenhäusern zu gewährleisten und zu sozial tragbaren Pflegesätzen beizutragen.

Mit diesen Grundsätzen und den weiteren Bestimmungen im KHG wird ein Rechtsanspruch der Krankenhäuser auf Investitionsfinanzierung aus Steuermitteln der Länder, in deren gültigen Krankenhausplan sie aufgenommen sind, ebenso festgelegt, wie ihr Anspruch auf die Finanzierung der laufenden Betriebsausgaben durch die Krankenkassen nach dem Krankenhausentgeltgesetz (KHEntgG) und der Bundespflegesatzverordnung (BPflV). Die Krankenkassen müssen mit den *Plankrankenhäusern* eines jeden Landes kontrahieren und nach Maßgabe der rechtlichen Vorschriften deren Aufwendungen finanzieren. Das ist der Kern der *dualen Krankenhausfinanzierung*.

Krankenhausfinanzierung umfasst damit sowohl ein Gesamtsystem effizienter Versorgung (bedarfsgerechte Versorgung zu sozial tragbaren Pflegesätzen) als auch das plurale Angebot verschiedener öffentlicher, frei-gemeinnütziger, kirchlicher und privater Träger (eigenverantwortlich wirtschaftenden Krankenhäuser) und die Notwendigkeit der ökonomischen Effizienz eines jeden Hauses (wirtschaftliche Sicherung).

Im Kern geht es also bei der Krankenhausfinanzierung um die Finanzierung medizinischer und pflegerischer Leistungen zur Versorgung der Bevölkerung. Damit stellte sich von Anfang an die Frage, wie ordnet man die Finanzierung der Krankenhäuser so, dass nicht der Status quo, sondern die dynamische Leistungsentwicklung im Vordergrund steht. Die Finanzierung wird damit zu einem entscheidenden Instrument der Versorgungspolitik und damit letztlich auch der Realisierung ständiger Qualitätsverbesserungen.

Nicht das Krankenhaus selbst, sondern seine Leistungen für die Patientinnen und Patienten sind damit wiederum Maßstab für die Beurteilung, ob und wenn ja wie gut dies durch die verschiedenen Finanzierungsmechanismen gelingt.

Die Notfallversorgung in den Krankenhäusern ist selbstverständlich einzubeziehen, aber auch ihre Infrastrukturfunktion im Gesundheitssystem.

Auch wenn die Zahl der Krankenhäuser in den letzten Jahren von 2.411 im Jahre 1991 auf 2.139 im Jahre 2005 abgenommen hat und die Zahl der Betten in der gleichen Zeit von 665.565 auf 523.824 reduziert wurde, steigt die Bedeutung der Krankenhäuser, wie nicht nur die steigenden Fallzahlen (von 14.577.000 auf 16.874.000 im angegebenen Zeitraum) illustrieren.

1.3 Finanzierung der laufenden Kosten

Die Finanzierung der laufenden Kosten der Krankenhäuser in Deutschland ist Aufgabe der gesetzlichen Krankenkassen. Sie sind dabei allerdings an die Rahmendaten gebunden, die die Landeskrankenhausplanung setzt. Bis in die 90er-Jahre hinein legten die Länder in ihren Krankenhausplänen die Standorte, die bettenführenden und nicht bettenführenden Abteilungen, die Anzahl der Betten, aber z. B. auch die Ausbildungskapazitäten in der Pflegeausbildung u. a. fest.

Die Krankenkassen hatten bis zum Gesundheitsstrukturgesetz (GSG) im Jahre 1993 abteilungsbezogene Tagespflegesätze zu zahlen. Diese Finanzierungsform begünstigte u. a. Fehlbelegungen in Krankenhäusern.

Mit dem GSG wurde ein Mischsystem aus Fallpauschalen im Wesentlichen für die sog. schneidenden Fächer, Sonderentgelte und Tagessätze implementiert. Hinzu kam die Einführung eines *gedeckelten Budgets*. Damit stiegen die Herausforderungen an die Verantwortlichen in den Krankenhäusern, die Leistungen wirtschaftlicher als zuvor zu erbringen, aber auch zugleich die steigende Zahl von Patientinnen und Patienten zu versorgen.

Das System war im Kern nicht erfolgreich, weil es keinen inhärenten Zug zur Leistungssteigerung auslöste. Auch die Qualität der Leistungen in der Versorgung wurde nicht positiv beeinflusst, weil der permanente Druck des Budgets lediglich zu Strategien des *cost-cuts* führte.

Da sich die Modifikationen des traditionellen Systems als untauglich herausgestellt hatten, wurde Ende der 90er-Jahre ein Entgeltsystem für deutsche Krankenhäuser diskutiert, das auf die Erfahrungen mit diagnoseorientierten Fallpauschalen, wie sie in angelsächsischen Ländern damals bereits eingeführt waren, rekurrierte.

In Deutschland entschied sich die dafür vom Gesetzgeber beauftragte Selbstverwaltung für die Übernahme eines australischen Grundsystems und dessen Weiterentwicklung und Anpassung an die hiesigen Versorgungsverhältnisse.

Im Abs. 1 des § 17 b des KHG war festgelegt:
Für die Vergütung der allgemeinen Krankenhausleistungen ist ein durchgängiges, leistungsorientiertes und pauschalierendes Vergütungssystem einzuführen; dies gilt nicht für die Leistungen der in § 1 Abs. 2 der Psychiatrie-Personalverordnung genannten Einrichtungen und der Einrichtungen der Psychosomatischen Medizin und Psychotherapie ...

Die somatischen Krankenhausleistungen werden heute – nach der sog. Konvergenzphase – im Wesentlichen über fallpauschale Entgelte, die DRGs (diagnosis related groups), finanziert. Hinzu kommen Sonderentgelte.

Jeder DRG ist ein Kosten- oder Relativgewicht zugeordnet, das den Ressourcenverbrauch oder Aufwand der Fallschwere widerspiegelt. In jedem Krankenhaus wird zudem der Case Mix ermittelt, der in der Regel die Gesamtsumme der Relativgewichte aller DRGs z. B. eines Jahres darstellt. Teilt man den Case Mix durch die Zahl der Fälle eines Krankenhauses, dann erhält man dessen Case Mix Index (CMI). Hinzu kommt heute der Landesbasisfallwert, der inzwischen den hausindividuellen Fallwert abgelöst hat. Zusammen mit einigen Sonderfaktoren bildet das Produkt aus Basisfallwert und Casemix das Erlösvolumen eines Krankenhauses. Es handelt sich um ein Festpreissystem.

Voraussetzung für die Anwendung dieses Entgeltsystems ist die Kodierung der *Hauptdiagnose* und eventuellen *behandlungsrelevanten Nebendiagnosen* als *ICD Code* (international code of diseases/internationale Klassifikation der Krankheiten) und der Leistungen als *OPS Code* (Operations- und Prozeduren-Schlüssel). Um die Einheitlichkeit der Kodierungen sicherzustellen, werden bundesweit gültige Kodierrichtlinien eingesetzt.

Das Institut für das Entgeltsystem im Krankenhaus (InEK) berechnet jährlich auf der Basis realer Daten der sog. Kalkulationskrankenhäuser die DRGs neu und schreibt das System systematisch fort. So hat sich seit der Einführung die Anzahl der DRGs fast verdoppelt; es gibt inzwischen über

130 Sonderentgelte und durch Alterssplitts wird inzwischen auch den Erfordernissen der Pädiatrie weitgehend Rechnung getragen. Durch die jährlich wiederkehrenden Arbeiten am System spricht man auch von dem lernenden deutschen DRG-System.

Wie bereits angesprochen, werden mit der Krankenhausfinanzierung verschiedene Ziele verfolgt. Ineffiziente Strukturen und Überkapazitäten sollen möglichst durch ein immanentes Anreizsystem beseitigt, zumindest jedoch minimiert werden. Dies wurde mit der Einführung des neuen Systems durchaus erreicht. Das *Bett*, die Starvokabel der Krankenhauspolitik der 80er- und 90er-Jahre, ist aus der Diskussion fast völlig verschwunden. Die Abläufe wurden in den letzten Jahren in vielen Krankenhäusern verbessert oder optimiert. Die Vergütung stellt auf die medizinische und pflegerische *Leistung* ab und nicht mehr auf die Verweildauer. Schließlich wird durch das DRG-System die Bezahlung der Leistungen innerhalb eines Landes vereinheitlicht und die Vergleichbarkeit und die Transparenz des Leistungsgeschehens erheblich erhöht.

Mit dem System geht durchaus Aufwand einher, der jedoch gut organisiert und somit beherrscht werden kann. Nicht nur die Minimierung des systemimmanenten Aufwandes ist geboten, sondern auch die Verhinderung von falscher Codierung, auch upcoding genannt.

Mit der Einführung des Fallpauschalen-Entgeltsystems in Deutschland wurde es gleichzeitig notwendig, ein Instrumentarium der Qualitätsentwicklung und -sicherung einzuführen. Dieses ist in den letzten Jahren Schritt für Schritt erfolgt und hilft die Qualität der Versorgung in den deutschen Krankenhäusern stetig zu verbessern und transparenter zu machen (Stichwort: strukturierte Qualitätsberichte).

Während in den somatischen Abteilungen und Krankenhäusern das neue Finanzierungssystem der laufenden Aufwendungen als etabliert gelten darf, hat der Gesetzgeber erst mit der Krankenhausreform, die im März 2009 verabschiedet wurde, für die Psychiatrie und die Psychosomatik sowie die Psychotherapie den Auftrag erteilt, ein neues Entgeltsystem für diesen Bereich zu entwickeln und bis 2013 zu implementieren.

Im Abs. 1 des § 17 d des KHG ist festgelegt:
Für die Vergütung der allgemeinen Krankenhausleistungen von Fachkrankenhäusern und selbständigen, gebietsärztlich geleiteten Abteilungen an somatischen Kranken-

häusern für die Fachgebiete Psychiatrie und Psychothera-
pie, Kinder- und Jugendpsychiatrie und -psychotherapie
(psychiatrische Einrichtungen) sowie Psychosomatische
Medizin und Psychotherapie (psychosomatische Einrich-
tungen) ist ein durchgängiges, leistungsorientiertes und
pauschalierendes Vergütungssystem auf der Grundlage
von tagesbezogenen Entgelten einzuführen ...

Der erste Schritt, die Vereinbarung über die
Grundstrukturen, ist von der Selbstverwaltung
Ende 2009 erfolgreich gegangen worden. Im Jahre 2010 stehen die Dokumentation zur Psychiatrie-
Verordnung und die erste Erweiterung des OPS
an; dann folgt im Jahre 2011 die zweite Erweiterung des OPS. Im Jahr 2012 wird kalkuliert und
ab 2013 budgetneutral implementiert. Mit dieser
Schrittfolge greift der Gesetzgeber auf die positiven Erfahrungen mit der DRG-Einführung zurück – lernendes System.

1.4 Investitionsfinanzierung

Ganz ohne Zweifel wird die Qualität der Leistungen eines Krankenhauses und in einem Krankenhaus durch die Qualifikation und Kompetenz der
Ärztinnen und Ärzte, des Pflegepersonals, der ver-
schiedensten Assistenzkräfte etc. gewährleistet.
Die Voraussetzungen für gute Qualität sind aber
auch in den sächlichen Ressourcen zu suchen.
Ohne entsprechende bauliche Voraussetzungen
ist qualitativ gute Versorgung ebenso wenig zu erreichen, wie mit ungenügender oder veralterter
technischer Ausstattung für Diagnose und Therapie. Diese Faktoren werden umso bedeutender,
je mehr man sich vergegenwärtigt, dass heutige
Krankenhäuser *Hightech-Unternehmen* sind. Deshalb ist eine verlässliche und ausreichende Investitionsfinanzierung von zentraler Bedeutung für
eine qualitativ hochwertige Versorgung in einem
Krankenhaus.

Die Länder finanzieren die Investitionen der
Krankenhäuser entweder über Projektförderung,
also nach dem Grundschema:

- Antragstellung – Prüfung – Bewilligung – Bescheid – Mittelzuweisung nach Baufortschritt
  oder
- als Pauschalfinanzierung (z. B. in Nordrhein-
  Westfalen) bzw. als Mischsystem aus Projekt-
  und Pauschalfinanzierung.

Insgesamt ist festzustellen, dass die Mittel aller
Länder für die Investitionsfinanzierung in den

letzten Jahren, wenn auch in unterschiedlichem
Maße, kontinuierlich zurückgeführt worden
sind. Gemessen am Bruttoinlandsprodukt (BIP)
sanken die Investitionsaufwendungen der Länder
von 0,24 % Anteil am BIP im Jahr 1991 auf 0,12 % im
Jahr 2006. Im gleichen Zeitraum halbierte sich der
Anteil der Investitionsausgaben der alten Länder
an den gesamten Krankenhausausgaben; 1991 waren es ca. 9 % – 2006 nur noch 4,7 %. In den neuen
Ländern wäre der Vergleich verzerrt, weil in dieser Zeit erhebliche Mittel des Bundes zum Krankenhausneubau und zur Modernisierung der bestehenden Häuser geflossen sind. Preisbereinigt
gingen die absoluten Beträge für Investitionen
von über 4 Mrd. € Anfang der neunziger Jahre auf
rund 2,7 Mrd. € im Jahre 2005 zurück

Obwohl die Träger in den letzten Jahren erhebliche eigene Anstrengungen unternommen
haben, um Bau- und Ausstattungsinvestitionen
aus eigenen Mitteln zu finanzieren, und deshalb
nicht zu Unrecht von einer *schleichende Monistik*
gesprochen wird, ist ein enormer Investitionsstau
in den deutschen Krankenhäusern zu konstatieren. Während das Rheinisch-Westfälische Institut für Wirtschaftsforschung (RWI) in Essen den
Stau mit 12 Mrd. € beziffert, spricht die Deutsche
Krankenhausgesellschaft (DKG) von einem Investitionsstau von rd. 50 Mrd. €.

Hinzu kommt, dass inzwischen nicht mehr
von der notwendigen Kongruenz der technischen Nutzungsdauer der Ausstattungsinvestitionen und deren Finanzierung gesprochen werden kann; d. h. der medizintechnische Fortschritt
wird in der Regel nicht mehr zeitgerecht durch die
Länder finanziert.

Zusammenfassung und Ausblick

Während das System der Finanzierung der laufenden
Betriebskosten einen hohen Reifegrad, eine beachtliche
Stabilität und eine gute Zieladäquanz erreicht hat, was
nicht zuletzt dazu führt, dass das deutsche DRG-System
im Ausland *nachgefragt* wird, leidet die Investitionsfinanzierung erheblichen Mangel, der nur über einen Systemwechsel zu beheben ist.

Bei der Betriebskostenfinanzierung in Deutschland sollte in den nächsten Jahren

- ein bundeseinheitlicher Basisfallwert eingeführt werden,
- die Orientierungsgröße, wie bereits vorgesehen, auf
  Krankenhausspezifika ausgerichtet werden und
- das bestehende Preissystem in einen stärkeren wettbewerblichen Rahmen mit Verhandlungsspielräu-

men für die Beteiligten eingebettet werden (Stichwort: pay for performance).

Bei der Investitionsfinanzierung ist der Systemwechsel hin zur monistischen Finanzierung geboten. Im Rahmen einer solchen Finanzierung erfolgt die Investitions- und die Betriebskostenfinanzierung leistungsbezogen aus einer Hand. Es sind Investitionszuschläge auf die diagnoseorientierten Fallpauschalen festzulegen, die eine kontinuierliche Finanzierung der Investitionen sicherstellen. Die Krankenkassen würden die Gesamtbeträge auszahlen und diese wiederum würden durch einen entsprechend erhöhten Steuerzuschuss an die gesetzliche Krankenversicherung refinanziert, damit keine Beitragserhöhungen notwendig werden. Da es keinen Grund gibt, die Länder bei dieser Operation zu entlasten, werden die erhöhten Steuermittel, die technisch gesehen der Bund auszahlt, durch eine Modifikation des Länderfinanzausgleichs und damit letztlich durch die Länder finanziert.

Wenn man intertemporale Vergleichswerte heranzieht und somit die Investitionsaufwendungen Anfang der 90er-Jahre mit den heute aufgewendeten Mitteln vergleicht oder intersektorale Vergleiche anstellt, also andere Wirtschaftszweige und deren Investitionsquoten zu Rate zieht oder internationale Benchmarks bemüht, dann dürfte ein jährliches Investitionsvolumen von 5 Mrd. € pro Jahr aus heutiger Sicht angemessen sein. Mit dem skizzierten System hätten die deutschen Krankenhäuser erstmals eine verlässliche Investitionsfinanzierung. So würden auf diese Weise in Zukunft Investitionsstaus vermieden. Nicht zuletzt wären damit auch Wettbewerbsverzerrungen zum ambulanten Bereich, der auch monistisch finanziert wird, beseitigt.

2 Krankenhausfinanzierung im öffentlich-rechtlichen Umfeld

Raimar Goldschmidt und Irmtraut Gürkan

Universitätsklinikum Heidelberg

Das Gesundheitssystem befindet sich in einer länger währenden Umbruchphase. Das im Jahr 2003 eingeführte DRG-System löste die seit 1972 bestehende Abrechnung nach Pflegetagen ab. In dem alten Abrechnungssystem fehlte der Anreiz, die Patienten ökonomisch möglichst effizient zu behandeln d. h. die Liegedauer so kurz wie medizinisch sinnvoll zu gestalten. Für Investitionen gilt nach wie vor das duale Krankenhausfinanzierungssystem.

In diesem Kapitel sollen die bisher konventionellen Finanzierungsformen des Krankenhauses vorgestellt werden, der Großteil des Raumes wird aber den modernen Finanzierungsformen wie PPP, Fundraising, Pay-Per-Use und Kooperationsmöglichkeiten eingeräumt werden.

2.1 Probleme der Dualen Krankenhausfinanzierungsform

Verglichen mit anderen Gesundheitssystemen der westlichen Welt stellt das deutsche Gesundheitssystem hinsichtlich seiner dualen Finanzierung eine Besonderheit dar. Das duale Finanzierungssystem trennt zwischen der Finanzierung der Investitionskosten und Betriebsausgaben. Werden die Betriebsausgaben durch die Krankenkassen getragen, so sind die Investitionskosten durch die öffentliche Hand und ggf. den Träger der Klinik zu erbringen. War dies in Zeiten voller Kassen des Bundes, der Länder oder der Kommunen ein gangbarer Weg, so stellt er heute einen Hemmschuh für Konkurrenzfähigkeit von öffentlich-rechtlichen Krankenhäusern gegenüber privaten Krankenhäusern dar. Der Wettbewerb von Investitionsprojekten von Krankenhäusern mit anderen medial ebenfalls sehr präsenten Themen, wie Bildungspolitik oder Schuldenabbau der öffentlichen Hand, lassen häufig die Projekte innerhalb des Krankenhauses nicht zeitnah oder gar nicht realisieren.

Universitäre Krankenhäuser waren bis zur Föderalismusreform Anfang 2007 privilegiert. Das Hochschulbauförderungsgesetz (HBFG) ermöglichte eine anteilige Finanzierung von Investitionen durch den Bund. Seit 2007 sind die Länder für die Investitionen alleine zuständig. Eine Ausnahme bilden Projekte mit „Leuchtturmfunktion", welche nach § 91b GG gefördert werden können [Hildenbrand 2007]. Selbsthilfe der Krankenhäuser ist der Versuch der Eigenfinanzierung von Investitionen. Man spricht hier von einer „schleichenden" Monistik [Gürkan 2009].

2.2 Konventionelle Finanzierungsinstrumente

Die konventionellen Finanzierungsinstrumente lassen sich nach ihrer Herkunft in Außen- und Innenfinanzierung untergliedern. Die Innenfinanzierung umfasst die Gewinnung von Zahlungsmitteln durch Vorgänge innerhalb des Unternehmens. Sie trifft im Kern folglich einen vereinfachten Sachverhalt: Das Krankenhaus erzielt für seine Dienstleistung mehr Geld, als es Aufwendungen hat. Der somit erzeugte Überschuss an laufenden Einnahmen stellt eine primäre Quelle der Innenfinanzierung dar. Dabei kann der Überschuss verschiedene Kapitalquellen haben. Er kann aus einbehaltenen Gewinnen (Selbstfinanzierung), aus der Finanzierung aus Abschreibungsgegenwerten und aus der Bildung langfristiger Rückstellungen stammen [Stahl 2009].

2.2.1 Selbstfinanzierung

Werden die während einer Periode erwirtschafteten Gewinne zurückbehalten und nicht ausgeschüttet bzw. an den Fiskus abgeführt, spricht man von einer Selbstfinanzierung.

Je nach bilanzierter Gewinnausweisung geht man von offener oder stiller Selbstfinanzierung aus. Der Gewinn wird nicht an den Gesellschafter ausgeschüttet, sondern in die Gewinnrücklage eingestellt. Somit wird eine offene Selbstfinanzierung durchgeführt und die Eigenkapitalbasis dadurch dauerhaft gestärkt.

Im Gegensatz dazu erfolgt bei der stillen Selbstfinanzierung der Nichtausweis von Gewinnen in der Bilanz. Somit kommt es zur Bildung von stillen Reserven.

> Diese Form der Finanzierung ist für Krankenhäuser nur schwer durchführbar, da es wenige Krankenhäuser im öffentlich-rechtlichen Bereich gibt, welche einen hohen Gewinn ausweisen können.

2.3 Außenfinanzierung

Die Außenfinanzierung stellt den Mittelzufluss von außerhalb des Unternehmens stehenden Kapitalquellen dar. Es erfolgt also eine Einführung finanzieller Mittel durch Externe. Dies können Einlagen von Unternehmenseignern bzw. des Krankenhausträgers sein, die Beteiligung von neuen Gesellschaftern oder auch Fremdkapital von Gläubigern. Erfolgen die Einlagen durch den Unternehmenseigner, spricht man von der Eigenfinanzierung als Einlagenfinanzierung, bei einer Beteiligung von Gesellschaftern als Eigenfinanzierung von Beteiligungsfinanzierung und, falls Fremdkapital von Gläubigern eingesetzt wird, spricht man von einer Fremdfinanzierung als Kreditfinanzierung.

2.3.1 Eigenfinanzierung als Einlagenfinanzierung

Unter Eigenfinanzierung als Einlagenfinanzierung wird die Zuführung von Eigenkapital von bereits vorhandenen oder neu aufzunehmenden Gesellschaftern der Klinik verstanden. Dadurch entstehen dem Gesellschafter Eigentumsrechte wie die Gewinnbeteiligung und bestimmte Kontroll- und Mitspracherechte. Nachteil dieser Variante ist jedoch auch die Haftung bei möglichen Verlusten. Zusätzlich stellt sich die bisher nicht beantwortete Frage, ob die öffentlichen Einlagen eine Wettbewerbsverzerrung darstellen und langfristig abgeschafft werden. Daher stellt die Eigenfinanzierung als Einlagenfinanzierung keine langfristige Alternative zur Investitionsfinanzierung dar.

2.3.2 Kreditfinanzierung

Bei der Kreditfinanzierung handelt es sich um die Aufnahme von Fremdkapital. Das Kapital wird für einen befristeten Zeitraum durch einen externen Finanzierungspartner zur Verfügung gestellt. Vorteil dieser Variante ist, dass die in Form von Krediten entstehenden Belastungen für das Krankenhaus eine feste kalkulierbare Liquiditätsbelastung darstellen. Für Krankenhäuser im öffentlich-rechtlichen Bereich gibt es zwei verschiedene Wege der Kreditfinanzierung. Es wird hier unterschieden zwischen der direkten und der indirekten Kreditaufnahme. Bei der direkten Kreditaufnahme fungiert das Krankenhaus selbst als Kreditnehmer ohne Einschaltung des öffentlichen Trägers. Vor der Kreditvergabe wird die Bonitätsprüfung durch die Bank durchgeführt. Dabei wird begutachtet, ob die zukünftig erwirtschafteten Erträge die Zins- und Tilgungszahlungen decken können.

Durch die Einführung von Basel II wurden die öffentlichen Krankenhäuser angesichts ihrer allgemeinen Finanzlage meist in eine schlechte Risikoklasse eingestuft. Hauptproblem der Basel II-

Klassifikation stellt die Frage der zukünftigen Marktentwicklung dar. Der Gesundheitsmarkt in Deutschland ist stark reglementiert und der in anderen Wirtschaftsbereichen mögliche Zuwachs an Leistungen kann im Gesundheitssystem nicht abgebildet werden. Dies steht in starkem Gegensatz zu dem eigentlich geringen Ausfallrisiko, da die öffentliche Hand im Konkursfall des Krankenhauses weiterhin in die Gewährträgerhaftung eintreten muss. Aus einer schlechten Basel II-Einstufung resultiert eine erhöhte Kreditkostenfolge. Diese Form der direkten Kreditfinanzierung stellt auch nur eine unzureichende Lösung der Finanzierungsprobleme des Krankenhauses dar.

Von einer indirekten Kreditaufnahme spricht man, wenn der Krankenhausträger als Kreditnehmer auftritt. Hierbei wird meist von einem Kommunalkredit ausgegangen. Während dem Kommunalkredit aufgrund der zweifelsfreien Bonität der öffentlichen Hand Sicherheiten gewährt werden und dieser durch äußerst niedrige Zinsen lockt, stellt er heute jedoch ein nicht erreichbares Ziel der Investitionsfinanzierung dar.

Gewährträgerhaftung

Für öffentlich-rechtliche Krankenhäuser ist eine vergleichsweise zinsgünstige Kreditaufnahme aufgrund der Gewährträgerhaftung möglich. Das Kreditausfallrisiko ist vergleichsweise gering, da im Falle der Zahlungsunfähigkeit der öffentliche Träger haftet.

Kreditfinanzierung am Praxisbeispiel Heidelberger Ionenstrahl-Therapiezentrum (HIT)

Das Universitätsklinikum hat zur Finanzierung von HIT einen Kredit über 53 Mio. € aufgenommen. Mit dieser Kreditaufnahme konnte der hälftige Anteil des Bauprojektes getragen werden. Der Bund beteiligte sich im Rahmen des HBFG-Verfahrens anteilig am Projekt. Die Kreditaufnahme wird durch die Einnahmen aus der Patientenbehandlung im HIT gegenfinanziert.

2.4 Moderne Finanzierungsformen

Die bisher vorgestellten Formen der Finanzierung weisen unter dem aktuellen DRG-System, der Haushaltslage der öffentlichen Hand und der Basel-II Einstufung keinerlei Entwicklungspotential

mehr auf. Aus diesem Grunde versuchen Krankenhäuser, alternative Finanzierungsformen zu nutzen. Die derzeit aktuellen Themen stellen das PPP (Public Private Partnership), das Fundraising und das Pay-Per-Use Verfahren dar, allesamt Verfahren, die sich im internationalen Raum durchaus bewährt haben.

2.4.1 Public Private Partnership (PPP)

Beim Public Private Partnership handelt es sich um eine innovative Kooperationsform zwischen der öffentlichen Hand und der Privatwirtschaft. Die öffentliche Hand schiebt einen Investitionsbedarf vor sich her und die Privatwirtschaft möchte Kapital zwecks Kapitalmehrung erfolgreich binden.

Da der Begriff PPP selbst in der Literatur nicht verbindlich definiert wurde, finden unterschiedlichste Formen und Qualitäten der Zusammenarbeit zwischen beiden Partnern Verwendung. Es gibt eine Vielzahl von sich teilweise ergänzenden, aber auch sich widersprechenden Definitionsansätzen, deren ausführliche Darlegung dieses Kapitel sprengen würde. Es soll kurz auf die sieben gängigsten Formen der PPP-Zusammenarbeit eingegangen werden.

PPP-Erwerbermodell

Das PPP-Erwerbermodell läuft in der Regel über 20 bis 30 Jahre. Dabei plant, baut, betreibt und finanziert der private Auftragnehmer ein Objekt auf seinem eigenen Grundstück. Nach Fertigstellung überlässt er das Gebäude dem öffentlichen Auftraggeber zur Nutzung. Nach Ende der Laufzeit wird die öffentliche Seite Eigentümerin des Gebäudes. Im Gegenzug zahlt der Auftraggeber für Planung, Bau und Finanzierung sowie das Facility Management (FM) ein regelmäßiges Entgelt an den Privaten.

PPP-FM-Leasingmodell

Das PPP-FM-Leasingmodell läuft ebenfalls über 20 bis 30 Jahre. Die Planungs-, Bau- und Finanzierungsleistungen des Privaten entsprechen hier dem Erwerbermodell. Am Ende der Vertragslaufzeit hat der öffentliche Auftraggeber hier die Option, das Gebäude zum Restwert zu kaufen. Übt er diese Option nicht aus, bleibt das Objekt in privater Hand. Die öffentliche Hand bezahlt ein regelmäßiges Entgelt (Leasing-Raten), die zur Deckung der Kosten von Planung, Bau und Finanzierung sowie FM-Leistungen dienen.

PPP-Vermietungsmodell

Das PPP-Vermietungsmodell hat die gleiche Laufzeit wie die beiden vorherigen Modelle. Auch hier entsteht ein Bauwerk auf privatem Grund und wird ausschließlich dem öffentlichen Auftraggeber zur Verfügung gestellt. Abweichend von den beiden vorangestellten Modellen gibt es neben einem automatischen Eigentumsübergang an die öffentliche Seite noch eine Option zum Kauf zu einem definierten Restwert. Hier ist die Räumung des Gebäudes am Ende der Vertragslaufzeit der Regelfall. Das vom Auftraggeber regelmäßig zu zahlende Entgelt dient nicht der Amortisierung von Planungs- und Bauleistungen, sondern entspricht einer Miete für die Nutzungsüberlassung und Zahlung der FM-Leistungen.

PPP-Inhabermodell

Die Vertragslaufzeit beträgt üblicherweise 15 bis 20 Jahre. Die öffentliche Hand ist bereits vor Projektbeginn Eigentümer des zu bebauenden Grundstückes. Sie gibt in der Regel einen Erbbaurechtsvertrag. Je nach Vertragsausgestaltung muss eine Regelung für den Eigentumsübergang am Laufzeitende gefunden werden. Der private Auftragnehmer plant, baut oder saniert, betreibt und finanziert ein neues Gebäude. Als Gegenleistung hierfür zahlt der öffentliche Nutzer regelmäßig ein Entgelt, das dem Auftragnehmer zur Re-Finanzierung all seiner Aufwendungen dient.

PPP-Contracting-Modell

Das PPP-Contracting-Modell läuft üblicherweise über 5 bis 15 Jahre und bezieht sich auf den Bau, die Optimierung und den anstehenden Betrieb technischer Geräte eines im Eigentum eines öffentlich-rechtlichen Auftraggebers stehenden Gebäudes. Der Bau, Umbau oder Betrieb einer Immobilie selbst ist aber nicht vorgesehen. Der Auftragnehmer (Contractor) plant die Anschaffung oder Optimierung von technischen Anlagen, betreibt und finanziert sie. Je nach Vertragsabschluss verbleiben die Anla-

gen im Besitz des Privaten bzw. gehen in die Hand des Betreibenden über. Die regelmäßigen Zahlungen an die Privaten dienen zur Deckung der Kosten, die durch Planung, Durchführung und Betrieb sowie die Finanzierung des Objektes entstanden sind. Modelltypisch ist hier auch das Entgelt für die Kosten im Energieverbrauch durch den Auftraggeber.

PPP-Konzessionsmodell

Die Besonderheit am PPP-Konzessionsmodell ist die ganze oder teilweise Drittmittelfinanzierung. Es kann also als Sonderform der Vertragsgestaltung grundsätzlich mit allen bisher genannten Modellen kombiniert werden. Der Konzessionsvertrag kann als Baukonzession, bzw. im Krankenhausbereich häufig vorgefunden, als Dienstleistungskonzession gestaltet sein. Die Gemeinsamkeit beider Konzessionstypen besteht darin, dass die private Auftragnehmer die Risiken der Leistungserbringung und Nutzung trägt.

PPP-Gesellschaftsmodell

Wie bei den zuvor dargestellten Vertragsmodellen werden auch hier bestimmte Leistungen (Planungs-, Bau-, Betriebs-, Finanzierungsleistungen etc.) in einer bestimmten Vertragsform vom öffentlichen Auftraggeber auf ein privatrechtliches Unternehmen als Auftragnehmer übertragen. Die Besonderheit des PPP-Gesellschaftsmodells besteht allerdings darin, dass der öffentliche Auftraggeber direkt oder indirekt als Gesellschafter dieses Unternehmens auf Auftragnehmerseite an dem Projekt beteiligt ist. Dabei stehen dem öffentlichen Auftraggeber grundsätzlich sämtliche (gesellschaftsrechtlichen) Beteiligungsformen offen.

Grundsätzliche Probleme des PPP-Konzeptes im Spezialfall des Krankenhauses

Die bisherigen PPP-Erfahrungen in Deutschland liegen vor allem im Bereich von Verkehrsinfrastrukturprojekten, Justizvollzugsanstalten und Schulen vor. Ebenso lassen sich Kindertagesstätten oder Finanzämter als PPP-Modell gut abbilden. Im Krankenhausbereich ist die Beteiligung privater Partner bisher entweder auf die materielle Privatisierung, also den Erwerb von Krankenhäusern oder die Betätigung als Subunternehmer beschränkt.

Im Grunde könnte die Ausgangssituation für PPP im Krankenhaussektor nicht besser sein. Die bereits beschriebenen Investitionen sind dringend notwendig und die Zahlungsbereitschaft der öffentlich-rechtlichen Träger nimmt zusehends ab.

Hauptursache für eine Nicht-Realisierung von PPP-Projekten im Krankenhausbereich stellen die besonderen Anforderungen an das Krankenhaus dar. Der Betrieb des Gebäudes eines Krankenhauses stellt hinsichtlich der technischen Besonderheiten höhere Anforderungen dar als dies bei anderen Bauten der Fall ist. Diese hohen Anforderungen für einen Krankenhausbetrieb wirken abschreckend auf potenzielle Betreiber oder treiben den Preis in unattraktive Höhen.

Bei Verhandlungen mit einem potenziellen Partner ist besonders über die Qualität der zu „bestellenden" Leistungen zu verhandeln. Es ist im Bau ohne Schwierigkeiten möglich, Investitionskosten zu reduzieren bei gleichzeitig überproportionaler Steigerung der Betriebskosten.

Da das Krankenhaus nicht Eigentümer des Gebäudes ist, müssen eindeutige Verträge hinsichtlich Umbauten aufgrund des medizinischen Fortschritts, geänderter Vorschriften, geänderter Marktlage entworfen werd.

PPP-Anbieter versuchen, Wirtschaftlichkeitseffekte vornehmlich durch die Übernahme von Facility Management zu realisieren. Diese Bereiche, z. B. Reinigung, werden jedoch von den meisten Krankenhäusern bereits durch Ausgründungen von Tochtergesellschaften auf einem mit der Privatwirtschaft vergleichbaren Lohnniveau betrieben [Gürkan 2007].

Das Facility Management stellt bei Krankenhäusern eine besondere Herausforderung dar. Eine stabile Haustechnikversorgung, 24 Stunden, 365 Tage, ist für den sicheren Betrieb eines Krankenhauses von unerlässlicher Bedeutung.

2.4.2 Pay-Per-Use Finanzierung/Leasing

Die Pay-Per-Use Finanzierung stellt derzeit den aktuellsten Trend zur Finanzierung von Investitionsprojekten insbesondere von Großgeräten und medizinischen Großanlagen dar. Im Gegensatz zu den bisher vorgestellten Verfahren werden die Kosten der Investition bewusst in die Betriebskosten verlagert.

Dieser Trend wurde in England gestartet, als Anfang der 90er Jahre ein so hoher Investitionsbedarf im Gesundheitssektor die Regierung zur Suche alternativer Investitionswege zwang. Es wurde ein Leasing-ähnlicher Weg bei Großgeräten gefunden, bei denen der Hersteller ein Gerät zu einem Fixkostenanteil (Sockelbetrag) und einen variablen Anteil (nutzungstypisches Entgelt) in einem Krankenhaus installiert. In Deutschland ist die klinische Chemie Vorreiter auf diesem Gebiet.

Beim Pay-Per-Use Verfahren wird durch den Hersteller oder einen Dritten nicht nur das Gerät geliefert, der Einbau durchgeführt, es wird auch ein Teil der Betreiberverantwortung auf den Partner übertragen. Dem Partner des Krankenhauses wird ein Sockelbetrag garantiert (Abnahme einer Mindestmenge), für Leistungen darüber hinaus ein nutzungstypisches Entgelt. Für beide Partner ist diese Vertragskonstellation attraktiv. Das Krankenhaus kann das Investitionsrisiko auf den Sockelbetrag reduzieren und Leistungen darüber hinaus, aufgrund der fallbezogenen Leistungsabrechnung, dem nutzungstypischen Entgelt gegenüberstellen. Der Hersteller wiederum verkauft nicht nur das Gerät, er ist „Mitbetreiber" und bindet das Krankenhaus an sich für die Dauer des Pay-Per-Use Vertrages. Die Dauer eines Pay-Per-Use Vertrages richtet sich in der Regel an die Dauer einer „Gerätegeneration". In der klinischen Chemie von ca. 5 Jahren, in der Strahlentherapie ca. 10 Jahre.

Vorteile des Pay-Per-Use bei Großgeräten

- *Garantiertes Leistungsspektrum (Ausfallkonzept)*
- *Garantierte Austauschintervalle der Geräte*
- *Bei Bedarf immer aktuellste Gerätegeneration (Konkurrenzsituation unter den Krankenhäusern)*
- *Klare Regelung der Wartungsintervalle*

Situation am Universitätsklinikum Heidelberg

Die Strahlentherapie am Universitätsklinikum Heidelberg verfügt über sechs Linearbeschleuniger und mehrere Diagnostikgroßgeräte an einem Standort. Um alle Geräte innerhalb der Serviceverfügbarkeit der Firmen zu behalten, müssen alle drei Jahre zwei Geräte ausgetauscht werden. Neben den Kosten für die Geräte fallen Einbaukosten von jeweils 150 bis 300 T € an. Dieser Reinvestitionsbedarf wird

sich in den nächsten Jahren nicht weiter durchhalten lassen. Aus diesem Grund wird in Heidelberg der Umstieg auf
das Pay-Per-Use Verfahren diskutiert.

Im Bereich klinische Chemie wird am Universitätsklinikum Heidelberg das Pay-Per-Use seit 2004 höchst erfolgreich
eingesetzt.

2.4.3 Fundraising

In den Vereinigten Staaten ist das Fundraising
eine etablierte Form der Finanzierung. Sie basiert
auf dem amerikanischen Verständnis des Gebens
und Schenkens erfolgreicher Menschen an die Gemeinschaft und besitzt einen hohen kulturellen
Wert. Der Begriff bedeutet das „Beschaffen von
Finanzmitteln".

Fundraising stellt eine kontinuierliche Tätigkeit des Krankenhauses dar, potenzielle Spender
zu umwerben und an sich zu binden (Social Marketing). Um diese langfristige Bindung zu erreichen, ist ein strukturiertes Vorgehen nötig.

> **Voraussetzungen für eine langfristige Bindung**
> **von potenziellen Spendern**
> - *Gutes Markenimage*
> - *Positives Medienecho*
> - *Klares Corporate Design*
> - *Eindeutige Zuständigkeiten und verlässliche*
>   *Ansprechpartner*
> - *Übereinstimmende Zielrichtung mit poten-*
>   *ziellen Spendern*

Zielgruppen des Fundraising
- Unternehmen
- Privatpersonen
- Fördervereine
- Stiftungen

Um diese Zielgruppen anzusprechen, bieten sich
mehrere Wege der Spenderansprache an. Bei direkter Spenderansprache wird der potenzielle
Spender persönlich angesprochen. Hierfür bieten sich Benefizveranstaltungen, Spendenbriefe
oder das persönliche Gespräch an. Bei der indirekten Spenderansprache steht das Projekt im Mittelpunkt und mit Hilfe von Spendenprojekten wird
um den potenziellen Spender geworben.

Nicht nur Finanzmittel fallen unter Fundraising.
Ebenso gehören Sachmittel und Dienstleistungen dazu. Sachmittelspenden werden im Amerikanischen als Non-Cash Assistance bezeichnet,
sie können als „Überlassen geldwerter Vorteile"
umschrieben werden [Urselmann 2002]. Der eh-
renamtliche Personaleinsatz als Dienstleistung
für das Krankenhaus kann genauso durch das
Fundraising gesteuert werden.

Da Fundraising eine langfristige Investition in
alternative Finanzierungsformen darstellt,
sollte rechtzeitig mit dem Aufbau begonnen
werden.

2.4.4 Kooperationen und regionale Verbünde

Auf der Suche nach Einsparmöglichkeiten und
Ressourcenoptimierung rücken geografisch eng
liegende Krankenhäuser zusammen und bilden
regionale Verbünde.

Treibende Kraft ist die Möglichkeit der gemeinsamen Nutzung von Ressourcen. Dies ermöglicht, die medizinische Leistung komplementär anzubieten. Krankenhäuser müssen
nicht das komplette Diagnostik-/Therapiespek-
trum anbieten und verzichten auf den Aufbau
von unwirtschaftlichen Bereichen. Ebenfalls
erzwingt die Kooperation einen einheitlichen
medizinischen Qualitätsstandard [Salfeld et al.
2009].

Auch können gemeinsam genutzte Bereiche
der Infrastruktur zu einer Kostenreduktion beitragen. Die Speiseversorgung nach modernen
Systemen, wie Cook & Chill oder Cook & Freeze
ermöglicht einen entkoppelten Kochprozess von
der eigentlichen Speiseausgabe am Patienten.
Eine Untersuchung dieser Optimierungsvarian-
ten erfolgt beispielsweise durch moderne Simulationsmodelle [Goldschmidt 2009].

> **Vorteile einer Kooperation auf regionaler Ebene**
> - *Synergieeffekte in der Auslastung der medizi-*
>   *nischen Bereiche*
> - *Die Infrastrukturen von Krankenhäusern können*
>   *zusammengefasst werden (u. a. Wäscherei, Wa-*
>   *renversorgung, Apotheke, Speiseversorgung)*

Kooperationen am Universitätsklinikum Heidelberg

Die Kopfklinik in Heidelberg umfasst sieben Kliniken unter einem Dach. Die räumliche Zusammenlegung der Kliniken erfolgte 1987 unter dem Dach der neu errichteten Kopfklinik. Die Abteilung der Neuroradiologie bedient mit ihrer Expertise alle Kliniken mit MRT-Leistungen. Durch diese Unterbringung kann auf zwei MRT-Geräte, verglichen mit der alten Standortsituation, verzichtet werden.

Zusammenfassung

Aufgrund der schwierigen finanziellen Situation der öffentlichen Träger müssen Krankenhäuser neue Wege der Finanzierung beschreiten.

Der Zugang zum Kapitalmarkt über klassische Finanzierungsinstrumente stellt derzeit noch immer den attraktivsten Weg zur Finanzierung von Investitionsprojekten dar.

Die PPP-Modelle bieten Möglichkeiten, den dringenden Investitionsbedarf mit externen Partnern kurzfristig zu lösen. Die Erfahrungen von PPP-Projekten außerhalb des Gesundheitswesens lassen sich nur eingeschränkt auf Krankenhäuser übertragen. Das Fundraising stellt eine neue Perspektive einer alternativen (unterstützenden) Finanzierungsform dar, hierzu zählen nicht nur finanzielle Zuwendungen, auch Sachmittelspenden und Dienstleistungen fallen darunter. Der zeitliche Aufwand eines erfolgreichen Fundraising darf nicht unterschätzt werden.

Insbesondere bei den Investitionen im Großgerätebereich wird sich der Pay-Per-Use Ansatz auch in Deutschland weiter durchsetzen.

Kooperationen auf regionaler Ebene ermöglichen eine komplementäre Angebotsstruktur Daraus folgen bessere Auslastungen der Bereiche und eine gesteigerte die medizinische Qualität.

Literatur

Goldschmidt R (2009) Erstellung eines allgemeingültigen beschreibenden Modells für universitäre Krankenhäuser zur Strukturanalyse, Prozessmodellierung und Ablaufmodellierung mit Hilfe diskreter Simulationsmodelle am Beispiel der Hautklinik. Med. Diss. Heidelberg

Gürkan I (2007) Outsourcing von medizinischen/ärztlichen Leistungen – aus ökonomischer Sicht. Arbeitskreis „Ärzte und Juristen" des AWMF. Köln

Gürkan I (2009) Krankenhausfinanzierung aus Sicht der kaufmännischen Leitung eines Universitätskrankenhauses, Zeitschrift für Herz-, Thorax- und Gefäßchirurgie. 2009–23:374–382

Hildenbrand V (2007) Zukunft der Hochschulmedizin nach dem Wegfall des HBFG. Wissenschaftsrat

Salfeld R, Hehner S, Wichels R (2009) Modernes Krankenhausmanagement: Konzepte und Lösungen. Springer Verlag

Stahl L (2009) Public Private Partnership als mögliche Alternative zu konventionellen Investitionsbeschaffungsmaßnahmen im Krankenhausbereich. Bachelor-Arbeit, Mannheim

Urselmann M (2002) Fundraising. Erfolgreiche Strategien von führenden Non-profit-Organisationen. 3. Auflage Paul Haupt Verlag

3 Krankenhausfinanzierung bei privaten Trägern

Wolfgang Pföhler

RHÖN-KLINIKUM AG, Bad Neustadt a. d. Saale

Grundsätzlich besteht in Deutschland das Prinzip der dualen Krankenhausfinanzierung. So übernehmen die Krankenkassen die Betriebskosten, die aus der Behandlung der Patienten entstehen. Investitionen in Gebäude und medizinische Großgeräte hingegen trägt grundsätzlich das jeweilige Bundesland. In den vergangenen Jahren sanken die Ausgaben der Länder für die Investitionsförderung in Krankenhäusern kontinuierlich. Der jahrelang gewachsene Investitionsstau ist ein Ausdruck von unzureichender Modernisierung von Gebäuden und Medizintechnik. Für das einzelne Haus bleibt nur ein Weg, um zeitnah und flexibel notwendige Investitionen in die Gebäude und Medizintechnik, also in die medizinische Leistungsfähigkeit und Wettbewerbsfähigkeit zu tätigen – die finanziellen Mittel selbst aufbringen. Die RHÖN-KLINIKUM AG beschreitet diesen Weg der monistischen Investitionsfinanzierung seit mehr als 25 Jahren erfolgreich.

3.1 Aktuelle gesetzliche Grundlagen der Krankenhausfinanzierung

Im Jahre 1972 trat das Krankenhausfinanzierungsgesetz (KHG) in Kraft, welches die gesetzlichen Grundlagen für die Finanzierung der Krankenhäuser bis heute definiert. Dabei gibt das auf Bundesebene geltende KHG die Rahmenbedingungen vor und wird durch das jeweilige Landesrecht konkretisiert.

Ausgenommen von den Regelungen des KHG sind lediglich diejenigen Kliniken, deren Träger der Bund, die gesetzliche Renten- oder Unfallversicherung ist, Polizeikrankenhäuser und Krankenhäuser im Straf- und Maßregelvollzug. Für alle übrigen Krankenhäuser Deutschlands gilt unabhängig vom Träger das KHG.

Die Finanzierung dieser Krankenhäuser folgt dem Prinzip der dualen Finanzierung. Danach wird die Finanzierung der Betriebskosten (Personal- und Sachkosten) für Krankenhausleistungen von den Investitionen getrennt. Die Krankenkassen tragen die laufenden Kosten durch die Vergütung der Krankenhausleistungen im Rahmen des G-DRG-Systems. Die Investitionen sollen nach dem KHG durch das Bundesland getragen werden.

Das KHG definiert Investitionen als Kosten für die Errichtung (Neu-, Um- und Erweiterungsbau) sowie für die Anschaffung von Wirtschaftsgütern. Darüber hinaus zählen zu den Investitionen Kosten für die Wiederbeschaffung des Anlagevermögens. Ausgeschlossen sind die Kosten für Verbrauchsgüter. Diese werden fallbezogen durch die Benutzentgelte (DRGs, sonstige Entgelte, Pflegesätze) vergütet.

Bei den Investitionen wird zwischen Einzel- und Pauschalförderungen unterschieden. Während bei der Pauschalförderung das Krankenhaus jährliche Pauschalbeträge für die Wiederbeschaffung kurzfristiger Anlagegüter sowie kleine bauliche Maßnahmen vom Land erhält, werden bei der Einzelförderung konkrete Investitionen in Anlagegüter auf Antragsbasis gefördert.

Die Ermittlung der Pauschalförderbeträge wird durch das jeweilige Krankenhausgesetz geregelt. Dabei variiert die Methode zur Ermittlung der krankenhausindividuellen Beträge von Bundesland zu Bundesland. In den Bundesländern werden verschiedene Faktoren berücksichtigt. Planbettenzahlen, Fallzahlen und Bewertungsrelationen sind dabei die gängigsten Bezugsgrößen.

Die Einzelförderung muss individuell beim Land beantragt werden. Hier fördert das Land Investitionskosten insbesondere für Einrichtung von Krankenhäusern und die Wiederbeschaffung von Anlagegütern mit einer durchschnittlichen Nutzungsdauer von mehr als drei Jahren. Über die Gewährung oder Ablehnung von Einzelinvestitionen entscheidet das Land krankenhausindividuell.

Beide Förderungsarten erhält eine Klinik grundsätzlich nur, wenn dieses im Krankenhausplan und im Jahreskrankenhausbauprogramm berücksichtigt ist. Dabei hat das Krankenhaus keinen gesetzlichen Anspruch auf die Aufnahme in den Krankenhausplan. Gegen den Bescheid der Nichtaufnahme ist jedoch der Verwaltungsrechtsweg gegeben.

3.2 Aktuelle Situation der dualistischen Krankenhausfinanzierung

Die duale Finanzierung ist wie oben beschrieben eine gesetzliche Vorgabe zur Sicherung der deutschen Krankenhäuser. Die Bundesländer ziehen sich jedoch zunehmend aus der Finanzierung der Investitionen der Krankenhäuser zurück. Von 1998 bis 2008 sanken die realen[1] bundesweiten Investitionen um 34,48 % auf rund 2,69 Mrd. € [s. Dt. Krh. ges. 2007, S. 66]. In den neuen Bundesländern beträgt der Rückgang der realen[2] Investitionsfördermittel 57,72 % auf 505,61 Mio. € [s. Dt. Krh. ges. 2007, S. 66]. In den alten Bundesländern sank das Fördermittelvolumen real um 24,90 % auf gerundet 2,18 Mrd. € [s. Dt. Krh. ges. 2007, S. 66].

Die Aufteilung der Investitionen in Einzel- und Pauschalförderungen zeigt darüber hinaus,

dass sich die Länder vor allem aus den Einzelförderungen zurückziehen. Von 1998 bis 2008 sank das Volumen der Einzelförderung um 42,02 % auf rund 1,58 Mrd. € [Dt. Krh. ges. 2007, S. 68]. Die reale[3] Höhe der Pauschalförderungen sank von 1998 bis 2008 etwas weniger stark um 19,62 % auf rund 1,1 Mrd. € [Dt. Krh. ges. 2007, S. 67].

Eine Gegenüberstellung der Entwicklungen der KHG-Fördermittel und des Bruttoinlandproduktes zeigt deutlich, dass die Finanzierung der Investitionen trotz steigendem Bruttoinlandsprodukt rückläufig ist (s. Abb. 1).

Bei einem gleichzeitigen Anstieg der bereinigten Kosten führt dies zu einer gefährlichen Entwicklung für die Krankenhäuser. In seinem Gutachten 2007 führt der Sachverständigenrat aus, dass er „bereits im Jahr 1989 darauf hingewiesen hat, dass die bereitgestellte öffentliche Investitionsförderung nicht einmal genügt, um den Kapitalstock der deutschen Krankenhäuser zu erhalten [vgl. Sachverständigenrat zur Begutachtung der Entwicklung im Gesundheitswesen 1989, Rn. 207]. Seither hat sich die Situation vor allem in den alten Bundesländern deutlich verschlechtert. Offenbar gelingt es der öffentlichen Hand kaum noch, die vorhandene Krankenhausstruktur mit ausreichenden Investitionsmitteln zu versorgen" [Sachverständigenrat zur Begutachtung der Entwicklung im Gesundheitswesen 2007]. So ermittelt der Sachverständigenrat je nach Berechnungsmethode einen angelaufenen Investitionsstau zwischen 19 und 50 Mrd. €. Schaffen es die Kliniken nicht, durch wirtschaftliches Handeln die notwendigen Mittel für Investitionen aufzubringen, leiden insbesondere die Patientenversorgung, die Behandlungsmöglichkeiten sowie der Service und Komfort für die Patienten.

Die Investitionsfinanzierung bei privaten Krankenhausträgern am Beispiel der RHÖN-KLINIKUM AG

Öffentliche und freigemeinnützige Krankenhäuser, aber auch etliche private Kliniken vermögen auf öffentliche Fördermittel nicht zu verzichten. Hieraus resultiert für diese Unternehmen ein existenzbedrohender Investitionsstau, weil die Lage der öffentlichen Kassen eine hinreichende Investitionsfinanzierung nicht mehr zulässt. Fehlende Investitionen führen in dem sich zwischenzeitlich rasant ent-

---

1 Um die Preissteigerung bereinigt.
2 Um die Preissteigerung bereinigt.

3 Um die Preissteigerung bereinigt.

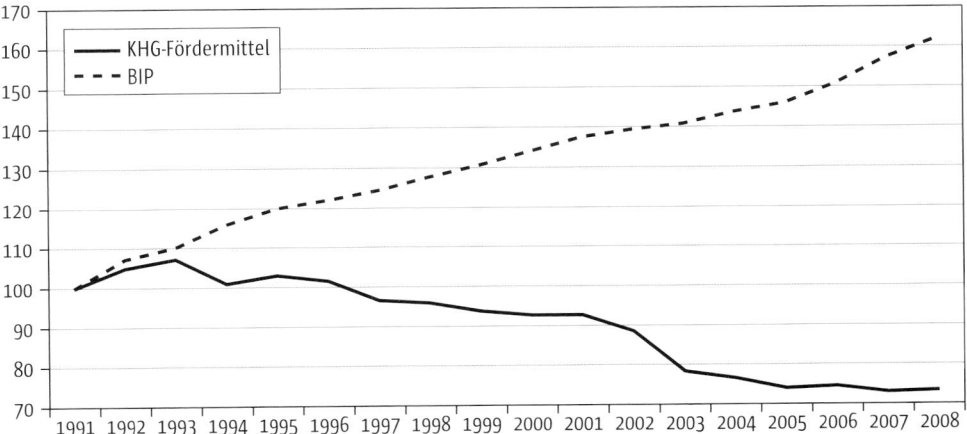

Abb. 1   Vergleich der Entwicklungen der KHG-Fördermittel mit dem Bruttoinlandprodukt [Deutsche Krankenhausgesellschaft 2009]

wickelnden Krankenhausmarkt wiederum zu Attraktivitäts-, Wettbewerbs- und Marktanteilsverlusten.

Die RHÖN-KLINIKUM AG ist der Krankenhausträger in Deutschland mit der längsten Erfahrung im Bereich der sogenannten monistischen Finanzierung: Kein anderer Krankenhausbetreiber in Deutschland hat in den letzten zwanzig Jahren in nur annähernd gleicher Höhe auf Fördermittel der Länder verzichtet (obwohl die RHÖN-KLINIKUM AG einen Rechtsanspruch hätte) und stattdessen zu tätigende Investitionen aus Eigenmitteln vollständig (Monistik) oder überwiegend (Teilmonistik) finanziert. In den letzten fünf Jahren (2004–2008) finanzierten die RHÖN KLINIKUM AG und ihre Tochtergesellschaften Investitionsvorhaben in Höhe von über 800 Mio. € aus Eigenmitteln.

Diese Finanzierung der Investitionen durch Eigenmittel führt zu verschiedenen Vorteilen für die RHÖN KLINIKUM AG sowie für die öffentlichen Haushalte:

Der RHÖN-KLINIKUM Verbund gewinnt durch die eigenständige Finanzierung der Investitionen Wettbewerbs- und Attraktivitätsvorteile. Krankenhäuser, die ihre Investitionsvorhaben aus Eigenmitteln finanzieren, können auf das Antragsverfahren für Investitionsförderungen durch das Land verzichten. Der Zeitraum von der Antragstellung bis hin zur Mittelvergabe kann mehrere Jahre in Anspruch nehmen. Ein akuter Investitionsbedarf kann daher häufig nicht in der notwendigen Zeit finanziert und umgesetzt werden. Bei der eigenständigen Finanzierung (Monistik) entfällt dieses Antragsverfahren, so dass schneller und flexibler Investitionen getätigt werden können.

Ein weiterer Vorteil ergibt sich aus der freien und kurzfristigen Wahl der Dienstleister und Unternehmen für die Planung und Durchführung der Investitionen. Bei Investi-

tionsförderungen mit öffentlichen Mitteln zu mehr als 50 %, ist das Krankenhaus an das Gesetz zur Wettbewerbsbeschränkung (GWB) gebunden. Nach dem GWB ist bei Investitionen dieser Art ein vorgeschriebenes Vergabeverfahren einzuhalten. Die Eigenfinanzierung reduziert somit den zeitlichen und finanziellen Aufwand bei dem Auswahlprozess der geeigneten Dienstleister und Unternehmen. Darüber hinaus ist das Preisniveau bei öffentlichen Ausschreibungen von Bauvorhaben und Leistungen häufig höher als bei frei verhandelten Verträgen.

Durch den Zugang zum privaten Kapitalmarkt und die Reinvestition von Gewinnen schaffen wir mehr finanzielle Spielräume für Investitionen in moderne Medizin. Die hieraus resultierende Fähigkeit, Investitionen (teil-)monistisch zu finanzieren, trägt zu einer nachhaltigen Stärkung der Investitionsfähigkeit der RHÖN KLINIKUM AG bei. Kurzfristige und flexible Investitionsentscheidungen ohne lange Antrags- und Vergabeverfahren erleichtern die schnelle Realisierung patientenorientierter Prozess- und Ablaufstrukturen. Insbesondere bei neu übernommenen Krankenhäusern investiert die RHÖN KLINIKUM AG in Neubauten, die eine ressourcenschonende und qualitativ hochstehende Patientenbehandlung nach dem aus der Industrie bekannten Flussprinzip ermöglichen. Die Bauweise der Gebäude – kurze Wege, optimierte Logistik – erlaubt es, die gesamte Arbeit in Arbeitsgänge zu zerteilen und optimal wieder zusammenzufügen.

Im Zuge der Privatisierung von Krankenhäusern hat die RHÖN KLINIKUM AG in den vergangenen Jahren mit hohen Investitionen an verschiedenen Standorten Konzeptionen entwickelt und realisiert, die Modellcharakter besitzen. Alle Kliniken befinden sich auf dem aktuellen Stand der medizinischen und medizin-technischen Entwicklung – einigen kommt sogar eine Schrittmacherfunktion zu. So zum Beispiel der Neubau des Klinikums Meiningen, welches Vorreiter in der Umsetzung des Flussprinzips war. Die Investitionskosten lagen um etwa ein Drittel unter denen vergleichbarer Einrichtungen, die Realisierung war mit nur zwei Jahren (einem Bruchteil der sonst für Projekte dieser Kategorie benötigten Zeit) sehr kurz. Auch die laufenden Betriebskosten sind vergleichsweise niedrig – einzig die Qualität der Versorgung liegt weit über dem Durchschnitt.

Hierdurch lassen sich Leerkosten und ineffiziente Strukturen vermeiden und eine Kostendegression erreichen. Die freigesetzten Mittel steigern die Investitionsfähigkeit bei künftigen Investitionsvorhaben.

Dieser Kausalzusammenhang folgt einem Kreislauf, der durch den Investitionskreislauf veranschaulicht wird (s. Abb. 2).

Dieses Prinzip ermöglicht es der RHÖN KLINIKUM AG, Investitionen in die medizin-technische Infrastruktur schnell, flexibel und günstiger zu realisieren, als bei der Finanzierung von Investitionen durch öffentliche Fördermittel. Investitionen in innovative und moderne Diagnose- und Therapieverfahren sind daher schneller und mit einem geringeren Aufwand umsetzbar. Beispiele hierfür gibt es in der Geschichte der RHÖN KLINIKUM AG sehr viele: So zum Beispiel das Partikeltherapie-Zentrum in Marburg oder der Neubau in Gießen. Dem Rhön-Verbund ist es möglich, Innovationen vergleichsweise schneller umzusetzen und zu nutzen. Die verbesserte und moderne Patientenversorgung erzeugt Vorteile im Wettbewerb um die beste medizinische Versorgung von Patienten.

Die durch die RHÖN KLINIKUM AG getätigten Investitionen kommen direkt der medizinischen Versorgung in den Ländern zugute, ohne dass deren Haushalte belastet werden. Die Entlastung der öffentlichen Hand umfasst noch mehr, als die getätigten Investitionen, weil diese nicht nur die entsprechenden Fördermittel einsparen können, sondern darüber hinaus Kaufpreise für die Kliniken erhalten. Die Einsparungen und gezahlten Kaufpreise stehen den Ländern zum Unterhalt der weiteren öffentlichen Aufgaben (Bildung, Infrastruktur etc.) zur Verfügung. Neben dem Rhön-Verbund profitieren also auch die öffentlichen Haushalte von der Monistik.

3.3 Die Zukunft der Investitionsförderung

Die Zukunft der Investitionsförderung bleibt zunächst dual, auch wenn ein Entwicklungsauftrag zur Reform der Investitionsfinanzierung besteht. Das Krankenhausfinanzierungsreformgesetz (KHRG) aus dem ersten Quartal 2009 ändert das Krankenhausfinanzierungsgesetz dahingehend, dass der § 10 des KHG die Einführung leistungsorientierter Investitionspauschalen ab 2012 (für psychiatrische u. psychosomatische Einrichtungen ab 2014) gesetzlich festlegt. Dabei negiert sich das Gesetz noch im gleichen Paragraphen:

Das Recht der Länder, eigenständig zwischen der Förderung durch leistungsorientierte Investitionspauschalen und der Einzelförderung von Investitionen einschließlich der Pauschalförderung kurzfristiger Anlagegüter zu entscheiden, bleibt unberührt (§ 10 Abs. I Satz 5 KHG).

Das heißt, die Teilnahme der Länder an der Einführung der Investitionspauschalen ist freiwillig.

Investitionsfähigkeit
- kurze Wege
- keine Anwendung öffentlichen Baurechts

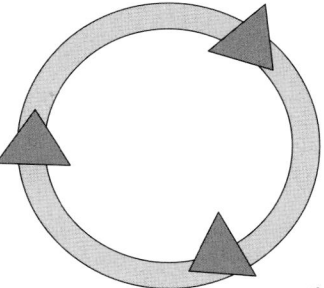

Kostendegression
- Leerkostenvermeidung
- Mittelfreisetzung

patientenorientierte Prozess- und Ablaufstrukturen

Abb. 2   Investitionskreislauf

Der Gesetzgeber schreibt lediglich vor, dass bis Ende 2009 Grundsätze und Kriterien für die Ermittlung eines Investitionsfallwertes auf Landesebene entwickelt werden sollen. Bis zum Ende 2010 respektive 2012 für psychiatrische und psychosomatische Einrichtungen sollen bundeseinheitliche Investitionsbewertungsrelationen entwickelt und kalkuliert werden.

Anfang 2010 kamen der GKV-Spitzenverband, der Verband der Privaten Krankenversicherung sowie die Deutschen Krankenhausgesellschaft ihrem gesetzlichen Auftrag nach und schlossen eine Vereinbarung über die Entwicklung von Investitionspauschalen.

Erste Erfahrungen mit einem ähnlichen System konnten schon in NRW gesammelt werden, nachdem Nordrhein-Westfalen als erstes Bundesland auf eine leistungsabhängige Investitionsförderung durch Baupauschalen umgestellt hat. Zum 01.01.2008 trat das Krankenhausgestaltungsgesetz (KHGG NRW) in Kraft, welches die zweckgebundene Einzelförderung und die bettenbezogene Pauschalförderung ablöst.

NRW ermittelt die Pauschalförderungen auf der Basis von vier Kriterien. Diese sind die vereinbarten Bewertungsrelationen, sonstige Entgelte, Behandlungstage (psychiatrische Krankenhäuser) sowie die Anzahl der Ausbildungsplätze. Das heißt, NRW setzt bei der Verteilung der Fördermittel auf leistungsabhängige Baupauschalen. Bis zum Jahr 2012 wird das Gesamtvolumen der Fördermittel stetig ansteigen, um bestehende und laufende Vorbelastungen aus bereits genehmigten Investitionsmaßnahmen aus Einzelförderungen „auslaufen" zu lassen.

Da die Fördermittel aufgrund der bestehen Vorbelastungen im Jahr 2008 nicht ausreichten, um alle Krankenhäuser adäquat mittels der Baupauschale zu fördern, wurde die Dringlichkeit ermittelt, mit der ein Krankenhaus auf Investitionsförderungen angewiesen ist. Die sogenannte Förderkennziffer errechnete sich dabei aus den bisher erhaltenen Förderungen dividiert durch die künftige Baupauschale. Je höher die bisher erhaltenen Förderungsbeträge, desto später hat das jeweilige Krankenhaus Anspruch auf die Förderung durch die Baupauschalen. Ab 2012 erhalten dann alle Krankenhäuser NRWs die Investitionsförderung durch Baupauschalen.

Das Ministerium für Arbeit, Gesundheit und Soziales in NRW sieht in dem neuen System folgende Vorteile: Eine pauschale Förderung aller Krankenhäuser mittels der leistungsabhängigen Bemessungsgrundlagen erhöhe die Transparenz. Die Kriterien seien für alle Beteiligten nachvollziehbar. Eine Ermittlung der Höhe der Förderungen anhand der Bewertungsrelationen der jeweiligen Klinik steuere die Fördermittel an die Leistungsträger des Landes. Wo besonders schwere Fälle und besonders viele Patienten versorgt werden, kommen die höchsten Förderbeträge an. Gleichzeitig gewährleiste diese Ermittlungsmethode eine annähernde Planungssicherheit für die nordrheinwestfälischen Kliniken. Absehbare Leistungsentwicklungen geben der Klinik Anhaltspunkte über die Höhe der zu erwartenden Fördermittel. Über diese könne das einzelne Krankenhaus (im Rahmen der gesetzlichen Vorgaben) frei verfügen und eigenständige Investitionsentscheidungen treffen.

Ausblick

Die gesetzlichen Neuerungen verändern nicht das Prinzip der dualen Finanzierung, sondern voraussichtlich nur die Verteilungsmechanismen. Eine Lösung für den Investitionsstau in den Kliniken bieten diese erkennbar jedoch nicht.

Darüber hinaus bleibt bis auf weiteres die Entscheidungshoheit über die Förderung der Krankenhäuser den Bundesländern erhalten. Ebenfalls bleibt es ihnen freigestellt, ob sie Investitionen weiterhin in der Form von Einzel- und Pauschalförderungen, oder ab 2012 durch einen Investitionsfallwert fördern. Damit verändern sich die Zugangsmöglichkeiten der Krankenhäuser zu den Investitionen. Von den Pauschalen profitieren alle Krankenhäuser, während die bisherige Förderung sich gezielt an einzelne Krankenhäuser richtet.

Die Umstellung auf die monistische Krankenhausfinanzierung würde hingegen die Investitionsfinanzierung der Kliniken sowie einen fairen Wettbewerb für die Zukunft sichern. Hierzu hat der Bundesverband deutscher Privatkliniken e. V. das „Modell 21" entwickelt, welches im Kern vorsieht, dass sowohl die Betriebs- also auch die Investitionskosten vom „Nutzer der Krankenhausleistung", also dem Patienten getragen werden. D. h. die Krankenkasse des behandelten Patienten würde über das DRG-System die Behandlungskosten sowie die Investitionskosten der Klinik tragen. Dabei ist der Investitionsbedarf die entscheidende Größe für die Feststellung der nötigen Investitionsmittel. Der Investitionsbedarf ergibt sich nach dem Modell in der monistischen Finanzierung aus einer aufwands- und leistungsbezogenen Kalkulation je DRG. Diese Kalkulation sollte sinnvollerweise vom Institut für das Entgeltsystem im Krankenhaus (InEK) vorgenommen werden. Mit der Kalkulation soll sichergestellt werden, dass je nach Leistungsart die unterschiedlichen Investitionsbedarfe der einzelnen Krankenhausleistungen angemessen und bedarfsgerecht vergütet werden.

Ein Modell, welches zukünftig aufgrund der finanziellen Lage der Länder wieder diskutiert und umgesetzt werden muss.

Nach dem derzeitigen und bisher geplanten Stand der Krankenhausfinanzierung bleibt jedoch die Fähigkeit zur eigenständigen monistischen Finanzierung der Investitionen ein zentraler Faktor, um Attraktivitäts-, Wettbewerbs- und Marktanteilsvorteile generieren zu können, und um damit letztlich die Zukunftsfähigkeit einer innovativen Krankenversorgung zu sichern. Die RHÖN-KLINIKUM AG wird diesen Weg wie bisher beschreiten.

Literatur

Deutsche Krankenhausgesellschaft (2007) Bestandsaufnahme zur Krankenhausplanung und Investitionsfinanzierung in den Bundesländern. Berlin

Deutsche Krankenhausgesellschaft (2009) Anlage 1 zum DKG-Rundschreiben Nr. 99/2009 vom 27.03.2009. www.dkgev.de/media/file/5776.Anlage_1.pdf (letzter Zugriff: 11.03.2010)

Sachverständigenrat zur Begutachtung der Entwicklung im Gesundheitswesen (1989) Qualität, Wirtschaftlichkeit und Perspektiven der Gesundheitsversorgung. Nomos-Verlag, Baden-Baden

Sachverständigenrat zur Begutachtung der Entwicklung im Gesundheitswesen (2007) Kooperation und Verantwortung. Voraussetzung einer zielorientierten Gesundheitsversorgung. Berlin

4 Exkurs: **Erfolgsmodell Systempartnerschaften**

Heinz Lohmann

LOHMANN konzept, Hamburg

Patientensouveränität gewinnt an Bedeutung

Die letzten 20 Jahre der öffentlichen Diskussion um das Gesundheitssystem waren bestimmt durch Finanzierungsfragen. Die Politik ist auch heute noch beherrscht von diesem Thema. In dem Bemühen, den steigenden Bedarf nach Gesundheitsleistungen in einer immer älter werdenden Bevölkerung und mit großer Innovation agierender Gesundheitswirtschaft zu befriedigen, dabei aber die Soziale Krankenversicherung nicht zu überfordern, hat der Druck auf die Kosten ständig zugenommen. Fast unbemerkt rückt jetzt der Patient tatsächlich in den Mittelpunkt der Gesundheitsbranche. Während wir es noch vor wenigen Jahren mit einem expertendominierten Anbietermarkt zu hatten, nimmt die Autonomie des Konsumenten zu. Dazu hat die enorme Verbreitung der Nutzung des Internets ganz wesentlich beigetragen. Bereits rund 40 % der Patienten informieren sich dort nach einem Arztbesuch detailliert zu ihrer Diagnose und hinterfragen den Rat des Mediziners zur Weiterbehandlung. Diese Tendenz wird in den kommenden Jahren weiter zunehmen. Schon heute gibt es eine Fülle von Informationsmöglichkeiten bei diversen Portalbetreibern. Daneben gibt es auch weiterhin traditionelle Kommunikations-

formen, wie Broschüren und Medienberichte, sowie persönliche Beratungen.

Die Menschen sind auch zunehmend bereit, private Finanzmittel für Gesundheits- und Sozialleistungen auszugeben. Hier stehen wir erst am Anfang einer dynamischen Entwicklung, da bisher das private Engagement der Bürger für ihre Gesundheit eher problematisiert wurde. Das Gesundheitssystem wird aber in den kommenden Jahren den gleichen Weg gehen, der durch die Rentenpolitik des letzten Jahrzehnts des vergangenen Jahrhunderts vorgezeichnet ist. Die gesetzlichen Versicherungen werden in Zukunft für die gesundheitlichen notwendigen Grundleistungen aufkommen. Darüber hinausgehende Zusatzangebote werden privat, auch über entsprechende Versicherungen, finanziert werden. Die Politik hat diesen Weg in den vergangenen Jahren mit den Zusatzprämien eingeleitet. Die geplanten, stärker differenzierten Beitragssätze der Krankenkassen werden die Entwicklung konsequent weiterführen.

Die tief greifenden Veränderungen auf der Nachfrageseite bringen für die Anbieter der Gesundheitswirtschaft die Verpflichtung, sich positiv auf die neuen Herausforderungen einzustellen. Für die Akteure der Branche steht bisher „ihre" Institution im Zentrum. Für die Nutzer, also die Patienten, ist hingegen ausschließlich die Lösung, häufig eine Dienstleistungs-Produkt-Kombination, von Interesse. Sie wollen ihr Problem von dem Anbieter gelöst sehen, der ihre Wünsche und Vorstellungen am besten erfüllt. Die Medizin als Behandlungslösung rückt ins Zentrum des Gesundheitsmarktes und entwickelt sich mittelfristig zur Marke weiter.

Digitale Industrialisierung der Medizin möglich

Markenmedizin setzt strukturierte Prozesse bei der Organisation der Erstellung von Behandlungslösungen voraus. Darum sind verschiedene methodische und technologische Ansätze unabdingbar. Deshalb steht die zeitgemäße Übernahme der Grundprinzipien innovativer Konzepte der Industrie bei der Reorganisation der Medizin auf der Tagesordnung. Nur durch die Nutzung moderner Service- und Technologiekonzepte können Qualität und Produktivität gesteigert werden.

Zur Förderung der unternehmerischen Kreativität in der Gesundheitswirtschaft ist eine fundamentale Umregulierung der staatlichen Steuerungsaktivitäten geboten, da der Gesundheitssektor bisher weitgehend aus den allgemeinen Veränderungen der letzten 30 Jahre in den Volkswirtschaften unserer Industriegesellschaften ausgeklammert war. Mit wachsender Bereitschaft private Finanzmittel für die eigene Gesundheit einzusetzen und dem Druck auf die Krankenversicherer wegen der Demografie und des Medizinfortschrittes, „normalisiert" sich der Gesundheitsmarkt. Die zunehmende Transparenz erfordert den Einsatz von moderner Technik und fortschrittlichem Management. Die überkommene Organisation der Medizin kann die berechtigten Ansprüche an Qualität und Produktivität nicht mehr gewährleisten. Der aufkommende Wettbewerb auf dem Gesundheitsmarkt zwingt die Gesundheitsanbieter deshalb dazu, sich auf die Optimierung der Gesundheitslösungen zu konzentrieren. Die Modernisierung des Medizinmanagements rückt deshalb ins Zentrum des Interesses. Dabei konnten zunächst Potenziale in der Optimierung von nicht-medizinischen Prozessen und Geschäftsbereichen, wie in Einkauf und Logistik, Speisenversorgung oder Reinigung ermittelt werden. Doch diese Aktivitäten binden Managementkapazitäten in den Kliniken stark und unnötig. Sie werden dringender gebraucht, um das eigentliche Kerngeschäft, die Medizin, weiterzuentwi-

ckeln. Daran wird der Erfolg einer Klinik gemessen, da sich Patienten und kritischer werdende Gesundheitskonsumenten in ihren Entscheidungen hieran orientieren. Aus diesen Ergebnissen werden Qualitätsberichte und Klinik-Führer gespeist. Ärzte und Manager sind herausgefordert, entsprechende echte Qualitäten nachvollziehbar zu präsentieren und im Wettbewerb tatsächlich zu erbringen.

Die informationstechnischen Innovationen am Beginn des 21. Jahrhunderts erlauben jetzt die Digitale Industrialisierung der Medizin zu vollziehen. Die moderne Technologie ermöglicht durch individuelle Standardisierung die Realisierung patientenzentrierter Behandlungskonzepte. Wir erleben deshalb derzeit beginnend eine Revolution der Organisation der Medizin, die die Prinzipien der bisherigen Industrie- und der künftigen Netzwerkgesellschaft im Interesse der Patienten vereint. Die Adaption moderner Betriebskonzepte aus anderen Branchen erfordert die Kooperation der Akteure der Gesundheitswirtschaft in Systempartnerschaften. Industrie- und Serviceunternehmen arbeiten dabei eng mit Gesundheitsanbietern zum Wohle der Patienten zusammen.

Es geht bei den neuen Organisationslösungen nicht mehr um das klassische In- oder Outsourcing. Das Ziel kann nicht die Weggabe von Wertschöpfungsketten, sondern muss das gemeinsame Betreiben mit kompetenter Industrie und Dienstleistung in Systempartnerschaften sein. Die Kliniken profitieren dabei nicht nur selbst von den professionellen Services und der breiten betriebswirtschaftlichen und organisatorischen Erfahrung der Spezialisten, sondern sie haben unmittelbar Anteil am Geschäftserfolg. Wenn es sich dabei um eine größere Leistungseinheit handelt, kann ein großes Klinikum, gemeinsam mit dem Systempartner, auch anderen Gesundheitsanbietern in der Region eine entsprechende Versorgung zu konkurrenzfähigen Preisen offerieren. Einige Behinderungen bestehen für diese Modelle noch, nicht zuletzt wirken derzeit inkongruente Besteuerungssätze als Bremse.

Zuliefererindustrie und Serviceunternehmen müssen sich auf die veränderte Situation einstellen. Es gibt eine Reihe von Firmen, die auf einem Erfolg versprechenden Weg sind. Allerdings ist die Umstellung der Geschäftsmodelle erst ganz am Anfang. Viele Industrie- und Servicebetriebe der Gesundheitswirtschaft tun sich außerordentlich schwer mit der Vorstellung, das Risiko des Medizingeschäftes zu teilen. Die Zukunft gehört den

Vertretern des Modells der strategischen Partnerschaft. Die Optimierung der Prozesse und Strukturen der Medizin sind die zentralen Angriffspunkte für den Wandel in der Gesundheitswirtschaft.

Politik muss umsteuern

Die Normalisierung der Branche muss von der Politik durch Beseitigung von Innovationshemmnissen befördert werden – dazu zählen ganz zentral die Einführung der Monistik in der Krankenhausfinanzierung sowie die Ermöglichung der Vorsteuerabzugsfähigkeit. Natürlich ist Gesundheit keine Ware, aber Medizin ist ein gigantisches Geschäft. Deshalb wirken auch in der Gesundheitswirtschaft die allgemeinen Gesetze der Betriebswirtschaft. Sonderregelungen wie die Mehrwertsteuerbefreiung und die staatliche Investitionsförderung, einstmals gut gemeint und in ein starres sozialstaatliches System eingebaut, bewirken heute zunehmend Fehlsteuerungen. Deshalb muss die Politik umsteuern.

Viele überkommene gesetzliche Regelungen blockieren die Modernität im Gesundheitssystem. Das gilt für das Berufsrecht genauso wie für das Straf-, Zivil-, Haftungs-, Versicherungs- und Datenschutzrecht und viele weitere Gesetze und Verordnungen. So wird beispielsweise die schnelle Einführung der Telemedizin behindert durch die Bestimmung des Verbots der ausschließlichen Fernbehandlung und weiterer bürokratischer Einschränkungen. Das nur unzureichend gelockerte Mehrbesitzverbot von Apotheken ist ein weiteres Beispiel. Die im Detail und nicht mehr zeitgemäß geregelten Vorbehaltsaufgaben bestimmter Berufsgruppen im Gesundheitssystem behindern moderne und zukunftsorientierte Formen der Zusammenarbeit der Akteure der Gesundheitswirtschaft.

Natürlich muss auch künftig ein umfassender, verbindlicher Leistungskatalog der Sozialen Krankenversicherungen, politisch legitimiert sein. Hier gilt es gesellschaftliche Verantwortung für alle wahr zu nehmen. Gesundheit ist ein wichtiges Gut und für die Stabilität von zentraler Bedeutung. Deshalb ist der Staat bei der Gestaltung des ordnungspolitischen Rahmens gefragt.

Für die Ausgestaltung der Leistungsangebote müssen Krankenversicherungsunternehmen und Gesundheitsanbieter größte unternehmerische Freiheiten bekommen, um zu optimalen Lösungen für Patienten bzw. Konsumenten auf dem Gesundheitsmarkt zu gelangen. Systempartnerschaften sind dabei ein zentraler Faktor des Erfolgs.

G

Das Krankenhaus
und seine Leistungssteuerung

1 Key Performance Indicators (KPI) im Krankenhaus

Alexander Kirstein

Universitätsklinikum Hamburg-Eppendorf

„What gets measured, gets done" (Tom Peters)

Neue Kennzahlensysteme (KPI) stellen eine wichtige Ergänzung zu den traditionell finanzlastigen Kennzahlen im Krankenhaus dar. Sie liefern zusätzliche Informationen aus wichtigen Bereichen des Krankenhausumfelds und des operativen Krankenhausbetriebs. Sie dienen als wichtige Frühindikatoren und erweitern das Steuerungs- und Managementinstrumentarium für die Krankenhausleitungen. Darüber hinaus stellen KPI einen wesentlichen Baustein im erfolgreichen Veränderungsmanagement von Krankenhäusern dar. Mithilfe von KPI lassen sich strategische Ziele und Initiativen und deren Umsetzung in Zahlen nachverfolgen und dazu beitragen, die Veränderungsgeschwindigkeit von Krankenhäusern zu erhöhen. Voraussetzung für den Erfolg von KPI-Initiativen sind nicht nur eine sorgfältige Auswahl und eine hohe Datenqualität und -verfügbarkeit der jeweiligen KPI, sondern insbesondere auch eine konsequente Unterstützung durch das Top Management und eine transparente und leistungsorientierte Unternehmenskultur.

1.1 Einleitung

In den letzten Jahrzehnten sind die Managementanforderungen an Krankenhäuser kontinuierlich gestiegen. Zu nennen sind hier u. a. der Wegfall des Selbstkostendeckungsprinzips, die Budgetierung der Einnahmen aus Krankenhausleistungen, die Einführung der Fallpauschalen (DRGs) sowie die zunehmende Wettbewerbsintensität unter den Anbietern. Konsequenterweise sind Krankenhäuser dazu übergegangen, anspruchsvollere Controlling- und Performance Managementsysteme zu etablieren und bewährte Konzepte aus anderen Branchen zu übernehmen.

Neben der Einführung von modernen betriebswirtschaftlichen Rechnungssystemen, wie beispielsweise der Deckungsbeitrags- und Kostenträgerrechnung, haben sich auch neue Kennzahlensysteme zur Überprüfung des Unternehmenserfolgs im Krankenhaus etabliert.

Diese Kennzahlen, anhand derer der Fortschritt oder Erfüllungsgrad hinsichtlich wichtiger Zielsetzungen oder kritischer Erfolgsfaktoren gemessen werden kann, werden allgemein in der Managementliteratur als „Schlüsselkennzahlen" oder „Key Performance Indicators" (KPI) bezeichnet.

In diesem Artikel werden die Bedeutung und der praktische Nutzen von solchen Kennzahlen für das Management beleuchtet und konkrete Handlungsempfehlungen für die Auswahl und Einführung von KPI in Krankenhäusern gegeben.

1.2 Nutzen von neuen KPI gegenüber traditionellen Finanzkennzahlen

Die Verwendung von KPI im Krankenhaus an sich ist nicht neu. Klassische Finanzkennzahlen, wie beispielsweise Rentabilität, Liquidität oder Kosten- und Leistungsdaten sind seit langem in Krankenhäusern etabliert. In den letzten Jahren ist allerdings die Erkenntnis zunehmend gereift, dass diese klassischen Finanzkennzahlen zur ganzheitlichen Steuerung von Krankenhäusern im gegenwärtigen Umfeld bei weitem nicht mehr ausreichen. Zum einen sind diese Kennzahlen zu stark vergangenheitsbezogen, da sie letztendlich nur das Ergebnis des Leistungsgeschehens eines Krankenhauses mit entsprechendem Zeitversatz abbilden. Zum anderen sind Finanzkennzahlen zu eindimensional, da sie das gesamte Leistungsgeschehen eines Krankenhauses auf seine monetären Aspekte und Auswirkungen reduzieren. In Summe sind daher diese traditionellen Finanzkennzahlen wenig geeignet, der Krankenhausleitung ausreichende Steuerungsinformationen für die Optimierung des Krankenhausbetriebes zu liefern.

Neue KPI verbreitern die Informationsbasis für das Management um neue wichtige Indikatoren aus dem Krankenhausumfeld und aus dem operativen Krankenhausbetrieb. Sie vermögen daher diese Lücke zu schließen und stellen ein erweitertes Steuerungs- und Managementinstrument dar:

- KPI sind ein wichtiges Bindeglied zwischen strategischen Zielen und deren Umsetzung. Strategische Ziele lassen sich mittels KPI operationalisieren, auf nachgeordnete Organisations- oder Funktionseinheiten herunterbrechen und nachverfolgen.
- KPI bieten den weiteren Vorteil, auch komplexe Vorgänge in Unternehmen vereinfacht in Kennzahlen darzustellen und zu bewerten.
- KPI stellen ein Frühwarnsystem für das Management dar und helfen kritische Abwei-

chungen in einzelnen Bereichen rechtzeitig zu erkennen und entsprechende Gegenmaßnahmen zu ergreifen
- KPI fördern die Zielorientierung der Mitarbeiter und des Management und Fokussierung auf das, was für das Krankenhaus entscheidend ist.
- Nicht zuletzt – neben den zusätzlichen Steuerungsinformationen – stellen KPI einen wesentlichen Baustein im erfolgreichen Veränderungsmanagement von Krankenhäusern dar. Durch das regelmäßige und zeitnahe Berichten von KPI erhalten Führungskräfte und deren Mitarbeiter eine zeitnahe Erfolgskontrolle zu Veränderungsprozessen und dadurch die Möglichkeit, schneller und zielgerichteter Verbesserungsmaßnahmen einzuleiten. Dieser geschlossene Kreislauf von Zielsetzung, Maßnahmen, Fortschrittskontrolle und weitere Verbesserungsmaßnahmen trägt wesentlich zur Steigerung der Veränderungsgeschwindigkeit in Organisationen bei.

1.3 Klassifikation von KPI

In der Literatur sind verschiedene Klassifikationen von KPI gebräuchlich [Klingebiel 2001; Krause u. Arora 2008]. Es wird unterschieden in Früh- bzw. Spätindikatoren, in einsatzbezogene (Input) und ergebnisbezogene (Output) Kennzahlen, in quantitative und qualitative Kennzahlen. KPI können auch funktional in Bezug zu den jeweiligen Wertschöpfungsstufen (Forschung, Produktion, Marketing, Vertrieb) eines Unternehmens klassifiziert werden (s. Tab. 1).

Die für die praktische Unternehmensführung sinnvollste Einteilung von KPI orientiert sich an deren strategischen Zieldimensionen. Viele Unternehmen haben mittlerweile für sich neben der wirtschaftlichen Zieldimension auch andere Zieldimensionen definiert. Ein Beispiel hierfür

Tab. 1   Klassifikation von KPI

Strategische Zielperspektive	Zielsetzung	KPI
Finanzielle Perspektive	Wirtschaftlicher Erfolg	Umsatzrendite, EBITDA
Kundenperspektive	Kundenzufriedenheit	Weiterempfehlungsrate, Marktanteile
Prozessperspektive	Effizienz, Qualität	Durchlaufzeiten, Qualitätsparameter,
Lern- und Entwicklungsperspektive	Qualifikation, Innovation	Mitarbeiterproduktivität, Mitarbeiterzufriedenheit

aus dem Bankenbereich ist der „Vierklang" der Deutschen Bank, der sich aus Aktionären, Kunden, Mitarbeitern und Gesellschaft zusammensetzt [Klingebiel 2001].

Aufgrund der besonderen Bedeutung für die Gesundheitsversorgung der Bevölkerung gelten diese erweiterten Zieldimensionen in besonderem Maße auch für Krankenhäuser. Sie haben nicht nur betriebswirtschaftliche Zielvorgaben ihrer Gesellschafter zu erfüllen, sondern darüber hinaus sind sie auch anderen Anspruchs- und Zielgruppen (Patienten, Mitarbeitern, Kommunen) verpflichtet.

Dieses ist sicherlich einer der Gründe, warum die von Kaplan beschriebene Balanced Score Card (BSC) und ihre Weiterentwicklungen eine große Verbreitung bei vielen Krankenhäusern erreicht hat [Kaplan u. Norton 1996]. Die klassische BSC unterscheidet die Zielperspektive eines Unternehmens in vier Dimensionen:

1. **Finanzielle Perspektive**: Welche wirtschaftlichen Anforderungen hat der Eigentümer?
2. **Kundenperspektive**: Welche Anforderungen stellen unsere Kunden?
3. **Prozessperspektive**: Wo müssen wir exzellent sein?
4. **Lern- und Entwicklungsperspektive**: Wie können wir uns weiter verbessern?

Auf das Krankenhaus übertragen haben gerade die weiteren nicht finanziellen Dimensionen vor dem Hintergrund der aktuellen Entwicklungen eine hohe Relevanz:

- **Kundenperspektive**: Der zunehmende Wunsch nach mehr Transparenz über die Leistungsfähigkeit von Krankenhäusern und der Einfluss von Patienten und Angehörigen auf die Krankenhauswahl sind hier bedeutsam. In diesen Bereich fällt auch die bei größerem Wettbewerb wichtiger werdende Vernetzung der Krankenhäuser zu Einweisern aus dem ambulanten und stationären Bereich.
- **Prozessperspektive**: Krankenhäuser stehen hier vor der Herausforderung, Behandlungsabläufe stärker an den Patientenbedürfnissen auszurichten und ständig weiterzuentwickeln. Dies erfordert intern insbesondere auch die Überwindung von berufsgruppenspezifischen und fachabteilungsspezifischen Abgrenzungen und Schnittstellen hin zu einem klinikübergreifenden patientenorientierten Behandlungsablauf. Dies geht einher mit einer stärkeren Fokussierung auf Prozessqualität und -effizienz.

- **Lern- und Entwicklungsperspektive**: Ein Krankenhaus als ein modernes Dienstleistungsunternehmen ist in besonderem Maße auf die Leistungsfähigkeit und die Motivation seiner Mitarbeiter angewiesen. Gerade angesichts des knapperen Arbeitsmarktes für qualifiziertes Fachpersonal bei Ärzten und Pflege rücken Mitarbeitermotivation und -qualifikation zunehmend in den Blickpunkt des Krankenhaus-Managements.

Die Betrachtung des Krankenhausgeschehens durch verschiedene „Linsen" kann zudem dazu beitragen, Fehlsteuerungen zu vermeiden. So mag eine Verlängerung der medizinisch-notwendigen Verweildauer bis zur unteren Grenzverweildauer aus ökonomischen Gründen sinnvoll sein, kann aber auf der anderen Seite zu Unzufriedenheit bei Patienten und Angehörigen beitragen und möglicherweise negative Auswirkungen auf die Einweiserquoten von Zuweisern haben.

Schlussendlich bietet eine mehrschichtige Zielhierachie einen weiteren entscheidenden Vorteil: Die einzelnen Dimensionen bauen in Teilen aufeinander auf und stehen vereinfacht miteinander in einer Ursache-Wirkungsbeziehung. So ist die Effizienz und die Qualität der klinischen Prozesse zu einem großen Teil beeinflusst vom Schulungs- und Qualifikationsgrad sowie der Leistungsfähigkeit und Motivation der Mitarbeiter. Defizite in diesen Bereichen werden unweigerlich Auswirkungen auch auf andere Zieldimensionen haben. Ähnlich verhält es sich mit der Kundenzufriedenheit, die wiederum maßgeblich von der Prozess- und Ergebnisqualität der Behandlungsprozesse geprägt wird. Letztendlich spiegelt die finanzielle Perspektive als Summe der einzelnen Bereiche die Leistungsfähigkeit des Krankenhauses wider und stellt somit das letzte Glied der Kette dar.

Das Management erhält mit einer derartigen Zielhierarchie von KPI also frühzeitig wertvolle Informationen zu kritischen Parametern, die sich erst mit einer entsprechenden Zeitverzögerung auch in den wirtschaftlichen Kennzahlen widerspiegeln und gewinnt damit wertvolle Zeit, um entsprechend gegenzusteuern.

1.4 Auswahl von KPI

Aufgrund der Vielseitigkeit und nahezu unbegrenzten Anzahl von KPI kommt der zielgerichteten Auswahl eine entscheidende Rolle zu. Ein

KPI-System muss sich daran messen lassen, inwiefern es zu einer schnelleren Veränderungsgeschwindigkeit und höheren Leistungsfähigkeit von Krankenhäusern beiträgt. Ein effektiver Einsatz von KPI ist dann gegeben, wenn folgende Grundregeln beachtet werden:

> ### Grundregeln zur richtigen Auswahl von KPI
> - *KPI ableiten aus den strategischen Zielen des Krankenhauses*
> - *KPI orientieren an den Werttreibern des Krankenhauses*
> - *Wenige KPI zielgruppengerecht auswählen*
> - *KPI eindeutig und einfach definieren*
> - *KPI automatisiert berichten*

KPI ableiten aus den strategischen Zielen des Krankenhauses

Die erste Regel lautet, dass KPI konsequent „Top down" von der obersten Krankenhausleitung und nicht „Bottom-up" vom Controlling entwickelt werden sollten. Dies bedeutet, dass an erster Stelle eine konkrete Definition von strategischen Zielen steht. Welche konkreten Ziele im Vordergrund stehen, wird je nach Typ, Größe und Standort des Krankenhauses sehr unterschiedlich sein. Normstrategien beinhalten typischerweise Produktivitätssteigerung durch Wachstum der Krankenhausleistungen, Senkung der Personal- und Sachkosten bzw. die Reduzierung des Umlaufvermögens. Je konkreter die strategischen Ziele definiert werden, desto spezifischer lassen sich dafür dann auch relevante KPI definieren. Durch eine derartige Vorgehensweise gelingt es insbesondere, die einzelnen Kennzahlen mit den Unternehmenszielen zu koppeln und dadurch sicherzustellen, dass nur das mittels KPI gemessen wird, was für den Unternehmenserfolg relevant ist. Im Idealfall entsteht auf diese Weise ein Kennzahlennetzwerk, welches aufeinander aufbaut und wechselseitig miteinander in Beziehung steht.

KPI orientieren an den Werttreibern des Krankenhauses

Werttreiber ist ein Begriff aus der Wertmanagementtheorie, die sich seit Beginn der 90er Jahre in der Betriebswirtschaftslehre mehr und mehr durchgesetzt hat [Lewis et al. 1995]. Verstanden

wird darunter ein Ansatz, bei dem die Wertschöpfung eines Unternehmens systematisch in ihre einzelnen, aufeinander aufbauenden Bausteine (Werthebel) zerlegt wird. Dies ist zum einen hilfreich, um damit für alle Mitarbeiter ein besseres Verständnis zu schaffen, wie sich das Unternehmensziel (z. B. Steigerung der Profitabilität) zusammensetzt und welche einzelnen Werthebel sich gegenseitig beeinflussen, zum anderen lassen sich aus dieser Darstellung Ansatzpunkte für die konkrete Beeinflussung (Werttreiber) der Wertschöpfung von Unternehmen ermitteln. Diese Ansatzpunkte wiederum sind Ausgangspunkt für die Entwicklung von geeigneten Kennzahlen.

An einem konkreten Beispiel aus dem Krankenhausbereich sei diese Vorgehensweise dargestellt. Die Erlöse eines Krankenhauses sind abhängig von der Anzahl der behandelten Patienten und der Anzahl der durchgeführten Operationen. Die Wertschöpfung in einem Operationssaal lässt sich vereinfacht in produktive Zeiten (Schnitt-Nahtzeiten), Vorbereitungs- und Rüstzeiten (Wechselzeiten), sowie in Leerzeiten (innerhalb der Kernbetriebszeit und außerhalb der Kernbetriebszeit) unterteilen (s. Abb. 1). Eine graphische Darstellung in Form eines Werttreiberbaums hilft, diese Zusammenhänge zu verdeutlichen und die relevanten Werttreiber zu identifizieren (Verkürzung der Wechselzeiten, Erhöhung der OP-Kernbetriebszeiten). Diese Werttreiber können dann in entsprechende KPI übersetzt werden.

Wenige KPI zielgruppengerecht auswählen

Ein typischer Fehler bei der Entwicklung von Kennzahlen ist die fehlende Fokussierung auf wenige, steuerungsrelevante KPI. Wie eingangs geschildert, ist die Anzahl möglicher KPI nahezu unbeschränkt und birgt die große Gefahr für das Management sich zu verzetteln. Durch eine Flut von Kennzahlen wird allerdings genau der gegenteilige Effekt erreicht. Umfangreiche Berichtssysteme drohen mangels Übersichtlichkeit und konkreten Handlungsempfehlungen unbeachtet in der Versenkung zu verschwinden. Die erwünschte, kritische Auseinandersetzung mit den bisherigen Umsetzungsergebnissen unterbleibt. Aus unserer Erfahrung ist es daher wichtig, sich auf wenige, aussagekräftige KPI pro relevanten Bereich zu konzentrieren. Hinzukommt, dass durch die zunehmende Ver-

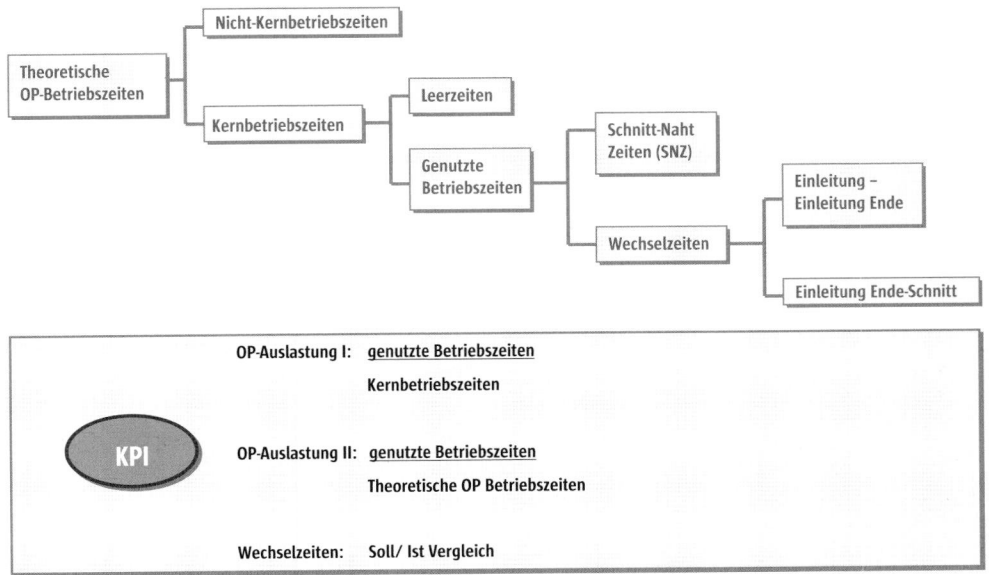

Abb. 1   Werttreiberbaum für die Ableitung von KPIs. Beispiel OP

lagerung von Verantwortlichkeiten in dezentrale Einheiten der Adressatenkreis für das Berichtswesen im Unternehmen gestiegen ist. Es ist erforderlich, KPI auf die jeweilige Adressatengruppe maßgerecht zuzuschneiden. Die Krankenhausleitung wird einen Überblick über alle relevanten KPI benötigen, einzelne Abteilungen nur einen Ausschnitt dieser KPI mit weiteren Details. Es sollten daher für die jeweilige Zielgruppe relevante und auch von dem Personenkreis beeinflussbare Kennzahlen ausgewählt werden. So kann die Fokussierung auf die kritischen Themen verstärkt werden.

KPI eindeutig und einfach definieren

Gerade die unklare oder zu komplexe Definition von KPI ist eine häufige Quelle von Missverständnissen. Hier sollte bewusst im Vorfeld ausreichend Zeit und Energie verwendet werden, um mit den Nutzern und relevanten Spezialisten zu einer gemeinsamen Definition zu kommen. Hiermit kann vermieden werden, dass dann im Nachgang der Nutzen von einzelnen KPI bezweifelt wird, bzw. die Messgrößen in Frage gestellt werden. Die Kunst bei der Definition liegt darin, die richtige Balance zwischen Komplexitätsreduktion

und Informationsgehalt zu finden. KPI haben gerade dadurch ihre Existenzberechtigung, dass sie in der Lage sind, wichtige Stellhebel in Krankenhäusern auf eine einfache Zahl zu reduzieren. Es kann daher bei der Definition nicht immer Rücksicht auf eine 100 % korrekte Erfassung aller Sachverhalte und Ausnahmetatbestände genommen werden. Weniger ist hier manchmal mehr und hilft den Überblick zu behalten.

Am Beispiel einer Produktivitätskennziffer (Case Mix pro Vollkraft Pflegedienst) soll dies verdeutlicht werden. Selbstverständlich kann es viele Gründe geben, die eine Veränderung dieser Kennzahl zur Folge haben, die nicht in direktem Zusammenhang mit der eigentlichen Produktivität der einzelnen Mitarbeiter zu tun haben (z. B. schlechtere Dokumentation, Veränderung des Fallspektrums, Verlagerung von Aufgaben etc.). All diese Tatbestände bei der Definition zu berücksichtigen, würde aber die Praktikabilität dieser Kennzahlen im Alltag stark beeinträchtigen. Entscheidend ist, dass die Definition einfach und eindeutig ist und damit im Unternehmen auch klar kommunizierbar ist. Selbstverständlich sollten Abweichungen aufgrund der beschriebenen Limitationen auch nicht vorschnell interpretiert werden, sondern einer genaueren Analyse unterzogen werden.

KPI automatisiert berichten

KPI sind insbesondere im zeitlichen Verlauf gut geeignet, Veränderungsprozesse im Krankenhaus abzubilden. Dies setzt jedoch eine regelmäßige Berichterstattung voraus. Vielfach wird ein Berichtswesen nach anfänglicher Euphorie allerdings wieder eingestellt oder lückenhaft weitergeführt, da der Aufwand zur Generierung der KPI zu hoch erscheint. Um dies zu vermeiden, sollte direkt bei der Definition der KPI daran gedacht werden, ob die erforderlichen Daten elektronisch generiert werden bzw. eine entsprechende Auswertungsroutine für relevante Grunddaten programmiert werden kann. Eine deutliche Erleichterung für die Erstellung von vielfältigen Berichten auf der Basis von KPI und anderen Finanzkennzahlen bietet ein Data Warehouse. Ein Data Warehouse vereinfacht die Zusammenführung von Zahlen aus verschiedenen Datenquellen und ermöglicht eine vereinfachte und strukturierte Auswertung. Der Einsatz von einem Data Warehouse wird am Ende dieses Kapitels weiter erläutert.

1.5 Relevante KPI im Krankenhaus

Ein allgemeingültiges Kennzahlensystem für Krankenhäuser ist bisher nicht existent und ist angesichts der unterschiedlichen Ausgangsbedingungen und strategischen Zielsetzungen der einzelnen Häuser vermutlich auch nicht sinnvoll. Auf der anderen Seite haben viele Krankenhäuser ähnliche Herausforderungen zu bewältigen und damit vergleichbare strategische und operative Themen zu bearbeiten. Im Folgenden ist exemplarisch ein Kennzahlengerüst dargestellt, welches typische Unternehmensziele und eine Auswahl von in der Praxis gebräuchlichen Kennzahlen enthält (s. Tab. 2). Weitere gebräuchliche Kennzahlen sind im Literaturverzeichnis [Love et al. 2008; Heberer et al. 2002] zu finden.

Für Universitätskliniken kommen als zusätzliche Zieldimensionen die Aspekte von Forschung und Lehre hinzu. Auch diese Zielsetzung (Steigerung der Forschungsleistungen, hohe Lehrqualität, Attraktivität für Forscher und Studierende, effizienter Mitteleinsatz des F&L-Budgets) lassen sich in ein solches Kennzahlengerüst integrieren.

1.6 Nutzung externer Vergleichsdaten (Benchmarking)

Als ein weiteres Zeichen der zunehmenden Professionalisierung der Krankenhauslandschaft hat in den letzten Jahren die Verfügbarkeit und Qualität von externen Vergleichsdaten deutlich zugenommen. Krankenhäuser erhalten damit die Möglichkeit, ihre Leistungsfähigkeit nicht nur intern – etwa im Vergleich einzelner Fachabteilungen – zu bewerten, sondern auch klinikübergreifende Vergleiche anzustellen und damit die allgemeine Wettbewerbsfähigkeit zu beurteilen. Wenn auch Benchmarkdaten nicht ungeprüft (Cave: Vergleichbarkeit der Daten, Aktualität der Daten) verwendet werden sollten, so stellen sie doch eine wichtige Ergänzung zu den internen Daten dar. Nachfolgend sind Beispiele dieser neuen Vergleichsdaten aufgeführt:

- **Kostendaten**: Als wichtige externe Quelle hat sich beispielsweise die von Institut für Entgelt-Systeme im Krankenhaus (InEK) jährlich ermittelten Fallkosten pro DRG etabliert. Krankenhäuser können damit ihre individuelle Kostenposition im Wettbewerbsvergleich ermitteln und entsprechende Zielvorgaben ableiten.

- **Leistungsdaten**: Vom Verband der Uniklinika (VUD) werden seit einigen Jahren Leistungs- und Kostendaten von Uniklinken erhoben und allen Teilnehmern zur Verfügung gestellt. Diese Daten sind insbesondere für die strategische Positionsbestimmung einzelner Fachabteilungen von großer Bedeutung und geben wertvolle Entscheidungsgrundlagen für strategische Investitions- bzw. Desinvestitionsentscheidungen.

- **Markt- und Wettbewerbsdaten**: Ebenfalls seit einigen Jahren erhältlich sind Marktdaten zu Einweiserverhalten und Patientenströmen. Es werden hierzu epidemiologische Daten (Inzidenz, Prävalenz von Erkrankungen, Anzahl Krankenhauseinweisungen), die Qualitätsberichte der Krankenhäuser und andere Datenquellen ausgewertet. So sind Kliniken in der Lage, Marktanteile pro Regionen oder bezogen auf einzelne Einweisergruppen zu ermitteln, sowie auch Kerndaten zu den Hauptwettbewerbern zu sammeln. Diese Informationen wiederum sind wichtige Grundlagen für die Marketing- und Vertriebsstrategien der einzelnen Häuser.

- **Patientenzufriedenheit**: Eine weitere Datenquelle, die von Krankenhäusern genutzt werden kann, sind Auswertungen von Patientenzufriedenheitsdaten einzelnen Krankenkassen. So füh-

Tab. 2   Relevante KPI im Krankenhaus

Zieldimension	Unternehmensziele	KPI
Finanzielle Perspektive	Wachstum	Stat. Fälle, CMI, Case Mix ggü VJ
	Wirtschaftliche Produktivität	Case Mix /Belegungstag
		Case Mix /Sachkosten
	Rentabilität	Deckungsbeitrag, EBITDA-Marge
	Netto Umlaufvermögen	Kurzfristige Verbindlichkeiten/Umlaufvermögen
	Liquidität	Forderungsreichweite
Kundenperspektive	Patientenzufriedenheit	Patientenzufriedenheitsquote
		# Beschwerden, # Haftpflichtfälle
		Komplikationsraten (BQS-Daten)
	Marktposition	Regionale Marktanteil Patienten
		Regionale Marktanteil Zuweiser
	Preisrealisierung	Anteil Privatpatienten
	Zuweiserzufriedenheit	Zuweiserzufriedenheitsquote
Prozessperspektive	Durchlaufzeiten	Stationäre Verweildauer
		Wartezeiten Ambulanz/Notaufnahme
	Prozessqualität	% Entlassung vor 10 h
		% Arztbrief bei Entlassung
		OP Wechselzeiten
		OP-Planstabilität
	Kapazitätsmanagement	Bettenauslastung, OP-Auslastung
Lern- und Entwicklungsperspektive	Mitarbeiter-Produktivität	Case Mix /VK ÄD oder PD
	Mitarbeiter-Zufriedenheit	Mitarbeiterzufriedenheitsindex
		Fluktuationsrate, Krankenstand
	Qualifizierung	# Schulung/Trainingsaktivitäten
	Innovation	# Meldungen (CIRS, Vorschlagswesen)

ren die TK und die AOK bundesweit Patienten-zufriedenheitsanalysen durch und stellen diese auch den Krankenhäusern zur Verfügung. Diese Daten stellen eine gute Ergänzung zu den von vielen Kliniken auch in Eigenregie regelmäßig durchgeführten Patientenbefragungen dar. Auch hier sind wichtige Verbesserungspotenziale im Hinblick auf klinische Abläufe, Ausstattung, Hotelservice der einzelnen Häuser ableitbar.

Insgesamt können durch Nutzung dieser externen Datenquellen und Integration in die verwen-

deten KPI auch Aussagen über die Wettbewerbsfähigkeit und Position des eigenen Hauses im Verhältnis zu anderen Krankenhäusern gemacht werden und dadurch kritische Handlungsfelder identifiziert werden.

1.7 Vorgehensweise zur Etablierung eines KPI-Systems

Im Folgenden ist das grundsätzliche Vorgehen bei der Etablierung eines KPI-Systems dargestellt. Wie eingangs erläutert, sollte die Einführung eines KPI-

Systems durch die Krankenhausleitung selbst initiiert und kommunikativ begleitet werden (s. Tab. 3).

1.8 Erfolgsfaktoren für wirksamen Einsatz von KPI

Die Erfahrung zeigt, dass der Erfolg von KPI-Systemen nicht allein von der richtigen Auswahl und deren strukturierten Einführung abhängig ist. Vielmehr spielen auch andere Faktoren eine zentrale Rolle, die im nächsten Abschnitt genauer erläutert werden.

Qualität/Reliabilität der Daten

Einen großen Knackpunkt stellen die Qualität und Reliabilität der Quelldaten dar. Kennzahlen, die in Augen der Nutzer oder des Managements nicht verlässlich oder plausibel sind, finden nur sehr geringe Akzeptanz. Konsequenterweise ist auch die Bereitschaft dieser Gruppen gering, sich mit den Daten oder Kennzahlen zu befassen. Die KPI-Systeme werden nicht genutzt und die Initiative verpufft. Eine einmal verlorene Glaubwürdigkeit für Daten ist nur sehr schwierig und langsam wieder herzustellen.

Die Gefahr der Unzuverlässigkeit von Daten ist insbesondere dann hoch, wenn es sich um neue Bereiche handelt, bei denen bisher in nur begrenztem Umfang Daten erhoben wurden. Problematisch sind auch unsystematisch oder händisch erhobene Daten, die naturgemäß größere Fehlerquellen aufweisen.

Zur Vermeidung von langwierigen Diskussionen über die Qualität der Daten, sollten daher folgende Dinge beachtet werden:

Tab. 3   Checkliste zur Einführung von KPI

Schritt	Vorgehen
Auswahl eines Organisationsbereiches	Mögliche Auswahlkriterien: ■ hohe Relevanz des Bereiches aufgrund operativer oder strategischer Bedeutung ■ Verbindung mit bereits laufenden bzw. neu zu startenden Projekten ■ großes Interesse bzw. Bereitschaft des zuständigen Management am Thema ■ Vorarbeiten hinsichtlich Prozessanalysen, Datenerfassung oder Berichtswesen
Festlegung/Überprüfung der strat. Ziele	klare Zielgrößen (SMART-Regel)
Auswahl geeigneter KPI	Siehe Grundregeln in Kapitel zur Auswahl von KPI Frühindikatoren mit hoher Sensitivität für Projektstart
Festlegung von Zielwerten/-größen	Benchmarkingdaten aus eigenem Haus/vergleichbaren Einrichtungen Eher am oberen Ende, dafür längere Zeitspanne bis Erreichen einräumen
Abbildung von KPI in Controllingsystem	Auswertung mittels vorhandenen, bereits erfassten Daten bzw. elektronisch generierbarer Daten Vermeidung von händisch erfassten Daten (Strichlisten)
Erstellung des Berichtswesens	Kombination von KPI aus unterschiedlichen Zieldimensionen (Finanzen, Kunden, Prozesse) Zielgruppengerechte Darstellung (Datentiefe und Aufbereitung) Einsatz von Management Cockpits (Dashboards)
Kommunikation der KPI	Regelmäßige, offene Kommunikation Klare Verantwortlichkeiten
Projektbewertung und Ausweitung	Strukturierte Abfrage ■ Akzeptanz bei Nutzern ■ Unterstützung bei Zielerreichung Integration Verbesserungen und Ausweitung

- Sorgfältige Abstimmung über die Definition der Daten vorab mit den Nutzern.
- Klare Zuständigkeiten für die zeitgerechte und qualitativ einwandfreie Bereitstellung der Daten definieren.
- Im Zweifelsfall Beschränkung auf wenige Daten und KPI, die robust berichtet werden können.
- Umfangreiche Qualitätskontrolle und Tests im Controlling vor Veröffentlichung der Daten (ggf. Testlauf mit Daten parallel mit anderen Systemen im Vorfeld).

Performante IT Systeme (Data Warehouse)

Die Einführung eines Data Warehouse ist ein wichtiges Hilfsmittel, um die Erstellung von KPI-Berichten zu vereinfachen und zu automatisieren. Der Vorteil von Data Warehouse Systemen ist, dass verschiedene Datenquellen (Erlösdaten, Kostendaten, Personaldaten, OP-Kennzahlen und auch externe Benchmarkingzahlen) aus verschiedenen Quellsystemen in ein gesamthaftes Berichtssystem integriert werden können und tagesaktuell zur Verfügung stehen. Das Data Warehouse ermöglicht dann eine zielgruppenspezifische Aufbereitung der benötigten Managementinformationen. So kann beispielsweise für die Manage-

mentebene ein Bericht mit sämtlichen entscheidungsrelevanten Parametern für jeden einzelnen Bereich erstellt werden. Der jeweilige Anwender kann hiermit auch seine Berichte zusätzlich individuell personalisieren und anpassen. Besonders hilfreich ist hierbei auch die Funktionalität, Management-Cockpits (Dashboards) zu erstellen, die eine graphische Präsentation wichtiger Kennzahlen auf einen Blick bietet (s. Abb. 2).

Darüber hinaus ermöglicht das Datawarehouse für Controller und Business Analysten, die tiefer die Ursachen für die Entwicklung einzelner Kennzahlen aufklären möchten, über spezielle OLAP (Online Analytical Processing) Verfahren eine tiefer gehende Analyse der Berichte bis hin zu den Einzelfällen bzw. Einzelbuchungen. Ein weiterer Vorteil des Data Warehouses ist, dass mit diesem System ein einheitliches, in sich stimmiges, rollenbasiertes Berechtigungskonzept eingeführt werden kann, welches die Datenschutzanforderungen an solche Systeme vollumfänglich erfüllt.

Top Management Support

Ein weiterer entscheidender Erfolgsfaktor ist die Unterstützung des Top Managements für die Initiative. Die Einführung von KPI ist keine Auf-

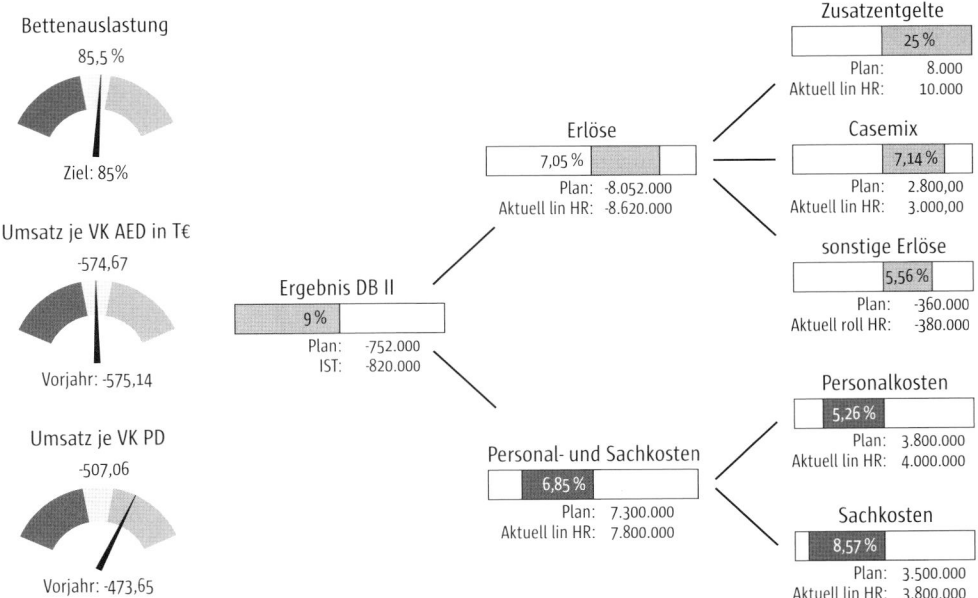

Abb. 2   Management Cockpit von wichtigen KPI

gabe des Controllings, sondern ist ureigenste Aufgabe der obersten Klinikleitung. Eine erkennbare Unterstützung kann auf vielfältige Weise zum Ausdruck gebracht werden. Im Folgenden sind einzelne Beispiele genannt:

- Wichtig ist zunächst, dass das Ziel der Einführung von KPI aktiv von der Krankenhausleitung kommuniziert wird und in die Unternehmensziele aufgenommen wird.
- Hilfreich ist sicherlich auch, wenn das Projekt zur Einführung der KPI direkt der Krankenhausleitung unterstellt wird und damit eine hohe Schlagkraft und Visibilität erhält.
- Unterstützung wird ebenfalls dadurch sichtbar, dass das Top Management im Sinne von „Vorleben" mit den KPI-Berichten vertraut ist, diese für die Überwachung der den einzelnen Vorständen/Geschäftsführern zugeordneten Bereiche nutzt und aktiv diese Kennzahlen in Budgetgesprächen hinterfragt.
- Aus unserer Erfahrung hat es sich zudem als sehr wirkungsvoll erwiesen, KPI im Rahmen von jährlichen Zielvereinbarungsgespräche für Kliniken und andere Verwaltungsbereiche als krankenhausweite, verbindliche Zielen zu verankern.

Incentivesysteme

KPI gewinnen zusätzliche Schlagkraft, wenn sie mit den Incentivesystemen des Krankenhauses gekoppelt sind. Bewährt haben sich beispielsweise klinik- bzw. zentrumsbezogene Bonus- und Malusregelungen, die an das Erreichen von unternehmensweiten KPI gekoppelt sind. Darüber hinaus sollten KPI auch in die individuellen persönlichen Zielvereinbarungen zwischen Geschäftsführung und Chefarzt/Leitenden Mitarbeiter aufgenommen werden. Auch nicht monetäre Incentives, wie die Verleihung von besonderen Auszeichnungen für die Erreichung von wichtigen strategischen Zielen sind wichtig. Am Universitätsklinikum Hamburg-Eppendorf beispielsweise werden von den Studierenden die besten Dozenten (Teacher of the Year Award) ausgewählt und ausgezeichnet. Diese Maßnahmen unterstützen die breite Verankerung von KPI im Bewusstsein aller Mitarbeiter.

Transparenz und Fehlerkultur

In Organisationen, in denen aus Controllingzahlen ein Staatsgeheimnis gemacht wird, welches

nur einem kleinen, elitären Zirkel zugänglich ist, sind KPI-Initiativen zum Scheitern verurteilt. KPI können nur dann eine Wirkung entfalten, wenn sie für jeden interessierten Mitarbeiter zugänglich sind und die Zahlen regelmäßig, offen und transparent kommuniziert werden. Einzelne Kliniken haben sehr gute Erfahrungen damit gemacht, die relevanten Kennzahlen am schwarzen Brett, in den einzelnen Funktionseinheiten oder im Intranet zu veröffentlichen.

Neben der Krankenhausleitung haben hier auch alle anderen Führungskräfte inklusive der ärztlichen Leitung die Verpflichtung, ihre Mitarbeiter über die aktuellen Entwicklungen der Klinik zu informieren.

Ein zweites, sehr wichtiges Element stellt die Art und Weise dar, wie Organisationen mit diesen Kennzahlen umgehen. Vielfach werden die Kennzahlen fälschlicherweise dazu genutzt, einzelne Organisationseinheiten in Misskredit zu bringen oder sie offen im Unternehmen an den Pranger zu stellen. Gerade Kliniken sind historisch stärker anfällig für derartige Verhaltensweisen und es ist erforderlich, hier konsequent derartigen Entwicklungen entgegenzutreten. Es ist entscheidend, ein Klima zu schaffen, in dem diese Kennzahlen eher als Startpunkt für weitere Verbesserungsmaßnahmen gesehen werden – also weniger die Schuldfrage in den Vordergrund stellen – sondern, die Frage, wie es zukünftig besser gemacht werden kann. KPI-Systeme setzen zum einen eine offene Unternehmenskultur voraus, zum anderen können sie aber auch ihrerseits zu einer Verstärkung der internen Transparenz beitragen.

> ### Erfolgsfaktoren für KPI
> - Die richtige Auswahl von KPI
> - Qualität und Reliabilität der Daten
> - Performante IT-Systeme (Data Warehouse)
> - Top Management Support
> - Incentivesyteme
> - Transparenz und Fehlerkultur

Fazit

Unternehmensprozesse und -ergebnisse messen, sie transparent machen, sind wesentliche Voraussetzungen für Veränderungen und kontinuierliche Verbesserungen. In diesem Sinne stellt ein multidimensionales KPI-Gerüst einen wesentlichen Baustein für die erfolgreiche Neuausrichtung und zunehmende Professionalisierung des Krankenhaussektors dar.

Literatur

Heberer M et al. (2002) Welche Kennzahlen braucht die Spital-führung? Schweizerische Ärztezeitung 83, 425–434

Kaplan R S, Norton D P (1996) The Balanced Scorecard: Translating Strategy into Action. McGraw Hill

Klingebiel N (Hrsg.) (2001) Performance Management & Balanced Scorecard. Verlag Vahlen, München

Krause H-U, Arora D (2008) Controlling Kennzahlen Key Performance Indicators. Oldenbourg Wissenschaftsverlag, München

Lewis T et al. (1995) Steigerung des Unternehmenswertes. Total Value Management. Verlag Moderne Industrie, Landsberg

Love D et al. (2008) A current look at the key performance measures considered critical by Health Care Leaders. J Healthcare Finance 34(3),19–33

2 Betriebswirtschaftliches Controlling

Gabriele Sonntag
Universitätsklinikum Tübingen

Der Krankenhaussektor sieht sich einem zunehmenden wirtschaftlichen Druck gegenüber, dem nur durch einen effizienten und bedarfsgerechten Ressourceneinsatz zu begegnen ist. Die langfristige Sicherung eines Krankenhauses erfordert zwingend, dass neben der ärztlich-pflegerischen Zielsetzung auch wirtschaftliche Ziele verfolgt werden. Ohne ein hohes Niveau in der medizinischen Versorgung wird ein Krankenhaus langfristig nicht erfolgreich sein, aber ohne wirtschaftlichen Erfolg, ist das Niveau nicht zu halten.

Um nicht nur im Qualitäts- sondern auch im Kostenwettbewerb zu bestehen, ist ein betriebswirtschaftliches Controlling unerlässlich. Es nimmt eine Querschnittsfunktion im Unternehmen ein mit den Aktionsfeldern Planung, Information, Analyse und Kontrolle sowie Steuerung. Auf der Grundlage der strategischen Ziele werden für einzelne Zeitperioden die betriebswirtschaftlichen Ziele sowohl für das Gesamtunternehmen als auch die einzelnen Teileinheiten festgelegt und konkrete Maßnahmen zur Erreichung der Ziele bestimmt. Die wesentlichen Elemente des betriebswirtschaftlichen Controllings sind das Leistungs-, Ertrags- und Aufwandscontrolling sowie das Investitions-, Liquiditäts- und Finanzcontrolling.

Die grundsätzlichen Elemente des betriebswirtschaftlichen Controllings sind unabhängig von der Größe, Rechtsform und Trägerschaft eines Krankenhauses. Dennoch sind in deutschen Krankenhäusern unterschiedliche Gestaltungen anzutreffen. Die folgenden Ausführungen basieren in weiten Teilen auf der gelebten Praxis an einem Universitätsklinikum.

2.1 Grundsätze der betriebswirtschaftlichen Unternehmenssteuerung

Krankenhäuser stellen komplexe Produktions- und Dienstleistungsunternehmen dar und benötigen wie Unternehmen anderer Sparten klare Strukturen und vergleichbare Steuerungsmechanismen. Daher ist es nicht verwunderlich, dass aus der Industrie abgeleitete Managementtools zunehmend Anwendung in Krankenhäusern finden. Das reicht von der strategischen Planung mittels Stärken-Schwächen-Analysen, Potenzialanalysen, Umfeldanalysen, Produkt- und Lebenszyklusanalysen, Break-even-Analysen etc. bis hin zur Steuerung mittels einer Balanced Score Card. Die Balanced Score Card basiert auf einer Vision und der daraus abgeleiteten Strategie eines Unternehmens und betrachtet im Wesentlichen vier Perspektiven: Finanzen, interne Prozesse, Mitarbeiter und Kunden. Das betriebswirtschaftliche Controlling im engeren Sinn befasst sich mit der finanziellen Perspektive.

2.1.1 Dezentralisierung von Verantwortung und Entscheidungskompetenz

Zur Steuerung des Gesamtunternehmens Krankenhaus ist eine Untergliederung in Teileinheiten erforderlich. Klinische Abteilungen, Institute, aber auch medizinische und administrative Dienstleister stellen steuerungsrelevante Teilbereiche dar, die als „wirtschaftende Einheiten" bezeichnet werden können. Wirtschaftende Einheiten (WE), denen direkte externe Erlöse zugerechnet werden können, werden oftmals als Profitcenter, alle anderen als Costcenter bezeichnet. Profitcenter sind im Wesentlichen die bettenführenden Abteilungen, die die Patienten ambulant und stationär versorgen und hierfür eine Vergütung durch die Krankenkassen erhalten. Jede WE sollte von einer Person verantwortlich geleitet werden. Im Falle klinischer Abteilungen und Institute sind dies i. d. R. die ärztlichen Direktoren. Einzelne Kliniken und Abteilungen können zur Intensivierung der Zusammenarbeit und Nutzung gemeinsamer Ressourcen zu Departments bzw. Zentren zusammengefasst werden. Diese werden von einem geschäftsführenden Vorstand, dem i. d. R. neben Ärzten auch ein Betriebswirt angehört, geleitet. Gegenüber der Krankenhausleitung trägt der Departmentvorstand die Verantwortung für das gesamte Department bzw. Zentrum. Tabelle 4 zeigt beispielhaft die Untergliederung des Universitätsklinikums Tübingen in 124 Wirtschaftende Einheiten, wobei davon 30 WE in insgesamt 4 Departments zusammen gefasst sind.

Im Hinblick auf die interne Rechnungslegung sind die wirtschaftenden Einheiten untergliedert in einzelne Kostenstellen, z. B. Kostenstellen für Stationen, für Ambulanzen, für Funktionsbereiche etc. Alle finanziellen Transaktionen des Krankenhauses werden sowohl einer Kostenart als auch einer Kostenstelle in einer WE zugeordnet. Damit ist eine vollständige Abbildung zwischen interner und externer Rechnungslegung gewährleistet.

War die Krankenhausleitung bis Mitte der 90er-Jahre vorwiegend verwaltend tätig, hat sich in der Zwischenzeit unter dem zunehmenden Kostendruck eine Veränderung hin zu einem modernen Unternehmensmanagement vollzogen. Auch wenn an deutschen Krankenhäusern unterschiedliche Managementphilosophien zu finden sind, so ist doch allen die Entwicklung weg von Einzelentscheidungen durch die Unternehmensleitung hin zu einem Führen mit Zielen inhaltlich gemeinsam. Dies zwingt zu einer Dezentralisierung von Verantwortung und Entscheidungskompetenz auf eine zweite Führungsebene, die Verantwortlichen der wirtschaftenden Einheiten. Wesentliche Elemente der jährlich zwischen Krankenhausleitung und den WE-Verantwortlichen abzuschließenden Zielvereinbarung sind Budget- und Leistungssollvorgaben. Im Rahmen dieser Sollvorgaben besitzen die WE-Verantwortlichen weitgehende Handlungsfreiheit. Fortschrittliche Budgetierungssysteme in Krankenhäusern arbeiten ohne von der Krankenhausleitung vorgegebene Stellenpläne. Das Sollbudget dient der Deckung der Personal- und Sachkosten sowie der angeforderten Leistungen, die einer innerbetrieblichen Leistungsverrechung (ILV) unterliegen. Die Untergliederung in ein Personal-, Sachmittel- und ILV-Budget ist rein nachrichtlicher Natur. Der WE-Verantwortliche kann beispielsweise Medikamentenkosten und Laboranforderungen einsparen und dafür einen zusätzlichen Arzt einstellen. Darüber hinaus wird häufig ein begrenztes dezentrales Budget für Investitionen zur Verfügung gestellt, damit über kleinere Beschaffungen eigenständig entschieden werden kann.

Wichtig ist beim Konzept der Dezentralisierung, dass die WE-Verantwortlichen über die notwendige Managementkompetenz verfügen und ihre Bereiche wiederum untergliedern in Teilbereiche mit Verantwortlichen einer dritten und vierten Führungsebene (z. B. Oberärzte, Pflegedienstleitung, leitende technische Assistentin etc.). Von einem ärztlichen Leiter einer Abteilung oder Klinik wird heute neben seinen medizinischen Fähigkeiten auch betriebswirt-

Tab. 4   Gliederung des Universitätsklinikums Tübingen in 124 Wirtschaftende Einheiten

Bettenführende Einrichtungen davon 22 in 3 Department	32
Zentrale Diagnostik- und Funktionsbereiche davon 8 in 1 Department	20
Übrige Krankenversorgungseinrichtungen	11
Einrichtungen der Medizinischen Fakultät	26
Schulen	6
Administrativer Bereich, Infrastruktur etc.	29
Gesamt	**124**

schaftlicher Sachverstand erwartet. Neben den rein wirtschaftlichen Fragestellungen ist eine ausgeprägte Führungskompetenz gefordert. Einzelne Krankenhäuser sind dazu übergegangen, bei der Neubesetzung von Chefarztpositionen die erforderlichen nicht-medizinischen Fähigkeiten der bestgeeigneten Kandidaten durch ein Assessmentcenter zu beurteilen. Inwieweit sich dieses recht aufwändige Verfahren an deutschen Krankenhäusern durchsetzen wird, hängt von den weiteren Erfahrungen und mittelfristig erreichten Resultaten ab. Wie auch immer das Auswahlverfahren zur Besetzung einer Chefarztposition erfolgt, für die Unternehmensleitung muss dies eine der wichtigsten strategischen Managementaufgaben sein. Nur mit fähigen Chefärzten ist ein langfristiger Unternehmenserfolg möglich.

2.1.2 Unterstützung der dezentralen Wirtschaftsführung und Bereitstellung von Informationen

Obwohl Chefärzte heute zunehmend über betriebswirtschaftliche Kenntnisse verfügen, ist eine intensive Unterstützung in der Wirtschaftsführung erforderlich. Vor allem in großen Krankenhäusern werden neben der Bereitstellung von Berichten und Analysen durch das zentrale Controlling zusätzlich Betriebswirte dezentral in den einzelnen Kliniken bzw. Departments oder Zentren beschäftigt. Diese, auch als Bereichscontroller bezeichneten Mitarbeiter, können disziplinarisch den Chefärzten und fachlich dem Leiter des zentralen Controlling unterstellt werden. Damit fühlen sich die Bereichscontroller einerseits „ihrer" Abteilung verpflichtet und setzen andererseits die Vorgaben des zentralen Controllings um. Es entsteht ein konstruktives Spannungsverhältnis, bei dem neben dem Streben nach wirtschaftlichem Erfolg der einzelnen Abteilung der Blick für das Gesamtunternehmen nicht verloren geht.

Zur Bereitstellung führungsrelevanter Informationen sowohl für die Krankenhausleitung als auch für die dezentralen Bereiche ist ein zentrales Datenmanagement möglichst in Form eines „Data-Warehouse" erforderlich. Dabei werden Daten aus unterschiedlichen Quellen (vom Finanzbuchhaltungssystem über die DRG-Dokumentation bis hin zu Schnitt-Naht-Zeiten etc.) in das Data-Warehouse geladen und stehen dort für Analysen bereit.

Mittlerweile gibt es flexible Analysetools, die ohne großen Schulungsaufwand zu bedienen und große Datenmengen performant verarbeiten können. Darauf basierend erstellt das zentrale Controlling regelmäßige Standardberichte zu grundsätzlichen Entwicklungen sowohl für die Unternehmensleitung als auch für die einzelnen WE. Weiterführende Detailanalysen sollten von den dezentral Verantwortlichen durch eine entsprechende Teilzugriffsberechtigung auf das Data-Warehouse selbstständig erstellt werden können. Dabei ist die Betrachtung sowohl von Aufwands-, Leistungs- und Erlösentwicklungen als auch von Parametern der Prozessqualität (Auslastung des CT, Wartezeiten in der Ambulanz, Wechselzeiten im OP etc.) möglich.

2.1.3 Anreize und Sanktionen zur Förderung wirtschaftlichen Verhaltens

Die Dezentralisierung der Entscheidungskompetenz erfordert Mechanismen, die eine Übererfüllung der Zielvorgaben fördern und die Nichterfüllung sanktionieren. Anreize und Sanktionen sind sowohl bezogen auf das Budget als auch beim persönlichen Einkommen der WE-Verantwortlichen möglich.

Budgetäre Steuerungsmechanismen können beispielsweise wie folgt gestaltet werden:
- Bei Unterschreitung des Betriebsmittelbudgets in einem Jahr wird das Investitionsmittelbudget bis zum dreifachen Ansatz erhöht. Im folgenden Jahr wird das Betriebsmittelbudget wieder in der vollen Höhe zur Verfügung gestellt.
- Bei Überschreitung des Betriebsmittelbudgets in einem Jahr wird das Budget im kommenden Jahr um den Betrag der Überschreitung gekürzt.
- Werden Leistungen über die Sollvorgaben hinaus erbracht, kann das Abteilungsbudget um die erzielten Mehrerträge abzüglich von Overhead-Kosten erhöht werden. Bei Minderleistungen werden Budgetkürzungen in Höhe des Sachkostenanteils dieser Minderleistungen vorgenommen.

Werden Ziele aufgrund eindeutiger Managementfehler oder Führungsschwäche wiederholt nicht erreicht, kann die dezentrale Entscheidungskompetenz entzogen werden. Die Krankenhausleitung ist gefordert, geeignete Schritte zur Verbesserung festzulegen, die von Schulungsmaßnahmen bis zum Austausch des WE-Verantwortlichen reichen können.

Die Gestaltung des persönlichen Einkommens bei den nicht-ärztlichen als auch den ärztlichen Führungskräften erfolgt zunehmend in Form eines fixen und eines variablen Gehaltsanteils. Die Auszahlung des variablen Teils wird dabei an die Erreichung von Zielen geknüpft. Dabei stellt bei den WE-Verantwortlichen die Einhaltung der Budget- und Leistungsvorgaben ein wesentliches Ziel dar.

Generell ist zu bemerken, dass Sanktionen nur im Ausnahmefall zum Zuge kommen sollten. Im Fokus muss die Auswahl kompetenter Führungskräfte stehen.

2.1.4 Strategische und operative Unternehmensplanung

Eine erfolgreiche Unternehmensplanung im Krankenhaus setzt einen engen Austausch zwischen der Krankenhausleitung und den Verantwortlichen in den einzelnen klinischen Abteilungen und sonstigen Organisationseinheiten voraus. Ausgehend von einer vorgegebenen Gesamtstrategie sollten die Verantwortlichen vor Ort am besten in der Lage sein, geeignete Strategien für ihre WE zu entwickeln und nach Abstimmung mit der Krankenhausleitung entsprechende Maßnahmen zu ergreifen. Dies betrifft vor allem neue Diagnose- und Therapiemöglichkeiten aber auch die Verbesserung von Abläufen sowie organisatorische und strukturelle Veränderungen etc.. Zur Unterstützung des Planungsprozesses in den dezentralen Bereichen sollten die von zentralen Stellen zur Verfügung gestellten Berichte neben den rein betriebswirtschaftlichen Daten auch Informationen über Marktpositionierung, Zuweiserveränderungen, Ergebnisse der Patienten- und Mitarbeiterbefragungen etc. enthalten.

Aufgabe der Krankenhausleitung ist es, Interdependenzen zwischen den Planungen der einzelnen WE zu erkennen und die dezentralen Planungen mit der Gesamtunternehmensplanung abzustimmen.

Beispiel: Einführung des minimalinvasiven Herzklappenersatzes

Inhalt: Anstatt des offenchirurgischen Eingriffs durch die Herz-Thorax-Chirurgie im Zentral-OP wird die Herzklappe über eine Vene in einem speziellen Eingriffsraum in der Kardiologie ersetzt.

Strategisches Ziel: Förderung innovativer Verfahren.

Gemeinsam mit dem zentralen Controlling und den zuständigen ärztlichen Direktoren wird ein Businessplan erstellt, der u.a. folgende Punkte enthält: notwendige bauliche und apparative Investitionen, erwartete Veränderungen der Fallzahlen, Aufwand sowie Case Mix und Erlöse in der Kardiologie und in der Herz-Thorax-Gefäßchirurgie, Auswirkung auf den Zentral-OP einschließlich Anästhesie und Intensivbereich.

Ausgehend von den strategischen Zielen des Unternehmens werden gemeinsam mit den WE-Verantwortlichen sowohl monetäre als auch nicht-monetäre Teilziele für die einzelnen Bereiche formuliert und im Rahmen einer Zielvereinbarung schriftlich fixiert. Dabei ist die mittelfristige Planung mit einem Zeithorizont von drei bis fünf Jahren von der kurzfristigen Planung für das kommende Wirtschaftsjahr zu unterscheiden. Die kurzfristige Planung enthält konkrete Ertrags-, Aufwands- und Leistungsziele, die entsprechend in den Wirtschaftsplan des Folgejahres und die Budgetierung von Leistungen, Erträgen und Aufwand pro WE eingehen (s. Abb. 3).

Neben der Leistungs-, Erlös- und Kostenplanung enthält ein Wirtschaftsplan eine Investitions- und eine Finanzplanung. Die Darstellung erfolgt in Form einer Plan-Gewinn- und Verlustrechnung, einer Planbilanz sowie einer Plan-Kapitalflussrechnung.

Der jährliche Wirtschaftsplan für das Gesamtunternehmen bildet die Grundlage für die Budgetierung der einzelnen WE. Auf Basis der Hochrechnung der Gewinn- und Verlustrechnung im zweiten Halbjahr findet eine Fortschreibung der einzelnen Ertrags- und Aufwandskonten mit erwarteten Preissteigerungen statt, einmalige sowie strukturelle Veränderungen werden dabei aufgenommen. Letzteres erfolgt in einem Gegenstromverfahren einer sowohl Top-down- als auch Bottom-up-Planung, in dem in einem mehrstufigen Prozess neben allen zentral auch die dezentral vorhandenen monetären Informationen in der Planung Berücksichtigung finden.

Beispiele für einmalige und strukturelle (= dauerhafte) Veränderungen

Die Einführung der digitalen Archivierung führt u.a. zu einem einmaligen Beratungs- und Scannaufwand und neben der dauerhaften Erhöhung der Softwarelizenz-

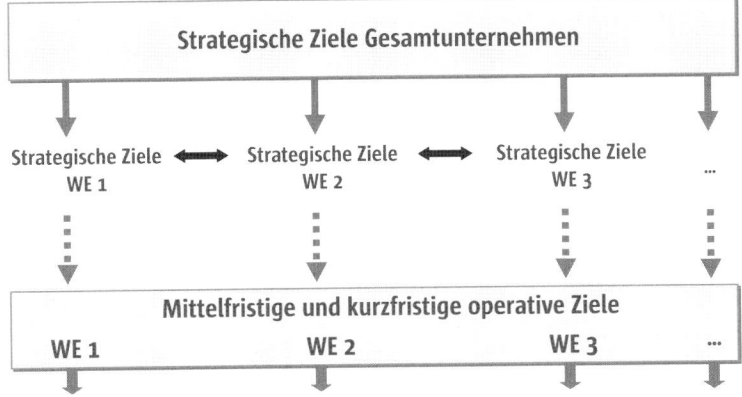

Finanzielle Ziele fließen ein in den jährlichen Wirtschaftsplan und in die Budgetierung von Leistungen, Erträgen und Aufwand.

Abb. 3   Von der Strategie zum Wirtschaftsplan

kosten zu einer Reduktion des Archivpersonals und des Papieraufwands.

Mit der Inbetriebnahme zusätzlicher Intensivbetten in der Neurochirurgie werden eine dauerhafte Erlössteigerung sowie eine Aufwandssteigerung beim Pflegepersonal und in Aufwandspositionen des OPs erwartet und entsprechend in die Planung der Erlös- bzw. Aufwandskonten mit aufgenommen.

Bei einem erwarteten ausgeglichenen Ergebnis des laufenden Jahres führt die reine Fortschreibung der Ertrags- und Aufwandskonten zwangsläufig zu einem Defizit, da sowohl Tariflohnsteigerungen als auch Preissteigerungen bei den Sachkosten nur zum Teil in der jährlichen Festsetzung der Landesbasisfallwerte berücksichtigt werden. Daher sind die Krankenhäuser zur Vermeidung von Verlusten zu einer ständigen Effizienzsteigerung gezwungen. Dies setzt Ertragssteigerungen in vorhandenen oder neuen Leistungsfeldern bei unterproportionaler Aufwandssteigerung und/oder eine Aufwandsreduktion bei konstantem Ertragsvolumen voraus. Seit der Einführung der DRG-Vergütung haben viele Krankenhäuser die Strategie der Leistungssteigerung und damit Erhöhung der Auslastung der vorhandenen Personal- und Gerätekapazitäten (Fixkostendegression) verfolgt. Die Erhöhung der stationären Fallzahlen stößt bei gleich bleibender Bettenkapazität zwangsläufig irgendwann an eine Grenze, so dass parallel auch eine Optimierung der Kosten erfolgen muss. Dazu ist ein kontinuierlicher Verbesserungsprozess in den zentralen Managementbereichen, vor allem aber im medizinischen Leistungsgeschehen erforderlich.

Da die Finanzierung dringend erforderlicher Investitionen von den Ländern nicht mehr geleistet werden (können), sind die Krankenhäuser trotz dualer Finanzierung gezwungen, Investitionen eigenständig zu finanzieren. Daher werden nicht nur bei privaten, sondern zunehmend auch bei öffentlich-rechtlichen und frei-gemeinnützigen Krankenhausträgern Renditeziele formuliert.

Das unter Berücksichtigung aller vorhandenen Informationen sich ergebende Plan-Jahresergebnis in der Plan-Gewinn- und Verlustrechnung wird dem von der Krankenhausleitung angestrebten Ziel-Jahresergebnis gegenüber gestellt. In der Regel ergibt sich eine Deckungslücke, die durch eine entsprechende Anpassung der Planwerte und eine darauf aufbauende Budgetierung von Leistungen, Erträgen und Aufwand geschlossen werden muss. Darüber hinaus sind angestrebte Renditeziele zu berücksichtigen.

Grundsätze der Wirtschaftsführung

- *Dezentralisierung von Verantwortung und Entscheidungskompetenz*
- *Unterstützung der dezentralen Wirtschaftsführung und Bereitstellung von Informationen*
- *Anreize und Sanktionen zur Förderung wirtschaftlichen Verhaltens*
- *Strategische und operative Unternehmensplanung*

2.2 Leistungs-, Ertrags- und Aufwandscontrolling

Das Leistungs-, Ertrags- und Auswandscontrolling reicht von der Budgetierung, d. h. der Vorgabe von Sollwerten für die einzelnen WE über die regelmäßige Ermittlung und Analyse der Soll-Ist-Abweichungen und Information aller relevanten Entscheidungsträger bis zum Ergreifen notwendiger gegensteuernder Maßnahmen.

2.2.1 Budgetierung

Die Budgetierung von Teileinheiten ist „der Klassiker" unter den Managementkonzepten zur Reduktion hoher Komplexität in Unternehmen. Mit der Budgetierung werden drei wesentliche Ziele verfolgt:

- Prognose künftiger Entwicklungen und damit Reduktion von Unsicherheit
- Koordination von Teileinheiten und deren Handlungen
- Motivation der Führungskräfte, d. h. die Ausrichtung des Leistungsverhaltens im Sinne der Gesamtunternehmensziele [Weber 2005]

Wird die Philosophie einer weitgehenden Dezentralisierung von Verantwortung und Entscheidungskompetenz verfolgt, macht es keinen Sinn, einzelne Kostenarten zu budgetieren. Es bleibt dem WE-Verantwortlichen überlassen, wie er im Rahmen des vorgegebenen globalen Kostenbudgets und der Leistungs- und Ertragsvorgaben agiert.

Im Gegensatz zu vorwiegend vergangenheitsorientierten und fixen Budgetierungssystemen der 80er und 90er-Jahre, erfolgt heute zunehmend eine analytische Neuplanung der Budgets und unterjährig eine flexible Anpassung der Aufwandsbudgets an Leistungs- und Ertragsveränderungen. Die reine Fortschreibung der Budget- und Leistungssollvorgaben des Vorjahres wird ergänzt um Erkenntnisse bzgl. der Wirtschaftlichkeit, Renditeziele des Wirtschaftsplans und strategische Zielsetzungen pro WE. Im Gegensatz zur klassischen Budgetierung wird dieses Vorgehen auch als „Better Budgeting" bezeichnet.

Zur Beurteilung der Wirtschaftlichkeit einer WE stehen im Wesentlichen diese drei Instrumente zur Verfügung:

Ergebnisrechnung
WE mit direkter Erlöserzielung sind im Wesentlichen die bettenführenden Abteilungen, die die Patienten ambulant und stationär versorgen. Dabei werden sowohl medizinische als auch nicht-medizinische Dienstleistungen in Anspruch genommen. Nur für diese WE ist ein direktes wirtschaftliches Ergebnis ermittelbar. Den Erlösen aus der Patientenbehandlung werden dabei sowohl der direkt in der Abteilung entstandene Aufwand als auch die Kosten, die durch Inanspruchnahme von Leistungen der internen Dienstleister, Infrastruktur- und sonstiger Bereiche entstanden sind, gegenüber gestellt. Sind mehrere bettenführende Abteilungen an der Behandlung eines Patienten beteiligt, muss entweder eine Erlös- oder eine Kostenaufteilung erfolgen, was zwangläufig mit Unschärfen verbunden ist (s. Tab. 5).

Die Validität einer Ergebnisrechnung hängt entscheidend vom Vorhandensein und der Qualität einer Kostenträgerrechnung ab. Der Kostenträger im Krankenhaus ist der Patient bzw. Fall. Auf der Grundlage des geprüften Jahresabschlusses eines Krankenhauses werden alle Kosten und Erlöse den einzelnen Fällen zugeordnet. Ein Teil der Kosten wird bereits im Leistungsprozess fallbezogen erfasst, die restlichen Kosten müssen im Wege einer sachgerechten Schlüsselung den einzelnen Fällen zugeordnet werden. Je höher

Tab. 5 Aufbau einer Ergebnisrechnung

Erlöse	Kosten
Erlöse stationäre Krankenversorgung	Personalkosten
DRG-Fallpauschalen, Zusatzentgelte, Teilstationäre Tagespauschalen, Zuschläge (z. B. Begleitpersonen)	Sachkosten
Erlöse nichtstationäre Krankenversorgung	Interne Leistungsverrechnung (ILV)
Nutzungsentgelt und sonstige Erlöse	Umlage des Allgemeinen Bereichs (Med. Infrastruktur, Facility Management, Verwaltung)
Ergebnis	

der Anteil der nicht fallbezogen erfassten Kosten ist, umso geringer ist die Aussagefähigkeit einer Ergebnisrechnung.

Mit der DRG-Einführung hat die Ergebnisrechnung deutlich an Relevanz gewonnen, da die DRG-Entgelte im Gegensatz zu den früheren verweildauerbezogenen Pflegesatzentgelten einen deutlich stärkeren Leistungs- und Kostenbezug haben. Aber auch wenn die Ergebnisrechnung eine ganz entscheidende Führungsinformation darstellt, dürfen die vorhandenen Tücken und Schwächen dieses Instrumentes nicht übersehen werden:

- Die Erstellung einer Ergebnisrechnung ist hochkomplex und fehleranfällig.
- Es muss mit vielen Kostenschlüsseln gearbeitet werden, nur wenige Kosten sind direkt fallbezogen vorhanden, alles andere muss geschlüsselt werden.
- Abbildungsschwächen im DRG-System beispielsweise bei den Extremkostenfällen gehen 1:1 in die Ergebnisrechnung ein.
- Besteht Unwirtschaftlichkeit bei den internen Dienstleister, geht diese zwangsläufig in das Ergebnis der bettenführenden Abteilungen mit ein.
- Bei Universitätsklinika kommt noch das Problem der Erlöszuordnung pro Abteilung aus den Hochschulambulanzen hinzu sowie die Unschärfen in der Trennung der Kosten zwischen Krankenversorgung und Forschung und Lehre.

Da für den wirtschaftlichen Erhalt eines Krankenhauses ausgeglichene Jahresergebnisse bzw. Jahresüberschüsse eine notwendige Voraussetzung sind, muss bei der Budgetierung das wirtschaftliche Ergebnis einer Abteilung berücksichtigt werden. Gleichzeitig ist aber aufgrund der zwangsläufigen Schwächen und der ausschließlich retrospektiven Ausrichtung einer Ergebnisrechung von einer 1:1 Budgetierung nach Gewinnen und Verlusten abzuraten. Die Erkenntnisse aus der Ergebnisrechnung sind zur Budgetfindung daher um weitere Informationen zu ergänzen wie strukturelle Besonderheiten, erreichte und geplante Entwicklungen, strategische Ziele etc.

Die Kostenträgerrechnung als Vollkostenrechnung nach dem InEK-Kalkulationshandbuch ist ein erster Schritt hin zu mehr fallbezogener Kostentransparenz. Das Problem ist aber die fehlende Kostenreagibilität, d. h. die Veränderung der Kosten pro zusätzlicher Leistungseinheit. Dazu ist eine Entwicklung in Richtung Teil- und Grenzkos-

tenbetrachtung notwendig. Die Frage nach den Standardkosten eines Diagnose- und Therapieverlaufs bei einem bestimmten Krankheitsbild kann mit der Prozesskostenrechnung beantwortet werden. Diese ist vereinzelt in Krankenhäusern anzutreffen, wobei eine weite Verbreitung bislang an dem enormen Aufwand, der zur Pfadbeschreibung und -kalkulation notwendig ist, gescheitert ist.

Vor allem Häuser, die über keine Kostenträgerrechnung verfügen, gehen zunehmend dazu über, im Sinne eines Target Costings die Werte aus der InEK-Kostenmatrix zur internen Budgetierung zu nutzen. Hier kommt neben den dargestellten Schwächen der Ergebnisrechnung noch das Problem hinzu, dass sich die InEK-Daten auf die Darstellung von Inlier-Fällen beschränken und daher als alleinige Grundlage für unternehmerische Entscheidungen bzw. eine Budgetierung nicht geeignet sind.

Benchmarking

Unter Benchmarking ist der „systematische Vergleich von definierten Größen (vor allem Kosten, Prozesse, Leistungen oder auch standardisierte Vorgehensweisen) zwischen verschiedenen Einheiten der gleichen Branche" [Preusker 2008] zu verstehen. Das Ziel ist, die eigene Position zu bestimmen und vom Besten zu lernen.

Im Folgenden wird vorwiegend das Kostenbenchmarking betrachtet. Ist das Ergebnis eines Kostenbenchmarkings, dass im eignen Haus die Kosten zu hoch sind, müssen mit Hilfe von Prozessvergleichen u. ä. die Analyse des „Warum" und die Bestimmung von Verbesserungsmaßnahmen vorgenommen werden.

Ein generelles Problem des Benchmarkings ist die Vergleichbarkeit und die Informationsbeschaffung. Viele Benchmarkprojekte im Krankenhaus scheitern daran, dass keine vergleichbaren Strukturen und Leistungszuordnungen bestehen oder detaillierte Kosten- und Leistungsdaten fehlen. Darüber hinaus fehlt oftmals die Bereitschaft der beteiligten Partner, sich gegenseitig eine vollständige Datentransparenz zu gewähren.

Durch die DRG-Einführung und die Kostenkalkulation durch das InEK wurde erstmals eine Grundlage geschaffen, Leistungen und Kosten der Krankenhäuser vergleichen zu können. Die Spiegelung der eigenen Daten mit den in der InEK-Kostenmatrix vorgegeben Werten stellt nichts anderes als ein Kostenbenchmark dar, wobei die InEK-Werte nicht als Best Practice, sondern als

Durchschnittswerte zu verstehen sind. Ein direkter Kostenvergleich ist nur für die in der InEK-Kostenmatrix ausgewiesenen Leistungsbereiche (OP, Labor, Bildgebende Verfahren etc.) möglich. Aber auch hier muss wieder auf die noch bestehenden Schwächen der Kalkulation hingewiesen werden, weshalb die Erkenntnisse aus dem InEK-Vergleich ein wichtiger, aber nicht der einzige Parameter für die Beurteilung der Wirtschaftlichkeit und die interne Budgetierung sein sollte.

Da das medizinische Leistungsgeschehen durch die DRG vergleichbar gemacht wurde, besteht auch die Möglichkeit, den Aufwand für einzelne Kostenblöcke, z. B. für Implantate, Medikamente etc., zu vergleichen. Hier bietet sich der medizinische Sachbedarf als größter Kostenblock neben den Personalkosten an. Es gibt zunehmend Beratungsfirmen, die ein solches Benchmarking durchführen. Leistungsdaten in Form des § 21-Datensatzes werden Kostendaten von möglichst vielen Krankenhäusern gegenüber gestellt. Jedes teilnehmende Krankenhaus erhält dann einen Bericht über die Position des eigenen Hauses pro Leistungsfeld und Kostenart als Grundlage für die interne Diskussion und Bestimmung des Verbesserungspotenzials.

Externe Managementanalysen
Zur Überprüfung der Wirtschaftlichkeit kann die Hinzuziehung externer Berater hilfreich sein. Branchenkundige und erfahrene externe Berater mit dem notwendigen Management-Know-how sind in der Lage, Schwachstellen zu erkennen und Verbesserungspotenziale zu bestimmen. Darüber hinaus bestehen intern meist geringere Widerstände, die Analyseergebnisse externer Berater anzuerkennen. Andererseits ist die Beauftragung Externer mit Kosten verbunden, die in einem vernünftigen Verhältnis zum Erkenntnisgewinn stehen sollten. Die Umsetzung von Verbesserungsmaßnahmen kann durch externe Berater nur unterstützt werden und muss im Wesentlichen durch die Mitarbeiter vor Ort erfolgen. In großen Krankenhäusern bietet sich die Etablierung einer „internen Beratungsabteilung" mit entsprechend geschulten Mitarbeitern an, die die Abteilungen von der Problemanalyse bis zur Umsetzung von Verbesserungsmaßnahmen begleiten.

Budgetierung heute = Better Budgeting
■ *eine analytische Neuplanung der Budgets auf der Grundlage der fortgeschriebenen Vergangenheitswerte unter Einbezug strategischer Ziele*

■ *Erkenntnisse aus Wirtschaftlichkeitsanalysen*
■ *Renditeziele u. ä. mit einer flexiblen unterjährigen Anpassung an neue Erkenntnisse.*

2.2.2 Unterjährige Überwachung und Steuerung

Die unterjährige Überwachung des wirtschaftlichen Geschehens erfolgt sowohl durch eine monatliche Hochrechnung der Gewinn- und Verlustrechnung zum Jahresende und einem Soll-Ist-Abgleich der Ansätze im Wirtschaftsplan als auch durch den Soll-Ist-Vergleich der Aufwandsbudget- und Leistungsvorgaben der einzelnen WE.

Zur Hochrechnung der einzelnen Kostenarten werden die gebuchten Erlös- und Aufwandsdaten ergänzt um Erkenntnisse der verschiedenen Zuständigkeitsbereiche. Das Medizincontrolling beispielsweise berücksichtigt bei einer Hochrechnung neben den bereits gebuchten Erlösen für stationäre Krankenhausleistungen auch die dokumentierten Daten noch nicht entlassener Patienten und aufgrund von Erfahrungswerten erwartete Leistungsschwankungen durch Feiertage, Urlaubszeiten etc. Die Apotheke bezieht Erkenntnisse wie die begonnene Einführung eines neuen, teuren Medikaments mit ein. Für die Hochrechnung des Personalaufwands melden die WE die dezentral absehbaren Personalveränderungen durch Kündigungen oder geplante Neueinstellungen, die aus der Personalbuchhaltung noch nicht ersichtlich sind. Die so gewonnenen Hochrechnungsansätze werden den Soll-Ansätzen des Wirtschaftsplans und den Ist-Werten des Vorjahres gegenüber gestellt.

Gleichzeitig mit der Hochrechnung der Gewinn- und Verlustrechnung des Gesamtunternehmens erfolgt die Hochrechnung des Aufwands und der Leistungen der einzelnen WE. Durch die lückenlose Untergliederung eines Krankenhauses in WE spiegelt die Entwicklung der Gesamtheit aller WE die Entwicklung der Gewinn- und Verlustrechnung des Gesamtunternehmens wider.

Entscheidend für die unterjährige Überwachung des Wirtschaftsgeschehens und für ein schnelles Gegensteuern ist ein übersichtliches, zeitnahes und vollständiges Berichtswesens, das je nach Adressat unterschiedlich zu gestalten ist. Die Krankenhausleitung benötigt sowohl eine Analyse zur Entwicklung der einzelnen Erlös- und Aufwandspositionen als auch die Hochrechnung des erwarteten Jahresergebnisses. Weiterhin sollte ein Überblick über die Entwicklung der einzelnen WE bzgl. Budget- und Leistungssolleinhaltung geben und Abweichungsanalysen für Problemfälle aufgeführt werden. Idealer Weise werden die Berichte auf der Grundlage eines Data Warehouses weitgehend automatisch generiert und stehen der Krankenhausleitung elektronisch mit der Möglichkeit zum Drill down, d. h. zum Erreichen weiterer Detailebenen der einzelnen Informationsinhalte zur Verfügung. Entscheidend ist, dass die Berichte von Mitgliedern der Krankenhausleitung und des Controllings zeitnah diskutiert und der Bedarf an gegensteuernden Maßnahmen bestimmt wird, was auch auf der Grundlage von Berichten in Papierform möglich ist (s. Tab. 6).

Neben der Unternehmensleitung erhält jeder Budgetverantwortliche vom zentralen Controlling einen monatlichen Bericht über die Leistungs- und Aufwandsentwicklung. Hierin enthalten sind die Vorjahres-, die Soll- und die aktuellen Hochrechnungswerte des Personal- und Sachaufwands sowie des Aufwands für die ILV. Darüber hinaus erhalten die klinischen Bereiche eine Übersicht der Leistungsentwicklung in Form von Fallzahlen, Case Mix, Zusatzentgelten u. ä. Auffälligkeiten sind gekennzeichnet und müssen detailliert analysiert werden. Die Analyse erfolgt entweder mithilfe des zentralen Controllings oder soweit Bereichscontroller vorhanden sind, komplett dezentral und berücksichtigt auch Informationen, die nur vor Ort bekannt sind. Dabei muss für die dezentralen Mitarbeiter die Möglichkeit bestehen, die zentralen Daten bzw. das Data Warehouse zu nutzen und bis auf Einzelkonten bzw. Fallebene Detailanalysen durchführen zu können.

Unterjährige Entwicklungen, die noch nicht in der Budgetierung enthalten sind, sollten flexibel angepasst werden. Erbringt beispielsweise eine Abteilung Leistungen über das vereinbarte Soll hinaus, kann ein Teil der damit erzielten Mehrerlöse zur Erhöhung des Aufwandsbudget

der Abteilung verwendet werden. Damit besteht ein Anreiz zur Leistungssteigerung und zur wirtschaftlichen Verbesserung. Dieser Mechanismus ist auch prospektiv anwendbar, die Budget- und Leistungssollvorgaben werden entsprechend der erwarteten Veränderungen angepasst, die Ist-Entwicklung wird zeitnah überwacht.

2.3 Investitions- und Finanzcontrolling

Die Leistungs- und Wettbewerbsfähigkeit eines Krankenhauses wird entscheidend bestimmt von der Ausstattung mit

- Gebäuden und Betriebstechnik, die effiziente Arbeitsabläufe ermöglichen und Patienten den gewünschten Komfort bieten,
- modernen medizin-technischen Geräten, die die Umsetzung der neuesten Diagnose- und Therapieverfahren ermöglichen,
- IT-Systemen, die sowohl intern die Arbeitsabläufe unterstützen als auch eine externe Vernetzung ermöglichen.

Die in den letzten Jahren kontinuierlich gesunkene Investitionsquote in vielen deutschen Krankenhäusern stellt ein ernstes Problem dar. Fehlende Investitionen sind für viele Krankenhäuser zur „Achillesferse" geworden. Aufgrund der zu geringen Investitionsmittelbereitstellung durch die Länder sind die Krankenhäuser heute gezwungen, trotz dualer Finanzierung in erheblichem Maße für notwendige Investitionen selbstständig zu sorgen. Entscheidend ist, sowohl die knappen öffentlichen als auch die eigenständig bereitgestellten Finanzmittel für Investitionen so einzusetzen, dass daraus ein Fortbestand des Unternehmens und ein größtmöglicher Benefit resultiert.

Tab. 6 Auszug aus einem Bericht an die Unternehmensleitung

WE-Bezeichnung	Aufwand in T€					Case Mix				
	Soll	HR	Abweichung			Soll	HR	Abweichung		
Gesamtunternehmen	532.462	533.696	1.234	0,2 %		91.188	91.074	−114	−0,1 %	
1. Klinik X	16.043	16.230	186	1,2 %	!	3.921	3.853	−68	−1,7 %	!
2. Klinik Y	13.549	13.514	−35	−0,3 %	√	5.522	5.001	−521	−10,4 %	X
3. Department I	42.830	43.258	428	1,0 %	X	10.707	11.670	963	+ 9,0 %	√
...										

Die Beschaffung und Bereitstellung der für Investitionen erforderlichen finanziellen Mittel sind Gegenstand der Finanzierung. Investition und Finanzierung stellen somit komplementäre, voneinander abhängige betriebliche Teilbereiche dar [Eichholz u. Kluge 1995].

Die Anschaffung eines langfristig nutzbaren Wirtschaftsgutes stellt im betriebswirtschaftlichen Sinn eine Investition dar. Klassischer Weise werden zwei Arten von Investitionen unterschieden, die „Sachinvestitionen" und die „Finanzinvestitionen". Der folgende Beitrag beschränkt sich auf die Sachinvestitionen.

2.3.1 Investitionscontrolling

Grundsätzlich werden drei Arten von Investitionen unterschieden:

Sollinvestitionen
Auf der Grundlage der strategischen Unternehmensplanung und den daraus abgeleiteten operativen Zielen werden die zur Zielerreichung notwendigen investiven Maßnahmen abgeleitet. Zur Veranschaulichung ein paar Beispiele aus der Praxis:
- Stellt die Anwendung innovativer Verfahren wie im oben genannten Beispiel der minimalinvasiven Klappenchirurgie ein strategisches Ziel dar, dann sind zur Zielerreichung Investitionen in Geräte und in die bauliche Ausstattung notwendig.
- Wird das Ziel einer Aufwandsreduktion im Bereich der Labore verfolgt, sind bauliche Investitionen und Investitionen in größere Analysestraßen notwendig.
- Ergibt die Patientenbefragung schlechte Bewertungen der Zimmer- und Sanitärausstattung, erfordert eine Verbesserung der Patientenzufriedenheit bauliche und Investitionen in die Ausstattung.

Mussinvestitionen
Neben diesen aus der strategischen und operativen Unternehmensplanung resultierenden Investitionsbedarfen sind laufende Reinvestitionen zur Aufrechterhaltung des Betriebes notwendig. Droht beispielsweise ein ausgelasteter Linearbeschleuniger oder ein CT auszufallen, müssen diese Geräte ersetzt werden. Dies gilt auch für die marode Lüftungsanlage, das undichte Dach oder das IT-System, für das es keinen Service mehr gibt.

Zwangsinvestitionen
Darüber hinaus erfordern gesetzliche und ordnungsrechtliche Vorgaben für Medizinprodukte, zu Brand- und Strahlenschutz, Arbeitssicherheit etc. Sachinvestitionen, die zunehmend die knappen Investitionsmittel belasten.

Folgende Investitionsarten sind zu unterscheiden
- *Sollinvestitionen: Umsetzung strategischer Ziele*
- *Mussinvestitionen: Reinvestitionen zur Aufrechterhaltung des Betriebes*
- *Zwangsinvestitionen: Umsetzung gesetzlicher und ordnungsrechtlicher Vorgaben*

Die Investitionsplanung stellt einen mehrstufigen Prozess dar, der von der Investitionsanregung über die Investitionsuntersuchung und der Beurteilung der Investitionsalternativen bis zur Investitionsentscheidung reicht [Kirchner u. Kirchner 2002].

Die Investitionsanregung als systematische und laufende Erfassung des Investitionsbedarfs erfolgt sowohl Top-down als auch Bottom-up, d. h. sowohl von Seiten der Unternehmensleitung und den zentralen Ressortverantwortlichen für Bau und Betriebstechnik, Medizintechnik und IT als auch aus den einzelnen klinischen Abteilungen und Instituten. Die Erfassung sollte strukturiert mit Hilfe eines Formulars auf der Grundlage folgender *Fragestellungen* erfolgen:
- Beschreibung und Begründung der Investition einschließlich Auslastungszahlen
- Angaben zur Dringlichkeit und Beurteilung der Investition (Aufzeigen von Vor- und Nachteilen)
- Anschaffungswert und geplante Nutzungsdauer der Investition
- erwartete Einzahlungen und Auszahlungen während der Nutzungsdauer (mit der Investition verbundene Erlös- und/oder Kostenveränderungen einschließlich Folgekosten durch Wartung, verändertem Personalbedarf u. ä.)
- Interdependenzen mit anderen Bereichen oder weiteren Investitionen
- Alternativen zur Investition

Bei der Ermittlung des zum Betriebserhalt notwendigen Reinvestitionsbedarfs empfiehlt sich vor allem im Bereich der Betriebs- und Medizintechnik das Vorhalten einer Anlagen- bzw. Gerätehistorie zur Erkennung eines optimalen Reinvestitionszeitpunktes. Dabei werden Kriterien wie der Anschaffungswert, die bisherige Nutzungsdauer, laufende Kosten wie Stromverbrauch, Wartung etc., bisherige Reparaturkosten und -zeitpunkte, der Wiederbeschaffungswert u. ä. betrachtet. Mittlerweile stehen Standard-IT-Tools, die möglichst mit der Anlagenbuchhaltung vernetzt sein sollten, für diese Fragestellung zur Verfügung.

Zur Investitionsuntersuchung und Beurteilung der Investitionsalternativen hat es sich als vorteilhaft erwiesen, je nach Größe des Krankenhauses einen oder mehrere (Ressort-)Fachausschüsse zu bilden, denen sowohl Mitarbeiter der zentralen Ressorts als auch ärztliche und sonstige Leitungskräfte aus den Kliniken und Instituten als Vertreter der Nutzer angehören sollten. In den Fachausschüssen wird die grundsätzliche Notwendigkeit bzw. Priorität von Maßnahmen analysiert. Hierzu werden qualitative und quantitative Bewertungskriterien sowie die zu beachtenden Nebenbedingungen festgelegt und Alternativen ermittelt.

Qualitative Bewertungsverfahren

Bei einer Vielzahl von Investitionen im Krankenhaus sind keine oder nur teilweise quantifizierbaren Bewertungskriterien vorhanden. Zur Ermittlung der Vorteilhaftigkeit dieser Investitionen steht eine Reihe von Methoden zur Verfügung. Im Folgenden werden die zwei häufig angewandten Methoden kurz erläutert:

- **Checklisten und Experten-Rating**: Checklisten sind Instrumente zur Problemstrukturierung und Entscheidungsunterstützung. In einer solchen Checkliste werden die zur Beurteilung einer Investition relevanten Kriterien zusammengestellt, anhand derer Experten die Investition mit Hilfe von Rating-Skalen einstufen. Das oben beschriebene Formular zur Erfassung von Investitionsbedarfen kann eine solche Checkliste darstellen. Auf dieser Grundlage erfolgt durch die Experten des Fachausschusses eine Reihung der verschiedenen Investitionen und Investitionsalternativen.
- **Nutzwertanalysen**: Die Nutzwertanalyse ordnet den Investitionsvorhaben Punktwerte zu, die aus den Ausprägungen der Beurteilungskriterien einer Checkliste abgeleitet werden. Ein klassischer Anwendungsfall für eine Nutzwertanalyse sind Investitionsvorhaben in IT-Systeme. Beurteilungskriterien wie Funktionsumfang, Schnittstellen, Performance,

Verfügbarkeit etc. werden zunächst relative Gewichte, je nach ihrem Beitrag zur Zielerreichung, zugeordnet. Anschließend erfolgt auf der Grundlage einer Punktescala die Bestimmung der Erfüllungspunkte pro Beurteilungskriterium. Die Summe der gewichteten Erfüllungspunkte ergibt dann den Nutzwert einer Investition und kann mit den Nutzwerten alternativer Investitionsobjekte verglichen werden [Kirchner u. Kirchner 2002].

Quantitative Bewertungsverfahren

Sind die Auswirkungen einer Investition eindeutig quantifizierbar, können zur Beurteilung der wirtschaftlichen Vorteilhaftigkeit grundsätzlich zwei Methoden zur Anwendung kommen: die statische und die dynamische Investitionsrechnung. Ziel einer Investitionsrechnung ist es, die finanziellen Konsequenzen einer Investition zu prognostizieren. Statische Verfahren berücksichtigen nur Kosten und Erlöse einer ausgewählten Wirtschaftsperiode und nicht die sich über die gesamte Investitionsdauer ergebenden Kosten und Erlöse, was zu Ungenauigkeiten führt. Der Vorteil liegt in einer einfachen Handhabung und im Vergleich zu dynamischen Verfahren geringen Aufwand der Methode. Dynamische Investitionsrechenverfahren betrachten die gesamte Investitionsdauer und beziehen alle zu erwartenden Ein- und Auszahlungsströme unter Berücksichtigung einer Kapitalverzinsung auf einen bestimmten Zeitpunkt.

Beispiele für statische Verfahren sind die Kosten-, Gewinn-, Rentabilitäts- und Amortisations(vergleichs)rechnung, wobei letztere auch dynamisiert werden kann.

- Die Kostenvergleichsrechnung kommt typischer Weise bei Ersatzinvestitionen, die zu keiner Veränderung der Erlöse führen, zur Anwendung. Hier werden schlichtweg die Anschaffungs- und Folgekosten alternativer Geräteanbieter verglichen.
- Bei der Gewinnvergleichsrechnung werden die gesamten Kosten und Erlöse einer Planperiode und der daraus resultierende Gewinn ermittelt.
- Die Rentabilitätsrechnung vergleicht die durchschnittlichen Rentabilitäten von zwei Investitionsobjekten. Die Rentabilität wird bestimmt durch das Verhältnis von Gewinn und eingesetztem Kapital für eine Investition.

- Die statische Amortisationsrechnung beantwortet die Frage, wie viele Jahresüberschüsse aus einer Investition zur Refinanzierung der Investitionskosten notwendig sind. Je schneller die Investitionskosten erwirtschaftet werden können, umso vorteilhafter ist die Investition.

Beispiele für dynamische Verfahren sind die Kapitalwert-, Interne Zinsfuß- und Annuitätenmethode sowie die dynamisierte Amortisationsvergleichsrechnung.
- Der Kapital- oder auch Barwert ist der auf den Beginn eines Investitionsvorhabens (Zeitpunkt 0) abgezinste Differenzbetrag aller Einzahlungen und Auszahlungen, die durch die Investition während der gesamten Laufzeit bewirkt werden. Als Zinssatz kann sowohl der Kapitalmarktzins als auch eine subjektive Mindestverzinsungsforderung zur Anwendung kommen. Vorteilhaft ist eine Investition mit einem Kapitalwert > 0, bei Investitionsalternativen die Investition mit dem höchsten Kapitalwert.
- Die Interne-Zinsfuß-Methode gibt im Gegensatz zur Kapitalwertmethode eine genauere Auskunft über die Rentabilität einer Investition. Hier wird der Zinssatz ermittelt, bei dem sich ein Kapitalwert von Null ergibt. Je höher der interne Zins umso vorteilhafter ist die Investition.
- Die Annuitätenmethode periodisiert den Gesamterfolg einer Investition und weist als Annuität einen jährlich gleichen Überschuss einer Investition aus.
- Die dynamisierte Amortisationsrechnung berücksichtigt zusätzlich zum statischen Verfahren eine Kapitalverzinsung.

Da die Auswirkungen einer Investition oftmals mit Unsicherheit behaftet sind, empfiehlt es sich, bei größeren Vorhaben eine Sensitivitätsanalyse durchzuführen. Sensitivitätsanalysen beantworten die Frage, ob die Vorteilhaftigkeit einer Investition bei bestimmten Veränderungen von Daten stabil bleibt bzw. welche Erfolgsveränderungen zu erwarten sind. Analysiert werden kann beispielsweise, wie Veränderungen der Nutzungsdauer, der Preise, der laufenden Kosten etc. die Vorteilhaftigkeit der Investition verändern.

Ist die Entscheidung über ein Investitionsprogramm gefallen, wird die Umsetzung überwacht und die Folgen der Investition den Annahmen, die zur Entscheidung geführt haben, gegenüber gestellt. Dies stellt zum einen ein Instrument der Risikoüberwachung dar und führt darüber hinaus zu einem Lernerfolg für künftige Investitionsentscheidungen.

2.3.2 Finanz- und Liquiditätscontrolling

Die Aufgabe des Finanzcontrollings ist es, die für das Erfüllen der Unternehmensziele erforderlichen finanziellen Mittel unter Liquiditätsgesichtspunkten zu planen und die Herkunft und Verwendung dieser Mittel in systematischer und nachprüfbarer Form festzulegen. Die Liquidität ist die Fähigkeit eines Unternehmens, jederzeit allen Zahlungsaufforderungen nachkommen zu können. Eine ausreichende Liquidität ist für jedes Unternehmen eine notwendige Grundvoraussetzung. Ist die Liquidität bedroht, haben liquiditätsfördernde Maßnahmen absolute Priorität [Seiler 1999].

Die betriebs- und finanzwirtschaftlichen Transaktionen eines Unternehmens können nach folgender Systematik gegliedert werden [Eichholz u. Kluge 1995]:
- Ausgaben und Einnahmen als Wertgrößen des betriebswirtschaftlichen Umsatzprozesses
- Vermögen und Liquidität als Träger des betriebswirtschaftlichen Umsatzprozesses
- Investition und Finanzierung als Träger des finanzwirtschaftlichen Umsatzprozesses
- Liquidität und Rentabilität als Steuergrößen des finanzwirtschaftlichen Umsatzprozesses

Alle betrieblichen Zahlungsvorgänge sind gekennzeichnet durch Ausgaben und Einnahmen. Hierbei ist zu beachten, dass nur diejenigen Ausgaben und Einnahmen, die Entgelte für empfangene bzw. abgegebene Leistungen sind und bestimmten Rechnungsperioden zugerechnet werden, im buchhalterischen Sinn auch Aufwendungen bzw. Erträge darstellen. Ausgaben beispielsweise für Investitionen in neue Gebäude, Medizingeräte u. ä. sind keine Aufwendungen und damit erfolgsneutral. Sie erhöhen das Anlagevermögen und vermindern die Liquidität. Investiert werden kann nur, wenn eine ausreichende Finanzierung vorhanden ist. Die Liquidität rangiert dabei über der Rentabilität.

Das Liquiditätscontrolling umfasst folgende Maßnahmen:

- Ermittlung des Liquiditätsbedarfs (Sollwert)
- Kurz-, mittel- und langfristige Liquiditätsplanung (rollierend)
- Information über alle Zahlungsströme (Istwert)
- Tages-, Monats-, Jahres- und 5-Jahresdisposition
- Ständiger Soll-Ist-Abgleich

Grundsätzlich ist das Cash-Management, d. h. die Sicherstellung der täglichen Zahlungsbereitschaft und optimalen Verwaltung der flüssigen Mittel wie Kassenbestand, Kontokorrentguthaben, Geldmarktanlagen u. ä. vom mittelfristigen Finanz- und Kreditmanagement zu unterscheiden. Den Rahmen bildet die 5-Jahresdisposition, die auf der mittelfristigen Investitionsplanung und den daraus resultierenden Finanzierungsbedarfen basiert. Im Gegensatz dazu fußt die Jahresplanung auf den weit detaillierteren Informationen des laufenden Wirtschaftsplans und der dort enthaltenen Plan-Kapitalflussrechnung. Zur Ableitung der unterjährigen Schwankungen des Liquiditätsbedarfs werden darüber hinaus alle exakt bekannten oder auf Erfahrungswerten beruhenden Zahlungsvorgänge erfasst:

- regelmäßig/saisonal wiederkehrend mit bekannter Höhe (gut planbar); z. B. Auszahlungen wie Lohn- und Gehaltsauszahlung, Weihnachtsgeld, Mieten etc. oder Einzahlungen wie Pauschalzuschuss für Investitionen etc.
- regelmäßig/saisonal wiederkehrend mit unbekannter (schwer planbarer) Höhe; z. B. sofort fällige Rechnungen, Geldeingang Krankenkassen, Selbstzahler, etc.
- einmalige Zahlungen oder Geldeingänge für Investitionen oder Spenden

Das Liquiditätscontrolling kann nur so gut sein, wie die Daten, die ihm zugrunde liegen. Entscheidend ist die Vollständigkeit und Aktualität. Dazu sind sowohl Routineabstimmungen als auch soweit möglich, IT-technische Vernetzungen zwischen Liquiditätscontrolling und den unterschiedlichen Datenquellen zu implementieren. Zur täglichen Disposition ist ein in die Finanzbuchhaltung integriertes IT-System unerlässlich. Damit kann ein optimaler Informationstransfer zwischen den tatsächlich gebuchten Beträgen und der Liquiditätsplanung hergestellt werden.

Die Liquiditätsplanung liefert die notwendigen Informationen für das Anlagenmanagement, das darauf abgestimmt Gelder anlegen bzw. Kredite aufnehmen kann. Insbesondere bei den Geldanlagen ist neben der Rendite das Risiko, das mit unterschiedlichen Anlagen verbunden ist, zu berücksichtigen.

Literatur

Conrad H-J (2008) Controlling im Krankenhaus, KU kompakt. Baumann Fachverlage GmbH & Co. KG, Kulmbach

Eichholz R, Kluge H-J (1995) Finanzwirtschaft/Planungsrechnung. Beck Verlag, München

Kirchner H, Kirchner W (2002) Change-Management im Krankenhaus. Kohlhammer GmbH, Stuttgart/Berlin/Köln

Olfert K, Reichel C (1999) Kompakt-Training Investition. Friedrich Kiehl Verlag GmbH, Ludwigshafen (Rhein)

Preusker K (2008) Lexikon Gesundheitsmarkt. Economica, Verlagsgruppe Hüthig Jehle Rehm GmbH, Heidelberg/München/Landsberg/Berlin und MedizinRecht.de Verlag, Heidelberg

Seiler A (1999) Financial management. Orell Füssli Verlag, Zürich

Weber J (2005) Das Advanced Controlling-Handbuch. WILEY-VCH Verlag GmbH & Co KGaA, Weinheim

3 Medizinisches Controlling

Matthias Waldmann

Universitätsklinikum Hamburg-Eppendorf

Durch Einführung der DRG im deutschen Krankenhauswesen, hat sich die Falldokumentation grundlegend verändert. Vor Einführung der DRG war es im wesentlichem noch ausreichend die Dauer und Notwendigkeit von stationären Aufenthalten in den Patientenakten von den behandelnden Ärzten dokumentieren zu lassen, damit das Krankenhaus im Rahmen seiner Abrechnung tagesbezogene Abteilungspflegesätze erlösen konnte. Durch die Einführung der DRG bedarf es heutzutage einer ausführlichen Dokumentation und entsprechenden Kodierung, damit eine Fallpauschale und ggf. entsprechende Zusatzentgelte für den Aufenthalt abgerechnet werden können. Für die sachgerechte bzw. bestmögliche Abbildung eines stationären Falles, ist in dem Geflecht aus Kodierrichtlinien, Definitionshandbüchern und Abrechnungsbestimmungen, Medizincontrolling ein entscheidender Faktor.

3.1 Das Berufsbild des Medizincontrollers

Medizincontrolling ist eine vergleichsweise junge Profession. Waren zu Zeiten einer Vergütung von Krankenhausleistungen nach Bundespflegesatzverordnung für die Steuerung eines Krankenhauses keine oder nur rudimentäre medizinische Kenntnisse erforderlich (rein verwaltende Betriebsleitung), so ist unter der Vergütung nach Fallpauschalen im DRG-System eine enge Verflechtung zwischen den rein betriebswirtschaftlich orientierten Mitarbeitern der Unternehmensleitung und den klinisch tätigen Kollegen notwendig (Unternehmensführung mit unternehmerischem Denken). Die Funktion des Medizincontrollers ist als ein Lotse im DRG-System zu verstehen, der zwischen den unterschiedlichen Berufsgruppen im Krankenhaus als Mittler fungiert. Hierfür benötigt er zum einen medizinischen Sachverstand, zum anderen sind zumindest betriebswirtschaftliche Basiskenntnisse erforderlich. Deswegen handelt es sich meistens um Ärzte mit einer betriebswirtschaftlichen Zusatzqualifikation

Allerdings ist die Bandbreite der Tätigkeiten eines Medizincontrollers in Krankenhäusern sehr unterschiedlich. Sie reicht von der ausschließlichen Bearbeitung von Krankenkassenanfragen bzgl. Abrechnung und MDK-Prüfungen bis hin zu strategischen Entscheidungen, die auf der Basis von DRG-Systemanalysen getroffen werden. Es existieren zwar Berufsbildbeschreibungen, aber wie z. B. bei anderen Ausbildungsberufen gibt es keine verbindlichen Tätigkeitsprofile, und es handelt sich schon gar nicht um einen Ausbildungsberuf.

Der Bedarf an Medizincontrollern resultiert aus der Implementierung des DRG-Systems im Jahre 2003 bzw. 2004, als es für alle Kliniken

Pflicht wurde, nach diesem System ihre Leistungen abzurechnen. Den regelmäßig erscheinenden Stellenanzeigen im Deutschen Ärzteblatt sowie in diversen Internetforen für Medizincontroller (siehe unten) nach zu urteilen, ist der Bedarf an Medizincontrollern längst nicht gedeckt bzw. steigt stetig.

Insbesondere in der Schweiz, die sich ebenfalls für die Einführung eines Krankenhausabrechnungssystems mit DRGs entschieden hat und die derzeit im Begriff ist, dieses System aufzubauen und für die eigenen Belange weiterzuentwickeln, gibt es einen immensen Bedarf an qualifizierten Kräften, die sich mit diesem System auskennen. Deshalb sind auch in den genannten deutschen Quellen zahlreiche Stellenanzeigen aus der Schweiz zu finden.

Internetforen mit Stellenanzeigen

http://www.jobanova.de/jobs/Medizincontroller-in/
    Deutschland/
http://www.aerzteblatt.de/v4/stellen/maske.asp
http://www.medizincontroller.de/
http://www.gmds.de/stellenboerse/stellenboerse.php
http://www.dvkc.de/index.php?show=stellb_auss
http://www.mydrg.de/
http://www.ku-gesundheitsmanagement.de/
    index.php?option=com_jobline&Itemid=39
http://www.medinfoweb.de/stellenmarkt.php?cat01=2

Zu den Aufgaben eines Medizincontrollers gehört es, Transparenz in das Leistungsgeschehen eines Krankenhauses zu bringen. Dies gelingt durch ein den jeweiligen Gegebenheiten angepasstes Berichtswesen. Da das DRG-System jedes Jahr weiterentwickelt wird und es dadurch teilweise noch zu drastischen Veränderungen in der Vergütung ein und derselben Leistung kommen kann, muss das Leistungsspektrum jährlich strategisch weiterentwickelt werden.

Ohne Dokumentation ist eine aufwandsgerechte Abrechnung und Vergütung nicht möglich. Auch ist eine Abrechnungsverteidigung ohne ausreichende Dokumentation schwierig. Getreu dem Motto ‚Was nicht dokumentiert ist, wurde auch nicht erbracht' wird leider sehr häufig bei Fallprüfungen durch den MDK vorgegangen. Siehe hierzu weiter unten.

Deswegen sind Medizincontroller die Initiatoren einer Verbesserung der medizinischen Dokumentation, da sie aufgrund des Kontaktes zum MDK wissen, welche Dokumentation überhaupt erforderlich ist. Wobei immer zu bedenken ist, dass eine Dokumentation aus medizinischen bzw. forensischen Gründen erfolgt und nicht für den MDK.

3.2 Das operative Medizincontrolling im täglichen Ablauf

In Abhängigkeit von der Spezialisierung und der Größe eines Krankenhauses ist eine gestaffelte Organisation des Medizincontrollings sinnvoll. Für eine Fachklinik, die sich auf wenige Eingriffe spezialisiert hat, wird Medizincontrolling in einer Ebene mit wenigen Vollkräften völlig ausreichend sein, während bei einem universitären Maximalversorger sich ein Medizincontrolling in mehreren Ebenen als sinnvoll erwiesen hat.

Die Basis stellen dabei die klinikspezifischen Kodierer bzw. Kodierfachkräfte dar. Ihnen obliegt die richtige Kodierung/Verschlüsselung des Falles für die Dauer der fachlichen Zuständigkeit der jeweiligen Klinik in Zusammenarbeit mit den vor Ort tätigen Ärzten und Pflegekräften. Dabei entsteht zum einen ein klinikspezifisches Fachwissen im Sinne von medizinischen Behandlungspfaden und Standardbehandlungsabläufen und zum anderen ist durch die Einbindung innerhalb einer Klinik ein unmittelbarer Kontakt mit den Ärzten und Pflegekräften stets gewährleistet. Rückfragen und Anregungen von Seiten der Kodierer können so unkompliziert gelöst werden und die Ärzte und Pflegkräfte werden ein Stück weit von administrativen Tätigkeiten entlastet. Somit bleibt mehr Zeit für die eigentliche Aufgabe der Ärzte, nämlich der Versorgung der Patienten. Im Rahmen der Weiterentwicklung des DRG-Systems lässt sich der jährliche Schulungsbedarf über allgemeine Änderungen hinaus wesentlich konkreter und vertiefend auf das Leistungsspektrum der jeweiligen Klinik eingrenzen.

In der Ebene darüber finden sich Medizinische Dokumentare, deren vorwiegende Aufgabe es ist – neben der stichprobenartigen Prüfung der von den Kodierern bearbeiteten Fälle – klinik- bzw. fachübergreifende Fälle zu einem Abrechnungsfall zusammenzuführen und ggf. hinsichtlich Redundanzen zu bereinigen. Insbesondere bei hochkomplexen und langliegenden Fällen ist eine systematische Doppelprüfung sinnvoll und zahlt sich am Ende auch aus. Zu überprüfen ist, ob alle Beatmungsstunden und zusatzentgelt-fähigen Sachmittel richtig über den Gesamtfall aufsummiert sind und ob Nebendiagnosen durch zusätzlichen Ressourcenverbrauch belegt sind. Auch hier hat es sich als sinnvoll erwiesen, entsprechende fachliche Schwerpunkte – ähnlich wie bei den Kodierern – auch für die Medizinischen Dokumentare zu bilden.

In der nächsten Ebene sind dann die „klassischen" Medizincontroller angesiedelt. In der Arbeitsorganisation Medizincontrolling müssen die Kenntnisse der Kodierer, Medizinischen Dokumentare und Medizincontroller im Hinblick auf Falldarstellung im Bereich DRG in gleicher Art und Weise vorhanden sein. Insbesondere durch die jährliche Neuauflage des Fallpauschalenkataloges und der Kodierrichtlinien sowie der jeweils gültigen Fallpauschalenverordnung muss auf den bisherigen Kenntnissen basierend ein alljährliches Update aller beteiligten Mitarbeiter erfolgen.

3.3 Medizinische Dokumentation

Während im Vor-DRG-Zeitalter für Abrechnungszwecke im Allgemeinen die Angabe der Hauptdiagnose ausreichte, setzt die korrekte Erlösermittlung nach DRGs die vollständige und korrekte Kodierung aller Diagnosen und Prozeduren voraus. Diese Daten fließen aus zahlreichen Bereichen zusammen, daher sind ein eindeutig definierter Dokumentationsprozess sowie sauber funktionierende Schnittstellen erforderlich, um einem Datenverlust vorzubeugen und um eine korrekte Abrechnung zu gewährleisten.

Es ist die Aufgabe des Medizincontrollings, diesen Prozess zu definieren und zu überwachen. Relevant sind eine zeitnahe Erfassung der Daten, Redundanzen, aber auch Datenverlust sollten vermieden werden. Die Daten müssen rasch verfügbar und auswertbar sein, um ein korrektes und nutzbringendes Analyse- und Berichtswesen zu gewährleisten. Eine mangelhafte Dokumentation führt häufig zum Vorwurf der Fehlbelegung bzw. Falschkodierung mit der Folge eines Erlösverlustes.

Als sinnvoll hat es sich erwiesen, dass diejenige Abteilung, die eine Leistung für den Patienten erbringt, diese auch dem Datensatz des Patienten hinzufügt. So werden OPS-Kodes für z. B. radiologische Untersuchungen von der radiologischen Abteilung kodiert, ein Zusatzentgelt auslösende Medikamente oder Blutprodukte werden von der Apotheke bzw. der Blutbank dokumentiert.

Auch ist es bei einer nachgehenden Rechnungsprüfung sehr hilfreich, wenn bei CC-relevanten Nebendiagnosen im Datensatz zusätzlich eine Angabe darüber erfolgt, warum die Kodierung dieser Nebendiagnose als gerechtfertig erscheint, worin also der zusätzliche Ressourcenverbrauch besteht.

Bei häufig überprüften CC-relevanten Nebendiagnosen sollten hausinterne, ggf. mit dem MDK abgesprochene Voraussetzungen definiert werden, die eine Kodierung rechtfertigen. Auch ist hier eine Orientierung an Kodierleitfäden von Fachgesellschaften empfehlenswert, wobei zu beachten ist, dass diese Kodierleitfäden nicht verbindlich sind, sondern lediglich Empfehlungen darstellen. Der MDK akzeptiert diese Empfehlungen sehr unterschiedlich. Sie dienen auf jeden Fall als Argumentationshilfe und bringen auch bei einer Sozialklage einen deutlichen Vorteil.

Auch zu beachten sind die Kodierempfehlungen der Sozialmedizinischen Expertengruppe SEG4, obwohl selbst diese Kodierempfehlungen von den MDK-Gutachtern teilweise nicht akzeptiert werden.

Ein Problem in der Dokumentation stellt die Nachvollziehbarkeit der Notwendigkeit einer stationären Behandlung bei Überschreitung der oberen Grenzverweildauer dar. Bei Aufnahme des Patienten ist lediglich die Aufnahmediagnose bekannt, die nicht zwangsläufig der tatsächlichen Hauptdiagnose, welche sich erst im Verlauf der Behandlung manifestieren kann, entsprechen muss. Im weiteren Behandlungsverlauf des Patienten ist es erforderlich, regelmäßig die Daten des Patienten zu aktualisieren und zu analysieren, um erkennen zu können, in welche DRG der Behandlungsfall letztendlich eingruppiert werden wird und wie hoch die obere Grenzverweildauer in dieser DRG ist. Ab Erreichen der mittleren Verweildauer sollte täglich kritisch hinterfragt werden, ob der Patient tatsächlich noch stationär behandlungsbedürftig ist und bei Überschreiten der oberen Grenzverweildauer sollten die eruierten Gründe hierfür auch täglich dokumentiert werden.

Die Etablierung eines Entlassmanagements, welches bereits bei Aufnahme von Patienten, die nicht nach Hause entlassen werden können sondern in eine Rehabilitationseinrichtung oder in ein Pflegeheim verlegt werden müssen, involviert wird, sichert eine zeitnahe Verlegung.

Eine medizinisch nicht notwendige Verlängerung der Verweildauer des Patienten, um keine Abschläge wegen nicht Erreichen der unteren Grenzverweildauer zu erleiden, erscheint nicht sinnvoll, da bei einer Überprüfung durch den MDK allein auf die medizinische Notwendigkeit und nicht auf wirtschaftliche Aspekte („die Leistung wurde erbracht") abgestellt wird. Der Argumentation, dass der Umfang der Leistung erbracht wurde und somit die Abrechnung der DRG ohne Abschläge gerechtfertigt ist, erteilte das Bundessozialgericht eine Abfuhr, indem es das Urteil des LSG Rheinland-Pfalz zur weiteren Sachverhaltsaufklärung zurückverwiesen hatte. Nur eine notwendige Krankenhausbehandlung ist zu vergüten. Der Anspruch auf Vergütung besteht nicht per se, wenn die Voraussetzungen einer Fallpauschale erfüllt sind. Hinzutreten muss immer die Notwendigkeit der Krankenhausbehandlung (BSG-Urteil vom 30. Juni 2009 B 1 KR 24/08 R).

3.4 Berichtswesen – mit Kennzahlen steuern

Wesentliche Voraussetzung für das Management, um seinen Führungs- und Steuerungsaufgaben nachkommen zu können, ist die regelmäßige Bereitstellung für den jeweiligen Zweck aufbereiteter Daten.

Die Relevanz der Daten für den Adressaten misst sich dabei an der Beeinflussbarkeit durch den Adressaten.

Wichtig für die Unternehmensleitung ist die Interpretationshilfe der gelieferten Daten. Nur so kann Missverständnissen bei der Interpretation der Daten vorgebeugt werden.

Regelmäßige Standardberichte sollten eine Fallzahl im Vergleich zum Vorjahr mit Hochrechnung bis zum Jahresende enthalten. Ebenso wichtig ist ein Monitoring des Case Mix sowie Case Mix Index, um erkennen zu können, ob eine Fallzahlsteigerung auch zu einem erhöhten Umsatz führt oder ob nur durch die erhöhte Fallzahl die Kosten steigen.

In diesem Kontext ist auch die Ausweisung der Sachkosten (sofern nicht auf die tatsächlichen Kosten im eigenen Hause zurückgegriffen werden kann sind auch die Sachkosten des InEk-Browsers aussagekräftig) sehr wichtig. Nur so lässt sich erkennen, ob eine Fallzahlsteigerung auch zu einer entsprechenden Erlössteigerung führt. Eine Darstellung der Verweildauer z. B. nach Verweildauerklassen sollte im Kontext zur mittleren Verweildauer einer DRG und der durchschnittlich kodierten Nebendiagnosen pro Fall dargestellt werden,

da zum einen eine Verweildauer über der mittleren Verweildauer einer DRG keinen kostendeckenden Erlös erbringen kann und zum anderen eine hohe Anzahl an Nebendiagnosen eine verlängerte Verweildauer begründen kann. Bei der Darstellung der Nebendiagnosen pro Fall ist eine weitere Differenzierung nach Schweregrad-steigernden Nebendiagnosen sinnvoll, auch darstellbar als prozentuale Verteilung der Fälle auf die einzelnen PCCL-Werte.

Bei Verlegungsfällen sollte eine Darstellung der erlittenen Abschläge erfolgen, um aufzuzeigen, dass Patienten eventuell zu früh entlassen oder weiterverlegt werden.

Berichte, die sich auf die Kodierqualität beziehen, umfassen die Darstellung von unspezifischen Hauptdiagnosen, Nebendiagnosen und Prozeduren, die im Gruppierungsalgorithmus häufig zu einem niedrigeren PCCL-Wert führen als spezifische Diagnosen. Eine Darstellung der PCCL-Verteilung der Lang- und Kurzlieger erlaubt ebenso einen Rückschluss auf die Kodierqualität wie die Darstellung einer Alters-PCCL-Relation.

Berichte über die Aufnahmezahlen verteilt nach Wochentag sowie Entlasszahlen nach Wochentag zeigen häufig eine gegenläufige Verteilung, d. h. am Anfang der Woche sind die Aufnahmezahlen hoch, die Entlasszahlen gering, am Ende der Woche verhält es sich umgekehrt. Dieses Verhalten kann zu keiner ausgeglichenen Bettenbelegung führen. Der Patienten-Turnover sollte sich ausschließlich an medizinischen Gesichtspunkten orientieren und nicht an Befindlichkeiten von Mitarbeitern.

Eine Krönung der Berichte ist sicherlich ein Vergleich der eigenen Zahlen mit den Zahlen des InEK, was indirekt einen Vergleich mit den Kalkulationskrankenhäusern erlaubt. Insbesondere der Vergleich der mittleren Verweildauer, des Anteils von Kurz- und Langliegern und der Vergleich der Anzahl von Nebendiagnosen für die Krankheitsbilder Diabetes mellitus, koronare Herzkrankheit und chronische Niereninsuffizienz für die TOP 10-DRGs stellen aussagekräftige Parameter dar.

Was weniger in einem Berichtswesen dargestellt werden muss, sondern vielmehr regelmäßig im Medizincontrolling überprüft werden sollte, sind bestimmte Plausibilitäten wie die Gabe von Erythrozytenkonzentraten ohne dass eine Anämie kodiert wurde, eine längere Verweildauer auf Intensivstation ohne entsprechende Kodierung von Beatmungszeiten oder Aufwandspunkten sowie ein Abgleich der verabreichten mit den abgerechneten Zusatzentgelten.

G

Beispiele für Inhalte eines Standardberichts

- Fallzahlentwicklung im Vergleich zum Vorjahr mit Hochrechnung bis Jahresende
- Case Mix-Entwicklung im Vergleich zum Vorjahr mit Hochrechnung bis Jahresende
- Case Mix Index (Entwicklung im Vergleich zum Vorjahr)
- Fälle oberhalb der mittleren Verweildauer
- Fälle mit Verweildauer knapp über der unteren Grenzverweildauer
- Fälle mit Verweildauer über der oberen Grenzverweildauer
- Schweregrad (PCCL) in Relation zur Verweildauer
- Fälle mit Verlegung vor Erreichen der mittleren Verweildauer
- Fälle mit ambulantem Potenzial

Sinnvoll ist die Bereitstellung einer überschaubaren Anzahl von Kernsteuerungsparametern. Diese Kernsteuerungsparameter sollten die relevanten Zielvorgaben valide abbilden. Sinngemäß bedeutet dies, dass eine Kennzahl mit einem Unternehmensziel verknüpft ist und hierfür auch ein Zielwert definiert wurde.

Bei Nichterreichen der vorgegebenen Ziele muss im Vorhinein festgelegt werden, mit welchen Maßnahmen darauf reagiert wird.

3.5 MDK-Management

Trotz Deutscher Kodierrichtlinien, Hinweisen in den Klassifikationen der Krankheiten (ICD) und Prozeduren (OPS) sowie Kodierempfehlungen der Sozialmedizinischen Expertengruppe 4 (SEG 4) und des Fachausschusses für ordnungsgemäße Kodierung und Abrechnung (FoKA) der Deutschen Gesellschaft für Medizincontrolling sowie verschiedener Fachgesellschaften besteht bei der Kodierung eines Krankenhausfalles ein weiter Interpretationsspielraum, der Konfliktpotenzial birgt.

Für die Krankenkassen besteht bei einer Fallprüfung lediglich ein finanzielles Risiko in Höhe von 300 € im Falle einer negativen Prüfung durch den MDK aufgrund der Aufwandspauschale für das Krankenhaus. Bei einer durchschnittlichen Minderung des Rechnungsbetrages bezogen auf alle geprüften Fälle eines Hauses) in Höhe von 440 € [vgl. medinfoweb] muss einzig die Prüfquote durch die Krankenkassen erhöht werden, um dieses Risiko zu relativieren.

Eine Prüfquote von über 11 % [vgl. medinfoweb] (das heißt 11 % aller stationären Behandlungsfäl-

le werden im Rahmen einer MDK-Begutachtung komplett überprüft: Notwendigkeit der stationären Behandlung, Notwendigkeit der Dauer der Behandlung, Kodierung von Haupt- und Nebendiagnosen sowie Prozeduren, Nachweis der abgerechneten Zusatzentgelte) erfordert die Etablierung eines stringenten MDK-Managements. Die Kenntnis der einschlägigen Regelwerke und Gesetzestexte aller am MDK-Management beteiligten Mitarbeiter ist unverzichtbar. Um die Flut der auch weiterhin zunehmenden Rechnungsprüfungen bewältigen zu können, sind Werkzeuge notwendig, mithilfe derer die Verwaltung, aber auch die Auswertung eines jeden Falles möglich ist. EXCEL-Tabellenkalkulationen oder ACCESS-Datenbanken stoßen hier schnell an ihre Grenzen.

Ohne die Implementierung eines Prozesses mit klaren Richtlinien im Umgang mit Anfragen von Kostenträgern, Prüfungen und Gutachten der Medizinischen Dienste kann die Flut von Krankenkassenanfragen nicht bewältigt und eine Reduktion des Arbeitsaufwandes erreicht werden.

Das Monitoring der Prüfvorgänge ermöglicht eine Kontrolle der Prüfhäufigkeit sowie des Ergebnisses von MDK-Prüfungen und sollte zu einer Verbesserung der Kodierqualität ebenso wie der Dokumentationsqualität und somit auch zu einer Vermeidung von Rückzahlungen an die Kostenträger und damit verbunden zu einer Senkung der Erlösminderungen führen. Das Prüfergebnis primäre/sekundäre Fehlbelegung sollte zu einer Überprüfung des Aufnahmeprozesses und des Entlassmanagements führen, um hier systematische Fehler auszuschließen.

Der Prozess der Fallprüfung muss vom Eingang des Prüfauftrages bis hin zu einer eventuellen Klage eindeutig definiert werden. Abweichungen sollten vermieden werden. Dieser Prozess muss hausinternen Gegebenheiten angepasst sein.

Die Einhaltung der Prüffrist ist konsequent zu überwachen, bei Überschreitung der Frist ist eine Prüfung rigoros abzulehnen. Auch die Einforderung der Aufwandspauschale bei Prüffällen, bei denen es zu keiner Minderung des Abrechnungsbetrages gekommen ist, muss überwacht werden. Zu beachten ist, dass die Aufwandspauschale auch dann anfällt, wenn es zu einer Erhöhung des Rechnungsbetrages kommt. Auch hier sollte ggf. mit einer Klage nicht gezögert werden.

Bei weiter bestehender Ansicht der Korrektheit der Abrechnung trotz einem erfolglosen Widerspruch auf ein negatives Gutachten sollte zeitnah eine Klage überprüft und eingeleitet werden.

Durchsetzung berechtigter Forderungen
- *Überwachung der Prüffrist*
- *Einforderung der Aufwandspauschale*
- *Klageprüfung bei berechtigten Forderungen*

An dieser Stelle soll einmal die allgemeine Kodierrichtlinie D001 ins Bewusstsein gerufen werden. Hier heißt es [vgl. Deutsche Kodierrichtlinien 2009]:

Der behandelnde Arzt ist verantwortlich für
1) Die Bestätigung von Diagnosen, die verzeichnet sind, bei denen sich aber kein unterstützender Nachweis in der Krankenakte findet,
und
2) Die Klärung von Diskrepanzen zwischen Untersuchungsbefunden und klinischer Dokumentation

Sollte also die Dokumentation für z. B. eine gruppierungsrelevante Nebendiagnose nicht ausreichend oder nicht vorhanden sein, ein zusätzlicher Ressourcenverbrauch aber tatsächlich bestand, so ist bei der Beurteilung der Kodierfähigkeit einzig auf die Aussage des behandelnden Arztes abzustellen.

3.5.1 Klage vor dem Sozialgericht

In der Praxis hat es sich als sehr ziel führend erwiesen, strittige Fälle durch einen externen, auf dieses Arbeitsfeld spezialisierten Rechtsanwalt überprüfen zu lassen und bei Aussicht auf Erfolg durch diesen eine Klage vor dem Sozialgericht einleiten zu lassen.

Die Bearbeitung und Beurteilung von strittigen Fällen durch ein internes Justiziariat führt häufig nicht zum gewünschten Erfolg, da die dort beschäftigten Juristen von je her mit anderen Aufgaben betraut sind und somit mit dieser Materie nicht vertraut sind. Auch scheint eine „Einarbeitung" von Mitarbeitern des Medizincontrollings in die Prozessordnung eines Sozialgerichtsverfahrens nicht sinnvoll, da hierdurch unnötig Ressourcen gebunden werden, die anderweitig dringender benötigt werden. Auch wird die Zahl der Fälle, die zu einer sozialgerichtlichen Klärung gebracht werden, eine Anstellung eines Rechtsbeistandes kaum rechtfertigen.

3.5.2 Umgang mit der Forderung nach Fallzusammenführung

Bei der Beurteilung der Zusammengehörigkeit von stationären Behandlungsfällen eines Patienten nach medizinischen Gesichtspunkten könnten theoretisch alle Fälle „von der Wiege bis zur Bahre" zu einem Abrechnungsfall zusammengefasst werden. Da dies jedoch nicht der Sinn eines pauschalierten Entgeltsystems mit DRGs ist, sind in den Fallpauschalenvereinbarungen (FPV) operationalisierte Regelungen für Fallzusammenführungen festgelegt worden, um Streitigkeiten zu vermeiden. Bei der Frage nach einer Fallzusammenführung ist streng nach diesen Regeln vorzugehen. Medizinische Gründe bleiben außen vor. Sollte also der MDK auf einer Fallzusammenführung wegen medizinischer Gründe bestehen, obwohl nach FPV keine Fallzusammenführung vorgesehen ist, so ist eine Klage vor dem Sozialgericht sehr Erfolg versprechend.

Weiterhin zu berücksichtigen ist, dass die Regeln für eine Fallzusammenführung bei Fallkonstellationen über den Jahreswechsel nicht angewendet werden (Klarstellungen der Vertragsparteien nach § 17b Abs. 2 Satz 1 KHG zur Fallpauschalenvereinbarung).

3.5.3 MDK-Berichtswesen

Genauso wichtig wie die Unternehmenssteuerung mittels eines Berichtswesens für Leistungen ist die Überwachung des Forderungsmanagements mit entsprechenden Werkzeugen.

Auch hier gilt es, nur Parameter zu monitoren, die mehr als nur narrativen Charakter haben. Vielmehr sollten auch hier hauptsächlich beeinflussbare Daten berichtet werden.

Dargestellt werden sollten die allgemeine Prüfquote für das gesamte Haus und der durchschnittliche Erlösverlust pro Fall, um das Erlösminderungsrisiko einschätzen und ev. Rückstellungen bilden zu können. Auch die Darstellung der Prüfquote nach Kostenträgern ist hilfreich, bei auffälligen Kostenträgern sollten Fälle von Patienten dieser Kostenträger verstärkt durch Mitarbeiter des Medizincontrollings überwacht werden, um hier ein right-coding zu gewährleisten bzw. um ein versehentliches down-coding auszuschließen und um somit Einfluss auf die Prüfquote nehmen zu können. Bei den Gründen für eine Rechnungsänderung nach Fallprüfung gibt eine Änderung der Hauptdiagnose Hinweise auf Kodierdefizite ebenso wie die Änderung oder Streichung von OPS-Kodes. Die Streichung von Nebendiagnosen sollte zu einer Definition von entsprechendem Ressourcenverbrauch für die Kodierung bestimmter Nebendiagnosen führen. Die Änderungsgründe primäre/sekundäre Fehlbelegung geben Anlass für eine Überprüfung des Aufnahmeprozesses bzw. sollten zu einer Verbesserung der Dokumentation für die Notwendigkeit der stationären Behandlung führen.

MDK-Berichtswesen
- Prüfquote mit durchschnittlichem Erlösverlust
- Prüfquote nach Kostenträgern
- Gründe für Rechnungsänderungen

3.6 Strategisches Controlling

3.6.1 Veränderungen der Rahmenbedingungen

Durch die Einführung des neuen DRG-Abrechnungssystems und er dadurch veränderten Rahmenbedingungen hat sich die Wettbewerbssituation unter den Krankenhäusern dramatisch verschärft. Zuvor war eine Berücksichtigung zukünftiger Entwicklungen kaum erforderlich. Nicht artikulierte Intention des Gesetzgebers durch die Einführung des DRG-Systems ist eine Veränderung der bundesdeutschen Krankenhauslandschaft hin zu einer verminderten Bettenzahl. Es wird dadurch ein Gesundschrumpfen des Gesundheitswesens erhofft. Die Zahl der Krankenhäuser hat in Deutschland seit Einführung des DRG-Systems im Jahre 2003 von 2.197 um 114 auf 2.083 im Jahre 2008 abgenommen. Hiermit geht eine Reduktion der Bettenzahl um 38.500 Betten einher. Dieser Trend ist weiterhin ungebrochen [vgl. destatis]. Es muss ein Wandel vollzogen werden hin zu einer vorausschauenden, mögliche Entwicklungen vorwegnehmenden strategischen Planung. Denn eine Sicherstellung der medizinischen Versorgung der bundesdeutschen Bürger ist unter diesen Bedingungen nur durch eine Steigerung der Effektivität und bestenfalls auch der Effizienz sowie der Fallzahlen zu gewährleisten. Einen ersten Effekt, den die Einführung des DRG-Systems gezeigt hat, ist eine Verkürzung der durchschnittlichen Verweildauer von 9,2 Tagen vor Einführung bis auf eine Verweildauer von 8,1 Tagen im Jahr 2008.

3.6.2 Jährliche Veränderungen des DRG-Systems

Da das DRG-System von Jahr zu Jahr weiterentwickelt wird (es ist als lernendes System implementiert worden) kann es auch von Jahr zu Jahr zu deutlichen Erlösunterschieden bei ein und denselben Fallgruppen kommen. Diese Veränderungen sind kaum vorhersehbar. Aufgrund dieser jährlichen Anpassungen des DRG-Systems an die kalkulierten Kosten der einzelnen Fallgruppen sowie durch Änderungen des Gruppierungsalgorithmus kann es in einzelnen Fallgruppen teilweise zu deutlichen Änderungen der Bewertungsrelationen kommen bzw. zu einer Verschiebung von einzelnen Fällen in andere Splits oder andere DRGs. Auch Veränderungen in der CCL-Matrix beeinflussen in entscheidender Weise die Gruppierung und damit die Vergütung von Fällen. Modifikationen an der CCL-Matrix sind in ihren Auswirkungen wegen des komplexen Mechanismus nicht unmittelbar nachzuvollziehen. Um die Auswirkungen dieser Änderungen auf das eigene Krankenhaus abschätzen zu können, müssen diese Änderungen frühzeitig, am besten anhand der Übergangsdefinitionshandbücher sowie mittels Übergangsgrouper detektiert und analysiert werden. Erste Anhaltspunkte bieten der Abschlussbericht sowie die Migrationstabelle des InEK. Die Daten des aktuellen Jahres müssen in das neue System gruppiert werden, um für jede einzelne DRG erkennen zu können, zu welchen Änderungen im Erlös es kommt und woraus diese Änderungen resultieren. Anhand dieser Analyseergebnisse muss entschieden werden, ob diese Änderungen so gravierend sind, dass unter Umständen bestimmte Leistungen nicht mehr oder nur in reduziertem Unfang angeboten werden oder ob Maßnahmen ergriffen werden können, mithilfe derer auch im Folgejahr mit der gleichen oder geringfügig veränderter Leistung dieselben Erlöse erzielt werden können.

3.6.3 Portfolioanalyse

Am Anfang einer strategischen Entwicklung steht eine Portfolioanalyse. So gibt es Krankheitsbilder, die in der Bevölkerung sehr häufig vorkommen und die im DRG-System bereits sehr gut abgebildet sind, eine starke Veränderung der Erlöse von Jahr zu Jahr ist also nicht mehr zu erwarten. Diese Krankheitsbilder dienen als so genannte „Cashcows" [Marktportfolio der Boston Consulting Group], sie kommen am Gesundheitsmarkt sehr häufig vor, eine Steigerung der Fallzahlen in diesem Bereich ist allerdings nur durch eine Verlagerung von anderen Anbietern hin zum eigenen Krankenhaus möglich. Diese Krankheitsbilder bilden somit eine sichere Einnahmequelle für ein Krankenhaus. Da die Einnahmeseite bei diesen Krankheitsbildern keine oder kaum Steigerungsmöglichkeiten bietet, kann nur versucht werden, die Fallzahl zu erhöhen oder die Kostenquote zu senken. Eine Fallzahlerhöhung ist z. B. durch ein aktives Zuweisermanagement oder eine (verbesserte) öffentlichkeitswirksame Darstellung (Qualitätsberichte, Internetauftritte) möglich. Eine Senkung der Kostenquote kann durch die Implementierung von Patientenbehandlungspfaden und eines konsequenten Qualitätsmanagements gelingen.

Anders als in der freien Marktwirtschaft kann ein Krankenhaus die Behandlung von sog. „Dogs" nicht ablehnen, es sei denn das Krankenhaus nimmt nicht an der Notfallversorgung teil und muss aufgrund dessen einen Abschlag auf die DRG-Vergütung hinnehmen. Dogs sind im Gesundheitswesen Krankheiten, die einen geringen Marktanteil besitzen und mit denen kein Geld verdient werden kann oder bei denen sogar Verluste zu verzeichnen sind.

Die Stars unter den Krankheiten sind diejenigen, die im DRG-System (noch) sehr gut abgebildet sind und entsprechend gut vergütet werden und bei denen die Kostenstruktur im eigenen Hause sehr effizient ist. Die Gefahr bei diesen Krankheitsbildern besteht darin, dass im Zuge von erneuten Kalkulationen durch das InEK die Erlöse einbrechen und mit diesen Krankheitsbildern nicht mehr effizient gearbeitet werden kann. Hier muss versucht werden, eine marktführende Stellung zu erreichen, damit aus diesen „Stars" bei Eintritt in eine Phase des reifen Marktes „Cashcows" werden.

Als die großen Unbekannten in einer Portfolioanalyse sind Krankheiten und/oder Therapien zu verstehen, deren Marktanteil aktuell gering ist, die aber ein hohes Wachstumspotenzial besitzen, deren Entwicklung aber nicht abzuschätzen ist. Sofern aufgrund strategischer Analysen für diese Unbekannten ein Potenzial detektiert wurde, kann eine Querfinanzierung von Therapien dieser Krankheiten durch Erlöse der sog. „Cashcows" sinnvoll erscheinen. Als „Unbekannte" sind z. B. NUBs (neue Untersuchungs- und Behandlungsmethoden) zu verstehen. NUBs können nach Zulassung durch das InEK zunächst individuell mit

den Kostenträgern verhandelt werden. In der Phase der individuellen Vereinbarung müssen Rationalisierungspotenziale ausgeschöpft werden, um dann bei einer Vergütung über DRGs oder Zusatzentgelte mindestens kostendeckend, wenn nicht gewinnbringend, arbeiten zu können.

3.6.4 Sicherung der Wirtschaftlichkeit

Um auch weiterhin bestand am Gesundheitsmarkt zu haben, muss ein Krankenhaus sich also um die Sicherung der Wirtschaftlichkeit kümmern. Ziel muss es sein, die Durchschnittskosten der übrigen Krankenhäuser zu unterbieten, um kostendeckend zu arbeiten. Ein weiterer Weg ist die Steigerung der Fallzahlen. Die Betonung liegt hier auf Fallzahl, was nicht gleichbedeutend ist mit gefüllten Betten. Ein Patient sollte günstigstenfalls bei Erreichen der mittleren Verweildauer einer DRG entlassen werden und das Bett muss umgehend wieder belegt werden. Da es sich bei den Personalkosten um Fixkosten handelt, führt eine Steigerung der Fallzahl nur zu einer Erhöhung der Sachkosten. Zum einen werden sich die Fallzahlen schon alleine aufgrund der demografischen Entwicklung unserer Gesellschaft erhöhen, zum anderen muss dies durch einen verstärkten Wettbewerb um Patienten erzielt werden.

Eine Patientenakquirierung kann in einem Gesundheitssystem mit einem Sachleistungsprinzip nicht über den Preis erfolgen. Die klinische Leistungsqualität und der Service sind eher Kriterien, mit denen ein potenzieller Patient überzeugt werden kann, das eigene Krankenhaus aufzusuchen. Entscheidungskriterien für die Wahl eines Krankenhauses sind aber viel weniger Qualitätszertifikate als eher Empfehlungen des einweisenden Arztes oder von Freunden und Bekannten oder von so genannten Bestenlisten. Es sind also weiche, schwer messbare Faktoren, die einen Patienten bewegen, sich in einem bestimmten Krankenhaus behandeln zu lassen. Dies macht eine Ausrichtung in einem sich ständig ändernden Umfeld umso schwieriger. Neben Aspekten wie ein suffizient arbeitendes Qualitätsmanagement, welches nicht nur um eine Zertifizierung des Krankenhauses bemüht ist, sondern sich vielmehr um die Durchleuchtung und Verbesserung sämtlicher Prozesse, insbesondere im Zusammenhang mit der Patientenversorgung, kümmert, ist vor allem auf die Außenwirkung zu achten. Außer Faktoren wie Einrichtung, Patientenessen und

z. B. Informationsbroschüren sind es die soziale Kompetenz der Mitarbeiter, die beim Patienten einen bleibenden Eindruck hinterlassen und so ggf. darüber entscheiden, ob ein Patient ein Krankenhaus erneut aufsucht oder dies Freunden und Bekannten empfiehlt. Aus diesem Grund sind eine Motivation der Mitarbeiter und eine Identifikation mit dem Unternehmen nicht zu vernachlässigende Ziele bei der Mitarbeiterführung.

3.6.5 Kostenkalkulation

Bei der Kalkulation krankenhausindividuell vereinbarter Zusatzentgelte leistet der Medizincontroller aufgrund seiner medizinischen Kenntnisse und seines medizinischen Sachverstandes einen wichtigen Beitrag. Als individuelle Zusatzentgelte sind die sonstigen Entgelte gem. § 6 Krankenhausentgeltgesetz (KHEntgG) zu bezeichnen. Abhängig von der Leistungsstruktur eines Krankenhauses haben diese individuellen Zusatzentgelte eine unterschiedliche finanzielle Bedeutung.

Im Jahr 2010 ist die Konvergenz auf den landesweiten Basisfallwert (Krankenhausfinanzierungsreformgesetz (KHRG) vom 17. März 2009) abgeschlossen. Somit sind die individuell zu vereinbarenden Zusatzentgelte einige der wenigen verbliebenen Tatbestände, auf die ein Krankenhaus noch individuell Einfluss nehmen kann. Ziel einer solchen Kalkulation ist es, alle relevanten Kosten sowohl quantitativ als auch qualitativ zur erfassen. Sind im Rahmen der Entgeltverhandlungen die individuellen Entgelte geeinigt, muss auch bei diesen Entgelten versucht werden, das kalkulierte Kostenniveau zu optimieren, um bei einer Vergütung mittels bundesweit einheitlich bewerteten Entgelten mit dieser Leistung weiterhin Erlöse zu erzielen.

Für die Kalkulation individuell vereinbarter Zusatzentgelte für Leistungen, Leistungskomplexe oder Arzneimittel hat das Institut für das Entgeltsystem im Krankenhaus eine Hilfestellung erarbeitet, welche auf der Homepage des InEK downloadbar ist [s. InEK Kalkulationsempfehlung]. Diese Hilfestellung fungiert als Leitfaden zur krankenhausindividuellen Kalkulation und enthält insbesondere Klarstellungen, für welchen Bereich der Kalkulation (Zusatzentgelte/operative und interventionelle Verfahren/Komplexbehandlungen und andere besondere Verfahren) die jeweiligen Kostenbestandteile in die Kalkulation einfließen sollten (s. Abb. 4).

Aufgrund der medizinischen Kenntnisse und der klinischen Erfahrung eines Medizincontrollers kennt er sowohl die Abläufe als auch den notwendigen Personaleinsatz sowie Sachmitteleinsatz, die bei einer Kalkulation zu berücksichtigen sind. Den rein betriebswirtschaftlich orientierten Mitarbeitern würde hier die nötige medizinische Fachkenntnis fehlen.

3.6.6 Entgeltverhandlungen

Wie bereits zuvor ausgeführt ist es durchaus sinnvoll die Kalkulation der Individuellen Entgelte über den Medizincontroller laufen zu lassen. Die Vorarbeiten für die erfolgreiche Entgeltverhandlung beginnen jedoch deutlich früher. Gerade für Unikliniken und andere Häuser der Maximalversorgung sind die Entgelte für neue Untersuchungs- und Behandlungsmethoden (NUB) von zunehmender Bedeutung. Es wird zwar auch zukünftig die Gesamterlössumme der NUB-Entgelte nicht mehr als rund 1 % des Gesamtvolumens eines Krankenhauses betragen, allerdings ist es für innovative Krankenhäuser neben dem Imagegewinn auch von finanzieller Bedeutung, das zumindest ein Teil der Kosten für Innovation durch entsprechende Entgelte gedeckt wird.

Wesentliche Vorraussetzung für den erfolgreichen Abschluss einer entsprechender Entgeltvereinbarungen ist die Beantragung solcher Entgelte beim INEK bis zum 31.10. des Vorjahres. Nur wenn ein dementsprechender Antrag fristgerecht beim INEK eingegangen ist, besteht überhaupt die Möglichkeit der Vereinbarung von NUB-Entgelten.

> Die Antragstellung für Entgelte Neue Untersuchungs- und Behandlungsmethoden sollte bis zum 31.10. des Vorjahres bei der INEK erfolgen.

Für die Antragsstellung werden die Anträge bzw. Vorschläge im Medizincontrolling fristgerecht gesammelt und entsprechend überarbeitet.

Das INEK veröffentlicht bis Ende Januar des Folgejahres die Information welche Methoden/Leistungen die Kriterien zur Vereinbarung auf Krankenhausebene erfüllen und welche nicht.

Für die tatsächliche Entgeltverhandlung mit den Sozialleistungsträgern ist die Teilnahme des Medizincontrollers demzufolge zwingend erforderlich. Er kann die medizinischen Zusammenhänge aufklären sowie die Einzelheiten der Kalkulation erläutern.

Zusatzentgelt	xxxx	
Bezeichnung	**xxxx**	
Leistung (OPS-Kode)	xxxx	
Fallbasis	DRG	Bezeichnung
Grouperversion:	F11A+B	Herzklappeneingriff mit Herz-Lungen-Maschine, mit Zweifacheingriff oder bei angeborenem Herzfehler und(A)/oder(B) mit Reoperation, invasiver Diagnostik oder intraoperativer Ablation
	F16Z	Koronare Bypass-Operation mit invasiver kardiologischer Diagnostik, ohne komplizierende Prozeduren, ohne Karotiseingriff, mit Reoperation, Infarkt oder intraoperativer Ablation
	F23Z	Koronare Bypass-Operation mit invasiver kardiologischer Diagnostik oder intraoperativer Ablation, ohne komplizierende Prozeduren, ohne Karotiseingriff, ohne Reoperation, ohne Infarkt
Erläuterungen		

Teure Sachmittel			
(Differenz zu den für die Fallgruppe ohne betrachtete Leistung typischen Kosten)			
Implantate	**Menge**		**Betrag (€)**
	1	Stück	1.924,55 €	1.924,55 €
		Zwischensumme	*1.924,55 €*
Übriger medizinischer Sachbedarf	**Menge**		**Betrag (€)**
keiner	1		0,00 €	0,00 €
		Zwischensumme	*0,00 €*
Medikamente und Blutprodukte	**Menge**		**Betrag (€)**
Kein Zusatzbedarf	0		0,00 €
		Zwischensumme	*0,00 €*

Übriger Personal- und Sachmitteleinsatz			
(Differenz zu dem für die Fallgruppe ohne betrachtete Leistung typischen Mitteleinsatz)			
Operation / Anästhesie	**Menge**	**ME**	**Kosten je ME**	**Betrag (€)**
Anästhesist	0,5	Std.	45,35 €	22,68 €
Anästhesie-Funktionsdienst	0,5	Std.	45,35 €	22,68 €
Chirurg	0,5	Std.	50,88 €	25,44 €
OP-Funktionsdienst (Instrumenteur + Springer)	1	Std.	30,94 €	30,94 €
			Zwischensumme	*101,74 €*
Diagnostik	**Menge**	**ME**	**Kosten je ME**	**Betrag (€)**
keine Zusatzdiagnostik	0		0,00 €	0,00 €
			0,00 €	*0,00 €*
Intensivstation	**Menge**	**ME**	**Kosten je ME**	**Betrag (€)**
Kein Zusatzbedarf	0	Tage	0,00 €	0,00 €
			Zwischensumme	*0,00 €*
Summe Kosten der teuren Sachmittel			**1.924,55 €**
Summe Kosten Personal- und Sachmitteleinsatz			**101,74 €**
Infrastrukturzuschlag % (auf Kosten übriger Personal- und Sachmitteleinsatz)			**15,26 €**
GESAMT			**2.041,54 €**

Abb. 4   Kalkulationsschema: operative und interventionelle Verfahren, Komplexbehandlungen und andere besondere Verfahren

Fazit

Medizincontrolling ist in Zeiten von DRG von elementarer Bedeutung. Ohne ein funktionierendes Medizincontrolling kann ein Krankenhaus auf Dauer nicht am Markt bestehen.

Je nach Ausprägung des Medizincontrollings ist eine Anbindung in unterschiedliche Bereiche im Krankenhaus denkbar. In der hier dargestellten Ausprägung und der damit einhergehenden finanziellen Bedeutung für das Krankenhaus, ist die Etablierung des Medizincontrollings im betriebswirtschaftlichen Controlling als äußerst sinnvoll anzusehen. Damit ist unter anderem sichergestellt, dass alle finanziellen Risiken und Chancen aus der stationären Patientenversorgung sich adäquat in der Gesamtberichterstattung wieder finden.

Abkürzungsverzeichnis

CCL   Complication or Comorbidity Level; dt.: Schweregrad einer Komplikation oder Komorbidität

DRG   Diagnosis related groups

FPV   Fallpauschalenvereinbarung

InEK   Institut für das Entgeltsystem im Krankenhaus

MDK   Medizinischer Dienst der Krankenkassen

NUB   Neue Untersuchungs- und Behandlungsmethoden

Literatur

Deutsches Statistisches Bundesamt www.destatis.de (zuletzt besucht 16.02.10)

Deutsche Kodierrichtlinien (2009) Allgemeine und spezielle Kodierrichtlinien für die Verschlüsselung von Krankheiten und Prozeduren, Version 2010. Deutsche Krankenhausgesellschaft, Spitzenverbände der Krankenkassen, Verband der privaten Krankenversicherung, Institut für das Entgeltsystem im Krankenhaus (InEK gGmbH). Deutscher Ärzte-Verlag, Köln

InEK Kalkulationsempfehlung, http://www.g-drg.de/cms/index.php/inek_site_de/Kalkulation2/Empfehlung_fuer_die_Kalkulation_von_Zusatzentgelten (zuletzt besucht 24.02.2010)

InEK Klarstellungen der Vertragspartner zur Fallpauschalenvereinbarung, http://www.g-drg.de/cms/index.php/inek_site_de/content/download/1790/12478/ (zuletzt besucht 16.02.10)

Marktportfolio der Boston Consulting Group, http://www.bcg.de/documents/file25401.pdf (letzter Zugriff: 16.02.10)

medinfoweb, http://www.medinfoweb.de/article.php?articleID=22442&cat01=7&cat04=24 (letzter Zugriff: 16.02.10)

4 Exkurs: **Risikomanagement als integraler Bestandteil der Unternehmenssteuerung im Krankenhaus**

Ute Buschmann und Guido Schüpfer

Luzerner Kantonsspital, Luzern

Bisher wurden viele Unternehmen mittels betrieblichen Kennzahlen und Finanzzahlen geführt, die auf Informationen der Vergangenheit beruhen. Dadurch wurden Entscheidungen oft zu spät getroffen. Die Antizipation von technischen oder Marktentwicklungen ist durch dieses Vorgehen häufig ungenügend. Integrales Risikomanagement bewirkt einen Paradigmenwechsel: Mithilfe der Methodik des Risikomanagements werden die zukünftigen Risiken und Chancen identifiziert, analysiert und bewertet. Dies bildet die Entscheidungsgrundlage für eine nachhaltige und zielorientierte Strategie.

Krankenhäuser bewegen sich in einem komplexen und stark regulierten Markt. Eine rechtliche Verselbständigung oder „Privatisierung" der Spitäler führt dazu, dass sie zusätzlich gesellschaftsrechtlichen Regelungen und zunehmend Marktprinzipien unterliegen. Das Risikomanagement wird daher als ergänzendes Führungsinstrument zum unverzichtbaren und elementaren Baustein einer zukunftsorientierten und umfassenden Unternehmenssteuerung. Durch proaktives, zukunftsgerichtetes Risikomanagement sollen die Planungssicherheit erhöht und letztlich Wettbewerbsvorteile generiert werden. Für den Erfolg eines Unternehmens ist es wesentlich, sowohl interne als auch externe Risiken in den Strategieplanungsprozess mit einfließen zu lassen [Barodte et al. 2009]. Durch Offenlegung auch von Chancen durch das Risikomanagement wird die Zukunftsfähigkeit eines Unternehmens entscheidend verbessert [Gleissner et al. 2004; Kaub u. Schäfer 2002]. Gesetzliche Bestimmungen verlangen von Unternehmen, die einer ordentlichen bzw. einer eingeschränkten Revision unterliegen, im Anhang der Jahres- und Konzernrechnung Angaben über die Durchführung einer Risikobeurteilung zu machen. Bezüglich Umfang und Detaillierungsgrad der Angaben wird die Art, Größe, Komplexität und Risikosituation des Unternehmens als bestimmend angesehen [Pfaff 2008]. Wichtig ist es, bei der Einführung eines Risikomanagementsystems nicht nur den gesetzlichen Bestimmung zu genügen, sondern eine nachhaltige Wirkung zu entfalten. Das angestrebte Risikomanagementsystem soll dabei deutlich über die gesetzlichen Bestimmungen hinausgehen, um eine nachhaltige Wirkung erzeugen zu können. Neben formalen Aspekten wurde als wesentliche Anforderung auch der Aufbau einer breit abgestützten Risikokultur formuliert. Es sind folgende formalen und ökonomischen Anforderungen an ein integrales Risikomanagement zu stellen:

- Gesetzeskonformität (in der Schweiz bspw. Art. 663 b Ziff. 12 OR)
- Fokussierung auf die relevantesten Risiken aller Bereiche
- Keine zusätzliche Vorbereitung, damit auch keine unnötige Zusatzbelastung der Risikoverantwortlichen
- Quantifizierbarkeit der Risiken und Gesamtrisikoberechnung
- Klar geregelte Verantwortlichkeiten
- Integration bestehender Controlling- und Planungsprozesse [z. B. IKS, IT-Sicherheit]
- Frühzeitige Erkennung bestandesgefährdender Entwicklungen im Unternehmen
- Aufbau eines Risikobewusstseins im ganzen Unternehmen
- Unterstützung der Unternehmenssteuerung zur Verbesserung der Wertschöpfung

In unserer Erfahrung hat sich die Integration von Aufgaben, wie Projekte im Bereich der Patientensicherheit, die Betreuung von CIRS-Systemen und das Haftpflichtmanagement in das Risikomanagement bewährt.

4.1 Organisation und Verantwortlichkeiten

Als eigentliche Risikoverantwortliche sind Chefärzte, Abteilungsleiter, Geschäftleitung und die Aufsichtsgremien definiert. Die Risikoverant-

wortlichen sind zuständig für die ihnen zugeteilten so genannten Risikofelder sowie die identifizierten Risiken inklusive deren Bewältigung. Die Gesamtverantwortung liegt naturgemäß bei der Geschäftleitung und dem Aufsichtsrat. Die Verantwortung für die erfolgreiche Implementierung und Etablierung des integralen Risikomanagement-Systems liegt dem gegenüber bei der Riskmanagementabteilung.

4.2 Der Risikomanagementprozess

Der Risikomanagementprozess gliedert sich im Wesentlichen in 8 Schritte, welche im Sinne eines kontinuierlichen Verbesserungsprozesses jährlich zu durchlaufen sind (s. Abb. 5). Als wesentliche Voraussetzung zur Erarbeitung des Gesamtprozesses dienen die initial erhobenen **Grundlageninformationen** wie

- die Gesamtunternehmensstrategie,
- Budget- und Planzahlen,
- wirtschaftliche Eckdaten der letzten drei Jahre,
- Ablaufpläne der wesentlichen Unternehmensprozesse sowie
- die Organisationsstrukturen.

Auf der Basis dieser Grundinformationen sind der Zeit- und Ressourcenplan als auch die Projektorganisation festzulegen. In einem nächsten Schritt werden die sogenannten **Risikofelder** de-

Abb. 5   Risikomanagementprozess: 1. Grundlagen/Konzeption. 2. Risikoidentifikation. 3. Risikoanalyse. 4. Risikobewertung. 5. Risikoaggregation. 6. Risikobewältigung. 7. Risikoüberwachung. 8. Risikobericht. Das periodische Durchlaufen des Prozesses gewährleistet ein systematisches Controlling und eine kontinuierliche Optimierung der Risikobewältigung (nach H. Lienhard, Geschäftsführer aaarisk GmbH, Güttingen [Buschmann et al. 2010])

finiert und in einer fünfstufigen Relevanzskala abgeglichen (s. Tab. 7). Das Vorgehen anhand von Risikofeldern führt zur Definition von klaren Risikoverantwortlichkeiten und trägt wesentlich zum Aufbau einer unternehmensweiten Risikokultur bei. Die Relevanzskala für die Risiken orientiert sich am längerfristig notwendigen Betriebsergebnis und dient der Priorisierung der Einzelrisiken. Durch diese unternehmensspezifischen Schwellenwerte wird auch sichergestellt, dass sich das Risikomanagement auf die wesentlichen Risiken konzentriert.

Kernstück des Risikomanagementprozesses stellt die Erhebung des Risikoprofils dar (s. Abb. 5, Schritt 2–5). Entsprechend den Kategorien Strategie/Patientenpotenzial, Beschaffung, Personalmarkt/Finanzen/Politik und Recht/Organisation und Führung/Leistungs-Erbringung/Klinische Unterstützungsprozesse/Allgemeine Unterstützungsprozesse werden differenzierte Risikofelder ausgearbeitet. Bei der Leistungserbringung und den klinischen Unterstützungsprozessen sind alle medizinischen Fachbereiche zu berücksichtigen. Die Erhebung der Risiken inklusive vorhandener bzw. möglicher Bewältigungsmaßnahmen sowie die Bewertung und Priorisierung der Risiken anhand der gewählten Relevanzskala erfolgt gemeinsam mit den jeweiligen Risikoverantwortlichen im teilstrukturierten Interviewverfahren. Die Interviews sollten mit den direkten Linienverantwortlichen geführt werden. Diese kennen die Risiken ihres Bereichs am besten. Durch die breite thematische Durchflechtung auf verschiedenen Funktionsstufen kann bereits durch die erstmalige Risikoerhebung das Risikobewusstsein innerhalb des Unternehmens bei allen Beteiligten geschärft werden. Die Übernahme der administrativen Vor- und Nachbereitung der Interviews durch das Risikomanagement wird von den Verantwortlichen sicherlich geschätzt werden, da es zu einer deutlichen Ressourcenschonung insbesondere bei den beteiligten Klinikern führt. Zur weiteren Bearbeitung und Bewertung werden alle Risiken erfasst und zu einem Gesamtinventar bestehend aus den 20 relevantesten Risiken konsolidiert. Die Bewertung der Risiken muss konsistent und praxisgerecht sein. Im Spital liegen heutzutage die größten Risiken zum einen im Bereich der Strategie, konkret im Leistungsangebot [Buschmann et al. 2010], zum anderen im Bereich der IT. Letzteres ist durch die Komplexitätszunahme bedingt und erfordert – analog der Rechnungsrevision – eine kontinuierliche unabhängige Bewertung.

Mittels **Risikoaggregation** wird die Gesamtrisikoposition des Spitals berechnet. Dabei werden die kalkulatorisch jährlich wiederkehrenden Risikokosten sowie das Gesamtrisiko in Form eines Höchstschadenswertes ausgewiesen, der zu einer bestimmten Wahrscheinlichkeit, z. B. 95 %, nicht überschritten wird. Durch die Angabe des Höchstschadenswertes lassen sich die **Risikotragfähigkeit und der Risikofinanzierungsbedarf** des Unternehmens ermitteln und jährlich vergleichen.

Durch die konsequente Umsetzung von Risikobewältigungsmaßnahmen im Rahmen eines iterativen Prozesses wird die Planungssicherheit wesentlich erhöht, der Risikofinanzierungsbedarf gesenkt und die Risikotragfähigkeit verbessert. Das ermittelte Risikoinventar sowie die Gesamtrisikoabschätzung und das Risikokennzahlen-Ta-

Tab. 7   Relevanzskala zur Risiko-Priorisierung der Einzel- und Gesamtrisiken. Die Abstufung ist abhängig vom Betriebsergebnis des Gesamtunternehmens und ist für alle Bereiche konsistent anzuwenden. In der dritten Spalte sind spezifisch für das Unternehmen Geldbeträge zu hinterlegen.

Basisgröße	definiertes Betriebsergebnis
Relevanz	**Ausprägung**
1	Unbedeutende Risiken, die kaum spürbare Abweichungen vom operativen Betriebsergebnis verursachen
2	Mittlere Risiken, die spürbare Abweichungen vom operativen Betriebsergebnis bewirken
3	Bedeutende Risiken, die das operative Betriebsergebnis stark beeinflussen oder sich auch langfristig auswirken
4	Schwerwiegende Risiken, die zu großen Abweichungen vom operativen Betriebsergebnis führen und/oder sich auch langfristig erheblich auswirken
5	Bestandsgefährdende Risiken, die mit einer wesentlichen Wahrscheinlichkeit den Fortbestand des Unternehmens gefährden

bleau ergänzen und beeinflussen die Unternehmenssteuerung sinnvoll. Durch die übergeordnete Risikopriorisierung aus der Optik des Gesamtunternehmens werden relevante Risiken in den einzelnen Kliniken und Bereichen identifiziert. Diese können mit konkreten Maßnahmen reduziert werden. Durch die **Risikopriorisierung** mit Fokus auf das Gesamtunternehmen können Ressourcen zur Risikobewältigung gezielt eingesetzt werden. Die Suche nach Risiken lässt unmittelbar auch Chancen erkennen. Dadurch wird die proaktive Unternehmensführung unterstützt. Das Gesamtrisikoinventar sowie die bewerteten und aggregierten Risiken fliessen in den jährlichen internen Risikobericht ein.

4.3 Integrales Riskmanagement: Erfolgsfaktoren und wesentliche Erkenntnisse aus der Sicht eines Spitals

Das Risikomanagement koordiniert und unterstützt die Risikoverantwortlichen, die eigentlichen Experten, administrativ und methodisch und garantiert eine konsistente Beurteilung der Risiken. Durch den kombinierten Einbezug der Geschäftsleitungsebene sowie aller Organisationseinheiten gemäss Organigramm werden sowohl interne als auch externe Risiken „Top-down" und „Bottom-up" erfassbar und so kann ein möglichst lückenloses Risikoinventar erstellt werden. Die identifizierten Risikoverantwortlichen sind auch ohne große Vorbereitung in der Lage, die Risiken ihres Kompetenzbereichs zu identifizieren und zu bewerten [Buschmann et al. 2010]. Durch den iterativ anzulegenden Prozess der Identifikation von Risikofeldern, die Aggregation, Bewertung und Priorisierung der Risi-

ken wird bei allen Führungskräften das Risikobewusstsein gefördert und Bewältigungsstrategien frühzeitig entwickelt. Durch Optimierung der Risikobewältigungsmaßnahmen verringert sich die Gewinnstreuung und somit die Verlustwahrscheinlichkeit sowie der Eigenkapitalbedarf zur Risikodeckung. Die Etablierung eines integralen Risikomanagements unterliegt einem kontinuierlichen Prozess. Die Herausforderung der Geschäftsleitung besteht darin, den Risikomanagementprozess unter Umsetzung der definierten Bewältigungsmaßnahmen konsequent zu durchlaufen und die gewonnene Transparenz nachhaltig für den Strategieprozess und somit für die Unternehmenssteuerung zu nutzen. Damit wird die Wertschöpfung des Unternehmens langfristig optimiert (s. Abb. 5).

Literatur

Barodte B, Montagne E, Fischer A (2009) Eingeschränkter Blick. Harvard Business Manager. Nov 2007, S. 8

Buschmann U, Kaufmann T, Lienhard H, Baumann H, Diebold J, Schüpfer G (2010) Gewappnet für die Zukunft. Integrales Risikomanagement im Spital als elementarer Bestandteil der Unternehmensführung – ein Erfahrungsbericht aus dem Luzerner Kantonsspital. Schweizerische Ärztezeitung, 91: 7: 274–277

Gleissner W, Lienhard H, Stroeder D (2004) Risikomanagement im Mittelstand – Planungssicherheit erhöhen, Rating verbessern, Unternehmen sichern. RKW e. V. 2004, S. 9–24

Kaub M, Schäfer M (2002) Wertorientierte Unternehmensführung. Die Berichterstattung der Abschlussprüfer. Fachhochschule für Wirtschaft in Berlin i. A. der Hans-Böckler-Stiftung

Pfaff D (2008) IKS-Leitfaden – Empfehlungen des veb.ch zum internen Kontrollsystem IKS und zu den Angaben über die Risikobeurteilung im Anhang. S. 7–9, S. 18–20

H

Das Krankenhaus und seine Prozesse

1 Strukturierte Organisationsentwicklung

Norbert Roeder

Universitätsklinikum Münster

Die Umstellung der Krankenhausvergütung von einer erkrankungsunabhängigen Tagespauschalierung auf eine krankheits- und behandlungsfokussierte fallpauschalierte Vergütung sowie die Mittelknappheit im deutschen Gesundheitswesen zwingt viele Krankenhäuser zu eine Änderung ihrer grundlegenden Strukturen und Prozesse. Fallpauschalierung fordert die Abkehr von der Struktur- und professionsorientierte Krankenversorgung hin zu einer patienten- und ablauforientierten Leistungserbringung. Neue Strukturen sollen eine stärker am Patienten orientierte interdisziplinäre Diagnostik und Therapie unterstützen. Das Behandlungsziel muss in kürzester Zeit so effizient wie möglich bei hoher Qualität erreicht werden.

Die dafür notwendigen Veränderungen stellen für die unter anderen Rahmenbedingungen entwickelten Krankenhausstrukturen und die darin arbeitenden Menschen eine enorme Herausforderung dar. Um das Ausmaß nachvollziehen zu können, hilft ein Blick in die Vergangenheit. Der Arztberuf ist ein freier Beruf und wurde so, bezogen auf das diagnostische und therapeutische Vorgehen und die dazu notwendigen Maßnahmen, auch gelebt. In Zeiten des Kostendeckungsprinzips haben sich medizinische Abläufe entwickelt und manifestiert, die kaum strukturierten

Standards folgten und stark auf Fachabteilungen und deren Leitungen fokussiert waren. Dominierend war die „Schule" einer Fachabteilung, also das Erfahrungswissen der Abteilung bzw. deren Leitung, welches hauptsächlich die Diagnostik und Therapie prägte. Die ganzheitliche interdisziplinäre Behandlung von Patienten erfuhr Behinderungen an den Schnittstellen zwischen den Abteilungen und den Berufsgruppen, die tagespauschalierte Vergütung förderte lange Verweildauern. Erst mit der stärkeren Ökonomisierung und der Fokussierung auf die Wirtschaftlichkeit bei der medizinischen Leistungserbringung als Folge der Mittelknappheit veränderte sich die Perspektive; der Nutzen medizinischer Maßnahmen wurde auch in Bezug auf die Kosten immer kritischer hinterfragt. Evidenzbasierte Medizin, Leitlinien und Richtlinien sowie die Finanzierungsrahmenbedingungen bilden heute den Handlungskorridor für die Medizin in Deutschland. Der Gemeinsame Bundesausschuss (GBA) als oberstes Gremium der Selbstverwaltung im deutschen Gesundheitswesen legt fest, welche Leistungen zu Lasten der gesetzlichen Krankenversicherung im Krankenhaus und im ambulanten Bereich erbracht werden dürfen. Diese Leistungsvorgaben beeinflussen indirekt auch den Kostenrahmen, der im Krankenhaus seit 2003 durch pauschalierte

Einheitsvergütungen (DRG-Fallpauschalen, Zusatzentgelte) vorgegeben ist.

Der Anstieg der Kosten, insbesondere Personalkosten sowie die inadäquate Kompensation auf der Erlösseite haben dazu geführt, dass in fast allen Krankenhäusern Personal reduziert werden muss. Gleichzeitig musste insbesondere in Maximalversorgungshäusern die Leistung erheblich gesteigert werden, um eine Budgetabschmelzung im Rahmen der DRG-Konvergenzphase zu verhindern. Aus der verbindlichen Umsetzung des Arbeitszeitgesetzes Ende 2006 resultierte darüber hinaus ein Mehrbedarf an ärztlichem und nicht ärztlichem Personal in den deutschen Krankenhäusern. Aktuell wird von 4.000 unbesetzten Arztstellen in deutschen Kliniken ausgegangen.

Krankenhäuser, die Defizite produzieren, sind im heutigen wettbewerblichen System vom Risiko bedroht, Opfer einer Marktbereinigung zu werden. Es sollte im Interesse eines jeden Krankenhauses und einer jeden Fachabteilung liegen, die medizinische Leistungserbringung so zu gestalten, dass Diagnostik und Therapie weiterhin auf hohem medizinischen Niveau, aber zu Kosten auf Wettbewerbsniveau erbracht werden können. Hierzu ist die Effizienz von Prozessen und Prozessketten zu verbessern, da in der personalintensiven Krankenhausmedizin nur durch Personalreduktionen spürbare Kostensenkungen erzielt werden können. Dies gilt für patientenferne Bereiche ebenso wie für die direkt am Patienten tätigen Berufsgruppen.

Eine Personalreduktion ohne begleitende Umgestaltung der Strukturen, Prozesse und einer Neudefinition der Schnittstellen kann aber nur funktionieren, wenn das Personal vor der Personalreduktion nicht ausgelastet war – dies war in der Regel in den meisten Krankenhäusern nicht der Fall. Erfolgt trotz hoher Auslastung der Mitarbeiter eine Personalreduktion, kann dies zu Überlastung des verbleibenden Personals führen. Von ganz besonderer Bedeutung ist daher die kritische Analyse der zu bewältigenden Aufgaben und der hierfür etablierten Personalausstattungen, Strukturen und Prozesse. In jedem Bereich muss geprüft werden, welche Aufgaben von wem zukünftig wahrgenommen werden, und auf welche Aufgaben verzichtet werden kann. Gleichzeitig sind die Strukturen und die Prozesse hinsichtlich ihrer Effektivität und Effizienz zu überprüfen und wo notwendig neu zu organisieren mit dem Ziel, die Aufgaben weniger personalintensiv aber mit gleicher oder noch besserer Qualität durchzuführen. Ein Ansatz hierzu ist z. B. die Zentralisierung von Funktionsbereichen und Laborleistungen.

Ein Krankenhaus ist ein sehr komplexes Gebilde, in dem viele Rädchen ineinander greifen. Das Ölen einzelner Rädchen kann zwar punktuell die Situation verbessern, wird aber nicht ausreichen, um die Gesamtorganisation erfolgreich in die Zukunft zu führen. Im Sinne einer strukturierten Organisationsentwicklung müssen sich die Analyse der Ist-Situation und die Neuausrichtung auf die gesamte Organisation eines Krankenhauses erstrecken. Die Weiterentwicklung des Krankenhauses kann sich nicht auf Restrukturierungsmaßnahmen beschränken, sondern muss im Sinne einer Organisationsentwicklung das gesamte Krankenhaus inklusive der Kultur des Miteinanders, der Patientenorientierung sowie der internen und externen Kommunikation beinhalten. Organisationsentwicklung im Krankenhaus verstehe ich als geplanten strukturellen und sozialen Wandel im Krankenhaus. Hierzu gehört, dass die Betroffenen beteiligt werden an der Umstrukturierung der Organisation, um diese von innen heraus so zu strukturieren, dass sie auf die Wahrnehmung neuer Aufgaben optimal vorbereitet ist.

Bei gleichen Preisen (DRG-Fallpauschalen) stehen die Krankenhäuser insbesondere über die Qualität der Leistungserbringung miteinander im Wettbewerb, die Patienten werden „mit den Füßen abstimmen" [ter Haseborg u. Zastrau 2005; Hensen et al. 2006]. Der Qualitätsbegriff ist nicht auf die Beschreibung und Messung der Qualität medizinischer Kernleistungen (z. B. Durchführung der Operation, Komplikationsraten etc.) zu beschränken. Genauso wichtig ist das „Drumherum" wie z. B. die Freundlichkeit der Mitarbeiter, die Information von Patienten und Zuweisern, der gesamte Service im Krankenhaus etc.. Diese „Nebenleistungen" werden von Patienten und Angehörigen sehr kritisch wahrgenommen und nehmen ein hohes Gewicht bei der Gesamtbewertung der Qualität ein. Der notwendige Kulturwandel im Rahmen der Organisationsentwicklung muss daher auch eine Stärkung des Dienstleistungsgedanken beinhalten. Wir müssen wegkommen von der reinen Versorgungsmentalität die darauf angelegt ist, Patienten, die kommen, zu versorgen, ohne durch besondere Maßnahmen die Inanspruchnahme des eigenen Krankenhauses oder der eigenen Fachabteilung zu steigern. Patienten wollen nicht nur versorgt werden, sie wollen, wie in anderen Dienstleistungsbereichen auch, durch guten Service verwöhnt werden. Hierzu gehören gewisse Grundleistungen in guter Qualität (Verpflegung, Unterbringung) sowie Nebenleistungen, Medienzugang, Zuwendungen etc.

Der Patient sieht sich immer mehr in einer „Kundenrolle". Er erwartet von Ärzten, Pflegekräften und anderen Therapeuten Zuwendung und Wertschätzung. Hierzu gehört das informierende Gespräch bzgl. der geplanten bzw. durchgeführten Maßnahmen bei Beginn, während und zum Abschluss des Krankenhausaufenthaltes. Der gleichzeitige Zwang zur Erbringung der Krankenhausleistung mit geringeren Personalressourcen, steht hierzu im Widerspruch. Das Behandlungsteam muss daher Maßnahmen entwickeln, auch mit geringerem Personaleinsatz gut zu informieren. Durch Einsatz von Printmedien und anderen Medien kann der Patient so vorbereitet werden, dass in Kombination mit kurzen freundlichen Gesprächen eine umfassende Information erfolgt.

Insbesondere im kompetetiven Umfeld von Ballungszentren wird sich schnell herumsprechen, in welchem Krankenhaus die Mitarbeiter nett und zugewandt sind und besonders gut auf die Probleme der Patienten eingehen. In diesen Krankenhäusern wird die Nachfrage steigen, was solche Krankenhäuser dann letztendlich auch wirtschaftlich erfolgreicher macht. Erfolg wiederum stellt ein positives Feedback für die Krankenhausbeschäftigten dar und wird die Arbeitszufriedenheit steigern. In Krankenhäusern, die zunehmend schlechter frequentiert werden, verstärkt sich der wirtschaftliche Druck dramatisch und führt zu weiteren Einschränkungen (z. B. bei der Personalausstattung), was wiederum demotivierend auf die Mitarbeiter wirkt, die diese Demotivation den „Kunden – Patienten" spiegeln. Aus so einem Szenario entsteht schnell ein Teufelskreis, der nur schwer zu durchbrechen ist.

Die Neustrukturierung stellt eine enorme Herausforderung dar, die in verschiedene Schwerpunkte unterteilt werden kann, die unter dem Begriff Organisationsentwicklung zusammengefasst werden sollten (s. Abb. 1).

Zunächst muss die Perspektive des Gesamthauses geklärt werden [Hensen et al. 2003]. Alle Prozessabläufe sind kritisch zu analysieren und nach den Kriterien Qualität, Wirtschaftlichkeit und zeitgerechte Erbringung zu bewerten. Einweiser- und Patientenzufriedenheit sind wichtige Kriterien im Wettbewerb der Krankenhäuser um Patienten und sollten daher besondere Be-

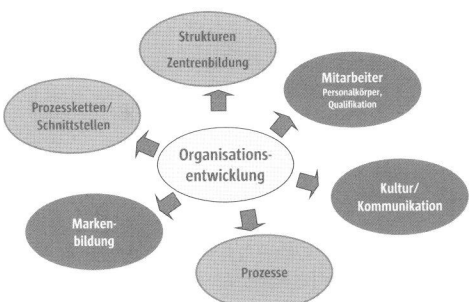

Abb. 1   Schwerpunkte der Organisationsentwicklung

rücksichtigung finden. Es ist zu überlegen, welche strategische Ausrichtung das Haus zukünftig verfolgen soll, wobei viele Fragen zu beantworten sind:

- Welche Leistungen sollen angeboten werden, welche Leistungen soll das Haus alleinig anbieten, welche in Kooperation mit anderen Häusern?
- Wer sind mögliche Kooperationspartner?
- Welche baulichen und personellen Strukturen müssen für die Leistungserhaltung vorgehalten werden?
- Wie kann sichergestellt werden, dass die Leistung in hoher Qualität und in einer wettbewerblich erfolgreichen Kostenstruktur erbracht wird?
- Wie können Mitarbeiter für die Verfolgung der gesteckten Ziele gewonnen und qualifiziert werden?

Diese und viele andere Fragen sind zu stellen und zu beantworten, um die Zukunftsvision und die dazu notwendigen strategischen Maßnahmen für das Haus zu entwickeln und umzusetzen. Alle Einzelmaßnahmen sind mit der Gesamtstrategie abzugleichen und dahingehend zu prüfen, ob sie dazu beitragen können, das festgelegte Ziel zu erreichen. Dies trifft insbesondere auf die Gewinnung und Qualifizierung von Personal und auf die Leistungsentwicklung zu.

1.1 Strukturen/Zentrenbildung

Insbesondere für größere Häuser ist ein neuer Strukturansatz die Bildung von Zentren, in denen eng miteinander arbeitende Fachgebiete/Fachabteilungen räumlich und strukturell zusammengefasst werden (z. B. Neurologie/Neurochirurgie, Gastroenterologie/Viszeralchirurgie etc.). In solchen Zentren lassen sich dann bisher doppelt vorgehaltene Strukturen (z. B. Funktionsdiagnostik, Endoskopie) zusammenlegen und damit effizienter gemeinsam nutzen. Die räumliche Nähe der interdisziplinär zusammen arbeitenden Fachrichtungen bringt diese auch näher an den gemeinsamen Patienten heran. Durch die Etablierung von fachübergreifenden Diensten auf den gemeinsamen Stationen können Bereitschaftsdienste zusammengelegt werden, Rufdienste müssen jedoch fachspezifisch erhalten bleiben. Innerhalb der Zentren bleiben die Fachabteilungsstrukturen grundsätzlich erhalten, allerdings sollen die Fachabteilungsgrenzen zwecks Optimierung der Schnittstellen aufgeweicht werden. Die Definition neuer Betriebskonzepte hat sogar Einfluss auf die Krankenhausarchitektur. Ein Teil der notwendigen Effizienzsteigerungen kann nur durch eine entsprechende bauliche Ausrichtung realisiert werden.

Die Neuorganisation in Zentren muss durch entsprechende Zentrumsstrukturen gestützt werden. Hierzu gehört eine Zentrumsleitung, die aus den leitenden Ärzten der im Zentrum vertretenen Einrichtungen besteht. Das Zentrumsleitungsgremium vereinbart Ziele und Budgets mit der Geschäftsführung des Krankenhauses und bricht diese auf die einzelnen im Zentrum vertretenen Einrichtungen herunter. Effizienzsteigerungen werden durch Nutzung von Synergien erzielt (gemeinsame Nutzung von Bettenstationen, Funktionsbereichen etc.). Idealerweise wird die Zentrumsleitung durch einen Zentrumsgeschäftsführer ergänzt und unterstützt, so dass Aufgaben, die bisher zentral im Krankenhaus erbracht werden, zukünftig in eigener Verantwortung durch das Zentrum bearbeitet werden (Struktur des Personalkörpers, strategische Entscheidungen zur Leistungsausrichtung, Priorisierung von Investitionsschwerpunkten, um nur einige Beispiele zu nennen). Es eröffnet viele Chancen für die im Zentrum vertretenen Einrichtungen. Allerdings müssen die Einrichtungsleiter auch bereit sein, die aus ihren Entscheidungen resultierenden Risiken zu tragen. Zur erfolgreichen Umsetzung solcher Struktur- und Organisationsmodelle ist es daher sinnvoll, diese mit erfolgsabhängigen Leistungsvergütungen zu koppeln. Damit die Zentrumsleitungen diese neuen Aufgaben wahrnehmen können, müssen sie entsprechend qualifiziert

sein bzw. qualifiziert werden. Im Rahmen einer strukturierten Personalentwicklung sollte schon auf der Ebene der Weiterbildungsassistenten und auf jeden Fall der Fach- und Oberärzte sowie der Einrichtungsleiter ein entsprechendes Qualifikationsprogramm angeboten werden. Oberärzte, die eine Leitungsposition anstreben, sollten ein großes Interesse daran haben, sich auch in den Themenkreisen Gesundheitsökonomie, Wirtschaftsführung, Personalführung, strategisches Management und Organisationsentwicklung zu qualifizieren. Ohne ein entsprechendes Handwerkszeug wird es immer schwieriger, unter den veränderten Rahmenbedingungen eine Fachteilung erfolgreich zu führen. Die medizinische Qualifikation im Fachgebiet ist alleinig nicht mehr ausreichend. Chefärzte müssen heute visionär und strategisch ihre Fachabteilung weiterentwickeln und die entsprechenden Teams bilden, um die von ihnen präferierten Leistungsbereiche auch bedienen zu können. Dabei muss es ihnen gelingen, die Leistungsträger langfristig an sich und ihre Abteilung zu binden.

1.2 Prozessketten/Schnittstellen

Bei der Analyse und Restrukturierung spielen Schnittstellen eine ganz besondere Rolle. Von herausragender Bedeutung sind dabei die Schnittstellen zwischen den verschiedenen Berufsgruppen einer Fachabteilung bzw. eines Krankenhauses, aber auch die Schnittstellen zwischen den verschiedenen Fachabteilungen (z. B. Innere/Chirurgie) eines Krankenhauses. Die Neuausrichtung, hin zu einer stärkeren Patienten- und Prozessorientierung, muss auch zwangsläufig zu Veränderungen im strukturellen Aufbau eines Krankenhauses führen, um die Schnittstellen zu minimieren oder wenn möglich ganz zu beseitigen. Auf jeden Fall muss eindeutig und berufsgruppenübergreifend geregelt werden, wer welche Verantwortlichkeiten an den Schnittstellen zu tragen hat. Ein Großteil von Prozessproblemen und von Schnittstellenproblemen entsteht, wenn die inhaltlichen und zeitlichen Verantwortlichkeiten nicht genügend geklärt sind. Kommunikationsprobleme als Folge einer ungenügenden Information über Ziele und bereits festgelegte Verantwortlichkeiten kommen hinzu. Festlegung von Verantwortlichkeiten und die Kommunikation darüber können bei überschaubarem Aufwand zu spürbaren Verbesserungen führen.

Defizite finden sich häufig in der Planung und Logistik von Abläufen. So werden zwei Patienten von derselben Station an erster Stelle für den OP aufgeschrieben, das Pflegepersonal kann aber nur einen Pat. zeitgerecht in den OP bringen. Patienten kommen unvorbereitet zu Untersuchungen, so dass diese verschoben werden müssen und der reservierte Zeitraum ungenutzt bleibt. Abweichungen vom Plan werden nicht kommuniziert, was ebenfalls zu Ausfällen/ungenutzten Zeiten führt. Alle ambulanten Patienten werden zeitgleich für 8 Uhr einbestellt, was zu Staus und langen Wartezeiten führt. Diese Liste lässt sich fast beliebig verlängern. Sie zeigt, dass große Potentiale hinsichtlich der Verbesserungen durch zum Teil kleine Veränderungen in der Planung und Kommunikation von Abläufen erschlossen werden können.

Bewährt haben sich Organisationsstrukturen, in denen patientenorientiert interdisziplinär gearbeitet wird mit dem Ziel, dass die Spezialisten zum Patienten kommen und nicht der Patient zwischen den verschiedenen Spezialisten innerhalb eines Krankenhauses hin und her geschoben wird.

Auch im Operationstrakt lassen sich Schnittstellen verringern. In der Regel arbeiten dort Chirurgen, Anästhesisten, OP- und Anästhesiepflegekräfte zusammen. Die resultierenden Schnittstellen zwischen den verschiedenen Berufsgruppen führen zu Reibungsverlusten, welche durch Beseitigung der Schnittstellen oder eine klare Beschreibung derselben sowie der Verantwortlichkeiten zu reduzieren sind. Häufig fehlt auch eine qualifizierte Gesamtkoordination. Notwendig sind neue Organisationsstrukturen, die nur durch eine Neudefinition von Vision, Strategie, strategischen Maßnahmen und Implementierung des Ergebnisses in das Unternehmen erreicht werden können.

Eine ablauf- und patientenbezogene Organisation der Strukturen und Prozesse im Krankenhaus hat vielfältige Komponenten, die komplex in der Analyse und Darstellung sind. Bezogen auf umschriebene Krankheitsbilder stellen klinische Behandlungspfade eine hilfreiche Beschreibung eines Soll-Prozesses mit Hauptprozess und Variationen (Teilprozesse), [Roeder u. Küttner 2007; Lakomek et al. 2007; Roeder u. Küttner 2006] dar. Behandlungspfade sind das konsentierte Ergebnis einer berufsgruppenübergreifenden Diskussion im Behandlungsteam und beschreiben damit quasi den bestmöglichsten Behandlungsweg

aus der Perspektive der Mehrheit der Mitglieder eines Behandlungsteams. Behandlungspfade sind nicht mit Leitlinien zu verwechseln! Manchmal werden Behandlungspfade als „Kochbuchmedizin" aus Unkenntnis über die wirkliche Bedeutung kritisiert und abgelehnt. Während andere Länder mit Behandlungspfaden gute Erfahrungen gemacht haben, setzen sich diese in Deutschland jedoch nur zögerlich durch, da insbesondere die Ärzteschaft nicht leicht vom Nutzen zu überzeugen ist. Unzweifelhaft wird aber zukünftig der medizinische Leistungsprozess stärker zu standardisieren sein. [Roeder u. Hensen 2005; Roeder, Waurick u. Bunzemeier 2009].

1.3 Mitarbeiter

Das Krankenhaus existiert ausschließlich durch die Leistung seiner Mitarbeiter. Daher muss jegliche Neustrukturierung die Mitarbeiter umfassend einbeziehen. Eine ganz wesentliche Rolle spielen dabei die Kommunikation sowie Themen der Personalentwicklung und Personalqualifikation bzw. -qualifizierung. Veränderungsprozesse müssen immer durch ein Kommunikationskonzept unterstützt werden. Ziel der Organisationsentwicklung ist es, die Effektivität der Organisation zu verbessern bei Aufrechterhaltung oder sogar Steigerung der Mitarbeiterzufriedenheit, was voraussetzt, dass die Mitarbeiterinteressen respektiert und bei der Prozessgestaltung berücksichtigt werden. Eine wesentliche Rolle kommt im Veränderungsprozess den Abteilungsleitern zu. Sie müssen vom Nutzen neuer Strukturen für ihre Patienten und für ihre eigenen Interessen überzeugt sein, damit sie die Veränderungen auch unterstützen. Entstehen auf der Ebene der Abteilungsleiter Blockaden, lassen sich Veränderungen in der Regel auch bei nachgeordneten Mitarbeitern nicht erfolgreich umsetzen.

Ein ganz wichtiger Erfolgsgarant ist daher die Schaffung bzw. Förderung einer Veränderungskultur [Hensen et al. 2004]. Alle Beteiligten müssen davon überzeugt sein, dass Veränderungen notwendig sind und dass die Veränderungen sie ihren Zielen näher bringen werden. Wenn es nicht gelingt, hierfür eine entsprechende Kultur zu schaffen, scheitern Veränderungsprojekte partiell oder ganz. Um die Beteiligten vom Nutzen einer Weiterentwicklung der Organisation zu überzeugen, sollten zu messende Kennzahlen festgelegt werden, die vor und nach der Veränderung erhoben werden können, um den Effekt später auch darstellen zu können. Über diese Kennzahlen sollten Prozesse auch nach Abschluss der Veränderung regelmäßig gemonitort werden, um sicherzustellen, dass die Veränderungen auch nachhaltig angewandt werden. Kennzahlen sind z. B. Wartezeiten vor Funktionsuntersuchungen oder in Ambulanzen, OP-Saal-Auslastungszeiten oder Deckungsbeiträge (Kosten/Erlösvergleiche). Das Monitoring soll möglichst nur Kennzahlen berücksichtigen, die auch eine hohe Aussagekraft besitzen. Sie sollen wichtig sein für den zu messenden Problembereich, bezüglich der Aussage verständlich für die Adressaten, mit hoher Reliabilität und Validität zu messen und die Fähigkeit besitzen, Prozessveränderungen/Verhaltensveränderungen deutlich anzuzeigen. Damit ist man in der Lage, Prozesse vor und nach Einführung von Prozessveränderungen hinsichtlich des Erfolges/Nutzens zu vergleichen.

Die Mitarbeiter sind auch die wichtigsten Multiplikatoren für die Kommunikation der Unternehmensphilosophie nach außen. Hierin liegen viele Chancen und Risiken. Wenn die Mitarbeiter nicht wissen, welche Philosophie sie nach außen vertreten sollen oder von der Philosophie ihres Hauses nicht überzeugt sind, besteht das große Risiko, dass sie negativ über das Haus nach außen kommunizieren. Da die Information von Mitarbeitern, unabhängig von ihrem Status im Krankenhaus insbesondere von ihren Verwandten und Bekannten als Erste-Hand-Information angesehen wird, hat diese Information eine sehr hohe Durchschlagskraft. Ein Krankenhaus muss sehr daran interessiert sein, dass die Mitarbeiter das Haus nach außen hin auch optimal vertreten. Es sind umfangreiche Maßnahmen zu entwickeln, die einerseits dazu beitragen, die Mitarbeiter vom eigenen Haus zu überzeugen, andererseits die Mitarbeiter in die Lage versetzen, diese positive Überzeugung auch entsprechend nach außen zu kommunizieren. Ein ganz wesentlicher Erfolgsfaktor hierzu ist die Optimierung der internen Kommunikation mit dem Ziel, Mitarbeiter in Entscheidungsprozesse einzubinden, über alle wesentlichen Entscheidungen und Entscheidungshintergründe zu informieren und sie so intensiv wie möglich zu beteiligen. Durch die Übernahme von Mitverantwortung entstehen ein Wir-Gefühl und eine intensive Identifikation mit der Aufgabe und damit auch mit dem Unternehmen.

Nach unseren Erfahrungen ist vielen im Krankenhaus Beschäftigen bewusst, dass sie etwas verändern müssen. Sie wissen jedoch nicht wo und wie sie beginnen sollen; sie benötigen handfeste Unterstützung. Diese kann durch Profis aus dem eigenen Haus erfolgen oder, falls diese nicht vorhanden sind, durch externe Beratung. Die in der Analysephase eruierten Probleme müssen so dargestellt und diskutiert werden, dass sie von Einzelnen nicht als persönliche Kritik aufgefasst werden können. Der Berater steht dabei vor der großen Herausforderung, die Offenheit des Behandlungsteams für Veränderungen herzustellen oder zu erhalten und eventuelle Abwehrstrategien gegen Optimierungsvorschläge zu verhindern. Gerade in der externen Beratung sind Organisationsentwicklung und Prozessoptimierung jedoch meist Schlagworte, welche nur von einem Teil der Berater wirklich so mit Leben gefüllt werden können, dass ein Nutzwert für das Krankenhaus entsteht. Bei der Auswahl von externen Beratern ist sehr kritisch vorzugehen. Es ist auf Referenzen zu achten, wobei die Referenzkrankenhäuser auch bezüglich der Zufriedenheit mit der Beratungsleistung selbst und dem Erfolg der Beratungsleistung befragt werden sollten.

1.4 Kultur/Kommunikation

Die interne und externe Kommunikation ist ein sehr wichtiger Katalysator bei Veränderungsprozessen. Die Mitarbeiter müssen über die Ziele und die Umsetzungsschritte der Veränderungsmaßnahmen informiert werden. Jeder Veränderungsprozess produziert Ängste: Mitarbeiter bangen um den grundsätzlichen Erhalt ihres Arbeitsplatzes, aber auch um den Erhalt ihres Tätigkeitsbereiches und ihrer Einflussmöglichkeiten auf die Arbeitsinhalte. Sie müssen durch eine auf diese Ängste abgestimmte Kommunikation davon überzeugt werden, dass das Unternehmen Krankenhaus und die Mitarbeiter aus der Veränderung gestärkt hervorgehen. Schwierig wird dies, wenn tatsächlich in einer Größenordnung Arbeitsplätze abgebaut werden müssen, die die normale Fluktuation übersteigt.

Zur Reduktion von Kommunikationsproblemen sollte eine umfassende Transparenz zur derzeitigen Situation des Krankenhauses, zu den Zielen der Krankenhausleitung sowie zu den Ergebnissen in den einzelnen Umsetzungsstadien hergestellt werden. Hilfreiche Instrumente sind eine gut gemachte Mitarbeiterzeitschrift, Strategieworkshops unter Mitarbeiterbeteiligung, Führungskräftetagungen, Informationsforen, „Kurze Drähte" zu Vorgesetzten etc., um nur einige erfolgreich angewandte Methoden zu nennen. Transparenz ermöglicht allen Beteiligten, Argumente nachzuvollziehen und Erfolge, aber auch Misserfolge, sachgerecht einzuordnen. Transparenz und die Entwicklung der notwendigen Kommunikationskultur sind aus meiner Sicht die Grundpfeiler einer erfolgreichen Klinikführung.

In der internen und externen Kommunikation müssen die Erfolge, aber auch die Misserfolge transparent gemacht werden. Als Messkriterium hierfür sind Ziele zu vereinbaren, deren Erreichungsgrad dann jeweils gemeinsam festgestellt werden kann.

1.5 Markenbildung

Ein Krankenhaus sollte darauf hinarbeiten, sich als Marke in seiner Region und darüber hinaus zu etablieren [Roeder 2010]. Hierzu ist es notwendig, ein klares Profil zu entwickeln aus dem hervorgeht, welche Ziele das Krankenhaus insgesamt und insbesondere durch seine Leistungsausrichtung und seinen Qualitätsanspruch verfolgt. Um erfolgreich am Markt bestehen zu können, muss ein Haus klare Leistungsschwerpunkte definieren und Alleinstellungsmerkmale („Leuchttürme") entwickeln bzw. darstellen. Diese Ziele, die Bestandteil der Marke sind, müssen intensiv auch an die Mitarbeiter kommuniziert werden (Stichwort: Internal Branding). Nur wenn allen Mitarbeiterinnen und Mitarbeitern die Ziele auch bewusst sind, können sie diese auch nach außen vertreten und damit die Marke stärken. Umfragen belegen, dass in vielen Einrichtungen des Gesundheitswesens, aber auch in Unternehmen außerhalb des Gesundheitswesens nur einem Teil der Mitarbeiter bekannt ist, welche spezifischen Ziele das eigene Unternehmen überhaupt verfolgt. Damit kann auch nur ein Teil der Mitarbeiter die Ziele nach außen vertreten bzw. bei Nachfragen kompetent Auskunft geben [Sass 2002; Jaeger 2007; Storcks 2003; Kim 2007; Otte 2009].

Ist eine Marke sehr positiv belegt, entsteht für die Dienstleistungen, die unter dieser Marke erbracht werden, ein emotionaler Mehrwert, der sich in der Nachfrage messen lässt. Der Patient spürt die Qualität des Umgangs der Akteure im Krankenhaus miteinander, er spürt, ob sie wertschätzend und respektvoll miteinander und mit ihm umgehen, oder eben nicht. Die Geschäftsführung eines Krankenhauses sollte sich daher fragen, welche Werte das Haus und damit auch die Marke verkörpern soll. Diese Werte sollten in der Vision und im Leitbild des Hauses verankert sein. Allerdings ist es überlebenswichtig, dass diese Werte dann auch gelebt werden. Wer sich Werte auf die Fahnen schreibt ohne sie zu leben, verliert an Vertrauen und Achtung. Das Versprechen guter Qualität im Krankenhaus ist ein Leistungsversprechen, was der Patient spüren muss. Er wird nur dann Vertrauen in die Leistung eines Krankenhauses gewinnen und sein positives Erleben auch nach außen tragen.

Die Vision, das Leitbild und die Führungsgrundsätze müssen eindeutig und gut kommunizierbar sein. Wenn die breite Mitarbeiterschaft diese nicht versteht, kann sie sie auch nicht leben. Mitarbeiter benötigen Vorbilder und auch Fortbildungen, mit denen die Geschäftsführung vermittelt, welche Ziele sie wie umgesetzt sehen möchte.

Fazit

Die Entwicklung der Gesamtorganisation inklusive der Verbesserung der Kultur sowie der Reduktion von Schnittstellenproblemen im Sinne einer kompletten Organisationsentwicklung stellt für das Krankenhaus eine sehr große Herausforderung dar und ist ein weites Feld. Dieses Feld muss nicht auf einmal und schon gar nicht sofort umfassend beackert werden. Häufig können schon spürbare Fortschritte durch kleine Veränderungen erzielt werden.

Grundsätzlich sollte jeder Anlauf hierzu aus einem ganzheitlichen Ansatz heraus erfolgen. Nach selbstkritischer Bewertung der aktuellen Organisation mit all ihren Facetten müssen Fragen nach der erforderlichen Anpassung von Strukturen und Prozessen gestellt werden. Veränderungsprozesse in Krankenhäusern sind nicht trivial in der Umsetzung. In der personalintensiven Gesundheitswirtschaft ist insbesondere die Personalentwicklung von elementarer Bedeutung und als kontinuierlicher Verbesserungsprozess anzusehen. Für viele der neu zu übernehmenden Aufgaben müssen Mitarbeiter erst qualifiziert werden.

Eine ganz wesentliche Rolle bei Umstrukturierungsmaßnahmen nehmen als Führungskräfte die Abteilungsleiter (Chefärzte), die Pflegedienstleitung und Oberärzte sowie Abteilungsleitungen in der Pflege ein. Nur wenn diese Vertreter der den medizinischen Leistungsprozess dominierenden Berufsgruppen die Veränderungsprozesse aktiv vorantreiben, werden Veränderungen auch von den nachgeordneten Mitarbeitern akzeptiert und umgesetzt. Alle Beteiligten müssen wissen, dass sie etwas verändern müssen, um *ihr* Krankenhaus zukunftsfähig zu gestalten.

Die Gesamtziele des Krankenhauses sind herunter zu brechen auf Meilensteine, die die Ergebnisse von Teilprojekten markieren. Zielvereinbarungsgespräche mit Chefärzten und Abteilungsleitern sowie das Herunterbrechen der Ziele auf die einzelnen Mitarbeiter unterstützen die Erreichung des Gesamtziels Dabei muss auch der Abgleich der unterschiedlichen Sichten erfolgen.

Für die Umsetzung ist ein langer Atem notwendig. Wenn die Analyse und Festlegung der notwendigen Maßnahmen sowie der Umsetzungsschritte nur fünf Tage dauert, kann die tatsächliche Umsetzung jedoch fünf Jahre dauern!

Literatur

ter Haseborg F, Zastrau R (2005) Qualität, Markenbildung und Krankenhauswahlentscheidung – Implikationen der neuen Qualitätstransparenz für das Krankenhaus-Marketing, Krankenhaus-Report 2004, Schattauer Verlag, 151 ff.

Hensen P, Schwarz Th, Luger Th A, Roeder N (2004) Veränderungsmanagement im DRG-Zeitalter: Anpassungsprozesse müssen integrativ bewältigt werden, das Krankenhaus, 2:88–92

Hensen P, Wollert S, Juhra C, Luger T A, Roeder N (2006) Nutzerorientierung im Krankenhaus: Integrativer Ansatz zur Erfassung der Patientenperspektive für Qualitätsverbesserungen, Akt Dermatol, 3:99–107

Hensen P, Wollert S, Schwarz T, Luger T, Roeder N (2003), Stärken und Schwächen-Analyse: Grundlage der Leistungsausrichtung im wettbewerbsorientierten Umfeld, JDDG, 5:346–351

Jaeger H (2007) Die Evolution der Marke wird zur Revolution für die Klinik f&w, 1:12 ff.

Kim S (2007) Das Krankenhaus muss sich als Marke positionieren, f&w, 3:266 ff.

Lakomek H-J, Hülsemann J L, Küttner T, Buscham K, Roeder N (2007) Klinische Behandlungspfade in der akut-stationären Rheumatologie – ein strukturiertes Prozessmanagement, Z Rheumatol, 3:247–254

Otte Th (2009) Der Chefarzt als Marke. Personal Branding vereint Fachwissen, Qualität und persönliche Ausstrahlung, Arzt und Krankenhaus, 4:122 ff.

Roeder N (2010) Markenbildung stärkt die Krankenhäuser. f & w, 27:148–152

Roeder N, Hensen P (2005) Externe und krankenhausindividuelle Standards. Konstruktiver Umgang mit der Fallpauschalierung, das Krankenhaus, 9:748–756

Roeder N, Küttner T (2006) Behandlungspfade im Licht von Kosteneffekten im Rahmen des DRG-Systems, Der Internist, Vol. 7:684–689

Roeder N, Küttner T (Hrsg.) (2007) Klinische Behandlungspfade: Mit Standards erfolgreicher arbeiten. Deutscher Ärzte-Verlag, Köln

Roeder N, Waurick R, Bunzemeier H (2009) Zukunftssicherung im Krankenhaus durch verbesserte Prozesse, arthritis + rheuma, 6:327–333

Sass U (2002) Die emotionale Kraft der Marke. Eine neue Methode, Gefühle zu messen – und welche Gefühle löst Ihr Krankenhaus aus?, Krankenhausumschau, 8: 622 ff.

Storcks H (2003) Hospital Branding, KU,11:1096–1099

2 Exkurs: **Schlanke Prozesse im Krankenhaus**

Cornelius Clauser

Porsche Consulting, Bietigheim-Bissingen

Hektik und Mangelverwaltung sind im deutschen Gesundheitswesen an der Tagesordnung. Wenn man lange genug in diesem System gearbeitet hat, lernt man damit zu leben und findet sich damit ab. Ist das tatsächlich die einzige Lösung oder gibt es Alternativen? Ein frischer Blick von außen kann hier Abhilfe schaffen. „Schlanke Prozesse" gilt als Synonym für die Übertragung der industriellen Philosophie des Lean Management, die ausgehend von Toyota in den neunziger Jahren ihren Weg in die deutsche Automobilindustrie gefunden hat. Dort hat sie zum Beispiel bei Porsche wesentlich zur Wettbewerbsfähigkeit der deutschen Automobilindustrie beigetragen. Im folgenden Exkurs soll die Erfahrung mit der Verwendung dieses Ansatzes im Gesundheitswesen dargestellt werden und als frischer Blick von außen dienen.

Die Bedeutung effizienter Prozesse wird im deutschen Gesundheitswesen noch nicht erkannt

Die öffentliche und politische Diskussion zur Zukunft des Gesundheitswesens dreht sich im Wesentlichen um die Lösungsalternativen Leistungskürzung oder Beitragserhöhung. Die Reduzierung auf diese beiden Alternativen ist aber nur richtig, wenn heute jeder Euro sinnvoll ausgegeben wird. Effizienz als dritter Weg, der zunächst beschritten werden sollte, ist bislang nicht auf der Tagesordnung. Im internationalen Vergleich hat das deutsche Gesundheitswesen einen sehr guten Ruf – sicher gerade in der Flächenversorgung auch zu Recht. Dies heißt aber nicht, dass nicht auch bei uns erheblicher Verbesserungsbedarf, zum Beispiel in puncto Effizienz, vorhanden ist.

12 % des Bruttoinlandsproduktes für Gesundheit auszugeben, ist für eine entwickelte Volkswirtschaft nicht zu viel oder zu teuer, sondern eine gute Idee – für 250.000.000.000 Euro pro Jahr sollte man aber mehr erwarten dürfen oder zumindest die Möglichkeit bekommen, dieses Geld sinnvoll einzusetzen.

Als Rechtfertigung für den Status quo und als mentale Hürde wird häufig ins Feld geführt, dass Menschen kein Produkt sind und dass Gesundheit nicht nach kalten Wirtschaftlichkeitskriterien bemessen werden sollte. Ist dies aber eine Rechtfertigung, Geld zu verschwenden und alles so zu lassen, wie es immer war? Natürlich ist ein Mensch kein Auto und natürlich sind Notfälle per se nicht planbar, so dass man nicht so arbeiten kann wie in einer Fabrik. Aber wenn nicht im Umgang mit Menschen, wo dann sind höchste Standards der Professionalität gefordert? Dass heute die Triage davon abhängt, welcher Arzt gerade Dienst hat oder welche Telefonnummer man im Krankenhaus anwählt, verbietet es, mit dem heutigen Niveau zufrieden zu sein.

Es geht im Folgenden nicht darum, die Übertragbarkeit einer Methode von der Automobilindustrie ins Krankenhaus zu beweisen. Vielmehr geht es um die Suche, ob und wie Krankenhäuser leistungsfähiger werden können. Die wichtigsten strategischen Ziele, extern aufgezwungen oder intern selbst gesetzt, werden in vielen Krankenhäusern deutlich verfehlt. Ziele zu erreichen ist der Wert, den professionelle Prozesse stiften, denn im Bereich der stationären Versorgung bilden effiziente Abläufe das Fundament für eine Differenzierung um immer stärker werdenden Wettbewerb.

Warum viele Ziele heute häufig verfehlt werden, soll an vier Beispielen gezeigt werden:

Ohne effiziente Prozesse keine Qualitätssteigerung in der Versorgung

Qualität ist omnipräsentes Ziel praktisch aller Krankenhäuser. Doch ein wesentlicher Teil der Diskussion dreht sich heute um die Messung medizinischer Ergebnisqualität, gepaart mit einer Zertifizierungswelle nach unterschiedlichen, aber ausnahmslos aufwendigen Verfahren. Nach unserer Schätzung sind gut die Hälfte der deutschen Krankenhäuser zertifiziert – häufig ohne nennenswerten Effekt auf das Behandlungsergebnis. Eigentlich sollte doch aber die Frage „Wie erzeuge ich Qualität?" im Mittelpunkt stehen – aber gerade das Erforschen der Ursache-Wirkungs-Beziehung und die Absicherung eines gleichbleibend hohen Niveaus hängen stark von der Prozessprofessionalität ab, die sich aber nicht anhand der Anzahl an Verfahrensanweisungen oder an der Ausführlichkeit des QM-Handbuches messen lässt, sondern nur an der Konsistenz des alltäglichen Verhaltens aller Mitarbeiter.

Die Außenwirkung bei Patienten und Zuweisern hängt stark von den Abläufen ab

Beim Thema „Außenwirkung" wird viel über Logos, Flyer oder Informationsveranstaltungen gesprochen, wenig aber über die wesentlichen Faktoren: Eine Reflektion des Erlebnisses „stationärer Aufenthalt" und die Verbesserung der Wahrnehmung des Patienten und insbesondere auch der des Zuweisers findet selten statt. Für den Patienten sind Aufmerksamkeit sowie das Gefühl willkommen und aufgehoben zu sein extrem wichtig und prägen das Gesamturteil maß-

geblich. Das Empfinden, dass man erwartet wird, ist in Wirklichkeit doch eher selten, da die Mitarbeiter in der Bewältigung des Alltages feststecken. Für Zuweiser geht es darum, dass sie neben einer guten medizinischen Qualität auch eine reibungslose Zusammenarbeit mit dem Haus führen können. Zum Beispiel erfordert dies, dass man Fragen schnell und unkompliziert klären kann – dafür bedarf es aber unter anderem der telefonischen Erreichbarkeit von kompetenten und aussagefähigen Ansprechpartnern. Weder eine positive professionelle Außenwirkung noch eine professionelle Schnittstelle zu den Zuweisern sind ohne Planbarkeit und Systematik der Abläufe zu schaffen.

Ein gutes Arbeitsumfeld ist ein Mittel der Mitarbeiterbindung

Mangel an Fachkräften und Abwandern, gerade der Leistungsträger, sind ernste Herausforderungen für die Zukunft jeder betroffenen Einrichtung. Bei den Gegenmaßnahmen wird viel über Geld und das Verschieben von Budgets zum Beispiel von der Pflege auf die Ärzte gesprochen. Dass neben der Bezahlung aber auch das Arbeitsumfeld eine wesentliche Rolle für die Motivation und den Verbleib der Mitarbeiter spielt, ist unstrittig. Das Haus, das einem Arzt oder einer Pflegekraft professionelles Arbeiten, d. h. der tatsächlichen Qualifikation entsprechende Tätigkeiten ermöglicht, hat klare Vorteile – ohne klare Ablaufregeln ist dies aber nicht möglich.

Wirtschaftlichkeit ist kein Zufall

Die Industrie als Vorbild für ein Krankenhaus ist für viele ein Schreckensszenario. Ein Mensch ist kein Auto – ein Krankenhaus keine Fabrik. Von der Industrie kann man aber lernen, dass dort die Bedeutung von Prozessen und deren Optimierung seit langem bekannt ist. Seit den 80er-Jahren und den Gedanken der „Zweiten Revolution in der Automobilindustrie" werden die Prinzipien erfolgreich angewendet. Diesen Erfahrungsschatz kann man nutzen.

Wirtschaftlichkeit hängt sicher zum einen mit Budgetdisziplin zusammen, aber wesentlich auch mit der Art und Weise, wie man sein Geld ausgibt. Wenn doch zwei Drittel der Ausgaben Personalausgaben sind, so muss man sich zentral mit der Frage beschäftigen, womit die Mitarbeiter den ganzen Tag beschäftigt sind. Die Tätigkeiten, die der jeweiligen Qualifikation am besten entsprechen, sollten einen möglichst hohen

Anteil der Zeit einnehmen. Ohne stabile Abläufe ist eine strukturierte Orientierung an Arbeitsinhalten nicht möglich.

Die Porsche-Therapie am Beispiel Freiburg

An der Herz- und Gefäßchirurgie der Universitätsklinik Freiburg wurden im Frühjahr 2005 pilothaft acht Wochen lang die Arbeitsabläufe nach den Prinzipien des aus der Industrie bekannten Lean Management reformiert. Die Ergebnisse des Projekts waren sowohl für Patienten, Ärzte als auch Kostenträger frappierend: Die durchschnittliche Liegezeit der Patienten ist von 11,2 auf 9,6 Tage gesunken; kein einziger einbestellter Patient wurde, anders als vor Beginn des Projekts, aus organisatorischen Gründen abgewiesen. Die Produktivität der Abteilung stieg um 30 %, der Deckungsbeitrag hat sich sogar verdoppelt. Auch zwei Jahre nach Abschluss des Projektes ist die Nachhaltigkeit belegbar: Fast 90 % der Patienten verbleiben auf den eingeführten klinischen Pfaden. Die Zufriedenheit der Einweiser hat sich um mehr als zwei Schulnoten verbessert.

Die Porsche Consulting hat in der Freiburger Herzchirurgie etliche organisatorische Neuerungen eingeführt. So kümmert sich zum Beispiel ein so genannter Patientenmanager um einen effizienten Durchlauf des Patienten von der Einweisung bis zur Entlassung; der Mediziner kann über alle Hierarchien hinweg autonom bestimmen, welcher Kranke wann auf welcher Station liegen soll. Diese Planung beruht auf einer Beurteilung der erwarteten Verweildauer, die vor Eintreffen des Patienten erstellt wird und die retrograd auf einen erwarteten Entlasstermin aufsetzt.

Auch wenn die Situation in Freiburg sicher nicht als Kopiervorlage für alle Krankenhäuser dienen kann, so lässt sich nach der Erfahrung aus über 50 Häusern unterschiedlicher Größe und Trägerschaft sowie nach der Beschäftigung mit unterschiedlichsten Fachabteilungen durchaus auf allgemeine Anwendbarkeit der Methodik schließen.

Die Effizienz der Prozesse in deutschen Krankenhäusern ist erschreckend schlecht

Unter dem Deckmantel der Flexibilität prägen Hektik und Improvisation heute meist das Bild des Krankenhausalltages. Verbringt man einen Tag auf Station oder in der Aufnahme, so sind bestimmte Beobachtungen zu erwarten:

Hektik
Betriebsamkeit und Hektik führen dazu, dass selten eine Aufgabe unterbrechungsfrei von Anfang bis Ende erledigt werden kann – ein enormes Problem, da so Fehler durch Vergessen oder schlechte Koordination vorprogrammiert sind. In einem Projektbeispiel wechselte ein Assistenzarzt im Durchschnitt über seine gesamte Schicht alle 20 Minuten den Arbeitsplatz.

Reaktives Handeln
Situatives Arbeiten und reaktives Handeln stehen im Vordergrund des Tagesablaufes. Obwohl z. B. für eine OP der Saal gerichtet wird, das Sieb vorbereitet und die Geräte an den richtigen Platz gestellt werden, fanden in einem Projektbeispiel nur etwa 30 % der OPs zum geplanten Zeitpunkt statt, wobei Notfälle nur die Hälfte der Terminuntreue verursachten – so ist niemand zu mehr Vorbereitung zu motivieren. Auch im Stationsalltag verwundert die Suche nach einem Bett keinen, wenn der Patient auch bei voll belegter Station im Zweifelsfall auf dem Flur liegen muss.

Mangel an Planung
Obwohl das Wissen um einen möglichen Entlassungstermin bei stationären Patienten meist bereits im Vorfeld bekannt ist, sind 33 % Spontanentlassungen ein Zeichen dafür, dass selbst planbare Ereignisse nicht als solche behandelt werden. Nicht einmal die Quote an ungeplanten Entlassungen ist häufig bekannt. Dieser Mangel an Planung und das fehlende Bewusstsein für die Notwendigkeit führen dazu, dass auch Aufnahmen in der Konsequenz nicht sinnvoll organisiert werden können.

Fehlende Transparenz
Die Abweichung von der unteren oder der oberen Grenzverweildauer ist häufig nicht bekannt und wird noch häufiger nicht hinsichtlich ihrer Ursachen hinterfragt. Dabei sind medizinische Ursachen essentiell für die Ergebnisqualität, aber administrative Ursachen sind ein Potential zur Verbesserung. Die fehlende Transparenz über den Gesamtprozess bietet Raum für Ineffizienzen, die häufig nur der Patient direkt zu spüren bekommt.

Verschwendung
Verschwendung ist, gerade im Umgang mit Menschen, ein harter und auch sehr negativ belegter Begriff. Dies ist eine bewusste Entscheidung, da genau die Suche nach Verschwendung und die Arbeit an deren Beseitigung den Kern der Aufgabe beschreibt. Es ist zum Beispiel Verschwendung, wenn ein Arzt nur 28 % seiner Zeit mit patienten-

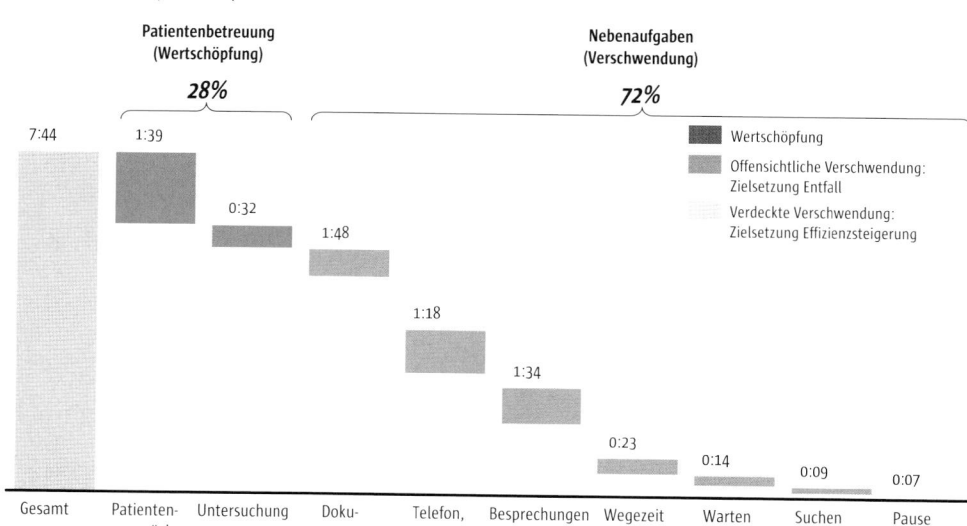

Arbeitszeit Stationsarzt (in Stunden)

Abb. 2   Tätigkeitsanalyse Assistenzarzt. Quelle: Porsche Consulting

relevanten Tätigkeiten verbringt (s. Abb. 2). Dieses Verhältnis zieht sich in ähnlicher Form auch über alle anderen Berufsgruppen, so zum Beispiel 26 % bei einer examinierten Pflegekraft.

Natürlich gibt es valide Aspekte, die Effizienzfortschritte im Krankenhaus behindern, wie zum Beispiel das Eintreffen von medizinischen Notfällen, die steigende Komplexität moderner Behandlungsabläufe gepaart mit steigendem CMI, die immer mehr unterschiedliche Expertise von Spezialisten erfordern, oder auch der Mangel an qualifizierten Fachkräften sowie deren häufige Fluktuation.

Gleichermaßen sind aber viele nicht valide Aspekte für Prozessmängel an der Tagesordnung, wie zum Beispiel Bereichsdenken, Denken in Berufsgruppen, ein Grundverständnis von „Kunst", das Fehlen von tatsächlicher Standardisierung von Routinetätigkeiten oder auch das Fehlen von Standards für die eigentlichen Arbeitsinhalte.

Prinzipien „Schlanker Prozesse" versus traditionelle Arbeitsweise

Schlanke Prozesse basieren auf vier Prinzipien, die die wesentlichen Unterschiede zur traditionellen Herangehensweise verdeutlichen sollen.

Der Kernablauf der Wertschöpfung steht im Mittelpunkt
Schlanke (Leane) Prozesse stellen die prozessorientierte Betrachtung in den Vordergrund. Es geht nicht um eine Abteilung oder Berufsgruppe, sondern es geht um den Gesamtablauf der Patientenbehandlung inkl. aller Schnittstellen, z. B. um den Durchlauf des Patienten durch das Haus. Was erlebt er von der Aufnahme bis zur Entlassung und wie fließen die Informationen, die hierfür benötigt werden. Die Priorisierung richtet sich nicht nach dem größten Potential oder der schnellsten Umsetzbarkeit, sondern folgt der Logik von innen nach außen, da nur so Konsistenz und Synchronität der Ansätze gewährleistet werden kann. Es geht zunächst nicht um Outsourcing, den Einkauf, die Wäscherei, den Transportdienst oder die Verwaltung als Bereich, sondern es geht um alle direkt patientenrelevanten Tätigkeiten. Nur mit einer derartigen Betrachtung ist zum Beispiel die Notwendigkeit einer gemeinsamen Visite von Arzt und Pflegekraft gegeben.

Trennung von Wertschöpfung und Verschwendung
Zentrales Prinzip von Lean ist die Trennung von Wertschöpfung und Verschwendung. Wertschöpfung ist alles das, was vom Patienten, Zuweiser und der Kasse als sinnvolle Leistung wahrgenommen wird. Verschwendung ist alles andere. Zunächst muss man also den Blick schärfen, um

zwischen Wertschöpfung und Verschwendung zu unterscheiden – wie bereits aufgezeigt, halten häufig nur ca. 25 % der Arbeitszeit einer Prüfung auf Nutzen für den Patienten stand.

Systematische Reduktion aller sieben Verschwendungsarten

Grundsätzlich unterscheidet man sieben Arten der Verschwendung, wobei es bei dieser Aufzählung nicht auf Vollständigkeit ankommt, sondern darauf, dass genau durch diese Struktur der Blick für Verschwendung geschärft wird.

Die sieben Arten der Verschwendung sind:

1. **Wartezeit.** Unabhängig davon, ob ein Patient, ein Arzt, eine Pflegekraft oder eine andere Berufsgruppe wartet, z. B. Warten des Anästhesisten auf den Operateur.
2. **Wegezeit.** Durch Laufen entsteht keine Wertschöpfung, daher auch hier unabhängig von der Frage wer läuft, z. B. häufiger Wechsel zwischen Station und Aufnahme.
3. **Transport.** Transport unterscheidet sich von Wegezeit, dass hier nicht Menschen, sondern Dinge sich bewegen, z. B. Akten über den Flur oder Betten im Fahrstuhl.
4. **Flächenbelegung.** Auch Fläche als Ressource stellt einen Wert dar, der nicht verschwendet werden sollte. Weniger Fläche hilft auch bei der Vermeidung von Wegezeit und Transport, z. B. wenn in Schränken an zentraler Stelle Oster- oder Weihnachtsschmuck verwahrt wird und nicht häufig benötigte medizinische Hilfsmittel.
5. **Bestände.** Vorräte binden Kapital, verlieren ihre Aktualität, verderben oder erfahren Wartezeit, z. B. eine jahrzehntelange Reichweite von Nahtmaterial.
6. **Fehler und deren Reparatur.** Mehrfach das Gleiche zu tun, um irgendwann Qualität zu erhalten, ist nicht sinnvoll, z. B. mehrfaches Röntgen des gleichen Körperteiles.
7. **Überproduktion.** Mehr als gebraucht wird zu erzeugen, ist ebenfalls nicht sinnvoll, insbesondere nicht, da hierin alle anderen Arten der Verschwendung bei der Erstellung mit enthalten sind, z. B. medizinisch gesehen unnötige Untersuchungen, die ein unerfahrener Assistenzarzt anordnet, um keinen Fehler zu machen – etwa das „Begrüßungsthorax" – bedingt Wege von Patienten, Pflegekräften und alle warten, da dies als Notfall deklariert war.

Gleichzeitige Optimierung von Qualität, Kosten und Termintreue

Was zunächst wie die Quadratur des Kreises oder ein frommer Wunsch klingt, ist möglich. Eliminiert man Verschwendung oder verringert man diese zumindest, so ist ein besseres Ergebnis mit weniger Ressourcen möglich, ohne dass man schneller läuft, schneller spricht oder weniger Zeit mit dem Patienten verbringt. Dies wären offensichtlich nicht nachhaltige Maßnahmen zu Lasten der Qualität. Es geht darum, die Dinge zu eliminieren, die nur Zeit und Geld kosten, aber keinen Nutzen stiften, sondern eher noch zusätzliche Fehler verursachen. Geld sparen oder Investitionen streichen ist kurzsichtig und keine dauerhafte Verbesserung – es geht nicht um Diät, sondern um Ernährungsumstellung. Ein strukturierter Ablauf ermöglicht ein rechtzeitiges Ausfertigen des Arztbriefes – hierdurch entfällt der völlig unnötige Kurzbrief und außerdem muss der Patient nicht drei Stunden warten, nachdem er am Morgen überraschend von seiner Entlassung erfahren hat und schnell seine Sachen packen musste. In der Folge provoziert diese entstehende Wartezeit auch das Blockieren des Bettes für die anstehende Neuaufnahme. Wenn man diesem Beispiel folgt, hätte eine effiziente Erstellung des Arztbriefes zur Folge (z. B. Fertigstellung bereits am Vortag), dass die Qualität steigt, denn der Patient bekommt den abschließenden Bericht direkt mit, die Kosten sinken durch den Wegfall des vorläufigen Arztbriefes und die Termintreue könnte hinsichtlich Aufnahme- und Entlassmanagement gesteigert werden. Die Optimierung in diesem Zusammenhang entsteht lediglich durch die Betrachtung und Umstellung des Prozesses.

Die Vorgehensweise ist ebenso wichtig wie die Prinzipien selbst

Um diese zunächst sehr abstrakt und theoretisch anmutenden Prinzipien mit Leben zu füllen, haben sich vier Elemente einer pragmatischen Vorgehensweise zur Einführung bewährt.

Strukturierte Prozessaufnahme

Wenn Denken in Prozessen als Maxime gelten soll, muss zunächst transparent gemacht werden, wie denn der zu betrachtende Prozess von Anfang bis Ende abläuft und mit welchen Bereichen und Schnittstellen Berührungspunkte bestehen. Eine Möglichkeit zur Darstellung des Prozesses ist das Wertstromdiagramm, das alle wesentlichen Prozessschritte und die damit verbundenen Zeitbedarfe für Tätigkeiten, aber auch z. B. Warten, erfasst. Dieser Überblick bietet ebenfalls eine gesamthafte Sicht aller Schwachpunkte – unabhängig von der verursachenden Abteilung oder der beteiligten Berufsgruppe. Auf dieser Basis wird dann in der Folge eine gemeinsame Priorisierung der Ansatzpunkte ermöglicht.

Es geht nicht um Umfang oder Detaillierungsgrad einer Prozessdarstellung, sondern um einen gesamthaften Gestaltungsrahmen aller Ansatzpunkte. Häufig kann alleine hierdurch, zum Beispiel in den Aufnahmeabläufen, eine erhebliche Verkürzung von über 50 % erzielt werden.

Bereichsübergreifende Teams

Akzeptiert man, dass die Schnittstellen zwischen Bereichen, Abteilungen und Berufsgruppen Quell sehr vieler Schwachstellen sind, kann nur die gemeinsame Arbeit von im Alltag erfahrenen Vertretern eine realitätsnahe Lösung erwirken. Nur so können die heutigen Ursachen und Beweggründe erklärt, verstanden und gelöst werden. Vieles des Status quo ist als in sich sinnvolle lokale Optimierung entstanden, die nur dann aufgegeben werden kann, wenn der Vorteil für das Ganze greifbar wird. Nutzt man die Prozessaufnahme, um die relevanten Teilnehmer zu identifizieren und einzubinden, reduziert sich durch die Einbindung aller, die an der Erarbeitung beteiligt waren, auch die Hürde, Neues auch tatsächlich umzusetzen. Ein Beispiel der Optimierung ist die Verringerung des Zeitbedarfes für Dokumentation. Mehrfaches Abschreiben oder Erfassen gleicher Daten summiert sich schnell auf viele Stunden pro Woche.

Kontinuierliche Verbesserung in kleinen Schritten

Wenn man Schwachstellen und Ansatzpunkte sammelt, so entsteht eine Vielzahl an teils kleinen teils großen Aufgaben. Sich auf die großen und wesentlichen Themen zu stürzen ist nicht sinnvoll, da dies zu langen Projekten mit vielen Beteiligten führt. Gerade aber Umsetzung und Pragmatismus muss man üben. Die Übung in Veränderung und das Handwerkszeug der Prozessverbesserung zu trainieren geht am besten mit kleinen, einfachen Aufgaben. Aufbauend auf dem heutigen Stand, an vielen kleinen Dingen positive Erfahrung von Veränderung zu sammeln, ist der Start für mehr und ein steter Quell an Motivation für die ganze Organisation. Die große Lösung bleibt häufig irgendwo zwischen großer Er-

wartung und Kleinigkeiten des Alltags stecken. Natürlich sind die baulichen Gegebenheiten oft ein Problem und die Tätigkeitsprofile der Berufsgruppen verhindern manch sinnvolle Maßnahme, dies ist aber kein Grund, gar nicht erst anzufangen. Abgestimmte Schnittstellen zwischen Arzt und Pflege oder Checklisten in der OP-Vorbereitung sind einfach, aber doch wirkungsvoll. Messbare Erfolge, zum Beispiel bezogen auf den Anteil gemeinsamer Visiten oder die Häufigkeit verpasster OP-Termine, sind zu erwarten.

Kennzahlen zur Validierung

Prozessverbesserung ist kein Selbstzweck und die Anzahl der Mitarbeiter in der Qualitätsabteilung kein Anzeichen von Ernsthaftigkeit. Vielmehr geht es um den Beitrag zu den eigentlichen Aufgaben. Meinungen und Schätzungen an den Ansatzpunkten sind nicht genug. Für jede Veränderung muss klar sein, wie man nachher feststellen wird, ob es tatsächlich besser geworden ist und um wie viel. Hat man sich einmal auf diese Betrachtung geeinigt, kann hierdurch auch das Zurückfallen in alte Verhaltensmuster wirksam unterbunden werden, wenn die vereinbarten Zahlen regelmäßig betrachtet werden. Administrativ bedingte Aufenthaltstage etwa sind eine sinnvoll messbare und verfolgbare Größe.

Viele Projekte scheitern – einige Erfolgsfaktoren können die Chancen verbessern

Die meisten der gerade geschilderten Beobachtungen sind nicht neu und auch „Musterlösungen" für viele der Themen werden häufig präsentiert. In vielen, wenn nicht gar allen Häusern, gab es daher bereits eine lange Liste an Initiativen, Projekten und Arbeitsgruppen, um dieser Dinge Herr zu werden – in der Mehrzahl sind diese gescheitert. Auch hier hilft der Blick auf die Industrie, die jahrzehntelange Erfahrung gesammelt hat. Die wesentlichen Hürden, oder positiv formuliert die Erfolgsfaktoren, sollen hier kurz beschrieben werden.

Beschäftigung mit der Realität statt dicke Ordner im Schrank

Aus dem Stress des Alltages einen Schritt zurückzutreten und Dinge grundsätzlich zu hinterfragen, ist nicht einfach. Häufig wird dabei das Kind mit dem Bade ausgeschüttet und man verliert sich in Konzepten, Theorien und Bergen von Folien.

Die Dicke der Dokumentation ist kein Qualitätskriterium für die Prozessbeschreibung und -verbesserung. Einzig die Betrachtung der Realität und die Veränderung im Alltag zählen. Die besten Projekte kommen ohne Computer, Präsentationen und Papier aus.

Von Innen nach Außen
Mit den großen Brocken und den kurzfristigsten Potentialen anzufangen, klingt logisch. Dies führt aber häufig zu großen Projekten, in denen man wenig Veränderung sieht, und des Weiteren führt dies mit der Zeit zu einem Flickenteppich an Lösungen, die in sich nicht konsistent sind und sich teilweise sogar gegenseitig aushebeln. Mit dem Kernablauf (dem Durchlauf des Patienten) anzufangen und erst in der Folge die unterstützenden Bereiche darauf abzustimmen, kann diesen Effekt vermeiden. Tag 1 jedes Projektes sollte daher die Begleitung eines Patienten sein.

Vom Einfachen zum Schwierigen
Fangen Sie nicht mit der Einrichtung einer zentralen Aufnahme und dem dafür nötigen Umbau an. Neben Notfall- und Bauaspekten hat man es hier auch noch mit allen Kliniken des Hauses gleichzeitig zu tun. Beginnen Sie mit dem elektiven Patienten einer Standardleistung Ihres Hauses. Trennt man nach Möglichkeit planbare von nicht planbaren Abläufen und zeitliche Notfälle (Patient ohne Termin) von medizinischen – so kann man an einfachen Dingen trainieren, bis man zu den schwierigen kommt. Mit Training sind auch erfahrungsbasierte Planungsmechanismen für Notfallaufkommen oder Standardabfolgen von Notfalltypen gut organisierbar. Anfangen kann man aber etwa mit der Frage, wer wann den erwarteten Entlasstermin festlegt.

Prozess vor Organisation vor Baumaßnahmen
Neben der Komplexität ist das Zurückstellen von organisatorischen und baulichen Maßnahmen aus inhaltlichen Gründen ein weiteres Mandat der Bearbeitungsreihenfolge. Organisation und Bau führen zu langen Projektzeiten und fehlender Unmittelbarkeit. Noch schwerer aber wiegt, dass eine konsistente und sinnvolle Organisation und Bausubstanz erst durch ein hohes Maß an Prozessprofessionalität beschreibbar werden. Fängt man nicht mit den Prozessen an, wird man zweimal reorganisieren müssen und auch zweimal bauen. Wann immer von Bau und Reorganisation die Rede ist, sollte man sich zunächst kritisch mit der

Qualität des Betriebskonzeptes auseinandersetzen. In nicht wenigen Fällen kann eine Prozessoptimierung dazu führen, dass Neu- oder Anbauten unnötig werden.

Strukturiertes Management der Veränderung
Viele Projekte kümmern sich nur um die rationale, sachliche Ebene einer Aufgabe. Diese ist besser fassbar, leichter zu beschreiben und erfordert auch kein Eindringen in eher persönliche und private Themen. Um Menschen aber zu einer Veränderung ihres Verhaltens zu ermuntern, reicht es nicht, in der Sache Recht zu haben. Eine Organisation muss üben, wie man sich verändert. Dies ist eine eigene Aufgabe, eine schwierige noch dazu, und erfordert gleich viel Aufmerksamkeit wie die Sachebene. Würden Sie sich so verhalten, wie Sie es von anderen erwarten?

Führung explizit gelebt anhand von Zielen
Die bei uns klassische Dreiteilung in Ärzte, Pflege und die Verwaltung führt zu einem komplexen Zuschnitt von Verantwortung und Zuständigkeiten. Veränderung wird in diesem Zustand häufig nur durch Einmischung, Verschieben von Aufgaben und einseitige Nachteile erreichbar – was lähmend wirkt. Andererseits sind Vorleben, Authentizität und Engagement wesentlich, um Mitarbeiter bei der Stange zu halten, zu begeistern und zu einer Änderung der eigenen Verhaltensweisen und Ansichten zu bringen. Klare Führung, Führungsanspruch und messbare Arbeit an konkreten Zielen sind nicht ausgelebter Egoismus sondern notwendige Zutat. Die Tatsache, dass der Chefarzt immer zu spät zur Morgenbesprechung kommt, ist sowohl ein Zeichen von mangelndem Respekt als auch von schlechter Beherrschung des Terminkalenders. Wie kann man dann aber von den Mitarbeitern ein anderes Verhalten erwarten?

Strategie heißt Differenzierung vom Wettbewerb
„Unsere Strategie heißt Qualität" oder „wir stehen für Qualität" – diese Sätze könnten heute von praktisch jedem Haus stammen. Dadurch wird es aber nicht zu einer Strategie. Eine Strategie hat nur dann Aussicht auf Erfolg, wenn sie zum einen zu einer Differenzierung vom Wettbewerb führt und wenn sie zum anderen so konkret ist, dass sie auch in für den Patienten, Zuweiser und die Kasse messbaren Faktoren zu konkreten greifbaren Verbesserungen führt. Ein solches Leitbild ist aber wesentlicher Beitrag zu einer steten und systema-

tischen Entwicklung eines Hauses, in dem dann nicht das Projekt der Woche, des Monats oder des Jahres den Ton angibt. Würde ihre Strategie auch auf das nächstgelegene Haus passen?

Fazit

8 % jährliche Produktivitätssteigerung ist möglich – die Veränderung muss konsequent gestaltet werden.

Schlechte Prozesse im Krankenhaus sind kein Naturgesetz, wenn man den beschriebenen Prinzipien ernsthaft folgt. Schlechte Prozesse sind vielmehr Auswirkung mangelnder Fähigkeit oder mangelnden Willens, etwas daran zu ändern.

Veränderung von Strukturen und von Verhalten sind gerade im Krankenhausumfeld die Chance, sich vom Wettbewerb zu differenzieren. Eine jährliche Verbesserungsrate von 6 oder 8 % ist möglich. Dabei kann eine bessere Qualität tatsächlich für weniger Geld erreicht werden.

Hierbei ist Veränderung keine Frage der Intelligenz, sondern eine der Übung und der Konsequenz.

3 Einführung von Behandlungspfaden/SOPs

Christoph Lohfert und Jens Peukert

Lohfert & Lohfert AG, Hamburg

Im aktuellen Tagesgeschehen des klinischen Betriebes ist – auch als Folge komplexerer medizinischer Fragen und der weiterhin zunehmenden Anzahl von Fachgebieten – die Medizin-Organisation kaum noch beherrschbar: Unvorhersehbare Notfälle durchkreuzen die geplanten Arbeitsabläufe, Untersuchungseinrichtungen und Personal sind überlastet, die Betriebsabläufe werden schwieriger. Das Zusammenwirken unterschiedlicher Berufsgruppen auf engem Raum unter stressbetonten Situationen ist personalbelastender und fehleranfälliger geworden.

Als Folge zunehmender Spezialisierung erhöht sich die Schnittstellenproblematik. An einem Krankheitsbild, an dessen Behandlung vor zwanzig Jahren drei oder vier Abteilungen beteiligt waren, wirken heute durchaus fünf bis acht unterschiedliche Abteilungen, Teilgebiete, Spezialbereiche mit. Die durchschnittliche Verweildauer hat sich im gleichen Zeitrum dramatisch reduziert, Fast-Track-Betreuung ausgewählter Patientengruppen und vielfältige neue Steuerungsnotwendigkeiten, DRG-geprägt, bilden den Hintergrund für die Ökonomisierung des Krankenhausbetriebes.

Aus der Sicht der Autoren werden die Behandlungspfade grundlegend begründet durch die Arbeiten aus dem Max-Planck-Institut für Bildungsforschung, Berlin[1].

Der Arzt, auf der Suche nach dem besten Weg für seinen Patienten muss kurzfristig entscheiden und handeln. Seine Maßnahmen werden noch schwieriger dadurch, dass viele Patienten gleichzeitig betreut werden, Entscheidungen, administrative Notwendigkeiten und patientenferne Aufgaben sich vielfach überlagern. Daher ist insbesondere in den Brennpunkten organisatorischen Geschehens, in der Notfallaufnahme, im Operationsbetrieb, auf der Intensivmedizin das Geschehen häufig hektisch, unübersichtlich und erscheint häufig unorganisiert.

Ein vorgegebener Ablauf der Patientenbetreuung in Form von systematisch erarbeiteten und kontrolliert angewendeten Behandlungspfaden stellt ein wirksames medizin-ökonomisches und gleichzeitig qualitätssicherndes Steuerungsinstrument dar, das dem Weg eines Patienten eine ordnende Struktur vorgibt. Die Patienten werden im komplexen System der Gesundheitsleistungen sicherer geführt, wenn der Weg prospektiv vorgezeichnet ist. Behandelnde Ärzte und das übrige Personal können sicherer handeln, wenn die Bandbreiten ihrer Entscheidungen und die Konsequenzen sichtbar gemacht werden.

Die Autoren, die hier über ihre Erfahrungen berichten, haben ab 1990 die ersten Clinical Pathways unter der Bezeichnung Standard Operating Procedures (StOP®) in deutschen Krankenhäusern als systematisches Steuerungsinstrument eingeführt.

---

1   Gigerenzer, Gerd: „Bauchentscheidungen – die Intelligenz des Unbewussten und die Macht der Intuition", München 2008, S. 169 ff.: „Weniger ist mehr für Patienten, insbesondere der effiziente Entscheidungsbaum", S. 185 ff.

3.1 Behandlungspfade: Eingriff in die ärztliche Entscheidungsfreiheit?

Medizin ist individuell, alle Patienten sind verschieden, jede Krankheit nimmt einen anderen Verlauf, Ärzte sind frei in ihren Entscheidungen am einzelnen Patienten. Diese Tatbestände stehen einer Standardisierung von medizinischen Prozessen zunächst im Wege, behindern zunächst eine systematische Umsetzung und generelle Einführung.

In Deutschland war die Einführung von Behandlungspfaden, die vor etwa zwanzig Jahren begann, zunächst nicht durchsetzbar. Projekte dieser Art wurden wieder abgebrochen, weil die Fachabteilungen schlicht eine wie auch immer geartete Einflussnahme auf den medizinischen Gestaltungsprozess nicht zuließen. Außerdem existierte zur Zeit des Selbstkostendeckungsprinzips (bis 1993) schlicht keine wirtschaftliche Notwendigkeit.

Über viele Jahrzehnte hat das Selbstkostendeckungsprinzip dem Phänomen unsinniger Leistungsausweitung Vorschub geleistet. Im Prinzip wurde jede medizinische Leistung von den Kassen bezahlt. Zwar mussten auch zur Zeit des Selbstkostendeckungsprinzips die Entgelte für medizinische Leistungen erst in den Pflegesatzverhandlungen erstritten und gelegentlich in Schiedsstellenverfahren und Verwaltungsgerichtsprozessen durchgesetzt werden; das medizinische Profil und die Leistungsmengen selbst aber waren nie Gegenstand der Diskussion. Selbst in Wirtschaftlichkeitsprüfungen wurden die Leistungen der Krankenhäuser nicht in Frage gestellt. Während über Anhaltszahlen, Richtwerte, Bemessungsfaktoren, Minutenfaktoren und andere Bewertungsansätze eifrig zwischen Krankenkassen und Krankenhäusern gestritten wurde, waren die medizinischen Leistungen selbst und ihre direkten Folgekosten nie fraglich.

Das Selbstkostendeckungsprinzip aber hatte noch eine andere üble Nebenwirkung. Da die Kosten für die Leistungen prinzipiell bezahlt wurden, die „Selbstkosten dem Grunde nach gedeckt" wurden, signalisierten die Erlöse den Medizinern, das, was ihr macht, diagnostiziert, entscheidet, therapiert, ist „richtig". Sonst würde man dafür ja nicht bezahlen. Diese Signale, über viele Jahre medizinische Entscheidungen geprägt, haben medizin-psychologisch fatale Wirkung ausgelöst: Medizin macht keine oder nur geringe Fehler, weil dafür Geld fließt. Ein fataler Irrtum: Entscheidungen sind nicht deshalb richtig, weil die Kosten dieser Entscheidung bezahlt werden.

Erst mit neuen Finanzierungssystemen (ab 1993) wurden kritische Stimmen zur medizinischen Leistung laut. Nur sehr zögerlich setzte ein Paradigmenwechsel ein, indem eine medizinische Leistung nicht a priori als richtig galt, nur weil sie vom Arzt angefordert oder durchgeführt wurde. Und nun erst begann ein Umdenken.

Die Behandlung eines Patienten verläuft unter Rahmenbedingungen, die vom Ausbildungsstand der Ärzte, vom Ort der Leistung, vom Zeitpunkt und vielen anderen Bestimmungsfaktoren abhängig sind. Die Standardisierung ist also nicht eine Frage der Vereinheitlichung um jeden Preis, sondern ein Instrument, das den zufälligen Ereignissen im medizinischen Prozess Einhalt gebietet.

Medizin-ökonomisches Denken setzte nach dem Ende des Selbstkostendeckungsprinzips zwangsläufig ein unter weiter voranschreitendem medizinischem Fortschritt, später gekoppelt an die Sparzwänge durch vorgegebene Fallpauschalen (DRG). Es wurde deutlich, dass man ärztliche Entscheidungen prüfen musste, wenn man Kosten und Erlöse steuern wollte.

Zunächst standen die Personalkosten zur Diskussion; hier wurden, wie durch analytische Personalbemessungen nachgewiesen wurde, zu Recht die größten Ungleichgewichte vermutet. Erst mit der Weiterentwicklung der Informationstechnologie wurde es möglich, medizinische Leistungen einzeln zu erfassen und zu bewerten. Der nächste Schritt bezog sich auf die Sachkosten. Bis dahin wurden Kostenanalysen weitgehend „an der Medizin" vorbei von der Verwaltung der Krankenhäuser vorgenommen, die Ärzte hatten die Ergebnisse hinzunehmen, von einem „Steuerungsprozess" i. e. S. konnte keine Rede sein.

Die größte Hürde einer Steuerung medizinischer Prozesse bestand darin, die medizinische Fachkompetenz in ökonomische Fragen einzubinden und mit den Ärzten gemeinsam neue gemeinsame Strategien zu entwickeln: Das war endlich die Geburtsstunde der Behandlungspfade (Standard Operating Procedures), der Clinical Pathways. Langsam und zunehmend gelang es, die Polarisation von Ärzten und Ökonomie in integrierte Verfahren zur Steuerung der Medizin umzuwandeln.

3.2 Behandlungspfade: Chance für eine qualitätsgesicherte Medizin

Welche Einzelleistungen sind bei einer bestimmten Diagnose angemessen und ausreichend, welche sind überflüssig? Das waren die wesentlichen Fragen der ersten Behandlungspfade. Die Grundidee war einfach: Mit den Medizinern gemeinsam die Prozesse neu gestalten und verändern, wo dies sinnvoll und möglich erschien.

Schnell wurde deutlich, dass mit Behandlungspfaden die Qualität der Patientenversorgung verbessert wird und die ökonomische Konsequenz ärztlichen Handelns kontrolliert werden kann. Fälle, die ungesteuert das Krankenhaus durchlaufen, verursachen nachweislich höhere Pfadkosten, die nicht durch ein Mehr an Gesundheit oder bessere Versorgung gerechtfertigt sind. Wenn die Prozesse richtig gesteuert und die Patienten auf einem sicheren Weg durch das Krankenhaus geleitet werden, erhalten sie eine Behandlung mit allem, was aus ärztlicher Sicht erforderlich ist. Überflüssige, unsinnige Leistungen, die über den iatrogenen Effekt häufig genug Schaden am Patienten anrichten, werden nicht erbracht, jedenfalls nicht so häufig und nicht so zufällig wie bei ungesteuerten Prozessen.

Wenn die Ärzte die Chancen der Prozess-Steuerung nutzen, können Medizin und Ökonomie eine neue Partnerschaft eingehen. Ärzte werden neben ihrer medizinischen Fachkompetenz auch die Verantwortung für eine wirtschaftliche Leistung übernehmen.

Mit den Behandlungspfaden wird ein bindendes Regelwerk geschaffen, das auch der internen Qualitätssicherung dient. Durch Transparenz und Nachvollziehbarkeit der medizinisch-pflegerischen Prozesse wird sichergestellt, dass

- die Behandlungen nach einem festgelegten und einheitlichen Qualitätsstandard erfolgen,
- die persönliche Auffassung, was richtig oder falsch ist, mit dem Handlungsprinzip „state of the art" abgestimmt wird,
- die Fachabteilungen effektive und valide Daten zur Prozesssteuerung ihrer Patientenverläufe im Hinblick auf alle relevanten medizinischen und medizin-ökonomischen Aspekte erhalten,
- sektorübergreifend der Behandlungsprozess „in toto" berücksichtigt wird,
- eine Plattform der interdisziplinären Kommunikation für die beteiligten Berufsgruppen auch unter sich noch weiter ändernden Rahmenbedingungen geschaffen wird,
- Verbesserungspotenziale in den aktuell existierenden Behandlungsprozessen aufgespürt werden,
- Versorgungsdefizite schneller erkannt und erforderliche Veränderungen angeregt werden können,
- Grundlagen für Mitarbeiterschulungen geschaffen, eine schnellere Mitarbeitereinführung erreicht und einheitliche Versorgungsstandards durchgesetzt werden und
- eine höhere Rechtssicherheit geschaffen wird.

Der organisatorische oder spezielle (diagnosebezogene oder therapeutisch ausgerichtete) Standard ändert sich, wenn neue medizinische Verfahren eingeführt oder wenn Erkenntnisse aus der Forschung in die Krankenversorgung eingebracht werden. Dieser ständige Wandel ist Teil des medizinischen Geschehens und für die medizinische Weiterentwicklung unabweisbar. Zur Vermeidung ökonomisch unkontrollierter Effekte ist jedoch die systematische Darstellung der Veränderungsprozesse in Form von Behandlungspfaden unabweisbar.

3.3 Behandlungspfade: Die konkrete Umsetzung

Die konkrete Einführung von Behandlungspfaden vollzieht sich in mehreren Schritten:

Schritt 1
Um die Akzeptanz von standardisierten Behandlungspfaden sicherzustellen, ist der Aufbau einer **fachabteilungsbezogenen Arbeitsplattform** unabdingbar. Die Gruppe selbst sollte klein gehalten werden. In Orientierung an die bestehende Krankenhausstruktur empfiehlt sich eine Top-Down-Lösung.

Im Sinne eines Stufenkonzeptes sollte zunächst mit zwei Fachabteilungen begonnen werden, in denen die Akzeptanz am größten ist; die flächendeckende Einführung über das gesamte Krankenhaus erfolgt sukzessive.

Schritt 2
Die Entwicklung von Behandlungspfaden beginnt mit der **Sichtung des Sekundärmaterials**, also den stets vorhandenen fachabteilungsinternen Standards. Ärzte, Pflegedienst und ggf. Vertreter der Sekundärleistungsbereiche erarbeiten gemeinsam eine erste Basis für diagnosebezogene Behandlungspfade. Es wird dort aufgesetzt, wo

die hausspezifische medizinische Fachkompetenz angesiedelt ist und wo die entsprechenden medizinischen Erfahrungen und das ärztliche Wissen hinterlegt sind. In diesem Arbeitsschritt wird ebenfalls geprüft, ob die vorhandenen Standards mit den Leitlinien der Arbeitsgemeinschaft der Wissenschaftlichen Medizinischen Fachgesellschaften (AWMF) kompatibel sind.

Schritt 3

Die Festlegung der Indikationen erfolgt nach der klinischen und ökonomischen Relevanz. Bei der **Festlegung der Indikationen** müssen die Ein- und Ausschlusskriterien für die Pfadzuweisung eindeutig definiert sein. Es muss für alle Beteiligten erkennbar sein, nach welchen Kriterien ein Patient einem Pfad zugewiesen wird, oder ob keine Pfadbetreuung möglich ist.

Unter **organisatorischen Aspekten** ist sodann festzulegen, wie der Patient auf seinem Pfad geführt wird und unter welchen Voraussetzungen von dem bisher beschrittenen Weg abgewichen werden sollte oder muss. Wenn der Behandlungspfad als Standard definiert ist, gilt er bis zu einem definierten Zeitpunkt als generelle Handlungsempfehlung für diese Diagnose, diesen therapeutischen Weg oder diese DRG.

Da die Krankenhäuser nach § 53 HGrG (Haushaltsgrundsätzegesetz) ein **Risikomanagement** etablieren müssen, sollten die Behandlungspfade so ausgestaltet werden, dass das Risiko möglichst gering gehalten wird und das Krankenhaus sowie seine Mitarbeiter vor zivilrechtlichen Ansprüchen und strafrechtlichen Folgen geschützt werden.

Schritt 4

Der Behandlungspfad für eine definierte Indikation setzt sich i. d. R. aus mehreren **Prozessebenen (Modulen)** zusammen. Diese Module bilden ein Denkmodell ab, mit dem die medizinischen Betriebsabläufe indikationsorientiert als eine Kette von Aktivitäten beschrieben werden. Der Schritt 4 beschreibt die Erarbeitung der verschiedenen Module innerhalb des Behandlungspfades. Den Einstieg bildet die Definition der Basisdiagnostik im Hinblick auf eine gegebene Verdachtsdiagnose. Ggf. ist eine Erweiterung der Basisdiagnostik indiziert. Auf Basis dieser beiden Module wird die Therapieplanung mit ihrer spezifischen Ausprägung des therapeutischen Vorgehens festgelegt. Für diese therapeutischen Module werden die Maßnahmen für die Verlaufsdiagnose definiert im Hinblick auf die Wirksam-

keit der Therapie und die Ergebniskontrolle des Outcome. Alle Module im Prozessablauf setzen sich zusammen aus definiertem Leistungsumfang sowie der zeitlichen Abfolge im Betriebsablauf.

Schritt 5

Die Kette der Aktivitäten im Behandlungspfad wird zweckmäßiger Weise mit Hilfe von grafischen Symbolen in Form eines Flussdiagramms in sog. **Standard Operating Procedures** (StOP®) dargestellt. Die StOP bilden optisch den medizinischen Prozess patientenorientiert ab und überführen die klinischen Algorithmen in ein Grafik-Programm (Flowcharts).

Schritt 6

Die Kosten der Prozessebenen werden analog zur Erlösmatrix im Sinne einer Modellkalkulation dem DRG-Gesamterlös gegenüber gestellt. Die Behandlungspfade verknüpfen auf diese Weise medizinische Leistungen mit ökonomischen Kenndaten: Damit wird verdeutlicht, was der Pfad an Kosten verursacht und welche DRG-Erlöse ihm gegenüber stehen.

Durch die **ökonomische Transparenz** der Behandlungspfade werden ökonomie-kritische Behandlungsverläufe und ökonomische Handlungsspielräume sichtbar. In Zusammenarbeit mit den Fachvertretern der Disziplinen kann sodann eine Optimierung der Behandlungskosten ohne Beeinträchtigung der Behandlungsqualität vorgenommen werden.

Schritt 7

Nachdem die diagnoserelevanten, DRG-orientierten Pathways in einer Fachabteilung erarbeitet und im Sinne einer verbindlichen Arbeitsanweisung **von der Klinikleitung verabschiedet** worden sind, werden sie zunächst im Rahmen der Klinikkonferenz allen beteiligten Mitarbeitern bekannt gegeben. Die festgelegten Pfade müssen jederzeit **allen am Behandlungsprozess Beteiligten** zugänglich sein; dies kann als papiergestützte Dokumentation erfolgen oder idealerweise als EDV-gestützte Ablaufdokumentation in das Krankenhaus-Informations-System (KIS) integriert werden.

Im weiteren Verlauf geht es sodann darum, die erarbeiteten Qualitätsstandards in die klinische Praxis einzubinden bzw. Abweichungen vom festgelegten Therapiestandard im Einzelfall zu begründen und zu dokumentieren.

Fazit

Die Patientenversorgung über Behandlungspfade in den deutschen Krankenhäusern bewirkt, dass insbesondere von ärztlicher Seite gefragt wird, ob der administrative und EDV-technische Aufwand für Behandlungspfade tatsächlich notwendig ist und ob die Vorteile (für den Patienten) so gravierend sind, dass die Eingrenzungen durch dieses vorgegebene Raster einen (zusätzlichen) Benefit auslösen.

Zur Philosophie der Clinical Pathways gehört das Konzept der absoluten Transparenz. Allein das Sichtbarmachen ärztlicher Entscheidungsprofile bewirkt eine Reduzierung nicht hinreichend durchdachter Maßnahmen. Insoweit gehören die Standard Operating Procedures zum wichtigen Handwerkzeug moderner medizin-ökonomischer Steuerung. Soll der Weg nicht hineinführen in die Rationierung von Leistungen, müssen die im klinischen Alltag existierenden Reserven, die zur Zeit des Selbstkostendeckungsprinzips entstanden sind, erschöpfend genutzt werden. Die Darstellung dessen, was medizinisch getan wird und die systematische Abbildung der ärztlichen Entscheidungen stellen wichtige Hilfsmittel dar, um die Patientenversorgung unter dem Druck der DRG-orientierten Erlöse qualitativ zu sichern.

Die wichtigsten Voraussetzungen für die erfolgreiche Etablierung von Behandlungspfaden sind:

- Die Architektur der krankenhausspezifisch entwickelten Behandlungspfade muss die medizinischen Belange und die patientenbezogenen Erfordernisse adäquat abbilden.
- Es gilt nicht das Prinzip der Vollständigkeit der Abbildung aller medizinischen Prozesse, sondern das Konzept der Wesentlichkeit, das dem Patienten hilft.
- Die organisatorische Implementierung in den klinischen Alltag ist sicherzustellen und zu kontrollieren.
- Die Behandlungspfade sind systematisch festzuschreiben, jedoch regelmäßig an die medizinische Entwicklung anzupassen.
- Über den Erfolg des Verfahrens ist zu berichten, Abweichungen vom vorgegebenen Soll sind zu dokumentieren.

Behandlungspfade sind nicht administrativer Selbstzweck, sondern Teil einer übergeordneten Steuerungssystematik in der Medizin, die hilft, die Ressourcen der Krankenhäuser besser im Sinne von Verlässlichkeit und Qualität in der Patientenversorgung zu nutzen.

4 Kooperatives Prozessmanagement im Krankenhaus – das KoPM-Modell (KoPM®)

Peter Stratmeyer

Hochschule für Angewandte Wissenschaften Hamburg

Kooperation und Prozessmanagement – zwei konzeptionelle Begriffe, deren Bedeutungen für moderne Unternehmensführung nicht in Zweifel gezogen werden. So leuchtet unmittelbar ein, dass eine qualitätsgerechte und wirtschaftliche Krankenhausversorgung nach heutigem Standard nur zu gewährleisten ist, wenn die einzelnen Akteure der Berufsgruppen so miteinander zusammenarbeiten, dass eine Dienstleistung „wie aus einer Hand" verrichtet wird. Dass komplexe Versorgungsarrangements, wie sie heute bei der Mehrzahl der zu versorgenden Patienten in den Krankenhäusern Gültigkeit haben, die enge Zusammenarbeit vieler Beteiligter erfordert, muss nicht weiter ausgeführt werden.

Das Modell des Kooperativen Prozessmanagements (KoPM®) wendet sich dem kooperativen Arrangement der beiden größten Berufsgruppen des Krankenhauses zu: den Ärzten und den Pflegenden. Ein Arrangement, das sich historisch entwickelt hat, und in vielen Fällen *geräuschlos* funktioniert, auch wenn keine der beiden Seiten jemals eine formale Vereinbarung über „ihr" Kooperationsverhältnis angestrebt haben. Solche informellen Arrangements sind eine Stärke vieler erfolgreicher Krankenhäuser, sie haben aber bedeutende Nachteile. Ein Nachteil solcher „gewachsener" Strukturen ist ihre konservative Natur. Schwächen bleiben Schwächen, Erneuerungspotenziale haben es schwer, sich durchzusetzen. So verrichten in deutschen Krankenhäusern trotz der wirtschaftlichen Restriktionen noch immer viele Ärzte einen Großteil an Aufgaben, die kostengünstiger in mindestens gleicher Qualität längst z. B. von Pflegenden übernommen werden könnten.

Zudem funktionieren informelle Arrangements nur solange, wie alle Akteure sich stillschweigend darauf verständigen, es ein solidarisches Miteinander gibt und anstehende Konflikte im beiderseitigen Einvernehmen oder im Bewusstsein der Macht des Anderen geklärt werden können. Die Geschichte der Zusammenarbeit von Ärzten und Pflegenden in Krankenhäusern zeigt allerdings in vielen Fällen ein anderes Bild: eine Zusammenarbeit, die oftmals durch Auffassungsunterschiede in der Zielsetzung der Arbeit, in Fragen der Arbeitsteilung oder des Delegationsumfangs geprägt sind. Konkurrenzdenken, Neid, Missgunst treten zwar recht selten offen zu Tage, sie prägen aber oftmals „*subcutan*" das tägliche Miteinander: Arbeitunzufriedenheit bei beiden Berufsgruppen, hoher Aufwand in Abstimmungsprozessen, nicht selten ein getrübtes Arbeitsklima erweisen sich als Sand im Getriebe einer qualitäts- und kostengerechten Leistungserstellung.

4.1 Skizzen des Kooperationsverhältnisses von Ärzten und Pflegenden

Analytisch lassen sich eine ganze Reihe von Ursachenbündeln ausmachen, die die Zusammenarbeit von Ärzten und Pflegenden belasten können und im Folgenden lediglich thesenartig ohne Anspruch auf Vollständigkeit vorgestellt werden.

Die Entwicklung der Krankenhausorganisation hat das Trennende der Berufsgruppen verstärkt und nicht das Gemeinsame

Seitdem Ärzte als wichtigste Berufsgruppe die Regie in neuzeitlichen Krankenhäusern im 18./19. Jahrhundert übernommen hatten, ähnelt ein modernes Hochleistungskrankenhaus in seiner grundlegenden Organisationsstruktur heute noch immer sehr stark diesen historischen Vorläufern. Etabliert haben sich drei berufsständische Säulen, die durch je eigene Bereiche und Fachabteilungen mit eigenen Leitungsstrukturen charakterisiert sind. Auch wenn vermehrt Anstrengungen zur Zentrumsbildung zu beobachten sind, so stellt die medizinische Fachabteilung, geleitet durch einen Chefarzt resp. eine Chefärztin, den eigentlichen produktiven nucleus eines Krankenhauses dar. Patienten werden diesen Fachabteilungen zugewiesen, werden in den bettenführenden Einheiten oder Ambulatorien überwiegend von den den Fachabteilungen zugehörenden Mitarbeitern betreut und versorgt. In erster Linie wird das Krankenhaus nicht als Ganzes, nicht über seine Servicefunktionen und nicht über sein Pflegeleitbild repräsentiert, sondern über die fachliche Kompetenz der Fachabteilung, an deren Spitze der jeweilige Chefarzt steht. In den zentralen Fragen des Kerngeschäfts, nämlich der fachlichen Ausrichtung der Patientenversorgung, sind die Fachabteilungen unter Leitung des Chefarztes autonom. An diesem Prinzip der fachlichen Weisungsungebundenheit in der Patientenversorgung ändert sich auch dann nichts, wenn Krankenhausträger sich entschließen, zur Harmonisierung ihrer Leitungsstrukturen ähnlich der Konstruktion kaufmännischer und pflegerischer Leitungen ärztliche Direktoren im Hauptamt einzustellen.

Man könnte meinen, dass ein Struktursystem, das alle Organisationsreformen des Krankenhauses nahezu unbeschadet überdauert hat, hinreichend Belege seiner Berechtigung erbracht hätte. Und tatsächlich hat sich das „Chefarztprinzip" auch bewährt. Es garantiert Leistungsqualität, Überschaubarkeit, Transparenz, „Heimat" gleichermaßen für Patienten und Mitarbeiter und eine hinreichende Dynamik der medizinischen Weiterentwicklung in enger Verzahnung mit medizinischen Fachgesellschaften, ärztlicher Fort- und Weiterbildung, klinischer Forschung usw.

Die Kleinheit eines Krankenhauses stellt mitunter ein Organisationsproblem dar – das ist hier nicht Thema der Bearbeitung. Sehr viel gewichtiger ist aber, dass der Leistungsbereich der Pflege, der untrennbarer Bestandteil der Patientenbehandlung ist, sich nicht diesem Abteilungsprinzip verpflichtet fühlt, sich mitunter sogar als organisatorischer Gegenentwurf zum Chefarztmodell etabliert hat. So stellt die Pflegedienstleitung die oberste Leitungsinstanz des gesamten Pflegedienstes dar, die zentralistisch in die dezentral geführten Fachabteilungen mit ihren Weisungen hineinregieren kann. Bis heute sind in den meisten deutschen Krankenhäusern die formalen Kooperationsbeziehungen und jeweiligen Befugnisse unterhalb der Krankenhausleitungsebene weitgehend ungeklärt. In der Regel entsprechen sich auch die Leitungsstrukturen nicht. Der Chefarzt hat es oftmals mit einer pflegerischen Abteilungsleitung zu tun, die gleichzeitig noch weiterer Fachabteilungen pflegerisch vorsteht. Ein direkter Kooperationspartner im ärztlichen Bereich für eine pflegerische Stationsleitung ist nicht einmal in Sicht.

Die Entwicklung der Pflege zu einer eigenen Wissenschaftsdisziplin geschah und geschieht maßgeblich aus der kritischen Abwendung von der Medizin

Die moderne Krankenhauspflege nach der Ära der Armen- und Siechenpflege ist Produkt der sich rasch v. a. naturwissenschaftlich entwickelnden Medizin. Pflegenden wurden dabei die Aufgaben zugewiesen, die sich aus den Lücken und Defiziten ergaben, die die medizinisch-ärztliche Versorgung hinterließ. Neben dem Kümmern um basale Grundbedürfnisse des Lebens, neben ärztlicher Assistenz, wurde ihnen v. a. der Bereich der Zuwendung und Fürsorge zugeschrieben. Aus dieser Rollenzuschreibung hat sich im Laufe der Geschichte nicht mehr nur eine Tugend, sondern eine ganze (Pflege-)Wissenschaft herausgebildet, die sich langsam, aber nicht mehr umkehrbar und mit immer größerem Selbstbewusstsein neben die Medizin drängt und dieser ihre Vormachtstellung in der Gesundheitsversorgung in Teilen streitig macht.

Wie immer in Prozessen gesellschaftlicher Transition ist das nun nicht ein harmonischer und geordneter Übergang von einer Epoche zur nächsten, sondern ein teils chaotischer, teils widersprüchlicher, teils rückwärtsgewandter, teils mit berufsständisch motivierten Egoismen, teils mit Machtstreben behafteter, in jedem Fall aber ungleichzeitiger und konfliktbeladener Prozess, der mit vielen Fragen und (Rechts-)Unsicherheiten gerade bei denjenigen verbunden ist, die unmittelbare Versorgungsaufgaben ihrer Patienten zu erfüllen haben. Erschwerend kommt hinzu, dass Ansprüche nach mehr Eigenständigkeit von Pflegenden auch noch nicht allerorten mit Kompetenzzuwachs in der Fachlichkeit gepaart sind.

Ärzte und Pflegende agieren im selben Feld der gesundheitlichen Versorgung. Sie fühlen sich unterschiedlichen beruflichen Leitbildern verpflichtet, verfügen über divergierende professionelle Referenzrahmen und durchschauen die jeweiligen anderen Handlungspotenziale bei immer weiterer beruflicher Ausdifferenzierung immer weniger. Insbesondere Ärzte lernen nur sehr wenig über das berufliche Profil anderer Berufsgruppen [Sachverständigenrat zur Begutachtung der Entwicklungen im Gesundheitswesen 2007, S. 18]. Desintegration sind die Systemkosten einer sich ausdifferenzierenden Gesellschaft, das mag im Einzelfall bedauerlich sein, ändern wird man es nicht. Sollen die „systemischen Zentrifugalkräfte" nicht die Anschlussfähigkeit der Teilsysteme Medizin und Pflege zunehmend behindern, so wird man organisatorische „Haltekräfte" der Kooperation installieren müssen. Insofern ist inhärenter Teil der Kooperation der Konflikt. Konflikte bieten neben destruktiven Potenzialen immer auch die Chance, zu besseren Erkenntnissen und damit besseren Arbeitsergebnissen zu kommen. Diese Chancen zu nutzen, muss Aufgabe gelungener Kooperation sein.

Die Autonomiebestrebungen von Pflegenden engen die Dispositionsmöglichkeiten von Ärzten zunehmend ein
Über die Autonomiebestrebungen von Pflegenden, die Ärzten mitunter das Leben schwer machen, wurde bereits einiges ausgeführt. Insbesondere in den 90er Jahren bekamen die stark berufsständisch motivierten Abgrenzungsversuche der Pflege von der Medizin unerwartete Schützenhilfe durch eine Entwicklung, die schnell unter dem Label des Pflegenotstands in aller Munde war. Betten- und OP-Saalschließungen in diversen Krankenhäusern schärften die Aufmerksamkeit für strukturelle Mängel und Versäumnisse in der Pflege. Neben Einkommensverbesserungen erhielt die Formel „Abgabe berufsfremder Arbeiten" Hochkonjunktur, um eine spürbare Arbeitsentlastung zu erreichen. Da allerdings bis heute in den Krankenhäusern oftmals keine Definition des pflegerischen Arbeitsvermögens vorliegt, wurden mit relativer Beliebigkeit einzelne Aufgaben herausgeschnitten, die fortan von anderen erbracht werden sollten. Im Focus standen Bereiche der hauswirtschaftlichen Versorgung, administrative Tätigkeiten und natürlich ärztliche Aufgaben. Blutentnahmen, Injektionen, mitunter auch Blutdruckmessung und Anderes wurde in die Kategorie „berufsfremd" verbannt. Der eherne ökonomische Grundsatz, dass – selbstverständlich unter dem Gesichtspunkt der Rechtssicherheit – Aufgaben von denen übernommen werden, die dies nicht nur am besten, sondern auch mit den geringsten Personalkosten tun können, wurde auf dem Schauplatz des Pflegenotstands geopfert.

Ärztliches Therapiemonopol und das Bild der Schlüsselstellung von Ärzten in der Krankenhausversorgung führen nicht nur zur Überforderung von Ärzten, sondern generieren auch vermeidbare Einbußen im Prozess der wirtschaftlichen und qualitätsgerechten Leistungserstellung
Der Sachverständigenrat urteilt scharf, wenn er Defizite in der Zusammenarbeit der Gesundheitsberufe konstatiert und die zentrale Schlüsselstellung von Ärzten nicht mehr als angemessen in der Gesundheitsversorgung erachtet. Die Verteilung der Tätigkeiten würde längst nicht mehr den demographischen, strukturellen und innovationsbedingten Anforderungen gerecht [Sachverständigenrat zur Begutachtung der Entwicklung im Gesundheitswesen 2007, S. 96]. In einzelnen Segmenten der medizinisch-pflegerischen Versorgung haben sich mittlerweile in vielen Krankenhäusern pflegefachliche Expertisen entwickelt, die weit über die durchschnittlich zu erwartenden Kompetenzen von Ärzten hinausgehen: z. B. Wundmanagement, Inkontinenzversorgung, Schmerzmanagement, Patientenedukation, Patientenüberleitung, Entlassungs- und Case Management. Durch unzureichende Arbeitsteilung, Delegation und Aufgabenübertragung nutzen die Krankenhäuser diese Potenziale viel zu wenig. Daraus resultieren Doppelzuständigkeiten, Fehlerquellen, Arbeitsausführungen unter dem zu erwartenden Qualitätsniveau, aber auch unzufriedene Patienten, die sich wechselnden und

nicht hinreichend zuständigen Ansprechpartnern gegenübersehen. Ärzte sehen sich als Allrounder mit Aufgaben konfrontiert, für die sie nicht ausgebildet wurden und die zum großen Teil auch unterhalb ihres Ausbildungsniveaus liegen. Pflegende sind unzufrieden, da sie ihre erworbenen Kompetenzen nicht hinreichend gewürdigt und genutzt sehen.

> *Das KoPM®-Modell basiert auf Leitvorstellungen einer umfassenden patientenorientierten Krankenhausversorgung. Es nutzt betriebswirtschaftliche Instrumente der Prozessorganisation und des Prozessmanagements, die sie auf die Besonderheiten zukunftsorientierter Krankenhausorganisation überträgt.*

Das KoPM®-Modell ist folgenden notwendigen Aufgaben verpflichtet:

1. Die Arbeitsbeziehungen von Ärzten und Pflegenden müssen auf eine stabile und für beide Seiten befriedigende Grundlage gelegt werden, auf der beide Seiten wissen, wofür sie zuständig sind und auf der sie ihre beruflichen Potenziale weitgehend ausschöpfen können.
2. Die Organisation muss so funktionell ausgerichtet sein, dass der kooperative Prozess der patientenbezogenen Leistungserstellung möglichst optimal unterstützt wird.

4.2 Grundkonzept kooperativer Arrangements

Was heißt Kooperation im Prozess der Leistungserstellung? Es kann sich um eine Art **„normalisierte Geschäftsbeziehung"** handeln, in der die Partner im Prinzip wissen, was sie zu tun haben und die jeweiligen arbeitsteiligen Beiträge durch formalisierte Vereinbarungen zur zeitlichen und inhaltlichen Gestaltung in den Leistungsprozess einbringen, ohne sich im Einzelfall abstimmen zu müssen. Diese Form der Zusammenarbeit findet man z. B., wenn ein Patient von seiner Station in die Röntgenabteilung eines Krankenhauses zur Untersuchung geht (Kooperation 1. Ordnung).

Auf der nächsten Stufe der Zusammenarbeit – der **Kooperation im eigentlichen Sinne** – verständigen sich die Beteiligten auf ein gemeinsames Handlungskonzept zur Behandlung der Patienten. Dieses Konzept gewährleistet eine einheitliche Zielsetzung und eine Abstimmung der jeweiligen arbeitsteilig zu erbringenden patientenbezogenen Leistungsbeiträge. Der berufsautonome Handlungsspielraum ist zugunsten einer kooperativen, Schnittstellen reduzierenden Kooperation beschnitten. Die Kooperanden sind im Prinzip gleichberechtigte Partner, die sich auf „Augenhöhe" begegnen, um sich im Interesse eines guten Arbeitsergebnisses miteinander zu verständigen. Eine solche Situation findet man z. B., wenn ein chirurgischer Patient eines internistischen Konsils bedarf und beide Ärzte in einen fachlichen Dialog über die weitere Behandlung eintreten (Kooperation 2. Ordnung).

Die dritte Stufe der Zusammenarbeit regelt zudem die Frage des **hierarchischen Binnenverhältnisses** der Akteure. Unter einer einheitlichen Leitungsstruktur „fusionieren" die einzelnen Leistungsbeiträge. Im Interesse einer integrierten Gesamtleistung bleiben Entscheidungen im Konfliktfall aber nicht davon abhängig, ob die Akteure sich einigen, sondern sie können hierarchisch durchgesetzt werden. Bei Auffassungsunterschieden von Arzt und Pflegekraft z. B. über den geeigneten Entlassungszeitpunkt eines Patienten entscheidet letztlich der Stationsarzt auch dann, wenn die Pflegekraft mit der Entscheidung nicht einverstanden ist (Kooperation 3. Ordnung) [Dahlgaard u. Stratmeyer 2008, S. 34].

4.3 Konzept der erweiterten Pflegeaufgaben im Krankenhaus

Dieses Konzepts basiert auf dem Grundsatz einer zwar nicht trennscharfen, aber hinreichend praktikablen komplementären Arbeitsteilung von Medizin und Pflege, die auch in der Pflegewissenschaft allgemeine Zustimmung findet. Während die Medizin in ihrem Handeln darauf trachtet, bei Patienten Krankheiten zu erkennen, zu verhüten, im besten Fall zu heilen oder aber zumindest zu lindern, zielt der Focus pflegerischer Unterstützung darauf ab, den betroffenen Menschen ein weitgehend unabhängiges und selbständiges Leben unter gesundheitlicher Einschränkung zu ermöglichen. Beide Zielperspektiven sind zwei Seiten einer Medaille, die auch nur zusammengenommen eine wirksame Unterstützung der Patienten bedeutet, wobei in sehr vielen Fällen der Hauptschwerpunkt der Krankenhausbehandlung von der medizinischen Versorgungsperspektive eingenommen wird – Patienten kommen in der Regel zur Behandlung ihrer Krankheit ins Krankenhaus (medizinischer Hauptarbeitsgang). In Zeiten demografischen und epidemiologischen Wandels, die den Krankenhäusern zu einem großen Teil Klientele mit chronischen Krankheiten und Multimorbidität bescheren, können sich die Gewichte aber verschieben. Nicht mehr die aus ärztlicher Sicht optimale Behandlung kann Ziel sein, sondern eine hinreichend stabile Versorgungssituation, die sich an den individuellen Bedingungen und Möglichkeiten des Betroffenen ausrichtet. Insofern ist unmittelbar einsichtig, dass eine umfassende Versorgung für beide Seiten Implikationen aufweist. Pflegende steuern ihre Kenntnisse z. B. über die häusliche Versorgungs- und Betreuungssituation und Selbsthilfepotenziale des Patienten ein, von denen sie erwarten, dass sie von Ärzten bei ihren Planungen hinreichend gewürdigt werden. Gleichermaßen müssen die Ärzte darauf vertrauen dürfen, dass Pflegende die Erreichung der Behandlungsziele möglichst optimal unterstützen. Das pflegerische Arbeitsvermögen setzt sich aus drei Hauptfunktionen zusammen:

Im Bereich der „**körperfunktionsorientierten Unterstützung**" versuchen Pflegende körperliche Beeinträchtigungen durch Wiederherstellung oder Substitution zu vermindern bzw. körperliche Ressourcen zu mobilisieren.

Der Bereich der „**psycho-sozialen Unterstützung**" dient v. a. der Begleitung der Patienten in ihrem Prozess der Krankheitsbewältigung. Insbesondere Menschen mit chronischen Krankheiten, mit unklarer Prognose, prekärem Krankheitsverlauf benötigen emotionalen Beistand und Entlastung.

Bei immer kürzeren Krankenhausaufenthalten, aber auch bei der längerfristigen oder dauerhaften Versorgung von Patienten, müssen Aufgaben des Krankheitsmanagements auf die Betroffenen oder ihre Angehörigen übertragen werden. Der Bereich der „**edukativen Unterstützung**" dient dazu, stabile Versorgungsarrangements herzustellen, in denen Patienten resp. Angehörige informiert, geschult, angeleitet und beraten werden.

Diese originären **Aufgaben im Pflegeprozess** werden von den Pflegenden zwar nicht unabhängig von den Ärzten, aber doch weitgehend selbstbestimmt wahrgenommen (Kooperation 2. Ordnung). Bedarfsanalyse, Indikationsstellung, Auswahl geeigneter Interventionen sowie deren Wirksamkeitsprüfung obliegt ihrer Verantwortung. Die rechtliche Stellung des Arztes im Krankenhaus schränkt eine völlige Weisungsungebundenheit von Pflegenden jedoch ein, sodass ihm im

Falle von erheblichen medizinischen Bedenken ein Veto- und Letztentscheidungsrecht in den Fällen zukommt, wo er z. B. eine Patientengefährdung befürchtet (Kooperation 3. Ordnung). Dabei muss allerdings berücksichtigt werden, dass mit weiterem Erstarken pflegewissenschaftlicher Erkenntnisse, Ärzte pflegerische Entscheidungen immer weniger fachlich beurteilen können.

Zu einer deutlichen Entlastung von Kooperationsbeziehungen und Kommunikationsaufwand kommt es, wenn die Aufgaben- und Zuständigkeitsbereiche der Pflegenden im Sinne eines Grundkonzepts verbindlich für das Krankenhaus festgeschrieben werden (Kooperation 1. Ordnung). Das verhindert zwar nicht alle Konflikte, aber grundlegende Vereinbarungen über die Arbeitsteilung und Zuständigkeitsklärung müssen dann nicht mehr bei wechselnden Beteiligten im informellen Arrangement neu ausgehandelt werden.

Über diese originären Aufgaben im Pflegeprozess hinaus, übernehmen Pflegende im KoPM®-Modell weitere Funktionen:

Die sogenannte **Case Management-Funktion** impliziert, dass Pflegende in größerem Umfang Steuerungsaufgaben im Prozess der Patientenversorgung übernehmen. Während selbstverständlich die medizin-fachlichen Vorgaben vom ärztlichen Behandler kommen, managt die Pflegekraft gleichsam als Lotse den gesamten Aufenthalt des Patienten von der Aufnahme bis zur Entlassung. Wichtige Aufgaben sind dabei der regelmäßige Kontakt zum behandelnden Arzt und die enge Abstimmung bei zu klärenden Fragen und anstehenden Entscheidungen. Die Pflegende übernimmt dabei eine wichtige Funktion der Informationszentrale, bei der die patientenbezogenen Informationen gesammelt, gefiltert und weitergeben werden. Sie ist die zentrale Ansprechpartnerin für alle an der Behandlung beteiligten Akteure, auch für Patienten und Angehörige.

Eine Teilfunktion übernehmen Pflegende im Bereich des **operativen Managements des Behandlungsprozesses**. Liegen verbindliche Behandlungspfade vor, können Pflegende ihre Steuerungsfunktion weitgehend autonom wahrnehmen. Sie koordinieren Diagnostik und Therapie nach zeitlichen und sachlichen Erfordernissen, veranlassen Untersuchungen und Therapien auf der Grundlage vorgegebener Standards oder nach individueller ärztlicher Anordnung und überwachen den Eingang von Befunden. Im Kontakt mit Funktionsabteilungen kommt ihnen dabei ein größerer Dispositionsspielraum zu.

Pflegende nehmen erweiterte **Aufgaben im Medizinprozess** wahr, in dem ihnen umschriebene diagnostische und therapeutische Tätigkeiten (z. B. Blutentnahmen, Anlagen von Venenverweilkathetern) bzw. umschriebene medizinische Teilprozesse (z. B. präoperatives Assessment, postoperative Überwachung, Wundmanagement) vollständig übertragen werden. Der Kompetenzrahmen reicht dabei von der Indikationsstellung, über die Planung und Durchführung von Maßnahmen bis zur Wirksamkeitsüberprüfung. Dieses Modell der Advanced Nursing Practise wird in anderen Ländern seit Jahren erfolgreich eingeführt.

4.4 Bezugspersonenkonzept

Nachdem nun das Konzept der komplementären Arbeitsteilung und der erweiterten Pflegeaufgaben vorgestellt wurde, gilt es einen Entwurf eines tragfähigen Organisationskonzepts vorzulegen, der die Implikationen der kooperativen Aufgabenteilung aufnimmt. In der Organisationsgestaltung konkurrieren zwei Prinzipien miteinander. Orientiert sich die Organisation eher an Merkmalen der Aufbauorganisation, so werden in erster Linie Aufgabenbeziehungen (Stellen), ihre kommunikativen Verknüpfungen und hierarchischen Beziehungen geregelt. Das Primat der Aufbauorganisation, das mit Berufssäulen, Fachabteilungen und Hierarchiegefüge auch Pate für die typische Krankenhausorganisation steht, weist einige Schwachstellen auf. Bereiche und Abteilungen haben die Tendenz sich nach innen zu orientieren und gegeneinander abzuschotten. Das verringert Transparenz und erschwert Kooperation zwischen den Abteilungen. Besondere Probleme entstehen daher an Schnittstellen, die relativ aufwändig mittels hierarchischer Kontrolle koordiniert werden müssen [Dahlgaard u. Stratmeyer 2006, S. 22].

Prozessorganisation nimmt ihren Ansatzpunkt dagegen in den Leistungsprozessen, die hierarchie- und abteilungsübergreifend modelliert werden. Leistungsprozesse im Unternehmen werden als interne Kunden-Lieferanten-Beziehungen verstanden. Der output eines Prozesses markiert im Idealfall eine definierte Qualität, zu der der Lieferant seinen Teilprozess dem Kunden als dessen input übergibt. Der Prozess wird weiterverarbeitet (throughput), um an den nächsten internen Kunden mit ebenfalls garantierter Qualität im Sinne einer Prozesskette weitergeben zu werden.

Die Besonderheit gesundheitsbezogener Leistungsprozesse ist, dass sie nur z. T. nacheinander ablaufen, sondern auch parallel, wie am Beispiel des Zusammenwirkens von Medizinprozess (Diagnostik und Behandlung) und Pflegeprozesses

deutlich wird. Da beide Teilprozesse gegenseitige Implikationen aufweisen, müssen sie zu einem **integrierten Medizin- und Pflegeprozess** (**IMP**) verknüpft werden. Hierzu bedarf es je nach Komplexität des Versorgungsfalles formalisierter Kooperationsformen, an denen die Teilprozesse aufeinander bezogen und zu einem integrierten Prozess verschmolzen werden.

Die Prozesse gehören Prozessverantwortlichen in abgestufter Form [Dahlgaard u. Stratmeyer 2006, S. 43]. Der **Prozesseigner** trägt die Gesamtverantwortung. Er ist Machtpromoter und überwacht die internen sowie externen Kundenbeziehungen. Der **Prozessmanager** setzt den Prozess im Auftrag des Eigners operativ um. Er plant, koordiniert, steuert und kontrolliert den Prozess und stellt damit die Einhaltung der Prozessziele sicher. Unterstützt wird er dabei von Prozessmitarbeitern, die in Prozessteams konkrete Prozessschritte umsetzen.

Der Vorteil der Prozessorganisation liegt in der Konzentration auf die Wertschöpfung. Strukturorganisation wird sich dabei daran messen lassen, inwieweit sie geeignet ist, die Leistungsprozesse zu unterstützen. Arbeitsteilung auf ein vernünftiges und notwendiges Maß zurückgefahren, Entscheidungen werden im Sinne des **Lean-Managements** möglichst nah an die Ebene der Leistungserstellung verlagert [Dahlgaard u. Stratmeyer 2006, S. 23].

Passt man die Grundsätze der Prozessorganisation auf die Besonderheiten der patientenbezogenen Versorgungsprozesse an, so ergeben sich daraus folgende Prämissen:

Der individuelle Behandlungs- und Pflegeprozess wird patientennah modelliert.

Alle Entscheidungen, die nicht unmittelbar am Patientenbett getroffen werden, bedeuten zusätzlichen Aufwand durch Informationsarbeit, Feedback-Schleifen und Risiken an den Schnittstellen. Sie implizieren aber auch, dass Patienten nicht angemessen an Entscheidungen partizipieren, dass nicht mit ihnen, sondern über sie entschieden wird. Die Verlagerung von Entscheidungen fern ab vom Patienten bedeutet zudem, interprofessionelle Entscheidungen zu behindern oder aufwändig über Kooperationsgremien organisieren zu müssen. Auch wenn es nicht bei allen Behandlungs- und Pflegeentscheidungen möglich sein wird, es gilt, dass es dafür grundsätzlich kei-

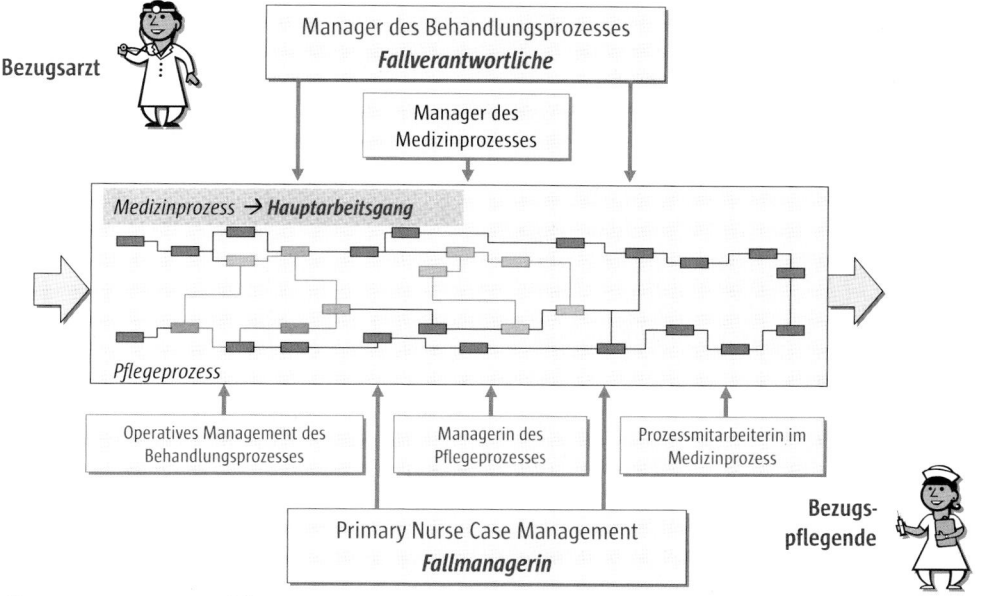

Abb. 3   KoPM-Kernteammodell

nen besseren Ort gibt als am Patientenbett. Allerdings müssen – in erster Linie Ärzte und Pflegende – über die notwendigen fachlichen Kompetenzen verfügen und mit Entscheidungsmandaten ausgestattet sein, und sie müssen über Befugnisse verfügen, ihre Entscheidungen auch innerhalb der jeweiligen Berufsgruppe verbindlich durchzusetzen. In der Regel müssen keine neuen Besprechungsgremien kreiert werden. Vielmehr bietet die tägliche Visite eine für die meisten Fälle ideale Bedingung, die allerdings zu einem Ort der interprofessionellen Begegnung von Patient, Arzt und Pflegenden weiterentwickelt werden muss [Dahlgaard et al. 2007, S. 60ff.].

Eindeutige und zeitlich stabile patientenbezogene Zuständigkeits- und Verantwortungsregelung über den gesamten Prozess des Patientenaufenthalts
Prozess- oder besser Patientenverantwortung im Bezug zur Planung und Steuerung des Versorgungsprozesses darf nicht ständig zwischen den beteiligten Ärzten und Pflegenden wechseln, will man nicht erhebliche Qualitätseinbußen riskieren. Selbst die rationalsten Therapie- und Pflegeentscheidungen beruhen auf Verständnis, Vertrauen, Zuversicht und menschlicher Zugewandtheit, die die Basis für stabile Behandlungs- und Pflegeregimes darstellen. Bei wechselnden Akteu-

ren muss diese Basis mit viel kommunikativem Aufwand mit dem Patienten stets neu hergestellt werden. Zudem bedeuten häufig wechselnde Verantwortlichkeiten eine stetige Quelle möglicher Fehler sowie einen hohen Abstimmungsaufwand zwischen den beteiligten Personen. Ein Arzt, der sich bei der Visite alltäglich mit anderen Pflegekräften vereinbaren muss, stellt gleichermaßen ein Organisationsproblem dar wie eine Pflegekraft, die sich ständig neuen zuständigen Ärzten gegenübersieht.

Das KoPM®-Modell sieht daher vor, patientenbezogene **Kernteams**, bestehend aus Bezugsarzt und Bezugspflegenden, zu bilden. Im Sinne der komplementären Arbeitsteilung kommt dem Arzt für seine von ihm betreuten Patienten die **Fallverantwortung** zu, der alle patientenbezogenen Entscheidungen letztendlich zu vertreten hat (s. Abb. 3).

Der Bezugsarzt hat gegenüber seinem Vorgesetzten (Ober- oder Chefarzt) seine Entscheidungen und sein Vorgehen zu rechtfertigen. Die Bezugspflegende unterliegt der Begründungspflicht gegenüber ihrem Bezugsarzt. Im Interesse einer gedeihlichen Arbeitsbeziehung gilt dieser Grundsatz selbstverständlich auch im umgekehrten Fall (Kooperation 2. Ordnung). Der Prozessnutzen wird dann am größten, wenn der Handlungsspielraum der Bezugspflegenden dabei – wie oben ausgeführt – möglichst großzügig gestaltet wird. Die Steuerung und Koordination des gesamten integrierten Medizin-Pflegeprozesses wird verantwortlich von der Bezugspflegenden übernommen – ihr kommt damit die Funktion des **Fallmanagements** (Bezugspflege-Case Management) zu, die sich z. B. auch auf Fragen der Patientenentlassung oder Überleitung bezieht. Der Bezugsarzt hat dabei lediglich möglichst frühzeitig den Entlassungszeitpunkt festzulegen.

Es sollte deutlich geworden sein, Prozessorganisation schließt nicht nur Prozessverantwortung ein, sondern auch eine **Leistungsgarantie** gegenüber den Kooperationspartnern i. S. der internen Kunden-Lieferanten-Beziehungen. Dies gilt selbstverständlich wechselseitig auch im Binnenverhältnis von Bezugsarzt zu Bezugspflegenden.

Prozessstandardisierungen mit Augenmaß
Prozessorganisation ist ohne ein vernünftiges Maß an Prozess-Formalisierung nicht erreichbar. Die Diskussion des Für- und Wider von standard operating procedures, (Pflege-)Standards, Behandlungspfaden, Verfahrensregelungen u. a. kann an dieser Stelle nicht geführt werden [s. a. Dahlgaard u. Stratmeyer 2006]. Deutlich wird, dass die von ihren Protagonisten z. T. in Aussicht gestellten grandiosen Erwartungen bisher ihrer empirischen Bestätigung noch harren. Der Entwicklungsaufwand und der Variantenreichtum von Entscheidungsbäumen scheint sich oftmals einer Formalisierung entgegenzustemmen. Die entscheidende und mitunter etwas ins Hintertreffen geratene Frage ist doch: Kann das Krankenhaus durch formalisierte Regelungen den alltäglichen **Routinebetrieb wirksam entlasten**, da die Beteiligten gesichert darauf vertrauen können, dass Aufgabenteilungen verbindlich sind und regelhaft wiederkehrende Prozesse einheitlich modelliert sind? Jeder Standard, der dazu einen vernünftigen Beitrag leistet, ist sinnvoll. Jedes Verfahrenshandbuch, das bedeutungslos in Aktenordnern verstaubt, weil beschrieben ist, was alle ohnehin wissen, ist dagegen Ressourcenverschwendung.

Restrukturierung von Leitungsrollen
Die Etablierung des Kooperativen Prozessmanagements kann nicht unbeschadet an den traditionellen Leitungsrollen vorbeigehen. Leitende Ärzte nehmen stärker als bisher eine Doppelfunktion ein. Zum einen sind sie selber Bezugsärzte, wenn

sie (z. B. bei Privatpatienten) direkte Behandlungsverantwortung für Patienten übernehmen. Für sie gilt dann das bisher ausgeführte gleichermaßen. Zum anderen muss ihre Rolle aber sehr stark darauf ausgerichtet sein, den Versorgungsprozess möglichst optimal zu unterstützen. Als Prozesseigner sind sie für die grundlegende Modellierung der Prozesse verantwortlich, z. B. indem sie über die Implementierung neuer Behandlungsverfahren entscheiden. Sie sorgen im Rahmen des Personaleinsatzes und der Personalentwicklung dafür, dass z. B. Bezugsärzte auch über die erforderlichen fachlichen (und sozialen) Kompetenzen verfügen und sie überwachen mithilfe geeigneter Führungsinstrumente die Qualität der Arbeitsausführung. Für viele Ober- und Chefärzte kann dieses bedeuten, sich von der unmittelbaren Einflussnahme auf patientenbezogene Entscheidungen zurückzunehmen. Ihre Rolle ist mehr die eines Coaches im Sinne einer Unterstützung von Entscheidern als die eines Anweisers in Entscheidungssituationen.

Für pflegerische Leitungskräfte sind die Anforderungen an den Rollenwandel gleichermaßen erheblich. In diesem Modell stellt die Bezugspflegende die oberste pflegefachliche patientenbezogene Instanz dar, die nur gegenüber dem Bezugsarzt begründungspflichtig ist. Personalführung bedeutet somit, die Rahmenbedingungen herzustellen, dass bestmögliche fachliche (und soziale) Kompetenzen von Pflegenden in den Funktionen der Bezugspflegenden verfügbar sind – das Kernteam aus Bezugsarzt und Bezugspflegenden stellt gleichsam die Schlüsselstellung im Kooperativen Prozessmanagement dar. Pflegeleitungen übernehmen somit zentrale Aufgaben der Ressourcensteuerung, sichern durch Einführung neuer pflegerischer Verfahren Pflegequalität und überwachen ihrerseits durch geeignete Führungsinstrumente, dass diese Verfahren auch fachgerecht umgesetzt werden. Eine unmittelbare Verantwortung für die Ausformung eines individuellen Versorgungsprozesses gegenüber einzelnen Patienten übernehmen sie dagegen nicht.

Fazit

KoPM® will das das Krankenhaus vom Kopf auf die Füße stellen, indem sie die Organisation primär am Kerngeschäft der Versorgungsprozesse seiner individuellen Patienten ausrichtet. KoPM® ist ein Rahmenmodell, das sich den unterschiedlichen Besonderheiten von Krankenhäusern anpassen kann (z. B. Medizinische Zentren, interdisziplinäres Belegungsmanagement, traditionelle Fachabteilungen). Kompromisslos ist KoPM® allerdings, wenn die genannten Organisationsprämissen in Frage gestellt werden.

Die Einführung des KoPM®-Modells entspricht einem längerfristigen Change-Managementprozess, wobei eine ganze Reihe von Häusern bereits Unstrukturierungen insbesondere im Bereich des Pflegedienstes vorgenommen haben, die sich gut in das Modell integrieren lassen, wie z. B. die Einführung von Primary Nursing oder Case Management. KoPM® wird auf der Grundlage einer ausführlichen Diagnose der kooperativen Leistungsprozesse und Qualität der Zusammenarbeit abteilungs- bzw. zentrumsbezogen unter Beteiligung der ärztlichen und pflegerischen Berufsgruppen eingeführt. KoPM® kann nur erfolgreich sein, wenn es von der Krankenhausleitung und von den Abteilungsleitungen aktiv unterstützt wird.

Literatur

Dahlgaard K, Schürgers G, Stratmeyer P (2007) Kooperatives Prozessmanagement im Krankenhaus. Band 6: Kooperation und Führung. Neuwied, Köln; München

Dahlgaard K, Stratmeyer P (2006) Kooperatives Prozessmanagement im Krankenhaus. Band 2: Prozessorganisation. Neuwied, Köln; München

Dahlgaard K, Stratmeyer P (2008) Kooperatives Prozessmanagement im Krankenhaus. Band 8: Qualifikation und Qualifikationsentwicklung. Neuwied, Köln; München

Sachverständigenrat zur Begutachtung der Entwicklungen im Gesundheitswesen: Kooperation und Verantwortung. Voraussetzungen einer zielorientierten Gesundheitsversorgung. Gutachten 2007 – Kurzfassung

Sachverständigenrat zur Begutachtung der Entwicklung im Gesundheitswesen: Kooperation und Verantwortung – Voraussetzungen einer zielorientierten Gesundheitsversorgung, Gutachten 2007 – Langfassung

5 Exkurs: **Verweildauerorientiertes Case Management als Schlüssel zur Verweildaueroptimierung**

Oliver Rong

Roland Berger Strategy Consultants, Berlin

Case Management ist in aller Munde. Roland Berger hat hierfür ein praxisorientiertes Vorgehen entwickelt, bei dem durch systematische verweildauerbegleitende Kodierung die Voraussetzungen zur Verweildauersteuerung geschaffen werden und mit dem Case Manager ein Berufsbild etabliert wird, das die verantwortlichen Ärzte bei der Steuerung der Verweildauer unterstützt. Innerhalb von ca. 8 Monaten kann dieses verweildauerorientierte Case Management aufgebaut werden mit dem Resultat von systematisch verkürzter Verweildauer, einer optimierten Auslastung und verbesserten Erlösen/verringerten Erlösabschlägen.

Um langfristig erfolgreich sein zu können, müssen Krankenhäuser permanent ihre Strukturen weiterentwickeln und ihre Prozesse anpassen. Wesentlichster Treiber hierfür ist die grundlegende Veränderung des Finanzierungssystems durch die Umstellung auf DRGs. In dieser Situation stehen Krankenhäuser vor der Aufgabe, ihre Kosten an Hand der InEK-Vorgaben zu optimieren und durch Attraktion von zusätzlichen Fällen vorhandene Kapazitäten optimal auszulasten. Krankenhäuser sind auf diese Optimierungsaufgabe nicht ausreichend vorbereitet.

Typische Prozessschwächen im Krankenhaus

- **Die Voraussetzungen für eine optimierte Verweildauer sind nicht geschaffen:** Z. B. erfolgen Einbestellungen von Patienten undifferenziert zu einem Zeitpunkt (Gleichzeitigkeit) und unzureichend vorbereitet (nicht-diagnostiziert, unzureichende Informationsübermittlung durch den zuweisenden Arzt). Zudem sind Diagnostik- und Behandlungsschritte oft unzureichend standardisiert und nicht vorausschauend geplant und die Entlasstermine für den Patienten werden zu spät festgelegt und vorbereitet.
- **Die Voraussetzungen für eine leistungsgerechte und zeitnahe Abrechnung fehlen:** Die DRG-Kodierung erfolgt zeitlich nachgelagert erst nach der Entlassung der Patienten durch Ärzte, medizinisches Hilfspersonal oder zentrale Kodierer. Damit besteht die Gefahr von Erlösausfällen durch unzureichende Kodierung auf Basis von Patientenakten. Weiterhin können Prozessschwächen zu Abrechnungsfehlern und damit Rechnungskürzungen durch die Krankenkassen führen.
- **Steuerungsrelevante Informationen fehlen und abrechnungsrelevante Daten werden zu spät übermittelt:** Ärztliches und pflegerisches Personal haben keine ausreichende Transparenz während des Aufenthalts zur Ist-Situation der Patienten in

Bezug auf Erlöse, aktuelle und Ziel-Verweildauer etc. Zudem werden Standards der Übermittlung von Aufnahmediagnosen nach § 301 SGB V oft nicht eingehalten.

> Prozesse müssen verändert/neu gestaltet werden, um schneller auf die externen Anforderungen zu reagieren. **Prozessinnovation** wird zur Kernaufgabe an der Schnittstelle von medizinischen Abläufen und administrativen (Verwaltungs-)Aufgaben. Ein hierfür geeigneter Ansatz ist **Case Management**.

Case Management wird unterschiedlich definiert. Die grundlegende Definition beinhaltet jedoch i. d. R. eine Einzelfallsteuerung im Sinne einer Begleitung des Patienten durch den Therapiepfad und des Fungierens als primärer Ansprechpartner für den Patienten. Diese Grundgedanken finden sich in vielen unterschiedlichen Stellenprofilen, die bundesweit das Aufgabengebiet von Case Managern bestimmen. Der Roland Berger Ansatz des verweildauerorientierten Case Management beruht auf diesen Prinzipien, hat jedoch eine ganz eindeutige Zielorientierung: Durch Case Manager werden die spezifischen Herausforderungen des DRG-Entgeltsystems aktiv aufgenommen und bewältigt.

Eckpfeiler des verweildauerorientierten Case Management

Primäre Aufgabe des Case Managers ist die **Online-Kodierung** (d. h. laufend verweildauerbegleitend) und die damit verbundene Steuerung der Verweildauer. Dies erfolgt idealerweise über eine stationsnahe Verweildauerberatung von Ärzten und Pflegenden. Schon am Aufnahmetag werden diese über das Zielentlassdatum informiert. Planung/Terminierung des Patienten verbleibt in der Verantwortung der Station. Der Case Manager sorgt für die notwendige Datentransparenz. An Hand tagesaktueller Patienten-DRG-Daten kann das ärztliche Personal Verweildauer gemäß des InEK-Systems steuern und Diagnostik und Eingriffe hieran ausrichten. Gleichzeitig wird früher kodiert und die Dokumentations- und Kodierqualität gesteigert.

Konsequenz: verbesserte Liquiditäts-/Erlössituation, rückläufige MDK-Anfragen.

Der Case Manager führt in Abstimmung mit seinen Kollegen auf anderen Stationen/in anderen Fachbereichen die **Belegungssteuerung** durch. Entlassungen und elektive Aufnahmen des Vor-

tages werden im Rahmen eines Jour-fixe-Termins mit Ärzten und Pflege besprochen. Handlungsbedarfe werden unter Berücksichtigung zu erwartender Notfälle abgestimmt. Notwendige, Stations-übergreifende, interdisziplinäre Lösungen werden zwischen den Case Managern einzelner Bereiche entwickelt und dann mit den jeweiligen Klinikdirektoren abgestimmt.

Konsequenz: Vermeidung der Abweisung von Patienten durch Belegungssituation einzelner Stationen, Optimierung Belegung der Normalstationen.

In Verweildauer-kritischen Fällen erfolgt durch prozessuale und aufbauorganisatorische Verknüpfung von Case Management und Sozialdienst die strukturierte **Patientenentlassung**. Frühzeitiges Bewerten (Assessment, Bsp. Blaylock) des Pflegezustands eines Patienten durch die stationäre Pflege, liefert dem Case Manager die benötigten Informationen, um, wenn nötig, den Sozialdienst zeitnah einzuschalten oder ggf. kleinere Maßnahmen (z. B. Organisation Hilfsmittel) selbst durchzuführen.

Konsequenz: medizinische Nachversorgung gesichert und Patient rechtzeitig in ein funktionsfähiges Umfeld entlassen.

Zusätzlich entwickelt das Case Management gemeinsam mit dem ärztlichen und pflegenden Personal **klinische Pfade** für die häufigsten Diagnosen und vor allem Diagnosen mit hohem Verweildauerpotenzial. Diese dienen in den stationären Abläufen als standardisierte Checklisten, an Hand derer Kosten optimiert und Verweildauern gesenkt werden.

Konsequenz: optimierte Behandlungsverläufe.

Eine relevante begleitende Prozesskomponente des Case Managements ist zudem die strukturierte, spezialisierte **Aufnahmesteuerung** elektiver Patienten je Fachbereich. Dieser zentrale Ansprechpartner (Klinikkoordinator) ist der Kontaktpunkt für die niedergelassenen Ärzte und Patienten. Er prüft die Vollständigkeit präoperativer Untersuchungen/Untersuchungsunterlagen (z. B. Laborbefunde, bildgebende Diagnostik, Überweisungsdokumente), koordiniert elektive Patientenaufnahmen und terminiert die notwendige Aufnahmediagnostik. Für zuweisende, niedergelassene Ärzte ist er ein verlässlicher, erreichbarer Kontaktpartner, der zudem strukturiert Patientendaten erhebt.

Konsequenz zentrale Anlaufstelle: Prozessstandardisierung, Entzerrung Arbeitsspitzen Stationen und

Diagnostik, Vermeidung von präoperativen Tagen sowie (Marktsicht) Steigerung Patienten- und Zuweiserzufriedenheit.

Voraussetzungen zur Einführung von verweildauerorientiertem Case Management

- **Stringente Aufbauorganisation**: Schaffung zentraler Bereich „Case Management" in der Verwaltung – Integration von Case Management, Sozialdienst und Medizincontrolling unter einem „Dach"
- **Durchgängige Prozessintegration**: Zentrale Aufnahmekoordination je Fachabteilung über den Klinikkoordinator in Abstimmung mit den Case Managern mit Schnittstelle zur Bettenbelegung (organisiert von Case Managern und Pflegedienst), engste Zusammenarbeit auch mit den Stationsärzten
- **Funktionale IT-Unterstützung**: Bettenplanung (ähnlich Hotelplanung – inkl. Aufnahme- und geplantem Entlassdatum), integrierte Grouper-Funktionen, tagesgenaue Kennzahlenberichte pro Patient hinsichtlich Verweildauerzielen, Erlöserwartungen sowie dem Status der Aktivitäten des Entlassmanagement
- **Kennzahlensystem und Verankerung in Zielvereinbarungen**: Einbindung des Case Managements in die Leistungsplanung der einzelnen Kliniken mit Festsetzen von Kennzahlen und Leistungs-Indikatoren, die sowohl den Erfolg der Klinik, als auch der Case Manager aufweisen
- **Anforderungsgerechte Qualifikation**: Auswahl von Mitarbeitern, die an solch einem komplexen, integrierten Arbeitsplatz agieren können. Umfassende Primär-Qualifikation in den Aufgabenbereichen sowie kontinuierliche Schulung zur Arbeit mit den jährlichen Änderungen des Entgeltsystems (InEK)
- **Konsequente, diplomatische Umsetzung**: die Einführung eines solchen Case Managements könnte als ein Eingriff in das Verantwortlichkeitsgebiet von Chefärzten empfunden werden. Diese Sichtweise wäre aber vollkommen falsch. Stattdessen ist ein notwendigerweise zentral geführtes Case Management das dezentrale Instrument für die verantwortlichen Ärzte, um die aus den Finanzierungsrahmenbedingungen resultierenden Anforderungen zu bewältigen. Die Case Manager sind Berater der Klinikdirektoren. Bei einem konsequenten Projektmanagement kann die flächendeckende Einführung bei einem Maximalversorger binnen 8 Monaten erfolgen.

Fazit

Verweildauerorientiertes Case Management ist ein sehr gut geeignetes Instrument zur systematischen Verweildauerverkürzung. Mit Case Management werden Krankenhäuser in die Lage versetzt, auf die Herausforderungen im DRG-Zeitalter adäquat zu reagieren. Dabei ist Case Management ein Instrument, das den letztverantwortlichen Arzt von Aufgaben, aber nicht von der Verantwortung der Verweildauersteuerung entbindet. Roland Berger hat dieses Konzept in mehreren kommunalen Krankenhäusern der Maximalversorgung erfolgreich eingeführt und mit diesem Konzept einen Beitrag zur nachhaltigen Zukunftssicherung der Krankenhäuser geleistet.

Das Krankenhaus und seine Infrastruktur

1 Finanzierungs- und Versorgungsauftrag des Krankenhauses

Bernhard Motzkus

Berlin

1.1 Gesundheitspolitische Vorgaben

Hinsichtlich der Investitionsfinanzierung gilt die wirtschaftliche Sicherung der Krankenhäuser als vorderstes politisches Postulat (Langtext KHG). Da die Länder ihren Investitionsverpflichtungen im Krankenhausbau nicht nachgekommen sind, ist nunmehr durch das Krankenhausreformgesetz eine Umstellung der Investitionsfinanzierung von der Einzelförderung auf Pauschalen ab 01.01.2012 vorgesehen.

Mit Fallpauschalen im Landesbasisfallwert und pauschalen, tagesbezogenen Entgelten im Bereich der Psychiatrie und Psychosomatik sollen die genannten Zielsetzungen besser realisiert werden. Dadurch wird die oft diskutierte Monistik durch das KHRG vorbereitet, die duale Finanzierung bleibt jedoch vorerst bestehen.

Die Länder können sich zwischen leistungsorientierten Investitionspauschalen und Einzel- und Pauschalförderung entscheiden (Eigenständigkeitsklausel). Das bedeutet, jedes Bundesland kann entscheiden, ob es an der Einzelförderung festhält oder eine Pauschalförderung zulässt.

Politisch angestrebt ist weiterhin der marktwirtschaftlich freie Wettbewerb. Einheitspreise im Krankenhauswesen (DRG's) laufen einem freien Wettbewerb zuwider. Planwirtschaftliche Bettenvorgaben, fehlender Anreiz zum Bettenabbau (Deutschland liegt in der Weltspitze in der Vorhaltung von Krankenhausbetten) und das Sachleistungsprinzip ohne direkte Kostenbelastung des Kunden (Patienten) fördern die Nachfrage. Nicht die Nachfrage steuert das Angebot, sondern das Angebot erzeugt Nachfrage. Damit ist bisher die politische Zielsetzung des freien Wettbewerbs für Krankenhäuser in Deutschland nicht realisiert.

1.2 Freier Wettbewerb im Vergleich zu anderen Wirtschaftszweigen

Trotz der ständigen Forderung nach mehr Wettbewerb muss bezweifelt werden, dass dieser überhaupt im Gesundheitswesen in Deutschland machbar ist. Freier Wettbewerb nach marktwirtschaftlichen Prinzipien heißt, der Staat hält sich total aus dem Gesundheitswesen heraus. Jeder Patient kauft seine Gesundheitsleistungen persönlich nach dem Angebot am Markt ein und bezahlt diese direkt.

Das würde aber bedeuten, dass wichtige Player im Gesundheitswesen (Kassen, kassenärztliche Vereinigung, Spitzenverbände, Institutionen, Lobbyisten und viele Aufgaben beim

Bundesministerium für Gesundheit, aber auch im Parlament) entbehrlich wären.

Das System wäre unter Zeit- und Kostenaspekten dann sehr günstig ohne administrativen Ballast. Nur ein Bruchteil würde für die Sozialhilfeaufstockung für sozial schwache Patienten benötigt werden. Daraus kann die Forderung abgeleitet werden: Wenn Marktwirtschaft, dann aber richtig!!!?

Wenn die marktwirtschaftlich orientierte Variante sich allerdings nicht umsetzen lässt, dann bleibt tatsächlich nur das staatliche Konzept übrig. Wenn Staatsvariante, dann sollte auch das staatliche Förderkonzept, allerdings in entbürokratisierter Form und ohne Reinvestitionsstau realisiert und akzeptiert werden.

1.3 Wie koordiniert die öffentliche Hand das Leistungsangebot im derzeitigen System

1.3.1 Duale Finanzierung

Im Jahre 1972 wurde als Jahrhundertgesetz das Gesetz zur wirtschaftlichen Sicherung der Krankenhäuser in Deutschland in Kraft gesetzt (KHG). Bis zum Inkrafttreten des KHGs war Investitionsfinanzierung der Krankenhäuser gesetzlich nicht geregelt. Die Folge war, dass viele Krankenhausanlagen baulich total veraltet waren und weitestgehend den ordnungsbehördlichen Anforderungen nicht mehr entsprachen. Insofern war das Gesetz zur wirtschaftlichen Sicherung der Krankenhäuser zwingend notwendig. Es regelte zum einen die pflegesatzorientierte Betriebskostenfinanzierung und zum anderen die Finanzierung zur baulichen Erneuerung der Krankenhäuser im Rahmen der Investitionsförderung. Dabei wurde mit einer staatlichen Krankenhausbedarfsplanung und der Wiederbeschaffungskonzeption für kurzfristige, mittelfristige und langfristige Anlagegüter ein in sich logisches Finanzierungssystem geschaffen. Über Krankenhauspläne der jeweiligen Länder sollte die Investitionssteuerung zur wirtschaftlichen Sicherung der Krankenhäuser erfolgen. Gleichzeitig war ein Strukturierungskonzept eines sogenannten abgestuften Versorgungssystems vorgesehen. Nach fast 40 Jahren muss festgestellt werden, dass unter Berücksichtigung eines Refinanzierungsstaus die Länder ihrer Aufgabe zur Sicherstellung der Daseinsvorsorge im Krankenhausbereich nicht nachgekommen sind und dass eine effektive Regionalplanung in den einzelnen Bundesländern wegen teilweiser massiver Wider-

stände nicht wirtschaftlich orientiert geplant und umgesetzt werden konnte. Die monistische Finanzierung (d. h. Betriebs- und Investitionskostenfinanzierung aus einer Hand über die Pflegesätze) belastet zusätzlich die Krankenkassen, die dann den erheblichen Investitionsstau über die Pflegesatzbudgets abfinanzieren müssen.

1.3.2 Abgestufte Versorgungsangebote

Die Krankenhaus-Investitionsfinanzierung ist abhängig von der Anzahl und Struktur der im Rahmen der Krankenhausplanung vorgegebenen Krankenhaustypen. Dies führt zur Strukturierung über ein abgestuftes Krankenhausversorgungssystem (AVS).

Grundsätze für die Bestimmung von Krankenhausversorgungssystemen

Die regionale Krankenhausversorgung hat im Rahmen der sozialen Infrastruktur den Bedarf von Krankenhausbetten sicherzustellen. Alle Überlegungen über den Bedarf an Krankenhausbetten sind gebietsbezogen. Unter dem Bettenbedarf wird der Bedarf der Bevölkerung einer Region an Krankenhausleistung verstanden.

Zur Bestimmung von Versorgungstypen in einem Krankenhausversorgungssystem sind folgende Ziele gegeben:

- Optimierung ärztlicher und pflegerischer Leistungserstellung
- Erreichung bedarfsgerechter Versorgung mit spezialisierten und allgemeinen Krankenhausleistungen
- Gewährleisten gleichmäßiger räumlicher Erreichbarkeit aller Krankenhausleistungen
- Berücksichtigung schwerpunktmäßiger Ansiedlung von Industriestandorten und Verkehrsschwerpunkten unter dem Gesichtspunkt der Unfallhäufigkeit
- Wirtschaftlichkeit und Krankenhausgröße

Für die Entwicklung von Krankenhaustypen als Elemente des Krankenhausversorgungssystems und für deren regionale Steuerung gibt es prinzipiell zwei Alternativen:

- Einen einzigen Krankenhaustyp (horizontales Krankenhaussystem)
- Verschiedene Krankenhaustypen unterschiedlicher Anforderung (vertikales Krankenhaussystem)

Horizontale Gliederung

Ein horizontal strukturiertes Krankenhausversorgungssystem setzt das Entwickeln nur eines Krankenhaustyps voraus, der sämtliche Fachdisziplinen einschließt. Die notwendige Zahl von Betriebseinheiten wird primär unter Berücksichtigung der Wirtschaftlichkeit des einzelnen Krankenhauses und weitgehend unabhängig von seiner räumlichen Erreichbarkeit ermittelt. Die Aufteilung des Bedarfs an Fachbereich, Fachdisziplinen und Fachbehandlungen auf die Betriebseinheit erfolgt nach gleichen Anteilen für jedes Krankenhaus.

> *Ziel ist das gleichartige, gleichwertige und gleichgroße Krankenhaus.*

Vertikale Gliederung

Das vertikal strukturierte Krankenhaussystem sieht die Entwicklung verschiedenartiger Krankenhaustypen vor; diese werden nach Anforderungsstufen und nach Art und Zahl der Fachbereiche, Fachdisziplinen und Fachbehandlungen sowie nach Bettenkapazitäten unterschieden.

Ziel ist die Zusammenfassung spezieller Fachdisziplinen und Spezialbehandlungen in Krankenhaustypen der oberen und mittleren Anforderungsstufe und die breite Streuung der allgemeinen Fachdisziplinen in den Typen der unteren Anforderungsstufe.

Aus diesen Grundsätzen sind dann die einzelnen Versorgungsstufen abzuleiten, die je nach unterschiedlicher Fächerkanon gekennzeichnet sind als:

- Grundversorgung
- Regelversorgung
- differenzierte Regelversorgung
- Zentralversorgung
- Maximalversorgung
- Ergänzungsversorgung

Anhand der genannten Kriterien können die einzelnen Krankenhaustypen in die Krankenhauspläne aufgenommen werden.

Dabei ist davon auszugehen, dass Krankenhäuser der Grundversorgung die Fachdisziplinen Innere Medizin und Chirurgie sowie die Geburtshilfe im Rahmen der wohnortnahen Versorgung vorhalten. Krankenhäuser der Zentral- und Maximalversorgung verfügen über alle Fachdisziplinen. Der Unterschied zur Maximalversorgung besteht darin, dass diese noch den Bereich der Forschung und Lehre im Hochschulbereich vorhält.

1.4 Planungsinstrumente

Das wesentliche Planungsinstrument zur Sicherstellung einer bedarfsgerechten Krankenversorgung sind die Krankenhauspläne gemäß § 6 KHG. Die sehr umfangreiche Rechtsprechung zur Krankenhausbedarfsplanung zeigt allerdings, dass sich die Länder in der Vergangenheit sehr schwer getan haben, eine gerichtsfeste Krankenhausplanung vorlegen zu können. Die Krankenhausplanung beinhaltet im Wesentlichen die Anzahl der Krankenhausbetten, die Fachdisziplinen und ggf. bestimmte Schwerpunktbildungen und legt den Versorgungsauftrag gem. § 108 und 109 SGB V für die Krankenhäuser fest, der gleichzeitig auch für die Krankenkassen verbindlich ist. Auf der Grundlage der Krankenhauspläne werden dann die Investitionspläne gem. § 6 KHG durch die Länder gestaltet. Das sind die Programme im Rahmen der mittelfristigen Finanzplanung der Länder, die Einzelmaßnahmen in einem Fünfjahreszeitraum mit Angabe der Kostenschätzung je Projekt beinhalten.

Einige Bundesländer haben das Unterscheidungskriterium (z. B. in Berlin) in Versorgungsstufen für die Krankenhausplanung aufgegeben. Die Schwierigkeit besteht darin, sicherstellen zu können, dass einem AVS entsprechend Hochleistungsmedizin und sehr komplexe Leistungen weitestgehend in der oberen Versorgungsstufe und normale Krankenhausleistungen auch in der unteren Versorgungsstufe angeboten werden können. Insbesondere in Ballungszentren wie in Berlin ergab sich die Situation, dass gerade auch kleinere Krankenhäuser Hochleistungsmedizin angeboten haben. Dies war darauf zurückzuführen, dass nicht alle habilitierten Hochschulwissenschaftler selbst in der Universitätsmedizin eine Leitungsposition erlangen konnten. Insofern wurden viele exzellente hochschulmedizinische Fachkräfte auf Chefarztstellen im normalen Krankenhausbereich berufen. Sie haben dann ihre hohe Qualifikation in der Patientenversorgung auch in die unteren Versorgungsstufen mitgenommen.

Unter Wirtschaftlichkeits- und Effektivitätsgesichtspunkten ist ein solches abgestuftes System durchaus richtig, allerdings in der Realität nur sehr schwierig umsetzbar. Es verhindert eine Überausstattung mit medizintechnischen Geräten in der Grundversorgung.

1.5 Mit welchen Hilfsmitteln wurde die Durchsetzung der Planungsvorgaben realisiert?

Im Bereich der Krankenhausplanung werden Krankenhauspläne in unterschiedlicher Tiefenschärfe festgeschrieben bzw. nur noch auf eine Rahmenplanung beschränkt.

Eine Eingrenzung auf eine Rahmenplanung hat aber auch gewisse Nachteile. Eine wesentliche Grundlage der Krankenhausplanung ist der Versorgungsauftrag. Nur über den Versorgungsauftrag haben die Krankenhäuser Planungssicherheit. Je konkreter der Versorgungsauftrag gefasst wird, umso sicherer ist auch die Planungssicherheit. Im Rahmen der jeweiligen Leistungsvereinbarungen auf der Grundlage des Krankenhausentgeltgesetzes sind nicht konkretisierte Versorgungsverträge eher ein Nachteil.

Dem Instrument der Einzelförderungen von mittel- und kurzfristigen Anlagegütern soll nunmehr nach dem Krankenhausfinanzierungsreformgesetz eine DRG-bezogene Krankenhausförderpauschale zur Verfügung gestellt werden. Die wesentliche Kritik am bisherigen System besteht in Folgendem:

- Dualismus verhindert betriebswirtschaftliche Rentabilität
- Unterschiedlicher, ungenügender Fördermittelumfang von Bundesland zu Bundesland
- Auseinanderfallen von Investitionsentscheidung und Kostenverantwortlichkeit
- Bürokratischer Antrags- und Durchführungsprozess
- Dadurch Wettbewerbsverzerrung
- In den letzten 10 Jahren sind die Fördermittel um gut 34 % zurückgegangen; Investitionsstau
- Nötige Investitionen werden aus den „Cashflow" finanziert (Monistik)
- Fehlende Anreize für innovative Innovationen

Mit der Einführung der Krankenhausförderpauschale wird vermittelt, dass damit die einzelnen Krankenhäuser mehr Flexibilität bei der Verwendung der Fördermittel haben. Diese Auffassung lässt sich allerdings nur bei sehr oberflächlicher Betrachtung bestätigen. In der praktischen Umsetzung ist die Förderpauschale im Rahmen des Krankenhausmanagements sehr problematisch zu realisieren, und durch nichts ist garantiert, dass der Refinanzierungsstau dadurch aufgehoben wird (weitere Einzelheiten siehe Kap. 1.7).

1.6 Was ist das Spezifische des Nachfrage-induzierten Systems?

Das Nachfrage-induzierte System erzeugt Krankenhausbettenüberkapazitäten. In diesem System ist der Abbau von teuren Krankenhausbetten äußerst problematisch. Während man in den früheren Jahren Bettenreduzierungen auf Stationsebene begann, kam man unter finanziellen Erwägungen dann dazu, auf ganze Abteilungen zu verzichten. Dieses alles war unter wirtschaftlichen Aspekten in keiner Weise zielführend, da einerseits die Krankenhauserlöse wegfielen, aber andererseits die Fixkostenblöcke blieben. Bei dem in Deutschland vorhandenen Bettenüberangebot wäre es zwingend geboten gewesen, ganze Standorte im Rahmen der Krankenhausplanung aufzugeben. Unter Berücksichtigung der Arbeitsplatzsituation war dies natürlich nicht möglich. Versuche, in Krankenhausplanungen solche Bettenreduzierungen zu erreichen, sind politisch fehlgeschlagen und haben den jeweiligen zuständigen politischen Amtsinhaber oftmals das Amt gekostet. Vergleicht man das Bettenangebot weltweit, so ist Deutschland Spitzenreiter. Jedes Bundesland beruft sich auf das andere und zeigt damit, dass man sich durchaus in einem guten Durchschnittslevel mit der Bettenvorhaltung befindet. Die Bettenanzahl und die Anzahl der Krankenhausstandorte tragen wesentlich den nach dem KHG erforderlichen Investitionsbedarf.

Ein internationaler Vergleich zeigt, dass Deutschland in der Bettenvorhaltung sich weltweit in der Spitzengruppe befindet (s. Tab. 1).

Der sich immer mehr entwickelnde demografische Faktor führt ohnehin dazu, dass in Krankenhausplanungen eher der Trend verfolgt wird, wieder neue zusätzliche Kapazitäten einzuplanen, obwohl dafür keine Finanzmittel zur Verfügung stehen und die DRG-Verweildauerprognosen in Rückkopplung zum internationalen Bereich noch nicht erreicht sind.

1.7 Welchen Einfluss hat das Finanzierungssystem?

Es wird immer wieder diskutiert, ob das duale Finanzierungssystem beibehalten werden soll oder man ein monistisches Finanzierungssystem gesetzlich vorgeben sollte. Die Vertreter des monistischen Systems sind der Auffassung, dass es eine

Tab. 1   Akutbetten je 1.000 Einwohner 1980–2007 im internationalen Vergleich [Deutsche Krankenhausgesellschaft 2009]

	1980	1990	2000	2007
Belgien	–	5,2	4,7	4,3
Dänemark	5,3	4,1	3,5	2,9
Deutschland	–	–	6,8	5,7
Finnland	4,9	–	3,2	3,7
Frankreich	6,2	5,2	4,1	3,6
Griechenland	4,9	–	3,8	3,9*
Irland	4,3	3,2	2,8	2,7
Italien	8,0	6,2	4,1	3,1
Japan	–	–	9,6	8,2
Kanada	4,6	4,0	3,2	2,7*
Luxemburg	–	–	5,7	4,4
Niederlande	–	3,8	3,1	3,0
Österreich	–	7,5	6,3	6,1
Polen	5,6	6,3	5,2	4,6
Portugal	4,1	3,4	3,2	2,8
Schweden	5,1	4,1	2,4	2,1
Slowakische Republik	–	–	5,8	4,9
Spanien	3,8	3,6	2,8	2,5*
Tschechische Republik	8,7	8,6	6,1	5,2
Ungarn	6,6	7,1	5,8	4,1
USA	4,4	3,7	2,9	2,7*
United Kingdom	–	–	3,3	2,6

*Zahlen aus 2006

größere Flexibilität in der Realisierung der Krankenhauserneuerung geben würde. Hier muss allerdings vor einer zu großen Euphorie gewarnt werden, da der Krankenhausbau das komplizierteste Baugeschehen im öffentlichen Hochbau darstellt. Das Krankenhausmanagement ist oft nicht in der Lage, bankfinanzierte Projekte unter Kosten- und Terminplanungsvorgaben (s. Kap. 1.8.1) problemlos zu realisieren.

Neben den immer knapper werdenden Mitteln zur Investitionsförderung der Krankenhäuser zeichnet sich auch ein erhöhter Investitionsbedarf ab durch:

- überkommene bauliche Infrastruktur,
- strukturelle Änderung im Krankenhausbetrieb stationär/ambulant,
- verringerte Liegezeiten,
- notwendige betriebliche Optimierung.

Hinzu kommt, dass die konventionelle Kreditfinanzierung erhebliche Grenzen aufzeigt:

- Finanzkrise führt zu größerer Zurückhaltung bei Kreditvergabe und höheren Kreditzinsen;
- strenge Bewilligungskriterien (Rating);
- kommunalkreditähnliche Konditionen nur bei Kommunalbürgschaft;
- Bereitschaft der Kommunen stark eingeschränkt.

Die Folge ist der zunehmende Bedarf an Erschließung neuerer Finanzierungsquellen.

Modelle zur Erschließung zusätzlicher Finanzierungsquellen

Als Modelle sind zzt. bekannt:

1. *Etablierte Modelle*
- Outsourcing (Vergabe von Dienstleistungen nach außen mit Investitionsunterstützung, z. B. Speisenversorgungsdienstleister mit Investition für neues Küchengebäude)
- Insourcing/Organschaftsmodelle (Dienstleister in gemeinsamer GmbH mit dem Krankenhaus, umsatzsteuerbefreit, evtl. auch Investitionsmitteleinbringung)

2. *Neue Modelle der Investitionsfinanzierung im Krankenhausbereich*
- PPP = Public Private Partnership, Mobilisierung privaten Kapitals und Fachwissens zur Erfüllung der Krankenhausaufgaben. PPP geht in vielen Fällen mit einer Teilprivatisierung von öffentlichen Aufgaben einher.
- Immobilien-Leasing
- Sale and lease back
- Baukonzession: Hierbei handelt es sich um langfristige vertraglich geregelte Zusammenarbeit zwischen öffentlicher Hand und Privatwirtschaft, bei der die erforderlichen Ressourcen (z. B. Know-how, Betriebsmittel, Kapital, Personal etc.) von den Partnern zu gegenseitigem Nutzen in einem gemeinsamen Organisationszusammenhang eingestellt und vorhandene Projektrisiken entsprechend der

Risikomanagementkompetenz der Projektpartner optimal verteilt werden.

Inwiefern sich diese Finanzierungsmodelle in
den kommenden Jahren weiterhin durchsetzen,
bleibt abzuwarten.

1.8 Vorgaben für den Träger

Die Träger befinden sich im Rahmen der Unter-
finanzierungssituation in einer sehr schwierigen Lage. Zum einen haben die Betreiber von
Krankenhausanlagen eine öffentlich rechtliche Betreiberverpflichtung wahrzunehmen
und sind gleichzeitig eingebunden in die zivil-
rechtliche Verkehrssicherungspflicht. Die För-
derpauschalen u. a. für kurzfristige Anlagegüter
sind zu gering, sodass die Erneuerung der Medizintechnik und IT-Kommunikationstechnik im
Rahmen dieser Pauschalen kaum zu realisieren
sind. Zum anderen fordern die Rechtsgrundlagen zur Qualitätssicherung auf der Grundlage des § 135 SGB V natürlich auch eine baulich
und ausstattungsmäßig gut erhaltene Kranken-
hausanlage. Dies ist zzt. weitestgehend nicht
realisierbar.

Dies zeigt, dass es mittelfristig zu erheblichem Sanierungs- und Erneuerungsbedarf
kommt, der in keiner Weise bisher finanziell
abgedeckt ist. Dies muss zwangsläufig zu einer
Verrottung der Krankenhausanlagen führen.
Der jährliche Reinvestitionsbedarf beträgt ca.

4–5 Mrd. €. Davon wird nur ein Bruchteil im
Rahmen der Förderung über die Landeshaushal-
te finanziert. Die bisherige Fördermittelquote hat
sich wie folgt entwickelt (s. Abb. 1).

1.8.1 Baumanagement

Bei der Krankenhauspauschalinvestitionsfinan-
zierung müssen die Krankenhäuser in Zukunft
ein eigenes Baumanagement vorhalten. An die
Stelle der Förderbehörden treten dann die Banken, die noch weniger krankenhausbezogene
Fachkenntnisse aufweisen.

Die Erfahrung der letzten Jahre zeigt, dass die
Fortentwicklung von Kostenschätzungen bis hin
zu Kostenberechnungen des Krankenhausbaus
weitgehend zu Kostenerhöhungen der ursprünglich geplanten Maßnahmen führen. Um dies zu
vermeiden, ist ein sehr qualifiziertes Kranken-
hausplanungsmanagement erforderlich. Zzt. verfügen die meisten Krankenhäuser nicht über ein
solches Planungsmanagement. Allein die Frage
der Abfassung von Architekten- und Fachplaner-
verträgen ist ein besonderes Spezialgebiet, und
die konsequente Wahrnehmung der Bauherren-
funktion nach § 31 HOAI desgleichen. Im Rahmen
der Begleitung von ca. 60 Krankenhausbaumaß-
nahmen ist immer wieder deutlich geworden,
dass das Krankenhausmanagement weitgehend
mit dieser Aufgabe überfordert ist. Andererseits
reicht es auch nicht aus, lediglich einen Architekten ohne qualifizierte Organisations-, Funktions-

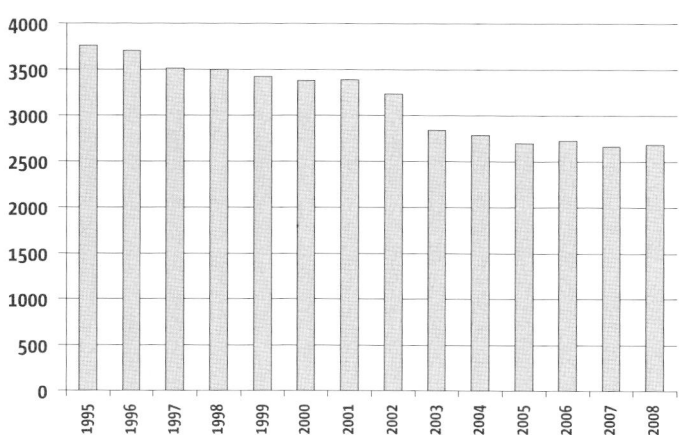

Abb. 1   Entwicklung der Fördermittel nach KHG in Mio. 1995–2008 [Arbeitsgruppe für Krankenhauswesen der AG der
Obersten Landesgesundheitsbehörden 2009. Statistisches Bundesamt 2008]

und Raumprogramme und ein nutzerbegleitendes Projektmanagement an dem ganzen Entwurfsgeschehen arbeiten zu lassen. Hinzu kommt, dass die Fachplaner nach ihren Gebührenordnungen über die Höhe der Kosten der Baumaßnahme ihre Leistungen abrechnen. Dies ist natürlich kein Anreiz zum Kostensparen beim Bauen.

Wie erlebt ein Chefarzt das derzeitige System auf der Krankenhausträgerseite?

Das KHG regelt sowohl die Investition als auch die Betriebskostenfinanzierung. Hinsichtlich der Betriebskostenfinanzierung und der Umstellung auf das DRG-System formuliert ein erfahrener Unfallchirurg aus seiner Erlebniswelt das System wie folgt:

„(...) Groteske Denkmodelle haben sich in den letzten Jahren wie ein Alptraum auf die Wirklichkeit ärztlichen Handelns gelegt. So ist der Arzt im Krankenhaus zum Leistungserbringer geworden, der einem Kunden wirtschaftliche Leistungen in einem Profitcenter zukommen lässt. Ein Kostenträger diktiert Leistungsspektrum und Leistungsmenge und kontrolliert die Ergebnisqualität. Das Überleben der Klinik hängt vom Case Mix Index ab, Inhalte ärztlichen Handelns werden bei Zertifizierungen am Ausmaß der Dokumentationsqualität bewertet, Diagnostik, Behandlungsalgorithmen und StOP's ersetzen Ausbildung und Vorbildfunktion, und selbständiges Denken wird verdrängt durch schematisches Ablaufhandeln.

(...) Wie kann ein Unfallchirurg einen Forecast über Art und Zahl der Verletzungen im nächsten Jahr liefern?

Europakonforme Dienstplanmodelle mit undurchschaubarer Komplexität und Schwierigkeit der Quadratur des Kreises führen dazu, dass ein Patient in 5 Tagen Klinikaufenthalt 5 Ärzte, 7 Schwestern und 3 Reinigungskräfte kennenlernt. Nur 50 % der Ärzte sind in der Kernarbeitszeit anwesend. Der Patient verlangt seinen Arzt für 24 Stunden und weiß genau, dass Übergabebesprechungen und Dokumentationen seinen Fall und sein Risiko nur unzureichend vermitteln können. Wo bleibt der Gedanke des gemeinsamen Handelns am Patienten mit verteilten Aufgaben, wenn Pflegevisite, Arztvisite und Visite der Krankengymnasten nicht mehr gemeinsam durchgeführt werden? Der Patient reklamiert das Recht auf seinen Arzt des Vertrauens und nicht auf einen wirtschaftlich optimierten Leistungserbringer!

(...) Je mehr das persönliche Bewusstsein für Empathie, ethisches und moralisches ärztliches Handeln verloren geht, desto mehr werden die Flure des Krankenhauses mit Leitlinien, Absichtserklärungen und Handlungsmaximen tapeziert. Der Chefarzt selbst mit dem Anspruch an sich, Meister, Vorbild, Koordinator und Entscheider zu sein, wird zum Geräteverantwortlichen, Strahlenschutzverantwortlichen, Dienstplanverantwortlichen, Weiterbildungsverantwortli-

chen, Arbeitsschutzverantwortlichen, Qualitätsverantwortlichen, Katastrophenverantwortlichen, Sachkostenverantwortlichen und Case Mix-Verantwortlichen.

(...) Die Geringschätzung der Ärzte durch Manager des Gesundheitswesens und die zunehmende Fremdbestimmung ärztlichen Handelns durch ökonomische Maxime hat in den letzten Jahren eine Erosion der Selbstbestimmung ärztlichen Handelns und eine Form der Entscheidungsresignation bewirkt, die sich letztendlich nachteilig für den Patienten, aber langfristig auch nicht vorteilhaft für das Krankenhaus auswirken wird.

So bleibt nur die Hinwendung zum ärztlichen Denken und Handeln im direkten Kontakt von Arzt zu Patient als Überlebensstrategie für das Krankenhaus, denn Patienten werden heute wie damals mit den Füßen abstimmen!"

1.9 Wie effektiv greift die Regionalplanung

Die Schwierigkeiten hinsichtlich der Umsetzung der Regionalplanung sind bereits in Kapitel 1.5 dargestellt worden. Durch die weitere Flexibilisierung von Kooperationen im Rahmen der integrierten Versorgung, des Disease Management-Programms und der krankenhausentgeltrelevanten Leistungsplanung im Rahmen der Vereinbarung von Erlösbudgets für Krankenhäuser ist eine Effektivität der Regionalplanung beeinträchtigt.

Hinzu kommt, dass das Krankenhaus von morgen mehr prozessoptimiert gestaltet wird. Der Patient soll im Mittelpunkt des Ablaufs stehen. Es geht darum, die Patientenbehandlung fachabteilungsübergreifend so zu optimieren, dass keine unnötigen Verzögerungen auftreten. Das bedeutet natürlich, dass die bisherige Autonomie der einzelnen Krankenhausabteilungen zugunsten der Gesamtoptimierung reduziert werden muss, ja im Ernstfall sind sogar die einzelnen Fachabteilungen, die weitgehend als Königreiche betrachtet werden (siehe auch Nebentätigkeitsabgaben), überflüssig. Dies wird dazu führen, dass der Aufenthalt des Patienten wesentlich mehr verkürzt werden kann. Es geht darum, dass der Behandlungspfad im Krankenhaus so verändert wird, dass Behandlungsprozesse ohne Unterbrechung ablaufen und damit auch die Kosten der Behandlung deutlich abgesenkt werden können. Ziel ist eine patientenbezogene Prozessoptimierung unabhängig von Abteilungsegoismen.

Damit entfällt allerdings auch eine Bettenzuordnung. Diese muss durch Fallzahlquantifizierungen ersetzt werden. Für Krankenhausbauplanungszwecke ist allerdings eine Bettenausweisung im Rahmen der Stationsrastererfordernisse hinsichtlich der Stapelbarkeit von Stationsgrößen beim Krankenhausbau weiterhin erforderlich.

Die alles wird zu einer veränderten Krankenhausregionalplanung führen, die aber hinsichtlich der gesamten Krankenhausgröße und eines jeweils klar definierten Leistungsspektrums weiterhin staatlich erfolgen sollte, um den Versorgungsauftrag zu quantifizieren und damit dem Krankenhaus auch eine gewisse Planungssicherheit zu geben.

Zusammenfassung

Ein echtes marktwirtschaftliches System ist nicht gewollt (selbst nicht von den Befürwortern) und wird es daher auch nicht geben.

Mischsysteme nach dem Prinzip „ein bisschen schwanger" bzw. „weder Fisch noch Fleisch" sind nicht zielführend.

Daher ist ein uneingeschränktes Bekenntnis zur staatlichen Steuerung und Aufsicht in effektiver und effizienter Struktur mit einer Garantie des Staates zur wirtschaftlichen Investitionsförderung nach dem KHG-Grundkonzept (ohne Reinvestitionsstaus) der richtige Weg.

Es reicht völlig, dass alte Krankenhausfinanzierungsgesetz von 1972 in konsequenter Umsetzungsstrategie zu realisieren, d. h. die Krankenhäuser sind durch ausreichende Investitionen (egal, ob durch Einzelförderung oder durch DRG-Pauschal-System finanziert) wirtschaftlich zu sichern, das Förderverfahren ist zu entbürokratisieren und der Versorgungsauftrag durch eine Fallzahl-Rahmenplanung der Krankenhäuser zur Planungssicherheit zu erhalten; Wildwachstum muss verhindert werden.

Literatur

Deutsche Krankenhausgesellschaft e. V. (2009) Zahlen, Daten, Fakten 2009. Deutsche Krankenhaus Verlagsgesellschaft mbH, Düsseldorf

2 Management und Planungsaufgaben

Peter Lohfert

Lohfert & Lohfert AS, Kongens Lyngby

Planungen im Krankenhauswesen sind die zentralen Steuerungsinstrumente mit denen die Krankenhausstrukturen an Entwicklungen in der Medizin, veränderte gesetzliche Rahmenbedingungen, neue Organisationsformen, technische Fortschritte sowie den demographischen Bevölkerungswandel angepasst werden. Das Management eines Krankenhauses wird daher früher oder später vor eine Situation gestellt, in der es sich mit Planungsaufgaben konfrontiert sieht. Dieses Thema wird an dieser Stelle dahingehend eingeschränkt, dass es Planungen umfasst, die in der einen oder anderen Form die Veränderung der baulichen Situation betreffen, mit anderen Worten Maßnahmen zur Anpassung der Funktionen, der Abläufe, der Leistungen und der Betriebsorganisation. Die Veränderungen können im Bestand eines Krankenhauses oder in Form von Neubauten oder Anbauten erfolgen. Diese Art der Planungsaufgaben grenzt sich von anderen Planungsaufgaben und Projekten im Krankenhaus ab, die ohne Veränderung des baulichen Rahmens zur Verbesserung der Effizienz umgesetzt werden.

Dieses Kapitel empfiehlt daher Vorgehensweisen, Systeme und Organisationsprinzipien zur Strukturierung von Planungsaufgaben für zukünftige bauliche Maßnahmen oder andere größere Investitionen (z. B. Medizintechnik, IT-Anschaffungen). Häufig sind diese Vorhaben in ein kommunales und länderbezogenes Investitionsprogramm eingebettet, in denen die Sinnhaftigkeit und die Wirtschaftlichkeit des Projektes nachgewiesen werden muss. Auch bei einer Finanzierung mit Eigenmitteln, d. h. einer Finanzierung der Investitionskosten aus den Erlösen, die aus dem DRG-System erwirtschaftet werden, ist der Planungsvorgang zu optimieren und der Vorteil einer Investition über Folgekosteneinsparungen nachzuweisen.

Die einzelnen Abschnitte in diesem Kapitel legen besonderes Gewicht auf die Strukturierung des der eigentlichen Planung durch Architekten und Fachingenieuren vorlaufenden Planungsprozesses. Diese zentrale Aufgabe obliegt dem Management des Krankenhauses. Hierbei sind komplexe Fragestellungen zu den künftigen Entwicklungen des Krankenhauses, zu den Aufgaben und Leistungsprofilen der Fachabteilungen, zu den versorgungsrelevanten Infrastrukturen und zu betriebsorganisatorischen Konzepten und Lösungen zu bearbeiten und für Entscheidungen vorzubereiten. Die Fragestellungen sind immer auch vor dem Hintergrund der ökonomischen Gesamtsituation des Krankenhauses zu sehen, in der zu tätigende Investitionen und ökonomischer Erfolg der Investition gegenüber gestellt werden.

In den nachfolgenden Abschnitten werden die Instrumente dargestellt, mit denen das Management des Krankenhauses Planungsprobleme im Zusammenhang mit Neubauten und Umbauten analysieren, Aufgaben strukturieren und entsprechende Planungssysteme entwickeln kann. Darüber hinaus werden die organisatorischen Maßnahmen beschrieben, mit denen die Planungsaufgaben gelöst werden können.

2.1 Wie verschafft sich das Management einen Überblick über Ziele und Aufgaben?

Krankenhäuser der modernen Gesellschaft sind keine sozialen Einrichtungen im eigentlichen Sinn, sondern hochkomplexe, medizintechnisch hochgerüstete Organisationen, die durch Entgelt- und Finanzierungssysteme in ihren Geschäftsergebnissen und Investitionsmöglichkeiten beeinflusst werden.

Krankenhäuser befinden sich deshalb in permanenter Entwicklung. Sowohl in leistungsbezogener Hinsicht (z. B. Betten, Fachabteilungen, Spezialbereiche, medizinische Schwerpunkte), in Relation zum Umfeld (z. B. Marktsituation) als auch unter baulich-funktionellen Gesichtspunkten bestimmen Veränderungen das Geschehen im und um ein Krankenhaus. Andere Krankenhäuser im regionalen Umfeld befinden sich in ähnlichen Situationen. Damit greifen gegenseitige Abhängigkeiten und Faktoren von außen in Entscheidungsprozesse ein.

Das Krankenhaus und sein Management sowie die verantwortlichen Ministerien und Gremien, verschaffen sich mit Hilfe von prospektiven Planungen den notwendigen Überblick für die zukünftige Ausrichtung des Krankenhauses. Damit sind Planungsinstrumente wichtige Werkzeuge, mit denen Ziele und Aufgaben des Krankenhauses unter unterschiedlichen Gesichtspunkten erarbeitet werden.

Neben den regionalen Aufgaben im Rahmen der Landeskrankenhausplanung, deren Auftrag eine Steuerung der übergeordneten Entwicklung im Krankenhausbereich entsprechend der gesundheitspolitischen Rahmenbedingungen ist, verbleibt für das Krankenhausmanagement die Aufgabe, die langfristige Entwicklung des Hauses über Strategieplanungen festzulegen; eine Strategieplanung, die unterschiedliche Teilaspekte zur Erreichung eines Gesamtzieles entwickelt.

> *Die vordringliche Aufgabe ist daher zunächst die Definition des Gesamtzieles für das Krankenhaus, wie z. B. die Verbesserung der*
> - *Marktsituation*
> - *Wirtschaftlichkeit*
> - *Reputation*

Für Universitätskliniken, die unter der Trägerschaft der Länder stehen, sind im Rahmen der gesetzlichen Vorgaben (z. B. ÄAppO, KapVO, KHG) mit den verantwortlichen Ministerien die Zielvorgaben in Lehre, Forschung und Krankenversorgung zu definieren. Diese Zielvorgaben sind mit dem Leistungsspektrum der benachbarten Universitätskliniken abzustimmen und in Planungs- und Finanzierungskonzepte umzusetzen.

Mit der Definition des Gesamtzieles wird für Krankenhäuser und Universitätskliniken der Rahmen abgesteckt, in dem dann Einzelmaßnahmen zur Erreichung dieses Zieles erarbeitet werden. Im Regelfall gehören dazu *Fragen in der zukünftigen Entwicklung* der

- medizinischen Leistungen (z. B. Arbeitsfelder, Marktanalysen),
- medizinischen Strukturen (z. B. Abteilungen, Zentren, Supporteinrichtungen),
- Wirtschaftlichkeit (z. B. Rahmenbedingungen für Investitionen und Betriebskosten),
- personalbezogenen Ressourcen (z. B. Berufungen, Chefarztbesetzungen),
- technischen Systeme (z. B. IT, Archivsysteme, Kommunikationssysteme),
- baulichen Entwicklungen (z. B. energieeffiziente Lösungen)

und darüber hinaus für Universitätskliniken die Fragen der

- Lehrkonzeption (z. B. Studiengänge, Regelstudiengang/Modellstudiengang) und
- Forschungsentwicklung (z. B. Schwerpunkte, Kooperationen).

Die Entwicklungen der oben genannten Themen an Krankenhäusern und Universitätskliniken werden durch Projektpläne miteinander verknüpft, um sicherzustellen, dass die Maßnahmen an den notwendigen Schnittstellen miteinander verbunden werden. Sie bilden die Grundlage für langfristige Investitionspläne, mit denen die ökonomische Seite der Projekte gesteuert wird.

Aufsetzend auf den übergeordneten Projektplänen erfolgt die Festlegung der Maßnahmen und ihres zeitlichen Ablaufes. Detailprojektpläne beschreiben die Einzelheiten. Dieser Gesamtprozess muss in eine Projektorganisation eingebettet sein, die von der Größe des Projektes abhängig ist und die die notwendigen Entscheidungen in den Gremien vorbereitet.

Insgesamt steht das Krankenhaus in diesen Projekten immer im Spannungsfeld zwischen ökonomischen, funktionellen und leistungsbezogenen Einflussfaktoren. Sie gilt es durch die Planungsinstrumente transparent zu machen. Die grundsätzlichen Abhängigkeiten der Krankenhausplanung sind in Abbildung 2 dargestellt.

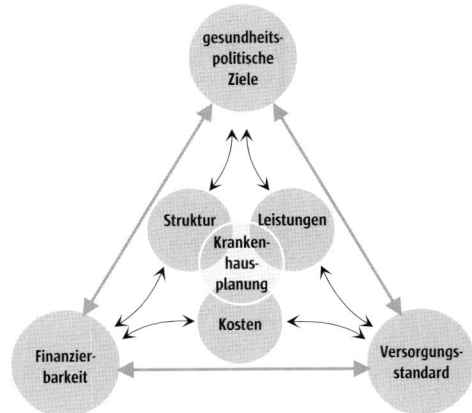

Abb. 2   Abhängigkeiten in der Krankenhausplanung

Die Definition eines strategischen Gesamtzieles sowie die Entwicklung eines übergeordneten Projektplanes ist die Grundlage für den Planungsprozess. Auf dieser Basis können weitere Einzelmaßnahmen festgelegt und die notwendigen Detailprojektpläne erarbeitet werden.

2.2 Wie koordiniert das Management alle an der Aufgabe Beteiligten?

An der Planung von Krankenhäusern und Universitätskliniken sind Entscheidungsgremien, Funktionsträger und Nutzer mit unterschiedlichen Informationsständen und Aufgaben, sowohl in übergeordneten Fragestellungen als auch in der konkreten Projektplanung und bei der Verbesserung bestehender Organisationen, beteiligt. Aus diesem Grund ist es unerlässlich, bei jeder Aufgabe eine Projektorganisation festzulegen, in der Rollen, Kompetenzen und Entscheidungsbefugnisse geregelt sind.

Ziel der Projektorganisation ist Planungseffizienz. Mit der Schaffung von Teilprojekten wird die Aufgabe in überschaubare Komponenten zerlegt. Wichtig ist es, die im Zuge der Planung getroffenen Entscheidungen deutlich zu kommunizieren. Alle Arbeitsgruppen müssen permanent über den gleichen Informationsstand verfügen.

Ein Projekthandbuch beschreibt die Vorgehensweise, die Strukturen und alle erforderlichen Standards für ein Projekt. Ein Organigramm legt Aufgabenprofile, Kompetenzen und Verantwortungen der an der Planung Beteiligten fest. Dieses Regelwerk ist der Leitfaden der Vereinbarungen und dient als Referenz bei unterschiedlichen Standpunkten zwischen Auftraggeber, Projektteam und Projektleiter. Es ermöglicht eine effiziente und einheitliche Abwicklung des Projektes. Die Struktur des Projekthandbuches ist vom jeweiligen Projekt abhängig.

Im Projekthandbuch sind die Normen und Richtlinien festzulegen, die das Projekt bestimmen sollen. Dazu gehören im Einzelfall öffentliche Vorgaben wie Arbeitsstättenrichtlinien, Krankenhausverordnungen und Festlegungen für die Genehmigungsverfahren öffentlich geförderter Projekte. Darüber hinaus sind hier die Prozeduren für die Entscheidungen durch den Träger, für das Änderungsmanagement und für die Protokollführung usw. festzulegen.

Ein besonderes Kapitel im Projekthandbuch ist der Beschreibung der Beschlusslage gewidmet, d. h. der Darstellung der Planungsdeterminanten sowie der bisher getroffenen und verbindlichen Entscheidungen. Dieser Teil des Projekthandbuches wird regelmäßig fortgeschrieben.

Die Inhalte eines Projekthandbuches sind:

- Projektziel
- Projektorganisation
- Projektmethodik
- Rollen, Kompetenzen und Verantwortungen
- Projektteilnehmer
- Standards, Normen und Richtlinien
- Beschlusslage
- Projektdokumentation

Das Abschlusskapitel des Projekthandbuches behandelt die Vorgaben für die Projektdokumentation. Sie besteht in der Regel in der Eröffnung eines IT-gestützten Projektraumes, in den alle Projektdokumente eingestellt werden.

Gemäß DIN 69905 ist ein Projekthandbuch die Zusammenstellung von Informationen und Regelungen, die für die Planung und Durchführung eines bestimmten Projekts gelten sollen.

Durch die Definition des Projektzieles werden der Projektgegenstand und die Erwartungshaltung des Auftraggebers beschrieben. Das Projektziel bestimmt maßgeblich die Organisation und die Arbeitsmethodik für das Projekt.

In den Rollenbeschreibungen werden die Aufgabenbereiche der in der Projektorganisation eingesetzten Mitarbeiter und Gremien festgelegt. Es handelt sich um eine Funktionsbeschreibung, in der Kompetenzen und Aufgabenbereiche dargestellt und gegeneinander abgegrenzt werden. Auf Basis der Rollenbeschreibung werden die geeigneten Mitglieder der Gremien und Arbeitsgruppen ausgewählt.

Das Beispiel einer theoretischen Projektorganisation ist in Abbildung 3 dargestellt.

2.3 Der moderne Planungsansatz für die Krankenhausplanung

Die Medizin des 21. Jahrhunderts wird sich von der der vorhergehenden Jahrhunderte maßgeblich unterscheiden. Dies betrifft einerseits die diagnostischen und therapeutischen Möglichkeiten, andererseits aber insbesondere die Medizinorganisation selbst und demzufolge auch die Organisation der Krankenhäuser. Die stringente Aufteilung in Fachabteilungen wird ersetzt durch Netzwerkstrukturen und prozessausgerichtete Organisationsformen. Die sektorale Trennung zwischen ambulanten und stationären Behandlungen wird zunehmend durch interdisziplinäre Versorgungskonzepte aufgehoben werden. Neue Anbieter im Gesundheitsmarkt werden Medizin als Markenprodukte etablieren.

Der Wandel im Gesundheitssystem bedingt darüber hinaus eine Neuausrichtung der Planungen von Krankenhäusern und Universitätskliniken. Der Planungsvorgang wird interdisziplinär und der komplexen Aufgabe gemäß von unterschiedlichen Fachberatern als Managementaufgabe wahrgenommen werden. Die bürokratische Abarbeitung von ministeriellen Vorgaben wird durch dynamische Systeme ersetzt, in der die Wirkung der Maßnahmen auf die ökonomische Situation eines der wesentlichen Entscheidungskriterien sein wird.

In der Konsequenz erfordert dies ein neues Planungskonzept für Krankenhäuser und Universitätskliniken. Visionäre Konzepte, die maxi-

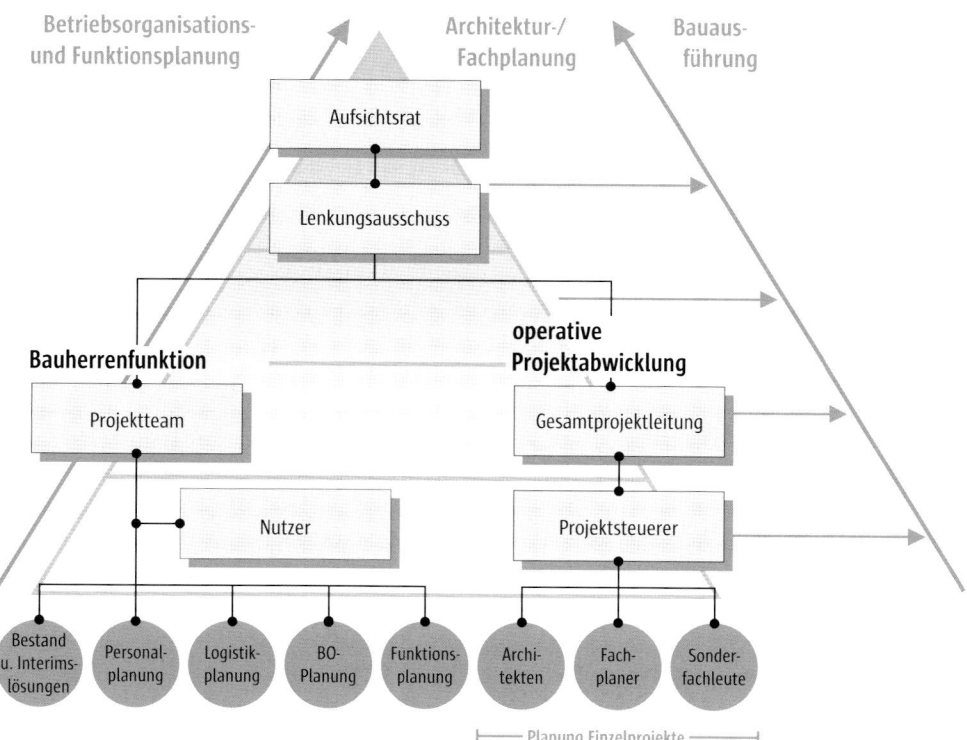

Abb. 3   Aufbau einer theoretischen Projektorganisation

mal auf die Bedürfnisse der Patienten nach einem schnellen und rationellen Durchlauf durch das Krankenhaus ausgerichtet sind sowie optimale Abläufe und Organisationsformen, die dem Personal eindeutige Rollen und Aufgaben zuteilen, sind zu etablieren.

Eines der zentralen Themen in diesem Zusammenhang ist die Steuerfähigkeit der Medizin im Krankenhaus. Ein Teil der medizinischen Maßnahmen an Patienten ist wirkungslos und löst statt einer Verbesserung der Krankheitssituation neue Probleme, Nebenwirkungen und Ressourcenverbrauch aus. Ohne Steuerung medizinischer Leistungen ist eine sinnvolle und gerechte Ressourcenzuteilung im Krankenhaus nicht möglich. Dies erfordert neue Organisationsformen, neue Systeme und eine auf ökonomische Sachverhalte ausgerichtete Planung.

In ökonomischer Hinsicht muss sich das Krankenhaus mit einer neuen Situation auseinandersetzen. Der Rückgang der öffentlichen Investitionsfinanzierung und die neuen Entgeltsysteme nach DRG im Krankenhauswesen haben diese Entwicklung eingeleitet. Massive finanzielle Restriktionen schränken die Toleranz gegenüber ineffektiven baulichen und organisatorischen Strukturen ein. Die Medizin muss da, wo sie Wirkung auslösen kann, möglichst schnell an den Patienten herangebracht werden.

Die Lebenszeit von Krankenhäusern überschreitet in aller Regel die Abschreibungsdauer der getätigten Investitionen. Aus diesem Grund müssen sowohl in den betriebsorganisatorischen Konzepten als auch in der Bautechnologie flexible und veränderbare Lösungen eingesetzt werden, die ein hohes Maß an Anpassungen erlauben. Dies gilt sowohl für Pflegebereiche, in denen sich der Patiententypus und die Patientenzahl kurzfristig ändern kann, als auch für Untersuchungs- und Behandlungsbereiche, in denen neue diagnostische und therapeutische Methoden eingesetzt oder unter geänderten gesellschaftsrechtlichen Strukturen von externen Anbietern angeboten werden.

Diese Forderungen nach *maximaler Anpassungsfähigkeit* stellen hohe Ansprüche an die Planungsinstrumente und an die Planungsverfahren.

Wesentliches Thema im Planungsverlauf zur Realisierung der in der entwickelten Strategie für das zukünftige Krankenhaus festgelegten Vision ist die Struktur- und Leistungsplanung, mit der für die einzelnen Fächer das Leistungsprofil in der Krankenversorgung festgelegt wird. Diese Leistungen sind die flächendimensionierenden und damit investitionskostenbestimmenden Parameter. Bei allen Schwierigkeiten einer präzisen Prognose muss das Krankenhaus, bzw. die Diskussion mit den Sozialleistungsträgern, die Richtung der Entwicklung festlegen. Die Ministerien haben hierbei eine Koordinierungsaufgabe in der Abstimmung der Leistungen zwischen den Einrichtungen. Dies gilt im hohen Maße für Universitätskliniken, bei denen es nicht dem freien Spiel der Kräfte überlassen sein kann, welche Schwerpunkte in der Krankenversorgung und in der medizinischen Forschung an den Einrichtungen vorgehalten werden.

Die Struktur- und Leistungsplanung zur Festlegung der zukünftigen Ausrichtung des Krankenhauses wird durch eine Prozessplanung ergänzt, die die Abläufe für Patienten, Güter, Informationen und ihr Zusammenwirken beschreibt. Man unterscheidet Primär-, Sekundär- und Tertiärprozesse, je nach dem Abstand, den sie zum primären Ablauf im Krankenhaus, der Diagnostik und der Therapie des Patienten haben.

Primärprozesse sind dadurch gekennzeichnet, dass sie eine für den Gesundungsprozess des Patienten unmittelbar beeinflussende ärztliche oder pflegerische Aktivität darstellen; sie generieren in der Regel auch Erlöse. Damit sind ärztliche und pflegerische Tätigkeiten an ambulanten und stationären Patienten Primärprozesse.

Sekundärprozesse sind die Aktivitäten der medizinischen Leistungserbringung, die unmittelbar zur Erbringung der Primärprozesse notwendig sind. Hierzu gehört die Bereitstellung von Ressourcen in Sekundärleistungsbereichen, wie z. B. Radiologische Diagnostik, OP-Bereiche, Zentrallabor, Zentralapotheke usw.

Alle anderen Prozesse werden als Tertiärprozesse bezeichnet, wie z. B. Versorgungs- und administrative Prozesse, da sie von der primären Behandlung der Patienten weiter entfernt sind. Die Gliederung der Prozesse im Krankenhaus ist in Abbildung 4 dargestellt.

Entscheidend für die Gliederung in Primär-, Sekundär-, und Tertiärprozesse ist die Wahrnehmung des Patienten, d. h. bei den Sekundärbereichen handelt es sich aus der Patientensicht um Dienstleistungen für die Primärbereiche.

Die Prozesse des Krankenhauses sind nur steuerbar und führen nur dann zu einem wirtschaftlichen Erfolg, wenn ihnen eine *Leistungsplanung* vor- und

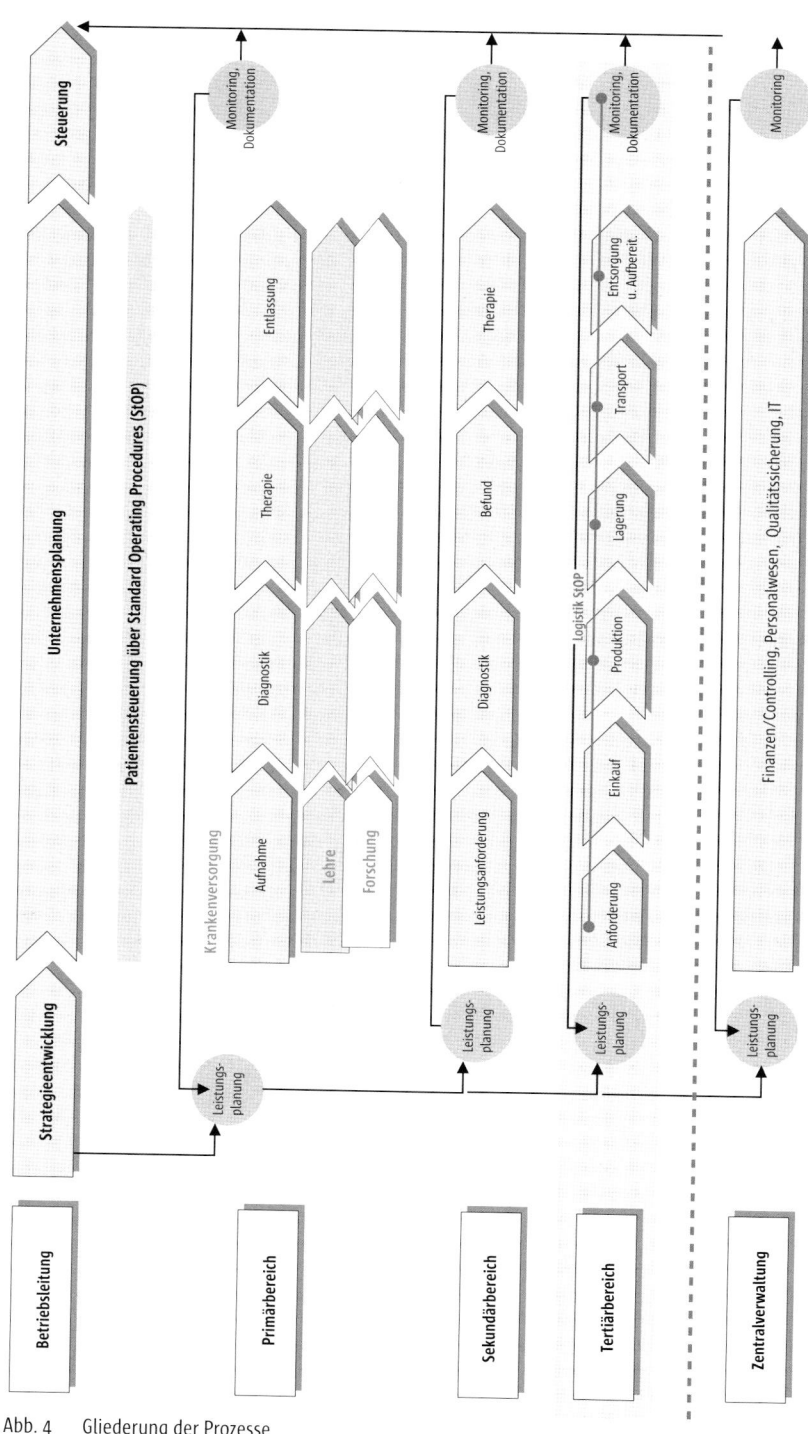

Abb. 4   Gliederung der Prozesse

ein *Monitoring/Dokumentation* nachgeschaltet werden. Der sich daraus ergebende Feedback-Prozess führt zu einer Allokation von Leistungen und Ressourcen in den einzelnen Prozessschritten. Inhalte und Detaillierungsgrad von Leistungsplanung und Monitoring/Dokumentation sind unterschiedlich für Primär-, Sekundär- und Tertiärbereiche.

Zwischen den einzelnen Bereichen bestehen enge Verflechtungen; so wird z. B. der Einkauf im Tertiärbereich weitgehend bestimmt durch die im Primär- und Sekundärbereich ablaufenden diagnostischen und therapeutischen Verfahren (z. B. Steuerung des medizinischen Sachbedarfs).

> *Moderne Krankenhausplanung arbeitet nach einem Planungssystem mit einer vorgeschalteten Betriebsorganisations- und Funktionsplanung, in der Strukturen, Leistungen und Prozesse festgelegt werden, bevor sie die Grundlage für die Architektur- und Fachplanung bilden.*

2.4 Was ist ein Planungssystem?

Ein Planungssystem ist das zentrale, übergeordnete Planungsinstrument für Neubauten, Modernisierungen oder Erweiterungen von Krankenhäusern und Universitätskliniken. Es bildet die Basis für alle weiteren Planungsschritte in medizinorganisatorischer und baulich-funktioneller Hinsicht.

Besonderes Kennzeichen des Planungssystems ist die Gliederung des Planungsprozesses in eine Betriebsorganisations- und Funktionsplanung einerseits, und in eine Architektur- und Fachplanung für die baulich-funktionelle und technische Ausgestaltung des Projektes andererseits. Die Betriebsorganisations- und Funktionsplanung behandelt alle von Seiten des Trägers und des Krankenhausmanagements festzulegenden betrieblichen Vorgaben, die dann als Planungsvorgaben die Grundlage für die technische und architektonische Durchführung des Projektes bilden. Die Informationen über die Funktionen und den Ressourcenbedarf des Krankenhauses, für die die Bauherrenseite verantwortlich zeichnet, werden über die Betriebsorganisations- und Funktionsplanung gefiltert, bevor sie als Planungsvorgaben an die planenden Architekten und Fachingenieure gehen.

Dieser Prozess wird über das Planungssystem gesteuert und ist von einem zunehmenden Genauigkeitsgrad in den einzelnen Planungsstufen

gekennzeichnet. Der Planungsprozess mündet in der Inbetriebnahme des geplanten Gebäudes.

Dieses stufenweise Planungsverfahren stellt sicher, dass die Planungsschritte und Planungsinhalte zum richtigen Zeitpunkt in der richtigen Detailtiefe durchgeführt werden. Die Einzelheiten dieser Planungsschritte sind in einem Projekthandbuch zu beschreiben.

Das Planungssystem eines Projektes behandelt somit auf der Seite der Betriebsorganisations- und Funktionsplanung in einem zunehmenden Genauigkeitsgrad unterschiedliche Aspekte; Beispiele hierfür sind folgende Themen:

- Ziel- und Gesamtplanung
- Struktur- und Leistungsplanungen
- Raum- und Funktionsplanungen
- Funktions- und Prozessplanungen
- Personalplanungen
- Logistik- und Infrastrukturplanungen
- Investitions- und Folgekostenberechnungen
- IT-Planungen
- Inbetriebnahmeplanungen

2.5 Inhalte und Vorgehensweisen in den Planungsstufen

Die Krankenhausplanung sowohl für Neubauten als auch für Sanierungen bestehender Altgebäude ist grundsätzlich in zwei Planungsbereiche zu untergliedern, die eng miteinander verbunden sind:

- Betriebsorganisations- und Funktionsplanung
- Architektur- und Fachplanung.

Die Betriebsorganisations- und Funktionsplanung dient der Feststellung von Strukturen, Leistungen, Prozessen sowie der Organisation und der Erarbeitung der daraus abgeleiteten (Nutz-)Flächen, Investitionen, Personalmengen und Folgekosten. Sie ist prinzipiell der Architektur- und Fachplanung vorgeschaltet. Diese Gliederung ist in der Planungspyramide dargestellt (s. Abb. 5).

Die Betriebsorganisations- und Funktionsplanung beinhaltet unterschiedliche Aspekte der bauherren- und nutzerorientierten Fragestellungen. Inhalte und Genauigkeitsgrade orientieren sich an dem Informationsbedarf der Architektur- und Fachplanung.

Den Ausgangspunkt bildet grundsätzlich eine Ziel- und Gesamtplanung. In der Ziel- und Gesamtplanung werden sowohl übergeordnete Struktur- und Leistungsfragen als auch betriebsorganisatorische Basiskonzepte behandelt. In der Regel

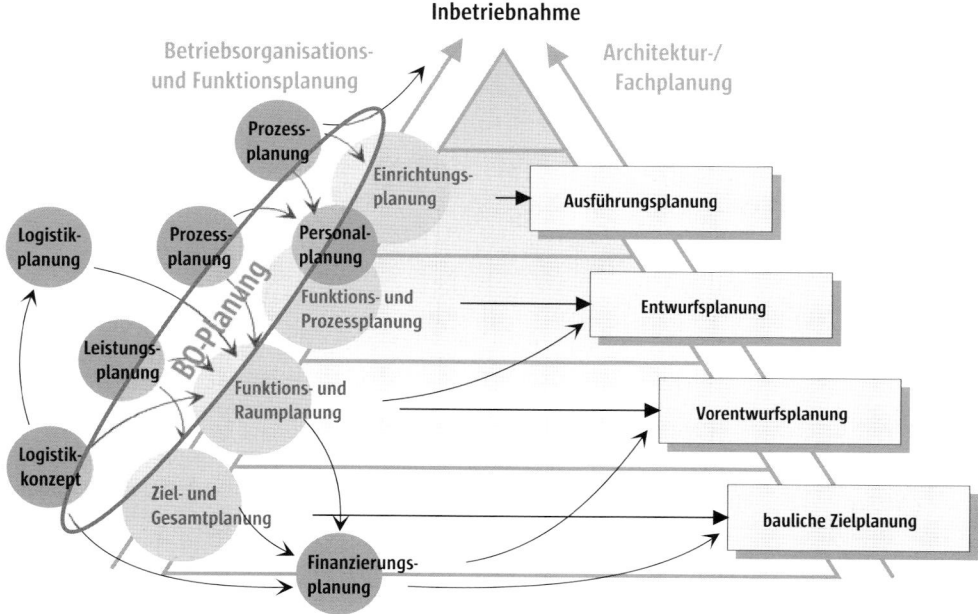

Abb. 5 Planungspyramide der modernen Krankenhausplanung

enthält die Ziel- und Gesamtplanung ein Grobflächenprogramm für die einzelnen Funktionsbereiche (nach DIN 13080), das die Grundlage für den Entwurf einer baulichen Zielplanung darstellt.

Ein wichtiges Spezialthema ist in diesem Zusammenhang die übergeordnete Struktur- und Leistungsplanung, in der wesentliche Strukturen und Leistungssegmente für das Krankenhaus behandelt und die Entwicklungslinien für die Zukunft abgesteckt werden. Damit wird die künftige Position des Krankenhauses am Gesundheitsmarkt definiert, Schwerpunkte und Kompetenzbereiche festgelegt.

Der nächste Planungsschritt umfasst die Funktions- und Raumplanung, die das Ergebnis aller Überlegungen zu Strukturen, Leistungsprofilen und Prozessen in den einzelnen Funktionsbereichen subsummiert. Das Raum- und Funktionsprogramm ist folglich das Endergebnis der betriebsorganisatorischen Festlegungen, die Auswirkungen auf die Nutzflächen eines Projektes haben. Das Raum- und Funktionsprogramm bildet die Grundlage für die Entwurfsplanung.

In einem weiteren Planungsschritt folgt eine Funktions- und Prozessplanung, in der weitere Details der Abläufe festgelegt werden. Bis in alle Einzelheiten sind die Prozesse um den Patienten einschließ-

lich der Schnittstellen zu den IT-Lösungen und zur Logistik zu behandeln. Auf diese Weise wird der Workflow des Patienten bis ins Detail festgelegt und dient als Ausgangspunkt für die Ausführungsprojekte der Architekten und Fachingenieure.

Die Spitze der Planungspyramide bildet die Funktions- und Einrichtungsplanung, auf dessen Basis die Einrichtungsprogramme erstellt werden können. Das bedeutet, dass Geräte, Medizintechnik und die Ausstattung der Einzelräume in Raumbüchern beschrieben werden.

2.5.1 Betriebsorganisations- und Funktionsplanung

Unter Betriebsorganisations- und Funktionsplanung im Krankenhaus versteht man die in der Planungspyramide zusammenlaufenden Planungsaktivitäten, die auf der Seite des Krankenhausträgers die zukünftigen Leistungen, Strukturen und Prozesse im Krankenhaus definieren, bevor sie in einen baulich-funktionellen Rahmen umgesetzt werden. Sie werden auch als *Aufbau- und Ablauforganisation* im Krankenhaus bezeichnet.

Nahezu alle diese organisatorischen Festlegungen haben Auswirkungen auf den reellen physischen Rahmen (z. B. Gebäude, Räume), dem sie zugeordnet sind. Eine der wichtigen Funktionen der Betriebsorganisation ist es also, die Verbindung zwischen theoretischen organisatorischen Voraussetzungen und den Konsequenzen für die baulich-funktionelle Ausgestaltung herzustellen.

Die betriebsorganisatorischen Überlegungen als Grundlage für die Entwurfsplanung legen die Grundsatzkonzeption der Funktionsbereiche, ihren Zentralisierungsgrad und die übergeordnete Leistungsverteilung zwischen den Untersuchungs- und Behandlungsbereichen fest. Diese betriebsorganisatorischen Vorgaben bestimmen u. a. die Kapazitäten und damit den Flächen- und Personalbedarf.

Die tägliche Nutzungszeit der Untersuchungs- und Behandlungseinrichtungen beeinflusst maßgeblich die flächen- und personalbezogenen Kapazitäten.

Im Rahmen der Betriebsorganisationsplanung ist eine Reihe von Leitprinzipien zu definieren, die sich für den klinischen Bereich wie folgt darstellen.

- Die Aufbauorganisation folgt den Prozessen (z. B. Patienten mit ähnlichen medizinischen Pathways in einem Zentrum).
- Die medizinische Leistungserbringung am Patienten erfolgt in Kompetenzzentren (Fachabteilungen), multidisziplinären Kompetenzzentren und Funktionszentren (z. B. Aufnahmezentrum, Diagnostikzentrum, OP-Zentrum, Intensivtherapiezentrum, Pflegezentrum).
- Die Leistungen folgen einem Workflow; die Schnittstellen zu den Ressourcen (z. B. Räume, Personal, IT, Logistik) werden in der Prozessbeschreibung definiert.
- Die Abläufe werden durchgängig durch ein Terminsystem (Bookingsystem) koordiniert.

Die Aufbauorganisation folgt den Prozessen in der Form, dass die Patienten in monodisziplinären Kompetenzzentren (Fachabteilungen) und multidisziplinären Kompetenzzentren geführt werden und möglichst selten ein Wechsel von einer Organisationseinheit in eine andere (z. B. onkologisches Zentrum) vorgenommen wird.

Die Leistungen folgen im Rahmen der Ablauforganisation soweit möglich den Patienten. Darunter wird verstanden, dass die im Rahmen des diagnostischen und therapeutischen Prozesses notwendigen Leistungen vorzugsweise dicht am Patienten erbracht werden, so dass – soweit unter den gegebenen funktionellen, hygienischen und baulichen Gegebenheiten realisierbar – der Patient möglichst wenig transportiert wird.

Die Effizienz des Workflows wird maßgeblich mitbestimmt durch ein Leitstellensystem, mit dem die unterschiedlichen Patientenkategorien durch die Funktionsbereiche des Klinikums gesteuert werden. Dies setzt insbesondere Terminkoordinierungen und Ressourcenplanungen (z. B. Personal, Räume, medizintechnische Geräte) voraus. Ziel ist es hierbei, Wartezeiten bei Patienten und Personal zu minimieren sowie die Ausnutzung der Ressourcen zu optimieren.

Durch die Schnittstellen zum Ressourcenverbrauch werden die Prozesse an Räume, Personaleinsatz, notwendige IT-Module und logistische Ressourcen gekoppelt. Die Ver- und Entsorgungsstützpunkte der Logistik sind möglichst nahe am Patienten zu stationieren, so dass die notwendigen Ver-/Gebrauchsgüter zugriffsfähig und ohne Zeitverzug in die Prozesse integriert werden können.

Die Betriebsorganisations- und Funktionsplanung dient der Verbesserung der Prozesse im Krankenhaus und der Ausrichtung auf wirtschaftliche Strukturen.

2.5.2 Ziel- und Gesamtplanung

Die Ziel- und Gesamtplanung von Krankenhäusern und Universitätskliniken ist in die *regionale Krankenhausplanung* und in die *übergeordneten gesundheitspolitischen Entwicklungen* eingebunden; soweit es Universitätskliniken betrifft, muss sie sich mit den Aspekten der Lehre und Forschung im Medizinbereich auseinandersetzen. Die sich ständig ändernden Gesetzesvorgaben, Reformbestrebungen und Reaktionen auf die Kostensituation im Gesundheits- und Hochschulwesen wirken sich auf Planungsprozesse aus und erfordern eine laufende Fortschreibung der Ziel- und Gesamtplanungen. Nicht systematisch erarbeitete Ziel- und Gesamtplanungen an Krankenhäusern und Hochschuleinrichtungen führen zu Fehlinvestitionen.

Künftige Strukturen und Organisationsformen bestimmen maßgeblich die Effizienz des Krankenhauses. Der Ziel- und Gesamtplanung kommt hierbei eine große Bedeutung zu, weil über Organisationsform und Leistungsverteilung die Position zu den anderen Anbietern im

Gesundheitsmarkt und die ökonomische Situation der Einrichtungen bestimmt wird.

Die Vorgehensweise zur Durchführung der Ziel- und Gesamtplanung basiert zunächst auf einer Festlegung der künftigen Soll-Leistungen und Soll-Strukturen, die die Grundlage für eine theoretische Soll-Flächenbemessung, die Ermittlung der Investitionskosten und Wirtschaftlichkeitsüberlegungen (Kosten-/Nutzenanalysen) bilden.

Ziel- und Gesamtplanungen sind in bestimmten Zeiträumen, z. B. alle 5–8 Jahre, fortzuschreiben. In diesem Zeitrahmen ändern sich die gesundheitspolitischen Zielvorgaben, das regionalplanerische Umfeld und die Versorgungsstrukturen sowie häufig auch die Entgeltsysteme zur Deckung der Betriebs- oder Investitionskosten.

Wesentliche Komponente in ein Ziel- und Gesamtplan ist der Gesichtspunkt der Investitions- und Folgekosten, die die Ziel- und Gesamtplanung über eine definierte Zeitspanne (definiert als Planungshorizont) durch Neubauten oder Sanierungsmaßnahmen auslöst.

Ziel- und Gesamtplanungen enthalten übergeordnete medizin-organisatorische, strukturelle, leistungsbezogene, baulich-funktionelle und wirtschaftliche Festlegungen.

2.5.3 Struktur- und Leistungsplanungen

Struktur- und Leistungsfragen sind der zentrale Ausgangspunkt für Strategieüberlegungen zur Weiterentwicklung medizinischer Einrichtungen. Strukturen medizinischer Einrichtungen haben einen wesentlichen Einfluss sowohl auf die *Betriebskosten* als auch auf die *Flächendimensionierung* neuer Einrichtungen. Mit der richtigen und zweckmäßigen Zuordnung von Fächern, gemeinsamen Einrichtungen und Supportzentren werden Doppelvorhaltungen vermieden und Ressourcen gebündelt. Die Steuerfähigkeit medizinischer Leistungen (in Relation zu dem bestehenden Entgeltsystem) bestimmt die Wirtschaftlichkeit. Der Aufbau einer Zentrumsstruktur wird zu einem wichtigen und entscheidenden Element in der Steuerung der Fächer im Hinblick auf Leistungen, Kosten und Qualität.

Struktur- und Leistungsplanungen sind wesentliche Ausgangspunkte für die Weiterentwicklung eines Krankenhauses und stellen einen Teilaspekt der Ziel- und Gesamtplanung dar. Struktur- und Leistungsplanungen können aber auch als eigene Projekte an den Anfang eines Entwicklungsprozesses gestellt und einer Ziel- und Gesamtplanung vorgeschaltet werden.

Die Leistungsplanung prognostiziert fachteilungsbezogen die Leistungen im ambulanten und stationären Bereich. Sie stellt den Ausgangspunkt für die Flächenberechnung und die Personalbemessung dar. Als zentrale Planungsaktivität in der Betriebsorganisations- und Funktionsplanung werden Leistungsprofile für jede Fachabteilung erstellt, welche sich flächen- und personaldimensionierend auswirken. Insbesondere sind in der Leistungsplanung die wesentlichen betriebsorganisatorischen Vorgaben wie z. B. Nutzungszeiten der Untersuchungs- und Behandlungsräume, Regelarbeitszeiten, Bereitschaftsdienstzeiten etc. festzulegen.

Struktur- und Leistungsplanungen an Universitätskliniken haben ein besonderes Gewicht, weil die Funktionen der Lehre und Forschung in ihrem Mengenprofil zu beschreiben sind. Die Lehrfunktionen werden weitgehend durch Gesetze und Verordnungen vorgegeben. Die Anzahl der Studienplätze in der Humanmedizin regelt sich für die medizinischen Fakultäten und Hochschulen nach der KapVO und den Vorgaben der ÄAppO. Bestimmend für die Anzahl der Studenten an einer Einrichtung ist somit das wissenschaftliche Personal, die Anzahl der geeigneten Patienten und (im Prinzip) auch das zur Verfügung stehende Raumangebot für Lehrfunktionen (Hörsäle, Seminarräume, fachbezogene Kursräume). Die notwendigen Flächen für die Lehrfunktionen einer Universitätsklinik berechnen sich also nicht nach der Studentenzahl, sondern umgekehrt wird die Anzahl der aufzunehmenden Studenten nach den vorhandenen Ressourcen ermittelt.

Die Vorhaltungen für Forschungsfunktionen an einer Universitätsklinik richten sich im Wesentlichen nach der Anzahl der tätigen Wissenschaftler. Über das Lehrdeputat ist der Zeitanteil für einzelne Wissenschaftlergruppen festgelegt, der für Lehrfunktionen bzw. Forschungs-/Krankenversorgungsfunktionen eingesetzt werden soll. Über Flächenrichtwerte pro Wissenschaftler ermitteln sich für die einzelnen Institute der Vorklinik und der klinisch-theoretischen Einrichtungen die Forschungsflächen.

Forschungsflächen für drittmittelfinanzierte Wissenschaftler werden in aller Regel in einem interdisziplinären Forschungsverfügungszentrum untergebracht, weil sich ihre Anzahl ständig an die neuen Forschungsprojekte anpasst. Hier stehen auch gemeinsame Laboreinrichtungen in Form von Arbeitseinheiten, Core Facilities usw. zur Verfügung.

In den Struktur- und Leistungsplanungen für Krankenhäuser und Universitätskliniken wird eine Soll-Situation beschrieben, die zu einer Verbesserung der wirtschaftlichen Situation und der Qualität der Krankenversorgung, Forschung und Lehre führt.

2.5.4 Raum- und Funktionsplanung

Die Betriebsorganisations- und Funktionsplanung mündet in ein Raum- und Funktionsprogramm ein, wenn eine größere Baumaßnahme zur *Neuerrichtung, Umbau oder Nachnutzung* bestehender Einrichtungen führen soll. In diesem Fall ist das Ergebnis, eine theoretische Raumaufstellung, gegliedert nach den *Funktionsbereichen der DIN 13080*, die die Grundlage für Bauanmeldungen (bei öffentlichen Projekten) und für die Architektur- und Fachplanung des Entwurfes bildet. Das Raum- und Funktionsprogramm ist insofern das Endergebnis der flächenrelevanten Vorgaben von Seiten des Krankenhausmanagements und gleichzeitig der Beginn der konkreten Entwurfsplanung.

Raum- und Funktionsprogramme können mit Zuordnungsschemata, Prozessbeschreibungen und Funktionsskizzen (z. B. medizintechnische Ausrüstung der Einzelräume) ergänzt werden, um Funktionsvorgaben in die Entwurfsplanung umzusetzen.

Das Raum- und Funktionsprogramm für ein Projekt wird – sofern es sich um einen Neubau handelt – durch eine Investitionskostenberechnung vervollständigt. Die Kosten des Projektes werden mit Hilfe eines Berechnungsverfahrens ermittelt, in dem die Einzelräume in Abhängigkeit von ihrer Funktion mit einer Kostenart versehen werden. Außerdem wird die Kostenermittlung durch Faktoren, die die Baukonfiguration betreffen, ergänzt. Das am häufigsten angewandte Verfahren dieser Art ist das vom Land Baden-Württemberg entwickelte *KFA-Verfahren*, das auf die spezifischen Gegebenheiten im Krankenhausbau ausgerichtet ist. Diese Methode ist nicht einsetzbar für Umbauten und Modernisierungen, die im Bestand von bestehenden Gebäuden durchgeführt werden.

Raum- und Funktionsprogramme bilden die Grundlage für einen Architekturwettbewerb, der ausgeschrieben werden kann, wenn Varianten zum Thema Realisierung eines Neubaus oder einer Erweiterung eines Krankenhauses gewünscht werden. Öffentliche Träger sind in der Regel verpflichtet, Wettbewerbsausschreibungen vorzunehmen. Auf der Basis von Raum- und Funktionsprogrammen werden Realisierungswettbewerbe durchgeführt, in denen konkrete Lösungen im Entwurf vorgelegt werden. Dem gegenüber stehen städtebauliche Ideenwettbewerbe, die auf der Grundlage von Ziel- und Gesamtplanungen ablaufen.

2.5.5 Funktions- und Prozessplanungen

Im Rahmen der Betriebsorganisationsplanung werden Abläufe und Strukturen im Krankenhaus hinterfragt und neu gestaltet. Die Funktions- und Prozessplanung analysiert die *medizinischen, administrativen und logistischen Abläufe* und gestaltet diese mit *Prozessdarstellungen* anhand von Standard Operating Procedures (StOP).

Prozesse im Krankenhaus beschreiben die Arbeitsabläufe, mit denen das Geschehen um den Patienten bei einem (ambulanten oder stationären) Aufenthalt dargestellt wird. In der Betriebsorganisation werden die Prozesse in die drei Kategorien Primär-, Sekundär- und Tertiärprozesse untergliedert (s. Kap. 2.3).

In der Funktions- und Prozessplanung werden die bestehenden Prozesse analysiert und anschließend daraufhin untersucht, ob sie hinsichtlich ihres Ablaufes, ihrer Beteiligten und der nötigen Supportfunktionen (Räume, Personal und IT) verändert werden sollen. Daran schließt sich die Visualisierung dieser Prozesse mit Hilfe von *Standard Operating Procedures (StOP)* an, um alle wesentlichen Informationen zusammenzuführen. Je nach Zielsetzung und Fragestellung können anhand von StOPs unterschiedliche Genauigkeitsgrade beschrieben werden.

Prozessplanung ist die Grundlage um Abläufe zu beschreiben und Raumzuordnungen vornehmen zu können.

Prozessplanungen im Krankenhaus sind stets in Bezug auf ihre Schnittstellen zur IT-Planung, logistischen Planung und Personalplanung zu überprüfen. Für Universitätskliniken gilt, dass auch die Lehr- und Forschungsfunktionen über Schnittstellen zu den Prozessplanungen der Krankenversorgung verfügen müssen.

2.5.6 Personalplanungen

Aufsetzend auf der Prozessplanung entsteht eine Personalplanung, weil Änderungen in der Betriebsorganisation und in den Abläufen immer mit Personalfragen verbunden sind. Dies gilt insbesondere, wenn mit den betriebsorganisatorischen Vorgaben für ein Projekt auch *Struktur- und Leistungsveränderungen* verbunden sind.

Die Berechnung von Personalressourcen im Krankenhaus ist seit jeher ein schwieriges Thema, weil die Fragen der vorzuhaltenden Personalmenge, insbesondere bei einer Mindestbesetzung, unter den Aspekten der Patientensicherheit und des medizinischen Standards zu sehen sind. Zur Zeit des Selbstkostendeckungsprinzips (vor 1993) gab es keinen Anreiz, Funktionen, Strukturen und Prozesse personalsparend einzusetzen. Mit Einführung des DRG-Systems hat sich dies maßgeblich verändert – gleichwohl stellt sich auch hier die Frage nach den angemessenen Personalvorhaltungen.

Der Algorithmus der Krankenhausplanung, nach dem Strukturen und Leistungen Flächen- und Personalressourcen bestimmen, gilt auch unter DRG-Bedingungen. Das Grundproblem einer gerechtfertigten, einen bestimmten Standard berücksichtigenden Personaldimensionierung bleibt weiterhin ungelöst. Weder die ursprünglich entwickelten Anhaltszahlen noch moderne, aus den DRG abgeleitete und im Entgeltsystem berücksichtigte Personalbemessungsgrößen haben dieses Problem hinreichend im Griff.

Spätestens im Zuge der Inbetriebnahme eines Neubaus müssen alle personalorganisatorischen Fragestellungen geklärt sein. Es muss sichergestellt werden, dass die im Rahmen des Projektes entwickelten Abläufe auch in der geplanten Form in den Betrieb gehen. Zu diesem Zweck ist ein Betriebshandbuch zu erstellen, das für alle Personalgruppen die betriebsorganisatorischen Prinzipien beschreibt, die der Planung zu Grunde gelegt sind. Ablauf- und Ausbauorganisation, die baulich-funktionellen Gegebenheiten und die personalbezogenen Ressourcen in den einzelnen Funktionsbereichen des Krankenhauses können so abgestimmt aufeinander in Betrieb gehen.

Dieses *integrierte Planungsverfahren* ist notwendig, um die im Rahmen der Investition- und Folgekostenberechnung für das Projekt entwickelten ökonomischen Ziele zu erreichen. Projekte werden ohne das beschriebene Planungsverfahren mit einer integrierten Betriebsorganisationsplanung die gesetzten Unternehmensziele, z. B. die ganz- oder teilweise Bedienung der Kapitalkosten, nicht erfüllen.

2.5.7 Logistik und Infrastrukturen

Für die Effektivität der Arbeitsprozesse in einem Krankenhaus ist ein durchgeplantes logistisches System zur Unterstützung der medizinischen Maßnahmen von wesentlicher Bedeutung. Die in der Betriebsorganisationsplanung entwickelten logistischen Grundprinzipien sind im Planungsverlauf weiter zu detaillieren. Die Planung der Logistik in den Funktionsbereichen erfordert frühzeitig eine Festlegung der Stützpunkte, Transportsysteme und Versorgungsfrequenzen.

Dazu sind folgende Themen zu behandeln:
- Mikrologistik im Stationsbereich, Ambulanzzentrum und OP-Bereich
- Modulare Versorgungskreisläufe
- Fallbezogene Versorgung (Prozedurensets, Fallmengen)
- „Just-in-Time" Versorgung

Die logistischen Systeme in einem Krankenhaus werden in der Regel maßgeblich durch die bestehende bauliche Situation geprägt. In Verbindung mit einem Krankenhausneubau oder einer Modernisierungsmaßnahme müssen übergeordnete Logistikkonzepte bereits in die Ziel- und Gesamtplanung aufgenommen und logistische Prozesse nach gleichartigen und standardisierten Prinzipien beschrieben werden. Hier liegen große Optimierungsmöglichkeiten, weil logistische Prozesse im Vergleich zu medizinischen Prozessen einfacher zu standardisieren sind. Auf allen Stationen und in allen Untersuchungs- und Behandlungsbereichen sind nahezu identische logistische Raum- und Funktionskonzepte als Standard festzulegen. Abweichungen gelten für besondere Funktionsbereiche (z. B. Zentral-OP). Auf diese Weise werden Betriebsabläufe und patientenorientierte Prozesse auf ein einheitliches Ver- und Entsorgungssystem ausgerichtet.

Im Zusammenhang mit den logistischen Funktionen müssen auch die Anforderungen an die Transportmedien definiert, die hygienischen Prinzipien beschrieben und die Versorgungskonzepte auf einer übergeordneten Holding- bzw. Trägerebene entwickelt werden.

Die Logistik eines Krankenhauses stellt Supportfunktionen für die Güter- und Warenversorgung sowie die analoge Entsorgung im Rahmen des Krankenhausbetriebes bereit. Die Ver-/Entsorgungseinrichtungen sind insbesondere bei älteren Krankenhausanlagen häufig inhomogene Bereiche, in dem assistierende Funktionen der Versorgung und Entsorgung von Gütern, Geräten, Speisen und Wäsche angesiedelt sind. Der Großteil dieser Einrichtungen lässt sich räumlich in einem Versorgungszentrum zusammenfassen; andere wie z. B. Sterilgutversorgung, Bettenaufbereitung, Haus- und Transportdienste sind häufig in den unmittelbaren klinischen Betrieb integriert.

Je nach örtlichen Gegebenheiten werden einige Supportfunktionen an externe Zulieferer vergeben (Outsourcing). Der Umfang richtet sich nach dem lokalen Angebot und dem Entwicklungsstand des jeweiligen Marktes; Verbundsysteme zwischen externen Anbietern und mehreren Krankenhäusern werden zunehmend etabliert.

Die organisatorischen Grundprinzipien, z. B. die Frage, welche logistischen Funktionen für ein Outsourcing vorgesehen werden sollen und in welchen Funktionen man in ein Verbundsystem mit anderen Krankenhäusern und Einrichtungen eintreten soll, ist im Rahmen einer Logistik-Masterplanung auf Trägerebene zu entwickeln.

Die logistischen Funktionen im Krankenhaus verändern sich zunehmend auch in Hinblick auf die Lagerflächen. Wie in anderen Wirtschaftszweigen werden im Krankenhaus früher übliche Vorhaltungen an Verbrauchsgütern zunehmend nach dem Prinzip „Just-in-Time" von externen Lieferanten bereitgestellt. Selbst Produktionseinrichtungen für die Speisenversorgung reduzieren ihre Lagervorhaltungen drastisch. Dieses Prinzip reduziert die notwendigen Flächen und damit die flächenabhängigen Betriebskosten.

Die Veränderungen im Logistiksystem eines Krankenhauses haben Auswirkungen auf die Personalorganisation und können zu modifizierten Zuständigkeiten und veränderten Personalvorhaltungen führen. Zur Entlastung des Pflegepersonals und zur Optimierung der logistischen Strukturen wird die Güterverteilung häufig eigenen Personalgruppen (z. B. Versorgungsassistenten, Menüassistenten) übertragen. Dieses Konzept erfordert durchgängige (Lagerhaltungs- und Steuerungs-)Prinzipien von der Produktion bis zum Verbraucher. In Bezug auf die Ausstattung der Räume, die Auslegung der für Ver-/Entsorgung vorgesehenen Depots, Lagerflächen und Stauräume wird ein einheitlicher Standard für die jeweilige Krankenhauseinrichtung vorgesehen.

> Nahezu alle Prozesse im Rahmen von Diagnostik, Therapie und Pflege sind maßgeblich abhängig von standardisierten logistischen Supportprozessen. Aus diesem Grund sind bei der Krankenhausplanung die logistischen Funktionen bereits zu einem frühen Zeitpunkt in die Betriebsorganisations- und Funktionsplanung zu integrieren.

2.5.8 Investitions- und Folgekostenberechnungen

Der bauliche Werteverzehr in den Krankenhäusern, die schleppende Umstellung auf moderne Betriebs- und Organisationsformen, das Fehlen prozessorientierter Betriebsabläufe und adäquater Entgeltsysteme, z. B. für ambulante und tagesklinische Leistungen, haben zu einer massiven Steigerung der Betriebskosten geführt. Eine Vielzahl von Krankenhäusern insbesondere in den alten Bundesländern muss umfassend modernisiert oder neu gebaut werden. Die Finanzierung von Projekten im Krankenhausbereich in Deutschland kann sich jedoch nicht mehr auf eine ausreichende öffentliche Förderung stützen. Die Finanzierungsplanung ist somit immer auch Bestandteil von Planungen der konkreten Projektrealisierungen. Sie bildet die Grundlage für die Einstellung der Kosten in den Landeshaushalt und Verhandlungen mit Investoren.

Die Finanzierungsplanung nutzt die Struktur- und Leistungsvorgaben, Investitionen und Folgekosten, um die Realisierbarkeit des Gesamtprojektes mit Hilfe einer Finanzierungsplanung zu überprüfen. Als Folgekosten werden die Veränderungen in den Betriebskosten bezeichnet, die durch Investitionen in Modernisierungen von Krankenhäusern entstehen. Folgekosteneinsparungen können zur Finanzierung von Investitionen herangezogen werden. Einzelne Krankenhausprojekte haben gezeigt, dass eine vollständige Finanzierung der Investition allein aus den Folgekosteneinsparungen möglich ist.

Auf Basis der Investitionskosten und der Folgekosteneinsparungen wird die Refinanzierbarkeit der Investition untersucht. Bei mehreren Realisierungsalternativen lässt sich die ökonomisch beste Variante identifizieren. Unter Umständen können auch nicht-monetäre Kriterien in die Entscheidungsfindung für oder gegen eine Investition einbezogen werden.

> Die Investitions- und Folgekostenberechnungen bilden die Entscheidungsgrundlage, in der eine Empfehlung zugunsten oder gegen eine geplante Investition ausgesprochen wird.

2.5.9 IT-Planungen

Die Informationstechnologie (IT) stellt einen wesentlichen Bestandteil der funktionellen Abläufe und der administrativen Prozesse im Krankenhaus dar. Sie dient der Planung, Steuerung und wirtschaftlichen Sicherung des Krankenhauses in vielen Einzelfunktionen und trägt maßgeblich zur Qualitätssicherung in medizinischen und administrativen Prozessen bei.

Durch den steigenden Kostendruck sind Krankenhäuser auf eine kontinuierliche Optimierung ihrer Arbeitsprozesse angewiesen. Dies erfordert eine effiziente und effektive IT-Unterstützung, die derzeit an vielen Krankenhäusern noch nicht etabliert ist. Die Gründe lassen sich im Wesentlichen in drei Tatbeständen zusammenfassen:

- Komplexitätszunahme und Systemwachstum
- Keine Abstimmung der IT-Funktionen mit der Betriebsorganisation
- Fehlende Wirtschaftlichkeitsbetrachtungen im IT-Bereich

Die IT an Krankenhäusern ist häufig geprägt durch eine gewachsene Vielfalt an Applikationen, heterogenen Systemlandschaften und eine damit verbundene Komplexitätszunahme. Zudem verursachen die vielfältigen, herstellerspezifischen Anwendungen erhebliche Kosten. Die Systemvielfalt führt i. d. R. zu ungenügenden Integrationsmöglichkeiten der Anwendungen untereinander. Ein wesentlicher Grund für die anzutreffende Systemvielfalt sind die isolierten Sichtweisen der anfordernden Fachabteilungen und Funktionsbereiche. Den IT-Abteilungen fehlen häufig die Möglichkeiten, das Einzelinteresse vor dem Hintergrund des Gesamtnutzens zu bewerten. Häufig fehlen den IT-Abteilungen die Ressourcen, das entstandene Patchwork zu beheben. In einer solchen Situation können IT-Abteilungen nur noch reagieren ohne selbst die IT-Entwicklung voranzutreiben.

IT wird von Krankenhäusern häufig als Notwendigkeit und nicht als Chance begriffen. Die Rolle der IT-Abteilung insbesondere in der Weiterentwicklung von Prozessen wird oftmals nicht erkannt. Es fehlen in diesem Zusammenhang vielfach *professionelle IT-Manager*, die neben der technischen Sicht eine prozessgestaltende Rolle in Verbindung mit der Betriebsorganisation einnehmen können.

Der Einsatz von IT-Systemen führt zu Anschaffungskosten und laufenden Supportkosten. Demgegenüber stehen Nutzeffekte, die sich z. B. in verkürzten Prozessdurchlaufzeiten, Verweildauerreduktionen oder auch in qualitativen Kriterien, wie Mitarbeiter- oder Patientenzufriedenheit, widerspiegeln. Diese Effekte werden i. d. R. nicht ausreichend untersucht, um transparente und belastbare Entscheidungen zugunsten oder gegen IT-Investitionen zu treffen.

Angesichts des erheblichen Einflusses der IT auf die Prozesse im Krankenhaus sollte unabhängig von Modernisierungs- und Neubauprojekten ein *IT-Masterplan* erarbeitet werden, der kontinuierlich fortgeschrieben wird. Prozesssteuerung, Terminierungen und Bestellungen von Untersuchungen und Behandlungen, automatische Befundungssysteme, Führung einer elektronischen Patientenakte, Evidenzführung, Steuerung der Logistik usw. werden langfristig Bestandteile eines modulartig aufgebauten IT-Gesamtsystems sein.

Im Rahmen der Betriebsorganisationsplanung bei Krankenhausprojekten sollten bereits frühzeitig die Anforderungen an IT-Systeme über *Standard Operating Procedures (StOP)* festgelegt und die Auswirkungen auf Prozesse, Flächen, Räume und Personal ermittelt werden. Die bestehenden IT-Systeme sind hinsichtlich Vollständigkeit, Effizienz, Anwenderzufriedenheit, Softwareergonomie und Planungsrelevanz zu evaluieren und weiterzuentwickeln. Die zukünftige IT sollte als ganzheitlich funktionierendes System allen ökonomischen, mitarbeiterorientierten und medizinischen Erfordernissen gerecht werden.

Für Universitätskliniken gelten besondere Maßstäbe. Hier sind die Funktionen der Lehre und Forschung häufig in die Krankenversorgung integriert. Patientenorientierter Kleingruppenunterricht und patientennahe Forschungsprojekte nutzen IT-Systeme zur Steuerung und Dokumentation der Prozesse. Dazu gehört z. B. die Koordination des Studienplans in den einzelnen Fächern mit dem Patientendurchlauf in den Hochschulambulanzen.

> Die IT-Planung dient dazu, die technischen und strategischen Möglichkeiten der IT an die Vorgaben der Betriebsorganisation anzupassen.

2.5.10 Inbetriebnahmeplanungen und Schulungen

Die Inbetriebnahme eines neuen Krankenhauses, eines Ersatzneubaus oder eines größeren Sanierungsprozesses ist ein komplexes Vorhaben, in dem eine Vielzahl von Teilprojekten und Aufgaben aufeinander abgestimmt werden müssen.

Die Mitarbeiter sind auf die neue Arbeitsumgebung vorzubereiten und mit der neuen Betriebsorganisation, der neuen räumlichen Situation, gegebenenfalls der neuen IT-Infrastruktur, der neuen Medizintechnik und der neuen Gebäudetechnik vertraut zu machen. Diese Schulungsvorgänge sind planerisch vorzubereiten und auf die neue Mitarbeiterorganisation abzustimmen. Der mit der Inbetriebnahme eines neuen Gebäudes verbundene Umzug ist kapazitiv, zeitlich und logistisch umfassend vorzubereiten und auf die Situation der Baustelle in der Schlussphase und die Sicherstellung der medizinischen Versorgung, insbesondere auch während des Patientenumzugs, abzustimmen.

Vor dem Hintergrund der Komplexität eines solchen Planungsvorhabens ist es zwingend notwendig, die einzelnen Planungsschritte sämtlicher Planungsebenen in einem *strukturierten Detailprojektplan* zusammenzufassen und den Fortschritt der Projektentwicklung für die Inbetriebnahme zeitnah zu überwachen. Ein nicht planvolles Vorgehen kann zu Gefährdungen des Projekterfolgs auf unterschiedlichen Ebenen führen. In Ausnahmefällen ist sogar die Patientensicherheit betroffen, weil der Patientenumzug nicht ausreichend geplant und vorbereitet wurde.

In einem Detailprojektplan werden alle für die Inbetriebnahme notwendigen Teilprojekte beschrieben und die entsprechenden Verantwortlichkeiten definiert. Gemeinsam mit den Beteiligten wird ein Masterinbetriebnahme-Projektplan er-

arbeitet, abgestimmt und überwacht. Die in den einzelnen Arbeitsschritten definierten Teilleistungen werden in Abläufen, Inhalten und Qualität permanent kontrolliert. Dabei werden insbesondere die Abhängigkeiten zwischen den Teilbereichen, die miteinander eng verbunden sind, überwacht. Im Rahmen regelmäßig durchzuführender Masterinbetriebnahme-Sitzungen werden Maßnahmen zur Abwehr möglicher Planabweichungen und Zielkonflikte besprochen und entsprechende Verantwortlichkeiten definiert.

> Die Inbetriebnahme eines neuen Krankenhauses oder Gebäudeteiles erfordert eine umfassende Planung. Alle erdenklichen Risiken sind einzubeziehen, wie z. B. die Patientensicherheit, etwaige Verschiebungen der Inbetriebnahmetermine, eine Verlängerung der Anlaufphase nach Inbetriebnahme usw.

2.6 Idealtypische Konzepte und Standards

Idealtypische Konzepte sind betriebsorganisatorische Lösungen, in denen die Abläufe optimal verlaufen und keine Einschränkungen durch Altbauten oder bestehende baulich-funktionelle Rahmenbedingungen bestehen. Sie sind insoweit hilfreich, als sie das Raster darstellen, an dem sich die reale Lösung der Projekte messen lassen muss. Idealtypische Konzepte lösen in aller Regel die maximal mögliche Folgekosteneinsparung aus, weil der Flächenverbrauch und die Prozessabläufe optimal gestaltet werden können.

Idealtypische Konzepte sind – unabhängig von dem jeweils konkreten Einzelprojekt – zu definierende Bereiche, in denen die Struktur, die betriebsorganisatorischen Vorgaben und die Prozesse optimal ausgelegt sind. Kriterium der Frage, was als optimal zu verstehen ist, ist der für den Patienten bestmöglich zu gestaltende Prozess auf seinem Weg durch das Krankenhaus. Das Kriterium des Idealtypus beinhaltet auch die Wirtschaftlichkeit, womit Fragen der Folgekosten unterschiedlicher Strukturen mit in die Bewertung aufzunehmen sind. Idealtypisch ist insgesamt das Optimum für Patienten und Krankenhaus und nicht die optimale Lösung für einzelne Fachabteilungen.

Für die unterschiedlichen Ressourcen des Krankenhauses (Flächen, Räume, Personal und Einrichtungen/ Medizintechnik) sind im Rahmen einer Planungsmaßnahme Standards einzuhalten bzw. festzulegen, um gleichartige Arbeitsbedingungen für Patienten und Personal zu schaffen. Insbesondere bei Krankenhäusern unter einer Trägerschaft sollte es zumindest langfristig das Ziel sein, größere Unterschiede in den betrieblichen Rahmenbedingungen aufzuheben. Dies gilt auch für betriebsorganisatorische Festlegungen, wie z. B. Arbeitszeiten für das Personal, Mindestbesetzungen, Betriebszeiten für Funktionsbereiche und Betriebskonzepte für Versorgungsfunktionen.

Einige Standards werden von Ministerien, Normenausschüssen oder anderen öffentlichen Einrichtungen vorgeschrieben, wie z. B. Hygienestandards des Robert Koch-Institutes (RKI). Ein Teil dieser Standards ist nicht auf die neueste Entwicklung im Gesundheitswesen ausgerichtet, so dass im Rahmen des Projekthandbuches für das jeweilige Projekt die Verbindlichkeit der Standards festzulegen ist. Im Zusammenhang mit den einzelnen Planungsstufen sind die geltenden Standards noch einmal zu überprüfen, wie z. B. die Flächenstandards und Einrichtungsstandards für Standardräume in der Raum- und Funktionsplanung.

2.7 Konsequenzen aus Investitions- und Folgekostenberechnungen

Zu den wichtigen Instrumenten der Planung für das Management eines Krankenhauses gehören Investitions- und Folgekostenberechnungen, die die wesentlichen Entscheidungskriterien für Neubauprojekte oder Modernisierungen von Altgebäuden bilden. Im Rahmen von öffentlich finanzierten Projekten sind sie eine unabdingbare Forderung bei Bauanmeldungen sowie Verhandlungen mit Ministerien und Landesrechnungshöfen. Sie geben Auskunft über die Sinnhaftigkeit von Investitionen, selbst wenn unter den Bedingungen der dualen Finanzierung die Bedienung von Investitionen über Folgekosteneinsparungen im Betrieb nicht vorgesehen ist.

Die Berechnung von Investitionskosten für Neubauten erfolgt in den ersten Planungsstufen eines Projektes über Kostenrichtwerte auf der Basis von Flächenangaben in m² Nutzfläche (NF). Bei Modernisierungen von Altgebäuden sind der Investitionsstau und der Werteverzehr des Gebäudes, der gebäudetechnischen Anlagen und der Umfang der baulichen Veränderungen zu berücksichtigen. Modernisierungskosten errechnen sich in den ersten Planungsschritten nach Maßgabe eines Prozentsatzes von Neubaukosten.

Die Berechnung der Baukosten für ein Projekt basiert auf der Norm DIN 276, in der die Kosten für das Gebäude, die technischen Anlagen, Erschließung, Ersteinrichtung und Baunebenkosten definiert und gegeneinander abgegrenzt sind. Richtwerte und Benchmarkprojekte bilden die Grundlage, um die Investitionskosten für einen Neubau in den ersten Planungsstufen mit einer Genauigkeit von etwa 10–15 % ermitteln zu können.

Die Erstellung eines Raum- und Funktionsprogramms erhöht den Genauigkeitsgrad der Planung. Mit Hilfe von raumbasierten Kostenflächenarten und der vorgesehenen Baukonfiguration (Anzahl Geschosse, Geschosshöhe) ist eine recht präzise Baukostenermittlung für Neubauten möglich. Die Genauigkeit liegt etwa bei 5 %. Für Modernisierungen und Umbauten verbleibt nur eine Kostenermittlung durch Architekten und Fachingenieure auf Basis einer Abschätzung der Kosten für die Einzelgewerke.

Folgekostenberechnungen für Krankenhausprojekte basieren auf der Annahme, dass durch die geplanten baulich-funktionellen Veränderungen die Betriebskosten verändert werden. Diese Annahme ist dann richtig, wenn mit der baulichen Maßnahme auch gleichzeitig die Betriebsorganisation, die Kapazitätsauslastung der Ressourcen und die Prozesse in Richtung einer höheren Effizienz verändert werden. In diesem Fall ist davon auszugehen, dass

- Flächenveränderungen,
- Strukturveränderungen und
- Prozessveränderungen

entsprechende Folgekostenveränderungen in den einzelnen Kostenarten auslösen. Unter Zugrundelegung der Tatsache, dass einzelne Kostenarten vorzugsweise fallzahlabhängig, pflegetagabhängig, flächenabhängig sind oder Fixkosten darstellen, lassen sich für einzelne Funktionsbereiche und Kostenstellen die Folgekostenveränderungen durch das Projekt feststellen. In diesem Zusammenhang ist sicherzustellen, dass die Leistungen der Einrichtung in der IST/SOLL-Situation als konstant angesetzt werden, weil sich sonst die Kostenveränderung in den vorgenannten Parametern mit Leistungsveränderungen überlagert und nicht sichtbar gemacht werden kann.

Unberücksichtigt in diesem Zusammenhang verbleibt die Erlösseite des Krankenhauses, deren Veränderungen von anderen Einflussfaktoren wie dem Entgeltsystem, der Marktsituation usw. abhängig ist.

Folgekosteneinsparungen können genutzt werden, um auf Basis der Investitionen für das Projekt einen Kapitalwert zu errechnen, wenn eine bestimmte Bauzeit (bis zum Einsetzen der Folgekosteneinsparungen) und eine Nutzungsdauer des Gebäudes (z. B. Abschreibungszeit 30–40 Jahre) angesetzt werden. Die Höhe des Kapitalwertes ist ein Ausdruck dafür, ob das Projekt ökonomisch als sinnvoll einzuschätzen ist. Hierbei spielen auch Fragen des Zinssatzes für aufzunehmende Kredite und die Finanzierungsbeteiligung des Landes eine wesentliche Rolle.

Investitions- und Folgekostenberechnungen sind in einem Krankenhausprojekt kraftvolle Werkzeuge, um Betriebsorganisationsplanung und Objektplanung durch Architekten und Fachplaner zu ergänzen und die Entscheidungen permanent auf den Prüfstand zu stellen.

> Das Modell der Folgekostenberechnung ist in jedem größeren Krankenhausprojekt das zentrale Instrument zur Absicherung der Investitionsentscheidungen.

2.8 Alternative Finanzierungssysteme (PPP)

Um Lücken in der Finanzierung zu schließen, können öffentlich-private Partnerschaften als alternative Investitionsvariante für Krankenhausprojekte in Betracht kommen. Der Begriff *Public Private Partnership* (PPP) beschreibt eine langfristige, vertraglich geregelte Zusammenarbeit zwischen öffentlicher Hand und Privatwirtschaft zur Erfüllung öffentlicher Aufgaben, bei der die erforderlichen Ressourcen (z. B. Know-how, Betriebsmittel, Kapital, Personal) in einer gemeinsamen Organisation zusammengeführt und vorhandene Projektrisiken entsprechend der Risikomanagementkompetenz der Projektpartner angemessen verteilt werden [BMVBS 2003].

Krankenhäuser sollten PPP ins Kalkül ziehen, wenn es sich um besonders dringliche und komplexe Maßnahmen handelt. Hierbei sollten die gesetzlichen Rahmenbedingungen zum Förderrecht (z. B. KHG, Landeskrankenhausgesetze) sowie die vertragliche Ausgestaltung berücksichtigt werden. Voraussetzung für ein PPP-Projekt ist die Durchführung einer Machbarkeitsstudie, in der die Eignung und Wirtschaftlichkeit durch öffentlich-private Partnerschaften untersucht werden muss.

Es bestehen verschiedene PPP-Vertragsmodelle, die sich insbesondere im Hinblick auf den Einflussgrad der Privatwirtschaft unterscheiden. Das PPP-Inhabermodell z. B. beruht auf einer Übernahme von Planung, Bau, Finanzierung, Betrieb und Instandhaltung der neu zu errichtenden oder zu sanierenden Immobilie. Das Krankenhaus bleibt rechtlicher und wirtschaftlicher Eigentümer an Grund, Boden und Gebäuden. Bei Vertragsabschluss wird zwischen Krankenhaus und privatem Auftragnehmer ein regelmäßiges Entgelt vereinbart, welches die Kosten für Planung, Bau, Finanzierung und Betrieb sowie Risiko und Gewinn abdeckt. Die Vertragslaufzeit beträgt in der Regel 20–30 Jahre [BMVBS 2006].

Die Kooperation mit privaten Partnern ermöglicht eine effizientere und effektivere Gestaltung des Bauvorhabens mit Hilfe von flexiblen privatwirtschaftlichen Ressourcen. Dies hat positive Auswirkungen auf die Bau- und Betriebskosten. Zudem ist von einer verkürzten Bauzeit auszugehen. Die Folgekosteneinsparungen können damit früher einsetzen und die erhöhten Betriebskosten des Altbaus früher entfallen. Das wirtschaftliche Risiko wird dabei teilweise auf den privaten Betreiber verlagert. Die Finanzierung erfolgt durch Eigenkapital und langfristige Bankdarlehen, die der private Partner aufnimmt. Die Vorteile durch die Nutzung des privatwirtschaftlichen Management-Know-hows im Rahmen dieser Kooperation sind nicht außer Acht zu lassen.

Trotz aller Vorteile hat sich das PPP-Modell in der Krankenhausplanung bisher nicht durchgesetzt, weil die Fragestellung, wer das langfristig abzusichernde ökonomische Risiko in dem Projekt trägt, schwer zu lösen ist. Insbesondere die sich permanent verändernde Erlössituation im stationären Bereich durch Anpassungen des DRG-Systems und die unsicheren Entwicklungen im ambulanten Bereich lassen häufig kein langfristig abgesichertes ökonomisches Kalkül bei derartigen Projekten zu.

Abkürzungsverzeichnis

ÄAppO	Approbationsordnung für Ärzte
BMVBS	Bundesministerium für Verkehr, Bau und Stadtentwicklung
DIN	Deutsches Institut für Normung
DRG	Diagnosis Related Groups
KapVO	Verordnung über die Kapazitätsermittlung zur Vergabe von Studienplätzen (Kapazitätsverordnung)
KHG	Krankenhausgesetz

NF   Nutzfläche
PPP   Public Private Partnership
RKI   Robert Koch-Institut
StOP   Standard Operating Procedures

Literatur

BMVBS (2003) Gutachten: PPP im öffentlichen Hochbau. Band I: Leitfaden. Berlin

BMVBS (2006) Leitfaden „PPP und Förderrecht". Berlin

Debatin J, Eggert F, Gocke P, Herborn C (2009) ... und fertig ist das Klinikum. WIKOM GmbH., Wegscheid

Deutsches Institut für Normung (2003) DIN 13080. Gliederung des Krankenhauses in Funktionsbereiche und Funktionsstellen. Beuth Verlag, Berlin

Deutsches Institut für Normung (1997) DIN 69905. Projektwirtschaft – Projektabwicklung – Begriffe. Beuth Verlag, Berlin

Deutsches Institut für Normung (2008) DIN 276-1. Kosten im Bauwesen – Teil 1: Hochbau. Beuth Verlag, Berlin

Dirckinck-Holmfeld K, Hornung P, Damgaard-Sørensen H, Heslet L (2007) Sansernes Hospital. Arkitektens Forlag

Kröhnert S, Medicus F, Klingholz R (2006). In: Berlin-Institut für Bevölkerung und Entwicklung (Hrsg.) Die demografische Lage der Nation. Deutscher Taschenbuchverlag, München

Lauterbach K (2007) Der Zweitklassenstaat. Wie die Privilegierten Deutschland ruinieren. Rowohlt Berlin Verlag

Lohfert P (2005) Methodik der Krankenhausplanung. Kopenhagen

Lohmann H, Lohfert C (2007) Medizin im Zentrum des Umbruchs. Hamburg

Nickl-Weller C, Nickl H (2007) Krankenhausarchitektur für die Zukunft. Verlagshaus Braun

Robert Koch-Institut (2009) Richtlinien für Krankenhaushygiene und Infektionsprävention. Urban & Fischer, München

Weber B, Alfen H (2009) Infrastrukturinvestitionen – Projektfinanzierung und PPP. 2. Auflage. Bank-Verlag Medien GmbH Köln

Wischer R, Riethmüller H (2007) Zukunftsoffenes Krankenhaus. Springer, Wien New York

3 Architektur und Technik

Michael Ludes

LUDES Architekten Ingenieure, Recklinghausen

3.1 Bauliche Strukturen im Wandel

Die Forderung nach neuen, effektiveren baulichen Strukturen trifft auf eine Krankenhauslandschaft, die gerade in Deutschland durch große Vielfalt geprägt ist. Art und Umfang des medizinischen Versorgungsauftrages, Trägerschaft und Unternehmenskultur, sozio-ökonomisches Umfeld und städtebaulicher Rahmen – kaum eines der 2.000 deutschen Krankenhäuser gleicht dem anderen.

Im Hinblick auf die baulich-technischen Strukturen sind auch die Besonderheiten der dualen Krankenhausfinanzierung bedeutsam. Sowohl bei der Investitionsförderung durch die Bundesländer, als auch bei der Alimentierung der Betriebskosten durch die Krankenkassen, sind große Unterschiede zwischen den einzelnen Bundesländern zu verzeichnen. Im Ergebnis ist insgesamt ein erheblicher Investitionsstau zu beklagen, der seitens der Experten mit 30–50 Milliarden Euro beziffert wird.

Dennoch lassen sich bei aller Individualität Gruppen von Kliniken identifizieren, die in baulicher Hinsicht ein hohes Maß an Übereinstimmung zeigen und damit – gemessen an einem modernen Anforderungsprofil – ähnliche Schwachstellen und Entwicklungspotentiale aufweisen.

Dabei kann die Entstehungszeit einer Klinik als ein entscheidender Parameter für deren bauliche Ausprägung identifiziert werden. Es ist demzufolge für das Verständnis der baulichen Strukturen durchaus aufschlussreich, die historische Entwicklung dieses Bautyps in ihren Grundzügen zu kennen. Dabei kann hier schon aus Platzgründen keine Entwicklungsgeschichte des europäischen Krankenhausbaus entfaltet werden. Vielmehr sollen exemplarisch und in chronologischer Reihenfolge die Grundtypen skizziert werden, die für unsere heutige Krankenhauslandschaft noch Bedeutung haben.

3.1.1 Pavillontyp

Ursprünglich in England mit dem Ziel der Infektionsprophylaxe entstanden (Royal Naval Hospital London, 1697) war dieser Bautyp beginnend in den 70er-Jahren des 19. Jahrhunderts bis zum 1. Weltkrieg für den Klinikbau in Deutschland prägend. Vor allem bei der Errichtung neuer Großkrankenhäuser zur Versorgung der stark wachsenden Bevölkerung in den Ballungsräumen, kamen Pavillonstrukturen zum Einsatz. Berühmte Beispiele sind Berlin-Friedrichshain (1868), Hamburg-Eppendorf (1884), das Rudolph-Virchow-Krankenhaus Berlin (1899–1906) oder das Schwabinger Krankenhaus in München (1907–1914).

In seiner Grundstruktur besteht der Typ aus quer zu einer zentralen Symmetrieachse angeordneten, einzelnen Pavillons, teilweise durch Gänge miteinander verbunden. Anfangs- und Endpunkte der zentralen Erschließungsachse sind in der Regel durch repräsentative Gebäude für die Administration und Servicefunktionen (Kapelle), flankiert durch Bautrakte für die Ver- und Entsorgung besetzt (s. Abb. 6). Die meist ein- oder zweigeschossigen Pavillons weisen jeweils eine Pflegeeinheit pro Ebene einschließlich direkt zugeordneter Räume für die medizinische Grundversorgung auf. Die Architektursprache ist häufig der Entstehungszeit entsprechend durch Formen der Neogotik oder des Neobarock geprägt.

Die hohe Maßstäblichkeit und leichte Orientierbarkeit dieser Anlagen, die auch durch ihre intensive Verzahnung mit den häufig gut durchgrünten Freiräumen bestechen, wird unter Zugrundelegung heutiger Maßstäbe durch starke funktionale Defizite sowie extrem lange Wege erkauft. Den Anforderungen interdisziplinär angelegter, stark vernetzter Untersuchungs- und Behandlungsprozesse können diese Baustrukturen selbst dann nicht mehr gerecht werden, wenn – wie häufig geschehen – einzelne Pavillons durch größere Teilkliniken – meist ohne klare Gesamtkonzeption – ersetzt werden. Auch der Ansatz einer Nachverdichtung der bestehenden Strukturen bei Beibehalt der Gesamtkonzeption bleibt unter ökonomischen Gesichtspunkten fragwürdig. Aktuelle Beispiele wie Hamburg-Eppendorf illustrieren, dass wohl nur ein (Teil-)Neubau möglicherweise bei Wahrung der historischen Adresse zu funktional befriedigenden Lösungen führt.

Selbst in Bereichen mit geringerem funktionalem Optimierungsdruck, wie der Psychiatrie oder der Rehabilitation wird die Pavillonanlage rasch an ihre ökonomischen Grenzen stoßen.

3.1.2 Blocktyp

Schon in den Jahren vor dem ersten Weltkrieg war in Folge der wachsenden hygienischen Kenntnisse, die auf den grundlegenden bakteriologischen Forschungen von Louis Pasteur aufbauten, die Sinnhaftigkeit des Pavillontyps im Hinblick auf die Infektionsprophylaxe in Frage gestellt worden. Gleichzeitig entwickelte sich mit den wachsenden Untersuchungs- und Behandlungsmöglichkeiten die Notwendigkeit einer engeren Vernetzung der Pflege mit nun nur noch zentral vorzuhaltenden neuen Funktionsbereichen (z. B. Radiologie).

In Folge dessen wurde der Pavillontyp sehr rasch und konsequent durch kompaktere, als Blocktyp bezeichnete Bauformen abgelöst, die bis in die Zeit nach dem zweiten Weltkrieg hinein für Klinikneubauten prägend wurden.

Der Blocktyp fasst die unterschiedlichen Funktionen in einem mehrgeschossigen, häufig spiegelgliedrig organisierten, kompakten Gebäude zusammen, bei dem die Stationsbereiche in den Gebäudeflügeln durch Funktionen, sowie Ver- und Entsorgungsfunktionen etwa in einem Mittelrisalit ergänzt werden (s. Abb. 7).

Exemplarisch sei hier der Neubau des Klinikums Fürth (1928–1931) erwähnt, der in einer sich eindrucksvoll bis auf 6 Geschosse empor staffelnden Großform alle für die Versorgung von ca. 1.000 Patienten erforderlichen Funktionsbereiche in einem Gebäude zusammenfasst. Den Kulminationspunkt erreichte diese Entwicklung sicher

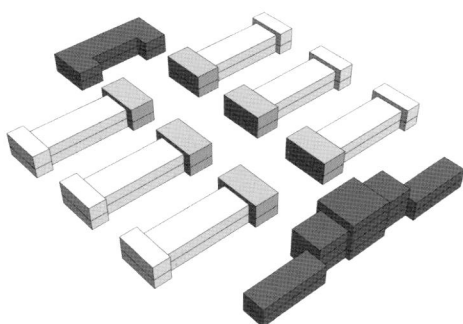

Abb. 6   Pavillontyp

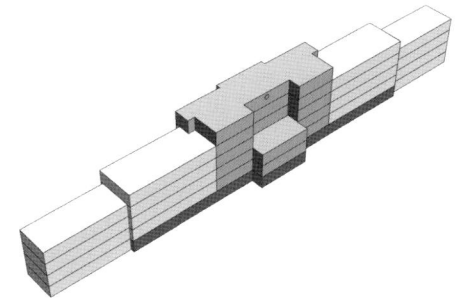

Abb. 7   Blocktyp

auch unter dem Druck hoher Bodenpreise in den Ballungszentren der Vereinigten Staaten (Cornell Medical College New York 1931).

Die Vorteile gegenüber dem Pavillontyp liegen in einer drastischen Reduzierung der horizontalen Wege bei zunehmender Abhängigkeit von vertikalen Erschließungselementen, insbesondere leistungsfähigen Aufzuggruppen. Auch der Blocktyp war gemessen an heutigen Kliniken stark pflegelastig. Die Baustrukturen sind auf Grund der in der Regel großzügigen Geschosshöhe einerseits entwicklungsfähig, andererseits durch ein Konstruktionssystem mit tragenden Innenwänden in der Grundrissgestaltung relativ unflexibel. Eine häufig 1½ hüftige Konzeption der Pflegebereiche mit einer Konzentrierung aller Bettenzimmer auf einer (Süd-)Seite, führt zusammen mit großzügig ausgelegten Verkehrsflächen zu einer vergleichsweise hohen Kubatur pro Nutzeinheit. Dennoch bietet der Blocktyp bei Einhaltung klarer struktureller Vorgaben in den erforderlichen Erweiterungen gute Voraussetzungen für eine Integration in moderne Klinikstrukturen.

3.1.3 Horizontaltyp

In der Zeit nach dem 2. Weltkrieg wurden infolge des raschen medizinischen Fortschritts die Untersuchungs- und Behandlungseinrichtungen immer dominanter. Das Streben nach neuen baulichen Strukturen konzentrierte sich primär auf die Frage einer optimalen Zuordnung dieser Funktionen zur Pflege.

Beim Horizontaltyp liegen die Pflege- sowie die Untersuchungs- und Behandlungsbereiche – ursprünglich nach Fachdisziplin geordnet – auf einer Ebene. Ziel ist es, die jeweiligen Funktionen horizontal den zugehörigen Pflegebereichen zuzuordnen, um vertikale Wege weitgehend zu vermeiden. Bettenhaus und Funktionstrakt stehen sich somit ebenengleich gegenüber.

Als sogenannter T-Typ hat diese Bauweise den Krankenhausbau insbesondere der 50ziger und 60ziger Jahre in Deutschland dominiert. Dabei werden zwei, linear angeordnete Bettenhäuser über ein zentrales Erschließungselement mit einem senkrecht zu ihnen platzierten Funktionsbereich verknüpft (s. Abb. 8). Zuordnungsvarianten werden nach ihrer Erscheinungsform H-Typ, X-Typ oder Y-Typ bezeichnet.

Vorteil des Vertikaltyps ist die Konzentration der Untersuchungs-, Behandlungs- und Pflegeflä-

chen einer oder mehrerer Fachdisziplinen auf einer Ebene bei guter Übersicht und kurzen Wegen. Vertikale Patiententransporte werden minimiert.

Nachteilig ist, dass die horizontalen Wege im Allgemeinen länger als bei „Turm"-Lösungen werden. Die installationsbedingt größere Geschosshöhe der Funktionsbereiche muss auf die Pflegebereiche übertragen werden. Hierdurch erhöht sich die Kubatur. Problematisch ist die räumliche Isolierung der Fachdisziplinen, die heutigen, stark vernetzten interdisziplinären Prozessen nicht mehr gerecht werden kann. Dies wird vor allem bei größeren Häusern deutlich, bei denen das zwangsläufig auf mehreren Ebenen anzuordnende Spektrum operativer Fachdisziplinen dann konsequenterweise auch zu Vorhaltung mehrerer unabhängiger Operationsabteilungen führte. Die systembedingt begrenzte Grundanlage prädestiniert den T-Typ eher für kleinere Häuser (Obergrenze ca. 300 Betten).

Aufgrund seiner großen Verbreitung ist die funktionale Entwicklungsfähigkeit gerade des klassischen T-Typs von großer Bedeutung. Hier ist einerseits zu prüfen, ob eine Anpassung der Pflegebereiche (in der Regel in Form von Ergänzungen und Erweiterungen) an heutige Flächen- und Komfortstandards möglich ist, ohne die für einen wirtschaftlichen Stationsbetrieb nötigen Bettenzahlen zu unterschreiten. Dabei ist auch das Konstruktionsprinzip des Bettenhauses (Skelett- oder Schottenbauweise) von großer Bedeutung. Für den Funktionstrakt wird zur Zentralisierung der Kernbereiche OP, Aufnahme und Diagnostik eine Erweiterung der unteren Geschosse zu Hauptfunktionsebenen erforderlich sein. Eine Makroerweiterung kann durch den Übergang zu Mehrkernstrukturen erreicht werden.

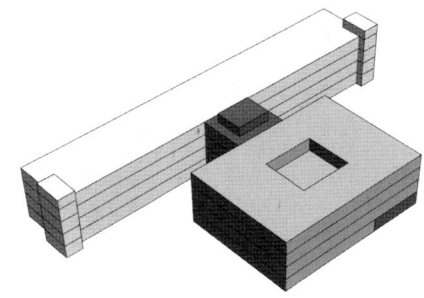

Abb. 8   Horizontaltyp

Klassische bauliche Fehlentwicklungen in der Erweiterung des Horizontaltyps sind die Blockierung von Hauptentwicklungsachsen (Ergänzung zur Kreuzform oder Verlängerung der Bettenhäuser) durch untergeordnete Ergänzungsbauten.

3.1.4 Vertikaltyp

Im Bestreben nach großflächigen, interdisziplinär zu nutzenden Funktionsebenen entwickelte sich in den 60ziger Jahren der sogenannte Vertikaltyp, und wurde bis etwa 1980 zum quantitativ bedeutendsten Bautyp in Deutschland.

Beim Vertikaltyp ist der Untersuchungs- und Behandlungsbereich horizontal, der Pflegebereich jedoch vertikal gegliedert. Die klassische Verkörperung des Vertikaltyps ist der sogenannte Breitfuß bei dem ein 2- bis 3-geschossiger Sockel alle Untersuchungs- und Behandlungseinrichtungen sowie die Service- und Sozialeinrichtungen aufnimmt (s. Abb. 9). Darüber befinden sich dann die Pflegebereiche, die architektonisch häufig als Turm abgesetzt werden. Neben der Scheibe mit in der Regel 2 Stationen pro Ebene als häufigstem Erscheinungsbild werden auch kreuzförmige, winkelförmige, vereinzelt sogar runde Bettenhausaufbauten beobachtet.

Vorteil des Vertikaltyps ist die Zusammenfassung aller wesentlichen Untersuchungs- und Behandlungsfunktionen auf einer oder zwei Ebenen. Diagnostik und Therapie werden im Sinne optimaler Voraussetzungen für die immer wichtiger werdende interdisziplinäre Kooperation konzentriert. Die Geschosshöhen im aufgesetzten Bettentrakt können auf die Erfordernisse der Pflege reduziert werden, da keine ebenengleichen Bezüge zu den Funktionsbereichen erforderlich sind.

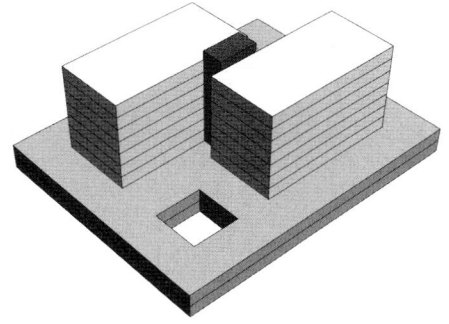

Abb. 9   Vertikaltyp

Nachteil des Vertikaltyps ist die starke räumliche Trennung der Pflege von Untersuchung und Behandlung. Dabei können angesichts der permanenten Leistungsverdichtung (sinkende Verweildauer, steigende Fallzahlen, wachsende diagnostische und therapeutische Möglichkeiten) gerade die Aufzugskapazitäten zum Engpass werden.

Im Hinblick auf die Erweiterungsfähigkeit sind beim Vertikaltyp zwei Subvarianten zu unterscheiden:

- Im „integrierten Vertikaltyp" bilden der Untersuchungs- und Behandlungsbereich sowie die Basisfunktion den Sockel, der Pflegebereich ist darüber angeordnet (Breitfuß). Hier ist der Pflegebereich im Gegensatz zum Untersuchungs- und Behandlungsbereich nur mikroerweiterbar, vor allem dann, wenn er im Zentrum liegt und keine lineare Expansionsmöglichkeit hat.
- Im „differenzierten Vertikaltyp" liegt der Pflegebereich bzw. -turm neben dem Untersuchungs- und Behandlungsbereich und ist somit mikro- und makroerweiterbar. Dadurch besteht die Möglichkeit, der Pflege nicht nur einzelne Zimmer, sondern auch neue Stationen oder sogar Bettenhäuser anzugliedern.

Die bis auf wenige Ausnahmen durchgängig anzutreffende Skelettbauweise bietet gerade in den Sockelflächen gute Voraussetzungen für Umbau und Erweiterung. Allerdings fällt die Blütezeit des Vertikaltyps auch mit der Verwendung problematischer Baustoffe wie Asbest zusammen, die im Falle einer Sanierung eine erhebliche Erhöhung des Aufwandes bedeuten.

Aufgrund seiner guten Erweiterbarkeit bietet insbesondere der differenzierte Vertikaltyp viel Potenzial im Hinblick auf eine Anpassung an heutige und künftige baulich-funktionale Anforderungen.

3.1.5 Mischtypen

Legt man die oben aufgeführten Merkmale zugrunde, sind reinrassige Horizontal- und Vertikaltypen eher die Ausnahme. Um für die jeweilige Aufgabe und Größenordnung des Krankenhauses eine optimale Lösung zu finden, werden Kombinationen beider Typen vorgenommen.

Ausgehend vom differenzierten Vertikaltyp kann etwa bei deutlicher Reduzierung der Höhe des Bettenhauses die städtebauliche Verträglichkeit verbessert und die Abhängigkeit von den vertikalen Erschließungselementen (Aufzüge) reduziert werden. Die damit einhergehende, größere Flächenausdehnung wird durch den Übergang zu Mehrkernlösungen, die auf den Hauptebenen durch eine horizontale Haupterschließungsachse (Magistrale) verbunden werden sichergestellt. Das Erscheinungsbild dieser sich seit etwa 1975 auch im Großklinikbau durchsetzenden Gebäudestruktur wird durch meist 3 bis 5 geschossige Pflegestrukturen, die über die Magistrale mit 2 bis 3 geschossigen Funktionsbereichen verknüpft werden, geprägt (s. Abb. 10). Dabei sind wechselseitige Überschneidungen, etwa die Integration der Intensivmedizin in den Funktionsbereich oder die Verlagerung von Arztdiensten und Ambulanzen in das Erdgeschoss der Bettenseite die Regel. Ziel ist es, die Pflege wieder stärker in den Behandlungsbereich zu integrieren, und so die Nachteile einer rein horizontalen oder vertikalen Zuordnung zu reduzieren.

Prägend für das Erscheinungsbild ist auch die Form des horizontalen Haupterschließungsweges, die die Hauptbereiche des Klinikums miteinander verbindet. Diese Magistrale kann gerade oder gekrümmt, linear oder netzförmig angelegt sein. Auch die Lage des Haupteingangs – tangential oder axial – ist für das innere Erscheinungsbild, die Orientierbarkeit und die Auslegung der Wegebeziehungen bedeutsam. Die am häufigsten anzutreffende, geradlinige und beidseitig offene Magistrale tritt am häufigsten in Verbindung mit Kamm- oder Doppelkammlösungen auf.

Städtebauliche Maßstäblichkeit, gute Orientierung und attraktive innere Erschließung, aber auch die bauliche Abbildbarkeit medizinischer Zentren haben dem Mischtyp mit Magistrale an-

ders als in angelsächsischen Raum zur vorherrschenden Bauform im deutschen Krankenhausbau werden lassen. Unter dem sich in den letzten Jahren weiter verschärfenden ökonomischen Druck geht der Trend dabei eher wieder zu kompakteren, höher gestapelten Baustrukturen mit tendenziell kürzeren horizontalen Wegen.

3.2 Maximen einer modernen Krankenhausplanung

Im Zuge der zunehmenden Ökonomisierung der deutschen Krankenhäuser, spätestens also mit Einführung flächendeckender Fallpauschalen, haben sich die Anforderungen an die bauliche und technische Infrastruktur der Kliniken und damit auch die Erwartungen des Managements an die Krankenhausplanung radikal gewandelt. Der gestiegene äußere Druck hin zu mehr Effizienz und Kundenorientierung zwingt zu einem grundlegenden Paradigmenwechsel. Das Krankenhaus als in scharfem Wettbewerb stehendes Dienstleistungsunternehmen hat nicht nur eine andere Managementkultur hervorgebracht, es ruft nach neuen, attraktiveren und kostengünstiger zu betreibenden Strukturen.

War es für die Akteure in Zeiten des Kostendeckungsprinzips noch ausreichend, die umfangreichen technischen Regelwerke zu beherrschen und insbesondere mit den Förderrichtlinien der einzelnen Bundesländer und deren spezifischen Vorgaben für Planung und Umsetzung vertraut zu sein, werden bauliche Konzepte nun primär daran gemessen, in wieweit sie Attraktivität, Behandlungsqualität und Prozesseffizienz verbessern und damit zum wirtschaftlichen Erfolg einer Klinik beitragen. Vor dem Hintergrund einer Erwartungshaltung mit Kernforderungen nach

- effektiverer Nutzung der Investitionsmittel
- Senkung der Betriebskosten
- Verbesserung der Qualität und Attraktivität

geraten die mit Planung, Genehmigung und Bau befassten Behörden und Planer zunehmend in Rechtfertigungsdruck, warum Krankenhäuser auch im Betrieb noch immer so kostenträchtig konzipiert, so wenig funktional, attraktiv und flexibel geplant, so konventionell und langwierig errichtet werden.

Damit sind im Umkehrschluss schon die Kernpunkte einer modernen Krankenhausplanung, nämlich Wirtschaftlichkeit, Funktionalität, Attraktivität und Flexibilität formuliert, die im Zentrum

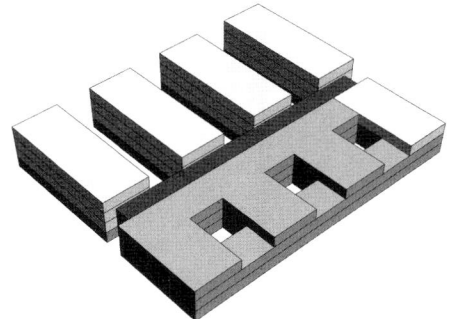

Abb. 10 Mischtyp

der weiteren Betrachtungen stehen und anhand von aktuellen Fallbeispielen erläutert werden sollen.

3.3 Funktionalität

Gerade im Bereich der funktionalen Gliederung eines Krankenhauses ist das Bewusstsein, die Herausforderung der Zukunft nicht mehr mit den Strukturen der Vergangenheit bewältigen zu können stark gewachsen.

Krankenhäuser, die Ihre Prozesse und damit den Einsatz von Personal-, Raum- und sonstigen Ressourcen nicht optimieren, geraten vor dem Hintergrund der sich verschärfenden wirtschaftlichen Rahmenbedingungen zunehmend ins Hintertreffen. Dies gilt insbesondere für den OP als in der Regel teuerste Betriebsstelle eines Krankenhauses, der deshalb exemplarisch für die Umsetzung neuer Prozessabläufe in bauliche Strukturen betrachtet werden soll (s. Abb. 11).

Entscheidend für die Qualität einer modernen OP-Planung ist, dass die baulichen Strukturen eine Steigerung der Prozesseffizienz und Behandlungsqualität unterstützen. Gerade für den OP sind in den letzten Jahren neue, konsequent am Workflow orientierte Raumkonzepte entwickelt worden, die die überholten hygienischen Raumbarrieren tradierter Grundrisse überwinden [Ludes 2006]. Zielsetzungen dabei sind:

- Reduzierung der Zahl der OP-Säle bei gleichzeitiger Erhöhung des Nutzungsgrad
- Ablaufoptimierung durch konsequente Parallelisierung der Teilprozesse
- Flexible Zuordnung der Kapazitäten durch Standardisierung der OP-Ausstattung
- Patientenzentrierte Raumorganisation.

Hierzu wurden seit Ende der 90er Jahre neue, ablaufoptimierte Baustrukturen entwickelt, die folgende Merkmale aufweisen:

- Die OP's werden in Cluster (3–6 OP's) für Operationen nach vergleichbaren Anforderungen zusammengefasst.
- Die Einleitung wird vom OP-Saal abgekoppelt und (bei verringerter Zahl der Einleitplätze) gruppenweise zusammen gefasst.
- Die Ausleiträume entfallen.
- Der Sterilflur wird aufgeweitet und als Rüstzone für die überlappende Vorbereitung der Instrumententische genutzt.
- Der Aufwachraum wird um eine sogenannte Holdingarea zur POBE (Perioperative Behandlungseinheit) ergänzt.

Erste Evaluierungen dieser neuen Raumstrukturen im Echtbetrieb belegen, dass allein durch die mögliche Reduzierung der Wechselzeiten eine Effizienzsteigerung um 20–30 % erreicht werden kann. Voraussetzung hierfür ist allerdings eine begleitende, konsequenteo Umstellung der OP-Organisation auf den geänderten Workflow. Ähnliche Effekte können auch in anderen Funktionsstellen wie der Funktionsdiagnostik, Endoskopie oder Radiologie erzielt werden.

3.4 Interdisziplinarität

Der rasche medizinische Fortschritt und die damit einhergehende Diversifikation der Untersuchungs- und Behandlungsmethoden haben zu einer immer stärkeren Auffächerung und Spezialsierung der medizinischen Fachdisziplinen geführt. Diese im

Abb. 11   OP-Zentrum Klinikum Krefeld

Abb. 12   Zentrale Aufnahme Kreisklinikum Siegen

Sinne optimaler medizinischer Leistungserbringung notwendige Entwicklung birgt die Gefahr in sich, bei einer strikten Zuordnung der Kapazitäten ökonomisch sinnvolle und für den Patienten attraktive Prozesse zu behindern. Deshalb ist die Bildung interdisziplinärer Organisationsstrukturen mit Synergien bei der Nutzung von Raum- und Personalressourcen so bedeutsam.

Exemplarisch veranschaulicht werden soll dies am Beispiel der Aufnahme und Notfallversorgung, die als „Eingangsportal" der Klinik eine Schlüsselrolle für effektives Prozessdesign erlangt hat (s. Abb. 12). Dabei ist insbesondere die zunehmende Öffnung der Krankenhäuser auch für ambulante Leistungen, die den mündig gewordenen Patienten immer häufiger direkt das Krankenhaus als Ort der aus seiner Sicht besten und weitreichendsten Versorgung aufsuchen lässt, zu berücksichtigen. Gerade die auch in den alten Bundesländern – ohne poliklinische Tradition – stark steigende Zahl an selbsteinweisenden „Spontanpatienten" stellt die Notfallaufnahme vor enorme Herausforderungen, deren Bewältigung schon angesichts der rigorosen Fehlbelegungssanktionen der Kassen auch ökonomisch bedeutsam ist.

Auf diese Entwicklung abgestimmte, aktuelle Konzepte zeigen im Hinblick auf die Organisationsform und Baustruktur folgende Trends:

Die zentrale Notfallaufnahme entwickelt sich zunehmend zu einer
- *„Klinik vor der Klinik" (Filter-und Lotsenfunktion für die Gesamtklinik, Einstieg in und Weichenstellung für die weitere Behandlungskette),*
- *Interdisziplinären Funktionseinheit (autonome Leitung, fächerübergreifende Nutzung der Ressourcen, multifunktionale Räume), einem*
- *Integrierten Aufnahmezentrum (Synergien mit administrativen und elektiven medizinischen Aufnahmebereichen, Basisdiagnostik).*

In aktuellen Planungen präsentiert sich die zentrale Notfallaufnahme als organisatorisch gegliederte Einheit mit:
- *Zentraler Leitstelle und Überwachungseinheit (Bündelung der personellen Ressourcen in betriebsschwachen Zeiten)*
- *Differenzierter innerer Wegeführung (Trennung gehfähige und liegende Patienten, „Fast Track" für Notfälle)*

- *Optimiertem Betreuungs- und Überwachungsangebot (großzügige und attraktiv gestaltete Warte- und Aufenthaltszonen für gehfähige Patienten und Begleitperson, Holding und/oder Aufnahmestation, Isoliermöglichkeit für Problempatienten)*

Dabei macht die Vielschichtigkeit der funktionalen Vernetzungen und die den stark differierenden Rahmenbedingungen und Schwerpunktsitzungen einer Klinik geschuldete konzeptionelle Varianz die ZNA zu einer der komplexesten Aufgaben im Klinikbau, bei der auf Basis einer fundierten Ablauf- und Betriebsplanung in Zusammenarbeit mit einem erfahrenen Krankenhausplaner eine auf die jeweilige Situation hin maßgeschneiderte bauliche Struktur entwickelt werden muss.

3.5 Attraktivität

Die Erkenntnis, dass der Patient Kunde ist, der bei fehlender Attraktivität zur Konkurrenz abwandert, ist – wenn auch erst auf massiven wirtschaftlichen Druck – endlich in den Köpfen der in den deutschen Krankenhäusern Verantwortlichen angekommen. Kaum ein Krankenhaus-Leitbild kommt heute ohne das Bekenntnis zum „Patienten im Zentrum aller Bemühungen" aus.

Damit steht auch die kritische Betrachtung der baulich-räumlichen Realität in den Kliniken auf der Agenda. Das vielfach noch sehr undifferenzierte Empfinden, dass das bauliche Umfeld wettbewerbsrelevant ist und möglicherweise gar die Genesung des Patienten beschleunigt, trifft die Akteure weitgehend unvorbereitet.

Eine fundierte, wissenschaftlich evaluierte Auseinandersetzung mit den therapeutischen Effekten des baulichen Umfelds auf Kranke und Schwerstkranke steht aus. Stattdessen sind auf Seiten der Planer unverändert rein funktionale Überlegungen, manchmal ergänzt um ästhetische Aspekte handlungsbestimmend. Das Klinikmanagement hingegen sieht Design eher als Imagefaktor, etwa im Sinne einer aufzupeppenden Corporate Identity.

Dabei ist die räumliche Situation, auf die der Kranke in deutschen Hospitälern noch immer allzu häufig trifft, wenig attraktiv [Monz u. Monz 2001]:
- Desorientierung, labyrinthische Grundrissstrukturen, lange Flure in gleichmäßig schlichter Farbgebung, viele sich ähnelnde Türen …

- Räumliche Fremde, Farben und Materialien strahlen Kälte und Funktionalität aus
- Verletzung der Intimsphäre, aufgezwungene Nähe verhindert Intimität und Privatheit und verletzt persönliche Grenzen
- Deindividualisierung, kollektive Gleichsetzung vernachlässigt Einzelschicksale und negiert persönliche Wünsche und Vorlieben
- Soziale Unsicherheit, eingeschränkte Kontaktmöglichkeit im Mehrbettzimmer, Hierarchiegefälle in der Kommunikation mit Ärzten und Pflegern,

Bei aller Vorsicht gegenüber undifferenzierten Pauschalaussagen kann am starken Handlungsdruck zur Verbesserung der Situation kein Zweifel bestehen. Eine den Bedürfnissen der Patienten entsprechende Verbesserung der Raumgestalt muss zum zentralen Thema werden.

Der für die Wahrnehmung des Patienten dabei wichtigste Raum im Krankenhaus ist sicherlich das Bettenzimmer, in dem der Kranke die überwiegende Zeit seines Aufenthalts verbringt (s. Abb. 13). Soweit – schon aus wirtschaftlichen Gründen – Dreibettzimmer angeboten werden müssen, ist die Raumsituation auf individuelle Abgrenzungen ebenso wie bei Bedarf soziales Miteinander abzustimmen. Breite Achsen ohne mittleres Bett, territoriale Schrankstellungen mit Bildung individueller Nischen für Bettstellplätze und eine räumliche Differenzierung der Aufenthaltszonen sowie vielfältige Beeinflussbarkeit der Helligkeit und Lichtstimmung, etwa durch LED-Leuchten sind probate Mittel, denen sich im Zuge des Genesungsprozess durchaus wandelnden Bedürfnissen des Patienten nach Geborgenheit einerseits und Zuwendung andererseits Rechnung zu tragen.

3.6 Imagebildung

Der Marketinggedanke ist in deutschen Krankenhäusern noch recht jung. Anders als in der Produkt- und Dienstleistungswelt steckt der Aufbau von Bekanntheit, positivem Image und Marke für die Zielgruppe Patienten in den Kinderschuhen. Dabei steht und fällt die Auslastung einer Klinik mit dem Ruf, der ihr voraus eilt. In Zeiten knapper Budgets und kürzerer Liegezeiten machen sich Schwächen stärker bemerkbar und können immer weniger kompensiert werden [Fahlbusch 2005].

Um sich im zunehmenden Wettbewerb auf dem deutschen Klinikmarkt durchzusetzen, braucht es eine merkfähige Botschaft. Austauschbarkeit und verwässerte Aussagen bleiben nicht haften. Dies gilt für das Bild der Klinik als Ganzes, die Reputation einzelner Fachdisziplinen aber auch das bauliche und innenräumliche Umfeld. Dabei setzt sich die Erkenntnis, dass ein konsequentes Corporate Design wesentliches Element einer auch klar identifizierbaren Corporate Identity ist, immer mehr durch.

Ein Krankenhaus kommuniziert seine individuellen Werte am wirksamsten über die allgemein zugänglichen Schlüsselbereiche, die laut Patientenbefragungen in besonderer Weise imagebildend sind. Damit tritt neben den Erschließungsflächen der Eingangsbereich eines Krankenhauses als Nahtstelle zwischen Außenwelt und Klinik in besonderer Weise in den Fokus (s. Abb. 14). Die Raumgestaltung dieses beliebtesten Ortes im Krankenhaus sollte deshalb merkmalsreich und stimulierend sein, dass Angebot an Treffpunkten, Aufenthalts- und Sitzmöglichkeiten auch hinsichtlich ihrer Abschirmung vielfältig. Fließende Übergänge in eine Cafeteria oder über Terrassen in den Außenraum

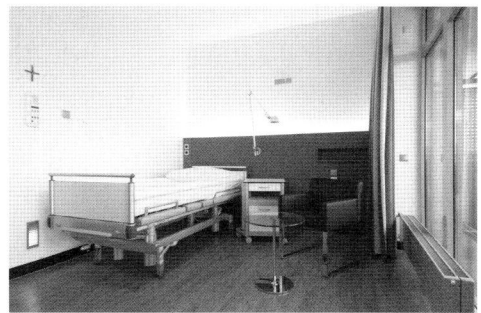

Abb. 13   Bettenzimmer St. Barbara-Klinik Hamm-Heessen

Abb. 14   Eingangshalle St. Franziskus-Hospital Münster

erhöhen die Attraktivität ebenso wie Ausstellungen und sonstige Events. Entscheidend für den wichtigen ersten Eindruck ist auch die Gestaltung des Empfangs- und Informationsbereiches, an dem das kompetenteste und bestgeschulte Personal den „Geist des Hauses" vermitteln sollte [Monz u. Monz 2001].

Weitere wichtige Themen sind ein durchgängiges Farb- und Materialkonzept und ein attraktives „selbsterklärendes" Leit- und Orientierungssystem.

3.7 Flexibilität

Flexibilität der baulichen Strukturen und ihrer technischen Infrastruktur ist ein entscheidendes Qualitätskriterium für gute Krankenhausplanung. Krankenhäuser sind mehr noch als andere Gebäude einem hohen Veränderungsdruck ausgesetzt, der sich auf unterschiedliche Weise manifestiert.

Der rasante medizinische Fortschritt erzwingt permanente Anpassungen gerade im Funktionsbereich. Neue oder weiterentwickelte Diagnose- und Behandlungsverfahren und die damit einhergehende apparative Aufrüstung müssen möglichst ohne Störungen des laufenden Betriebs implementiert werden können.

Die Grenzen zwischen den Funktionsbereichen und der Pflege sollten angesichts der kontinuierlichen Erhöhung des Flächenbedarfs für Untersuchung und Behandlung bei möglicherweise rückläufigen Bettenzahlen verschiebbar sein und nicht durch bauliche Strukturen zementiert werden.

Auch der sektorübergreifende Ausbau von Krankenhäusern zu Gesundheitszentren mit einem breiten Spektrum an ergänzenden Leistungsangeboten oder die im Zusammenhang mit Klinikverbünden und -kooperationen einhergehenden Strukturanpassungen bergen besondere Herausforderungen an die bauliche und technische Flexibilität.

Dabei sind eine hohe Anpassungsfähigkeit im Inneren und die einfache Erweiterungs- oder Rückbaumöglichkeit gleichermaßen bedeutsam.

Im konstruktiven Bereich hat sich die Verwendung einheitlicher, in der Regel quadratischer Konstruktionsraster mit Seitenlängen von 7,20 m bis 7,80 m für alle Funktionsbereiche (auch die Pflege) durchgesetzt (s. Abb. 15). Unterzugsfreie Flachdecken bieten optimale Voraussetzungen für eine

immer umfangreicher und komplexer werdende gebäudetechnische Installation. Große Sorgfalt erfordert auch eine bedarfsgerechte Dimensionierung der Geschosshöhen. Hier ist insbesondere zu prüfen und festzulegen, welche Bereiche für komplexe Untersuchungs- und Behandlungsfunktionen mit aufwendiger Installationsführung (OP, Diagnostik) auch unter Berücksichtigung künftigen Bedarfs ertüchtigt werden müssen (Geschosshöhe 4,20 m bis 4,50 m) bzw. wo eine für Pflege- und administrative Funktionen hinreichende Geschosshöhe von 3,30 m bis 3,60 m tolerabel ist.

Wichtig ist auch eine klare Zonierung der Grundrisse, bei der die Elemente der Vertikalerschließung einschl. ausreichend dimensionierter Regelschächte für die technische Infrastruktur zusammengefasst werden, um die übrigen Geschossflächen möglichst flexibel halten zu können. Ein klarer systematischer Aufbau der technischen Gebäudeinstallation mit ausreichenden Reserven im Bereich der Steigeschächte und Horizontaltrassen erleichtert die in Folge von Nutzungsänderungen immer wieder anfallenden Nachinstallationen.

Im Innenausbau haben sich leicht veränderbare, mit Gipskartonplatten beplankte Ständerwerkskonstruktionen durchgesetzt. Vorgefertigte Ausbauelemente wie etwa Fertignasszellen beschleunigen den Bauprozess und sind ohne Eingriffe in das konstruktive System reversibel.

Neben der Flexibilität im Inneren ist auch die Erweiterbarkeit ein wichtiger Faktor für die Zukunftsfähigkeit eines Krankenhauses. Dies beginnt mit der banalen Frage nach den verfügbaren Grundstücksressourcen und planungsrechtlichen Entwicklungsmöglichkeiten eines Standortes. Ein

Abb. 15   Konstruktives System Bettenhaus Berufsgenossenschaftliches Universitätsklinikum Bergmannsheil Bochum

langfristig angelegtes, weitsichtiges Flächenmanagement mit Grundstücksarrondierungen auch ohne akuten Bedarf ist hier besonders wichtig.

Hinsichtlich der baulichen Strukturen sollten unterschiedliche Erweiterungsoptionen im Rahmen eines Masterplans untersucht werden. Dabei ist sowohl den Expansionsbedürfnissen einzelner Funktionsstellen (Mikroerweiterung) Rechnung zu tragen, als auch ein mögliches Wachstum (Makroerweiterung) etwa durch Anlagerung neuer Einrichtungen (MVZ, Reha) zu berücksichtigen. Insbesondere ist der Versuchung zu widerstehen, auf dem Wege des geringsten Widerstandes durch periphere bauliche Maßnahmen strategische Entwicklungsoptionen der Gesamtklinik zu verbauen.

3.8 Nachhaltigkeit

Nachhaltigkeit ist der Schlüssel für eine ökologisch vertretbare Gestaltung unseres baulichen Umfelds. Bedauerlicherweise stehen Aspekte der Nachhaltigkeit in der Krankenhausplanung immer noch am Rande der Aufmerksamkeit. Dabei bieten gerade Kliniken mit ihrem enormen Ressourcenbedarf in Bau und Betrieb große Optimierungspotenziale [Wischer u. Riethmüller 2007].

Das Ziel nachhaltigen Bauens liegt in der Minimierung des Verbrauchs von Energie und Ressourcen. Dabei wird die Optimierung sämtlicher Einflussfaktoren, vom Rohstoffgewinn über die Errichtung bis zum Rückbau auf den Lebenszyklus angestrebt. Als durchschnittliche Nutzungszeit werden ca. 50–100 Jahre angenommen. Folgende Faktoren sind beim nachhaltigen Bauen zu berücksichtigen:

- Senkung des Energiebedarfs
- Senkung des Verbrauchs von Betriebsmitteln
- Einsatz wiederverwertbarer Baustoffe und Bauteile
- Vermeidung von Transportkosten
- Gefahrlose Rückführung der Materialien in den natürlichen Stoffkreislauf
- Nachnutzungsmöglichkeiten
- Schonung von Naturräumen
- Flächensparendes Bauen

Um die Einhaltung der Kriterien der Nachhaltigkeit bei Bau und Betrieb von Gebäuden überprüfen zu können, wurden 3 Kategorien bestimmt:

1. Zur ökonomischen Bewertung gehören außer den Anschaffungs- und Errichtungskosten auch die Baufolgekosten. Diese Folgekosten wirken sich insbesondere bei Betrachtung der Lebenszykluskosten oftmals negativ aus, da zum Beispiel hohe Nutzungskosten oder Wartungs-/Instandhaltungskosten mit einfließen. Ebenfalls berücksichtig werden die Rückbaukosten.
2. Bei der ökologischen Bewertung wird außer der Ressourcenschonung auch der optimale Einsatz von Bauprodukten und -materialen berücksichtigt. Verbrauchsreduzierung von Medien (Wasser, Strom, Heizung) ist dabei ebenso wichtig, wie die verringerte Belastung der Umwelt. Zur Bewertung gehören auch die Flächen-Inanspruchnahme des Gebäudes, der primäre Energieaufwand und das Treibhauspotenzial.
3. Außer den ästhetischen und gestalterischen Faktoren gehören zur soziokulturellen Bewertung vor allem die Behaglichkeit und der Gesundheitsschutz. So haben neben der thermischen, akustischen und visuellen Behaglichkeit auch die Verwendung von emissionsarmen Bauprodukten Einfluss auf das Gebäude bzw. dessen Bewohner und Nutzer.

Neue Lösungen im Gesundheitswesen werden unter dem Begriff „Green Hospital" zusammengefasst. Als „Green Hospital" wird ein Krankenhaus bezeichnet, dessen Ressourceneffizienz in den Bereichen Energie, Wasser und Material erhöht ist, während gleichzeitig die schädlichen Auswirkungen auf Gesundheit und Umwelt begrenzt werden. Es handelt sich um Projekte, bei deren Planung und Realisierung auf besonders ressourcenschonendes Bauen Wert gelegt wird. Dabei sind von der Planung und der Konstruktion über den Betrieb die Wartung, die Demontage, alle Bereiche des Lebenszyklus des Krankenhauses einzubeziehen.

Die Auswirkungen auf die Bauplanung, insbesondere aber auch auf die Planung der technischen Infrastruktur von Kliniken sind erheblich. Die Nutzung regenerativer Energien wie Wärmepumpe oder Photovoltaik sowie hoch effizienter Rückgewinnungssysteme und Transformatoren, effektiver Belichtungssysteme, optimierter Tageslichtnutzung sowie des Einsatzes übergeordneter, integrierter Energiemanagementsysteme sind neben umweltbewusster Auswahl der in Bau und Technik verwendeten Materialien wichtige Faktoren (s. Abb. 16). Hierzu gehört auch die Nutzung der natürlichen Speicher und Pufferfunktionen

Abb. 16 Bettenhausfassade Berufsgenossenschaftliches Universitätsklinikum Bergmannsheil Bochum

von Baustoffen statt aufwändiger technischer Konditionierungssysteme von Temperatur und Luftfeuchte.

3.9 Blick in die Zukunft

Die Frage, wie ein „Krankenhaus der Zukunft" aussehen könnte, nimmt in der Fachdiskussion breiten Raum ein, ohne sich im Hinblick auf bauliche oder technische Strukturen zu konkretisieren.

Nickl zitiert in diesem Zusammenhang Friedrich Dürrenmatt, der feststellt: „Was die Zukunft wirklich bringt, das wissen wir nicht, aber dass wir handeln müssen, wissen wir". Er wendet sich dann im weiteren den Einflussfaktoren einer künftigen Entwicklung zu und identifiziert den unter wachsendem ökonomischen Druck zunehmenden Rückzug des Staates aus seiner Versorgungspflicht und die damit einhergehende Entwicklung der Kliniken zu Dienstleistungsunternehmen, die im harten Konkurrenzkampf stehen, als wichtigen Faktor.

Auch der rasante medizinische Fortschritt werde räumlichen Strukturen und Funktionsabläufen verstärkt seinen Stempel aufdrücken, wie dies etwa die Entwicklung der minimalinvasiven Chirurgie oder der radiologischen Diagnostik in der Vergangenheit getan habe.

Besondere Bedeutung käme auch der demographischen Entwicklung zu, die andere Krankheitsbilder und daraus resultierende Aufgabenstellungen im Gesundheitswesen in den Fokus bringe. Dies werde sich insbesondere in der Differenzierung der Pflege und Therapiebereiche manifestieren, die sich verändernden Anforderungen einer immer älter werdenden Gesellschaft anpassen müssten.

In Folge dieser Faktoren werde sich eine neue Krankenhausarchitektur entwickeln, die mit den Typologien der Vergangenheit bricht und ein eigenes, unverwechselbares Bild entstehen lässt [Nickl-Weller u. Nickl 2007].

Wischer weist in seinem Buch „Das zukunftsoffene Krankenhaus" insbesondere auf die unter dem wachsenden ökonomischen Druck zu erwartenden Anpassungsprozesse hin. Er unterstellt einen weiteren Bettenabbau sowie eine zunehmende Vernetzung der Kliniken mit dem ambulanten Sektor.

Die stärkere Konzentration auf das medizinische Kerngeschäft werde durch Ausgliederung von Dienstleistungen etwa bei Ver- und Entsorgung aber auch die Entwicklung neuer Leistungsprofile begleitet [Wischer u. Riethmüller 2007].

Gerade die notwendige Entwicklung hin zu Sektor übergreifenden, vernetzten Strukturen im Gesundheitswesen werde neben der demografischen Entwicklung zum wesentlichen Motor für strukturelle Veränderungen. Ein verändertes Krankenhaus könne auch Prävention, Gesundheitsförderung und evtl. sogar medizinische Wellness bieten müssen. Es könne sich in ein Gesundheitszentrum wandeln, mit integrierten, organspezifischen Zentren, in denen Krankenhaus und niedergelassene Ärzte im Sinne einer integrativen Versorgung vernetzt würden.

Zusammenfassend bleibt zu konstatieren, dass die Fachdiskussion von einer stetigen Beschleunigung der aktuellen Anpassungsprozesse ausgeht, die in die Zukunft hinein prolongiert werden. Auch die unter dem Schlagwort Nachhaltigkeit behandelten ökologischen Aspekte werden zunehmend Bedeutung erlangen.

Bei aller Unsicherheit im Detail ist demnach von großen Herausforderungen an die baulich-technische Gestaltung zukunftsfähiger Kliniken auszugehen, die nur bei konsequenter Anwendung der Prinzipien einer modernen Krankenhausplanung gemeistert werden können.

Dabei wird es entscheidend sein, Lösungsansätze regelmäßig mit den Veränderungen der Rahmenbedingungen und den daraus resultierenden inhaltlichen Entwicklungen abzugleichen und gegebenenfalls fortzuschreiben.

Literatur

Fahlbusch S (2005) Krankenhäuser – Nachholbedarf bei Image und Marke. Gesundheitswirtschaft.info

Ludes M (2006) Grundlagen der OP-Planung. In: Ansorg J, Diemer M, Schleppers A, Heberer J, von Eiff W (Hrsg.) OP-Management. Medizinisch Wissenschaftliche Verlagsgesellschaft, Berlin

Monz A, Monz J (2001) Design als Therapie – Raumgestaltung in Krankenhäusern, Kliniken, Sanatorien. Alexander Koch Verlagsanstalt, Leinfelden Echterdingen

Nickl-Weller C, Nickl H (2007) Krankenhausarchitektur für die Zukunft – Deutschland, Österreich, Schweiz. Verlagshaus Braun, Salenstein

Wischer R, Riethmüller H-U (2007) Zukunftsoffenes Krankenhaus – Ein Dialog zwischen Medizin und Architektur. Springer-Verlag Wien

4 Exkurs: **Energie-Management im Krankenhaus**

Holger Richter und Ulrich Krantz

Klinikum Bremerhaven-Reinkenheide

Im Rahmen eines umfassenden Energie-Managements im Krankenhaus kann sowohl die Energieversorgung (Einkauf, Versorgung) wie auch die Energieanwendung (Anlagentechnik) optimiert werden, um nicht genutzte Einsparpotenziale zu nutzen und die Umweltbelastung zu reduzieren. Eine detaillierte Bestandsaufnahme der Ist-Situation der eigenen Energieversorgung und -anwendung sowie die Etablierung eines Energiecontrollings ist hierzu notwendig. Die Autoren zeigen in diesem Beitrag anhand der Realisierung eines Energiespar-Contractings auf, wie Anlagentechnik in einem Krankenhaus trotz finanzieller Engpässe erneuert werden kann und wie mit Hilfe eines intelligenten Strom-Last-Managements Energiekosten eingespart werden können. Zudem zeigen sie mögliche Vertragsgestaltungen im Bereich der Energieversorgung auf.

Ausgangssituation

In Anbetracht steigender Energiepreise und einem hohen durchschnittlichen Energieverbrauch in Krankenhäusern kommt einem effizienten Energie-Management im Krankenhaus eine steigende Bedeutung zu. Wettbewerbsvorteile lassen sich über den kostengünstigen Einkauf von Energie nur in begrenztem Maße realisieren, so dass sich ein effizientes Energie-Management vor allem auf die Realisierung von Energieeinsparun-gen durch moderne technische Anlagen und Verbrauchsverhalten konzentrieren sollte.

Die Mehrzahl der Krankenhäuser in Deutschland verfügt über eine veraltete Gebäudetechnik zur Nutzung und Gewinnung von Energie in Form von Wärme, Kälte und Strom. Grundlegende Modernisierungsmaßnahmen sind aufgrund fehlender Finanzmittel eher die Seltenheit, so dass die Mehrzahl der Krankenhäuser noch über den gebäudetechnischen Stand ihrer Inbetriebnahme verfügen. Im Gegensatz zu der von den Bundesländern finanzierten technischen Erstausstattung müssen die Krankenhäuser die Wartung, Instandhaltung und Modernisierung dieser Anlagen aus dem laufenden Budget finanzieren (Stichwort: duale Finanzierung). Die verfügbaren finanziellen Mittel sind aber z. B. aufgrund steigender Personalkosten begrenzt. Der immer stärkere Wettbewerb um Zuweiser und Patienten führt dazu, dass vorhandene Mittel eher in patientennahe Bereiche investiert werden: Verbesserung der Komfort- und Serviceleistungen, Steigerung der Leistungsfähigkeit des Personal und die Modernisierung der Medizintechnik.

In einem Modellklinikum stellte sich die oben beschriebene Situation vor der Umsetzung verschiedener Energie-Management Maßnahmen wie folgt dar: Die gesamte Gebäudetechnik stammte aus dem Jahr 1976 – dem Errichtungsjahr des Klinikums. Das „Herz-Kreislaufsystem" des Klinikums stand kurz vor dem Infarkt. Das verzweigte Leitungssystem, durch das Frischluft, Druckluft, Wasserdampf, heißes Wasser und elektrischer Strom in alle Bereiche des 700-Betten-Krankenhauses strömen, war altersbedingt sehr reparaturanfällig und konnte nur durch immer kürzere Wartungsintervalle und mit entsprechend hohen Kosten durch die hauseigenen Techniker in Betrieb gehalten werden. Gleiches galt auch für die entsprechenden Pumpen, Verdichter und Maschinen. Verstärkt wurde der Handlungsdruck noch durch die zunehmenden Energiekosten, die in 2005 bereits zwei Millionen Euro betrugen. Ein ausreichend finanzieller Spielraum, um notwendige Modernisierungen vorzunehmen, war nicht vorhanden.

Wie kann also dem Kosten- und Handlungsdruck bei gleichzeitig steigenden Energiekosten unter der beschriebenen Situation entgegengewirkt werden? Aus Sicht der Autoren bietet das Energiespar-Contracting auf diese Frage eine passende Antwort.

Realisierung von Einsparpotenzialen

Technische Erneuerung mittels Contracting
Wenn kein finanzieller Spielraum zur Modernisierung technischer Anlagen zur Verfügung steht, bietet das Energieeinspar-Contracting einen interessanten Lösungsweg. Das Energieeinspar-Contracting beschreibt eine Vertragbeziehung, bei der ein Contractor konkrete prognostische Energieeinsparpotenziale durch technische Anlagenmodernisierung ermittelt und diese durch eigenfinanzierte Investitionen realisiert. Der Contractor refinanziert seine Investitionen überwiegend durch die gesteigerte Anlageneffizienz und die damit verbundenen faktischen Energieeinsparungen in Geld. Nicht durch konkrete Einsparungen erwirtschaftete Mittel sind vom Krankenhaus über den eigenen Haushalt zu finanzieren. Schon während, aber auch nach Beendigung der Contracting-Laufzeit (in der Regel nach 5 bis 12 Jahren) profitiert der Contracting-Nehmer direkt von der gesteigerten Energieeffizienz und verfügt zudem über modernisierte technische Anlagen.

Es empfiehlt sich, bei der Realisierung eines Energiespar-Contractings die Hilfe einer professionellen Energieagentur in Anspruch zu nehmen. In der Regel muss ein Contracting in Anbetracht einer Investitionssumme von mehreren hunderttausend Euro europaweit ausgeschrieben werden. Damit hierbei keine Verfahrensfehler entstehen, ist entsprechendes Expertenwissen nützlich.

Darüber hinaus ist das Vertragswerk eines Energie-Contractings sehr umfangreich, so dass hier professionelle Unterstützung hilft, den Vertragserstellungsprozess zu verkürzen.

Das Energiespar-Contracting des Modellklinikums kam unter zu Hilfenahme zweier Energieagenturen zustande. Die hierbei entstandenen Kosten wurden anteilig durch ein Förderprogramm gedeckt.

Eine europaweite Ausschreibung wird regelmäßig zwischen 10 und 20 Bewerber für eine anteilige oder vollständige Modernisierung der Haus- und Betriebstechnik erbringen. Dabei hat jeder in die engere Wahl einbezogene Bewerber die Möglichkeit, im Rahmen einer mehrwöchigen Analyse sein prognostisches Energieeinsparpotenzial zu ermitteln und darauf aufbauend eine Modellplanung und -investitionsrechnung zu erstellen. Diese wird Gegenstand der weiteren Auswahlgespräche mit den Bewerbern.

Im Fall des Musterklinikums wurde ein Einsparpotenzial von 25 % im Vergleich zum Basisjahr 2004 für möglich erachtet und ein entsprechender Investitionsbedarf von 5,2 Millionen Euro ermittelt. Das jährliche Einsparpotenzial wurde mit 520.000 Euro beziffert. Über diesen Betrag gewährt der Contractor eine Garantie mit Ausgleichsverpflichtung bei Unterschreitung. Dieser Betrag wird vollständig zur Refinanzierung der Investitionen über eine Laufzeit von 12 Jahren dem Contractor zugeleitet, die evtl. Differenz zur Gesamt-Investitionsplanung muss vom Contracting-Nehmer aus sonstigen Haushaltmitteln aufgebracht werden.

Darüber hinaus kann in einem Energiespar-Contracting vereinbart werden, dass ein Klinikum jährlich weitere Beträge in die Modernisierung von Anlagen investieren kann, die nicht direkt Energie einsparen, z. B. Anlagen zur Verteilung der Niederspannung, die den elektrischen Strom auf die verschiedene Räume des Klinikums verteilen. Sollte sich ein Krankenhaus für weitere Maßnahmen entscheiden, kann das Investitionsvolumen ebenfalls in das Gesamt-Contracting eingebracht und finanziert werden.

Innerhalb eines Jahres wurden im **Musterklinikum** bei laufenden Betrieb Kälteanlage, Klima- und Lüftungsanlagen, Gebäudeleittechnik, Dampfsterilisatoren, die Verdichter für Druckluft und Großküchenspülmaschinen ausgetauscht und neu installiert. Zahlreiche weitere Maßnahmen haben dazu geführt, dass der Energiebedarf für die Raumheizungen um 42 % bzw. 4.700 Megawattstunden gesenkt werden konnte. Dies entspricht circa dem Energiebedarf von 200 Einfamilienhäusern. So wird z. B. die Frischluft mittels der verbrauchten Raumluft erwärmt. Dies führt dazu, dass die Klimaanlagen des Klinikums erst bei niedrigeren Außentemperaturen heizen müssen. Die Vor- und Rücklauftemperatur des Heizungswassers konnte von 90 auf 65 und teilweise sogar auf 35 Grad – dank effizienterer Umwälzpumpen – gesenkt werden. Tatsächlich lag die realisierte Energieeinsparung unter den vereinbarten 25 %. In den ersten 34 Monaten nach Abschluss der Modernisierungsmaßnahmen wurden im Vergleich zu 2004 33 % weniger Energie verbraucht. Durch das Energiespar-Contracting ergeben sich pro Jahr Energie- und Kosteneinsparpotenziale in Höhe von ca. 760.000 Euro (brutto), was einer Energiekostenreduzierung von über 31,2 % entspricht (bezogen auf Energiekostenbaseline 2004: 2.396.113 Euro brutto). Nach Ablauf der Vertragslaufzeit kommen die Einsparungen in vollem Umfang dem Klinikum zugute (s. Abb. 17).

Ein weiterer positiver Aspekt ist eine entsprechende, aus den Energieeinsparungen resultierende, Reduzierung der Schadstoffemissionen von ca. 3.140 Tonnen CO_2 pro Jahr, was ebenfalls einer Reduzierung um über 25 % entspricht.

Die Vorteile des Energiespar-Contractings sind:

- Das Risiko der tatsächlichen Realisierbarkeit von Energieeinsparungen und damit einen erheblichen Teil des Investitionsrisiko trägt der Contractor.
- Der Contracting-Nehmer benötigt keine oder -je nach Umfang der Maßnahmen – weniger eigene finanzielle Mittel bzw. muss sich diese auch nicht auf dem Kapitalmarkt beschaffen.
- Gewährleistung durch den Contractor, der seine Garantie sicherstellen muss. Die Frist entspricht der Contracting-Laufzeit, d. h. defekte Teile der neuen technischen Anlagen müssen von dem Contractor instandgesetzt werden.
- Der Rückgriff auf Expertenwissen beim Contractor im Bereich Energieeffizienz erhöht die Kompetenz des Krankenhauses.
- Breites Dienstleistungsangebot des Contractors (Projektplanung, -durchführung und -kontrolle).
- Keine Aktivierung der neuen technischen Anlagen in der Bilanz während der Contracting-Laufzeit.
- Einsparung von Wartungs- und Instandhaltungskosten durch die Modernisierung der technischen Anlagen.
- Nach Beendigung der Contracting-Laufzeit profitiert der Contracting-Nehmer von der Energieeffizienz der Anlagen mit durchschnittlich niedrigeren Energiekosten.

Nachteile dagegen sind:
- Kompliziertes Vergabeverfahren und umfangreiches Vertragswerk
- Hoher zeitlicher Aufwand bei der Ermittlung der Contracting-Ausgangsdaten

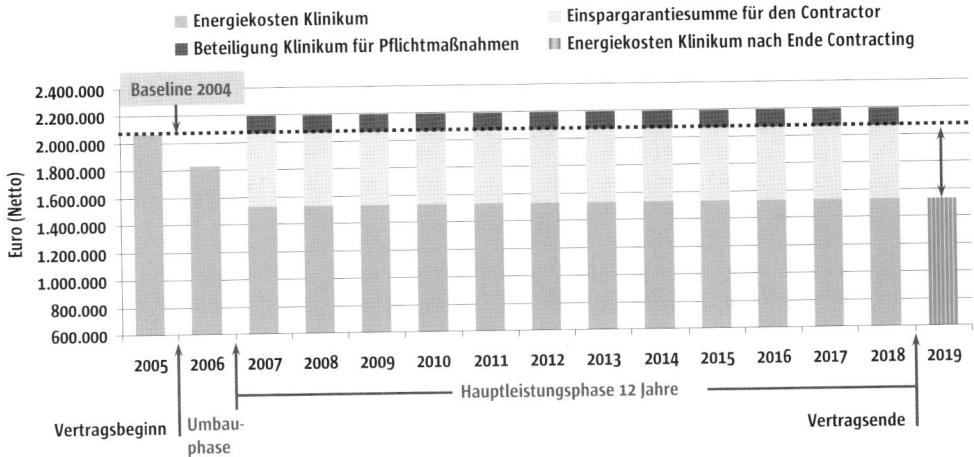

Abb. 17 Gesamtübersicht der Energiekosten

Energie-Last-Management

Über die Vermeidung von Lastspitzen beim Stromverbrauch lassen sich Energiekosten einsparen. Der Strompreis setzt sich nämlich zum einen aus dem Arbeitspreis für bezogene Energie und zum anderen aus dem Leistungspreis für die Inanspruchnahme einer bestimmten Höchstleistung an Energie zusammen. Neben dem Einsatz von energiesparenden Geräten empfiehlt es sich daher ein intelligentes Energie-Last-Management zu installieren.

Ein solches Management-System reduziert gezielt die Energie-Last-Spitzen, indem es selbstständig, unter Beachtung definierter Vorgaben, Energie-Großverbraucher abschaltet. Bestimmte sensible Bereiche – wie z. B. der OP – sind hiervon natürlich nicht berührt. Stattdessen werden z. B. Küchengeräte (Kaffeemaschinen) für einige Sekunden abgeschaltet, bevor eine Lastspitze erreicht wird.

Gestaltung von Stromlieferverträgen

Über die genannten Maßnahmen zur Senkung des Energiebedarfs hinaus bietet eine Überprüfung der Strombezugskonditionen Möglichkeiten zur Kostensenkung. Das Institut für Umweltmedizin und Krankenhaushygiene schätzt, dass circa 50 % der gesamten Energiekosten alleine auf den Strombezug entfallen, wohingegen der Stromverbrauch nur etwa 20 % des Gesamtenergieverbrauches ausmacht [Droste et al. 2009].

Nach der Liberalisierung des Strommarktes stehen die Stromlieferanten in einem zunehmenden Wettbewerb, so dass es sich lohnen kann, den Lieferanten zu wechseln.

Es bietet sich z. B. an, einen Strombelieferungsvertrag so zu gestalten, dass sich der vereinbarte Arbeitspreis des Stromes direkt aus dem Strompreis der Leipziger Strombörse (European Energy Exchange, EEX) herleiten lässt, wodurch Transparenz geschaffen wird. Strom wird heute ähnlich gehandelt wie andere Güter. Dies ermöglicht wirksameren Wettbewerb und eine flexible Anpassung des zu zahlenden Strompreises an einen fallenden Kurs an der Börse.

In Erwartung langfristig steigender Strompreise kann es sinnvoll sein, sich z. B. die gegenwärtig relativ niedrigen Strompreise zu sichern. Stromlieferanten bieten hier die Möglichkeit einen Preis für 3 bis 5 Jahre fest zu vereinbaren und bieten zudem die Möglichkeit der Vertragsanpassung bei fallenden Preisen. Eine Verlängerung der Vertraglaufzeit im Falle einer Preissenkung muss meistens in Kauf genommen werden.

Abschließende Anmerkungen

Wie eingangs beschrieben wurde, sehen sich Krankenhäuser einem zunehmenden Wettbewerb ausgesetzt, der es nicht erlaubt, Kostensenkungspotenziale ungenutzt zu lassen. Ein effizientes Energie-Management kann helfen, Energiekosten zu senken. Darüber hinaus bieten die beschriebenen Maßnahmen aber auch die Möglichkeit, sich im Bereich Umwelt- und Klimaschutz von der Konkurrenz abzuheben.

Die im Abschnitt „Technische Erneuerung mittels Contracting" beschriebene Realisierung von Energieeinsparungen haben dazu geführt, dass dem Musterklinikum in 2008 das Gütesiegel „Energie sparendes Krankenhaus vom Bund für Umwelt und Naturschutz Deutschland e. V. (BUND) verliehen wurde.

Bundesweit sind es nur 19 Krankenhäuser, die dieses Gütesiegel verliehen bekommen haben. Diese Auszeichnung hat mit dazu beigetragen, dass sich das Klinikum als ein ökologisch nachhaltig wirtschaftendes Unternehmen ein positives Image verschaffen konnte.

Literatur

Droste A et al. (2009) Erneuerbare Energien und Energieeffizienz in deutschen Kliniken. Stiftung viamedica, Institut für Umweltmedizin und Krankenhaushygiene 1. Auflage

J

Das Krankenhaus und seine Qualität und Risiken

1 Kennzahlengestütztes ergebnisorientiertes Qualitätsmanagement

Thomas Mansky und Ulrike Nimptsch

Technische Universität Berlin

Der Wettbewerb der Krankenhäuser in Deutschland hat in den letzten Jahren erheblich zugenommen. Einerseits bestehen Überkapazitäten am Markt, die durch den andauernden Verweildauerrückgang weiter verschärft werden. Andererseits hat auch die Aufhebung der hausindividuellen Budgetierung den Wettbewerb um Fälle erheblich verstärkt. Gleichzeitig ist der Wettbewerbsparameter Preis im DRG-System reguliert. Dies hat dazu geführt, dass eine Positionierung im Qualitätswettbewerb von immer mehr Kliniken und Klinikträgern als strategische Aufgabe gesehen wird.

Nicht selten sind dabei Aktivitäten zu beobachten, bei denen die eigentliche Aufgabe eines Krankenhausbetriebs aus dem Blickfeld zu geraten scheint. Die Qualität einer Krankenhausbehandlung sollte sich vorrangig nicht durch bestimmte Strukturmerkmale oder isolierte Prozessparameter definieren, sondern am medizinischen Behandlungsergebnis festgemacht werden. Ebenso ist das Qualitätsmanagement nicht ein reines Marketing- und Wettbewerbsinstrument, sondern eine ethische Verpflichtung aller Anbieter von Gesundheitsdienstleistungen.

Zentrale Voraussetzung für ein ergebnisorientiertes Qualitätsmanagement ist die Messung der Ergebnisqualität. Ausgehend von belastbaren Kennzahlen können Problembereiche identifiziert und näher analysiert werden. Die Wirksamkeit von Verbesserungsmaßnahmen muss durch kontinuierliche Qualitätsmessungen überprüft werden.

1.1 Qualitätsmessung mit Routinedaten

Qualitätsmanagementaktivitäten können nur dann gezielt ausgeführt werden, wenn verlässliche Messungen potenzielle Qualitätsmängel und Verbesserungsmöglichkeiten sichtbar machen. Ein kontinuierlicher Qualitätsverbesserungsprozess im Sinne des PDCA-Zyklus ist ohne Qualitätsmessung schlichtweg nicht möglich.

An eine Qualitätsmessung im Krankenhaus sind verschiedene Anforderungen zu stellen. Sie soll:

- zeitnahe Auswertungen liefern,
- einen möglichst geringen Erfassungsaufwand verursachen,
- manipulationsresistent sein,
- sich auf beeinflussbare Ergebnisse beziehen und
- geeignet sein, mögliche Qualitätsprobleme zu identifizieren.

Nicht alles, was wichtig ist und wonach gefragt wird ist messbar. Aber genauso gilt: Nicht alles, wonach gefragt wird, ist wesentlich. So sind möglichst aussagekräftige Indikatoren für wichtige Sachverhalte der Qualität im Prozess und Ergebnis zu finden, die sich auch messen lassen. Andererseits ist eine wenig zielführende und damit kaum aussagefähige Ansammlung von Kennzahlen, die kaum Relevanz für die Abbildung der

Qualität haben, zu vermeiden. Es kommt vor allem darauf an, die richtigen Fragen an die vorhandenen Daten zu stellen.

1.1.1 Die aktuelle Entwicklung der Messmethoden

Die neueren Entwicklungen in der Qualitätsmessung hängen mit der Weiterentwicklung der technischen Möglichkeiten zusammen. So werden mittlerweile in vielen Industriestaaten leistungsbezogene, meist fallbezogene (z. B. DRG-)Vergütungssysteme angewendet. Diese erfordern die detaillierte Dokumentation von Diagnosen und Prozeduren zu Abrechnungszwecken.

Vom methodischen Ansatz und der Zielsetzung her lassen sich die im Folgenden dargestellten drei Generationen der Qualitätsmessmethoden unterscheiden.

1. Innerärztliche, erhebungsbasierte Verfahren

Eine innerärztliche Qualitätsmessung basiert in der Regel auf für ausgewählte Krankheiten oder Eingriffe sehr spezifisch definierten, separaten, meist eigens für diesen Zweck vorgenommenen, nicht selten vergleichsweise aufwändigen Datenerhebungen. Die Vollständigkeit der Erhebung kann nur begrenzt kontrolliert werden, ein Erfassungs-Bias ist wahrscheinlich. Die Ergebnisrückmeldung erfolgt in der Regel an die beteiligten Ärzte, oft hinsichtlich der beteiligten Einrichtungen anonymisiert. Beispiele sind die Verfahren der gesetzlichen externen Qualitätssicherung gemäß § 137a SGB V, viele Erhebungen innerhalb der medizinischen Fachgesellschaften oder seitens der Ärztekammern, aber auch spezifische medizinische Register.

2. Fallbezogene, auf Routinedaten basierende Verfahren

Die Verfügbarkeit medizinischer Informationen zum Krankenhausfall aus den Abrechnungsdaten hat zur Entwicklung einer zweiten Generation von Qualitätsmessverfahren geführt. Charakteristisch ist die Messung auf der Basis fallbezogener Routine-(Abrechnungs-)Daten, die nicht nur den Ärzten, sondern auch der Krankenhausverwaltung und externen Nutzern (Krankenkassen) zur Verfügung stehen.

Die Möglichkeit zur Messung bestimmter Kennzahlen hängt davon ab, ob deren Kodierung in den eingesetzten Diagnose- und Prozedurenschlüsseln möglich ist. Bei ggf. entsprechender Anpassung der Kodierschlüssel sind aber auf diese Weise viele Indikatoren darstellbar.

Ein Vorteil der Qualitätsmessung mit Routinedaten liegt darin, dass alle Krankenhausfälle vollständig erfasst sind. Wegen des abweichenden Erhebungszwecks ist davon auszugehen, dass die Kennzahlen weitgehend manipulationsresistent sind. Die Auswertung kann nicht nur durch die Ärzte selbst, sondern sehr zeitnah auch durch Krankenhausverwaltung und Krankenkassen erfolgen.

In Deutschland wird diese Methodik bisher vor allem von den Helios Kliniken eingesetzt. Mittlerweile haben mehr als 300 weitere Krankenhäuser dieses Verfahren übernommen.

3. Fallübergreifende, auf Routinedaten der Krankenkassen basierende Verfahren

Die zu Abrechnungszwecken von Krankenhäusern erhobenen Daten werden elektronisch an die Krankenkassen übermittelt. Zusätzlich können dort aber viele weitere Verlaufsdaten versichertenbezogen zusammengeführt werden. Dazu gehören ggf. der Todeszeitpunkt (auch außerhalb des Krankenhauses), erneute Aufnahmen in Akutkrankenhäuser (nicht nur in das erstbehandelnde Krankenhaus, sondern auch in andere Kliniken), der Anlass der Wiederaufnahme (über die Diagnose) sowie stationär durchgeführte Eingriffe im Erstaufenthalt und in Folgebehandlungen. Weitere Informationen, wie z. B. Arbeitsunfähigkeitszeiten, ambulante Folgebehandlungen und verordnete Arzneimittel sind ebenfalls verfügbar. Über eine pseudonymisierte Verknüpfung dieser Informationen können Langzeitergebnisse, bezogen auf bestimmte Eingriffe oder Krankheiten gemessen werden.

Erstmals in Deutschland wurde dieses Verfahren im QSR-Projekt angewandt. QSR (Qualitätssicherung der stationären Versorgung mit Routinedaten) ist ein Gemeinschaftsprojekt von AOK-Bundesverband, dem Forschungs- und Entwicklungsinstitut für das Sozial- und Gesundheitswesen Sachsen-Anhalt (FEISA), dem Wissenschaftlichen Institut der AOK (WidO) und den Helios Kliniken.

Eine detaillierte Beschreibung des QSR-Verfahrens findet sich im QSR-Abschlussbericht. Download unter http://wido.de/qsr-bericht.html

Die drei Verfahren der Qualitätsmessung schließen sich nicht aus. Die Messung nach Methode 1 kann für spezielle Fragestellungen, die sich nicht oder noch nicht aus Routinedaten beantworten lassen bzw. deren Erhebung über die Kodierung im Routineverfahren nicht sinnvoll ist, wertvolle Informationen liefern. Soweit sich Fragestellungen direkt oder indirekt aus den Routinedaten beantworten lassen, ist eine zusätzliche separate Erhebung aber kaum noch vertretbar. Ziel muss sein, den Erhebungsaufwand für das klinisch tätige Personal soweit wie möglich zu reduzieren. Die Mehrfachverwendung ohnehin vorhandener Daten kann dazu erheblich beitragen.

1.1.2 Die Helios-Qualitätsindikatoren

Mit der Einführung des DRG-Systems in deutschen Akutkrankenhäusern sind umfangreiche medizinische Informationen in den administrativen Datenbeständen der Krankenhäuser verfügbar geworden. Diese, auf der gesetzlichen Grundlage des § 301 SGB V zur Abrechnung erhobenen, zeitnah verfügbaren Daten bilden im Qualitätsmanagementsystem der Helios Kliniken die Ausgangsbasis für die Definition von Mengen-, Verfahrens- und Ergebnisindikatoren. Die vollständig für ausnahmslos jeden Behandlungsfall vorliegenden Daten werden von den Kliniken selbst, von den Krankenkassen und dem Medizinischen Dienst der Krankenkassen auf ihre Richtigkeit hin überprüft. Es handelt sich daher um den derzeit bestgeprüften Datenbestand.

Indikatoren lassen sich durch die logisch beliebig komplexe Kombination von Haupt- und Nebendiagnosen, Prozeduren und demographischen Daten ableiten. Die Helios Kliniken haben im Jahr 2000 begonnen, Kennzahlen aus ihren Datenbeständen zu generieren und den Kennzahlensatz kontinuierlich weiter entwickelt. Derzeit werden rund 1200 Indikatoren gemessen, die über zwei Drittel aller Behandlungsfälle abbilden.

Über 140 Qualitätsindikatoren bezogen auf 30 wesentliche Krankheitsbilder werden, verbunden mit klar definierten medizinischen Konzernzielen, extern veröffentlicht und prioritär verfolgt. Bei diesen handelt es sich um konsensfähig als Qualitätsmerkmal interpretierbare Parameter zu häufigen und wichtigen Erkrankungen (z. B. Herzinfarkt, Herzinsuffizienz, Schlaganfall, Pneumonie) und Operationen (z. B. Cholezystektomie, Herniotomie, kolorektale Operationen, Hüft- und Kniegelenkendoprothesen), sowie zu komplexen und heterogenen Behandlungen und Krankheitsbildern (z. B. Sepsis, Beatmung, Ösophagusresektionen). Für Patienten, Einweiser und Krankenkassen, sowie die interessierte Öffentlichkeit sind diese Zahlen im medizinischen Jahresbericht, im Internetauftritt der Helios Kliniken und in den Klinikführern der einzelnen Kliniken einsehbar.

Das Definitionshandbuch zu den Helios-Qualitätsindikatoren ist im Universitätsverlag der TU Berlin unter dem Titel „G-IQI German — Inpatient Quality Indicators" erschienen. Download unter http://opus.kobu.de/tuberlin/volltexte/2010/2610/pdf/G_IQI_25.pdf

Sterblichkeit als Qualitätsindikator

Bei vielen schweren Krankheitsbildern ist die Sterblichkeit ein entscheidender Endpunkt. Wesentliche Qualitätsmängel im Behandlungsablauf äußern sich, sofern es sich nicht um sehr einfache Behandlungsverfahren handelt, letztendlich auch in einem Anstieg der Sterblichkeit. So führen beispielsweise Wundinfektionen, Nahtinsuffizienzen, Probleme im perioperativen Behandlungsmanagement oder die Nichteinhaltung oder Nichtumsetzung adäquater und aktueller Leitlinien in der Therapie (z. B. der Herzerkrankungen oder der Pneumonien) sowohl nach Lage der wissenschaftlichen Fachliteratur als auch nach den Erfahrungen der Helios Kliniken unter anderem zu einem Anstieg der Sterblichkeit. Umgekehrt müssen, um die Sterblichkeit zu verringern, genau solche Schwachstellen in den Behandlungsabläufen analysiert und die Behandlungsprozesse gezielt verbessert werden. Die Verbesserung des sicher messbaren Endpunktes „Sterblichkeit" schließt daher Verbesserungen in den untergeordneten Qualitätsparametern regelmäßig mit ein. Die Helios Kliniken sprechen sinnbildlich vom „umgekehrten Eisbergeffekt": Wer die sichtbare Spitze bewegen will, muss auch die unsichtbare Basis bewegen.

Die Vorteile der Orientierung an der Sterblichkeit liegen bei schweren Krankheiten auf der Hand: Alle Maßnahmen werden am wichtigsten Ziel gemessen – dies verhindert bürokratische, nicht zielführende Scheinaktivitäten und verpflichtet alle Beteiligten zum tatsächlichen Handeln. Die durch diese Zielorientierung erreichten Verbesserungen in den Helios Kliniken sind sowohl nach Intervention in einzelnen Kliniken als auch im Mittel über den Konzern messbar und signifikant.

Die Messung der Sterblichkeit als Qualitätsindikator führt über die Analyse von Schwachstellen zur Verbesserung der zugrundeliegenden Behandlungsabläufe.

Neben der Sterblichkeit umfasst der Indikatorensatz der Helios Kliniken auch weitere Parameter, die sich in den routinemäßig erfassten Daten messen lassen: So werden z. B. die Anteile laparoskopischer Operationsverfahren, der Einsatz neuer Techniken oder auch die Kaiserschnittrate oder Anzahl von Dammrissen bei Geburten ausgewertet. Darüber hinaus werden Mengeninformationen zu vielen Krankheitsbildern oder Operationen dargestellt.

Risikoadjustierung

Die unterschiedliche Zusammensetzung der in einzelnen Kliniken behandelten Patienten lässt unterschiedliche Ergebnisse erwarten. Um die Vergleichbarkeit der Kennzahlen zu verbessern, werden für einzelne Krankheitsbilder Risikoadjustierungen nach Alter und Geschlecht durchgeführt. Als Vergleichsdatenbasis wird die Krankenhausdiagnosestatistik des Statistischen Bundesamtes herangezogen. Für jede einzelne Klinik, sowie für den Konzern werden die Sterblichkeiten berechnet, die nach der Alters- und Geschlechtsstruktur der behandelten Patienten zu erwarten wären. Der Vergleich der erwarteten mit den tatsächlich aufgetretenen Sterblichkeitsraten erlaubt die Beurteilung, ob die Ergebnisse besser oder schlechter sind als der Bundesdurchschnitt. Dies ist derzeit nur für einen Teil der Kennzahlen möglich, da die detaillierten Ergebnisse auf Bundesebene nur für einen Teil der Helios Indikatoren verfügbar sind.

Kombination von Kurzzeit- und Langzeitindikatoren

Die Qualitätsindikatoren der Helios Kliniken sind zeitlich auf den jeweiligen Krankenhaus-aufenthalt begrenzt, d. h. Langzeitergebnisse können damit nicht erfasst werden. Mit den fall- und sektorübergreifenden Datenbeständen der Krankenkassen eröffnen sich jedoch wesentlich umfassendere Auswertungsmöglichkeiten. Die Kennzahlen aus dem QSR-Verfahren ergänzen die zeitnah messbaren Helios Indikatoren um Langzeitinformationen. So werden risikoadjustiert z. B. 30- und 90-Tage-, sowie 1-Jahres-Sterblichkeiten, Komplikations- und Wiederaufnahmeraten für verschiedene Krankheitsbilder gemessen (derzeit für Herzinfarkt, Herzinsuffizienz, Schlaganfall, kolorektale Operationen, Appendektomien, sowie Hüft- und Kniegelenkendoprothesen). Wegen der gleichen Primärdatenbasis lassen sich die Kennzahlen aus dem QSR-Verfahren zu den klinikbezogenen Messungen in Beziehung setzen.

Die Kombination beider Verfahren erlaubt die Umsetzung eines wirksamen ergebnisorientierten Qualitätsmanagements. Die auf Klinikdaten basierenden Indikatoren erlauben eine kontinuierliche, weil zeitnahe Auswertung und Steuerung. Mit der Langzeitperspektive der QSR-Kennzahlen lassen sich darüber hinaus weitere Verbesserungspotenziale erschließen, die bei reiner Betrachtung der klinikintern gewonnenen Kennzahlen nicht sichtbar würden. So können darin z. B. Wiederaufnahmen nach einem bestimmten Eingriff auch dann identifiziert werden, wenn die Wiederaufnahme nicht im erstbehandelnden, sondern in einem anderen Krankenhaus stattgefunden hat.

Diese routinedatenbasierten Qualitätsmessungsverfahren werden aufgrund ihrer beachtlichen Praxisreife mittlerweile nicht mehr nur von den Helios Kliniken angewendet. Die Helios-Indikatoren werden derzeit von der Initiative Qualitätsmedizin (IQM) und weiteren nicht zum Konzern gehörenden Kliniken in Deutschland, sowie vom Universitätsspital Basel und den Niederösterreichischen Landeskliniken eingesetzt. In der Schweiz bilden die Helios-Indikatoren die Grundlage für die Definition nationaler Qualitätsindikatoren. Die seit Anfang 2008 erhältlichen Auswertungen aus dem QSR-Verfahren sind für alle deutschen Akutkliniken, die AOK-Patienten behandeln, verfügbar und abrufbar, da sie auf bereits vorhandenen Daten beruhen.

Eine detaillierte Erläuterung der Helios-Indikatoren kann im Medizinischen Jahresbericht 2005 der Helios Kliniken Gruppe eingesehen werden.

1.2 Kontinuierliche Verbesserung durch Peer Review-Verfahren

Um Ergebnisse verbessern zu können, müssen auf der Grundlage der Qualitätsmessungen konkrete Handlungsfelder identifiziert werden. Hierzu führen die Helios Kliniken seit dem Jahr 2001 Peer Review-Verfahren zur Identifizierung der Ursachen von Qualitätsproblemen durch.

Wenn sich in den Qualitätsindikatoren einzelner Kliniken Auffälligkeiten zeigen, kommen Chefärzte aus anderen Kliniken des Konzerns zusammen, um Behandlungsabläufe konkreter kritischer Fälle anhand der Patientenakten zu analysieren. Meist sind, v. a. bei komplexen Krankheitsbildern, mehrere Abteilungen einer Klinik involviert. Bei operativen Fällen wird so z. B. nicht nur die Operation selbst, sondern auch die Indikationsstellung, der gesamte perioperative Ablauf inklusive der Nachsorge und ggf. die adäquate Versorgung bei Begleiterkrankungen analysiert. Im Versorgungsalltag zeigen sich gerade im Bereich der interdisziplinären Zusammenarbeit sowie des klinikinternen und -externen Schnittstellenmanagements erhebliche Schwächen. Die Verbesserung dieser für den Gesamtprozess und die Ergebnisqualität wichtigen Bereiche ist ein wichtiges Ziel des Helios Qualitätsmanagements.

Die Review-Teams setzen sich aus mehreren erfahrenen Chefärzten anderer Helios Kliniken zusammen, die über eine spezifische Expertise zur Begutachtung der jeweiligen Fälle verfügen. In aller Regel werden sinnvolle interdisziplinäre Teams gebildet (beispielsweise bei viszeralchirurgischen Themen mit Beteiligung eines Chirurgen, eines Gastroenterologen und ggf. auch eines Anästhesisten). Die Analyse der Behandlungsabläufe folgt einem strukturierten Kriterienkatalog, der den gesamten Behandlungsprozess zum Gegenstand hat und mündet in eine standardisierte Bewertung.

Die Zielsetzung bei der Analyse dieser Fälle ist vorwärtsgerichtet. Es geht darum, mögliche systematische Schwachstellen in den Abläufen zu erkennen, um daraus Verbesserungsmöglichkeiten für die Zukunft abzuleiten. Deren Beseitigung hilft nicht nur potenziellen „Problemfällen", sondern wirkt sich positiv auf die Behandlung vieler anderer Patienten aus. Wenn es sich nicht um krankheitsspezifische Schwachstellen handelt, sondern beispielsweise um Probleme in der interdisziplinä-

ren Zusammenarbeit, können die Verbesserungswirkungen weitreichend sein und über das ursprünglich adressierte Krankheitsbild hinausgehen, so dass sehr viele Patienten davon profitieren.

Von einer Verbesserung der Behandlungsabläufe profitieren mittelbar alle Patienten.
Beispiel: Zur Senkung der Sterblichkeit bei Gallenblasen-OPs von 1:300 auf 1:800 muss bei 800 Patienten ein qualitativ hochwertiger, möglichst fehlerfreier Behandlungsablauf sichergestellt werden.

Im Anschluss an die medizinisch-fachliche Diskussion wird auch die Verwaltungsleitung in das Verfahren einbezogen. Gemeinsam werden die gegebenenfalls für notwendig erachteten strukturellen und organisatorischen Maßnahmen zur Qualitätsverbesserung, sowie Entwicklungsziele festgelegt. Die getroffenen Vereinbarungen werden dokumentiert, ihre Umsetzung sowie die Auswirkungen auf die Ergebnisindikatoren werden nachverfolgt.

Die klassischen Peer Review-Verfahren werden ergänzt durch die Analyse von seltenen Zwischenfällen. Todesfälle bei Low Risk-Operationen (beispielsweise bei elektiven Cholezystektomien, Herniotomien usw.) sind zwar in einzelnen Krankenhäusern selten, kommen aber bei der Betrachtung großer Fallzahlen (auf Konzernebene) regelmäßig vor. Alle diese seltenen Ereignisse lassen sich über den zentralen Routinedatenbestand anonymisiert und in den jeweiligen Kliniken auch direkt identifizieren. Diese Fälle werden in einem zentralen Verfahren mit der Peer Review-Methodik analysiert. Auch hier zeigen sich bei einem Teil der Fälle vermeidbare Fehler in den Abläufen, die in den Fachgruppen diskutiert werden und zu Veränderungen im Konzern führen.

Voraussetzung für die Akzeptanz und den Erfolg aller Peer Review-Verfahren ist, dass das Verfahren als gemeinsamer kollegialer Lernprozess begriffen wird. Ohne eine ausreichende Vertrauensbasis, respektvollen Umgang miteinander und eine offene Diskussionskultur sind derartige Konzepte nicht umsetzbar.

1.3 Medizinischer Beirat und Fachgruppen

Wichtige Gremien in der Entwicklung und Steuerung des Qualitätsmanagements der Helios Kliniken sind der Medizinische Beirat und die Fachgruppen. Der Medizinische Beirat besteht aus sechs erfahrenen, langjährig im Konzern tätigen Chefärzten. Er berät die Geschäftsführung in medizinischen Fragen und betreut das Peer Review-Verfahren.

In den medizinischen Fachgruppen des Konzerns arbeiten die leitenden Ärzte einer Fachrichtung bzw. verwandter Fachgebiete aus allen zur Gruppe gehörenden Kliniken zusammen. Die Fachgruppe Pflege wird von den leitenden Pflegekräften aller Kliniken gebildet. Die Fachgruppen dienen der Förderung der Zusammenarbeit zwischen den Kliniken, dem Wissenstransfer und der kontinuierlichen Qualitätsentwicklung. Bedarfsweise werden auch interdisziplinäre und interprofessionelle (in der Regel temporäre) fachgruppenübergreifende Arbeitsgruppen gebildet, die sich beispielsweise mit Konzepten zur minimal invasiven Chirurgie, zur Verbesserung der Beatmungsstrategien oder zur Schmerztherapie befassen. Der Konsensbildungsprozess mündet in konzernweit und ggf. auch fachübergreifend wirksamen Beschlüssen.

Ein entscheidender Teil der Fachgruppenarbeit besteht in der Auseinandersetzung mit den Medizinischen Unternehmenszielen und den zur Verfügung stehenden internen Qualitätskennzahlen, sowie den Ergebnissen der Peer Reviews. Neue Qualitätsindikatoren werden unter Beteiligung der jeweiligen Fachgruppen entwickelt und auf ihre Praxistauglichkeit hin überprüft. Ebenso liegt die Definition von Qualitätszielen, soweit keine externen Vergleichwerte, wie z. B. die Sterblichkeit auf Bundesebene vorliegen, im Aufgabenbereich der Fachgruppen.

Das Peer Review-Verfahren wird durch fachgruppeninterne Selbst-Reviews ergänzt. Die Selbst-Reviews werden von den Fachgruppen in Eigenregie organisiert und durchgeführt. Dabei erfolgen keine Fallbewertungen durch externe „Peers", die verantwortlichen Chefärzte führen die retrospektiven Aktenanalysen vielmehr selbst durch. Welche Fälle Gegenstand der Reviews sind, wird innerhalb der Fachgruppe festgelegt. Die Bewertungskriterien decken sich inhaltlich mit denen der Peer Reviews. Grundsätzlich werden alle Kliniken einbezogen, also auch solche mit guten oder unauffälligen Kennzahlen.

Fazit

Mit Hilfe der Kombination aus der statistischen Identifizierung von Problemfällen und den Peer Review-Verfah-

ren werden faktisch „Critical Incidents" bzw. tatsächliche „Fehlerfälle" im Sinne der bekannten Studie „To Err is Human" [vgl. Kohn et al. 1999] aktiv gesucht und erfolgreich identifiziert. Gleichzeitig werden fehlerträchtige Prozessabläufe im Sinne einer zielorientierten Verminderung von Fehlerraten verbessert. Dies entspricht im Prinzip Vorgehensweisen, wie sie beispielsweise ähnlich auch in der Six Sigma Methodik eingesetzt werden. Dieses Verfahren der Fehlersuche und der Fehlerreduktion geht über einfachere Ansätze wie das „Critical Incident Reporting System" (CIRS) weit hinaus. CIRS setzt die freiwillige Meldung von Fehlern voraus und beinhaltet damit das Risiko, dass nur die ohnehin selbstkritischen Beteiligten, die sich bereits mit der Verbesserung ihrer Abläufe befassen, auch teilnehmen. Im Gegensatz dazu sucht und findet das Helios Verfahren viele Fehlerfälle oder auch „Critical Incidents" völlig unabhängig vom Meldeverhalten und leitet, wo nötig, unmittelbar Verbesserungsprozesse ein. Vergleichbare aktive Suchsysteme werden außerhalb der Medizin unter anderem unter dem Begriff „Critical Incident Surveillance System" (CISS) eingesetzt.

Das Qualitätsmanagement der Helios Kliniken ist ein iteratives System, das eine kontinuierliche Qualitätsverbesserung zum Ziel hat. Es unterscheidet sich von anderen Qualitätsmanagement- und Qualitätssicherungssystemen vor allem durch die validen Verfahren zur Qualitätsmessung und den transparenten Umgang mit den Ergebnissen.

Die Helios Kliniken haben mit der Kombination von kennzahlengestütztem Qualitätscontrolling einerseits und Schwachstellenanalyse mit kontinuierlicher Verbesserung der Prozesse andererseits erhebliche Verbesserungen der Ergebnisse erreicht (vgl. zum Beispiel Hirninfarkt, Abb. 1). Die bedeutsamste Veränderung hat sich aber auf anderer Ebene abgespielt: Es ist heute in den Fachgruppen der Helios Kliniken möglich, Problemfälle offen, nicht anonymisiert und unter Nennung der Beteiligten konstruktiv zu diskutieren. Diese offene Fehlerkultur ist eine der zentralen Errungenschaften des Helios-Qualitätsmanagementprozesses. Sie ist die wesentliche Voraussetzung dafür, dass der Konzern Verbesserungen in Zusammenarbeit mit den verantwortlichen Ärzten vor Ort erreichen und umsetzen kann.

Alle Beteiligten haben die Erfahrung gemacht, dass die Verbesserung der Ergebnisse der medizinischen Leistungen genau diese offene Fehlerkultur voraussetzt. Nur wer Schwachstellen in den Behandlungsabläufen sucht und analysiert, sowie offen diskutiert, kann die Prozesse entscheidend verbessern. Die Wirksamkeit des Systems im Hinblick auf die Verbesserung der medizinischen Ergebnisse ist für zahlreiche Krankheitsbilder und Behandlungen belegbar. Das Helios Qualitätsmanagement ist

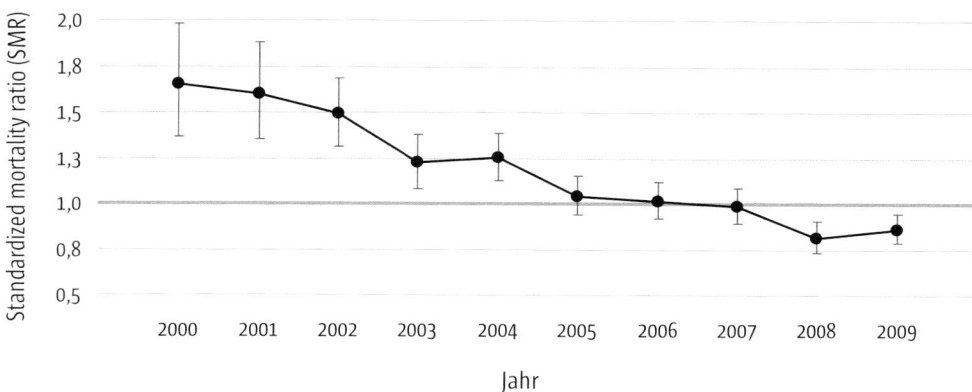

Abb. 1   Entwicklung des standardisierten Mortalitätsverhältnisses bei der Hirninfarktsterblichkeit in den Helios Kliniken. Das standardisierte Mortalitätsverhältnis (standardized mortality ratio, SMR) stellt die beobachtete Sterblichkeit der zu erwartenden Sterblichkeit einer nach Alters- und Geschlechtadjustierung gleichartigen Bundesstichprobe gegenüber. Eine SMR < 1 zeigt an, dass die Sterblichkeit geringer ist, als dies nach dem Bundesdurchschnitt zu erwarten wäre. Diverse gezielte Veränderungen der Behandlungsprozesse und der klinikinternen Strukturen führten zu einer erheblichen Verbesserung der Versorgung und der medizinischen Ergebnisse. Die Darstellung schließt die jeweils neu hinzugekommenen Kliniken mit ein. Genaue Erläuterungen sind im Medizinischen Jahresbericht 2006/2007 der Helios Kliniken enthalten.

stark geprägt von der Tradition des Unternehmens, das ärztlich gegründet und lange Zeit ärztlich geleitet wurde. Der Nutzen für die Patienten steht bei allen Aktivitäten im Vordergrund.

Literatur

AOK-Bundesverband, Forschungs- und Entwicklungsinstitut für das Sozial- und Gesundheitswesen Sachsen-Anhalt (FEISA), HELIOS Kliniken, Wissenschaftliches Institut der AOK (WIdO) (2007) Qualitätssicherung der stationären Versorgung mit Routinedaten (QSR) – Abschlussbericht. WIdO, Bonn

Helios Kliniken (2006) Kompetenz in Medizin. Medizinischer Jahresbericht der Helios Kliniken Gruppe 2005. Helios Kliniken GmbH, Fulda

Helios Kliniken (2007) Ergebnisqualität sicher messen und aktiv verbessern – Erfahrungen. Medizinischer Jahresbericht der Helios Kliniken Gruppe 2006/2007. Helios Kliniken GmbH, Berlin

Kohn LT, Corrigan JM, Donnaldson MS (Eds.) (1999) To err is human: Building a Safer Health System. Institute of Medicine, Washington DC

Mansky T (2008) Neue Methoden der Qualitätsmessung und des Qualitätsmanagements. In: Kurth BM (Hrsg.) Monitoring der gesundheitlichen Versorgung in Deutschland. Deutscher Ärzte-Verlag, Köln, S. 149–70

Mansky T, Nimptsch U, Busse R (2009) Measuring, Monitoring, And Managing Quality In Germany's Hospitals. Health Affairs 28(2), w294–w304

Mansky T, Nimptsch U, Vogel K, Hellerhoff F (2010) G-IQI – German Inpatient Quality Indicators. Universitätsverlag der TU Berlin, urn:nbn:de:kobu:83-opus-26102

2 Fehler-Management im Krankenhaus

Christian Utler

Universitätsklinikum Hamburg-Eppendorf

2.1 Der richtige Start: Houston, wir haben ein Problem

„It is much easier to talk about a safety culture than it is to create one"

Hinter dem Thema Patientensicherheit verbirgt sich ein Problem von erheblicher Größenordnung. Nach dem Bericht ‚To Err Is Human' des ‚Institute of Medicine' aus dem Jahr 1999 [Kohn et al. 1999], der sich des zweistufigen Harvard Medical Practice Study Designs bediente und sich vor allem auf die Harvard Studie II [Leape et al. 1991] und die Utah-Colorado-Studie [Thomas et al. 2000] stützt, sind in zahlreichen weiteren Ländern Untersuchungen zur Häufigkeit von unerwünschten Ereignissen, vermeidbaren unerwünschten Ereignissen und Fehlern durchgeführt worden. Die meisten der mittlerweile mehr als 200 Studien wurden in stationären Einrichtungen durchgeführt, ein weiterer Schwerpunkt lag im Arzneimittelbereich. Die Häufigkeit unerwünschter Ereignisse im Krankenhaus lag zwischen 5 % und 10 % und die Häufigkeit von vermeidbaren, also auf Fehler zurückzuführenden unerwünschten Ereignissen zwischen 2 % und 4 %. Umgerechnet auf ca. 17 Mill. jährlich in deutschen Krankenhäusern behandelten Patienten ergeben sich zwischen 340.000 und 680.000 vermeidbare un-erwünschte Ereignisse pro Jahr. Die mit Behandlungsfehlern verbundene höhere Morbidität und reduzierte Erwerbsfähigkeit der Bevölkerung führt zu Mehrkosten im Gesundheitswesen und beeinflusst daneben die Volkswirtschaft in negativer Weise.

Abgesehen von der betriebs- und volkswirtschaftlichen Bedeutung der Patientensicherheit fordern wir selbstverständlich auch als Individuen maximale Sicherheit im Rahmen unserer medizinischen Behandlung. Als über uns selbst bestimmende „aktive" Menschen empfinden wir Sicherheitsaufwendungen zwar häufig als langweilig, unkreativ, umständlich, unbequem, einengend und teuer. Bei der Ausübung unserer Leidenschaften, wie zum Beispiel dem Betreiben von Extremsportarten, akzeptieren wir sogar mitunter sehr hohe Risiken. Dies macht aber auch einen Teil der Faszination dieser Sportarten aus. Bei der persönlichen Verwirklichung setzten wir der Gefahr also häufig sehr weite Grenzen. Sobald wir uns aber anderen anvertrauen, fordern wir als passive Menschen maximale Sicherheit ein.

> **Im Rahmen einer medizinischen Behandlung, zum Beispiel im OP, muss die Sicherheit um das 100.000-fache höher sein als in der Freizeit. Risiken empfindet man als Patient als unglaublich bedrohlich, Vertrauen zerstörend und Angst einflößend.**

Diese Umstände haben zu einer Diskussion geführt in deren Fokus zwei Fragen stehen:

- Was ist überhaupt ein Fehler?
- Welche Strategien zur Fehlervermeidung sind sinnvoll?

2.2 Darf ich vorstellen: Das ist ein Fehler

Wichtig ist die Verwendung einer zutreffenden Terminologie, besonders da es sich um einen Überschneidungsbereich von juristischer und epidemiologischer Nomenklatur handelt. Aus epidemiologischer Sicht unterscheidet man unerwünschte Ereignisse (UE), die sich auf negative Ergebnisse beziehen, die eher durch die Behandlung als durch den Krankheitsverlauf bedingt sind, von Fehlern, bei denen eine Regelverletzung oder die Verfolgung eines falschen Plans vorliegt, aber noch keine Schädigung des Patienten aufgetreten sein muss. Wenn eine solche Schädigung ausbleibt, spricht man von **Beinaheschäden** (**near misses**). Ist jedoch der Fehler von einem unerwünschten Ereignis gefolgt, handelt es sich um ein **vermeidbares unerwünschtes Ereignis** (**VUE**), das nicht eingetreten wäre, wenn kein Fehler aufgetreten wäre (s. Abb. 2). Ein **Behandlungsfehler** liegt vor, wenn zusätzlich eine Verletzung der Sorgfaltspflicht vorliegt.

Der Begriff des Beinaheschadens ist für das Verständnis eines modernen Fehlermanagement-Konzeptes von entscheidender Bedeutung, da sich die Fehlerkette, die „Verkettung unglücklicher Umstände", die vermeidbaren unerwünschten Ereignissen regelhaft vorausgeht, aus solchen Beinaheschäden zusammensetzt. Beinaheschäden sind ca. 300mal häufiger als vermeidbare unerwünschte Ereignisse und können – entsprechende Erfassungssysteme vorausgesetzt – als Patientensicherheitsindikatoren eingesetzt werden.

2.3 Auf der Suche nach den Fehlerursachen

2.3.1 In die Augen, in den Sinn

In Abbildung 3 ist das Fehlerkonzept schematisch dargestellt. Ein vermeidbares unerwünschtes Ereignis (VUE) resultiert aus einer größeren Anzahl von vor gelagerten Fehlern und Risiken, die selbst zu keinem Schaden führen. Wird die Fehlerkette nicht durchbrochen (zum Beispiel durch Redundanzen im System) kommt es zu einem Schaden für den Patienten. Die zum unerwünschten Ereignis führenden unsicheren Prozessschritte sind selbst jedoch ebenso wenig als „Ursachen" zu bezeichnen wie der letzte Prozessschritt, bei dem man gemeinhin annimmt, er sei die „Ursache" des unerwünschten Ereignisses. Die Ursachenanalyse fokussiert auf die jeden der unsicheren Prozessschritte zugrundeliegenden Gründe und ordnet sie unterschiedlichen Ebenen zu.

Differenziert man z. B. nach dem sog. **London-Protokoll** weiter, so sind die Fehlerursachen einer der folgenden sieben Ebenen zuordnen.

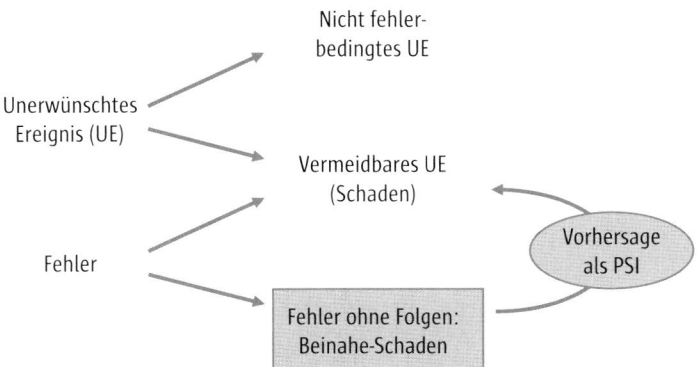

Abb. 2   Nomenklatur Patientensicherheit. Auf Fehler zurückgehende unerwünschte Ereignisse (UE) werden als vermeidbare unerwünschte Ereignisse definiert. Fehler ohne Folgen (Beinaheschäden) können als Patientensicherheitsindikatoren (PSI) Verwendung finden

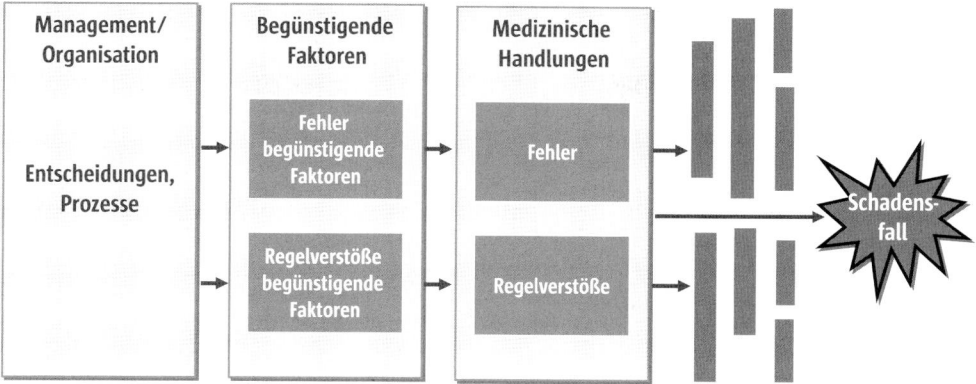

Abb. 3   Die Fehlerkette beschreibt die unsicheren Prozessschritte, die bis zu dem „letzten", in ein vermeidbares unerwünschtes Ereignis (VUE) mündenden Prozessschritt fortschreiten [nach Vincent et al. 2000]

- **Auf der individuellen Ebene** stehen zum einen gesundheitliche (z. B. Müdigkeit) und psychische Probleme, zum anderen mangelndes Wissen, Fähigkeiten und Kompetenz im Vordergrund. *Skills and Knowledge* umfassen dabei Ausbildungs- und Erfahrungsmangel, aber auch verhältnismäßig einfach erscheinende Dinge wie Rechen- und Schreibfehler.
- **Patienten-seitige Faktoren** sind in ihrer Einbeziehung an dieser Stelle nicht unumstritten, da sie nicht dem professionellen Kontext zuzurechnen sind. Andererseits können die Komplexität der Erkrankung oder persönliche sowie soziale Faktoren, aber auch das Verhalten von Angehörigen eine nicht unerhebliche Rolle bei der Entstehung von Fehlern spielen.
- Eine entscheidende Bedeutung haben die sog. **Teamfaktoren**, die die Funktion therapeutischer Teams einschließlich der Regelungen zur Delegation und Wahrung der Verantwortung gegenüber dem Patienten beschreiben, weiterhin Kommunikation und Supervision.
- Bei der **mangelnden Aufgabenspezifizierung und Technik** sind ungenaue Tätigkeitsbeschreibungen und Zuständigkeiten, das Fehlen von Leitlinien und Standards, mangelnde Einarbeitung sowie unklare Vorgehensweisen bei kritischen Situationen zu nennen. Gerade der letzte Punkt ist von Wichtigkeit, denn die Folgen eines Ereignisses hängen davon ab, ob weitere Schäden und Auswirkungen noch aufgehalten werden können. Hier ist auch die Zuständigkeit und die klare Regelung bezüglich der automatischen Warnsysteme zu nennen,

die sonst häufig missachtet oder umgangen werden. Ebenfalls die technischen Bedingungen gehören hierher, sie betreffen die Funktionsfähigkeit von Informationssystemen und die apparative Ausstattung (s. UME). Überraschend häufig ergeben entsprechende Analysen, dass einfache technische Defekte wie Telefonstörungen auftreten oder die Funktionsfähigkeit der Funkersysteme nicht gesichert ist.
- Zu den **Umgebungsfaktoren** wird in erster Linie an die Arbeitsumgebung gedacht, zum einen die sehr wichtigen baulichen Bedingungen, die z. B. bei der Überwachung von Patienten eine sehr große Rolle spielen, zum anderen Geräuschbelästigung, Unruhe durch mangelnde Abschirmung, unklar organisierte Arbeitsplätze und ganz entscheidend die Planung des Personaleinsatzes.
- Die **organisatorischen Risiken und Management** betreffen alle Angelegenheiten, die durch adäquate Organisation von Prozessen zu regeln sind, beginnend mit der Personalausstattung und -entwicklung sowie der Verteilung und Steuerung der finanziellen Ressourcen bis hin zu den Führungsaufgaben, die sich insbesondere auch auf das Umgehen mit dem Thema „Fehler" selbst beziehen (sog. Sicherheitskultur).
- Die **externen Kontextfaktoren** beschreiben die Außenbeziehungen der Organisation und die gesundheitspolitischen Rahmenbedingungen, natürlich auch der Zugang zu finanziellen Ressourcen.

2.3.2 Fehler fischen im Trüben

Leider hat die juristische Behandlung von Fehlern nach der Maxime „*Fehler müssen bestraft werden und folgenschwere Fehler müssen schwer bestraft werden*" viel Unheil angerichtet. Ein „versehentlicher Fehler" kann durch Starfandrohung nicht vermieden werden. Mögliche Sanktionen behindern allerdings die objektive Aufarbeitung eines Vorfalls und erschweren die Entwicklung von wirkungsvollen Abwehrstrategien zur Vermeidung ähnlich gelagerter Probleme für die Zukunft. Die Angst vor Strafe führt zur Vertuschung und zu unzutreffenden Schuldzuweisungen.

> So werden in unserer vorherrschenden Sozialisation Fehler immer noch im Zusammenhang mit persönlicher Verantwortung (persönliches Versagen, Motivations- und Trainingsdefizite) betrachtet. Über Fehler zu sprechen, gleicht einer narzistischen Kränkung. Gerade in den Heilberufen, die vom Bild des souveränen Spezialisten geprägt sind, der alle Probleme spielend bewältigt, ist das Ansprechen von Fehlern und Faktoren wie persönliche Unsicherheit und Schwäche problematisch.

In Tabelle 1 sind die derzeit im Krankenhaus verbreiteten Instrumente der Fehlererfassung dargestellt.

Den entscheidenden Wirkfaktor einer umfassenden Fehlererfassung stellt das critical incident reporting dar, die gesetzlich vorgeschriebenen Systeme erfassen lediglich die Spitze des Eisbergs und finden wenig Akzeptanz.

2.3.3 Was stimmen muss, ist die Kultur

Viel bedeutender als die Anwendung von hoch differenzierten Fehler Erfassungsinstrumenten ist es jedoch die Kultur im Krankenhaus, mit Hilfe eines umfassenden Risikomanagement Konzepts zu verändern. Im Einzelnen besteht die aus folgenden Elementen:

■ Klares Bekenntnis zu einem modernen Fehler- und Risikomanagementkonzeptes in der Qualitätspolitik des Unternehmens. Diese Haltung sollte auch regelmäßig in der Öffentlichkeit transportiert werden.
■ Transparente Darstellung von Qualitäts- und Kommunikationsdaten nach außen, insbesondere Teilnahme an allen derzeit in Deutschland üblichen Qualitätsvergleichssystemen.

Tab. 1 Instrumente der Fehlererfassung im Krankenhaus

Gesetzliches Berichtswesen	Optionale Fehlererfassung
Arzneimittelgesetz	Sturzerfassung
Infektionsstatistik	Arzthaftpflichtfälle
Vorkommnisse der MPBetreiberV	Mortalitätsstatistik
Strahlenschutz	Sicherheitsindikatoren aus § 21 Daten
Infektionsschutzgesetz	CIRS, critical incident reporting
Biologische Sicherheit	
Externe Qualitätssicherung	

■ Neben der internen Transparenz sollten insbesondere auch Ergebnisse des Fehlermanagements (statistische Darstellung der CIRS- oder Arzthaftpflichtfälle) extern kommuniziert bzw. laienverständlich aufbereitet werden.
■ Regelmäßige Bestimmung von Sicherheitsparametern einschließlich deren kontinuierlichen Verbesserung sollte fester Bestandteil in den qualitativen Zielvereinbarungen über alle Hierarchieebenen.
■ Eine medizinische Risikokommission, die unter der Krankenhausleitung und ggf sogar unter Einbeziehung eines externen Beirats die Risikomanagementaktivitäten supervidiert, die Berichte über eingegangene Meldungen und Ereignisse entgegen nimmt und bei schwerwiegenden Ereignissen selbst aktiv wird.
■ Ein Critical Incident Reporting System (CIRS) sollte etabliert, das flächendeckend arbeitet und sowohl auf Abteilungs- als auch auf Klinikumsebene der Meldung von Beinaheschäden dient. Sämtliche Schritte von der Eingabe über die Analyse bis zur Umsetzung, Nachhaltung und Überprüfung von Korrekturmaßnahmen sollten gut dokumentiert und so für Dritte nachvollziehbar sein Hierbei zeigt eine hohe Meldehäufigkeit neben den Meldeinhalten, dass die Mitarbeiter der Institution von den positiven Effekten des Fehlermanagements überzeugt sind und dass ihre Meldungen von tatsächlichen Konsequenzen, die ihre Arbeit im Alltag berühren gefolgt sind.

- Festlegung auf Sanktionsfreiheit bei in CIRS gemeldeten Fällen seitens der Krankenhausleitung gegenüber den Mitarbeitern. Diese Festlegung kann als weiteres Zeichen für eine ernst gemeinte Risikomanagement-Strategie gelten.
- Rahmenbedingungen, Meldeprozesse und Konsequenzen des Meldewesens sollten regelmäßig in Mitarbeiterschulungen vermittelt werden und sollten fester Bestandteil der Unternehmenskultur sein. Hier sollten die Mitarbeiter über den Arbeitsvertrag verpflichtet werden an Schulungen über Arzthaftung und medizinisches Risiko-Management teil zu nehmen
- Ein aktives Beschwerdemanagement sollte umgesetzt sein
- Ein unabhängiger Ombudsmann, bei dem Patienten vorstellig werden können sollte vorhanden sein

Wesentliche Voraussetzung für den Kulturwandel ist ein vertrauensvolles Miteinander insbesondere von Ärzten, Pflegekräften und Patienten.

2.4 Fehleranalyse: einfache Regeln

Eine lediglich statistische Aufarbeitung von Fehlern führt wegen des damit verbundenen Informationsverlusts im speziellen Ereignis zu wenig Gewinn.

Durch eine strukturierte Analyse der tatsächlichen Fehler/Katastrophen, wird die Spitze des Eisbergs sichtbar. Durch die Aufarbeitung möglichst vieler *critical incidents* gelingt es zudem viele Facetten des Teils, der sich unterhalb der Wasserlinie befindet, also der Teil, in dem sich die Fehler begünstigenden Faktoren verbergen, nach zu zeichnen.

Dabei ist es zu aller erst erforderlich den Prozess, der hinter den Fehlern steht, zu verstehen. Hierbei werden der Zeitaufwand und die Bedeutung meistens häufig unterschätzt. Auch scheinbar unbedeutende Details können entscheidend sein. Erst sekundär sollte es darum gehen, Verbesserungsvorschläge zu generieren.

Gruselgeschichten: Weghören?

Mit Blick auf diese Fallvignette soll ein einfaches Analysemodell erörtert werden.

Bei einem 12-jährigen Jungen wird ambulant die OP-Indikation 14 Tage vor dem eigentlichen Eingriff gestellt. Es soll eine Reoperation links an einem paarigen Organ, ein kurzer Routineeingriff in Vollnarkose, durchgeführt werden. Der Eingriff steht an erster Stelle am Tag der Operation. Der „ambulante" Patient wird von der Pflege auf einer normalen Station weit entfernt vom OP aufgenommen und danach in den OP verbracht.

Die zu operierende Seite ist korrekt im OP-Plan dokumentiert. Im OP-Bereich wird Patient von einem Arzt, der für die Vorbereitung zuständig ist, der aber nicht der Operateur selbst ist und den Jungen nicht kennt, gesehen. Dieser Arzt markiert die falsche Seite, nachdem bei dem Jungen bereits eine Allgemeinanästhesie durchgeführt wurde.

Im OP-Saal soll laut Arbeitsanweisung ein Springer und die instrumentierende Pflegekraft vor dem sterilen Abwaschen und Abdecken durch Abgleich mit der Patientenakte überprüfen, ob es sich um die korrekte Seite handelt. Dies geschieht jedoch nicht

Vor dem Schnitt soll laut dieser Arbeitsanweisung der Operateur durch team time out und Rücksprache mit dem OP-Personal und Sichten der Akte ebenfalls überprüfen ob es sich um die richtige Seite handelt. Dies geschieht ebenfalls nicht.

Die falsche Seite wird operiert.

Als zusätzliche begünstigende Faktoren finden sich zwei weitere Aspekte. Zum einem wurden die OP-Säle getauscht. Diese Art der Eingriffe findet normalerweise immer im Saal 1 und nicht wie in diesem Fall im Saal 2 statt. Zum anderen weist der Patient einen großen Naevus flammeus auf der zu operierenden linken Seite auf, der jedoch auch ein wenig auf die andere Körperseite ragt. Nach dem Abdecken sieht also der Operateur noch etwas von dem Naevus und assoziiert damit, dass es sich um die richtige Seite handeln würde.

Wie lernen?

Nach einer wert neutralen Beschreibung der Ereignisse auf Grundlage einer Aufarbeitung gemeinsam mit allen Beteiligten erfolgt eine Bewertung an Hand der in Abbildung 3 dargestellten drei Kategorien, den medizinischen Handlungen (aktive Faktoren), den begünstigenden (beitragenden) Faktoren und dem Einfluss des Managements bzw. der Organisation (latente Faktoren).

Bei der Bewertung unserer Fallvignette zeigen sich die in Tabelle 2 aufgeführten Ergebnisse.

Erst in einem weiteren Schritt sollten also nach einer Bewertung *Maßnahmen* abgeleitet werden. In diesem Fall wäre es kostengünstig und einfach die bereits vorhandene Arbeitsanweisung gemäß der Leitlinie zu aktualisieren. Die Markierung der zu operierenden Seite beim wachen Patienten, nach dem dieser noch selbst auf die Seite zeigt (10 % der Patienten weisen eine links/rechts Schwäche auf) erhöht ohne weitere direkte oder indirekte Kosten das Sicherheitsniveau. In ein adäquates ambulantes OP-Setting (Aufnahme der Patienten in einer dem OP vor geschalteten

Tab. 2   Bewertung Fallvignette Seitenverwechslung

	Faktor	Verwechslung
Medizinische Handlungen	gefährliche Aktion	nein
	Fehler, Irrtum	Fehler
	Regelverstoß	ja, Arbeitsanweisung war vorhanden (Abgleich vor Abwaschen durch Springer und unmittelbar präop. durch Operateur)
		Arbeitsanweisung jedoch außerhalb Leitlinie wrong side surgery
Beitragende Faktoren	Aufgabe	Routine, aber anderer Saal
	Umwelt	Tagdienst, erste OP
	Team	Erfahrung, keine Überlastung
	Individuum	sehr große Erfahrung
	Auftrag, Technik	ausreichend Technik und Mittel vorhanden, Auftrag klar
	Patient	Naveus flammeus, Pat. schläft, 12jähriger Junge
Management Organisation	Finanzen, Strukturen	kein adäquates Setting für amb. OPs
		räuml. Trennung zwischen OP und Station
		Pat. liegen auf „normaler Station" bei extrem hohen turn over

Holding area, in der auch der Operateur selbst noch mit den Patienten vor dem Eingriff sprechen kann) zu investieren, wäre dagegen mit erheblich Kosten verbunden, würde aber einen weiteren Fehler begünstigenden Faktor ausschalten.

Ganz allgemein betrachtet finden sich in der Regel die in Abbildung 4 dargestellten Fehlerursachen aus denen man Korrekturmaßnahmen ableiten kann.

Die mit Abstand häufigste sicherheitskritische Situation *(37,8 % aller Events) besteht gemäß einer Auswertung von Lufthansa aus nachstehendem Gemisch [Müller 2004].*

Es entsteht irgendeine Komplikation oder ein Problem bei der Ausübung einer geplanten Tätigkeit (operationelles Problem). In dieser Situation der erhöhten Arbeitsbelastung passiert ein Arbeitsfehler (Human error). Die negativen Auswirkungen des Fehlers können nicht korrigiert oder entschärft werden, weil das Arbeitsklima nicht optimal ist.

Das heißt, für einen Arbeitsfehler wirkt ein negatives soziales Klima wie ein Turbolader. Gemäß dieser Untersuchung steigt das Risiko für einen Critical incident um den Faktor 5 durch soziale Spannungen oder anders formuliert: 80 % aller

„Human errors" in komplexen Situationen könnten durch optimale soziale Interaktion im Team entschärft werden. Kommunikationsprobleme spielen eine weitere entscheidende Rolle in der Genese von Fehlern. Aussagen werden nicht gemacht, Bedenken nicht geäußert und wichtige Aussagen waren unvollständig oder wurden überhört. Auch in einer JCAHO-Erhebung finden sich in 60 % der Ereignisse Kommunikationsstörungen als hauptursächlicher Faktor.

Der „Null-Fehler" Fehler: Fehler- und Risikomanagement sind eine echte Revolution und führen zur uneingeschränkten Sicherheit. In zwei Wörtern – Neue Träume – Null-Fehler-Toleranz ist ein verbreitetes Schlagwort. Aber „ohne mutige Niederlagen keine großen Erfolge". Aus dieser Logik gib es kein Entrinnen.

2.5 Top 7-Lösungen

Es folgen praktikable Ideen, mit denen man versuchen sollte das Sicherheitsniveau im Krankenhaus zu erhöhen.

1. **Es liegt an UNS (dem Unternehmen)**: Wir selbst sind unser eigener Feind, wenn wir Fehler unter den Teppich kehren

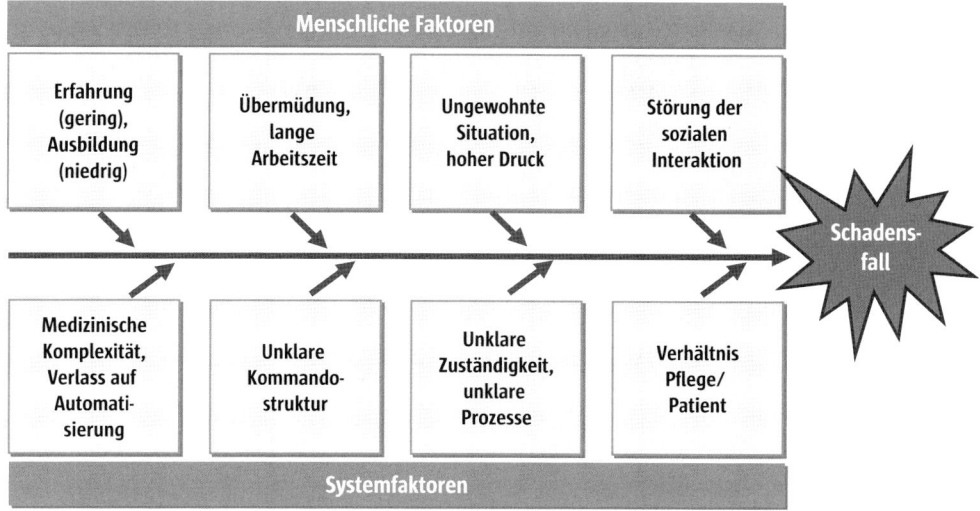

Abb. 4   Fehlerursachen Übersicht: Multifaktorielles Geschehen/Faktoren die durch Studien belegt sind (IshikawaDiagramm)

2. **Keine Verständigungsbarrierren:** Machtkämpfe müssen aufhören, Investitionen in die Verbesserung der Teaminteraktion zahlen sich aus, Teamgeist wird belohnt

3. **Alles ins Netz:** Frei zugängliche Information, wenn immer möglich digital, untergraben Hierarchien

4. **Offener Zugang zu den Patientendaten:** Jeder an der Behandlung Beteiligte muss Zugang zu allen Patienteninformationen haben

5. **Lösungen:** einfach, intuitiv, Sicherheit integrierend

6. **Standard Operating Procedures:** weniger ist mehr, alles auf eine Seite, einfach, klar, anmutig, schön

7. **Ballast entfernen – aktiv, systematisch, unablässig:** wir müssen mit allen Kräften gegen die Verkomplizierungssucht kämpfen

Literatur

Kohn LT, Corrigan JM, Donaldson MS (eds.) (1999) To Err Is Human. Building a Safer Health System. Committee on Quality of Health Care in America. Institute of Medicine, Washington

Leape LL, Brennan TA, Laird N, Lawthers AG, Localio AR, Barnes BA, Hebert L, Newhouse JP, Weiler PC, Hiatt H (1991) The nature of adverse events in hospitalized patients. Results of the Harvard Medical Practice Study II. N Engl J Med 324: 377–84

Lessing C, Schmitz A, Albers B, Schrappe M (2008) Impact of sample size on variation of adverse events and preventable adverse events: systematic review on epidemiology and contributing factors. Q. Safety Health Care, in print/accepted

Müller M (2004) Risiko und Risikomanagement im Luftverkehr. Zeitschrift für Evidenz, Fortbildung und Qualität im Gesundheitswesen. Jahrgang 98, Heft 7, 10–2004; S. 559–565 (7)

Thomas EJ, Studdert DM, Burstin HR, Orav EJ, Zeena T, Williams EJ, Howard KM, Weiler PC, Brennan TA (2000) Incidence and Types of Adverse Events and Negligent Care in Utah and Colorado. Med Care 38: 261–71

Vincent C, Taylor-Adams S, Chapman EJ, Hewett D, Prior S, Strange P, Tizzard A (2000) How to investigate and analyse clinical incidents: Clinical Risk Unit and Association of Litigation and Risk Management protocol. BMJ 320: 777–781

3 Beschwerde- und Risikomanagement

Angelika Jakolow-Standke

Unfallkrankenhaus Berlin

Das systematische Beschwerdemanagement ist als Bestandteil des klinischen Risikomanagements die herausragende Möglichkeit, Hinweise auf riskante Abläufe, sowie Anregungen und Verbesserungsvorschläge aus Sicht der Leistungsempfänger bzw. der „Kunden" unserer Leistungen zu erfahren.

Zielstellung ist das frühzeitige Auffinden spezifischer Risiken, die in der täglichen Routine aus der internen Expertensicht häufig zu spät auffällig werden, um möglichst zeitnah – oder sogar vorbeugend – konkrete Gegenmaßnahmen ableiten zu können.

Erfolgsentscheidend ist neben der Reaktionsgeschwindigkeit des Gesamtsystems eine vollständige Integration zum Beispiel der systematischen Beschwerdebearbeitung in ein unternehmensweit einheitliches, und primär klinisch orientiertes Risikomanagement.

Die Wirksamkeit klinischer Risikomanagementsysteme resultiert aus der redundanzfreien Zusammenführung einzelner Bausteine, zum Beispiel Patientenbefragung, Beschwerdebearbeitung, Analyse schwerer Ablauffehler (Besonderer Vorkommnisse) und Fehlermeldesystemen (z. B. CIRS).

3.1 Beschwerdemanagement

Ein wichtiger Baustein des klinischen Risikomanagements ist die systematische Bearbeitung von Beschwerden. Die generellen Ziele des Beschwerdemanagements sind die Wiederherstellung der vom Leistungsempfänger („Kunden") subjektiv wahrgenommenen Zufriedenheit, die Minimierung der negativen Auswirkungen von Zufriedenheitsdefiziten und die Nutzung der in Beschwerden enthaltenden spezifischen Ablaufinformationen.

Auch die spontan als unberechtigt empfundenen Beschwerden enthalten – häufig unbeabsichtigte oder nur in Nebensätzen der Beschwerdeführer dargestellte – wichtige Ablaufinformationen, die auf potenzielle Schwachstellen, aus denen sich zukünftige Ablauffehler realisieren könnten, hinweisen. Insofern ist absolut „jede Beschwerde ein Schatz". Das mag auf den ersten Blick ungewöhnlich erscheinen, jedoch ermöglicht erst diese positive Sichtweise auch einen grundlegend geänderten Umgang mit Beschwerden.

Um den wertvollen Informationsgehalt aller Beschwerden als Gewinn für jedes Unternehmen zu nutzen, bedarf es eines systematischen Vorgehens und der zentralen Verantwortung aller Führungskräfte für das Beschwerdemanagement, welches in der Regel aus den nachfolgenden Elementen besteht:

- Beschwerdestimulierung
- Beschwerdeannahme
- Beschwerdebearbeitung

- Beschwerdeauswertung
- Beschwerde-Controlling

3.1.1 Beschwerdestimulierung

Ein Ziel des modernen Beschwerdemanagements ist die Beschwerdestimulierung, um unzufriedene Leistungsempfänger dazu zu bewegen, ihre Unzufriedenheit dem Unternehmen gegenüber überhaupt zu äußern. Hintergrund dieser Zielstellung ist die gesicherte Erkenntnis, dass der allergrößte Anteil potenzieller Beschwerdeführer ihr Anliegen dem Unternehmen nicht mitteilt, sondern im Bedarfsfall die Leistung anderer Anbieter in Anspruch nimmt.

Unterschätzt wird insbesondere im Gesundheitswesen die Multiplikatorenwirkung aus nicht sachgerecht bearbeiteten Beschwerden [Stauss u. Seidel 2007; Haeske 2001]: 85 % der unzufriedenen Kunden sprechen mit 7–25 Personen außerhalb des Unternehmens über ihr negatives Werturteil. Größere Probleme werden dabei durchschnittlich an 16 Personen weitererzählt. Gesprächsinhalt ist hier insbesondere die Empfehlung, einen bestimmten Leistungsanbieter zu vermeiden. Solche persönlichen Empfehlungen besitzen nachweislich eine extrem hohe Überzeugungskraft, die zunehmend auch durch kritische Berichte in Presse, Rundfunk oder anderen Medien multipliziert wird.

Auf der anderen Seite werden 54–70 % der nach professioneller Beschwerdebearbeitung zufrieden gestellter Menschen zu Dauerkunden des jeweiligen Unternehmens und berichten ihre positiven Erfahrungen an durchschnittlich 10 Personen. 100 zufriedene Kunden werben durchschnittlich 30 neue Kunden. Insgesamt ist professionell organisiertes Beschwerdemanagement ein Wettbewerbsvorteil, der mit jedem zufrieden gestellten Beschwerdeführer steigt.

Ziel der Beschwerdestimulation ist, dass alle Möglichkeiten der Beschwerdeführung weitreichend niederschwellig organisiert sind. Hierzu bedarf es klar beschriebener Beschwerdewege und benannter Ansprechpartner. Ein Briefkasten im Eingangsbereich, der nicht den Eindruck erweckt, als würde er regelmäßig geleert, wirkt nicht beschwerdestimulierend.

Als essentiell hat sich erwiesen, dass die Unternehmensleitung die Wichtigkeit eines Beschwerdemanagements gegenüber Mitarbeitern und Kunden verdeutlicht und entsprechende Hinweise zur Beschwerdeannahme und Bearbeitung sowohl in einer Patientenbroschüre, als auch in der Homepage und an anderen geeigneten Stellen im Haus ausweist.

3.1.2 Beschwerdeannahme

Im Fall einer mündlich vorgetragenen Beschwerde ist der Erstkontakt der Mitarbeiter gegenüber des Beschwerdeführers von entscheidender Bedeutung für den weiteren Verlauf.

Hierzu muss jedem Mitarbeiter – von den Führungskräften – vermittelt werden, dass er in diesem Moment der Repräsentant des Hauses ist und somit maßgeblichen Einfluss auf die Wiederherstellung der Kundenzufriedenheit hat. Die Mitarbeiter müssen über Beschwerdewege und Bearbeitung informiert sein. Aussagen wie „dafür bin ich nicht zuständig" oder „das kann gar nicht sein" sind kontraproduktiv und unbedingt zu vermeiden.

Für eine schnelle und strukturierte Erfassung dient ein standardisiertes Beschwerdeerfassungsformular. Hilfreich sind darüber hinaus von der Unternehmensleitung verabschiedete „Grundsätze zum Umgang mit Beschwerden" wie das nachfolgende Beispiel aus dem Unfallkrankenhaus Berlin:

Grundsätze zum Umgang mit Beschwerden

Beschwerden unserer Kunden verstehen wir als berechtigte Kundenanliegen!
Beschwerden drücken die Unzufriedenheit unserer Kunden mit unseren Leistungen aus. Der Kunde erwartet von uns eine schnelle und unbürokratische Lösung.
Die Meinung unserer Kunden ist uns wichtig!
Wir gehen aktiv auf unsere Kunden zu und fragen nach Ihren Bedürfnissen und Wünschen. Unzufriedene Kunden sind für uns keine Gegner, sondern Partner. Mit ihren Beschwerden helfen sie uns in unserem täglichen Bemühen, qualitativ hochwertige Leistungen zu erbringen.
Beschwerden sehen wir als Chance, Fehler nicht zu wiederholen und unsere Leistungen kontinuierlich zu verbessern!
Jeder Mitarbeiter ist für die unmittelbare Lösung des an ihn herangetragenen Problems verantwortlich. Ist eine unmittelbare Lösung nicht möglich, ist das Problem unverzüglich an die zentrale Beschwerdestelle weiterzuleiten. In jedem Falle ist der Vorgesetzte hierüber zu informieren.

3.1.3 Beschwerdebearbeitung

Der Bearbeitungsablauf einer Beschwerde und Zeitstandards für die Bearbeitungsdauer sollten genau definiert sein. Prozessverantwortliche müssen benannt sein, das kann sowohl zentral in Form einer zentralen Beschwerdestelle als auch dezentral organisiert sein. Jeder Beschwerdeführer erhält im Rahmen einer aktiven Kontaktaufnahme eine Eingangsbestätigung, bei Bedarf einen Zwischenbescheid und eine abschließende Antwort.

Die eingeleiteten Bearbeitungsschritte sollten zur Nachvollziehbarkeit für alle am Prozess Beteiligten einheitlich dokumentiert und archiviert werden. Der Nutzen der Beschwerdebearbeitung steigt nachweislich mit der Schnelligkeit der Reaktion an. Vor allem aus der Reaktionsgeschwindigkeit schließt der Kunde auf das Interesse des Unternehmens an seinem Anliegen.

3.1.4 Beschwerdeauswertung

Die Auswertungen müssen regelmäßig stattfinden, aussagefähig sein und sowohl den Mitarbeitern als auch der Unternehmensleitung präsentiert werden. Zur besseren Nachvollziehbarkeit sollten geeignete Auswertungskategorien gebildet werden. Fehlerschwerpunkte müssen erkannt und deren Ursachen analysiert werden. Ziel ist die aktive Nutzung der erfassten Beschwerdeinformationen um gezielte Verbesserungsmaßnahmen einzuleiten.

> **Grundsatz**
>
> *Eine geringe Beschwerdeanzahl ist nicht zwingend als Indikator für Kundenzufriedenheit zu interpretieren, sondern kann auch Ausdruck eines resignierten Kundenverhaltens sein.*

3.1.5 Beschwerde-Controlling

Das Beschwerde-Controlling dient zur Messung der Wirksamkeit des Beschwerdemanagements. Hierzu sollten für die einzelnen Elemente des Beschwerdemanagements wie zum Beispiel für Beschwerdestimulierung, Beschwerdeanzahl und Dauer der Beschwerdebearbeitung, Qualitätsziele und Kennzahlen definiert werden, die im Rahmen von regelmäßig stattfindenden Audits und Kundenbefragungen überprüft werden.

Im Vordergrund des Beschwerde-Controllings stehen die möglichst hohe Bearbeitungsgeschwindigkeit und die Globalzufriedenheit der Beschwerdeführer mit der Bearbeitung ihrer Anliegen. Zum Beispiel der Parameter „Anzahl der Kalendertage vom Eingang der Beschwerde bis zum abschließenden Bescheid an den Beschwerdeführer" orientiert zuverlässig über die Wirksamkeit jedes Beschwerdemanagement-Systems.

Hilfreich ist die Kombination der Ergebnisse aus dem systematischen Beschwerdemanagement mit Erkenntnissen aus einer kontinuierlich durchgeführten Patientenbefragung, die Messwerte zur Entwicklung klinikspezifischer Weiterempfehlungsraten zur Verfügung stellt. Eine wirksame Beschwerdebearbeitung mündet häufig in konstant guten Weiterempfehlungsraten der betreffenden Bereiche.

3.2 Risikomanagement

Risikomanagement wurde in den sechziger Jahren als notwendige Ergänzung des Total Quality Managements in den USA und Japan entwickelt. Am 01.05.1998 ist das Gesetz zur Kontrolle und Transparenz im Unternehmensbereich (KonTraG) in Kraft getreten. Kern des KonTraG, welches für Aktiengesellschaften eingeführt wurde, ist die Verpflichtung für Unternehmensleitungen, ein unternehmensweites Früherkennungssystem für Risiken einzuführen und es zu betreiben, sowie Aussagen zu Risiken und Risikostruktur des Unternehmens im Lagebericht des Jahresabschlusses zu veröffentlichen. Dies führte nicht nur zur Notwendigkeit der Einführung von Risikomanagementsystemen im Bereich börsennotierter Unternehmen. Auch von GmbH-geführten und gemeinnützigen Unternehmen wird heute eine systematische Analyse möglicher Risiken erwartet.

Risikomanagement ist eine systematische Vorgehensweise um frühzeitig potenzielle Risiken zu erkennen, (zum Beispiel ökonomisch) zu bewerten und geeignete Maßnahmen zur Risikovermeidung umzusetzen. Gründe für die Einführung eines Risikomanagements sind zum Beispiel Erhöhung der Patientensicherheit, Reduzierung von Haftungsrisiken, Optimierung von Verfahrensabläufen, Schutz vor Imageverlust.

Das Deutsche Krankenhausinstitut (DKI) hat im Rahmen des Krankenhaus Barometers 2008 eine Umfrage zum Thema Verbreitung des Klinischen Risikomanagements in deutschen Krankenhäusern durchgeführt. Es liegen Ergebnisse aus 347 Allgemeinkrankenhäusern ab 50 Betten vor. Demnach verfügen laut eigenen Angaben 31,1 % der befragten Krankenhäuser über ein ganz- oder teilweise eingeführtes Risikomanagementsystem. In 41 % der Häuser befindet sich ein Klinisches Risikomanagement im Aufbau, bzw. in der Planung [Blum et al. 2009].

Risikomanagement gliedert sich in diese Schritte:
- Definition der Risikostrategie
- Risikoidentifikation und Analyse
- Risikobewertung
- Risikosteuerung
- Risikoüberwachung

3.2.1 Risikostrategie

Voraussetzung für eine erfolgreiche Einführung und Weiterentwicklung eines Risikomanagementsystems ist eine Unternehmensleitung, die Risikomanagement als wichtige Führungsaufgabe versteht, die dafür erforderlichen Ressourcen zur Verfügung stellt und entsprechend handelt [Cartes 2009]. Die strategischen Ziele und Rahmenbedingungen für das Risikomanagement müssen schriftlich fixiert Bestandteil der Unternehmensstrategie sein und von der Unternehmensleitung an die Mitarbeiter kommuniziert werden.

Patientensicherheit ist Unternehmenssicherheit!

3.2.2 Risikoidentifikation und Analyse

Risikoidentifikation ist eine möglichst umfassende und systematische Bestandsaufnahme von potenziellen Risiken oder bereits aufgetretenen Fehlern. Der Prozess der Risikoanalyse muss die Gesamtunternehmenssicht widerspiegeln und setzt die aktive Mitarbeit aller Beteiligten voraus. Geeignete Instrumente dafür sind:
- **Regelmäßige Risikoaudits** zur Erhebung des Ist-Zustandes mittels Besichtigungen, Interviews und Dokumentationsanalysen mit den Ver-

antwortlichen, die auch in Kombination mit internen Qualitätsaudits oder Selbstbewertungen durchgeführt werden können.
- **Die Erstellung eines sogenannten Risikoatlas** in dem Risiken unternehmensgerecht in passende Risikokategorien strukturiert werden, zum Beispiel in:
  - Umfeldrisiken (Wettbewerbs- und Konkurrenzsituation zu anderen Krankenhäusern),
  - Finanzielle Risiken (Einführung der DRGs und deren Auswirkungen, Erlösprobleme durch Rückgang der Patientenanzahl),
  - Personalrisiken (hohe Fluktuation, mangelnde Qualifikation, Ärztemangel, Auswirkungen des Arbeitszeitgesetzes),
  - Investitionsrisiken (Investitionsstau durch Liquiditätsprobleme),
  - Klinische Risiken (Dekubitusentstehung, Patientenstürze, Transfusionszwischenfälle, Medikationsverwechslungen, Eingriffsverwechslungen Aufklärungsmängel, Hygienemängel).
- **Fehlerberichtsysteme** wie zum Beispiel das Critical-Incident-Reporting-System (CIRS) zur Analyse von kritischen Ereignissen, in dem Mitarbeiter aller Berufsgruppen anonymisiert und freiwillig über Beinahe-Schäden, kritische Ereignisse oder Risiken berichten. Das setzt eine unternehmensinterne Fehlerkultur voraus, in dem Fehler zugegeben werden können, ohne dass den Mitarbeitern dadurch Nachteile entstehen.
- **Stärken/Schwächenanalyse**, mit der sowohl innerbetriebliche Stärken und Schwächen, als auch externe Chancen und Gefahren betrachtet werden können, welche die Handlungsfelder des Unternehmens betreffen.
- **Fehlermöglichkeits- und Einflussanalyse (FMEA)**, ist eine analytische Methode um mögliche Probleme sowie deren Risiken und Folgen bereits vor der Entstehung systematisch und vollständig zu erfassen.
- **Patienten- und Einweiserbefragungen und das Beschwerdemanagement.** Insbesondere die Bewertung der Patienten im Hinblick auf den Ablauf und das Ergebnis des Behandlungsprozesses kann wichtige Erkenntnisse über mögliche Risiken liefern.
- **Systematische Analyse bereits eingetretener Schäden** der vorangegangenen Jahre zum Beispiel Sturz, Dekubitus, Medikationsfehler, Aufklärungsmängel.

3.2.3 Risikobewertung

Auf der Grundlage der identifizierten Risiken erfolgt im nächsten Schritt die Risikobewertung. Das Ausmaß des Risikos wird bestimmt durch die Eintrittswahrscheinlichkeit und die möglichen Auswirkungen wie Patientengefährdung oder Schadenshöhe. Eine Risikomatrix bildet die Möglichkeit, Zusammenhänge zwischen Eintrittswahrscheinlichkeit und Schadensausmaß darzustellen, und hilft bei der Priorisierung durchzuführender Maßnahmen zur Risikosteuerung [Kahla-Witzsch 2005]. Mithilfe des Schemas (s. Abb. 5) kann ersichtlich werden, welche Risiken für das Krankenhaus eine gravierende Dimension haben.

3.2.4 Risikosteuerung

Im Rahmen der Risikosteuerung wird die Vorgehensweise mit den identifizierten und bewerteten Risiken festgelegt. Welche Risiken gilt es zu vermeiden, welche Restrisiken sind zu akzeptieren, welche Bereiche sind betroffen? Es müssen gezielte Maßnahmen zur Vermeidung oder Reduktion der identifizierten Risiken geplant, priorisiert und durchgeführt werden. Geeignete Maßnahmen sind:

- regelmäßige Schulung der Mitarbeiter zu Risikomanagementmethoden und Instrumente
- Benennung von konkret Verantwortlichen in den Bereichen
- systematische Personalentwicklung

Abb. 5   Risikomatrix

- schriftlich fixierte Verfahrensanweisungen zu Aufklärung, Dokumentation und Behandlung
- medizinische und pflegerische Leitlinien und Standards
- Einsatz von OP-Checklisten zur Identifikation von prä-, peri- und postoperativen Risiken und Vermeidung von Komplikationen
- prozessbezogene Behandlungspfade zur Reduzierung von Behandlungsfehlern
- Gewährleistung des Facharztstandards
- Mortalitäts- und Morbiditätskonferenzen
- Komplikations- und Infektionsstatistiken
- regelmäßige Monats- und Quartalsberichte zu Personal – und Sachkosten, Leistungs- und Erlösentwicklung

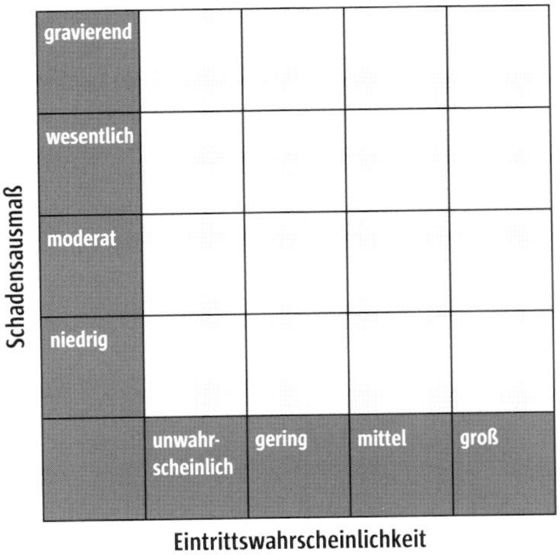

3.2.5 Risikoüberwachung

Risikoüberwachung beinhaltet das kontinuierliche Monitoring des Risikomanagementprozesses und die damit verbundene Überprüfung der Wirksamkeit durch regelmäßige Soll-Ist-Analysen der eingeleiteten Maßnahmen zur Risikovermeidung. Dazu gehört auch eine entsprechende Risikokommunikation. Risikokommunikation ist ein wesentlicher Bestandteil eines Risikomanagementsystems und hat das Ziel, die Mitarbeiter regelmäßig und zeitnah für Risiken, deren Auswirkung und Vermeidung zu sensibilisieren und ein Risikobewusstsein zu entwickeln. Die Unternehmensleitung kann die Entwicklung eines ausgeprägten Risikobewusstseins der Mitarbeiter durch ihr Verhalten aktiv unterstützen und fördern. Darüber hinaus bedarf es einer Risikodokumentation mit einem aussagefähigen Berichtswesen und gegebenenfalls die Erstellung eines Risikomanagementhandbuches, in dem die Organisation und die Prozesse des Risikomanagements verbindlich festgelegt sind. Ein mindestens jährlich zu erstellender Risikomanagement-Report, in dem erfolgte Maßnahmen und Ergebnisse bewertet werden, ist der Unternehmensleitung vorzulegen.

3.3 Implementierung eines Risikomanagements im Krankenhaus

Die Implementierung eines Risikomanagementsystems ist ein komplexes Projekt. Die hierfür notwendige sorgfältige Projektplanung sollte mindestens Folgendes umfassen:

- die Projektverantwortlichen und Projektmitarbeiter sowie ihre Zuständigkeiten,
- den Zeit- und Ressourcenbedarf,
- die Projektmeilensteine (Risikoanalyse, Risikobewertung, Risikosteuerung, Risikoüberwachung),
- die angestrebten Ergebnisse (Ziele) und ihre Messwerte,
- eine realistische Kalkulation aller Kosten (einmalige Kosten und bleibende Folgekosten),
- die auch nach Einführung in den Routinebetrieb weiter durchzuführende regelmäßige Kontrolle der erreichten Ergebnisse,
- den Umfang und Adressaten einer internen Ergebnisberichterstattung.

Erfolgsentscheidend sind ein ausdrücklicher Auftrag der Unternehmensleitung zur Einführung eines Risikomanagementsystems und die Bereitstellung aller notwendigen Ressourcen.

Ein Risikomanagement muss organisatorisch zielführend verankert werden. Das setzt eine klare Aufgabenbeschreibung und die Benennung der Zuständigkeiten voraus. Eine Möglichkeit besteht darin, einen zentralen koordinierenden Risikomanager in Stabsstellenfunktion der Unternehmensleitung direkt zuzuordnen und darüber hinaus dezentral vor Ort Risikomanagementbeauftragte zu benennen, die eng mit dem zentralen Risikomanager zusammenarbeiten.

Schwierigster Projektschritt ist die Umsetzung des Risikomanagements in die Routineanwendung. Eine hohe und stetig steigende Anzahl von Gesetzen, Vereinbarungen, Richtlinien oder anderen externen Anforderungen müssen im Klinikalltag zusätzlich zur Kernleistung berücksichtigt werden, der nicht selten von Ressourcenengpässen geprägt ist.

Auffallend vermehrt hat sich in den letzten Jahren auch die Redundanz einzelner Systembausteine. Zum Beispiel fordern immer mehr gesetzliche Vorgaben oder externe Regelungen Beauftragte vor Ort in den Kliniken.

Vor diesem Hintergrund wird eine zusammenfassende Integration aller Beauftragtensysteme notwendig, die unternehmensweit einheitlich alle notwendigen Themen, die inhaltlich miteinander verknüpft sind (Risikomanagement, Qualitätsmanagement, Beschwerdemanagement, Hygiene, usw.), umfasst.

Ziel dieser Integration ist die Benennung nur noch eines einzigen Beauftragten pro Fachabteilung, der als Ansprechpartner für alle Systeme zur Verfügung steht. Beauftragter sollte ein möglichst hochrangig leitender Arzt mit Weisungsbefugnis sein, der über entsprechende Qualifikationen (insbesondere Qualitätsmanagement-Qualifikationen) verfügt und durch eine funktionierende Vertretungsregelung unterstützt wird. Viele Risiken resultieren aus Schnittstellen im Übergang der Abläufe aus dem ärztlichen in den pflegerischen Zuständigkeitsbereich. Ergänzend zur Verantwortung des leitenden Arztes im integrierten Beauftragtensystem ist die leitende Pflegekraft für die berufsgruppenspezifischen Themen ihres Arbeitsbereichs Hauptansprechpartner des beauftragten Arztes.

Folgende Vorteile ergeben sich aus einer solchen Integration gerade auch für die Einführung von Risikomanagementsystemen:

- Die Zuständigkeiten sind systemübergreifend klar geregelt (immer gleiche Ansprechpartner).
- Die Weitergabe von Informationen kann zusammengefasst, deutlich beschleunigt und im Aufwand reduziert werden.
- Die Umsetzung konkreter Maßnahmen wird unterstützt und beschleunigt, wenn der Beauftragte über Weisungsbefugnis verfügt.
- Der Zusammenhang einzelner Systeme (z. B. Risikomanagement als zentraler Bestandteil des Qualitätsmanagements) wird deutlicher.
- Synergieeffekte können genutzt werden (z. B. Identifizierung von Risikopotenzialen, die bei der Bearbeitung von Beschwerden sichtbar werden).
- Die Informationen über negative Auffälligkeiten und hieraus gegebenenfalls resultierende Risiken stehen systemübergreifend zur Verfügung.

3.4 Zunehmende Bedeutung des Risikomanagements

Eine stetig zunehmende Komplexität des Gesundheitswesens, gesetzliche Anforderungen und steigende Versicherungsprämien erfordern die Einführung eines Risikomanagements im Krankenhaus. Darüber hinaus gerät Patientensicherheit zunehmend in den Focus der Medien und damit auch zum Erfolgsfaktor für Krankenhäuser, insbesondere in Regionen mit hoher Krankenhausdichte. Ein einziger medienwirksamer Fall kann den Ruf eines Krankenhauses über Jahre hinweg nachhaltig schädigen.

Es besteht eine wachsende Sensibilität – zum Beispiel der Presseöffentlichkeit – im Umgang mit Fehlern und Zwischenfällen. Patienten und Angehörige sind heute zunehmend besser informiert, möchten die Wahl des Krankenhauses aktiv mitentscheiden, formulieren immer selbstbewusster ihre Ansprüche und Erwartungen und sind in der Regel auch klagefreudiger. Moderne Risikomanagementsysteme im Krankenhaus stellen die Erwartungen der Patienten in den Mittelpunkt:

> **Maximale Patientensicherheit ist grundlegende Zielstellung ethisch fundierter Medizin und Pflege, herausragender Wunsch aller Patienten und wichtigstes Qualitätsmerkmal moderner Krankenhäuser.**

Eine rein ökonomische Betrachtung des Risikomanagements greift zu kurz und berücksichtigt nicht ausreichend die Folgewirkungen aus jahrelang bestehenden inhaltlichen Defiziten – für Patienten und Krankenhäuser.

Die fehlende Weiterempfehlungsabsicht von Patienten bleibt zum Beispiel kurzfristig ökonomisch durchaus auch ohne beobachtbare Wirkung, wenn trotzdem eine maximale Auslastung mit wirtschaftlich günstiger Fallstruktur und übergeordnete Gründe für die Krankenhauswahl (z. B. weite Entfernung zum nächsten Krankenhaus, Spezialleistungsangebote, Zentren usw.) bestehen. In der langfristigen Wirkung besteht jedoch das Risiko, dass sich die jetzt noch günstige Auslastung zum Beispiel auf der Basis einer über längere Zeiträume fehlenden Weiterempfehlung negativ entwickelt und dann zum nachhaltigen Geschäftsrisiko wird.

Diese Zusammenhänge werden zum Beispiel frühzeitig im Beschwerdemanagement sichtbar, insofern ist Beschwerdemanagement im Rahmen des Risikomanagements ein wichtiger Baustein des Frühwarnsystems.

> **Klinisches Risikomanagement** *geht über rein ökonomische Betrachtungen hinaus und verarbeitet die Informationen aus*
> - *einem systematischen Beschwerdemanagement,*
> - *regelmäßigen Patientenbefragungen,*
> - *der Fehleranalyse „Besonderer Vorkommnisse" und anderer Schäden sowie*
> - *Systeme zur Meldung von „Beinahefehlern" (zum Beispiel CIRS)*
> *zu einer integrierten Gesamtsicht auf potenzielle Risiken für die Patientenversorgung und damit für die Kernleistungen des Krankenhauses.*

Glossar

Beinahefehler Ein – meist ungeplanter – Ablauf(teil), der ohne Gegenmaßnahmen zu einem Schaden bzw. Fehler hätte führen können.

Critical Incident Reporting-System (CIRS) Berichtssystem zur – meist anonymen – Meldung von kritischen Ereignissen und Beinahe-Schäden.

Fehlermöglichkeits- und Einflussanalyse (FMEA) Eine analytische Methode, um mögliche Probleme sowie deren Risiken und Folgen bereits vor der Entstehung systematisch und vollständig zu erfassen.

Frühwarnsystem Informationssystem, das latente, d. h. verdeckte bereits vorhandene Gefährdungen in Form von Informationen oder Impulsen mit zeitlichem Vorlauf vor Eintritt signalisiert.

Kritisches Ereignis (critical incident) Ein Ereignis, das zu einem unerwünschten Ereignis führen könnte oder dessen Wahrscheinlichkeit erhöht.

Monitoring Ständiges sorgfältiges Untersuchen, Überwachen und Beobachten eines Vorgangs oder Prozesses.

Literatur

Blum K, Offermanns M, Penner P (2009) Klinisches Risikomanagement – eine Bestandsaufnahme. Das Krankenhaus 6/2009, S. 535–539

Cartes M (2009) Klinisches Risikomanagement – warum und wie? Das Krankenhaus 6/2009, S. 529–534

Haeske U (2001) Beschwerden und Reklamationen managen, Kritische Kunden sind gute Kunden. Beltz Verlag, Weinheim

Kahla-Witzsch HA (2005) Praxis des Klinischen Risikomanagements. Ecomed Verlag, Landsberg

Stauss B, Seidl W (2008) Beschwerdemanagement – unzufriedene Kunden als profitable Zielgruppe. 4. Auflage. C. Hanser Verlag, München

4 Zertifizierung von Krankenhäusern

Lucas Dürselen

DxD Consulting, Dogern

4.1 Qualitätsmanagement und Zertifizierung

Die Themen Qualitätsmanagementsystem und Zertifizierung hängen fraglos zusammen. Es handelt sich aber nicht nur um zwei Aspekte desselben Themas. Ein Qualitätsmanagementsystem ist die Summe aller Methoden, Maßnahmen und Kontrollen, welche den Zweck haben, die Qualität der erbrachten Dienstleistung jederzeit und auf einem einheitlichen Niveau sicher zu stellen und dieses Niveau ständig zu verbessern.

Dem gegenüber ist eine Zertifizierung das *Ergebnis einer Prüfung*, also der Nachweis der Übereinstimmung einer als Stichprobe analysierten Leistung mit Vorgaben, welche gesetzgeberischer, normativer oder fachspezifischer Natur sein können oder einfach nur selbst gesetzt sind. Genauso wenig, wie man durch das Bestehen der Fahrprüfung sofort zum perfekten Autofahrer wird, ist das Vorhandensein eines Zertifikates ein Garant für eine medizinische Leistung auf Spitzenniveau. Durch ein Zertifikat wird die erbrachte Leistung nicht besser, durch ein gutes Qualitätsmanagement jedoch schon.

> Dieser Unterschied ist ganz entscheidend: Während Qualitätsmanagementsysteme sich darum bemühen, dass alle Mitarbeiter kontinuierlich in der gewünschten Richtung arbeiten, sind Zertifizierungen nur Auszeichnungen, die nicht mehr und nicht weniger ausdrücken, dass die erbrachte Leistung zu einem willkürlichen Zeitpunkt bestimmten Vorgaben entsprochen hat.

Diese Unterscheidung sollte man immer im Kopf behalten, denn die strategische Ausrichtung auf optimierte Qualität der Leistungserbringung durch Etablierung eines Qualitätsmanagementsystems ist erste Managementpflicht, das Sammeln von Zertifikaten ist „nur" Kür. Denn als logische Konsequenz gilt, dass es erfolgreiche und höchst produktive Qualitätsmanagementsysteme ohne eine Zertifizierung gibt und im Umkehrschluss auch Zertifikate ohne die Existenz von systematischen qualitätssichernden Maßnahmen erteilt werden. Institutionen mit hervorragenden Qualitätsmanagementsystemen, aber ohne Zertifizierung nehmen zahlenmäßig in den letzten Jahren zu, da nach einiger Zeit erfolgreicher Pflege des Qualitätsmanagements erkannt wird, dass die für die Zertifizierung notwendigen externen Prüfungen der Institution außer Aufwand und Kosten wenig bringen. Zu dieser Gruppe zählen die großen Organisationen des Gesundheitswesens und der Medizintechnik, die oft Vorreiter im

Bereich des Qualitätswesens waren. In die zweite Kategorie der Zertifizierungen ohne QM-System gehören die derzeit wie Pilze aus dem Boden schießenden Spezialzertifizierungen, welche oftmals mit dem Begriff Zentrum einhergehen und durch Institutionen propagiert werden, welche durchaus die Sinnhaftigkeit eines hohen Qualitätsniveaus sehen, jedoch es ihren Mitgliedern nicht zu schwer machen wollen und daher Kompromisslösungen erarbeiten.

4.2 Warum eine Zertifizierung?

Stellt man diese Frage, bekommt man oft als Antwort, dass man die gesetzlichen Vorgaben schließlich erfüllen müsse. Diese Annahme ist nicht richtig, der Gesetzgeber verlangt im Krankenhaus zwar die Existenz eines systematischen Qualitätsmanagementsystems, nicht jedoch das Vorliegen einer Zertifizierung. Als zweithäufigste Antwort werden oft Marketingvorteile genannt. Ein zertifiziertes Organzentrum kann sich im Wettbewerb mit anderen Häusern sicherlich attraktiver positionieren als ein solches ohne Zertifikat. Der Wert einer solchen Zertifizierung ist langfristig jedoch eher fraglich; wenn alle ein Zertifikat haben, ist das einzelne Zertifikat im Wettbewerb wertlos.

Der wichtigste Aspekt, der unbedingt für eine Zertifizierung spricht, wird nur in den seltensten Fällen genannt. Fast alle Zertifizierungen fordern regelmäßige Wiederholungsprüfungen in ein bis mehrjährigen Abständen. Durch diese kontinuierliche Prüfungssituation kann sichergestellt werden, dass das einmal geschaffene Qualitätsmanagementsystem auf dem ursprünglichen Niveau bleibt und sich weiterentwickelt. Besteht nicht der Druck des Rezertifizierungstermins, wird es sicherlich Dutzende von Gründen geben, warum man sich grundsätzlich immer, jedoch leider heute nicht um das Qualitätsmanagement kümmern kann.

4.3 Welche Zertifizierung?

Welche Zertifizierung ist sinnvoll? Um diese Frage beantworten zu können, ist zuerst der Blick auf potenzielle Zertifizierungsarten geboten. Dieser Blick fällt schwer, da es mittlerweile auch für den Bereich des Gesundheitswesens eine hohe Zahl von Zertifikaten gibt, die sich auch noch dauernd

vermehrt. Die nachfolgende Aufzählung erhebt keinen Anspruch auf Vollständigkeit, erwähnt jedoch die derzeit in Deutschland üblichsten Zertifizierungsverfahren.

Unterscheiden sollte man zwischen Zertifizierungen, welche für ein gesamtes Haus gelten können und solchen, die sich vorzugsweise auf Teilbereiche beziehen. Für ganze Häuser geeignet sind die Zertifizierungen nach KTQ® und nach der ISO 9001, in der Schweiz auch die Zertifizierung nach SanaCert. Ebenfalls geeignet, aber in Deutschland weniger üblich sind Zertifizierungen nach der amerikanischen Joint Commission of Healthcare Organizations sowie nach EFQM®.

Kooperation für Transparenz und Qualität im Gesundheitswesen (KTQ®)

Die Zertifizierung nach der Kooperation für Transparenz und Qualität im Gesundheitswesen (KTQ®) setzt zwar die Existenz einer Qualitätssicherung voraus, spezielle Anforderungen an die Form des gewählten Qualitätsmanagementsystems sind jedoch nur begrenzt gegeben. Aufgrund ihrer Historie orientiert sich die KTQ auf Deutschland bzw. aktuell vermehrt auf deutschsprachige Länder. Das KTQ-Verfahren ist streng krankenhausorientiert, anhand eines sehr umfassenden Fragenkataloges, welcher regelmäßig erweitert wird, müssen konkrete Antworten gegeben werden. Die bei den Prüfungen auftretenden Visitatoren kommen aus dem Gesundheitswesen oder nah verwandten Bereichen. Die umfassende Vor-Ort-Prüfung ist alle drei Jahre fällig. Nach KTQ kann nur ein gesamtes Krankenhaus zertifiziert werden, nicht Teilbereiche. Aufgrund des strukturierten Fragebogens ist eine Einarbeitung in die Materie relativ leicht möglich und setzt keine weitreichenden und umfassenden Qualifizierungsmaßnahmen für das Personal voraus. Zahlenmäßig ist die Zertifizierung von Krankenhäusern nach KTQ in Deutschland mittlerweile führend.

DIN EN ISO 9001

Kaum eine Zertifizierung spaltet die Gemüter innerhalb des Gesundheitswesens so wie die Zertifizierung nach der DIN EN ISO 9001. Der Grund hierfür liegt darin, dass die seit Anfang der 90er Jahre entwickelte Norm branchenübergreifend konzipiert ist und zumindest in den älteren Fassungen eher produktions- als dienstleistungs-orientiert erscheint. Kein Teil der ISO 9001 bezieht sich speziell auf das Gesundheitswesen, weshalb einige Fachleute diese Norm als nicht sinnvoll für Krankenhäuser erachten. Betrachtet man die Anzahl der zertifizierten Institutionen, ist die ISO 9001 weltweit führend. Im Bereich des Gesundheitswesens ist die ISO 9001 jedoch weniger stark verbreitet, wenngleich im Deutschsprachigen Europa sich zahlreiche Krankenhausabteilungen und auch einige Gesamthäuser nach dieser Norm haben zertifizieren lassen. Die Norm wurde im Laufe der Jahre mehrmals überarbeitet, optimiert und auch für Dienstleister geeigneter gemacht. Die derzeit gültige Fassung ist die vom Dezember 2008. Die ISO 9001 beschreibt sowohl ein Qualitätsmanagementsystem als auch ein Zertifizierungsverfahren. Diesem Vorteil der Norm steht jedoch die Notwendigkeit einer Interpretation gegenüber. Ohne detaillierte Kenntnisse der Normenanwendung ist aus dem reinen Normentext weder ein Qualitätsmanagementsystem aufzubauen noch eine Zertifizierung zu überstehen. Für die Verantwortlichen eines Krankenhauses bedeutet dies, dass entweder eine nennenswerte Anzahl von Mitarbeitern auf spezifische Schulungen geschickt werden müssen oder man beim Aufbau des QM-Systems auf die Dienstleitung externer Berater zurückgreift, was erfahrungsgemäß letztendlich effizienter und kostengünstiger ist. Die Wiederholungen der Vor-Ort-Besuche erfolgen bei der ISO 9001 jährlich, wobei jedes dritte Jahr eine besonders umfassende Prüfung durchgeführt wird.

EFQM-Modell

Die European Foundation for Quality Management entwickelte 1988 ein nach ihr benanntes Qualitätsmanagementsystem, welches sich an der Philosophie des Total-Quality-Managements orientiert. Das sogenannte EFQM-Modell ist international orientiert und ist ähnlich wie die ISO 9001 für alle Branchen anwendbar. EFQM bietet Organisationen theoretische Hilfestellung für den Aufbau und für die kontinuierliche Weiterentwicklung von umfassenden Managementsystemen, insbesondere wird großer Wert auf einen ganzheitlichen Ansatz gelegt. Das Prüfungsergebnis wird in Punkten ausgedrückt und die Anforderungen für das Erreichen einer Punktzahl im mittleren Bereich liegen deutlich über denen einer KTQ®- oder ISO-Zertifizierung. Zur Unterstützung und Verbreitung dieses Managementmodells schreibt die EFQM einen jährlich vergebenen European Quality Award aus, welcher die höchste Stufe der Auszeichnung im europäischen Qualitätsmanagement darstellt. National bestehen z. B. mit dem Ludwig-Erhard-Preis, dem Austrian Quality Award und dem Swiss Excellence Award äquivalente Auszeichnungen. Eine regelmäßige Wiederholung von Qualitäts-Assessments ist im EFQM-Modell nicht vorgesehen.

Im Gesundheitswesen ist das EFQM-Modell eher wenig verbreitet. Anfangs wurde propagiert, dass das EFQM-Modell mit den geringsten Kosten realisierbar ist. Dies ist jedoch nur bedingt richtig, da die eigentlichen Zertifizierungen nach EFQM erhebliche Kosten verursachen können. Nach EFQM zertifizierte oder sogar ausgezeichnete Institutionen sind im Gesundheitswesen sehr selten, wenn diese jedoch noch hohe Punktzahlen erreichen, handelt es sich um die absolute Qualitätsspitze im Bereich der medizinischen Leistungserbringung.

Teilbereichs-Zertifizierungen

Neben den soeben beschriebenen umfassenden Zertifizierungen für Gesamthäuser gibt es noch die Möglichkeit von Teilbereichs-Zertifizierungen, welche aus organisatorischen oder fachlichen Gründen Sinn machen und bei denen eine Ausweitung auf das gesamte Haus nicht zweckmäßig erscheint. Die Gesamtleistungsfähigkeit eines Krankenhauses wird z. B. maßgeblich auch durch die internen Dienstleister wie z. B. der Radiologie, der Anästhesie, der Nuklearmedizin, der Labormedizin und der Pathologie bestimmt. Die Ablaufprozesse dieser Organisationseinheiten zu optimieren, um eine große Durchlaufgeschwindigkeit für das gesamte Haus zu gewährleisten, rechtfertigt insbesondere wegen des prozessorientierten Ansatzes eine Zertifizierung nach der ISO 9001 bzw. die Akkreditierung nach entsprechenden Spezialnormen. Unter den fachlich sinnhaften Zertifizierungen fallen primär diejenigen Zertifizierungen, welche die Qualität von onkologisch orientierten Gesundheitseinrichtungen regeln und sicherstellen sollen. Die Richtlinien hierfür werden hauptsächlich von der Deutschen Krebsgesellschaft und anderen Fachorganisationen vorgegeben. Bei der Zertifizierung wird die Einhaltung der fachlichen Anforderungen durch spezielle Zertifizierungsstellen überprüft und bestätigt. Diese Zertifizierungen setzen oft das Vorhandensein eines Qualitätsmanagementsystems, z. B. auf der Basis der ISO 9001 oder der KTQ, voraus. Zertifiziert wird die Einhaltung der jeweiligen Leitlinien. Darüber hinaus existieren noch zahlreiche Fachgesellschaftszertifizierungen, welche insbesondere für Organ- oder Organbereichszentren erteilt werden. Die Anforderungen sind dabei zumeist strukturell oder aufbauorganisatorisch definiert, zudem werden die Qualifikation des mit der Durchführung beauftragten Personals und das Vorliegen von Mindestfallzahlen überprüft. Es ist ersichtlich, dass es sich bei diesen Maßnahmen eher um Qualitätssicherungsmaßnahmen denn um Qualitätsmanagementbestrebungen handelt. Inwieweit diese Fachgesellschaftszertifizierungen für ein Krankenhaus sinnvoll sind, muss im Einzelfall entschieden werden.

4.4 Wie läuft eine Zertifizierung ab?

Der eigentlichen Zertifizierung, also dem formalen Akt der Erteilung eines Zertifikates, geht eine Prüfung voraus, die je nach angewendetem Zertifizierungsverfahren Audit, Visitation, Assessment oder Besuch genannt wird. Dem entsprechend nennen sich die Prüfer Auditoren, Visitatoren, Assessoren oder Besucher. Im Folgenden wird nur noch von Audits und Auditoren gesprochen, gemeint sind jedoch alle Gruppen von Prüfungen und Prüfern.

Zertifizierungsunternehmen

Zur Durchführung eines Zertifizierungsprozesses bedient man sich in der Regel der Hilfe eines Zertifizierungsunternehmens. Die hierbei zur Verfügung stehende Auswahl an Unternehmen ist bei den allgemein gültigen Zertifizierungsnormen wie z. B. ISO, EFQM oder mittlerweile auch KTQ nahezu unüberschaubar, bei spezifischeren Zertifizierungsarten engt sich das Angebot mehr und mehr ein. Bei der Auswahl der Zertifizierungsunternehmen sollte darauf geachtet werden, dass diese national akkreditiert sind und somit einer Überwachung unterliegen. Dies gilt für kleinere Zertifizierungsunternehmen nicht immer. Bevor man in tiefere Verhandlungen mit einem Zertifizierungsunternehmen eintritt, sollte man sich

vergewissern, ob der Zertifizierer auch berechtigt ist, das angestrebte Zertifikat zu erteilen.

Von einigen großen Zertifizierern wird oft auf das Renommee ihrer Zertifikate verwiesen, dies ist jedoch nur für den Kreis der Insider des Qualitätswesens von Bedeutung. Den Patienten und Zuweisern sind die Namen der Zertifizierungsgesellschaften meist unbekannt, es sei denn, dass diesen Namen auch diejenige Gesellschaft trägt, zu der man alle zwei Jahre sein Auto zur Hauptuntersuchung fährt. Daher bringt es selten einen klaren Vorteil, wenn man einen großen Zertifizierer wählt, im Bereich des Gesundheitswesens haben sich in letzter Zeit auch kleinere, oftmals hochkompetente Zertifizierungsgesellschaften am Markt mit großem Erfolg etabliert.

Auditor

Wesentlich bedeutsamer für das erfolgreiche Gelingen einer Zertifizierung ist jedoch nicht die Auswahl des richtigen Zertifizierers, sondern die Auswahl des richtigen **Auditors**. Die Fachkompetenz, das Vorstellungsvermögen für medizinische und pflegerische Abläufe, die Fähigkeit, auf Menschen positiv einzugehen und das notwendige Maß an Pragmatismus unterscheiden sich zwischen den einzelnen Auditoren, auch innerhalb desselben Zertifizierungsunternehmens, beachtlich. Zwar wird von zumindest einem teilnehmenden Auditor eine Sachkompetenz für den auditierten Bereich gefordert, diese wird jedoch in der Praxis sehr weit ausgelegt. So ist es schon vorgekommen, dass zur Zertifizierung einer medizinischen Abteilung ein Elektroingenieur und ein technischer Mitarbeiter einer Fluggesellschaft geschickt wurden. Dass das Audit sich dann nur noch mit Formalismen beschäftigte, muss nicht verwundern. Man sollte sich daher vorab von den Zertifizierern der engeren Wahl in Frage kommende Auditoren nennen lassen und deren Lebensläufe studieren. Auch Referenzen sind sinnvoll, bei denen man sich über die Sozialkompetenz der potenziellen Auditoren erkundigen kann. Ein pedantischer Formalprüfer ist ebenso zu meiden wie der joviale Kumpel, der nichts sehen will und alles durchlässt. Bei beiden Typen steigt der Frust der Mitarbeiter, da diese entweder die Machbarkeit der vom Auditor vorgeschlagenen Maßnahmen anzweifeln oder ihre umfassende Tätigkeit während der Vorbereitung der Zertifizierung nicht gewürdigt sehen.

Kosten

Ein oftmals sehr wesentlicher Punkt bei der Diskussion für oder wider eine Zertifizierung sind die Kosten. Hier soll nicht auf die Kosten der Vorbereitung, sondern nur auf die eigentlichen Kosten der Zertifizierung eingegangen werden. Grundsätzlich unterscheiden sich die Stundensätze der Zertifizierer wenig, was bei den oftmals mit beeindruckender Kreativität ermittelten Nebenkosten (z. B. Vorbereitungskosten, Ausstellung der Zertifikate, Erteilungsgebühren, Reisespesen) nicht zutrifft. Der Umfang des Zertifizierungsvorgangs ist oft in Form von Auditstunden festgelegt. Die Anzahl der abzuleistenden Stunden berechnet sich nach der Mitarbeiterzahl, der Ähnlichkeit der durchgeführten Tätigkeiten und/oder der Anzahl von einzelnen Abteilungen oder Institutionen. Die Zertifizierer halten die Auditstundenberechnung gerne intransparent und haben bei Vorliegen von Alternativangeboten oft plötzlich einen beachtlichen Ermessensspielraum. Bei den Angaben zur Mitarbeiterzahl sollte darauf geachtet werden, dass die Stellenzahl und nicht die Anzahl der Mitarbeiterköpfe zählen. Dies kann im Fall von einer hohen Anzahl von Teilzeitkräften die Auditkosten erheblich beeinflussen.

Durchführung der Zertifizierung

In den meisten Fällen besteht der Ablauf einer Zertifizierung aus einem „theoretischen" und einem „praktischen" Teil.

Bei dem **„theoretischen" Teil** müssen bestimmte geforderte Unterlagen zusammengestellt und vorab den Auditoren zur Verfügung gestellt werden. Dies sind z. B. bestimmte Auszüge aus der Qualitätsdokumentation, zusammenfassende Bewertungen der Institution oder Berichte von durchgeführten Internen Audits. Diese sollten in angemessenem Zeitabstand vor der praktischen Prüfung eingereicht werden, damit die Auditoren genügend Zeit haben, sich auf den Vor-Ort-Besuch vorzubereiten. Dieser theoretischen Prüfung schießt sich nun eine **praktische Vor-Ort-Besichtigung** an. Hierbei werden ein oder mehrere Auditoren die Institution besuchen, die Prüfung durchführen und abschließend ein erstes Ergebnis präsentieren. Diese Vor-Ort-Besuche werden in der Regel so geplant, dass erst ein längeres Gespräch mit der Leitung der betroffenen Institution durchgeführt wird, um die grundsätzliche strategische und operative Ausrichtung als Vorgabe für die Mitarbeiter aus erster Hand zu erfahren. Hieran schließt sich eine Begehung der einzelnen Orte der Leistungserbringung an. Diese kann alle oder auch nur einige Teilbereiche der Institution umfassen. Die praktische Prüfung endet in der Regel mit einem Abschlussgespräch, in dem das Auditergebnis der Leitung und den interessierten Mitarbeitern mitgeteilt wird. Die eigentliche Erteilung des Zertifikates erfolgt im Abstand von einigen Wochen durch die Zertifizierungsgesellschaft. Neben dem Zertifikat wird in der Regel auch ein ausführlicher, schriftlicher Bericht über das Ergebnis des Audits mitgeschickt. Für die weitere Qualitätsarbeit sind insbesondere festgestellte Schwachstellen, Hinweise oder Empfehlungen von großer Bedeutung.

Das Zertifikat

Das Zertifizierungsverfahren ist mit der Übersendung des Zertifikates abgeschlossen. Die meisten Zertifizierungsgesellschaften bieten jedoch auch die Möglichkeit, dieses Zertifikat im Rahmen einer öffentlichen Veranstaltung feierlich zu überreichen. Diese Vorgehensweise ist zu empfehlen, da einerseits die Außenwirkung der Zertifizierung durch mediale Präsenz verbessert werden kann, andererseits aber auch für die Mitarbeiterinnen und Mitarbeiter die Zertifikatsübergabe einen angemessenen Rahmen für die oftmals intensive Tätigkeit der vorangehenden Monate darstellt. Eine Fortsetzung der Zertifikatübergabe in Form einer internen Feier steigert die Motivation, die Qualitätsbemühungen auch in Zukunft weiter fortzusetzen.

K

Das Krankenhaus und seine IT

1 IT im Krankenhaus – Chancen und Risiken

Roland Trill

Fachhochschule Flensburg

Die Frage, ob ein Krankenhaus ein IT-gestütztes Informationssystem braucht, stellt sich in der Praxis schon lange nicht mehr. Allein die Frage, wie viel IT ein modernes, auf die Zukunft ausgerichtetes Krankenhaus braucht, muss diskutiert werden. Dass IT ein Erfolgsfaktor ist, wird nicht mehr in Zweifel gezogen. Bis dahin war es aber ein langer Weg, der vom Rechenzentrumbetrieb in den 70er-Jahren hin zum integrierten Informationssystem geführt hat. Die Entwicklung darf nun nicht an dieser Stelle stehenbleiben. IT ist ein Tool, ein mächtiges in einem Unternehmen, das wie kaum ein anderes informationsgetrieben ist. Die Zukunft wird vernetzten IT-Systemen gehören. Moderne Krankenhäuser haben dies bereits erkannt und ihre Strategien entsprechend weiterentwickelt. All diese Ansätze werden aber „versanden", wenn sie nicht mit einer intelligenten IT-Infrastruktur hinterlegt werden. Nun ist es an der Zeit, einige der zentralen Begriffe zu erläutern.

1.1 Definitionen

Das Informationssystem des Krankenhauses besteht aus den Elementen:

- Krankenhausinformationssystem (Anwendungsprogramme, auch: Datenbanken und Betriebssoftware)
- Hardware (insbesondere Server und Eingabe- und Ausgabegeräte; hinsichtlich letzterer verschwimmt die Grenze zur Medizintechnik immer mehr)
- Netzwerk (aktive und passive Komponenten), Kommunikationsstrecken (kabelgebundene oder kabellose).

Ein **Krankenhausinformationssystem (= KIS)** umfasst alle Anwendungsprogramme, die in einem Krankenhaus zum Einsatz kommen.

Das KIS dürfte die heute komplexeste Anwendung im Gesundheitswesen sein. Es unterstützt mittlerweile alle wichtigen Prozesse in den Krankenhäusern, beginnend mit der Aufnahme bis hin zur Entlassung. Aus diesem Grund werden sich die weiteren Ausführungen überwiegend mit dem KIS befassen.

1.2 Das KIS

Die ersten Anfänge gehen zurück bis in die 70er-Jahre. Krankenhäuser hatten damals keine eigenen Datenverarbeitungskapazitäten (nur so genannte Datensammelsysteme). Die für die Verwaltung notwendigen Daten (insbesondere Finanzbuchhaltung, Patientenabrechnung und

Personalverwaltung) wurde im Krankenhaus nur erfasst, die Verarbeitung geschah in einem – teilweise weit entfernten – Rechenzentrum. Ende der 8oer-Jahre/Anfang der 9oer-Jahre wurde die Ära der autonomen KIS eingeläutet. Die Krankenhäuser bauten eigene EDV-Abteilungen auf, die Verarbeitung der Daten vollzog sich im eigenen Unternehmen. Maßgebend für diese Entwicklung waren technische Innovationen. Die Infrastruktur des KIS war als Client-Server-System ausgelegt. Durch die gegenwärtig sich entwickelnden Krankenhauskonzerne, durch Kooperationen einzelner Einrichtungen und durch die Verfügbarkeit schneller und günstiger Übertragungsmedien übertragen diese Krankenhäuser ihre IT wieder häufiger auf Rechenzentren. Im Unternehmen stehen dann Terminals ohne „eigene" Intelligenz (so genannte Terminal-Server-Systeme).

Ein modernes KIS besteht aus den in Abbildung 1 aufgeführten Komponenten.

> Die zentrale Applikation ist zweifellos die elektronische Patientenakte (EPA). Sie erfasst alle im Kernprozess des Krankenhauses anfallenden Daten.

Die EPA ist für viele Krankenhäuser immer noch keine Selbstverständlichkeit. Nur ca. 50 % dürften gegenwärtig eine umfassende und integrative (d. h. Daten aus *allen* medizinischen und pflegerischen Subsystemen umfassende) EPA im Einsatz haben. Die Dringlichkeit sich dieser Thematik an-

zunehmen wird deutlich, da die IT nur dann ihre größte Wirkung entfalten kann, wenn sie in den Kernprozessen eingesetzt wird. Sie schafft dort die dringend notwendige Transparenz und verbessert die Effizienz und Qualität der Versorgung.

> Es ist offensichtlich, dass Qualität und Kosten in den Kernprozessen entstehen und natürlich auch nur dort beeinflusst werden können.

Durch eine noch so ausgefeilte Finanzbuchhaltung wird sich das Betriebsergebnis nicht verbessern lassen. Sie wird immer nur das abbilden, was in den Kernprozessen passiert. Es ist trivial, die Gestaltungsspielräume liegen in den Kernprozessen. Die dort gewonnenen Daten können und müssen dann in intelligenten Planungs- und Steuerungssystemen für die Entscheidungsfindung aufbereitet werden.

Im vorbeschriebenen Sinne gehören Behandlungspfade, Pflegestandards und EPA zusammen. Zu den wichtigsten Subsystemen des Krankenhauses dürften das PACS (Picture Archiving and Communication System), das System für die OP-Planung und -Dokumentation sowie die den Pflegeprozess unterstützenden Systeme gehören. Erstere allein schon deshalb, weil die Zahl der bildgebenden Diagnoseverfahren in den vergangenen Jahren stark zugenommen hat und noch kein Ende dieser Entwicklung abzusehen ist. Der OP dürfte neben der Radiologie der „teu-

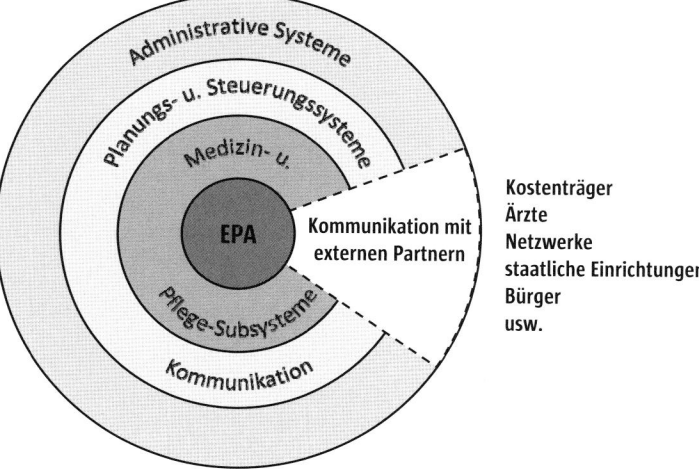

Abb. 1   Die Komponenten eines Krankenhausinformationssystems

erste" Leistungsbereich eines Krankenhauses sein – und auch einer derjenigen mit den größten Effizienzreserven.

Betriebswirtschaftliche Systeme für die Routineverfahren dürften weitgehend als ausgereift gelten.

> Auswertungs- und Führungsinformationssysteme, die im operativen und strategischen Controlling ihren Platz haben, werden an Bedeutung weiter gewinnen. Aufbauend auf ein Data Warehouse werden die Systeme der Zukunft zum selbstverständlichen Werkzeug eines Geschäftsführers gehören.

Die Kommunikationskomponente ist notwendig, um die Verbindung zwischen den bettenführenden Abteilungen und den Ambulanzen einerseits und den medizinischen Leistungsbereichen (z. B. Labor und Radiologie) andererseits ökonomisch abwickeln zu können.

Die Krankenhaus-IT muss zukünftig auch als Element eines Customer Relationship Managements verstanden werden. Die eigene Website ist da nur ein Anfang. Wie beispielsweise amerikanische Krankenhäuser (z. B. die Mayo-Klinik) die IT bei der Kundenbindung einsetzen, ist schon beeindruckend (www.mayoclinic.org/rochester).

1.3 IT-Strategie

IT kann die Umsetzung von Unternehmensstrategien unterstützen, aber sie auch unmöglich machen. Es ist unbedingt darauf zu achten, dass beide Strategien miteinander korrespondieren.

> *Die Unternehmens- und die IT-Strategie bedingen einander. Aufgrund der kurzen Zykluszeit der Technik ist eine Überprüfung in relativ kurzen Abständen (2–3 Jahre) anzuregen.*

Aufgrund der zentralen Bedeutung und den mit der IT-Entwicklung verbundenen hohen Investitions- und Betriebskosten ist die Einführung eines IT-Controllings unverzichtbar. Es verwundert, dass viele kaufmännische Leitungen sich zwar über die hohen Kosten beklagen, aber anderseits bisher kein Instrumentarium für die Kontrolle dieses Kostenblocks entwickelt haben. Nur eine geringe Zahl der deutschen Krankenhäuser wird prä-

zise sagen können, welche Kosten die gegenwärtig eingesetzte IT verursacht. Betriebsvergleiche hinsichtlich von IT-Mitarbeitern in Relation zu den Bildschirmarbeitsplätzen, Fällen usw. werden noch zu selten angewandt. Es muss ein System von Key Performance Indicators (KPI) entwickelt werden, das die verschiedenen Dimensionen des IT-Einsatzes abdeckt [vgl. Johner u. Haas 2009].

Eine immer wieder gern gestellte Frage ist: „Was sollte man für IT pro Jahr ausgeben, um eine leistungsfähige IT im Einsatz zu haben?". Diese Frage lässt sich allgemeingültig nur grob beantworten. Gegenwärtig dürften Krankenhäuser durchschnittlich zwischen 1 und 2 % ihres Budgets für IT ausgeben. Bedenkt man, dass zentrale Anwendungen bei Weitem noch keine Selbstverständlichkeit sind (siehe die Aussagen zur EPA), dann dürfte dieser Betrag nicht ausreichen. Auf der anderen Seite ist der undifferenzierte Vergleich mit den IT-Aufwendungen anderer Dienstleistungsunternehmen auch nicht angebracht. Versicherungen und Banken wenden beispielsweise 8–10 % auf.

> Aber 3–5 % des Budgets werden es – wenigstens mittelfristig – aus Sicht des Autors schon sein müssen, insbesondere in Anbetracht der weiter unten aufgeführten weiteren Herausforderungen.

Auffällig ist auch, dass viele IT-Abteilungen, insbesondere in der Leitung, „falsch" besetzt sind. Der weitergebildete Zivildienstleistende wird sicher nicht an der IT-Strategie maßgeblich mitwirken und damit gleichberechtigter Partner der ebenfalls zu beteiligenden Chefärzte sein können.

> Die Position des IT-Leiters muss mit einem Akademiker (Studiengänge: Wirtschaftsinformatik, E-Health usw.) besetzt werden.

Der „Schrauber" im IT-Bereich hat ausgedient, der Stratege (z. B. um neue Geschäftsmodelle zu entwickeln), der Moderator und Visionär werden gebraucht, um das Krankenhaus voranzubringen. In diesem Zusammenhang sei an die Bedeutung der IT als Wettbewerbsfaktor erinnert!

> Es muss zu einer Selbstverständlichkeit werden, die IT in der Nähe der Geschäftsführung zu platzieren.

1.4 Herausforderungen

Die zu lösenden Herausforderungen verteilen sich auf vier Bereiche:

- organisatorische Herausforderungen
- technische Herausforderungen
- ökonomische Herausforderungen
- menschliche Herausforderungen.

Die wichtigste organisatorische Herausforderung besteht darin, die Prozesse und die sie unterstützende IT aufeinander abzustimmen. Nur wenn das gelingt, wird der Output der Prozesse befriedigend ausfallen können. Dabei ist zu berücksichtigen, dass insbesondere von Medizinern und Pflegekräften die IT oft noch als Fremdkörper wahrgenommen wird. Das ist auch verständlich, denn es hat sehr lange gedauert bis Verfahren verfügbar waren, die tatsächlich diesen Berufsgruppen einen Mehrwert brachten.

> Man sollte IT nur nach einer planvollen und umfassenden Einführung und Schulung einsetzen. In der Vergangenheit wurde an dieser Stelle zu oft „gespart".

Die Folge waren Fehler in der Anwendung der Technik, deren Behebung dem Unternehmen letztlich oft teurer zu stehen kamen als eine Schulung im Vorfeld des Einsatzes. Ebenso ist daran zu denken, diese Schulungen auch wiederholt anzubieten. So sind Auffrischungen bei einem neuen Release ebenso anzuraten wie anlässlich der Einführung neuer Mitarbeiter.

> Jedes Einführungskonzept für neue Mitarbeiter sollte auch eine Einführung in die gängigen IT-Verfahren beinhalten.

Aus eigener Erfahrung weiß der Autor, dass sich diese Forderung insbesondere im ärztlichen Dienst schwerlich durchsetzen lässt, denn sowohl der neue Arzt selber als auch der jeweilige Chefarzt möchte den „Neuen" so schnell wie möglich am Bett des Patienten sehen.

> Für den laufenden Betrieb müssen nachhaltige Betreuungssysteme eingeführt werden.

Dazu gehört der telefonische Support, ebenso wie beispielsweise ein so genanntes Key-User-System, das erlauben sollte, die häufigsten Fehler am Ort des Entstehens abzufangen. Dafür werden Ärzte und Pflegekräfte in den Abteilungen hinsichtlich der dort eingesetzten Verfahren weitergebildet, so dass eine Unterweisung unter Kollegen ermöglicht wird.

> Es muss feste Verfahrensregeln dafür geben, welche Probleme im Unternehmen selber und welche im Zusammenspiel mit dem IT-Partner zu klären sein werden.

Bezüglich des Betreuungskonzepts kann ein Blick in die DIN ISO 22000 sehr hilfreich sein.

Exkurs

Der IT-Partner sollte – wie das Wort schon sagt – als Partner und nicht als „Feind" betrachtet werden. Im Rahmen der Überprüfung der IT-Strategie sollte auch jeweils das Produkt sowie der angebotene Service einer kritischen Überprüfung unterzogen werden – gegebenenfalls ist ein Wechsel vorzunehmen. Dieser Prozess muss sehr sorgsam vorbereitet und – am besten – extern begleitet werden [vgl. Trill 2002].

Als letzten Tatbestand der unter die Rubrik „Organisation" fällt, soll das Thema „Datenschutz und Datensicherheit" angerissen werden. Hierbei geht es auch um technische Verfahren (z. B. Spiegelung von Platten, Servern oder ganzen Rechenzentren), die in der Lage sein müssen, eine so genannte Hochverfügbarkeit herzustellen. Es geht aber auch um anzulegende Rollen- und Berechtigungskonzepte, die zukünftig wenigstens im ärztlichen Bereich auf den Heilberufeausweis zurückgreifen können.

Technologisch stellen die Schnittstellen zwischen den Systemen unterschiedlicher Hersteller eine besondere Herausforderung dar. Zwar gibt es Standards wie HL7 oder DICOM, doch sind deren Ausprägungen häufig verschieden, so dass man besser von einem Quasi-Standard sprechen sollte. Die Krankenhäuser haben zwei Handlungsoptionen. Entweder sie forcieren eine „Alles aus einer Hand-Lösung", was in der Regel mit Schwächen in einzelnen Applikationen erkauft wird, oder sie verfolgen eine Maximalstrategie, die die jeweils besten Anwendungen, unabhängig von der Herkunft, zusammenführen will. Im letzteren Falle werden Kommunikationsserver eingesetzt, die zu hohen Kosten führen können. Während in der jüngsten Vergangenheit die integrativen Komplettsysteme erfolgreicher waren, scheint sich im Markt langsam ein Umdenken, auch verknüpft mit neuen „Integratoren", niederzuschlagen. Aber:

Das perfekte KIS gibt es (noch) nicht!

In den Informationssystemen der Zukunft werden mobile Geräte eine wichtige Rolle spielen. Daten werden am Ort der Entstehung erfasst und stehen überall im Unternehmen zur Verfügung. Hierzu müssen so genannte WLAN (Wireless Local Area Network) eingerichtet werden – zugegebenermaßen eine teure Investition. Sie ist aber notwendig, um Doppelerfassungen und Wege des Personals zu vermeiden. Es dürfte darüber hinaus sinnvoll sein, auch die Steuerung von Systemen mittels der natürlichen Sprache weiter zu verfolgen.

Es ist notwendig, ein IT-Controlling aufzubauen!

Nur so lassen sich Kosten-Nutzen-Effekte erfassen und einer Bewertung zuführen. Es ist darüber hinaus eine Voraussetzung für die Berechnung neuer Geschäftsmodelle, die sich aus neuen Versorgungskonzepten (z. B. Teleradiologie, Telemonitoring oder mobilen Diensten) ergeben können.

Trotz der Technik wird und muss der Mensch der wichtigste Botschafter des Unternehmens sein und bleiben. Die IT soll ihm helfen, seine Aufgaben im Sinne des Kunden und des Unternehmens auszuführen. Hierzu muss er in die Lage versetzt werden, die notwendigen Kompetenzen zu entwickeln und er muss bereit sein, diese Fähigkeiten einsetzen zu wollen. Es wird von Technikfeindlichkeit im Krankenhaus gesprochen und in der Tat ist die IT für die am Patienten Tätigen zunächst ein Fremdkörper.

Führungskräfte müssen diese Ängste und Vorbehalte ernst nehmen.

Es gilt, die Mitarbeiter „mitzunehmen", d. h. mehr zu überzeugen als ihnen Befehle zu erteilen. Akzeptanz schafft man auch dadurch, dass offen kommuniziert, der Mitarbeiter in Entscheidungsprozesse einbezogen wird.

Da der IT-Einsatz für den Erfolg eines Krankenhauses so wichtig ist, muss dieser Tatsache große Aufmerksamkeit geschenkt werden. Dazu gehört es auch, die Benutzerfreundlichkeit des Systems mit in den Entscheidungskatalog bei der Auswahl eines KIS aufzunehmen und von den Mitarbeitern bewerten zu lassen.

1.5 Perspektiven

Bisher konzentrierte sich dieser Beitrag auf die IT-Systeme im Krankenhaus. Dabei hat die Zukunft bereits begonnen, die der vernetzten Regionen:

Das KIS der alten Prägung ist ein Auslaufmodell!

Bereits in Abbildung 1 wurde angedeutet, dass das KIS kein geschlossenes System mehr sein kann. Neben der EPA im Krankenhaus tritt die einrichtungsübergreifende EPA. Beide kommunizieren miteinander, so dass alle relevanten Gesundheitsinformationen eines Bürgers immer zur Verfügung stehen werden [vgl. Trill 2007]. Diese EPA ist Teil eines größeren Systems von vernetzten Unternehmen und der dazugehörigen IT-Systeme, das man mittlerweile als E-Health bezeichnet.

„eHealth is the use, in the health sector, of digital data – transmitted, stored and retrieved electronically – in support of health care, both at the local site and at a distance." (WHO 2009)

Im Gesundheitswesen der Zukunft wird die Telemedizin eine zunehmend wichtige Rolle spielen, z. B. innerhalb von Verbünden, Kooperationen oder auch bei der Versorgung von Patienten in ländlichen Räumen, die bereits heute als unterversorgt bezeichnet werden müssen.

Unter Telemedizin versteht man „die Erbringung konkreter medizinischer Dienstleistungen in Überwindung räumlicher Entfernungen durch Zuhilfenahme moderner Informations- und Kommunikationstechnologien" [Deutsche Gesellschaft für Telemedizin 2009]. Insofern ist die Telemedizin ein Teil der so genannten eHealth-Anwendungen.

Charakterisierend für telemedizinische Anwendungen sind somit:

- die Auslieferung/Erbringung von medizinischen Dienstleistungen sowie
- die Überbrückung der örtlichen und oder zeitlichen Entfernung der beiden beteiligten Akteure durch den Einsatz von Informations- und Kommunikationstechnologien.

Die telemedizinische Anwendung mit der längsten Tradition ist die Teleradiologie, die nicht nur ihre Machbarkeit bewiesen, sondern auch den Effizienztest längst bestanden hat [vgl. Trill 2009]. Neueste Erfahrungen belegen auch einen erfolgreichen Einsatz des Telemonitorings bei Patienten mit chronischer Herzinsuffizienz. Weitere Einsatzgebiete bei chronischen Erkrankungen werden folgen.

Krankenhäuser sind aufgrund ihrer im Vergleich zu anderen Leistungsanbietern im Gesundheitsmarkt überdurchschnittlichen IT-Kompetenz als Anbieter dieser Dienstleistungen prädestiniert. Ein Blick über die Grenzen sollte die Verantwortlichen davon überzeugen, dass man diese Anwendungen bei der nächsten Überarbeitung der IT-Strategie nicht „links liegen lassen sollte".

1.6 Der Markt für KIS

Wenn man von Chancen und Risiken im IT-Bereich spricht, darf der IT-Partner nicht unbeachtet bleiben. Wer hier auf „die falsche Karte" setzt, kann sich über Jahre blockieren. Es ist von daher hilfreich, den gegenwärtigen Anbietermarkt für KIS kurz zu skizzieren. Während der Markt über lange Jahre von mittelständischen Unternehmen geprägt war, bestimmen seit einigen Jahren große, multinationale Konzerne das Bild der Krankenhaus-Software. Neben den beiden Marktführern Agfa Health Care und Siemens bestimmen auch noch Unternehmen wie Tieto (ein finnisches Unternehmen!) und SAP (allerdings nur für die administrativen Systeme) den Markt. Durch die Reduzierung der Anbieter hat sich die Entscheidungssituation für die Verantwortlichen in den Krankenhäusern nur vordergründig entspannt. Neben den klassischen Auswahlkriterien treten weitere hinzu, wie beispielsweise die Gestaltung des so genannten User-Interface, die Systemintegration und die Vorbereitungen des Anbieters auf das „neue Gesundheitswesen" (die z. B. bei iSOFT sehr deutlich werden). Einige der Systeme sind nun bereits über so viele Jahre am Markt, dass de-

ren Software-Architektur neuesten Erkenntnissen nicht mehr gerecht werden und wahrscheinlich auch nicht an die veränderten Bedingungen angepasst werden kann.

Vieles spricht dafür, dass weitere Groß-Unternehmen in den Markt drängen werden (wohl von Land zu Land mit unterschiedlicher Geschwindigkeit), wie beispielsweise Microsoft. Obwohl die Qual der Wahl (an Ausschreibungen Ende der 80er/Anfang der 90er-Jahre beteiligten sich teilweise über 20 Unternehmen) geringer geworden ist, sollte diese Situation die Krankenhäuser nicht dazu verleiten, auf eine externe Begleitung zu verzichten.

> Investitionen in IT, eher in Millionen denn in Hunderttausenden messbar, sind kaum zu revidieren, wenigstens nicht in einem durchschnittlichen Investitionszeitraum von ca. sieben Jahren!

Fazit

Getreu dem Motto *Sind die Veränderungen draußen größer als drinnen, ist das Ende nah!* sollten die Verantwortlichen die in der IT-Anwendung steckenden Chancen konsequent nutzen. Ohne eine leistungsfähige und wirtschaftliche IT wird ein Krankenhaus im weiter zunehmenden Wettbewerb nicht bestehen können. Die Chancen, die sich durch die sich ankündigenden Veränderungen bieten, sind real. Sie sind aber zunehmend an entsprechende IT-Systeme gekoppelt. Die nicht wegzudiskutierenden Risiken sind beherrschbar. Da die gegenwärtig in den Krankenhäusern anzutreffenden Lösungen unterschiedliche Reifegrade aufweisen, müssen Tipps bezüglich zu ergreifender Aktivitäten zugegebenermaßen relativ allgemein gehalten werden. Die nachfolgenden Punkte können aber als grobe Anhaltspunkte verstanden werden, die in einer unternehmensindividuellen Roadmap nicht fehlen sollten:

- Die Akzeptanz der IT als strategischem Tool muss gesteigert werden.
- Die IT-Kompetenz der Mitarbeiter muss unternehmensweit erhöht werden.
- Die Aufwendungen für IT müssen mittelfristig steigen. Gleichzeitig sind Planungs- und Steuerungstools für den IT-Einsatz zu entwickeln
- Die Mitarbeiter müssen auf den weitergehenden Einsatz der IT vorbereitet werden.
- Neue Versorgungskonzepte werden neue Prozesse und damit neue IT-Lösungen, neue Geschäftsmodelle möglich machen.

Literatur

Deutsche Gesellschaft für Telemedizin (2009). URL: http://www.dgtelemed.de/de/telemedizin/index.php (letzter Zugriff: 17.03.2010)

Haas P (2005) Medizinische Informationssysteme und Elektronische Krankenakten. Springer-Verlag. Berlin/Heidelberg

Johner C, Haas P (Hrsg.) (2009) Praxishandbuch IT im Gesundheitswesen. Carl Hanser Verlag, München

Trill R (Hrsg.) (2002) Informationstechnologie im Krankenhaus. Luchterhand Verlag, Neuwied und Kriftel

Trill R (2007) KIS war gestern: Die Zukunft heißt eHealth. In: f&w 2/2007, S. 196 ff.

Trill R (2007) eHealth in Deutschland – Bestandsaufnahme, Perspektiven, Chancen. Studie im Eigenverlag

Trill R (2009) Praxisbuch eHealth. Verlag W. Kohlhammer, Stuttgart

2 IT follows function

Peter Gocke

Universitätsklinikum Hamburg-Eppendorf

Das Thema „Informationstechnologie" (IT) gewinnt im Gesundheitswesen in den letzten Jahren kontinuierlich an Bedeutung. Dies gilt nicht nur für den Bereich der Leistungserbringer, sondern auch für beteiligte staatliche Organisationen, die Krankenversicherungen, die Unfall-, Pflege- und Rentenversicherung, die Kassenärztlichen Vereinigungen und nicht zuletzt die Patienten.

Im Bereich der Krankenhäuser hat das Zusammentreffen von ökonomischem Druck und steigenden Dokumentationsverpflichtungen, aber auch der Wunsch nach besser integrierten und damit effizienteren Abläufen zu einer intensiveren Nutzung von Informationstechnologie geführt und den ‚Durchdringungsgrad' mit Informationstechnologie deutlich erhöht, wobei das insgesamt mögliche Potenzial noch nicht erreicht scheint.

Dabei kann die Informationstechnologie längst nicht mehr als unabhängige Einheit betrachtet werden – die geltenden Vorgaben von Datenschutz und andere gesetzliche Regelungen, die technische Einbindung in eine zunehmend komplexe Systemlandschaft und die immer engere organisatorische Verzahnung mit den Abläufen und Prozessen des Krankenhauses, die erheblichen Schulungsbedarfe bei der Implementation von IT-Systemen sowie das damit verbundene Change Management erfordern eine integrierte Betrachtung: IT follows function.

Die folgenden Ausführungen orientieren sich am Beispiel des „Masterplan UKE", welcher die bauliche und prozessuale Erneuerung des Universitätsklinikums Hamburg-Eppendorf zum Ziel hatte. Dabei wurde eine hochintegrierte IT-Landschaft implementiert, die die Prozesse eines Universitätsklinikums adäquat unterstützt.

2.1 Ausgangslage

Ein Krankenhaus ohne jede Informationstechnologie gibt es schon lange nicht mehr. Die Art und Weise, wie IT implementiert wurde und das Ausmaß der Durchdringung sind allerdings sehr heterogen. So findet sich in nahezu allen Häusern eine umfangreiche IT-Unterstützung für den Bereich der Verwaltung und der administrativen Aufgaben, aber eine deutlich geringer ausgeprägte IT-Unterstützung für klinische Abläufe. Bereiche wie Labor und Radiologie stehen dabei aufgrund des ihnen eigenen technischen Fokus etwas besser da: Die hier häufig vorhandene Standardisierung der (eben technisch geprägten) Abläufe hat eine IT-Unterstützung begünstigt. Andere klinische Bereiche nutzen teilweise selbst entwickelte, teilweise von kleinen Personengesellschaften entwickelte Software-Lösungen.

Die so entstandene Systemlandschaft lässt sich nicht adäquat integrieren: Viele Systeme bringen die dafür notwendigen Standard-Schnittstellen gar nicht erst mit, andere sind nach inkompatiblen Datenmodellen aufgebaut worden; häufig fehlt ein führendes System, das über eine eindeutige Patienten- und Fall-Kennung eine Kopplung ermöglichen würde. Der größte Nachteil dieser Situation ist, dass ein Workflow über Abteilungsgrenzen hinweg an den durch diese Systembrüche aufgebauten Barrieren scheitert: Informationsflüsse brechen ab.

Unterschiedliche Herangehensweisen an das Thema ‚Informationstechnologie' haben zu einer sehr heterogenen IT-Landschaft sowohl in der Branche als auch im einzelnen Krankenhaus geführt. Integrierte Arbeitsabläufe sind so nicht abbildbar.

Von einer integrierten, funktionalen Gesamtlösung sind viele Krankenhäuser damit noch weit entfernt.

2.2 Aspekte eines modernen Krankenhaus-Informationssystems (KIS)

Die Notwendigkeit, abteilungsübergreifende Arbeitsabläufe mit IT-Systemen adäquat zu unterstützen und einen sicheren und effizienten Betrieb dieser Lösungen sicherzustellen, erfordert eine ‚Informations- und Kommunikations-(IuK)-Gesamtlösung'. In einer solchen Lösung können im Rahmen einer flächendeckend verfügbaren und integrierten Verfahrenslandschaft alle wesentlichen Prozesse unterstützt werden. Eine solche Lösung kann nur auf einer anwendungsneutralen, alle Daten- und Kommunikationsdienste umfassenden, strukturierten Verkabelungs-Infrastruktur beruhen. Nur so besteht die Möglichkeit, mit einer zentralisierten Systemstruktur sämtliche administrativen, klinischen und logistischen Prozesse eines Krankenhauses umfassend zu unterstützen.

Eine integrierte Infrastruktur- und Systemlandschaft kann verständlicherweise nicht mit einem Schlag in Betrieb genommen werden; vielmehr gilt es, eine vorhandene Systemlandschaft so umzubauen, dass sie letztlich in die angestrebten Zielstrukturen übergehen kann. Bereits für die Planung dieser Infrastrukturen sollten die darin zu etablierenden administrativen, klinischen und logistischen Betriebskonzepte bekannt sein: IT follows process.

2.2.1 Netzwerk-Infrastruktur

Die Verkabelung bildet die physikalische Basis für die Verbindung von Geräten. Die Verkabelung wird durch Übertragungsmedien realisiert, die elektrisch leitend oder lichtleitend sind, um elektrische oder optische Signale übertragen zu können.

Historisch betrachtet, hat sich immer parallel zu einer Kommunikationsstruktur die am besten dafür geeignete, oft herstellereigene Verkabelungsstruktur entwickelt:
- die Telefon-Verkabelung mit verdrillten Leitungen,
- die 3270-Verkabelung mit dem RG-62-Kabel,
- die AS/400-Welt mit dem Twinaxial-Kabel.

Daneben gibt es den klassischen Netzwerk-Bereich mit der Token-Ring-Verkabelung, einer auf geschirmten verdrillten Leitern basierenden Verkabelung, oder die ersten Ethernet-Versionen noch mit Koaxialkabeln.

Dazu kamen für jeden Kabeltyp eigene Datenstecker:
- der BNC-Stecker und der N-Stecker,
- der Twinaxial-Stecker und der TAE-Stecker,
- der Sub-D-Stecker und der IBM-Datenstecker,
- der ADO-Stecker und der RJ45-Stecker.

Diese Entwicklungen sind der Grund, dass in vielen Krankenhäusern mehrere Vernetzungskonzepte mit unterschiedlichen Datenkabeln verwendet werden. Der Betrieb dieser Altlasten ist ineffizient, da diese proprietären Verkabelungen gar nicht oder nur mit hohem technischen Aufwand für andere Netztopologien und Dienste geöffnet werden können.

Diese unflexiblen dienst- und herstellerabhängigen Verkabelungsstrukturen werden durch flexible anwendungsneutrale Verkabelungen abgelöst. Dabei werden einheitliche Strukturen für die strukturierte Verkabelung von Gelände- und Gebäudekomplexen in sog. Verkabelungsstandards festgeschrieben. Bei einer Verkabelung nach diesen Standards wird davon ausgegangen, dass sie den Anforderungen der nächsten 10 bis 15 Jahre, also auch zukünftigen Übertragungsdiensten, gerecht wird. Man bemüht sich daher heute um eine dienstneutrale, strukturierte Verkabelung.

Die Verkabelung bildet die physikalische Netzinfrastruktur und sollte strukturiert und diensteneutral ausgeführt sein.

Durch ein solches Konzept ist es möglich, mit einer standardisierten Verkabelung alle benötigten Dienste (Sprache, Daten, Video) effizient in einem gemeinsamen Netzwerk betreiben zu können. Gerade die Möglichkeit, Sprache und Daten im gleichen Netzwerk betreiben zu können (IP-Konvergenz), erlaubt auch neue Nutzungskonzepte: Die Sprach-Daten-Integration im Sinne eines Unified-Messaging-Systems (UMS) ermöglicht z. B. das Starten eines Telefonates per Mausklick direkt aus dem Mailprogramm Outlook heraus sowie den Empfang von Sprachnachrichten und Faxen als Audio-/Grafik-Datei direkt in der Outlook-Mailbox. Diese Konzepte sparen Endgeräte ein, führen unterschiedliche Medien zusammen und machen die Kommunikation somit effizienter.

2.2.2 Integrierte Systemlandschaft

Das Netzwerk dient letztlich dem Betrieb der kompletten Systemlandschaft eines Krankenhauses, die sich in mehrere Bereiche unterteilen lässt; dabei ist diese Trennung nicht immer einfach, da manche dieser Programme in mehr als einem Bereich angesiedelt werden können und viele davon durch Schnittstellen mit Programmen aus dem gleichen und/oder anderen Bereichen integriert sind:

Technische Systeme

Hierzu gehören Systeme der Haustechnik (Warentransport, Gebäudeleittechnik mit Alarmierungsfunktionen, Netzwerk-Überwachung), Medizinische Geräte (Laborgeräte, Röntgengeräte, Bestrahlungsgeräte), aber auch Systeme wie ein elektronisch gesteuertes Tür-Schließsystem, welches z. B. über Schließberechtigungen auf Mitarbeiterausweis-Chipkarten gesteuert wird.

Systeme der Kommunikations-Infrastruktur

Hierzu gehören z. B. die Mail- und Webserver eines Krankenhauses, das zu letzterem gehörende Content-Management-System (CMS) sowie Fax-Server, ein elektronisches Unternehmens-Telefonbuch; auch ein Customer-Relationship-Management (CRM)-Programm sowie sog. Kommunikations-Server, welche die Datenflüsse zwischen den Betriebswirtschaftlichen und Klinischen Systemen (s. u.) gewährleisten, zählen hierzu.

Betriebswirtschaftliche Systeme

Hierzu gehören die Systeme für Finanzbuchhaltung, Anlagenbuchhaltung und Materialwirtschaft, der Personalverwaltung, ggf. auch der Studierendenverwaltung sowie Systeme für das Controlling; dazu kommt das System für die Dienstplangestaltung, welches über Schnittstellen mit der Personalverwaltungssoftware gekoppelt ist. Oftmals wird auch das System, welches die administrativen Daten eines Patienten enthält, zu diesem Bereich gezählt.

Systeme zur Unterstützung der Klinischen Abläufe

Hierzu zählen alle Systeme, in welchen klinische Daten eines Patienten verarbeitet werden und die in ihrer Gesamtheit als Klinisches Arbeitsplatzsystem (KAS) bezeichnet werden:

- System für die gesamte klinische Dokumentation inklusive DRG-Management, elektronisches Order Entry mit Befundkommunikation, Arztbriefschreibung, medizinische Qualitätssicherung, Leistungserfassung
- darin integriertes System für OP-Planung und Dokumentation
- darin integriertes System für Medikation: Verordnung und Dokumentation der Verabreichung
- darin integriertes System für das Einscannen relevanter externer Dokumente (Bestandteil des ebenfalls integrierten Archivsystems)
- über Schnittstellen integriertes Subsystem für die Intensivmedizin
- über Schnittstellen gekoppeltes Subsystem für die Labordaten-Verarbeitung
- über Schnittstellen gekoppeltes Subsystem für die Radiologie
- über Schnittstellen gekoppeltes Subsystem für die Endoskopie
- über Schnittstellen gekoppeltes Subsystem für die Pathologie und Mikrobiologie
- über Schnittstellen gekoppeltes Subsystem für die Kardiologie
- Subsystem für die Patienten-Aufklärungsbögen
- Subsystem für die Organisation von Patienten-Transporten

Speicher- und Archivierungssysteme

Die Daten, die in den oben aufgeführten Systemen verarbeitet werden, müssen auch langfristig gespeichert werden. Aus Effizienzgründen bedient man sich hierzu ebenfalls konsolidierter Systeme, die man als „Storage Area Network (SAN)" bezeichnet. Spezielle Rechnersysteme, die ebenfalls im Netzwerk betrieben werden, stellen Speicher in der Größe von 100 und mehr Terabytes bereit. Diese Speicher sind aus Sicherheitsgründen redundant ausgeführt und um Archivierungs-Systeme ergänzt, die die Daten komprimiert revisionssicher speichern. Zusätzlich können Auslagerungen auf Sicherungsbändern erfolgen, die außerhalb des Krankenhauses gelagert werden und im Falle eines disaster-recovery-Prozesses die Wiederherstellung der Daten ermöglichen sollen.

Abbildung 2 verdeutlicht die Komplexität einer solchen IT-Landschaft anhand einer Darstellung der im Universitätsklinikum Hamburg-Eppendorf eingesetzten Systeme.

2.2.3 Zentrales Klinisches Arbeitsplatzsystem (KAS)

Auch wenn das Zentrale Klinische Arbeitsplatzsystem (KAS) im Sinne einer ‚elektronischen Patientenakte' aus mehr als einer Softwarelösung besteht, kann das oberste Ziel nur die Schaffung eines möglichst einheitlichen Systems sein: Alle zum Patienten vorhandenen administrativen und klinischen Daten sollten klinikweit zur Verfügung stehen. Dazu sollten sich Mitarbeiter nur einmal an einem System anmelden müssen, die Aufrufe der integrierten Subsysteme sollen dann ohne erneute Passwort-Eingabe o. ä. erfolgen. Dies lässt sich heute in der Regel gut umsetzen.

Die Vorgehensweise bei Migration von einer papierbasierten Krankenakte zu einer elektronischen Krankenakte orientiert sich an den von C. Peter Waegemann [1999] vorgezeichneten fünf Stufen zur elektronischen Patientenakte:

In der ersten Stufe, dem **Automated Medical Record** (automatisierte Krankenakte), bildet die traditionelle Papierakte die Basis der medizinischen Dokumentation. Einzelne KIS-Funktionen wie Patientendatenverwaltung, Abrechnung, Radiologiesystem, Laborsystem und medizinische Basisdokumentationen (Diagnosen, Prozeduren) werden bereits genutzt. Die EDV-Anwendungen erzeugen Papierausdrucke, die in die traditionelle Krankenakte eingefügt werden.

In der zweiten Stufe, dem **Computerized Medical Record** (computerisierte Krankenakte), werden Do-

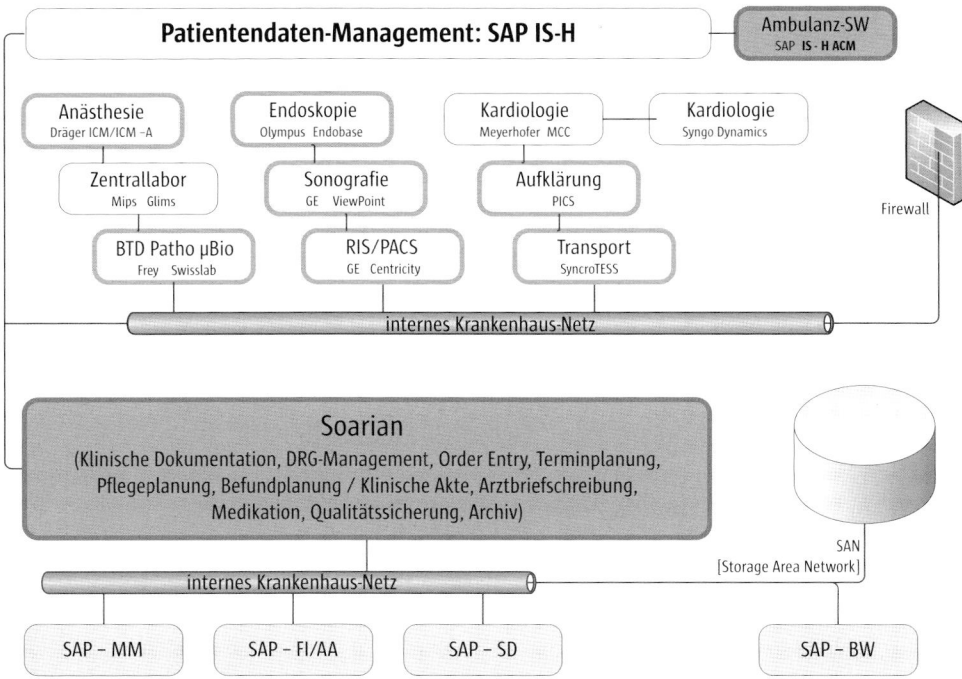

Abb. 2   Übersicht über die IT-Systemlandschaft des Universitätsklinikums Hamburg-Eppendorf

kumente wie bisher erstellt, dann indexiert und in ein Dokumentenmanagementsystem eingescannt. Pflegekräfte und ärztliches Personal dokumentieren weiterhin wie bisher. Klinische PC-Arbeitsplätze (viewing stations) ermöglichen den Online-Abruf der gescannten Dokumente. Die Akte bietet eine ortsunabhängige Verfügbarkeit, aber keine wirklichen Auswertmöglichkeiten oder Management- bzw. Entscheidungsunterstützungen.

In der dritten Stufe, dem **Provider-based Electronic Medical Record** (elektronische Krankenakte), kommt die strukturierte Datenerfassung hinzu. Sie ist Grundlage für weitergehende Prozessunterstützungen und Weiterverarbeitungsmöglichkeiten. KIS-Funktionen dienen nicht nur zum Informationsabruf, sondern zur täglichen umfassenden medizinischen Dokumentation. Daten aus der elektronischen Krankenakte können auf verschiedene Weise dargestellt und ausgewertet werden. Die Akte kann durch Entscheidungsunterstützung und -monitoring aktive Hilfestellung bieten, ist aber weiterhin auf die Daten einer einzelnen Institution, also einem Klinikum begrenzt. Diese Stufe wurde mit der Inbetriebnahme des Neuen Klinikums am UKE erreicht.

In der vierten Stufe entsteht ein **Electronic Patient Record** (elektronische Patientenakte). Diese beinhaltet alle von traditionellen Versorgern des Gesundheitswesens wie beispielsweise Krankenhäusern, niedergelassenen Ärzten, Zahnärzten, Psychotherapeuten und Kliniken der Rehabilitation dokumentierten Informationen zu dem Patienten. Sie umfasst alle (nach traditionellem Bild) ‚professionellen‘ Informationen zum Gesundheitszustand eines Patienten und stellt damit das vom UKE angestrebte Ziel dar.

Wegemann definiert noch eine darüber hinaus gehende fünfte und letzte Stufe, den **Electronic Health Record** (elektronische Gesundheitsakte). In dieser würden die ‚professionellen Gesundheitsinformationen‘ um Informationen von verschiedenen ‚nicht professionellen‘ Institutionen und/oder Personen ergänzt, beispielsweise von Heilpraktikern, Homöopathen und dem Betroffenen selbst. Sie können auch persönliche Verhaltensweisen wie Diäten, Rauchgewohnheiten, Alkoholkonsum und sportliche Aktivitäten beinhalten. Das wichtigste Merkmal der elektronischen Gesundheitsakte im Gegensatz zu den vorhergehenden Stufen ist die Führung durch den Patienten bzw. den Gesunden selber. Diese Kontrolle kann in Kooperation mit seinen Gesundheitsbetreuern ausgeübt werden.

Die Gesamtheit der administrativen und klinischen Systeme ergibt das Klinik-Informationssystem (KIS). Den davon auf den Endgeräten der Anwender im klinischen Alltag zur Verfügung stehenden Anteil bezeichnet man als Klinisches Arbeitsplatzsystem (KAS). Es ist das zentrale IT-Werkzeug zur Unterstützung aller administrativen und klinischen Arbeitsprozesse der Mitarbeiter. Es gilt ein KAS auf einer zukunftssicheren Plattform zu implementieren, um auf einer einheitlichen Oberfläche alle Funktionen bereitzustellen, die für die Prozessunterstützung im Krankenhaus gebraucht werden.

> **Führendes Prinzip für das Klinische Arbeitsplatz-System: so homogen wie möglich, so heterogen wie nötig.**

Ein entsprechend konzipiertes KAS kann so eingesetzt bzw. weiterentwickelt werden, dass alle für die Krankenversorgung erforderlichen Abläufe unterstützt und gleichzeitig die für eine optimale Behandlung des Patienten erforderlichen klinischen und administrativen Informationen digital zur Verfügung gestellt werden. Im klinischen Alltag kann so weitgehend papierlos gearbeitet werden. Deshalb gehört auch eine rechtssichere elektronische Archivierung zu den Bestandteilen dieses Projektes.

Die Umsetzung eines solchen Projekts ist einerseits von der Qualität der Prozessvorgaben und andererseits von der Etablierung daraus abgeleiteter organisatorischer Rahmenbedingungen abhängig. Hierzu gehören die Herstellung einer gemeinsamen Dokumentationsverantwortung aller an der Krankenversorgung Beteiligten, ein krankenhausweiter datenschutzkonformer Datenzugriff und vieles mehr.

Sämtliche Funktionalitäten sind im UKE Bestandteil des Klinischen Arbeitsplatzsystems. Voraussetzung für die erfolgreiche Integration der einzelnen Module ist die Anbindung an ein (!) führendes System; die Einbindung klinischer Subsysteme erfolgt dann über HL7-Schnittstellen, die über einen zentralen eGate-Kommunikationsserver realisiert sind.

2.2.4 Management von Wartezonen

Ein Klinisches Arbeitsplatzsystem sollte auch Prozesse der Patientenlogistik unterstützen. In diesem Zusammenhang wurden im UKE unter anderem ein funkgesteuertes System mit der Bezeichnung ‚PatientPager‘ implementiert: Patienten sollten im Neuen UKE in Wartezonen weder Nummern ziehen müssen, noch konnten sie über Lautsprecherdurchsagen aufgerufen werden (Datenschutz). Deshalb wurde ähnlich wie in modernen Gastronomiebetrieben eine Lösung entwickelt, bei der der Patient ein handtellergroßes Gerät ausgehändigt bekommt: den PatientPager (s. Abb. 3).

Das Gerät verfügt über einen Vibrations- und Lichtalarm sowie ein Display. Ist der entsprechende Besprechungs- bzw. Untersuchungsraum für den Patienten nicht direkt verfügbar, erhält der Patient das Gerät beim Eintritt in die Wartezone ausgehändigt. Das Gerät wird dabei aktiviert und in die Warteschlange der für diesen Bereich ausgegebenen Geräte eingereiht. Am PC-Arbeitsplatz der in diesem Bereich tätigen Mitarbeiter wird über die Funktion ‚nächster Patient‘ ein Signal an den aktuell am längsten ‚wartenden‘ Pager der zum Bereich zugeordneten Wartegruppe gesendet. Das Gerät empfängt das Signal und gibt Vibrations- und Lichtsignale ab; auf dem Display kann der Patient ablesen, wohin er gerufen wurde (Nummer der Aufnahmekabine oder des Untersuchungszimmers). Bei Eintritt in den entsprechenden Raum gibt der Patient das Gerät zurück. Die Geräte werden eingesammelt und stehen in einer Sammel-Ladestation zur erneuten Ausgabe zur Verfügung. Die eingesetzte Funk-Technologie kommt mit einem einzigen zentralen Sender aus; dieser ist anmeldepflichtig, aber gebührenfrei.

2.2.5 Mobile Hardware

Die Änderungen, die sich in den Abläufen durch die Einführung eines KAS ergeben, sind auf den Stationen sehr deutlich sichtbar. Dies beginnt bereits bei der umfangreichen Hardware-Ausstattung: Auf einer 28-Betten Station sind bis zu 8 fest installierte PC's erforderlich, die durch mindestens 4 mobile Geräte ergänzt werden: 2 Notebooks, die per WLAN angebunden sind sowie 2 mobile Visitenwagen (s. Abb. 4) mit darauf montierten PC's, die ebenfalls per WLAN angebunden sind und aufgrund eines leistungsstarken Akkusatzes bis zu 8 Stunden batteriebetriebenes Arbeiten ermöglichen. Mit dieser Ausstattung ist es möglich, die vormals überwiegend papierbasierten Prozesse elektronisch zu gestalten.

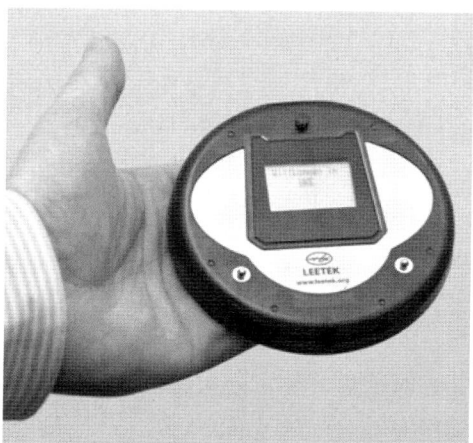

Abb. 3   Der PatientPager – ein einfaches System mit dem der Patient zu einem Raum gerufen wird. Mit dem Gerät kann sich der Patient frei im Klinikum bewegen und damit anfallende Wartezeiten überbrücken.

Abb. 4   Mobiler elektronischer Visitenwagen

2.2.6 Patiententerminals

Auch der Patient erhält Kontakt zum Klinischen Arbeitsplatzsystem: Neben jedem Bett ist am Nachttisch ein Patiententerminal installiert (s. Abb. 5). Darüber werden dem Patienten die Dienste Telefonie, Radio/Fernsehen, Videofilme (Video on Demand), sowie Intranet-/Internet zur Verfügung gestellt. Der Terminal wird durch die Einführung der Patientenkarte aktiviert. Diese Patientenkarte wird dem Patienten bei der Aufnahme ausgegeben. Hierauf vermerkt ist eine Telefonnummer, die der Patient auch bei Verlegungen mitnimmt. Darüber hinaus können auf der Karte weitere Funktionalitäten wie Internet-Nutzung freigeschaltet werden.

Da die Patiententerminals in das Klinik-Netzwerk voll integriert sind, ist es möglich, darüber Zugriff auf die elektronische Patientenakte zu nehmen. Dieser Zugriff ist an den elektronischen Mitarbeiterausweis des Krankenhauspersonals gebunden: Nur wenn dieser Ausweis in den dafür integrierten 2. Kartenleseschacht des Multimediaterminals eingeführt wird und mittels Eingabe einer PIN freigeschaltet wird, ist der Zugriff auf die elektronische Patientenakte freigegeben. Der Zugriff ist so gestaltet, dass das Multimedia-Terminal keinen direkten Zugriff auf den abgesicherten Netzbereich erhält, in dem die Server der Elektronischen Patientenakte installiert sind: Vielmehr wird der Zugriff über einen Metaframe-Server realisiert, der lediglich ein Abbild der eigentlichen Anwendung auf dem Bildschirm des Multimediaterminals bereitstellt. Die eigentlichen Patientendaten gelangen also nicht auf das Multimediaterminal, sondern verbleiben auf dem

Serversystem der elektronischen Patientenakte. Auf diese Weise bleiben die Daten vor unberechtigter Einsichtnahme und/oder Manipulationen geschützt.

Durch die gemeinsame Betrachtung der medizinischen Daten kann der Arzt den Patienten viel intensiver in den Behandlungsprozess einbeziehen. Therapieplanungsgespräche werden auf diese Weise unterstützt.

2.3 Aus- und Notfallkonzept

An ein weitgehend elektronisches Klinisches Arbeitsplatzsystem müssen bezüglich Verfügbarkeit und Ausfallsicherheit höchste Anforderungen gestellt werden. Anders als bei den heute oft nur parallel zur Papierdokumentation betriebenen Vorgängerlösungen ist eben keine papierbasierte Patientenakte mehr verfügbar, um bei Ausfall der EDV die Versorgung der Patienten sicherstellen zu können.

Dieses ,Papier-Backup' ist mit einem rein elektronischen KAS nicht mehr realisierbar. Deshalb wurde bei der Implementation bereits das zugrundeliegende Netzwerk-Design auf hohe Verfügbarkeit und Ausfallsicherheit ausgelegt: Die Anbindung von Räumen im neuen Klinikum ist prinzipiell auf zwei Wege verteilt, so dass bei Ausfall von Infrastrukturkomponenten (Router, Switche, zentrale Server) maximal die Hälfte der Anschlüsse eines jeweiligen Raumes ausfällt. Die Server für das KAS selbst sind redundant ausgelegt und in zwei verschiedenen Gebäuden installiert. Gleiches gilt für das zentrale elektronische Archiv, das ebenfalls redundant vorhanden ist und an zwei räumlich voneinander getrennten Standorten installiert ist.

Um in Fällen, in denen das KAS z. B. wg. Wartungsarbeiten oder aus anderen Gründen nicht zur Verfügung steht, dennoch in gewohnter Manier auf die ja nur noch elektronisch verfügbaren Daten der Patienten zugreifen zu können, ist zusätzlich zu den KAS -Produktivsystemen auf komplett eigenständiger Hardware ein sogenanntes ,Eppendorfer Read-Only-System' (EpROS) realisiert worden: Hier hinein werden sekundenaktuell alle Daten aus dem KAS-Produktivsystem per kontinuierlicher Synchronisation gesichert. Dazu wird eine Standardfunktion der eingesetzten Datenbanksysteme (MS SQL benutzt). Dadurch wird erreicht, dass das Personal des UKE mit seinen gewohnten Benutzer-Accounts, falls

Abb. 5   Jedes Bett im Neuen Klinikum ist mit einem Patiententerminal ausgestattet. Fernsehen, Telefonie, Video sowie Inter/Intranet werden dem Patienten darüber verfügbar gemacht.

erforderlich, auf die Daten der Patienten zugreifen kann. Read-Only bedeutet in diesem Zusammenhang, dass nur Daten gelesen, aber keine neuen Daten erzeugt werden können (keine Formulare, keine Anforderungen, keine Vitalwerte etc). Zur Dokumentation wird in solchen Fällen ein standardisiertes Papierformular benutzt. Die dort dokumentierten Daten werden nach Wieder-Verfügbarkeit im KAS nachdokumentiert, dies per Handzeichen auf dem Papierformular dokumentiert und das Papierdokument abschließend in das KAS-Archiv eingescannt.

2.4 Organisatorische Erfordernisse

Damit die IT-Systeme eines Krankenhauses effizient genutzt werden können, bedarf es einer strikten Ausrichtung an den benötigten Funktionalitäten. Dies erfordert eine ebenso strikte Ausrichtung der IT-Strategie an den Prozessen des Unternehmens. Dies kann nur erreicht werden, wenn die Kommunikation zwischen allen an den Prozessen Beteiligten kontinuierlich und auf hohem Niveau geführt wird. Ansätze, diese Kommunikation nur in bestimmten Projektphasen zu intensivieren reichen nicht mehr aus.

Andere Aspekte, die ebenfalls der Regelung bedürfen und möglichst schon in der Konzeptionsphase einer IT-Implementation berücksichtigt werden müssen, umfassen Datenschutzaspekte und Schulungsthemen. Mit der zunehmenden Verbreitung von elektronischen Patientenakten geraten auch Themen wie Datenschutz und die Sicherheit dieser Akten in den Fokus der Öffentlichkeit. Deshalb hat das UKE bereits bei der Aus-

schreibung des Systems auf diesen Punkt besonderen Wert gelegt. Das dem ausgewählten System zugrundliegende Datenschutzkonzept wurde mit den zuständigen Behörden abgestimmt und zusätzlich sowohl das zugrundeliegende Konzept als auch dessen Umsetzung durch Wirtschaftsprüfer und Zertifizierer umfassend begutachtet.

Auch die Schulungskonzepte bedürfen einer Anpassung an die gestiegene Bedeutung eines KAS. Mitarbeiter, die neu eingestellt werden, sind nach weitgehender Abschaffung der Papierakte ohne Zugang zur elektronischen Patientenakte nicht arbeitsfähig. Schulungen im KAS des UKE können deshalb schon vor dem ersten Arbeitstag durch ein eigens konzipiertes E-Learning erfolgen. Zusätzlich wurden Strukturen wie eine eigene Bildungsakademie geschaffen: Ohne Schulung bleibt der Nutzungsgrad eines IT-Systems ineffizient, mit allen negativen Begleitumständen wie Mitarbeiterfrustration und Überlastung von Hotline-Strukturen. Dies aufzufangen hat die Ausweitung der Vor-Ort-Betreuung von Endanwendern erforderlich gemacht: Ein Prozess, bei dem IT und Endanwender deutlich näher zusammenrücken und Prozess-Know-how aus dem Klinischen Alltag an die IT-Mitarbeiter gelangt: IT follows function ist damit keine Einbahnstaße.

Literatur

Waegemann CP (1999) Current Status of EPR Developments in the US. In: Waegemann CP (Hrsg.) Toward An Electronic Health Record Europe '99, Proceedings. Medical Records Institute, Newton MA, S. 116–118

3 Exkurs: **Austausch medizinischer Daten – das IHE-Konzept**

Peter Mildenberger

Universitätsklinikum Mainz

3.1 Einführung

Für Krankenhäuser ist die IT-Unterstützung unterschiedlichster Funktionen und Abläufe heute von grundlegender Bedeutung. Dies betrifft verschiedene Aufgaben sowohl in der unmittelbaren medizinischen Anwendung, wie beispielsweise die Auftragskommunikation, die Leistungserfassung und Befunddokumentation bzw. Arztbriefschreibung, als auch der Unterstützung administrativer Aufgaben, wie zum Beispiel das Rechnungs- und Berichtswesen, das Controlling oder Gerätemanagement, teilweise kommen noch zusätzlich Anforderungen aus den Bereichen Forschung und Lehre hinzu. Ebenso wie in Unternehmen allgemein sind selbstverständlich auch zentrale IT-Services für die Krankenhausinfrastruktur zu lösen, dies sind zum Beispiel Sicherheitsaspekte oder zentrale Anwenderverzeichnisse und Zugangslösungen („single-sign-on"). Typischerweise werden hierfür verschiedene, oft sehr unterschiedliche IT-Lösungen eingesetzt. In großen Kliniken können oft mehr als 100 unterschiedliche Systeme im Einsatz sein, die nur unzureichend einen Datenaustausch über Systemgrenzen hinweg unterstützen. Dies hat verschiedene Folgen: für die IT-Abteilung stellen sich besondere Anforderungen, die vielfach auf unter-

schiedlicher Hardware und Betriebssystemen installierten Lösungen zu betreuen; insbesondere für die Anwender resultiert daraus aber vielfach die Notwendigkeit einer wiederholten Dateneingabe bzw. -erfassung in verschiedenen Systemen mit den Nachteilen ineffizienter, kostspieliger Doppelaufwendungen und den Risiken inkonsistenter Daten. Im administrativen Bereich kann dies bei Fehlen einer einheitlichen „Data-Warehouse"- bzw. „Business-Intelligence"-Lösung zu unterschiedlichen Ergebnissen bei der Datenanalyse durch verschiedene Abteilungen und damit zu Schwierigkeiten für eine konsequente Unternehmenssteuerung führen. Im medizinischen Bereich kann eine fehlende Integration verschiedener IT-Systeme unmittelbare medizinische Risiken für die Patientenversorgung zur Folge haben, indem beispielsweise Fehler bei der Dateneingabe an Untersuchungsgeräten entstehen oder medizinische Berichte nicht zeitgerecht verfügbar sind.

Die IT-Unterstützung medizinischer Abläufe ist in verschiedenen Fachrichtungen unterschiedlich etabliert. In der Radiologie ist beispielsweise die Unterstützung der Abteilungsorganisation mit Abteilungsinformationssystemen (RIS) seit über 20 Jahren etabliert. Ein digitales Bildmanagement (PACS bzw. Picture Archiving and Communication System) ist in vielen Kliniken seit Jahren, teilweise über 10 Jahre, verfügbar. Ähnlich ist die Situation in der Kardiologie. Daher ist es nicht verwunderlich, daß diese beiden Fachrichtungen Vorreiter in der Anwendung von Standards und der Lösung von Interoperabilitätsherausforderungen sind. Speziell für die Unterstützung der digitalen bildgebenden Systeme ist die Entwicklung herstellerübergreifender Standards betrieben worden. Mit DICOM (Digital Imaging and Communication in Medicine) ist hierfür seit 1993 eine weltweit akzeptierte Plattform vorhanden [http://medical.nema.org/; Mildenberger et al. 2005]. DICOM bietet hierbei über die Definition verschiedener Bildobjekte hinaus auch Lösungen für eine Workflowunterstützung, für Qualitätssicherung oder Datensicherheit. Im Lauf der Entwicklungen zeigte sich, daß einerseits für die Integration verschiedener IT-Systeme weitere Standards (z. B. HL7, CCOW, Web-Standards u. a.) relevant sind und andererseits die Standards durch optionale Lösungsansätze vielfach nicht alleine eine eindeutige Interoperabilität gewährleisten können. 1998 wurde daher seitens der RSNA (Radiological Society of North America) und HIMSS (Healthcare Information and Management Systems Society) eine neue Initiative gegründet: Integrating the Healthcare Enterprise (IHE) [Mildenberger et al. 2005; http://www.ihe.net/]. IHE wurde relativ schnell in den Jahren 2000 bzw. 2001 in Europa sowohl durch die französische als auch deutsche Röntgengesellschaft (SFR bzw. DRG) aufgegriffen und seitdem regelmäßig unterstützt.

3.2 IHE – ein neuartiger Ansatz zur Lösung von Interoperabilitätsanforderungen

IHE verfolgt dabei einen neuartigen Ansatz, indem einzelne Arbeitsprozesse analysiert und beschrieben werden, diese werden in Rollen bzw. als *Akteure* und *Transaktionen* definiert. Die einzelnen Schritte bzw. Akteure, beispielsweise „Patientenadministration", „Untersuchungsanforderung" oder „Akquisitionsmodalität" können dabei durch unterschiedliche Systeme übernommen werden, die erforderlichen Daten und die Art der Übermittlung zwischen den Systemen sind durch die einzelnen Transaktionen beschrieben (s. Abb. 6 und 7). Die unterschiedlichen Arbeitsabläufe im Krankenhaus werden durch einzelne *Integrationsprofile* beschrieben, das Standardprofil für einen Diagnostikprozess ist das „Scheduled Workflow Profile" (Anm.: für die einfache-

re Vergleichbarkeit werden hier die englischen Bezeichnungen verwendet). Andere Aufgaben werden durch eigene Profile beschrieben, in der Radiologie sind derzeit 18 unterschiedliche Profile Bestandteil des *Technischen Rahmenwerks*, mit dem IHE die Abläufe und technische Umsetzung beschreibt. Weitere 9 Profile sind für Testimplementationen veröffentlicht. Nach der Einführung von IHE in der Radiologie folgten bald auch andere Fachgebiete (sog. „*Domains*"), die das IHE-Modell übernommen haben, um die jeweils spezifischen Integrationsaufgaben zu adressieren (s. Tab. 1).

Weitere Fachrichtungen sind derzeit in Planung (z. B. Surgery).

IHE selbst ist kein neuer IT-Standard im Gesundheitswesen, sondern baut vollständig sowohl auf medizinischen Standards (z. B. HL7, DICOM, LOINC u. a.) als auch allgemeinen IT-Standards (insbesondere Internet-Standards) auf. Ggf. werden die jeweiligen Organisationen zur Präzisierung bzw. Ergänzungen aufgefordert, falls dies für die Beschreibung der Integrationsprofile erforderlich ist. Teil des IHE-Prozesses ist ein fest etablierter jährlicher Rhythmus der Überprüfung und Weiterentwicklung, der gemeinsam von Anwendern und Firmen getragen wird. Mitglieder von IHE sind inzwischen viele Fachgesellschaften und fast alle relevanten Firmen im Bereich der medizinischen IT-Anwendungen. Teil des IHE-Prozesses ist auch eine Überprüfung der konkreten Implementation der IHE-Profile in Produkten. Dies erfolgt in sogenannten „Connectathons" (einem Kunstwort aus Connectivity und Marathon), in denen typischerweise über 300 Entwickler von

Tab. 1 Fachgebiete der IHE-Initiative

IHE Domains (Stand Februar 2010)
IHE Anatomic Pathology (PATH)
IHE Cardiology (CARD)
IHE Eyecare (EYE)
IHE IT Infrastructure (ITI)
IHE Laboratory (LAB)
IHE Patient Care Coordination (PCC)
IHE Patient Care Devices (PCD)
IHE Pharmacy (PHARM)
IHE Quality, Research and Public Health (QRPH)
IHE Radiation Oncology (RO)
IHE Radiology (RAD)

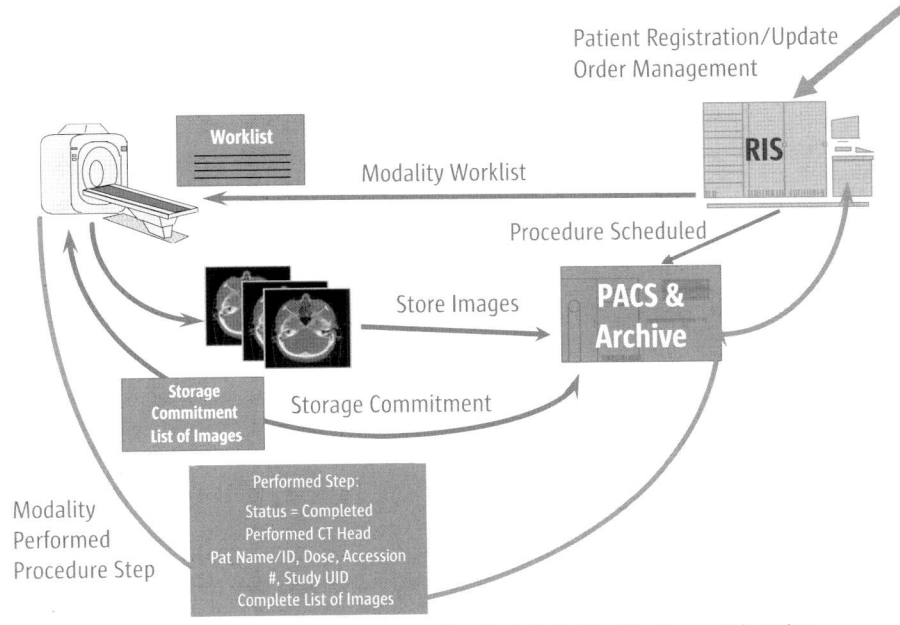

Abb. 6   Scheduled workflow profile: Darstellung eines Standardarbeitsablauf für einen radiologischen Untersuchungsablauf und der beteiligten Akteure

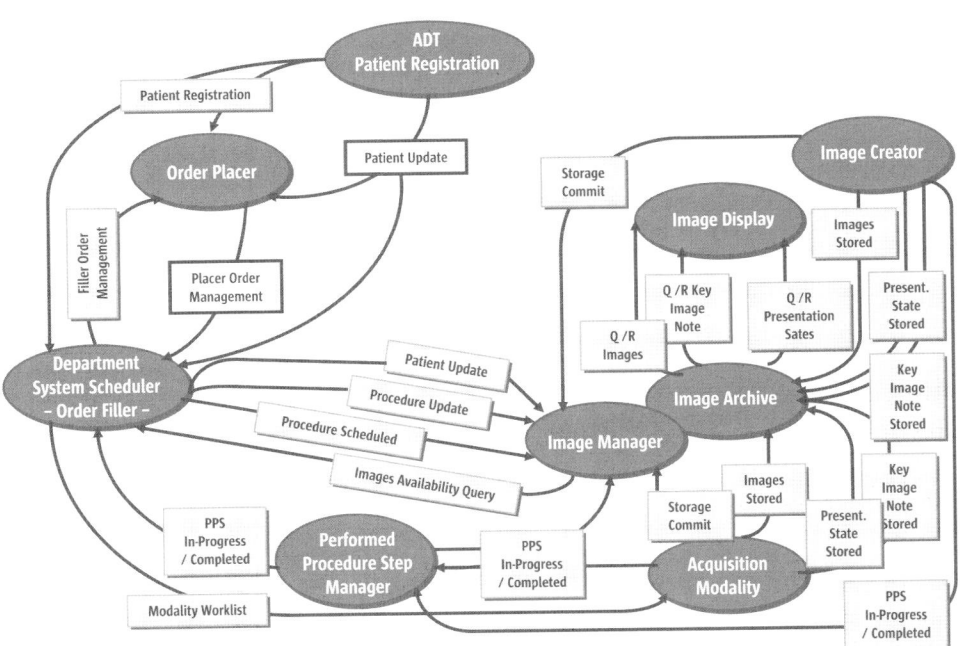

Abb. 7   Technische Beschreibung der Transaktionen zwischen den Akteuren entsprechend des Ablaufs in Abbildung 6

mehr als 100 Firmen für 5 Tage zusammenkommen, um anhand der Integrationsprofile die Interoperabilität zwischen den Produkten zu testen. Dies erfolgt sowohl in USA, als auch in Europa und Asien. Die Ergebnisse werden veröffentlicht und auch in sog. *IHE-Demonstrationen* in Form „virtueller Krankenhäuser" der Öffentlichkeit im Rahmen von Kongressen präsentiert, in Deutschland erstmals 2002 im Rahmen des Deutschen Röntgenkongresse mit 19 Firmen als Teilnehmer.

3.3 IHE in unterschiedlichen Domänen

Im Folgenden soll ein kursorischer Überblick über die IHE-Profile der verschiedenen Domänen gegeben werden. Eine aktuelle und umfassende Beschreibung ist auf den Internetseiten von IHE-International zu finden (www.ihe.net).

Die längste IHE-Historie hat der Bereich **Radiologie**, in dem inzwischen neben dem Standardprofil „Scheduled Workflow" weitere Integrationsprofile für ganz unterschiedliche Anforderungen etabliert sind. Dies sind u. a.:

- der Abgleich von Datenbanken über verschiedene Systeme hinweg („Patient Information Reconciliation Workflow"), wenn z. B. Änderungen der demographischen Daten vorliegen
- die Beschreibung für die Erstellung korrekter Medien (sog. „DICOM-CDs") zum Datenaustausch („Portable Data for Imaging") und deren Import in PACS-Umgebungen („Import Reconciliation Workflow") [Mildenberger et al. 2007]
- verschiedene Profile adressieren spezielle Untersuchungsarten (u. a. Mammographie, Nuklearmedizin) und die Darstellung von Bilddaten (z. B. „Consistent Presentation of Images")
- die Einbindung von Fallsammlungen und Klinischen Studien in den regulären Befundungsablauf („Teaching File and Clinical Trial Export")
- ein weiterer Schwerpunkt liegt in der abteilungs- bzw. einrichtungs-übergreifenden Informationsübermittlung („Access to Radiology Information" bzw. „Cross-Enterprise Document Sharing for Imaging", s. a. Domäne IT-Infrastruktur) [Mendelson et al. 2008]

Für die Anwendungen in der **Pathologie** sind die speziellen Anforderungen der Arbeitsabläufe mit der Verarbeitung von Proben berücksichtigt worden. Daneben ist die Übermittlung von Pathologiebefunden an Tumorregister beschrieben.

Für die **Kardiologie** sind Anpassungen und Erweiterungen für die spezifischen Anforderungen bei Herzkatheteruntersuchungen, z. B. mit Vitalparametern, die Einbindung der Echokardiographie und EKG-Diagnostik sowie die Erfassung von „multi-modality"-Daten im Rahmen von Stress-Untersuchungen erfolgt.

Entsprechende spezifische Anpassungen sind auch für den Bereich **Eye-Care** und **Radiation Oncology** vorgenommen worden.

Die Domäne **Labor** ist ein Beispiel, dass IHE zwischenzeitlich international maßgeblich als Plattform für Interoperabilitätslösungen akzeptiert ist. Diese Domäne ist primär aus Europa und Asien entwickelt worden und beschreibt Profile sowohl für den Standardablauf von Labortests als auch „Point-of Care-Testing" oder die Barcode-Verwendung zur Probenkennzeichnung. In dieser Domäne wird bereits auch die Aufgabe der semantischen Interoperabilität adressiert („Laboratory Code Sets Distribution").

Andere Domänen sind dagegen fachübergreifend aktiv, hierzu zählt beispielsweise **Patient Care Coordination Profile**, in der die vor allem für die Elektronische Patientenakte (EPA) bzw. die Notfallversorgung wichtigen Daten („Medical Summary", „Functional Status Assessment" u. a.) sowie die Funktion des Datenaustauschs zwischen verschiedenen, beteiligten IT-Systemen definiert sind.

Die Integration von Vitalparametern in IT-Systeme (v. a. Patienten-Daten-Managementsysteme) ist in der Domäne **Patient Care Device Profiles** beschrieben, dies schließt auch implantierbare Systeme (z. B. Herzschrittmacher) ein.

Qualitäts- und Sicherheitsaspekte sind mit zwei Profilen in der Domäne **Quality, Research, and Public Health Profiles** aufgegriffen worden, wobei einerseits die Erfassung und Übermittlung von Daten im Rahmen klinischer Studien und andererseits die Erfassung unerwünschter Medikamentenwirkungen beschrieben ist.

International am meisten Beachtung und Bedeutung hat zwischenzeitlich, neben Radiology, die Domäne **IT Infrastructure** gewonnen. Hier sind sehr unterschiedliche Bereiche adressiert, die zum Teil sehr basisnahe Lösungen in einer Einrichtung umfassen, z. B. die Sicherstellung konsistenter Zeitangaben in IT-Systemen, die Umsetzung von „single-sign-on"-Lösungen oder die Synchronisation von IT-Applikationen an einem Arbeitsplatz (z. B. Bildaufruf aus einem Informationssystem). Weltweite Akzeptanz hat jedoch hierbei v. a. das Konzept einer einrichtungs-

K

übergreifenden Kommunikationsstruktur gefunden („Cross-Enterprise-Document-Sharing" bzw. XDS). Dieses Konzept sieht anstelle einer zentralen Speicherung von Originaldaten den Aufbau von meist regionalen Registern mit Verweis auf vorhandene Dokumente vor, die entsprechend der zutreffenden Datenschutzregelungen eingesehen werden können und über die dann der Datentransfer der Originaldaten initiiert werden kann. Damit bleibt die Datenhoheit in der ursprünglich verantwortlichen Einrichtung, wobei hierbei selbstverständlich eine sektorenübergreifende Kommunikation möglich wird. Dieses Konzept ist zwischenzeitlich in vielen Ländern Teil bzw. Grundlage regionaler und nationaler eHealth-Konzepte (z. B. der ELGA in Österreich sowie zahlreicher Projekte in USA, Kanada, China, Italien, Frankreich, Südafrika u. v. a. m.).

Fazit

Der Umfang unterschiedlicher Aufgaben der IT im Krankenhaus wird absehbar immer eine Vielzahl unterschiedlicher Systeme bedingen. Die Kommunikation von Informationen zwischen diesen Systemen ist sowohl aus Qualitäts- als auch Effizienzanforderungen essentiell. IHE stellt einen international akzeptierten und erprobten Lösungsansatz hierzu bereit, der durch die konkrete Überprüfung

von Implementationen im Rahmen von Connectathons auch mit deutlichen Verbesserungen der Produkte einhergeht. IHE ist in Deutschland in einigen Bereichen, z. B. Radiologie und Kardiologie, sehr früh aufgegriffen worden und beispielsweise in den Anforderungen der Deutschen Forschungsgemeinschaft (DFG) an Großgeräteanträge seit 2004 enthalten [Empfehlungen der Kommission für Rechenanlagen 2004]. Zunehmend findet IHE auch in anderen Bereichen in Deutschland Aufmerksamkeit. Auf europäischer Ebene ist IHE in verschiedenen EU-Projekten zur Notfallkommunikation bzw. Patientenakten (epSOS, RIDE) bzw. Interoperabilitätstests (HITCH) präsent.

Literatur

Empfehlungen der Kommission für Rechenanlagen und des Apparateausschusses der Deutschen Forschungsgemeinschaft zur Berücksichtigung bei Großgeräteanträgen (2004); http://www.dfg.de/download/pdf/foerderung/programme/wgi/wgi_pacs.pdf (Internetzugriff 21.2.2010)

Mendelson, David et al. (2008) Image Exchange. IHE and the Evolution of Image Sharing. RadioGraphics 28; 1817–1833

Mildenberger P, Kotter E, Riesmeier J, Onken M, Eichelberg M, Kauer T, Walz M (2007) Das DICOM-CD Projekt der Deutschen Röntgengesellschaft – eine Übersicht über die Inhalte und Ergebnisse des Pilottests 2006. Fortschr. Röntgenstr. 179; 676–682

Mildenberger P, Wein B, Bursig HP, Eichelberg M (2005) Aktuelle Entwicklungen von DICOM und IHE. Radiologe 45 (8); 682–689

L

Das Krankenhaus
und seine Kommunikation

1 Krankenhaus Marketing und Corporate Identity

Anja Lüthy

TCO Training Coaching Outlet, Berlin

Marketingaktivitäten von Krankenhäusern haben insbesondere das Ziel, den (potenziellen) Patienten bei der Wahl eines Krankenhauses positiv zu beeinflussen. Die Patienten sollen nachhaltig überzeugt werden, sich bei gesundheitlichen Problemen auf lange Sicht in demselben Haus behandeln zu lassen. Zunächst muss ein Krankenhaus strategisches Marketing betreiben, um sein medizinisches Angebot sowie seine Spezialisierungen entsprechend der Nachfrage festzulegen.

Wenn die Strategie festgelegt worden ist, geht es beim Krankenhaus Marketing um die Vermarktung von Dienstleistungen – und nicht um die Vermarktung von Produkten. Deshalb müssen Erkenntnisse des Dienstleistungsmarketings genutzt und umgesetzt werden. Als Dienstleistungsunternehmen können Krankenhäuser fünf relevante marketingpolitische Instrumente (Leistungspolitik, Kommunikationspolitik, Personalpolitik, Prozesspolitik und das Ambiente des Hauses) einsetzen, um kontinuierlich „auszustrahlen" bzw. zu kommunizieren, dass sie den Patienten ein medizinisches Angebot höchster Qualität gepaart mit gutem Service, freundlichen Mitarbeitern und einer spürbaren Kundenfreundlichkeit bieten. Im Verlauf des folgenden Kapitels wird geschildert, was Krankenhäuser konkret tun können, um ihre Dienstleistungen so zu vermarkten, dass sie eine eigene Corporate Identity aufbauen und damit langfristig sogar zu einer Marke werden.

Da Krankenhäuser langfristig ihre Existenz auf dem Markt sichern müsse, sollten sie bisher unbesetzte Märkte, sogenannte „blaue Ozeane", aufspüren. Diese sind dann erreicht, wenn Krankenhäuser gezielt und erfolgreich ihren Mitbewerbern ausgewichen sind, eine neue Nachfrage erschlossen haben und nachhaltig profitables Wachstum vorweisen können. Wie sie dies unter Berücksichtigung der „Blue Ocean Theorie" schaffen können, wird am Ende dieses Kapitels erläutert.

1.1 Warum ist Marketing längst überfällig?

Einerseits stehen Krankenhäuser stärker denn je unter finanziellem Druck. Andererseits fangen immer mehr Patienten an, sich selbst ganz gezielt ein Krankenhaus für ihre Behandlung auszusuchen. Sinkende Belegungszahlen können für Häuser fatal enden, wenn ihre Betten gar nicht mehr nachgefragt werden. Krankenhäuser, die sich nicht kontinuierlich selbst um ihren guten Ruf in der Öffentlichkeit kümmern, werden in den nächsten Jahren sicherlich ernsthafte Probleme bekommen.

Eigentlich müssten Krankenhäuser auch ohne finanziellen Druck bestrebt sein, in der Öffentlichkeit ein gutes Image zu haben. Stattdessen kann in vielen bundesdeutschen Kliniken noch folgendes beobachtet werden:

- Viele Patienten erzählen noch während ihres stationären Aufenthaltes im Freundes- und Bekanntenkreis von ihren negativen Erfahrungen, die sie im Krankenhaus gemacht haben.
- Das Krankenhauspersonal scheint immer noch nicht durchweg serviceorientiertes Verhalten gegenüber den Patienten zu zeigen. Die Mitarbeiter werden nach wie vor eher unprofessionell geführt, wenig motiviert und wertgeschätzt, was bei ihnen zu Demotivation und „schlechter Laune" führt, die die Patienten zu spüren bekommen.
- Die Visiten der Ärzte sind in vielen Häusern chaotisch und unorganisiert, d. h. wenig patientenorientiert.
- Die Wartezeiten von Patienten sind bei der Aufnahme bzw. in der ersten Hilfe zu lang, die Aufnahmeprozeduren von Patienten sind umständlich und mit Reibungsverlusten behaftet.

„Gelebte" Kundenorientierung findet folglich noch zu selten statt. Warum Krankenhäuser noch nicht begonnen haben, ihren Patienten durchweg kundenorientierter zu begegnen und professionell um sie zu werben, ist schwer nachvollziehbar. Fakt ist, dass offensives Marketing und das Ziel einer langfristigen Kundenbindung nach wie vor in der Krankenhauslandschaft eher unüblich sind. Im Gegenteil: Klassisches Marketing ist zumindest heute noch in sehr vielen Krankenhäusern eher verpönt. „Das Bauchaufschneiden bei Patienten kann man nicht vermarkten", „Patienten sind doch keine Kunden, die man bewerben kann" und „Werbespots kann man doch nicht über Krankenhäuser drehen" sind nur einige Kommentare der Skeptiker.

Bevor ein Krankenhaus Marketingaktivitäten systematisch einsetzt, muss es erarbeiten, welche Strategie sinnvoll ist, um sich auf dem Markt zu positionieren.

1.2 Warum beginnt Marketing mit einer Strategie?

Jedes Krankenhaus braucht zunächst eine klare Strategie um festzulegen, welches medizinische Angebot mit welchen Marketingaktivitäten für welche Zielgruppen so angeboten und vermarktet werden kann, dass das Krankenhaus davon profitiert. Strategisches Marketing ist die Voraussetzung dafür, einzelne Marketingaktivitäten im Krankenhaus auf operativer Ebene überhaupt umsetzen zu können. Ohne eine durchdachte

Marketingstrategie können Krankenhäuser gar keine Marketingaktivitäten in Angriff nehmen, weil sie sich ohne ein klares Profil gar nicht vermarkten können.

Für das strategische Marketing lassen sich im Zusammenhang mit Marktforschungsaktivitäten folgende Analysen aufzählen, die ein Krankenhaus durchführen sollte, um aufgrund der Ergebnisse ihr Profil zu schärfen und sich entsprechend kompetent auf dem Markt zu präsentieren [vgl. Lüthy u. Buchmann 2009]:

- **Analysen des Marktes und Umfeldanalyse**, insbesondere die Durchführung von Markt- und Wettbewerbsanalysen, um die externen Gegebenheiten und die Wettbewerbssituation auf dem Markt zu erfassen,
- **Unternehmensinterne Analysen**, insbesondere Chancen-Risiken sowie Stärken-Schwächen-Bewertungen, um die Ist-Situation zu beschreiben,
- **Analyse und Festlegung des medizinischen Leistungsangebots** der Abteilungen aufgrund der Ergebnisse interner und externer Analysen,
- **Analyse der Zielgruppen**, insbesondere Evaluierung der Bedürfnisse und Wünsche von Patienten und zuweisenden Ärzten
- **Analyse der Konkurrenz**, insbesondere Beschaffung von Informationen über das medizinische Leistungsangebot und -potenzial der Konkurrenzkliniken
- Bestimmung der **strategischen Ausrichtung der kommunikationspolitischen Instrumente**
- **Marketingcontrolling**, insbesondere die Steuerung und Überwachung des Marketingbudgets

Das strategische Marketing bildet somit den Ausgangspunkt, auf den das operative Marketing aufbaut. Erst wenn – auf oberster Ebene der Krankenhausleitung – strategische Entscheidungen hinsichtlich des medizinischen Angebotes, der Zielgruppen und der Marketingaktivitäten getroffen worden sind, können Marketinginstrumente im Sinne des Marketing-Mix, auf das weiter unten eingegangen wird, zum Einsatz kommen.

1.2.1 Ein Beispiel: Was beinhaltet strategisches Marketing?

Stellen Sie sich ein Krankenhaus vor, das sich im Rahmen seiner strategischen Entwicklung zunächst zwischen den folgenden beiden Alternativen entscheiden möchte: Soll es zukünftig nur spezialisierte Operationen z. B. im Bereich der

Knieprothetik anbieten? Oder soll es ein breites orthopädisches Leistungsangebot von Wirbelsäulen-, Hüft- über Knieoperationen bis hin zu Eingriffen an der Schulter anbieten?

In einem nächsten Schritt muss das Krankenhaus festlegen, wie es die jeweilige Entscheidung (ein hochspezialisiertes oder ein breit gefächertes Leistungsspektrum anzubieten) vermarkten möchte. Mit welchen Instrumenten soll das Krankenhaus auf seine neuen medizinischen Leistungen aufmerksam machen? Hierzu führt es zunächst verschiedene externe und interne Analysen durch, die bei Lüthy und Buchmann [2009] ausführlich vorgestellt werden.

Folgende Fragen können nach Durchführung der Analysen beantwortet werden, um zu entscheiden, welches Leistungsangebot die orthopädische Fachabteilung zukünftig anbieten soll:

■ Welche Zielgruppen sind es, die mit dem neuen orthopädischen Angebot des Krankenhauses angesprochen werden sollen? Gibt es diese Zielgruppen in der Region?

■ Gibt es genügend niedergelassene orthopädische Facharztpraxen, die dem Krankenhaus Patienten zuweisen würden? Diese Frage kann im Rahmen einer Einweiseranalyse beantwortet werden.

■ Welche externen Bedingungen herrschen auf dem Markt und in dem Umfeld, in dem sich das Krankenhaus befindet?

■ Welche gesundheitspolitischen Bestimmungen und Verordnungen reglementieren den Markt? Gibt es z. B. eine Mindestmengenregelung?

■ Welche gesellschaftspolitischen Merkmale weist das Umfeld auf? Um diesen Fragen nachzugehen, ist die Durchführung *einer Markt- und einer Umfeldanalyse* notwendig.

■ Wie ist die Fachabteilung intern aufgestellt, welche Stärken und welche Schwächen hat die Abteilung? Welches Leistungsangebot wird derzeit abgedeckt?

■ Welche Wettbewerber befinden sich bereits in der Region? Gibt es z. B. bereits ambulante OP-Zentren, die alle Fälle der Region „anziehen"?

Antworten auf diese Fragen bekommt man nach der Durchführung einer *Konkurrenzanalyse.*

Nachdem diese externen und internen Analysen durchgeführt worden sind, kann das Krankenhaus dieses Praxisbeispiels eine klare und nachvollziehbare Entscheidung hinsichtlich seiner Weiterentwicklung für die Abteilung Orthopädie fällen: Es kann sich nun neu positionieren und eine klare Strategie ableiten.

Die Strategie sollte durch eine Budgetplanung und einen Zeitplan, der sich auf das kommende Jahr bezieht, ergänzt und durch das Marketing Controlling begleitet werden. Dazu wird ein Maßnahmenplan mit den beabsichtigten Marketingaktivitäten (Pressearbeit, Öffentlichkeitsarbeit, kommunikationspolitische Instrumente etc.) erarbeitet. Die geplanten kommunikationspolitischen Instrumente (vgl. hierzu die Ausführungen weiter unten) sollten auf die einzelnen Zielgruppen zugeschnitten und umsetzbar sein.

1.3 Wie sollte Marketing im Krankenhaus angesiedelt sein und welche Aufgaben hat die Marketingabteilung?

Nach Freter [2004] umfasst Marketing sowohl die Planung, Koordination und Kontrolle aller auf die Absatzmärkte gerichteten Unternehmensaktivitäten als auch die bewusst marktorientierte Führung des gesamten Unternehmens.

Folgende Aufgaben fallen im Bereich Marketing an [vgl. Lüthy u. Buchmann 2009]
■ *strategische Planung der Marketingaktivitäten bzw. die Marktforschung*
■ *Konzeption der kommunikationspolitischen Instrumente*
■ *kontinuierliche Pflege des Internetauftritts*
■ *Konzeption der Corporate Identity bis zur eigenen Marke*
■ *Öffentlichkeitsarbeit bzw. die Pressearbeit*
■ *Zusammenarbeit mit den Krankenkassen*
■ *Konzeption der strategischen Krankenhausentwicklung*

Aufgrund dieser komplexen Aufgaben muss „das Marketing" einen eigenen Funktionsbereich im Unternehmen bilden. Im Organigramm steht dann die Abteilung Marketing gleichberechtigt neben anderen Funktionsbereichen wie z. B. das Finanz- und Rechnungswesen, die Beschaffung/der Einkauf, das Personalwesen oder das Controlling.

Leider wird Marketing bisher an den meisten Kliniken nicht als eigene Abteilung geführt. In deutschen Krankenhäusern gab es bis 2008 in 76 % der Krankenhäuser keine Marketingabteilung [Bienert 2006].

Es ist nicht bekannt, in wie vielen Krankenhäusern es trotzdem jemanden gibt, der sich um die Öffentlichkeitsarbeit für alle Abteilungen/ Kliniken kümmert. Mitarbeiter für Öffentlichkeitsarbeit sind in deutschen Krankenhäusern in der Regel beim Geschäftsführer bzw. kaufmännischen Direktor als Stabsstelle angesiedelt, ohne Weisungsbefugnis, ohne eigene Mitarbeiter und ohne eigenes Budget.

Bedenkt man, dass Marketing den Krankenhäusern auch bei ihrer Zukunftssicherung hilft, ist es schon bemerkenswert, dass Marketingabteilungen in deutschen Krankenhäusern bisher noch so einen geringen Stellenwert haben.

Im Idealfall sollte die Abteilung Marketing – wie die anderen Abteilungen der Krankenhausverwaltung auch – direkt der Geschäftsleitung unterstellt sein und mehrere Personen beschäftigen. Eine Person leitet dabei eigenverantwortlich den Bereich Marketing und koordiniert die umfangreichen Aufgaben – entweder für ein einzelnes Krankenhaus oder für einen Verbund.

Das Profil eines Bewerbers/einer Bewerberin kann gut formuliert werden.

Beispiel
Die Bewerberin sollte:
- ein Studium der BWL mit dem Schwerpunkt Krankenhaus- oder Dienstleistungsmanagement abgeschlossen,
- erste Berufserfahrungen in einem Krankenhaus haben,
- die ausgeprägte Fähigkeit besitzen, sich schriftlich gut ausdrücken zu können,
- die Bereitschaft zu selbstständigem Arbeiten vorweisen,
- eine hohe Sozialkompetenz gegenüber internen und externen Kunden zeigen,
- exzellente Umgangsformen und ein freundliches Auftreten besitzen,
- auch in Stresssituationen bereit sein, zu lächeln und
- ein hohes Organisationstalent vorweisen.

1.4 Wie können Dienstleistungen vermarktet werden?

Bis Mitte der 70er Jahre des letzten Jahrhunderts waren Marketingaktivitäten ausschließlich auf Konsum- und Investitionsgüter beschränkt. Erst vor gut 15 Jahren – im Zuge der Verschiebung der einzelnen Sektoren zu einer Dienstleistungsgesellschaft – wurde erkannt, dass Dienstleistungen anders vermarktet werden müssen als Produkte. Waschmaschinen, Kühlschränke oder Fernsehapparate lassen sich recht einfach vermarkten, da sie materiell und somit „anfassbar" und vor dem Kauf „ausprobierbar" sind.

Von Produkten können außerdem
- schöne Bilder und Fotos erstellt und kommuniziert,
- viele Daten, Fakten und Zahlen erhoben und vermittelt,
- eine schöne Verpackung und ein ansprechendes Design kreiert,
- Umtauschbedingungen definiert und Garantieleistungen gesetzlich geregelt und
- Preise – im Vergleich zu anderen Produkten – problemlos genannt werden.

Darüber hinaus sind bei Produkten Rabatte bzw. Skonti erlaubt. Produkte können auf Wunsch vor dem Kauf vorgeführt und vom Kunden selbst getestet werden. Außerdem kann der sogenannte „after sales service", d. h. die Betreuung des Kunden nach dem Kauf, gut vorhergesehen und deshalb reibungslos geplant und organisiert werden. Ein Marketingkonzept für ein bestimmtes Produkt (z. B. einen MP3-Player oder ein Handy), das neu auf den Markt gebracht wird, kann also recht zügig entwickelt werden. Das Produkt als solches steht dabei im Vordergrund, wobei der Preis für die Kaufentscheidung sehr entscheidend ist, was z. B. in Werbeparolen wie „Geiz ist geil" seinen Ausdruck findet.

Dienstleistungen dagegen können nicht so einfach vermarktet werden, da sie schwer visuell darstellbar und grundsätzlich „immateriell" sind. Dienstleistungen lassen sich zunächst wie folgt charakterisieren, wobei man sich – als typisches Beispiel für eine Dienstleistung – einen Friseurbesuch leicht vorstellen kann:
- Dienstleistungen (wie z. B. Haare waschen, schneiden und föhnen) sind „nicht anfassbar", man kann sie nur in dem Augenblick „erleben", in dem sie erbracht werden.
- Sie sind also im Gegensatz zu Produkten nicht lagerfähig, man kann sie nicht aufbewahren und zu einem späteren Zeitpunkt genießen.
- Ein Besitzwechsel ist bei Dienstleistungen schlecht möglich, außer in Form von Gutscheinen.
- In der Regel ist mindestens eine Person (oder ein Objekt, z. B. das Auto in der Waschanlage) während der Erstellung der Dienstleistung beteiligt.
- Garantien sind unmöglich (dies trifft insbesondere auch bei Dienstleistungen im Gesundheitsbereich zu).

- Bei Nichtgefallen der Dienstleistung kann sich der Käufer zwar beschweren, ein Umtausch ist in der Regel kaum möglich (wenn die Frisur nicht gefällt, kann der Friseur höchstens noch einmal nachschneiden, ein Theaterbesuch bleibt eben nur in schlechter Erinnerung, der Umtausch ist schlichtweg unmöglich.)
- Das Vorführen bzw. das Testen kann bei Dienstleistungen nur in Form von „Schnupperbesuchen" geschehen (z. B. in einem Fitness-Studio). Dies kommt für ein Krankenhaus kaum in Frage – außer bei Vorbereitungskursen für Entbindungen oder sonstigen Patientenschulungen.
- Dienstleistungen müssen im Übrigen nach Erhalt genauso bezahlt werden wie Produkte.

Ein Marketingkonzept für die Vermarktung von Dienstleistungen gestaltet sich somit wesentlich komplexer als eins für Güter. Die (potenziellen) Kunden müssen nämlich beim Kauf von Dienstleistungen einerseits Vertrauen zu demjenigen aufgebaut haben, der die Dienstleistung erbringt. Andererseits müssen sie sich umfangreiche Angaben zur Leistung selbst beschaffen, um sich ein genaues Bild von der Dienstleistung machen zu können. Mit dem aufgebauten Vertrauen und den Informationen kann anschließend die Entscheidung darüber gefällt werden, ob die Dienstleistung in Anspruch genommen wird oder nicht.

Die (potenziellen) Kunden wollen außerdem Angaben über die Qualifikation desjenigen bekommen, der die Dienstleistung erbringt; in der Regel sind das die Mitarbeiter des Dienstleistungsunternehmens. Kunden sind nämlich während der Dienstleistungserbringung ganz extrem dem Können des Menschen ausgeliefert, der die Dienstleistung verrichtet. Informationen zur Qualifikation und Kompetenz des „Dienstleistungserbringers" helfen dem Kunden eine Vertrauensbasis zu dem Dienstleistungsunternehmen aufzubauen.

> **Letztlich will der Kunde eines Dienstleistungsunternehmens in einem angenehmen Ambiente von einem bzw. mehreren kompetenten Menschen freundlich und zuvorkommend „bedient" werden und Vertrauen in die Menschen haben, die ihn bedienen.**

Da die Dienstleistungen verschiedener Anbieter grundsätzlich recht schwer miteinander ver-

gleichbar sind, weil schwer standardisierbar, ist die Kommunikation von differenzierten Informationen zur Dienstleistung besonders wichtig. Bei der Vermarktung von Dienstleistungen müssen deshalb im Wesentlichen folgende Botschaften an die (potenziellen) Kunden kommuniziert werden:

- Was beinhaltet die medizinische Leistung, was umfasst die Leistung insgesamt, die erbracht wird?
- Auf welchem Niveau wird die Leistung erbracht, liegt ein Zertifikat zur Qualität bzw. ein Gütesiegel vor?
- Wer führt die Dienstleistung aus und wie sind die Mitarbeiter, die die Leistungen erbringen, qualifiziert?
- In welchem Ambiente wird die Dienstleistung erbracht?
- Was sagen Personen, die diese Dienstleistung bereits erhalten haben? Wer hat diese Leistung bereits erhalten und war zufrieden?

1.5 Was können Krankenhäuser vom klassischen Marketing-Mix übernehmen?

Der klassische Marketing-Mix, der sich auf die Vermarktung von Gütern bzw. Produkten beschränkt, besteht aus den bekannten „vier Ps". Die vier deutschen Begriffe sind jeweils in Klammern dazu gefügt.

- **Product**: Welche Produkte/Güter werden angeboten? (Produktpolitik)
- **Place**: Wo werden die Produkte/Güter verkauft? (Distributionspolitik)
- **Price**: Was kosten die Produkte/Güter? (Preispolitik)
- **Promotion**: Welche Kommunikationsinstrumente werden eingesetzt, um das Produkt bekannt zu machen? (Kommunikationspolitik)

Bei der Vermarktung von Dienstleistungen kommen drei weitere P's (People, Processes und Physical Facilities) dazu und die Begrifflichkeiten verändern sich ein wenig.

- **Product**: Welche Dienstleistungen werden angeboten? Wie sieht die Leistungspolitik aus?
- **Place**: Wo, an welchem Ort, bzw. auf welchen Vertriebswegen werden die Dienstleistungen angeboten? Wie gestaltet sich die Distributionspolitik?
- **Price**: Was kosten die Dienstleistungen? Welche Preispolitik wird verfolgt?

- **Promotion**: Welche Kommunikationsinstrumente werden eingesetzt, um die Dienstleistungen bekannt zu machen? Wie ist die Strategie der Kommunikationspolitik?
- **People**: Wer erbringt die Dienstleistungen? Wie sieht die mitarbeiterorientierte Personalpolitik aus?
- **Processes**: Wie werden die Prozesse reibungslos gestaltet?
- **Physical Facilities**: Welche Ausstattung ist vorhanden und wie ist das Ambiente gestaltet?

Der Ort der Leistungserbringung ist ausschließlich das Krankenhaus selbst, es gibt bisher keine mobilen Krankenhausärzte, die die Patienten zu Hause oder in nahe gelegenen Patientenhotels aufsuchen. Deshalb fallen distributionspolitische Maßnahmen weg. Die Preispolitik spielt bei Marketingaktivitäten, die auf Patienten und alle anderen Kundengruppen abzielen, (zumindest heute noch) keine Rolle. Die Kosten werden von den Krankenkassen übernommen und interessieren deshalb die Patienten nicht. Preispolitische Maßnahmen, wie beispielsweise das Angebot eine Blinddarm-OP zum „Schnäppchenpreis", finden somit in Krankenhäusern keine Anwendung.

Marketingpolitische Instrumente

Für die Gestaltung des Marketings in Krankenhäusern sind – im Rahmen des erwähnten Marketing-Mix – nur die folgenden fünf marketingpolitischen Instrumente von Bedeutung:
- *Leistungspolitik*
- *Kommunikationspolitik*
- *Personalpolitik*
- *Prozesspolitik*
- *Ambiente*

Im Rahmen dieses Marketing-Mix und aufgrund der oben geschilderten strategischen Überlegungen muss das Krankenhaus folgende Entscheidungen treffen:
- Welche medizinischen Leistungen bietet das Krankenhaus im Rahmen seiner Leistungspolitik an?
- Welche kommunikationspolitischen Instrumente sollen bei der Umsetzung der Kommunikationspolitik zum Einsatz kommen?
- Welche Art von Personalpolitik wird im Rahmen der Mitarbeiterorientierung angestrebt?

- Wie sollen Prozesse geregelt werden, um Patientenorientierung umzusetzen und wie sieht die Zusammenarbeit mit dem Qualitätsmanagement aus?
- Welches Corporate Design und welches Ambiente passen zum Krankenhaus? Welche Veränderungen sind eventuell nötig?

Beim Dienstleistungsmarketing geht es nun darum, diese fünf marketingpolitischen Instrumente so miteinander zu kombinieren bzw. sie so einzusetzen, dass sogenannte „immaterielle" Dienstleistungen dem Kunden auf verschiedenen Kanälen „sichtbar, spürbar und erlebbar" gemacht werden. Der potenzielle Kunde soll den Wunsch verspüren, sich bei Bedarf „in die Hände" des Dienstleisters zu begeben.

Bei den Zielgruppen soll über die Materialisierung der Dienstleistungen sowohl eine positive Qualitätsassoziation entstehen als auch Vertrauen geweckt werden.

Die Zielgruppen, die gezielt angesprochen und „beworben" werden sollen, sind:
- in erster Linie die Patienten und potenziellen Patienten,
- die Angehörigen von Patienten bzw. deren Freunde, die zu den Besuchszeiten kommen,
- die zuweisenden (niedergelassenen) Fach- und Hausärzte,
- die Öffentlichkeit bzw. die Bürger und die Medien der Region,
- die Zulieferer aus den Bereichen Technik und Pharma,
- die Kooperationspartner (z. B. Physiotherapeuten, Ergotherapeuten, Logopäden, Psychologen, Hebammen, ambulante Pflegedienste etc.),
- die Selbsthilfegruppen,
- die Krankenkassen,
- der MDK (medizinische Dienst der Krankenkassen) und
- die Medizinjournalisten.

1.6 Die Materialisierung von Dienstleistungen: Wie kann das Krankenhaus damit ein positives Image an seine Zielgruppen kommunizieren?

Positive Assoziationen beziehen sich in Bezug auf Krankenhäuser auf die gute Qualität der Behandlung und das persönliche Vertrauen in die Ärzte. Vertrauen in die Qualität der medizinischen Leistungen und in die Kompetenz der Mitarbeiter sind die grundlegenden Voraussetzungen dafür, dass sich ein Patient überhaupt zur Behandlung (z. B. zu einer Operation) in einem bestimmten Krankenhaus entschließt. Es stellt sich nun die Frage, wie Krankenhäuser „Vertrauen" und eine gute „Qualität der Behandlung" professionell an die Zielgruppen kommunizieren können und auf welchem Kommunikationsweg sie dies tun bzw. welches Medium sich jeweils anbietet.

Im Rahmen der Kommunikationspolitik stehen die folgenden Kommunikationswege und Medien zur Verfügung, auf die bei Lüthy u. Buchmann [2009] ausführlich eingegangen wird.

- **Online Aktivitäten:** Das Krankenhaus kann das Internet und die neuen Medien nutzen, um seine Kompetenz zu demonstrieren und zu kommunizieren.
- **Broschüren, Flyer und Printmedien:** Das Krankenhaus kann inhaltlich gut und informativ gestaltete Medien aus dem Printbereich erstellen, um beispielsweise einzelne Abteilungen oder hochspezialisierte Zentren vorzustellen.
- **Veranstaltungen und Events:** Das Krankenhaus kann regelmäßig Tage der offenen Tür anbieten, um der breiten Öffentlichkeit der Region sein „Know how" vor Ort zu zeigen.

1.6.1 Die Kommunikation der Kompetenz der Mitarbeiter eines Krankenhauses

Egal auf welchem der genannten Kommunikationswege bzw. mit welchem Medium Krankenhäuser ihre Zielgruppen bewerben, sie sollten sich genau überlegen, mit welchen Inhalten sie Zielgruppen ansprechen.

Sicherlich sollte die Kompetenz der ärztlichen und pflegerischen Mitarbeiter an die Zielgruppen kommuniziert werden, weil sie diejenigen sind, die die Dienstleistungen am Patientenbett erbringen. Das kann geschehen mittels

- Fotos, die die Mitarbeiter bei der Arbeit zeigen,
- fachspezifische Publikationen von Klinikmitarbeitern in angesehenen Zeitschriften. Diese Veröffentlichungen können für die Öffentlichkeit zugänglich gemacht werden (z. B. über die Webseite), um das fachliche Know-how der Mitarbeiter zu demonstrieren,
- Preise bzw. Auszeichnungen, die Mitarbeiter bereits erhalten haben,
- Zertifikate, die Mitarbeiter erworben haben und
- durch das ausgesprochen freundliche, hilfsbereite, zuvorkommende und herzliche Verhalten aller Mitarbeiter gegenüber allen Patienten sowie
- durch das Erwähnen von Spitzenleistungen einzelner Mitarbeiter. Diese können im Bereich der medizinischen Versorgung auf der Webseite beschrieben und mit anonymen Berichten von behandelten Patienten versehen werden. Hierbei muss aber auf das Verbot der Werbung mit der Wiedergabe von Krankengeschichten geachtet werden (Heilmittelwerbegesetz § 11).

1.6.2 Die Kommunikation von reibungslosen und patientenfreundlichen Prozessen

Medizinische Dienstleistungen von Krankenhäusern können erst dann „mit gutem Gewissen" vermarktet werden, wenn neben dem medizinischen Leistungsangebot zumindest diejenigen Prozesse, in denen Patienten unmittelbar beteiligt sind, tatsächlich so gut geregelt sind, dass der Patient sich wohl fühlt und zufrieden ist. Generell sollten in Krankenhäusern die Prozesse *um die Patienten herum gestaltet* werden und nicht um das Personal.

Beispiele für eine *patientenorientierte Prozessgestaltung* sind:

- Das Abendessen sollte den Patienten gegen 18.00 Uhr gereicht werden und nicht schon um 16.30 Uhr, wenn die Küche Feierabend machen möchte.
- Das Waschen der Patienten sollte nicht vor 7.00 Uhr stattfinden, auch wenn die Frühschicht schon um 5 Uhr beginnt und zu diesem Zeitpunk am besten Zeit dafür hätte. Sicherlich kann es auch sinnvoll sein, das Waschen von Patienten nach dem Frühstück stattfinden zu lassen – sofern es ihnen nichts ausmacht.
- Das Operieren von Patienten sollte zu dem am Vortag anberaumten OP-Termin stattfinden und nicht erst dann, wenn der Patienten schon acht Stunden ängstlich und immer noch nüchtern gewartet hat, weil eine OP-Planumstellung nach der anderen erfolgte.
- Besuchszeiten sollten frei verhandelbar sein und engen Angehörigen sollte jeder Zeit die Möglichkeit gewährt werden, den Patienten zu besuchen.
- Lange Wartezeiten vor diagnostischen Untersuchungen, vor der Visite oder einem Gesprächstermin beim Stationsarzt sollten unbedingt vermieden werden.

1.6.3 Die Kommunikation des angenehmen Ambientes

Krankenhäuser haben die Möglichkeit, *über das Ambiente* ihr Leistungspotenzial positiv an die Zielgruppen zu kommunizieren. Jeder von uns weiß, dass bei Menschen eine gute und vertrauensvolle Stimmung erzeugt werden kann, wenn man sich in ansprechenden, freundlichen Räumlichkeiten befindet. So kann das Krankenhaus positive Eindrücke bei den Zielgruppen hinsichtlich des Ambientes hervorrufen:

- Über den Bau an sich, die Architektur, das Flair im Eingangsbereich, über ansprechende Bilder/Fotos an den Wänden, bequeme Sitzgelegenheiten, Pflanzen etc.
- Über die Ausstattung der Zimmer, mindestens mit Fernsehapparat, Nasszelle und freundlicher Atmosphäre, am besten auch mit W-Lan-Anschluss und kostengünstigem Telefon am Bett.
- Über moderne medizinische Geräte, die auf Bildern abgebildet werden, um den neusten Stand des technologischen Niveaus zu vermitteln.
- Über die angebotenen Serviceleistungen während des Patientenaufenthaltes, wie Rooming-In (u. a. auch für Väter nach Entbindungen), Patientenbibliothek, mobiler Zeitschriftenverkauf am Patientenbett, etc.
- Über freundlich eingerichtete Zimmer der Ärzte, bei denen sich Patienten und Angehörige zu Gesprächen aufhalten.

1.6.4 Mundpropaganda bereits gebundener Kunden als Kommunikationsmittel

Die Leistungsfähigkeit des Krankenhauses kann ebenfalls *über bereits vom Krankenhaus begeisterte Patienten* positiv an die Zielgruppen kommuniziert werden. Das kann geschehen:

- Über positive Mundpropaganda (in Foren, Blogs, Bewertungsportalen, Gästebüchern im Internet etc), die von Patienten selbst, von Angehörigen, von zuweisenden Ärzten oder von der aufmerksamen Öffentlichkeit (den Zeitungslesern beispielsweise) kommt.
- Über lächelnde Patienten, die nach der Entlassung wieder im Kreise ihrer Familie sind und auf Fotos in Presseartikeln einen glücklichen Eindruck machen.
- Über Filmsequenzen, die Patienten in einem Krankenhaus zeigen. In einem kurzen Film könnte beispielsweise ein „Musterpatient"

von der Aufnahme bis zur Entlassung begleitet werden. Sowohl das gute medizinische Leistungsangebot mit Daten, Fakten und Zahlen kann in einem Film „vorgeführt werden" werden als auch das freundliche Personal und das angenehme Ambiente. Keine Wartezeiten, aufeinander abgestimmte Untersuchungen und reibungslose Visiten würden verdeutlichen, dass die Prozessorganisation patientenfreundlich gestaltet ist. Das gute Vertrauensverhältnis, das der Musterpatient während seines Aufenthaltes im Krankenhaus zu den Ärzten und den Pflegenden aufbaut, könnte – vom Patienten selbst – in einem Interview geschildert werden.

- Über Reportagen namhafter Personen (VIPs), deren Genesung eine breite Öffentlichkeit interessiert. Sogenannte VIPs als Patienten können dann genannt werden, wenn sie „gute Werbeträger" sind und sich auch freiwillig (und gerne!) dafür zur Verfügung stellen.

So wurde beispielsweise der Rennfahrer Zanardi im Mai 2004 in die ZDF-Talkshow zu Joachim B. Kerner eingeladen. Hier berichtete er ausführlich – unter Nennung des Namens der Klinik – wie angenehm er seinen monatelangen Aufenthalt im Krankenhaus in Erinnerung habe, obwohl er – immerhin – beide Beine verloren hatte. Insbesondere die Möglichkeit des Rooming-In für seine Ehefrau stellte Herr Zarnadi vor rund 6 Millionen Fernsehzuschauern in den Mittelpunkt.

Nicht nur im Fernsehen, sondern auch in einem Artikel des deutschen Ärzteblatts wurden die positiven Erfahrungen des Rennfahrers Zanardi erwähnt. Hier heißt es: "Dass Zanardi den Unfall überlebte, verdankt er den Ärzten des Krankenhauses [...]. Besonders die gute Atmosphäre im Krankenhaus [...] habe ihm die Kraft gegeben, weiterzuleben, sagte der Rennfahrer, der mit Hilfe von Prothesen wieder laufen lernte."

1.6.5 Der Einfluss von Preisen und Auszeichnungen auf das Image

Ein positives Image kann außerdem *über gewonnene Preise, Auszeichnungen und Wettbewerbe* positiv an die Zielgruppen kommuniziert werden – vorausgesetzt, die Auszeichnungen werden zunächst in der Öffentlichkeit bekannt und anschließend gut sichtbar aufgehängt. Schließlich hinterlassen Krankenhäuser, die sich in Wettbewerben ihrer Konkurrenz stellen und dann im Ranking ganz oben gelistet sind, einen guten Eindruck. Im Folgenden sind Preise,

Auszeichnungen und Wettbewerbe aufgelistet, an denen sich auch Krankenhäuser beteiligen können:

- Golden Helix Award (ältester Preises für Qualitätsverbesserungen im Gesundheitswesen unter der Schirmherrschaft des Verbandes der Krankenhausdirektoren Deutschlands, siehe unter www.vkd-online.de/golden-helix-award)
- Klinik Award (vgl. www. rotthaus.com)
- Zukunftspreis Gesundheitswirtschaft 2008KTQ – Award (www.ktq.de)
- Ludwig Erhard Preis (www.ilep.de)
- Deutschlands kundenorientierteste Dienstleister (www.bestedienstleister.de) Teilnahme am Great Place to Work-Wettbewerb – Deutschlands beliebteste Arbeitgeber (vgl. www.greatplacetowork.de)
- Preis des Netzes Gesundheitsfördernder Krankenhäuser (www.dngfk.de/dngfk-preis/)
- Marketingpreis des Zentralen Marketingclubs in der Gesundheitswirtschaft (www.zemark-med.de/seiten/award.html)

Auch Nachweise darüber, dass Krankenhäuser „rauchfrei" im Sinne des European Network for Smoke-free Hospitals (ENSH) oder besonders „familienfreundlich" sind, können sich – mit Einschränkungen – positiv auf das Image auswirken (vgl. www.familienfreundliches-krankenhaus.de).

Neben einem ISO 9001:2000- oder einem KTQ-Zertifikat dienen auch die umfangreichen Qualitätsberichte, die mittlerweile über die Homepage allen Zielgruppen zugänglich gemacht werden müssen, vielen Häusern als Marketinginstrument.

1.7 Was sind die Merkmale von Corporate Design, Corporate Behavior und Corporate Communications?

Das positive Image eines Krankenhauses wird sowohl über sein *Corporate Design*, also das visuelle Erscheinungsbild (Logo, Hausfarben, Hausschrift), als auch über seine *Corporate Communications*, d. h. den Einsatz von kommunikationspolitischen Instrumenten, geprägt. Zusätzlich wird das Bild in der Öffentlichkeit entscheidend von dem Verhalten der Mitarbeiter untereinander und gegenüber den Kunden beeinflusst. Dies wird auch als *Corporate Behaviour*, bezeichnet.

1.7.1 Die Corporate Identity

Die Corporate Identity bestimmt, mit welchem Selbstverständnis ein Krankenhaus seinen Mitarbeitern, seinen Patienten, seinen Kunden, seinen Lieferanten und der Öffentlichkeit entgegentritt. Wie weiter oben bereits ausgeführt, stehen verschiedene Kommunikationswege und Medien zur Verfügung, über die das Krankenhaus nach außen auftritt. Sowohl Online Aktivitäten, Broschüren bzw. Flyer als auch bei Printmedien müssen so gestaltet sein, dass die Zielgruppe eine klare und unverwechselbare Identität und ein eindeutiges Profil wahrnimmt. Eine konsequente Umsetzung der Corporate Identity über ein Corporate Design, Corporate Communications und Corporate Behavior stärkt das Profil des Krankenhauses, schafft Vertrauen und Kundenbindung und kann im besten Falle sogar zur Bildung einer unverwechselbaren Marke führen.

Viel zu oft wird fälschlicherweise unter Corporate Identity vor allem das visuelle Erscheinungsbild, das Corporate Design, verstanden. Corporate Identity wird dann mit der Erstellung eines Logos, einem einheitlichen Briefpapier, einer Broschüre und einem neuen Schild am Zentraleingang des Krankenhauses gleichgesetzt. Dieses grundlegende Missverständnis führte lange Jahre dazu, dass hohe Summen von Geldern mehr oder weniger wirkungslos in oberflächliche „Make-ups" investiert wurden. Auf diese Weise sind sicherlich viele Erscheinungsbilder entstanden, aber keine hochwertigen Marken, hinter denen eine echte Unternehmensidentität steht.

Die Identität eines Krankenhauses besteht aber aus viel mehr als nur aus seinem visuellen Auftritt nach außen. Die Corporate Identity beschreibt das Selbstverständnis eines Krankenhauses und setzt sich daher aus einer Vielzahl von Komponenten zusammen. Es geht um die medizinische Ausrichtung des Krankenhauses, seine Philosophie, den Mitarbeitern und Patienten zu begegnen, sein Leitbild.

Das Ziel eine Marke zu sein, ist dann erreicht, wenn die Identität der Maßstab für alle Aktivitäten aller Mitarbeiter geworden ist. Corporate Identity bezieht sich deshalb nicht nur auf das Logo und die Broschüre des Krankenhauses, sondern auf das bewusste Zusammenspiel aller Unternehmensaktivitäten. Erst wenn alles, was das Krankenhaus tut und sagt, auf seiner Identität basiert, kann es eine Marke werden [s. a. Lüthy u. Buchmann 2009].

1.7.2 Corporate Design

Unter Corporate Design versteht man die Summe aller visuellen Informationen eines Krankenhauses. Zu einem visuellen Erscheinungsbild gehören sowohl die Gestaltung der Kommunikationsmittel, das Logo, die Geschäftspapiere, die Werbemittel als auch der Internetauftritt. Die bauliche Architektur des Unternehmens wird zusätzlich bei einem durchdachten Corporate Design mit einbezogen. Den Nutzen eines Corporate Designs (= CD) kann man in Anlehnung an den Grafikdesigner und Typographen Wolfgang Beinert [2010] wie folgt beschreiben:

- Das CD ist Voraussetzung für jegliche Form erfolgreicher Unternehmenskommunikation.
- Das CD visualisiert die Kultur, die Wertvorstellungen, die Unternehmensziele und die Marktkompetenz.
- Das CD ist die einzige Möglichkeit, sich am Markt durchzusetzen und einzuprägen.
- Das CD signalisiert Kontinuität der Unternehmenskommunikation. Dies schafft Glaubwürdigkeit und Vertrauen.
- Das gut gestaltete und organisierte CD setzt Synergieeffekte frei, erzeugt einen hohen Wiedererkennungswert einzelner Kommunikationsmaßnahmen, erhöht den Bekanntheitsgrad und spart Kosten.
- Ein gut gestaltetes CD ist wesentlicher Erfolgsbestimmungsfaktor eines vorteilhaften und somit ideell gewinnbringenden Images.
- Ein gut gestaltetes CD motiviert die Mitarbeiter und steigert die Anerkennung und Sympathie
- Ein gut gestaltetes und organisiertes CD dient letztendlich dem Image, der Absatzförderung und somit der Erreichung der Unternehmensziele.

1.7.3 Corporate Communications

Unter Corporate Communications versteht man die Unternehmenskommunikation. Sie umfasst alle internen und externen Kommunikationsinstrumente und -maßnahmen eines Krankenhauses, die eingesetzt werden, um Kommunikation darzustellen. Corporate Communications vermittelt die Firmenidentität durch strategisch geplante, widerspruchsfreie Kommunikation konsequent nach innen und außen – in allen Marketingaktivitäten, der Öffentlichkeitsarbeit (PR) und der Kommunikationspolitik.

Die einheitliche Kommunikation eines Krankenhauses wird um so prägnanter wahrgenommen, je regelmäßiger, geschlossener, einheitlicher, einfacher und knapper die unterschiedlichen Botschaften des Krankenhauses formuliert und gestaltet werden. Mit unterschiedlichen Kommunikationsinstrumenten werden dabei dieselben Botschaften kommuniziert. Ein Konzept der Corporate Communications verstärkt die Wirkung einzelner Instrumente. So können einzelne Maßnahmen der Kommunikationspolitik nur dann dauerhaft wirken, wenn sie gemeinsam mit anderen Kommunikationsinstrumenten systematisch eingesetzt werden. Außerdem sinken die Kosten, da nicht jede Einzelmaßnahme immer wieder neu entwickelt werden muss.

Entscheidend für Corporate Communications ist, dass Ziele, Maßnahmen und Botschaften systematisch aufgrund der Ansprüche, die das Krankenhaus an seine Mitarbeiter- und Patientenorientierung hat, hergeleitet, aufeinander abgestimmt und konsequent und einheitlich eingesetzt werden.

1.7.4 Corporate Behavior

Über das sogenannte Corporate Behavior wird die Unternehmensidentität eines Krankenhauses durch das Verhalten der Mitarbeiter nach außen kommuniziert und geprägt. Tomczak [2008] bezeichnet den hohen Einfluss, den das Mitarbeiterverhalten auf die Markenbildung hat, als „Behavioral branding".

Das Verhalten, das Ärzte, Schwestern und das Krankenhausmanagement im normalen Alltag gegenüber den Patienten und allen weiteren Kundengruppen zeigen, ist auch eine Botschaft über das eigene Selbstverständnis und die eigene Identität. Der Eindruck, den das Personal bei allen hinterlässt, die im direkten Kontakt zu ihm stehen, ist entscheidend für das Image, das sich der Öffentlichkeit einprägt und die Markenbildung beeinflusst.

1.8 Wie können Krankenhäuser Marktanteile sichern? Die Blue Ocean Theorie und ihre Umsetzung im Gesundheitswesen

Um auf dem immer härter werdenden Gesundheitsmarkt bestehen zu können, sollten alle Einrichtungen des Gesundheitswesen bereit sein, sich einen neuen Markt zu schaffen, auf dem es bisher keine Konkurrenz, allerdings eine hohe Nachfrage gibt. Dabei liefert die Blue Ocean Theorie hilfreiche Hinweise.

In ihrer „Blue Ocean-Theory" definieren die beiden Wirtschaftswissenschaftler W. Chan Kim und Renée Mauborgne [2005] den Wettbewerb als zwei verschiedenartige Ozeane: Im roten Ozean versuchen Unternehmen ihre Konkurrenten kontinuierlich zu übertreffen, um – langsam aber sicher – einen immer größeren Anteil an einer vorhandenen Nachfrage zu erreichen. Je erbitterter die Kämpfe mit den Konkurrenten sind, desto stärker sinken allerdings die Gewinn- und Wachstums-Chancen. Wenn sich immer mehr Anbieter auf einem Markt derselben Branche tummeln und harte Konkurrenzkämpfe betreiben, sinken die Wachstumsaussichten. Diese sind im sogenannten „roten Ozean" gering, die Produkte bzw. Dienstleistungen werden schnell zur Massenware und die Marktanteile sinken.

Bei den blauen Ozeanen handelt es sich dagegen um bisher nicht erschlossene, neue Märkte, in denen eine hohe Nachfrage erzeugt werden kann und Aussicht auf höchst profitables Wachstum besteht. Die Erschließung eines neuen Marktes, auf dem es bisher noch keine Mitbewerber gibt, ermöglicht große Chancen für ein gewinnträchtiges, schnelles und konkurrenzloses Wachstum. Ein gutes Beispiel ist das Unternehmen IKEA, dem es vor etwa 40 Jahren gelungen ist, mit seinen Möbelhäusern einen blauen Ozean zu erreichen, auf dem das Unternehmen noch heute konkurrenzlos sehr erfolgreich ist. Weitere Beispiele sind die Unternehmen McDonalds, die Fluggesellschaft EasyJet oder das Unternehmen Starbucks. Allen diesen Unternehmen ist es gelungen, neue Märkte zu schaffen, auf eine riesige Nachfrage zu stoßen und mit ihren Konzepten über Jahrzehnte hinweg Marktführer zu bleiben. Letztlich haben sie bisher unerfüllte Kundenwünsche erkannt und befriedigt.

1.8.1 Wie können sich Krankenhäuser aus dem roten Ozean befreien und in einen blauen Ozean gelangen?

Orientiert man sich an den vorliegenden Untersuchungsergebnissen von Kim und Mauborgne [2005], so lassen sich deren Erkenntnisse mühelos auf Krankenhäuser übertragen.

Das sogenannte ERSK-Modell geht davon aus, dass branchenübliche Leistungen, auf denen der Wettbewerb in der Branche bisher beruht, einerseits *eliminiert* (= E) bzw. *reduziert* (= R) und andererseits das Leistungsangebot zusätzlich *gesteigert* (= S) bzw. neue und innovative Angebote *kreiert* (= K) werden.

Möchte ein Krankenhaus die Blue Ocean Theorie nutzen, muss es sich also zunächst überlegen,

- welche Faktoren des Leistungsangebotes bis weit unter den Branchenstandard reduziert werden können,
- welche Angebote, die die Branche als selbstverständlich betrachtet, ohne weiteres vernachlässigt, d. h. eliminiert werden können,
- welche Leistungen bis weit über den Standard der Branche gesteigert werden können und
- welche Leistungen, die bisher noch nie von einem Mitbewerber derselben Branche geboten wurden, initiiert bzw. kreiert werden können.

Beispiel 1: Die Cleveland Clinic

Insbesondere in den Ländern im Nahen Osten ist es üblich, neben der Meinung des eigenen Arztes eine zweite ärztliche Meinung zu einem Krankheitsbild einzuholen. Diesen Service bietet seit ca. vier Jahren die US-amerikanische Cleveland Clinic in Form einer sogenannten „e Clinic" im Internet an. In dieser werden per E-mail zugesandte digitale Patientenakten durchgesehen, Diagnosen erstellt, Befunde beurteilt und Zweitmeinungen an Patienten übermittelt. Dies geschieht an sieben Tagen pro Woche, 24 Stunden pro Tag. Die Cleveland Clinic hat auf diese Weise unter Heranziehung modernster Technologien eine zusätzliche Dienstleistung für Patienten entwickelt und folglich eine neue Kundengruppe und einen neuen Markt erobern können.

Beispiel 2: Die Berliner MIC-Klinik

Die Klinik für Minimal Invasive Chirurgie mit „Fast Track Chirurgie" ist eine 44-Betten-Klinik, die sowohl Privat – als auch Kassenpatienten ausschließlich minimal invasive chirurgische Eingriffe anbietet, die auch als Schlüssellochchirurgie bezeichnet werden. Seit der Klinikeröffnung im November 1997 wurden dort über 22.000 Operationen durchgeführt. Ziel der Klinik ist es, die Belastungen für die Patienten während und die Schmerzen nach einer Operation äußerst gering zu halten. Die durchschnittliche Verweildauer betrug im Jahr 2006 – im Sinne einer „Fast Track Chirurgie" – genau 2,65 Tage und war somit weitaus kürzer als in anderen bundesdeutschen Kliniken, die ähnliche minimal invasive Eingriffe vornehmen.

Hervorzuheben ist, dass die Patienten, die sich in der MIC Klinik haben behandeln lassen, von einem erstklassigen persönlichen Service – ähnlich wie in einem Fünfster-nehotel – von der Aufnahme bis zur Entlassung berichten. Das ERSK – Modell für die MIC Klinik lässt sich wie folgt beschreiben:

Eliminierung: Krankenhauscharakter im klassischen Sinne

Reduzierung: Verweildauer nach chirurgischen Eingrif-fen auf ca. 2,65 Tage pro Eingriff

Steigerung: Hotelcharakter, Patientenorientierung, Komfort auch für Kassenpatienten,

Kreierung: „Fast Track Chirurgie", ausschließlich mini-mal invasive chirurgische Eingriffe, zahlreiche Wohlfühl-faktoren während ultrakurzer Klinikaufenthalte, sehr hohe Fallzahlen pro Jahr, ausnahmslos freundliches und enga-giertes Personal

Das Beispiel der MIC Klinik eignet sich dazu, abschlie-ßend die von Kim und Mauborgne [2005] als „sechs Such-pfade" bezeichneten strategischen Überlegungen zur Er-oberung eines blauen Ozeans zu erläutern.

1. Suchpfad: Betrachtung von Alternativbranchen

Unternehmen, die einen blauen Ozean erobern wollen, soll-ten sich zunächst nicht nur in der eigenen Branche umse-hen, sondern sich auch an Unternehmen anderer Branchen orientieren, die ähnliche oder verwandte Produkte bzw. Dienstleistungen anbieten.

Die MIC Klinik hat sich in ihrem Konzept eng an Hotels und deren Serviceleistungen orientiert und ist damit der Kon-kurrenz – nämlich klassischen Krankenhäusern ohne hohen Anspruch hinsichtlich der Wohlfühlfaktoren – ausgewichen.

2. Suchpfad: Betrachtung der strategischen Gruppen in der Branche

Zur Eroberung eines blauen Ozeans sollten Unternehmen beobachten, was die Mitbewerber der eigenen Branche ihren Kunden bieten, um dann zu überlegen, aufgrund wel-cher Faktoren die Kunden von einem Unternehmen zum anderen wechseln würden.

In der MIC Klinik sind es sicherlich die kurzen Verweil-dauern, die den Patienten sehr entgegen kommen. Außer-dem ist der Komfort, der auch Kassenpatienten gleicherma-ßen geboten wird, ein Anreiz, die MIC Klinik und nicht ein anderes Krankenhaus aufzusuchen.

3. Suchpfad: Betrachtung der Käufergruppen

Im Rahmen der Blue Ocean Theorie werden Unternehmen dazu aufgefordert, genau zu überlegen, wer die verschiede-nen Kundengruppen sind, welche Bedürfnisse diese haben und wie diese Wünsche optimal erfüllt werden können.

In der MIC Klinik sind es die Patienten und deren Ange-hörige, die zuweisenden Ärzte und alle Kassen als Kosten-träger, die als strategisch wichtige Zielgruppe ernst genom-men und auf vielfältige Art „bedient" werden.

4. Betrachtung der komplementären Produkte bzw. Dienstleistungen

Unternehmen, die sich überlegen, welche zusätzlichen über das reine Kerngeschäft hinaus gehenden Leistungen die Kundengruppen nachfragen könnten, um diese dann auch anzubieten, sind auf einem guten Weg in einen blau-en Ozean. Insbesondere Leistungen, die den Kunden einen Zusatznutzen stiften (z. B. ein Top-Speiserestaurant im Mö-belhaus zum Ausruhen während des Einkaufs) werden von ihnen besonders gut angenommen

In der MIC Klinik wurde sorgfältig überlegt, welche Dienstleistungen vor, während und nach minimal invasi-ven chirurgischen Eingriffen die Kundengruppen erfreuen würden, um ihnen diese dann auch anzubieten, beispiels-weise ein kostenloser Internetzugang oder ein ansprechen-des Café auf dem Klinikgelände.

5. Betrachtung der funktionalen und emotionalen Kauf-motive

Da der Wettbewerb auch auf Gefühlen beruht, müssen Unternehmen ihre Kunden ebenfalls auf emotionaler Ebene ansprechen, wenn sie einen blauen Ozean erobern wollen.

Das Motto der MIC Klinik „Sanfte Chirurgie: So viel wie nötig, so wenig wie möglich ..." und der folgende Text auf der Webseite

„Die Minimal Invasive Chirurgie, auch Schlüssellochchir-urgie genannt, ist eine sanfte Methode des Operierens – keine Zauberei. Sie reduziert Schmerzen nach der OP und die Län-ge des Krankenhausaufenthaltes oftmals auf ein Minimum."

spiegeln anschaulich wider, wie die MIC Klinik ihre Pa-tienten emotional anspricht, um sich von der Konkurrenz abzuheben.

6. Suchpfad: Betrachtung nachhaltiger Trends

Unternehmen, die auf der Suche nach einem neune Markt sind, auf dem es keine Konkurrenz gibt, sollten Trends er-kennen, die als Chance wahrnehmen und ihnen folgen.

Die MIC Klinik bietet in ihrem operativen Bereich medi-zinische Technologie auf höchstem internationalen Niveau und verfügt über einen der weltweit modernsten Operati-onssäle. Das Videokonferenzsystem erlaubt die direkte Live-Konsultation aus dem OP mit Spezialisten aus aller Welt. „Wir stehen in ständigem Kontakt mit Partnerkliniken in den USA, Frankreich und dem Nahen Osten, um die existie-renden Standards für unsere Patienten weiterzuentwickeln und die Sicherheit der Eingriffe zu optimieren", heißt es auf der Webseite. Aus dieser Aussage ist der Trend zu erkennen, die neuen Technologien nutzbringend und innovativ so ein-zusetzen, dass man sich von der Konkurrenz abheben kann.

Krankenhäuser müssen ihren eigenen blauen Ozean finden und ihre strategische Entwicklung „maßgeschneidert" für das eigene Haus festlegen. Bloßes Kopieren führt – im Sinne der Blue Ocean Theorie – zu einem ruinösen Konkurrenzkampf, zu Misserfolgen und Frustrationen.

Weitere Ideen für „Blaue Ozeane", die Krankenhäuser erobern könnten:

- Ein Krankenhaus, das den Ehrgeiz hat, ein für Mitarbeiter außerordentlich attraktiver Arbeitgeber zu sein, der seinen Mitarbeitern konkurrenzlose Motivatoren bietet, um in Zeiten von Ärztemangel und Pflegenotstand keine Probleme mehr zu haben, Nachwuchspersonal langfristig an sich zu binden.
- Ein ambulantes „Erste Hilfe Zentrum", das Notfallpatienten rund um die Uhr die beste medizinische Versorgung ohne Wartezeiten bietet und deshalb zum Marktführer der Region wird.
- Die *Kreierung* von „First class" Rooming-in-Möglichkeiten für werdende Väter in Gynäkologieabteilungen, die sich von allen Geburtshilfeabteilungen der Region hinsichtlich der Kundenorientierung gegenüber Vätern unterscheidet.
- Die *Kreierung* von umfassenden Angeboten und Serviceleistungen für Angehörige von Patienten, die weit über das hinausgehen, was Konkurrenzhäuser anbieten.

Die *Steigerung* von professionellen Überleitungsangeboten vom stationären in den ambulanten Bereich über die enge Zusammenarbeit mit MVZ und ambulanten Sozialstationen, um die Schnittstellenproblematik zu *eliminieren*.

Fazit

Systematisches Dienstleistungsmarketing ist extrem wichtig, damit Krankenhäuser weiterhin erfolgreich auf dem Markt bestehen können. Marketingaktivitäten in Krankenhäusern sollten die Erkenntnisse der Dienstleistungsbranche nutzen und umsetzen, um den steigenden Anforderungen, die z. B. Patienten bei der Wahl eines Krankenhauses haben, gerecht zu werden. Gerade in den heutigen Zeiten (zunehmender finanzieller Druck, die Privatisierungswelle, das angeschlagene Image der Ärzte in

der Öffentlichkeit) und der Wunsch nach mehr Service und Kundenfreundlichkeit in unserer Gesellschaft sollten deutsche Krankenhäuser ein ernsthaftes Interesse daran haben, ihre Marketingaktivitäten zu professionalisieren. Nicht die Anzahl eingesetzter Kommunikationsinstrumente (Flyer, Broschüren etc.) ist ausschlaggebend für den Erfolg einer Klinik, sondern „gelebte Patientenorientierung" und die umfassende „Materialisierung der Dienstleistungen" sowie deren Kommunikation nach außen.

Eine solide Existenzsicherung wird zukünftig besonders denjenigen Krankenhäusern gelingen, die bisher unbesetzte Märkte, sogenannte „blaue Ozeane", aufspüren. Diese sind dann erreicht, wenn sie gezielt und erfolgreich ihren Mitbewerbern ausgewichen sind, eine neue Nachfrage erschlossen haben und nachhaltig profitables Wachstum vorweisen können.

Literatur

Beinert W (2010) Frequently Asked Questions, Download http://www.beinert.net/faq/corporate-design.html. Stand 21.01.2010

Bienert M L (2006) Strategisches Marketing für Gesundheitsunternehmen: Herausforderungen und Fahrplan. Vortrag FB Wirtschaft, Fachhochschule Hannover, http://www.faw-hannover.de/uploads/tx_tkalumniveranstaltungen/Vortrag_Bienert.pdf

Deutsches Ärzteblatt aktuell: Unfallkrankenhaus Berlin: Modernität und Menschlichkeit, Deutsches Ärzteblatt 2002; 99(36): A-2281/B-1949/C-1833, Aktuell)

Kim W C, Mauborgne R (2005) Der Blaue Ozean als Strategie: Wie man neue Märkte schafft, wo es keine Konkurrenz gibt. Hanser Verlag, München

Lüthy A (2008) Den Patienten ein klares Profil zeigen: Strategisches Dienstleistungsmarketing für Krankenhäuser In: Jahrbuch Health Care Marketing. S. 85–92. New Business Verlag, Hamburg

Lüthy A, Buchmann U (2009) Marketing als Strategie im Krankenhaus. Patienten- und Kundenorientierung erfolgreich umsetzen. Kohlhammer Verlag, Stuttgart

Lüthy A, Schmiemann J (2004) Mitarbeiterorientierung im Krankenhaus: Soft Skills erfolgreich umsetzen. Kohlhammer Verlag, Stuttgart

Tomczak T (Hrsg.) (2008) Behavioral branding: Wie Mitarbeiterverhalten die Marke stärkt. Gabler Verlag, Wiesbaden

2 Interne Kommunikation und Corporate Identity

Uta Buchmann

Schlosspark-Klinik und Park-Klinik Weißensee, Berlin

„Öffentlichkeitsarbeit beginnt zu Hause", diese Aussage beschreibt den Stellenwert der internen Kommunikation besonders gut. Dienstleistungen im Krankenhaus werden von Menschen erbracht, die gut informiert, hoch motiviert und besonders identifiziert sein sollten. Dies zu fördern und zu gewährleisten, ist Aufgabe der Internen Kommunikation. Gerade wenn Veränderungsprozesse in einem Unternehmen anstehen, ist es besonders wichtig, umfassend und zeitnah zu informieren und den Dialog zwischen Krankenhausleitung und Mitarbeitern zu fördern. Ängste, Befürchtungen und daraus entstehende Widerstände, Blockaden und kontraproduktive Gerüchte sind Gift für die Entwicklung der Unternehmenspersönlichkeit, die das Selbstverständnis eines Krankenhauses beschreibt und die Basis ist für eine klare Orientierung und Identifikation mit den Unternehmenszielen ist.

Die Mitarbeiter eines Unternehmens sind „Opinionleader". Mit ihrer Meinung und Zufriedenheit prägen sie das Image einer Organisation. Sie sprechen in ihrem privaten Umfeld über ihre Arbeit, empfehlen die Dienstleistungen oder Produkte des Arbeitgebers und werden so auf der persönlichen Ebene zu Visitenkarten eines Unternehmens.

Dies gilt ganz besonders für Krankenhäuser. Wie in allen Unternehmen gewinnt auch hier die Interne Kommunikation an Bedeutung. Der Alltag in deutschen Krankenhäusern ist fast überall von Personalabbau, Arbeitsverdichtung, Überstunden und stagnierenden Gehältern geprägt. Die Verweildauer der Patienten nimmt ab und das Personal muss in kürzeren Intervallen meist mit weniger Ressourcen die Patienten möglichst auf einem gleichbleibend hohen Qualitätsniveau versorgen. Schlanke Prozesse, Produktivitätssteigerung, Standardisierung von Prozessen und Leistungen, diese Begriffe aus der industriellen Fertigungstechnik haben längst Einzug in die Alltagssprache der Führungsebene von Krankenhäusern gehalten. Changemanagement kann aber nur mit informierten, motivierten Mitarbeitern, die sich mit den Unternehmenszielen identifizieren und Vertrauen haben, dass nur mit Hilfe ihres Einsatzes der Unternehmenserfolg nachhaltig gesichert wird, gemeistert werden. Das Mittel der Wahl hierfür ist eine gut organisierte Interne Kommunikationsstruktur, die nicht nur aktiv wird, wenn Veränderungen anstehen, sondern vielmehr als kontinuierlicher Prozess angelegt ist, bei dem mit proaktiven Informationen Vertrauen gefördert und Gerüchten vorgebeugt werden. Hierzu gehört es, umfassend und zeitnah zu informieren und den Dialog zu fördern. Eine frühzeitig einsetzende Kommunikationsstrategie unterstützt den Erfolg einer Änderungsmaßnahme nachhaltig.

*Allgemeine Aufgaben und Ziele der
Internen Kommunikation*

- *organisatorische Abläufe optimieren*
- *das „Wir"-Gefühl fördern*
- *durch Information motivieren*
- *durch Information Transparenz und Vertrauen
  in die Führung schaffen*
- *durch hohen Wissensstand Kompetenz ermöglichen*
- *Ängste und Unsicherheiten bei Veränderungen
  abbauen*

2.1 Der Interne Kommunikationsmix

Die folgende Liste Interner Kommunikationsinstrumente ist zwar nicht vollständig, gibt aber
einen Überblick über die Vielzahl von möglichen
Maßnahmen, die im Rahmen des Kommunika-
tionsmix eingesetzt werden können:

- Intranet
- Mitarbeiterzeitung
- Betriebsversammlung
- Sprechstunden
- Infotafel (Schwarzes Brett)
- Kurse, Seminare
- Betriebliches Vorschlagswesen
- Anonyme Mitarbeiterzufriedenheitsbefragungen
- Ehrung der Jubilare
- Betriebsfeste
- Rundschreiben
- Qualitätsberichte, Umweltberichte, Geschäfts-
  berichte
- E-Mail
- Newsletter

Je nach Zielstellung werden den oben genannten
allgemeinen Zielen und Aufgaben der Internen
Kommunikation folgende Kommunikationsmittel zugeordnet (s. Tab. 1; nach Niederhaus 2004).

Diese unterschiedlichen Kommunikationsinstrumente werden entsprechend den Zielen
der Internen Kommunikation geplant und eingesetzt. Das Vorgehen bei der Planung der internen Kommunikation entspricht im Prinzip genau
dem der Planung eines allgemeinen Kommunika-
tionskonzeptes. Es ist hierbei auch möglich, die
interne Kommunikation in ein bereits bestehen-
des umfassendes Kommunikationskonzept ein-
zubetten. Dreh- und Angelpunkt sind zum einen
die Unternehmensziele, zum anderen die Analyse
des Ist-Zustandes und hierbei die Benennung von
Problemen und Verbesserungspotenzialen.

Ein Konzept sichert die systematische und am
Projektmanagement orientierte Vorgehensweise, enthält eine Planung, die ziel- und ergebnisorientiert ist und dafür sorgt, dass die verfügbaren Ressourcen effizient eingesetzt werden. Einzelmaßnahmen, unsystematisch durchgeführt,
können zwar für sich betrachtet erfolgreich sein,
aber ohne Gesamtkonzept, in dem auch die von
der Unternehmensstrategie ableitbaren Ziele genannt werden, verpuffen sie und verschlingen
Ressourcen, die gezielter und erfolgversprechen-
der eingesetzt werden können. Es geht also um
die Vernetzung der Einzelmaßnahmen und auch
darum, zu überprüfen, wie sinnvoll und wirksam sie zur Umsetzung der Kommunikationsziele waren.

Ob es sich um große, umfangreiche Konzepte handelt, die die gesamte Interne Kommunikation strukturieren oder um kleinere Kon-

Tab. 1   Ziele und Kommunikationsmittel [nach Niederhaus 2004]

Ziele	Kommunikationsmittel
Führung der Mitarbeiter	Persönliche Gespräche
Vertrauen fördern	Persönliche Gespräche, Web-Chats
Identifikation und Wir-Gefühl stärken	Mitarbeiterzeitung, Events, Betriebsfeste
Zusammenarbeit fördern	Workshops, Events
Motivation steigern	Events, persönliche Gespräche, Betrieblicher Ideenwettbewerb
Wissensvermittlung und Information gewährleisten	Mitarbeiterzeitung, Intranet, persönliche Gespräche, Weiterbildung, E-Learning, Management-by-walking-around
Verhaltensänderung erzielen	Persönliche Gespräche, Coaching, Teamcoaching

zepte, die ein konkretes Projekt, wie z. B. den Intranet-Relaunch oder die Begleitung einer Umstrukturierungsmaßnahme innerhalb des Krankenhauses beinhalten, Ablauf und Inhalte der Konzeptentwicklung sind die gleichen. Vor allem bei Einzelprojekten steht am Anfang in der Regel ein Problem, das gelöst werden muss. Dies ist der Ausgangspunkt für die genaue Definition der Ziele, die mit dem Projekt erreicht werden sollen.

Das Konzept ist ein Navigationsinstrument und besteht in der Regel aus den folgenden Bausteinen [Lüthy u. Buchmann 2009]:

1. Situationsanalyse: „Wo stehen wir?", „Wie lautet das Problem?"
2. Positionierung „Welche Haltung hat das Krankenhaus", „Wie ist das Selbstverständnis", wofür stehen wir?"
3. Ziel- und Zielgruppenanalyse „Was wollen wir erreichen?", „Welche Mitarbeitergruppen sollen erreicht werden?"
4. Entwicklung der Kommunikationsinhalte: „Was wollen wir den einzelnen Zielgruppen mitteilen?"
5. Ressourcenplanung: „Welche Mittel stehen zur Verfügung?"
6. Festlegung der Kommunikationsmittel: „Mit welchen Maßnahmen sollen die Inhalte vermittelt werden?"
7. Aktionsplan: „Wie wird welche Maßnahme eingesetzt"
8. Evaluation der Maßnahmen: „Wie kann der Erfolg der Maßnahmen gemessen werden?"

Am Anfang eines planvollen Vorgehens bei der Internen Kommunikation geht es um eine Bestandsaufnahme. Es gilt, herauszufinden, wie die Kommunikation im Krankenhaus funktioniert und wo es Schwachstellen gibt. Hierfür können die unterschiedlichsten Quellen genutzt werden. Dies sind z. B. Ergebnisse von Mitarbeiterbefragungen, Zertifizierungen, die Struktur und Zusammensetzung von klinikinternen Arbeitsgruppen, interne Netzwerke und das Erfassen von Kommunikationsstrukturen über die einzelnen Hierarchieebenen hinweg.

Die Anzahl der einzusetzenden Instrumente ist nicht wichtig. Der Kommunikationserfolg ist eher abhängig von dem richtigen Einsatz einer Anzahl auf einander abgestimmter Instrumente, die den Großteil des Informations- und Kommunikationsbedürfnisses der Mitarbeiter und Führungskräfte abdecken. Hilfreich ist der Auf-

bau und die Pflege einer internen Medieninfrastruktur [Meier 2005], bei der z. B. wichtige Instrumente wie die Mitarbeiterzeitschrift, Unternehmensleitungsbriefe, Mitarbeiterversammlungen und Abteilungssitzungen hinsichtlich des zeitlichen Einsatzes, der Zielgruppe, der Funktion, dem Inhalt und der Form beschrieben werden. So ergibt sich ein jährlicher Maßnahmenplan, der die wichtigsten Kommunikationsinhalte abbildet.

Die Kommunikation mit den Mitarbeitern sollte nie abbrechen, auch wenn es Zeiten gibt, in denen aufgrund vieler Veränderungen und neuer Informationen häufiger kommuniziert wird al zu anderen Zeiten. In der Regel wird im Rahmen der Internen Kommunikation Top-down, also einseitig von Geschäftsführung zu Mitarbeitern, kommuniziert. Kommunikationsexperten im Krankenhaus sollten dafür sorgen, dass auch dialogorientierte Instrumente eingesetzt werden. In viel größerem Maße fördern diese die wirkliche Auseinandersetzung mit einem Thema, die Identifikation mit den Firmeninteressen sowie das Gefühl auf Seiten der Mitarbeiter, gehört, wertgeschätzt und akzeptiert zu werden. Auch auf Seiten des Krankenhausmanagements eröffnet eine solche Zweiwege-Kommunikation ganz neue Blickwinkel und Sichtweisen auf betriebliche Zusammenhänge, die sie so vielleicht noch nicht wahrgenommen haben. Dialogorientierte Instrumente sind z. B. Gesprächsforen der Krankenhausleitung mit unterschiedlichen Mitarbeitergruppen zu bestimmten Themen oder Problemen.

Bezüglich der Internen Kommunikation muss herausgestellt werden, dass die Kommunikation eines Unternehmens nicht die Aufgabe einer einzelnen Abteilung oder Person ist. Vor allem die Geschäftsführung bzw. Firmenleitung muss den Informationsfluss gegenüber Führungskräften, einzelnen Mitarbeitergruppen oder der Gesamtbelegschaft sichern. Ein guter interner Kommunikationsmanager hat Zugang zu allen wichtigen Informationen aus der Geschäftsführung und sitzt in den entsprechenden Krankenhausgremien. Die umfassende Unterstützung der Krankenhausleitung ist eine unverzichtbare Voraussetzung für erfolgreiche Unternehmenskommunikation nach innen.

Im Folgenden werden zwei wichtige Interne Kommunikationsmittel näher beschrieben: das Intranet und die Mitarbeiterzeitung.

2.1.1 Das Intranet

Das Intranet ist das zentrale Informations- und Kommunikationsportal zur Verwaltung des gesamten Firmenwissens. Damit es seine effiziente und effektive Nutzung auch wirklich entfalten kann, benötigt es eine hohe Nutzerakzeptanz. Dies bedeutet, dass die Mitarbeiter es ausgiebig nutzen, zufrieden mit der Wissensbereitstellung sind und selber aktiv daran arbeiten, diesen Wissenspool durch eigene Ideen und Vorstellungen weiterzuentwickeln. Voraussetzung dafür ist eine gute Informationsarchitektur, die die Inhalte intuitiv nutzbar und zugänglich macht. Ein gutes Intranet erfüllt die folgenden Merkmale:

- Informationsstruktur ist klar, übersichtlich und schnell erreichbar
- Informationen sind aktuell
- Intranet wird kontinuierlich gepflegt
- Fachliche aber partiell auch persönliche Relevanz (z. B. Gehaltstabellen, Pinnwand)
- Einbindung der Mitarbeiter
- Klare Funktion im Rahmen der innerbetrieblichen Kommunikationsinfrastruktur

Häufig sind interne Netze über Jahre „gewachsene" Systeme, voller „Dateiengräber". In der Regel werden die Inhalte abteilungs- bzw. herausgeberorientiert strukturiert, so dass die Mitarbeiter Informationen nur dann finden, wenn sie die Verantwortungsgebiete der Abteilungen kennen. Die Folge ist ein Verlust an Mitarbeiterproduktivität, da zum einen viel zu viel Zeit zum Suchen verschwendet wird, zum anderen das benötigte Wissen gar nicht gefunden wird.

Folgende Defizite finden sich besonders häufig, wenn die Mitarbeiter das Intranet nicht so intensiv nutzen, wie es wünschenswert wäre:

- Vorgesetzte nutzten das Intranet nicht als Informations- und Kommunikationsmittel
- Anwender kennen das Angebot im Intranet nicht
- Es herrschen unklare Zuständigkeiten bzgl. der Pflege der Seiten
- Navigationsstruktur ist zu komplex, zu umständlich und die Informationen sind nicht auffindbar
- Auswahl ist nicht interessant und mit zu wenig Nutzen verbunden
- Texte sind nicht online-tauglich, schlechte grafische Gestaltung, Schreibweise
- Reizüberflutung – zu viele Angebote, sei es optisch oder inhaltlich
- Nicht alle Mitarbeiter haben einen Netzzugang

Diese Defizite gilt es zu bearbeiten. Bietet die bisherige Struktur des Intranets keine Optimierungsmöglichkeiten, sollte ein Intranetrelaunch initiiert werden. Bei der Planung eines solchen Projektes ist es ratsam, ein Contentmanagement-System zu installieren. Ein Intranet bleibt umso aktueller und lebendiger, je mehr Kompetenzen den einzelnen Unternehmensbereichen hinsichtlich der Pflege „ihrer" Seiten übertragen werden. Die unterschiedlichen Redakteure erhalten die entsprechenden Zugriffsrechte, können aber das Layout des Intranets dabei nicht verändern, da sie in vorgefertigten Schablonen, sog. Templates" arbeiten. Folgende Inhalte sollten Bestandteile eines „lebendigen" Intranets sein:

- Unternehmensdaten
- Informationen der Geschäftsführung
- Datenbanken
- Dokumentationen
- Vorlagen, Formulare
- Anweisungen zur Arbeitssicherheit, Dienstanweisungen
- Dokumente aus dem Qualitätsmanagement, Leitlinien, Standards
- Arbeitsplatz und Organisation
- Krisenkommunikation
- Aktuelle Pressemitteilungen
- Mitarbeiterzeitung als Download und Archiv
- Blogs, Foren
- Programmhinweise, Veranstaltungen, Termine
- Branchennachrichten
- Aktuelle Projekte und Hintergründe
- Infos des Betriebsrats
- Suchfunktion
- Freizeittipps, Unterhaltsames

2.1.2 Die Mitarbeiterzeitung

Die Mitarbeiterzeitung ist ein „Klassiker" unter den Instrumenten zur Internen Kommunikation und darf nicht unterschätzt werden. Oft mit einem etwas altbackenen Image versehen, fragen sich viele Kommunikationsexperten im Krankenhaus, ob nicht die Online-Kommunikation über Newsletter und Intranet dieses klassische Printmedium überflüssig machen. Aber, eine Zeitung kann man anfassen, mitnehmen und auch Angehörigen zeigen. Man kann sie aufheben und Gedrucktes bleibt bestehen. Hinzu kommt, dass viele Krankenhausmitarbeiter keinen Zugang oder nur einen eingeschränkten Zugang zu einem PC haben (z. B. Küchenmitarbeiter und die Wäscheversorgung). Für diese Mitarbeitergruppen stellt die Zeitung eine der wichtigsten Informationsquellen über unternehmensinterne Themen und Neuigkeiten dar.

Die Mitarbeiterzeitung ist nicht nur ein Informationsmedium, sondern sollte auch die Identifikation mit dem Unternehmen fördern. In der Regel ist sie in erster Linie ein Organ der Geschäftsführung und es sind meist positive Meldungen darin zu finden. Allerdings ist zu beachten, dass die Glaubwürdigkeit einer solchen Zeitung steigt, wenn nicht nur Erfolgsstorys abgedruckt werden, sondern auch Themen und Projekte, die nicht ganz so gut gelaufen sind, präsentiert werden. Frei nach dem Motto: Wir haben Fehler gemacht, können also auch noch etwas dazu lernen.

Mitarbeiterzeitungen helfen, einzelne Unternehmensteile zusammenzuschweißen und ein „Wir-Gefühl" zu schaffen. Gerade Krankenhäuser haben in den letzten Jahren verstärkt Unternehmensteile aus dem Mutterunternehmen herausgelöst und in Tochterunternehmen umgewandelt. Diese Unternehmensteile weiterhin in einen guten Informationsfluss einzubeziehen und die Mitarbeiter weiterhin an das Mutterunternehmen zu binden, kann durch die Mitarbeiterzeitung unterstützt werden.

Eine Mitarbeiterzeitung sollte hinsichtlich Umfang und der Erscheinungshäufigkeit der Unternehmensgröße angepasst sein. Wenn es sich um ein mittelgroßes Krankenhaus handelt, ist es ausreichend, die Zeitung vier- bis sechsmal jährlich herauszubringen. Die Seiten müssen immer wieder mit Neuigkeiten gefüllt werden und es muss für die Redaktion genügend Zeit eingeplant werden.

Inwieweit externe Unterstützung beim Layout und der Grafik benötigt werden, richtet sich nach den Ressourcen in der Unternehmenskommunikation. Mit grafisch begabten Kollegen ist es selbstverständlich möglich, das Layout der Zeitung – entsprechend des Corporate Design – im Hause zu bearbeiten. In jedem Fall sollte das Magazin aber in einer Druckerei gedruckt werden. Es gibt nichts Liebloseres, als kopierte Seiten, die dann gleich den offensichtlich niedrigen Stellenwert der Mitarbeiterzeitung signalisieren. Es empfiehlt sich auch, die Zeitung mit festen Rubriken zu gestalten, da die Leser so eine gewisse Orientierung behalten und es auf der anderen Seite den Zeitungsproduzenten ihre redaktionelle Arbeit erleichtert.

Das Redaktionsteam in einem Krankenhaus sollte möglichst interdisziplinär zusammengesetzt sein und auch unterschiedliche Hierarchien abbilden. Dies belebt nicht nur die Zeitungsinhalte, die ja primär für alle Mitarbeitergruppen geschrieben werden, sondern erhöht auch die Akzeptanz der Zeitung auf allen Ebenen der Belegschaft. Wenn möglich, sollten die Redaktionsmitglieder alle drei bis vier Jahre rotieren. Dies bringt frischen Wind in die Redaktion. Wichtig ist auch, Korrespondenten aus unterschiedlichsten Abteilungen der Klinik für das Artikelschreiben zu gewinnen.

Damit die Mitarbeiterzeitung nicht zum einseitigen Instrument verkümmert und ihr womöglich das Image anhängt, nur Sprachrohr der Klinikleitung zu sein, ist es wichtig, Dialogprogramme, also Bestandteile, die zum Mitmachen bzw. Interagieren einladen, einzubinden [Sisignano 2001]:

- Leserbriefe
- Preisausschreiben
- Tauschbörse für Mitarbeiter
- Korrespondenten aus den unterschiedlichen Abteilungen oder auch aus kooperierenden Unternehmen
- Redaktionsteam (möglichst rotierend)
- Vorstellung von neuen Mitarbeitern durch Interviews und Fotos
- Redaktionelle Mitarbeit (Seitengestaltung von Abteilungen des Hauses)
- Feedback über Coupon oder Antwortkarte

Bei der Mitarbeiterzeitung ist es wie in allen anderen Printmedien: Die Themenmischung macht sie lebendig und auch die unterschiedlich eingesetzten journalistischen Formen wie Interviews, Nachrichten, Kommentare, Portraits, Fotos und Comics zur Auflockerung der häufig entstehenden Textwüsten.

Folgende Themen eignen sich für die Mitarbeiterzeitung eines Krankenhauses

- *Aktuelle Informationen (Belegzahlen, Marktsituation, Gesundheitspolitik)*
- *Neue Leistungen (Therapien, Diagnosemöglichkeiten, Patientenservice, medizinische Geräte)*
- *Personalnachrichten (Jubiläen, Ruhestand, Neueintritte, Nachwuchs)*
- *Veranstaltungen (externe und interne)*
- *Marketingmaßnahmen*

- *Presseveröffentlichungen*
- *Abteilungen (Berufsgruppen, einzelne Mit-arbeiter und deren Arbeitsbereiche)*
- *Schulungs- und Fortbildungsangebote*
- *Leserbriefe*
- *Lobseite (Patienten, die sich schriftlich beson-ders bedankt haben)*
- *Beiträge der Geschäftsführung*
- *Beiträge des Betriebsrats*
- *Unterhaltungsteil*

2.2 Corporate Identity

Gesundheitsbezogene Dienstleistungen erfor-dern seitens der Patienten ein hohes Maß an Vertrauen. Sie begeben sich krank in die Hände von Medizinern und Pflegenden, häufig mit der Ungewissheit, wie und mit welchem Ergebnis sich ein Krankenhausaufenthalt gestalten wird. Mehr als für alle anderen Dienstleistungsberei-che gilt es daher, dass Krankenhausmitarbeiter gut informiert, hoch motiviert und besonders identifiziert sein müssen, um diesen Vertrau-ensvorschub ihrer Patienten zu sichern. Infor-mationen gewährleisten, zu motivieren und die Identifikation mit dem Unternehmen zu för-dern, sind die Aufgaben der Internen Kommu-nikation. Ängste, Befürchtungen, Widerstände und die „Innere Kündigung" sind kontraproduk-tiv und Gift für die Entwicklung der Unterneh-menspersönlichkeit, die das Selbstverständnis eines Krankenhauses beschreibt. Doch was ist nun diese Unternehmenspersönlichkeit und was zeichnet sie aus?

Die Corporate Identity beschreibt das Selbst-verständnis eines Krankenhauses und setzt sich daher aus einer Vielzahl von Komponenten zu-sammen. Es geht um die medizinische Ausrich-tung des Krankenhauses, seine Philosophie, wie den Mitarbeitern und den Patienten zu be-gegnen ist, sein Leitbild und seine Kommunika-tionsstrategie nach außen und nach innen. Dies kann nicht von heute auf morgen geschehen. Die Entwicklung einer Identität ist vielmehr ein Pro-zess, der gezielt gesteuert wird und daher eine strategische Maßnahme ist. Wenn Krankenhäu-ser ein positives Image aufbauen wollen, müs-sen sie sowohl den Prozess des Wandels im Ge-sundheitswesen als auch das positive Selbstver-ständnis ihrer Abteilungen spiegeln. Vor allem über das Personal wird die Unternehmensiden-tität des Krankenhauses erlebbar. Krankenhäu-ser mit eigenen Identitäten müssen ihren Mit-arbeitern eine klare Orientierung geben, welche Ziele sie verfolgen und wofür sie stehen. Dies ist die Grundlage für eine positive Identifikation, die sich vertrauensbildend nach innen und au-ßen auswirkt.

Bestandteile der Corporate Identity
- *Corporate Design (Visualität, Logo, Hausfar-ben etc.)*
- *Corporate Communications (interne und ex-terne Kommunikation)*
- *Corporate Behaviour (Verhalten der Kranken-hausmitarbeiter gegenüber Patienten und Kunden)*

Corporate Communications und Corporate Be-haviour sind also zwei wesentliche Elemente, die die Unternehmenspersönlichkeit ausma-chen. Sie prägen sie und werden auf der ande-ren Seite auch von ihr geprägt. Da dieser Prozess nicht dem Zufall überlassen werden darf, sollte man sich im Rahmen der Identitätsentwicklung unter Einbeziehung der Mitarbeiter folgende Fragen stellen:
- Wer sind wir?
- Wie würden wir uns beschreiben?
- Wie nehmen wir uns wahr? Wie werden wir wahrgenommen? Wie wollen wir wahrge-nommen werden?
- Was können wir dafür tun?
- Welche Ziele verfolgen wir hinsichtlich des Umgangs mit den Patienten?
- Welche Ziele verfolgen wir hinsichtlich der medizinischen Leistungen?
- Welche Potenziale haben wir?

Über das Corporate Behaviour wird die Unterneh-mensidentität eines Krankenhauses durch das Verhalten der Mitarbeiter nach außen kommu-niziert und geprägt. Tomczak [2008] bezeichnet den hohen Einfluss, den das Mitarbeiterverhal-ten auf die Markenbildung hat, als „Behavioral branding". Das Verhalten, das Ärzte, Schwestern und das Krankenhausmanagement im normalen Alltag gegenüber den Patienten und allen weite-ren Kundengruppen zeigen, ist auch eine Bot-schaft über das eigene Selbstverständnis und die eigene Identität. Der Eindruck, den das Personal bei allen hinterlässt, die im direkten Kontakt zu ihm stehen, ist entscheidend für das Image, das sich der Öffentlichkeit einprägt.

Damit die Krankenhausmitarbeiter dies leisten können, müssen alle Abteilungen die Werte und Ziele des Unternehmens genau kennen und glaubhaft widerspiegeln. Hierzu gehört neben den medizinischen Leistungen und der inhaltlichen und formalen Gestaltung der Kommunikationsmedien auch das Verhalten aller Mitarbeiter nach innen und nach außen. Je höher die Konstanz des Verhaltens der Mitarbeiter, umso klarer und profilierter die Aussage gegenüber externen Kunden. Aufgrund der Tragweite muss Corporate Identity im Kern Aufgabe der Krankenhausleitung sein. Nur sie kann Kraft ihrer Leitungsfunktion ein solches Projekt dauerhaft um- und vor allem durchsetzen.

> Ein Corporate Identity-Prozess muss vom Top Management im Rahmen einer strategischen Entscheidung initiiert und von allen Mitarbeitern getragen werden. Nur mit Hilfe aller im Krankenhaus Beschäftigten lassen sich Strukturen, medizinische Leistungen und die Gesamtpersönlichkeit des Krankenhauses erkennen und beschreiben.

Literatur

Lüthy A, Buchmann U (2009) Marketing als Strategie im Krankenhaus. W. Kohlhammer Verlag, Stuttgart

Meier P (2005) Trendwende in Sicht. Zur Veränderung der Internen Kommunikation in der Schweiz. In: Berg H-J, Kalthoff-Mahnke M, Wolf E. (Hrsg.) (2005) Jahrbuch Interne Kommunikation 2005. inkom Grand Prix-Büro, Dortmund, S. 48–49. www.inkom-grandprix.de.

Niederhaus C (2004) Interne Kommunikation. Schnell und effektiv. Business Village, Neckarsulm

Sisignano A (2001) Kommunikationsmanagement im Krankenhaus. Luchterhand, Neuwied und Kriftel

Tomczak T (Hrsg.) (2008) Behavioral branding: Wie Mitarbeiterverhalten die Marke stärkt. Gabler, Wiesbaden

3 Patienten-Marketing: Kommunikationspolitische Instrumente im Krankenhaus

Rebekka Mehner

Universitätsklinikum Hamburg-Eppendorf

Patienten-Marketing im Krankenhaus setzt sich zunehmend durch, denn auch Krankenhäuser stehen im Wettbewerb und müssen ihre wichtigste Zielgruppe aktiv und positiv auf ihre (Dienst-)Leistungen aufmerksam machen. Häufig sind die personellen Ressourcen sowie das vorhandene Marketing-Budget jedoch im Vergleich zur Industrie eher bescheiden, so dass anstatt der Zusammenarbeit mit spezialisierten Agenturen oft eigene Ideen und ausgeprägtes generalistisches Know-how gefragt sind.

Der folgende Text zeigt die Bedeutung eines konsistenten Corporate Designs für das Krankenhaus auf und nähert sich geeigneten Kommunikationsinstrumenten über die Besonderheiten des Dienstleistungsmarketing an, zu dem das Marketing in Kliniken gehört. Die hier dargestellten Werkzeuge erscheinen dabei im Krankenhaus besonders geeignet, im Zusammenspiel der Integrierten Kommunikation die anvisierten Kommunikationsziele zeitgemäß und effektiv zu erreichen.

3.1 Ein Gesicht, das man wiedererkennt: Corporate Design

Das Corporate Design beschreibt das gesamte visuelle Erscheinungsbild eines Unternehmens. Das Logo, die Hausfarben, Schriftarten und Gestaltungsraster werden im Corporate Design definiert und bilden die konstanten Gestaltungselemente. Diese sind die Grundlage für die Gestaltung aller Kommunikationsmittel wie beispielsweise Printmaterialien, Internetauftritt, Newsletter oder Geschäftspapiere.

Im Wesentlichen hat das Corporate Design drei Funktionen:

1. es soll einen hohen Wiedererkennungswert vermitteln und damit für Bekanntheit sorgen und die Effizienz von Kommunikationsmaßnahmen erhöhen, da diese eindeutig einem Unternehmen zugeordnet werden können,
2. es soll Beständigkeit und Kontinuität des Hauses widerspiegeln und damit Vertrauen schaffen und
3. es soll in der Wahrnehmung von Wettbewerbern unterscheidbar machen.

Um sich in der Flut der alltäglichen Werbemaßnahmen und Information durchzusetzen, ist ein konsequentes Auftreten notwendig. Das Ziel dieser Bestrebungen im Krankenhaus ist die Einheit in der Vielfalt der spezialisierten Fachabteilungen.

Das Logo
Das Logo sollte folgende Eigenschaften haben:
- Aufmerksamkeit wecken und Erinnerungswert besitzen
- langlebigen ästhetischen Wert haben

- sich von den Logos der Wettbewerber abheben
- auf allen Kommunikationsmitteln zum Einsatz kommen

Die Hausfarbe

Die Hausfarben – meist wird mit einer oder zwei Farben gearbeitet – sind ein sehr wichtiges Gestaltungselement, weil sie ein unmittelbar einprägsames Erkennungs- und Unterscheidungsmerkmal für Unternehmen sind. So nutzen beispielsweise die Dresdner Bank grün, Lufthansa blau und gelb.

Hausschrift

Die Hausschrift sollte möglichst zeitlos sein und keinem bestimmten Trend folgen. Innovative Unternehmen verwenden z. B. Schriftarten wie Meta oder Thesis, klassisch-konservative Schriften sind z. B. Helvetica oder Times.

Gestaltungsraster

Durch Gestaltungsraster werden Komponenten eines Entwurfes, wie z. B. das Logo, Texte und Abbildungen, in ein einheitliches feststehendes Ordnungssystem eingebunden, es werden also grundlegende Gemeinsamkeiten aller Kommunikationsmittel definiert. Dazu gehören die Position des Logos innerhalb einer Gestaltung, die Abstände des Logos zu anderen Gestaltungselementen, gedachte Linien, an denen Texte oder Bilder ausgerichtet werden und Größen und Formatangaben für die häufigsten Gestaltungsmittel. Auch das Gestaltungsraster ist wichtig für die Wiedererkennbarkeit des Unternehmensauftritts und vereinfacht zudem Entwurfs- und Realisierungsarbeiten.

3.2 Der Marketing-Mix: Die sieben P's

Der Marketing-Mix ist die Kombination aus den operativen Marketinginstrumenten, die das Unternehmen zur Erreichung seiner Marketingziele auf dem Zielmarkt einsetzt. Der klassische Mix im Konsumgüter- und Investitionsgüterbereich setzt sich zusammen aus den so genannten „vier P's" [vgl. Meffert 2005, S. 972]:

- Produktpolitik (Product)
- Preispolitik (Price)
- Kommunikationspolitik (Promotion)
- Distributionspolitik (Place)

Im Dienstleistungsmarketing, wozu sich auch das Marketing für ein Krankenhaus fassen lässt, greift diese traditionelle Einteilung jedoch zu kurz.

Dienstleistungen sind charakterisiert durch *Immaterialität*, sie weisen keine stofflichen Merkmale auf. Daraus leiten sich die *Nichtlagerfähigkeit* und *Nichttransportfähigkeit* ab [vgl. Meffert u. Bruhn 2009, S. 51 ff.]. Die Nichtlagerfähigkeit besagt, dass der Konsument die Dienstleistung nur in dem Moment in Anspruch nehmen kann, in dem sie produziert wird, sie verfällt also im Moment ihrer Produktion. Ein Aufklärungsgespräch mit einem Patienten beispielsweise findet „live" statt. Die Nichttransportfähigkeit beschreibt, dass Dienstleistungen in der Regel nicht an einem anderen Ort als dem der Erstellung konsumiert werden können, d. h. der Patient wird im Krankenhaus aufgeklärt. Das, was man vom Dienstleister mit nach Hause nimmt, wenn es der Art der Dienstleistung entspricht, ist nicht die eigentliche Leistung, dabei handelt es sich in den meisten Fällen um das Ergebnis der Dienstleistung, wie beispielsweise ein zu tragender Blasenkatheter nach einem urologischen Eingriff. Zudem ist die *Integration des externen Faktors* zu nennen: Der Konsument bringt sich selbst oder ein ihm gehörendes Objekt in den Dienstleistungserstellungsprozess ein, indem er beispielsweise als Patient ins Krankenhaus kommt.

Daraus leiten sich Besonderheiten für das Marketing von Dienstleistungen ab (s. Abb. 1). Drei hinzugekommene P's erweitern den Marketing-Mix für Dienstleistungen [vgl. Lovelock et al. 2007, S. 28]:

- Personalpolitik (Personnel)
- Prozesspolitik (Process)
- Ausstattungspolitik (Physical Facilities)

Ein gelungener Mix ist die zentrale Aufgabe während der operativen Marketingplanung – das optimale Zusammenspiel der Instrumente der Produkt-, Preis-, Distributions- und Kommunikationspolitik sowie Personal-, Prozess- und der Ausstattungspolitik. Durch eine gelungene Kombination der sieben P's ergeben sich Synergieeffekte, so dass ein gesetztes Marketingziel bestmöglichst erreicht werden kann.

Besonderes Augenmerk soll im Weiteren des Textes auf ausgewählten kommunikationspolitischen Instrumenten im Krankenhaus liegen, die für die sich aus den besonderen Charakteristika von Dienstleistungen ergebenden Aufgaben im Allgemeinen sowie im Krankenhaus im Besonderen geeignet erscheinen.

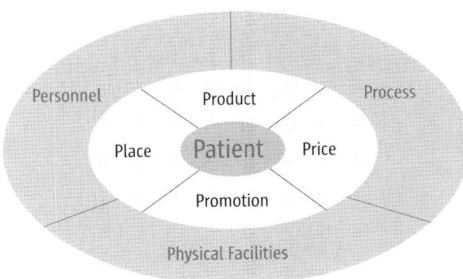

Abb. 1 Die sieben P's des Marketing-Mixes [nach Lovelock et al. 2007 und Rust et al. 1996]

3.3 Kommunikationspolitik

> Die Kommunikationspolitik eines Dienstleistungsunternehmens beinhaltet alle Maßnahmen, die affektive, kognitive und konative Reaktionen von Marktteilnehmern auf die Unternehmensleistungen beeinflussen [vgl. Meffert u. Bruhn 2000, S. 330].

3.3.1 Besonderheiten des Dienstleistungsmarketing

Aus den genannten Besonderheiten des Dienstleistungsmarketing ergeben sich spezielle Implikationen für die Kommunikationspolitik, insbesondere aus *Immaterialität* und *Integration des externen Faktors* resultieren für das Krankenhaus folgende Aufgaben:

- Materialisierung: „Greifbarmachen" der Dienstleistung, z. B. durch Merchandising-Artikel
- Visualisierung: „Sichtbarmachen" der Dienstleistung, beispielsweise durch Darstellen von Ärzten und Pflegekräften auf Bildern auf Infoscreens, in Videos o. ä. Setzt man symbolisch auch Patienten mit ein, bezieht man sie als externen Faktor mit ein.
- Imageverbesserung: aufgrund der Immaterialität spielt das Image des Krankenhauses eine besondere Rolle, dieses kann beispielsweise mit hochwertigen Veranstaltungen aufgewertet werden

Zahlreiche der „klassischen" Kommunikationsinstrumente können auch im Krankenhaus zum Einsatz kommen, um oben genannte Aufgaben zu erfüllen. Dabei ist es aufgrund der Vielzahl der Instrumente wichtig, eine **Integrierte Kommunikation** zu realisieren, um Synergieeffekte erreichen und damit eine stärkere Kommunikationswirkung erzielen zu können. Integrierte Kommunikation stellt aus den verschiedenen Quellen der Kommunikation eine Einheit her, um ein für die Zielgruppe – im Krankenhaus in erster Linie der Patient – konsistentes Erscheinungsbild zu transportieren [vgl. Meffert u. Bruhn 2000, S. 332]. Die eingesetzten Kommunikationsinstrumente sollten dabei wiederkehrende inhaltliche (Botschaften, Slogans, Argumente) oder formale (Bilder, Zeichen, Logos) Elemente nutzen, um die gewünschte Einheitlichkeit und Glaubwürdigkeit zu erreichen und über alle eingesetzten Medien „durchdekliniert" werden, damit sich Synergieeffekte einstellen. Sind beispielsweise Internetauftritt, Imagebroschüre und Anzeigen nicht aufeinander abgestimmt oder kommunizieren sogar gegenläufige Inhalte, werden sie nicht als zusammengehörig wahrgenommen oder fallen als seltsam und unprofessionell auf.

3.3.2 Kommunikationsziele

Die Kommunikationspolitik eines Krankenhauses verfolgt in erster Linie außerökonomische, psychographische Ziele. Dabei unterscheidet man in kognitiv-, affektiv- und konativ-orientierte Ziele [vgl. Meffert u. Bruhn 2000, S. 341 ff.]:

Kognitiv-orientierte Ziele

- Kontakterfolg: Die Klinikbotschaften sollen die Patienten möglichst ohne Streuverluste erreichen, was sich durch eine bewusste Medienauswahl steuern lässt.
- Aufmerksamkeitswirkung: Die Patienten sollen die Botschaft bewusst wahrnehmen.
- Erinnerungswirkung: Zumindest Teile der Information sollen im Gedächtnis gespeichert werden – idealerweise im Kontext präferierter Kliniken („evoked set").
- Informationsfunktion: Gerade bei komplexen Leistungen müssen Leistungsumfang und -erstellung verdeutlicht werden.

Affektiv-orientiertes Ziel:

- Imagewirkung. Ein positives Image des Krankenhauses und seiner Leistungen wird angestrebt, welches aufgrund der Immaterialität für den Vertrauensaufbau eine besonders große Rolle spielt.

Konativ-orientierte Ziele

- Beeinflussen des Informationsverhaltens: Die Klinik sollte sich dem Patient als Haus darstellen, dem es wichtig ist, bedürfnisorientiert zu informieren.
- Beeinflussen des Weiterempfehlungsverhaltens: Der Patient soll die Klinik idealerweise weiterempfehlen, was aufgrund der Immaterialität der Leistungen des Krankenhauses besonders wichtig für den mittel- und langfristigen Erfolg ist.

3.3.3 Druck machen: Printmaterialien

Mit Printprodukten für Patienten lassen sich z. B. ein Image des Hauses transportieren, konkrete Klinikaufenthaltsinformationen übermitteln oder auf spezifische Angebote der Klinik hinweisen. Als haptisches Element bieten gedruckte Medien des Krankenhauses zudem die Möglichkeit, die immateriellen (Dienst-)Leistungen im wahrsten Sinne des Wortes greifbar zu machen. Denkbar sind beispielsweise folgende Medien:

- Imagebroschüre für (potenzielle) Patienten zur Darstellung des Gesamthauses mit den primären Zielen der Image- und Erinnerungswirkung
- Informationsbroschüre für ambulant und/oder stationär zu behandelnde Patienten zum Übermitteln von aufenthaltsspezifischen Inhalten mit dem Ziel der Informationswirkung
- Faltblätter, um bestimmte Angebote wie beispielsweise die Krankenhausseelsorge, Blutspendemöglichkeit, Veranstaltungsprogramme etc. zu vermitteln. Produziert man das Faltblatt gefalzt auf das DIN-lang-Format, lässt es sich praktikabel und portosparend im regulären DIN-lang-Briefumschlag verschicken.
- Poster, um beispielsweise auf Veranstaltungen hinzuweisen oder um für bestimmte Themen zu sensibilisieren, die im Zusammenhang mit dem Krankenhaus stehen, z. B. Organspende

Ebenso kann der gesetzlich vorgeschriebene Strukturierte Qualitätsbericht, der zweijährlich erstellt und publiziert werden muss, als Kommunikationsinstrument betrachtet und im Rahmen der Vorgaben inhaltlich und grafisch entsprechend gestaltet werden. Zusätzlich kann eine Publikation als „Destillat" der Inhalte des Qualitätsberichts zum Einsatz kommen, die in patientenfokussierter und konzentrierter Darstellung bestimmte Eckdaten des Hauses, wie z. B. Betten pro Abteilung, jährliche Fälle pro Indikation oder Art des Eingriffs (beispielsweise offen oder minimal-invasiv), abbildet. Die unsichtbaren (Dienst-)Leistungen der Klinik können dem Patienten so besonders transparent und leicht verständlich vermittelt.

Wichtig bei allen Instrumenten, bei denen Text und Bild verwendet werden – also neben Printmaterialien wie Broschüren oder Faltblättern auch der Internetauftritt oder im Haus eingesetzte Infoscreens – ist der bewusste und zielführende Einsatz von Beidem.

Texte

Texte für Patientenbroschüren oder -faltblätter lesen sich leichter und kommen damit besser an, wenn sie

- in kurzen Sätzen
- allgemeinverständlich und einfach
- positiv (bspw. „Bitte denken Sie an Ihre Versichertenkarte." statt „Bitte vergessen Sie Ihre Versichertenkarte nicht.")
- in Aktivsätzen (bspw. „...hat Ihr niedergelassener Arzt XY festgestellt." statt „... wurde bei Ihrem niedergelassenen Arzt XY festgestellt.")
- mit Verben statt Substantiven auf „ung", „heit", „keit" (z. B. „Wir stimmen die Pflege individuell auf jeden Patienten ab." statt „Jeder Patient erhält eine individuell auf ihn abgestimmte Pflegeplanung.")
- mit vollem Namen (bspw. „Dr. Max Mustermann" statt „Dr. M. Mustermann"); auch, damit der Patient weiß, ob es sich um eine Dame oder einen Herren handelt formuliert sind.

Bilder

Inhaltlich sollten Bilder ansprechend und möglichst positiv sein, um insbesondere bei (potenziellen) Patienten Vertrauen zu erwecken und das Gefühl zu transportieren, dass man im Haus gut aufgehoben ist. Statt des Problems – der Krankheit – sollte die Lösung – die Behandlung und idealerweise Heilung – bildlich übermittelt werden. Gerade, wenn Bilder auf Internetseiten oder in einer Broschüre verwendet werden sollen, über einen Klinikbereich informiert werden soll und Patienten die (Haupt-)Zielgruppe sind, sollten die Bilder weniger dokumentarischen Charakter haben, sondern eher das Gefühl übermitteln, dass der Patient diagnostisch und/oder therapeutisch sehr gut betreut wird. Die Fragestellung, bevor Bilder beauftragt werden, ist also, was die Fotos aussagen sollen, beispielsweise „Bei uns stimmen sich Ärzte interdisziplinär ab, welche Behandlung die Therapie der

Wahl ab." Übersetzt in ein Foto könnte man sich vorstellen, wie mehrere Personen, die durch Stethoskop, Pieper, o. ä. deutlich als Ärzte erkennbar sind, mit Unterlagen an einem Tisch sitzen und in ein Gespräch vertieft sind.

Als besonders geeignet erscheinen in vielen Fällen – je nach Ziel des Bildeinsatzes und was das Bild konkret aussagen soll – Fotos mit Personen, beispielsweise Gesprächssituationen von Arzt/Pflegekraft und Patient oder ansprechende, helle Räumlichkeiten, in denen sich Menschen befinden. Behandlungs- oder Operationsbilder sollten dosiert und eher angedeutet zum Einsatz kommen, von der Zielgruppe als unangenehm empfundene Fotos (z. B. das Zeigen von Operationsschnitten oder -gebieten) erschrecken Patienten zum Teil eher und schaffen damit noch mehr Unsicherheit. Besser geeignet sind auch da Bilder, die das positive Gefühl vermitteln, dass der Patient im Haus gut behandelt wird.

3.3.4 Gut gefunden werden im Netz: Internet und Suchmaschinenoptimierung

Internetauftritt

Das Internet ist längst zum festen Alltagsbestandteil geworden. Eine Auswertung des Statistischen Bundesamtes zeigt, dass zwei von drei Deutschen online sind: 66 % (43 Millionen) der deutschen Bevölkerung ab zehn Jahren nutzt das Internet täglich oder fast täglich [vgl. Statistisches Bundesamt 2009, S. 116]. Die Zahlen zeigen, dass das Medium Internet für ein Krankenhaus unverzichtbar ist, um sich und seine Leistungen darzustellen. Neben dem medizinischen Informationsangebot, wie beispielsweise den Beschreibungen bestimmter Erkrankungen oder der Funktionsweise von Organen, kann die Klinik die Webseiten nutzen, um ihre Serviceangebote präsentieren, den Ablauf während des Aufenthalts des Patienten auf der Station darstellen oder ihre Mitarbeiter vorstellen.

Da der Internetauftritt zu den Instrumenten gehört, zu denen sich der Patient aktiv „hinbegeben" muss und die Initiative dafür allein vom Nutzer ausgeht, sollten möglichst viele andere Kommunikationsinstrumente wie Printmaterialien und Merchandising-Artikel genutzt werden, um potenzielle Patienten auf die Website zu führen, mindestens mit der Angabe der Internetadresse.

Die Informationssuche im Internet weist dabei kommunikationspolitisch relevante Merkmale auf [vgl. Meffert u. Bruhn 2000, S. 340]:

- Informationen werden im Internet schneller aufgenommen als über klassische Medien, man hat es mit erhöhter Aufmerksamkeit seitens des Nutzers zu tun.
- Erfüllen die bereitgestellten Informationen das Bedürfnis des Nutzers, trägt das zu einer positiven Einstellung gegenüber dem Anbieter und damit dem Krankenhaus bei, es wird also eine Imagewirkung erzeugt.

Damit kann der Internetauftritt einen Beitrag dazu leisten, Unsicherheit zu reduzieren, was gerade bei einer Suche nach Informationen zu einer Erkrankung besonders zentral sein kann.

Mit dem Internetauftritt hat das Krankenhaus die Möglichkeit, dem Benutzer einen Mehrwert zu bieten, den beispielsweise Printmedien nicht bieten. Dazu zählen Downloads von Broschüren, Faltblättern, Bilder- oder Dokumentenarchive. Die Benutzer erwarten diese Angebote mittlerweile, da fast jedes Unternehmen sie bietet. Die Texte aus den Printmaterialien dürfen dabei aber nicht unverändert auf den Webseiten übernommen werden. In Studien wurde herausgefunden, dass Nutzer lange Texte am Bildschirm ungern lesen und oft bereits nach wenigen Zeilen abbrechen, wenn sie nicht sehr stark am Inhalt interessiert sind. Gedruckter Text wird im Gegensatz dazu in einer Broschüre länger gelesen, so dass die wichtigsten Informationen, die der Nutzer unbedingt aufnehmen soll, in einem Internettext möglichst weit vorn stehen sollten.

Wie alle anderen Kommunikationsinstrumente auch sollte der Internetauftritt im Corporate Design gestaltet werden, wobei die Gestaltungskonstanten vorab auf ihre Passfähigkeit für Webseiten hin geprüft und ggf. für die Internetseiten angepasst werden müssen.

Für das Design des Internetauftritts ist es wichtig, dass dieses nicht nur grafisch ansprechend ist, sondern dass die Seiten auch benutzerfreundlich und suchmaschinenorientiert angelegt werden.

Es ist sinnvoll, sich an Bekanntem und Vertrautem anderer Internetseiten zu orientieren und eine einfache Gestaltung zu wählen. Da der erste Blick des Nutzers im Allgemeinen nach oben links fällt, sollte in der linken oberen Ecke das Logo positioniert werden.

Suchmaschinenoptimierung

Suchmaschinen, in Deutschland mit einem Marktanteil von etwa 85 % insbesondere Google, stellen die wichtigste Quelle für neue Besucher auf einer Website dar. Dabei klicken Internetnutzer meist auf die nicht-werblichen, organischen Ergebnisse der Suchmaschine. Entsprechend wichtig ist es, eine möglichst hohe Position in den Ergebnissen bei Google u. a. Suchmaschinen zu erreichen. Die Suchmaschinenoptimierung (SEO) – also das Bemühen, Interseiten zu festgelegten Begriffen höher in den Suchergebnissen zu platzieren – erhält damit einen hohen Stellenwert. Da der Nutzer nicht zwingend direkt auf das Internetangebot des Krankenhauses zugeht, sondern oft gar nicht weiß, dass die Klinik die gewünschten Informationen zu einem Thema auf ihrer Website bereithält, macht Suchmaschinenoptimierung zu einem zentralen Baustein für das Kommunikationsinstrument Internet.

Bundesweit setzen bislang etwa 20 % der Werbetreibenden über alle Branchen hinweg Suchmaschinenoptimierung ein [vgl. Fösken 2009, S. 72], die meisten Krankenhäuser nutzen sie bislang kaum [vgl. Plate 2008, S. 6]. Unternehmen, die auf das Werkzeug verzichten, verschenken damit Marktanteile an aktive Konkurrenten und unterschätzen das Potenzial der Suchmaschinenoptimierung, Nutzer und damit auch potenzielle Patienten auf den eigenen Internetauftritt zu führen, anstatt an Wettbewerber zu verlieren.

Aus Googles starker Marktposition folgt, dass es sich aktuell kaum lohnt, im Hinblick auf andere Suchmaschinen zu optimieren, so dass sich die folgenden Optimierungsfaktoren auf die Wirkungen bei Google ausrichten.

Unter Suchmaschinenoptimierung versteht man alle eingesetzten Mittel oder Methoden, um bei einer bestimmten Kombination von Suchwörtern (Keywords) möglichst weit oben in den Ergebnissen einer Suchmaschine platziert zu sein. Am besten ist es, auf der ersten Seite der Suchergebnisse, also unter den ersten zehn, zu finden zu sein und diese Position dauerhaft zu behaupten (41 % der Suchenden dringen nicht zur Seite zwei der Suchergebnisse vor [vgl. Plate 2008, S. 16], was unter anderem aufgrund einer wachsenden Anzahl von Internetseiten zunehmend schwierig wird. Man unterscheidet zwischen den folgenden zwei Methoden [vgl. Plate 2008, S. 18ff.]:

- **OnPage**: Maßnahmen werden direkt auf der eigenen Website umgesetzt, um das Ranking der Seite zu definierten Suchwörtern zu verbessern.
- **OffPage**: Das Gewinnen vieler und möglichst qualitativ hochwertiger Links auf die eigene Website, die sogenannten Backlinks. Eine Website erhält ein höheres Ranking (PageRank), wenn sie von möglichst vielen anderen Seiten verlinkt wird, da diese Links als Empfehlung gewertet werden.

OnPage-Maßnahmen

- Ermitteln der Keywords: So genannte Keyword-Datenbanken im Internet helfen bei der Identifikation von Suchbegriffen. Die identifizierten Keywords sollten im Fließtext der Seite mindestens einmal vorkommen, jedoch nicht überfrachtend. Man geht davon aus, dass Google das Vorkommen im oberen Bereich der Seite höher wertet.
- Optimierung des Seitentitel: Der Seitentitel wird am oberen Rand des Browsers angezeigt, der Text darin wird von Suchmaschinen besonders stark gewichtet, also ein bis zwei Keywords unterbringen.
- Einsetzen von Überschriften: Auch Überschriften im Fließtext werden von Suchmaschinen beachtet, daher sollten sinnvolle Headlines eingesetzt werden, die Keywords enthalten. Dabei sollte auf die „Verteilung" in der Überschriftsstruktur von H1 bis H6 geachtet werden.
- Wählen der Dateinamen: Die Keywords sollten mit in die Dateinamen einfließen – in die der Webseiten und bei Grafiken oder pdf-Dateien, die zum Download angeboten werden.
- Alternativer Text für Grafiken: da Grafiken von Google nicht gelesen werden können, sollte im sogenannten alt-Tag ein passender, kurzer Text hinterlegt werden. Hier können auch mehrere Suchworte untergebracht werden.

OffPage-Maßnahmen

Google bewertet eingehende Links sehr differenziert, in die Beurteilung fließen zahlreiche Faktoren wie beispielsweise Linkalter, Linktext und umgebender Text ein. Als günstig erweist sich, Links von vielen verschiedenen Internetauftritten zu erhalten, die einen Linktext mit themenrelevanten Begriffen enthalten. Zudem sollte nicht nur die Startseite verlinkt sein, auch

Verweise auf Unterseiten schaffen deutliche Vorteile für diese Seiten.

Eine effektive, aber auch zeitintensive Möglichkeit, qualitativ hochwertige Links zu erhalten, ist die direkte Ansprache von Seitenanbietern, die inhaltlich verwandte Internetauftritte betreiben. Auch ein Linkaufbau durch Linktausch bei thematisch ähnlichen Seiten kann sinnvoll sein.

Sie stellt zwar kein Ranking-Kriterium im klassischen Sinne dar, jedoch bringt die 2008 von Google in Deutschland eingeführte „Universal Search" eine erhebliche Präsenz in den Suchergebnissen mit sich. Seitdem werden nicht nur die ersten zehn Links der Suchmaschinenergebnisse pro Seite angezeigt, sondern auch Google Maps, Bilder, Videos und News. Verfügt das Krankenhaus also online über Bild- und Videomaterial, hat es die Chance, dass diese Inhalte von den Suchmaschinen gefunden, bewertet und gelistet werden.

3.3.5 Neues per Email: Newsletter

Ein Email-Newsletter stellt ein gutes, kostengünstiges und in kurzer Zeit umzusetzendes Instrument dar, um Patienten zu binden und kontinuierlich mit ihnen in Kontakt zu treten sowie potenzielle Patienten für das Haus zu interessieren. Knapp 90 % aller Email-Nutzer abonnieren einen oder mehrere Unternehmensnewsletter und 70 % dieser Abonnenten lesen ihre Newsletter regelmäßig. Aber: Mehr als 50 % der Newsletter würden nicht noch einmal abonniert werden [vgl. Schmitt 2008] – viele Newsletter werden also eher „geduldet", als dass der Leser sich auf das Erscheinen freut. Das Ziel sollte also sein, den Abonnenten einen interessanten, inhaltlich relevanten und gern gelesenen Newsletter zu bieten. So können beispielsweise die jeweiligen Fachexperten des Hauses zu verbreiteten Erkrankungen wie Schlaganfall oder Prostatakrebs und entsprechender Vorsorge informieren oder saisonale Themen wie Sonnenschutz und Reisemedizin aufgreifen. Zudem kann das Krankenhaus über die Newsletter auf neue Serviceangebote oder Patientenveranstaltungen hinweisen. Daneben sollten die besonderen Mehrwerte und der Nutzen des Newsletters kommuniziert werden, indem Abonnenten beispielsweise die ersten Plätze bei Klinik-Events reservieren können oder zum Beispiel zweimal im Jahr Rabatt beim Kauf von Merchandising-Artikeln des Hauses erhalten.

Der Newsletter sollte regelmäßig, z. B. einmal im Monat, per Email an einen mehr oder weniger gleichbleibenden Empfängerkreis versandt werden. Er enthält meist mehrere kurze Meldungen zu bestimmten Themen, durch Anklicken von weiterführenden Links wird der Leser zu detaillierten Informationen auf die Website des Krankenhauses geführt. Der Newsletter kann entweder als Textmail oder als HTML-Mail (farbig und mit Bildern möglich). Entscheidet man sich für das HTML-Format, kann der Newsletter im Corporate Design gestaltet werden und erzielt zusätzlich einen Imageeffekt.

Aufbau des Newsletters

Ein klassisch aufgebauter Newsletter im HTML-Format für potenzielle Patienten kann aus folgenden Bestandteilen aufgebaut sein: Im oberen Teil befindet sich eine Kopfzeile mit dem Newsletter-Namen, einer Angabe zur aktuellen Ausgabe und/oder Datum, dem Logo und dem Link zum Internetauftritt. Darunter folgen das Inhaltsverzeichnis und ein kurzes Editorial des Herausgebers. Leitet das Editorial zur ersten Meldung über, die gleichzeitig auch den größten Nutzen für den Abonnent haben sollte, hat der Leser einen roten Faden beim Einstieg in die Artikel. Im Anschluss an drei bis fünf kurze Meldungen, jeweils mit interessanten Überschriften und Texten, eventuell Bildern und dem jeweiligen Link zur Website mit dem ausführlichen Artikel. Im unteren Bereich folgen das Impressum und eine Abbestellfunktion. Ergänzt man eine Weiterempfehlungsfunktion, können die Leser den Newsletter an Freunde und Bekannte empfehlen; mit einer Feedbackfunktion kann der Empfängern Kontakt zur Klinik aufzunehmen, z. B. für Zuspruch oder Kritik.

Anmeldung

Von allen Empfängern, die mit dem Newsletter angeschrieben werden, muss ein ausdrückliches Einverständnis vorliegen. Dieses kann mit der Anmeldung für den Newsletter über ein Online-Formular auf der Interseite erfolgen. Dieses sollte gut sichtbar und idealerweise von allen Unterseiten aus zugänglich sein. Beim sogenannten Double-Opt-In-Verfahren füllt der Interessierte das Anmeldeformular aus und erhält anschließend per Email eine Willkommensnachricht, in der sich ein Link befindet. Erst mit dem Anklicken dieses Links ist die Anmeldung abgeschlossen. Ein Vorteil dieses Verfahrens ist, dass ein Missbrauch (z. B. eine Anmeldung in fremdem Namen) nahezu ausgeschlossen ist. Die Email-Adresse sollte bei der Anmeldung das einzige Pflichtfeld sein, da man den Newsletter nach dem Telemediengesetz (§ 13 Abs. 6 TMG) auch anonym beziehen können muss. Zusätzliche Daten sollten nur abgefragt werden, wenn sie benötigt werden (z. B. für die persönliche Ansprache im Newsletter); der Abonnent sollte darüber informiert werden, warum diese Informationen erhoben werden.

3.3.6 Erlebnisse im Krankenhaus: Marketingevents

Krankenhäuser als in der Regel wenig angenehm besetzte Orte können mit Events die Möglichkeit nutzen, die Klinik positiv und jenseits des Krankseins mit allen Sinnen zu erlebbar zu machen. (Potenzielle) Patienten und Besucher können bei einem Event in das Geschehen einbezogen werden und sich dabei aktiv mit der Marke „Klinikum XY" auseinandersetzen. Idealerweise wird durch die hohe Kontaktintensität, die direkte Interaktion von Gästen und Mitarbeitern und das aktive Erleben statt passiven Wahrnehmens eine emotionale Bindung an das Haus geschaffen. Zentral ist dabei, dass der Besuch der Veranstaltung für die Teilnehmer ein Erlebnis darstellt, die Besucher des Events diesen oder Teile dessen als Erlebnis für sich werten. Dabei geben in einer Befragung aus dem 2009 drei Viertel der Befragten an, dass Eventmarketing als Instrument nur dann erfolgreich ist, wenn es nachhaltig und langfristig eingesetzt wird [vgl. Forum Marketing-Eventagenturen 2009, S. 9].

Da Eventmarketing vor allem zur Emotionalisierung der Zielgruppe eingesetzt wird, liegt der Zielsetzungsschwerpunkt in psychologischen Kommunikationszielen, welche weiter in affektiv-orientierte und kognitiv-orientierte Kommunikationsziele unterteilt werden können. Zwar liegt das Hauptaugenmerk beim Eventmarketing durch die Vermittlung emotionaler Erlebnisse im Erreichen affektiv-orientierter Kommunikationsziele, jedoch sollte das Krankenhaus mit dem Event auch sachliche Informationen übertragen, also kognitiv-orientierte Ziele verfolgen. Tabelle 2 gibt einen Überblick über psychologische Kommunikationsziele von Events im Krankenhaus.

Als Anlässe für Events lassen sich zum einen bestehende, nationale oder internationale Termine nutzen, die im medizinischen oder gesellschaftlichen Zusammenhang stehen. Zum zweiten kann man sich an lokale und regionale Termine „ranhängen", die einen Bezug zum Haus haben oder herstellen lassen. Nicht zuletzt lassen sich hausintern Anlässe „erfinden", was dem klassischen Marketingevent am nächsten kommt, da die Klinik eigens eine Veranstaltung konzipiert, um Kommunikationsziele zu erreichen.

Beispiele für Event-Anlässe

Bestehende Termine medizinisch:
- Tag der Organspende (erster Samstag im Juni)
- Welt-Aids-Tag (1. Dezember)

Bestehende Termine gesellschaftlich:
- Weltkindertag (20. September) – beispielsweise bei Vorhandensein einer Kinderklinik/-abteilung
- Girl's Day (Mädchenzukunftstag, bundesweiter Berufsorientierungstag für Mädchen zwischen zehn und 15 Jahren; April)
- Tag der Musik – wenn es beispielsweise einen Klinikchor gibt
- Tag des offenen Denkmals (September) – wenn denkmalgeschützte Bausubstanz vorhanden ist

Tab. 2   Psychologische Kommunikationsziele von Events

affektiv-orientierte Ziele	kognitiv-orientierte Ziele
emotionales Erleben des Krankenhauses	Bekanntmachung von neuen Diagnostik- und Therapieangeboten und ggf. Forschungsergebnissen
Aufbau und Pflege einer Beziehung zwischen Krankenhaus und Patient	Vermittlung von zentralen Informationen über Angebote
Einstellungsänderung bei (potenziellen) Patienten	
Verankerung des Hauses im Gedächtnis	aktive Auseinandersetzung der Teilnehmer mit dem Unternehmen bzw. den Angeboten

- Tag der Architektur (letztes Juniwochenende) – bei interessanten Bauten auf dem Klinikgelände

Lokale und regionale Termine:
- Nacht der Medizin
- Nacht des Wissens/Tag der Wissenschaft
- Tag der Technologie

Hausinterne Anlässe:
- Tag der offenen Tür – aufgrund eines Ein-/Umzugs, Renovierung, neuer Ausstattung, Jubiläum
- Vernissage einer Kunstausstellung
- Lesungsreihe

Essentiell ist das Kommunizieren der Veranstaltung oder Eventreihe, damit potenzielle Patienten und Interessierte das Angebot wahrnehmen und nutzen. Denkbar sind dabei gezielte Pressearbeit in Form von Pressemitteilungen an die lokalen und regionalen Tageszeitungen und Wochenblätter und ggf. an Hörfunk- und TV-Sender. Anzeigen in den regionalen Printmedien und in der Krankenhauszeitschrift, in Krankenhaus und Umgebung ausliegende Flyer oder Programmhefte sowie aushängende Poster, der Internetauftritt, Newsletter und ggf. persönliche Einladungsschreiben bei einer spezifischen Patientenzielgruppe sind weitere zentrale Kommunikationsmittel, um den Event zu bewerben. Dabei ist im Sinne einer Integrierten Kommunikation auf einen einheitlichen Auftritt zu achten, also dass sich Gestaltung und Text – abgestimmt auf den jeweiligen Kanal – wiedererkennbar wiederholen, aufeinander verweisen und so aufeinander einzahlen.

Kultur im Krankenhaus

Musik – Mensch – Medizin

Als hausinterner Event-Anlass ist beispielsweise das Durchführen einer hochwertigen Veranstaltungsreihe primär nicht-medizinischer Natur denkbar, um das Image des Hauses positiv und als kompetent aufzuladen und den potenziellen Patienten und Besuchern mit einem schönen Erlebnis in Erinnerung zu bleiben. In ihrem „Geschäft" leistungsstarke und renommierte Partner können zur Weiterentwicklung eines positiven Klinikimages beitragen, ähnlich wie der Imagetransfer beim Sponsoring vom beispielsweise unterstützenden Sportler auf das sponsernde Unternehmen gelingen soll.

Im Universitätsklinikum Hamburg-Eppendorf (UKE) wurde im Jahr 2009 die Konzertreihe „Musik – Mensch – Medizin" erfolgreich etabliert. Im etwa zweimonatlichen Rhythmus fanden in der Eingangshalle des Klinikneubaus klassische Konzerte statt, die alle Patienten, Angehörigen, Gäste und Mitarbeiter kostenfrei besuchen konnten. Das Foyer als ungewöhnlicher und frei zugänglicher Ort erwies sich für die für Musikveranstaltungsreihe als prädestiniert, um möglichst viele potenzielle Gäste auf die Konzerte aufmerksam zu machen – allein der Aufbau von Bühne, Stühlen und im Corporate Design beklebten Paravent erzeugte großes Interesse – und um zu zeigen, dass sich Hochleistungsmedizin einer Uniklinik und ein zu Herzen gehendes kulturelles Angebot für Patienten nicht ausschließen.

Musikalisch wurden die Veranstaltungen unter anderem von hochkarätigen Lokalmatadoren wie dem NDR Chor und Nachwuchskünstlern der Hochschule für Musik und Theater Hamburg bestritten. Alle Konzerte begannen mit einer Anmoderation des Initiators der Musikreihe, dem Ehrenpräsidenten der Musikhochschule und Musikwirkungsforscher Professor Dr. Dr. Hermann Rauhe, der auch zwischen den Stücken etwas zum jeweiligen Komponisten oder dem Werk sagte. Nach der etwa einstündigen musikalischen Darbietung hatten die Konzertgäste bei Getränken und Snacks die Gelegenheit, mit den Künstlern ins Gespräch zu kommen und sich mit (Mit-)Patienten und Besuchern zu unterhalten.

Finanziell unterstützt wurde das Projekt von einer Stiftung aus dem Musikbereich und Förderern aus der Industrie. Medial begleitet wurde „Musik – Mensch – Medizin" von NDR Info im Rahmen einer Medienkooperation. Im Gegenzug dafür war NDR Info mit einem kleinen Infostand an den Konzertabenden präsent, um NDR-Info-Flyer und -Giveaways zu verteilen.

Um die Reihe erfolgreich und einprägsam kommunizieren zu können, wurde ein Key Visual entwickelt, dass sich durch alle eingesetzten Werbemedien zog. Beworben wurde die Veranstaltungsreihe kontinuierlich
- durch Anzeigen in der Unternehmenszeitschrift während der gesamten Konzertreihenzeit (s. Abb. 2),
- mit einem Flyer mit allen Terminen, der auf dem Klinikgelände auslag,
- mit Informationen, Bildern und dem jeweiligen Abendprogramm auf der Internetseite des UKE,
- auf den Internetseiten des NDR,
- an einigen Tagen vor den jeweiligen Konzerten mit Postern auf dem UKE-Gelände und
- mit Programmkarten für den jeweils nächsten Termin, die den Patienten am Konzerttag mittags mit auf das Essenstablett gelegt wurde.

Der kommunikationspolitische Effekt ergab sich bei dieser Konzertreihe auf zwei Ebenen: Die Gäste haben zum einen ein ansprechendes Musikereignis und erleben das

Abb. 2   Veranstaltungsanzeige der Konzertreihe „Musik –
          Mensch – Medizin"; Quelle: QART, Büro für
          Gestaltung, Hamburg

Krankenhaus damit multisensual – akustisch, visuell und
gustatorisch. Ihre positive Erfahrung geben sie durch Mund-
zu-Mund-Kommunikation weiter und empfehlen die folgenden Konzerttermine im Haus. Zum anderen trägt der weiter-
gegebene Erlebnisbericht der Gäste als potenzielle Patienten auch zur Aufwertung des Klinikimages ohne eigenes
Konzerterlebnis im Krankenhaus bei.

3.3.7 Sichtbar präsent im Haus: Infoscreens

Als Beitrag zur angenehmen Raumgestaltung und
gleichzeitig Kommunikationsinstrument lassen
sich gezielt große Infoscreens einsetzen, die beispielsweise im Eingangsbereich aufgestellt oder
aufgehängt werden können und vom Wartebe-
reich aus zu sehen sind. Das Nutzungsspektrum
ist dabei vielfältig: vom Abspielen des Unterneh-
mensfilms über eine Art digitalen Bilderrahmen
mit Fotos in einer Endlosschleife bis hin zu Veran-
staltungshinweisen oder Neuigkeiten des Hauses.
    Gerade Bilder erscheinen geeignet, ein posi-
tives Ambiente im normalerweise eher tristen
Klinikraum zu schaffen. Dabei sollte der Bild-
auswahl großes Augenmerk zukommen: Sym-
bolische Fotos („Imagefotos") mit interessanter
Bildgestaltung und bewusst eingesetztem Schär-
fe-Unschärfe-Spiel erzeugen sicher ein positiveres
Gefühl beim Patienten als Aufnahmen im Repor-
tagestil mit vielen kleinteiligen Bildelementen.
Ein weiterer Vorteil kann das Aufnehmen von
Fotos im eigenen Haus anstatt des Nutzens von
Bildagenturfotos sein, um eine hohe Authentizität zu vermitteln.
    Zudem bieten Infoscreens die Möglichkeit, auf
hauseigene, öffentliche Events, und Fortbildun-

gen und beispielsweise Treffen von Selbsthilfegruppen hinzuweisen. Zudem kann das ggf. vorhandene Klinikvideo gezeigt oder der Screen wird
für Patientenfernsehen mit Untertiteln genutzt.

3.3.8 Bewegte Kompetenz: Unternehmensfilm

Ein Unternehmensfilm bietet die Möglichkeit,
das Krankenhaus positiv, kurz und verständlich
potenziellen Patienten zu präsentieren. Gegenüber statischen Kommunikationsinstrumenten
können bewegte Bilder Informationen anschaulicher darstellen und sie schneller erfassbar machen. Der Patient erlebt Transparenz der Klinik
und kann weiteres Vertrauen fassen, wenn er beispielsweise kurz vor einem Eingriff im Haus steht
und Akteure des Films später auf der Station sieht
und von ihnen betreut wird.
    Das Video kann als etwa zwei- bis dreiminü-
tiges Imagevideo konzipiert werden, bei dem die
Unterstützung eines positiven Images des Krankenhauses im Vordergrund steht. Dabei zeichnet
sich ab, dass bei Imagefilmen Authentizität gefragt ist, journalistische Stilformen wie Interview
oder Befragung dominieren zunehmend mittelbare Formen wie die Off-Stimme eines Sprechers
[vgl. sightseeker Medien GmbH 2009]. Denkbar
sind verschiedene Szenarien des Filmkonzeptes
oder eine Kombination daraus:

■ In verschiedenen Sequenzen werden die klinischen Schwerpunkte des Hauses dargestellt,
  indem beispielsweise der Chefarzt der Neuro-
  logischen Abteilung in Interviewform über die
  Schlaganfallbehandlung in der Klinik spricht
  und davor und/oder danach Bilder der Stroke
  Unit, Pflege der Patienten, besondere Zuwendung seitens der Pflegekräfte etc. gezeigt werden. Zwischen den jeweiligen Schwerpunkt-
  sequenzen liegen allgemeine Informationen
  über das Haus bzw. es wird zum nächsten
  Schwerpunkt hingeführt. Bei diesem Konzept
  steht die Präsentation der medizinischen Leistungsfähigkeit des Hauses im Vordergrund.

■ Anhand eines Patienten, der stationär aufgenommen wird, wird der Ablauf in der Klinik
  gezeigt – von der freundlichen Aufnahme über
  den angenehmen Aufenthalt und die kompetente ärztliche und pflegerische Betreuung
  bis zur Entlassung. Dabei werden Akteure aller beteiligten Berufsgruppen gezeigt und der
  Besuch eines Patienten zieht sich als roter Faden durch das Video. Hierbei stehen der Pa-

tient und seine ärztliche und pflegerische Betreuung im Mittelpunkt, was beim Betrachter ein hohes Identifikationspotenzial hat.

In vielen Fällen wird eine Kombination aus beiden Konzepten angewandt, weitere Konzepte sind zudem möglich.

Da aktuell rund 36 Millionen deutsche Benutzer monatlich Videos im Internet schauen und jeder einzelne Betrachter davon 178 Clips und 16 Stunden Online-Videos pro Monat konsumiert (das ist ein Anstieg von 86 % gegenüber 2008) [vgl. comScore, Inc. 2009], ist das Klinikvideo prädestiniert dafür, auf die eigene Website gestellt zu werden und damit einen großen Kreis an Nutzern zu erreichen. Für den Internetauftritt hat der Film zudem den Vorteil, dass er die Verweildauer auf der Seite erhöht. Ist das Video für den Betrachter interessant und glaubwürdig, wird er wahrscheinlich anschließend auch andere Bereiche der Website besuchen.

Neben dem eigenen Internetauftritt sollten auch Videoportale wie YouTube in Betracht gezogen werden. Die Reichweite des Videos wurde sich damit erheblich erhöhen, zusätzlich kann sich dies positiv auf das Ranking in Suchmaschinen auswirken.

3.3.9 Krankenhaus to go: Merchandising

Merchandising-Produkte sind Träger der Werbebotschaft – des Unternehmensnamens, Logos oder Slogans – und sollen der Zielgruppe einen Nutzen stiften. Das Instrument ist insbesondere aus der Sport- und Filmindustrie bekannt, wo Spitzensportler oder Charaktere des Films als Spielzeugfiguren und über zahlreiche Produkte mit Aufdrucken vermarktet werden. Einige Kinofilme haben mit ihren Merchandising-Erlösen mehr Umsatz und/oder Gewinn generiert als mit ihren Einspielergebnissen. Ob im Krankenhaus ein derartiges Potenzial für extrabudgetäre Erlöse gegeben ist, ist fraglich. Merchandising-Artikel bieten zwar als eine der wenigen Werbeträger die Möglichkeit, sich teilweise oder sogar ganz durch Einnahmen selbst zu finanzieren. Attraktiver ist jedoch der Imageeffekt: Im Corporate Design gestaltete Produkte können zu einem sympathischen Markenbild des Hauses beitragen und identifikationsstiftend wirken. Mit dem Kauf eines Artikels verleiht der Patienten möglicherweise einem Gefühl von „Hier habe mich gut aufgehoben gefühlt" oder „Hier wurde mir geholfen" Ausdruck, signalisiert also Zufriedenheit mit der Leistung des Krankenhauses. Nicht zuletzt sind Klinikartikel beliebte Mitbringsel für Angehörige, was die Reichweite zusätzlich erhöht.

Wichtig ist, das Instrument „Fanartikel" systematisch zu nutzen und den Verkauf zu planen, um den Abverkauf zu sichern. Bei der Produktauswahl können folgende Kriterien in Betracht gezogen werden [vgl. Zehnder 2008, S. 46]:

- Kundenorientierung: Nutzwert für den Käufer (Würde der Patient den Artikel benutzen?)
- Image: Passfähigkeit und Bezug zum Unternehmen (Passt der Artikel zur Klinik und ist er dem Haus angemessen?)
- Qualität: Entsprechen Anmutung und Wertigkeit des Produkts dem Haus?
- Praktikabilität: internes Handling des Artikels (Ist das Logo/die Botschaft auf der verfügbaren Druckfläche gut erkennbar?)
- Preis: Ist der Fanartikel zu einem marktfähigen Endverbraucherpreis verkaufbar und verursacht der Einkaufspreis dem Haus akzeptable Kosten?

Gezielt beworben werden kann die Klinik-Kollektion am Point of Sale beispielsweise über Anzeigen in der Hauszeitschrift, über Poster im Hause oder über ausliegende Flyer sowie über die Klinikinternetseite.

Im Verkauf muss gesichert sein, dass die Patienten die Artikel für Impulskäufe wahrnehmen, indem die Produkte beispielsweise über den hauseigenen Kiosk mit patientenfreundlichen Öffnungszeiten verkauft und da an prominenter Stelle platziert werden. Andere mögliche Verkaufsstellen sind der Empfang, gastronomische Einrichtungen auf dem Gelände oder mobile Snack-Wagen, die täglich über die Stationen fahren. Nicht zuletzt kommt die Klinikinternetseite mit einem Online-Shop als Vertriebskanal in Frage. Etwa zehn bis 15 % der deutschen Krankenhäuser nutzen derzeit Merchandising-Artikel, die Tendenz ist steigend.

Beispiele für Merchandising-Artikel

- Tassen, Becher
- Schlüsselanhänger
- Kugelschreiber, Notizbücher
- T- und Sweatshirts
- Basecaps
- Taschen
- Schirme
- Babyphon
- Plüschtiere

3.4 Gesetzliche Grundlagen

Kliniken sind im Werben für Ihre Leistungen im Vergleich zu anderen Branchen zwar eingeschränkt, der gesetzliche Rahmen bzw. dessen Auslegung hat sich in den vergangenen Jahren jedoch gelockert. Spezielle Rechtsgrundlagen für die Außendarstellung des Krankenhauses gibt es nicht, es unterliegt diesen allgemeinen Rechtsvorschriften:

Gesetzliche Vorgaben im Klinik-Marketing auf deutschem Gebiet
- *Muster-Berufsordnung für die deutschen Ärztinnen und Ärzte (MBO-Ä)*
- *Heilmittelwerbegesetz (HWG)*
- *Gesetz gegen den unlauteren Wettbewerb (UWG)*

Aus den Vorschriften der Muster-Berufsordnung für die deutschen Ärztinnen und Ärzte (MBO-Ä), des Heilmittelwerbegesetzes (HWG) und des Gesetzes gegen den unlauteren Wettbewerb (UWG) folgen Einschränkungen für das Marketing des Krankenhauses, um eine Kommerzialisierung des ärztlichen Berufes und Ausnutzen von Patientenvertrauen zu verhindern. Die drei Rechtsvorschriften gelten unabhängig voneinander, so dass die Klinik bei Marketingmaßnahmen prüfen muss, ob diese allen drei Vorschriften gerecht wird.

Neben den genannten gesetzlichen Vorschriften gibt es eine Vielzahl gerichtlicher Einzelentscheidungen zur Zulässigkeit bestimmter Werbemaßnahmen. So ist beispielsweise das für Krankenhäuser häufig schwierig umzusetzende so genannte „Weißkittelverbot" (§ 11 Absatz 1 Satz 1 Nr. 4 HWG) im Jahr 2007 höchstrichterlich geprüft worden [vgl. Weddehage 2008, S. 622]. Bisher war das Veröffentlichen von Darstellungen von Ärzten und Schwestern in Berufskleidung oder bei Ausübung ihres Berufes nur in Imagebroschüren zulässig. Nun ist es auch in anderen Fällen möglich, zum Beispiel bei der kommunikativen Darstellung von Diagnostik und Therapie bestimmter Erkrankungen, solange die Informationsvermittlung und keine konkrete fachliche Handlungsempfehlung im Vordergrund steht. Das Verbot bleibt bestehen, wenn davon eine konkrete Gefährdung der Patienten zu vermuten ist und beispielsweise eine bestimmte Behandlungsmethode empfohlen wird. Solange die Werbung zu einem medizinischen Verfahren in erster Li-

nie informativ dargestellt wird, muss nicht mehr zwingend das Abbildungsverbot im weißen Kittel berücksichtigt werden [vgl. Weddehage 2008, S. 622].

Die Grenzen zwischen „informieren" und „werben" sind jedoch fließend und nicht immer trennscharf. Generell dürfen die Angaben in Kommunikationsmaterialien nicht anpreisend, irreführend oder vergleichend sein. Sachliche berufsbezogene Information ist erlaubt.

Zulässig sind unter anderem [vgl. DKG 2009]
- Informieren über neue Untersuchungs- und Behandlungsmethoden
- allgemeines Darstellen des Leistungsangebotes sowie Einrichtungen, Labore, angebotene Therapien, sofern damit keine konkrete Behandlung beworben wird
- Abbilden von Räumen, Gebäuden, medizinischen Geräten, bspw. Reagenzgläsern, Stethoskopen oder ähnlichen medizinischen Werkzeugen; auch Röntgenbilder können gezeigt werden
- Darstellen von Ärzten und Pflegekräften in Berufskleidung bei Imagewerbung und Beschreibung von Diagnostik und Therapie bestimmter Krankheiten (unzulässig, wenn bestimmte Behandlungsmethoden empfohlen oder angepriesen werden)
- Zeigen von Portraitfotos der Ärzte und Pflegekräfte
- Nennen von Schwerpunktbezeichnungen und erworbenen Qualifikationen
- Verweisen oder Verlinken auf Gutachten, Fachaufsätze, wissenschaftliche oder Fachveröffentlichungen, wenn damit keine konkrete Behandlung, ein Verfahren oder Heilmittel beworben werden
- eine Statistik über die Anzahl von durchgeführten Operationen und allgemeine Hinweise und Informationen über die Art und Weise der durchgeführten Eingriffe (Vorgehensweise, Liegezeiten etc.)
- Sponsoring des Krankenhauses (unzulässig, wenn Übertreibungen oder Verknüpfungen zur direkten Patientenwerbung vorliegen)

Unzulässig sind unter anderem [vgl. DKG 2009]
- anpreisende, werbliche Darstellung
- Werben eines Arztes/Angehörigen eines Heilberufes für Arzneimittel, Medizinprodukte, ein konkretes Verfahren oder eine bestimmte Behandlung in Berufsbekleidung oder beim Ausüben seiner beruflichen Tätigkeit, wenn

dabei nicht die Information im Vordergrund steht und der Eindruck entsteht, ein Therapieverfahren sei aus Fachsicht besonders zu empfehlen
- Zeigen von Vorher-Nachher-Darstellungen bei Behandlungen
- Verwenden von Superlativen (bspw. „die beste Klinik", „die umfangreichste Ausstattung")
- Verweisen oder Verlinken von der allgemeinen Seite einer Klinik zu Fachaufsätzen oder Veröffentlichungen (bspw. das Verlinken von Texten zur Kinderintensivbehandlung auf der Internetseite der Kinderintensivstation)
- Einsetzen von Krankengeschichten oder Danksagungen
- Werben für eine Behandlung mit fremdsprachlichen Ausdrücken, die nicht in den allgemeinen Sprachgebrauch übergegangen sind

Literatur

comScore, Inc. (2009) 36 Million German Internet Users Viewed More Than 6 Billion Videos Online in August 2009, Press Release Oct 26th 2009, www.comscore.com/Press_Events/Press_Releases/2009/10/36_Million_German_Internet_Users_Viewed_More_Than_6_Billion_Videos_Online_in_August_2009

Deutsche Krankenhausgesellschaft (2009) Werbung durch das Krankenhaus: Gesetzliche Grundlagen, Rechtsprechung, Hinweise zur Durchführung, Berlin

Forum Marketing-Eventagenturen (2009) Event-Klima 2009: Die Entwicklung und die Trends der Live-Kommunikation: Eine Expertenbefragung im Auftrag des Forum Marketing-Eventagenturen, Rheda-Wiedenbrück 2009

Fösken, S (2009) Werben in Suchmaschinen. In: Absatzwirtschaft, 9/2009, H. 9, S. 72–75

Lovelock C H, Patterson P G, Walker R H (2007) Services Marketing, Frenchs Forest 2007

Meffert H (2005) Marketing: Grundlagen marktorientierter Unternehmensführung: Konzepte, Instrumente, Praxisbeispiele, Wiesbaden

Meffert H, Bruhn M (2009) Dienstleistungsmarketing: Grundlagen, Konzepte Methoden, Wiesbaden

Meffert H, Bruhn M (2000) Dienstleistungsmarketing: Grundlagen – Konzepte – Methoden, Wiesbaden

Plate A (2008) Vorteile und Möglichkeiten der Suchmaschinen-Optimierung auf einer dezentral betreuten Website am Beispiel des Universitätsklinikums Hamburg-Eppendorf, Abschlussarbeit

Rust R T, Zahorik A J, Keiningham T L (1996) Service Marketing. HaperCollins, New York

Schmitt H (2008) Erfolgreiches Newslettermarketing – Teil I, www.contentmanager.de/magazin/artikel_1903_newsletter_marketing_grundlagen.html

sightseeker Medien GmbH (2009) www.sightseekermedien.de/videomarketing/imagefilm

Statistisches Bundesamt (2009) Statistisches Jahrbuch 2009: Für die Bundesrepublik Deutschland, Wiesbaden

Weddehage I (2008) Werbung durch Krankenhäuser. In: das Krankenhaus, 100. Jg. (2008), H. 6, S. 622–626

Zehnder A (2008) Teddys, Knirpse, Doktor-Shirts. In: kma, 12/2008), S. 44–46

4 Unternehmenskommunikation – eine Notwendigkeit auch für Krankenhäuser

Siegmar Eligehausen

Eligehausen Kommunikation, Hamburg

Unternehmenskommunikation ist nicht alles, aber ohne sie geht es im Wettbewerb gar nicht. Denn gute Medizin anzubieten, reicht für Kliniken längst nicht mehr aus. Zu einem professionell arbeitenden Klinikum gehört eine ebensolche Unternehmenskommunikation mit entsprechenden Fachleuten. Die Basis für ihre Arbeit bildet die Strategie des Hauses. Hier setzt die Kommunikation mit einem Umsetzungsplan auf, der die Gesundheitsangebote und das Unternehmen ins Zentrum stellt. Er beinhaltet klare Kommunikationsregularien, ein Krisenkommunikationssystem, Medienkooperationen, eigene Publikationsplattformen und Marketingaktivitäten, die interne und externe Netzwerke einschließen. Die Unternehmenskommunikation ist neben ihren strategischen Aufgaben zu einem großen Teil Dienstleister für das Kerngeschäft, die Medizin. Die Führungskräfte aus Medizin, Pflege und Management unterstützen sie als Themengeber und Akteure und bilden zusammen mit dem Kommunikationsbereich ein internes Experten-Netzwerk. Unternehmenskommunikation braucht *Gesichter*. In wachsendem Maße nutzen Chefärzte ihre Möglichkeiten, ihr Haus und ihre Gesundheitsangebote in der Öffentlichkeit und in den Medien zu präsentieren. Sie tragen damit zum Erfolg ihres Klinikums bei. Das Thema Kommunikation ist eine Führungsaufgabe und gehört auch in Auswahlgesprächen zur Besetzung von Managementpositionen und ärztlichen Leitungsfunktionen zum Anforderungsprofil.

Die Gesundheitsbranche ist im Wandel. Gute Medizin zu machen, reicht für Kliniken nicht mehr aus. Um am Markt erfolgreich bestehen zu können, benötigen sie eine professionelle Unternehmenskommunikation. Anders als Betriebe anderer Branchen haben Kliniken in Deutschland die Chancen und Potenziale der Unternehmenskommunikation für ihre Häuser erst verhältnismäßig spät entdeckt. Was vielen Klinikchefs noch vor wenigen Jahren abwegig erschien, gehört zunehmend zum Alltag bundesdeutscher Kliniken: eine aktive, offensive, strategisch angebundene Unternehmenskommunikation und ein professionelles Marketing. Unabhängig vom jeweiligen Eigentümer, bei Universitätsklinika, Kreis- und Stadtkrankenhäusern der sog. Regel- und Schwerpunktversorgung bis hin zu Spezialeinrichtungen setzt sich die Erkenntnis durch:

Unternehmenskommunikation ist im Wettbewerb der Kliniken ebenso unverzichtbar wie die hohe Qualität der medizinischen Angebote und Pflege, die Wirtschaftlichkeit und der besondere Service.

Ging es zunächst um die Positionierung des Klinikums, dann um die Gewinnung von Patienten und die Einbindung von Einweisern und anderen Gesundheitspartnern, so steht künftig auch die Rekrutierung des ärztlichen, pflegerischen und therapeutischen Nachwuchses im Fokus der Kommunikationsaufgaben. Zunehmend begreift das Klinikmanagement, dass sich Ausgaben für Unternehmenskommunikation und Marketingmaßnahmen wirtschaftlich lohnen, sie werden nicht mehr ausschließlich unter Kostengesichtspunkten betrachtet. Sie sind, ebenso wie Innovationen, Investitionen in eine erfolgreiche Zukunft.

4.1 Unternehmenskommunikation als Teil der Unternehmensstrategie

Unternehmenskommunikation folgt den strategischen Unternehmenszielen. Was den Alchimisten im Mittelalter nicht gelungen war, aus minderwertigen anorganischen Stoffen Gold herzustellen, kann auch eine kreative und professionell arbeitende Unternehmenskommunikation in einem ungenügend aufgestellten Gesundheitsunternehmen nicht richten. Natürlich muss Unternehmenskommunikation auch auf Defizite und Versäumnisse hinweisen, sind doch ihre Mitarbeiter auch Seismographen öffentlicher Diskussionen, Trends und Einstellungen, und erhalten vielfältig Rückmeldungen, Hinweise und Kritiken, nicht zuletzt auch über informelle Gespräche mit Journalisten.

Zu allererst stehen die Fragen:
- Behandelt ein Krankenhaus seine Patienten tatsächlich als Kunden,
- stellt es sich permanent auf veränderte Bedürfnisse ihrer jeweiligen Patienten ein,
- bietet es den gewünschten Service,
- hat es sich von einem institutionenorientierten Krankenhaus zu einem patientenzentrierten Gesundheitsdienstleister gewandelt,
- verfügt es über moderne Prozesse und Abläufe,
- fließen die finanziellen und personellen Ressourcen auch dorthin, wo sie benötigt werden, nämlich in die individuelle medizinische Behandlung ihrer Kunden auf der Grundlage von geprüften Qualitätsstandards?

Wie sind die Arbeitsbedingungen der Mitarbeiter? Sind sie positive Multiplikatoren oder Kritiker und Beschwerdeführer am Patientenbett? Heißt die Devise für die Mitarbeiter *immer schneller laufen und arbeiten* oder *anders arbeiten*? Verfügt das Klinikum bereits über enge Netzwerke nach innen und außen?

Wie in anderen Branchen ist Unternehmenskommunikation eine höchst anspruchsvolle Führungs- und Expertenaufgabe, die direkt an das Management angebunden wird. Wenn in einem Gesundheitsunternehmen ein Kommunikationsbereich eingeführt bzw. die dortige Arbeit verbessert werden soll, empfiehlt es sich, zuvor einige der folgenden Überlegungen anzustellen:
- Was sind die Ziele der Klinik?
- Wo steht sie heute im Wettbewerb, wie ist ihr Image, wo will und muss sie hin?
- Was sind die Stärken und die Schwächen der Klinik?
- Was sind die Jahresziele des Unternehmens?
- Welche Zielvereinbarungen wurden mit den Führungskräften geschlossen, welche Ergebnisse sollen in welchem Bereich erreicht werden?
- Welche Unternehmensbereiche, welche Angebote sollten, welche müssen gefördert werden?
- Bestehen Risiken für das Klinikum. Was macht die Konkurrenz?
- Welche Akteure sind ihre *Gesichter*? Was können sie und was sollten sie noch lernen?
- Welche Bereiche *laufen von allein*?
- Welche Ereignisse stehen bevor: bauliche Maßnahmen, eine Neuorganisation, eine Zertifizierung, ein neuer Chefarzt, neue Geräte und Therapien?
- Welche Erfolge können *verkauft* werden?
- Was gilt es dabei, in der Presse- und Öffentlichkeitsarbeit bzw. im Marketing zu bedenken?

Aus diesen Überlegungen lassen sich dann Kommunikationsziele und -schwerpunkte ableiten, die in einem Grobkonzept zusammengefasst werden. Dieses gibt die strategische Leitlinie der Kommunikation für die kommenden Monate bzw. für das anstehende Jahr ab.

Um es bereits jetzt vorwegzunehmen: Klinikkommunikation erfordert hochprofessionelle Mitarbeiter. Zu empfehlen ist eine eigene Leitung der Unternehmenskommunikation, bzw. der Pressestelle und, je nach Größe des Unternehmens, ein Kommunikationsteam, das über vielseitiges Wissen und Talente verfügt und das in der Lage ist, nach innen wie nach außen ergebnisorientiert, glaubwürdig sowie schriftlich und mündlich geschickt und verbindlich zu kommunizieren.

4.2 Unternehmenskommunikation heißt zielgerichtete Kommunikation

Kliniken brauchen für ihren Erfolg Netzwerke und gute Beziehungen zu allen relevanten internen und externen Zielgruppen. Die Unternehmenskommunikation unterstützt das Klinikmanagement dabei.

Da sind zunächst die internen Zielgruppen zu nennen: Dies sind die Mitarbeiter, Führungskräfte, Eigentümer bis hin zu den Personalräten, die es kontinuierlich zu informieren und in den Kommunikationsprozess einzubinden gilt. Sie alle sind in ihrem Umfeld Botschafter des Hauses, ihr Engagement und ihre Motivation bilden den Motor des Hauses. Als Kommunikationsmittel bieten sich in diesem Bereich verschiedene Instrumente an (s. Abb. 3). Die Mitarbeiterzeitung ist dabei das klassische- aber auch das aufwendigste Instrument, umfasst sie doch in der Regel mehrere Seiten bis hin zum Zeitungsformat und setzt eine Redaktion voraus. Größeren Unternehmen ist ein Redaktionsteam aus Mitarbeitern unterschiedlicher Arbeitsbereiche zu empfehlen, da hierdurch der Informationsfluss über Bereichsgrenzen hinweg gesichert ist. Allerdings sollte ein leitender Redakteur die Zügel in der Hand behalten. Doch nicht alle Kliniken wollen eine eigene Mitarbeiterzeitung, wie gesagt, sie ist sehr aufwendig. Gerade kleinere nutzen Mitarbeiter-Newsletter als Druck oder Onlineformat, das Intranet als Kommunikationsplattform bis hin zu Infoblättern für kurze Mitteilungen. Aber auch Mitarbeiterinformationsrunden, Mitarbeiterfeste oder *After-work-Partys* gehören zum Instrumentarium einer facettenreichen internen Kommunikation. Im weiteren Sinne können auch die internen Weiter- und Fortbildungsmaßnahmen zur Mitarbeiterkommunikation gezählt werden.

Besondere Aufmerksamkeit gilt bei der internen Kommunikation den Führungskräften, insbesondere den Chefärzten des Unternehmens. Sie sind die „Gesichter" und damit verbunden die Image- und Reputationsträger der Klinik. Sie sollten das Angebot zur intensiven Zusammenarbeit mit der Unternehmenskommunikation erhalten und gut in die Repräsentation der Klinik eingebunden werden. In einigen Unternehmen wird das Thema *Unterstützung der Unternehmenskommunikation/Presse- und Öffentlichkeitsarbeit* bereits in die Zielvereinbarungsgespräche mit Führungskräften aufgenommen.

Zu den externen Zielgruppen gehören ganz unterschiedliche Ansprechpartner, wie die Öffentlichkeit, die Gesundheitswirtschaft als auch Patienten, Gesundheitspartner und Verbände sowie die regionale und überregionale Presse, Fachzeitschriften und nicht zu vergessen, Politik und Parteien (s. Abb. 4). Sie alle sind in die Planung der Aktivitäten der Unternehmenskommunikation mit einzubeziehen.

Zu den wichtigsten *externen Ansprechpartnern* – neben der allgemeinen Öffentlichkeit – zählen die Patienten sowie zunehmend die Gruppe der Zuweiser aus der Gruppe der Gesundheitspartner. Hierbei prägt in Zeiten von integrierten Verträgen (IV-Verträ-

Abb. 3   Instrumente der Unternehmenskommunikation

Abb. 4   Zielgruppen der Unternehmenskommunikation

gen) zunehmend die Gründung von Medizinischen Versorgungszentren (MVZ) den Erfolg eines Klinik-Unternehmens. Das heißt, auch diese, immer stärker an Bedeutung gewinnenden Partner, sind in den ständigen Informationsfluss einzubeziehen.

Die externe Öffentlichkeit wird im Allgemeinen über die regionalen und überregionalen Medien informiert; sie sind die Multiplikatoren. Der Zugang erfolgt über die Journalisten: Ob aus Lokal- oder Fachpresse, von Hörfunk- oder Fernsehsendern: Journalisten haben den öffentlichen und von der Verfassung gesetzten Auftrag über öffentlich relevante Ereignisse zu berichten. Es ist Aufgabe der Unternehmenskommunikation – und hier insbesondere der Pressestellen der Kliniken – die unterschiedlichen Anforderungen der Medienberichterstattung zu berücksichtigen: Hörfunk- und Fernsehjournalisten brauchen für ihre Berichterstattung kurze, klare Statements (sogenannte O-Töne vom Pressesprecher oder einem Vertreter des Klinikmanagements), während ihre Kollegen von Magazinen und Zeitungen griffige schriftliche Zitate für ihre journalistische Arbeit benötigen. Hintergrundwissen muss allen Journalisten unabhängig von ihrem Medium vermittelt werden. Je besser man diese Besonderheiten kennt, desto erfolgreicher ist die Pressearbeit.

Bezogen auf die Positionierung im Markt spielt auch die Fachöffentlichkeit eine große Rolle. Eine Veröffentlichung in einer Fachzeitschrift im Jahr, wenn nicht öfters, sollte ein angestrebtes Ziel sein. Zur Kommunikation mit den weiteren externen Kommunikationspartnern wie Gesundheitswirtschaft, Verbände und nicht zuletzt die Politik ist das Networking unverzichtbar. Ein weit verflochtenes Netz an Kontakten, Kooperationen, Mitgliedschaften, Zuständigkeiten und Interessensgruppen gilt es regelmäßig, intensiv und unter Berücksichtigung vieler Einflussfaktoren zu pflegen. Auch hier ist die Pressearbeit ein wichtiges Mittel, doch ebenso bedeutsam sind Veranstaltungen, Foren und Gesprächsplattformen und nicht zuletzt die Präsenz auf Kongressen, auf denen sich über die neuesten Trends ausgetauscht wird und neue Kontakte geknüpft werden.

Zum Schluss noch ein Wort zur Kommunikation mit der regionalen und kommunalen Politik. Krankenhäuser sind bedeutende Wirtschaftsfaktoren in der Region. Mehr Unterstützung im Standort- und Landesmarketing (z. B. bei der Gewinnung von Nachwuchskräften) wäre oft wünschenswert. Dies bleibt eine wichtige Netzwerkaufgabe für Klinikmanagement und seine Unternehmenskommunikation.

4.3 Workshops: Interne Netzwerke schaffen

Die gute interne Vernetzung mit den Führungskräften und vielen Mitarbeitern ist für eine aktive und offensive Unternehmenskommunikation unabdingbar. Informationen über Kundenwünsche, die Stimmung im Hause, Probleme und besondere Vorkommnisse, interessante Themen und Vorhaben o. ä. würden nicht oder nur verspätet fließen. Presseanfragen und -aktivitäten ließen sich nicht zügig bearbeiten.

Kommunikation ist selbstverständlich auch Kontaktarbeit. Die Mitarbeiter der Unternehmenskommunikation müssen bekannt und häufig vor Ort sein, sie sollten wissen, was läuft. Da längst nicht allen Führungskräften die Bedeutung der Kommunikation und ihre eigene Rolle bewusst sind, haben sich sog. Vernetzungworkshops bewährt. In diesen drei- bis vierstündigen Veranstaltungen gibt die Unternehmenskommunikation Einblick in ihre Aufgaben, erklärt den Teilnehmern Grundlagen und Spielregeln und zeigt Möglichkeiten der engeren Zusammenarbeit auf. Diese Workshops können für medizinische und nichtmedizinische Führungskräfte bis hin zu den Stationsleitungen der Pflege konzipiert werden, aber auch für Chefsekretärinnen, die eine sehr wichtige Rolle im Getriebe der Abteilungen, Zentren und Kliniken und natürlich in der Außenwahrnehmung spielen. Erfahrungen haben gezeigt, dass Führungskräfte und insbesondere Chefsekretärinnen zumeist hoch motiviert und bereit sind, enger mit der Unternehmenskommunikation zusammen zu arbeiten.

Voraussetzung für derartige Workshops ist natürlich, dass Vorstand bzw. Geschäftsführung das Interesse an der internen Vernetzung eindeutig formuliert, die Teilnehmer schriftlich einlädt und im Workshop persönlich begrüßt. Damit sendet die Klinikleitung eine klare Botschaft: Die Unternehmenskommunikation ist ihr besonders wichtig. Schließlich lassen sich Workshop-Ergebnisse in einem hauseigenen Kommunikationsleitfaden mit

- Fotos,
- Telefonnummern und Mailadressen der Kommunikationsexperten,
- Zuständigkeiten,
- Erreichbarkeit im Krisen- und Notfall,
- Nacht- und Wochenendbereitschafts-regelungen,
- Meldewege für besondere Vorkommnisse,
- Informationen zur Mitarbeiterzeitung,
- Hinweise für die Er- und Bestellung von Flyern,

- Broschüren,
- Visitenkarten bis hin zu
- Medienkooperationen

zusammenfassen.

4.4 Instrumente der Klinikkommunikation

Der Wandel in der Gesundheitsbranche verlangt zunehmend statt einheitlicher und gemeinsamer Ansprache der Kunden, differenzierte und diversifizierte Angebote. Trotzdem gibt es Standards – die klassische Presse- und Öffentlichkeitsarbeit beispielsweise, der Internetauftritt, Publikationen und Veranstaltungen.

Grundlage der Unternehmenskommunikation in Kliniken ist die klassische Presse- und Öffentlichkeitsarbeit: der regelmäßige *Medienkontakt über Pressemitteilungen, Pressekonferenzen, Hintergrundgespräche und Interviews* nebst der Pflege eines umfangreichen Presseverteilers. Voraussetzung ist allerdings ein individueller Unternehmensauftritt – ein einheitliches, leicht zu bedienendes Erscheinungsbild (Corporate Design), das in sämtlichen Veröffentlichungen, im Internet und bei Publikationen die einheitliche und unverkennbare Handschrift der Klinik trägt.

Das zweite Grundlagen-Instrument ist ein *professioneller, kontinuierlich gepflegter Internetauftritt,* welcher ebenfalls auf das Corporate Design abgestimmt ist. Dieser sollte auf Zielgruppen abgestimmte Portale besitzen, für

- Patienten bzw. Angehörige,
- Mediziner (Ärzte, Pflege) und
- Presse.

Auch ein Intranet für die interne Klinikkommunikation sollte eingerichtet sein.

Darüber hinaus sind die *Publikationen* zu erwähnen. Zum Standard gehören inzwischen mehr oder weniger:

- eine Imagebroschüre
- ein Imagefilm (von ca. 5 Min. Dauer)
- Patientenbroschüren
- Patienten-Informationen zu den Volkskrankheiten bzw. Hauptdiagnosen
- Newsletter für einweisende Ärzte (elektronisch und/oder gedruckt)
- Newsletter für Patienten (elektronisch und/oder gedruckt)
- Mitarbeiterzeitschrift bzw. Newsletter
- Unternehmens-Zeitschrift für Kunden, Freunde, Förderer, Zulieferer, Geschäftspartner usw.

Ein weiteres sehr breites Feld bilden *Veranstaltungen*. Hierzu zählen Veranstaltungen für die Öffentlichkeit, z. B. Tag der offenen Tür oder Laienvorlesungen in unterschiedlichster Form, dann gibt es Informationsveranstaltungen für Patienten und Angehörige bis hin zum Neujahrsempfang für Politik und Wirtschaft. Eigene Formate können auch für potenzielle Förderer, Sponsoren oder VIP's entwickelt werden. Hinzu kommt die interne Kommunikation: z. B. Mitarbeiterfeste, etc.

Ein sehr erfolgreiches Kommunikationsmittel sind *Medienkooperationen*. Hier werden mit den Medien zusammen Informationskooperationen geschlossen, die sich vom Expertentipp im Wochenblatt über regelmäßige Beilagen bis hin zu von Journalisten moderierten Informationsveranstaltungen erstrecken können.

Ziel bei allen diesen Instrumenten ist: Die Öffentlichkeit für sich einnehmen, zu überzeugen und ein unverwechselbares, positives Image aufzubauen, das auch langfristig und sogar bei krisenhaften Ereignissen trägt.

Auch in den Maßnahmen der Klinikkommunikation bleibt nichts wie es ist oder einmal war.

Die Endo-Klinik in Hamburg gibt neuerdings Patienteninfos als Hörbücher heraus. Darin berichten Patienten über ihre Erfahrungen in der Klinik – eine Innovation, für die die Endo-Klinik im Dezember 2009 beim Kommunikationskongress der Gesundheitswirtschaft in Hamburg ausgezeichnet wurde.

Auch die neuen *sozialen Medien wie Twitter oder Facebook* sind zu beachten. Sie nehmen zwar noch keinen ernst zu nehmenden Raum in der Unternehmenskommunikation von Kliniken ein, trotzdem sind die Entwicklungen auch in diesem Bereich mit Interesse zu verfolgen, da sie zur Meinungsbildung über eine Klinik mit einer unglaublichen Geschwindigkeit beitragen können. Auch Kommunikationsplattformen im Internet, Bewertungsportale spielen eine immer größere Rolle – auch diese sind zu beobachten.

Wichtige Regel: *Keine Alleingänge bei Kontakten zu Journalisten!*

Viele Chefärzte haben gute Kontakte zu Journalisten, Chefredakteuren oder Verlagsleitern. Man kennt sich, und man trifft sich bei gesellschaftlichen Anlässen. Doch Vorsicht: Solche Verbindungen dürfen nicht unreflektiert genutzt werden. Derlei Alleingänge von Ärzten haben schon manchem Pressesprecher Schweißtropfen auf die Stirn getrieben, wenn es darum ging, Schadensbegrenzung zu betreiben. „Einfangen" lässt sich eine Information, ist sie erst einmal in der Welt, nämlich nicht mehr. Was dem einen oder anderen auf den ersten Blick als Zensur und Einschränkung von persönlichen Rechten vorkommen mag, hat einen wichtigen Grund: Journalisten sollen nicht ermutigt werden, „Schleichwege" zu nehmen und Mitarbeiter – und seien es auch Chefärzte – auszuhorchen. Dies geschieht bevorzugt bei Negativnachrichten.

Die Regel sollte sein: *Bei Kontakt zur Presse stehen Mitarbeiter der Presseabteilung den Ärzten bzw. dem Management mit Rat und Tat zur Seite, bereiten ein geplantes Gespräch gemeinsam vor, weisen auf mögliche Fallstricke hin und sind als Gesprächspartner beim Treffen oder beim Telefonat mit Journalisten anwesend.*

Dieses Vorgehen dient dem Schutz der Klinik, aber ebenso auch dem Schutz der Mitarbeiter. Das signalisiert auch den Journalisten: Hier sind nicht nur auf medizinischer Ebene Profis am Werk. Unternehmenskommunikation ist und bleibt ein Mannschaftsspiel. Der Spielführer ist dabei der Kommunikationschef und ordnet das Team. Meist geht es um medizinische Themen. Daher spielen die Chefärzte und ihre Abteilungen bildlich gesprochen im Sturm. Denn was erwartet man von ihnen? Tore! Jeder gute Artikel, jeder gute Fernseh- oder Rundfunkbeitrag ein Treffer: Das ist das Ziel, und nur als Team lässt sich hier gewinnen.

4.5 Krisenkommunikation: Vorbeugen ist besser als heilen

Ein weiteres wichtiges Feld der Unternehmenskommunikation ist die Krisenkommunikation. Es stellt sich in der Regel nicht die Frage, ob eine Krise eintritt. Es stellt sich die Frage, wann und in welcher Form sie eintritt. Weil sie das sensible Produkt Gesundheit anbieten, stehen Kliniken mehr als andere Betriebe im Fokus der Öffentlichkeit. Ob am falschen Bein eingesetzte Kniegelenke oder in abgelegenen Fahrstühlen vergessene Patienten, ob Salmonellen in der Kantine, ärztliche oder pflegerische Kunstfehler oder Auseinandersetzungen vor Arbeitsgerichten: Nichts ist unmöglich. Nur: Ein

wenig professioneller kommunikativer Umgang mit dem Thema kann das Ansehen einer Klinik auf lange Sicht gefährden, wenn nicht gar beschädigen.

Deshalb gilt Krisenkommunikation als Königsdisziplin der Unternehmenskommunikation. Zwei Varianten sind zu unterscheiden:

1. **Die ‚Beinahe-Krisen':** Das sind besondere Vorkommnisse, wie ein atypischer Vorfall, z. B. Medikamentenverwechslung, permanenter Baulärm, Verzögerungen im Ablauf, heftige Patientenbeschwerden etc. Hier sind feste regelmäßige Meldewege zu allen sensiblen Krankenhausabteilungen zu installieren: dem Qualitätsmanagement, dem Beschwerdemanagement, der Rechtsabteilung, der Bauabteilung etc. Sie müssen regelmäßig an die Unternehmensleitung berichten. Vorteil ist, dass dann die Unternehmensleitung und die Presseabteilung bereits bevor etwas zur Krise wird, sprachfähig sind.
2. **Wenn ein Krise eintritt.** Das heißt, wenn tatsächlich ein Fehler passiert, ein Schaden eingetreten ist und auch die Presse bereits nachgefragt hat. Hier haben sich in vielen Kliniken bereits Notfallpläne durchgesetzt, die genau den Ablauf der erforderlichen Recherche festlegen: Was ist wann, wo, wie und mit wem passiert? Es folgt oft die Bildung eines Krisenstabes mit der Geschäftsführung, medizinischen, juristischen Experten und dem Kommunikationsexperten. Dabei sind Regeln zur Kommunikation nach außen einzubeziehen.

Wichtig dabei: Bei Journalistenanrufen sollte innerhalb von zwei Stunden reagiert werden, die Sprachregelung sollte festgelegt sein und es sollte immer eine Eskalationsstufe eingebaut sein. In der Regel spricht der Pressesprecher.

Krisen fangen klein an. Der Anruf eines Journalisten in der Pressestelle lässt intern die Alarmglocken schrillen. Nach außen gilt es, Ruhe zu bewahren. Der Journalist bekommt bereits bei seinem Anruf mitgeteilt, dass man sich unverzüglich melden wird, sobald alle Fakten geklärt sind. Auch wie lange er bis zur Klärung voraussichtlich warten muss, teilt die Pressestelle mit. Schafft die Presseabteilung den Rückruf oder die schriftliche Antwort nicht in der zugesagten Zeit, erhält der Journalist unaufgefordert eine Zwischeninfo und den Zeitpunkt, wann er mit einer Antwort rechnen kann. Sorgfalt steht vor Eile. Ist der Sachverhalt geklärt, muss eine Sprachregelung vereinbart werden, „wer wann was" sagt, i. d. R. spricht der Pressesprecher. Der „Chef" sollte für die guten Botschaften, bzw. für eine weitere Eskalationsstufe aufgespart werden.

Eine wichtige Regel lautet: Die Journalisten überzeugen, dass das Unternehmen einen offenen und offensiven Umgang mit Fehlern und Schäden sucht.

Dazu gehört auch, dass die Klinikleitung ihr aufrichtiges Bedauern und schnellstmögliche personelle und finanzielle Hilfe anbietet. Das sollte ebenso selbstverständlich sein, wie Abhilfe für die Zukunft zu versprechen und zu belegen, wie dieses hehre Ziel erreicht werden soll.

Eine als transparent bekannte Klinikkommunikation gegenüber Medien und der Öffentlichkeit hat in Krisenfällen eindeutig Vorteile, glaubwürdig zu wirken. Es sind nicht die Fehler, nicht einmal grobe Fehler, die die Öffentlichkeit übel nimmt. Was sie nicht verzeiht, sind Täuschungs- und Tarnmanöver, um entstandene Schäden klein zu reden oder gar zu leugnen. Denn die Journalisten sind sich einig: „Alles kommt raus."

4.6 Unternehmenskommunikation muss planen

Die strategische Funktion der Unternehmenskommunikation wird besonders deutlich in der Jahresthemenplanung des Unternehmens. Kommunikationsexperten wissen, Anlässe und Themen wiederholen sich und viele kündigen sich auch vorher an. Mit Standardisierungen lässt sich ökonomischer arbeiten. Das schafft Zeit für aufwendigere Projekte. Vereinbarungen mit Führungskräften helfen dabei, eine Jahresplanung vorzunehmen.

Zu empfehlen ist die Gliederung der *Pressearbeit* beispielsweise in

- saisonale,
- anlassbezogene und
- strategische Themen.

Saisonale Themen lassen sich zwar variieren, trotzdem stehen die Schwerpunkte fest und können von Jahr zu Jahr neu gefüllt werden (z. B. das Neujahrsbaby, Verletzungen in der Silvesternacht, Vorbereitung auf die Sommerferien, Grippe, Som-

mer-Sonne-Haut, die Reiseapotheke, Glatteis und Stürze, Depressionen). Zahlreiche nationale und internationale Gesundheitstage schaffen zudem öffentliche Aufmerksamkeit. Medien benötigen dann Experten als Ratgeber und Interviewpartner. Dieses ist bei der PR-Planung zu berücksichtigen, denn hier können die eigenen Experten platziert werden. Strategische Unternehmensthemen benötigen mehr Zeit zur Vorbereitung.

Sie können den
- Führungskräftewechsel,
- betriebliche Änderungen,
- den Neubau,
- eine Zertifizierung oder
- die Vorbereitung der Bilanzpressekonferenz

betreffen. Auch zu aktuellen gesellschaftlichen Gesundheitsthemen, die breit diskutiert werden, empfiehlt es sich, die Klinik mit ihren Experten in Stellung zu bringen.

Bei einer *Jahresthemenplanung* setzen Management und Unternehmenskommunikation Schwerpunkte. Sie legen fest, was mit Nachdruck kommuniziert werden soll, welche Bereiche gefördert werden sollen, mit welchen medizinischen Themen, mit welchen Managementthemen sie sich positionieren können und wollen.

4.7 Die Pflege nicht vergessen

Ein besonders wichtiges Feld, das in der Planung eines Jahresthemenplanes keinesfalls unberücksichtigt bleiben sollte, sind Pflegethemen. Die Beschäftigten der Pflege sind nicht nur die zahlenmäßig größte Berufsgruppe, sondern sie haben in der Regel den engsten Kontakt zu den Patienten. Sie sind Sympathieträger und Multiplikatoren. Diese oft in der öffentlichen Aufmerksamkeit vernachlässigte Berufsgruppe, die weniger durch neue Forschungsergebnisse oder medizinische Neuerungen glänzen kann, macht das soziale *Herz* einer Einrichtung aus. Sie repräsentieren vielfach die menschlichen Themen, die ein Unternehmen emotional greifbar machen. Pflegethemen runden also die Kommunikation über eine Klinik ab.

Beispielhafte Themen in diesem Bereich:
- Hebammen – Dienstjahre und Anzahl der ins Leben verholfenen Kinder,
- neue Pflegetechniken,

- neue Pflegeberufe,
- die neuen Pflegeschüler, bzw. die Absolventen und deren Lebensplanung,
- Blick hinter die Kulissen einer Station,
- besonders beliebte, erfahrene Krankenschwestern,
- Geschwisterdiplom, ggf. auch *Krankenschwester in dritter Generation*,
- Krankenschwestern mit Migrationshintergrund.

Das Feld ist vielfältig.

4.8 Das ganze Unternehmen präsentieren

Themen für die Unternehmenskommunikation finden sich aber nicht nur im medizinischen und pflegerischen Bereich, dem medizinisch-technischen Fortschritt, neuen Therapiemethoden oder den Managementthemen. Das gesamte Unternehmen sollte aus einer übergreifenden Perspektive betrachtet werden. Was alles könnte von Interesse sein, auch über den genannten engeren medizinischen Zweckbezug hinaus? Dann können Themen und Bereiche zum Vorschein treten, die oft verborgen bleiben, aber den Alltag einer solch komplexen Institution umso greifbarer machen, also die patientenfernen Bereiche, ohne die ein Krankenhaus nicht funktionieren kann. Das Heizkraftwerk, die Logistik, der Einkauf, die Technik, die IT bis hin zum Pförtner und den Reinigungskräften. Diese Themen sind nicht nur für die Mitarbeiterzeitung interessant, dort jedoch sind sie in erster Linie angesiedelt. Auch ein weiteres öffentliches Interesse kann mit einer guten, passenden Aufbereitung gewonnen werden. Zu empfehlen wäre beispielsweise, einmal eine *Hausführung* für Journalisten anzubieten, die eben diese *unsichtbaren* Bereiche einmal vorstellt. Oder eine Serie *Hinter die Kulissen* … oder die Vorstellung der Ausbildungsberufe oder besondere Mitarbeiter mit besonderen Hobbys.

4.9 Herausforderung Personal- und Nachwuchsgewinnung

Kliniken konkurrieren miteinander auf dem Ausbildungs- und Arbeitsmarkt, sie konkurrieren aber auch mit anderen Branchen. Die Zahl der Bewerber um angebotene Arztstellen und Ausbildungsplätze in der Pflege und in medizinischen Assistenzberufen, aber auch für Techniker und Ingenieure ist in der Fläche längst rückläufig. In wenigen Jahren kommt diese Entwicklung in den Metropolen an und verstärkt sich in Folge der weiteren demografischen Entwicklung. Wie kommen die Kliniken aus dem Dilemma: Einerseits durch intelligentes und verantwortliches Umgehen mit den vorhandenen personellen Ressourcen, zum anderen durch die Bereitstellung attraktiver Arbeitsplätze. Die Attraktivität bezieht sich für viele ärztliche Bewerber nicht zuallererst auf das Gehalt. Von der ärztlichen Facharztausbildung in vereinbarter Zeit, über interessante Fort- und Weiterbildungsmöglichkeiten, eine moderne menschliche Führungspersönlichkeit als Chefarzt, Image der Klinik, ein gutes Betriebsklima bis hin zu Freizeitangeboten am Ort, Unterstützung bei der Wohnungs- und Haussuche sowie bei der Jobsuche des Partners, dies alles kann Einfluss nehmen auf eine Bewerbung. Auch der *Feminisierung* der Medizin ist Rechnung zu tragen, der Anteil der Frauen im Medizinstudium nimmt rapide zu, beispielsweise durch familienfreundlichere Arbeitszeiten und hauseigene 24-Stunden-Kita. Die weichen Faktoren im Beruf werden bedeutender. Offensichtlich spielen auch Stellenanzeigen, so groß und auffällig sie gestaltet sein mögen, immer weniger eine ausschlaggebende Rolle. Immer mehr Bewerber orientieren und bewegen sich im Internet, besuchen Klinik- und Arztbewertungsportale. Kliniken müssen darauf reagieren und die dort vorgetragene Kritik sehr ernst nehmen. Um erfolgreich zu sein, bedarf es mehr als kleinerer Retouchen vorzunehmen. Nötig ist ein Modernisierungskonzept und eine kreative Unternehmenskommunikation, die dieses attraktiv umsetzt. Im Vorteil sind auf alle Fälle die Kliniken, die bereits ihr positives Image kommuniziert haben.

5 Patientenkommunikation

Siegmar Eligehausen

Eligehausen Kommunikation, Hamburg

5.1 Kliniken entdecken ihre Kunden

„Kliniken werben um Patienten", berichtete die Ostsee-Zeitung vor einigen Monaten. Die 38 Kliniken in Mecklenburg-Vorpommern hätten die Patienten entdeckt. Taxi-Shuttle und andere Angebote seien in, hieß es.

Die Bild-Zeitung schrieb am 16. Februar 2010 unter der Überschrift „Werbegeschenke – Hotel-Zimmer – Gratis-Taxifahrten für die Eltern: Hamburgs Krankenhäuser kämpfen um Geburten". In dem zitierten Artikel heißt es weiter: „Und auch unter Marketing-Gründen spielen Geburten eine wichtige Rolle. John Hufert von der Techniker Krankenkasse: ‚Eine Geburt ist meist mit positiven Assoziationen verbunden. Und daher eine gute Möglichkeit für jedes Krankenhaus, Image-Pluspunkte bei den frisch gebackenen Eltern und den Baby-Besuchern zu sammeln." Ein Beispiel hoben die scheinbar beeindruckten zwei jüngeren Zeitungsjournalisten besonders hervor: „Es ist ein Service wie im Fünf-Sterne-Hotel: Die Helios Mariahilf Klinik in Harburg bringt frisch gebackene Eltern mit ihrem Baby ab sofort kostenlos per Chauffeur nach Hause – im *Storchentaxi*. Und Eltern, die eilig in den Kreißsaal wollen, müssen nicht mehr lange nach einem Parkplatz suchen, für sie sind nahe der Geburtenstation rund um die Uhr zwei Stellplätze reserviert". Zwei gute Argumente des dortigen Chefarztes: So müsse man sich vor und nach der Geburt um nichts mehr kümmern, hat den Kopf frei für das Wesentliche – das Kind.

Diese Beispiele zeigen durchaus zweierlei:

- Die Kliniken entdecken zunehmend Wünsche und Bedürfnisse ihrer Kunden, die über die bisherigen Medizinangebote hinausgehen.
- Durch den Wettbewerb veranlasst, verbinden viele Anbieter nun Gesundheitsleistungen mit Servicepaketen, es entstehen so medizinische Qualitätsprodukte. Ein künftig immer wichtiger werdendes Feld, das Marketingexperten erfordert. Aber auch Multiplikatoren, wie Journalisten, fühlen sich durchaus davon angesprochen; ihr persönliches Interesse neben dem beruflichen sollten die Klinikkommunikatoren berücksichtigen.

Es wundert schon, mit welcher Akribie Klinikmanager in sog. patientenfernen Bereichen Personal- und Sachkosten reduziert haben, dabei aber die eigentlich relevanten Felder ehrfurchtsvoll mieden und mit viel Abstand mehrfach umkreisten. Das Verhältnis von Aufwand und Ergebnis der Kostenreduzierungen standen häufig in keinem gesunden Verhältnis. Und der Ärger, den sich Kliniken z. T. einhandelten, ebenso nicht. Zum Glück ist die Zeit *Billig ist geil* vorbei. Mehr und mehr stehen auch bei Outsourcing-Projekten die Qualitätsgesichtspunkte für Kliniknutzer und Patienten im Vordergrund. Telefon-, TV- und

Parkplatznutzung sorgen immer wieder für Ärger. Auch die Speisenversorgung gibt häufig Anlass für Kritik. Deshalb gehen einige Kliniken einen anderen Weg: Sie wollen auch mit dem Service punkten. Für Selbstzahler, Privat-, Premium- oder IV-Vertrags-Patienten werden kostenlose hochwertigere Angebote gemacht. Patienten, die regelmäßig zur Krebstherapie ins Klinikum fahren, stehen freie Parkplätze unentgeltlich zur Verfügung, ihre Begleitpersonen erhalten beispielsweise Kaffee und Kuchen.

Patienten sind anspruchsvoller geworden, sie sind auch bereit für Gesundheitsleistungen privat mehr zu zahlen, sie sind zugleich auch mündiger geworden und wählen zunehmend häufiger nicht mehr das Krankenhaus nach der kürzesten Entfernung vom Wohnort aus. Sie wollen hohe medizinische Qualität und einen wertigen Service mit freundlichem Personal. In der Klinikwahl entscheiden elektive Patienten zunehmend selbst und folgen immer weniger dem Rat des niedergelassenen Arztes. Experten prognostizieren, dass der Einfluss des Praxisarztes dabei von etwa 65 % auf 40 % zurückgehen wird.

Viele Kliniken stellen sich bereits auf diese Entwicklungen ein, indem sie dem Krankheitsbild entsprechende und zielgruppenspezifische Behandlungs- und Servicepakete anbieten und vermarkten.

5.2 Patienten mit Migrationshintergrund

Eine erste Pflegeeinrichtung für türkisch-stämmige Senioren in Berlin sowie Pflegestationen in zunehmend mehr Pflegeheimen für ältere Menschen mit Migrationshintergrund machen deutlich, dass ein Markt für Einwanderer der ersten Generation vorhanden ist und diese zunehmend solche Leistungen in Anspruch nehmen wollen. In den Kliniken ist dies seit Jahrzehnten Realität, aber weniger als spezielle Angebote für diese Menschen, obwohl im Kliniksektor mehrere hunderttausend Mitarbeiterinnen und Mitarbeiter aus vielen Nationen tätig sind. In den Metropolen werden Klinikleitungen, Marketing- und Kommunikationsexperten bei genauerer Analyse ihrer Potenziale zu dem Ergebnis kommen, dass es auch spezielle Bedarfe für Gesundheitsleistungen und Services für diese Klientel gibt, die sogar in Zusammenarbeit mit niedergelassenen Ärzten aus verschiedenen Nationalitäten angeboten werden können. Dabei helfen enge Netzwerke mit der jeweiligen Community. In den Kliniken müssen spezielle Pakete geschnürt werden, die muttersprachliche Informationen und Mitarbeiter, ggf. Dolmetscher, kulturelle Besonderheiten wie gewöhntes Essen berücksichtigen.

5.3 Angehörige und Besucher: Eine vernachlässigte Zielgruppe?

Geht man davon aus, dass ein Kreiskrankenhaus etwa 40.000 Patienten jährlich verzeichnet, beispielsweise 10.000 stationär und 30.000 ambulant, und jeder Patient von etwa drei Personen besucht bzw. begleitet wird, dann ergeben sich leicht rund 120.000 Patienten und Besucher. Für das Hamburger Universitätsklinikum liegen folgende Daten vor: Jährlich nimmt das Klinikum etwa 52.000 Patienten stationär auf. Hinzu kommen 200.000 ambulante Behandlungen bei 70.000 Patienten sowie rund 50.000 Notfälle. Grob geschätzt sind 500.000 Angehörige, Freunde und Bekannte zusätzlich im Haus. Dies sind nicht nur potenzielle Patienten und Multiplikatoren, sie sind selbstverständlich auch Zielgruppen für Klinikkommunikation. Geht man in die Warteräume der Kliniken, die vielfach noch lieblos gestaltet sind, so findet man häufig wenig oder gar keine Informationen vom Klinikum selbst, da liegen oft nur beliebige Zeitschriften aus. Wo sind die Informationen, weshalb Patienten ein Klinikum aufsuchen, Infos und Merkblätter zu den wesentlichen Erkrankungen, verständlich geschrieben und erklärt, vor allem die Therapien. Werden die medizinischen Fachkräfte, die behandeln oder über den Flur eilen, vorgestellt, mit Fotos, Namen und Funktion? Ein großes Poster mit der Vorstellung aller Mitarbeiter erklärt schon vieles. Bei stationären Patienten können sich Abteilungen oder Stationen per Fernsehbilder vorstellen, dort können auch weitere gesundheitliche Informationen gegeben werden. In der Informationsmappe für Patienten und Angehörige bekommen die handelnden Fachkräfte durch Vorstellung einen Namen und ein Gesicht. Ein Krankenhaus sollte sich deshalb fragen:

- Wie ist der Service für Angehörige und Besucher?
- Werden Sie einbezogen und informiert?
- Erhalten Sie Getränke? Können Kleinkinder auch abgegeben werden, wenn ihre Eltern ihre Großmutter oder Großvater besuchen?

Ein Perspektivwechsel der Klinik- und Kommunikationsverantwortlichen würde bereits vieles erleichtern: Was würde meinem kranken Angehörigen sowie mir und meinen Angehörigen beispielsweise in der konkreten schwierigen Situation helfen und diese erleichtern?

5.4 Vom Patienten zum Kunden

In den letzten Jahren hat sich das Patientenbild stark gewandelt. Mediziner sind heute mit mündigen *Kranken* konfrontiert, die kritisch nachfragen und selbst eine aktive Rolle in ihrem Gesundungsprozess übernehmen wollen. Auch das Einholen von Zweit- und Drittmeinungen sowie das Recherchieren im Internet gehört inzwischen zum Standard. Besonderen Zuspruch erhalten dabei Bewertungsportale im Internet wie z. B. der Hamburger bzw. Berliner Krankenhausspiegel.de, Klinkbewertungen.de oder Qualitätskliniken.de (ab Sommer 2010). Eine gute Bewertung auf solch einem Forum ist für eine Klinik außerordentlich vorteilhaft – und umso schlimmer – eine schlechte Bewertung.

Patienten sind heute selbstbewusster, das Bild vom *Patienten* wandelt sich hin zu dem eines *Kunden*, bei wenig akzeptabler Leistung wird ohne Probleme der Anbieter gewechselt, dies gilt auch für Gesundheitsdienstleistungen. Sie erwarten, dass Gesundheitseinrichtungen und Kliniken ihre Abläufe mehr an den Bedürfnissen der Patienten ausrichten. Doch auch die Krankheitsbilder wandeln sich: Degenerative Krankheiten nehmen in Zeiten einer zunehmenden Alterung der Gesellschaft zu, sie beeinflussen inzwischen dem Lebensstil der Betroffen.

Hat ein Krankenhaus zufriedene Patienten, empfehlen diese die Einrichtung nicht nur im Familien- und Freundeskreis weiter, sondern kommen auch selbst zur Behandlung ihrer chronischen Erkrankungen immer wieder. Dies alles ist zu bedenken, wenn man von Patientenkommunikation von Krankenhäusern spricht.

Es ist heute durchaus möglich, dass innerhalb von Familien und Freundes- und Bekanntenkreisen, für eine Behandlung die Klinik A, für eine andere die Klinik B usw. gewählt wird. Die Verbundenheit mit ein- und demselben Haus löst sich dort auf, wo Alternativen bestehen oder Spezialisten gesucht werden.

5.5 Wie werden potenzielle Patienten auf Gesundheitsangebote aufmerksam?

Gesundheits- und Medizinthemen erfreuen sich seit Jahren wachsender Beliebtheit in den Medien.

Davon zeugen Radio- und Fernsehsendungen wie z. B. die Sendung „Visite" im NDR ebenso wie öffentliche Diskussionsforen mit Ärzten, über die die Medien berichten. Aber auch über die Kundenmagazine der Krankenkassen und privaten Krankenversicherer, über Apothekenzeitschriften oder Verbrauchertipps in Presse, Funk und Fernsehen erhält die Öffentlichkeit wichtige Gesundheits- und Medizininformationen. Es gibt diverse Gesundheitszeitschriften. Frauen- und Männerzeitschriften, TV-Zeitschriften haben Gesundheitsseiten, die laut Umfragen zu den am meisten gelesenen gehören. Die Medien haben das Gesundheitsinteresse ihrer Kunden längst begriffen.

Den Pressestellen der Krankenhäuser bietet sich hier eine Vielzahl an möglichen Multiplikatoren, denn die Redaktionen sind ständig auf der Suche nach neuen Themen.

5.6 Welche Kommunikationsmittel zur Patientenkommunikation nutzen?

Das Spektrum möglicher Kanäle der Patientenkommunikation ist so vielfältig wie die Medien, die zur Verfügung stehen. Sie reichen von der *klassischen* Pressemitteilung über die Positionierung von Ärzten als Experten, Newsletter, Patientenzeitschriften und -broschüren über Patientenportale im Internet bis hin zu Patientenveranstaltungen, Filmen, Hörbüchern und Medienkooperationen.

Pressemitteilungen

In einer Pressemitteilung teilt der Herausgeber, hier also die Pressestelle der Klinik, Neuigkeiten mit, die für die Medien und damit die breite Öffentlichkeit Nachrichtenwert besitzen. Thematisch kann die Klinik hier aktuelle Betriebsergebnisse, die Neubesetzung von Führungspositionen, den An-, Um- und Neubau von Klinikteilen ebenso veröffentlichen wie die Einladung zu Patientenforen, Innovationen in der Pflege oder den Ankauf neuer medizinischer Geräte. Alles, was die Fachkompetenz und das Leistungsspektrum der Klinik und ihres Personals nach außen dokumentiert, ist berichtenswert und für die Öffentlichkeit von Interesse.

Fachjournalisten erwarten allerdings andere Informationen als die Lokal- oder Regionalpresse. Es ist Aufgabe der Presseabteilung, Informationen zu einem Thema zielgruppengerecht aufzuarbeiten. Die Lokalzeitung erhält aus diesem Grund unter Umständen eine anderslautende Pressemitteilung als die inhaltlich anspruchsvollere Wirtschafts- oder medizinische Fachpresse, die eine fachlich spezialisiertere Leserschaft als die der Tageszeitungen bedienen muss.

Positionierung von Ärzten als Experten

Der Trend ist deutlich erkennbar: Chefärzte werden zunehmend zu Partnern der Unternehmenskommunikation.

Sie erfolgreich in den Medien zu präsentieren, ist Aufgabe der Unternehmenskommunikation. Hier ist Teamgeist gefragt. Allen Beteiligten muss klar sein: Keine Ärztin, kein Arzt tritt, ohne sich mit der Pressestelle abzusprechen vor die Presse oder vor die Kamera. Üblich sollte es sein, gemeinsam auszuloten und zu planen, welche medizinischen Themen für die Öffentlichkeit interessant sein könnten. Die Pressestelle entscheidet dann über die weitere Vorgehensweise, diese Themen so effektiv wie möglich zu platzieren.

Nicht jeder Chefarzt ist kraft seiner medizinischen Kompetenz auch medienwirksam. Wer mit unsicherer Stimme in ein Mikrofon spricht oder regelmäßig vor der Kamera in Schweißausbrüche ausbricht, dem werden Radiohörer und Fernsehzuschauer die medizinische Kompetenz nicht unbedingt abnehmen. Pressestellen sollten ihre Chefärzte, aber auch ihre Vorstandsmitglieder bzw. die Geschäftsführung darauf vorbereiten, entweder durch kompetente Beratung oder durch ein von Profis aus Funk und Fernsehen ausgerichtetes Medientraining. Bereits in recht kurzer Zeit und mit einfachen Mitteln kann hier Verbesserung geschaffen werden.

Umfeld-Newsletter

Umfeld-Newsletter sind regelmäßig versandte und journalistisch aufbereitete Nachrichtenformate, die gedruckt oder per E-Mail an Abonnenten oder an eine geschlossene Benutzergruppe verschickt werden. Kliniken bieten sie die Möglichkeit, engen Kontakt zu ehemaligen Patienten zu halten oder zu neuen Patienten zu knüpfen. Auch Kooperationspartner, Freunde, Förderer, Eigentümer und weitere für das Unternehmen einflussreiche Personen können auf diese Weise leicht über Neuerungen unterrichtet werden.

Für Patienten bietet sich hier die Weiterführung eines bereits bestehenden Kontakts: Wer beispielsweise wegen einer Magenkrankheit stationär behandelt wurde, wird die per Newsletter versandten Ernährungstipps der Klinkküche zu Hause gern berücksichtigen. Die werdende Mutter, die sich noch überlegt, in welcher Klinik sie ihr Kind auf die Welt bringen möchte, wird Tipps per Newsletter der Hebamme aus dem Geburtsvorbereitungskurs der Klinik oder neue Methoden wie Schmerzlinderung per Akupunktur bei der Geburt zu schätzen wissen.

Ob diese Newsletter ihre Adressaten gedruckt oder per E-Mail erreichen sollen, ist auch eine Kostenfrage. Auf jeden Fall sollten Newsletter immer auch auf den Internetseiten der Klinik veröffentlicht werden.

Patientenzeitschriften

Tage im Krankenhaus können für Patienten lang werden. Schön, wenn man dann Lesestoff zur Hand hat, der vielfältig und kurzweilig über das Haus, seine Menschen, seine Grundsätze und Ziele informiert. Am ansprechendsten, aber auch nicht ganz billig, ist eine eigene Patientenzeitschrift im Magazinformat, die mehrmals im Jahr erscheint.

Ein anderer Weg ist die Uniklinik Leipzig mit der Herausgabe einer Zeitung in enger Kooperation mit einer lokalen Tageszeitung gegangen. Ausgestattet mit professionellen Fotos und journalistisch ansprechend geschriebenen Texten wird die Patientenzeitschrift so eine wertvolle Informationsquelle für die Patienten und eine langlebige Visitenkarte für die Klinik sein. Ein weiterer Vorteil: Auch Angehörige werden ein gut gemachtes Patientenmagazin gern lesen. Darüber hinaus könnte der Adressatenkreis auch auf weitere Zielgruppen wie Kooperationspartner, Zuweiser, Lieferanten, Politiker etc. ausgeweitet werden, die auch Interesse an der Information der Öffentlichkeit sowie an der Verbreitung eigener Themen haben könnten. Dabei sind insbesondere die Krankenkassen hervorzuheben. Mögliche Kooperationen über die reine Anzeigenschalte sollten geprüft werden.

Patientenbroschüren, Patientenfilme und -hörbücher

Eine aktuelle Imagebroschüre ist im Repertoire jedes Krankenhauses Standard. Sie dient allen potenziellen Zielgruppen als Informationsquelle. Sie ist, neben dem unverzichtbaren kontinuierlich aktualisierten Internetauftritt, erstes Aushängeschild einer Klinik. Viele Kliniken bieten ihren Patienten zusätzlich Broschüren mit Informationen zu speziellen Krankheiten und deren Behandlung an. Durch diese Publikationen beweist die Klinik: „Wir sind fachlich und menschlich kompetent. Bei uns sind Sie gut aufgehoben."

Diese Funktion erfüllen auch Filme für Patienten, die über eigene TV-Kanäle der Kliniken oder die Internetseiten verbreitet werden. Filme sollten allerdings nicht zu lang geraten. Mehrere Kurzfilme von etwa fünf bis zehn Minuten Länge werden die Patienten besser erreichen als ein einziger halbstündiger Film: Informationsfilme sind keine Spielfilme! Hörbücher haben noch einen anderen Vorteil: Patienten sind bei ihrer Genesung meist viel schneller in der Lage und daran interessiert, Radio zu hören als Fernsehen zu sehen. Auch mit Hörbüchern oder Hörfunkbeiträgen auf dem Radiokanal kann die Klinik die ihr wichtigen Patienteninformationen verbreiten.

Patientenportale im Internet

Wer viel im Internet surft oder dringend Informationen braucht, wird sich über einen schnellen Zugriff auf Internetinformationen, wie sie Patientenportale für Kliniken darstellen, freuen. Gut geordnet und auf das Notwendige komprimiert, erfährt der Patient, was er für seinen Klinikaufenthalt mitbringen soll, welche Regelungen es für Besucher gibt usw. Auf die Einrichtung eines übersichtlichen, auf die Patientenbelange spezialisierten Internetportals sollte große Sorgfalt verwandt werden, sowie die regelmäßige Aktualisierung sichergestellt werden.

Patientencoaching

Das Patientencoaching, die telefonische Betreuung von Patienten nach ihrer Entlassung, ist ein noch recht neuer Weg der Patientenkommunikation. Er eignet sich insbesondere für chronisch Kranke wie z. B. Diabetiker oder Herz- oder Schlaganfallpatienten. Kliniken oder Krankenkassen treten dabei von Zeit zu Zeit mit den ehemaligen Klinikpatienten bzw. ihren Versicherten in Kontakt, fragen nach deren Befinden, wie verordnete Medikamente wirken oder was aus Patientensicht noch zu tun ist und helfen als Experten, beispielsweise bei Verhaltensänderung, Sport, Ernährungsumstellung. Eigene Kurse auch in Kooperation mit Gesundheitspartnern können den Patienten dabei angeboten werden.

Veranstaltungen für Patienten

Veranstaltungen für Patienten gehören heutzutage zum Pflichtprogramm von Krankenhäusern und Kliniken. Hierbei ist in erster Linie an Vorlesungen und Vorträgen, Informationsveranstaltungen von *hauseigenen* Ärzten zu bestimmten Themen gedacht. Dies können saisonale Themen sein oder eben die medizinischen Spezialthemen der Klinik. Sie werden auf für die Laien verständliche Weise aufbereitet. Das Besondere für die Unternehmensleitung liegt darin, dass sie hier regelmäßig Kontakt zur regionalen Bevölkerung hält und diese die an der Klinik tätigen Ärzte persönlich kennenlernen können. Doch auch vom strategischen Aspekt sind solche Veranstaltungen ergiebig: So kann mit spezifischen Veranstaltungen ein Klinikum auch auf besonders zu fördernde Bereiche aufmerksam gemacht werden.

Diese Veranstaltungen sind in der Regel gut besucht, oft werden sie auch in Zusammenarbeit mit den lokalen Medien organisiert (vgl. Medienkooperation).

Beispiel für ein konzertiertes Informationspaket

Mit einem umfangreichen Informationsangebot für Patienten, Angehörige und sonstige Interessierte engagieren sich die Hamburger Asklepios Kliniken für die Aufklärung zu Gesundheitsthemen in der Bevölkerung. Angefangen bei den seit Jahren etablierten Hanseatischen Nachtvorlesungen, die wöchentlich in einer der Kliniken stattfinden und je nach Thema zwischen 30 und 250 Besucher zählen, über speziellere, monatliche Veranstaltungen wie psychiatrische, psychosomatische und ethische Nachtvorlesungen, die Seminarreihen „Stark im Job" und „Stark im Job für Frauen" bis hin zu Sonderveranstaltungen der einzelnen Kliniken und dem Business-TV-Kanal „Gesundheitsmedtropole Hamburg" auf dem Stadtsender Hamburg1 wurde diese Form der Gesundheitskommunikation beständig ausgebaut. Im Internet wird das Portfolio ergänzt durch die sehr erfolgreiche Video-Reihe „Nachtvorlesung nachgefragt" mit der Moderatorin Theresa von Tiedemann. In 15–30-minütigen Interviews mit den Experten der Nachtvorlesung werden die Themen noch einmal gründlich aufgearbeitet und auf mehreren Internetseiten zur Verfügung gestellt.

Die Fans der Interview-Reihe können sich per Twitter automatisch über neu eingestellte Videos informieren lassen. Eine Übersicht über alle Informationskanäle der Asklepios Kliniken, die sich an die Öffentlichkeit wenden, liefert ein inzwischen 12-seitiges Halbjahresprogramm, das als Beileger einiger Hamburger Tageszeitungen sowie über andere Kanäle großflächig verteilt wird. Darin sind neben den Veranstaltungsprogrammen auch Informationen über die Schulprävention der Dr. Broermann-Stiftung sowie Ausbildungsmöglichkeiten in den Kliniken enthalten.

Medienkooperationen

Eine besondere Form der Patientenkommunikation ist die Kommunikation in enger Zusammenarbeit mit regionalen oder lokalen Medien, sie sind das „Salz in der Suppe" der Klinikkommunikation. Der Informationsbedarf über die Gesundheitsbranche, einzelne Krankheiten und deren Behandlungsmöglichkeiten wächst. Um diesem Bedarf gerecht zu werden, sind Medienkooperationen eine attraktive Plattform. Nicht einer wird gewinnen – alle gewinnen: Kliniken können ihr Angebot öffentlichkeitswirksam präsentieren, Medien haben die Möglichkeit, das wachsende Interesse an Gesundheits- und Medizinthemen zu bedienen. Patienten finden umfassende Informationen, nach denen sie in dieser komprimierten Form vielleicht bisher vergeblich gesucht haben.

Wie Medienkooperationen im Einzelnen aussehen, ist so unterschiedlich wie die Partner, die zu diesem Zweck zusammenarbeiten. Als Medienmetropole und Standort bedeutender Gesundheitsdienstleister steht Hamburg seit Jahren im Zentrum von Medienkooperationen.

Zu den erfolgreichsten zählt das *Hamburger Gesundheitsforum,* eine Podiumsveranstaltung zu den bekannten Volkskrankheiten. Allein von 1996 bis 2009 fanden 76 Veranstaltungen mit mehr als 27.000 Besuchern statt. Rund 470 Podiumsteilnehmer standen vor jeweils 200 bis 500 Teilnehmern Rede und Antwort. Inhalt war die Diskussion weit verbreiteter Diagnosen wie „Wenn die Galle streikt, der Magen kneift" oder „Essen Sie sich gesund". Millionen von Lesern, Hörern und Fernsehzuschauern konnten bei Live-Übertragungen im regionalen Hörfunk und Fernsehen die Vor- und Nachberichte verfolgen. Die Serie ist noch heute erfolgreich.

In viel kleinerem und dadurch exklusiverem Kreis mit bis zu 20 Teilnehmern bewegte sich *Medizin hautnah,* eine Kooperation, die 2001 zwischen dem kommunalen Klinikbetreiber und der Tageszeitung „Die Welt" geschlossen wurde. Die Serie vermittelte buchstäblich begreifbare Einblicke in den Klinikalltag jeweils einer Abteilung unter Beteiligung des Chefarztes. Bei ungezwungenen Gesprächen mit Ärzten und Wissenschaftlern hatten potenzielle Patienten die Möglichkeit, sich über medizinische Behandlungen vor Ort zu informieren und ihre Ängste abzubauen. Dabei ging es bisweilen auch ganz praktisch zu: Teilnehmer dieser Veranstaltungen übten sich mit Unterstützung von Chirurgen an sauberen Schnitten an frisch gekaufter Schweineleber oder beim Legen feiner Nähte am Schnitzel.

Ein weiteres Format bieten Beilagen zur Tageszeitung. Mit *Forschen und Heilen* ging das Uniklinikum Münster diesen Weg und kooperiert seit 2008 mit den Westfälischen Nachrichten. Die Beilage erscheint vierteljährlich mit einer Auflage von 250.000 Exemplaren.

Ein einfaches doch effektives Beispiel von Medienkooperationen sind die sog. „Expertentipps" in Wochenzeitungen. In ihnen werden saisonale aber auch anlassbezogene gesundheitliche Fragen aufgegriffen und durch einen Experten des Krankenhauses beantwortet. Ob „Sommer, Sonne, Haut" als Vorbereitung auf den Urlaub oder Umgang mit Depressionen, die Experten des Hauses lassen sich auf diese Weise problemlos öffentlichkeitswirksam präsentieren.

Die Vorteile von Medienkooperationen sind
- gezielte Platzierung und gesteuerte Vertiefung von Themen,
- große Reichweite in der Rezeption,
- Imagegewinn für das Unternehmen,
- Kundenbindung und -gewinnung,
- Nähe zu den Medien

und nicht zuletzt ein „offenes Ohr" bei eigenen Krisen.

Wie auch immer Medienkooperationen gestaltet werden, sie verleihen den beteiligten Medien fachliches Profil und den daran beteiligten Krankenhäusern Medienpräsenz und öffentliche Aufmerksamkeit.

6 Kommunikation mit Zuweisern

Siegmar Eligehausen

Eligehausen Kommunikation, Hamburg

Die Kommunikation zwischen Kliniken und niedergelassenen Ärzten erhält einen immer größeren Stellenwert in der Kommunikation der Kliniken. Auslöser sind dabei zum einen gesetzliche Möglichkeiten im Rahmen von IV-Verträgen, die sich auch auf das Verhältnis der Gesundheitsakteure ausgewirkt haben. Zum anderen sind geänderte Kundenbedürfnisse die Treiber dieser Entwicklung. Krankenkassen stehen zunehmend in Konkurrenz und wollen sich mit ihren Angeboten positionieren, die Patienten verlangen zunehmend ganzheitliche Lösungen für ihre gesundheitlichen Probleme, vielfach bereits sektorübergreifend und schließlich wollen die Kliniken engere Netzwerke, denn sie befinden sich im Wettbewerb um den Patienten.

Aus niedergelassenen Ärzten, die beispielsweise in Hausarztverträgen eine Schlüsselrolle in der Patientenbehandlung und Patientensteuerung erhalten haben, werden *Zuweiser*. Die Wahrnehmung ändert sich. Auch die Organisationsformen der Niedergelassenen sind im Wandel, die Anzahl von Ärztenetzen und MVZ steigen. Die Ärzte beginnen, sich in größeren Verbünden zu organisieren. Die Kliniken treten vermehrt in Konkurrenz *zu* MVZ und Ärztenetzen, besonders im Maximalversorgersegment aber auch in Konkurrenz *um* dieselben. Die

Niedergelassenen, die Hausärzte insbesondere, steigen auf zu umworbenen Partnern. Von der gut gestalteten Zuweiserkommunikation hängt zunehmend auch der langfristige Erfolg einer Klinik ab.

Bisherige Probleme in der Zuweiserkommunikation werden zunehmend durch moderne Kommunikationswege wie vermehrte Online-Kontaktpflege oder verschlüsselte elektronische Arztbriefe behoben. Insgesamt bieten die Neuen Medien, die Kontaktpflege zu Zuweisern in Form von Newslettern, Informationsschreiben oder einfach durch das Einrichten von spezifischen Ärzte- und Zuweiser-Portalen auf der Internetpräsenz, neue und vor allem schnelle und effektive Kontaktwege. Sie müssen allerdings auch ständig aktualisiert und gepflegt werden.

6.1 Welche Wege gibt es, mit Zuweisern in Kontakt zu treten?

Klassisch: Telefon und E-Mail

Persönliche Ansprache und Kontaktpflege der haus- und fachärztlichen Kollegen über Telefon und E-Mail gehört zu den *Must have* der Unternehmenskommunikation.

Denn die erste Anlaufstellte ist auch heute noch immer das Telefon. Ein gut besetztes Sekretariat oder das Vorhalten einer telefonischen Hotline als Ansprechpartner für niedergelassene Ärzte sollte Standard sein, sodass Anfragen und Rückfragen zeitnah und möglichst auch schon inhaltlich bearbeitet beantwortet werden.

Ein weiterer Standard ist die Kontaktpflege über E-Mails, das Vorhalten einer aktiven E-Mail-Adresse, die an einen Verantwortlichen Klinikarzt sofort weitergeleitet wird.

Online-Kontakpflege

Als Baustein für die Einweiserkommunikation ist der Klinikauftritt im Internet unentbehrlich. Finden niedergelassene Ärzte dort schnell und übersichtlich die von ihnen gewünschten Informationen, z. B. über das Leistungsspektrum der Klinik, Kontaktdaten der zuständigen Ärzte oder das Angebot an Fachvorträgen, werden sie diesen Service der Klinik intensiv nutzen. Einen schnellen Zugang zu diesen fachspezifischen Informationen gewährleisten am besten eigene Internetportale für Mediziner. Es empfiehlt sich, diese Portale auch mit Informationen für Angehörige weiterer medizinischer Berufe anzubieten.

Daneben können Zuweiser auch gezielt über einen elektronischen, bzw. auch gedruckten Newsletter angesprochen werden. Hier finden sie neueste Informationen über die Klinik, über Neuerungen in der Medizin und Pflege, neue Mitarbeiter, neue Ansprechpartner, Bauprojekte etc., je nach gewünschtem Konzept der Publikation. Voraussetzung ist ein gut gepflegter Adressverteiler.

Abschließende Auswertungen gibt es noch nicht, doch es scheint sich zu bestätigen, dass die Online-Kontaktpflege besonders für Spezialanbieter, die auch bundesweit agieren, von Nutzen ist.

Ein erfolgreiches Beispiel ist die Martini-Klinik des Universitätsklinikums Eppendorf. Das Prostatakarzinomzentrum auf dem Gelände des Uniklinikums hält einen intensiven Newsletter-Kontakt zu den Zuweisern aus dem gesamten Bundesgebiet. Das Ergebnis: 30 % der Patienten kommen direkt aus Hamburg, ca. 30 % aus den angrenzenden Bundesländern und ca. 40 % aus den restlichen Bundesländern. Einen anderen erfolgreichen Weg geht die ENDO-Klinik in Hamburg mit speziellen Kundenbetreuern, die regelmäßig Kontakt zu den wichtigsten Einweisern halten.

Eine übersichtliche, gepflegte Internetpräsenz mit eigenem Ärztezugang, sowie eine intensive Pflege der Zuweiser durch regelmäßige Zuweisernewsletter sind also, neben der hochwertigen medizinischen Leistung, als positive Einflussfaktoren auf die Zuweiserkommunikation zu bewerten.

6.2 Arztbrief online – die Schnelligkeit überzeugt

Arztbriefe sind ein altbekanntes Minengebiet in der Einweiserkommunikation. Zu schleppend liefen hier oft die Prozesse. Hier ist damit zu rechnen, dass in Zukunft vermehrt auf den elektronisch übermittelten Arztbrief zugegriffen wird. Die Technik steht zur Verfügung: Sichere, verschlüsselte Zugänge in einem zertifizierten Medizin- und Daten-Netz-Verbund sichern die Vertraulichkeit der Informationsweitergabe. Allerdings sind hierfür feste, regelmäßige Kooperationsbeziehungen und die nötige Software die Voraussetzung.

Die HELIOS Kliniken in Berlin/Buch waren bundesweit Vorreiter, doch inzwischen setzen immer mehr Kliniken – auch Ärztenetze – diese Technik ein. Die Vorteile liegen auf der Hand: keine längeren Wartezeiten auf die Befunde der Kollegen mehr, in denen der Haus- oder Facharzt eine Zeit der Unklarheit und Handlungsunfähigkeit überbrücken muss.

Das Qualitätsmerkmal des Arztbriefes ist die unverzügliche und verlässliche Information. Idealerweise erreicht der Arztbrief des Krankenhauses den niedergelassenen Arzt noch während des Krankenhausaufenthaltes des Patienten, z. B. mit dem OP-Bericht und wichtigen Befunden.

6.3 Begegnungen schaffen und sich vernetzen

In viele Kliniken gehören inzwischen gedruckte oder elektronische Newsletter an potenzielle Einweiser zum gängigen Kommunikationsrepertoire. Doch nichts geht über persönliche Kontakte. Kliniken muss daran gelegen sein, ihre Ärzte mit Einweisern auch persönlich in Kontakt zu bringen, denn wer sich persönlich kennt, arbeitet besser und verlässlicher zusammen. Anlässe können gemeinsame Fort- und Weiterbildungsveranstaltungen, Schulungen oder der Fachvortrag von Klinikärzten zu denen auch ein einweisender Arzt aufs Podium

L

eingeladen wird, um auch dessen Perspektive abzubilden. Auch Empfänge, zu denen die Klinik zu bestimmten Anlässen einlädt, z. B. ein Neujahrsempfang, bieten Ärzten aus Klinik und Praxen Gelegenheit, sich gegenseitig kennenzulernen.

Einweisermagazin

Ein Beispiel eines erfolgreichen Einweisermagazins ist die medtropole" die *Fachzeitschrift für den Dialog zwischen Klinik und niedergelassenen Ärzten* der Asklepios Krankenhäuser in Hamburg. Seit 2005 wird hier der Schwerpunkt auf die regelmäßige und hochwertige Kontaktpflege mit den Einweisern gelegt. Die Zeitschrift erscheint viermal jährlich mit jeweils 32 Seiten. Inhaltlich finden sich Informationen über neue Chefärzte der Kliniken, neue Gesundheitsangebote, Forschungsthemen, Therapieansätze sowie jeweils ein Fachartikel plus Fragebogen, mit denen Niedergelassene Fortbildungspunkte erwerben können. Ein Überblick zu Fortbildungen rundet das Informationspaket ab.

Öffentliche Veranstaltungen

Wichtig ist, die einweisenden Ärzte immer mit im Fokus zu haben, wenn Veranstaltungen geplant sind, wenn über Neuerungen informiert wird, sowie bei Medienkooperationen. Auch bei diesem höchst intensiven Instrument der Medienkommunikation sollte und kann auch immer wieder ein mit dem Hause verbundener niedergelassener Arzt zur Sprache kommen. Das vertieft den Kontakt und das Vertrauen.

Weitere Kooperationen zwischen Einweisern und Klinik sind denkbar. Mehr Transparenz für das medizinische Geschehen in den Krankenhäusern können beispielsweise gelegentliche gemeinsame Visiten oder auch Vertretungen im Urlaubs- oder Krankheitsfall schaffen, bei denen niedergelassene Ärzte ihre Kollegen in der Klinik vertreten. Aus Kliniksicht kann dies auch vor dem Hintergrund einer späteren Belegarztbesetzung interessant sein.

Die beste Möglichkeit, Kliniken und Praxen zu vernetzen, bilden Kooperationen über klinikeigene Medizinische Versorgungszentren (MVZ) oder über die Patientenversorgung im Rahmen von Verträgen der integrierten Versorgung (IV-Verträge). Das schafft allen Beteiligten nicht nur einen kontinuierlichen Austausch, sondern auch einen medizinischen und wirtschaftlichen Nutzen.

Zuweiserbetreuer

Eine weitere Möglichkeit, den Kontakt zu Zuweisern von Klinikseite zu intensivieren, ist die Arbeit eines eigens dafür abgestellten Kontakters.

Das Lubinus Clinicum in Kiel, eine Spezialklinik für orthopädische Chirurgie, beschäftigt beispielsweise eigens eine Hausdame, die Kontakt hält zu den zuweisenden Ärzten. Sie befragt sie nicht nur nach Sorgen und Nöten im Kontakt zu dem Krankenhaus, sondern informiert über Neuerungen des Krankenhauses und organisiert kleinere Veranstaltungen für diese Zielgruppe.

Für diese Art von Aufgabe kommen z. B. Krankenschwestern, Pfleger oder Ärzte, die aus dem Stationsdienst ausscheiden wollen, in Frage.

6.4 Basis: Das Kennenlernen des Gegenübers

Der Aufbau und die Pflege alter und neuer Kooperationspartner sind in Zukunft entscheidend für die gute wirtschaftliche Entwicklung eines Krankenhauses. Umso erstaunlicher erscheint die Tatsache, dass nicht einmal jedes Krankenhaus seine Einweiser im Detail kennt. Hierzu können Studien erstellt werden, wie es teilweise von Marketingexperten empfohlen wird. Die Frage ist hierbei, wenn Schwachstellen – und Schwachstellen kommen in jedem Unternehmen vor – entdeckt werden, wie mit diesen umgegangen wird. Eine Befragung ohne Effekt, gerade im sensiblen Bereich der Einweiserbefragung, wird das Vertrauen nicht erhöhen.

Eine Alternative dazu bietet ein Verfahren, welches in einigen Kliniken auch bereits umgesetzt wird, nämlich, das Thema Unternehmenskommunikation und in diesem Falle auch, die gute und vertrauensvolle Zusammenarbeit mit den Zuweisern, in den Katalog von Zielvereinbarungen mit medizinischen Führungskräften einzubeziehen.

Auf diese Weise werden die ärztlichen Leistungsträger explizit für das krankenhauswichtige Ziel der Zuweiserkommunikation sensibilisiert und zur Handlung motiviert.

Allerdings ist die Grundlage für solch eine Maßnahme eine gute interne Vernetzung der Kommunikationsverantwortlichen mit den Chefärzten und der explizite Wille der Geschäftsleitung dies zu fördern.

Als probates Mittel für die Kontaktpflege mit den niedergelassenen Ärzten der Umgebung gehört zudem auch eine abteilungsübergreifende *Einweiserstatistik*. Diese sollte gut geführt und kontinuierlich aktualisiert sein. Sie bildet die Basis für um mit den Einweisern gezielt in Kontakt zu treten – in Anschreiben, Newslettern oder auch der Konzeption von Veranstaltungen.

7 Exkurs: **Anforderungen an die Kommunikationsleitungen**

Siegmar Eligehausen

Eligehausen Kommunikation, Hamburg

In den meisten Gesundheitsunternehmen sind die Leiter Unternehmenskommunikation auch zugleich ihre Pressesprecher. Eine Klinik muss von ihrer Kommunikationsleitung besondere Kenntnisse im organisatorischen, publizistischen und diplomatischen Bereich erwarten können. Auch besondere soziale und kommunikative Kompetenzen sind unverzichtbar. Ganz allgemein sollten Kommunikationsverantwortliche über Kenntnisse der sich wandelnden Gesundheitslandschaft mit ihren rechtlichen und wirtschaftlichen Facetten verfügen und sie im Zusammenspiel verschiedenster Aspekte verstehen sowie Verständnis für den medizinischen Alltag besitzen, aber nicht zwingend medizinische Fachkenntnisse mitbringen.

Arbeiten die Kommunikationsprofis eines Krankenhauses intern im übertragenen Sinne als Nachrichtenzentrale, so fungieren sie nach außen als Sprachrohr. Als Pressesprecher sollten bei allen Aktivitäten ausschließlich die Interessen des Hauses verfolgen. Kurzum: Pressesprecher sind Botschafter ihres Hauses. Selbstdarsteller sind fehl am Platz!

Die Aufgabenschwerpunkte einer typischen Stellenbeschreibung für den Pressesprecher bzw. die Pressesprecherin einer größeren Klinik könnte so aussehen:

- Sie beraten und unterstützen den Vorstand in allen Fragen der internen und externen Kommunikation und den Netzwerkmanagements.
- Sie halten einen engen Kontakt zu den Journalisten der lokalen Presse und der relevanten Fachmedien.
- Sie verfassen zielgruppenspezifische Pressemitteilungen für die Tages- und Fachpresse und beantworten Presseanfragen.
- Sie organisieren und leiten Pressegespräche und -konferenzen.
- Sie sind verantwortlich für alle Fragen der Krisenkommunikation.
- Sie verantworten die interne Kommunikation. Sie verfassen regelmäßig Mitarbeiterinformationen und betreuen redaktionell die Hauszeitschrift.
- Sie verantworten die Internetpräsenz sowie das Corporate Identity und das Corporate Design der Klinik.

Dass dies keine Aufgabe für eine einzelne Person sein kann, sondern eine Abteilung beschäftigt, deren Leiter der Pressesprecher ist, sollte sich von selbst verstehen. Für die Leitung größerer Kommunikationsbereiche sind Führungs- und Managementqualifikationen unabdingbar.

Welche personelle Ausstattung passt?

Vor allem kleinere Einrichtungen entscheiden sich bei der Lösung ihrer Kommunikationsaufgaben oft für externe Dienstleister. Das sind entweder in der Pressearbeit erfahrene Journalisten oder PR- und Marketing-Agenturen. Andere Kliniken bevorzugen eine Mischung aus einem Angestelltenverhältnis plus regelmäßiger Agenturunterstützung. Wie groß sollen Kommunikationsbereiche bzw. Pressestellen sein? Je nach Größe und Besonderheit der Klinik und den anstehenden Kommunikationsaufgaben sollten mindestens zwei bis fünf Mitarbeiter eingesetzt werden, in großen Klinika und bei Klinikketten mit Linienorganisationen sind in dem Bereichen durchaus über 10 und mehr Mitarbeiter beschäftigt. Einige Klinikketten verfügen neben einer zentralen Einheit über regionale Presse- und Öffentlichkeitsarbeitverantwortliche, z. T. auch über lokale Ansprechpartner. In kleinen und kleineren Unternehmen sollten mindestens zwei Personen für die Kommunikation zuständig sein: Eine Leitung und eine Assistentin oder einen Assistenten bzw. eine Person für das Sekretariat.

Das Auswahlverfahren

Das Auswahlverfahren ist sorgsam zu planen und professionell zu managen. Vorab gilt es zu klären, soll es ausgeschrieben werden oder eine Personalagentur mit der Suche beauftragt werden. Wer wird eigentlich gesucht, ein Kommunikationsmanager, ein Journalist als Verfasser von Pressemitteilungen oder ein Pressereferent für das Management? Herrscht darüber keine Klarheit, dann ist es ratsam, sich externen Sachverstand dazu zu holen. Allen Beteiligten muss bewusst sein: Wer seine Auswahlverfahren unprofessionell organisiert und Bewerber damit verärgert oder gar persönlich kränkt, läuft Gefahr, verbrannte Erde zu hinterlassen. Ferner sollte bedacht werden: Nicht jeder Journalist, nicht jede Journalistin ist für die beschriebenen umfassenden Kommunikationsaufgaben einer Klinik geeignet, insbesondere der Seitenwechsel auf die Klinikseite und die Vertretung von Unternehmensinteressen kann durchaus zu Problemen führen.

Geeignete Kandidaten erkundigen sich nach der Strategie der Klinik, nach den Zukunftschancen im Wettbewerb, fragen nach Entwicklungsmöglichkeiten und den Aufgaben, nach der Anbindung im Unternehmen und an die Führungsspitze, nach den Zielen der Kommunikation?

Der Bewerber selbst sollte für sich in Bezug auf das Management und das Unternehmen prüfen: Kann ich mit den Führungspersönlichkeiten zusammenarbeiten? Sind sie *Gesichter* des Unternehmens mit Strategien und Visionen. Hat die Unternehmenskommunikation einen hohen Stellenwert? Wo ist die Stelle angebunden? Sind für die Aufgaben ausreichende Ressourcen vorhanden? Betrachtet das Management die Ausgaben für Kommunikation als Kostenfaktor oder als Zukunftsinvestition?

Was kostet ein Kommunikationsexperte?

Die Bezahlung eines Pressesprechers bzw. des Kommunikationsverantwortlichen ist abhängig vom Stellenwert, den das Unternehmen der Unternehmenskommunikation einräumt und natürlich von der Größe des Unternehmens. Auch welche Erfahrung ein Bewerber mitbringt, welchen Ruf er oder sie sich bereits erworben hat und auch welche Verantwortung ihm übertragen werden soll, spielt eine Rolle. Wer Krisen bereits in Theorie und Praxis gemeistert hat, hat Anspruch auf mehr Geld. Weitere Kriterien der Honorierung sind Budget- und Mitarbeiterverantwortung. Pressesprecher an Universitätsklinika können durchaus 80.000 € Jahresbruttogehalt beanspruchen, in Klinikketten Beträge von mehr als 100.000 €. In kleineren Häusern sind, je nach persönlicher Voraussetzung 50.000 bis 60.000 € anzusetzen.

8 Die Krisen-Kommunikation in Krankenhäusern

Wolfgang H. Inhester

crossroad solutions, Ditzingen

8.1 Die Bewältigung einer Krise ist Aufgabe der Kommunikation

Das Krankenhaus ist nicht mehr nur Heilungs-
stätte, es ist heute ein Unternehmen, dessen Erfolg und Image durch wesentlich mehr Faktoren
definiert wird als durch die Qualität der Behandlung, die Leistungen der Ärzte und des Pflegepersonals sowie die zahlreichen Qualitätszertifikate,
die allenthalben an den Wänden prangen.

Zum „*Ich denke, also bin ich*" und dem „*Ich fahre,
also bin ich*" kommt heute das „*Ich wähle, also bin
ich*". Bei der Wahl des Krankenhauses im Bedarfsfall werden also nicht mehr nur Behandlung und
Qualität ins Kalkül gezogen, sondern auch zahlreiche „Soft Facts", die mit dem persönlich-sub-
jektiven Status der Person harmonieren und diesen durch die Wahl verstärken müssen.

Marken- und Image-Entwicklung sind ohne
Kommunikation nicht denkbar. Aber mit der
wirtschaftlich notwendigen Präsenz in der Öffentlichkeit, setzt sich auch eine Klinik den Gesetzen der Medienbrache aus – im positiven, wie
im negativen Sinne. Und damit besteht die latente Gefahr, dass schon ein eigentlich risikoarmer
Problemfall von den Medien schnell zum Krisenfall erklärt wird und das Markenimage einer Klinik nachhaltig beschädigen kann.

„Kunstfehler" gelten ebenso wie Infektionen
als klassische Krisenfälle in Krankenhäusern.
Aber die gesellschaftliche wie auch wirtschaftliche Situation, der Abbau von Arbeitsplätzen,
das Schließen von Stationen und Reduzieren von
Heilangeboten sowie nicht zuletzt der Umgang
mit staatlichen Steuermitteln, können Krankenhäuser schnell auf den Radarschirm der Medien
bringen und die Berichterstattung bis zu einer
existenziellen Krise führen.

> *Die für den Erfolg von Krankenhäusern notwen-*
> *dige Kommunikation mit den Medien setzt diese*
> *auch den negativen Aspekten der Branche aus.*

Unbestritten ist Kommunikation heute ein wesentlicher Bestandteil erfolgreicher und nachhaltiger Unternehmensführung. Etwa 600 Jahre vor
Christus hat der chinesische Philosoph und Meta-
physiker Lao Tse bereits erkannt: „*Nicht Taten bewegen die Menschheit, es sind die Worte darüber.*" Während in Industrie, Institutionen und Politik ganze
Stäbe mit zum Teil hunderten von Mitarbeitern
global im Einsatz sind, um Unternehmen, Marken und Produkten zu kommunizieren und damit
zu profilieren, befindet sich die Kommunikation
von Krankenhäusern zum Großteil noch auf dem

strukturellen und methodischen Stand der achtziger Jahre des vorigen Jahrhunderts. Eine eigene Webseite, meist emotionslose Broschüren und gelegentliche Pressemitteilungen gelten neben der Benennung eines Medien-Ansprechpartners in den Kliniken als „State of the Art". Doch eine Nachhaltigkeit kann damit in unserer heutigen Mediengesellschaft nicht erreicht werden.

Zwar nutzen einer repräsentativen Umfrage aus dem Jahre 2007 zu Folge über zwei Drittel der Krankenhäuser regelmäßig Werkzeuge der Öffentlichkeitsarbeit, aber zehn Prozent sehen bisher keine Notwendigkeit zur öffentlichen Kommunikation [vgl. Strahlendorf 2007]. Diese Ergebnisse kann man nur auf den ersten Blick positiv bewerten. Denn nur eine, alle wesentlichen Attribute moderner Kommunikation nutzende Klinik kann sich in Zukunft im Wettbewerb behaupten. Und ebenso wichtig: nur mit einer etablierten und in alle Krankenhausprozesse integrierten Kommunikationsabteilung lassen sich öffentliche Krisen in Krankenhäusern erkennen, verhindern, abmildern und mit geringstem Schaden bewältigen. Wenn es brennt, sind Notfallpläne unabdingbar, aber zum Löschen des Feuers braucht man die Feuerwehr. Dies ist bei Krisen in Krankenhäusern nicht anders:

In Krisen sind Notfallpläne ohne die Existenz einer geschulten, glaubwürdigen und von den Medien anerkannten Presseabteilung nahezu wertlos.

Die Bewältigung einer Krise ist zunächst eine Aufgabe der Kommunikationsabteilung, die Lösung eine Aufgabe des Krisenstabes. Denn die Bedeutung einer Krise und ihre Wirkung werden bestimmt vom Grad des öffentlichen Interesses und damit von den Medien. Die Öffentlichkeit akzeptiert, wenn Lösungen Zeit benötigen, sie akzeptiert aber keine Kommunikation, die auf Zeit spielt. Natürlich gibt es viele Situationen im beruflichen Alltag, die von Menschen als Krise empfunden werden. Aber:

Ab wann ein Problem zur Krise wird, definiert in unserer Gesellschaft nicht das Management, sondern die Medien und damit die Öffentlichkeit.

Daher ist es auch nachvollziehbar, dass letztendlich nicht das Management eines Krankenhauses das Ende einer Krise ausrufen kann, sondern

ebenfalls die Medien. Diese sind – je nach Standort des Betrachters -im positiven wie im negativen Sinne die Prozesstreiber in Krisensituationen. Medien haben im Prinzip drei Ziele. Sie wollen informieren, unterhalten und Service bieten. Im Fall der Krise handelt es sich sicherlich primär um Information, aber zu einem nicht unwesentlichen Teil auch um Unterhaltung des Publikums. Ein Skandal ist einfach auch spannender Lesestoff, ein Aufreger, die uralte Geschichte von Gut und Böse, Schwarz und Weiß.

Für die Öffentlichkeit sind Journalisten Spurensucher, Ankläger und Richter; für das betroffene Unternehmen leider nur allzu oft der Gegner Nr. 1, der Macht hat, ohne Verantwortung tragen zu müssen. Und genau in diesem Lagerdenken liegt eine Wurzel der Krise.

Krisen dürfen nie – auch wenn die Kritik verletzend ist – das Verhältnis zu den Medien zerstören, denn ohne persönliche/direkte Kommunikation mit den Medien, kann eine Krise nicht endgültig gelöst werden.

Angesichts dieser Axiome ist natürlich die Frage berechtigt, ob es für ein betroffenes Unternehmen überhaupt Chancen gibt, öffentliche Krisen zu kontrollieren. Oder ob man lediglich solange ein hilfloser Spielball der Medien ist, bis diese ihr Interesse am Unternehmen, am Thema und den handelnden Personen verloren haben? Die Antwort lautet eindeutig ja: man kann als betroffenes Unternehmen Krisenverläufe wesentlich mitgestalten, gewissermaßen aus dem drohenden Sturz noch eine Pirouette machen.

Die Erfahrung zeigt, dass professionelle Frühwarnsysteme und Krisen-Präventionsmanagement in drei von vier Fällen den medialen Ausbruch einer Krise verhindern.

8.2 Was ist eine Krise?

„Krisis" ist der griechische Begriff für „Entscheidung". Ein Unternehmen ist aufgrund öffentlichen Drucks zu einer Entscheidung gefordert, weil eine nicht akzeptable Situation besteht. Die Problemlösung (Entscheidung) kann jedoch nicht erfolgen, weil die notwendigen Ressourcen nicht existieren. Dies kann fehlendes Wissen ebenso wie Personal- und Zeitmangel sein. Krisen sind dadurch gekennzeichnet, dass sie einen unberechenbaren Verlauf nehmen und unvorhergesehene Ergebnisse produzieren. Und nicht zuletzt stellen sie für die betroffen, handelnden Personen eine extreme und ebenso existenzielle Stresssituation dar, die gewohntes Denken und Handeln blockiert.

Krise bedeutet den weitgehenden Verlust von Handlungsfähigkeit und Glaubwürdigkeit.

Krise ist nicht gleich Krise. Jede hat ihre eigene genetische DNA und bedarf deshalb auch der individuellen Lösung. Sowenig wie es eine Muster-Krise gibt, sowenig gibt es einen Musterkatalog für deren Lösung. Grundsätzlich gilt jedoch:
Der ideale Nährboden für Krisen ist, dass zuviel passiert ist, um zu schweigen, und zu wenig bekannt ist, um positive Botschaften zu kommunizieren. Diese Situation wird zusätzlich durch unterschiedliche Sprachebenen erschwert. Während die öffentliche Kommunikation in Krisenfällen stets emotional ist, operieren die Unternehmen mit ihren Statements auf der rationalen Ebene, also mit der Verbreitung von Fakten, und damit im Grunde chancenlos. Denn:

Im Ernstfall zählen nicht die Fakten, sondern der Reim, den sich die Öffentlichkeit darauf macht.

Dennoch, kein Unternehmen kann und wird Entscheidungen ohne Fakten treffen, schon gar nicht, wenn sich existenzielle Ausmaße abzeichnen. Es ist somit die Aufgabe eines Krisenteams, im Umgang mit den Medien die richtige, auch emotionale Sprache zu finden, die Fakten zu emotionalisieren und authentisch vertreten zu lassen. Denn die Dimension und Lösung einer Krise wird ganz entscheidend bestimmt von den agierenden Personen, deren Rollen und Glaubwürdigkeit.

Der stärkste Transmissionsriemen für das Entstehen von Krisen jedoch sind Bilder – sie machen Krisen erst zu Krisen. Ein einziges Bild kann eine ganze Epoche oder ein ganzes Drama zusammenfassen. Als Beispiele sind zu nennen:
Vietnamkrieg: Das Mädchen von My Lai
Mauerbau in Berlin: Volkspolizist springt über den Stacheldraht
Greenpeace: Brent Spar

Raumfahrt: Die explodierende Challenger
Elchtest: Die beim einfachen Slalom auf zwei Räder hochschnellende Mercedes A-Klasse
Tsunami-Katastrophe: Die Meereswelle von Khao Lak

All das sind Symbole, jederzeit abrufbare Bilder, die für unauslöschliche Ereignisse stehen. Der Bruch mit gewohnten Weltbildern macht betroffen und garantiert die Langlebigkeit im öffentlichen Gedächtnis. Und gerade in diesem Bereich bieten Krankenhäuser eine große Angriffsfläche und das höchste Krisen-Risiko.

Bilder sind die emotionale Verdichtung einer Krise, sie sind der Transmissionsriemen in der Kommunikation. „Ohne Bilder keine Krise"

Ein weiterer Risikofaktor ist die persönliche Betroffenheit der handelnden, verantwortlichen Personen. Der ungewohnte Stress und die Furcht vor medialer Zurschaustellung führen leider immer wieder dazu, das Leugnen, Negieren und Vertuschen als wichtigste Aufgabe des Krisenmanagements zu sehen. Alle Erfahrungen zeigen jedoch, dass diese Strategie nie aufgeht. Natürlich sind dies verständliche menschliche Reaktionen, aber die Verharmlosung eines Krisenherdes oder das Verschweigen potenzieren die Krise. Deshalb empfiehlt es sich, in Notsituationen immer einen externen Moderator zu verpflichten, der ohne Betroffenheit die Prozesse begleitet und die Grundprinzipien des Krisenmanagements überwacht.

In Krisen müssen Unternehmen nicht alles sagen; aber alles, was sie sagen, muss wahr sein.

8.3 Diese Kardinalfehler führen zur Krise

Der erste, gleichsam entscheidende Fehler ist, erste Anzeichen einer Krise nicht ernst zu nehmen. Die Analysen aller großen Krisen der letzten Jahrzehnte zeigen, dass sich jede Krise erkennbar angekündigt hat. Die Verharmlosung der angekommenen Signale führte anschließend und praktisch unabwendbar zu einer falschen Krisenwahrnehmung.
Die daraus sich ableitende subjektive Risikoeinschätzung generiert den zweiten gravierenden Fehler: Es mag sein, dass bei einem Vorfall nach Faktenlage und Ansicht der Experten kein Risiko für Menschen besteht, dabei jedoch die subjek-

tiven Befindlichkeiten der Öffentlichkeit völlig falsch eingeschätzt werden. Der Brand in einer Trafostation des Kernkraftwerks Krümmel, im Sommer 2007, war nach dem Urteil aller Fachleute völlig harmlos und hätte den Atommeiler nie gefährden können. Den schwarzen Rauch, der – mit dem Teleobjektiv verdichtend aufgenommen – direkt vor dem Kraftwerk aufstieg, nahm die Öffentlichkeit jedoch als visuelles Symbol höchster Gefahr wahr. Fakten kämpften gegen Emotionen und – wir wissen es – am Ende war es eine dramatische Krise für Vattenfall.

Das sogenannte „gefühlte Risiko" ist der Gradmesser für die Strategie zur Krisenbewältigung.

Natürlich gibt es den Idealfall, bei dem Experten keine Risikofaktoren feststellen, und die Bevölkerung ihnen glaubt. Die subjektiven, emotionalen Faktoren eines Problems führen jedoch sehr oft in der Öffentlichkeit zu einer Veränderung in der Akzeptanz objektiver Fakten. Die Menschen glauben den Sachverständigen nicht und diese unterschätzen die Angst der Menschen. Erich Kästner wird der treffliche Satz zugeordnet: „Wahr ist, was wahr sein könnte." Natürlich darf die objektive Bewertung auf wissenschaftlicher Basis nicht grundsätzlich durch die subjektive ersetzt werden. Aber die Interaktion zwischen beiden ist ein ganz entscheidender Punkt. Alexander Müller vom Bundesministerium für Ernährung, Landwirtschaft und Verbraucherschutz fordert deshalb „einen Paradigmenwechsel in der Krisenwahrnehmung, der die subjektive und die objektive Wahrnehmung in das Krisenmanagement einbezieht" [vgl. Müller 2006, S. 24].

Werden die Ergebnisse der wissenschaftlichen Risikobewertung unsensibel kommuniziert, können sie den Krisenverlauf beschleunigen.

Krisenkommunikation ist mehr als der Dialog zwischen Verursacher und Medien. Diese sind – wie schon erläutert – die Prozesstreiber, die natürlich auch ihre Auflagenhöhe im Auge haben und im täglichen Wettbewerb mit ihren Konkurrenten stehen. Aber es gibt in Krisen zahlreiche andere Gruppierungen, die ein Interesse an einem möglichst spektakulären Verlauf haben. Da sind die Mitbewerber, die sich Vorteile erhoffen, populistische Politiker auf Stimmenfang, besserwis-

sende Experten, die jede öffentliche Plattform nutzen, um sich ins Gespräch zu bringen, und nicht zuletzt Interessengruppen und Verbände, die in Krisen ihre Ziele bestätigt sehen. Und für alle diese Gruppierungen sind am Ende die Medien wieder dankbare Abnehmer, wenn sie Stimmungen suchen und Meinungen bündeln, oft zu Lasten seriöser Faktenrecherche. Denn über Krisen berichten die investigativen Newsmaker, nicht die Fachjournalisten.

In einer Krise muss genau beobachtet werden, wer situativ welche zusätzlichen Interessen transportieren will, wer und in welcher Form kommuniziert.

Zusammengefasst müssen fraglos (wissenschaftliche) Fakten die Grundlagen des strategischen Handelns bestimmen. Da aber in der Krise stets weitere, nicht zu unterschätzende Player hinzukommen, müssen im Krisenmanagement immer mehrere Handlungsoptionen erarbeitet und getestet werden. Es ist zu akzeptieren, wenn neben der allgemeinen Öffentlichkeit weitere Gruppierungen ihre Bewertungen des Problems adressieren und deshalb länger als gewollt keine abschließenden Maßnahmen ergriffen werden können. Erst die Integration aller Meinungen und Ängste ergeben eine Lagebeurteilung, aus der sich ein belastbares Lösungsszenario erstellen lässt. Andernfalls besteht die große Gefahr, eine im Frühstadium abgegebene Beurteilung widerrufen zu müssen und damit selbst die Krise erneut zu beschleunigen.

Krisenlösungen müssen eindeutig sein und eindeutig kommuniziert werden.

Das „babylonisches Sprachengewirr" als Kennzeichen einer Krise existiert nicht nur extern, sondern häufig auch im Unternehmen, was zum letzten Kardinalfehler führt: Nur allzu oft sind die Aufgaben und Rollen der handelnden Personen des Unternehmens zu Beginn einer Krise nicht exakt definiert. So bietet sich das Bild einer ähnlichen Vielstimmigkeit der Ansichten und Meinungen gegenüber der Öffentlichkeit und wird von den Medien dankbar aufgenommen. Der Grundsatz lautet: „One face to the customer". Und je nach Krisenverlauf und Lösungsstatus ist sorgfältig zu überlegen, wer die Sprecherrolle besetzt. Bei unklarer Lage der Pressesprecher. Ist das Thema fachlich komplex, wird ein Experte hinzu gezogen. Liegt die finale Lösung vor, wird sie von der Geschäftsleitung präsentiert.

> Die Sprecherrolle im Unternehmen muss eindeutig besetzt sein. Aber Top-Exekutives sollten erst sprechen, wenn das Problem erforscht ist und positive Meldungen zu verbreiten sind.

Wenngleich sich Krisen durch ihre in erster Linie öffentliche Bedeutung und Wirkung auszeichnen, so ist der internen Kommunikation eine wichtige Rolle beizumessen. Es geht nicht nur um den Grundsatz „schnell vor detailliert", sondern auch um die zeitnahe Information aller Mitarbeiterinnen und Mitarbeiter. Wir alle kennen die nicht zu steuernde Situation wartender Journalisten vor den Toren eines Unternehmens, um Zitate der Beschäftigten einzufangen. Deshalb gilt: Jeder gut und aktuell informierte Mitarbeiter ist im Krisenfall ein glaubwürdiger Botschafter des Unternehmens. Im Falle der Krankenhäuser ist auch die Information der Patienten von Bedeutung, die von den Medien als „Tatzeugen" benutzt werden und den hoch emotionalen Faktor „Menschliches Leid" nach außen transportieren können.

8.4 Wie lassen sich Krisen verhindern oder lösen?

Ein wesentlicher Bestandteil ärztlicher Ausbildung ist das Trainieren von Notfallsituationen. Jedes Krankenhaus ist auf Notfallpatienten vorbereitet, von der Notaufnahme bis zur Nachsorge, von den logistischen Abläufen bis zu den Geräten. Aber welches Krankenhaus hat sich ebenso gewissenhaft auf den Umgang mit öffentlichen Krisen und deren Vermeidung bzw. Bewältigung vorbereitet?

Zentraler Punkt präventiven Krisenmanagements ist eine etablierte, von den Medien anerkannte Kommunikationsabteilung. Dabei spielt nicht die Anzahl der Mitarbeiter die entscheidende Rolle, denn viele Krankenhäuser haben dafür nicht die finanziellen Mittel. Auch eine Ein-Personen-Abteilung mit guter Kommunikationsausbildung, voller Integration in alle Geschäftsprozesse und in die Geschäftsleitungskommunikation, kann ausreichend sein, wenn es ein Netzwerk von Experten gibt, die regelmäßig in „Krisenübungen" eingebunden sind und auf Abruf bereitstehen.

Krisenmanagement lässt sich in drei Phasen einteilen:

1. die Vorbereitung auf eine Krise mit möglichen präventiven Methoden,
2. den Krisenfall und
3. die Nachbereitung,
   denn:

Nach der Krise ist vor der Krise.

8.4.1 Die Vorbereitung auf eine Krise

Issue Management

Das Issue Management ist gewissermaßen der Radarschirm des Krankenhauses zum frühestmöglichen Erkennen drohender Krisen. Dabei werden in regelmäßigen Abständen (vierteljährlich) alle geplanten Geschäftsprozesse unter dem Gesichtspunkt der Risikoanalyse durchleuchtet und bewertet. Wo existieren Risiken (wirtschaftliche, personelle, prozessuale, etc.)? Welche Gefahren könnten entstehen und welche Interessengruppen könnten perspektivisch für das Krankenhaus eine riskante Rolle spielen?

Prävention

Aus diesen Erkenntnissen lassen sich präventive Maßnahmen sehr leicht und transparent ableiten: Neben der Minimierung adressierter Krisenpotenziale durch frühzeitig angepasste Managementenscheidungen, sind vor allem Dialogmaßnahmen empfehlenswert. Zum Beispiel der proaktive Dialog mit potenziellen Krisentreibern, ob interne bzw. externe Gruppierungen oder Medien, im Rahmen vertraulicher Hintergrundgespräche. In jedem Falle gilt, Kritik entgegenzunehmen und substantiell zu beantworten.

Notfall-Liste

Zur Vorbereitung auf eine Krise gehört aber auch die Erstellung einer Notfall-Liste. Da keine Krise der anderen gleicht, kann dies kein Musterkatalog von Szenarien sein, sondern die grundsätzliche Benennung eines interdisziplinären Krisenteams inklusive eines Organigramms samt adressierten Aufgaben und Verantwortlichkeiten

(Kompetenz vor Hierarchie!), dazu ein Raumbelegungsplan. Denn dieser Stab muss im Notfall als zentrales Team arbeiten und von den üblichen Tagesabläufen weitestgehend befreit sein. Kommunikation (Medien, Internet, Hotline) benötigt Technik. Alle erforderlichen technischen Kommunikationsmittel sind ebenso zu listen wie ggf. das technische Personal. Idealerweise sollten auch schon Warteräume für Medien und ein Pressekonferenzraum, beide möglichst weit entfernt vom Krisenstab, ausgewählt werden. Ergänzt wird diese Liste mit einer Aufstellung aller Rufnummern aller relevanten Personen des Hauses, der lokalen wie regionalen Notdienste, Behörden, Medien und benannten Krisenexperten/Moderatoren.

Notfall-Übungen

Idealerweise sollte das definierte Krisenteam bis zu zwei realitätsnahe Notfall-Übungen pro Jahr durchführen, um das Zusammenwirken, das Miteinander unter geänderten Rahmenbedingungen und örtlichen Begebenheiten zu proben.

Krisen sind „Kopfgeburten" und können durch die ungewohnte Stressbelastung traumatisch wirken. Zumindest Geschäftsleitung und Pressesprecher/in sollten sich deshalb einmal jährlich einem Medientraining unterziehen, bei dem erprobte Trainer Inhalte und Rhetorik für den Dialog mit den Medien schulen.

8.4.2 Der Krisenfall

Welche Fehler zu einer Krise führen können, wurde bereits ausführlich dargelegt. Deshalb erfolgt an dieser Stelle die Konzentration auf die Darstellung operativer Maßnahmen.

Das erste Statement

Wie bei einem Notfall-Patienten ist die Zeit ein wesentlicher Faktor für die Art des Krisenverlaufes. Die Öffentlichkeit erwartet eine schnelle und eindeutige Reaktion. Aber in der Regel ist im Frühstadium zu wenig bekannt, um das zu sagen, was die Öffentlichkeit hören will. In jedem Fall sollte ein erstes Statement des Pressesprechers folgende Kernbausteine beinhalten: **Baustein 1** ist das sachliche Beschreiben der aktuellen Lage.

Keine Vermutungen, keine Spekulationen, keine Schuldzuweisungen, keine Verharmlosungen und vor allem nichts beschönigen. Krisen haben Verursacher und Opfer. Deshalb werden in **Baustein 2** die Betroffenheit und das Bedauern der Geschäftsleitung zum Ausdruck gebracht. Der **dritte Baustein** ist die Information über die geplanten Maßnahmen, mit denen man beabsichtigt, den Fehler zu finden und zu beheben. Ist vorgesehen, weitere Experten hinzuzuziehen, so ist darüber an dieser Stelle zu informieren. Ob diese Informationen in Form einer Pressekonferenz oder nur als Presseinformation herausgegeben wird, ist vom Einzelfall abhängig. Nichts ist in diesem Fall jedoch schlimmer als eine aus gutem Willen vollständig zur Pressekonferenz angetretene Geschäftsleitung, die nichts zu sagen hat.

Die handelnden Personen

Grundsätzlich ist dies die Stunde des Pressesprechers und ggf. eines medien-geschulten Fachmanns, der bei komplexen Themen ergänzende Informationen gibt. Ist der Lösungsweg zu diesem frühen Zeitpunkt der Krise noch nicht endgültig bekannt, ist eine Teilnahme der Geschäftsführung nicht sinnvoll, könnte doch im Spiel der Rollen der wichtigste Joker an Wert verlieren. Erst wenn die Strategie zur Behebung der Krise klar und eindeutig ist, sollte sich die Geschäftsleitung als Überbringer der „Good News" zu Wort melden. Eine Geschäftsleitung, die bereits zu Beginn einer Krise gegenüber der Öffentlichkeit einen ratlosen, desorientierten Eindruck hinterlässt, verstärkt die Krise und hat nur wenige Chancen, diese auch im Amt zu überleben. Eine zur Krisendiskussionen noch hinzu kommende Personaldiskussion birgt die Gefahr, das Unternehmen insgesamt zu destabilisieren.

Sprache und Inhalt

Die verwendete Sprache sollte einfach und verständlich sein, der Auftritt authentisch, überzeugend aber nicht distanziert oder sogar arrogant. Die Inhalte ohne Widersprüche oder Mehrdeutigkeiten, dazu so wenig fachspezifisch wie möglich. Kann etwas nicht gesagt werden, ist es zu begründen und ungeklärte Fragen werden als solche offensiv deklariert. Ultimative Argumente sind gänzlich zu vermeiden, Vorbehalte aktiv anzusprechen:

„Zum jetzigen Zeitpunkt…". Andere Meinungen sind zu respektieren aber nicht auf offener Bühne zu diskutieren. Besser ist, ein Dialogangebot auszusprechen und das Gespräch anschließend im kleinen Kreis auf Fachebene weiterführen.

Die Bedürfnisse der Medien

Die unterschiedlichen Mediengattungen Zeitung, Hörfunk, Fernsehen und Internet kommen mit unterschiedlichen Bedürfnissen. Für die Zeitung die Pressemitteilung, für das Radio den O-Ton, für das Fernsehen bewegte Bilder und Fotos für die Fotografen. Ehe die Journalisten selbst auf die Suche nach Inhalten und Motiven gehen, ist es besser, eigenes Material bereitzuhalten. Dies kann aus vorbereitetem Archivmaterial bestehen und durch aktuelle Produktionen ergänzt werden. Sicher wollen aber nahezu alle Journalisten Interviews, am besten sogenannte „One o Ones", also individuell und exklusiv. Diese anzubieten richtet sich letztendlich nach der Anzahl der Medienvertreter, der Professionalität des Pressesprechers und Experten sowie der Eindeutigkeit der Situation. Bei unklarer Kenntnislage ist dringend davon abzuraten, über ein erstes Statement hinaus sich in weitere Dialoge einzulassen mit dem Risiko, mehr z sagen als man beabsichtigte, oder sich in Spekulationen zu verstricken. Natürlich muss die Presseabteilung sicherstellen, für die Medien immer erreichbar zu sein, auch wenn es keine neuen Informationen gibt. Denn schlimmer als wartende Journalisten sind nur Journalisten, die sich beim Warten gegenseitig Fragen stellen.

Die Dramaturgie der Pressekonferenz

Journalisten haben in außergewöhnlichen Situationen die Eigenschaften, in Rudeln aufzutreten, sich in optimale Position zu drängeln, und eine Menge Hektik zu verbreiten, die dann die Stresssituation der Betroffenen noch erhöht. Deshalb ist selbst eine unmittelbar einberufene Pressekonferenz dramaturgisch zu planen. Erster Regiepunkt: Erzeugen von Ruhe durch die aktive Zuweisung von Arbeitsraum für Kameraleute und Fotografen sowie bestuhlten Tischreihen für die Journalisten. Pressesprecher und Experte können hinter einem möglichst leichten und transparenten Rednerpult stehen. Zweiter Regiepunkt: Nicht von den Medienvertretern, Fotografen und Kameraleuten be-

drängen lassen, also eine gewisse Distanz und Ordnung zu schaffen. Denn Pressesprecher wie Experte sollten bei den anschließend verbreiteten Aufnahmen nicht den Eindruck von überraschender Plötzlichkeit, von Hilflosigkeit und Stress vermitteln. Für den Leser oder Fernsehzuschauer ergäbe sich ein Bild des Zweifels, ob dieses Krankenhaus wirklich in der Lage ist, die Krise zu lösen, wenn schon die Sprecher überfordert wirken.

Die mediale Dramaturgie der Krise

Krisen zeichnen sich dadurch aus, dass Medien und damit die Öffentlichkeit in der aktuellen Beurteilung immer schneller sind als der Verursacher. Während Journalisten durch den Wettbewerb der Medien gefordert sind, in Minutenschnelle Neuigkeiten zu verbreiten, durchlaufen die Erklärungen der Unternehmen meist einen langwierigen Abstimmungsprozess auf verschiedenen Ebenen. So entsteht die Gefahr, dass sich Unternehmensstatements schon durch die aktuelle Berichterstattung überholt haben, bevor sie das Freigabesiegel tragen. Natürlich lohnt es sich dann nicht, mit Inaktuellem zu kontern, sondern bis zu einem gewissen Punkt auch das freie Spiel der Kräfte zu akzeptieren.

Besser ist es die eigenen Kräfte zu bündeln, und – wenn die Lösung gefunden ist – konsequent wie sorgfältig auf einen zentralen Public Announcement Day hinzuarbeiten, und sich dadurch wieder an die Spitze der Medienagenda zu setzen. Dazu empfiehlt es sich, Verbündete zu schaffen, intern wie extern, zum Beispiel mit Verbänden, Interessengruppen, Politik. Und sofern bereits ein Vertrauensverhältnis zwischen den Chefredaktionen der lokalen Medien und der Geschäftsleitung eines Krankenhauses besteht, könnten auch vertrauliche Gespräche zur Relativierung der Lage beitragen.

Der Public Announcement Day ist der finale Wendepunkt einer Krise. Als solcher muss er abschließend Klarheit in den Lösungsweg aus der Krise bringen, gleichsam aber durch die Demonstration kompetenten Handelns das Vertrauen der Öffentlichkeit in das Krankenhaus wieder stabilisieren. Das Unternehmen muss sich an dieser Stelle aber auch bewusst sein, dass die Berichterstattung in den Medien über den Krisenfall um ein Vielfaches höher ist als deren Meldungen zur Lösung der Krise. Für Öffentlichkeitsarbeit und Marketing ist die Krise an dieser Stelle noch nicht beendet. Die Stabilisierung des Vertrauens kann nur der Anfang sein, weitere Maßnahmen, von Anzeigen bis zum Dialogmarketing, sind vonnöten.

Dabei kann die zuvor intern gescholtene Presse sogar hilfreich sein: Die Medien sind bereit, ihre Meinung zu ändern, wenn neue Fakten auf den Tisch kommen, denn nichts ist älter als die Zeitung von gestern.

8.4.3 Die Nachbereitung

Nach der Krise ist vor der Krise. Und deshalb sollte der Aufarbeitung ebensolche Sorgfalt gewidmet werden, wie der Lösung. An erster Stelle steht sicher die Frage nach der Höhe des Imageschadens.

Der Imageschaden

Entscheidend für die Reaktion der Öffentlichkeit ist deren unmittelbarer Bezug zum Krisenthema, was wissenschaftlich als kognitive Vernetzung bezeichnet wird.

Vereinfacht ausgedrückt: Nur wenn einen Menschen eine Medieninformation wirklich tangiert, wirklich betroffen macht, wenn also zwischen Sender und Empfänger eine direkte Vernetzung stattfindet, ist der Mensch bereit, seine Meinung oder sein Verhalten gegenüber einem Unternehmen, einer Marke oder Produkt zu verändern – positiv wie negativ.

Gerade Fälle mit Patientenschäden in Krankenhäusern erzeugen eine sehr hohe Betroffenheit in der Gesellschaft und sprengen meist auch den Rahmen lokaler Berichterstattung. Meine These: Der unmittelbare Imageschaden für ein Krankenhaus ist bei einer derartigen Krise höher, nachhaltiger und existenzieller als der Schaden des Elchtests für die Marke Mercedes-Benz und ihr Produkt A-Klasse.

Die Fehleranalyse

Die meist sehr umfangreich vorhandene Dokumentation der Krise macht es relativ einfach, die Fehler zu finden, vorausgesetzt, die verantwort-

lichen Personen lassen dies zu. Fehlersuche führt bekanntlich am Ende fast immer zu Menschen, die an einer Stelle der Prozesskette einen Fehler begangen haben. Diese Tatsache darf nicht dazu führen, die Fehleranalyse einzustellen, denn dies öffnet praktisch die Tür zur nächsten Krise.

Ob das bisherige Krisenteam auch für die Nachbereitung zuständig bleibt, hängt von der Art der bewältigten Krise ab. Es ist empfehlenswerter, ein neues Team zu definieren, dem auch Vertreter des bisherigen Krisenstabes angehören und das von einer durch die Krise unbelasteten Person geleitet wird. Nach dem Löschen eines Hausbrandes sind ja auch nicht mehr die Feuerwehrmänner mit ihren Geräten gefragt, sondern die Brandursachenermittler der Polizei.

Die Krise als Chance

Der Chinese definiert Krise mit dem Wort Chance, also im Grunde genommen gelassener. Die Chance, etwas Fehlerhaftes wieder in Ordnung zu bringen, die Chance, sich von Fehlern – oder wie er sagt – von einer Krankheit zu trennen.

Sehen wir die Krise abschließend also positiv:

Die Krise des Eies ist die Chance des Kükens.
Krisen sind ebenso unvermeidbar wie lebenswichtig.
Ohne Krise keine Entwicklung.
Krisenerfahrung ist Lebenserfahrung.

Literatur

Egle F (2003) Kommunikation in außerordentlichen Lagen – drei Fallstudien. HSW, Bern.

Müller A (2006) Gibt es einen Masterplan für Krisen? In: Was kostet eine Krise? – Fakten, Erfahrungen, Handlungsmöglichkeiten. Tagungsband des Bundesinstituts für Risikobewertung zur BfR-Status-Konferenz am 05. September 2005 im Bundespresseamt

Strahlendorf P (2007) Jahrbuch Healthcare Marketing. New Business Verlag, Hamburg

M

Das Krankenhaus und seine Logistik (Prozess- und Materialmanagement)

1 Logistik-Reorganisation im Krankenhaus

Mario Bahmann[1], Stefan Burkart[2], Grischa Kraus[3] und Andreas J. W. Goldschmidt[4]

1 Klinikum Oststadt-Heidehaus, Hannover
2 Bodensee Institut, Radolfzell
3 InMEDiG GmbH, Essen
4 Universität Trier

1.1 Logistik im Krankenhaus

1.1.1 Herausforderung

Steigender Wettbewerb mit zunehmendem Leistungsvergleich, knappe finanzielle Mittel, immer höhere Anforderungen an den medizinischen Leistungsstandard, demografischer Wandel, neue Vergütungssysteme und politische Einflussfaktoren erfordern verstärkt unternehmerisches Denken und Handeln.

Innerhalb dieser Entwicklung stellt die Logistik für Gesundheitseinrichtungen ein wirtschaftlich zunehmend wichtigeres Thema dar. Von Fachleuten werden nach wie vor erhebliche Einsparpotenziale innerhalb der Krankenhausversorgung gesehen. Dieses gilt es durch einen entsprechenden Veränderungsprozess zu heben und nachhaltig sicherzustellen. Zentrale Fragestellungen sind hier:

- Was ist Logistik, welche Schwachstellen existieren und wie lassen sich diese beheben?
- Wie sehen Alternativkonzeptes aus?
- Worauf muss eine Gesundheitseinrichtung besonders achten?
- Und letztendlich – wie wirtschaftlich ist diese Veränderung?

Die Herausforderung ist die Wettbewerbsfähigkeit und Erfolgssicherung der Gesundheitseinrichtung durch Veränderung der Prozess- und Systemorganisation.

1.1.2 Allgemeine Definition und Bedeutung der Krankenhauslogistik

Krankenhauslogistik ganzheitlich betrachtet befasst sich mit den unterschiedlichsten Strukturen und Ausführungen der einzelnen physischen und informativen Prozesse eines oder mehrerer Krankenhäuser. Unter die physischen Prozesse fallen die einzelnen Logistikfunktionen eines Krankenhauses, wie z. B. Patiententransporte (extern und intern), Wäschelogistik, Labortransporte, Sterilgutversorgung, Speisenversorgung, Postdienste und Medical- und Pharmalogistik. Die informativen Prozesse bilden den Informationsfluss z. B. mit Hilfe von IT-Systemen.

Das Handeln in den Krankenhäusern ist häufig nur auf das operative Ergebnis des Prozesses ausgerichtet. Im Fokus liegt dabei jedoch lediglich die oberflächliche Befriedigung der Definition von Logistik wie:

- das richtige Material,
- in der richtigen Menge,

- zur richtigen Zeit,
- in der richtigen Güte (Qualität),
- am richtigen Ort – bereitzustellen.

Vergessen wird dabei, den eigentlichen Prozess und dessen wirtschaftliche Auswirkungen zu betrachten und zu optimieren.

Die Gesamtbetrachtung der logistischen Verfahren sollte die Wurzeln des Begriffs Logistik berücksichtigen.

   logos – Verstand, Sinn, Rechnung
   logistikos – berechnend, logisch denkend

Aus diesem Zusammenhang heraus leitet sich auch der Handlungsbedarf und Handlungsrahmen ab.

1.1.3 Aufgabenstellung und Vorgehensweise

Da der Bereich der Krankenhauslogistik sehr breit aufgestellt ist und es für den ersten Schritt einer eher differenzierten Betrachtung bedarf, bevor in der Breite Synergien unter einzelnen Logistikbereichen geschaffen werden, befasst sich dieser Beitrag mit dem Teilbereich der Medikal- und Arzneimittelversorgung. Er soll einen Überblick über grundsätzliche Möglichkeiten innerhalb dieses Teilbereiches geben und als grober Leitfaden zur Vorgehensweise bei einer Reorganisation dieser logistischen Teilprozesse im Krankenhaus dienen.

Meilensteine bilden hierbei mögliche Reorganisationsschwerpunkte bis hin zu einer fallbezogenen Versorgung, das Gesamtverfahren von der Analyse über eine Konzeptionierung und Planung bis zur Entscheidung und bei der Gesamtplanung zwingend zu berücksichtigende Erfolgsfaktoren.

1.2 Beobachtungs- und Sondierungsprozess

1.2.1 Marktbeobachtung und Systemerkundung

Als vorbereitende Maßnahme für eine spätere Konzeptionierung im Rahmen einer Logistikreorganisation empfiehlt es sich grundsätzlich, eine umfassende Marktrecherche durchzuführen. Ziel einer solchen Recherche sollte es sein, ein Verständnis für die möglichen und relevanten Konzept- und Verfahrensansätze zu erlangen. Nur mittels eines umfassenden Marktüberblicks lässt sich in der Folge ein für die eigene Organisation konzeptionell und wirtschaftlich bestmög-

liches Ergebnis erzielen. Als Hilfsmittel/Methode dienen neben der Recherche im Internet und dem Studium von Fachlektüre im Schwerpunkt Referenz- und Projektbesichtigungen sowie Anwendergespräche. Eine Auswahl an möglichen Themen wurde nachfolgend zusammengestellt.

1.2.2 Konzeptions- und Verfahrensmöglichkeiten

Extern/Intern

Eine klassische Fragestellung ist die Möglichkeit der „make or buy"-Konzeptionierung. Neben der grundsätzlichen Fragestellung eines Outsourcings geht es hierbei auch um das Erkennen und das Verständnis der unterschiedlichen Ausrichtungen von internen Lösungen und den Dienstleistungskonzepten von externen Anbietern.

Vor Lösungen in Eigenregie wird z. B. auf Grund der gesamten Komplexität zurückgeschreckt oder auch weil die erforderliche Kompetenz nicht im eigenen Hause gesehen wird. Abhilfe kann hier eine externe beratende Begleitung schaffen. Kontakte zu kompetenten Dienstleistern und Beratern lassen sich bereits im Rahmen der Marktbeobachtung knüpfen. Egal, ob es sich um eine beratende Unterstützungsleistung oder ein ganzheitliches Outsourcing-Konzept handelt, die grundsätzliche Entscheidung für einen Dienstleister und Berater und auch die Wahl des passenden Partners kann von größter Bedeutung sein. Die Auswahl von beteiligten externen Partnern stellt einen Schlüsselfaktor für die Erschließung und Umsetzung möglicher Optimierungspotenziale dar. Von der Analyse über die Konzeptionierung bis hin zur Implementierung einer umfassenden logistischen Reorganisation ist es ein Weg, an dessen Ende auch eine nachhaltige Optimierung stehen sollte.

Die entwickelte Strategie muss aber „umsetzbar" sein. Wer für seine Empfehlungen nicht geradestehen muss, kann leicht solche abgeben, die vielleicht niemand erfüllen kann. Insofern ist die Gesundheitseinrichtung gut beraten, bereits vor der Vergabe einer Beratungsleistung die praktische Relevanz der bisherigen Ergebnisse in Referenzprojekten und damit die reale Kompetenz des Beraters ebenfalls im Rahmen der Marktbeobachtung zu hinterfragen.

Die Grundlage einer solchen Entscheidung sollte immer ein fundierter IST-SOLL-Vergleich bilden. Als Knackpunkte in der Bewertung sind Punkte wie z. B. nur schwer bewertbare weiche

Faktoren, nicht lösbare Personalfragestellungen oder die anfallende Steuer auf eine externe Dienstleistung anzusehen [vgl. Goldschmidt u. Kraus 2009, S. 284].

Zentral/Dezentral

Diese Fragestellung ergibt sich in der Regel nur bei Einrichtungen eines Trägers oder strategischen Zusammenschlüssen. Ziel ist es, durch eine Konzentration und Zusammenlegung von Ressourcen und Prozessen Synergien zu heben, Kosten zu reduzieren und Standardprozesse zu etablieren.

Existierende Wahlmöglichkeiten bei der Erstellung eines Sollkonzeptes bestehen in der Konzentration der Logistikleistungen verschiedener Kliniken innerhalb einer Einrichtung (bei größeren Verbünden ggfs. in mehreren) oder einer Zusammenlegung in einem Logistikzentrum auf der grünen Wiese. Neben der grundsätzlichen IST-SOLL-Analyse und einer Kosten-Nutzenbetrachtung jeder einzelnen Einrichtungen sind auch die Vor- und Nachteile der beiden möglichen Konzepte, „Klinikintern" oder „grüne Wiese" zu beleuchten und bewerten. Neben den reinen Kostenansätzen gilt es hierbei, gerade die prozessualen Ansätze zu berücksichtigen.

Medikalprodukte/Arzneimittel

Bei der Reorganisation der Logistik lassen sich neben Prozessoptimierungen, technischer Unterstützung ggf. auch Synergien zwischen unterschiedlichen Versorgungsbereichen heben. Innerhalb der Bereiche der Medikal- und der Arzneimittelversorgung lassen sich in rechtlich zulässigem Rahmen und bei Erfüllung bestimmter Kriterien z. B. großvolumige Infusionen über das Medikallager versorgen. Vorteile liegen in geringeren Lager- bzw. Apothekenausstattungskosten und einem günstigeren Kommissionierungsprozess. Weitere Synergien können sich beim Inhouse-Transport ergeben.

Sinnvollerweise werden die jeweiligen Kommissionierprozesse so gestaltet, dass eine Verteilung der Waren gemeinschaftlich erfolgen kann. Lässt sich der Einsatz von Technik im Bereich der Medikalproduktelogistik nur bei einem wirklich großen Versorgungsvolumen (> 5.000 Krankenhausbetten) sinnvoll bzw. wirtschaftlich darstellen, können sich im Rahmen der Arzneimittel-

kommissionierung je nach Versorgungsvolumen und strategischer Ausrichtung technische Hilfsmittel bereits bei geringerem Umfang als sinnvoll erweisen. Zu erwähnen sind hier hauptsächlich unterschiedliche Ausführungen von Kommissionierautomaten – Halbautomaten (WZM/Ware zum Mann oder MZW/Mann zur Ware) oder Vollautomaten – bis hin zu Unit Dose-Versorgungen. Den Einsatz solcher technischer Hilfsmittel gilt es im Vorfeld genau zu hinterfragen. Neben vielen Vorteilen existieren natürlich auch Nachteile. So ist z. B. der Erhalt der Versorgungssicherheit bei einem Vollautomaten oder Halbautomaten (WZM) umständlicher und kostenintensiver als bei einem Halbautomaten (MZW).

Themen wie eine Unit Dose-Versorgung dienen auch der übergreifenden Optimierung. Neben weiteren Prozesskostenreduzierungen können die Patientensicherheit erhöht und die reinen Arzneimittelkosten durch patientenbezogene Dosierung stark reduziert werden. Allerdings gibt es auch in solchen Organisationsformen einige Nachteile. So wird auch für Unit Dose weiterhin ein Stationslager benötigt und große Behältnisse (wie z. B. Infusionsflaschen) sind nicht Unit Dose fähig.

Modulversorgung/Schrankversorgung; ja/nein

Im Rahmen einer optimierten Warenversorgung mit Medikalprodukten in OP, Funktionsbereich oder der Station gilt es, die Anforderungsprozesse und Warenlager zu strukturieren und standardisieren. Hierbei unterscheidet man zwei verschiedene Varianten der Ausgestaltung: Zum einen die konventionelle Schrankversorgung mit Hilfe herkömmlicher und vorhandener Schränke und Regale und zum anderen die modulare Schrankversorgung, bei der es neben den entsprechenden Modulen auch den passenden Korpus anzuschaffen gilt.

Bei der Ausgestaltung von Modulsystemen gibt es noch unterschiedliche Varianten. Möglichkeiten sind z. B. das Nachfüllverfahren, bei dem die Ware zum Modul geliefert wird oder das Austauschverfahren, bei dem die Module zur Ware verbracht und im Zentrallager befüllt werden. Im Gegensatz zu einer modularen Schrankversorgung verhält sich der Aufbau einer konventionellen Schrankversorgung wesentlich investitionsschonender. So ist im Sinne einer Kosten-Nutzenbetrachtung der Aufbau einer modularen Versorgung nur bei Renovierungs-, Umbau- oder Neubaumaßnahmen zu empfehlen. Die Vorteile hinsichtlich der

Lagerstandardisierung und Bestandsreduzierung sind bei beiden Systemen als ähnlich anzusehen. Der Personalbedarf im Rahmen des Versorgungsdienstes und somit der Bedienung der Schrankversorgung kann auf Grund einer aufwendigeren Bedarfserfassung gegenüber der modularen Schrankversorgung um bis zu 30 % höher liegen. Je nach Inventarsituation der jeweiligen Klinik kann sich auch eine Mischung aus beiden Systemen als sinnvoll darstellen. Bei beiden Arten der Versorgung ist der Einsatz von Barcodes und Scannern zu empfehlen und auch möglich. Das zu wählende IT-System kann entsprechend der Ausrichtung angepasst werden. Grundsätzlich geht es bei beiden Varianten um die Entlastung der Pflegekräfte mit Hilfe von sogenannten Versorgungsassistenten. Zusätzlich lässt sich bei steigender Versorgungsqualität der dezentrale Lagerbestand drastisch senken. Zudem bieten dann die dezentralen Lagerbestände und Warenverbräuche eine wesentlich höhere Transparenz und werden nachvollziehbarer. Schwund und Verfall reduzieren sich mit Hilfe dieser Systeme drastisch.

IT-Verfahren

Die einzelnen Möglichkeiten hinsichtlich eines durchgängigen IT-Verfahrens zur Abdeckung der Materialwirtschaftsprozesse sind sehr vielfältig. Prozessseitig lassen sich hierbei drei Schritte bzw. Systemkomponenten voneinander unterscheiden. Zur Abbildung der materialwirtschaftlichen Prozesse (Bestellung, Wareneingang, Bestandsführung, Rechnungsbearbeitung, etc.) bedarf es des Einsatzes eines ERP-Systems (Systeme SAP, Aescudata, AGFA, Navision Dynamics).

Die Abbildung der dem ERP-System vorgelagerter Anforderungsprozesse – Kommunikation zwischen Anwender und Einkauf – kann auf zwei Arten erfolgen. Zum einen innerhalb einer bereits erwähnten Schrankversorgung mit Hilfe von Barcodescannern und zum anderen durch den Einsatz eines Anforderungssystems mittels Hitlisten und Freitextbestellungen. Je nach Ausrichtung und System lassen sich auch beide Komponenten verbinden und in den Prozess einbauen. Ebenfalls verfügen die meisten ERP-Systeme heute bereits über integrierte Module hinsichtlich des Anforderungs- und Schrankorganisationssystem. Die Abbildung der dem ERP-System nachgelagerten Prozesse – Kommunikation zwischen Einkauf und Lieferant (Bestellübermittlung, Stammdatenab-

gleich, Lieferschein und Rechnungsübermittlung) - erfolgt über sogenannte E-Procurement-Systeme (GHX, HBS, Medical Columbus). Die einzelnen Systeme haben historisch- und herkunftsbedingt unterschiedliche Ausrichtungen und Schwerpunkte. Von einem Schwerpunkt in der Kommunikation zum Lieferanten über Klassifizierungs- und Stammdatenschwerpunkte bis zur Abdeckung des gesamten Prozesses, können diese Systeme heute auch bereits den Prozess vor dem ERP-System abbilden und stehen somit in Teilen auch im Wettbewerb zu den jeweiligen ERP-Lieferanten.

Fallwagen/Programmwagen

Das Fallwagen- bzw. Programmwagenkonzept bildet die Kür der Prozessoptimierung und -standardisierung und organisiert die Abläufe von der Versorgung bis zur Entsorgung der operativen Bereiche mit Instrumenten, OP-Wäsche und medizinischem Verbrauchsmaterial eigens für die OPs. Fallwagen sind speziell für einen Eingriff aufbereitete Versorgungswagen. Programmwagen hingegen decken mehrere Eingriffe gleichzeitig ab, wobei die Materialien der einzelnen Eingriffe wiederum fallbezogen kommissioniert und gepackt werden.

Die Fallwagen- bzw. Programmwagenversorgung setzt voraus, dass vorab genau geplant wird, was für die jeweiligen Eingriffe benötigt wird. Die Konzepte erfordern eine enge Zusammenarbeit des OP-Funktionsdienstes mit den beteiligten Akteuren, wie der ZSVA, dem Medikallager und der Logistik. Für die verschiedenen operativen Eingriffe werden standardisierte Listen, auf denen die benötigten Medikalprodukte, Materialien und Instrumentensiebe aufgeführt werden, erstellt. Aus Leistungsstandards, OP-Programmen und Materialstandards ergeben sich in Verbindung mit den konkreten Fällen die jeweiligen Bestelllisten, die den betroffenen Bereichen idealerweise elektronisch übermittelt werden.

Neben der Prozessstandardisierung kommt es durch die Konzepte zu einer nachweisbaren Entlastung der OP-Mitarbeiter sowie zu geringere Lagerhaltungskosten und einer optimalen Nutzung von kostspieligen OP-Flächen.

Vorteile Programmwagenkonzept
- Lagerflächen und Lagerbestände im OP-Bereich können deutlich reduziert werden und ggf. zur Erweiterung der OP-Kapazitäten genutzt werden.

- Verkürzung der OP-Vorbereitungsdauer
- Handling für die Mitarbeiter im OP kann erheblich vereinfacht werden (Ware wird direkt aus dem Ladungsträger ohne vorherige weitere Kommissionierung am OP- Tisch eingesetzt).
- Entlastung des OP-Personals von logistischen Tätigkeiten
- Implizite Standardisierung der Materialbedarfe auf Fallebene
- Einfache Umsetzung der Kostenträgerrechnung im Krankenhaus
- Steigerung des Kostenbewusstseins beim medizinischen Personal

Nachteile Programmwagenkonzept
- Einführung eines komplexen Versorgungssystems mit notwendiger Professionalisierung innerhalb der Logistikströmen
- Investitionen in Ausstattung und moderne IT-Strukturen
- Höherer Personaleinsatz innerhalb der Logistikströme
- Aufwand bei der Stücklistenabstimmung und Pflege der Standardlisten

1.3 Analyse- und Konzeptionierungsprozess

Wie in den meisten Projekten wird in der Analyse und Konzeptionierung bereits maßgeblich über das Wohl und Wehe des Projektes mitentschieden. Folglich zahlt sich hier Vorbereitung am Ende doppelt und dreifach aus. Nicht nur das Ziel selbst, sondern auch die Aufgabenstellung und die Wege zur Zielerreichung müssen klar definiert sein.

1.3.1 IST-Analyse

Detailliert sind zu Beginn im Rahmen der fokussierten Betrachtung die Bereiche Materialwirtschaft und Arzneimittelversorgung in allen ihren Ausprägungen zu betrachten. Zusätzlich zwingend notwendig ist zum einen die Aufnahme der Schnittstellen zwischen den eigenen Prozessen (z. B. Beschaffungslogistik) und vorhandenen Fremdprozessen (z. B. Distributionslogistik des Lieferanten) und zum anderen die Betrachtung der diversen Schnittstellen zu weiteren internen Logistikarten wie z. B. die Wäscheversorgung, die Sterilgutversorgung und deren Aufbereitung sowie alle anderen Transportleistungen des Hol-

und Bringdienstes einschließlich der gesamten Entsorgung.

Externe Unterstützung ja/nein

Die Grundsatzfrage, ob externe Unterstützung benötigt wird oder nicht, wird nicht dadurch beantwortet, ob das benötigte Logistik-Know-how im Hause vorhanden ist. Das Wissen über die Prozesse ist im Zweifel im Haus vorhanden. Es sind vielmehr folgende Fragen ausschlaggebend:
- Haben die Verantwortlichen genügend Zeit und Freiraum, sich um ein solches Projekt zu kümmern?
- Ist die entsprechende Methodenkompetenz vorhanden und verfügt man über die notwendigen Tools?
- Können die Projektergebnisse später auch durchgesetzt werden? Dies ist eine mehr politische Frage, denn die Logistikprozesse betreffen so gut wie jeden Bereich und nahezu jede Person im Krankenhaus.

Vorgehen

Bei der Aufnahme der IST-Situation ist auf folgende Bereiche und Abläufe zu achten [vgl. Behrendt et al. 2009]:
- Erstellen von spezifischen Kennzahlen und Datenlisten für die Vor-Ort-Aufnahme von internen und externen Logistikleistungen z. B.:
  - Lager/Apotheke
    - Kapitalbindung
    - Umschlagszeiten
    - Lagerplätze zentral/dezentral
    - Lagerfläche
  - Einkauf
    - Sachkosten
    - Anzahl Artikel
    - Anzahl Lieferanten
  - Transporte extern/intern
    - Anzahl Anlieferungen
    - Anzahl Auslieferungen
- Vor-Ort-Aufnahme aller logistischen Prozesse (quantitativ und qualitativ):
  - Ist-Analyse durch Interviews und Besichtigungen
    - Räumliche Situationen
    - Arbeitsabläufe
    - Materialtransporte
  - Überführung in Prozessmatrix

- Aufnahme der derzeit bestehenden Dienstleistungsverträge
- Abfrage von projektbeeinflussenden Planungsvorhaben
- Aufnahme der Kostenstrukturen
  - Personal
  - Externe Verträge
  - Fuhrpark
  - Sonstige Sachkosten
- Aufnahme der derzeit bestehenden Vorgehensweise bei der Steuerung der intern und extern erbrachten Dienstleistungen
- Aufnahme der verwendeten IT-Tools
- Erstellen des Prozessflussschemas mit Mengen- und Kostengerüst
  - Warenströme mit Quelle und Ziel
  - Mengengerüsten/Beständen, Art und Anzahl der gelagerten Artikel
  - Zeitabläufen, Liefer- und Annahmezeiten, Darstellung Zeitdauer von Anforderung bis Lieferung, Durchführungszeiten
  - Personaleinsatz
  - Transportmittel und -geräte und deren Auslastung
  - Kosten/Kapitalbindung
  - Warehouse Management, Art und Anzahl der Lagerplätze (Fein-, Grob-, Block-, Palettenregal, Fachboden, ...), Dokumentation der einzelnen Lager
- Bewertung der IST-Situation, z. B.
  - Aufzeigen der Schwachstellen
  - Aufzeigen kritischer Prozesse

- Benchmarking mit vergleichbaren Einrichtungen
- Validierung des Mengengerüstes
- Abhängigkeiten und Konsequenzen ausarbeiten

Einsparpotenziale

Ziel des geplanten Reorganisationsprozesses ist es, neben einer Optimierung der Abläufe, eine deutliche Kostenreduktion zu erwirken. Zur Ergebnismessung ist neben einer strukturierten und fundierten IST-Analyse von Kennzahlen und Prozessen eine transparente und nachhaltige Dokumentation des Projektes und der Ergebnisse erforderlich. Die größte Herausforderung liegt zum einen in der Erfassung und Aufbereitung der IST-Situation und zum anderen in der späteren Ermittlung der Veränderungen anhand der vorliegenden Ergebnisse. Hierbei ist es wichtig, identische Faktoren miteinander zu vergleichen und zu bewerten.

Eine grundsätzliche Unterscheidung sollte bereits bei der Erhebung der Daten und Prozesse vorgenommen werden; harte und weiche Faktoren sollten getrennt bewertet und gesondert gewichtet werden. Während die harten Faktoren wie Personalkosten und Kapitalbindung in der Ermittlung der umgesetzten Potenziale leicht zu ermitteln sind, gilt es, die weichen Faktoren wie Flächenkosten, Schwund, Verfall, Prozess- und

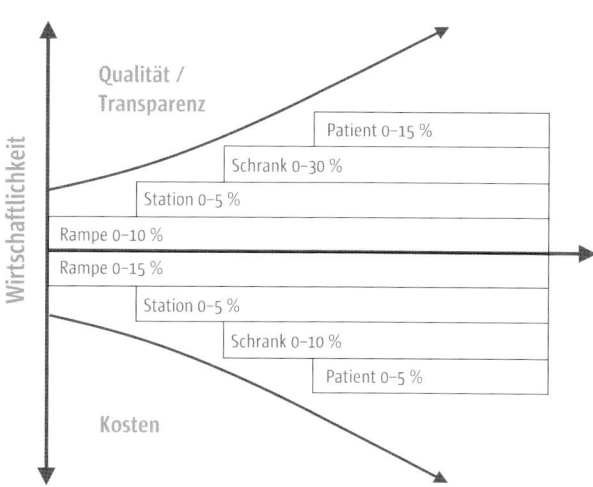

Abb. 1   Darstellung erhöhter Optimierung bei entsprechender Prozesstiefe

Transparenzvorteile im Vorfeld zu definieren und hinsichtlich einer Bewertung zu gewichten. Als schlüssig erscheint es, dass die jeweiligen Vorteile bei Qualität, Transparenz und Kosten in ihren positiven Auswirkungen mit der Tiefe der Versorgungsstruktur an Bedeutung gewinnen (s. Abb. 1).

1.3.2 Benchmark

Neben der reinen Betrachtung der IST-Situation als Grundlage für eine SOLL-Konzeptionierung und späteren Erfolgskontrolle gilt es, diese im Rahmen von Kennzahlen- und Prozessvergleichen mit möglichen Alternativkonzepten zu messen. Hier dienen wiederum die unter Kapitel 1.2.1 erfassten Daten und Informationen als sinnvolle Vergleichsgröße.

1.3.3 Erfolgsfaktoren

Wie so oft gilt: die richtige Person am richtigen Platz. Aber auch wenn qualifizierte Mitarbeiter vorhanden sind, so ist die Zuständigkeit zumeist das Problem. Die Zuständigkeit für logistische Aufgaben ist zersplittert über das ganze Krankenhaus verstreut. Eine unternehmensübergreifende und zentrale Koordinierungsstelle ist einer der wichtigsten Faktoren zum Erfolg.

Zusätzlich gilt es, zwingend drei weitere Faktoren zu berücksichtigen:

1. der Ansatz einer ganzheitlichen Prozessbetrachtung; von der reinen Datenlogistik über die Warenlogistik bis hin zur Finanzlogistik,
2. ein zusammenhängendes und vernetztes IT-Verfahren,
3. ein transparentes Sachkosten- und Bedarfscontrolling.

Daten-, Finanz- und Warenlogistik

Wenn in Krankenhäusern das Thema Logistik behandelt wird, fokussiert man sich sehr häufig auf den reinen Teil der Warenlogistik (Lager und Transport). Hierbei kommt dann in aller Regelmäßigkeit eine ganzheitliche Betrachtung der Abläufe zu kurz.

Ziel muss es sein, die vorgelagerten Prozesse wie Stammdatenmanagement, Anforderungssystem und Scannersysteme direkt mit einzube-ziehen, da hier bereits über einen Teil an Erfolg oder Misserfolg entschieden wird. Die nachgelagerten Prozesse wie Warenverbuchungen, Rechnungsbearbeitungen und Anweisungen profitieren ebenfalls von definierten und optimierten vorgelagerten Abläufen. Und eben diese gilt es zusätzlich noch im Rahmen der gesamten Prozessbetrachtung mit einzuschließen, da es hier immer wieder zu extrem hohen administrativen Aufwänden kommt, die durch entsprechende Verfahrens- und Systemoptimierungen eliminiert werden können.

Vernetztes IT-Konzept

In der täglichen Arbeit ist es heutzutage immer noch nicht überall gelungen, Medienbrüche zu vermeiden. Oberstes Ziel sollte es deshalb sein, ein integriertes IT-System zu implementieren, welches die gesamte logistische Prozesskette begleitet. Der gesamte Ablauf von der Anforderung zur Bestellung (inklusive digitaler Übergabe an den Lieferanten), dem Wareneingang, der Rechnungskontrolle und -bearbeitung, der Bezahlung, der Kostenzuordnung und dem Verbrauchscontrolling sollte in einem zusammenhängenden IT-Prozess mit möglichst wenigen Schnittstellen abgebildet sein.

Sachkosten- und Bedarfscontrolling

Ziel einer ganzheitlichen Optimierung der Logistik ist es, neben der Kosten- und Prozessoptimierung auch eine Verringerung der Sachkosten zu erreichen. Dies ist nicht zuletzt z. B. durch eine organisierte Schrankversorgung (Reduzierung von Schwund und Verfall) oder ein Optimum an Lager- und Verbrauchstransparenz herzustellen.

Für die Überwachung der Sachkostenaufwände ist es notwendig, der gesamten Optimierung ein durchgängiges Sachkostencontrolling zur Seite zu stellen. Dies wiederum sollte in das eigentliche IT-Konzept eingebunden und an die einzelnen Prozessbausteine (z. B. Fall-/Programmwagen) angepasst sein. So bildet neben dem entsprechenden IT-Verfahren gerade die ganzheitliche Betrachtung der Logistikkomponenten aus Daten, Waren und Finanzen die elementare Grundlage für einen wirtschaftlich nachhaltigen Erfolg.

1.3.4 Masterplan

In der Konzeptentwicklung und im Projektmanagement findet sich der Begriff „Masterplan" so nicht wieder. Man kann darunter aber durchaus die zusammenfassende Erstellung und Darstellung eines „Großprojektes" mit verschiedenen „Teilprojekten" verstehen. Es ist z. B. bei größeren Projekten auch üblich, ein so genanntes „Projekthandbuch" zu erstellen, in dem alle relevanten Daten zu dem Projekt zusammengefasst werden.

Entwicklung Grundkonzept

Im ersten Schritt ist die Erstellung des grundsätzlichen Soll-Konzeptes auf Basis aller vorgenannten Möglichkeiten und Einflussfaktoren erforderlich. Zielführend kann auch die entscheidungsvorbereitende Erstellung von Konzeptvarianten sein. Diese dienen dann nach entsprechender Verfahrens- und Wirtschaftlichkeitsbetrachtung als Entscheidungsgrundlagen. Auf diese Weise werden die unterschiedlichen Interessenslagen und Verfahrensmöglichkeiten auf den Prüfstein gestellt und miteinander verglichen.

Auf Basis der Grundsatzentscheidung ist dann der zu erstellende Masterplan in einzelne Teilpläne (z. B. Einführung Schrankversorgung, Einführung Anforderungssystem, Umsetzung elektronischer Bestell- und Rechnungsübermittlung) aufzugliedern.

Grundsätzliche Merkmale im Rahmen des Projektmanagements gilt es aufzubauen und zu berücksichtigen:

- Projektmerkmale z. B.:
  - Einmaligkeit
  - Zielorientierung
  - Terminvorgabe
  - Zeitliche Begrenzung
  - Ressourcenbeschränkung
  - Kommunikationsstruktur
  - Abgrenzung zu anderen Vorhaben/ Projekten
  - Komplexität
  - Projektspezifische Organisation (s. Tab. 1 und Abb. 2)
- Zielvorgaben für Projekte (Magisches Dreieck)
  - Sachziel = Qualität: das gewünschte Ergebnis, was ist zu erreichen und in welcher Qualität
  - Kostenziel = Ressourcen: Projektbudget. Es legt fest, welche Ressourcen zur Verfügung stehen
  - Terminziel = beschreibt v. a. das Projektende. Es legt fest, wann welche (Teil-)Ergebnisse zu erreichen sind

Die drei Zielgrößen im magischen Dreieck beeinflussen sich gegenseitig. Jede Veränderung an einem Ziel wirkt sich stets auf die beiden anderen Zielgrößen aus.

Tab. 1   Projektkommunikation

Logistikprozesse	Projekt-Kommunikation			
Bezeichnung	Ziele, Inhalte	Teilnehmer	Termine	Ort
Gruppensteuerung	Diskussion Projektstatus, Abweichungen im Projekt	Projektauftraggeber		
	Entscheidungsfindung auf Basis der Projektcontrolling-Sitzung	Projektverantwortliche		
	Freigabe Projektfortschrittsbericht	Projektleiter		
Projektcontrolling	Projektstatus	Projektleiter		
	Controlling Leistungsfortschritt, Termine und Ressourcen, Kosten	Projektteam		
	Controlling der Umweltbeziehungen	Projektcoach		
	Soziales Projektcontrolling			
	Diskussion übergeordneter Problemstellungen			
	Entscheidungsaufbereitung für Projektauftraggeber-Sitzung			
Projektteam	Koordination und Bearbeitung von Arbeitspaketen	Projektleiter		
	Diskussion inhaltlicher Problemstellungen	Projektmitglieder		

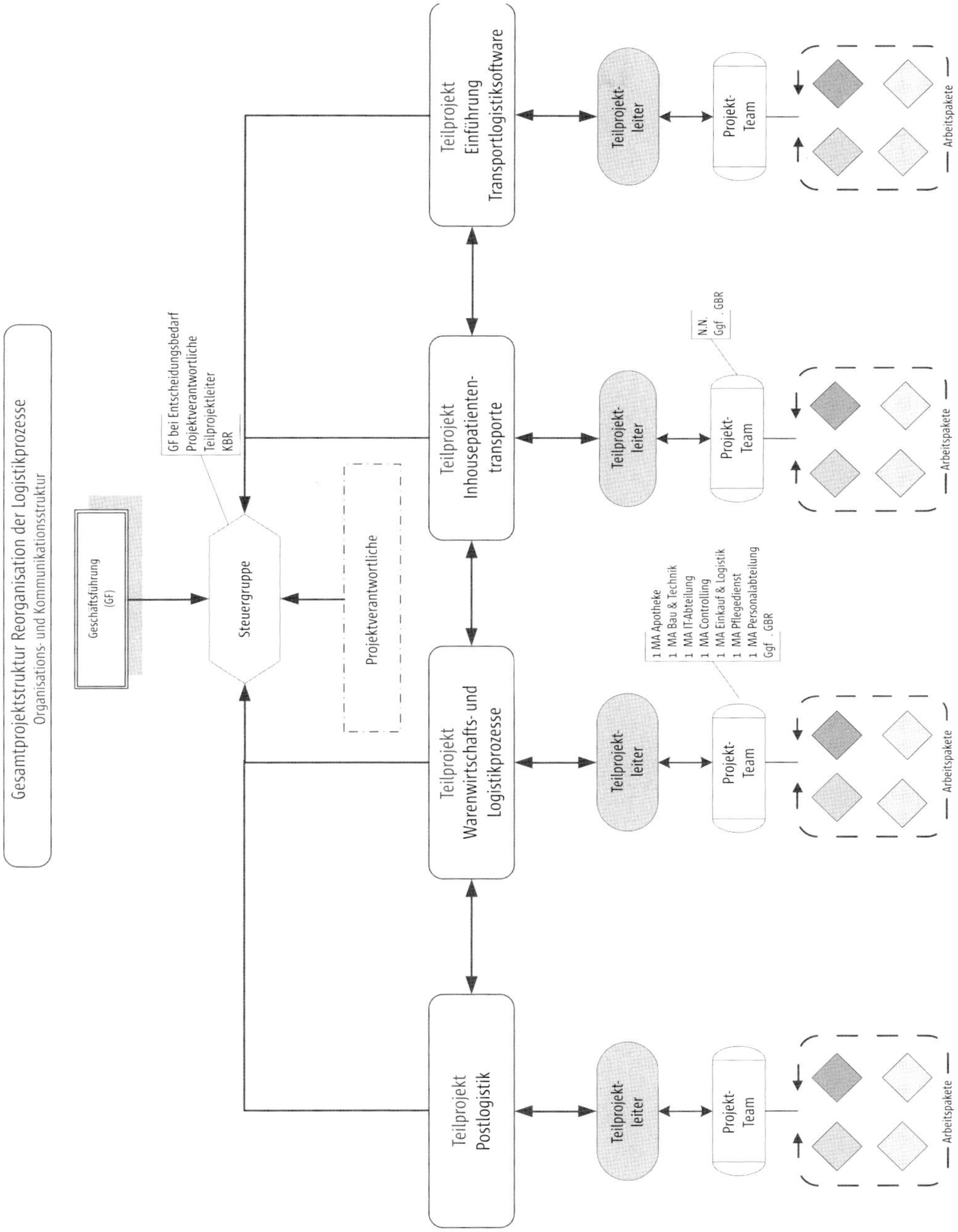

Abb. 2   Projektorganigramm

Prozess- und Finanzplanung

Grundsätzlich ist Planung die Vorbedingung für Wertschöpfung in einem komplexen Umfeld. Im Rahmen der Projekt- bzw. Prozessplanung geht es darum, die vielfältigen Elemente eines Projektes/ Prozesses zu ordnen und festzulegen.

- Welche Tätigkeiten (Arbeitspakete)?
- Durch wen (Verantwortliche Personen, Gruppen, etc.)?
- Wann (Start- und Endtermin, Abhängigkeiten)?
- Mit welchen (zusätzlichen) Ressourcen (Personal, Sachmittel)?
- Zu welchen Kosten?

Die Planungen erfolgen mit der Absicht, das Projekt-/Prozessziel auf effiziente Weise zu erreichen. Die gesamte Planung orientiert sich i. d. R. an den Phasen des Projekt-/Prozessmanagements:
Idee → *Zieldefinition/grober Rahmen* → *Projektplanung* → *Durchführung* → *Abschluss*

Im Rahmen des Projektmanagements ist es üblich, nur die projektbezogenen Kosten einzubeziehen. Unberücksichtigt bleiben die allgemeinen Betriebskosten, die auch dann entstehen würden, wenn das Projekt nicht durchgeführt würde.

Die Kostenplanung beginnt mit der Zusammenstellung aller für die Planungsperiode relevanten Kosten. Diese Liste setzt sich aus den Einzelkosten (meist Schätzungen) der Elemente des Projektstrukturplans und den Aktivitäten (Arbeitspakete, etc.) zusammen (s. Tab. 2).

Kostenvergleichsrechnung

Problematisch wird diese Aufstellung durch die so genannten indirekten Leistungen in den Gesamtgeschäftsprozessen wie z. B. Beschaffung & Logistik, Qualität, Vertrieb, Verwaltung, etc. Diese Leistungen werden in der Regel nicht durch eine differenzierte Leistungsverrechnung, sondern durch eine pauschale Umlagerechnung weiter

Tab. 2   Projektkostenplan

Logistikprozesse	Projekt-Kostenplan					
Lfd. Nummer, AP-Bezeichnung	Kostenart	Plankosten	Adaptierte Plankosten per ...	Ist-Kosten	Kostenabweichung
	Personal				
	Material				
	Fremdleistungen				
	Sonstige				
	Gesamt				
	Personal				
	Material				
	Fremdleistungen				
	Sonstige				
	Gesamt				
	Personal				
	Material				
	Fremdleistungen				
	Sonstige				
	Gesamt				
Projektkosten					

verrechnet. Hier setzt nun das Denken der *Prozesskostenrechnung* an. Die Zurechnung dieser indirekten Leistungsbereiche sollte nicht mehr pauschal über Kostenstellen, sondern durch eine differenzierte Leistungsverrechnung über Prozesse abgebildet werden. Dies ist jedoch in den meisten Fälle nicht möglich, da die Prozesskostenrechnung ein sehr aufwendiges Instrument ist und auch nur im Einzelfall eingesetzt werden kann.

Daher muss im Einzelfall entschieden werden, ob der Einsatz der Prozesskostenrechnung sinnvoll ist oder ob die bereits angewendeten Kostensysteme vor Einführung der DRGs zu aussagefähigen Instrumenten ausgebaut werden und somit als Grundlage für Managemententscheidungen herangezogen werden können. Wenn Ressourcenverbrauch und Erlös verglichen werden, kann die Verantwortung über eine reine Umlagenverrechnung nicht deutlich gemacht werden. Erst hier wird die Prozesskostenrechnung sinnvoll zur Lenkung von Prozessen einsetzbar [vgl. Zapp 2002, S. 296 ff.].

1.4 Entscheidungs- und Umsetzungsprozess

Grundsätzlich ergibt sich der Entscheidungs- und Umsetzungsprozess aus der differenzierten Projektplanung, die Bestandteil des Projektentwurfes und/oder des Masterplans ist (s. auch Kap. 1.3).

1.4.1 Entscheidung

Wesentlicher Bestandteil des Entscheidungsprozesses ist die Risikoanalyse. Für Projekte mit langer Laufzeit und hohem Investitionsvolumen gehört die Risikoanalyse als zwingender Part zur Projektplanung.

Hierbei werden im Rahmen der Risikoerfassung Einflüsse gesammelt, die sich negativ auf die Zielerreichung auswirken können. Dazu gehören:

- sachliche Schwierigkeiten = Probleme, das festgelegte Ergebnis mit den geforderten fachlichen Eigenschaften zu erzielen
- Terminschwierigkeiten
- personelle Schwierigkeiten
- finanzielle Schwierigkeiten

In der Risikoanalyse werden sämtliche Risiken in zwei Kategorien bewertet:

1. Eintrittswahrscheinlichkeit der Störung → meist in Prozent (0–100)
2. Kosten, die durch die Störung entstehen als Schätzung oder als „Schwere" auf einer Skala von 0 bis 10.

Das Ergebnis der Risikoanalyse und der durch die Projektplanung sichtbar gemachte Erfolg bilden die Grundlage für oder gegen die Umsetzung des Projektes.

1.4.2 Umsetzung

Ein Ablaufplan mit entsprechender Priorisierung ordnet sämtliche Arbeiten für die tatsächliche Durchführung bzw. Umsetzung (s. Abb. 3). Dieser Ablaufplan stellt die nötigen Aktivitäten in ihren sachlogischen Abhängigkeiten dar.

In dieser Ablaufplanung sind auch die entsprechenden Meilensteine = Kontrollpunkte hinterlegt, die den Projektfortschritt symbolisieren. Meilensteine sind zudem Basis für das Projektcontrolling und zur Beurteilung der Effizienz der Projektarbeit.

Erstellung Projektplan und Projektmanagement

Durchführung/Projektmanagementprozess
Grundlage für die Vorgehensweise und Ablaufplanung bildet die Struktur des Projektmanagementprozesses (s. Abb. 4).

Initiierung
Die Teilprozess-Initiierung findet in der Regel vor dem tatsächlichen Projekt statt. Die Initiierung beeinflusst den späteren Projekterfolg in erheblichem Maße. Fehler, die in der Vorprojektphase gemacht werden, können später nur noch schwer oder gar nicht mehr korrigiert werden. Typische PM-Aufgaben während der Initiierung sind:

- Situations- und Umfeldanalyse
- Projektzielsetzung
- Projektorganisation
- Ressourcenplanung (Aufwands- und Kostenschätzung)
- Projektauftrag

Projektziele müssen gemeinsam und eindeutig formuliert werden und sind am Gesamtkonzept auszurichten. Bei einem Projektende zum Beispiel muss entschieden werden können, ob das

Projektziel erreicht oder verfehlt wurde. Zur Zielformulierung sollte deshalb im Rahmen des Projektmanagements die so genannte SMART-Formel angewandt werden.

Ein Ziel ist nur dann SMART, wenn es diese fünf Bedingungen erfüllt:

S = spezifisch
- *Ist das Ziel hinreichend konkret und präzise formuliert?*
- *Ist das Ziel eindeutig und widerspruchsfrei?*

M = messbar
- *Woran kann ich erkennen, ob ich mein Ziel erreicht habe?*
- *Wie kann ich es beobachten?*

A = aktiv beeinflussbar
- *Ist das definierte Ziel herausfordernd, interessant und anspruchsvoll und aktiv im Rahmen der Projektarbeit zu gestalten?*

R = realistisch
- *Ist das Ziel in der vorgegebenen Zeit und unter den gegebenen Umständen und mit der vorhandenen Kompetenz erreichbar?*

T = terminiert
- *Sind klare Termine festgelegt? (Verbindlichkeit)*

Tipps zur Zielformulierung: Ziele sollen positiv und motivierend sein. Die Beteiligten sollen hinter den vereinbarten Zielen stehen (Commitment). Die formulierten Ziele sollten in Relation zu den Gesamtzielen und anderen Rahmenbedingungen der Prozesse stehen (z. B. Qualitätsziele, Leitbild, Stellenbeschreibungen, etc.).

Stolperstein bei der Zielformulierung: Anstelle von Zielen werden Aufgaben oder Maßnahmen beschrieben.

Planung

Ziel der Planungsphase ist ein detaillierter Projektplan, der verschiedene Detailpläne enthält (z. B. Risikoplanung, Aufwandsplanung, Termin- und Meilensteinplanung, Kosten- und Ressourcenplanung). Typische PM-Aufgaben der Planungsphase sind:
- Risikoanalyse und -management
- Aufgabenplanung (Projektstrukturplan)
- Termin- und Meilensteinplan
- Kosten- und Ressourcenplan (Detailplanung)
- Kommunikationsstrukturen festlegen

Die offizielle Freigabe des Masterplans sollte durch die Geschäftsführung erfolgen.

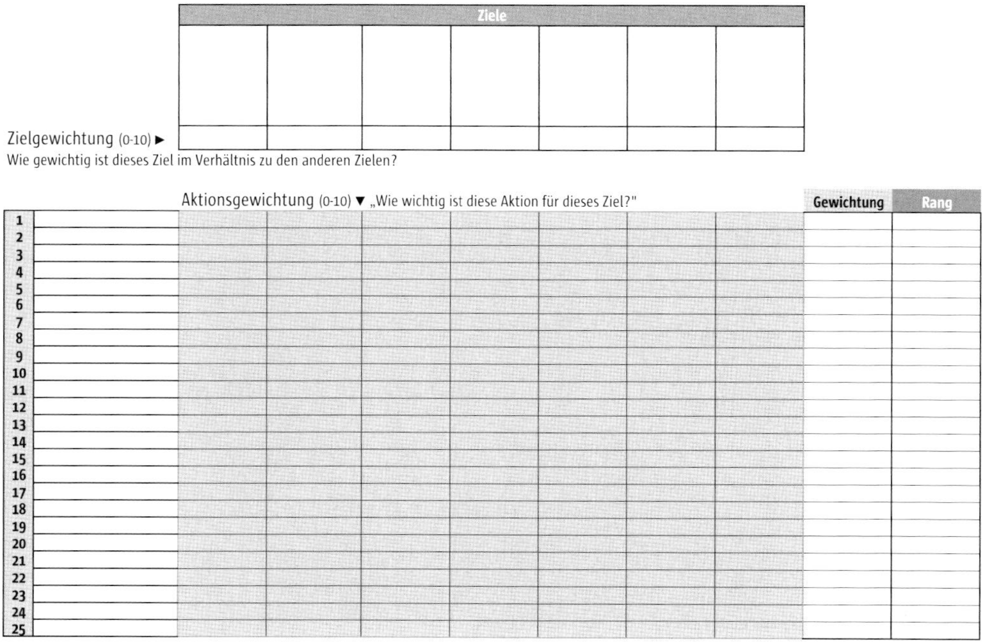
Ziele
Zielgewichtung (0-10) ►
Wie gewichtig ist dieses Ziel im Verhältnis zu den anderen Zielen?
Aktionsgewichtung (0-10) ▼ „Wie wichtig ist diese Aktion für dieses Ziel?"
Gewichtung
Rang
1
2
3
4
5
6
7
8
9
10
11
12
13
14
15
16
17
18
19
20
21
22
23
24
25

Abb. 3 Prioritätenmatrix

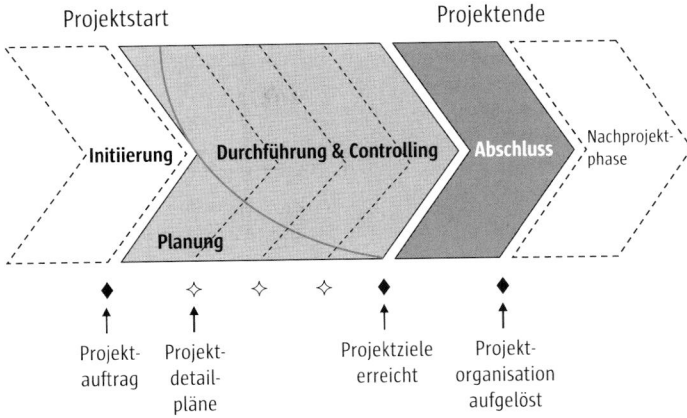

Abb. 4   Projektmanagementprozess

Anschließend sollte eine so genannte Kick-Off-Veranstaltung stattfinden, die durch die Geschäftsführung, den Projektleiter, die Projektgruppe und Vertreter der direkt beteiligten Bereiche durchgeführt wird.

Im Rahmen dieser Veranstaltung sollten die Inhalte des Projektauftrags nochmals gemeinsam abgestimmt und ggf. weiter konkretisiert werden. Die detaillierte Planungsarbeit erfolgt dann durch den Projektleiter und die Projektgruppe.

Parallel hierzu ist die Planung immer wieder zu überarbeiten und zu aktualisieren (= rollierende Planung)!

Durchführung und Controlling

Sobald der Detaillierungsgrad der Planung ausreichend ist, geht das Projekt in die Realisierung. Typischerweise wird die Realisierung durch das Setzen von Meilensteinen in mehrere Durchführungsphasen (wie z. B. Ist-Analyse, Soll-Konzeption, Implementierung) unterteilt. Die Durchführungsphasen nehmen – je nach Projekt – zwischen 70 und 90 % der gesamten Projektdauer ein.

Während der Projektrealisierung sind folgende kontinuierlichen PM-Aufgaben durchzuführen:
- Information & Kommunikation
- Controlling

Das Projektcontrolling ist eine Kernaufgabe des Projektleiters während der Durchführungsphasen. Das Controlling eines Projekts besteht im Wesentlichen in
- frühzeitiger Erkennung möglicher Abweichungen von der Projektplanung,
- Erkennung eingetretener Abweichungen,
- schneller Reaktion und
- der Dokumentation.

Projektabschluss

Jedes Projekt sollte einen formalen Abschlussprozess haben – sonst gehen wichtige Informationen und Erfahrungen verloren. Auf der Basis der Projektdokumentation und den Ergebnissen der Projektabschlusssitzung sollte ein kurzer Abschlussbericht erstellt werden.

Unverzichtbar ist eine Präsentation, in deren Rahmen die Ergebnisse übergeben werden – mit Rückmeldung, inwieweit die Ergebnisse den Erwartungen entsprechen. Im besonderen Maße wird die Zielerreichung in Bezug auf Qualität, Kosten und Zeit geprüft.

Fazit

Die ganzheitliche Betrachtung der Prozesse und Systeme ist zwingend notwendig. Logistik lässt sich nur nachhaltig – auch wirtschaftlich – optimieren, wenn die Schnittstellen zu weiteren elementaren Prozessen (Standardisierung, Beschaffung, Rechnungsmanagement) mit eingebunden und berücksichtigt werden. Lösungen von der Stange existieren nicht. Innerhalb der hier behandelten und bereits vorgegebenen Konzeptionsmöglichkeiten ist für jede Klinik oder jeden Verbund eine auf die jeweiligen Erfordernisse angepasste Vorgehensweise und Struktur zu erstellen. Strategisch langfristige Themen wie Personalkonzepte, Investitionsplanungen, IT-Verfahren, bestehende Vertragsbindungen und ökologische Grundausrichtungen müssen hierbei berücksichtigt werden.

Literatur

Behrendt I, König H-J, Krystek U (2009) Zukunftsorientierter Wandel im Krankenhausmanagement – Outsourcing, IT-Nutzenpotenziale, Kooperationsformen, Changemanagement. Springer, Heidelberg/London/New York

Goldschmidt AJW, Kraus G (2009) Logistik in der Gesundheitswirtschaft. In: Goldschmidt AJW, Hilbert J (Hrsg.) Gesundheitswirtschaft in Deutschland: Die Zukunftsbranche. Thieme, Stuttgart

Zapp W (2002) Prozessgestaltung im Krankenhaus. Economica Verlag, Heidelberg

2 Strategischer Einkauf

Christoph Kumpf

Comparatio Health GmbH, Hannover

2.1 Beschaffungsmanagement

Die Einführung der DRG's zwingt die Krankenhäuser, die Effizienz in allen Bereichen zu steigern. Darüber hinaus sorgt eine zunehmende Marktdynamik und strukturelle Veränderungen im Gesundheitswesen dafür, dass Krankenhäuser alle **Einsparpotenziale heben** müssen, um zukünftig mindestens kostendeckend wirtschaften zu können. Für das Heben dieser Potenziale steht neben der Prozessoptimierung und dem Personalkostenbereich insbesondere der Sachkostenbereich zur Verfügung. Demzufolge kommt der Optimierung der Beschaffung von Sachmitteln eine besondere Bedeutung zu. Laut einer Studie des Deutschen Krankenhaus Instituts betragen die Einsparpotenziale durch Reorganisationen der Beschaffung in deutschen Krankenhäusern 20–25 % des Beschaffungsvolumens. Das entspricht einem Betrag von 3,6–4,5 Milliarden Euro. Zusätzlich könnten durch Optimierung und Standardisierung des Beschaffungsprozesses bis zu 20 % der Prozesskosten eingespart werden.

Das aktuelle Augenmerk der Krankenhäuser liegt aber häufig noch auf kurzfristig wirkenden Beschaffungsprinzipien wie z. B. der niedrigen Preisfindung. Langfristige strategische Überlegungen wie die Optimierung der gesamten Logistikkette spielen meist noch eine untergeordnete Rolle. Somit sind die Möglichkeiten des strategischen Beschaffungsmanagements in den Krankenhäusern noch nicht ausgeschöpft. Dabei haben Krankenhäuser mit einem **standardisierten Beschaffungsmanagement** im medizinischen Sach- und allgemeinen Wirtschaftsbedarf sowie vor allem im Pharmabereich die Möglichkeit, zügig und nachhaltig kostensparend und zukunftsweisend zu arbeiten. Dies können die Kliniken erreichen durch konsequente Standardisierung im Sinne von Lieferantenstraffung und Produktbereinigung, durch stetige Weiterentwicklung der Prozesse und durch Vernetzung der IT-Systeme sowie mit klassischen Einkaufswerkzeugen.

Unter „Beschaffungsmanagement" verstehen sich alle Tätigkeiten und Objekte der Beschaffung wie z. B. materielle Wirtschaftsgüter sowie Dienstleistungen und Rechte. Die Beschaffung ist damit Teil der gesamten Krankenhaus-Logistik. Diese wiederum „umfasst alle Maßnahmen und Instrumente zur Sicherstellung eines optimalen Güter-, Mensch-, Werte- und Informationsflusses, wobei jeweils die Bereiche Beschaffung, innerbetriebliche Leistungserstellung, Distribution und Redistribution zu berücksichtigen sind" [Hellmann et al. 2009]. In den Bereich Logistik fallen somit der Einkauf von materiellen Wirtschaftsgütern, die Logistikkette, einschließlich der Ver- und Entsorgung (Materiallogistik). Einen Teil der Beschaffung stellt der Bereich des Einkaufs von medizinischen Verbrauchs- und Gebrauchsgütern im Rahmen des medizinischen Sach- und allgemeinen Wirtschaftsbedarfs neben den Anlagengütern dar.

In der traditionellen Beschaffung wird der Einkauf eher als ein Erfüllungsgehilfe gesehen, bei dem operative und administrative Aufgaben im Mittelpunkt stehen. Dabei ist lediglich eine geringe IT-Unterstützung vorhanden und die Mitarbeiterqualifikation ist ebenfalls gering. In dieser traditionellen Sicht ist der Einkauf weiterhin gekennzeichnet durch preisorientiertes, kurzfristiges Denken. Er steht auf einer breiten Lieferantenbasis, zeichnet sich durch häufige Lieferantenwechsel aus und hat nur wenige gemeinsame Projekte mit Lieferanten.

Die zentrale Beschaffung im Krankenhaus und mit ihr der Einkaufsbereich entwickelt sich zunehmend dahin, dass sie einen Beitrag zur Wertschöpfung der Klinik leistet, strategische Aktivitäten im Mittelpunkt stehen und sie die Prozessoptimierung durch starke IT-Vernetzung vorantreibt. Dies setzt eine höhere Mitarbeiterqualifikation voraus. Mit den Lieferanten wird eine langfristige partnerschaftliche Beziehung durch gemeinsame Projekte zur Kostenreduktion angestrebt. Es stehen die gesamten Kosten und der gesamte Logistikprozess im Blickpunkt, was einen durchgängigen Informationsfluss und eine erhöhte Koordinierung notwendig macht. Ein organisatorischer Vorteil bei dieser **zentralen Einkaufsorganisation im modernen Krankenhaus** ist, das Beschaffungsmanagement in einen strategischen und einen operativen Bereich zu trennen. Das strategische Beschaffungsmanagement entscheidet über den Beschaffungserfolg, während das operative Beschaffungsmanagement diesen Beschaffungserfolg sichert (s. Tab. 3).

Die Vorteile dieser organisatorischen Trennung sind zum einen eine bessere Aufgabenfokussierung der Mitarbeiter, zum anderen eine intensivere Bearbeitung der Beschaffungsmärkte und zum dritten eine Entkoppelung der Ansprechpartner für Abwicklung und Preisverhandlung. Im Ergebnis führt dies zum Senken der emotionalen Barrieren eines Lieferantenwechsels.

2.2 Strategisches Einkaufsmanagement

Da das strategische Beschaffungs- oder Einkaufsmanagement über Erfolg oder Misserfolg der Beschaffung entscheidet, sollte es in der Lage sein, die unternehmerischen, wirtschaftlichen und medizinischen Zielsetzungen des Krankenhauses optimal zu unterstützen. Dabei hat es in seinem Bereich sowohl das Gebot der Wirtschaftlichkeit und der Bedarfsgerechtigkeit als auch das der Lagerkosten zu berücksichtigen. Das strategische Einkaufsmanagement entwickelt Beschaffungsstrategien und setzt diese auch um, beherrscht die Werkzeuge und initiiert die notwendigen Prozesse.

Grundsätzlich geht es auch im strategischen Einkauf darum, sich als ein **Teil der gesamten Beschaffungskette** zu verstehen, die optimiert werden kann. Demnach führt die Sichtweise, dass das strategische Einkaufsmanagement Dienstleister mit Kostenverantwortung ist, eher zum gewünschten Erfolg, als dass die traditionelle Sichtweise des Einkäufers als bloßer Verhandler des Einkaufsvolumens im Krankenhaus dominiert.

Tab. 3 Strategisches und operatives Beschaffungsmanagement [nach Schlüchtermann 2009]

Strategisches Beschaffungsmanagement	Operatives Beschaffungsmanagement
Beschaffungsmarketing, Marktbeobachtung, Schaffung von Markttransparenz	Verantwortung für Beschaffungsvorgänge hinsichtlich Qualität, Menge, Termine und Konditionen
Lieferantenmanagement	Administrative Auftragsabwicklung, Bestellwesen, Rechnungsprüfung
Contract Management	
Aufbau von Wertschöpfungspartnerschaften	Mittlerfunktion zwischen Lieferant und Nutzer
Beitrag zum gesamten Unternehmenserfolg	Straffung der Beschaffungsprozesse
Reduktion der Total Cost of Ownership	Optimierung der Prozesskosten
Leistungsindikatoren: TCO und Qualitätsstandards	Leistungsindikatoren: Anzahl Lieferanten, Bestellungen pro Einkäufer, Umsatz pro Einkäufer

Typische Schwachstellen, mit denen sich das strategische Einkaufsmanagement in einem Krankenhaus auseinanderzusetzen hat, sind:

- zu hohe Artikelanzahl
- zu große Lieferantenvielfalt
- zu viele Beteiligte an einfachen Bestellvorgängen

Daraus ergeben sich folgende Handlungsfelder, die unter der allgemeinen Überschrift *Standardisierung* in drei Bereiche zusammengefasst werden können:

- **Produktbereinigung**: Die generelle Reduzierung der Artikelvielfalt sollte hierbei den Hauptfokus haben. Eine Segmentierung der Produkte kann erfolgen im Hinblick auf Einkaufsvolumina, Ausfallrisiko, Verbrauchsverlauf oder die Wertschöpfung.
- **Lieferantenstraffung**: Hierbei gilt es, gemeinsam mit den Lieferanten eine langfristige Partnerschaft anzustreben, die für alle Beteiligten Vorteile bringt.
- **Prozessoptimierung**: Zunächst erfolgt eine kritische Analyse der vorhandenen Einkaufsprozesse hinsichtlich Personal, Zeit, Geld und Material. Dabei spielten die vorhandenen IT-Werkzeuge die entscheidende Rolle.

2.3 Player im strategischen Einkauf

Neben dem **strategischen Einkäufer** auf operativer Sachebene sind die involvierten Personengruppen bei der Einkaufsstrategie und der Einkaufsentscheidung im Krankenhaus das Management, die Anwender und die Lieferanten. Der strategische Einkäufer ist dabei das Bindeglied zwischen Markt und Nutzer. Seine Aufgabe ist es, neben der Kernkompetenz des Verhandelns, einen intensiven Informationsaustausch zwischen Lieferanten, Anwendern und Mitarbeitern unterschiedlichster Bereiche und Hierarchieebenen innerhalb des Krankenhauses in Gang zu setzen und in Gang zu halten. Dabei hat er von den vielen Möglichkeiten und Optionen, die sich im Einkaufsmanagement ergeben, diese auf Durchsetzbarkeit hin zu prüfen und dann auch mit allen Beteiligten umzusetzen. Er ist damit gleichzeitig Prozessgestalter, Netzwerker und Marktkenner. Die Professionalisierung des strategischen Einkaufs steht und fällt damit auch mit der **Personalentwicklung**, d. h. mit der Qualifikation und Qualifizierung des strategischen Einkäufers.

2.3.1 Krankenhausmanagement

Die einleitend geschilderten Veränderungen in der Gesundheitsbranche führen dazu, dass der medizinische Bedarf der Krankenhäuser als kurzfristiges Kostensenkungsventil sehr stark im Fokus des Krankenhausmanagements steht und dabei insbesondere die Kosten für den medizinischen Sachbedarf, der einen Großteil dieses Aufwands darstellt. Das Management gibt durch seine richtungsweisenden Entscheidungen klar formulierte, gut kommunizierte und unternehmensweit akzeptierte Ziele für die **Beschaffungsstrategie** als Richtlinie vor. Diese Beschaffungsrichtlinie regelt krankenhausweit eine einheitliche Vorgehensweise bei Einkauf, Materialwirtschaft und Logistik sowie Instandhaltung und Wartung. Die Krankenhaus-Logistik koordiniert sämtliche Aktivitäten der Beschaffung krankenhausweit. Dabei sind die Ziele des Einkaufs mit den Zielen des Krankenhauses in Einklang zu bringen und durch das Krankenhausmanagement zu begleiten. Für den Erfolg des strategischen Einkaufs wird vorausgesetzt, dass das Krankenhausmanagement beabsichtigt, medizinische und ökonomische Ziele in Einklang zu bringen. Die Aufgabe des Krankenhausmanagements erstreckt sich dabei auch auf die Einführung und Durchsetzung der notwendigen Regeln und Prozesse in den einzelnen Abteilungen und Fachbereichen. Dies ist in der Regel ein konfliktreicher Prozess, der durch ein klares und konsequentes Vorgehen begleitet werden muss.

Grundsätzlich hat das Krankenhausmanagement zu entscheiden, ob die Voraussetzungen für einen eigenen strategischen Einkauf gegeben oder ob die Einkaufsaktivitäten in eine Einkaufskooperation einzubringen sind. Ist der strategische Einkauf im eigenen Krankenhaus angesiedelt, sollte das Management diesen als zentralen Baustein zum Unternehmenserfolg ansehen. Dies zum einen aufgrund seines Potenzials zum Beitrag der Wertschöpfung, zum anderen aufgrund seines Verhandlungsvolumens. Damit hat das Management die Entwicklung und Rekrutierung von fachlich **qualifizierten Mitarbeitern** im strategischen Einkauf mit hoher Priorität zu behandeln, damit verschiedene Mitarbeiter aus unterschiedlichen Bereichen und Hierarchieebenen vorurteilsfrei zusammenarbeiten können.

2.3.2 Anwender

Um nachhaltig im Einkauf erfolgreich zu agieren, ist die aktive Einbindung der internen Anwender oder Nutzer (Ärzte, Pflege- und Funktionskräfte) des Krankenhauses unabdingbar. Die sensible Einbindung der Anwender hat somit Erfolgscharakter, da der Anwender zum **Mitentscheider im strategischen Einkauf** wird. Unabhängig von der Krankenhausgröße haben die Anwender einen großen Einfluss bei der Bedarfsermittlung, der Artikel- und Lieferantenauswahl, ohne wirklich eine weitgehende Marktübersicht zu besitzen.

Lieferantenseitig waren bisher die klinischen Anwender die traditionelle Kernzielgruppe für die Einkaufsentscheidung. Dies hat bereits in dem Maße abgenommen, wie von Krankenhausseite aus mit den strategischen Einkäufern, denen die Verhandlungsführung obliegt, eine neue Zielgruppe für die Lieferanten gewachsen ist. Der Wirkungsgrad der seitens der Lieferanten traditionell stark klinisch orientierten Vertriebs- und Marketingaktivitäten nimmt daher ab.

Die Geschäftsbeziehung zur Lieferantenseite wird immer stärker Züge klassischer **Business-to-Business-Beziehungen** annehmen. Die traditionelle Clinician-to-Business-Beziehung wird in den Hintergrund treten. Besonders deutlich wird dies in Einkaufskooperationen, da hier die strategischen Einkäufer den maßgeblichen Einfluss auf die Einkaufsentscheidung übernommen haben. Hierbei sind in verbindlichen Einkaufskooperationen die Rollen im Einkaufsprozess zwischen den Ebenen und Akteuren deutlich definiert, was gleichzeitig auf eine höhere Geschlossenheit und Schlagkraft hindeutet. Die Federführung liegt bei den strategischen Einkäufern mit einem signifikanten Einfluss der Anwenderseite auf der Krankenhausebene. Dies liegt daran, dass das **medizinisch-technische Fachwissen** auf der kaufmännischen Einkaufsseite teilweise noch nicht ausreichend ist und eine vollständige Entmündigung der Anwenderseite die Bindung von hochqualifiziertem medizinischem Personal konterkarieren würde. Insofern stellt für Nischenspezialisten auf der Lieferantenseite der klinische Anwender auf der Krankenhausebene auch weiterhin die wichtigste Zielgruppe dar.

2.3.3 Einkaufskooperationen

Einkaufskooperationen sind für Krankenhäuser eine Option, sich der Elemente des strategischen Einkaufs zu bedienen, wenn sie selbst nicht die **kritische Größe** dafür haben. Kann ein Krankenhaus in einem strategischen Produktbereich keine kritische Größe erreichen, sollte diese Produktgruppe an eine Einkaufskooperation abgegeben werden. Ziel dieser Kooperationen ist es, zunächst durch die Poolung von Verhandlungsmasse zur Senkung von Beschaffungskosten jedes angeschlossenen Krankenhauses beizutragen und die **Einkaufsmacht der Krankenhäuser** zu steigern.

Zwar kauft eine Mehrheit der Krankenhäuser im Verbund ein, doch prägen derzeit zwei grundsätzlich unterschiedliche Arten von Einkaufskooperationen die Beschaffungslandschaft in Deutschland. Zum einen kooperieren rechtlich selbständige Krankenhäuser einkaufsseitig innerhalb von Einkaufsgemeinschaften, zum anderen ist in den Reihen privater und gesellschaftsrechtlich verflochtener Krankenhausgruppen eine zunehmende Zentralisierung der strategischen Einkaufsfunktion zu beobachten.

Eine Reihe vornehmlich **kleiner, regionaler Einkaufskooperationen** beschränkt die gemeinsamen Aktivitäten auf den Austausch von Produkt- und Preisinformationen. Diese Kooperationen haben überwiegend einen niedrigen Organisationsgrad und bündeln in der Mehrzahl die Einkaufsvolumina, um dadurch einen günstigeren Preis am Markt im Rahmen von Leistungsvereinbarungen mit Lieferanten für deren Produkte zu erzielen. Die Einkaufsentscheidung obliegt letztlich den Einzelhäusern. Diese Form der Kooperation ist damit lose und informell und kann als „opportunistisch" bezeichnet werden. Für die Krankenhäuser in dieser Kooperationsform sind die ausgehandelten Preislisten „unverbindlich", da die letztendliche Einkaufsentscheidung auf der Krankenhausebene verbleibt. Die Einkaufskooperation widmet sich den Aufgaben der Preis- und Konditionverhandlung mit Lieferanten und der Marktanalysen. Weitere Aufgaben wie z. B. Lieferantenmanagement oder Unterstützung bei der Produktumstellung und Produktberatung sind weniger gewünscht.

Eine zweite Gruppe von Einkaufskooperationen organisiert die gemeinsamen Aktivitäten nach dem so genannten *„Lead-Buyer"-Prinzip*. Dabei kommt es ebenfalls auf die Volumenbündelung an. Gegenüber dem Lieferanten tritt bei einer dezentralen Struktur der Einkaufskooperation dasjenige Krankenhaus bei den zentralen Verhandlungen in Erscheinung, das für diese Warengruppe die höchste Kompetenz aufweist.

Neben der reinen Kostensenkung durch Volumenbündelung werden hierbei weitere Einsparungen durch Lernkurveneffekte des Lead-Buyers erzielt. Es übernehmen einzelne Krankenhäuser die zentrale, strategische Einkaufsverantwortung für jeweils ein breites gemeinsam zu beschaffendes Artikelspektrum ausgewählter Warengruppen oder Lieferanten. Voraussetzung für die Effektivität derartiger Einkaufsnetzwerke ist eine gemeinsam abgestimmte und verbindliche Standardisierung innerhalb der gemeinsam beschafften Warengruppen. Der strategische Einkauf wird damit aus dem einzelnen Krankenhaus zentral in eine Einkaufs- und Dienstleistungsgesellschaft überführt. Nur der rein operative Einkauf wird im Krankenhaus belassen. Dies wird aber nur dann der Fall sein, wenn den kooperierenden Krankenhäusern ein Mitspracherecht bei dem Programm der Kooperation gegeben sein wird. Andererseits gibt es hier eine zentrale Entscheidungsinstanz, die für die Gemeinschaft verbindliche Verträge, z. B. mit an Mengenzusagen gekoppelten Preisen und Konditionen mit der Lieferantenseite aushandeln kann. Ein effektives Funktionieren derartiger „verbindlicher" Einkaufskooperationen erfordert in der Regel gesellschaftsrechtliche Verbindungen zwischen den einzelnen Mitgliedern, was insbesondere bei privaten Krankenhausgruppen der Fall ist. Auch diese Kooperationsform bedeutet eine Zunahme der Käufermacht der Einkaufsgemeinschaften. Neben diesen verbindlich auftretenden Einkaufskooperationen werden sich gut geführte und wettbewerbsorientierte Krankenhäuser behaupten, die nicht Mitglied verbindlicher Einkaufskooperationen sind und die für direkte wertschöpfende Kooperationen mit der Lieferantenseite offen sind.

Die unterschiedlichsten Einkaufskooperationen auf dem Krankenhausmarkt haben sich im Jahr 2008 zu einem *Bundesverband der Beschaffungsinstitutionen in der Gesundheitswirtschaft Deutschland e.V.*, kurz BVBG, zusammengeschlossen. Ziel dieses Verbandes ist, mit intelligenten Lösungen innovative Behandlungsmöglichkeiten sicherzustellen und Produkte den Patienten zeitnah zur Verfügung zu stellen. Dabei sollten Rationalisierungsanstrengungen Rationierungsnotwendigkeiten weitestgehend ausschließen. Wesentliche Komponenten zur Qualitätssteigerung und Kostenreduzierung sind Prozessoptimierungen in allen Versorgungsbereichen, vor allem auch bei der Beschaffung von Sachmitteln.

Qualitätssteigerung und Wirtschaftlichkeit sollten sich bei diesen Zielen nicht ausschließen. Der BVBG will dabei für die Einkaufskooperationen ein Sprachrohr nach außen sein und so deren Interessen weitertragen.

Zukünftig reicht aber die reine Volumenbündelung mit mehr oder weniger verbindlichen Belieferungsverträgen nicht mehr aus, um als Einkaufskooperation am Krankenhausmarkt bestehen zu können. Die Einkaufsgemeinschaften werden sich zunehmend hin zu **Dienstleistungsunternehmen** entwickeln, die für ihre Mitglieder zentrale Dienste anbieten. Neben der Bereitstellung der Werkzeuge für den strategischen Einkauf, führen diese auch Ausschreibungen durch, führen direkt Vertragsverhandlungen mit Lieferanten mit konkreten Abnahmemengen und bieten Beratungsleistungen an. Neben der Bündelung der Einkaufsmacht kommt hier der verbindlichen Abnahmeverpflichtung bei den Lieferanten eine wichtige Rolle zu. Basis dieser Aufgaben ist es allerdings, dass die Einkaufs- und Dienstleistungsgemeinschaften auswertbare Daten der Krankenhäuser geliefert bekommen. Dies setzt ein leistungsfähiges, vorzugsweise zwischen den Mitgliedskliniken vernetztes E-Procurement voraus, das die entsprechenden Daten liefert. Wird über eine derart vernetzte Struktur der strategische Einkauf von mehreren Kliniken zentral über eine Einkaufsgemeinschaft abgewickelt, greift dies unweigerlich in krankenhausinterne Prozesse ein.

Kernpunkte einer solchen engen und gesellschaftsrechtlich verflochtenen Kooperation sind Fragen, wie Transparenz, einheitliche Strategie und Steuerung des Beschaffungsverhaltens der Mitgliedshäuser realisiert werden können. Verantwortungen für die Reduzierung der Artikelvielfalt, der Lieferantenstraffung, der Datenstandardisierung und der Verhandlungsführung müssen klar bestimmt werden und durch das Management innerhalb des jeweils eigenen Krankenhauses auch durchgesetzt werden. Dabei wird sicher als Werkzeug eine geeignete IT-Infrastruktur eine wesentliche Rolle spielen.

Folgende Bedingungen setzen eine **geeignete IT-Infrastruktur** voraus:

- Konsolidierung vorhandener Informationen über Beschaffungsprozesse aus unterschiedlichen Warenwirtschaftssystemen
- Einsatz von unterschiedlichen Klassifizierungs- und Identifikationssystemen, insbesondere für Produkte, die nur schwer vergleichbar sind

- Zentrales Controlling für die Messung der Wirksamkeit von Elementen des strategischen Einkaufs wie Reduzierung der Teilevielfalt, der Preise oder der Lieferanten
- Operative Unterstützung der laufenden Prozesse von Einkaufsgemeinschaften wie Ausschreibungen, Rahmenvereinbarungen oder Best-Preis-Vereinbarungen.

In der Betrachtung der Entwicklungsperspektiven geht der **Trend zu hoch organisierten Einkaufsgemeinschaften**, die ihr Leistungsspektrum neben dem strategischen Einkauf, der Analyse- und Beratungsleistungen für ihre Mitgliedshäuser zunehmend auf die Belieferungsprozesse der Logistik ausdehnen werden.

2.3.4 Lieferanten

Auf der Lieferantenseite für Güter des medizinischen und nicht-medizinischen Bedarfs schafft der anhaltend starke Preisdruck erhebliche Herausforderungen. Der Wirkungsgrad der traditionell stark klinisch orientierten Vertriebs- und Marketingaktivitäten nimmt ab. Die gesamte Lieferantenseite mit Ausnahme von hochspezialisierten Nischenanbietern ist von der Konsolidierung des Krankenhausbeschaffungsmarkts betroffen. Die Ursachen dafür liegen im Wesentlichen in einer schnell zunehmenden Beschaffungsprofessionalisierung auf der Krankenhausseite, insbesondere durch kaufmännisch versierte und verbindliche Einkaufskooperationen und wettbewerbsorientierte Einzelhäuser. Die Geschäftsbeziehung zu diesen Kundengruppen, die die Kundenlandschaft prägen werden, wird immer stärker Züge klassischer **Business-to-Business-Beziehungen** annehmen. Die traditionelle „Clinician-to-Business-Beziehung" wird in den Hintergrund treten. Für die Lieferantenseite wird es erfolgskritisch sein, ihre Geschäftspolitik an die neuen Rahmenbedingungen anzupassen.

Für **Innovationsführer**, deren Produkte in der Regel einen hohen Anteil an den Krankenhausbeschaffungskosten haben, wird es wichtig sein, alle Entscheider des Krankenhauses in die Vertriebsaktivitäten einzubeziehen. Zielgruppen für **Systemanbieter** sind vor allem große Einzelkliniken und verbindliche Einkaufskooperationen. Da bei Systemanbietern individuell konfigurierte und hochwertige Leistungspakete im Vordergrund stehen, ist ein hohes Maß an Verbindlichkeit auf der Krankenhausseite erforderlich. Potenzielle Handlungsfelder in diesem Kontext sind die Optimierung von Produkteinsatz und klinischen Arbeitsabläufen, die Etablierung von Betreibermodellen für klinische Abteilungen oder krankenhausinterne und -externe Logistikoptimierung. **Kostenführer**, deren wichtigste Wettbewerbsparameter attraktive Preise und Konditionen sind, sind auf Skaleneffekte angewiesen und haben insofern große Mengenansprüche.

Entsprechend dieser Geschäftsmodelle ergeben sich für die Lieferanten auch unterschiedliche Handlungsprioritäten, was die Weiterentwicklung bestehender Vertriebs- und Dienstleistungsmodelle angeht. Je höher der Produktdifferenzierungsgrad eines Lieferanten ist, desto größeres Gewicht kann weiterhin die klinische Ausrichtung des Vertriebs und der angebotenen Dienstleistungen haben. Gesundheits-ökonomische Experten müssen zukünftig den ökonomischen Nutzen der Produkte sowie deren Erstattungsfähigkeit sicherstellen. Im Sinne wertschöpfender Kundendienstleistungen bietet sich für **Nischenspezialisten** und Innovationsführer das Thema gemeinsamer Erlösoptimierung durch Unterstützung von Kunden im Beziehungsmanagement zu Kostenträgern, Einweisern und/oder Patienten an. Dabei können Kombinationen aus Push-Instrumenten gegenüber externen Versorgungssektoren (wie z. B. Erstattungsoptimierung durch Beantragung von Zusatzentgelten, Überleitungsmanagement von Patienten in den ambulanten Sektor oder Aufbau von integrierten Versorgungsmodellen) und Patientenmarketing zum Einsatz kommen.

Die bisherige **Preisfestsetzungspraxis** auf der Lieferantenseite bestand darin, individuelle Nettopreise mit einzelnen Kunden für einen bestimmten Lieferzeitraum zu fixieren, in den meisten Fällen ohne Abnahmeverpflichtungen. Dies hat zu signifikanten Nettopreisdifferentialen im Markt geführt und ist zu einem maßgeblichen Treiber der zu beobachtenden Preiserosion in vielen Produktkategorien geworden. Einkaufskooperationen betreiben systematische Preisreferenzierung, d. h. in bestimmten Zeiträumen bzw. beim Eintritt neuer Krankenhäuser in den Verbund werden bestehende Nettopreise verglichen. Werden dabei neue Niedrigstpreisniveaus identifiziert, dienen diese als Ausgangspunkt für Nachverhandlungen mit den jeweiligen Lieferanten. Zukünftig werden Lieferanten versuchen, bei Verhandlungen Nettopreise und Serviceleistungen an verbindliche Bedingungen zu knüpfen wie z. B. die realisierte Abnahmemenge, die Langfristigkeit von Lieferverträgen oder die Breite des kundenseitig bezogenen Produktspektrums.

Heute vielfach noch vorherrschende **Vertriebsmodelle** mit starkem klinischen Fokus verlieren beim Geschäft mit regionen- und produktspartenübergreifenden Einkaufskooperationen Kompatibilität. Das Geschäft mit Einkaufskooperationen verlangt zentrale kaufmännisch geprägte Vertriebssteuerung und formale verbindliche Leistungsvereinbarungen mit der Kundenseite. Deckungsbeitragsziele der Lieferanten haben dabei Vorrang vor reinen Mengen- oder Marktanteilszuwächsen.

2.4 Standardisierung

Maßnahmen zur Standardisierung im Krankenhaus sollen durch ihre Produkt-, Lieferanten- und Prozessstandardisierung zur **Komplexitätsreduzierung** beitragen. Die dabei umzusetzenden Maßnahmen sind gemeinsam mit dem Management, den Nutzern und den Einkäufern durchzuführen.

Grundlage der **Produktbereinigung** ist die Analyse des Bedarfs. Das bezieht sich sowohl auf die Menge als auch auf die spezifische Beschaffenheit (Qualität, Service-Level, Produkttyp) der zu beschaffenden Güter und Dienstleistungen. Zunächst reicht aber schon eine Konzentration auf die Produkte des medizinischen Sachbedarfs, die einen hohen Einfluss auf die medizinischen Leistungen haben, aus, um einen positiven Effekt für das Krankenhaus zu erzielen. Die Reduktion der Artikelvielfalt unterzieht das gesamte Produktspektrum der Frage nach der Sinnhaftigkeit: Benötigen wir beispielsweise x-verschiedene Typen eines Artikels? Ist es wirklich notwendig, bestimmte Leistungsbestandteile eines Servicevertrages zu haben? Sind bestehende Verträge überhaupt noch bedarfsgerecht? Vielfach existieren auch überflüssige Verträge, die mangels Vertragsmanagement nicht eliminiert wurden. So kann etwa die Vielfalt der Updatefrequenz der eingesetzten Software reduziert werden, ohne Auswirkungen auf den gewünschten Geschäftserfolg befürchten zu müssen.

Die meist hohe **Zahl der Lieferanten** zieht eine hohe Komplexität im strategischen wie operativen Einkauf nach sich. Vor allem wegen der drastischen Zunahme spezialisierter medizinischer Fachabteilungen steigen die Zahl der Lieferanten und damit die Komplexität der Beschaffung. Für die Auswahl der geeigneten Lieferanten werden unabhängig von der Bedarfsart im Wesentlichen drei Kriterien zugrunde gelegt. Neben dem „Preis" spielen vor allem die „Produktqualität" und „Lieferzuverlässigkeit" unabhängig von der Krankenhausgröße die entscheidende Rolle bei der Lieferantenauswahl. Kriterien, die geeignet wären, die Effizienz der Beschaffungsprozesse zu steigern, spielen derzeit für die Auswahl der Lieferanten noch eine untergeordnete Rolle (z. B. „Produktbreite und -tiefe", „Service-Palette" und „elektronische Bestellabwicklung").

Nicht wenige Krankenhäuser kategorisieren die Zahl der Lieferanten in A-, B-, und C-Lieferanten. Die Kriterien sind dabei die Stärke des Einflusses der Lieferantenprodukte auf die Wertschöpfung, notwendige und unkritische Lieferanten. Bei der Lieferantenstraffung ist die Entwicklung der Lieferanten zu **Systemlieferanten** zu berücksichtigen. Zukünftig werden Lieferanten mit einer breiten Produktpalette und Systemlösungen gefragt sein. Dabei haben leistungsstarke Handels- und Dienstleistungsanbieter besondere Entwicklungschancen, da sie eine Vielzahl von Produktlinien und Sortimenten herstellerübergreifend bündeln und mit nutzenoptimierenden Dienstleistungen verknüpfen können. Sie sind damit prädestiniert, in Zukunft als Anbieter von Systemlösungen aufzutreten.

Darüber hinaus kann es für die Krankenhäuser notwendig sein, einen gezielten Aufbau von Wettbewerbern zu betreiben, um langfristig Abhängigkeiten zu vermeiden. Auch werden die Lieferanten mit sog. **Capitation-Verträgen** stärker in die Verantwortung im Sinne einer Teilung des wirtschaftlichen Risikos genommen. Dabei wird mit einem Lieferanten für eine bestimmte Indikation oder einen bestimmten Artikel ein Budget vereinbart. Wird dieses Budget z. B. durch einen Mehrverbrauch überschritten, so trägt der Lieferant bis zu einer gewissen Überschreitung das gesamte Risiko, bei einer höheren Überschreitung z. B. ein Teilrisiko. Mit zunehmender Integration der Lieferanten in die Beschaffungsprozesse bekommen zeitnahe Informationsströme eine immer größere Bedeutung.

2.5 Prozessoptimierung

Angestrebt werden im *E-Procurement* im Krankenhausbereich eine zügige und umfassende Kosteneinsparung durch einen online-gestützten Einkauf, die damit verbundene neue Markttransparenz und eine umfassende Vernetzung mit den Lieferanten. Das wesentliche Einsparpotenzial besteht in der Vereinfachung der internen Abläufe im Krankenhaus, die vor allem durch den vollständigen Ersatz von Papieranforderungen durch elektronische Systeme entsteht. Generell sollte bei Entscheidungen in Krankenhäusern zu allen Prozessen hinterfragt werden, inwiefern die vorhandenen IT-Systeme diese Prozesse unterstützen können. Grundsätzlich steht und fällt der strategische Einkauf mit einem geeigneten Einkaufs- und Materialwirtschaftssystem. Der Einsatz von IT-Systemen führt zu einer Beschleunigung von Routinevorgängen, vereinfacht die Datenerfassung, erhöht die Transparenz und Datenqualität und verbindet Krankenhäuser und Lieferanten in Echtzeit.

Eine enge und zeitnahe Kommunikation aller intern an der Beschaffung beteiligten Parteien wie auch der externen Partner (Lieferanten, Einkaufsgemeinschaften) hat für die deutschen Krankenhäuser augenblicklich nur eine geringe Bedeutung. Dies betrifft sowohl die Anwender als auch das Management, die oft nicht zeitnah in den **Informationsaustausch** eingebunden sind; zudem sind die Lieferanten derzeit kaum in den Informationsaustausch eingebunden.

Die Prozessoptimierung durch zunehmende **IT-Vernetzung** trägt maßgeblich zur Reduktion der Transaktionskosten der Beschaffung bei, dies im Wesentlichen durch elektronische Abwicklungs- und Anforderungssysteme. Diese elektronischen Abwicklungs- und Anforderungssysteme tragen zu einer Minimierung der Eigenlagerkapazitäten der Krankenhäuser durch eine Just-in-time-Belieferung oder Konsortiallager bei. Über die Patientenpfade (standardisierte Behandlungsabläufe) und Materialstücklisten wird parallel zur Behandlung des Patienten auch die Beschaffung des dafür notwendigen Materials geplant. Das Material wird erst zum Verbrauchszeitpunkt beschafft (Just-in-time-Belieferung oder über Konsignationslager sichergestellt.). Beides trägt dazu bei, dass die Lagermengen sinken.

Elektronischen Abwicklungssystemen gehört die Zukunft. Durch E-Procurement können deutliche Effizienzsteigerungen erreicht werden. In den Krankenhäusern werden sich zunehmend Schrankversorgungen und elektronische Anforderungssysteme durchsetzen, um vor allem das Pflegepersonal zu entlasten und die Prozesse elektronisch abzubilden. Die Materiallogistik hat einen erheblichen Einfluss auf sehr viele Abläufe und Leistungsbereiche im Krankenhaus. Die mit der Logistik verbundenen Prozesskosten bieten außerdem ein erhebliches Einsparpotenzial. Deshalb kommt ihrer Optimierung eine grundsätzliche Bedeutung zu.

Einheitliche, unmissverständliche Stammdaten sind die entscheidende Voraussetzung für einen automatisierten Ablauf der Transaktionen zwischen den verschiedenen Partnern bei den logistischen Prozessen im Krankenhaus. Nur bei **korrekten Artikel-Stammdaten** können die logistischen Prozesse im Krankenhaus von der Anforderung der Verbraucher in den Leistungsbereichen über die Bestellung des Einkaufs bis hin zur Rechungsbearbeitung problemlos, schnell und automatisiert ablaufen. Hier gilt es meist schon innerhalb eines Krankenhauses anzusetzen und die Artikelstammdaten bei den Mengeneinheiten (Stück, Bestellmengeneinheit, Umkarton) oder den Artikelbezeichnungen zu vereinheitlichen. Zudem sollten die Stammdaten ständig – automatisch – aktualisiert werden, um effektive Beschaffungsabläufe auf Dauer zu gewährleisten, insbesondere auch um bei Kooperation zwischen Krankenhaus und Lieferant, z. B. bei der Konsignationsabwicklung, für eine reibungslose Abwicklung zu sorgen.

Ein effizienter Beschaffungsprozess setzt einen **elektronischen Katalog** voraus, in dem alle Artikel in einer definierten Struktur angelegt und eingepflegt sind. Von essentieller Bedeutung ist die hohe Qualität der Artikel- und Lieferantenstammdaten. Unvollständige oder nicht eindeutige Artikelnummern oder -bezeichnungen machen einen automatisierten Prozessablauf unmöglich. Allein durch die Synchronisation der Stammdaten zwischen Krankenhaus und Lieferant und die elektronische Preisübertragung werden in der Folge kostspielige Fehler vermieden. Durch die Standardisierung der Kommunikation zwischen Klinik und Lieferant bleiben Lieferanten austauschbar, was bei einzeln erstellten Datenverbindungen nicht gewährleistet ist.

Durch die Vernetzung sind die **elektronischen Abwicklungssysteme** von Lieferant und Krankenhaus imstande, nach abgeschlossener Vertragsverhandlung die wiederkehrenden Geschäftsvorfälle (Bestellung, Lieferavis, Lieferschein und

Rechnung) elektronisch abzuwickeln. Diese elektronische Vernetzung strukturiert den Einkaufsprozess und entlastet den operativen Teil der Einkaufsabteilung.

Die Optimierung der Prozesse sorgt für eine fortlaufende Anpassung der Beschaffungsprozesse an die medizinischen Kernprozesse. Ein Ziel dabei ist es, das Stationspersonal zukünftig mit **elektronischen Anforderungssystemen** von Beschaffungsaufgaben entlasten zu können. Im Vordergrund stehen dabei einerseits die Weiterentwicklung einzelner Prozessschritte aber auch die Planung des notwendigen Materials entlang vorgegebener Patientenpfade (standardisierte Behandlungsabläufe). Im Idealfall lässt sich damit die Beschaffung des notwendigen Materials so durchführen, dass es erst zum Verbrauchszeitpunkt beschafft (Just-in-time-Belieferung) wird.

Derzeit werden innerhalb eines Krankenhauses Transaktionen noch überwiegend in Papierform vorgenommen. So dominieren bei der Materialanforderung durch Stationen und Funktionsbereiche nach wie vor strukturierte Produktlisten oder unstrukturierte formlose Anforderungen. Eine weitreichende Automatisierung durch den Einsatz von *Barcode-Scannern* ist derzeit noch wenig verbreitet. Zusätzlichen Nutzen bietet auch die sogenannte *Schrankversorgung*. Angeboten werden Schranksysteme, die direkt mit dem elektronischen Beschaffungssystem vernetzt sind. Die Entnahme der Materialien durch das Stationspersonal erfolgt durch Authentifizierung mittels Chipkarte und unter Zuordnung des Verbrauchs zum jeweiligen Patienten bzw. der Kostenstelle. Die Bestandsreduzierung im Schrank wird erfasst und elektronisch weitergeleitet.

Fazit

Die aktuellen und zukünftigen Trends im strategischen Einkauf können folgendermaßen zusammengefasst werden:

- „Einkauf wird noch stärker **interdisziplinär** organisiert (Einkäufer, Ärzte, Pfleger, Verwaltung, Technik arbeiten zusammen).
- Einkauf wird immer stärker **zentralisiert**, verbunden mit dem Abbau dezentraler Lagereinheiten und Entscheidungskompetenzen.
- **Bündelung von Einkaufsvolumina** in Einkaufsgemeinschaften und Verbünden zusammen mit anderen Partnern. Das betrifft natürlich reine Mengenbündelung, es wird aber zunehmend auch darum gehen,

die Prozesse der Zusammenarbeit zwischen den Kooperationspartnern aufeinander abzustimmen und miteinander zu verzahnen.
- Dominantes **Entscheidungskriterium** beim Einkauf ist der **Preis** (neuerdings auch gefördert durch Zentralausschreibungen der Krankenkassen), bei Medizintechnik und hochwertigen Medicalprodukten sind Produkteigenschaften und Herstellerservice gleich wichtig; Effizienzsteigerungen zu erzielen bedeutet aber nicht am falschen Ende bzw. an der **Qualität** zu sparen, weil das Ziel der Patientenversorgung und der Einfluss von Ärzten und Pflegern einen hohen Stellenwert haben.
- **Indirekte Beschaffungskosten** werden zunehmend in die Überlegungen einbezogen (= Prozesskosten, die mit Bestellung, Logistik und Lagerung verbunden sind; z. B. geht es dabei um die Ablösung papiergestützter Bearbeitungen durch elektronische Lösungen, E-Procurement ist hier ein Schlagwort).
- Systemische **Überprüfung der Lieferantenbeziehungen**, dabei Reduktion der Anzahl der Lieferanten. Vertikale Kooperationen mit wenigen Lieferanten im Sinne einer mittelfristigen partnerschaftlichen Zusammenarbeit nehmen zu.
- Lieferanten entwickeln sich zunehmend zu **Systemlieferanten** mit umfassenden Produkt- und Serviceangeboten (etwa vom Lieferanten geführte Logistikzentren oder Just-in-time Lieferungen).
- **Standardisierung** (Vereinheitlichung der zu beschaffenden Güter des medizinischen und nicht medizinischen Bedarfs, Vereinheitlichung der Abläufe).
- Intensiver interner **Informationsaustausch** zwischen Mitarbeitern aus verschiedenen Häusern und Bereichen (etwas zur Beurteilung von Produktqualitäten).
- **Personalqualifizierung** in beschaffungsfachlicher Hinsicht, aber auch in Bezug auf übergeordnete Kompetenzen, damit verschiedene Menschen aus unterschiedlichen Bereichen und Hierarchieebenen vorurteilsfrei miteinander die besten Lösungen suchen und sich flexibel neuen Anforderungen stellen können.
- Die **Einflussnahme der Industrie** auf die Beschaffungsentscheidungen (und -entscheider) wird aufgrund der Beschaffungszentralisierung und Standardisierung zurückgehen …" [Hellmann et al. 2009].

Literatur

Deutsches Krankenhaus Institut und A. T. Kearney Management Consultants (2003) Best Practice in der Beschaffung im Krankenhaus. Studie. URL: http://www.dki.de

Hellmann W, Baumann H, Bienert ML, Wichelhaus D (2009) Betriebswirtschaftslehre für leitende Ärzte. Economica Verlag MedizinRecht.de

Oberender PO, Schlüchtermann J, Schommer R, Da-Cruz P (2006) Innovatives Beschaffungsmanagement im Krankenhaus. C.O.-Verlag, Bayreuth

Schlüchtermann J (2009) Vortrag auf dem Europ. Gesundheitskongress, Berlin am 22.10.2009

Zwierlein E (1997) Klinikmanagement. Strategien für die Zukunft. Urban & Schwarzenberg, München

3 Exkurs: **Vorteilsannahme, Korruption, Bestechung**

Ullrich Ograbeck

Georg-August-Universität Göttingen

Vorteilsannahme, Korruption, Bestechung – Weil nicht sein kann, was nicht sein darf …

Kliniken und Unternehmen stehen teils in engen Beziehungen zueinander, systempolitisch erwünscht und gesellschaftlich nützlich. Im Ergebnis werden die Handlungsmöglichkeiten in der Krankenversorgung sowie der Forschung erweitert, Nutzenzuwächse geschaffen und Innovationen gefördert. Es gibt aber auch eine andere Seite. Die kritischen Gebiete reichen von Absatzförderung bis Zahlungsabsprachen und sind im Aufkommen so verbreitet, dass vielfach von einem strukturellen Phänomen gesprochen wird.

Seit dem Herzklappenskandal in den 90er Jahren (u. a. in Heidelberg, Bonn, Ulm, Hamburg) [vgl. Mertel 2009, S. 7 ff.] und der Verschärfung der Gesetzgebung[1] wird bis heute stets darauf hingewiesen, dass sich bereits viel geändert habe. „Viel" vielleicht, aber eben nicht alles – und oftmals wurden auch nur andere Wege beschritten, um weiter Beziehungen zu pflegen, Geschäfte zu unterstützen und Interessen zu bedienen.

Das Thema ist also immer noch virulent! Allerdings ist in so mancher Darstellung eine Tendenz zur „Verharmlosung" erkennbar. Speziell das Verhältnis zwischen Pharma-Industrie und niedergelassenen Ärzten kennzeichnet die aktuelle Debatte [vgl. Grill 2009]. In öffentlich-rechtlichen Kliniken ist zwar generell ein anderer Rahmen aufgrund der Amtsträgerschaft[2] gegeben, dennoch ist zu unterstellen, dass die dort im Markt platzierbaren Geldvolumina für Pharmazeutika, Medizintechnik sowie klinisches Verbrauchsmaterial ein großes Interesse hervorrufen. Für die einen geeignet, um Produkte zu platzieren, Umsätze zu generieren, Gewinne einzufahren und Provisionen einzustreichen, für die anderen ein lukrativer Weg, um ein unterfinanziertes System zu unterstützen, sich eigene Vorteile im wissenschaftlichen wie im klinischen Wettbewerb zu verschaffen oder sich gar persönlich zu bereichern. Ein besonderes Phänomen stellt dabei die „Gegenseitigkeit" dar, die, geleitet von unterschiedlichen Interessen bis hin zur straf-

---

1   Gesetz zur Bekämpfung der Korruption vom 13.08.1997, in Kraft getreten am 20.08.1997

2   Amtsträger im Sinne § 11 Abs. I Ziff. 2 c StGB ist, wer nach deutschem Recht dazu bestellt ist, bei einer Behörde oder bei einer sonstigen Stelle oder in deren Auftrag Aufgaben der öffentlichen Verwaltung unbeschadet der zur Aufgabenerfüllung gewählten Organisationsform wahrzunehmen.

rechtlich relevanten „Unrechtsvereinbarung", das Zusammenwirken bestimmt.

Blickt man dabei auf die Bemühungen der Unternehmen in Form selbstkreierter Kodizes[3] und die Bildung von Compliance-Netzwerken (vgl. Bundesverband Medizintechnologie, www. bvmed.de), kann man – kritisch betrachtet – zu dem Schluss kommen, dass die Interventionen gerade deshalb erfolgen, weil eben *nicht* alles in bester Ordnung ist. Die Negierung lässt eine weiterhin bestehende Problemlage beim Thema ‚Vorteilsannahme und Korruption im deutschen Klinikwesen' vermuten. Diese reicht von situativer (Bagatell- oder Gelegenheitskorruption) bis hin zu struktureller Korruption (Netzwerke, systematische Einflussnahme).

Bei den Versorgern der Kliniken ist erkennbar, dass seit geraumer Zeit Maßnahmen zur Förderung einer stärker ausgeprägten Moral des Marktes und der Ordnungsmäßigkeit in den Kooperationsbeziehungen ergriffen werden. Hier münden viele Ansätze in einschlägige Branchenkodizes, die teils mit viel Aufwand verbreitet werden. Im Kern scheint es darum zu gehen, dass die Hersteller und Händler nun selbst bestrebt sind, ganze Netzwerke gegen Korruption und die Folgewirkungen zu errichten.

Die engagierten Versuche, dem Gebaren des Marktes Einhalt zu gebieten, sind dabei teils so angelegt, dass der Eindruck entsteht, es handle sich nicht um eine Randerscheinung, sondern um ein über viele Jahre gewachsenes und nicht bewältigtes Problem. Das Dunkelfeld des Phänomens ‚Vorteilsannahme und Korruption' ist nach wie vor sehr groß und wird mit bis zu 95 % angesetzt [Bannenberg u. Schaupensteiner 2007, S. 40]. Dabei spielt eine entscheidende Rolle, dass man es hier mit einer besonderen Form der Einigkeit zu tun hat. Geber und Nehmer profitieren beide, quasi auf Gegenseitigkeit.

Die Unternehmen engagieren sich aber nun in besonderem Maße. Dabei wird stets der „positive approach" in den Fokus gerückt. Es geht demnach nicht mehr um den erhobenen Zeigefinger und einen Generalverdacht, sondern vielmehr wird der Versuch unternommen, durch Aufklärung und Beratung einen neuen Ansatz und ein besseres Image zu kreieren. Allein die Tatsache, dass diese Aktivitäten ihren Platz im System und damit Aufmerksamkeit finden, deutet an, dass die Verbindung zwischen Kliniken und den sie beliefernden Unternehmen auch weiterhin nicht als perfekt und allseits sauber bezeichnet werden kann.

Trotz dieser These sollte aber nicht der Eindruck entstehen, dass das Engagement von Industrie und Handel gegen Korruption zu verurteilen wäre. Im Gegenteil! Die Interventionen sind wichtig und zielen auf eine konkrete Problemlage, um ein Bewusstsein für die Existenz des Phänomens und das beiderseitige Verlangen nach Gegenmaßnahmen bzw. Standards für die Zusammenarbeit zu unterstreichen.

Worüber man nicht spricht, das gibt es auch nicht …

Aus all dem ergibt sich nun die Frage: Was tun eigentlich die Kliniken, das Management und die Führungskräfte, um im Rahmen der Professionalisierung einen Konterpart zu den Aktivitäten der Unternehmen aufzubauen?

Bislang wurde das gesamte Thema ‚Vorteilsannahme und Korruption' intern eher stiefmütterlich behandelt. Eine in sich stimmige Positionierung ist selten anzutreffen. Vielmehr werden klassische Handlungsmuster bedient, d. h. die Kliniken reagieren erst auf den eingetretenen Ernstfall. Hier versucht dann meist die Rechtsabteilung den Schaden zu begrenzen und eine Abwehrstrategie zu entwickeln. Eine oftmals auf diesem Feld ungeübte Pressestelle bemüht sich dabei reaktiv um „Krisenkommunikation".

Gezielte Aktionen gehören demnach vielfach gar nicht oder nur rudimentär zum Programm der Kliniken. Die konkrete Möglichkeit, Risiken aktiv zu mindern, wird als Mittel der Wahl teils gar nicht erkannt. Wird hingegen damit begonnen, das Phänomen zu enttabuisieren, so wird dies oft damit quittiert, dass es heißt: „Die müssen es aber besonders nötig haben!". Das stimmt so nicht! Es werden nur nicht länger die Augen verschlossen. Im Kern muss es darum gehen, mit den teils jahrelang „geduldeten Tatsachen" aufzuräumen. Gesprochen wird allseits von Korruptionsprävention, während in Wahrheit gemeint ist, dass dem, was alle mehr oder weniger wissen, nunmehr gezielt begegnet werden soll.

---

3 Z. B. Kodex der Mitglieder des Vereins „Freiwillige Selbstkontrolle für die Arzneimittelindustrie e. V." („FSA-Kodex"); Gemeinsamer Standpunkt zur strafrechtlichen Bewertung der Zusammenarbeit zwischen Industrie, medizinischen Einrichtungen und deren Mitarbeitern, http://www.bvmed.de/themen/Kodex_Medizinprodukte/article/Gemeinsamer_Standpunkt.html

Das Management der Kliniken ist somit aufgefordert zu agieren und eine eigene Position zu finden. In einer wachsenden Anzahl von Häusern wird das Thema ‚Vorteilsannahme und Korruption' und Antikorruption als Initiative dagegen bereits häufiger als Programm aufgelegt.

Der Weg dorthin beginnt allerdings immer ganz oben. Antikorruption muss vom Management aus vorgedacht und in eine Strategie eingebunden werden. Dabei ist das Management aufgefordert, die Werte und Normen zu definieren, das Programm auszurollen und die damit oftmals verbundenen Konflikte, speziell im klinischen Sektor, auszuhalten.

Die Richtlinie ist tot! Es lebe die Richtlinie …

Generell gilt die Empfehlung, die eigene Position als Richtlinie zu fassen und diese vom Management in Form der organisationsweiten Geltung offiziell zu beschließen. Dabei ist es ratsam, etwaige Aufsichtsgremien, Ausschüsse oder Beiräte vom Auftakt bis zum Schlussvotum einzubeziehen. ‚Antikorruption' geht das gesamte Management an! Im Weiteren gehört das „Ausrollen" der neuen Standards ebenso dazu, wie das Definieren begleitender Maßnahmen und das Entwickeln konkreter Interventionen, dabei sowohl mit Blick auf den Einführungsprozess wie auch fortlaufend für die Anwendung in der Praxis bis hin zur Ausgestaltung einer stabilen und nachhaltigen Routine im Tagesgeschäft. An dieser Stelle sei auch festgehalten: Das klassische Rundschreiben der Verwaltung wird nicht ausreichen.

Für das Entwerfen einer eigenen Richtlinie wie auch für das Anwenden bestehender gelten folgende Empfehlungen:

- Das Vorhaben muss vom Top-Management ausgehen. Dabei sind die Führungskräfte der ersten und zweiten Ebene unbedingt einzubinden, da gerade an diese in ihrer Vorbildfunktion ein deutlich erhöhter Maßstab angelegt wird. Idealerweise gilt es, die Führungskräfte als Promotoren zu gewinnen, dabei sowohl in der Administration als auch im klinischen Betrieb.
- Es geht um Personal und es geht unter Umständen auch um Konflikte, Sanktionen und Konsequenzen. Daher sollten generell die Personalvertretungsorgane einbezogen werden. Es muss das gemeinsame Ziel sein, eine möglichst einheitliche Position zu finden. Dabei ist es ratsam, die Handlungsmuster für den Ernstfall vorzubereiten und diese abzustimmen: Wer macht was, wie, wann, mit wem …
- Eine Richtlinie ist immer nur so gut, wie auch die Struktur einer Organisation einbezogen wird. Mit einem Blick auf die Aufbauorganisation, hier kombiniert mit dem Wissen, dass viele Problemfälle auf hoher oder höchster Ebene eintreten, bedarf es der Einbeziehung des Managements. Eine Richtlinie, die das Risiko auf der Managementebene nicht behandelt, verdient keine echte Würdigung.
- Mit der Einführung einer Richtlinie ist stets ein Konzept für die (interne) Öffentlichkeitsarbeit zu verbinden. Das neue Regel- und Normenwerk bedarf einer breiten und tiefen Bekanntmachung und ist den Mitarbeiterinnen und Mitarbeitern gegenüber (auf allen Ebenen) umfassend darzustellen. An einem solchen Prozess sind ausnahmslos alle Führungskräfte zu beteiligen.
- Eine erlassene Richtlinie allein verändert noch keine Organisation. Einerseits bedarf es der Nachhaltigkeit der Bemühungen, andererseits ist die Richtlinie auf der Arbeitsebene mit Handlungsanweisungen und Ausführungsbestimmungen zu versehen. Nur so wird die Richtlinie in der betrieblichen Praxis auch tatsächlich ankommen und auf der Arbeitsebene umsetzbar.

Eine Aufgabe, eine Person, ein Gesicht, …

Vorstehend wurde eine *Programmatik der Nachhaltigkeit* gefordert. Wie setzt man das aber nun in der Praxis um?

In kleineren Krankenhäusern wird die Aufgabe meist „irgendwo angehängt". Generell bietet sich die Geschäftsführung an, oder eine naheliegende Funktion, z. B. ein Hausjurist. Dabei besteht das Verlangen bezüglich einer entsprechenden Bereitschaft zur Übernahme der Aufgabe an sich fort, um einen möglichst hohen Grad der Professionalität zu erreichen. Die Praxis zeigt allerdings, dass nicht immer eine wirklich angemessene Zuweisung erfolgt. Geht es somit nur um eine „Alibifunktion", so ist zu mutmaßen, dass mit dieser Zuordnung wohl nur ein geringer Erfolg verknüpft sein wird. Daran ist dann auch abzulesen, wie ernst das Thema tatsächlich genommen wird.

In größeren Kliniken und bei Maximalversorgern mit einem sehr breiten Spektrum und einem hohen Risikopotenzial bedarf es einer exponierteren Zuweisung. Ein Hauptamt wird trotzdem eher selten zu finden sein, obwohl dem Thema, hier ähnlich dem Datenschutz oder der Arbeitssicherheit, eine entsprechende Positionierung durchaus zuzumessen wäre. Vielmehr wird in großen Organisationen auf bestehende Einheiten zurückgegriffen. Häufig wird die Interne Revision oder Innenrevision als naheliegend erachtet, da dort bereits Anforderungen hinsichtlich Unabhängigkeit, Objektivität und Neutralität vertreten werden. Eben jene Kriterien, die auch für das Antikorruptionsprofil wichtig sind.

Wichtig ist aber stets, dass die Zuordnung, die Aufgaben und die Ziele in besonderer Form herausgestellt werden. Es gilt, eine Person des Vertrauens zu wählen und der Aufgabe damit ein Gesicht innerhalb der Klinik zu geben. Dabei sollte das Profil mit Überzeugung und viel Gestaltungskraft wahrgenommen werden. Nur wenn die Aufgabe und die Person eine glaubwürdige Einheit erkennen lassen und sichtbar in der Organisation positioniert sind, kann die Wahrnehmung so geschärft werden, dass damit Akzeptanz und eine Breiten- wie Tiefenwirkung einhergehen. Hierbei spielen die formellen und informellen Wirkungsmöglichkeiten eine entscheidende Rolle. Es sollte daher jemand bestellt werden, der die Klinik und ihre „Handlungsmuster" bereits langjährig kennt.

Allerdings ist auch bei einer bestmöglichen Zuweisung nicht zu erwarten, dass das komplexe Thema allein durch eine Person dauerhaft und umfassend bewältigt werden kann. Wie einerseits ein ganzer „Strauß" von Maßnahmen erforderlich ist, so wird andererseits ein innerbetrieblicher Verbund zu fordern sein, um ein möglichst engmaschiges Netzwerk gegen Korruption aufzubauen.

Netzwerken 2.0

In großen Kliniken gibt es fast immer mehrere Stellen, die sich mit der Bearbeitung von extern unterstützten Vorhaben befassen (u. a. Kooperationen, Auftragsforschung, Anwendungsbeobachtungen, klinische Studien, Sponsoring, Spenden, Kooperationen, Fördervereine). Oftmals stehen diese Einheiten aber nur in einer losen Verbindung miteinander oder sind thematisch sogar gegeneinander abgegrenzt. Ein Einbezug möglicher Korruptionsgefährdungen findet bei der administrativen Routineabwicklung vielfach gar nicht statt. Zudem sind neben fehlenden Bearbeitungsstandards auf der Prozessebene weder Prüfroutinen definiert, noch sind systematische Rückkoppelungsprozesse vorgesehen.

Zu den identifizierbaren Stellen gehören:
- *die Finanzabteilung (Drittmitteleinwerbung und -bewirtschaftung)*
- *die Personalabteilung (Nebentätigkeiten und unterstützte Weiterbildung)*
- *die Rechtsabteilung und die Interne Revision/ Innenrevision (Prüfung Verträge, Compliance)*
- *der Berich Klinische Studien und Anwendungsbeobachtung (Steuerung, Kalkulation)*
- *der Bereich Förderung und Fundraising (Spenden und Sponsoring)*

Es ist daher zu empfehlen, diese Einheiten gezielt miteinander zu vernetzen (Verfahrenswege, Ausführungsbestimmungen, Prüfroutinen). Neben einer engen Form der Interaktion stehen Rückkoppelungsschleifen im Vordergrund. Definierte Abläufe und Kontrollmechanismen helfen, eine angemessene Qualitätssicherung sowie eine Abwehr von Risikokonstellationen zu erreichen. Wirken die einzelnen Stellen also gezielt zusammen, so ist zu erwarten, dass etwaige Problemfälle frühzeitig erkannt und präventiv aufgenommen werden können. Dabei sollten sowohl die Schutzinteressen der Klinik als aber auch die der Person gesehen werden. Stets sollte für beide ein generelles Vorsichtsprinzip zur Anwendung kommen.

Angeraten wird z. B. die Einführung von Checklisten für die Beurteilung von Nebentätigkeiten, Verträgen und Kooperationsvereinbarungen. Zudem sind qualitätssichernde Standards für die Abwicklung von Spenden und Sponsoring unabdingbar. Insgesamt sollten diese rechtlich fundiert, ökonomisch geprägt und im Sinne des Themas stets risikoorientiert ausgerichtet sein. Keinesfalls sind lückenhafte Vertragsentwürfe zu akzeptieren. Die Dominanz eines Vertragspartners ergibt stets ein zum Misstrauen geeignetes Ungleichgewicht. Es gilt, konsequent den eigenen Qualitätsanspruch festzulegen und diesen auch in die Verhandlungen einzubringen.

Zudem ist neben den Aspekten der Binnenorganisation eine möglicherweise bestehende

Selbstverpflichtung des Vertragspartners einzubeziehen. Insbesondere im Bereich der Pharma-Industrie und der Medizintechnik-Branche bestehen einschlägige Kodizes, die aber in den Kliniken teils gar nicht oder nicht umfänglich bekannt sind. Dabei wurden darin Regeln für die Zusammenarbeit zwischen Kliniken und Unternehmen definiert, deren Anwendung die Risiken auf beiden Seiten reduzieren sollen. Es gilt, sich vor Vertragsabschlüssen zu informieren und bei aufkommenden Unsicherheiten den direkten Dialog mit diesen Unternehmen zu suchen. Im Verfahren ist die Rechtsabteilung ebenso gefragt wie der Einkauf, die Apotheke oder die Medizintechnik. Funktioniert diese Form des Zusammenwirkens, so ergibt sich für das „Prüfobjekt" eine „Sandwich-Position" aus Binnenvorgaben und externen Regelwerken, die darauf zielt, die Vorhaben entweder zu legitimieren oder Risiken durch ein konsequentes Versagen zu begegnen.

> Elementar für die Prüfung sind die für alle Beteiligten geltenden Grundprinzipien (www.medtech-kompass.de). Diese sind geeignet, das Strafbarkeitsrisiko erheblich zu reduzieren [vgl. Dieners 2007, S. 477 ff.; Dölling 2007, S. 201 ff.].

1. Das Trennungsprinzip

Das Trennungsprinzip erfordert eine klare Trennung zwischen der Zuwendung und etwaigen Umsatzgeschäften. Im Kern wird das strafrechtliche Postulat umgesetzt, nach dem Zuwendungen an Amtsträger zur Beeinflussung von Beschaffungsentscheidungen unzulässig sind.

Der Bundesverband Medizintechnologie (BVMed) formuliert dies folgendermaßen: **Wir setzen uns für die strikte Trennung von Zuwendung und Umsatzgeschäft ein.**

Eine Zuwendung oder andere Leistung (z. B. Werbeabgaben, Sponsoring) an eine Klinik, einen Arzt oder andere Beschäftigte medizinischer Einrichtungen darf weder zeitlich noch kausal in Zusammenhang mit einem möglichen Umsatzgeschäft stehen. Das leuchtet ein: Wer etwa eine medizinische Veranstaltung nur dann sponsert, wenn im Gegenzug der Kauf medizintechnischer Produkte zugesichert wird, handelt unrechtmäßig. Egal ob die Leistung unentgeltlich oder gegen Honorar erbracht wird. Beides ist nicht zulässig.

2. Das Transparenzprinzip

Das Transparenzprinzip verlangt die Offenlegung von Zuwendungen gegenüber den Verwaltungen oder Leitungen bzw. Trägern medizinischer Einrichtungen, durch die Mitarbeiterinnen oder Mitarbeiter medizinischer Einrichtungen begünstigt werden bzw. begünstigt werden könnten.

Der Bundesverband Medizintechnologie (BVMed) formuliert dies folgendermaßen: **Jede Zuwendung und Vergütung muss offengelegt werden.**

Jede Leistung an eine medizinische Einrichtung oder an einen Arzt muss dem Dienstherrn bzw. dem Arbeitgeber mitgeteilt werden. Ohne schriftliches Einverständnis darf keine Zuwendung oder Vergütung geleistet werden. Zahlungen für Studien oder Anwendungsbeobachtungen müssen stets direkt an die medizinische Einrichtung oder auf ein Drittmittelkonto überwiesen werden.

3. Das Äquivalenzprinzip

Das Äquivalenzprinzip zielt darauf, dass bei Vertragsbeziehungen zwischen Unternehmen und medizinischen Einrichtungen bzw. deren Mitarbeiterinnen und Mitarbeitern Leistung und Gegenleistung in einem angemessenen Verhältnis zueinander stehen.

Der Bundesverband Medizintechnologie (BVMed) formuliert dies folgendermaßen: **Leistung und Gegenleistung müssen in einem angemessenen Verhältnis stehen.**

Das Prinzip der Angemessenheit hat das Ziel, mögliche Scheinvereinbarungen zu verhindern, die in keinem ausgewogenen Verhältnis zueinander stehen. Wenn ein Arzt beispielsweise eine Studie für ein medizintechnisches Unternehmen fertigt, muss das Honorar seinen Aufwand angemessen berücksichtigen und marktüblich sein.

4. Das Dokumentationsprinzip

Das Dokumentationsprinzip erfordert, dass alle entgeltlichen oder unentgeltlichen Leistungen an medizinische Einrichtungen oder deren Mitarbeiterinnen bzw. Mitarbeiter schriftlich fixiert werden. Die Einhaltung dieses Prinzips erleichtert es, Kooperationsbeziehungen mit medizinischen Einrichtungen oder deren Mitarbeiterinnen und Mitarbeitern anhand einer vollständigen Dokumentation der zugrundeliegenden Vertragsbeziehungen und der gewährten Leistungen nachzuvollziehen.

Der Bundesverband Medizintechnologie (BVMed) formuliert dies folgendermaßen: **Alle Leistungen müssen schriftlich festgehalten werden.**

Alle Leistungen müssen schriftlich festgehalten werden – von Honorarvereinbarungen über Reisekosten bis zu Geschenken an medizinische Einrichtungen, Ärzte oder andere Beschäftigte im Medizinbereich. Es wird detailliert festgelegt, welcher Art die Zuwendung ist, welchen Zweck sie hat, welche Leistungen erbracht werden etc. Mit Hilfe verschiedener Musterverträge können alle notwendigen Angaben problemlos dokumentiert werden.

5. Das Genehmigungsprinzip

Das Genehmigungsprinzip umfasst zwei Varianten und zielt speziell auf die zweite:

- Handelt eine Mitarbeiterin bzw. ein Mitarbeiter einer medizinischen Einrichtung im Hauptamt (insbesondere zu Forschungszwecken), liegt eine Vertragsbeziehung zwischen dem Unternehmen und der medizinischen Einrichtung zugrunde, die den Leistungsaustausch festschreibt.
- Handelt die Mitarbeiterin bzw. der Mitarbeiter im Rahmen einer Nebentätigkeit, bedarf jegliche Kooperationsform einer Genehmigung, zumindest aber der Kenntnisnahme durch den Dienstvorgesetzten und/oder den Dienstherrn/ Arbeitgeber. Durch die strikte Einhaltung des Genehmigungsprinzips wird zum einen dienstrechtlichen Anforderungen entsprochen und zum anderen eine strafrechtliche Verfolgung wegen Vorteilsannahme und Vorteilsgewährung (§§ 331, 333 StGB) vermieden.

Dazu ist zu bemerken, dass eine Genehmigung keine strafrechtlich relevanten Sachverhalte oder Dienstpflichtverletzungen legitimiert. Was nicht erlaubt ist, kann generell auch nicht genehmigt werden. Es ist demnach von besonderer Bedeutung, alle Gesichtspunkte einer Kooperation offen zu legen, um den Tatbestandsmerkmalen der §§ 331 und 333 StGB zu entgehen. In der Regel wird die dienstrechtliche Genehmigung ausreichen, um die rechtliche Verfolgung wegen Vorteilsannahme und Vorteilsgewährung zu vermeiden.

Prävention und Intervention

Neben der Annahme des Themas durch das Management als Führungsaufgabe und dem Netzwerkgedanken zur internen Optimierung stellt sich die Frage, wie ein entsprechendes Programm in die Kliniken hineingetragen werden kann. Dies ist eigentlich ein Kapitel für sich, trotzdem sollen hier sechs Themen zumindest angesprochen werden.

1) Den Dialog fördern und einfordern …

Die sicherlich effektivste Form ist die direkte Ansprache der Vertreterinnen und Vertreter der medizinischen Fachabteilungen, um Beratung und Unterstützung im Dialog anzubieten. Ein Kriterium hierfür kann z. B. die Drittmittelstärke einer Abteilung sein (hier speziell die Auftragsforschung).

Neben einem individuellen, persönlichen Gesprächsangebot, z. B. bilateral und damit „face-to-face" oder in Jour-fixe-Runden der Abteilungen, ist das Angebot von Weiterbildungsveranstaltungen bzw. Schulungen zielführend. Generell gilt es, die theoretischen Grundlagen zum Themenkomplex ‚Antikorruption' zu vermitteln. Ergänzend ist anhand von einschlägigen Fallbeispielen die Vielfalt möglicher Problemkonstellationen zu thematisieren. Die Fragen lauten im Kern: Was geht? Was geht nicht? Dabei spielt nicht nur eine Rolle, was rechtlich einwandfrei ist, sondern was die Organisation gemäß ihrer eigenen „Policy" zulassen will und was den Grundprinzipien entspricht.

2) Sensibilisierung und Aufklärung erzwingen …

Die Praxis zeigt, dass das Korruptionsbekämpfungsgesetz und die mögliche Strafzumessung[4] den handelnden Akteuren oftmals gar nicht bekannt sind. Ob des Risikos ist die damit einhergehende Naivität und Simplifizierung manchmal schlicht erschütternd. Hinzu kommt, dass neben einer möglichen Strafverfolgung die dienstrechtlichen Konsequenzen[5] meist nicht gesehen werden. Es gilt daher Klarheit über die einschlägi-

---

4 Vorteilsannahme § 331 StGB: Freiheitsstrafe bis zu drei Jahren oder Geldstrafe; Bestechlichkeit § 332 StGB: Freiheitsstrafe sechs Monate bis fünf Jahre, in minder schweren Fällen Freiheitsstrafe bis drei Jahre oder Geldstrafe; Vorteilsgewährung § 333 StGB: Freiheitsstrafe bis drei Jahre oder Geldstrafe; Bestechung § 334 StGB: Freiheitsstrafe drei Monate bis fünf Jahre, in minder schweren Fällen Freiheitsstrafe bis zwei Jahre oder Geldstrafe; Quelle: http://dejure.org/ gesetze/StGB/33x.html

5 Disziplinarverfahren: Rückstufung, Entfernung aus dem Dienst (ab einem Jahr Freiheitsstrafe oder bei Bargeldannahme), Strafverfahren, Schadensersatzforderungen. Außerdem Ausschluss von Antragsverfahren, Gremienausschlüsse, berufliche und/oder gesellschaftliche Ächtung, Nichtplatzierung auf Berufungslisten

gen Paragraphen (StGB §§ 331 ff.)[6] und deren Folgewirkungen sowie die Belange des Dienstrechts zu schaffen. Außerdem ist darüber aufzuklären, inwieweit schon ein Vorwurf (ggf. später haltlos) Auswirkungen auf die Karriere der Akteure haben kann. Bereits die Namensnennung, verbunden mit dem Vorwurf der ‚Korruption‘ und zudem in der Presse skandalisiert, kann über eine Berufungsliste und somit die berufliche Zukunft und Reputation entscheiden. Ggf. reicht hier schon ein „gezielt lancierter Hinweis" im wissenschaftlichen Konkurrenzkampf, um ein vernichtendes Gerücht in die Welt zu setzen.

Diese Form der Prävention setzt allerdings wieder voraus, dass entsprechende personelle wie auch zeitliche Kapazitäten für die Aufklärung und Beratung zur Verfügung stehen. Das Engagement sollte dabei stets als Investition verstanden werden.

3) Durch diese Tür gehe ich nicht …

Blickt man auf die vorstehend geforderte Intensivierung des Dialogs, ist allerdings anzunehmen, dass ein breites, für viele Personen und Berufsgruppen zugängliches Angebot speziell auf der Ebene der Leitungen medizinischer Abteilungen nicht vorbehaltlos angenommen wird: Die vielfach in der Botschaft ‚Antikorruption‘ verwendete Begriffswelt lässt eben nicht nur Gutes erwarten. Gesprochen wird von Vorteilsannahme, Korruption und Bestechung. Alles Begriffe, die nicht unbedingt geeignet sind, eine intellektuell und auf den Stand der Profession geprägte Klientel zu erreichen. Hieraus ergibt sich in der Praxis, dass die Führungsriege im klinischen Betrieb kaum Angebote unter diesen Überschriften für sich nutzt. Niemand will sich – mehr oder weniger öffentlich – in den Schatten des Korruptionsstrafrechtes stellen (lassen), indem sie oder er eine Veranstaltung besucht, die mit einem der Schlagworte in Verbindung steht.

Hier sind ein Umdenken und eine Neuausrichtung erforderlich. Die Benennung des Themas muss in der Zukunft positiver daherkommen. Generell gilt es eine Ansprache zu finden, die einen Dialog ohne Vorverurteilung oder gar einen Generalverdacht ermöglicht.

4) Die Weltbilder ein wenig nachjustieren …

Das bestehende Risiko bei „unklaren Beziehungen" verlangt nach einer kritischen Einschätzung und fordert Konsequenzen in der Handhabung. In vielen Konstellationen bedarf es gar nicht der Erklärung „was wie geht". Vielmehr ist es seitens des Managements erforderlich, kritisch identifizierte Anbahnungen schlicht und einfach zu untersagen. Konflikte im Spannungsfeld zwischen den Interessen Einzelner und einem stets geltenden Vorsichtsprinzip zur Risikoabwehr der Organisation an sich sind dabei allerdings der Sache nach vorprogrammiert und müssen vom Management bewältigt werden. Eine Führung, die diese „Verwerfungen" nicht als Managementaufgabe akzeptiert, sollte kein Antikorruptionsprogramm auflegen.

Ebenso wie die von den Unternehmen geforderte Dienstherrengenehmigung[7] als „Objekt der Begierde" für die Absicherung einer Zusammenarbeit steht, sollte die „*Dienstherrennichtgenehmigung*" ebenso Akzeptanz hinsichtlich der Untersagung vermeintlich kritischer Aktivitäten finden. Es ist auch darauf zu achten, dass nicht allein die eigene Sicht auf die Vorgänge relevant ist („alles nur für die Forschung"), sondern immer auch die Frage gestellt werden muss, wie Dritte eine Konstellation beurteilen würden (z. B. die Staatsanwaltschaft mit Blick auf das „Beziehungsgeflecht").

5) Mehr Verbindlichkeit, mehr Verpflichtung …

Um mehr Verbindlichkeit zu erreichen, bietet es sich an, Führungskräfte (speziell Chefärztinnen bzw. Chefärzte aber auch Geschäftsbereichsleiter/innen der Klinik-Administration) die Geltung einer für die Klinik erlassenen Anti-KorruptionsRichtlinie bereits bei der Einstellung unterschrei-

---

6   Straftaten im Amt Nehmerseite: § 331 StGB Vorteilsannahme, § 332 StGB Bestechlichkeit; Straftaten im Amt Geberseite: § 333 StGB Vorteilsgewährung, § 334 StGB Bestechung. Zudem § 357 StGB Verleiten eines Untergebenen zu einer Straftat. Außerdem möglich Straftaten gegen den Wettbewerb: § 298 StGB Wettbewerbsbeschränkende Absprachen bei Ausschreibungen, § 299 StGB Bestechlichkeit im geschäftlichen Verkehr. Weiterhin wichtige Begleittatbestände: § 263 StGB Betrug, § 266 StGB Untreue, § 370 AO Steuerhinterziehung

7   Schriftliche Genehmigung des Dienstherren/Arbeitgebers zur Annahme eines Vorteils, meist verbunden mit dem Hinweis, dass z. B. eine Einladung nicht erfolgt, um die Eingeladene/den Eingeladenen in Beschaffungsentscheidungen zu beeinflussen bzw. dass keine Bevorzugung von Produkten des einladenden Unternehmens erwartet wird. Ggf. wird die Einladung von der Dienstherrengenehmigung abhängig gemacht, d. h. ohne Dienstherrengenehmigung wird die Einladung nicht aufrecht erhalten.

ben zu lassen („zur Kenntnis genommen und akzeptiert"). Es sollte also nicht nur darauf hingewiesen werden, dass es überhaupt ein Regel- und Normenwerk gibt, an dem man sich „bitte orientieren möchte". Mit Blick auf die Forderung einer zu etablierenden Nachhaltigkeit ergibt sich die Empfehlung, diese Erklärung z. B. alle zwei Jahre neu aufzusetzen. In aller Konsequenz sollte gar die Option geprüft werden, die Geltung direkt in die Arbeitsverträge zu schreiben.

6) Suchen Sie nach dem Mann mit der Sackkarre ...
Vielfach herrscht das Bild vor, dass Bargeld fließt oder „rauschende Feste" gefeiert werden. Diese Annahme ist aber viel zu einfach gedacht. In vielen Beziehungen wird nach „Umgehungstatbeständen" gesucht. Da wird kostenlos Material geliefert, Personal wird voll- oder mitfinanziert, medizinische Geräte werden kostenlos zur Verfügung gestellt, es werden nach einem Kauf stillschweigend die Wartungskosten übernommen, das Verbrauchsmaterial wird regelmäßig zu (überhöhten) Listenpreisen nachbestellt oder es werden Geräte- und Produktschulungen in „angenehmer Umgebung" einbezogen. Es besteht eine Vielzahl „kreativer Möglichkeiten", um Vorteile zu gewähren bzw. „verschleiert korruptiv" zu handeln. Somit ist es geboten, sich genauer umzusehen. Beispielsweise sollten Materialströme verfolgt werden, die nicht in das offizielle Muster passen. Ebenso ist nach Ausstattungen Ausschau zu halten, die von der Klinikleitung nie genehmigt wurden. Interessant ist dabei, ob abgelehnte Geräte kurze Zeit später trotzdem im ehemals beantragenden Bereich zum Einsatz kommen. Lassen Sie sich dabei davon leiten, dass der Gesetzgeber den Drittvorteil, hier also gegenüber einer Abteilung oder dem Krankenhaus an sich, willentlich und damit gezielt in die Strafbarkeitsauslegung aufgenommen hat („... für sich oder einen Dritten ...").

Eine Agenda gegen Korruption ...

Mit Blick auf die Vielfalt des Themas erscheint es abschließend sinnvoll, die möglichen Erfolgsfaktoren in Form einer „Agenda gegen Korruption" zu erfassen. In 14 Punkten lässt sich ein Katalog definieren, der helfen kann, das Thema für das Management in den Kliniken handhabbarer zu machen.

1. *Akzeptieren Sie, dass es das Phänomen ‚Vorteilsannahme und Korruption' wahrscheinlich auch in Ihrer Umgebung gibt. Erkennen Sie an, dass es sich um eine Art „systemische Symbiose" handelt und überwinden Sie mit Blick auf die Dunkelziffer Ihre Sprachlosigkeit.*
2. *Gehen Sie davon aus, dass Ihr Personal ein Abbild der Gesellschaft darstellt und dass Sie nicht nur „Gutmenschen" in Ihrer Organisation beschäftigen, wenngleich Ihr positives Menschenbild stets überwiegen sollte. Eine Misstrauenskultur oder gar ein Generalverdacht ist keinesfalls angebracht.*
3. *Lassen Sie eine Initiative „Antikorruption als angesagtes Programm" stets vom Management ausgehen. Beziehen Sie sich und Ihre Führungskräfte mit ein und fordern Sie zum Dialog auf, um eine Sensibilisierung bezüglich der Risiken zu erreichen.*
4. *Nutzen Sie das vorhandene Material auf beiden Seiten – Sie brauchen das Rad nicht neu zu erfinden. Informieren Sie sich und Ihre Führungskräfte über die Strafrechtsauslegung und beziehen Sie die möglichen disziplinarischen bzw. arbeitsrechtlichen Auswirkungen mit ein.*
5. *Lassen Sie unter Risikoaspekten ein immer währendes Vorsichtsprinzip gelten. Vertrauen Sie gleichzeitig auf eine gewisse Selbstreinigungskraft der Organisation durch die Einführung von Prozessen, Standards, Prüfungen und Kontrollen.*
6. *Nutzen Sie den „positive approach". Formulieren Sie das Thema als Appell im Sinne von Sensibilisierung, Beratung und Aufklärung verbunden mit dem Ziel, Ihr Personal im eigenen wie im Interesse der Organisation zu gewinnen und beide Seiten zu schützen.*
7. *Kreieren Sie ein eigenes Programm und geben Sie der Entwicklung Zeit und Raum zur Entfaltung. Investieren Sie langfristig und stellen Sie dafür auch personelle Ressourcen bereit. Gehen Sie davon aus, dass Ihre „Investitionen" nachhaltig sein werden.*
8. *Denken Sie einmal den Ernstfall vor. Stellen Sie sich die Frage, ob Sie auf einen „Besuch" von Polizei und Staatsanwaltschaft vorbereitet sind und fragen Sie sich, ob Sie Ihre Pflichten und Ihre Rechte innerhalb einer solchen Situation tatsächlich kennen.*
9. *Seien Sie konsequent! Stellen Sie sich die Frage, ob Sie manche „Konstellation" nicht nur deshalb „akzeptieren", um Konflikten aus dem Weg zu gehen. Hinterfragen Sie kritisch, in-*

wiefern Sie Interessen oder Machtpositionen bedienen, ohne das Risiko zu kalkulieren. Versagen Sie bei Unsicherheit auch mal ihre Zustimmung zu fragwürdigen Kooperationen oder Verträgen.

10. *Rufen Sie eine Richtlinie aus und definieren Sie verbindliche Vorgehensweisen. Nichts ist schlechter, als keine eigene Vorstellung hinsichtlich geltender Werte und Normen zu haben. Positionieren und profilieren Sie sich als Management mit Weitblick. Arbeiten Sie an einer eigenen „Policy"!*

11. *Suchen Sie den Dialog mit Ihren Führungskräften in der Administration und besonders in den medizinischen Abteilungen. Verfestigen Sie die Wahrnehmung von Vorteilsannahme und Korruption durch eine gezielte interne Öffentlichkeitsarbeit. Kommunizieren Sie dabei nicht nur per Rundschreiben, sondern suchen Sie den direkten Dialog und unterstützen Sie durch Interventionen und nachhaltige Maßnahmen.*

12. *Errichten Sie ein Netzwerk Ihrer Fachleute, damit „kritische Konstellationen" frühzeitig erkannt und korrigiert werden können. Machen Sie sich klar, dass die Anwendung der Grundprinzipien vieles ermöglicht, wenn sie von Anfang an richtig angewendet werden.*

13. *Verankern Sie die Funktion und eine oder mehrere Personen innerhalb Ihrer Organisation als Ansprechpartner/innen (dezentral) im Sinne eines „first-level-supports". Benennen Sie für den „second-level-support" eine Beauftragtenfunktion (zentral), die sich mit schwierigen Konstellationen auskennt und in besonderen Fällen Beratung leisten kann.*

14. *Bieten Sie Ihren Führungskräften und speziellen Funktionsträgern/innen Schulung und Weiterbildung an. Setzen Sie das Thema außerdem von Anfang an auf die Agenda, z. B. durch die Aufnahme in die Arbeitsverträge und im Rahmen der Einführung neuer Mitarbeiterinnen und Mitarbeiter.*

Zum Schluss gilt beim Thema ‚Antikorruption' wie überall: Ein Fehlverhalten oder auch das bewusste Umgehen von Vorgaben und Regeln kann wohl niemals gänzlich verhindert werden. Demnach muss man sich realistischer weise davon verabschieden, dass der Komplex vollkommen zu beherrschen sein wird. Die Enttabuisierung an sich und ein eng gewobenes Netzwerk unterstützen aber die Bemühungen. Bis zu einer nachhaltigen Veränderung der Kultur gegenüber Vorteilsannahme und Korruption innerhalb einer Organisation steht aber meist ein langer Weg bevor, wobei die Vielfalt der Möglichkeiten das Gebaren des Marktes bestimmt. Zuwendungen sind „wie Wasser": Sie suchen sich und finden ihren Weg. Diese Tatsache verlangt nach einer ständigen Auseinandersetzung mit den bestehenden und aufkommenden „Varianten". Demnach ist ein strohfeuerartiges oder kurzfristiges Engagement eher nicht geeignet. Außerdem ist ein umfänglicher „Strauß" von Maßnahmen erforderlich. Das alles kostet Zeit und Geld und bedarf der Ausstattung mit Menschen, die diese Aufgabe für sich annehmen und dabei einer Überzeugung folgen.

Literatur

Bannenberg B, Schaupensteiner W (2007) Korruption in Deutschland. 3. erw. Auflage, Verlag C. H. Beck

Dieners P (2007) Zusammenarbeit der Pharmaindustrie mit Ärzten. 2. Auflage, Verlag C. H. Beck

Dölling D (2007) Handbuch der Korruptionsprävention. Verlag C. H. Beck

Grill M (2009) Legale Korruption: Mehrere tausend Ärzte ließen sich vom Pillenhersteller Ratiopharm mit Geschenken belohnen. Staatsanwaltschaften ermittelten erst – doch jetzt stellen sie die Verfahren ein. Der Spiegel 38/2009, 122–124

Mertel M (2009) Drittmitteleinwerbung zwischen Kooperation und Korruption. Diss iur., DHV, Band 16

4 OP-Logistik

Martin Bauer[1] und Joachim Schmeck[2]

1 Universitätsmedizin Göttingen
2 Universitätsmedizin der Johannes Gutenberg-Universität Mainz

4.1 Prozess-Logistik

Die gesellschaftspolitischen Vorgaben verpflichten die Krankenhausträger zu einer effizienten Allokation der knappen Finanzmittel.

Hierzu bedarf es einer betrieblichen Reorganisation von wirtschaftlich relevanten Kernprozessen innerhalb der Patienten-Behandlungskette. Der Operationsbereich zählt neben der Intensivmedizin zu den kostenintensivsten Bereichen der stationären Patientenversorgung.

Als Zielpunkt gilt unter den bestehenden Bedingungen einer fallbasierten Pauschalvergütung die Realisierung einer optimalen Relation von Selbstkosten zu produzierter Leistungsmenge je Zeiteinheit (Produktivität). Um eine hohe Produktivität zu erzielen, müssen einerseits die Prozessabläufe bei der medizinischen Leistungserstellung verzögerungsarm und störungsstabil angelegt sein und andererseits das kostenintensive Personal bedarfsgerecht eingesetzt werden.

Insofern stellt die Prozess-Logistik im OP-Bereich ein zentrales Element des modernen Krankenhaus-Managements dar.

4.1.1 Aufbauorganisation

Die Aufbauorganisation definiert den ordnungspolitischen Rahmen, in welchem Prozesse ablaufen.

Unzulänglichkeiten im Aufbau der Organisation bedingen daher zwingend Unzulänglichkeiten in der Funktion. Somit kommt der effizienzorientierten Ausgestaltung der Aufbauorganisation eine entscheidende Wertigkeit zu.

Infrastruktur

Bau bestimmt Funktion. Bauliche Zustände in deutschen Krankenhäusern, welche dem heutigen Funktionsanspruch entgegenstehen, sind weit verbreitet:

- Dezentrale OP-Einheiten verhindern durch den bestehenden Vorhaltungsbedarf an kostenintensivem Personal und durch aufwändige Versorgungswege relevante Rationalisierungspotenziale sowie erschweren die zentrale Koordination und Steuerung des Gesamtkomplexes.
- Wege- und Transportkapazitäten verhindern bei zu knapper Bemessung den zeitgerechten An- und Abstrom von Patienten und Versorgungsmaterial.

- Raumkonzepte verhindern bei inadäquater Ausgestaltung eine zeitgerechte präoperative Patienten-Bereitstellung, eine effiziente anästhesiologische Vorbereitung, eine flexible Wahl des OP-Saales sowie eine ausreichend hohe und bedarfsgerechte postoperative Überwachungskapazität.

Aus dem oben Gesagten geht hervor, dass generell eine funktionsorientierte Bauweise für effiziente Prozesse unabdingbar ist.

Da unter fallpauschaliertem Entgeltsystem effiziente Prozesse zur Erzielung eines positiven Deckungsbeitrages essentiell sind, stellt sich jedem Krankenhausträger zwangsläufig die Frage, in welchem Ausmaß die vorhandene Baumasse dem übergeordneten Ziel der Funktion entgegensteht.

Das Verhältnis von Investitionskosten für den OP-Neubau und „Return on investment" durch zeitgemäße Funktion ist in letzter Konsequenz eine wesentliche Ursache für die zu beobachtende rege Bautätigkeit an deutschen Krankenhäusern.

Fallstricke beim OP-Neubau

- Der Experte vor Ort ist nicht der Architekt – sondern der Prozessverantwortliche.
- Vermeide dezentrale Einheiten.
- Achte auf räumliche Verzahnung des OPs mit der Zentralsterilisation.
- Trenne Patienten- von Besucher-, Lieferanten- und Personalströmen (Magistralen-Konzept).
- Kalkuliere die Transportkapazität (z. B. Versorgungs- und Personenaufzüge) nicht am mittleren sondern am Spitzenaufkommen (inklusive Ausfallreserve).
- Standardisiere zur Minimierung der Fachabteilungsbindung die OP-Säle in Größe (z. B. 50 qm) und Ausstattung (z. B. Säulen, Tischsysteme, Leuchtmittel).
- Plane die Säle für infektiöse Patienten (OPs Gruppe 4 in Raumklasse 1, Typ B) in den Zentral-OP (keine dezentralen Einheiten) aber mit separater Ein- und Ausleitung.
- Kalkuliere die präoperative Wartezone/Holding ausreichend groß (Zentral-OP = Anzahl der Säle x 1; Ambulanz-OP = Anzahl der Säle x 2–4).
- Plane sowohl Zentrale Einleitungen (ZE, 1 ZE/ 3–6 Säle) als auch Einzel-Einleitungen (Kinder, infektiöse Patienten).
- Plane sterile Rüstzonen (RZ, 1 RZ/1–2 Säle).

- Kalkuliere die Aufwachraum-Plätze quantitativ (Anzahl der Säle x 1–2) und qualitativ (anteilige Beatmungsmöglichkeit, abgeschirmte Kinderecke, Arztbesetzung) ausreichend.
- Bedenke Mitarbeiterorientierung (Tageslicht, Mensa, Dienstzimmer).

Organigramm

Prozess-Logistik zielt auf effiziente Funktion des medizinischen Behandlungsablaufes. Da an der intraoperativen Leistungserstellung multiple und hoch spezialisierte Berufsgruppen beteiligt sind und das operative Vorgehen einer patientenabhängigen Varianz unterliegt, ist die Abstimmung und Prozessverzahnung besonders komplex.

Insofern ist ein hoher organisatorischer Aufwand evident, welcher systemimmanent immer mit inter- und intraprofessionellen Konflikten einhergeht. Prozess-Logistik ist daher zum wesentlichen Teil Konflikt-Management.

Ohne eine verbindliche Festlegung der Kompetenzen des für die OP-Logistik Verantwortlichen, wird die Prozess-Steuerung durch Widerstände am Prozess Beteiligter gestört respektive verhindert werden. Es empfiehlt sich daher die betriebliche hierarchische Aufhängung der Stelle „OP-Logistik-Verantwortlicher" mittels Stellenbeschreibung zu definieren und mittels Organigramm zu verankern.

Grundsätzlich gilt es in der Stellenbeschreibung zwischen OP-Manager und OP-Koordinator zu unterscheiden:

Der OP-Koordinator ist beauftragt, das operative Tagesgeschäft unter Vermeidung bzw. Minimierung von Prozessbrüchen und Ineffizienzen zu gestalten (Ablauforganisation). In die Verantwortlichkeit des OP-Koordinators fällt somit

- der termingerechte Abruf von Patienten in den OP,
- die Zuweisung eines für den entsprechenden Eingriff geeigneten OP-Saales,
- die koordinierende Kommunikation mit den an der Leistungserstellung beteiligten Berufsgruppen sowie
- die Planumstellung bei Auftreten von unvorhersehbaren Ereignissen (Komplikation, Notfall, etc.).

Der OP-Manager ist neben der Ablauforganisation verantwortlich für:

- die strategische und trägerorientierte Definition von Saal-Betriebszeiten,
- die bedarfsgerechte Allokation der fachabteilungsspezifischen Saalkapazitäten,
- die Finalisierung der OP-Anmeldungen aus den einzelnen operativen Bereichen zu einem für den Gesamtbetrieb effizienten OP-Plan,
- die valide und vollständige Dokumentation des intraoperativen Leistungsgeschehens,
- die Implementierung eines transparenz- und effizienzdienlichen Berichtswesen,
- die Einhaltung sicherheitsrelevanter Standards (Zugangsberechtigungen, Patientenbereitstellung),
- die disziplinarische und organisatorische Führung der OP-Funktionsdienste,
- die störungsarme Integration notwendiger Renovierungs- und Baumaßnahmen,
- die Einhaltung der Hygienevorschriften,
- die zeitgerechte Bereitstellung des benötigten Instrumentariums (Material-Logistik) sowie
- eine umfassende Kostenstellenverantwortung für den OP-Bereich.

Im Weiteren wird die Position des „OP-Logistik-Verantwortlichen" auf Grund der Zuständigkeiten weit über die Aufgabe der Ablauforganisation hinaus interpretiert als „OP-Manager".

Die Anforderungen an die Persönlichkeitsstruktur eines OP-Managers sind mannigfaltig. So benötigt ein OP-Manager neben dem unabdingbaren medizinischen Sachverstand fundierte betriebswirtschaftliche Kenntnisse, da ihm die Steuerung des Leistungsgeschehens in einem Hochkostenbereich der medizinischen Versorgung obliegt. Des Weiteren sind eine ausgeprägte Kommunikationsfreude sowie eine gewisse soziale Kompetenz und Intelligenz essentiell. Dabei darf es der Person allerdings nicht an Selbstbewusstsein, Augenhöhe mit den klinischen Abteilungsleitern, Konfliktbereitschaft, Durchsetzungsvermögen und sachlicher Härte mangeln.

Das genannte Anforderungsprofil an die Position des „OP-Managers" erklärt, weshalb in den Stellenbeschreibungen ganz überwiegend zusätzlich das formale Charakteristikum eines akademischen Werdeganges erwartet wird. Dies ist in praxi eine wesentliche Abgrenzung zur Position „OP-Koordinator", welche in vielen deutschen Krankenhäusern sehr engagiert und kompetent durch Angehörige der Pflegeberufe ausgeübt wird.

Die hierarchische Verankerung der Stelle des OP-Managers erfolgt im betrieblichen Organi-gramm üblicherweise als Stabstelle mit direkter Unterstellung unter den Vorstand. Vorteil dieser Anbindung ist die gesicherte Unabhängigkeit gegenüber den klinischen Leistungserbringern. Ein weniger häufig gewähltes Modell stellt die Delegation der OP-Management-Funktion an einen bestimmten ärztlichen Mitarbeiter einer an der Leistungserstellung im OP beteiligten Abteilung bei gleichzeitiger Unterstellung desselben unter den betreffenden verantwortlichen Abteilungsleiter dar. Hierbei sind Interessenskonflikte und Doppelbind-Situationen vorprogrammiert, so dass eine solche Lösung allenfalls erwogen werden sollte für Mitarbeiter anästhesiologischer Abteilungen, da diese in der Allokation des operativen Leistungsgeschehen als weitestgehend objektiv gelten können.

Der Autor des vorliegenden Beitrages präferiert auf Grund eigener Erfahrungen einen dritten Weg der Einbindung in das betriebliche Organigramm:

Als Leiter der Anästhesie ist er klinisch dem Abteilungsdirektor für Anästhesiologie unterstellt, als Leiter des OP-Managements ist er in Stabstellenfunktion an den Vorstand angebunden.

Die Stärke dieser Konzeption liegt in der umfassenden Zugriffsmöglichkeit auf die Personal-Ressourcen im OP (Anästhesisten, Anästhesie-Funktionsdienste, OP-Funktionsdienste).

Die Limitation dieser Konzeption besteht in der täglichen Doppelbelastung sowie in der potenziellen Parteilichkeit in Verteilungsfragen zu Gunsten der Anästhesie.

4.1.2 Ablauforganisation

Die Ablauforganisation verfolgt das Ziel, den intraoperativen Versorgungsprozess zuverlässig und planungsstabil verzögerungsarm zu gestalten um letztlich eine effiziente Ressourcenauslastung in der Leistungsvorplanung vornehmen zu können.

Die Notwendigkeit zur Planungsstabilität bedingt die interdisziplinäre Einhaltung grundsätzlicher Absprachen. In erster Linie zu nennen sind hier die Vereinbarungen zur Saal-Öffnungsdauer und zur fachabteilungsbezogenen Saalkapazität.

Saal-Öffnungsdauer

Die Saal-Öffnungsdauer, auch Saal-Betriebszeit oder Saal-Laufzeit, bildet das Fundament jeder Prozess-Logistik, da durch Festlegung der Saal-Öffnungsdauer die Summe der Minuten an geplant vorgehaltener Öffnungszeit je Saal und somit die OP-Kapazität determiniert wird.

Die Saal-Öffnungsdauer steht in wechselseitiger Beziehung zu den Arbeitszeiten der angestellten Mitarbeiter im OP. Dies gilt insbesondere für die Berufsgruppe der OP-Funktionsdienste, da nach etablierter Definition der Saal 15 Minuten nach Arbeitsbeginn der OP-Funktionsdienste als geöffnet und 15 Minuten vor Arbeitsende der OP-Funktionsdienste als geschlossen gewertet wird. Die Saal-Öffnungsdauer ist demnach 30 Minuten kürzer als die Arbeitszeit der OP-Funktionsdienste.

Beispiel aus der Praxis:
Berechnung der Saal-Öffnungsdauer

Bei einer angenommenen täglichen Arbeitszeit der OP-Funktionsdienste von 7:30–15:45 Uhr beträgt die Saal-Öffnungszeit 7 Stunden, 45 Minuten (465 Minuten).

Die Festlegung der Dauer der Saalöffnung ist ein konfliktbehafteter Abstimmungsprozess. Es gilt das Trägerinteresse (Ökonomie: Saal-Öffnungsdauer > 10 Stunden) mit den Interessen der Arbeitnehmer (Human Factor: Saal-Öffnungsdauer < 8 Stunden) in Einklang zu bringen. Aus Sicht des Autors sollten Vereinbarungen in der Nähe der beiden beschriebenen Pole unbedingt vermieden werden.

So prejudiziert eine Saal-Öffnungsdauer > 10 Stunden die Vorhaltung der OP-Funktionsdienste im Schichtmodus. Dieser führt bei einer Saal-Öffnungsdauer von 10–12 Stunden zu ineffizienten Überkapazitäten im Tagesverlauf (Doppelpräsenz während Schichtwechsel).

Bei einer Saal-Öffnungsdauer > 12 Stunden hingegen ist das Schichtmodell für OP-Funktionsdienste effizient, jedoch bestehen Widerstände von Seiten der Berufsgruppe (Cave: drohender Personalmangel bei Nachfrage > Angebot), Bedenken hinsichtlich der Patientenorientierung (geringe Nachfrage elektiver Patienten nach OP-Beginn am Abend) sowie gravierende Vorhalteprobleme bei den ärztlichen Leistungserbringern (Operateure, Anästhesisten, Pathologen, etc.). Die Problemlösung „ärztliche Arbeit im Schichtbetrieb"

wird von den Betroffenen noch entschiedener abgelehnt als in den Pflegeprofessionen. Es droht somit ein relevanter Standortnachteil im Wettbewerb, welcher in Zeiten eines mindestens latent vorhanden Ärztemangels zu unbesetzten Stellen, konsekutiv zur Minderung der betrieblichen Leistungsfähigkeit und somit zu Erlösausfällen führen kann.

Andererseits ist eine Saal-Öffnungsdauer von < 8 Stunden aus der Perspektive des Krankenhaus-Trägers abzulehnen. In diesem Falle ist zur Sicherstellung der notwendigen OP-Kapazität eine Vielzahl personalintensiver OP-Säle parallel zu betreiben. Die resultierenden Personalkosten sind im bestehenden fallpauschalierten Entgeltsystem nicht gedeckt, so dass die medizinische Leistung defizitär und demnach unwirtschaftlich erbracht wird.

> **Anzustreben ist die Erzielung einer Betriebsvereinbarung über eine Saal-Öffnungsdauer von mindestens 8 Stunden, maximal aber 10 Stunden.**

Nach erfolgreicher Vereinbarung einer Effizienz- und Mitarbeiter-orientierten Saal-Öffnungsdauer, gilt es die Arbeitszeiten der multiplen an der Leistungserstellung beteiligten Professionen untereinander abzustimmen und zu verzahnen. Auf Seiten der Ärzteschaft bieten sich arbeitszeitkonforme „Lange Regeldienste" (10 Stunden) an, auf Seiten der Pflegeprofessionen sind innovative Ansätze wie die monetäre Faktorisierung von Mehrarbeit (z. B. Auszahlung von 150 % des Stundensatzes ab > 1 Stunde Mehrarbeit) gefragt.

Allokation der operativen Kapazität

Die OP-Kapazität/Zeiteinheit einer operative Fachabteilung ist das Produkt aus der Anzahl der in der betreffenden Zeiteinheit betriebenen Säle multipliziert mit der zu Grunde liegenden Saal-Öffnungsdauer.

Beispiel aus der Praxis: Berechnung der OP-Kapazität

Bei einer angenommenen Zuteilung von 3 Sälen/Tag mit jeweiliger Saalöffnungsdauer von 465 Minuten beträgt die OP-Kapazität der betreffenden operativen Fachabteilung für einen Monat mit 22 Arbeitstagen 30 690 Minuten (3 x 22 x 465 Minuten).

Operative Fachabteilungen

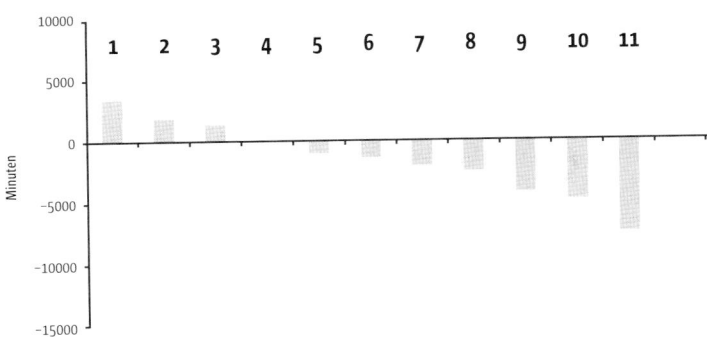

Abb. 5   Beispiel einer Abweichungs-Analyse der SOLL- zu IST-Kapazität der operativen Fachabteilungen

In wie weit eine auf diese Weise vom OP-Management bereitgestellte OP-Kapazität (SOLL-Kapazität) für eine operative Fachabteilung angemessen ist, kann durch die Berechnung der Abweichung im IST angegeben werden. Das IST kann hinreichend genau geschätzt werden durch die Aufsummierung der tatsächlichen Saal-Öffnungsdauer pro Saal und Tag (Saal-Öffnung bis Ende operativer Maßnahmen des letzten Falles + 15 Minuten).

Zeigt sich eine höhere IST-Kapazität als SOLL-Kapazität, ist dies ein Hinweis auf einen eventuell bestehenden Mehrbedarf an operativer Kapazität der jeweiligen Fachabteilung.

Zeigt sich eine niedrigere IST-Kapazität als SOLL-Kapazität, bedeutet dies eine Nicht-Nutzung von bereitgestellter und ressourcenbindender OP-Kapazität gleichbedeutend mit einem Erlösausfall bei laufenden Vorhaltekosten und somit das Rationalisierungspotenzial einer Ineffizienz im intraoperativen Versorgungsprozess (s. Abb. 5).

Nach Festlegung der je Fachabteilung und Monat bereit zu stellenden OP-Kapazität obliegt es dem OP-Management eine Verteilung der Fachteilungs-Kapazitäten über die Arbeitstage derart zu koordinieren, dass eine homogene und dennoch bedarfsgerechte Allokation der Gesamtkapazität gewährleistet ist.

Insbesondere ist es die Aufgabe des OP-Managers zu verhindern, dass an Tagen mit großer Nachfrage nach OP-Kapazität von Seiten der Operateure (z. B. vormittags, z. B. dienstags, mittwochs, donnerstags) eine Überlastung der verfügbaren personellen und räumlichen Ressourcen resultiert bzw. dass an Tagen mit geringer Nach-

frage nach OP-Kapazität von Seiten der Operateure (z. B. nachmittags, z. B. montags, freitags) Ineffizienzen durch nicht genutzte Überkapazitäten entstehen.

Sinnvollerweise wird zwischen OP-Management und operativer Abteilung (alternativ: Vorstand) eine quartalsweise zu aktualisierende schriftliche Vereinbarung getroffen, welche Fachabteilung an welchen Tagen wie viele Minuten OP-Kapazität erhält. Hierbei gilt es vielerlei zu berücksichtigen: z. B. Sprechstunden der Operateure, Lehrverpflichtungen der Operateure, Patientenklientel der Fachabteilung (Kindereingriffe, Ambulante Operationen, Notfallaufkommen).

Beispiel aus der Praxis:

Allokation von OP-Kapazität

	Mo.	Di.	Mi.	Do.	Fr.
Abt. A	1 Saal	2 Säle (Kinder)	2 Säle (Amb.)	1 Saal	1 Saal
Abt. B	2 Säle (Kinder)	1 Saal	1 Saal	2 Säle (Amb.)	1 Saal

Das angeführte Beispiel aus der Praxis zeigt eine solche Vereinbarung für 2 Abteilungen:
- Die gemeinsame Gesamtkapazität ist homogen auf 3 Säle/Tag verteilt;
- die Einzelkapazitäten sind nach Bedarf auf die Wochentage verteilt;
- für bestimmte Eingriffe (Kinder, ambulante Operationen) sind spezielle Eingriffstage definiert;

■ an Tagen mit geringer OP-Nachfrage sei- tens der Operateure kann durch Reduktion der bereit gestellten täglichen Kapazität pla- nungsstabil aufgelaufene Mehrarbeit abge- baut werden.

Die Übertragung dieses Beispiels aus der Praxis von 2 auf z. B. 10 operative Fachabteilungen macht deutlich, dass die Allokation von operativen Kapa- zitäten einen komplexen und konfliktbehafteten Vorgang darstellt.

OP-Planung

Der OP-Plan beruht auf der Allokationsmatrix der OP-Kapazität und stellt die Grundlage des intra- operativen Workflows und somit ein zentrales Werkzeug des OP-Managers zur effizienten Leis- tungssteuerung im OP dar.

Generell sollte die Kernkompetenz der OP- Plan-Erstellung in den einzelnen operativen Fach- abteilungen angesiedelt sein, da hier die Infor- mationen bezüglich der individuellen Besonder- heiten der Eingriffe sowie der Verfügbarkeit und Eignung der Operateure vorliegen.

Mit diesen Informationen sollte den opera- tiven Fachabteilungen auch die valide Angabe einer prospektierten OP-Dauer gelingen. Gelingt dies nur unbefriedigend, kann der OP-Manager auf klinikinterne Durchschnittswerte für die entsprechenden Eingriffe zurückgreifen (eige- ne Analyse oder Daten aus dem Krankenhaus- informationssystem). Operateur-bezogene Aus- wertungen von OP-Dauern sind hingegen nicht statthaft.

Die OP-Anmeldungen der operativen Fachabtei- lungen können online oder papiergebunden auf einem standardisierten Vordruck erfolgen, wel- cher systematisch die für das OP-Management essentiellen Informationen abfragt:

■ Geplanter Saal, geplante Reihung im Saal
■ Patientendaten: Name, Vorname, Geburts- datum, Fallnummer, Versicherungsstatus
■ Spezifikation des Eingriffs: OP-Art und OP- Dauer, OP-Team, Art des OP-Tisches
■ Besonderheiten: Infektionsstatus, falls vor- handen: Latexallergie,
■ Hinweise an das OP-Management: Patient be- reits x-mal abgesetzt, Firma vor Ort, Studien- patient, Operateur zeitlich gebunden, etc.

Die originäre Aufgabe des OP-Managers besteht einerseits in der Überprüfung der gemeldeten OP- Anmeldungen hinsichtlich der Realisierbarkeit (siehe unten) und andererseits in der Zusammen- führung der einzelnen OP-Vorpläne in einen fach- abteilungsübergreifenden Vor- und Endplan, in welchem eventuelle Abteilungsinteressen hinter den übergeordneten Trägerinteressen „Auslas- tung" und „Effizienz" zurückstehen.

So wird der OP-Manager zu diesem Zeitpunkt einer operativen Fachabteilung den Anteil zuge- teilter, aber nicht durch die Anmeldungen ge- deckter OP-Kapazität streichen um diesen einer anderen Fachabteilung mit angemeldeter Über- kapazität zu zuteilen. Dies kann die Verlagerung kompletter Saalkontingente oder lediglich die an- teilige Saalkopplungen bedeuten.

Unter allen Umständen ist der OP-Manager gehalten, die nach der Kapazitätsmatrix bereit zu stellenden Säle entsprechend der vordefi- nierten Saal-Öffnungsdauer erlöswirksam zu betreiben.

Tipps zur Realisierbarkeit der OP-Anmeldungen

Gewünschte Saal-Kapazität verfügbar?
(→ Mikroskope, Laser, etc.)
Personal qualitativ und quantitativ verfügbar?
(→ Anästhesisten, Funktionsdienste)
Parallelität des Operateurs?
(→ Rücksprache Operateur)
Latexallergie?
(→ 1. Stelle)
Positiver Infektionsstatus?
(→ OP-Saal der Raumklasse 1, Typ B)
Adipositas per magna?
(→ Schwerlasttisch)
Markierung, Priming notwendig?
(→ keine 1. Stelle)

Die Erstellung des fachabteilungsübergreifenden Vorplans durch das OP-Management ist zeitlich an den Vortag gebunden, da die präoperative Pa- tientenvorbereitung auf den peripheren Stationen ansonsten nicht gewährleistet werden kann.

Je nach klinikinterner Organisation erfolgt die Patientenvorbereitung durch den pflegeri- schen Spät- oder Nachtdienst. Im ersten Falle muss die Freigabe des OP-Plans wesentlich frü- her am Vortage erfolgen als im letzteren.

Letztlich finden sich in deutschen Kranken- häusern unterschiedlichste Terminierungen für die Abgabefrist der operativen Fachabteilungen für die OP-Anmeldungen respektive die Freigabe des Vor- und Endplanes durch das OP-Management.

Beispiel aus der Praxis: OP-Planung

Abgabe der OP-Anmeldungen der operativen Fachabteilungen:
    10 Uhr Vortag
Freigabe des Vorplans durch das OP-Management:
    14 Uhr Vortag
Freigabe des Endplans durch das OP-Management:
    7 Uhr OP-Tag

Nach Freigabe des Vorplanes durch das OP-Management sind Änderung im Sinne von Nachmeldungen, Streichungen und Umstellungen ausschließlich nach Rücksprache mit dem OP-Management statthaft.

Insofern ist der OP-Manager gehalten entweder außerhalb seiner Dienstzeit eine Stellvertretung zu benennen (z. B. 1. Dienst der Anästhesie) oder aber die schriftlich hinterlegten Änderungswünsche frühmorgens vor Freigabe des Endplanes zu bearbeiten.

In den Endplan sollten zusätzlich zu oben genannten Punkten folgende Inhalte Eingang finden:

- Spezifikation der Anästhesie
- Anästhesie-Team
- Anästhesie-Verfahren
- Instrumentierung
- Monitoring
- falls erforderlich: spezielles Equipment

OP-Beginn der 1. Position

Um einen störungsstabilen und verzögerungsarmen OP-Beginn der 1. Positionen zu gewährleisten, bedarf es eines ungleich größeren organisatorischen Aufwandes als für die nachfolgenden Wechsel im Tagesverlauf.

Leitsätze zum OP-Beginn

Der frühe Vogel fängt den Wurm!
Wie der Morgen, so der Tag!

Die Liste potenzieller Störgrößen insbesondere zu Beginn des Betriebes ist lang und die komplexen Strukturen im OP bieten auch erfahrenen OP-Managern immer wieder überraschende und neue Konstellationen, die auch der besten Vorplanung entgegenstehen (Windpocken im Aufwachraum, Wassereinbruch im Saal, Evakuierung zur Sprengmittelbeseitigung, etc.).

Insofern ist gute Ablauforganisation geknüpft an die Fähigkeit zur Improvisation. Die hierfür notwendigen Reaktionsmuster des OP-Managers sind jedoch überwiegend entlehnt aus der täglichen Organisationsroutine:

- Gestaltungshoheit erhalten: Frühzeitige Rückmeldung einer Prozessstörung einfordern!
- Kommunikation intensivieren: Erreichbarkeit der entscheidungsbefugten Personen auch außerhalb der Dienstzeiten sicherstellen!
- Präsenz vor Ort zeigen!
- Alternativen und Optionen prüfen!
- Reserven rekrutieren!

Systematisch gilt das Augenmerk des OP-Managers beim morgendlichen OP-Beginn vor allem dreier Dinge: Stabilität der 1. Position, Verfügbarkeit der erforderlichen Intensivkapazität und Bereitstellung ausreichender personeller Ressourcen für die Betriebsaufnahme.

Die Stabilität der 1. Position ist essentiell, da der Vorlauf bis zur Bereitstellung des Patienten im OP relevante Dauer in Anspruch nehmen kann (meist ca. 30–60 Minuten) und somit kurzfristige Änderungen der 1. Positionen eine verzögerte Leistungserstellung respektive ineffiziente Vorhaltung von kostenintensivem Personal ohne Erlösdeckung bedeuten können:

- Vorbereitung auf Station: z. B. medikamentöse Prämedikation, Rasur, Anlegen OP-Kleidung, Ablegen von Schmuck, Prüfung der Vollständigkeit der Akten (Cave: Übergabe-Zeit)
- Krankentransport: Wegestrecke, Initiierung des Transportes, Verfügbarkeit des Transportierenden (Cave: Spitzenbelastung am Morgen)
- Einschleusung (Cave: Aktualisierung der OP-Tisch-Anforderung)

Die Zielerreichung bei der Stabilität der 1. Position ist abhängig von fachabteilungseigenen Besonderheiten wie Notfallaufkommen und Frequenz ambulanter Patienten. Generell sollte jedoch eine Rate von 75 % Stabilität nicht unterschritten werden (s. Abb. 6).

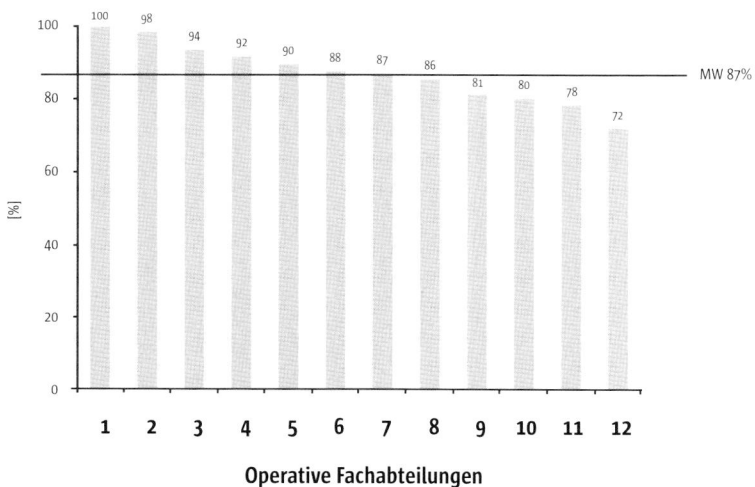

Abb. 6   Beispiel einer Analyse der Stabilität der 1. Position nach operativer Fachabteilung

Die Verfügbarkeit der erforderlichen Intensivkapazität orientiert sich primär am Bedarf der 1. Positionen. Im günstigen Falle wird dem OP-Manager vom Intensivmediziner eine adäquate Primärkapazität generell zugesichert. Im ungünstigen Falle muss der OP-Manager entweder noch vor Beginn der Abholroutine die diesbezügliche Freigabe einholen oder aber über die Vorplanung der 1. Positionen die Nachfrage nach intensivmedizinischer Kapazität entsprechend rationieren. Aus der ökonomischen Sicht des Krankenhausträgers gilt es, einen intraoperativen Erlösausfall auf Grund mangelnder Intensivkapazität unbedingt auszuschließen. Dies kann nach Ausschöpfen aller organisatorischen Optionen auch die Notwendigkeit zur Ausweitung des intensivmedizinischen Angebotes bedeuten.

Der Bedarf an personellen Ressourcen ist zu OP-Beginn insbesondere auf Seiten der Anästhesie-Funktionsdienste problematisch. Da die Bemessungsgrundlage für deren Personalbedarf eine 1:1-Besetzung der betriebenen OP-Säle nicht zwingend vorsieht, besteht bei gleichzeitiger Anwesenheitspflicht bei Ein- und Ausleitung der Narkose zu OP-Beginn meist ein Missverhältnis zu Ungunsten der Anästhesie-Funktionsdienste.

Eine mögliche Lösung dieser Problematik besteht in der wellenförmigen Organisation des OP-Beginns durch Definition unterschiedlicher Anfangszeiten für die einzelnen Fachabteilungen. Hierbei gelingt es durch zeitversetzten Beginn der

Anästhesie-Einleitungen, die Anästhesie-Funktionsdienste seriell einzusetzen, indem diese nach Einleitung eines Saales der 1. bzw. 2. Welle zusätzlich auch die Einleitung eines Saales der 3. Welle betreuen. So kann, ohne Unterschreitung der qualitativ unabdingbaren Anwesenheit der Anästhesie-Funktionsdienste bei Narkoseeinleitung, eine größere Anzahl an OP-Sälen betrieben werden als Anaesthesie-Funktionsdienste verfügbar sind.

Alternativ ist diese Systematik auch geeignet, um zusätzliche Ressourcen für Zwischen- und Spätdienste zu generieren und so eventuelle personelle Engpässe am Nachmittag beispielsweise auf Grund von mangelhafter Kongruenz der Regeldienst-Definition im Vergleich zur Saal-Öffnungsdauer zu kompensieren.

Beispiel aus der Praxis: Göttinger Welle zu OP-Beginn*

Anästhesie-Beginn 7:15 Uhr	Thorax-, Herz- und Gefäßchirurgie Allgemeinchirurgie
Anästhesie-Beginn 7:30 Uhr	Unfallchirurgie & Orthopädie Urologie & Gynäkologie Mund-Kiefer-Gesichts-Chirurgie Hals-Nasen-Ohren-Chirurgie
Anästhesie-Beginn 8:00 Uhr	Neurochirurgie Augenchirurgie Außenbereiche

*Stabiler OP-Beginn an der Universitätsmedizin Göttingen in 25 Sälen bei verfügbaren 18 Anästhesie-Funktionsdiensten

Wechselzeiten

Neben dem verzögerungsarmen morgendlichen OP-Beginn sind effiziente Wechselzeiten im Tagesverlauf für die wirtschaftliche Leistungserbringung wesentlich.

Effiziente Wechsel setzen die exakte Terminierung und das Ineinandergreifen einer Vielzahl serieller und paralleler Einzelprozesse über unterschiedliche Professionen hinweg voraus. Diese Komplexität macht den Wechselprozess störungsanfällig. Es bedarf daher einer intelligenten Ablaufstrukturierung, einer Transparenz dieser für alle Beteiligten sowie einer umfassenden Information und Kommunikation innerhalb und zwischen den beteiligten Professionen.

- Der nachfolgende Patient muss rechtzeitig im Erwartungshorizont OP eintreffen. Je nach klinikinterner Transportsituation kann der Vorlauf der Patientenbereitstellung (siehe oben) so variabel und instabil sein, dass die Taktung der nachfolgenden Prozessabläufe nicht valide gelingt bzw. so zeitintensiv sein, dass der Bestellvorgang zu einem Zeitpunkt initiiert werden müsste, zu welchem das voraussichtliche OP-Ende des aktuellen Eingriffs noch nicht reliabel absehbar ist. In beiden Fällen sollte die Option einer präoperativen Holding geprüft werden. In dieser können die nachfolgenden Patienten, für alle Eventualitäten rechtzeitig, vorgehalten werden. Da die Aufenthaltsdauer von Patienten in der Holding mitunter Stunden betragen kann (Komplikation der vorangehenden OP, Notfall-Integration, etc.) sollte auf ausreichenden Patientenkomfort geachtet werden (z.B. Personalpräsenz, optische Wartebuchten mit flexiblen Trennwänden zur Wahrung der Intimsphäre, gedämpfte Geräuschkulisse, Auswahl an Zeitschriften bzw. Musik via MP3-Player, etc.).
- Zeitaufwändige Anästhesie-Einleitungen (z.B. periphere Regionalverfahren, Kindernarkosen) bzw. Notwendigkeit zu umfangreicher Instrumentierung (arterielle Druckmessung, zentralvenöse Venenkatheter, thorakale Periduralkatheter) sowie anästhesiologische Besonderheiten (Fiberoptische Intubation bei Vorliegen eines bekannt schwierigen Atemweges, Transösophageale Ultraschalluntersuchung des Herzens zur sitzenden Lagerung) sollten überlappend begonnen werden mit dem Ziel der Vermei-

dung von Wartezeit auf die Anästhesie. Hierzu bedarf es einerseits einer gewissen Infrastruktur (Minimalforderung ist das Vorhandensein von funktionsbereiten Anästhesie-Einleitungsräumen, optimal ist das Vorhandensein einer Zentralen Einleitungs-Einheit) als auch einer entsprechenden Personalausstattung. Je nach Anzahl, Art und Dauer der zu betreuenden Eingriffe sowie der Weiterbildungsfrequenz im entsprechenden Bereich kann der supervidierende Anästhesist diese Funktion ganz oder nur anteilig leisten. Wissenschaftliche Studien und Simulationen zeigen, dass aus ökonomischer, erlösorientierter Sicht der Krankenhausträger gut beraten ist, die Funktion „Überlappende Einleitung" durch Investition in die Personalstruktur zu ermöglichen.
- Die Saalreinigung sollte umgehend nach Verbringen des Patienten aus dem OP-Saal beginnen und ungestört entsprechend der Hygienevorschriften durchgeführt werden.
- Da während der Saalreinigung den OP-Funktionsdiensten das Richten steriler Tische untersagt ist, sind effiziente Wechsel ohne Wartezeit auf OP-Funktionsdienste nur dann möglich, wenn sterile Rüsträume verfügbar sind. In diesem Fall kann die nachfolgende Operation bereits parallel zur laufenden OP vorgerichtet werden. Voraussetzung auch hierfür ist die Vorhaltung einer ausreichenden Personalstärke auf Seiten der OP-Funktionsdienste.
- Die Operateure des nachfolgenden Eingriffs sollten bei Freigabe der Anästhesie respektive zu Beginn der Patientenlagerung im OP präsent sein. Andernfalls entstehen relevante Verzögerungen durch Hinterher- und Herbeitelefonieren. Es bietet sich an, bei der OP-Planung so weit irgend möglich auf eine durchgehende und gleichbleibende Besetzung des OP-Saales zu achten, da in diesem Falle die Verfügbarkeit der Operateure zunimmt.

Tipps zur Wechselzeit

Etabliere eine präoperative Patientenholding!
Etabliere eine zentrale Einleitung!
Etabliere sterile Rüsträume!
Bestehe auf pünktliche Präsenz der Operateure!

Notfall-Integration

Die Begriffe „Planung" und „Notfall" schließen sich aus. Dies darf allerdings nicht bedeuten, dass die Integration von Notfällen in das OP-Programm zufällig und unstrukturiert erfolgt. In diesem Falle wären ökonomisch und vor allem qualitativ nicht vertretbare Verzögerungen in der medizinischen Behandlungskette vorprogrammiert.

Die notwendigen Absprachen zur Notfall-Integration unterliegen in besonderem Maße den hausindividuellen Gegebenheiten. Dabei ist das zu erwartende Notfall-Aufkommen von Fachabteilung zu Fachabteilung variabel, jedoch für die einzelne Fachabteilung in engen Grenzen stabil.

Insofern ist die Vorhaltung einer anteiligen OP-Kapazität für Notfälle unter Umständen gerechtfertigt. Dies Einbehaltung einer solchen „stillen Reserve" sollte jedoch transparent durch das OP-Management geschehen und keinesfalls abteilungsintern durch unrealistisch lange Schätzwerte der einzelnen OP-Dauern „rationalisiert" werden.

Je nach Größe der Einrichtung und erwartetem Notfallaufkommen kann auch die Vorhaltung eines Notfall-Saales sinnvoll sein. Die Dringlichkeit der Saalbereitstellung ergibt sich für den OP-Manager aus dem interdisziplinären Konsens über die Kategorisierung von nicht-elektiven Eingriffen. Die Beispiele hierfür sind vielfältig, als etablierte Varianten können gelten:

- **Ampel-Variante**: rot = sofortige OP; gelb = OP im nächsten freien Saal; grün = OP nach Absprache im Tagesverlauf
- **Begriff-Skala**: Notfall = sofortige OP; Eilig = OP im nächsten Saal; Dringlich = OP integriert in das elektive Tagesprogramm der Fachabteilung; Aufgeschobene Dringlichkeit = OP im Dienst
- **Zeit-Skala**: Sofort, 2-Stunden-Frist, 6-Stunden-Frist, >6 Stunden-Frist

Der zur Abarbeitung eines Notfall-Geschehens notwendige Organisationsaufwand ist hoch und besteht im Wesentlichen aus koordinierender Kommunikation mit den betroffenen Leistungserbringern. Je besser es hier um die Absprachen zur grundsätzlich angestrebten Ablauforganisation (z. B. Konsenspapiere; Standard Operating Procedures; etc.) bestellt ist, desto störungsstabiler und verzögerungsärmer gelingt der Prozess.

> **Leitsatz zur Notfall-Integration:**
> Notfälle sind erwartetes Tagesgeschäft und keine unerwünschte Überraschung!

4.1.3 Berichtswesen

Das Berichtswesen dient der Transparenz und Effizienz der Leistungserbringung in einem OP-Bereich. Vordergründig mag das Ziel „Transparenz durch Berichtswesen" eingängiger sein, tatsächlich aber ist das Ziel „Effizienz durch Berichtswesen" führend. Dabei wirkt nachhaltiges Berichtswesen durch die Transparenz auf die Effizienz.

Transparenz und Effizienz

Die Organisationskultur eines OP-Bereiches ist ohne Transparenz schaffendes Berichtswesen für die Betriebsleitung nicht, und für Prozessbeteiligte nur in Ansätzen zu bewerten.

Die Gründe für diese Limitation der ökonomischen Interpretation liegen in der kostenintensiven Leistungsdichte, der Vielfalt der zusammenwirkenden Professionen und Spezialisten, an der Komplexität der Leistungsanforderungen und der individuellen Varianz der Leistungserstellung.

Genau hier muss das Berichtswesen daher ansetzen. Der beträchtliche Aufwand der Implementierung eines suffizienten Berichtswesens rechtfertigt sich dabei über die Notwendigkeit zur Evaluation. Die Notwendigkeit einer solchen Evaluation ergibt sich für die Betriebsleitung aus der Leistungs-, Erlös- und Kostendichte je Zeiteinheit.

Generell versucht der OP-Manager mit Hilfe des Berichtswesens die komplexen Prozessabläufe hinsichtlich ihrer Verantwortlichkeit zu beschreiben und dabei die Performance der unterschiedlichen Prozessbeteiligten zu werten.

Die Beschreibung der Verantwortlichkeit für Prozessabläufe gelingt durch Dokumentation aussagefähiger Prozessparameter wie Zeitpunkte, Zeitintervalle und komplexe Kennzahlen. Die Auswahl geeigneter Prozessparameter ist die entscheidende Basis jeden OP-Berichtes. Die Literatur gibt dem OP-Manager hierzu ein Glossar aller in Deutschland etablierten Parameter an die Hand, die Selektion der für die individuelle Einrichtung zielführenden Parameter obliegt jedoch allein dem OP-Manager. Generell sollten

Zeitpunkte, Zeitintervalle und Kennzahlen bevorzugt werden, welche einerseits im Glossar enthalten sind (und somit ein definiertes Prozess-Benchmarking gestatten) und andererseits die Leistungserstellung nach Verantwortlichkeit verursachergerecht auftrennen in berufsgruppenspezifische Handlungsketten. Als Beispiele seien hier genannt:

- **Zeitpunkte:** Anaesthesie Beginn (Glossar: A6); Patienten Freigabe Anaesthesie (Glossar: A7); OP-Vorbereitungsende (Glossar O2); Lagerung OP-FD Beginn (Glossar: O3); OP-Beginn (Glossar: O8); OP-Ende (Glossar: O10); Lagerung OP-FD Ende (Glossar: O4); Nachbereitung OP-Maßnahmen Ende (Glossar: O11)
- **Zeitintervalle/Kennzahlen:** OP-Dauer (O8–O10); Wechselzeit Anaesthesie (O11–A7); Wechselzeit OP-Funktionsdienste (O11–O2); Vorlauf Operateur (O4–O8)

Die Beschreibung der Wertung von Prozessabläufen gelingt durch das Hinterlegen der Zeitpunkte, Zeitintervalle und Kennzahlen mit konsentierten Zielwerten.

Die Analyse der Zielwert-Erreichung ist dabei die entscheidende Verknüpfung von Transparenz- und Effizienzorientierung im Berichtswesen des OP-Managers. Denn durch den Bericht eines suboptimalen Zielerreichungsgrades wirkt auf den Prozessverantwortlichen ein Reorganisationsdruck der die Effizienzorientierung im OP positiv beeinflusst.

Die Konsensfindung bezüglich der abteilungsspezifischen Zielwerte ist ein aufwändiger, konfliktbehafteter Kommunikationsprozess mit allen beteiligten Leistungserbringern, an dessen Ende eine realitätsabbildende Beschreibung von effizient ablaufenden Prozessketten durch die Zielwerte erreicht sein sollte.

Beispiel aus der Praxis:
Göttinger Zielwerte für intraoperative Prozesse

Fach-Abteilung	Abholung Transport	Eintreffen Schleuse	Beginn Anäs-thesie	Freigabe Anäs-thesie	Beginn OP
Allg. Chirurgie	06:30	06:50	07:15	08:00	08:30
HNO	06:45	07:20	07:30	07:50	08:00

(Auszug aus den Zielwerten des OP-Management der Universitätsmedizin Göttingen, Stand 27.10.2009)

Generierung und Validierung

Die Dokumentation der für das Berichtswesen erforderlichen Zeitpunkte erfolgt idealerweise zeitnah am Ort der Leistungserstellung in einem PC-Satelliten des umfassenden Krankenhausinformationssystems (KIS). In Betrieben mit kleinem OP-Bereich (z. B. < 8 Säle) finden sich meist als Insellösung programmierte Eigenentwicklungen, welche in einem wenig komplexen Umfeld ausreichen und hinsichtlich der Anwenderorientierung oftmals Vorteile gegenüber den industriellen KIS-Systemen bieten.

Die Eingabe der Daten sollte, auch unter dem Aspekt des Datenschutzes, ausschließlich passwortgestützt erfolgen, wobei prinzipiell gemäß Verursacherprinzip ausschließlich derjenige Datensatz einsehbar sein sollte, für den der Dokumentierende verantwortlich ist.

Andernfalls besteht für den Dokumentierenden der Anreiz zur Extrapolierung von Daten des Gesamtprozesses zu seinen Gunsten respektive zum Vorteile einer hierarchisch dominierenden Person.

Aus dem bisher Gesagten wird deutlich, dass die Dokumentation der intraoperativen Prozessperformance bei suboptimaler Ausgestaltung ein Konfliktpotenzial beinhaltet, welches das Betriebsklima nachhaltig negativ beeinflussen kann.

Nichtsdestoweniger ist die verursachergerechte Dokumentation des Leistungsgeschehens ein legitimes und übergeordnetes Trägerinteresse. Es ist daher sicherzustellen, dass der betrieblich definierte Dokumentations-Vorgang den oben genannten Anforderungen genügt. Zusätzlich bedarf es einer kontinuierlichen Schulung und Information des Personals sowohl hinsichtlich der Definitionen der Zeitpunkte als auch hinsichtlich des eigentlichen Dokumentations-Vorganges. Darüber hinaus ist das OP-Management gut beraten, stichprobenartige Überprüfungen der Dokumentationsqualität durchzuführen.

Ohne Sicherstellung der Datenvalidität ist das resultierende Berichtswesen ohne Aussagekraft. Denn die Effizienz-orientierte Reorganisation intraoperativer Prozesse kann nur gelingen, wenn das belastende Datenmaterial auch im Konfliktfall als valide Abbildung der Versorgungsrealität anerkannt wird.

Reporting

Ein geeignetes Werkzeug des OP-Managers zur inhaltlichen Validierung der Daten stellt das zeitnahe Reporting der dokumentierten Leistungsprozesse z. B. in Form von Tagesberichten dar (s. z. B. Abb. 7 und 8). Bleiben diese Berichte an die Leistungserbringer unbeanstandet, kann die Dokumentation als validierter Datensatz in Datenbank übernommen werden.

Zusätzlich wirken derartige Tagesberichte an Leistungserbringer und Krankenhausträger entsprechend der bereits erwähnten Ziele des Berichtswesens: zum einen gewähren die Tagesberichte eine zeitnahe und detaillierte Transparenz über das Leistungsgeschehen, zum anderen induziert diese Transparenz eine Effizienzorientierung der Prozessverantwortlichen.

Zusätzlich erstellt der OP-Manager aggregierte Analysen der zu Grunde gelegten Zeitintervalle und Kennzahlen und berichtet diese periodenkonform in z. B. Monats-, Quartals- oder Jahresberichten. Als Beispiele für derartige Analysen seien auszugsweise genannt:

- Leistungsvolumina im Vergleich zu Vormonat und Vorjahr nach Fachabteilung (Anzahl der Eingriffe, Anzahl der Schnitt-Naht-Minuten)
- Abweichung der Ist-Kapazität zur bereitgestellten Soll Kapazität nach Fachabteilung
- Abweichung der Ist-Schnitt-Naht-Zeit zum Schätzwert, im Mittel und kumulativ
- Stabilität der 1. Position in Prozent
- Verzögerung bei der 1. Position und im Tagesverlauf
- Saal-Auslastung nach Fachabteilung
- Abweichung der Ist-Saal-Öffnungsdauer zur Soll-Saal-Öffnungsdauer (nach Fachabteilung und Wochentag)

4.1.4 Führung und Kommunikation

Neben der bereits erwähnten Kommunikations-Freude muss der OP-Manager auch über Führungsqualitäten verfügen.

Eine häufige Kritik am Führungsstil von OP-Managern ist die fehlende Teamorientierung. Es sei an dieser Stelle aber eindeutig klargestellt, dass ein teamorientierter Führungsstil für Bereiche mit > 20 Mitarbeitern ungeeignet ist.

Insofern ist der OP-Manager gebunden an die Prinzipien der formalen Führung. Demnach orientiert er sich bei seiner Erwartungshaltung nicht nach der individuellen Persönlichkeit, sondern nach der Funktion der Person. Nicht relative Leistungsfähigkeit wird kalkuliert, sondern eine garantierte Mindestleistung aus der Funktionsbeschreibung heraus wird verlangt. Somit bindet der OP-Manager seine Aufgaben an Funktionsträger unterschiedlicher Qualifikationsstufen, welche über Hierarchien miteinander in Bezug stehen. Mehr noch als im Team, verlangt die formale Führung Transparenz über Absprachen, Definitionen und Ziele des OP-Managements.

Dieser technisch und kühl anmutende formale Führungsstil ist zur Wahrung der Unabhängigkeit respektive für den Erhalt der Objektivität des OP-Managers essentiell.

Ein OP-Manager wird jedoch nur dann Veränderungsprozesse erfolgreich durchsetzen, wenn für die Mitarbeiter im täglichen Miteinander auch eine soziale Kompetenz und menschliche Wärme erlebbar wird. Ohne diese Erfahrung einer vertrauensvollen Zusammenarbeit, wird das Management von notwendiger aber nichtsdestoweniger angstbehafteter Veränderung von Prozessabläufen im OP-Bereich nicht gelingen.

4.2 Material-Logistik

Trotz der zentralen Bedeutung der Personalkosten für das Betriebsergebnis eines Krankenhauses ist die Bereitstellung von Materialien für den OP-Ablauf und damit für einen ressourcenschonenden Betrieb von zentraler Bedeutung. Etwa 25 % der Kosten eines operativen Eingriffs entfallen auf die hierzu notwendige Materiallogistik. Diese umfasst nicht nur die dabei eingesetzten Materialien selbst, sondern auch Probleme und Mängel in der Materialbereitstellung. Allein das Fehlen von OP-Instrumenten wurde in einer Studie in 11 % der Fälle als Ursache für Verzögerungen im OP-Ablauf identifiziert.

Für eine Operation wird eine Vielzahl verschiedener Materialien und Instrumente zu genau definierten Zeitpunkten benötigt. Dies setzt ein differenziertes Logistik-System zur Sicherung der Versorgung voraus.

Die eingesetzten Produkte können hinsichtlich ihrer Verfügbarkeit in zwei Untergruppen unterteilt werden: in Einmalprodukte und in wiederverwendbare Medizinprodukte. Unter den Einmalprodukten nehmen Medikamente eine Sonderstellung ein.

Mittwoch, 11. November 2009

	Nr	Soll	Soll (k)	Ist	Delta	1. Freigabe Anästhesie
AUGE	21	08:20	13:35	13:22	-13	
	22	08:20	08:22	08:11	-11	
	23	08:20	08:24	08:15	-9	
CALL	10	08:05	08:05	07:58	-7	
	3	08:05	08:10	07:45	-25	
	9	08:05	08:05	07:55	-10	
CUNF	11	08:00	08:00	07:45	-15	
	12	08:00	08:00	07:54	-6	
	15	08:00	08:00	07:45	-15	
FRAU	6	08:00	08:52	08:32	-20	
HAUT	4	08:00	08:00	08:05	5	
HNO	5	07:50	07:50	07:42	-8	
	7	07:50	07:50	07:50	0	
	8	08:05	08:05	08:20	15	
MKG	16	08:00	08:00	07:50	-10	
	20	08:00	08:00	07:45	-15	Kindereinleitung
NCHI	17	08:35	08:35	08:33	-2	
	18	08:35	08:35	07:59	-36	
	19	08:35	08:48	08:59	11	
ORTH	13	08:00	08:00	07:50	-10	
	14	08:00	14:51	15:00	9	
THG	14	07:50	07:50	07:35	-15	
	24	07:50	08:10	07:40	-30	
	26	07:50	07:50	07:30	-20	
	27					
THG-Kind	25	08:20	08:50	08:45	-5	
UROL	1	08:00	08:02	07:55	-7	
	2	08:00	08:00	07:40	-20	

Minuten Verzögerung gesamt	31
Stunden Verzögerung gesamt	0,5
OP Säle gewertet	24
Minuten/OP Saal	1,3

OP-Management Universitätsmedizin Göttingen
Leiter Prof. Dr. Dr. M. Bauer
Stellvertr. Leiter Prof. Dr. Klockgether-Radke
Op-Koordination Frau B. Morof

Abb. 7 Beispiel eines Tagesberichtes: Freigabe Anaesthesie für 1. Position (Auszug aus dem Tagescockpit des OP-Management der UMG)

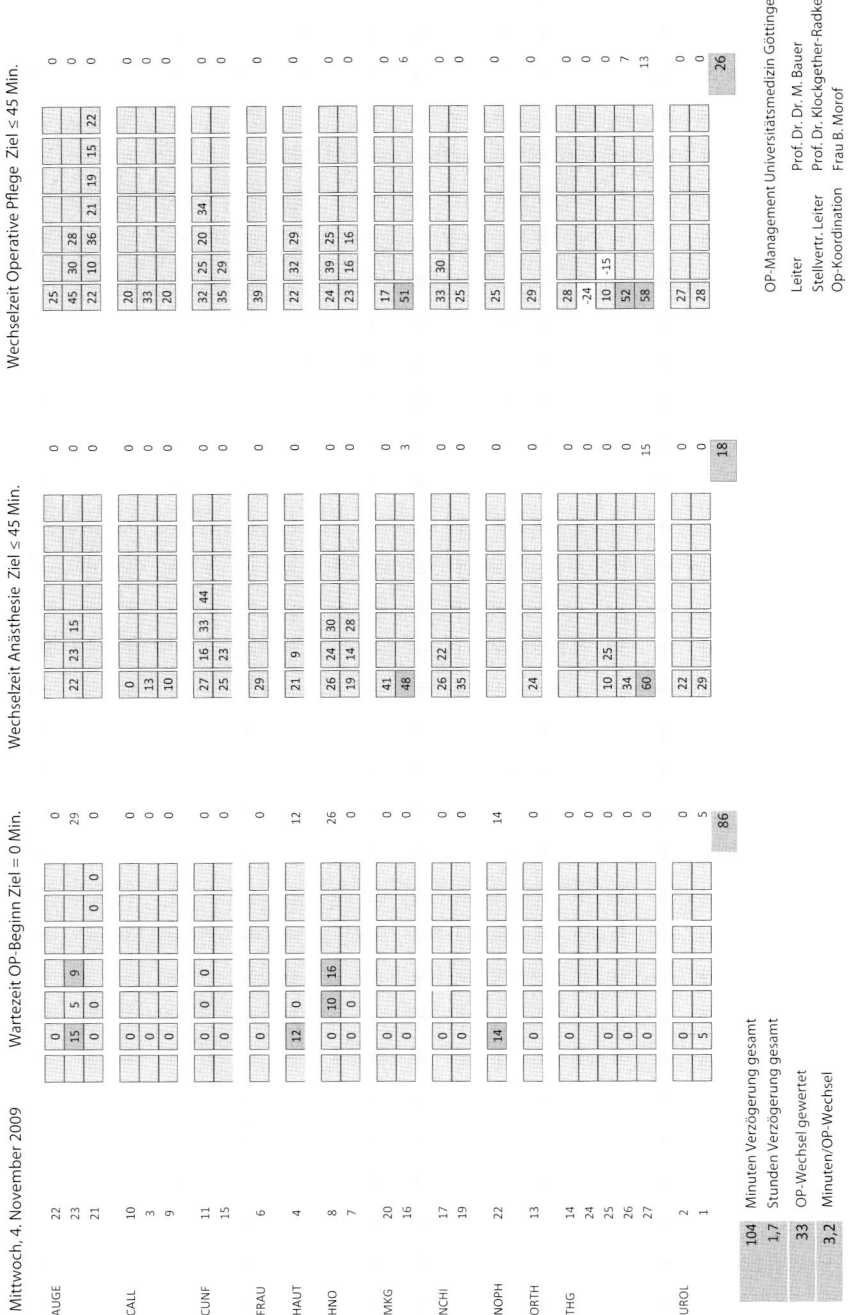

Abb. 8   Beispiel eines Tagesberichtes: Wechselzeiten im Tagesverlauf (Auszug aus dem Tagescockpit des OP-Management der UMG)

4.2.1 Medikamente

Diese Sonderstellung von Medikamenten beruht auf gesetzlichen Bestimmungen, da ihre Bestellung an eine ärztliche Freigabe gekoppelt ist und somit einem automatisierten Verfahren Grenzen gesetzt sind. Infolge der Notwendigkeit einer spezifischen ärztlichen Anordnung sind sowohl der Bestellvorgang als auch die Lagerung und der Einsatz an die einzelnen operativen Kliniken gebunden. Unter den Medikamenten nehmen die Betäubungsmittel wiederum eine Sonderstellung ein, da die Paragraphen 12 und 13 des Betäubungsmittelgesetzes und die Betäubungsmittel-Verschreibungsverordnung (BtMVV) spezielle Anforderungen an die Verordnung stellen. Auch müssen der Verteilungsprozess und die Lagerung besonderen Sicherheitsstandards genügen. Weiterhin ist nach § 13 BtMVV ein Nachweis über die Verwendung zu führen.

4.2.2 Einmalprodukte

Die Bereitstellung von Einmalprodukten wird in den meisten klinischen Einrichtungen durch die Apotheke und den Zentralen Einkauf reguliert. Von Bedeutung für das OP-Management sind in diesem Zusammenhang die Art der Bereitstellung der Produkte sowie die Gewährleistung der zeitgerechten Versorgung. Einmalprodukte werden in der Regel steril angeliefert und in den Operationsabteilungen sowie einem zentralen Lager bewirtschaftet.

Lagerhaltung

Bei der Versorgung mit Einmalprodukten ist unter ökonomischen Gesichtspunkten darauf zu achten, dass eine Lagerhaltung mit großen Stückzahlen in den OP-Abteilungen vermieden wird, um die gebundenen Kosten möglichst niedrig zu halten. Zwei konkurrierende Lagersystemmodelle können grundsätzlich unterschieden werden. Das wesentliche Unterscheidungsmerkmal ist der den Systemen zugrundeliegende Anspruch. Die klassische Lagerhaltung fokussiert auf die Versorgungssicherheit der OP-Abteilungen, wohingegen das modulare Versorgungssystem zusätzlich einen ressourcensparenden Einsatz von Personal und eine Senkung der gebundenen Kosten verfolgt.

Klassische Lagerhaltung

Die Bevorratung großer Mengen von Einmalprodukten in den OP-Abteilungen wurde in der Vergangenheit in den meisten Kliniken angewandt und findet noch immer zahlreich Verwendung. Ursächlich hierfür war und ist die Intention, jederzeit die OP-Säle nach den Wünschen der Nutzer ausstatten zu können, ohne Verzögerungen im OP-Ablauf durch einen materiellen Engpass zu riskieren. Die Lagerhaltung und das Bestellwesen werden von den Mitarbeitern des Funktionsdienstes OP koordiniert, die für das Bestellwesen verantwortlich sind und die Pflege der Lagerbestände übernehmen. In Zeiten eines gestiegenen Kostendrucks ist es jedoch obsolet, durch extensive Lagerhaltung einen erheblichen Anteil an gebundenen Kosten zu verursachen. Vielmehr sind Bevorratungssysteme indiziert, die durch eine intelligente Logistik dazu beitragen, Bestände zu reduzieren und dennoch die Versorgungssicherheit der OP-Abteilungen zu gewährleisten. Ein vergleichbarer Ansatz wird in der produzierenden Industrie mit dem Konzept des „just in time delivery" praktiziert.

Von gleichwertiger Bedeutung ist es, die Lagerhaltung so zu organisieren, dass der Funktionsdienst von Arbeiten der Lagerpflege weitgehend entlastet wird, da diese Aufgaben auch von Berufsgruppen mit einer geringeren Qualifikation erbracht werden können. Die dadurch erreichte zeitliche Entlastung des Funktionsdienstes kann in die unmittelbare Patientenversorgung sowie in die Optimierung der Wechselzeiten investiert werden.

Der logistische Ansatz zur Realisierung dieser Anforderungen wurde zunächst im Bereich der stationären Patientenversorgung etabliert. Das so genannte modulare Versorgungssystem basiert darauf, alle Lagerprodukte an einem definierten Platz in einer definierten Menge zu lagern.

Modulares Versorgungssystem

Das modulare Versorgungssystem verdankt seinem Namen der Aufgliederung der Lagerhaltung in identische, als Module bezeichnete Untereinheiten. Ziel dieses Systems ist eine Standardisierung der Lagerhaltung unter gleichzeitiger Reduzierung der Lagermenge. Vor der Etablierung eines Modulsystems ist die exakte Erfassung des Materialbedarfs im zeitlichen Verlauf der Woche obligat. Daran angepasst werden Versorgungszyklen etabliert, die einen minimalen Lagerbestand bei gleichzeitiger Aufrechterhaltung der Versorgungssicherheit gewährleisten. Die Aufrüstung der Lager erfolgt durch Versorgungsassistenten, die nach einer Einweisung in die räumlichen Gegebenheiten ohne spezielle medizinische Vorkenntnisse die genannten Arbeiten verrichten.

Bezüglich der Kommissionierung der Waren sind zwei Varianten mit jeweils unterschiedlichen Vor- und Nachteilen zu differenzieren.

Beide Systeme basieren darauf, dass die Lagerhaltung in zwei getrennten Behältnissen erfolgt, von denen eines als Gebrauchslager und das zweite als Reservelager fungiert.

Beim System der zentralen Kommissionierung werden die leeren Behälter von den Versorgungsassistenten eingesammelt und durch zuvor im zentralen Warenlager gefüllte Körbe ersetzt, die nunmehr als neues Reservelager fungieren. Das ehemalige Reservelager wird nun zum Gebrauchslager. Alle Lagerungsbehälter sind in diesem System mit einem Barcode ausgestattet, der einerseits die Art und Menge der Artikel codiert und andererseits den Standort im OP definiert. Da Art und Menge der benötigten Waren durch die eingesammelten Aufbewahrungsbehälter determiniert werden, entfällt bei diesem System die Notwendigkeit eines zusätzlichen Bestellwesens. Nachteilig ist jedoch ein hoher Bedarf an Transportmitteln und an Lagerungsbehältern, da der Transport der befüllten Körbe mit einem großen Platzbedarf einhergeht.

Alternativ kann ein System angewendet werden, bei dem die Information zur Lagerware auf Barcodes gespeichert wird, die an die Versorgungsbehälter im OP angebracht werden. Das die Waren entnehmende Funktionspersonal entfernt diese Barcode-Karten, wenn ein Bestellvorgang ausgelöst werden soll und deponiert sie an einem definierten Platz, meist an der Innenseite der Schranktür. Die Versorgungsassistenten erkennen nun bei der Prüfung des Lagers den angeforderten Bedarf an Material und füllen diesen entsprechend auf. Gleichzeitig wird durch Einlesen der Barcodeinformation eine Nachbestellung ausgelöst. Dieses System kommt mit einem deutlich geringeren Platzangebot im OP-Lager sowie in der Transportkette aus, ist jedoch hinsichtlich der Anforderungen an die Qualifikation der Versorgungsassistenten aufwendiger. Da dieses System kostengünstiger ist und relativ rasch umsetzbar ist, wird es in den meisten Kliniken, die ein modulares Versorgungssystem etabliert haben, bevorzugt.

Ausgenommen von dieser Art der Bevorratung sind sehr kostenintensive oder auch relativ selten benötigte Artikel, die in der Regel als Konsignationsware von den Firmen direkt in die verbrauchenden Abteilungen geliefert werden und daher als so genannte „Durchläufer" bezeichnet werden. Da die Bestellung dieser speziellen Waren ein erhebliches Maß an medizinischem und technischem Sachverstand erfordert, empfiehlt es sich, sie in der Verantwortung des dafür qualifizierten Funktionsdienstes zu etablieren.

Konsignationslager

Das Konsignationslager ist ein Warenlager eines Lieferanten, welches in den Räumen Klinikums unterhalten wird. Erst durch die Entnahme der Ware zum Zeitpunkt der Nutzung wird die faktische Lieferung mit Rechnungsstellung ausgelöst. Dieses Vorgehen ist für die Nutzer positiv, da nur wirklich genutztes Material gezahlt werden muss und eine kapitalbindende Lagerhaltung entfällt.

Bereitstellung

Die Bereitstellung von Einmalprodukten erfolgt eingriffsbezogen durch den Funktionsdienst OP unmittelbar vor einer Operation, wobei die benötigten Materialien aus den unterschiedlichen Lagern entnommen und zu einem Set zusammengestellt werden. Diese Vorgehensweise ist mit mehreren Problemen behaftet. Die Bereitstellung von Gütern durch den Funktionsdienst ist zeitintensiv und teuer, da sie die Arbeitskraft einer hochqualifizierten Gruppe bindet. Ein weiteres Problem stellt die fallbezogene Zuordnung der verwendeten Materialien und deren Kosten dar, die eine Einzelerfassung aller verwendeten Materialien erfordert. Zur Vereinfachung der fallbezogenen Kostenerfassung wurde ein so genannter Fallwagen in die Diskussion gebracht. Dieser soll in einem Lager nach zuvor festgelegten fallspezifischen Anforderungen unter Berücksichtigung der vom Anwender festgelegten Sonderwünsche kommissioniert und zur Operation bereitgestellt werden. Da im Fallwagen alle benötigten Güter bereits erfasst sind, entfällt die Notwendigkeit der Einzeldokumentation. Lediglich Materialien, die zusätzlich zum definierten Standard benötigt werden, müssen noch einzeln erfasst werden. Das Fallwagen-Konzept ermöglicht durch die externe Kommissionierung eine weitere Reduktion der Lagerhaltung im OP. Aus betriebwirtschaftlicher Sicht ist diese Art der Warenbereitstellung die vorteilhafteste. Gegen das Fallwagen-Konzept spricht der damit verbundene Verlust an Flexibilität in der täglichen OP-Routine. Insbesondere ist eine stabile und zuverlässige OP-Planung unabdingbar, da nur so eine zeitgerechte Bereitstellung der Wagen erreicht werden kann. Die Versorgung vitaler Notfälle wird somit erschwert. Weiterhin erfordert der rapide Fortschritt in der OP-Technik eine permanente Umstellung des Materialbedarfs, wodurch eine häufige Anpassung der Fallwagenzusammenstellung notwendig wird. Aus den genannten Gründen findet dieses Konzept in Akutkrankenhäusern mit einem relevanten Anteil ungeplanter Noteingriffen nur selten Anwendung.

4.2.3 Wiederverwertbare Produkte

Aufbereitbare Medizinprodukte, vornehmlich OP-Instrumente, aber auch wiederverwendbares Anästhesieinstrumentarium, bedürfen einer eigenständigen Bewirtschaftungsform.

Diese Produkte werden nach dem Gebrauch in Sterilisationsabteilungen aufbereitet und dem Verbraucher wieder zur Verfügung gestellt.

Auf den in den vergangenen Jahren zunehmenden Kostendruck reagierten viele Kliniken mit einer Reduzierung der Personalkosten durch Outsourcing personalintensiver Bereiche wie der Gebäudereinigung und der Zentralen Sterilgutversorgungsabteilung (ZSVA), wobei beim „klassischen" Outsourcing die komplette Abgabe der Serviceleistung an einen externen Anbieter erfolgt. Dies verursacht eine nicht unerhebliche Abhängigkeit der Kliniken von ihrem Versorger. Zugleich kann es, insbesondere bei der Einführung neuer OP-Techniken, die eine Aufbereitung von neuartigen Produkten zur Folge haben, zu Versorgungsproblemen führen. Daher muss je nach Vertragsgestaltung die Möglichkeit bestehen, den Dienstleister für nicht sachgemäß aufbereitete, beschädigte oder verlorene Instrumente haftbar zu machen.

Eine Alternative ist die Gründung einer krankenhauseigenen Tochtergesellschaft, in die die benötigten Mitarbeiter und Produktionsmittel überführt werden. Bei dieser Form des Outsourcings behält die Klinik durch ihre Beteiligung an der GmbH einen Einfluss auf die Versorgungsstruktur. Die Tochtergesellschaft kann mit ihren Mitarbeitern eigene Verträge abschließen, deren Rechtsgrundlage nicht durch Tarifverträge der öffentlichen Arbeitgeber vorgegeben ist, wodurch sich eine Möglichkeit zur Reduzierung der Personalkosten eröffnet. Diese ideale Lösung der Medizinprodukteversorgung ist jedoch gemeinnützigen Anstalten des öffentlichen Rechtes nicht möglich, denen lediglich gemeinnützige GmbH-Gründungen (gGmbH) erlaubt sind. Der auch steuerrechtliche Nachweis der Gemeinnützigkeit ist jedoch bei einem Serviceunternehmen nicht möglich.

Medikolegale Vorgaben

Durch den medizinisch-technischen Fortschritt und die Entdeckung neuer Krankheiterreger wurden die Anforderungen an die Aufbereitung von Medizinprodukten immer umfangreicher.

§ 4 Infektionsschutzgesetz (2001) und
§ 4 Medizinproduktebetreiberverordnung (2002)

Das Robert-Koch-Institut (RKI) gibt allgemein gültige Vorgaben zur Aufbereitung von Medizinprodukten heraus, die im Bundesgesundheitsblatt publiziert werden. Detaillierte Ausführungen von Einzelschritten der Medizinprodukteaufbereitung erfolgen in DIN-Vorschriften. Für die Sterilisation von Medizinprodukten gilt die DIN EN ISO 14937. Die Anforderungen an eine Reinigung und Desinfektion sind in der prEN ISO 15883 festgelegt.

Die §§ 135a und 137ff. des V. Sozialgesetzbuches fordern in diesem Zusammenhang die Etablierung eines Qualitätsmanagements (QM). Hieraus leitet sich die Notwendigkeit zur Entwicklung eines QM-Systems ab, das alle aufzubereitenden Medizinprodukte erfasst und spezifischen Aufbereitungsprozeduren zuordnet. Hierzu erfolgt zunächst die Eingruppierung der Instrumente hinsichtlich der Anforderungen an die Aufbereitung.

Klassifikation der Produkte

Die Einstufung der Medizinprodukte erfolgt nach Vorgabe des RKI [Mielke et al. 2001].

Tabelle 4 gibt eine Übersicht über die Risikobewertung und Einstufung von Medizinprodukten.

Die Hersteller von Medizinprodukten sind verpflichtet, Angaben zur sachgerechten Aufbereitung zur Verfügung zu stellen (DIN EN ISO

Tab. 4   Risikobewertung und Einstufung von Medizinprodukten

Einstufung	Medizinprodukt (Beispiel)	Besondere Anforderung
Unkritisch	z. B. EKG-Elektroden	nur Reinigung/Desinfektion
Semikritisch		
A. Ohne besondere Anforderung an die Aufbereitung	z. B. Spekulum	Mindestens Desinfektion mit geprüften Verfahren
B. mit erhöhter Anforderung an die Aufbereitung	z. B. flexibles Endoskop	Bevorzugt maschinelle Reinigung/Desinfektion
Kritisch		
A. ohne besondere Anforderungen an die Aufbereitung	z. B. Wundhaken	Bevorzugt maschinelle Reinigung/Desinfektion, Dampfsterilisation
B. mit erhöhten Anforderungen an die Aufbereitung	z. B. Mic-Trokar	Zwingend maschinelle Reinigung/Desinfektion, Dampfsterilisation, Nachweis der anerkannten Ausbildung der Mitarbeiter
C. mit besonders hohen Anforderungen an die Aufbereitung	z. B. fexibles Choledochoskop	Geeignete Sterilisation, Zertifizierung des QM-Systems

17664). Daher sollte bereits vor der Anschaffung neuer Medizinprodukte geprüft werden, ob diese mit den vorhandenen Strukturen sachgerecht aufbereitet werden können.

Gemäß § 4 Abs. 2 Medizinproduktebetreiberverordnung sind Reinigung, Desinfektion und Sterilisation mit geeigneten, validierten Verfahren so vorzunehmen, dass der Erfolg dieser Maßnahmen nachvollziehbar gewährleistet ist. Für jedes Medizinprodukt werden alle Schritte der Aufbereitung festgelegt, und der Erfolg des jeweiligen Vorgehens wird durch ein jährlich zu erfolgendes Validierungsverfahren verifiziert.

Alternativen der Wiederaufbereitung

Als Alternative zur Wiederaufbereitung von Medizinprodukten ist die Prüfung eines alternativen Einsatzes von Einmalprodukten zu empfehlen. Je nach Preis und Anwendungsfrequenz kann ein Wechsel auf Einmalprodukte kostensenkend sein (siehe die Beispiele aus der Praxis unten).

Organisationsformen der Sterilisationslogistik

Die Logistik zur Wiederaufbereitung von Medizinprodukten kann in einer dezentralen oder zentralen Form realisiert werden.

Beim dezentralen Ansatz werden anwendernahe Substerisiationsbetriebe etabliert, wodurch die Notwendigkeit von Transporten entfällt und eine rasche Bereitstellung der Medizinprodukte erfolgen kann.

Die Etablierung einer zentralen Sterilgutversorgungsabteilung (ZSVA) ist in der Bündelung personeller und apparativer Ressourcen begründet, wobei die Etablierung eines Transportsystems in Kauf genommen wird. Eine ZSVA geht mit einer Reduzierung an Gerätekosten einher, da eine effektivere Auslastung der Geräte zu einem geringeren Bedarf führt und so Anschaffungs-, Verbrauchs-, Wartungs- und Validierungskosten gesenkt werden können. In gleicher Weise wird eine Reduzierung des Personalbedarfs erreicht. In einer zentralen Betriebsstätte wird zudem die Gewährleistung eines einheitlichen QM-Standards erleichtert.

> Eine ZSVA reduziert den apparativen und personellen Aufwand und erleichtert das Qualitätsmanagement. Nachteil: Notwenige Transportlogistik.

Bereitstellung

Wiederaufbereitbare Medizinprodukte werden in der Regel unmittelbar nach ihrer Aufbereitung in die Operationsabteilung verbracht, wo sie entweder sofort eingesetzt oder gelagert werden.

In Analogie zu Einmalprodukten besteht jedoch auch die wenig genutzte Möglichkeit der externen Lagerung und der Kommissionierung in einem Fallwagen (s. „Bereitstellung" in Kap. 4.2.2).

Beispiel aus der Praxis

Die ökonomische Relevanz der Abwägung zwischen Einmal- und Mehrwegprodukten soll an einem Bespiel verdeutlicht werden. Larynxmasken stehen in beiden genannten Varianten zur Verfügung. Ein Mehrwegmodell hat einen Anschaffungspreis von etwa 150 € und kann dreißigmal aufbereitet werden, wobei pro Aufbereitung Kosten von etwa 3 € anfallen. Somit ergeben sich für 30 Einsätze Kosten von 240 €. Dem gegenüber stehen Kosten für einen Einmalartikel von 150 € bei einem derzeitigen Stückpreis von etwa 5 €.

Die Umstellung von Mehrwegprodukten auf Einmalprodukte kann ökonomisch sinnvoll sein.

Literatur

Bauer M, Diemer M, Ansorg J, Schleppers A, Bauer K, Bomplitz M, Tsekos E, Hanss R, Schuster M (2008) Glossar perioperativer Prozesszeiten und Kennzahlen – Eine gemeinsame Empfehlung von DGAI, BDA, BDC und VOPM. Anaesth Intensivmed 49: S93–S105

Bauer M, Hanss R, Römer T, Rösler L, Linnemann K, Hedderich J, Scholz J (2007) Intraoperative Prozesszeiten im prospektiven multizentrischen Vergleich. Dtsch Arztebl; 104 (47): A3252–8

Bauer M, Hanss R, Schleppers A, Steinfath M, Tonner PH, Martin J (2004) Prozessoptimierung im „kranken Haus": Von der Prozessanalyse über Standards zum Behandlungspfad. Anaesthesist 53:414–425.

Hanss R, Buttgereit B, Tonner PH, Bein B, Schleppers A, Steinfath M, Scholz J, Bauer M (2005) Overlapping Induction of Anesthesia: An analysis of Benefits and Costs. Anesthesiology 103: 391–400

Mielke M, Attenberg J, Heeg P, Ininger G, Jacker HJ, Jansen B, Jürs U, Martiny H, Niklas S, Reischl W, Scherrer M, Siegmund G, Bocher U, Schwebke I, Unger G (2001) Anforderungen an die Hygiene bei der Aufbereitung von Medizinprodukten. Empfehlungen der Kommission für Krankenhaushygiene und Infektionsprävention beim Robert Koch-Institut (RKI) und des Bundesinstitutes für Arzneimittel und Medizinprodukte (BfArM) zu den „Anforderungen an die Hygiene bei der Aufbereitung von Medizinprodukten" Bundesgesundheitsbl – Gesundheitsforsch – Gesundheitsschutz 44: 1115–1126

5 Pharmazeutische Logistik

Michael Baehr[1] und Matthias Bohn[2]

1 Universitätsklinikum Hamburg-Eppendorf
2 Universitätsmedizin Göttingen

5.1 Ziel der Versorgung mit Arzneimitteln

Im wissenschaftlichen Kontext umfasst die übliche Begriffsbestimmung der Logistik allgemein die umfängliche betriebliche Querschnittsfunktion von der Beschaffung, über die Prozesse der Lagerung, des internen Transports sowie der internen Ver- und Entsorgung in weitestgehend integrierter Organisationsplanung.

In konkreter Abgrenzung beschreiben die gesundheitsökonomischen Disziplinen darüber hinaus mittlerweile den Begriff der pharmazeutischen Logistik.

Diese ist insoweit deutlich mehr als die bloße Aufgabe einer Auslieferung von bestellten Arzneimitteln. Sie beinhaltet alle Dienstleistungen, die sicherstellen, dass die richtigen Arzneimittel rechtzeitig und in einwandfreier Qualität – unter Einhaltung aller fachlichen und gesetzlichen Auflagen - wirtschaftlich und rationell zur Verfügung stehen [Krämer 2003].

Im Krankenhaus existiert ein geregeltes Verfahren zur bedarfsgerechten und wirtschaftlichen Versorgung mit und Anwendung von allen therapierelevanten Arzneimitteln [von Eiff 2008].

Die pharmazeutische Logistik zeichnet somit für den gesamten Medikationsprozess unter Reduktion vermeidbarer Risiken der Arzneimitteltherapie verantwortlich.

Die pharmazeutische Logistik dient dem Ziel einer optimalen Arzneimittelversorgung.

6 R-Regel
1. richtiges Medikament
2. richtiger Zeitpunkt
3. richtige Dosierung
4. richtige Zubereitung
5. richtige Darreichungsform
6. richtiger Patient

5.2 Aspekte der Arzneimittelbeschaffung und -lagerung

5.2.1 Pharmazeutischer Einkauf

Grundsätzlich unverzichtbare Eingangsvoraussetzung zur Sicherstellung eines erfolgreichen Ineinandergreifens aller Einflussfaktoren im Gesamtprozess der pharmazeutischen Logistik ist die professionelle Qualifikation im Bereich des Arzneimitteleinkaufs.

Wesentliche Instrumente des strategischen pharmazeutischen Einkaufs sind:

- Produktstandardisierung
- Mengenbündelung
- Lieferantenkonzentration

Die Auswahlentscheidungen zur Produktstandardisierung werden in der Regel durch Entscheidungen der Arzneimittelkommission begleitet, die als interdisziplinär zusammengesetztes Gremium mit dem Ziel arbeitet, die Arzneimitteltherapie unter fachlich-wissenschaftlichen und ökonomischen Aspekten zu optimieren. Der Apotheker hat dabei als Vorsitzender oder Geschäftsführer die Aufgabe, Veränderungen in der Therapie mit Arzneimitteln zu erkennen, zu analysieren, mit den verantwortlichen Ärzten zu erörtern und eine Entscheidung in der Arzneimittelkommission herbeizuführen.

Eine optimale Arzneimittelauswahl im Einkauf erfordert ausdrücklich sowohl die Befähigung zur Beurteilung relevanter Aspekte der allgemeinen Arzneimitteltherapiesicherheit, als auch die fachliche Kompetenz zur Bewertung pharmakoökonomischer Fragestellungen.

Auf pharmakoökonomischer Seite müssen sämtliche Daten und Fakten zum Einsatz und zum Effekt von Medikamenten bewertet werden, um damit grundlegend in einem ständigen Prozess die Fragestellung nach dem Kosten-Nutzen-Verhältnis von Arzneimitteln beantworten zu können. So zeichnet sich der professionelle pharmazeutische Einkauf durch Unabhängigkeit von der Geschäfts- und Informationspolitik externer Anbieter aus und sichert dem Krankenhaus die Souveränität objektivierbarer eigener therapeutischer und wirtschaftlicher Entscheidungen.

Auf klinisch-therapeutischer Seite muss in jede Beschaffungsentscheidung auch deren Einfluss auf die Aspekte Arzneimitteltherapiesicherheit einbezogen werden.

Tipps für die Umsetzung
- *Implementierung eines konsequenten Arzneimittel-Sourcings*
- *Vermeidung von Verwechslungen aufgrund gleichlautender Handelsnamen („Sound-alike-Fehler") und ähnlich aussehender Packungen („Look-alike"-Fehler)*
- *Sicherstellung eindeutig gekennzeichneter Parenteralia mit Konzentration und absoluter Dosis*
- *Implementierung eines internen Meldesystems zur Erfassung von arzneimittelbedingten Problemen*

Ergänzend sind im Rahmen des pharmazeutischen Einkaufs bei allen Beschaffungsentscheidungen weitere Faktoren an der Schnittstelle zwischen Pharmakoökonomie und Arzneimittelsicherheit zu beachten:
- individuelle und detaillierte Prüfung der diversen qualitätsbestimmenden Parameter (Zusammensetzung des Arzneimittels sowie Herkunft der Inhaltsstoffe, Produktionsstandorte, Versorgungssicherheit, Lieferfähigkeit, Transportqualität, Verpackungseignungen etc.)
- Bewertung der zugelassenen Indikationen und des bekannten Neben- und Wechselwirkungspotenzials
- Beurteilung pharmakodynamischer und pharmakokinetischer Parameter
- laufend aktualisierte Lieferantenbewertungen
- Sortimentsredundanzen
- Vergleich der Handhabungskosten bei Auswahl zwischen therapieäquivalenten Arzneimitteln
- Berücksichtigung möglicher Nebenwirkungen auf Therapiekosten, Liegedauer und Rehabilitation
- Übereinstimmung mit intern erstellten Therapierichtlinien
- Ausschöpfung aller Einsparungsmöglichkeiten durch aktive Therapieberatung

5.2.2 Vorratshaltung in der Apotheke

Der therapeutische Erfolg des gesamten Behandlungsprozesses ist weiterhin untrennbar verbunden mit einer bedarfsgerechten und leistungsfähigen internen Versorgungsqualität und regelmäßiger Verfügbarkeit des benötigten Arzneimittelbedarfs.

Ziel einer optimalen pharmazeutischen Vorratshaltung muss eine qualitativ hochwertige Lieferfähigkeit unter Ausschluss jeglicher Versorgungsrisiken sein. Sekundär sind jedoch zudem auch indirekte Kosten aufgrund fehlerhafter Lagerhaltung zu vermeiden.

Der hierbei entstehende Zielkonflikt – gerade im Bereich der unmittelbaren Patientenversorgung – liegt auf der Hand. Beispielsweise vermeidet ein hoher Lagerbestand zwar regelmäßige kalkulatorische Kostenrisiken durch Verminderung der Fehlmengenkosten und erhöht also die ständige Lieferbereitschaft, jedoch steigen dadurch automatisch die Lagerhaltungskosten.

Tipps für die Umsetzung

- *Implementierung eines modernen und krankenhausspezifischen Warenwirtschaftssystems als Informationsbasis konsequenter pharmazeutischer Lagerlogistik*
- *Verlagerung des Lagerhaltungsrisikos durch Einrichtung von Konsignationslägern*
- *Lückenloses Qualitätsmanagement der internen Lager- und Lieferprozesse*

Im Rahmen festgelegter Prozesszielmessungen sollte eine laufende Kostenrechnung der Lagerhaltungsparameter demnach regelmäßig als Steuerungsinstrument zur Optimumsermittlung eingesetzt werden.

Unzweifelhaft muss es Anspruch der modernen Krankenhausapotheke sein, hocheffizienter Garant einer flexiblen, zeitnahen und jederzeit sicheren Arzneimittelversorgung zu sein, um im Spannungsfeld ständig steigender medizinischer Behandlungskomplexität und stetig intensivierter stationärer Verfahren, den dazu notwendigen Beitrag zu leisten.

> Eine moderne und intelligente Vorratshaltung von Arzneimitteln bedingt laufende Optimierung, kurze Kommunikationswege und den ständigen Dialog zwischen Arzt und Apotheker, um jederzeit eine flexible und zeitnahe Reaktion sicherstellen zu können.

5.3 Konventionelle Arzneimittelversorgung

5.3.1 EDV-gestütztes Warenwirtschaftssystem

Das manuelle Ausfüllen von Arzeimittelanforderungsformularen bindet Zeit und Geld und ist äußerst risikobehaftet.

Unabhängig von der individuellen Struktur und Organisation muss eine optimierte pharmazeutische Dienstleistung heutzutage fast selbstverständlich die Funktionalität eines vollintegrierten krankenhausspezifischen Warenwirtschaftssystems als Teil oder in Schnittstelle des umfänglichen Krankenhausinformationssystem voraussetzen.

Mittels dieser Plattform ist einerseits – soweit als aktuell jeweils möglich – medienbruchfrei die Prozesskette zu der leistungsanfordernden Verbrauchsstelle zu schließen und sind anderseits alle Vorgänge abzudecken, die der logistischen Routinearbeit zuzuordnen sind (Bedarfsplanung, elektronische Bestandsführung, Rechnungsprüfung, interne Kostenstellenverbuchung etc.).

Weiterhin zu berücksichtigen sind branchenübliche bzw. ggf. auch krankenhausindividuelle Ergänzungsanforderungen oder auch anwenderspezifische Festlegungen, welche in der Regel über spezielle Ergänzungssoftware angedient werden, so dass insoweit immer die Möglichkeit einer Einbindung gesonderter EDV-Anwendungen im Rahmen eines offenen Schnittstellenkonzepts gegeben sein sollte.

Für den Bereich des klinisch-pharmazeutischen Dienstleistungsportfolios sollte beachtet werden, dass integrierte Lösungen eine prozessorientierte Abbildung oder ergänzende Anbindung diverser spezifischer Aspekte berücksichtigen.

Beispielhaft zu nennen wären u. a.:
- Chargenverwaltung und patientenbezogene Chargenrückverfolgbarkeit
- Indikationsgruppenzuordnung („Rote Liste")
- Kostenträgerrechnungen
- patientenindividuelle Verbrauchsdatenzuordnung (u. a. DRG-Erlösrelevanz)
- patientenindividuelle Bestellanforderung (z. B. individuelle aseptische Zubereitungen)
- CPOES (Computerized Physician Order Entry System, CPOES)

Basis verbrauchsstellenbezogener medienbruchfreier Arzneimittelbestellungen ist eine elektronische Hausliste in der sämtliche Arzneimittel hinterlegt sind, welche durch die Arzneimittelkommission des Krankenhauses bestätigt wurden. Aus dieser kann täglich eine elektronische Bestellung (syn. Reservierung) für die Apotheke vorgenommen werden.

Bestellanforderungen zu Präparaten, die nicht in der elektronischen Hausliste hinterlegt sind, werden mit Hilfe eines spezifisch festgelegten Berechtigungssystems als sog. Sonderanforderung unter Angabe des Patientennamens und der Dosierung und Angabe der begründeten Indikation vorgenommen und vor der Belieferung einer pharmazeutischen Plausibilitätskontrolle unterzogen.

5.3.2 Konventionelles Kommissionierverfahren

Nach aktuellsten Erhebungen des Bundesverbandes Deutscher Krankenhausapotheker führen ca. 85 % aller Krankenhausapotheken derzeit eine rein manuelle Kommissionierung der täglich übermittelten Bestellanforderungen durch.

Hierbei wird dem kommissionierenden Personal in der Apotheke eine sogenannte Pick- oder Kommissionierliste zur Verfügung gestellt, die Lagerplatz, interne Artikelnummer und Bestellmenge enthält.

Ausgegebene Medikamentenbestellungen werden handschriftlich abgezeichnet und nach Abarbeiten der Kommissionierliste an das Lagerverwaltungssystem zurückgemeldet.

Durch menschliche Fehlleistungen dieser Art der Kommissionierung wird einerseits die sichere Patientenversorgung beeinträchtigt, andererseits führen diese zu Inventurdifferenzen.

Daher wird der manuelle Arbeitsablauf häufig durch verschiedene Verfahren der automatischen Identifikation und Datenerfassung ergänzt, um die Entnahme des korrekten Materials zu gewährleisten.

Bei manueller Kommissionierung mittels unterstützender mobiler Datenerfassung wird die Kommissionierliste üblicherweise auf einem Mobilgerät (MDE) angezeigt und die genauen Entnahmemengen auf dem MDE jeweils bestätigt. In der Regel sind diese Geräte mit Barcodescannern oder RFID-Lesegeräten kombiniert, was eine zusätzliche Überprüfung der korrekten Kommissionierung im Sinne einer laufenden Inprozesskontrolle ermöglicht.

> *Tipps für die Umsetzung*
> - *Einsatz von apothekenspezifischen modernen Regallagersystemen*
> - *Optionale Ergänzung integrierter automatischer Förderbandtechnik*
> - *Optionale Ergänzung eines optischen Erkennungssystems in der Endkontrolle*

5.3.3 Automatische Kommissionierverfahren

Automatische Kommissioniersysteme sind dadurch gekennzeichnet, dass Kommissionieraufträge ohne direktes manuelles Einwirken vollständig bearbeitet werden. Realisierungsbeispiele für derartige Systeme stellen Kommissionierautomaten oder -roboter dar.

Kommissionierautomaten kommen in verschiedenen technischen Varianten zum Einsatz und zeichnen sich durch ihre hohe Leistungsfähigkeit bei kontinuierlicher Auslastung aus. Zwangsläufig sind Vorteile allerdings immer an eine gewisse Systemauslastung geknüpft, so dass schwankende Auslastungen durchaus problematisch beurteilt werden können.

Die Technologie eignet sich insbesondere für mittlere Entnahmemengen mit einer begrenzten Anzahl gleicher Artikel pro Auftrag.

Großgebinde von Artikeln können deutlich effektiver manuell kommissioniert werden.

Die Kommissionierautomaten sind also weniger auf eine große Anzahl Artikel pro Auftrag, sondern auf die Verteilung von Artikeln mit konstantem Verbrauch in vielen verschiedenen Aufträgen ausgelegt.

Die Grenze des Automatikbetriebes liegt in der Nachfüllung, die nur bei modernen Anlagen ebenfalls automatisch erfolgt.

5.4 Modulversorgung für Arzneimittel

Die modulare Versorgung hat sich im Bereich des medizinischen Sachbedarfs insbesondere für Medizinprodukte im Krankenhaus durchgesetzt. Unter bestimmten Bedingungen ist diese Versorgungsform auch für Arzneimittel geeignet. Insbesondere bei Stationssanierung und Neueinrichtung sollten die Arzneimittelschränke bereits als Modulschränke ausgelegt werden.

5.4.1 Ziele

Mit der modularen Versorgung werden folgende Ziele verfolgt:
- Standardisierung
- Reduktion des Stationsvorrates
- Entlastung des Pflegedienstes von Bedarfsermittlung, Bestellung und Verfalldatenkontrolle

> **Die wesentlichen Risikoquellen der Arzneimittelversorgung liegen bei Prozessen, die zwischen Schrank und Patient stattfinden. Von der Modulversorgung kann daher nur eine Verbesserung des Bestell- und Lieferablaufes, jedoch keine Risikoverringerung der Arzneimitteltherapie erwartet werden.**

5.4.2 Anwendung

Im Sinne des Supply Chain Managements übernimmt die Apotheke die logistische Prozessverantwortung bis zum Schrank auf der Station. Die Bedarfsplanung, die kontinuierliche Bedarfsermittlung sowie das Auffüllen und die Pflege des Schrankes (Verfalldatenkontrolle, Umräumen bei Änderungen im Sortiment etc.) werden von der Apotheke geleistet.

Die modulare Versorgung ist für Artikel mit guter mengenmäßiger Vorhersagegenauigkeit, geringen Nachfrageschwankungen und in Bereichen mit niedrigem Anteil an Sonderwünschen einsetzbar. Das trifft z. B. zu für:

- Bereiche, die ein fest umschriebenes Artikelsortiment haben (z. B. OPs und Anästhesie)
- Artikel der Grundversorgung neben einem bestehenden elektronischen Anforderungssystem
- die Versorgung von Bedarfs- und Notfallmedikation neben einer bestehenden Unit-Dose-Versorgung

5.4.3 EDV-technische Voraussetzungen

Verschiedene Softwareunternehmen bieten Lösungen für Schrankverwaltung an. Idealerweise ist die Schrankverwaltung ein Modul des im Krankenhaus verwendeten Materialwirtschaftssystems. Anderenfalls müssen Schnittstellen zum Materialwirtschaftssystem geschaffen werden. Es bietet sich an, die Software zu verwenden, die auch für andere Materialgruppen (Medizinprodukte) eingesetzt wird.

Bei der Arzneimittelversorgung ist zu beachten, dass auch bei modularer Versorgung die Arzneimittelverschreibungsverordnung einzuhalten ist. D. h., dass die Lieferung verschreibungspflichtiger Arzneimittel nur auf eine ärztliche Verordnung erfolgen darf. Die Software muss einen entsprechenden Genehmigungsworkflow unterstützen.

Da Arzneimittel, insbesondere oral einzunehmende Medikamente, kleine Abmessungen haben und in Packungen mit vielen Einzeldosen in den Handel kommen, ist es oft nicht zweckmäßig, mehr als eine Packung vor Ort zu haben. Das klassische Kanban-System, bei dem der geplante Vorrat in zwei Teile geteilt wird und der Modulassistent die leeren Fächer scannt, ist bei Arzneimitteln nicht anwendbar. Das EDV-System muss deshalb ein Kärtchensystem unterstützen, über das der Pflegedienst dem Modulassistenten die Notwendigkeit der Nachlieferung signalisiert.

Tipps für die Umsetzung

- *Festlegung der Erstausstattung der Schränke nach Art und Menge gemeinsam mit Mitarbeiter des zu versorgenden Teilbereiches*
- *Abstimmung der Soll-Bestände auf den Lieferrhythmus*
- *Festlegung des ärztlichen Genehmigungsworkflows*
- *Erstellung einer Arbeitsanleitung mit Aufgabenzuordnung für alle beteiligten Berufsgruppen*
- *Schulung der Mitarbeiter*

Nach eigenen Erfahrungen ist es wichtig, die Einführung engmaschig zu begleiten, denn auch bei der Umstellung auf ein vergleichsweise einfaches Verfahren, kommt es in der Praxis immer wieder vor, dass die Schränke vom Stationspersonal umgeräumt werden, Medikamente auf anderem Wege nachbestellt werden, obwohl sie bereits gescannt wurden und auf dem Weg zur Auslieferung sind, oder Kärtchen nicht gezogen werden, so dass die Lieferung der Apotheke unterbleibt.

5.5 Patientenbezogene Arzneimittelversorgung

5.5.1 Ziele

Die patientenbezogene Arzneimittellogistik folgt der Vision, dass sich alle logistischen Prozesse aus der ärztlichen Verordnung ableiten. Die Arzneimittelversorgung wird ohne Medienbrüche als geschlossener Prozess in einem einheitlichen EDV-System abgebildet. Ziel dieser innovativen Versorgungsform ist es, die in der Literatur als risikobehaftet erkannten Prozessschritte Verschreibung, Transskription, Kommissionierung und Verteilung zu reorganisieren und damit sicherzustellen, dass das richtige Arzneimittel zur richtigen Zeit in der richtigen Dosierung und der richtigen Arzneiform am richtigen Patienten angewendet wird.

> Die patientenbezogene Arzneimittelversorgung unter Einbeziehung aller Prozesse von der Aufnahme- bis zur Entlassungsmedikation und deren Abbildung in einem einheitlichen EDV-System ist ein wirksames Instrument zur Verringerung der Risiken der Arzneimitteltherapie im Krankenhaus.

5.5.2 Der Unit-Dose Medikationsprozess

In einem integrierten klinischen Arbeitsplatz verordnet der Arzt seinem Patienten Medikamente elektronisch. Dabei greift er auf die Arzneimittelliste des Hauses zurück und erhält Informationen zu üblichen Dosierungen, Indikationen, Neben- und Wechselwirkungen. Die Verordnungen werden vom klinischen Pharmazeuten plausibilisiert und nach Abklärung eventueller Fragen zur Bearbeitung in der Apotheke freigegeben.

Die Apotheke verfügt über ein logistisches System, mit dem die für den Patienten verordneten Präparate zusammengestellt werden können. Feste orale Medikamente sind patientenbezogen einzeln als Unit-Doses verpackt, barcodiert und mit Einnahmehinweisen versehen. Alle anderen einzeln dosierten Medikamente (Ampullen, Vials, Fertigspritzen etc.) werden ebenfalls mit Patientenbezug zu Händen des Pflegedienstes geliefert.

Lediglich nicht einzeln dosierte Arzneiformen wie Tropfen, Säfte etc. sowie Arzneimittel für die Bedarfsmedikation oder für Notfälle sind auf der Station lagervorrätig.

Der Lieferrhythmus richtet sich nach Intensität und Variabilität der Arzneimitteltherapie. Bei chirurgischen, geriatrischen oder psychiatrischen Stationen reicht eine tägliche Belieferung aus, während es bei internistischen und Intensivstationen notwendig sein kann, mehrmals täglich zu liefern.

Die Regellieferung stellt keine besonderen Anforderungen an die Hauslogistik, sondern erfolgt über das im Krankenhaus etablierte Transportsystem. Für Eil- und Sonderlieferungen, insbesondere bei Neuaufnahmen ist das Vorhandensein einer Rohrpost sehr hilfreich.

Die Dokumentation der Applikation erfolgt in Bezug auf die Verordnung im Klinischen Arbeitsplatzsystem. Falls erforderlich, werden Chargenbezeichnungen an dieser Stelle erfasst. Idealerweise wird die Dokumentation durch einen Abgleich der barcodierten Medikation und dem Patientenarmband unterstützt.

5.5.3 EDV-technische Voraussetzungen

Eine wesentliche Voraussetzung zur nachhaltigen Umsetzung des Konzeptes ist ein umfassendes klinisches Arbeitsplatzsystem, in dem alle Berufsgruppen arbeiten und in dem die elektronische Patientenakte abgebildet wird.

Es hat sich gezeigt, dass es schwierig ist, die elektronische Verordnung singulär einzuführen und andere Prozesse auf Papier zu belassen. Erst wenn der Gesamtprozess elektronisch abgebildet wird, findet die elektronische Verordnung bei Ärzten Akzeptanz.

Leider ist zurzeit kein KIS in der Lage, den Arzneimittelverordnungs- und Dokumentationsprozess umfassend abzubilden. Der Medikationsprozess ist vielschichtig und in Onkologie, Pädiatrie, Intensivmedizin oder Ambulanz (Rezeptdruck) extrem spezialisiert. Handelsübliche Verordnungssysteme decken daher nur Teilbereiche ab. So ist es notwendig, ein oder mehrere Systeme mit Schnittstellen an das KIS und das Materialwirtschaftssystem anzubinden.

5.5.4 Automatische Schranksysteme

Alternativ zur Unit-Dose-Logistik können automatische Schranksysteme verwendet werden, um Arzneimittel patientenbezogen zur Verfügung zu stellen. Die Schränke sind mit einer eigenen Schrankverwaltungssoftware ausgestattet, die über Schnittstellen an das Verordnungssystem und Materialwirtschaftssystem des Hauses verbunden wird. Der Bestand in den Schränken ist Stationsvorrat, der auf eine vom Automaten ausgedruckte Sammelbestellung von der Apotheke geliefert und eingeräumt wird.

Das Stationspersonal hat sich vor jeder Entnahme am Automaten anzumelden. Nach Auswahl des Patienten springen die Schubfächer auf, in denen die für diesen Patienten verordneten Arzneimittel liegen. Die Entnahme muss quittiert werden, was der internen Bestandsführung und Auslösung eines Nachfüllauftrags dient.

Auf diese Art und Weise wird eine buchhalterische Zuordnung der Medikamente zum Patienten gewährleistet. Es wird sichergestellt, dass das richtige Arzneimittel in der richtigen Dosierung und Arzneiform zur Verfügung gestellt wurde. Da die Automaten aber keine patientenbezogene Beschriftung der Arzneimittel leisten, wird eine Zuordnung der Arzneimittel zum richtigen Patienten nicht systemtechnisch sichergestellt.

Der Prozess des Zusammenstellens an einem Schrankautomaten ist für den Pflegedienst aufgrund der Anmelde- und Auswahlvorgänge zeitaufwendig – insbesondere wenn für viele Patienten nur ein Schrankautomat vorhanden steht.

Die Investitionskosten für automatische Schranksysteme sind hoch, weil pro versorgter Station mindestens ein Schrank angeschafft werden muss. Auch der Platzbedarf für die Schranksysteme ist muss in Betracht gezogen werden. Aus diesem Grund bietet sich der Einsatz dieser Systeme eher für spezielle Anwendungen wie z. B. die Betäubungsmittellogistik auf großen Intensivstationen oder das Notfalldepot des Krankenhauses an.

Tipps für die Umsetzung

- *Bei Umstellung auf eine elektronische Krankenakte ist die Einführung der patientenbezogenen Arzneimittelversorgung zu erwägen. Eine singuläre Einführung ist problematisch.*
- *Die Einführung ist ein interdisziplinäres Projekt, das bei allen beteiligten Berufsgruppen eine hohe Änderungsbereitschaft fordert. Die volle Unterstützung des Klinikumsvorstandes ist absolut erforderlich.*
- *Ärzte und Pflegepersonal müssen im Vorfeld intensiv im Umgang mit dem Verschreibungs- und Dokumentationssystem geschult werden.*

- *Die Versorgung kann nicht mit einem Big Bang eingeführt werden. Ein sequentieller Anschluss von Stationen im Abstand von zwei Wochen hat sich in der Praxis als machbar erwiesen.*
- *Bei der Auswahl des logistischen Systems der Apotheke sollte darauf geachtet werden, dass es möglich ist, orale Medikation zur Abgabe an den Patienten und parentarale Medikation zur Zubereitung durch den Pflegedienst getrennt zu verpacken. Die Lieferung zerschnittener Blister hat sich in der Praxis als unkomfortabel gezeigt.*
- *Der Einsatz von klinischen Pharmazeuten zur täglichen Supervision des Medikationsprozesses bringt einen entscheidenden Benefit für die Arzneimitteltherapiesicherheit.*

Literatur

von Eiff W (2008) Patientenorientierte Arzneimittelversorgung. Sicherheit und Wirtschaftlichkeit. KMA Reader. Wikom-Verlag

Krämer I (2003) Die ADKA-Thesen 2003. Krankenhauspharmazie 24:458–61

6 Entsorgungsmanagement und Abfalllogistik

Jörg Romanski und Ulrich H. Pieper

Rhenus eonova, Berlin

Um dem nach wie vor hohen Kostendruck im Gesundheitswesen zu begegnen, wird vornehmlich in sekundären Leistungsfeldern optimiert. Eine mögliche Realisierung von Einsparpotenzialen darf die Patientenversorgung jedoch nicht negativ beeinflussen.

Entsorgungsleistungen bieten sich hierfür an, stehen jedoch oft nur bedingt im Fokus der Verantwortlichen. Dabei lassen sich durch eine optimierte Organisation und Steuerung hausinterner Prozesse sowie marktorientierte Vergabe externer Entsorgungsleistungen spürbare Einsparungen erzielen.

Neben wirtschaftlichen Gesichtspunkten sind umweltrechtliche Aspekte relevant, bergen sie doch ein hohes Maß an Verantwortung der Leitungspersonen und damit auch die Gefahr eines Organisationsverschuldens.

Oft wird hier zur Nutzung von externem Know-how auf Dienstleister zurückgegriffen, da diese Leistungsfelder nicht zu den Kernkompetenzen eines Krankenhauses gehören.

6.1 Anforderungen

6.1.1 Sicherheitstechnische und rechtliche Anforderungen an den Betrieb

Insbesondere die rechtlichen Anforderungen sind durch eine klare Struktur und umfängliche Pflichtenverteilung vollständig zu erfüllen. Dabei ist insbesondere zu beachten, dass neben dem reinen Abfallrecht (KrWG und untergesetzliches Regelwerk) mit seinen Anforderungen hinsichtlich Dokumentation (Nachweis- und Registerführung) und Entsorgungswegewahl (Zertifizierungen, Entsorgungsnachweise, rechtliche Anforderungen zum Trennverhalten) weitere Rechtsgebiete integriert werden. Zu nennen sind hier insbesondere:

- Gefahrgutrecht (GGBefG): Das Klinikum hat die Absenderpflichten nach GGVSEB zu erfüllen
- Gefahrstoff- und Biostoffrecht (GefStoffV, BioStoffV): Für abfallwirtschaftliche Vorgänge sind u. a. Gefährdungsanalysen zu erstellen und entsprechende Umgangsvorschriften zu beachten.
- Wasserrecht (WHG): Sowohl die nach Wasserrecht anzuzeigenden Bereitstellungs- und Lagerflächen als auch die Abgrenzung Abwasser/Abfall sind zu berücksichtigen.
- Arbeitsschutz- und Arbeitssicherheit(ArbSchG, ASiG): Ergonomische Gesichtspunkte und Verletzungsgefahren (Stichverletzungen, Bedienen von Abfallpressen) sind zu betrachten.

6.1.2 Organisatorische Anforderungen – Trennung von Beauftragung und Linie

Wichtig, wie in allen Bereichen, ist auch hier eine strikte Trennung zwischen der operativen Ebene mit ihren Aufgaben in der Durchführung der Entsorgungsvorgänge (Linienfunktionen) und der kontrollierenden, beratenden und berichtenden Ebene (Beauftragtenfunktion).

Für die Klinik vorgeschrieben ist der Betriebsbeauftragte für Abfallwirtschaft (AbfBetrbVO). Er ist durch die Geschäftsleitung schriftlich mit Aufgabenkonkretisierung zu bestellen. Die notwendige Sachkunde, die alle 2 Jahre aufzufrischen ist, erhält er idealerweise in einem branchenspezifischen Seminar.

Besitzt das Klinikum an sich bereits einen Gefahrgutbeauftragten, so ist er in die Belange der Klassifizierung, Verpackung, Kennzeichnung und Versendung von gefährlichen Abfällen beratend einzubeziehen. Mindestens, auch wenn kein Gefahrgutbeauftragter notwendig ist, sind jedoch beauftragte und sonstige verantwortliche Personen nach GbV im Mitarbeiterpool der Abfallwirtschaft zu benennen. Diese sind in regelmäßigen Abständen durch einen – ggf. auch externen – Gefahrgutbeauftragten zu unterweisen.

Für weitere Bereiche ist sicherzustellen, dass die entsprechenden Beauftragten, wie z. B. Fachkraft für Arbeitssicherheit oder Beauftragter für biologische Sicherheit, in ihr Aufgabenspektrum die Abfallwirtschaft möglichst schon im Rahmen der Bestellung integrieren.

Eine enge Schnittstelle von Abfallwirtschaft zu Krankenhaushygiene und Arbeitssicherheit ist bereits in der Planungsebene notwendig, so dass grundlegende Fragestellungen wie beispielsweise Behälterauswahl und -standort sowie logistische Parameter wie Abholturnus oder Sicherheitsbelange während des innerbetrieblichen Transportes allen Anforderungen gerecht werden.

6.1.3 Logistische Anforderungen, Umschlag, Bereitstellung

Gewerbeabfall

Der „nicht gefährliche" Abfall gemäß AVV, hier als Gewerbeabfall bezeichnet, umfasst sowohl krankenhausspezifische Restabfälle als auch Wertstoffe und Großfraktionen (Sperrmüll, Schrott etc.). Er macht mit meist über 95 % den größten Anteil an der Abfallmenge eines Krankenhauses aus. Entsprechend groß ist das zu befördernde Volumen.

In der Regel wird Gewerbeabfall aus den Erzeugerbereichen über mehrfach gebrochene Transporte zu den Bereitstellungspunkten gebracht, auch unter Einbeziehung von Mitarbeitern anderer Organisationseinheiten wie Reinigung oder Logistik. Insbesondere die Massenfraktionen Restabfall und Wertstoffe sind auf diesem Wege möglichst volumenmäßig zu konsolidieren, indem an den entsprechenden Umschlagpunkten immer größere Sammelbehälter – bis 1,1 m³ MGB – vorgehalten werden.

Umschlagpunkte müssen neben logistischen Anforderungen auch leicht zu reinigen und desinfizieren sein, sie sollten örtlich abgegrenzt sein, da eine vollständige Ordnung und Geruchsfreiheit nur schwer sicherzustellen ist. Die Prozesse sind auf eine hohe Frequenz auszulegen, da insbesondere krankenhausspezifischer Abfall vor Beginn biologischer Gär- und Fäulnisprozesse das Haus verlassen haben soll. Der Abholturnus ist ebenfalls darauf auszurichten, oder die Bereitstellung hat gekühlt zu erfolgen.

Sonderabfall

Gefährliche Abfälle gemäß AVV (hier Sonderabfall genannt) fordern dagegen nahezu entgegengesetzte Rahmenbedingungen. Auf Grund des Gefährdungspotenzials sind hier in erster Linie besonders ausgebildete und unterwiesene Mitarbeiter mit dem Abfalltransport zu betrauen. Die Sammlung erfolgt in Kleingebinden direkt am Anfallort, die in der Regel ungebrochen bis zur Bereitstellung in einem wasserrechtlich zulässigen Gefahrstofflager führt. Unbeaufsichtigte Umschlagorte oder Bereitstellungsplätze sind zu vermeiden.

Da Sonderabfall zwar häufig deutlich weniger als 5 % des Gesamtvolumens ausmacht, jedoch ein viel differenzierteres Stoffspektrum besitzt, ist eine individuelle Behandlung geboten. Die unterschiedlichen Gefährdungen (infektiös, giftig, entzündlich, ätzend u. a.) führen auch zu unterschiedlichen Bereitstellungsorten (Kühlung, Explosionsschutz, Löschwasserrückhaltung). Nach entsprechender Gefährdungsbeurteilung ist ein gemeinsamer Transport in zugelassenen Behältern jedoch möglich.

6.2 Organisation

6.2.1 Situation

Abfall als eine Sache, der man sich entledigen will und die in keiner Weise produktiv wirkt, wird häufig konzeptionell vernachlässigt. Daher werden abfallwirtschaftliche Prozesse oft nicht mit der nötigen Aufmerksamkeit betrachtet. Lediglich die Anforderungen an die Primärprozesse werden seitens der Hygiene oder der Arbeitssicherheit im Hinblick auf Infektionsprävention oder Verletzungsgefahr bzw. seitens der Pflege mit Sicht auf eine unkomplizierte Handhabung, die die Hauptaufgaben möglichst wenig stört, berücksichtigt.

Darum sind die Prozesse der Abfallwirtschaft häufig auf verschiedene Aufgabenbereiche wie Hygiene, Arbeitssicherheit, Reinigungs- und Transportdienst sowie FM und Technik aufgeteilt. Fehlende Vernetzung der Teilprozesse führt dabei leicht zu fehlender Kommunikation und Transparenz und damit zu Reibungsverlusten oder redundanten Aktivitäten. Optimierungen im Verantwortungsbereich einer dieser Organisationseinheiten können zu erhöhtem Aufwand in benachbarten führen, so dass das Optimierungspotenzial sogar negativ überkompensiert werden kann.

6.2.2 Struktur

Zum Aufbau einer tragfähigen Struktur, die sowohl rechtliche als auch wirtschaftliche Aspekte berücksichtigt, ist die Entwicklung eines Abfallwirtschaftskonzeptes sinnvoll und ausgesprochen hilfreich. An dieser Stelle werden meist erstmals sämtliche abfallwirtschaftliche Prozesse in ihrem vollständigen sequenziellen Durchlauf als Gesamtheit betrachtet, bewertet, Schwachstellen identifiziert und die Möglichkeit der Optimierung eröffnet. Unter Federführung des oder in enger Zusammenarbeit mit dem Abfallbeauftragten ist hier ggf. der Zugriff auf externes Wissen und Erfahrung in Form eines Beraters für begrenzte Zeit sinnvoll.

Um die zum Teil kontroversen Anforderungen in ein effizientes Prozessspektrum mit höchstmöglicher wirtschaftlicher Optimierung bei bester Rechtssicherheit überführen zu können, ist eine Zentralisierung zumindest der planerischen und steuernden Führung über sämtliche Schritte der Abfallentsorgung notwendig. Dies schließt neben den innerbetrieblichen Abläufen auch die Verbindung zu außerbetrieblichen Vorgängen ein. Zum Beispiel schlagen sich Anforderungen an gefahrgutrechtliche Behälterzulassungen für Sonderabfälle auf innerbetriebliche Behälterstandards durch, da diese in der Regel sowohl als Sammel- als auch als Transportbehälter genutzt werden.

Ein solchermaßen installiertes Abfallmanagement lenkt damit sämtliche Prozesse der Abfallwirtschaft. Hier laufen alle inner- wie außerbetrieblichen Anforderungen zusammen und werden aufeinander abgestimmt. Einzellösungen, die Folgeprozesse behindern, werden vermieden.

Es ist nicht notwendig, dass sämtliche operativen Tätigkeiten durch eigene Mitarbeiter dieser Organisationseinheit durchgeführt werden – oft ist es sogar sinnvoll, Mitarbeiter anderer Abteilungen zu integrieren, um Synergieeffekte nutzen zu können. Das typische Beispiel ist hier die Reinigungskraft, die die Entsorgung vom Abwurf bis zum Entsorgungspunkt übernimmt. Wichtig ist jedoch, dass keine Prozessänderung in diesen Bereichen ohne Integration des Abfallmanagements erfolgt.

Das Abfallmanagement muss einerseits die enge Zusammenarbeit mit den hausinternen Stellen wie Pflege oder Hygiene, aber auch und besonders zum Abfallbeauftragten suchen, andererseits auch den stetigen Kontakt zu den ausgewählten Entsorgungsunternehmen und Behörden pflegen.

Auch wenn für bestimmte Aufgaben und Prozesse die Zuständigkeit bei anderen Stellen des Hauses liegt, z. B. für Genehmigung und Bau einer Sonderabfallbereitstellung bei der Abteilung Bau, ist das zentrale Abfallmanagement sowie, für die rechtlichen Belange, der Abfallbeauftragte bereits in früher Planungsphase heranzuziehen.

- *Zentralisierung des Abfallmanagements sowohl für operative als auch für konzeptionelle Aufgaben.*
- *Integration der Zuständigkeit für logistische, informatorische und rechtliche Anforderungen im Abfallmanagement.*
- *Hiervon unabhängiger Abfall- oder Umweltbeauftragter als Beratungs-, Berichts- und Kontrollfunktion.*

6.2.3 Module

Die Struktur der Abfallwirtschaft lässt sich, wie beispielhaft in Abbildung 9 dargestellt ist, in verschiedene Module zerlegen. Mögliche organisatorische Rahmenbedingungen für eine optimierte Organisationsstruktur des Abfallmanagements werden im Folgenden dargestellt.

Administration

Die Administration fasst die operativen Tätigkeiten des Auftragsmanagements, der Vertragsverwaltung und der Dokumentation zusammen, die bei entsprechender Struktur Budgetüberwachung und Controlling ermöglichen. Ergebnisse daraus sind Anlass für eine kontinuierliche Verbesserung der bestehenden Strukturen und führen zu konzeptionellen Anpassungen der internen und externen Wege. Von dieser Stelle werden die Berührungspunkte zu den verschiedenen internen Bereichen zentral bedient und der Kontakt zu außerbetrieblichen Ansprechpartnern der Behörden und Entsorgungsfirmen aufrechterhalten.

Die Pflicht zur elektronischen Nachweisführung ist auf Grund der Mengenschwellen für viele Krankenhäuser nicht gegeben. Durch die Tatsache, dass aber alle sonstigen an der Entsorgung Beteiligten – inklusive der Behörde – am elektronischen Verfahren nach NachwV teilnehmen müssen, ist eine Teilnahme durchaus empfehlenswert. Je nach Auswahl der entsprechen Registersoftware kann sogar eine Schnittstelle zu ERP-Systemen genutzt werden, so dass die Bewegungsdaten beleglos zu übermitteln sind. Die elektronische Registerführung entlastet sowohl bei Auswertung als auch bei Archivierung, da keinerlei Papierdokumente mehr vorzuhalten sind.

Erzeugerbetreuung

Eine umfängliche Erzeugerbetreuung hat zum Ziel, sowohl medizinisches Personal (Pflege und Ärzte) als auch Mitarbeiter anderer Bereiche wie Techniker und Servicemitarbeiter von abfallwirtschaftlichen Fragen weitestmöglich zu entlasten. Die Erzeugerbetreuung gliedert sich in einen aktiven und einen passiven Teil.

Letzterer fasst alle Informationen und Medien zusammen, die von den Mitarbeitern eigenständig nutzbar sind. Einerseits ist eine übersichtliche Gesamtdarstellung als Nachschlagewerk hilfreich, in der sämtliche Abfallfraktionen der Klinik dargestellt werden, z. B. in Form eines Abfallwegweisers. Andererseits sind für spezifische, erklärungsbedürftige Abfallfraktionen, insbeson-

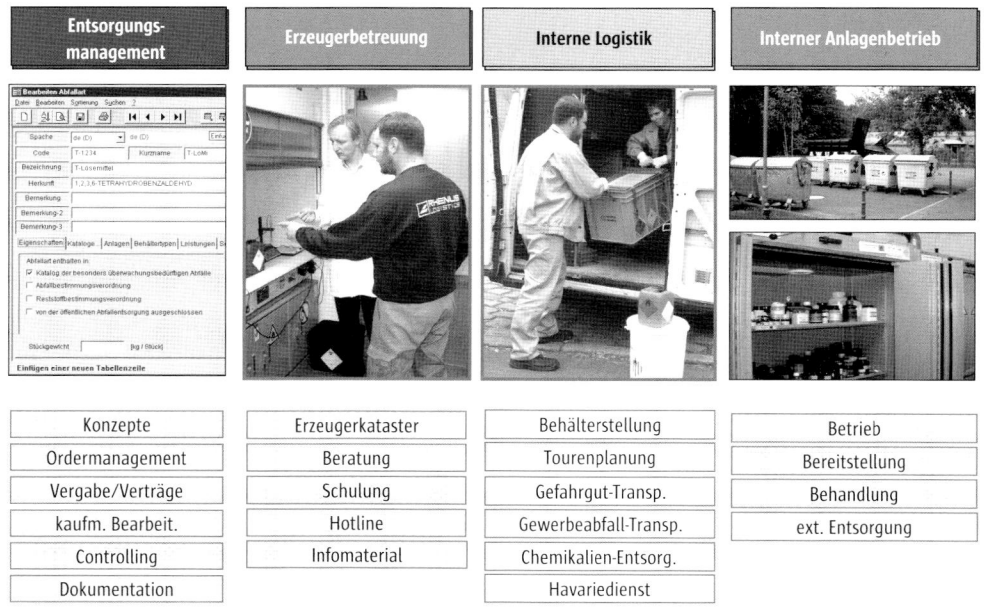

Abb. 9   Module der innerbetrieblichen Abfallwirtschaft

dere im Sonderabfallbereich, auch dezidiertere Zuordnungen und, besonders bei Häusern mit Labor- oder Forschungsbetrieb, auch individuelle Zuordnungen notwendig, die durch Fachkundige, z. B. Chemiker zu erstellen sind. Kurzübersichten in Plakatform sind als Ergänzung, insbesondere im Wertstoffbereich, hilfreich.

Aktive Erzeugerbetreuung wird durch persönliche Beratung bewerkstelligt. Empfehlenswert ist einerseits eine zentrale Beratungshotline, die auch als Auftragsannahme für interne Entsorgungsaufträge fungiert, andererseits auch eine persönliche Beratung direkt im Bereich durch qualifizierte Ver- und Entsorger, insbesondere bei gefährlichen Abfällen in Laborbereichen.

Regelmäßige Schulungen besitzen darüber hinaus den Vorteil, einerseits eine größere Mitarbeiteranzahl gemeinsam zu erreichen und andererseits gezielt Multiplikatoren anzusprechen. Da jedoch auch hier das Interesse an Abfall seitens der Mitarbeiter eher gering ist, bietet es sich an, Schulungstermine mit anderen Bereichen gemeinsam zu organisieren, z. B. im Rahmen der Hygieneschulungen oder Arbeitssicherheitsunterweisungen.

Einen nicht unwesentlichen Anteil hat die Erzeugerbetreuung in Bezug auf die Mitarbeitermotivation, aus Umwelt- und Kostengründen verstärkt auf eine saubere Abfalltrennung zu achten und damit die Fehlabwurfquote deutlich zu verringern.

Die geringe Akzeptanz des Themas „Abfall" bei den Mitarbeitern ist durch motivationsfördernde Maßnahmen bei der Erzeugerbetreuung zu durchbrechen: Thematisierung des Themas auf Tagen der offenen Tür, Initiierung oder Teilnahme an interdisziplinären Projekten wie „Ökoprofit" oder „umweltfreundliches Krankenhaus", Etablierung eines fachübergreifenden Arbeitskreises „Umwelt", Artikel in der Krankenhauszeitschrift zu abfallwirtschaftlichen Themen u. a.

Entsorgungslogistik

Die Logistik beginnt bereits mit der Erst-Behälterstellung. Bereits an diesem Punkt sind konzeptionelle Vorgaben notwendig. Auch Wertstoffbehälter werden nicht individuell durch die Mitarbeiter selbst beschafft sondern sollten gezielt gestellt werden. Ausgehend von einem raumfunktionsspezifischen Ausstattungsstandard wird für die

Bereiche ein ggf. angepasster Bestückungsplan erzeugt, nach dem insbesondere Abwurfmöglichkeiten für Gewerbeabfälle geschaffen werden. Für Sonderabfälle wird jedoch ein stoffspezifischer Standard und bei Exoten, wie erwähnt, eine Individualzuordnung nötig.

Der Transport der Massenabfälle (Restabfall und Wertstoffe) wird in der Regel über bestehende Transportprozesse abgewickelt (Reinigungsdienst, Transportdienst), wobei die Handhabung und die Schnittstellenbedingungen – insbesondere bei der Einsammlung vor Ort – durch das Abfallmanagement vorzugeben sind.

Für Sonderabfälle sollte jedoch ein ungebrochener Transportweg unter direkter Hoheit der Abfallwirtschaft betrieben werden. Bei einer Einrichtung mit mehreren Standorten ist für eine Beförderung über öffentliches Straßenland auch ein Gefahrguttransport vorzusehen. Der direkte Zugriff auf diesem Weg ermöglicht es, ohne Umwege sicherheitsrelevante Maßnahmen unverzüglich umzusetzen, und erlaubt direkten Zugriff auf die Daten zu den eingesammelten Abfallmengen, die bei entsprechender Dokumentation in das Controlling zur Beurteilung interner Entwicklungen einfließen können.

Behandlung und Bereitstellung

Der interne Anlagenbetrieb beinhaltet den Entsorgungshof und die Sonderabfallbereitstellung, ggf. auch Behandlungsstätten wie ein Entsorgungslabor oder eine Verdichtungsanlage. Für krankenhausspezifische Abfälle mit der Gefahr biologischer Prozesse wie bei Körperteilen oder blut- und sekretbehafteten Abfällen ist bei mehrtägiger Bereitstellung eine Kühlung vorzusehen. Insbesondere das Sonderabfalllager ist neben seinen zulassungstechnischen Voraussetzungen strikt nach Gefahrstoffverordnung zu führen. An dieser Stelle findet in der Regel auch die unter abfall- und gefahrgutrechtlichen Gesichtspunkten korrekte Übergabe an ein externes Entsorgungsunternehmen statt.

Externe Entsorgung

Überwachung und Kontrolle der Entsorgungsdienstleister ist Aufgabe des Abfallbeauftragten des Krankenhauses. Dennoch verbleiben beim Abfallmanagement operative Kontrollpflichten.

Bei der Übergabe von nachweispflichtigen Abfällen ist die Anwesenheit abfallrechtlich geschulten Personals notwendig, um die Dokumentation zu prüfen und Übernahme- bzw. Begleitscheine der Administration zur Registerführung zu übergeben. Falls das Krankenhaus am elektronischen Nachweisverfahren teilnimmt, müssen in entsprechender Nähe auch Arbeitsplätze sowie Mitarbeiter mit Signaturmöglichkeit vorhanden sein.

Zusätzlich hat das Krankenhaus für den Fall der Übergabe von Sonderabfällen, die gleichzeitig Gefahrgut sind, Absenderpflichten nach GGVSEB wahrzunehmen. Auch nach Übergabe und während des Transportes bleibt die Verantwortung für korrekte Deklaration, Kennzeichnung, Behälterauswahl und -zustand sowie Dokumentation bei der Klinik, auch wenn in der Regel viele dieser Punkte vom Entsorgungsunternehmen vorbereitet werden.

6.3 Werkzeuge

6.3.1 Entsorgungshandbuch

Die Erarbeitung eines Abfallwirtschaftskonzeptes sollte zur Erstellung eines Abfallhandbuchs genutzt werden, in dem sämtliche Prozesse von der Behälterstellung bis zur endgültigen Entsorgung beschrieben werden. Es werden neben den Abläufen in transparenter Form Schnittstellen, Kommunikationswege und Zuständigkeiten definiert.

Nach einem einmaligen umfangreichen Aufwand ist es für den laufenden Betrieb (z. B. bei der Klärung von Schnittstellenproblemen oder bei der Einarbeitung neuer Mitarbeiter) wie bei der konzeptionellen Arbeit ein äußerst hilfreiches Werkzeug. In die notwendige kontinuierliche Pflege des Handbuches sind möglichst alle Mitarbeiter der Abfallwirtschaft einzubeziehen, um einerseits die Akzeptanz der Vorgaben zu erreichen und andererseits die Praxisnähe zu erhalten. Diese Arbeit ist zusätzlich im Rahmen einer Auditierung, z. B. KTQ-Zertifizierung, zu nutzen und sollte in Form und Struktur diesen Vorgaben von Vornherein angeglichen sein.

6.3.2 Abfallspezifisches EDV-System

Ein Entsorgungsmanagement wird in größeren Häusern zunehmend durch ein entsprechendes EDV-System unterstützt. Ergänzend zur elektro-

nischen Nachweisführung ist ein solches System auch auf innerbetriebliche Belange und Bewegungen auszulegen. Gängige ERP-Systeme halten oft nicht genügend abfall- und gefahrgutspezifische Möglichkeiten bereit, auch auf dem Markt sind noch keine die innerbetrieblichen Abläufe betrachtende Abfallsysteme erhältlich.

Daher wird häufig auf eigenentwickelte Datenbanken zurückgegriffen werden müssen, die nicht nur die finanzielle Abwicklung oder Vertragsverwaltung einschließen, sondern ebenso die abfallrechtliche Kontrolle hinsichtlich der Verwaltung von Entsorgungsnachweisen in Bezug auf Mengenschwellen und Gültigkeiten, von Zertifikaten und Zulassungen bis hin zu Gefahrgut- und Lagermengenauswertungen. Dies führt zu einer hohen Rechtssicherheit und Transparenz, die durch verschiedene Auswertungsmöglichkeiten auch Schwachstellenanalysen ermöglicht.

6.3.3 Erzeugerkataster

Im Rahmen der Erzeugerbetreuung gesammeltes Wissen ist in ein Erzeugerkataster zu integrieren, das spezifische Informationen zu Anfall, Fraktionen und Behältern enthält. Bei Neuzuordnungen oder telephonischen Anfragen kann auf diese Informationen zurückgegriffen werden. Das Kataster ist sinnvollerweise in das abfallspezifische EDV-System zu integrieren, um z. B. die Auftragsabwicklung damit zu koppeln. So ist insbesondere im Sonderabfallbereich bei Auftragserteilung durch einen Nutzer durch das Auftragsmanagement direkt erkennbar, ob dieser Bereich überhaupt berechtigt ist, die entsprechende Abfallfraktion zu nutzen. Eventuell muss eine Erzeugerberatung vor die Entsorgung geschoben werden.

6.3.4 Erzeugerbezogene Stoffstromerfassung

Möglichst ebenso in das EDV-System integriert bietet eine kostenstellenbezogene Behälterverfolgung spezielle Möglichkeiten einer anfallstellen- und behälterbezogenen Auswertung. Auf Grund des Aufwandes ist dies nur für Sonderabfälle empfehlenswert, da bei Ausgabe und Einsammlung der einzelnen Abfallbehälter eine individuelle Datenaufnahme, z. B. per Barcodetechnik, notwendig ist. Jedoch gerade in diesem Fall spielt die Behälterverfolgung ihre Vorteile besonders aus:

- Möglichkeit der Behälterverfolgung bei ungewollter Weitergabe von Entsorgungsbehältern
- Standzeitenkontrolle hinsichtlich der Haltbarkeit von Sonderabfallbehältern
- Nutzerspezifische Aufkommenskontrolle hinsichtlich der Abfallentwicklung einzelner Bereiche
- Rückverfolgung von Fehlabwürfen, selbst bei Feststellung erst an der Entsorgungsanlage
- Möglichkeit einer kostenstellenbezogenen Zubuchung

6.3.5 Interaktiver Abfallwegweiser

Ein Abfallwegweiser mit Datenblättern zu jeder Abfallfraktion, der jederzeit durch die Klinikmitarbeiter zu Rate gezogen werden kann, sollte mindestens folgende Punkte aufweisen:

- **Abfalldeklaration mit Positiv- und Negativliste:** Die Negativliste hat zwingend eine Entsorgungsalternative bereitzuhalten.
- **Sammlung und Transport:** Hier werden Angaben zu Behälterbezug, Anforderungen an den Stellplatz, an den Abwurf und die Transportvorbereitung integriert sowie die Modalitäten der Entsorgungsanmeldung hinterlegt.
- **Kontakt:** Mindestens die Ansprechpartner des Abfallmanagements werden genannt, je nach Anforderung aber auch andere Bereiche, wie z. B. Hygiene bei infektiösen Abfällen.
- **Entsorgung:** Als wichtig hat sich ein Hinweis auf den tatsächlichen Entsorgungsweg, insbesondere bei Wertstoffen erwiesen. Dieser Punkt entpuppt sich als Motivationsschub bei der Abfalltrennung, da ein Hinweis auf eine tatsächliche Verwertung vorliegt.

Zeitgemäß ist diese Dokumentation mindestens im Intranet eines Hauses verfügbar. Dies hat den Vorteil, dass über Verlinkung direkt Entsorgungsalternativen angesteuert oder Anmeldeformblätter direkt aufgerufen werden können. Eine kontinuierliche Pflege ist nicht nur aus Akzeptanzgründen zwingend notwendig.

6.3.6 Formularstandards

Für etliche Bereiche der Abfallwirtschaft sind entweder bestimmte Vorgaben relevant oder es werden zur Bearbeitung Informationen benötigt. Viele dieser spezifischen Anforderungen werden im Rahmen des Abfallwirtschaftskonzeptes standardisiert, um die Bearbeitung rationeller, die Fehlerquote geringer und die Abläufe transparenter zu gestalten. Insbesondere bei der Formulargestaltung ist der ggf. vorhandene klinikinterne Standard zu berücksichtigen. Falls auch die Möglichkeit geboten wird, bestimmte Vorgänge über Intranetformulare abzuwickeln, ist eine hohe Übereinstimmung zwischen elektronischer und Papierform anzustreben. Einige Beispiele seien an dieser Stelle genannt, die spezifische abfallwirtschaftliche Fragestellungen unterstützen:

- **Standardisierte Abfallzuordnungen:** Im Falle, dass der Umfang eines Abfallwegweiserdatenblattes nicht ausreicht, sind diese Zuordnungen an Hand des typischerweise im Haus anfallenden Stoffspektrums zu erstellen. Ggf. müssen hier auch Vorgaben anderer Bereiche, z. B. der Hygiene oder des Datenschutzes integriert werden. In Form und Struktur sind diese Zuordnungen der Optik des Abfallwegweisers anzupassen, um für den Nutzer den Wiedererkennungseffekt zu erhöhen.
- **Standardisiertes Formular für komplexe Klassifikationen:** Insbesondere aus Labor und Forschung werden Altchemikalienbestände zur Entsorgung angemeldet, die einer vollständigen Klassifikation bedürfen. Um die bestmögliche Informationsübermittlung zu gewähren, sind Formulare mit Feldern vorzusehen, die dezidiert neben stoffspezifischen Daten auch Herstellerangaben und Angaben zu Gebinden und Zustand abfordern.
- **Raum- und funktionsspezifische Behälterstandards für Wert- und Reststoffe:** Für Gewerbeabfälle ist bereits vor Behälterausstattung im Rahmen des Konzeptes festzulegen, in welchen Räumen abhängig von der Funktion welche Abwurfmöglichkeiten geschaffen werden. Ein solcher Standard sollte nicht aufgeweicht werden. Nur dann ist er ein nützliches Werkzeug einerseits zur Erstausstattung und andererseits zur Kontrolle und Nachbeschaffung von Abfallwirtschaftsgütern.

6.4 Umsetzung

6.4.1 Ausschöpfung struktureller Potenziale

Im Rahmen der Konzepterstellung ist auf die Nutzung von Synergien zu achten, die neben der Einbindung anderer Organisationseinheiten im operativen Geschäft auch administrative Pflichten bei Auftragsmanagement oder Rechnungsprüfung beinhaltet. Auch die abfallrechtlich relevanten Prüfparameter im Vertragswesen können in einer zentralen Vertragsverwaltung Berücksichtigung finden.

Im Bereich der Beauftragtenfunktionen ist an eine gemeinsame Grundlage hinsichtlich des Rechtskatasters oder der Berichtspflichten mit weiteren Funktionen im umwelt- und sicherheitsrechtlichen Bereich zu denken, in kleineren Häusern ist sogar eine Beauftragung in Personalunion denkbar.

6.4.2 Ausschöpfung von organisatorischen Potenzialen

An dieser Stelle ist in erster Linie die Schnittstellenproblematik, besonders bei Informations- und Dokumentenfluss zu nennen. Vermeidung von zu pflegenden Katalogen in Papierform, verstärkte elektronische Informationsübermittlung, Vermeidung von redundanten Datengrundlagen, z. B. mit Hilfe der elektronischen Nachweisführung, sind wichtige Punkte.

6.4.3 Ausschöpfung von Potenzialen, die die Vorschriften bieten

Viele Abfälle werden aus Unkenntnis oder übertriebenem Sicherheitsempfinden zu streng deklariert. Dezidierte Zuordnungen spezieller Abfälle mit verständlicher Abgrenzung für den Nutzer in Zusammenarbeit mit anderen Verantwortlichen wie Hygiene können zu sehr hohen Einsparungen führen.

Besonders sind hier die infektiösen Abfälle (AVV 18 01 04) und die zytostatikahaltigen Abfälle (AVV 18 01 08) zu nennen. Gestützt auf die LAGA-Vollzugshilfe M18 für Abfälle des Gesundheitsdienstes kann eine krankenhausspezifische Zuordnung vorgenommen werden, die teure Überklassifizierung vermeidet. Gleiches gilt für behandelbare Abfälle, wie z. B. ethidiumbromidhaltige Abfälle, die, in einem UV-Reaktor behandelt, unter Berücksichtigung wasserrechtlicher Vorgaben ins Abwasser eingeleitet werden können. Die Abgrenzung Abfall – Abwasser birgt abhängig von der lokalen Abwassersatzung ebenfalls Potenzial.

6.4.4 Ausschöpfung von Marktpotenzialen

Die richtige Vergabe von Entsorgungsleistungen verspricht hohes Einsparpotenzial. Es sind jedoch bereits vor der Ausschreibung oder Angebotsaufforderung die internen Möglichkeiten zu den externen Rahmenbedingungen zu prüfen. So ist auf Grund des Standortes das Behälterkonzept, z. B. für Pressen und Container, festzulegen. Ggf. ist hier eine Beratung durch Entsorgungsunternehmen hilfreich. Zusätzlich ist eine Potenzialabschätzung zu bestimmten Fraktionstiefen geboten. So ist zu prüfen, ob eine Trennung zweier ähnlicher Fraktionen wirtschaftlich sinnvoll ist, z. B. bei Kartonage und Papier bzw. bei Altholz und Sperrmüll. Grundsätzlich ist eine gewichts- und keine volumenspezifische Abrechnung anzustreben.

Bei Wertstoffen kann eine marktpreisabhängige Vergabe, z. B. bei Altpapier oder Schrott, sinnvoll sein. Trotz der starken Rückgänge der Vergütung in den Jahren 2008 und 2009 auf Grund der Weltmarktentwicklung sind positive Ergebnisse zu erwarten.

Die Vergabe von Entsorgungsleistungen kann ähnlich wie andere Beschaffungsvorgänge nach strategischen Gesichtspunkten erfolgen, sei es per Leitlieferant oder Rahmenvertrag. Hierzu sei auf das Kapitel „Strategischer Einkauf" von C. Kumpf verwiesen.

Einmalige oder kurzfristige Vergaben unter Nutzung spontaner Preisabfragen erzeugen zwar den Schein der immer preisgünstigsten Entsorgung, mittelfristige Verträge bieten jedoch auch den Entsorgern größere Sicherheit bei ihren Kalkulationen und damit in der Regel bessere Konditionen. Da jedoch der Entsorgungsmarkt starken Schwankungen unterliegt, ist eine Vertragsdauer von 2 bis 3 Jahren in der Regel nicht zu überschreiten.

Auch die Möglichkeit externen Recyclings von Sonderabfällen – insbesondere Lösemitteln – ist zu prüfen. Auf Grund der Reichweite bis in die Primärprozesse ist hier jedoch die Akzeptanz der Mediziner für das Recyclat notwendig. Zu nennen sind hier besonders Formaldehydlösungen und Xylol aus der Pathologie, die sich für eine Aufbereitung in der Regel eignen.

6.4.5 Nutzung externen Know-hows

Da weder Abfallwirtschaft noch die umweltrechtlichen Rahmenbedingungen zu den Kernkompetenzen von Krankenhäusern gehören, ist der abfallwirtschaftliche Betrieb, insbesondere im Bereich Sonderabfälle, ein potenzielles Feld zur Nutzung externer Dienstleister. Diese sind häufig in der Lage, auf Grund von Spezialisierung und breit aufgestellter Erfahrung ein höheres Potenzial in Sicht auf Wirtschaftlichkeit sowie Betriebs- und Rechtssicherheit für die Klinik zu bieten.

Um bei Vergabe einer Leistung hinsichtlich dieser Vorteile sichergehen zu können, sind durch das Krankenhaus von den potenziellen Dienstleistern entsprechende Garantien einzufordern. Dies beinhaltet neben einschlägigen Referenzen sowohl firmenspezifische Dokumentationen wie Zertifizierungen und Genehmigungen als auch personenbezogene Qualifikationen wie Fachkunde und Sachkunde des eingesetzten Personals in der entsprechenden Fachrichtung.

6.5 Ergebnisse

6.5.1 Mengen- und Kostenentwicklung durch Etablierung einer dezidierten Wertstofftrennung

Nach Erstellen eines Abfallwirtschaftskonzeptes und Umsetzung unter Integration aller Beteiligten lassen sich messbare Einsparungen, im vorlie-

genden Beispiel im siebenstelligen Bereich, erzielen (s. Abb. 10). Das dargestellte Ergebnis bezieht sich auf ein Universitätsklinikum mit ca. 2300 Betten. Es ist erkennbar, dass die Abfallmengen nahezu konstant verlaufen, lediglich durch Zuordnung zu anderen Fraktionen sowie begleitenden Maßnahmen bei der externen Auftragsvergabe können Kosteneffekte erzielt werden.

6.5.2 Mengen- und Kostenentwicklung nach Konkretisierung von Zuordnungskriterien im Sonderabfall

Sowohl Erstellung als auch Durchsetzung von konkretisierten Abfallzuordnungen mit scharfen Trennkanten führen zu messbaren Effekten. Im vorliegenden Beispiel wurde einerseits mit Unterstützung der Krankenhaushygiene die Abgrenzung der Begriffe „potenziell infektiös" und „infektiös" fixiert und damit die Zuordnung von infektiösem Abfall (AVV 18 01 03) festgelegt. Andererseits wurde unter Mitwirkung der Arbeitssicherheit zytostatikahaltiges Material den entsprechenden Abfallfraktionen (z. B. AVV 18 01 08) zugeordnet, so wie sie heute in der LAGA-Vollzugshilfe M18 zu finden ist.

Insbesondere beim zytostatikahaltigen Abfall ist jedoch erkennbar, dass zu geringe Pflege des Erreichten schnell zu einem entgegengesetzten

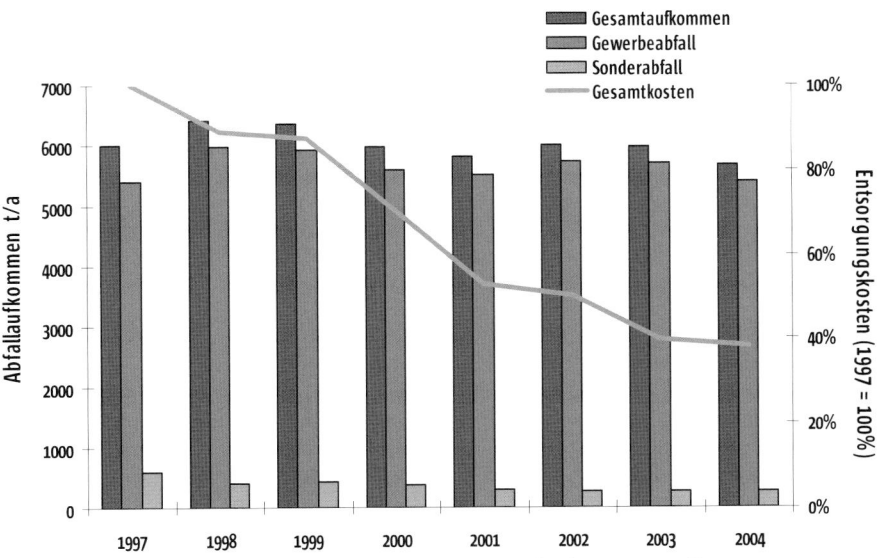

Abb. 10   Mengen- und Kostenentwicklung durch Etablierung einer dezidierten Wertstofftrennung

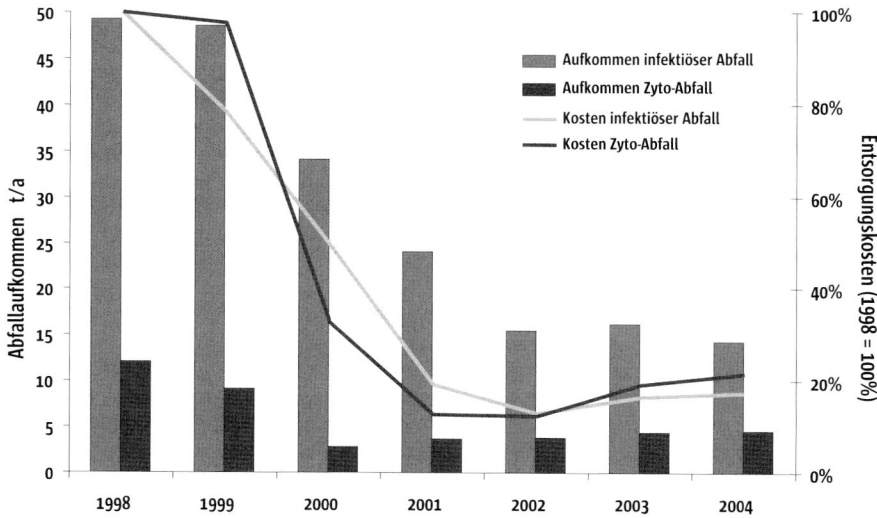

Abb. 11   Mengen- und Kostenentwicklung nach Konkretisierung von Zuordnungskriterien im Sonderabfall

Trend führen kann: Gegen Ende des Beobachtungszeitraumes steigen die Abfallmengen wieder leicht an (s. Abb. 11).

Glossar/Abkürzungsverzeichnis

Rechtsvorschriften

AbfBetrbVO	Abfallbetriebsbeauftragtenverordnung
ArbSchG	Arbeitsschutzgesetz
ASiG	Arbeitssicherheitsgesetz
AVV	Abfallverzeichnisverordnung
BioStoffV	Biostoffverordnung
GbV	Gefahrgutbeauftragtenverordnung
GefStoffV	Gefahrstoffverordnung
GGBefG	Gefahrgutbeförderungsgesetz
GGVSEB	Gefahrgutverordnung Straße Eisenbahn Binnenschifffahrt
KrWG	Kreislaufwirtschaftsgesetz
NachwV	Nachweisverordnung
WHG	Wasserhaushaltsgesetz

Weitere Abkürzungen

ERP	Enterprise Resource Planning Systeme
FM	Facility Management
KTQ	Kooperation für Transparenz und Qualität im Gesundheitswesen
LAGA	Länderarbeitsgemeinschaft Abfall
MGB	Müllgroßbehälter

Weiterführende Literatur

Daschner F (1994) Umweltschutz in Klinik und Praxis (Environmental Protection in Clinic and Practice) VIII. Springer Berlin, Heidelberg

Hoffmann M, Stolze R (2008) Abfallmanagement an einem Krankenhaus der Maximalversorgung. Rhombos-Verlag, Berlin

Klein S (2009) Gefahrgut im Krankenhaus – Richtiger Umgang und die Entsorgung klinischer Abfälle. In: Gefährliche Ladung 12/09 12–15. Storck-Verlag, Hamburg

Kunter U et al. (1996) Konzept zur Abfallentsorgung aus medizinischen Einrichtungen und Laboratorien (Waste management in medical institutions and laboratories). In: LaborMedizin 19 Nr. 2/96, S. 53–59.

Pieper U, Kohlhase A (2000) Abfallwirtschaft am Beispiel eines Großklinikums – Die Kosten stecken im Prozeß – und im Einkauf. In: Umweltschutz im neuen Jahrhundert, TK Verlag Karl Thomé-Kozmiensky, Neuruppin

Romanski J (2004) Einsparpotenziale durch eine professionelle Abfallwirtschaft/Total Waste Management. In: Hartung C (Hrsg.) Das Dienstleistungsportfolio der Krankenhaustechnik, TK 2004, 385–393. Biomedizinische Technik und Krankenhaustechnik MH Hannover in Verb. mit WGKT und FKT

Romanski J (2009) Die Abfallarten in Klinik und Labor. In: Seminar: Der Abfallbeauftragte im Gesundheitswesen, 16.–20.11.2009, Rhenus eonova Berlin

Romanski J et al. (2005) Effizientes Entsorgungsmanagement. In: Gudat H et al. (Hrsg.) WGKT-Empfehlung: Verbesserung logistischer Prozesse im Krankenhaus, Teil 4, WGKT Grünberg

N

Das Krankenhaus und seine Services

1 Facility Management im Krankenhaus

Michael Kirchner und Jens Knoblich

Sodexo Deutschland, Berlin

Facility Management gewinnt im Krankenhaus aufgrund der gegebenen wirtschaftlichen Situation immer mehr an Bedeutung. Denn Facility Management steigert nicht nur die Effizienz von Unterstützungsprozessen im Krankenhaus und senkt damit die Ausgaben innerhalb dieser Bereiche, sondern Facility Management ist ein System für das Krankenhaus, welches es den Akteuren in Medizin, Pflege und Management ermöglicht, sich auf ihre Kernprozesse zu fokussieren und so die Wettbewerbsfähigkeit von Krankenhäusern und Kliniken nachhaltig zu steigern.

Was aber ist Facility Management und wo setzt es im Krankenhaus an? Wie sehen Partnerschaften im Facility Management aus und wie lassen sich diese gewinnbringend im Krankenhaus implementieren? Dieser Artikel legt hierzu eine eigene Definition für Facility Management im Krankenhaus vor und beschreibt, welche Leistungen sich hinter dem Begriff verbergen. Darüber hinaus werden Wege zu Systempartnerschaften im Facility Management dargestellt und ihre zielgerichtete Implementierung und Verortung im System Krankenhaus betrachtet. Abschließend werden grundlegende Formen für die Kooperation zwischen Krankenhaus und Facility Management Anbietern beschrieben und Hinweise gegeben, für welche strategischen Vorhaben sich diese am besten eignen.

1.1 Facility Management – Begriff und Historie

Was ist eigentlich Facility Management im Krankenhaus? Für viele Akteure der Gesundheitswirt-schaft sind der Begriff und damit folglich die sich dahinter verbergenden Leistungen noch recht unscharf definiert. Dies belegen beispielsweise Organisationsstrukturen in Krankenhäusern, die eine Abteilung für Hauswirtschaft und eine weitere für Facility Management (FM), wohlmöglich noch unter dem Dach einer Wirtschafts- oder Technikabteilung vorhalten, obwohl die genannten Bereiche sehr wohl in einer Einheit zusammengefasst werden könnten. Dies wird an späterer Stelle dieses Beitrages noch deutlich werden. Woher kommt jedoch diese Unschärfe und warum tut man sich heute noch schwer damit, FM im Krankenhaus eindeutig zu verorten? Die folgenden drei Aspekte sollen diesen Umstand erläutern und gleichzeitig erste Transparenz in der Begriffsannäherung schaffen.

1.1.1 Ursprung der Facility Management-Unternehmen und FM-Akteure

Facility Management hat sich als eigenständige Disziplin erst in den vergangenen zwei Jahrzehnten entwickelt. Viele der heute in Deutschland bekannten und agierenden FM-Unternehmen gründeten sich jedoch bereits viel früher. Unternehmen wie Zehnacker (1933), Dussmann (1963) oder WISAG (1965) haben ihren Ursprung in der Gebäudereinigung und waren lange Zeit auch vornehmlich für diese Dienstleistung bekannt. Jedoch taten sie sich teilweise schwer, selbst durch eine umfassende Erweiterung ihres Leistungsportfolios, die Rubrik der „Reinigungsfirmen" zu verlassen. Heute „macht die Gebäudereinigung [...] im Durchschnitt weniger als 30 % der erbrachten FM-Dienstleistungen aus. Bei der Betrachtung der oben erwähnten Protagonisten wird deutlich, dass FM weit mehr ist als Hausmeisterdienste, mit denen die FM-Unternehmen auch heute noch häufig in Verbindung gebracht werden.

Allein das Portfolio im infrastrukturellen Segment reicht von Sicherheit, Empfang und Pförtnerdienste über Grünanlagen- und Landschaftspflege bis hin zum Catering" [Hossenfelder 2009]. Und dies neben den bekannten Leistungen wie Gebäudereinigung und Logistik.

Das technische Gebäudemanagement steht unter anderem für die Haustechnik auf der einen (Klimaanlage, Heizung, Aufzugtechnik, Leitstand) und die Produktionstechnik auf der anderen Seite (Diagnose, Wartung, Instandsetzung). Und die kaufmännischen Leistungen umfassen Leistungen von der An- und Vermietung, Kosten- und Objektmanagement über Flächenoptimierung bis hin zur Due Dilligence. Aktuell spielt auch das Energiemanagement eine zunehmend wichtige Rolle [Hossenfelder 2009].

Der Ursprung der Unternehmen ist damit eine Ursache, warum diese bzw. die Dienstleistung FM heute noch stark mit eben dieser Ursprungsdienstleistung (hier am Beispiel Reinigung) assoziiert werden. Denn für den Kunden wurde aus Reinigung Facility Management. Die Entwicklung der beispielhaft genannten Unternehmen und ihres Leistungsangebots zeigt jedoch, dass sich hinter FM weit mehr verbirgt als „putzen und schrauben".

1.1.2 Fokus der Facility Management-Verbände – Immobilie vs. Dienstleistungen

Mit der fortschreitenden Leistungserweiterung der Dienstleistungsunternehmen, dem Entstehen eines neuen Dienstleistungsmarktes und dem sich neu entwickelnden Trend des Outsourcings von Dienstleistungen außerhalb der Wertschöpfungskette von Unternehmen gründeten sich in den späten 70er- und in den 80er-Jahren die ersten Verbände für Facility Management. 1979 gründete sich zunächst in den Vereinigten Staaten das erste Institut für Facility Manage-

ment in Ann Arbor, Michigan, aus dem 1982 die International Facility Management Association (IFMA) hervorging. In Europa entstand 1987 in diesem Zusammenhang das Netzwerk der EuroFM (European Facility Management Network). Der Deutsche Verband für Facility Management e. V. gründete sich im Jahr 1989. Betrachtet man die Definitionen, die diese Verbände für FM vorlegen, wird deutlich, dass sich der Fokus von FM unterscheiden kann.

Nach GEFMA ist *Facility Management* „die Betrachtung, Analyse und Optimierung aller kostenrelevanten Vorgänge rund um ein Gebäude, ein anderes bauliches Objekt oder eine im Unternehmen erbrachte (Dienst-)Leistung, die nicht zum Kerngeschäft gehört".

Diese Definition macht eine Fokussierung auf die Immobilie deutlich.

Die EuroFM sieht hingegen die Aufgaben des Facility Managements nicht allein auf die Immobilie beschränkt: „Facility Management ist der ganzheitliche strategische Rahmen, Leistungen für koordinierte Programme rund um Gebäude sowie ihre Systeme und Inhalte kontinuierlich bereitzustellen, funktionsfähig zu halten und an die wechselnden organisatorischen Bedürfnisse anzupassen." Die Prozesse rücken in dieser Begriffsfassung zusehends in den Mittelpunkt.

Schließlich legt auch noch die IFMA eine eigene Fassung des FM vor, die sich doch eher theoretisch dem Zusammenhang von Menschen und Aufgaben sowie Ressourcen und Funktion widmet:

Facility Management ist in der Praxis die Verknüpfung des physischen Arbeitsplatzes mit dem Menschen und dem Arbeitsgebiet der Organisation. Es vereint die Prinzipien von Verwaltung und Architektur sowie Verhaltens- und technische Wissenschaften.

Die unterschiedlichen Ausrichtungen von Facility Management nach den hier vorgelegten und teilweise sehr theoretischen Definitionen machen es den Akteuren und Anwendern nicht leichter, den Begriff zu fassen bzw. Leistungen und Aktivitäten des Facility Managements exakt zu verorten. Ganz im Gegenteil, die Einbeziehung von Immobilie, Prozessen und Menschen als Fokus des FM trägt noch zu weiterer Unschärfe bei und bedingt den letzten der eingangs erwähnten drei Aspekte.

1.1.3 Komplexität des Facility Managements

Deutlich wurde bisher, dass FM eine Vielzahl unterschiedlicher Dienstleistungen beinhaltet. Denn neben den ursprünglichen Dienstleistungen, die in der Vergangenheit mit dem Begriff Facility Management in Verbindung gebracht wurden, wie Reinigung oder Haustechnik, erbringen heute die großen Anbieter für FM nahezu alle erdenklichen Dienstleistungen, die ein Unternehmen abfragt. Hinzu kommt, dass FM unter dem Einfluss zahlreicher anderer Disziplinen und Wissenschaften, z. B. Wirtschafts- und Ingenieurwissenschaften, Soziologie oder Rechtswissenschaften, steht bzw. von diesen unmittelbar beeinflusst wird. Nicht zuletzt hat FM im Krankenhaus zahlreiche Schnittstellen. Die Leistungen kommen mit dem Krankenhauspersonal, den Besuchern und vor allem den Patienten in Berührung. Dementsprechend sind oder waren die einzelnen Leistungen, die heute unter FM gefasst werden können, auch den Bereichen im Krankenhaus zugeordnet, die meinten, sie am häufigsten zu beanspruchen:

- So kümmert sich die Pflege auch heute noch vielerorts um die Hauswirtschaft („… weil ich die auf der Station brauche"),
- die Personalabteilung versorgt den Patiententransport mit Zivildienstleistenden („… das können die gut machen"),
- der OP führt die ZSVA („sonst braucht doch auch fast keiner was aus dem Steri") und
- Mediziner und Pflegekräfte bestellen ihr Material selbst („… damit immer alles da ist").

Die Antwort auf die Frage, warum dies so organisiert ist, ist nicht selten: „Weil das immer so war". Diese Darstellung ist natürlich etwas überzogen, aber Fakt ist, dass Krankenhäuser nach wie vor die höchste Fertigungstiefe aller Wirtschaftszweige besitzen und so manches große Krankenhaus neben der Liegenschaftsverwaltung auch noch medizinische Dienstleistungen erbringt. Gerade die Reorganisation dieser Zuordnung und die gesamthafte Steuerung dieser Leistungen bergen die höchste Komplexität im Facility Management. Dies ist jedoch eine notwendige Herausforderung, der sich die Häuser zeitnah stellen müssen, um wettbewerbsfähig zu bleiben. Jedoch ist nichts schwieriger, als die alten Strukturen zu verlassen und lieb gewonnene Königreiche aufzugeben.

1.2 Definition von Facility Management im Krankenhaus

Zusammenfassend, und um eine Basis für die weiteren Ausführungen zu schaffen, soll an dieser Stelle eine eigene Definition für Facility Management im Krankenhaus vorgelegt werden:

Facility Management im Krankenhaus ist die Planung, Organisation, Durchführung und kontinuierliche Verbesserung aller Leistungen, die das System Krankenhaus zur optimalen Ausführung seines Kernprozesses und zur Konzentration auf diese Prozessebene befähigen.

Kernpunkt dieser Definition ist der Fokus auf die Prozesse im Krankenhaus. Hier sollen eben nicht mehr allein Dienstleistungen oder die Immobilie betrachtet werden, sondern das System Krankenhaus. Dies soll durch eine gesamthafte Betrachtung der durch FM betreuten Prozesse und deren flexible Anpassung an die Bedürfnisse des Kernprozesses realisiert werden. Dadurch soll Facility Management letztlich die Akteure im Krankenhausmanagement, in Medizin und Pflege entlasten, so dass hier entsprechende Ressourcen geschaffen werden, um ihren Kernprozess in einem wettbewerbsgetriebenen Markt erfolgreich zu gestalten.

1.3 Prozesse und Leistungen des Facility Management im Krankenhaus

1.3.1 Die fünf Prozessebenen

Um über Facility Management und seine Prozesse sprechen zu können, ist es notwendig, die Prozessebenen im Krankenhaus zu definieren und untereinander abzugrenzen. Gerade im Krankenhausbereich gibt es noch immer unterschiedliche Meinungen und Darstellungen darüber, wie viele Prozessklassen vorhanden sind und was diese beinhalten. Hier sollen fünf Prozessebenen unterschieden werden (s. Abb. 1):

1. **Primärprozesse.** Dies sind im Allgemeinen die wertschöpfenden Prozesse eines Unternehmens. Die daraus entstehenden Leistungen werden direkt für oder am Kunden erbracht und stellen den Geschäftszweck des Unternehmens dar. Für das Krankenhaus bedeutet dies die Behandlung des Patienten.
2. **Sekundärprozesse.** Innerhalb der Sekundärprozesse werden Leistungen für den Kunden generiert, die indirekt dem Geschäftszweck dienen.

Sie werden auch als wertschaffende Prozesse bezeichnet. Im Krankenhaus können dies beispielsweise diagnostische Leistungen sein.

3. **Tertiärprozesse.** Hierunter sind Leistungen und Prozesse zu fassen, die andere Prozessebenen unterstützen, jedoch keine unmittelbare Auswirkung auf den direkten Geschäftszweck haben. Die Krankenhauslogistik unterstützt z. B. den Sekundärprozess Radiologie und den Primärprozess der Operation mit der Bereitstellung von medizinischem Sachbedarf oder dem Patiententransport, dient jedoch nicht direkt oder indirekt dem Geschäftszweck der Einrichtung, nämlich der Heilung des Patienten.

4. **Tertiärprozesse mit Querschnittsfunktion.** Diese Prozesse unterscheiden sich von regulären Tertiärprozessen dadurch, dass sie eine übergreifende Funktion über mehrere Prozessebenen haben. Dies können auch andere Tertiärprozesse sein. Weiterhin können sie auch zu externen Prozessen bzw. Partnern ragen und diese mit der Wertschöpfungskette verbinden. Der strategische Einkauf, der vom Lieferanten über die Krankenhauslogistik auch sekundäre und primäre Prozesse des Krankenhauses unterstützt, ist ein typisches Beispiel für einen Tertiärprozess mit Querschnittsfunktion.

5. **Managementprozesse.** Managementprozesse oder auch wertdefinierende Prozesse haben keinen operativen Anteil am Kunden bzw. Patienten. Sie definieren und verfolgen die langfristigen Ziele der Unternehmensführung und -steuerung. Ihre Leistungen spiegeln sich vor allem in der Krankenhausleitung, dem Marketing oder dem Controlling wider.

Abbildung 1 fasst die beschriebenen Prozessebenen zusammen.

Eine nähere Betrachtung der Leistungen, die sich hinter dem Begriff der Tertiärprozesse verbergen, soll verdeutlichen, dass es sich hierbei um zahlreiche Dienstleistungen innerhalb eines Unternehmens bzw. Krankenhauses handelt, die in ihrer Gemeinsamkeit sowie ihren qualitativen und wirtschaftlichen Aspekten eine gewisse Komplexität und strategische Bedeutung aufweisen. Das Facility Management betreut heute in der Mehrzahl noch Leistungen aus dem Bereich der Tertiärprozesse, wie z. B. Reinigung, Catering oder die Krankenhauslogistik. Die beschriebenen Leistungen sind, wenn sie in Krankenhäusern mit einem externen Partner erbracht werden, singulär vergeben. Dies kann auch dazu führen, dass mehrere FM-Dienstleister in einem Krankenhaus verschiedene Aufgaben (bzw. Dienstleistungen) ausführen und mit verschiedenen Stellen im Krankenhaus kommunizieren, was auf die weiter vorne beschriebene Diversifikation der Zuständigkeiten für FM-Leistungen im Krankenhausbetrieb zurückzuführen ist. Ein weiterer Grund ist jedoch auch, dass nur wenige am Markt befindliche FM-Anbieter in der Lage sind, multiple Dienstleistungen zu erbringen. Dies führte zwangsläufig dazu, dass sich Krankenhäuser für die Kooperation in spezifischen

Abb. 1 Prozessebenen im Krankenhaus

Leistungsbereichen mit Dienstleistungsexperten eben genau für diesen (einen) Bereich oder die entsprechende Dienstleistung zusammenschlossen. Unangetastet blieben – und bleiben im Gros bis heute – die Potenziale im Bereich der Synergien (für jeden Dienstleister wird, im Dienstleistungspreis inkludiert, Overhead und Gewinn gezahlt), der Innovation (einzelne Dienstleistungen können häufig keine Prozesse gesamthaft überschauen und zu ihrer Verbesserung beitragen oder gar neue Services für den Kernprozess entwickeln) und der Entlastung von Management, Medizin und Pflege (die Betreuung einzelner Dienstleistungen inkl. Controlling und Qualitätsmanagement ist weiterhin erforderlich und die Schnittstellen der einzelnen Dienstleistungen laufen nach wie vor bei den Akteuren des Kernprozesses zusammen).

1.3.2 Übersicht zu Dienstleistungsbereichen im Facility Management

Die Dienstleistungen des Facility Managements lassen sich, wie eingangs bereits kurz erwähnt, klassischerweise in drei Bereiche untergliedern:

- technisches,
- kaufmännisches und
- infrastrukturelles Facility Management.

Nachfolgend soll eine kurze Übersicht mit der Darstellung von einzelnen Leistungen ihre Zuordnung verdeutlichen (s. Abb. 2). Im Anschluss werden ausgewählte Dienstleistungen innerhalb der drei Kategorien technisches, kaufmännisches und infrastrukturelles Facilty Management vorgestellt und ihre Besonderheiten in Bezug auf das Krankenhaus verdeutlicht.

1.3.3 Ausgewählte Facility Management-Dienstleistungen im Krankenhaus

Technisches Facility Management

Technisches Facility Management ist die technische Instandhaltung, die Planung und der Betrieb der kompletten technischen Infrastruktur eines Gebäudes. Technische Facility Management-Leistungen sind beispielsweise Wartungsarbeiten al-

---

Beispiele für Facility Management-Dienstleistungen im Krankenhaus

Technisch	Kaufmännisch	Infrastrukturell
Betrieb, Instandhaltung, Gewährleistungsverfolgung, Dokumentation und Qualitätssicherung von - Medizintechnik - Elektrotechnik - IKS-Technik - MSR-Technik - Energietechnik - Wärmetechnik - Sanitärtechnik - Raumlufttechnik - Brandschutztechnik inkl. Beratung und Nutzerinformation	- Patientenadministration (inkl. Aufnahme) - Ambulante und stationäre Leistungsabrechnung - Personalverwaltung und -abrechnung - Mietmanagement - Objektbuchhaltung - Vertragsmanagement - Flächenmanagement - Umzugsmanagement - Sekretariatsdienste	- OP-, Sonder- und Unterhaltsreinigung - Beschaffungsmanagement - Transport- und Lagerlogistik - Catering - Konferenz- und Veranstaltungsservice - Empfangs- und Sicherheitsdienste - Sterilgutaufbereitung - Bettenmanagement - Hausmeisterdienste - Archivierungsdienste - Flächenbewirtschaftung - Fuhrparkmanagement

Abb. 2   Beispiele für Facility Management-Dienstleistungen im Krankenhaus

ler Art, die technische Installation von Gebäude-anlagen wie Klima- und Heizungsanlagen aber auch die Instandhaltung technischer Geräte. Im Folgenden wird auf diese technischen Leistungen, insbesondere Kommunikationstechnik, Sicherheitstechnik und Medizintechnik eingegangen.

Kommunikationstechnik befasst sich mit dem technischen Datenaustausch mittels Telefonen, Faxgeräten, Satellitentechnik, Pagern, Internet oder anderen Techniken. Die Kommunikation innerhalb eines Krankenhauses ist sehr komplex und zu den Kommunikationstechniken zählen unterschiedlichste Kommunikationssysteme, wie einfache Rufsysteme mit und ohne Sprache, für die innerbetriebliche Kommunikation zwischen den verschiedenen Abteilungen und Fachabteilungen und für die Kommunikation mit den Patienten. Das Klinikinformationssystem ist ein gutes Beispiel für vernetzte Prozesse durch Kommunikationstechnik im Krankenhaus und ist für ein Krankenhaus von zentraler Bedeutung. Ein Krankenhausinformationssystem ist das „gesamte informationsverbreitende und informationsspeichernde Teilsystem eines Krankenhauses, bei dem es sich nicht nur um Rechnersysteme und -netze" und um die auf „ihnen installierten rechnerbasierten Anwendungssysteme handelt, sondern es geht um die Informationsverarbeitung eines Krankenhauses als Ganzes." Durch eine vernetzte Kommunikation zwischen den Fachbereichen können Schnittstellen in den Prozessebenen erkannt und so Synergien genutzt werden.

Sicherheitstechnik umfasst die Installation, Wartung und Instandhaltung von Aufzugnotrufanlagen, Brandmeldetechnik, Einbruchanlagen, Feuerlöschanlagen, den Zutrittskontrollanlagen und allen weiteren technischen Anlagen, die zur Sicherung eines Gebäudes und der Personen innerhalb dieses Gebäudes dienen. Sicherheitstechnik ist aber auch die Sicherung von medizinischen Geräten und Vorrichtungen. Für ein Krankenhaus ist die Vermeidung von Betriebsunterbrechungen von höchster Priorität, um die Gewährleistung der Versorgung der Patienten nicht zu gefährden. Die Sicherheitstechnik sowie die oben genannte Kommunikationstechnik sind in die Gebäudeautomation einzuordnen. Bei der Gebäudeautomation werden verschiedene so genannte Gewerke wie Sicherheits- und Alarmtechnik, Raumbeleuchtung, Klima und Lüftung, Kommunikations- und Unterhaltungstechnik miteinander über intelligente Gebäudefunktionen, wie eine Software oder zentrale Leitstelle,

verbunden. Hierdurch können Fehler im System schneller erkannt und behoben werden und die Erbringung der primären Leistungsebene ist nicht gefährdet.

Medizintechnik beschäftigt sich mit der Reparatur und vorbeugenden Wartung aller Medizinprodukte, mit Ausnahme von Geräten, die noch einer Garantie oder einem Wartungsvertrag unterliegen. Ein weiterer Teil ist die Prüfung der Geräte auf die Erfüllung ihrer sicherheitsrechtlichen Vorschriften. Die medizintechnischen Anlagen und Geräte, wie Überwachungsgeräte oder Herz-Lungen-Maschinen müssen vor ihrem Gebrauch sterilisiert werden, was spezielle Reinigungstechnik und Sterilisationsverfahren benötigt. Auch hier greift wieder das Medizinproduktgesetz (MPG). Medizinprodukte verfügen über Sicherheitssysteme, die einen Ausfall feststellen können und sicherstellen, dass eine Therapie mit diesem Gerät während seiner Lebensdauer nicht unsicher werden kann. Es gibt bisher nur sehr wenige Dienstleister im Bereich der Medizintechnik, auch wenn es für kleinere Häuser eine finanzielle Herausforderung ist, da spezifische Qualifikationen an das medizintechnische Personal gestellt werden. Aber die Verfügbarkeit der medizintechnischen Geräte ist eine unabdingbare Voraussetzung für die Erbringung der Primär- und Sekundärprozesse im Krankenhaus. Ein weiterer Ansatz ist, die Medizintechnik außer im technischen Facility Management im kaufmännischen Facility Management anzusiedeln, da eine ganzheitliche Betrachtung des Lebenszyklus vom Einkauf über den Gebrauch des Geräts (inklusive der Bewertung des Buchwerts, des medizinischen Nutzens im Vergleich zur Innovation des Produkts an sich und die Ergebnisse aus der technischen Prüfung) bis hin zur Disposition von entscheidender Bedeutung für den maximalen Nutzen der Gerätschaften ist.

Kaufmännisches Facility Management

Kaufmännisches Facility Management befasst sich mit allen buchhalterischen Leistungen, die sich auf ein Krankenhausgebäude und die dazugehörenden anfallenden Kosten beziehen. Klassische Bereiche sind beispielsweise Betriebskostenabrechnungen oder die Haus- und Mietverwaltung und das Versicherungswesen in Bezug auf diese Belange. Im weiteren Sinne umfasst das kaufmännische Facility Management auch Wareneinkauf und Warenlogistik; Personalmanagement, Personalverwaltung und Abrechnung; bis hin zur ambulanten und stationären Leistungsabrechnung oder Case Management, eine Arbeitsmethode um Handlungsprozesse fallspezifisch zu steuern und zu verbessern. Im Folgenden wird auf die oben genannten kaufmännischen Dienstleistungen näher eingegangen, vor allem auf Betriebskostenabrechnungen, Warenmanagement, Personalmanagement und Case Management. Die Ermittlung der Lebenszykluskosten und die maximale Nutzung der engagierten Ressourcen sowie eine genaue Darstellung des finanziellen Gegenwerts stehen beim kaufmännischen Facility Management im Vordergrund.

Eng mit den anderen Facility Management-Leistungen verbunden ist die kaufmännische Leistung der Erstellung und Kontrolle der Betriebskostenabrechnung. Betriebskosten sind alle Kosten, die bei der Bewirtschaftung einer Anlage anfallen. Zu den Betriebskosten zählen Heizungskosten, Warmwasserkosten, Kosten für die Straßenreinigung, Müllabfuhr, Stromkosten, Hausmeister, etc. Die Kosten entstehen also in direkter Verbindung mit den beschriebenen infrastrukturellen und technischen Facility Management-Leistungen. Die Aufgabe des kaufmännischen FM ist es, diese Kosten zu optimieren und, falls die Dienstleistungen miteinander vernetzt sind und auch genügend Schnittstellen vorhanden sind, gegebenenfalls Leistungsbenchmarks vorzugeben, die wiederum durch die technischen und infrastrukturellen Dienstleistungen umgesetzt werden können. Ein Krankenhaus kann hierdurch seine Betriebskosten gezielt kontrollieren, Schwachstellen aufdecken und die Prozesse oder unterstützende Medien verbessern bzw. austauschen.

Warenmanagement ist ein weiterer Bestandteil des kaufmännischen Facility Management, das die Betriebskosten eines Krankenhauses erheblich beeinflussen kann. Dies erfolgt z. B. durch die externe Beschaffung betrieblicher Sachmittel und Leistungen, wie Lieferantenwahl über Bieterverfahren, die Kontrolle des Wareneingangs und die damit verbundene Prüfung von Lieferterminen und Rechnungen. Ein zentralisiertes Einkaufssystem bietet durch geringere Einkaufspreise, eine bessere Möglichkeit zum Preisvergleich und bestehende Kooperationen mit Herstellern die Chance einer gezielten Kostenkontrolle. Auch hier können Kostenbenchmarks erstellt werden, die den spezifischen Verbrauch einer Abteilung oder Niederlassung optimieren können. Ein zen-

tralisiertes Einkaufssystem ermöglicht es, Prozesse gezielter zu steuern, die Versorgungskette in das Krankenhaus zu integrieren und operationsnah zu bestellen (Beispiel: Ersatz eines Gerätes, das gewartet oder ausgetauscht werden muss). Bei größeren Objekten lohnt es sich, eventuell Dienstleistungen übergreifend zu verbinden und ein Logistiklager zu errichten, an dem die Güter angeliefert und dann an die entsprechenden Gewerke und Häuser und Abteilungen verteilt werden.

Das Personalmanagement ist mit dem Bewerbermanagement, der Definition von Stellenprofilen sowie dem Personalcontrolling beauftragt. Das beinhaltet auch die Lohnkostenabrechnung, das Führen von Bewerbungs- und Personalgesprächen, die Kontrolle des Personalpools und die Unterstützung bei Arbeitnehmerüberlassungen oder Betriebsübergängen. Da das Humankapital im Krankenhaus eine wichtige Rolle spielt und einen großen Einfluss auf die Kosten in einem Krankenhaus hat, ist es wichtig, dieses zu kontrollieren und zu koordinieren. In einem Krankenhaus gibt es viele unterschiedliche Arten von Funktionen und Mitarbeitergruppen:

- Pflegedienst,
- Ärztlicher Dienst,
- Medizinisch-Technischer Dienst,
- Funktionsdienst, etc.

Auch hier kann wieder der Bezug zu den anderen Facility Management-Leistungen und die Vernetzung der Prozesse im Krankenhaus an sich genommen werden.

Beim Case Management werden Handlungsprozesse fallspezifisch gesteuert und verbessert. Die Dienstleistungen aller an diesem Prozess Beteiligten werden koordiniert und die Qualität und die vorhandenen Ressourcen werden aufeinander abgestimmt. Case Management greift aktiv in den Prozess ein und steuert die Leistung, die zur individuellen Problemlösung des jeweiligen Case erforderlich ist. Die Patientenversorgung und der damit verbundene Verwaltungsaufwand im Gesundheitswesen beruht auf komplexen Abläufen, die durch unterschiedliche Berufsgruppen und Schnittstellen umgesetzt werden. Dort entsteht oft das Problem der interdisziplinären Zusammenarbeit und Kommunikation, und Synergieeffekte werden nicht effizient genutzt. Durch Case Management können Prozesse transparent dargestellt werden, Schnittstellen definiert und Wartezeiten verkürzt bzw. eliminiert werden. Organisationsbezogenes Case Management zielt darauf ab, die Abläufe für die Patienten und alle an der Behandlung Beteiligten zu verbessern, denn reibungslose Prozessabläufe erhöhen die Zufriedenheit der Patienten, Besucher und Mitarbeiter und sie fördern die Zusammenarbeit zwischen den unterschiedlichen Berufsgruppen.

Infrastrukturelles Facility Management

Beim infrastrukturellen Facility Management werden bedarfsgerechte, gebäudebezogene Dienstleistungen erbracht, die eine wertschöpfungsunterstützende Wirkung auf Prozesse innerhalb von und um die Facility haben. Infrastrukturelle Dienstleistungen sind beispielsweise Reinigungsleistungen aller Art, Catering, Logistikdienstleistungen wie Transport von Gütern und Personen oder Sterilgut- und Bettenaufbereitung. Im Folgenden wird auf diese infrastrukturellen Dienstleistungen, im speziellen Unterhaltsreinigung, Catering, Logistik und die medizinische Sterilgutaufbereitung näher eingegangen.

Der Bundesinnungsverband für Gebäudereinigung (BIV) definiert Unterhaltsreinigungen als „sich wiederholende Reinigungsarbeiten nach festgelegten Zeitabständen". So werden nach einem vom Krankenhaus oder Klinikum vorgegebenen Leistungsverzeichnis Bereiche wie Krankenzimmer, OP-Bereiche, Gemeinschaftsbereiche und öffentliche Bereiche gereinigt. Dies geschieht je nach Bereich nach einem unterschiedlich festgelegten Rhythmus, dem so genannten Turnus. Im Krankenhaus gelten besondere hygienische und gesetzliche Richtlinien, wie Empfehlungen des Robert Koch Instituts oder das Infektionsschutzgesetz (IfsG), die bei der Reinigung beachtet werden müssen. Es gibt besonders hygienesensible Bereiche wie Intensivstationen und Operationssäle, in denen Hygiene und eine hohe Reinigungsqualität eine wichtige Rolle spielen. Im Krankenhaus muss gewährleistet sein, dass das Risiko der Keimverschleppung und somit das Risiko einer *nosokomialen* Infektion so gering wie möglich gehalten wird. Dieses Risiko kann durch den Einsatz bestimmter Reinigungssysteme und vordefinierter Prozessabläufe gewährleistet werden, die sich am Kernprozess der jeweiligen Einrichtung orientieren. Es existieren noch weitere regelmäßig stattfindende Reinigungsarbeiten wie Grundreinigungen, Glas- und Fassadenreinigungen oder auch irreguläre Sonderreinigungen,

die im Falle der Kontamination eines Raumes mit hochgradigen Sicherheitsmaßnahmen und durch einen staatlich geprüften Desinfektor durchgeführt werden müssen.

Cateringleistungen umfassen unterschiedliche Arten der Speisenversorgung für die Patienten als auch für die Mitarbeiter und Besucher eines Krankenhauses. Die Speisenversorgung der Patienten steht hierbei im Vordergrund, und eine gesunde und ausgewogene Ernährung, entsprechend der vom behandelnden Mediziner verordneten Kostform, sollte den Patienten angeboten werden. Wie und in welcher Produktionsmethode die Speisenversorgung stattfindet, hängt von der Infrastruktur der Einrichtung, der individuellen Organisation und den baulichen Gegebenheiten am Standort ab. Es gibt auch hier diverse gesetzliche Vorgaben in Bezug auf die Lebensmittelhygiene durch die Lebensmittelhygiene-Verordnung (LMHV) und die Prozesse durch das IfSG. In deutschen Krankenhäusern ist „jeder vierte Patient mangelernährt und Mangelernährung ist mit einer Verlängerung des Krankenhausaufenthaltes assoziiert", denn akut mangelernährte Menschen „haben längere Rekonvaleszenzzeiten und postoperative Wundheilungskomplikationen" treten häufiger auf. Deshalb spielen ein ernährungsphysiologisch ausgewogener Speiseplan und diätetische Richtlinien, wie durch die Deutsche Gesellschaft für Ernährung (DEG) vorgegeben, eine wichtige Rolle. Die Speiseversorgung der Mitarbeiter eines Krankenhauses findet meist im Rahmen der Patientenversorgung statt und wird meistens durch ein erweitertes Angebot ergänzt. Weitere Leistungen, die im weiteren Sinne dem Catering zugeordnet werden können, sind das Betreiben von Cafeteria- und Kioskkonzepten sowie die Unterhaltung eines Veranstaltungsservices.

Um die Speisenversorgung innerhalb eines Krankenhauses zu bewerkstelligen und zu gewährleisten, sind weiterhin logistische Dienstleistungen gefordert. Dieser Dienstleistungsbereich der infrastrukturellen Dienstleistungen befasst sich mit dem Transport der Speisen von der Produktionsstätte zur Station. Wieder gelten die Richtlinien des IfSG und der LMHV in Bezug auf die Liefertemperatur. Die Speisenlogistik muss entsprechend des Produktionssystems als auch der Infrastruktur des Standorts, den baulichen Gegebenheiten am Lieferort sowie der individuellen Organisation auf den Stationen angepasst werden. Weitere Leistungen, die eng mit der Cateringleistung verbunden sind, sind die Erbringung von Spüldiensten oder die Stellung von Serviceassistenzen für die Menüwahlaufnahme oder die Bestückung von Tabletts auf der Station mit Heißgetränken. Im Krankenhaus können noch zusätzliche Logistikleistungen wie Patiententransporte oder interne Botengänge organisiert werden, die durch einen externen Dienstleister erbracht werden können. Durch eine flexible Planung der Logistikprozesse können Laufwege verkürzt und Ressourcen effizienter genutzt werden.

Ein weiteres Gebiet der infrastrukturellen Dienstleistungen ist die Sterilgutaufbereitung. Bei dieser Dienstleistung handelt es sich um die hygienische Reinigung und Sterilisation von medizinischem Instrumentarium. Das medizinische Besteck und die verwendeten Gerätschaften werden nach dem Gebrauch in die Sterilgutaufbereitung gebracht, wo sie gereinigt und verpackt, entsprechend den Anforderungen der jeweiligen Fachabteilung zusammengestellt und anschließend sterilisiert werden. Grundlagen sind unter anderem das Medizinproduktegesetz (MPG) und wieder die Richtlinien des RKI sowie das IfSG. Das vorrangige Ziel der Validierung von Prozessen im Sinne des Medizinproduktegesetzes (MPG) ist eine hohe Sicherheit bei der Aufbereitung von Medizinprodukten (Reinigung, Desinfektion, Sterilisation) zu schaffen, um damit den Patienten zu schützen und den Aufbereiter abzusichern. Dementsprechend sind vordefinierte Prozessabläufe, genaue Packpläne und eine detaillierte Dokumentation grundlegend für eine sichere und qualitativ hochwertige Sterilgutaufbereitung. Im Gegensatz zu den oben genannten infrastrukturellen Dienstleistungen Unterhaltsreinigung, Catering oder Logistik, ist die Sterilgutaufbereitung ein Feld, das in vielen Krankenhäusern noch in Eigenregie durchgeführt wird, da die Barriere zu einer Fremdvergabe-Entscheidung dieser Dienstleistung höher ist. Dies liegt an den mit der Sterilgutaufbereitung verbundenen Risiken.

1.4 Facility Management-Leistungen – Eigenleistung vs. Strategische Partnerschaft

Auch heute vergeben Krankenhäuser viele Leistungen noch einzeln. Welche Dienstleistungen eignen sich jedoch für die Kooperation mit einem externen Partner oder auch zur vollständigen Fremdvergabe?

Die Frage, welche FM-Dienstleistungen in Zusammenarbeit mit einem Dienstleistungspartner erbracht werden sollen, ist eine Strategische. Vor

jedem Beginn einer Partnerschaft sollte daher geprüft werden, welche Dienstleistungen sich für ein solches Projekt eignen. Dabei sind letztlich zwei Kriterien wichtig: Handelt es sich bei der Leistung um eine Kernkompetenz des Krankenhauses und wie stellt sich das Marktangebot für die entsprechende Leistung dar? Nicht jede tertiäre Dienstleistung eignet sich a priori für eine Kooperation oder Fremdvergabe. So werden beispielsweise Einkauf und Lagerlogistik von Krankenhäusern häufig als Pakete vergeben. Zu beachten ist hier jedoch, dass sich der operative Einkauf in diesem Zusammenhang sehr gut für eine Partnerschaft mit einem Dienstleister eignet, der strategische Einkauf jedoch weniger. Er ist zwar nicht Kernprozess des Krankenhauses, sollte aber Kernkompetenz sein. Generell gilt, je näher bzw. mehr eine Leistung am Kernprozess beteiligt ist, desto weniger eignet sie sich im Sinne der Einzelvergabe für die Kooperation mit einem externen Partner.

Letztendlich sind die Kernaufgaben für jedes Krankenhaus individuell zu definieren. Sie sind abhängig von Art, Größe, Lage und Versorgungsauftrag des Krankenhauses sowie vom regionalen Angebot, insbesondere an medizinischen Leistungen (Stadt – Land) im Einzugsbereich [Renner et al. 2001].

1.4.1 Vorstudie zum Make-or-Buy-Potenzial inkl. SWOT-Analyse

Im Zuge der Vorarbeit einer Kooperation mit einem Dienstleistungspartner erfolgt eine Identifikation und kurze Analyse (Screening) von potenziell geeigneten Bereichen durch Abgrenzung von den patientennahen Leistungserstellungsprozessen (Kernprozessen) und den Kernkompetenzen. Dabei sollen die Stärken bzw. Schwächen und Chancen bzw. Risiken erkannt und im Rahmen eines Make-or-Buy-Portfolios (Matrix-Analyse) priorisiert werden (s. Abb. 3).

1.4.2 Make-or-Buy Entscheidung: Ist-Analyse und Marktstudie

Die nachgelagerte, prozessorientierte Analyse verdeutlicht Kernprobleme, Lösungschancen und Optimierungspotenziale. Durch eine tiefergehende Ist-Prozessanalyse wird der ausgewählte Bereich auf seine Tätigkeiten und Leistungen hin ana-

Auslagerungsbarrieren
(z.B. Marktangebot)

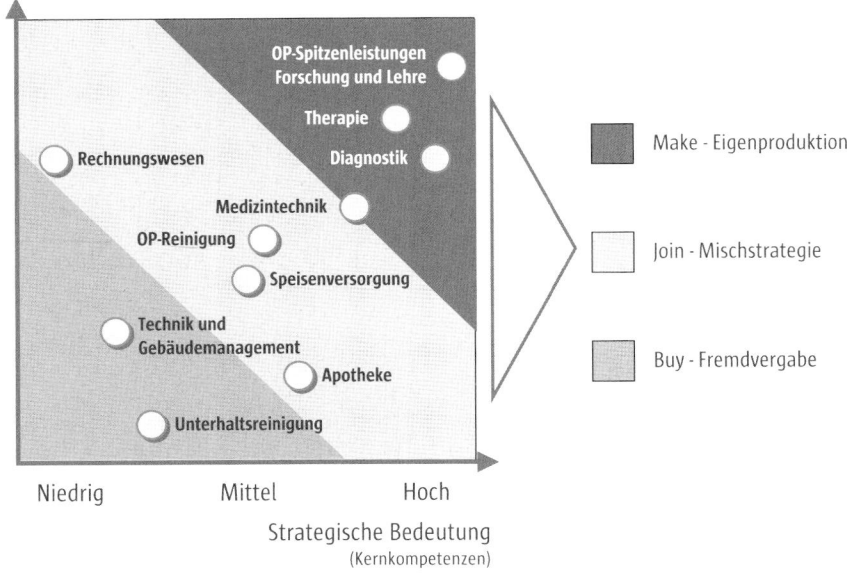

Abb. 3   Beispielhafte Darstellung einer „Make-or-Buy" Potenzialbewertung als Ergebnis einer Matrix-Analyse

lysiert, um die Basis für die Prozesskostenrechnung zu liefern, die einen Vergleich mit alternativen Dienstleistern bzw. Dienstleistungen ermöglicht. In Anlehnung an die Ergebnisse der Analyse des eigenen Bereiches werden mögliche Make-or-Buy-Alternativen generiert. Bereits zu diesem Zeitpunkt sollten verschiedene Alternativen, wie Grad des Dienstleistungsumfangs und der Grad der Kooperation geprüft und beschlossen werden. Denn die institutionelle Einbindung des strategischen Partners ist eine der wesentlichen Entscheidungen im Vergabeprozess. Im nächsten Schritt werden ausgehend von einer Marktuntersuchung Richtofferten eingeholt, anhand derer das Potenzial der Fremdvergabe abgeschätzt werden kann. Auf Basis dieser Ergebnisse kann die Vorentscheidung pro bzw. contra einer strategischen Partnerschaft mit einem Dienstleister gefällt werden.

1.4.3 Outsourcing-Design: Makromodell und Prozessoptimierung

Mit der Entwicklung eines Makromodells aller beteiligter Prozesse, mit Definition von Aufgaben und Kompetenzen sowie Abläufen und Schnittstellen wird einerseits der betroffene (am Projekt beteiligte) Dienstleistungsbereich dargestellt, andererseits zeigt es die Einbettung des entsprechenden Bereichs in das Unternehmen. Anhand des Entwurfes, der Planung und Einleitung von (ersten) Maßnahmen zur Prozessoptimierung werden die sich anbietenden Strategien nochmals verglichen und die Entscheidung zu Gunsten Make-or-Buy getroffen. Diese Design-Phase mündet in ein Konzept zur strategischen Partnerschaft, welches als Pflichtenheft Bestandteil der Ausschreibung sein sollte.

1.4.4 Partnerwahl: Ausschreibung und Vergabe

Um schlussendlich den Partner auswählen zu können, werden für die Ausschreibung bis zur Vergabe folgende Punkte erarbeitet:
- Entwickeln von Auswahl- und Bewertungskriterien
- Definition des Vergütungsmodells
- Erstellen von Ausschreibungsunterlagen
- Entwickeln von Service Level Agreements (SLA)
- Angebotsanalyse und Vergabeempfehlung
- Begleiten von Vertragsverhandlungen

Für die abschließende Entscheidung zur Partnerwahl ist das Motiv für die Auslagerung ein wichtiges Kriterium. Insbesondere dann, wenn es um die Bemessung der Zufriedenheit mit dem ausgewählten Dienstleistungspartner bzw. um die eigene Zielerreichung geht. Die Motive für eine Auslagerung können sehr unterschiedlich sein:

- Konzentration auf die Primärprozesse
- Kostensenkung
- Kundenorientierung
- Kontinuierliche Verbesserung

Dabei stehen Motiv und zu vergebende Leistung bei der Bewertung der Zufriedenheit bzw. Zielerreichung in einem engen Zusammenhang, der jedoch häufig übersehen wird. Der Bereich der Unterhaltsreinigung ist im Krankenhaus ein typischer Outsourcing-Kandidat. Er liegt in nahezu allen Häusern weit entfernt vom Kernprozess, somit droht kein Know-how-Verlust und das Marktangebot an Reinigungsunternehmen ist sehr groß, so dass ein entsprechender Wettbewerb und eine geringe Abhängigkeit vom Dienstleister gegeben sind. Ist das einzige Motiv für eine Auslagerung dann auch noch die Senkung der Kosten, so dürfte nach einem Jahr die Bewertung von Zufriedenheit und Zielerreichung in den meisten Fällen positiv ausfallen. Diffe-

renzierter stellt sich der Sachverhalt dar, wenn die Motive bzw. Ziele beispielsweise die Konzentration auf die Primärprozesse oder die kontinuierliche Verbesserung sind. Wird die Unterhaltsreinigung allein vergeben, beispielsweise innerhalb einer Tochtergesellschaft, so sind die damit geschaffenen Ressourcen zur Konzentration auf das Kerngeschäft für die Krankenhausverwaltung letztlich marginal. Die Führung der Tochtergesellschaft allein für eine Dienstleistung ist ähnlich aufwendig wie der Betrieb der Reinigung in Eigenregie. Die Darstellung aus der Praxis zu den Verantwortlichkeiten innerhalb eines Krankenhauses soll diesen Punkt illustrieren (s. Abb. 4).

Die Darstellung zeigt, dass in diesem Haus geeignete tertiäre Leistungen ausgegliedert wurden bzw. durch einen Partner erbracht werden, eine Konzentration auf das Kerngeschäft jedoch weiterhin schwierig sein dürfte. Die Führungsebenen des Hauses sind nun mit der Steuerung der externen Partner betraut. Bestehende, gewachsene Strukturen blieben unberührt und machen die Organisation und Durchführung der tertiären Dienstleistungen träge und ineffizient. Den Verantwortlichen kann hierfür allerdings kein Vorwurf gemacht werden, denn die Vergabe von Dienstleistungen nach dem dargestellten Muster

Abb. 4   Verantwortung für tertiäre Dienstleistungen in einem Beispielkrankenhaus

ist gängig, zumal alle zuvor genannten Kriterien und Analysen für die Auslagerung von Dienstleistungen erfüllt bzw. durchgeführt wurden.

Warum scheitern strategische Partnerschaften?

Strategie
Projekte zur Bildung einer strategischen Partnerschaft werden nicht im Sinne einer fundierten Make-or-Buy-Entscheidung im Rahmen eines Strategieprojektes durchgeführt.

Analyse
Es wird keine aussagekräftige Prozessanalyse und Schnittstellendefinition als Basis für die Leistungsdefinition durchgeführt.

Zielkonformität
Leistungsbeurteilung und -bezahlung spiegeln keine gemeinsame Zielsetzung von Auftraggeber und Auftragnehmer wider, oder es ist kein interner Konsens über das Motiv vor der Kooperation erzielt worden.

1.4.5 Outsourcing-Umsetzung und Kontrolle

Die Umsetzung eines Projektes im Allgemeinen erfordert ein professionelles Projektmanagement. Dem Projektmanagement kommen im Wesentlichen diese Aufgaben zu:

- Gliederung des Projektes in klar definierte Arbeitspakete (inkl. Ziele, Vorgaben und Verantwortung)
- Ausreichende Information aller relevanten Stellen und Mitarbeiter
- Exakte Planung von Durchlaufzeiten, Bearbeitungszeiten, Personaleinsatz und Kosten

Darüber hinaus soll ein regelmäßiges „Trouble Shooting" in der Umsetzung und eine regelmäßige Erfolgskontrolle der (Teil-)Ziele den Gesamterfolg des Projektes sichern. Ein im Rahmen des Outsourcing-Projektes erstelltes Organisationshandbuch (Ziele der Organisationseinheit; Organisationsstrukturen; Prozessbeschreibungen im Überblick und im Detail; Auswirkungen auf die Infrastruktur) liefert kurz- bis mittelfristig den Rahmen für den Umsetzungsprozess und langfristig die Basis für eine kontinuierliche Weiterentwicklung (kontinuierlicher Verbesserungsprozess).

1.5 Systempartnerschaft von Krankenhaus und Facility Management

1.5.1 Grundlagen der Systempartnerschaft

Das vorangegangene Kapitel hat gezeigt, wie für einzelne Dienstleistungen eine sichere Entscheidung zur strategischen Partnerschaft getroffen und diese auch initiiert werden kann. Es wurde jedoch auch deutlich, dass die gängigen Formen der Kooperation Risiken beinhalten, die einer nachhaltigen Zufriedenheit mit dem gewählten Partner oder generell dem Eingehen einer strategischen Partnerschaft entgegenstehen und somit den Erfolg des Projektes gefährden. Um die Nachhaltigkeit von Partnerschaften zu verbessern, sollten Krankenhäuser neben der Kostensenkung in Einzelbereichen auch weitere Ziele definieren bzw. in Betracht ziehen:

- Konzentration auf Kernprozesse und -kompetenzen (vor allem durch umfassende Entlastung von Medizin und Pflege)
- Flexible Leistungsorganisation der Unterstützungsprozesse (auf den Kernprozess angepasste FM-Kapazitäten) in atmenden Vergütungsmodellen
- Vermeidung von Investitionen in Bereichen außerhalb des Kernprozesses
- Senkung der Kapitalbindung in Bereichen außerhalb des Kernprozesses
- Komplexitätsreduktion für das Krankenhausmanagement
- Kalkulationssicherheit für Ausgaben außerhalb der Wertschöpfungskette

Das in Kapitel 1.4 vorgestellte Beispiel zeigt jedoch, dass diese Zielsetzungen in zahlreichen Einrichtungen nicht oder nur am Rande in die strategische Planung des Facility Managements einbezogen werden. Krankenhäuser und Kliniken benötigen zur Erhaltung und Steigerung der Wettbewerbsfähigkeit in der Zukunft einen strategischen Partner, der die Aufgabe der Planung, Organisation, Durchführung und kontinuierlichen Verbesserung von Unterstützungsprozessen bzw. FM-Dienstleistungen als gesamthafte Aufgabe wahrnimmt. Dazu ist es notwendig, die Dienstleistungen des FM zu vernetzen, flexibel zu organisieren, Schnittstellen zu reduzieren und zukünftige Entwicklungen zu antizipieren. Auf diese Weise können Leistungen qualitativ hochwertig und wirtschaftlich erfolgreich erbracht und die Führungsebenen eines Hauses für die Primärprozesse und die Akteure in diesem wirklich entlastet werden. In diesem Zusammenhang erreicht die Wahl des strategischen Partners einen erhöhten Stellenwert.

Der strategische Partner sollte in der Lage sein, alle Leistungen aus den drei Bereichen des Facility Managements anzubieten. Dies ist die Basis für eine Vernetzung der Dienstleistungen untereinander. Krankenhäuser sollten bei Auswahl der zu vergebenden Leistungen darauf achten, sinnvolle Leistungspakete auszugliedern. Logische Pakete, die gesamte Prozessketten bedienen, haben das größte Potenzial für die Hebung von Synergien, eine vernetzte und flexible Organisation sowie eine qualitativ hochwertige Leistungserbringung. Ein Beispiel wäre, die Lagerlogistik (inkl. operativem Einkauf) mit dem Transportdienst und der Versorgungsassistenz zu vergeben.

Nicht zuletzt sollte bei der Auswahl auf einen Partner zurückgegriffen werden, der auch in der Lage ist, zukünftige Entwicklungen zu antizipieren und notwendige Maßnahmen einzuleiten. Denn für Krankenhäuser ist es wenig Erfolg versprechend, wenn sie weiterhin neben dem Kerngeschäft Aufgaben im Bereich der Planung, Projektierung und Durchführung selbst oder gar allein erbringen [vgl. Lohmann u. Lohfert 2007]. Hier sind Anbieter von ganzheitlichem und integriertem Facility Management für die Gesundheitswirtschaft die richtige Wahl. Diese Dienstleister verfügen über das notwendige Know-how in den FM-Leistungen sowie die spezifischen Anforderungen, die das System Krankenhaus an diese stellt. Um diese Ziele zu erreichen, ist ein radikales Umdenken der Protagonisten im Krankenhausmanagement notwendig. Denn aus heutiger Sicht sind Leistungen des Facility Managements im Krankenhaus vornehmlich Leistungen im Tertiärbereich. Derzeit spielen für die Krankenhäuser bei den tertiären Dienstleistungen vor allem die Hebung von Einsparpotenzialen und die Senkung von Instandhaltungs- und Medienkosten eine überdurchschnittliche Rolle. Um den Ressourceneinsatz, vor allem für den Kernprozess nachhaltig effizienter gestalten zu können und somit die Wettbewerbsfähigkeit aufrechtzuerhalten oder zu steigern, ist es für ein Krankenhaus jedoch nicht ausreichend, den Fokus seiner Unternehmungen allein auf die Kostensenkung zu legen. Die Qualität und Wirtschaftlichkeit der medizinischen (und pflegerischen) Leistungen sind in diesem Zusammenhang der entscheidende Faktor. Krankenhäuser und Kliniken benötigen zur Erhaltung und Steigerung der Wettbewerbsfähigkeit in der Zukunft einen Systempartner im Facility Management. Die in Kapitel 1.3 vorgestellten Prozessebenen im Krankenhaus werden dazu neu gegliedert und die dahinterliegenden Prozesse jeweils von den Systemverantwortlichen gesteuert.

Das Modell macht deutlich, dass hierzu eine tiefe Einbindung des Systempartners notwendig ist (s. Abb. 5). Systempartnerschaften dieser Art unterliegen gewissen Prämissen, damit sie nachhaltig zum Erfolg geführt werden können. Eine Partnerschaft ist in erster Linie eine auf Langfristigkeit angelegte Verbindung. Die wenigen erfolgreichen Leuchtturmprojekte haben sich über mehrere Jahre zu Systempartnerschaften entwickelt. Dies war vor allem deshalb möglich, weil die Zielsetzung der Partnerschaft nicht eindimensional angelegt und z. B. nur auf Kostensenkung fokussiert war. Hier muss es für den externen Partner Raum zur Entwicklung, auch neuer Dienstleistungen, geben. Nachhaltige und effiziente Lösungen können nur durch eine partnerschaftliche und offene Zusammenarbeit entstehen. Dabei profitieren Krankenhäuser vom Know-how und der Dienstleistungsorientierung. Das hier gezeigte Modell ist in diesem Zusammenhang eine zielführende Grundlage, um die eingangs erwähnten Ziele außerhalb einer reinen Kostensenkung zu erreichen. Um allerdings eine nachhaltige Entlastung von Medizin und Pflege sowie eine am Kernprozess orientierte flexible Leistungsorganisation in den Unterstützungsprozessen zu erreichen, bedarf es noch einer weiteren Detaillierung und Verfeinerung in der Organisation der FM-Prozesse. Die gezeigte Systempartnerschaft bildet allerdings auch die Voraussetzung dafür, FM-Dienstleistungen produktivitätssteigernd in den Kernprozess von Krankenhäusern zu integrieren: Integriertes FM im Krankenhaus.

1.5.2 Integriertes Facility Management im Krankenhaus innerhalb der Systempartnerschaft

Integriertes FM im Krankenhaus will eben nicht nur die Leistungen der sekundären und tertiären Ebene miteinander verbinden und gemeinsam managen. Es sollen vor allem Schnittstellen im Kernprozess zu den vielen Einzelaufgaben des FM reduziert werden. So wird neben der Vernetzung der Dienstleistungen auch noch eine dienstleistungsimmanente Effizienzsteigerung und Flexibilisierung für den Kernpro-

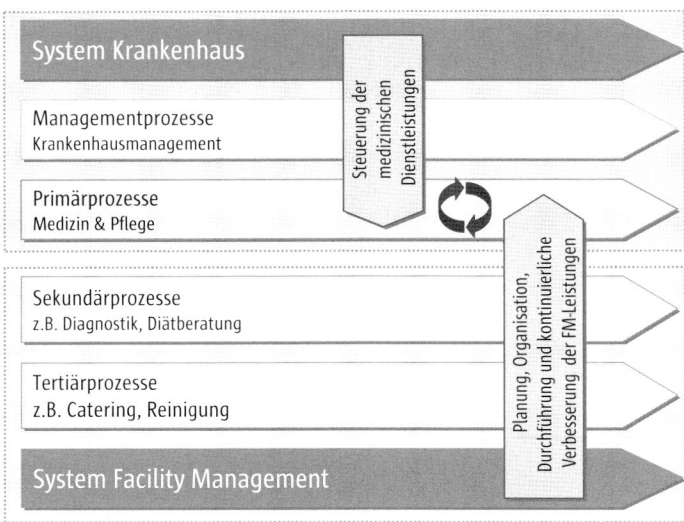

Abb. 5   Systempartnerschaft zwischen Krankenhaus und Facility Management

zess erreicht. Zur tatsächlichen Entlastung von Medizin und Pflege im Kernprozess und kernprozessorientierter Dienstleistungsadjustierung innerhalb der Systempartnerschaft ist die Implementierung von zwei Komponenten notwendig:
1. Integriertes Management der operativen Einheiten im Primärprozess
2. Integrierte Services auf sekundärer und tertiärer Ebene

Das integrierte Management der operativen Einheiten bzw. Dienstleistungsbereiche, im Beispiel von Abbildung 6 durch Service-Assistenten vor Ort, ist die konsequente Umsetzung von rechtlichen und vertraglichen Beziehungen, die das Management zur Entlastung seiner Akteure in Medizin und Pflege eingeht. Hierdurch können nicht nur die Kostenpotenziale, die über mehrere Berufsgruppen und Stellenprofile verteilt sind, gehoben werden. Die Dienstleistungen erfahren eine unmittelbare Einbindung in die Kernprozesse, die dadurch nachhaltig entlastet werden. Für die Handelnden im Kernprozess ergibt sich eine deutliche Reduzierung von Schnittstellen; Aufgaben können flexibel organisiert und verteilt werden.

Das integrierte Management der operativen Einheiten vor Ort stellt gleichzeitig den Knotenpunkt zu den integrierten Dienstleistungsabteilungen dar. Diese werden über ein Service-Center einheitlich gesteuert, welches wiederum die

Basis für eine horizontale Integration der sekundären und tertiären Dienstleistungen bildet [vgl. Kirchner u. Knoblich 2009].

Im Ergebnis dient die Erschließung von Synergien in den Unterstützungsprozessen als Grundlage zur Erschließung von Kosten- und Qualitätspotenzialen. Dies erfolgt innerhalb vernetzter Prozesse auf allen Ebenen und in allen Prozessphasen. Zudem bilden derartige Modelle die Basis für weitere Aspekte der Systempartnerschaft, wie z. B. atmende Verträge, die sich an der aktuellen Einkommens- bzw. Erlössituation der Einrichtungen orientieren und eine Teilung der damit verbundenen wirtschaftlichen Risiken implizieren. Außerdem sind nicht länger Benchmarks und Budgets Basis für die Zusammenarbeit, sondern abgestimmte Leistungen mit verursachungsgerechter und aufwandsbezogener Kostenzuordnung bzw. Vergütung.

Durch das Modell des integrierten Facility Managements innerhalb einer Systempartnerschaft lassen sich somit alle genannten Ziele von FM im Krankenhaus verwirklichen.

1.6 Kooperationsformen zwischen Krankenhaus und Facility Management

Um die Position der Systempartnerschaft innerhalb dieser Entwicklungs- bzw. Kooperationsstu-

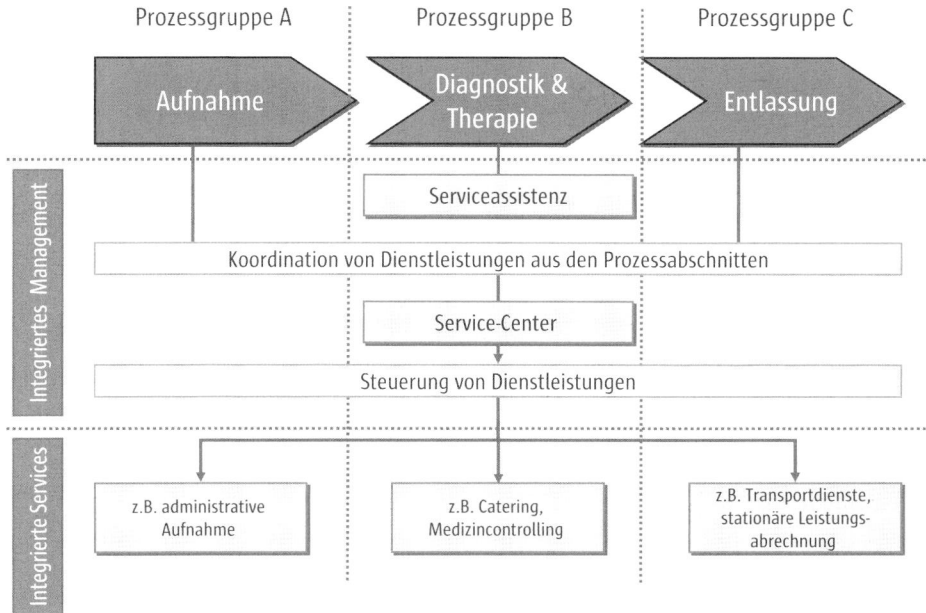

Abb. 6   Integriertes Facility Management im Krankenhaus

fen perspektivisch darstellen zu können, muss man sie in Bezug zu den heutigen Formen setzen.

Abbildung 7 zeigt die drei gängigsten Kooperationsformen zwischen Krankenhäusern und FM-Dienstleistern sowie die Systempartnerschaft als neue Komponente. Beispiele sollen illustrieren, was hierunter zu verstehen ist.

1.6.1 Managementvertrag

Innerhalb eines Managementvertrags sieht diese Kooperationsform die aktive Identifikation oder ggf. auch Umsetzung von Optimierungspotenzialen eines Leistungsbereiches (z. B. ZSVA) durch einen Projekt- oder Interim-Manager vor. Die Potenziale werden in einer zu Beginn durchgeführten SWOT-Analyse ermittelt und können später auch als Basis für eine Make-or-Buy-Entscheidung dienen. Bei dieser Variante verbleibt das Personal des betroffenen Leistungsbereichs beim Auftraggeber.

Der Managementvertrag eignet sich vor allem in zwei Fällen:

- Zum einen, wenn man vor Beginn einer Kooperation mit einem strategischen Partner die Leistungen eines Bereichs von einem

Experten untersuchen und konkrete Zielstellungen für die zukünftige Ausrichtung identifizieren lassen möchte, hierzu aber selbst über keine ausreichenden Personalkapazitäten bzw. notwendiges Know-how verfügt.

- Zum anderen ist ein Managementvertrag dann sinnvoll, wenn man eine eigene 100 Prozent-Servicetochter betreibt oder aufbauen möchte, um entsprechendes Potenzial innerhalb der FM-Leistungen zu ermitteln und diese nach innovativen FM-Konzepten zu führen. Dies gilt insbesondere dann, wenn man andere externe Partner über die eigene Servicetochter steuern möchte.

1.6.2 Dienstleistungsvertrag

Diese Form sieht eine partielle oder vollständige Übertragung von Unternehmensfunktionen an betriebsfremde Institutionen vor. Sie beinhaltet die Fremdvergabe einer Teilleistung oder -funktion einer Unternehmung (z. B. Reinigung) und deren Übernahme durch den strategischen Partner inkl. des dort beschäftigten Personals.

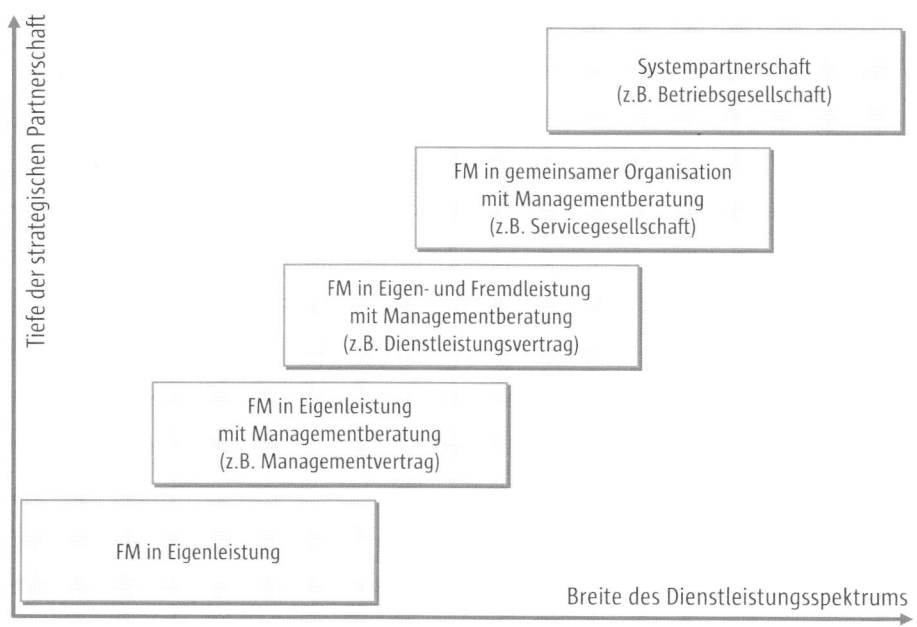

Abb. 7   Kooperationsformen im Facility Management

Der Dienstleistungsvertrag ist sicherlich die gängigste Form der externen Kooperation. Der Dienstleistungsvertrag bietet sich immer dann an, wenn sehr spezielle Leistungen, für die es nur wenige Anbieter am Markt gibt (z. B. Labor) oder die nur schwer mit anderen Dienstleistungen zu bündeln sind, vergeben werden sollen (stationäre Leistungsabrechnung). Der Dienstleistungsvertrag birgt speziell im Krankenhaus immer den Nachteil, dass bei der Kooperation mit FM-Anbietern im Bereich personalintensiver Dienstleistungen (Logistik, Reinigung etc.) eine Mehrwertsteuer zu entrichten ist. Dies frisst Kostenpotenziale, die man meist mit Dienstleistungsverträgen kurzfristig erschließen möchte, schnell wieder auf. Die Steuerung von Dienstleistungsverträgen mit externen Partnern lässt sich sehr gut über ein Servicecenter im integrierten FM abbilden.

1.6.3 Gemeinsame Servicegesellschaft (umsatzsteuerliche Organschaft)

Für einen oder mehrere Leistungsbereiche gründen das Krankenhaus und ein strategischer Part-

ner eine gemeinsame Tochtergesellschaft (verankert im Gesellschaftervertrag), an dem das Krankenhaus mehrheitsbeteiligt ist. Zwischen der gemeinsamen Tochtergesellschaft und dem Krankenhaus wird ein Dienstleistungsvertrag über die Erbringung der zuvor definierten Dienstleistungen geschlossen. Da sich die Tochtergesellschaft durch ihre wirtschaftliche, organisatorische und finanzielle Eingliederung im steuerlichen Organkreis des Krankenhauses befindet, kann sie die Dienstleistungen für das Krankenhaus mehrsteuerfrei erbringen. Das zuvor in den betroffenen Dienstleistungsbereichen beschäftigte Personal geht meist in die Tochtergesellschaft über.

Die gemeinsame Servicegesellschaft bietet dem Krankenhaus viele Vorteile und ist eine Basis für die Bildung von Systempartnerschaften mit integrierten FM-Leistungen. Die Servicegesellschaft bietet dem Krankenhaus die Vorteile innovativen Expertenwissens (für Innovation und kontinuierliche Verbesserung) durch die Partnerschaft mit dem FM-Anbieter, bei gleichzeitig vollständiger Transparenz im Bereich der Kosten und Qualität. Die Gründung von Servicegesellschaften bietet sich vor allem dann an, wenn

Abb. 8   Modell der gemeinsamen Servicegesellschaft

verschiedene Leistungen, die bisher in Eigenregie erbracht wurden, nun aus einer Hand und in Kooperation mit einem Systempartner erbracht werden sollen. Die Gründung von Servicegesellschaften für eine Dienstleistung allein sollte man genau prüfen (vgl. Kap. 1.4). Perspektivisch ist die Servicegesellschaft immer dann die beste Lösung, wenn hierin multiple Dienstleistungen abgewickelt werden (s. Abb. 8).

Die Systempartnerschaft stellt in diesem Kontext eine neue, höhere Entwicklungsstufe dar. Es handelt sich jedoch nicht um ein absolutes Raster. Mischformen sind durchaus denkbar und werden in der Praxis auch erfolgreich gelebt. Wichtig für den Erfolg der Partnerschaft sind die Dimensionen „Tiefe der strategischen Partnerschaft" und „Breite des Dienstleistungsspektrums".

Die Tiefe der strategischen Partnerschaft umfasst dabei vor allem Aspekte, die von strategischer Bedeutung für das Management der Einrichtung sind, wie beispielsweise Wirtschaftlichkeit, Personalressourcen, Anzahl der betreuten Standorte etc. Die Breite des Dienstleistungsspektrums bezieht sich in diesem Kontext vor allem auf der Dienstleistung immanente Faktoren. Dies kann neben der Anzahl der erbrachten Dienstleistungen auch die Komplexität der einzelnen Dienstleistung in der Organisation, die Steuerung von mehreren Dienstleistungen oder übergreifende Qualitätsaspekte umfassen. Systempartnerschaften entstehen dann, wenn die Maxime dieser Dimensionen in einer Schnittmenge zusammenkommen.

Fazit und Ausblick

Abschließend zeigt sich, dass Facility Management in Krankenhäusern heute noch weitestgehend eine unter-

stützende Dienstleistung ist, welche die Produktivität einzelner Bereiche erhöht und das Management innerhalb von Kooperations- bzw. Partnerschaftsmodellen entlastet. Der Trend, die zweite oder dritte Reihe zu verlassen und immer häufiger Leistungen direkt für oder gar im (ehemaligen) Kernprozess von Einrichtungen der Gesundheitswirtschaft zu erbringen, ist deutlich spürbar. Maßgeblich hierzu ist ein Wandel im Selbstverständnis der Krankenhäuser. Was gehört hier heute noch zum Primärprozess? Eine Frage, die sich die Einrichtungen selbst stellen müssen. Die großen Anbieter im FM-Markt bereiten ihre Antworten bereits vor. Ob neue Geschäfts- und Vergütungsmodelle, wie Servicecenter-Organisation oder Pay-per-Case den Markt erreichen, ist eine Frage des Zeitpunktes und nicht mehr der Wahrscheinlichkeit.

Literatur

Deutsche Studie zur Mangelernährung im Krankenhaus. Clinical Nutrition Volume 25, Issue 4, August 2006, 563–572

Haux R, Schmücker P, Winter A (1996) Gesamtkonzept der Informationsverarbeitung im Krankenhaus. In: Haas; Köhler; Kuhn; Pietrzyk; Prokosch (Hrsg.) Praxis der Informationsverarbeitung im Krankenhaus. Landsberg: ecomed, S. 25

Hossenfelder J (2009) Wachstumsbranche Facility Management. In: Lünendonk T, Hossenfelder J (Hrsg) (2009) Dienstleistungen Vision 2020. 220–237. F.A.Z.-Institut für Management-, Markt- und Medieninformationen GmbH, Frankfurt am Main

Kirchner M, Knoblich J (2009) Systempartnerschaften im Facility Management. In: Lohmann H Preussker U (Hrsg) (2009) Geschäftsmodell Systempartnerschaften: Die Digitale Industrialisierung der Medizin. 81–90. Economica, Verlagsgruppe Hüthig Jehle Rehm GmbH, Heidelberg, München, Frechen, Landsberg, Hamburg

Lohmann H, Lohfert C (2007) Medizin im Zentrum des Umbruchs – Erfolgsfaktoren im Überlebenskampf der Krankenhäuser, Thesenpapier der Lohfert & Lohfert AG und Lohmann konzept, Hamburg

Renner G, Reisinger G, Linzatti R (2001) Outsourcing: Formeln, Ziele, Bereiche, Entwicklungstendenzen, Chancen, Risiken. In: Frosch, E.; Hartinger, G.; Renner, G (2001) Outsourcing und Facility Management im Krankenhaus: Strategien-Entscheidungstechniken-Vorgehensweisen; mit Fallbeispielen aus der Praxis. Wirtschaftsverlag Ueberreuter; Wien, Frankfurt

Internetquellen

http://www.biv.de
http://www.dgem.de
http://www.rki.de
http://www.dge.de

2   Trends im Verpflegungsmanagement

Thomas Keßeler und Oliver Kohl

Schubert Unternehmensgruppe, Düsseldorf

2.1   Einleitung

Im Gesamtzusammenhang der Steuerung von Prozessen im Krankenhaus lassen sich drei grundsätzliche Bereiche definieren. Im *primären Sektor* geht es um die Kerndienstleistung der medizinischen Heilung bzw. Behandlung des Patienten. Dieser Primärprozess wird unterstützt durch die Tätigkeiten der Pflege im *sekundären Sektor*. Alle nicht-medizinischen und nicht-pflegerischen Dienste bezeichnen den *tertiären Sektor* der infrastrukturellen, technischen und kaufmännischen Dienstleistungen. Die Kunst der Klinikleitung liegt nun darin, alle drei Sektoren unter wirtschaftlich effizienten und qualitativ optimalen Bedingungen so zu verknüpfen, dass die Prozesse integrativ ineinandergreifen und unter möglichst reibungslosem Schnittstellenmanagement gesteuert werden können (s. Abb. 9). Ziel aller Bemühungen sollte es sein, einen geheilten und zufriedenen Patienten am Ende der Prozesskette so zu entlassen, dass er das Haus weiterempfiehlt.

Um das anspruchsvolle Erwartungsniveau eines Patienten und die Bedürfnisse und Rahmenbedingungen des Klinikpersonals hinsichtlich eines modernen Verpflegungsmanagements sinnvoll organisieren zu können, stehen der Klinikleitung verschiedene Managementinstrumente zur Verfügung.

1. Entscheidung hinsichtlich unterschiedlichster Produktionstechnologien und zentraler oder dezentraler Küchenplanung mit entsprechender Logistikkette;
2. effizientes Kostenmanagement bezüglich Einkaufskonditionen, Personaleinsatz und Prozesskosten sowie entsprechendes Kostencontrolling;
3. proaktives Ertragsmanagement unter Einbeziehung von ernährungsrelevanten DRG-Abrechnungen mit entsprechend dokumentierten Therapiekostformen und gastronomischen Zusatzerlösen;
4. Vertragsmanagement, abhängig von der grundsätzlichen Entscheidung, ob infrastrukturelle Dienstleistungen in Eigenregie erstellt oder an dafür spezialisierte Dienstleistungsunternehmen outgesourct werden.

Im Folgenden wird die Krankenhausverpflegung in einer kleinen Marktübersicht dargestellt [vgl. Repräsentativerhebung des Deutschen Krankenhausinstituts 2006]:

- 100 % der Krankenhäuser in Deutschland übernehmen die Patientenverpflegung.
- 73 % betreiben öffentliche Cafeterien.
- 75 % produzieren weniger als 150.000 Beköstigungstage (BKT) pro Jahr.

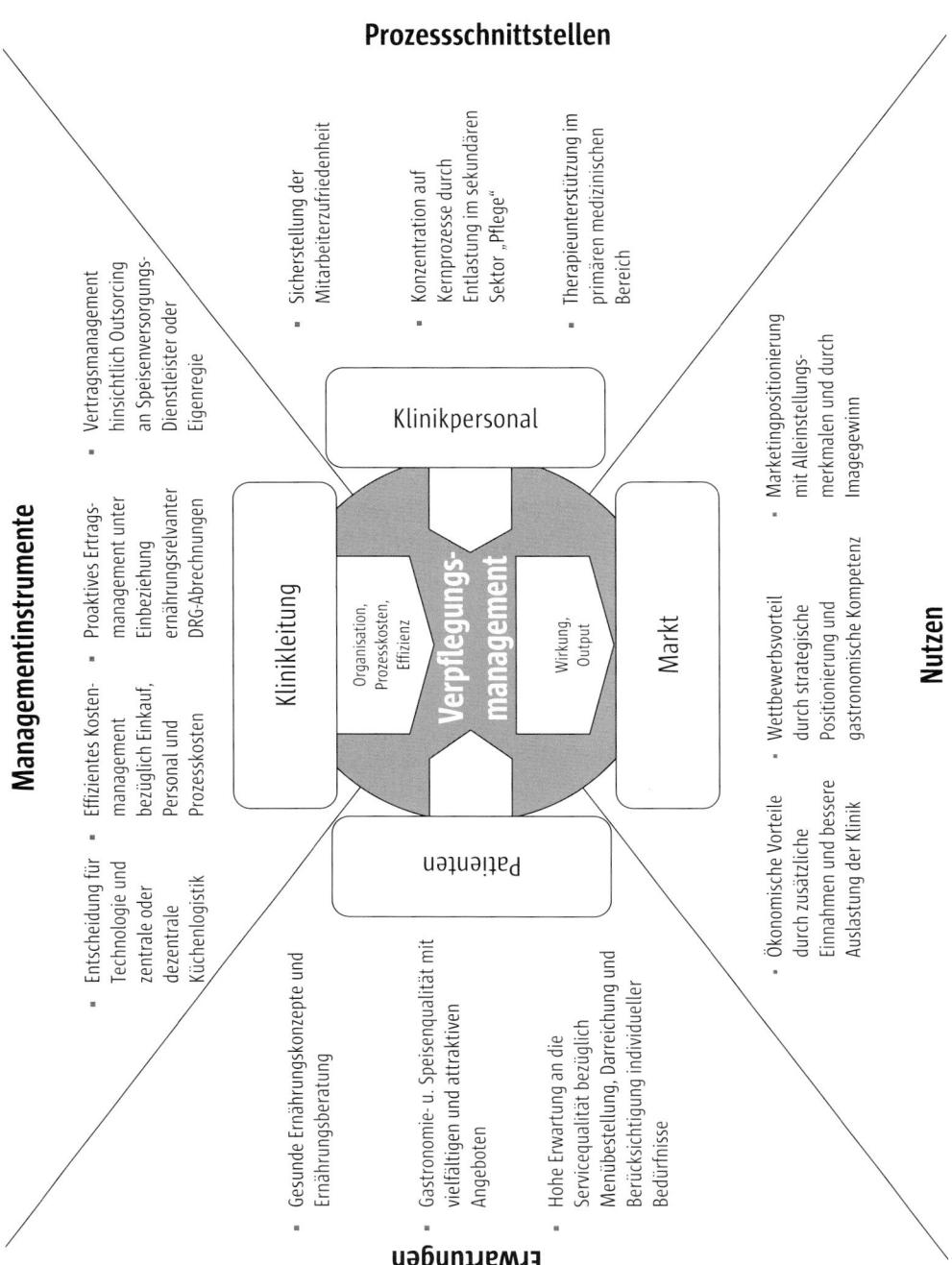

Abb. 9   Spannungsfeld des Verpflegungsmanagements

- 25 % produzieren zwischen 150.000 und 794.000 BKT.
- 67,9 % versorgen weitere Einrichtungen außerhalb des eigenen Krankenhauses.
- 76 % aller Mahlzeiten werden für Patienten produziert.
- 11 % aller Mahlzeiten werden für Mitarbeiter zubereitet.
- 3 % aller Mahlzeiten werden für Cafeterien produziert.
- 10 % der Mahlzeiten werden extern ausgeliefert.
- 52,2 % aller Häuser bieten als Serviceleistung eine à la carte-Speisekarte.
- Das durchschnittliche Alter der Krankenhausküchen beträgt 26 Jahre (alte Bundesländer: 30, neue Bundesländer: 9 Jahre).
- Die letzte Sanierung fand vor durchschnittlich 11,4 Jahren statt.

2.2 Erwartungen – Aus Patienten werden Gäste

2.2.1 Gesunde Ernährungskonzepte

Die Grundversorgung für alle Patienten und Mitarbeiter muss nach den Vorgaben der DACH – ein Zusammenschluss der Deutschen Gesellschaft für Ernährung e. V. (DGE), der Österreichischen Gesellschaft für Ernährung (ÖGE) sowie der Schweizerischen Gesellschaft für Ernährung (SGE und SVE) – erfolgen. Bei diätetischer Versorgung gelten in Deutschland die Vorgaben der DGE (www.dge.de), auf europäischer Ebene der ESPEN (European Society for Nutrition and Metabolism, www.espen.org).

Gesunde Ernährungskonzepte:
- Ausgewogene Ernährung (DGE)
- Ernährungsberatung
- Medizinische Sonderkostformen
- Farbpunkte-Konzepte

2.2.2 Gastronomie- und Speisenerwartung/Wohlfühlfaktoren

Der begehrte Selbstzahler, der auf eigene Kosten Zusatzservices in Anspruch nimmt, ist im Krankenhaus die Ausnahme. Auch der ganz „normale" Patient will heute als Gast – ähnlich wie in einem Hotel – wahrgenommen werden.

Damit steigt die Bedeutung der Klinikgastronomie als Marketing-, Wohlfühl- und Erfolgsfaktor. Zu den Wohlfühlfaktoren gehören heute:

- direkte und persönliche Kommunikation,
- flexibles Eingehen auf individuelle Wünsche und Bedürfnisse,
- eine vielseitige Auswahl an Alternativangeboten,
- professioneller und verlässlicher Service,
- Vertrauen und Transparenz der Dienstleistungen.

Auch Automaten, Mitarbeiterkantine und Patientencafeteria werden von der Klinikküche mit versorgt und sind heutzutage auf die gestiegenen Erwartungen der „Kunden" abzustimmen.

Ein attraktives Geschäftsfeld kann es sein, die Leistungen der klinikeigenen Küche auch extern zu vermarkten.

So können Betriebe in der Umgebung, Kindergärten und Heime von Klinikküchen mitversorgt werden. Auch Partyservice, VIP-Service und Konferenzmanagement werden von Krankenhäusern angeboten.

Gezielte Öffentlichkeitsarbeit ist unerlässlich, um das gastronomische Angebot bekannt zu machen. Informationsbroschüren, kulinarische Sonderaktionen und zielgruppenspezifische Gastronomiekonzepte locken ein neues Klientel ins Krankenhaus.

2.2.3 Serviceerwartung/innovative Versorgungsarten

Um die Serviceerwartungen der Patienten und Gäste erfüllen zu können, muss das Personal professionell geschult werden. So kooperiert zum Beispiel das Deutsche Herzzentrum Berlin mit dem Hotel Intercontinental Berlin. Mehr und mehr Gesundheitseinrichtungen, wie z. B. das privat geführte Rudolfinerhaus in Wien, bieten den Servicestandard eines 5-Sterne-Luxus-Hotels an.

Versorgungsarten, die den Hotelcharakter betonen und heute „State of the Art" sind:
- Individuelle und professionelle Speisenabfrage und -bestellung
- Stations-Servicefachkräfte
- Mobile Restaurants auf Station
- Selbstbedienungsbuffet
- A la carte-Service, zeitlich flexibel serviert
- Tablettierte Speisen für nicht mobile Patienten;
- Erweitertes Bestellangebot, z. B. Fruchtkörbe, Getränke, Zwischenmahlzeiten etc.
- Sonderleistungen, z. B. Zeitungsservice, Einkaufsservice

2.3 Schnittstellen zu internen Kernprozessen

2.3.1 Mitarbeiterzufriedenheit

Auch die Klinik-Mitarbeiter sind als Gäste des hauseigenen Verpflegungsmanagements zu betrachten, die Wert auf Gesundheit, Genuss sowie ein gutes Preis-Leistungs-Verhältnis legen. Mitarbeiterrestaurants, Cafeteria und Automaten sind oft Standard, aber nicht immer attraktiv gestaltet.

> *Der Wohlfühlfaktor bei der Mitarbeiterversorgung ist ein weicher – aber nicht zu unterschätzender Aspekt der Personalpflege.*

Auch die Umsetzung kurzfristiger Änderungswünsche dieser internen Bezugsgruppe sollte beim Verpflegungsmanagement zugunsten der Mitarbeiterzufriedenheit berücksichtigt werden.

2.3.2 Mitarbeiterentlastung/Konzentration auf den Kernprozess

Eine immer wichtiger werdende Aufgabe des Verpflegungsmanagements ist die Übernahme von Diensten aus dem sekundärem Bereich (= Pflege) in den tertiären Sektor (Dienstleister).

Low-Care-Arbeiten wie z. B. Menüaufnahme, Hol- und Bring-Dienste und Menüservice können an spe-

ziell geschulte Stations-Servicefachkräfte delegiert werden, die häufig auch von Care-Caterern zur Verfügung gestellt werden. Wenn die Speisenversorgung von der Küche bis zum Patienten aus einer Hand kommt, können Friktionen an den Schnittstellen zwischen Küche und Pflege reduziert werden. Das entlastet die Pflege und ermöglicht ihr, sich auf ihre Kernprozesse zu konzentrieren (s. Abb. 10).

2.3.3 Therapieunterstützung/Zielgruppengerechte Verpflegung

Das Essen muss unter ernährungsphysiologischen Gesichtspunkten zusammengestellt sein.

> *Unterschiedliche Patientengruppen brauchen spezielle Kostformen, die den Heilungsprozess therapeutisch unterstützen.*

Es müssen krankheitsspezifische Kostformen vor Ort flexibel vorgehalten werden, um spezielle Bedürfnisse der Patienten und medizinische Abläufe berücksichtigen zu können. Auf Kinderstationen etwa sind kindgerechte Kostformen und Geschmacksrichtungen anzubieten. Besonders sensibel zu handhaben ist die Verpflegung im onkologischen und im Palliativbereich sowie bei der wachsenden Gruppe geriatrischer, dementer und multimorbider Patienten.

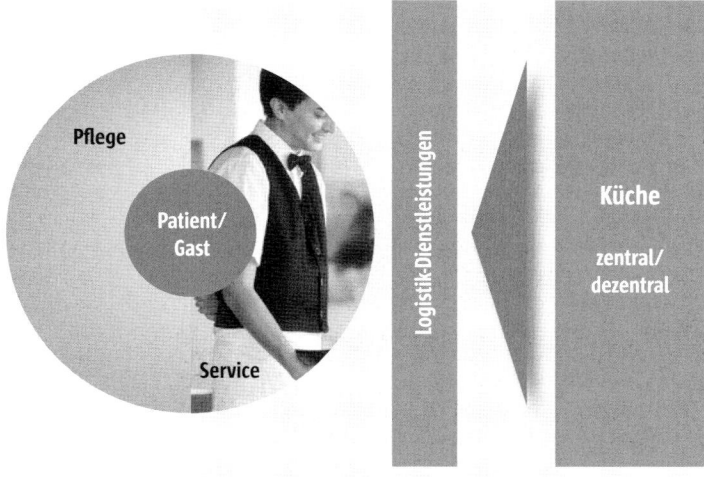

Abb. 10   Entlastung des sekundären Sektors (Pflegedienste)

Das Verpflegungsmanagement unterstützt die ärztliche Tätigkeit durch Diäten und Ernährungskonzepte zum Beispiel bei:

- Mangelernährung,
- Demenz,
- in der Onkologie und
- bei Patientengruppen wie Kindern und Senioren.

2.4 Managementinstrumente und Outsourcing

Der Klinikleitung steht eine Reihe von Managementinstrumenten in den Bereichen

- Technologie,
- Kostenmanagement,
- Ertragsmanagement und
- Vertragsmanagement

zur Verfügung. Hierbei gibt es keine Standardlösungen. Die jeweils sinnvollste Variante muss unter ökonomischen und organisatorischen Gesichtspunkten ermittelt werden.

2.4.1 Produktionstechnologie

Die moderne Speisenproduktion erfolgt heute über verschiedene Verpflegungstechnologien, wobei zwischen thermisch gekoppelten – z. B. Cook and Serve (Kochen und Servieren) und Cook and Hold (Kochen und Warmhalten) – und thermisch entkoppelten Systemen – z. B. Cook and Chill (Kochen

und Kühlen), Cook and Freeze (Kochen und Gefrieren), Sous-Vide Verfahren, Dream-Steam-Verfahren – zu unterscheiden ist (s. Abb. 11).

Nach Erhebungen des Deutschen Krankenhausinstituts und der K&P Consulting GmbH produzieren

- 91,3 % der Krankenhausküchen nach dem System Warmverpflegung,
- 8,6 % nach Cook & Chill,
- 3,6 % nach Cook & Freeze,
- 8,2 % nach sonstigen Produktionssystemen.

Kriterien, die bei der Entscheidung für ein Produktionsverfahren eine Rolle spielen, sind unter anderem:

- Bauliche Voraussetzungen
- Infrastrukturelle Voraussetzungen der zu verpflegenden Stellen
- Zentrale bzw. dezentrale Produktion
- Investive Aspekte
- Fragen des Waren- und Personaleinsatzes
- Energiebedarf
- Qualität (Sensorisch/Nährstoffe/Lebensmittelsicherheit)
- Akzeptanz des Systems

2.4.2 Kostenmanagement

Derzeit werden rund 5,7 % der Sachkosten für Lebensmittel ausgegeben [Statistisches Bundesamt

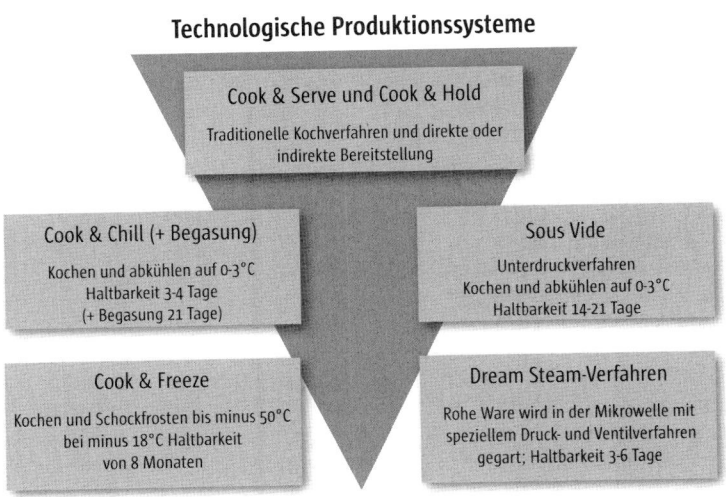

Abb. 11   Technologische Produktionssysteme der Speisenversorgung

2008]. Dazu kommen Kosten für Personal, Energie und Logistik.

> Um wirklich alle Rationalisierungspotenziale des Kostenmanagements auszuschöpfen, sollten alle bestehenden Einkaufskonditionen überprüft und analysiert werden.

Möglichkeiten sind Volumenbündelungen oder Beteiligungen an Einkaufskooperationen bzw. die Nutzung des meist größeren Einkaufsvolumens von Dienstleistungsunternehmen.

> *Die Stellschrauben des Personaleinsatzes und der Prozesskosten hängen eng mit dem Instrument des Vertragsmanagements zusammen.*

Welche Tarifzugehörigkeit die betreffenden Mitarbeiter rund um das Verpflegungsmanagement aufweisen und wie tief die eigene Wertschöpfung definiert wird, hängt von der jeweiligen juristischen Form und ggf. der Art der Zusammenarbeit mit Dienstleistern ab. In der Regel besitzen Fremdfirmen eine Vollzeit-Mitarbeiterquote von 65 % gegenüber 76 % in Eigenregieform und eine bessere Wareneinsatzquote auf Vollkosten von ca. 35 % [Repräsentativerhebung des Deutschen Krankenhausinstituts 2006]. Auch die Entscheidung für eine Technologieform der Produktion hat unmittelbare Auswirkungen auf die Kosten hinsichtlich des damit verbundenen Logistikprozesses und der Energiekosten.

Aspekte des Kostenmanagements:

- Personalkosten
- Wareneinsatz und Einkaufskonditionen
- Prozesskosten
- Energiekosten
- Kostencontrolling

2.4.3 Ertragsmanagement

Ein weiteres Instrument, welches Krankenhausentscheidern im modernen Verpflegungsmanagement zur Verfügung steht, ist das innovative Ertragsmanagement. Hierunter sind zusätzliche Ertragsquellen zu verstehen, die aufgrund von Wahlleistungen und individuell zu bezahlenden Service- und Gastronomieleistungen generiert werden können.

Dieses kann bis hin zu einem drei- bis fünf Sterne-Patientenhotel-Konzept ausgebaut werden, wie es beispielsweise seit 2008 schon am Universitätsklinikum Mannheim betrieben wird. Hier steht der Komfortgedanke des Patienten im Vordergrund, während die medizinische Versorgung oder Rehabilitation nach wie vor in der Klinik stattfindet.

Aber auch im alltäglichen Klinikprozess ergeben sich im Bereich von Konferenzservices, Eventgestaltung oder VIP-Services explizite Ansatzmöglichkeiten, die bei systematischer Steuerung und professionellem Verpflegungsmanagement zusätzliche Einnahmen ermöglichen.

> *Die neuesten Entwicklungen im Ertragsmanagement integrieren ernährungsrelevante Therapieformen in den Abrechnungsmodus des pauschalierten Fallsystems (Diagnosis Related Groups, DRG).*

Auf der Basis definierter Benchmark-Kennzahlen wie Case-Mix-Index (CMI), patientenbezogener Gesamtschweregrad (PCCL) und der Anzahl der Nebendiagnosen und Prozeduren gemäß des § 21-DRG-Datensatzes wird eine Cockpit-Analyse durchgeführt, die mögliche Potenziale durch die Berücksichtigung von Malnutrition eruiert (s. Abb. 12).

Kern dieses Prozessgedankens ist die qualitative Verbesserung der Therapie von mangel- und fehlernährten Patienten, die meist mit einer völlig anderen Hauptdiagnose in das Krankenhaus eingeliefert werden. Unter bestimmten Voraussetzungen kann hier ein Mehrerlös aus dem DRG-System erzielt werden. Maßnahmen sind die Implementierung eines ganzheitlichen

Abb. 12   Cockpit-Analyse auf mögliche ernährungsrelevante DRG-Potenziale; Quelle: Schubert Unternehmensgruppe 2009

Prozesses von der Anamnese aller eingelieferten Patienten auf eine mögliche Mangelernährungserkrankung über die verordnete Ernährungstherapie und MDK-sichere Dokumentation bis hin zur Kodierung als PCCL-steigernde Nebendiagnose. Beispielhaft wird dieser Prozess seit Ende 2008 im Krankenhaus Bethanien Solingen erfolgreich praktiziert. Hier wurden 2009 ca. 20 % aller Patienten als mangelernährt diagnostiziert, mit entsprechender Ernährungskostform unter medizinischer Anleitung therapiert und kodiert. 2009 wurden somit die Erlöse innerhalb dieses Patientengutes um ca. 1,1 % gesteigert – mit dem positiven Haupteffekt, dass der Patient auf medizinischer Ebene besser versorgt wurde als bei unerkannter Mangelernährung.

2.4.4 Vertragsmanagement

Die Klinikleitung entscheidet unter betriebswirtschaftlichen und wettbewerblichen Gesichtspunkten, ob das Verpflegungsmanagement in Eigenregie oder unter Mitwirkung von Dienstleistungsunternehmen durchgeführt wird. Diese Entscheidung bestimmt die jeweilige Vertragsgestaltung und Rechtsformfestlegung.

Zentrale Gründe für eine Outsourcing-Entscheidung sind z. B.:
- Kosteneinsparungen,
- Entlastung der Managementkapazitäten,
- Qualitäts- bzw. Effizienzverbesserung,
- Erhöhung von Flexibilität,
- geringere Kapitalbindung,
- Prozessoptimierung,
- Investmentunterstützung (z. B. Küchenneu- oder Umbau).

Hierzu existieren verschiedene Modelle, die wachsende Grade der Dienstleistungsauslagerung und einen steigenden Effekt der Ökonomisierung zur Folge haben (s. Tab. 1).

Der Vorteil des Outsourcing besteht darin, dass das Krankenhaus einen komplexen Bereich „abgenommen" bekommt und sich auf die Kernprozesse konzentrieren kann. Der Aufwand für die Koordination artfremder Leistungserstellungsprozesse sinkt, die Steuerung muss sich lediglich auf die Schnittstellen konzentrieren.

Durch die externe Vergabe von Dienstleistungen kann das Krankenhaus mit überschaubaren, kal-

Tab. 1 Bewirtschaftungsformen von Krankenhausküchen

Vertragsform	Management	Komplettvergabe	Gemeinsame Gesellschaft
Beschreibung	Betriebsführung durch externen Betriebsleiter bei partieller Übernahme des Kostenrisikos durch den externen Dienstleister	Ausgliederung von Betriebsbereichen und Übertragung von Dienstleistung und Kostenrisiko auf den externen Dienstleister	Ausgliederung von Betriebsbereichen und Übertragung von Dienstleistung und Kostenrisiko in eine gemeinsame Servicegesellschaft (Profit Center)
Vorteile	hohe Sozialverträglichkeit Know-how-Transfer bessere Einkaufskonditionen partielle Entlastung vom Verwaltungsaufwand Qualitätssteigerung	Know-how-Transfer Konzentration auf das Kerngeschäft Ausschöpfung von Synergien vollständige Entlastung vom Verwaltungsaufwand Budgetsicherheit Fortfall Personalverantwortung hohe Wirtschaftlichkeit	Know-how-Transfer Ausschöpfung von Synergien bessere Einkaufskonditionen günstige Tarifbedingungen Gewinnanteil Mitgesellschafter hohe Wirtschaftlichkeit umsatzsteuerliche Organschaft/hohe Wirtschaftlichkeit
Nachteile	hoher Koordinationsaufwand Optimierung der Wirtschaftlichkeit nur in begrenztem Umfang möglich	Sozialverträgliche Gestaltung nur in begrenztem Umfang (etwa bei Personalbeistellung) möglich	Gründungs-/Organisationsaufwand Gestaltungsrisiken bei Gründung und Betrieb der Gesellschaft Längerfristige Bindung an Dienstleister Sozialverträgliche Gestaltung begrenzt

*kulierbaren, für einen festgelegten Zeitraum ver-
traglich geregelten Kosten arbeiten und hat nicht
das bei Eigenleistung häufig auftretende Problem
verdeckter, nicht quantifizierbarer Kosten.*

2.5 Konklusion: Nutzen für die Klinik

Das Spannungsfeld des Verpflegungsmanagements in Gesundheitseinrichtungen zwischen
betriebswirtschaftlichen Realitäten in Zeiten der
Ressourcenverknappung, des Kostendrucks und
der Leistungsverdichtung auf der einen Seite und
der gestiegenen Erwartungshaltung des Patienten, der als Gast verstanden werden möchte, auf
der anderen Seite, ist durchaus lösbar. Das Verpflegungsmanagement bietet häufig unerkann-
te Optimierungs-Chancen und Potenziale zur Erlössteigerung. Solange in starren Budgets und
Kostenstellen gerechnet wird, sind Veränderungen sicherlich schwierig. Doch das Geschäftsfeld
Health-Gastronomie birgt viele Möglichkeiten für
Klinik- und Küchenmanager, die weiter denken.
Welche Prozessoptimierung für welche Einrichtung in Betracht kommt, muss jeweils nach Infrastruktur, Marktumfeld und betriebswirtschaftlichen Gesichtspunkten ausgelotet werden. Krankenhäuser können dabei von externem Gastrono-
mie-Know-How profitieren. Unternehmen, die
Erfahrungen speziell im Care-Catering-Bereich

haben, bieten hier die höchste Beratungs- und Um-
setzungskompetenz. Sie bieten im Interesse einer
ebenso pragmatischen wie betriebswirtschaftlich
sinnvollen Lösung individuelle Konzepte an. Denn
eines steht fest: Es gibt keine Standardlösungen im
Verpflegungsmanagement von Gesundheitsunternehmen, aber eine Fülle interessanter Modelle.

Literatur

Deutsches Krankenhausinstitut GmbH, K&P Consulting GmbH (2006) Verpflegungsleistungen im Krankenhaus, Reprä-sentativerhebung, Düsseldorf

Hartig W, Peinelt V, Klein U F, Güldner K (1999) Umsetzung der Nährstoffempfehlungen der DGE im Krankenhaus. Darstel-lung und Bewertung eines neuen Konzepts. In: Aktuelle Ernährungsmedizin 24, Stuttgart 1999

Schubert K (1995) Jeder soll sich wohl fühlen: Serviceleistun-gen für Patienten, Besucher und Mitarbeiter. In: Jeschke H A, Hailer B (Hrsg.) Outsourcing. Baumann Fachverlag, Kulmbach, S. 285–294

Seidl M, Fladung U (2001) Best Practice Küchenmanagement. Baumann Fachverlag, Kulmbach

Statistisches Bundesamt (2008) Kostenstruktur im Kranken-haus. Wiesbaden

Walther M (2005) Auf der Suche nach operativer Exzellenz im Krankenhaus, S. 280 ff.; S. 402–404. Dissertation Stuttgart

Wetterau J, Seidl M, Fladung U (2007) Modernes Verpflegungs-management. Deutscher Fachverlag

Zentrum für Public Health der Universität Bremen (2003) ZHP Info, Ausgabe 4/2003

3 In-/Outsourcing von Serviceleistungen – rechtliche Eckpunkte

Karl-Peter Pühler

Peter & Pühler, Anwälte für Arbeitsrecht, Köln und Bonn

Krankenhäuser sind hochgradig personalintensive Leistungsbetriebe. Der Personalaufwand umfasst regelmäßig eine Quote von 65 bis 75 % am Gesamtaufwand des Krankenhauses. Dadurch steht der Mensch im Krankenhaus im Mittelpunkt der Leistungserbringung, und: Menschen verursachen in der Regel hohe Kosten.

Spätestens seit den 90er-Jahren im letzten Jahrtausend beschäftigen sich Krankenhausleitungen damit, ob und welche Serviceaufgaben durch den Krankenhausbetrieb selbst oder durch andere Marktanbieter durchgeführt werden sollen. Bereits in seiner Herbstumfrage 2001 „Krankenhaus Herbstbarometer" hat das Deutsche Krankenhaus Institut (DKI) ermittelt, dass zu einem Drittel der befragten Krankenhäuser Maßnahmen des In- und Outsourcing von Serviceleistungen durchgeführt haben. Diese Quote hat sich in den letzten Jahren noch deutlich erhöht.

3.1 Ziele des Krankenhausmanagements

Von Ausnahmen abgesehen, wurden bislang in den meisten Krankenhäusern im Wesentlichen sämtliche im Krankenhausbetrieb anfallende Tätigkeiten selbst erbracht. Meist verfügten die Krankenhäuser über eigene Küchen, Wäschereien, Werkstätten, Poststellen, Pförtner, Labors, Apotheken, Fahrdienste und vieles andere mehr. Dies mag bei der früher traditionellen Organisationsform des Eigenbetriebs noch zu verstehen sein. Bei einem modernen und streng nach ökonomischen Grundsätzen wirtschaftenden Krankenhaus heutiger Struktur ist die Krankenhausleitung schon aus haftungsrechtlichen Gründen verpflichtet, jeden Verfahrensablauf auf den Prüfstand zu stellen, ob es wirtschaftlichere oder leistungsorientierte Wege für die einzelnen Services gibt.

Wesentliche Motive für das In- und Outsourcing von Serviceleistungen sind:

- Rationalisierungseffekte,
- erhöhte Flexibilität,
- Verbesserung der Qualität der Leistungserbringung,
- Reduktion der Sachkosten wegen kostengünstigerer externer Leistungserbringung,
- Reduktion der Personalkosten wegen günstigerer Tarife außerhalb des Krankenhauses,
- Konzentration des Krankenhauses auf das Kerngeschäft (*do what you can do best - outsource the rest*),
- Minimierung des eigenen Haftungsrisikos.

Bei dem Abwägungs- und Entscheidungsprozess müssen immer auch Nachteile einer dauerhaften Verlagerung von selbst wahrgenommen Aufgaben bedacht werden:

- Möglicher Leistungsengpass nach Vertragskündigung oder Insolvenz des Vertragspartners,
- geringer Einfluss auf den Vertragspartner mangels Weisungsgebundenheit,
- Besteuerung extern erbrachter Services mit der Mehrwertsteuer.

3.2 Begriffe und Abgrenzung

Der Begriff des **Outsourcing**, der zunächst die Auslagerung der Produktion in der Fertigungsindustrie beschrieben hatte, ist ein ökonomischer Begriff. Er beschreibt den Übergang von Prozessen beim abgebenden Krankenhaus auf Dritte, wobei vielfach auch Unternehmenswerte und vor allem Personal auf einen externen Rechtsträger übertragen werden. Er kann auch über joint ventures ablaufen, die vielfach bei Krankenhäusern in der Trägerschaft der öffentlichen Hand über das Modell Public Private Partnerchip (PPP) abgewickelt werden.

Dem gegenüber wird beim **Insourcing,** auch Backsourcing, die zuvor ausgelagerte Aufgabenerfüllung wieder durch das Krankenhaus selbst wahrgenommen. Denkbar ist auch, dass bislang fremd vergebene Dienstleistungen in die eigene Geschäftsaktivität aufgenommen werden. Das DKI spricht in seiner Umfrage ausdrücklich von Insourcing, wenn ein Krankenhaus eine fremd vergebene Aufgabe künftig in einem eigenen Tochterunternehmen wahrnimmt. Insourcing bietet sich an, wenn Mitarbeiter infolge Aufgabenwegfalls eigentlich gekündigt werden müssten, durch die neuen Aufgaben aber eine neue Arbeitsaufgabe erhalten.

Die **Formen beim Insourcing- oder Outsourcing-Prozess** sind vielfältig, folgen aber erfahrungsgemäß im Wesentlichen den folgenden Grundstrukturen:

- Betriebsübergang eines Teilbetriebs durch die rechtsgeschäftliche Übertragung von Unternehmenswerten und/oder Personal auf eine neue Rechtspersönlichkeit, z.B. eine Service GmbH,
- Kooperation durch Optimierung der Leistungserbringung mit Mitbewerbern (z.B. Zusammenführung der Labors von mehreren Krankenhäusern in der Region in einen Betrieb zur Optimierung),
- Zukauf von Leistungen von Dritten, wobei teilweise bisher im Krankenhaus beschäftigte Mitarbeiter freigesetzt werden (z.B. Wäscherei, Catering).

Grundsätzlich ist bei den wesentlichen Outsourcing-Vorgängen danach zu unterscheiden, ob die Services künftig unternehmensintern in eigener Rechtsform oder komplett extern wahrgenommen werden.

Werden Services **unternehmensintern**, also nach der Gründung eines eigenen Tochterunternehmens, wahrgenommen, kommen dabei im Wesentlichen die folgenden Varianten in Betracht:

- Zunächst werden innerhalb eines Krankenhauses an verschiedenen Stellen vorhandene gleichartige Tätigkeiten, z.B. im Labor oder in der Küche, durch Konzentration auf eine Unternehmenseinheit zusammengeführt. Eine derartige Vorgehensweise bietet sich z.B. bei Krankenhausgesellschaften, die mehrere regional angenäherte Standorte betreiben, an.
- In der Regel gründen Krankenhausträger heute innerhalb des „Konzerns" eine eigene Tochtergesellschaft (z.B. Krankenhaus-Service-GmbH), die meist zu 100% im Eigentum des Krankenhauses steht und vor allem Umsätze mit dem Krankenhaus selbst durchführt. Man spricht hier von der umsatzsteuerlichen Organschaft, die das Anfallen von Umsatzsteuer mangels Steuerbarkeit vermeidet.
- Denkbar ist auch die Fremdvergabe von Aufgaben durch Leiharbeit. Bei dieser Konstruktion führt das Krankenhaus die jeweilige Aufgabe zwar selbst durch, bedient sich aber zur Aufgabenerfüllung fremder Mitarbeiter. Diese nach dem Arbeitnehmerüberlassungsgesetz zu prüfende Konstruktion ist allerdings relativ schwierig umzusetzen, weil die von Dritten überlassenen Mitarbeiter meist Ansprüche auf die tarifliche Bezahlung im Krankenhaus haben.
- Bei der unternehmensexternen Durchführung werden bestimmte Dienstleistungen an fremde Firmen vergeben, die die Leistungserbringung komplett übernehmen. Diese Form bietet sich vor allem bei bestimmten abgegrenzten Dienstleistungen wie z.B. Wäscherei oder Catering an.

Nach den Erfahrungen der Praxis ist der Favorit der Krankenhäuser gegenwärtig die Bildung von eigenen Tochter-Unternehmen, meist in der Rechtsform der Gesellschaft mit beschränkter Haftung (GmbH), wobei teilweise ein externer Minderheitsgesellschafter mit entsprechendem Know-how hereingenommen wird. Teilweise wird mit den externen Mitgesellschaftern auch ein Managementvertrag abgeschlossen, damit die externe Dienstleistung gesichert werden kann.

3.3 Rechtliche Eckpunkte

Vor der abschließenden Entscheidung über die Durchführung einer bestimmten Outsourcing- oder Insourcing-Maßnahme ist eine ganze Reihe von Rechtsfragen abschließend zu klären, damit die Krankenhausleitung von Überraschungen verschont bleibt. Neben den Fragen des Gesellschaftsrechts müssen wegen der hohen Personalintensität der Arbeit im Krankenhaus vor allem die arbeitsrechtlichen Konsequenzen eingehend geklärt werden. Daneben sind auch steuerrechtliche Aspekte, insbesondere die Frage der Mehrwertsteuerpflicht und gemeinnützigkeitsrechtliche Fragen abzuklären. Oftmals kommen, insbesondere bei Häusern in kommunaler Trägerschaft auch kommunalrechtliche Bindungen in Betracht, die bei der Leistungserbringung wesentlich sind. Wichtig sind auch Fragen des Vergaberechts und möglicherweise Fragen aus dem Bereich des Sozialversicherungsrechts. Wesentlich ist ferner eine korrekte und ausreichende Formulierung der vertraglichen Vereinbarungen zwischen dem Krankenhaus und der internen oder externen Service-Gesellschaft.

3.3.1 Arbeitsrecht

Nahezu alle wichtigen Tätigkeitsbereiche im Krankenhaus, die in den letzten Jahren auf ihre Eignung für Outsourcing geprüft worden sind, sind sehr personalintensiv. Damit ist die arbeitsrechtlich korrekte Durchführungsweise entscheidend für den Erfolg einer Ausgründung. Neben der Frage, ob ein Betriebsübergang vorliegt, sind auch die arbeits- und tarifvertraglichen Fragen für die künftigen Arbeitsbedingungen, Fragen der betrieblichen Altersversorgung, Fragen der Arbeitnehmerüberlassung und Mitbestimmungsfragen von Bedeutung.

Eine ganz wesentliche Weiche bei der Wahl der richtigen Vorgehensweise ist die Prüfung und die Entscheidung, ob ein **Betriebsübergang** gewünscht ist und ob bei anderweitiger Organisation alle Vorfragen sauber abgeklärt sind. Nicht einfach ist im Einzelfall zu klären, ob tatsächlich ein Betriebsübergang vorliegt. Die Schwierigkeit liegt darin, dass die Rechtsprechung in einer weitgehenden Einzelfall-Judikatur die Bedingungen, wann ein Betriebsübergang vorliegt, ständig neu bestimmt. Wesentlich ist die Schutzvorschrift des § 613a BGB, wonach beim Vorliegen der Voraussetzungen eines Betriebsübergangs bestimmte arbeitsrechtliche Folgen zur Sicherung

der bisherigen Arbeitsbedingungen als Rechtsfolge automatisch eintreten. Deshalb ist ein entscheidender Prüfungsvorgang bei einem derartigen Projekt die Abklärung, ob tatsächlich auch ein Betriebsübergang durchgeführt werden soll. Als Faustregel kann festgehalten werden, dass durch die geplanten Vertragsgestaltungen beim Outsourcing entweder Betriebsmittel oder Personalverhältnisses auf einen neuen Arbeitgeber übergehen müssen. Ist dies der Fall, so liegt ein Betriebsübergang vor, der kraft Gesetzes zu bestimmten arbeitsrechtlichen Sicherungsfolgen führt. Versuche, durch bestimmte arbeitsrechtliche Regelungen die Vorschriften des Gesetzes zu umgehen, sind meist zum Scheitern verurteilt.

Als Folge des Betriebsübergangs hat der Gesetzgeber seit 2002 festgelegt, dass der betroffene Arbeitnehmer entweder vom abgegebenen Betrieb, in der Regel also von seinem Krankenhaus, oder vom aufnehmenden Betrieb über die Rechtfolgen und die näheren Details zu unterrichten ist. Diese gesetzlich normierte **Unterrichtungspflicht** beeinflusst nicht die Rechtwirksamkeit des Betriebsübergangs. Sie unterrichtet die betroffenen Arbeitnehmer über die Rechtsfolgen und beeinflusst die Dauer der Ausübung eines möglichen Widerspruchsrechts. Ist nämlich die gesetzliche Unterrichtungspflicht korrekt erfüllt, muss der Arbeitnehmer innerhalb eines Monats nach der vollständigen Unterrichtung dem Betriebsübergang schriftlich widersprechen, wenn er an ihm nicht teilnehmen möchte. Widerspricht der Arbeitnehmer, so geht er das Risiko ein, dass ihm der abgebende Arbeitgeber wegen der fehlenden Weiterbeschäftigungsmöglichkeit betriebsbedingt kündigt. Hier ist auch zu prüfen, ob durch die tarifvertragliche Regelungen, die meist den Ausschluss von betriebsbedingten Kündigungen vorsehen, überhaupt eine solche Rechtsfolge eintreten kann.

Zeigt sich bei näherer Prüfung, dass der Betriebsübergang mit nachfolgendem Widerspruch nicht zur Kündigung und damit zur wirtschaftlichen Entlastung des Krankenhauses führt, so sollten die in den meisten Tarifverträgen im Krankenhaus in den letzten Jahren eingeführten Verpflichtungen der Arbeitnehmer, auch einer Personalgestellung zuzustimmen, genutzt werden. **Personalgestellung** als Form der Personalüberlassung bedeutet, dass der den Mitarbeiter stellende Arbeitgeber formal Arbeitgeber bleibt, aber die meisten Rechte und Pflichten aus dem Arbeitsverhältnis, insbesondere das Weisungsrecht, auf den aufnehmenden Arbeitgeber übergehen.

Nachdem gegenwärtig nahezu in allen Krankenhäusern ein inhaltlich weitgehend **einheitliches Tarifrecht**, allerdings auf Grund unterschiedlicher Tarifverträge, gültig ist, (TV-L, TVöD sowie Tarifverträge der einzelnen Klinikbetreiber), kann unterstellt werden, dass Outsourcing-Vorgänge vielfach deshalb vorgenommen werden, weil die Bezahlung in bestimmten Tätigkeitsbereichen, insbesondere im Bereich von un- und angelernten Aufgaben, nach diesen Tarifverträgen zu teuer ist. Die Leistungserbringung erfordert bei der Anwendung von anderen Tarifverträgen, z. B. des Deutschen Hotel- und Gaststättenverbands oder des privaten Reinigungsgewerbes, erheblich günstigere Arbeitskosten.

Hier ist im Detail zu klären, ob der neue Arbeitgeber der Tarifbindung unterliegt oder ob bei ihm die bisherigen Tarifverträge weiterhin angewendet werden müssen. Auch dann, wenn der aufnehmende Arbeitgeber an das bisher gültige Tarifrecht gebunden ist, kann er nach Ablauf eines Jahres nach der Durchführung des Betriebsübergangs dem Mitarbeiter neue Arbeitsbedingungen vorschlagen. Nach Ablauf der Jahresfrist ist er berechtigt, dem Mitarbeiter im Wege der Änderungskündigung ein neues Tarifrecht anzubieten.

Es ist davon auszugehen, dass die meisten Krankenhäuser ihren Mitarbeitern eine **Zusatzversorgung des öffentlichen oder des kirchlichen Dienstes** anbieten. Versorgungsträger ist dabei die jeweils regional zuständige Zusatzversorgungskasse (kommunal oder kirchlich) oder die Versorgungsanstalt des Bundes und der Länder (VBL). Diese Zusatzversorgungskassen sehen in dem Vorgang des Betriebsübergangs die Übertragung von pflichtversicherten Mitarbeitern auf einen anderen nicht bei ihnen beteiligten Arbeitgeber und sanktionieren diesen Vorgang durch die Forderung eines so genannten Teilgegenwerts (oder Teilausgleichsbetrags). Der Teilgegenwert ist der versicherungsmathematische Barwert der zugesagten Versorgungsanwartschaften bis zum Ausscheiden und umfasst in der Regel hohe mehrstellige Beträge. Meist ist diese Folge bereits ein Grund dafür, dass bestimmte Outsourcing-Maßnahmen gar nicht durchgeführt werden. Die Rechtsfolge kann vermieden werden, wenn auch der aufnehmende Arbeitgeber Mitglied oder Beteiligter bei der jeweiligen Zusatzversorgungseinrichtung wird. Dies setzt heute grundsätzlich voraus, dass die insolvenzfähigen Arbeitgeber dem Zusatzversorgungsträger gegenüber entsprechende Sicherungen gegen ihre Insolvenz anbieten

(meist durch Bankbürgschaften). Ferner verlangen die Zusatzversorgungskassen nach ihren Satzungen, dass auch der aufnehmende Arbeitgeber ein dem bisherigen Tarifrecht im Wesentlichen angenähertes Tarifrecht anwenden.

Soweit das abgebende Krankenhaus den Weg über Leiharbeitnehmer wählt oder Personalgestellungsvereinbarungen abschließt, ist grundsätzlich auch die Genehmigungspflicht nach dem Arbeitnehmerüberlassungsgesetz zu prüfen. In der Regel kann davon ausgegangen werden, dass eine genehmigungspflichtige **Arbeitnehmerüberlassung** dann nicht vorliegt, wenn der übernehmende Arbeitgeber lediglich die Personalkosten ohne weitere Zuschläge erstattet.

Ganz wichtig bei der Durchführung von entsprechenden Outsourcing-Maßnahmen sind die **Mitbestimmungsrechte**, die im Betriebsverfassungsgesetz oder dem jeweils anwendbaren Personalvertretungsgesetz verankert sind. Es ist anzuraten, dass die Betriebsvertretung frühzeitig in entsprechende Vorgänge eingebunden wird, soweit ihr tatsächlich ein Mitbestimmungsrecht zusteht. Zu beachten ist bei den öffentlich-rechtlich organisierten Krankenhäusern (in der Regel die Universitätsklinika als Anstalten des öffentlichen Rechts), dass die Personalvertretungsgesetze der einzelnen Länder teilweise Unterrichtungs- und Anhörungsrechte der Personalvertretungen bei entsprechenden Maßnahmen vorsehen.

3.3.2 Steuerrecht

Die steuerrechtlichen Fragen, die sich bei entsprechenden Outsourcing-Maßnahmen ergeben, bestimmen die wirtschaftliche Vorteilhaftigkeit der in Angriff genommenen Maßnahmen ganz wesentlich. Wichtig sind dabei die nachfolgenden Aspekte.

Jede Leistung, die ein Krankenhaus von einem Dritten ankauft, unterliegt als Leistung der Versteuerung mit **Umsatzsteuer**. Soweit das Krankenhaus selbst umsatzsteuerpflichtig ist, ist dies in der Regel kein Problem, weil die gezahlte Umsatzsteuer als Vorsteuer wieder geltend gemacht werden kann. Zu beachten ist hier insbesondere, dass zwischenzeitlich eine Reihe von Leistungen in den Krankenhäuser ohnehin der Umsatzsteuerpflicht unterliegen.

Allerdings kann durch eine entsprechende vertragliche Gestaltung die Steuerbarkeit der Leistungen vermieden werden. Denn § 4 Ziffer 16 des Umsatzsteuergesetzes sieht die mehrwertsteuerfreie Leistungserbringung vor, wenn die Aufgabe im Rahmen einer **umsatzsteuerlichen Organschaft** durchgeführt wird. Zusammengefasst bedeutet dies, dass das Krankenhaus zumindest 50 % an dem Tochterunternehmen beteiligt sein muss (es muss die Stimmenmehrheit halten), und dass die Leistungen im Wesentlichen innerhalb des Krankenhausverbunds erbracht werden. Erst wenn das Tochterunternehmen an Dritte ebenfalls Leistungen in nennenswerten Umfang erbringt, können sich weitere Rechtsfolgen ergeben. Notwendig ist, entsprechende Auskünfte des zuständigen Finanzamts einzuholen.

Sehr viele Krankenhäuser in Deutschland unterliegen der **Gemeinnützigkeit**. Grundsätzlich ist dabei die Verfolgung steuerbegünstigter Zwecke gemäß den §§ 52–54 der Abgabenordnung Voraussetzung. Die wesentlichen Aspekte sind dabei die Förderung von Wissenschaft und Forschung, die Förderung des öffentlichen Gesundheitswesens, das Betreiben eines Krankenhauses, wobei mindestens 40 % der jährlichen Pflegetage auf Patienten, bei denen nur Entgelte als allgemeine Krankenhausleistungen berechnet werden, entfallen dürfen. Ferner dürfen nicht vorrangig eigene wirtschaftliche Ziele verfolgt werden. Es ist durch eine entsprechende vertragliche Konstruktion sicher zu stellen, dass weder beim abgebenden Krankenhaus noch beim Tochterunternehmen eine Beeinträchtigung der Gemeinnützigkeit entsteht.

3.3.3 Kommunalrechtliche Fragen

Vor allem bei den Krankenhäusern in öffentlicher Trägerschaft der Kommunen ist zu beachten, dass jeweils ein hinreichender Einfluss der Kommune auf das Unternehmen sichergestellt werden muss. Es ist grundsätzlich zu beachten, dass der Sicherstellungsauftrag nicht tangiert wird und das Krankenhaus nicht die Förderfähigkeit verliert. Zu beachten ist ferner in manchen Ländern, dass die erwerbswirtschaftliche Betätigung der öffentlichen Hand kommunal-verfassungsrechtlich bestimmten Beschränkungen unterliegt.

3.3.4 Sozialrecht

Bei der Ausgründung von bestimmten Unternehmensbestandteilen ist sicher zu stellen, dass ein Plankrankenhaus weiterhin als zugelassenes Krankenhaus anerkannt wird. Zu beachten ist dabei insbesondere, dass eine Abstimmung mit der für die Durchführung des **Krankenhausfinanzierungsgesetzes** zuständigen Behörde herbeigeführt wird oder ein entsprechender Versorgungsvertrag mit den Kostenträgern unverändert fortbesteht.

3.3.5 Vergaberecht

Ferner sind bei der Ausgründung von Services aus dem Krankenhaus auch die Vorgaben des Vergaberechts zu beachten. Grundsätzlich sollte geprüft werden, ob die entsprechenden Services nur im Rahmen eines europarechtlich durchgeführten Vergabeverfahrens oder nach den nationalen Vorschriften vergeben werden können.

3.3.6 Verträge mit dem neuen Tochterunternehmen

Ein wesentlicher Aspekt, auch zur Absicherung der beschriebenen rechtlichen Aspekte, ist eine saubere und durchdachte Gestaltung der Geschäftsbeziehungen zwischen dem Krankenhaus, das die Outsourcing-Maßnahme durchführt, und den neu gegründeten Tochterunternehmen. Dabei sind sowohl die steuerrechtlichen Aspekte zu beachten als auch alle Folgen, die eine entsprechende Anbindung einer dauerhaften Aufgabenerfüllung, die nun extern durchgeführt wird, sicherstellen.

Empfehlung

Die Realisierung der Ziele, die das Krankenhaus bei der Prüfung und Durchführung von Outsourcing- bzw. Insourcing-Maßnahmen anstrebt, bedarf wegen der hohen Komplexität der Abläufe eines **exakten Abstimmungs- und Prüfungsprozesses**.

Dabei ist neben einem internen Projektmanagement dringend dazu zuraten, zumindest in Teilaspekten externen Sachverstand in Form eines Beraters in Anspruch zu nehmen. Dadurch können häufige Fehlerquellen vermieden und der entsprechende Prozess sauber aufgestellt werden.

In diesem Projektmanagement müssen Fragen der **Wirtschaftlichkeit** geklärt und **die wesentlichen rechtliche** Aspekte geprüft und gelöst werden. In der Regel lohnt der wirtschaftliche Aufwand zu Einholung externen Sachverstands, weil dann ein sinnvoll organisiertes Ergebnis sichergestellt wird und eine sichere Durchführung gewährleistet ist.

Literatur

Grützmacher M (2009) Outsourcingvertrag im Münchener Vertragshandbuch, Band 3/Wirtschaftsrecht II, 6. Auflage. C. H. Beck, München

Pühler H-P (2005) Privatisierung öffentlicher Einrichtungen – Rahmenbedingungen für die Betriebliche Altersversorgung. Die Personalvertretung 6, 204–212

4 Medizintechnischer Service

Klaus Züchner und Norbert Siebold

Universitätsmedizin Göttingen

4.1 Grundlagen

Im Krankenhaus ist medizinisches Handeln ohne die dazugehörige Medizintechnik nicht mehr durchführbar, d.h. der Medizintechnische Service ist unverzichtbar bei der Erfüllung des ärztlichen und pflegerischen Auftrags des Krankenhauses.

> **Medizintechnischer Service ist eine Dienstleistung zur Erfüllung des Versorgungsauftrags des Krankenhauses. Die Bezeichnung „Service" ist als Programm zu verstehen!**

Der Medizintechnische Service muss sich in seiner Leistung – wie alle anderen Bereiche des Krankenhauses – an den Leitbildern zur Krankenversorgung und Dienstleistung und ggf. auch denen zur Forschung und Lehre orientieren und an diesem Anspruch auch messen lassen. Die dafür geforderten Qualitätskriterien sind:

> **Qualitätskriterien für den Medizintechnischen Service:**
> *Sicherheit, Schnelligkeit, Effizienz, Innovation und Wirtschaftlichkeit.*

Diese Merkmale müssen von den Mitarbeitern verantwortlich und leistungsorientiert erfüllt werden und der Medizintechnische Service muss seine Leistungen transparent und nachprüfbar erbringen.

Die Mehrzahl der modernen Medizingeräte ist in ihren Funktionen und Wirkungen derart komplex und in der Verbindung ihrer technischen Komponenten so unübersichtlich, dass Patienten und Anwender auf das bestimmungsgemäße Funktionieren der verwendeten Medizingeräte beinahe blind vertrauen müssen. Bereits die Anwendung und Bedienung setzt oft Kenntnisse und Fähigkeiten voraus, die sorgfältig erlernt und geübt werden müssen. Viele dieser Geräte haben lebenserhaltende Funktionen, so dass defekte Geräte oder Bedienungsfehler schwerwiegende Folgen bewirken können. Potenzielle Störungen der Geräte sollten durch vorbeugende Instandhaltungsmaßnahmen des Medizintechnischen Service auf ein Minimum reduziert werden und – falls sie dennoch auftreten sollten – so muss die medizintechnische Funktionalität entweder durch Reservegeräte oder durch schnelle Reparatur ausreichend gewährleistet bleiben.

Des Weiteren sollte auch die medizintechnische Ausstattung eines Krankenhauses sich an dem neuesten Stand der Technik und Entwicklung orientieren, um auch dadurch die bestmögliche medizinische Behandlung zu gewährleisten. Diese hohen Ansprüche können nur in einer für die Aufgaben und Infrastruktur des jeweiligen Hauses maßgeschneiderten medizintechnischen Organisation mit hochqualifizierten und motivierten Mitarbeitern geleistet werden.

Der Medizintechnische Service unterliegt engen rechtlichen Rahmenbedingungen.

Der Medizintechnische Service agiert bei der Erfüllung seiner Aufgaben nicht in einem beliebig oder frei gestaltbaren Raum, vielmehr werden durch europäische Richtlinien und nationale Gesetze, Normen, Arzneibücher, Leitlinien, Empfehlungen von Fachgesellschaften etc. die Handlungsspielräume sehr präzise definiert und eng begrenzt. Das *Medizinproduktegesetz (MPG)* und die *Medizinprodukte-Betreiber-Verordnung (MPBetreibV)* definieren in Deutschland einen wesentlichen Teil der von dem Medizintechnischen Service an aktiven Medizinprodukten zu erbringenden Dienstleistungen.

Ein aktives Medizinprodukt ist zum Betrieb auf eine Stromquelle oder eine andere Energiequelle als die unmittelbar durch den menschlichen Körper oder die Schwerkraft erzeugte Energie angewiesen.

Darüber hinaus bilden die Röntgen- und Strahlenschutzverordnung sowie die Krankenhausbuchführungsverordnung Regelwerke, die zwingend beachtet werden müssen. Als Grundlage jeden medizintechnischen Handelns gilt zuerst die eindeutige Festlegung der Verantwortung.

Für jedes aktive Medizinprodukt eines Krankenhauses ist es zwingend erforderlich, dass es erfasst, kategorisiert und entsprechend den rechtlichen Vorgaben in klar definierter Verantwortung betrieben und instand gehalten wird.

Praktisch werden im Krankenhaus nur noch Medizinprodukte verwendet, für die durch ein Konformitätsbewertungsverfahren nachgewiesen wurde, dass sie den grundlegenden Anforderungen für Medizinprodukte entsprechen und daher mit dem CE-Zeichen nach den EG-Richtlinien für Medizinprodukte gekennzeichnet sind. Die Abgrenzung zu Nicht-Medizinprodukten ist jedoch nicht immer einfach und selbstverständlich kön-

nen auch andere Geräte vom Medizintechnischen Service betreut werden. Diese stehen aber nicht im Fokus dieser Ausführungen.

Die Mehrzahl der modernern Medizingeräte beinhalten Rechnerkomponenten mit dazugehöriger Software und diese Geräte sind oft auch noch durch Datennetzwerke miteinander verbunden. Vielen Betreibern ist nicht bewusst, dass diese Komponenten und Netze ebenfalls den strengen Regeln und Normen der Medizintechnik genügen müssen. In der neuesten Fassung des MPG, gültig ab 21.03.2010, wurde z. B. die Software von Medizinprodukten explizit in den Geltungsbereich eingeschlossen.

Auch die medizintechnischen Komponenten der Informationstechnologie incl. Software und Netzwerken unterliegen den strengen Regeln der Medizintechnik!

Sowohl die Verbindungen als auch die auftretenden Überschneidungen von Medizintechnischem Service im hier definierten Sinn mit anderen Servicebereichen des Krankenhauses müssen durch klare Schnittstellen und in enger Kommunikation und Zusammenarbeit mit den betroffenen Bereichen definiert werden. Dies darf nicht nur als wohlmeinende Absichtserklärung formuliert sein, sondern muss als Teil des Qualitätsmanagementprozesses des gesamten Hauses festgelegt und praktiziert werden. Hier besteht vielerorts noch Nachholbedarf, insbesondere im IT Bereich.

Kein Medizintechnischer Service ohne Zertifizierung!

Ein umfassendes *Qualitätsmanagementsystem* ist heute im Krankenhaus und ganz besonders im Medizintechnischen Service zwingend und unverzichtbar. Ähnlich der CE-Kennzeichnung von Medizinprodukten ist es nur noch eine Frage der Zeit, bis sich diese Ansicht als selbstverständlicher Anspruch an das Management von Medizintechnik im Krankenhaus etablieren wird.

4.2 Administration

4.2.1 Zentrales Medizinproduktebuch

Von den administrativen Aufgaben sollte die Führung des Medizinproduktebuches aller im

Krankenhause betriebenen aktiven Medizinprodukte grundsätzlich allein in die Verantwortung des Medizintechnischen Service gelegt werden. Die Dokumentation geschieht heute fast ausschließlich rechnergestützt und sollte stets zentral für das ganze Haus erfolgen, auch wenn einzelne Technikbereiche dezentral organisiert seien sollten. Das Anlagenverzeichnis kann für diese Zwecke meist nur bedingt genutzt werden, denn viele, aber nicht alle Medizinprodukte haben einen Wert, der die Aufnahme in das Anlagenverzeichnis erforderlich macht. Umgekehrt fallen verschiedene medizintechnische Zubehör- und Verbrauchsartikel unter eine solche Wertgrenze, dennoch müssen sie regelmäßigen mess- und oder sicherheitstechnischen Kontrollen unterzogen und das Ergebnis muss dokumentiert werden. So fallen z. B. eigenständig nutzungsfähige Ohrtemperaturthermometer in eine solche Kategorie. Die zentrale Verwaltung auch solcher Medizinprodukte durch die Medizintechnik bietet nebenbei noch den Zusatznutzen der guten Steuerbarkeit und der preiswerten Beschaffung solcher Artikel.

Folgerichtig soll auch die Dokumentation von Einweisungen in die sachgerechte Handhabung von Medizinprodukten entsprechend der MPBetreibV nur zentral durch den Medizintechnischen Service im Medizinproduktebuch durchgeführt werden und sollte nicht an die einzelnen Fachabteilungen delegiert werden. Diese müssen zwar jederzeit Zugang zum Bestand der einweisungspflichtigen Geräte und den dazu dokumentierten Einweisungen haben. Medizintechnischer Service umfasst hier auch die Ausübung der Kontrolle und ständige Erinnerung an die Erfüllung dieser wichtigen Aufgaben, unabhängig von Überlastungen oder Personalengpässen in den betroffenen Bereichen.

> **Das** Medizinproduktebuch *mit Bestands- und Einweisungsverzeichnis für aktive Medizinprodukte wird für das gesamte Krankenhaus zentral durch den Medizintechnischen Service geführt.*

Auch Leihgeräte und Probestellungen müssen stets mit dem Medizintechnischen Service abgesprochen und durch schriftliche Verträge und temporäre Aufnahme in das Bestandsverzeichnis dokumentiert werden.

Strategische Verwaltungsaufgaben

Die Erledigung der traditionellen administrativen Aufgaben von Auftrags- und Vertragsmanagement bis Dokumentation nach Betreiber- und Röntgenverordnung wird oft im Ressort Wirtschaftsführung und Administration des Krankenhauses angesiedelt. Hier ist es kein großes Problem, die die Medizintechnik betreffenden Verwaltungsvorgänge zusammenzufassen und betriebswirtschaftlich transparent abzubilden. Kostenstellen für Instandhaltung und gesetzliche Prüfungen bilden die Basis für diese Darstellung. Das Controlling beobachtet in der Regel kumulierte Verläufe und reagiert bei auffälligen Abweichungen nach oben. Beschaffungsmaßnahmen sind typischerweise Gegenstand von Verhandlungen der Fachabteilungen mit der Geschäftsleitung des Hauses, allerdings werden bei der Beschaffung medizintechnischer Geräte oft sachfremde Argumente der beantragenden Fachabteilungen hinter vermeintlichen Zwängen und Notwendigkeiten versteckt. Die Medizintechnik agiert im traditionellen Verwaltungsverständnis nur als ausführendes Organ für Beschlüsse, die anderenorts politisch motiviert gefasst wurden.

Wenn der Medizintechnische Service jedoch auch als strategische Aufgabe verstanden wird, ergibt sich weiterer Kompetenz- und Analysenbedarf: Es gilt nicht nur die Beschaffungskosten per Angebot zu ermitteln; vielmehr sind die zusätzlichen Kenntnisse über den Nutzungsgrad und die langfristigen Betriebskosten incl. Verbrauchsmaterial, Wartung, Einweisung etc. erforderlich, um die Bedeutung des betreffenden Gerätes bzw. Gerätetyps in der Gesamtstrategie des Hauses zu ermitteln. So können auch Synergiepotenziale aufgezeigt und ein sachgerecht moderner und möglichst standardisierter Gerätebestand gewährleistet werden.

> *Die Leitung des Medizintechnischen Service „auf Augenhöhe" mit den Fachabteilungen und der Geschäftsleitung trägt dazu bei, dass die medizintechnischen Entscheidungen passend zur Gesamtstrategie des Hauses gefällt werden.*

Zu den strategischen Aufgaben des Medizintechnischen Service gehört es zu veranlassen, dass mit der Beschaffung eines Gerätes nicht nur das Gerät verwaltet wird, sondern dass auch die nach MPBetreibV erforderlichen beauftragten Personen zur Einweisung in die sachgerechte Handhabung ausgebildet und benannt werden und dass auch die eigenen Medizintechniker durch Schulungen ausgebildet und durch den Hersteller oder Lieferanten autorisiert werden, an diesen Geräten Reparaturen, Wartungen und sicherheitstechnische Kontrollen durchzuführen.

Keine Gerätebeschaffung ohne Einweisung der beauftragten Personen und Autorisierung der Medizintechniker für Instandhaltung.

Kennzahlen – Benchmarking – Folgekostenanalyse

Die Ausstattung der einzelnen Fachabteilungen mit Medizintechnik und die Kosten für den Betrieb dieser Geräte werden selten transparent und noch seltener Dritten zugänglich gemacht. Unterschiedliche Interessen der Beteiligten haben es bis heute verhindert, dass medizintechnische Kennzahlen bekannt geschweige denn allgemein akzeptiert wären. Bei allem Verständnis für partikuläre Gründe muss dennoch gefordert werden, dass eine Informationsplattform der Krankenhäuser untereinander geschaffen wird, auf der sich die Verantwortlichen für Medizintechnik über die medizintechnische Ausstattung und die dazugehörigen praxisrelevanten Betriebs- und Beschaffungskosten austauschen können. Um diese Zahlen vergleichbar zu machen, müssen diese Daten nach einem einheitlichen Verfahren erhoben und dargestellt werden.

Benchmarking sollte für die Optimierung der Dienstleistungen und Prozesse in der Medizintechnik standardisiert eingeführt werden.

Die Vorteile von Kennzahlen liegen auf der Hand: Einerseits kann der Medizintechnische Service das Kosten/Leistungsverhältnis intern analysieren und angemessene Entscheidungen über Eigen- oder Fremdservice treffen. Andererseits lassen sich so im Austausch mit anderen Krankenhäusern systematisch Benchmarkingzahlen für Beschaffungs-, Instandhaltungs- und Folgekosten des Medizinischen Service ermitteln, was die Optimierung aller Dienstleistungen und Prozesse ermöglicht. In den USA bietet die Assocoiation for the Advancement of Medical Instrumentation, AAMI bereits solche Informationsplattformen, bei denen die beteiligten Häuser ihre Daten erheben und untereinander austauschen.

4.3 Operative Aufgaben

Die Übernahme operativer Aufgaben durch den Medizintechnischen Service muss sorgfältig geplant und gestaltet werden. Sie hängt maßgeblich ab von den persönlichen Qualifikationen und Qualitäten der Mitarbeiter und den infrastrukturellen Gegebenheiten des jeweiligen Hauses.

Mitarbeiter

In der Vergangenheit haben stark medizintechnisch ausgerichtete Krankenhausabteilungen wie z. B. Anästhesie oder Intensivstationen oft eigene Mitarbeiter mit medizintechnischen Serviceaufgaben betraut. Diese Lösung zeichnet sich durch schnellen „First-line-Service" vor Ort aus, ist aber auch sehr personenabhängig. Krankheits- und Urlaubsvertretungen sind oft nicht gewährleistet. Diese Mitarbeiter wuchsen zwar in die medizintechnischen Anwendungen hinein, waren aber in der Regel dafür nicht allgemein ausgebildet. Bei diesem Modell agieren die technischen Mitarbeiter als „Einzelkämpfer" in lokal eng begrenzten Bereichen und ihnen werden dort auch gelegentlich Dienstleistungen abgefordert, die nicht zum direkten Aufgabenbereich Medizintechnik gehören.

Heute durchläuft ein Medizintechniker ein definiertes Berufscurriculum: Nach Abschluss einer qualifizierten Berufsausbildung im Metall- oder Elektrobereich und mindestens zwei Jahren Berufserfahrung qualifiziert er sich durch den Abschluss an einer Technikerschule zum staatlich geprüften Medizintechniker.

In einigen Spezialbereichen ist auf Grund hoher spezifischer Anforderungen die medizintechnische Versorgung durch Spezialisten unerlässlich. Für herzchirurgischer Fachabteilungen hat sich die eigene Berufsgruppe Kardiotechniker entwickelt, die mit eigenen Ausbildungsgängen das erforderliche Spezialistentum für die Erledigung ihrer Aufgaben entwickelt hat. Darüber hinaus sind Bachelor- und Masterabschlüsse in Medizin- bzw. Biomedizintechnik an vielen Fachhochschulen möglich.

Die Mitarbeiter der Medizintechnik werden durch Berufs- und Studiengänge qualifiziert.

Infrastruktur

Zur Durchführung der operativen Aufgaben gehört auch die passende Infrastruktur. Dies umfasst ausreichend dimensionierte Werkstatträume mit der den Aufgaben entsprechenden Ausstattung an Werkzeugen und Messinstrumenten. Kurze Wege zum OP oder zu den Intensivstationen erleichtern die Bewältigung der Aufgaben. Die sachgerechte Gestaltung kann sich nur an den Gegebenheiten des Hauses und den übernommenen Aufgaben orientieren.

Instandhaltung

Wesentliche operative Aufgaben der Medizintechnik betreffen die Instandhaltung des Bestandes an aktiven Medizinprodukten. Dies umfasst planbare Maßnahmen wie z. B. die regelmäßig wiederkehrende Durchführung oder Organisation der sicherheitstechnischen Kontrollen, STK, ggf. auch messtechnischen Kontrollen, MTK und ggf. auch Wartungen als planbare Instandhaltung. Zu den planbaren Aufgaben gehören auch die Konstanzprüfungen an Röntgengeräten, sofern die geeigneten Phantome vorhanden sind.

Des Weiteren gehören zu den operativen Aufgaben die Durchführung oder Organisation der unplanbaren Reparaturen, im Notfall auch die schnelle Hilfe oder der „First-Line-Service" vor Ort. Die Gewährleistung dieses Services ist die von den Anwendern am höchsten geschätzte Dienstleistung und trägt erheblich zur Erfüllung der Qualitätskriterien der Medizintechnik eines Krankenhauses bei. Bewährt hat sich die Institution eines „Technikers vom Dienst", der auch außerhalb der Kernarbeitszeit erreichbar ist und kompetent Störungsmeldungen annehmen und sachgerechte Hilfe organisieren kann.

> Schnelle und kompetente Hilfe ist das wichtigste Merkmal des Medizintechnischen Service.

Zur Erledigung dieser Aufgaben durch den Medizintechnischen Service müssen nicht nur die personellen und infrastrukturellen sondern auch die fachlichen und rechtlichen Voraussetzungen gewährleistet sein. Wenn das Medizinprodukt komplett in die Instandhaltungsverantwortung des Medizintechnischen Service übergeht, werden meist „Bug-Fixing" oder interne Revisionen durch

die Herstellerfirmen eingestellt. Schaltungsunterlagen und Software Quellcodes sind selten oder nie Bestandteil der Gerätelieferung und es ist oft unklar, inwieweit der Medizintechnische Service überhaupt in das Medizinprodukt eingreifen darf, ohne die Herstellerhaftung zu reduzieren. Daher empfiehlt es sich, diese Aspekte bereits beim Kauf des Gerätes als Bestandteil der Beschaffung zu regeln. So sollte für jedes Gerät bzw. jeden Gerätetyp die qualifizierte Schulung einer ausreichenden Anzahl von Medizintechnikern und die ihnen zugebilligte Eindringtiefe für Reparaturen, Wartungen und der Umfang der sicherheitstechnischen Kontrollen festgelegt werden.

> Schulung und Autorisierung der Techniker müssen bereits beim Kauf des Medizinproduktes vereinbart werden.

Zusammenarbeit mit Fremdfirmen

Eine ständig geführte Diskussion betrifft die Frage, inwieweit die operativen Aufgaben durch Mitarbeiter des Krankenhauses, durch Zusammenarbeit von mehreren Krankenhäusern oder durch externe Dienstleister erledigt werden können. Dazu müssen konkurrierende Argumente gegeneinander abgewogen werden, z. B. Schnelligkeit, Sicherheit, personeller und örtlicher Ausstattung und besonders Kosten. Externe Firmen berechnen in der Regel höhere Stundensätze und Fahrtkosten für die von ihnen entsandten Medizintechniker. Es werden jedoch nur die tatsächliche Einsatzzeiten berechnet und es entfallen die Zeiten für Fortbildung, Urlaub, Krankheit etc. Bei interner Leistungserbringung ist der Medizintechnische Service immer schneller vor Ort und die Fehlerermittlung ist in der Regel präzise. Der Techniker kann schnell entscheiden, mit welcher Maßnahme die angemessene Reaktion auf den Gerätefehler erfolgen soll. Zudem leisten hauseigene Techniker oft nicht dokumentierbare Hilfe, die, durch den Service vor Ort, die teure Anreise von externen Technikern einspart. Auch können Wartungsarbeiten oder mess- und sicherheitstechnische Kontrollen besser an die zeitlichen und organisatorischen Bedürfnisse der Anwender vor Ort angepasst werden.

Wenn ein Großgerät, z. B. ein Computertomograph oder Linearbeschleuniger ausfällt, wird in der Regel ein Spezialist der Herstellerfirma die Reparatur ausführen. Wenn jedoch Geräte in großer Anzahl im Hause betrieben werden oder wenn alltägliche Instandsetzungen erforderlich werden, dann ist die Medizintechnik vor Ort von besonders hohem Wert. Für jedes Medizinprodukt sollten daher geräte- und nutzungsspezifisch angepasste Modelle entwickelt werden, die die Instandhaltung in Zusammenarbeit mit der Hersteller- oder Lieferfirma regeln.

Die Komplexität moderner Medizingeräte bedingt, dass Reparaturen oft als Austausch von Gerätekomponenten erfolgen. Es ist eine persönliche Erfahrung der Autoren, dass beim Kauf ausgehandelte Rabatte sich in der Regel nicht auf Ersatzteile oder Nachkäufe von Komponenten erstrecken. Auch hier empfiehlt es sich, Folgekosten der Medizingeräte und ihres Zubehörs über die erwartete Nutzungszeit zu betrachten und – wenn möglich – darüber bereits beim Kauf Abmachungen zu treffen. Das Gleiche gilt für Gerätekomponenten wie z. B. Monitore, Akkus oder Netzteile, die oft auch auf über andere Quellen als den Hersteller bei gleicher Leistungsfähigkeit und medizintechnischer Sicherheit zu beziehen sind.

Die Zusammenarbeit mit Fremdfirmen muss für jedes Medizinprodukt umfassend festgelegt sein, dies erfolgt beim Gerätekauf!

Es erscheint als sehr unwahrscheinlich, dass alle operativen medizintechnischen Aufgaben komplett durch den Medizintechnischen Service durchgeführt werden können, d. h. es werden immer Arbeiten in Zusammenarbeit mit dem Herstellerservice oder autorisierten Fremdfirmen erledigt werden. Selbst wenn alle operativen medizintechnischen Arbeiten komplett an externe Dienstleister vergeben werden sollten, sollte dennoch die Kompetenz für die fachliche Kontrolle über diese vergebenen Arbeiten nie abgegeben werden; die kaufmännische Kontrolle allein ist nicht ausreichend!

Die fachtechnische Prüfung externer Leistungen durch den Medizintechnischen Service muss stets gewährleistet sein.

Einweisungen

Die Einweisung in die Handhabung von Medizinprodukten wird in der MPBetreibV umfassend ge-

regelt. Es wurde bereits als zentrale Verwaltungsaufgabe des Medizintechnischen Service definiert, dass im Medizinproduktebuch die eingewiesenen und auch die beauftragten Personen erfasst werden sollen, die die Anwender im Hause nach Übernahme des Gerätes in die Betreiberverantwortung schulen sollen. Medizintechniker selbst als beauftragte Personen zur Einweisung zu verpflichten, ist oft schwierig, da auch Anwendungsfragen im Rahmen der Einweisung behandelt werden.

Medizintechniker sind selten gute Pädagogen!

Vielmehr stellen hier die Fachabteilungen mit den qualifizierten Anwendern, bei denen besonders die medizinische Anwendung im Vordergrund steht und natürlich die Medizinprodukteberater der Hersteller- oder Vertreiberfirmen, die geeignete Personengruppe zur Rekrutierung der einweisenden Personen dar.

4.4 Organisationen, Verbände und Medien

Ein einzelnes Krankenhaus kann durch seinen Medizintechnischen Service nicht in allen relevanten Organisationen oder Verbänden mitarbeiten oder vertreten sein. Der Nutzen für das eigene Haus ist nur in Einzelfällen direkt nachvollziehbar, meist ergibt er sich erst durch die dort geknüpften Kontakte und Beziehungen. Es ist daher äußerst sinnvoll, wenn sich Krankenhäuser vergleichbarer Ausrichtung und Struktur in Informationsplattformen zusammenschließen, sich die notwendige Vertretung in wichtigen Bereichen untereinander aufteilen und so an der Erstellung bzw. Weiterentwicklung von Normen und Richtlinien aktiv mitarbeiten. Herstellerfirmen von medizintechnischen Geräten sind z. B. in Normierungsgremien wie dem Normenausschuss Rettungsdienst und Krankenhaus zahlreich und aktiv mitarbeitend vertreten. Hier werden viele wichtige Entscheidungen über Medizinprodukte beraten, Fachkompetenz der Anwender ist jedoch nur sporadisch vertreten.

Ein Netzwerk der Medizintechnischen Services ist sinnvoll und wünschenswert.

Kürzlich wurde ein *Arbeitskreis Medizintechnik* gegründet, der die Verbesserung des Informationsaustausches der medizintechnischen Abteilungen der deutschen Universitätsklinika untereinander zum Ziel hat.

Daneben geben die Zeitschriften *mt-medizintechnik* und *KTM Krankenhaus TECHNIK + MANAGEMENT* die Möglichkeit zu fachlicher Information.

Zusammenfassung

Ohne Medizintechnischen Service ist ärztliches und pflegerisches Handeln im Krankenhaus nicht möglich. Dies erfordert eine an die Bedürfnisse und Infrastruktur des jeweiligen Hauses angepasste Organisation, die sowohl administrativ als auch operativ mit qualifiziert ausgebildeten Mitarbeitern die moderne Medizintechnik in ihrer komplexen Funktionalität erhält. Diese Leistungen müssen sicher, schnell, effizient, innovativ und wirtschaftlich erbracht werden.

Leistungskenndaten sollen diese Merkmale standardisiert erfassen und durch Informationsaustausch sollen Maßstäbe gesetzt werden, die einen wichtigen Beitrag zum Wohle der im Krankenhaus betreuten Patienten leisten.

Beispiel für die Organisation des Medizintechnischen Service der Universitätsmedizin Göttingen

Leitung

Stabstelle DV – Medizintechnik
Netzwerke
MP Software
PDMS Hardware

Fachgebiet Administration
Umsetzung MP-Recht
Bestandsverzeichnis
Umsetzung Röntgenverordnung/Konstanzprüfung
Auftragsmanagement
Vertragsmangement
Qualitätsmanagement
Verwertung von Geräten

Fachgebiet Qualitätssicherung
Mess- und sicherheitstechnische Kontrollen
Sonstige Prüfungen
Einweisungen

Fachgebiet Instandhaltung
Beatmung
Monitoring
Infusionstechnik
HLM und Hämofiltration
Bildgebende Verfahren
....

5 Interne Servicequalität als Erfolgsfaktor

Sabine Hübner

surpriservice® Unternehmensberatung, Düsseldorf

In den meisten Debatten rund um die Servicequalität geht es um die Schnittstelle Arzt – Patient oder um die Schnittstelle Pflege – Patient. Um exzellenten Service in einer Klinik zu verankern, muss der Fokus allerdings erweitert werden, und zwar auf die Schnittstellen, die davor liegen: Zwischen den einzelnen Abteilungen der Krankenhausverwaltung und den Mitarbeitern. Mit Maßnahmen des Change-Managements aus der Industrie lässt sich der Servicegedanke auch in einer Krankenhausverwaltung nachhaltig verankern und konsequent leben – was sich positiv auf die Unternehmenskultur und langfristig auf den Erfolg des gesamten Hauses auswirkt.

5.1 Service konsequent leben

Die Zusammenarbeit zwischen den Organisationseinheiten eines Krankenhauses ist entscheidend für die Leistungsfähigkeit einer Klinik. Denn heute müssen Krankenhäuser nicht nur um Klienten werben, sondern auch um die besten Ärztinnen und Ärzte. Es geht nicht mehr nur um klinische Leistungsqualität allein, sondern zunehmend um das „Klima" – und dieses hängt entscheidend ab von der internen Servicequalität.

Beispiel Personalverwaltung

Eine hervorragend qualifizierte Ärztin bewarb sich bei einer Klinik in Norddeutschland. Das Bewerbungsgespräch mit dem Oberarzt verlief sehr positiv, so dass die Ärztin sich für die angebotene Stelle entschied. Ihre Bewerbung fiel allerdings in eine Zeit, in der die Personalabteilung stark überlastet war, so dass sich das formale Procedere in die Länge zog. Als der Ärztin trotz ihrer Nachfragen kein Arbeitsvertrag zugesendet wurde, entschied sie sich für eine Stelle in einer anderen Klinik.

5.1.1 Häufige Schwachstellen

Die internen Serviceprobleme in der Krankenhausverwaltung unterscheiden sich nicht von den Problemen, die in anderen Dienstleistungsunternehmen oder in der Industrie auftreten. Im Wesentlichen geht es um folgende Handlungsfelder:

- **Ungenauer Workflow:** Anfragen oder Aufträge, für die der angesprochene Verwaltungsmitarbeiter nicht zuständig ist (oder sich nicht zuständig fühlt), werden zurückgeschickt, weiter geleitet oder nicht bearbeitet.
- **Unklare Kompetenzen:** Mitarbeiter in der Verwaltung nutzen ihren Kompetenzbereich nicht aus, sondern verlangsamen Prozesse durch

unnötige „Rückversicherungen" oder Rücksendungen.

- **Fehlende Verbindlichkeit**: Zusagen gegenüber Ärzten oder Pflegern werden nicht klar getroffen oder nicht eingehalten.
- **Abweisende Kommunikation**: Anrufe werden nicht entgegen genommen oder schroff abgewiesen, Briefe oder E-Mails in einem arroganten Ton beantwortet.
- **Zu wenig Verantwortungsbewusstsein**: Für Probleme werden grundsätzlich andere verantwortlich gemacht – seien es Kollegen aus anderen Abteilungen oder externe Geschäftspartner.
- **Mangelndes Wir-Gefühl**: Ärzte, Pfleger und Kollegen in anderen Abteilungen werden nicht als „interne Kunden" wahrgenommen, sondern als „Gegner". Die Zusammenarbeit ist durch geringe Wertschätzung und fehlende Offenheit geprägt.

Beispiel Einkauf

Seit Jahren arbeitete ein renommierter Herzchirurg mit Handschuhen eines bestimmten Herstellers. Nach seinem Wechsel in eine andere Klinik bestand er darauf, mit den gleichen Handschuhen weiter zu arbeiten. Diesen Wunsch jedoch konnte die Einkaufs-Abteilung der Klinik aufgrund der bestehenden Verträge mit ihrem Zulieferer nicht erfüllen, der die verlangten Handschuhe nicht gelistet hatte. Über diesen Zusammenhang jedoch informierte der Einkauf den Herzchirurgen nicht und reagierte auch nicht auf seine diesbezüglichen Anfragen. In der Folge eskalierte der Konflikt bis zur Ebene der Geschäftsführung, die ein erhebliches Interesse daran hatte, den Herzchirurgen an das Haus zu binden. Das Management gab den Druck zurück an den Leiter der Einkaufs-Abteilung, der wiederum den Druck auf eine einzelne Mitarbeiterin erhöhte. Diese reagierte mit einer „inneren Kündigung" und verweigerte nach diesem Ereignis die direkte Kommunikation mit der Ärzteschaft noch stärker als zuvor.

5.1.2 Service rechnet sich

Krankenhäuser können – auch wenn sie in vielen Aspekten nicht vergleichbar sind – von dem lernen, was sich in der Industrie oder in anderen Dienstleistungsunternehmen immer mehr durchsetzt. Zum Beispiel in der Hotellerie. Hier haben insbesondere Spitzenunternehmen erkannt, dass mangelnde Servicekultur kein Problem ist, das sich durch eine „Führung mit harter

Hand" an der Basis lösen lässt. Im Gegenteil: Wird der Servicegedanke für das gesamte Unternehmen formuliert (zum Beispiel in den „Ritz-Carlton Gold Standards") und im gesamten Unternehmen gelebt, und dies besonders vorbildlich von der Geschäftsführung selbst, werden „Disziplinierungsmaßnahmen" zumeist überflüssig. Mehr noch: Mitarbeiter empfinden es als eine Ehre, sich den Service-Grundsätzen ihres Unternehmens verpflichten zu dürfen.

> **Servicekultur muss konsequent gelebt werden – von der Spitze bis zur Basis.**

Möglicherweise erscheint es befremdlich, die Serviceorientierung eines Hotels auf die eines Krankenhauses übertragen zu wollen. Ist Service nicht viel zu teuer für eine „normale" Klinik? Nein. Beispiele aus der Wirtschaft zeigen [Hübner 2009]:

1. Service ist nicht zwingend gleichzusetzen mit hohen Kosten.
2. Service spart Kosten.
3. Mit mangelnder Servicequalität fügen Unternehmen sich selbst immensen Schaden zu.
4. Intelligenter Service zahlt sich aus.

Entscheidungen, die auf rein wirtschaftlichen Überlegungen basieren und den Service-Aspekt im Hinblick auf die eigenen Mitarbeiter vernachlässigen, ziehen häufig hohe Folgekosten nach sich. Das zeigt sich nicht nur im Bereich der technischen Services, sondern auch bei Dienstleistungen durch Fachkräfte aus anderen Heilberufen, die Ärzte und Pfleger unterstützen können.

Beispiel Personalpolitik

Aus Kostengründen strich eine Klinik alle Hebammen-Stellen in der „Wochenstation" der Abteilung für Geburtshilfe. Die Wöchnerinnen mitsamt ihren Neugeborenen wurden fortan nach der Entbindung ausschließlich von Krankenpflegern und Kinderkrankenpflegern betreut, die keinerlei Zusatzausbildung mitbrachten (wie zum Beispiel eine Qualifikation als Stillberaterin). Da die Personaldecke recht dünn war, stieg der Stresspegel der Mitarbeiterinnen erheblich, die Fluktuation stieg stark an.

Gleichzeitig litt die klinische Qualität: Viele Fragen der Mütter rund um das Thema Stillen und den Umgang mit dem neu geborenen Kind konnten nicht oder nicht ausreichend beantwortet werden. In der Folge stieg die Zahl der

Brustentzündungen bei den Müttern, außerdem nahm die Zahl der Wochenbettdepressionen zu. Aufgrund der zahlreichen Komplikationen verlängerte sich die Behandlungsdauer der Mütter in der Abteilung für Geburtshilfe. Die Fallzahlen sanken kontinuierlich.

5.2 Interne Servicequalität verbessern

Um die interne Servicequalität zu verbessern und damit die Leistungsfähigkeit der Klinik insgesamt zu erhöhen, öffnen sich dem Krankenhausmanagement viele Möglichkeiten.

5.2.1 Ansprechpartner festlegen

Eine der einfachsten und zugleich eine der schlagkräftigsten Maßnahmen ist die Einführung einer internen, telefonischen Serviceline. Diese lässt sich je nach Bedarf unterschiedlich aufbauen:

- **Service-Agent:** In jeder Verwaltungs-Abteilung wird ein Mitarbeiter ausgewählt.
- **Service-Team:** Aufbau einer eigenständigen Service-Einheit.
- **Service-Matrix:** Aus verschiedenen Abteilungen wird ein Service-Team zusammen gestellt.

Mitarbeiter der Serviceline übernehmen zum Beispiel folgende Aufgaben:
- Sie identifizieren den richtigen **Ansprechpartner** in allen Abteilungen.
- Sie vermitteln an **interne Experten**, die Sonderfragen beantworten können.
- Bei speziellen Anfragen vermitteln sie auch an **externe Experten**.

Die Einrichtung einer Serviceline führt vor allem zu einer Zeitersparnis: Ärzte und Pfleger telefonieren nicht selbst „quer durch alle Abteilungen", sondern können sich ihrer eigentlichen Arbeit widmen. Das gleiche gilt für Mitarbeiter der Verwaltung, die sich so direkt an den richtigen Ansprechpartner wenden können, ohne den Betrieb auf den Stationen unnötig zu stören.

5.2.2 Servicelevel definieren

Oft entstehen Probleme an den internen Schnittstellen, wenn das Management Prozesse nicht oder nicht ausreichend definiert, oder wenn es Prozesse zwar festgelegt, aber keine Transparenz

herstellt. So kommt es dazu, dass auf der einen Seite die einzelnen Abteilungen der Verwaltung nicht wissen, was sie tun sollen oder dürfen – und auf der anderen Seite bei Ärzten und Pflegern keine Klarheit darüber herrscht, welche interne Servicequalität sie erwarten können. Auf beiden Seiten kursieren indes Vorannahmen, die nicht ausgesprochen und zumeist auch nicht bewusst reflektiert werden, und die letztendlich zu einer großen Anzahl von Blind- oder Fehlleistungen innerhalb der Prozessketten führen. Experten schätzen diese Fehlleistungen auf 30–40 % der Gesamtprozessleistung.

> Je geringer die Information, desto größer die Spekulation – und die Enttäuschung.

Um hier eine bessere Transparenz herzustellen, kann das Krankenhausmanagement auf das Instrument der **Mitarbeiter-Befragung** zurück greifen – und dabei an zwei Stellen ansetzen: Zum einen auf der Ebene der Ärzteschaft und Pflege, und zum anderen auf der Ebene der Krankenhausverwaltung.

1. Welchen internen Service wünschen sich die Mitarbeiter?

- Welche Service-Probleme sehen Ärzte und Pflegekräfte (und eventuell Vertreter externer Dienstleister) in der Zusammenarbeit mit der Krankenhausverwaltung?
- Welchen Service wünschen sich Ärzte und Pflegekräfte von der Personalverwaltung, von der Personalentwicklung, vom Einkauf, von der IT-Abteilung, vom Controlling?
- Gibt es bürokratische Abläufe, die den Mitarbeitern an der Basis das Leben unnötig schwer machen?

Hier gilt es tatsächlich, auf der einen Seite die *Wunschvorstellungen* der Mitarbeiter aufzudecken, die, je nach ihren Erfahrungen aus anderen Unternehmen und je nach ihren Kenntnissen der internen Prozesse, sehr weit auseinander gehen können. Auf der anderen Seite steht die Frage: Welchen Servicelevel *akzeptieren* sie? Diese Messlatte liegt etwas tiefer und damit auf einem Service-Niveau, das die Mitarbeiter für annehmbar halten. Unter diesem Niveau sind sie nicht mehr zufrieden.

2. Was kann die Krankenhaus-Verwaltung tatsächlich leisten?

Die internen Serviceprozesse sollten nun so aufgestellt werden, dass sie das von Ärzten und Pflegekräften akzeptierte, besser noch das gewünschte Niveau erreichen – und im Idealfall auch die Abläufe innerhalb der Verwaltung vereinfachen. Dazu sind folgende Schritte notwendig:

- bestehende Prozesse analysieren,
- Schwachstellen aufdecken,
- Service-Prozesse neu definieren und Spielräume für einzelne Mitarbeiter aufzeigen,
- neue Prozesse implementieren,
- Erfolge messen.

Herausforderung Mitarbeiter-Befragung

Eine Mitarbeiter-Befragung ist ein probates Mittel, um Problemen auf die Spur zu kommen und diese schnell und effektiv zu beheben – vor allem dann, wenn die Fragen durch eine *interne Task-Force* formuliert, und die Ergebnisse durch Mitarbeiter ausgewertet und kommuniziert werden. Allerdings kann eine solche Befragung auch zu Unruhe führen, wenn die Ergebnisse der Umfrage nicht oder nicht ausreichend offen gelegt, oder wenn die aufgedeckten Missstände nicht behoben werden.

Herausforderung Qualitätszirkel

Seit Ende der 90er-Jahre haben Krankenhäuser Qualitätszirkel eingerichtet, um ihre Leistungsfähigkeit zu verbessern. Beim Thema „interne Servicequalität" ist eine gemischte Besetzung von Vorteil, die die klassische Krankenhaus-Organisation abbildet (Kaufmännischer Bereich, Pflege, Ärzteschaft). Die Arbeitsweise eines Qualitätszirkels kann wie folgt aussehen:

- 8 bis 15 Vertreter einer Klinik schließen sich zu einem Qualitätszirkel zusammen.
- Der Zirkel trifft sich mindestens vier Mal pro Jahr.
- Innerhalb des Zirkels agiert ein Team zur **Schwachpunkterkennung**, das Stärken-Schwächen-Analysen durchführt und konkrete Aufträge zur Behebung von Schwachpunkten erteilt.
- Die einzelnen Aufträge werden von **Projektgruppen** übernommen, die die Ursachen des Problems mit Hilfe von Kennzahlen und/oder

Ursache-/Wirkungsdiagrammen genau recherchieren,

- Lösungsvorschläge entwickeln,
- Zeitpläne aufstellen,
- für die Umsetzung sorgen,
- gegebenenfalls Widerständen begegnen und letztendlich
- den Fortschritt mit aktuellen Kennzahlen und Diagrammen dokumentieren.

Soll-Zustand definieren

Als Ergebnis einer Mitarbeiter-Befragung und/oder in Zusammenarbeit mit dem Qualitätszirkel lassen sich für alle Abteilungen detaillierte Servicelevel formulieren. Hilfreich sind dabei eine genaue Definition des Soll-Zustands und die Ausarbeitung von Lösungsansätzen. Zum Beispiel so:

Beispiel Definition Soll-Zustand

Soll-Zustand: „Anfragen werden immer innerhalb einer bestimmten Frist bearbeitet."
Jeder Mitarbeiter der Krankenhaus-Verwaltung hat die Pflicht, interne Anfragen oder Aufträge zu bearbeiten. Sollte er nicht der richtige Ansprechpartner sein, so leitet er die Anfrage entsprechend im Haus weiter, gibt sie aber keinesfalls an seinen „internen Kunden" zurück und informiert den Kollegen.

Soll-Zustand: „Jede Zusage wird eingehalten."
Verwaltungs-Mitarbeiter sagen nur das zu, was sie auch einhalten können, und was sich im Rahmen ihrer Handlungsspielräume bewegt. Wenn Aufträge weiter geleitet werden müssen, wird eine entsprechende Zusage von der weiter bearbeitenden Stelle gegeben. Sollte sich eine Zusage wider Erwarten nicht einhalten lassen, setzt sich der Mitarbeiter rechtzeitig mit seinem „internen Kunden" in Verbindung und informiert zusätzlich seinen Vorgesetzten.

Auch wenn es im herausfordernden Klinikalltag oft schwer fällt: Grundsätzlich sollte folgende Grundhaltung im gesamten Krankenhausmanagement gelernt und gelebt werden:

Service-Spielräume sehen und gestalten – selbst wenn sie gering sind.

5.2.3 Mitarbeiter vernetzen

Viele Service-Probleme lassen sich mit einer sehr einfachen Strategie aufdecken und beheben:

Management-by-Walking-Around. Wenn Vertreter der Verwaltung den direkten Kontakt zu Ärzten und Pflegern suchen, erleben sie hautnah, wie die wahren Bedürfnisse ihrer „internen Kunden" aussehen.

Job-Rotation lautet eine weitere Strategie, um auf Seiten der Krankenhaus-Verwaltung mehr Verständnis für die Bedürfnisse der Ärzte und Pfleger zu schaffen. Denkbar sind Hospitationen für Verwaltungsangestellte auf verschiedenen Stationen. Eine größere Flexibilität und Schnelligkeit zum Beispiel im Einkauf lässt sich auch durch Job-Rotation in andere Branchen erzielen – zum Beispiel in den Lebensmittelhandel.

5.2.4 Leitlinien entwickeln

Jeder Manager und jeder Mitarbeiter muss wissen, was genau guter Service in seiner Klinik bedeutet, und worin sein persönlicher Beitrag zu dieser Servicekultur besteht – und zwar im Hinblick auf seine „interne Kunden" und im Hinblick auf die Patienten. Service-Leitlinien schaffen einerseits Orientierung und Sicherheit, erhöhen andererseits den Umsetzungsdruck in der Klinik, und wirken auch – und das ist aus Marketingsicht ein ganz entscheidender Vorteil – nach außen.

Der Weg zu neuen Service-Leitlinien
- *Gründen Sie eine interne Task-Force, die Sie mit der Aktualisierung Ihrer Leitlinien beauftragen. Wichtig: Besetzen Sie dieses Team nicht nur mit Managern, sondern auch mit Ärzten, Krankenpflegern und Vertretern aus dem Bereich der nicht klinischen Dienstleistungen.*
- *Diskutieren Sie Leitlinien anderer Unternehmen.*
- *Holen Sie sich Inspiration durch ausgewiesene Experten.*
- *Formulieren Sie einen ersten Entwurf Ihrer Leitlinien.*
- *Kommen Sie immer wieder zusammen, um an Ihren Leitlinien zu feilen. Zielgrößen sind Verständlichkeit und Glaubwürdigkeit.*
- *Im Idealfall entwickeln Sie einen griffigen Claim plus ergänzende Service-Werte, Service-Leitlinien oder Kundenversprechen.*
- *Verstärken Sie die Leitlinien mit Bildern, Symbolen oder einem Logo.*

1. Leitlinien lebendig machen

Zumeist werden neue Leitlinien vom Management vorgestellt und über das Intranet oder die Mitarbeiterzeitung veröffentlicht. Das ist zwar wichtig, reicht aber nicht aus, um Service-Leitlinien wirklich mit Leben zu füllen. Worauf es jetzt ankommt, ist ein Nachhaltigkeitskonzept und eine hohe Umsetzungsmotivation bei den Mitarbeitern.

Workshops
- Im Idealfall sollte für jede Service-Leitlinie ein kompakter Workshop durchgeführt werden.
- Die Organisation und Durchführung dieser Workshops sollte nach Möglichkeit in den Händen der internen Task-Force liegen. Dies erhöht die Glaubwürdigkeit bei der Vermittlung der Botschaften und einen besseren Praxistransfer.
- Voraussetzung ist ein Train-the-Trainer-Seminar, bei dem die Task-Force auf die Moderation und Durchführung der Workshops vorbereitet wird.

Starke Anker setzen
- Erfolgsentscheidend ist die Sichtbarkeit der Service-Leitlinien. Deshalb bietet es sich an, diese an möglichst vielen Stellen anzubringen: Zum Beispiel an der Klinikbekleidung, auf Plakaten, Bechern, Kalendern und Bildschirmschonern.
- Hilfreich kann auch die Veröffentlichung der Service-Leitlinien in Form eines Booklets sein, das zu jeder Leitlinie eine kurze Erklärung gibt: Was bedeutet dieser Satz für den Klinikalltag?

2. Service systematisch umsetzen

Im dritten Schritt geht es darum, die Service-Leitlinien so in der Klinik zu installieren, dass sie im Alltag tatsächlich gelebt werden können. Hier zeigt sich in vielen Fällen, dass die notwendige Infrastruktur ausgebaut werden muss.

Für jeden Punkt einen Verantwortlichen
- Für jede einzelne Service-Leitlinie sollte ein Team oder ein einzelner Mitarbeiter benannt werden, der für die Umsetzung verantwortlich ist.
- Gegebenenfalls kann zusätzlich eine Führungskraft als „Pate" eingesetzt werden, um

die Verbindlichkeit in beide Richtungen zu demonstrieren und einen gewissen Umsetzungsdruck zu erzeugen.

Mikro-Workshops
- Als wirkungsvoll haben sich – neben dem Trainingsprogramm – regelmäßige Mikro-Workshops erwiesen, in denen Mitarbeiter Probleme diskutieren, neue Ideen vorstellen und Impulse geben können. So wird Service-Qualität zum Dauerthema.
- Idealerweise werden die Workshops von Vertretern der Service-Task-Force geleitet, wobei es von Vorteil ist, wenn die jeweiligen Führungskräfte regelmäßig „Flagge zeigen".
- Hilfreich können auch Exkursionen zu anderen Kliniken oder Reha-Zentren sein, deren Servicekultur als vorbildlich gilt.

5.2.5 Servicekultur kontinuierlich verbessern

Um zu gewährleisten, dass Service im Klinikalltag tatsächlich gelebt und nicht in der Hektik des Alltags gleich wieder vergessen wird, müssen Erfolge permanent gemessen und ständig Feinjustierungen vorgenommen werden.

Kurzbesprechungen
- Sehr gute Erfahrungen gibt es mit kompakten, am besten täglichen Kurzbesprechungen, in denen die Service-Fortschritte konstruktiv und kritisch diskutiert werden.
- Gerade in Krankenhäusern können diese Kurzbesprechungen in Routine-Meetings (Beispiel Übergabe) eingeflochten werden.
- Wichtig ist es, dass das Thema nicht nur auf den Stationen, sondern auch zwischen Verwaltung und Basis regelmäßig auf den Tisch kommt und mit Konsequenz verfolgt wird.

Protokolle
- Auch wenn Mitarbeiter im Klinikalltag eine Menge Bürokratie zu bewältigen haben: Bei der Implementierung einer Service-Kultur sind Protokolle hilfreich, in denen Abweichungen von den definierten Service-Leitlinien festgehalten und auf dieser Grundlage regelmäßig ausgewertet werden.

- So werden Schwachstellen sichtbar, umgekehrt können so aber auch vorbildliche Lösungsvorschläge publik gemacht werden und sich einzelne Mitarbeiter und Manager hervortun.

Erfolge messen
- Als Service-Messinstrumente eigenen sich vor allem regelmäßige Mitarbeiterbefragungen,
- strukturiertes, regelmäßiges Einholen von Patienten-Feedback,
- eine Auswertung der Anzahl von Beschwerden durch Patienten, aber auch durch Mitarbeiter (hier ist die Einbeziehung des Betriebsrats sinnvoll),
- eine Auswertung der Weiterempfehlungsquoten auf der Ebene der Patienten,
- gegebenenfalls können auch die Fluktuationsraten in der Pflege und in der Ärzteschaft Anhaltspunkte geben.

Zusammenfassung

Für moderne Krankenhäuser, die sich im Wettbewerb behaupten müssen, ist exzellente Service-Kultur eine wirtschaftliche Notwendigkeit. Im Unterschied zu Industrie- oder Dienstleistungsunternehmen stehen Kliniken bei der Entwicklung und Implementierung von interner Servicequalität vor besonderen Herausforderungen – dennoch können sie auf probate Maßnahmen des Change-Managements zurück greifen, wie zum Beispiel Mitarbeiter-Befragungen, Qualitätszirkel, Management-by-Walking-Around, Job-Rotation und die Entwicklung und Implementierung eigener Service-Leitlinien.

Literatur

Hübner S (2005) Service ist das Zauberwort des Erfolgs. Gabal, Offenbach

Hübner S (2002) Surpriservice. Erfolgskonzepte und visionäre Ideen der Marktführer von heute. Gabal, Offenbach

Hübner S (2009) Service macht den Unterschied. Wie Kunden glücklich und Unternehmen erfolgreich werden. Redline Verlag, München

Salfeld R, Hehner S, Wichels R (2009) Modernes Krankenhausmanagement. Konzepte und Lösungen. Springer, Berlin

Walther M, Walther A (1998) Qualitätszirkel im Krankenhaus. Gestalten – Organisieren – Moderieren. Urban & Fischer Verlag, München

Sachwortverzeichnis

O

P